'국민'의 경계

오키나와 · 아이누 · 타이완 · 조선

The Boundaries of 'The Nation People'

지은이

오구마 에이지 小熊英二, Oguma Eiji

1987년 도쿄(東京)대 농학부 졸업 후 출판사에서 근무하다가, 1998년 도쿄대 교양학부 총합문화연구과 국제사회 과학전공 대학원 박사과정을 수료하였다. 현재 게이오기쥬쿠대 총합정책학부의 교원이다. 저서로는 『単一民族神話の起源』(1995), 『〈民主〉と〈愛国〉』(2002), 『1968』(2009), 『社会を変えるには』(2012), 『生きて帰ってきた男』(2015), 『日本社会のしくみ』(2019), *A Genealogy of 'Japanese' Self-Images*(2002) 등이 있다.

옮긴이

전성곤 全成坤, Jun Sung-kon

일본 오사카대학 문화형태론(일본학)전공 문학박사. 오사카대학 외국인 객원연구원 및 긴키대학 문예학부 외래강사. 귀국 후 고려대학교 일본학연구소 HK연구교수. 이후 중국 북경외국어대학 일본학연구센터 객원교수, 길림시의 북화대학 동아역사연구원 교수를 역임. 북화대학에서 근무하면서 필리핀 일로일로시(Iloilo City)의 GITC에서 어학연수. 현재 한림대학교 일본학연구소 HK교수. 주요 저서로는 『제국과 국민국가』(공저), 『Doing 자이니치』, 『문화권력』(공저), 『일본 탈국가론』(공저), 『제국에의 길』(공저), 『재일조선인 자기서사의 문화지리 2』(공저), 『최남선과 근대 지식의 기획』(공저), 『내적 오리엔탈리즘 그 비판적 검토』, 『일본 인류학과 동아시아』, 『트랜스 로컬리즘과 재해사상학』, 『동아시아 문화공동체』(공저), 『국민국가의 지식장과 문화정치학』(역서), 『성전의 아이코노그래피』(공역), 『삼국지의 세계』(공역), 『재일 한국인』(역서), 『인문학으로서의 죽음교육』(역서), 『근대 일본의 젠더이데올로기』(역서), 『고류큐 정치』(역서) 등이 있다.

'국민'의 경계 오키나와 · 아이누 · 타이완 · 조선

초판인쇄 2023년 8월 21일 **초판발행** 2023년 8월 30일

지은이 오구마 에이지 **옮긴이** 전성곤 **펴낸이** 박성모 **펴낸곳** 소명출판 **출판등록** 제1998-000017호

주소 서울시 서초구 사임당로14길 15 서광빌딩 2층

전화 02-585-7840 **팩스** 02-585-7848

전자우편 somyungbooks@daum.net **홈페이지** www.somyong.co.kr

값 72,000원

ISBN 979-11-5905-794-6 93910

'국민'의 경계

오키나와 · 아이누 · 타이완 · 조선

The Boundaries of 'The Nation People'

전성곤 옮김
오구마 에이지 지음

한국어판 서문

'일본인'이란 누구인가?

이것은 매우 어려운 질문이다. 그 어려움을 설명하기 위해 다른 질문과 비교해 보자. 그럼 '한국인'이란 누구인가? 한번 함께 생각해주었으면 한다. '한국인'은 '한국 국적을 갖고 있는 사람'일까. 그렇다고 한다면 한국에서 이민을 떠나 다른 나라 국적을 취득하거나 한국 국적을 포기한 사람은 한국인이 아닐까.

그럼 '한국인'이란 '한민족'을 가리키는 것일까. 그렇다고 한다면 조선민주주의인민공화국 사람들이나 중화인민공화국 동북부에 사는 조선족 사람들, 더 나아가 러시아공화국에 사는 한인들도 한국인일까. '한민족'이란 어디까지 범주의 사람들을 가리키는 것일까. 세계 각지에는 현지 사람과 결혼하여 살고 있고 한국어를 말하지 못하는 사람들도 많다. 그들을 한민족이라고 할 수 있을까.

'한국인'에 대해 물론 다른 생각을 가진 사람도 있을 것이다. 한국에는 동아시아나 세계 각지에서 들어와 한국 국적을 취한 사람들도 살고 있다. 이들은 한국인이 아닌가. 이렇게 생각해 보면 '한국인이란 누구인가'라는 질문에 답하기가 얼마나 어려운가를 알 수 있다. 그것은 '일본인'은 누구인가 혹은 국민이란 무엇인가라는 질문과 같은 것이다.

그럼 이 질문에 어떻게 대답하면 좋을까. 저자는 이 책에서 조금 '생각'을 바꾸어보았다. '일본인이란 누구인가'라는 질문에 대해 '일본인은 이러이러한 사람들'이라는 답을 하지 않는다. 그게 아니라 '일본인이 아닌 사람들이 어떻게 기술되어왔는가'를 살펴보는 방식을 취했다.

이것은 '육지란 무엇인가'라는 질문에 대해 '바다가 아닌 것'을 대답하는 것과 같은 것이다. 우선 '바다는 어디까지를 가리키는가'를 조사하여 육지와 바다의 경계선을 지도에서 그어보면 육지가 어디까지인가를 말하는 것과 동일하게 된다.

그런데 문제는 더 복잡하다. 모래사장을 생각해 보면 알 수 있듯이 육지와 바다의 경계는 확연하게 구분되는 것이 아니다. 만조 때와 간조 때도 다를 것이다. 지구가 온난화하기도 하면서 혹은 빙하기가 와도 육지와 바다의 경계는 가변적이다. 다시 말해서 육지와 바다의 경계는 고정된 것이 아니라 항상 움직이는 것이다. 그렇기 때문에 '바다란 무엇인가'도 '육지란 무엇인가'도 실제로는 확정할 수 없는 것이다. 이것은 '일본인이란 누구인가' 혹은 '한국인이란 누구인가'라는 질문에도 대입할 수 있다고 생각한다.

예를 들면 본 저서에서는 '한국 출생의 일본인'이라는 대목이 있다. 이것은 한반도에서 태어난 일본인을 기술한 부분이 아니다. 이조李朝시대 조선에서 태어나 도쿄에 이주하여 1930년대에 일본의 국회의원에 당선된 인물을 적은 곳이다. '조선 출생의 일본인'이란 그가 자신을 가리켜 그렇게 불렀던 호칭이다. 이러한 사람들을 기묘한 존재라고 간주할지도 모른다.

그러나 한국 출생의 한국인이 샌프란시스코에 이주하여 미국 국회의원으로 당선된 사람이 '한국 출생의 미국인'이라고 해도 아마 그것을 기묘하다고 생각하지는 않을 것이다. 물론 이 사람들은 '한국인' 혹은 '일본인', '미국인' 어느 쪽일지 간단하게 말하기가 어렵다. 그것은 파도에 부딪치며 육지와 모래사장 사이에 있는 바위는 육지인가 바다인가 어느 한쪽으로 구별하기가 어려운 것과 마찬가지이다.

여기서 저자는 한 발 더 깊게 들어가 보았다. 저자는 '일본인'과 '일본인이 아닌 사람'은 현실적으로 명확하게 구별할 수 없다고 했다. 그렇지만 사람들은 '일본인'과 '일본인이 아닌 사람'을 구별해 왔다. 즉 '구별할 수 없는 현실' 임에도 불구하고 억지로 구별해 온 역사를 저자는 기술하고자 했다. 일본정부나 정치가, 지식인이 어떻게 '일본인'과 '일본인이 아닌 사람' 사이에 경계선을 그었는가 그 역사를 규명해 내고자 했다. 또한 억지로 그은 경계선을 강요함으로써 고통을 받거나 그에 저항한 사람들의 역사를 기록해 보는 것이었다. 바로 이 생각들을 기술한 것이 본 저서였다.

저자는 역사가이며 사회학자이다. 그렇기 때문에 역사를 조사할 뿐만 아니라 사회학의 '구축주의constructivism'를 추가하여 이러한 책을 집필하는 스타일을 갖고 있다. '구축주의'란 일본인이라던가 한국인이라는 것이 매일 매일의 생활 속에서 구축되는 것으로 태고적부터 실재實在한 것이 아니라는 생각에 바탕을 두는 것이다.

본 저서에는 일본인과 조선인 사이에 경계선을 긋는 것을 둘러싸고 벌어진 정치의 역사가 기록되어 있다. 여기서 말하는 정치는 일본정부가 어떻게 조선인의 국적이나 호적을 결정하고, 참정권을 부여할지 말지를 결정했는가, 어떻게 교육할 것인가를 결정했는지 등이 포함되어 있다. 그리고 그러한 경계선이 그어진 사람들이 어떻게 반응하고 어떻게 대항했는가를 적고 있다.

그것은 일본인과 타이완인, 일본인과 오키나와인, 일본인과 아이누인에 대해서도 마찬가지다. 저자가 묻는 물음의 중심은 일본인이었기 때문에 '일본인'과 '일본인이 아닌 사람' 사이에 그어진 경계를 둘러싼 역사에 초점을 맞추었다. 한국의 독자들은 타이완인이나 오키나와인의 역사에 대해 관심이 어느 정도인지는 잘 모르겠다. 그러나 조선인과 마찬가지로 정치에 휘말려간 동일한 역사를 가진 사람들이라는 측면에서 그 역사를 함께 읽어주었으면 한다.

아쉽지만 본 저서는 1972년에서 마무리된다. 그러나 '일본인'과 '일본인이 아닌 사람들'의 경계를 둘러싼 정치는 지금도 계속되고 있다. 그리고 '한국인'과 '한국인이 아닌 사람을 둘러싼 정치'도 역시 지속되고 있다. 그러한 '한국인의 경계'는 어떻게 경계선이 그어졌는가. 그것은 어떤 역사를 걸어왔는가. 금후는 어떻게 될 것인가. 이 책을 계기로 생각해 보았으면 한다. 그렇게 된다면 본 저서를 집필한 저자의 의도가 조금이나마 달성된 것이다.

2021년 12월

오구마 에이지小熊英二

차례

제3부 내셔널리즘의 변증법과 민족해방

제4부 포스트전후와 탈식민화

서장

'경계 · 식민지 · 서구'라는 시점

포섭과 배제 그리고 불균형

'일본인'이란 어디까지를 범위로 한 사람들을 가리키는 말이었을까? 이것이 이 책의 첫 번째 물음이다. 그 '일본인'의 경계는 어떤 요인을 통해 설정되어 왔던 것일까? 이것이 이 책의 두 번째 물음이다. 근대일본의 경계지역인 오키나와·아이누·타이완·조선 등에 대한 정책론을 이 두 시점에서 검증하고, '일본인' 및 '일본'이라는 개념을 재검토하는 것이 이 책의 주제主題이다.

'일본인'의 경계변동

'일본', '일본인'이란 어느 범위를 지칭하는 말이었을까? 이 물음은 언뜻 보면 이상하게 들릴지도 모른다. 현재의 통념으로 보자면 앞서 언급한 지역 중 오키나와 및 홋카이도는 일관되게 '일본'이었고, 조선 및 타이완은 '일본'이 아니라 일시적으로 '식민지'로 영유領有되었던 지역이다. 그러나 사실 이 구분은 그다지 자명한 것이 아니었다.

예를 들면 홋카이도나 오키나와도 일본의 '식민지'였다고 주장하는 의견이 있다. 메이지明治시기 이전에는 '일본'과는 별개의 '국가國'였고, 침략과 동화정책에 의해 '일본'이 되었다는 주장이다. 침략과 동화정책이 시행되었다는 점에서 조선이나 타이완과 동일하다는 것이다.

그러나 이것과 반대의 시점을 취하는 것도 역시 가능하다. 즉 전전戰前에는 조선인이나 타이완인도 오키나와나 아이누인과 마찬가지로 일본 국적을 가지고 있었고 법적으로는 '일본인'이었다. 이 점은 일본의 진출지역 중 랴오둥遼東반도 조차租借지역이른바 '관동주·關東州'이나 화베이華北 점령지역의 주민이 국적으로는 '중국인'이었던 것과 '만주국'의 대다수 주민'내지인' 및 '조선인' 이외의 사람들에게 일본 국적자가 없었다는 사실과는 다른 것이다. 1930년대 국정교과서에는 오키나와나 홋카이도는 물론 조선·타이완·사할린 등의 주민도 전부 일본 '국민'이었다. 반면 '만주국'이나 화베이 점령지역, 남방 점령지 그리고 국제연맹의 위임 통치령이었던 남양군도 등의 주민에 대해 국정교과서는 앞서의 '국민'과는 다르게 기술하고 있다.[1] 거기에는 현재의 상식과는 다른 '일본인'의 경계가 존재하고 있다.

그러나 동시에 일본 국적을 가진 조선인이나 타이완인이 평등하게 '일본인'으로 대접받고 있었던 것은 아니다. 법제적인 면에서만 보더라도 그들 대부분내지 재주자 이외은 제국의회의 참정권을 갖지 못했으며 초등교육도 무상이 아니었다. 아이누의 경우도 홋카이도 구토인旧土人보호법에 의해 전혀 다른 교육제도가 적용되었으며, 오키나와에 참정권이 부여된 것은 1919년이 되면서부터였다. 법제적인 면 이외에도 일반적인 차별이 심한 것은 말할 것도 없었다. 일본 국적이 있음에도 불구하고 제도적으로도 일반적으로도 차별당한 존재, '일본인'이지만 '일본인'이 아닌 존재. 이들이 바로 '일본인'의 경계에 직면한 사람들이었다.

이 책의 주제는 바로 이 지점에서 설정되었다. 다시 말해 근대일본의 오키

1 海後宗臣, 『日本教科書大系』 近代編 第17巻, 講談社, 1979, pp.489·579.

나와·아이누·타이완·조선을 둘러싼 정책 담론을 검증하고, '일본인'의 경계가 어떻게 설정되어 왔는가를 탐구하는 일이다.

여기서 말하는 '일본' 혹은 '일본인'이란 부동의 실체가 아니라 시기나 상황에 따라 변동하는 담론상의 개념에 지나지 않는다. 어떤 한 무리의 사람들, 예를 들면 오키나와나 조선에 원래부터 살던 사람은 시기나 상황에 따라 '일본인'으로 간주되거나 또한 간주되지 않거나 했다. 그리고 거기에 '그러한 사람들은 진정한 일본인인가'와 같은 물음은 무의미했다. 무릇 '진정한 일본인'의 개념은 엄밀하게 성립할 수 없다. 위에서 서술한 사람들은 전부 국적으로 보면 '일본인'이었지만 동시에 어떠한 형태로든 '일본인'에서 배제되었다. 또한 어떤 한 무리의 사람들 예를 들면 오키나와 주민이 '진정한 일본인'이라는 근거로서 이따금 인류학·언어학·역사학 등 학설이 제기된 적도 있지만, 이것 역시 의미를 이루지 못한다. 왜냐하면 이 책에서 서술하겠지만 이러한 학설들은 오키나와가 일본에 편입된 이후 형성된 것이고, 또한 대일본제국시대에는 조선인 역시 인류학·언어학·역사학 등에 의해 '일본인'의 일부였다고 '입증'되었기 때문이다.

이것에 대해 이 책은 "그러한 사람들은 왜, 어떻게 '일본인'으로 분류되었는가"라는 물음을 제기한다. 보다 정확하게 말한다면, 그것은 "일본이라는 국민국가에서의 정치적 담론은 어떠한 요인과 형태로 일군의 사람들을 '일본인'으로 포섭하고 그렇지 않으면 '일본인'에서 배제하는가"라는 물음이다. 그리고 근대일본의 주변지역 지배를 둘러싼 정책 논리를 다루는 이유는 단순히 일본의 역사를 되돌아보기 위해서가 아니라 국민국가가 '국민'의 경계를 설정함에 있어서의 역학力學 논리를 검증하기 위해서이다.

‘일본’과 ‘식민지’ 그리고 ‘서구’

오늘날 통례에 따르면 조선이나 타이완은 ‘일본’의 ‘식민지’ 지배의 문제로서, 오키나와나 아이누는 ‘일본’ 내부의 지방사 내지는 차별문제로서 대부분 다루어진다. 여기에는 조선이나 타이완은 ‘일본’이 아니고 오키나와나 아이누는 ‘일본’의 일부라는 인식이 암묵적으로 전제되어 있다.

이 전제를 성립시키는 것은 ‘일본’과 ‘식민지’ 사이에 경계를 긋는다는 발상이다. 근래에는 오키나와나 아이누의 문제를 ‘일본’의 ‘식민지’ 지배의 일환으로 간주하는 입장도 있다. 하지만 그것이 ‘일본’의 일부로 분류되고 있는 오키나와나 홋카이도를 ‘식민지’ 쪽에 다시 분류한다는 발상에 입각해서 행해지고 있다면 ‘일본’ 대對 ‘식민지’라는 이항대립 도식이 흔들리지 않는다. 이에 대해 이 책은 ‘일본’ 대 ‘식민지’라는 도식을 성립시키는 것 즉 ‘일본’과 ‘비非일본’ 사이에 경계를 긋는 사고방식 그 자체를 다시 검증하는 것을 목표로 한다.

‘일본’ 대 ‘식민지’라는 도식은 두 가지 의미에서 재검토를 필요로 한다. 첫째 이러한 도식은 이따금 ‘일본’과 ‘식민지’를 구분하는 경계가 선행적이고 고정적으로 존재한다는 전제에서 출발한다. 그래서 동시에 ‘누가 뭐라 해도 일본인은 일본인, 조선인은 조선인’이라고 하는 것처럼 ‘일본’이나 ‘조선’ 등을 구분하는 민족 단위의 경계도 변하지 않는다고 간주된다. 이러한 틀에서 보면 ‘일본’이나 ‘조선’은 한 쪽이 ‘식민지’로서 지배당하는 일은 있어도 민족 내지 국가 단위로서는 영원히 변하지 않는 동일성을 가지고 있다고 생각하기 쉽다. 그러나 근래의 많은 연구자가 주장하듯이 민족이나 국가는 결코 부동不動의 존재가 아니다.

둘째로 이러한 도식은 변경불가능한 경계를 가진 민족 내지 국가를 주체로 한 내셔널 히스토리의 역사관과 결부되기 쉽다. 그렇기 때문에 ‘일본’이나 ‘식민지’ 내부의 복잡함이나 이항대립으로 정리되지 않는 요소가 사상捨象되어 버린다. 예를 들면 '일본에 의한 조선의 식민지 지배'라는 표현으로 역사가 쓰여질 때 '일본'은 지배의 주체 '조선'은 저항의 주체로서 각각 단일한 존재처럼 묘사된다. '조선의 편을 든 일본인'이나 '일본 측에 붙은 조선인'과 같은 존재까지는 상정된다고 해도 그렇지 않은 '일본'이나 '조선' 내부의 상호 대립, 가령 '일본' 내부의 관청 간 대립이나 '조선' 내부의 지역·계급·성별 등의 차이가 경시될 우려가 있다. 또한 '일본'도 '조선'도 아닌 존재 예를 들면 '혼혈'자라든가, '일본' 대 '식민지'의 외부에 있는 '서구'의 영향 등이 시야에 들어오지 못할 가능성도 있다.

이 책은 '일본'이나 '식민지'라는 개념 그 자체를 검증대상으로 삼는다. 여기에서는 담론으로 '일본인'의 경계가 그어질 때 경계의 '안쪽內側'이라고 여겨진 것이 '일본'이 되고, '바깥쪽外側'이라고 여겨졌던 것이 '식민지'가 되었다는 시점에 입각점을 둔다. 그 경계는 논자나 상황에 따라 종종 이동한다. 그래서 '조선'이나 '오키나와'는 어느 때는 '일본'의 일부가 되고 어느 때는 '일본'과는 별개의 '식민지'가 된다. '일본'과 '식민지' 어느 쪽에 분류되는가는 경계의 설정에 따라 결정되기에 '일본'이나 '조선'이 고정적으로 존재하는 것은 아니다.[2]

그렇기 때문에 이 경계설정의 양상을 물어야 한다. 이 책은 아래의 두 가지 사항을 중시하여 분석에 임하고자 한다. 하나는 '일본'이나 '식민지' 내부의 다양성을 의식하는 것이다. 제5장·제10장·제11장에서 기술하듯이 '일본인'의 경계설정 방식을 결정하는 큰 요인의 하나는 '일본' 내부의 분파주의

2 엄밀하게 말한다면, '일본인'뿐만 아니라 '일본'이나 '서구'·'서양'·'동양'은 물론이고, '아시아'·'조선인'·'타이완인'·'오키나와'·'아이누' 등도 모두 구성된 개념이라고 간주해 인용기호(작은 따옴표)를 붙일 필요가 있다. 게다가 '류큐'에 대해서 '야마토'라는 명칭, '아이누'에 대한 '야마토(和人)'라는 명칭도 모두 관계에서 연유한 것에 지나지 않는다. 또한 '식민지'나 '복귀'도 마찬가지다. 그러나 이러한 모든 것에 인용기호를 붙이는 것은 너무나 번잡하기에 표제나 본론 안에서는 주된 검토대상인 '일본인'에만 인용부호를 붙이기로 하고 나머지는 통념에 따라서 사용했다.

sectionalism였다. 가령 타이완이나 조선의 총독부는 관청으로서의 기득권에 개입되는 것을 피해야 했고, 관할대상인 타이완이나 조선을 '일본'에서 분리하려는 지향을 가지고 있었다. 또한 제12장이나 제16장에서는 '오키나와'나 '조선' 내부의 다양성이 피지배 측 지식인에게 미친 영향을 다루었다.

다른 하나는 '일본' 대 '식민지'라는 이원적 문제로서가 아니라 거기에 '서구'라는 제3항을 첨가한 삼원적 문제로 검증하는 것이다. 구체적으로는 주변지역을 둘러싼 정책론에서 '서구'의 존재가 어떻게 영향을 야기했는가를 검증하는 일이다. 이에 대해서는 좀 세세하게 살펴보자.

현재는 잊혔지만 메이지 초기 일본의 지식인이나 정책 담당자들은 일본이 서구 제국諸國에 의해 식민지화되는 것에 대해 강렬한 위기감을 갖고 있었다. 위기감은 주변지역에 대한 정책론에도 영향을 주지 않을 수 없었다. 예를 들면, 마크 피티Mark R.Peattie는 일본의 식민지 획득은 경제적 동기에 의해서가 아니라 서구의 여러 국가의 위협에서 자국을 지키기 위한 전진前進방어지대를 확보하고자 하는 국방상의 동기에서 행해졌다고 지적한다.[3] 이 주장이 정말 적절한가의 여부에는 비판도 있겠고, 무릇 위협을 '느끼고' 있던 것과 실제 위협이 존재했는가는 다른 문제임에 틀림없다. 하지만 이 한 가지 사실만으로도 주변지역 지배의 문제를 검증하는 데에 '서구'의 존재를 고려해야 할 필요성을 엿볼 수 있다.

'서구'의 존재를 생각하면서 일본의 주변지역에 대한 담론 분석틀로서 근래에는 '일본형 오리엔탈리즘'이 알려져 있다.[4] 이것은 '서양'을 '문명=지배

---

3 Mark R. Peattie, 淺野豊美 譯, 『植民地』, 讀賣新聞社, 1996.

4 姜尙中, 『オリエンタリズムの彼方へ』(岩波書店, 1996)가 알려져 있는데, 이것에 선행한 연구로는 *Stefan Tanaka, Japan's Orient*, Berkeley(Univ. of California Press, 1993)가 있다. 강상중은 일본이 '서구'에 대항하기 위한 수단으로서 '아시아'를 조사하고자 했다는 일본 동양학의 논리에 주목하고 있는데, 이 책에서도 검증하겠지만 '서구'에 대한 대항의 여러 양상은 이보다 더 복잡하다.

자'로서 동일시identify하기 위해 침략·관찰·배제의 대상으로서 '야만'적인 '동양'이 산출되었다는 에드워드 사이드의 오리엔탈리즘론을 일본에 응용한 것이다. 오리엔탈리즘의 틀에 따라서 '일본'이 '서구'와 마찬가지로 '문명=지배자'로서 동일시되었다고 가정되었다. 이른바 '탈아입구脫亞入歐' 의식이 일본의 식민지 지배의 배경으로 존재했다는 지적의 연장선상에 놓인 논의라고도 말할 수 있겠다.

그런데 이 '일본형 오리엔탈리즘'만으로는 깔끔하게 설명할 수 없는 점도 있다. 그 하나는 일본을 중심으로 한 아시아 연합으로 '서구'와 대항할 것을 주장한 이른바 아시아주의의 존재이다. 아시아주의는 '일본'을 '아시아'에서 구분하고자 하는 '탈아'론과 대조적으로 '흥아興亞'를 내걸고 있었던 것으로 알려져 있다. 그러나 이 사상도 지배를 정당화하는 일익을 담당했던 것은 주지의 사실이어서 반드시 '탈아입구'만이 지배의 담론이었다고 말하기는 어렵다.

무엇보다도 '일본형 오리엔탈리즘'의 약점은 동화론의 존재를 설명할 수 없다는 것이다. 오리엔탈리즘의 논리로는 지배대상인 '동양'과의 차이가 강조되기 마련이지만 차이의 축소를 주창하는 동화론은 그것에 역행하는 것처럼 보이기 때문이다. 동화란 일본=문명에 가깝게 '문명화'한다는 논리이지만 신사참배를 강요하거나 창씨개명을 '문명화'의 문맥으로 설명하는 데는 무리가 있을 것이다.

이러한 문제를 저자는 사이드의 오리엔탈리즘론 그 자체에 포함되어 있는 난점에서 파생된 것이라고 생각한다. 사이드는 일련의 저작에서 주로 18~19세기의 이탈리아와 프랑스, 그리고 20세기 아메리카의 담론을 검토대상으로 삼고 있다. 더구나 그 가운데에도 오로지 중산계급 이상의 백인남성의 경우만 거론하고 있다.[5] 이것은 다시 말하면 '우리' 이상의 위협이 존재하지 않는 지배자의 담론이라는 대상설정이다.

그러나 근대일본에서는 '서구'라는 '일본'보다 상위의 위협이 존재하는 상황하에서 '일본'보다 하위의 사람들을 지배하는 담론이 형성되어 있었다. 그리고 극동지역에서 황색인종으로 분류되지만 근대문명을 가졌던 식민제국이기도 했던 '일본'은, '서구=문명=백인=지배자'이고 '아시아=야만=유색인=피지배자'라는 세계관이 지배적이었던 당시, 매우 미묘하고 또한 양의적인 위치를 차지하고 있었다.

가령 이 책의 제9장에 기술하는 것처럼 일본 측 논자들은 일본계 이민문제에서 상징된 '서구'로부터의 차별을 비판하면서, 한편으로 주변지역에 대한 지배를 정당화하는 과제를 짊어지고 있었다. 이처럼 '동양'임과 동시에 '서양'이기도 한 양의성을 띤 '일본' 담론을 분석하는데 '서양'과 '동양'이라는 대립도식을 전제로 하는 오리엔탈리즘론을 그대로 응용하는 일은 곤란하다.

덧붙여서 말하자면 이러한 양의적인 위치가 일본에만 있는 특이한 것은 아니다. 예를 들면 오리엔탈리즘론 안에서 후발 제국주의국가였던 독일이나 이탈리아, 러시아 등은 어떻게 위치지어졌는가? 19세기 영국 내부에서도 잉글랜드보다도 하위에 위치했던 스코틀랜드나 웨일즈, 노동자계급의 여성 등은 식민지 지배와 무관했던 것인가? 오리엔탈리즘론은 '문명' 대 '야만'이나 '서양' 대 '동양', 혹은 '남성' 대 '여성'과 같은 이항대립도식을 비판하고 있지만, 그 비판 자체는 이항대립이 선명한 국면에서만 기능할 수 있는 것으로 생각된다.

종래의 '일본' 대 '식민지'라는 도식을 다시 묻고, '일본' 및 '식민지' 내부의 다양성을 의식함과 동시에 '서구'라는 제3항을 첨가하는 것. 이 일은 단적으로 말하면 '지배자' 이상의 '지배자'예를 들면 '일본'에 대한 '서구'가 존재한다는 양의적

---

5 Edward W. Said, *Orientalism*, Georgds Borchardt Inc., 1978; 板垣雄三, 杉浦英明 監修, 今澤紀子 譯, 『オリエンタリズム』(平凡社, 1986) 외에 에드워드 사이드의 *Culture and Imperialism*(New York, Alfred A. Knopf, 1993)도 거의 같은 경향에 있다.

인 사례에서 어떤 지배의 담론이 형성되었는가를 검증하는 사례연구이기도 하다. 이것은 국제관계에서만 말할 수 있는 건 아니다. 가령 '일본'의 하위지역이었던 도호쿠東北지방(말하자면 19세기 영국에 있어서 스코틀랜드에 해당하는) 출신자나 번벌藩閥 세력에서 소외된 민권파 등이 조선·타이완 등에 어떻게 대응했는가를 묻는 것은 '일본' 내부의 다양성을 의식하는 작업이자 동시에 '지배자' 이상의 '지배자'가 존재한다는 양의적 사례가 되는 것이다.

'포섭'과 '배제'

이상과 같은 문제의식에서 이 책은 다음과 같은 연구대상과 검토방법을 채택하고자 한다.

이 책은 '일본'의 영역 변동 — 침략이나 '복귀' 등 — 에서 '일본인'의 경계설정을 둘러싼 정책론의 담론을 연구대상으로 한다. 구체적으로는 오키나와와 홋카이도가 근대일본에 편입된 메이지시기의 오키나와론 및 초기 아이누 정책론에서 대일본제국시대의 조선·\론을 거쳐 제2차 세계대전 후의 오키나와 복귀를 둘러싼 논의까지를 다룰 것이다.

이 책의 대상설정이 다소 광범위한 점은 분명하다. 하지만 특정 시기나 특정 대상가령 류큐처분 등을 검증하는 데 '일본인'의 경계설정에서 볼 수 있는 일반적인 법칙성을 찾을 수 없다. 반면 여기에서는 '일본'의 영역변동을 동반하지 않는 '일본인'의 경계 문제, 요컨대 귀화나 국적취득, 외국인노동자, 전후 재일한국인·재일조선인정책 등은 제외했다.

정책론을 논의하는 데 있어서 이 책이 중시하는 분야는 교육과 법제이다.[6] 교육은 '국어'교육 등을 통해 현지인들을 '일본인'으로 개조시켜 가는 문화

6 이 책은 근년에 주목받고 있는 위생 정책을 필두로 한 사회정책과 경제정책 등에 관한 논의와 분석에 대해서는 기본적으로 검토에서 제외하고 있다.

통합정책이다. 또한 법제는 국적이나 호적 등 '일본인'의 신분 규정과 관련이 있을 뿐만 아니라, 참정권으로 대표되는 '일본인으로서의 권리' 유무를 결정하는 것이다.

그리고 정책론에서 '일본인'의 경계설정을 둘러싼 논의는 구체적으로 보자면 다시금 영유된 지역에 동화정책을 행할 것인가의 여부를 논의하는 형태로 나타났다. 예를 들어 이 책 제1장에서 논하겠지만 일본이 메이지 초기에 류큐를 편입했을 때 이 지역을 '일본'화하는가, 그렇지 않으면 세력권 아래 보호령으로 삼을 뿐 '일본'화하지 않을 것인가와 같은 논의가 이미 존재했다. 이런 논의는 그 후 타이완과 조선의 통치에서 다시 반복되었다.

그리고 당연히 교육정책에서의 '일본'화란 '국어' 교육이나 일본문화의 주입, 그리고 국가와 천황에 대한 충성심 육성과 같은 오늘날 동화정책이라고 부르는 것을 의미한다. 다시 말해 이런 동화정책을 채택할 것인가의 여부에 대한 논의는 '식민지' 통치의 수법을 논했다기보다 그러한 지역을 '일본'에 포섭할 것인가, 그렇지 않을 것인가의 선택을 논한 것이라고 간주할 수 있다.

나아가 교육에서 동화정책의 중요한 일환으로 역사관의 개조론이 부상했다. 왜냐하면 근대국민국가에서 '국민'은 공통의 '국어'나 공통의 문화 그리고 공통의 충성대상뿐만 아니라 공통의 역사를 가진 집단으로서 창조되기 때문이다. 그렇기 때문에 '국어'교육과 일본문화의 주입, 천황을 향한 충성심 육성뿐만 아니라 '일본인'으로서 공유해야 하는 공인된 역사관을 교육하는 일이 '일본인'에의 동화정책에서 없어서는 안 된다.

교육에서의 '일본'화가 '국어'교육이나 역사관의 개조 등이라면 법제적인 '일본화'는 일본 본토의 법제를 현지에 적용한다는 형태를 취하며 등장했다. 예를 들어 '창씨개명'으로 잘 알려진 조선민사령朝鮮民事令의 개정은 단순히 일본풍 이름을 조선인에게 강요하는 것이 아니라, 그때까지 조선의 가족제도를 전제로 했던 친족법규를 '내지'의 민법으로 규정된 가족제도에 가깝게 변화시키는 것이었다. 그리고 현지의 관습을 온존溫存하고 재래在來 지배층의 협력을 확보해 지배하고자 하는 간접통치 노선과, 현지의 관습을 대신해서 일본의 법체계를 적용시켜가는 동화노선의 대립 또한 이미 류큐처분 시기부터 존재하고 있었다.

또한 법제에서의 동화는 참정권의 경우 '일본' 내부의 다른 부현府縣과 마찬가지로 그 해당 지역에서 중앙의 제국의회에 의원을 선출하는 형태로 표현되었다. 그것에 대해서 해당 지역을 '일본'에서 제외한 형태로 참정권이 존재하는 방식은 '일본'과는 별개의 '식민지'로서 자치를 유지시켜야 한다는 주장으로 등장했다.

편입된 주변지역을 논한 담론을 분석할 때 그 지역을 '일본인'의 경계 안쪽에 위치짓는 것을 '포섭', 바깥쪽에 위치짓는 것을 '배제'라고 이름 붙이겠다. 굳이 대립적으로 도식화한다면 그 정치적인 표현은 다음과 같다.

포섭	국민교육, 국내법 적용, 국민참정권
배제	'구습' 온존, 식민지 '자치'

다시 말해 이념형으로서의 '포섭'이란 편입된 주변지역을 '식민지'가 아닌 '일본'의 일부로 위치 지으려는 것이고, 그 주민을 '일본인'으로서 '국민'통합의 대상으로 삼는 것이다. 이에 비해서 이념형으로서의 '배제'는 문화적으로 정치단위로 주변지역을 '일본'과는 별개의 '식민지'"비일본" 위치짓는다. 이러한 '포섭'과 '배제'는 대일본제국의 논자들이 '일본'이라는 상상 위에 '우리'라는 정체성을 구축할 때 주변지역을 '우리' 측으로 포섭할 것인가, 그렇지 않으면 '그들'로 배제할 것인가의 선택을 시행하고 그것이 정책론이 되어 드러난 것

이라고 말해도 좋다.

근대일본의 주변지역 정책론에서 '식민지''비일본' 경계를 긋는 형태로 '일본인'을 부각시키는 '배제'의 주장이 발생하는 것은 쉽게 이해할 수 있다. 그렇지만 주변지역을 '포섭'한다는 동화론의 존재를 어떻게 해석해야 할 것인가. 당시 일본정부나 논자들이 주변지역의 원주자原住者를 평등하게 '일본인'으로 통합하고자 했다는 식의 설명은 차별과 지배의 사실에 비추어 볼 때 도저히 성립할 수 없다. 또한 동화정책 주장이 단순히 명목에 불과하다고 간주하는 것도 무리이다.

이 점에 대해 동화론이 제기됐던 요인으로 '일본' 대 '식민지'라는 도식의 외부에 위치하고 있는 다른 하나의 타자 즉 '서구'의 존재라는 설을 제시하고 싶다. '식민지'라는 '그들'을 배제해 '일본'이라는 '우리'를 구축한다는 노선 외에, '서구'라는 '그들'에 대항해야 할 '일본'이라는 '우리'를 확장한다는 노선이 존재했던 것이다.

주변지역에 대해서 '일본'이 '포섭'과 '배제'를 교육과 법제에서의 동화정책의 시비是非라는 형태로 정치적으로 표현되었다면, '서구'에 대해서는 외교와 국방을 그 정치적 표현으로 사용했다. 앞서 기술했듯이, 메이지시기의 '일본인'들은 '서구'의 식민지가 되는 것에 위기감을 강하게 갖고 있었고, 그 위기감은 국방을 국가의 최우선과제로 자리매김하는 주장으로 나타났다. 이 경향은 1945년, 대일본제국이 붕괴하기 전까지 단속적斷續的이면서 동시에 지속적이었다. 여기서는 '국방'에의 치우침bias이 어떠한 형태로 주변지역에의 정책론에 반영되었는가에 주목하고자 한다.

반복해서 말하자면, 주변지역에 대한 정책론이란 그들 지역의 원주민을 포섭하는 형태로 '일본인'의 경계 설정을 둘러싼 논의였다. 바꾸어 말하면 '일본인'을 어떻게 동일시할 것인가에 대한 논의였다. 그런 가운데 '일본인'

의 정체성 의식이 동화정책의 시비是非, '국어' 교육이나 역사관의 개조, '구관·旧慣' 유지의 시비, 참정권의 형태 등 논의나 '서구'에 대해서 국방을 강조하는 주장 등의 형태로서 정치성을 띠면서 표현되었던 것이다. 이 책은 이상과 같은 관점에서 주변지역에 대한 정책론, 즉 "정치적 언어로 표현된 '일본인'의 경계와 그 흔들림"을 검증하려고 한다.

'정치적 언어'와 '표현될 수 없는 것'

근래에 유난히 식민지 지배를 둘러싼 담론분석이 왕성하게 일어나고 있다. 이 책은 그러한 연구동향과 맥을 같이하면서도 지식인의 담론뿐만 아니라 정치가의 발언, 관청의 내부문서, 현장교원의 의견, 의회의 심의록 등을 대상으로 한다. 관청문서나 의회심의 혹은 법령 등은 이른바 '국가를 말하는 언어'로, 엄밀하게는 '현실' 그 자체가 아니지만 이른바 담론이 '현실'에 영향을 끼치는 접점으로 중요한 자료라고 여겨지기 때문이다.[7]

이러한 정책론, 즉 "정치적 언어로 표현된 '일본인'의 경계와 그 흔들림"을 검증할 때, 이 책에서는 "어떠한 형태로 정치적 언어가 구성되었는가"와 "그러한 언어에 의해서 표현될 수 없었던 것은 무엇인가"에 유념하고자 한다.

사람들을 '일본인'의 경계 안쪽에 위치 지을 것인가, 그렇지 않으면 바깥에

7 담론이 '현실' 그 자체가 아닌 것은 말할 필요도 없다. 논단에서의 민족론의 검토에서 오구마 에이지의 전 저서인, 『單一民族神話の起源』(新曜社, 1995)은 식민지 지배의 현실이나 정책적 이념을 논할 수 없다는 비판을 받았다. 이 점에 대해서는 저자도 알고 있다. 오해를 초래할 수 있는 표현이 있었다고 한다면 비판을 감수할 수밖에 없다. 하지만 저자가 전 저작에서 의도한 것은 민족론에서 드러난 '일본인'의 집합적 아이덴티티의 양상이 지배의 관계 안에서 어떻게 영향받았는가, 또한 그것이 어떠한 형태로 동화정책 내지 비동화정책의 '논(論)'을 구성했는가를 분석하는 것이었지 '식민지정책' 그 자체를 검토한 것은 아니었다. 이 책은 법령이나 관청의 의견서 등을 포함한 정치적 담론을 검토하고 있다. 이것이 지배나 차별의 '현실'과 어떻게 결부되어 있는지에 대해서 엄밀하게는 다른 별개의 연구에서 행해져야 한다. 가령 법문에 쓰인 단어는 '현실'에 크고 많은 영향을 야기하지만, 그렇다고 해서 피지배 측이 느끼는 지배의 '현실'이 법문상의 표현과 일치한다고 한정지을 수 없음도 자명하기 때문이다.

위치 지을 것인가. 이는 이론으로 보자면 양자택일의 문제다. 그것은 정치적 언어의 표현으로 보자면 앞에서 서술한 '포섭'과 '배제'의 정책론으로 나타난다. 따라서 이 책에서는 이런 '포섭'과 '배제'의 언어가 어떤 형태로 구성되었는지를 검증함과 동시에 그러한 양자택일의 언어 표현에서 누락된 부분까지도 배려하고자 한다.

그러한 부분을 중시하는 이유는 실제 당사자들이 양자택일의 언어로 해결되지 않는 불균형ambibalance을 갖고 있기 때문이다. 가령 '일본인'으로서의 평등을 원해도, '일본인'으로 동화되는 것은 거부하는 지향을 갖는 피지배자가 자기의 입장을 표현하고자 했을 때 '정치 언어'가 '포섭'과 '배제'의 틀 내에만 존재하는 것이 아니라 기존 언어로 표현될 수 없는 것을 포괄하게 된다.

이렇게 '표현될 수 없는 것'을 포괄하면서도, 한정된 '정치적 언어'에 의해서만 표현할 수밖에 없는 상황에서 발생하는 현상에 대해서 이 책은 '정치적 언어'가 사용자의 입장이나 사용된 문맥에 따라 어떤 의미나 해석을 부여할 수 있는가를 중시하고자 한다. 가령 같은 '일본인'이라는 말을 사용하는데도 불구하고, 지배 측과 피지배 측이 각자 다른 의미를 가지고 '일본인'의 해석을 둘러싸고 논쟁하는 경우를 다수 발견하기 때문이다.

원래 피지배 측은 자기의 바람을 표현하는 것에 많은 곤란함을 갖게된다. 그들이 이전부터 쭉 사용하고 있던 어휘에는 '근대적'인 '정치적 언어'가 없다. 따라서 '근대적'이라고 인지될 수 있는 형태로 표현하려면 지배 측이 사용하는 '정치적 언어'를 빌릴 수밖에 없다.

'일본'의 지배를 받은 동아시아권의 경우 저항운동 사상은 당초 '전통적'인 유교 언어에 기대어 말해졌다. 1920년대 이후로는 '서양'에서 도입한 민족자결이나 사회주의 등의 언어로 말해지는 일이 많았다. 따라서 그들이 일본 측이 사용한 정치적 언어를 사용하지 않으면 안 되는 입장으로 내몰릴 필연성은 '서양'에 의한 식민지 지배의 여러 경우보다 조금 적었다. 그렇다고는 해도 이 책 제3부에서 보겠지만 일본 측이 사용한 정치언어—가령 '일시동인一視同仁'론이나 식민정책학 등—의 해석을 바꾸어서 지배 측과는 다른 의미를 담은 표현으로 삼았던 사례도 적지않게 존재한다.

사실 지배 측도 이런 불균형을 안고 있었다. 이에 대해서 뒤에서 살펴보겠지만 지배 측의 통치정책론도 기본적으로는 '포섭'과 '배제'의 틀에 놓여져 있었다. 사실 정착된 통치정책은 '포섭'이라고도 '배제'라고도 할 수 없는 형태가 되었다. 그 원인은 무엇보다도 '포섭'이나 '배제'와 같은 양자택일의 분류 틀에 기초한 통치정책에서는 지배 측이 갖고 있는 다양한 그리고 이따금 상호 모순된 바람을 충분히 만족시킬 수 없었기 때문이다.

독자는 이 책의 기술을 통해서 지배 측과 피지배 측이 함께 공통의 정치언어를 사용하면서도 동시에 각각 그 언어로 깔끔하게 표현할 수 없는 부분을 포함하면서, 언어의 해석을 둘러싸고 투쟁하는 사태를 보게 될 것이다. 이 책의 구체적인 구성은 아래와 같다.

우선 제1부에서는 류큐처분·오키나와 교육, 아이누정책 그리고 타이완과 조선의 영유 초기 정책론을 검증한다. 이를 통해서 법률 등을 포함한 '정치언어'의 틀이 완성되어 가는 경위를 검토한다. 제2부에서는 그렇게 완성된 틀이 위기와 비판에 노출되고, 개혁을 시도하는 모습, 그러다 결국 좌절하고 마는 경위를 검증한다. 제3부에서는 그러한 틀 속에서 거둬들인 피지배 측의 동향을 중심으로 지배 측과의 항쟁을 그린다. 제3부 최종장인 제17장은 내용적으로는 제2부에 들어갈 성격의 것이지만 시계열時系列적인 문맥에서 제3부에 수록했다. 그리고 제4부에서는 전후 오키나와 복귀운동에서의 정책론을 분석한다.

이 책은 이른바 '오키나와 문제'나 '식민지 지배'의 개설서가 아니다. 그렇기 때문에 역사적으로 중요하다고 여겨지는 문제일지라도 언급되지 않는 경우가 적지 않다. 가령 이 책은 피지배 측의 동향 중 민족자결론에 의한 독립운동에 대해서는 분석 대상에서 배제했다. 그러한 운동은 '자신들'을 비'일본인'으로 규정하고 있었기 때문에 결과적으로 '일본인'의 경계를 흔들 수 없었다. 여기서는 자신들이 어떠한 형태로든 '일본인'임을 계속 인식하고, 그 '일본인'의 틀을 변경하도록 압박한 입장, 가령 '자치 획득 운동'이나 '다원주의 구상' 등을 다루고자 한다.[8] 이 책에서 다룬 대상은 물론 한계도 있지만, 대표적인 사례를 선택했다고 이해해주기 바란다.

덧붙여 '내지'·'본토'·'일한병합日韓併合'·'일선동조론日鮮同祖論' 등의 역사적인 호칭을 그대로 사용하고, 인용문 중 지금 보기에 부적절한 표현도 있을 수있는데 이는 사실성을 위해 그대로 사료史料로 남겨두었다. 이해해주기 바란다.

용어설명

이 책에서 사용된 법률 및 통치기구 용어에 대해서 약간의 해설을 붙여두기로 한다.

대일본제국은 천황에게 주권이 있기 때문에 입법도 천황이 행한다. 다만 입헌군주제 원칙에 따라 헌법의 규정에 의해 입법부인 제국의회의 심의와 의결협찬을 거친 다음이 아니면 '법률'이 제정될 수 없다. 그러나 대일본제국에서는 그러한 '법률'을 포함해 아래의 4종류의 '법'이 있었다.

법률法律 의회의 협찬을 거쳐 제정된 것.

8 이렇게 대상을 한정하는 방법에 대해서 이론(異論)의 여지도 있을 것이다. 대저 온건파 내지 '친일파'의 담론만으로 피지배 측이 대표된다면 문제가 당연히 있을 수밖에 없다. 그러나 이 책은 피지배 측의 모든 것을 묘사하는 것을 테마로 설정하지 않고 어디까지나 '일본인'이라는 개념의 재검토에 목적을 두고 있을 뿐이다.

칙령勅令 헌법 규정에서는 의회폐회기에 의회의 협찬을 거치지 않고 천황의 명령으로 발하는 것. 차기 회의의 승낙을 거쳐 준'법률'화되는데, 승낙을 얻을 수 없는 경우에는 효과를 상실한다.긴급칙령

율령律令 행정관인 타이완총독이 제국의회의 협찬을 거치지 않고, 관할 내에서 발하는 명령. 칙령과는 달리 의회의 사후 승낙을 얻을 필요가 없다. 입법기관의 협찬을 거치지 않기 때문에 정규正規에는 '법률'이 아님에도 불구하고 '법률의 효력을 갖는다'고 규정되어 있는 '사실상의 법률'이다. 이 규정이 위헌인지의 여부가 문제가 된다.

제령制令 타이완 총독과 마찬가지로 조선총독이 발한 '사실상의 법률'이다.

원칙적으로 내지에는 '법률'과 '칙령'이, 타이완에서는 '율령'이, 조선에서는 '제령'이 시행되었다. 이것은 내지에서의 입법권은 제국의회가 조선이나 타이완의 '사실상의 입법권'은 총독이 쥐고 있었음을 의미한다.

또한 1919년부터 1936년까지 타이완을 제외하고 군인 총독이 취임했는데, 실무를 담당하는 보좌역으로 타이완에서는 문관인 민정장관초기에는 민정국장관, 후에는 총무장관이라고 개칭, 조선에서는 같은 정무총감이 총독 밑에 있었다.

전후 오키나와에서는 오키나와인의 자치정부인 류큐정부초기에는 '오키나와민정부'로 존재가 있었으며 한편으로 미국 군인을 수장으로 하는 류큐민정부초기에는 '류큐군(軍)정부'가 설치되어 있었다. 류큐민정부는 사실상의 '류큐총독부'였고, 총독에 상당하는 군인 민정부장관民政副長官, 후에는 고등변무관(高等弁務官)이 있었고, 고등변무관 아래에는 보좌역으로 문관인 민정관이 있었다. 민정부장관고등변무관 역시 미국의회의 의결을 거치지 않는 '사실상의 법률'인 '포령布令' 등을 발포할 수 있는 권한을 갖고 있었다.

제1부

일본인의 경계 창출과 정치 언어

제1장

류큐처분

'일본인'에의 편입

1872년, 즉 4년 전에 정권을 장악한 메이지 정부는 서남쪽에 있는 한 왕국을 병합했다. 류큐왕국琉球王國이라는 나라는 7년 후에 오키나와현沖繩縣으로 개명되어 대일본제국의 하나의 현이 되었다.

여기에서는 류큐처분處分이 일어난 과정에서 류큐인들이 어떻게 '일본인'으로 규정되어 갔는지를 검증하고자 한다. 그리고 그 경위가 이후의 타이완·조선 등에 대한 '일본인' 확장의 원형原型의 일단임을 보여주게 될 것이다.

'국내 인류人類'에의 통합과 배제

류큐왕국은 메이지 초두에 일본에 편입되었지만, 이 왕국은 근대적인 의미에서의 독립국가는 아니었다. 19세기까지 동아시아에는 근대적인 주권국가와는 다른 국제원리인 이른바 조공책봉관계가 존재했다. 거기에는 중국황제로부터 승인을 받은 왕들이 각지에 존재했다. 조선이나 월남베트남의 왕과 나란히 류큐의 왕도 그 한 사람이었다. 그들은 중국의 황제에게 정기적인 조공을 바치거나 중국력中國曆을 사용하는 등, 정치적·문화적 귀복歸復에 대한 의지 표시를 의무로 가졌다. '왕국'들은 중국황제가 통치하는 '제국'에 귀복하면서 어느 정도의 한정된 자치를 보전할 수 있었다.

1609년, 일본의 지방 다이묘大名였던 사쓰마薩摩는 류큐왕국을 침공하여 실질적인 지배 아래에 두었다. 그러나 사쓰마는 류큐왕국을 폐하지 않고, 이전과 마찬가지로 중국력을 사용하도록 했고 중국에 계속 조공을 바치게 했다. 조공책봉관계에서 보자면 황제의 권위를 드러내기 위해서 중국은 조공국에게 많은 답례품返賜物을 주었기 때문에 일종의 무역관계가 성립되어 있었다. 때마침 일본은 도쿠가와德川 정권에 의해서 쇄국이라는 무역관리체계로 들어갔던 때였으므로, 사쓰마는 류큐를 경유해서 중국 물산을 입수하여 중계무역을 담당했다. 사쓰마는 이러한 중계무역과 사탕을 필두로 한 류큐의 물산을 수탈함으로써 경제를 윤택하게 했고, 그 자본을 바탕으로 메이지유신의 원동력이 될 수 있었다.

이런 식으로 류큐는 사쓰마에 실질적으로 지배받으면서도 왕국으로서 계속 존재했고, 다른 한편으로는 중국에 귀복하는 이른바 '일지양속상태日支兩屬狀態'였다. 게다가 사쓰마는 류큐왕국을 유지하고 일본과의 차별을 확실히 하기 위하여 류큐인이 일본풍속和風俗으로 동화하는 것을 금지했다. 근대적인 국제질서 개념에서 보자면 기이하다고 말할 수 있는 '양속兩屬'이 근대국가 시스템이 도입되기 이전인 동아시아에서는 가능했다. 19세기 중반이 되자 서구의 여러 나라들은 동아시아 지역에까지 진출했다. 그에 대한 반응으로서 메이지 정부가 근대국민국가로 탈피하기 시작했을 무렵, 구질서의 유산이었던 류큐왕국의 양속상태는 새로운 원리를 토대로 재편되었다. 그것은 바로 류큐인이 '일본인'에 포섭되는 과정에 다름 아니었다.

하지만 그 통합 과정이 일직선적이었던 것은 아니었고 다분히 굴절을 내포하고 있었다. 메이지 원년인 1868년, 정권을 막 잡은 메이지 정부는 류큐왕부王府에 메이지 개원改元에 관한 태정관령太政官令을 전달하고, 류큐통합의 의사를 표시했다. 그렇지만 사쓰마의 입장에서 보면, 류큐왕국은 사쓰마의 귀중한 자금원이었다. 1871년에 있었던 본토의 폐번치현廢藩置縣에 즈음해 가고시마번鹿兒島藩, 사쓰마번의 후신은 류큐를 옛날의 양속상태 그대로 둘 것을 주장했다. 류큐는 한동안 왕국 그대로인 채로 가고시마현鹿兒島縣의 관리지가 되었다. 1872년에 사쓰마에 종속된 상태로 왕부王府를 유지하는 류큐번藩이 설치되었다. 류큐왕인 상태尙泰는 번왕藩王이 되었고, 동시에 본토의 구번주旧藩主들과 함께 일본의 화족華族이 되었다. 그리고 모두冒頭에서 썼듯이 류큐왕국이 폐지되어 오키나와현으로 대일본제국에 완전히 편입된 것은 7년 후인 1879년의 일이다.[1]

이리하여 10년 이상에 달하는 잠정暫定 기간을 거쳐 류큐는 대일본제국에 통합되었지만, 이 사이에 일본 측에도 통합에 대한 반대론이 있었다. 왜냐하면 류큐의 섬들은 영토로서 매력을 주기에는 지나치게 적었고, 또한 사쓰마는 양속상태를 이용하여 많은 이익을 올렸지만, 류큐왕국을 없애 버리면 그 이점을 잃게 되기 때문이다. 초기 메이지 정부는 군사·교육·경제 등 기타 근대화 정책에 막 착수했을 뿐으로 재정적 여유가 전혀 없어, 각지에서는 농민이나 사족士族의 반란이 빈번하게 일어났다. 이러한 상황 속에서 아주 먼 곳의 소군도小群島에 불과한 류큐에 당시 부족했던 군대나 경찰, 관료나 교사 등을 보내어, 청淸나라를 포함한 국제적 마찰을 각오하면서까지 영유領有를 단행할

1 류큐처분에 대해서는『新沖繩文學』38号(1978)에서 특집으로 마련되었는데, 이 외에도 1979년 이전의 연구는 橫山學 編,『琉球所屬問題關係資料』제1권(本邦書籍, 1980)에 리스트로 잘 정리되어 있다. 처분 및 그 시기의 논조를 둘러싼 연구로는 禁城正篤,『琉球處分論』(沖繩タイムス社, 1978); 我部政男,『明治國家と沖繩』(三一書房, 1979);『近代日本 沖繩』(三一書房, 1981); 比屋根照夫,『自由民權思想 沖繩』(硏文出版, 1982); 邊土名朝有,「琉球處分」(鹿野政直·由井正臣 編,『近代日本の統治と抵抗』, 日本評論社, 1982); 安岡昭男,「明治前期官邊の沖繩論策」(『沖繩文化硏究』10号, 1983); 山下重一,「琉球處分槪說」(『國學院法學』27巻4号, 1990) 등이 있다. 그러나 이 글들은 교섭에서의 '일본인'의 경계설정이라는 시점에서 논해진 것은 아니다. 또한 좌원(左院)의「國內の人類」회답이나 마쓰다(松田)의 사론(史論)에 대해서는 大田昌秀,「伊波普猷の思想とその時代」(外間守善 編,『伊波普猷 人と思想』, 平凡社, 1976) 등에도 소개되어 있다. 하지만 류큐왕국 유지론이나 서구관념의 관계는 논해지지 않았고, 청일 및 중개교섭에서의 역사론 등에 대한 언급이 없다. 또한 이 장(章)에는 류큐의 사족에 의한 구국운동 등이 검토에서 배제됐다. 덧붙여 이 장에서 인용한 사료의 원문은 모두 한자 가타가나문이다.

만큼 메리트가 있는지의 여부는 비용론에서 말하자면 의심스럽기 짝이 없었기 때문이다.

예를 들어 류큐번이 설치된지 3년이 지난 1875년에는 류큐방기론放棄論까지 논단에 등장했다. 『유빙호치신문郵便報知新聞』에 게재된 이 논설은 "류큐를 복속하고자 무익無益하게 노자勞資를 쓰는" 것은 "정부의 공명을 좇아"하는 행위에 불과하고, '내국內國'의 시정施政에 전력을 기울이기 위해 "어린애 같은 호공好空의 마음을 억누르고, 류큐를 버리는 것도 가可하고, 에조蝦夷도 팔아야 한다"고 주장했다.[2] 확실히 이 논설에는 오키나와나 홋카이도는 '내국'에 포함되어 있지 않았다.

이러한 논조는 정부 부서 내에도 존재했다. 1875년 내무성에서 류큐번 출장소에 파견되었던 가와라다 모리요시河原田盛美라는 관리는 류큐왕의 폐지가 "완급득실緩急得失을 헤아리지 못한 우책愚策"이라고 형용하는 의견을 제출했다. 그 이유는 류큐를 일본의 일부로서 근대화하는 데는 상당한 곤란과 비용이 예상되고, "원해遠海 고도孤島의 무엇으로써 정부의 막다한 자금洪費을 메울 것인가", "득실을 곱하고 나눠봄에 그 비경제성을 면할 수 없다"는 것이었다.[3]

류큐왕국 폐지를 반대하는 논의를 보면 비용 외의 동기도 존재했다. 그것은 류큐에 대한 차별의식이었다. 류큐왕국을 폐하고 현으로 삼는 것은 류큐인을 '일본인'으로 국가에 편입하는 것을 의미했다. 역으로 말하면 그들을 '일본인'에서 배제하기 위해서는 류큐왕국을 유지하는 편이 좋다고 할 수 있다.

이러한 동기에서 나온 반대론으로, 류큐번이 신설된 직후인 1872년 6월 당시의 입법기관인 좌원左院이 정부에 제출한 회답을 들 수 있다. 앞서 언급했듯이 일본정부 특히 외무성은 류큐를 번으로 제국에 편입하고, 류큐왕을 구

2 芝原拓自·猪飼隆明·池田正博 校注, 『日本近代思想大系』 第12巻, 岩波書店, 1988, p.420.
3 河原田盛美, 「琉球備忘錄」, 琉球政府 編, 『沖縄縣史』 第14巻, 琉球政府, 1965~1977, p.240.

번주와 마찬가지로 화족華族으로 삼는 구상을 제출했다. 좌원은 이에 대해서 '류큐국왕은 류큐의 인류人類임으로 국내의 인류와 동일하게 섞일 수 없다'고 답했다. 이렇게 류큐왕을 '일본인'에서 배제하면서도, 류큐왕국을 폐지하지 않고 '속국'으로 종래의 양속체제 그대로 일본에 편입시킨다면 청淸나라와의 마찰도 피할 수 있다고 좌원 측은 주장한 것이다.[4]

이러한 인식이 반드시 정부 내에서 소수파였다고 말할 수는 없다. 후술하겠지만 최종적으로 류큐처분을 집행한 처분관인 마쓰다 미치유키松田道之조차, 류큐왕국을 폐지해도 경제적으로는 적자赤字 상태가 반드시 도래할 것이라고 명확히 밝히고 있고, 오쿠마 시게노부大畏重信나 기도 다카요시木戶孝允도 류큐인은 '일본인'이 아니라고 주장하고 있기 때문이다. 폐번 당시 내무경이었던 이토 히로부미伊藤博文도 이러한 의견을 근거로 가능하다면 왕국 그대로 일본에 종속시키는 편이 좋다고 쓰고 있을 정도였다.

그렇다면 메이지 정부는 왜 류큐처분을 단행했을까. 류큐처분 반대론이 경제적 비용이나 차별의식이라는, 말하자면 일본과 류큐의 관계에서 제창되고 있었던 것에 반해서 처분추진론은 서구에 대한 국방國防 입장을 고려하는 상황에서 성립되었다.

당시 일본은 유럽열강의 아시아 식민지화 위협 속에서 국경확정과 주변방어의 필요에 쫓겼다. 열강에 비교해서 군사력에서 압도적으로 열세劣勢였던 일본 입장에서, 가능한 한 본국에서 멀리 떨어진 곳에 국경선을 그어 국방거점을 확보하는 것이 바람직했다. 이미 북방에서는 막말부터 대對 러시아 국방거점으로서 홋카이도를 확보하는 일이 진행되고 있었지만 남방의 준비는 류큐처분으로 간신히 착수되었던 것이다. 이는 제3장에서 자세하게 후술할 것이다.

---

4 下村富士男 編, 『明治文化資料叢書』 第4卷, 風間書房, 1972, p.9. 이하 이 회답에서 나온 인용은 모두 같은 페이지에서 따왔음을 밝힌다.

1872년 5월 대장대보大藏大輔 이노우에 가오루井上馨는 류큐 영유領有를 주장하는 건의를 올렸다. 그가 제시한 류큐 영유의 이유는 '종전의 애매한 누철陋轍을 일소하여' 국경선을 확정하고, 류큐를 일본 방위상의 '요충지' 즉 "황국의 한병翰屛"으로 확보하기 위해서였다.[5] 외무성이 류큐 편입을 주장한 것도 타이완사건을 계기로 한 외교관계 때문이었다. 또 같은 시기에 육군대보陸軍大輔 야마가타 아리토모山縣有朋도 류큐처분에 관해 건의한 일은 잘 알려져 있다. 아주 작은 섬에 불과하지만 류큐는 지세에서 보자면 일본 본토·타이완·중국 대륙의 중간에 위치하고, 해상교통의 기지로서 간과할 수 없는 존재였다. 조금 뒤의 일이지만 류큐왕국이 폐지되기 2년 전인 1877년에 외무경 대리代理인 모리 아리노리森有禮가 초역抄譯해서 우대신右大臣 이와쿠라 도모미岩倉具視에게 제출한 영국인 밸푸어Balfour의 논설은 류큐의 군사적 가치를 더 명확히 말하고 있다.[6]

> 실로 류큐처럼 그 지위가 지편至便을 점하고 있는 군도群島를 가지는 것은, 일단 유사시 대국大國을 위해 대단히 편익하다는 점은 논의할 것도 없는 바로서, 지금 설치하여 우리 영국이 이와 같은 군도를 얻어, 병사戌兵를 두어 태평양의 중돈답中屯剳의 장소로 삼는다면, 동양에서의 영국의 지위는 몇 걸음 앞으로 나아갈 것이다. 그런데 지금 일본 내국의 여러 신문을 살펴보면, 그 나라 인민의 심정을 보면 크게 이것과 상반되는 것 같다. 『호치신문報知新聞』은 자못 글을 교묘하게 해서 류큐를 관할하는 비용이 많이 드는 것을 개탄하는 한 편의 논설을 실어, 의문을 제기했다고 한다. 류큐섬을 소유하면 일본에는 어떤 이익이 있을까, 내국의

5 Ibid., p.8. 야마가타 아리토모와 류큐처분에 관해서는 安岡昭男, 「山縣有朋と琉球處分」, 『政治經濟史學』 312号, 1992 참조.

6 琉球政府 編, op. cit. 第12巻, p.235.

> 공조貢租를 감소시키는 것일 따름이다. 주둔병을 두고 그 섬을 방위하면 어떤 실리가 있는가, 영국·러시아·포르투갈·프랑스가 일본에게 공포감을 갖기에 족하다. 이 마지막 발언末題이 결코 그렇지 않음을 우리도 믿는다.

당시 신문의 류큐방기론에 대해서 영국을 필두로 서구 열강이 류큐를 점령한다면, 유력한 군사기지를 그들에게 주게 된다. 그렇기 때문에 다소의 비용은 도외시하더라도 양속상태를 바꾸어서 류큐를 확보하지 않으면 안된다. 류큐방기론에 반대하는 이 주장은 명백했다.

그러나 서구의 위협을 의식한 류큐처분 추진론은 앞에서 서술했듯이 좌원의 처분반대론 등과 대조적인 서구관을 갖고 있었다. 이들은 류큐를 양속상태 그대로 둬도 '동서양 각국에 있어서 우리가 신의로서 공공연한 교제를 가진다면 그들도 마찬가지로 그 신의를 훼손하면서 우리 소속의 토지를 범할 리 없다'고 인식했다. 또 좌원의 회답은 동시에 '황국은 동서양에 일반적으로 알려진 바의 제국'이고, 그렇기 때문에 '그 아래에 왕국이 있고 제후국侯國이 있는 것은 당연한 일'이라고 적고 있다. 다시 말해 좌원은 황제가 다스리는 '제국' 아래에 각지의 '왕국'이 존재한다는 전근대의 조공책봉관계의 연장에서 류큐문제를 보았고, 서구 열강은 중국을 중심으로 한 동아시아의 국제질서를 파괴하지 않을 것이라는 전제에 서있었다고 말할 수 있다. 양속체계를 유지하자고 주장한 것도, 청나라와 마찰을 피하자고 주장한 것도 이러한 서구관념과 일체화였던 셈이다.

결국 1872년, 추진론과 반대론이 절충된 정책이 받아들여졌다. 이노우에 가오루는 전술한 건의에서 류큐를 '분명하게 우리의 관할에 귀속'시키기 위해서, '국군제치조세조공國郡制置租稅租貢 등을 모두 내지와 같은 제도'로 변경할 것을 제창했다. 다시 말해 류큐를 확보하기 위하여 '내지'와 동일한 법제로 개조할 것을 주장했던 것이다. 이 법제적 통일이라는 문제는 이후 오키나와에서도 또 조선·타이완에서도, 그 지역이 일본인가의 여부를 가늠하는데 대단히 중요한 지표가 되었다. 당시는 막번이 설치되었을 뿐, 류큐왕국은 유지되고 있었다. 당시의 외무경이었던 소에지마 다네오미副島種臣는 왕국 체제는 당분간 바뀌지 않을 것이라고 약속하여 류큐 측의 걱정을 잠식시켰다. 그 한편으로 좌원의 반대를 무릅쓰고 류큐왕을 화족의 대열에 세우는 일을 실현시켰다. 그리고 류큐번은 가고시마의 관할로부터 멀어지고 외무성 관할이 되었다. 이는 다른 번이 대장성의 관할내무성 설치는 이듬해인 1873년이었던 것과는 달랐다. 이러한 조치들은 외무성의 제안을 따른 것이기도 하지만 전체적으로 두 노선의 중간에서 낙착되었음을 보여준다.

그런데 그 후의 정세는 급전회했다. 중국을 중심으로 한 동아시아 국제질서는 서구의 침입 앞에서 간단히 붕괴되었다. 그런 와중에 좌원이 주장한 바처럼 서구나 청나라와의 협조 아래 류큐왕국을 '속국'으로 유지하고, 한편에서 '일본인'으로부터는 계속 배제하고자 하는 노선은 성립할 수 없게 되었다. 그리하여 다른 노선, 즉 국방거점으로 확보하기 위해서 류큐와 그 주민을 '일본인'으로 포섭해 가는 방침 쪽으로 점차로 우세해져갔다.

외국인 고문의 제언

류큐인을 '일본인'에 편입시킨 제일보는 1871년에 타이완에 표류한 미야코宮古 도민島民이 당시 '생번生蕃'이라고 불렸던 타이완 선주민족에게 살해당한 사건을 둘러싼 청일교섭이었다. 사건 발생 이후 2년 반이 지난 1874년 봄, 일본정부는 당시 정한론파征韓論派의 불만을 다른 쪽으로 돌린다는 내정內政상의 목적도 있어서 '일본인' 보호를 위한 보복조치라는 명목으로 타이완으로 출병했다. 그리고 이 사건을 둘러싸고 청일교섭에서 쟁점이 된 것이 바로 류큐인은 '일본인'인가의 여부였다. 왜냐하면 만약 그들이 '일본인'이 아니라면 '일본인' 보호를 위해 출병한다는 명목은 성립할 수 없기 때문이었다.

출병 바로 전 해인 1873년에 있었던 청일교섭에서 청나라 측은 '전년에 생번이 죽인 자는 류큐 국민이지, 당신네 국민貴國人이라는 소리를 아직 듣지 못했다'고 추궁했다. 청나라 측에 의하면, '류큐인은 우리의 속국'이기 때문에 그 보호는 청의 관할이고 일본이 개입할 이유가 없다. 그것에 대해 일본 측은 류큐번민은 어디까지나 '아국민我國民'이고 "류큐인球人을 살해하는 것도 사쓰마민薩民을 해치는 것도 우리 정부의 보호 권리를 가로막는 것과 같다"고 주장했다.[7] 그리고 출병 두 달 후에는 류큐번의 관할을 외무성에서 내무성으로 옮겨 류큐가 '일본'의 내국內國임을 내보였다.

그러나 실제로는 좌원이 류큐왕을 '국내의 인류'가 아니라고 주장했듯이 류큐인이 '일본인'이라는 인식은 당시 일본정부 부서 내에도 정착되어 있지 않았다. 타이완 출병에 반대한 오쿠마 시게노부는 의견서에 류큐인을 언급하며 '소위 외번外藩인 자일 뿐, 어찌 아민我民과 같다고 할 수 있겠느냐'라고 썼고, 같은 반대파였던 기도 다카요시도 '내국의 인민과 친소親疎를 구별해야 한다'고 주장했다. 그러나 최종적으로는 류큐인은 '일본인'이고, 그 살해에 보복하는 것은 일본정부의 당연한 의무라는 주장이 받아들여져 출병이 이루어졌다.[8] 여기서 볼 때 류큐인이 '일본인'인지 그렇지 않은지의 여부는 출병의 찬반에 종속된 것에 지나지 않았다.

타이완출병을 둘러싼 청일교섭이 평행선을 긋고 있는 동안, 청일 간에 전쟁이 일어나면 경제적 이권에 위협을 입을까 두려워한 영국공사가 중개에

---

7 琉球政府 編, op. cit. 第4巻, p.28. 1873년 6월, 베이징에서의 교섭 당시 일본 측 발언자는 소에지마(富島) 대사와 동행했던 야나기와라 사키미쓰(柳原前光)였다. 또한 타이완사건에 대한 최근의 연구로 小林隆夫,「臺灣事件と琉球處分」(『政治經濟史學』 340~341号, 1994) 등이 있다.

8 安岡,「明治前期官邊の沖縄論策」, pp.11~12 재인용.

들어갔다. 북방 쪽으로 러시아와 국경분쟁 문제를 안고 있었던 청나라가 소액의 배상금을 지급하자, 일본군은 타이완에서 철수했다. 일본 측이 획득한 배상금은 출병 비용의 1할에도 미치지 못했다. 그 대신에 이 교섭에서 맺은 호관조관互換條款 중에 류큐인을 '일본국 속민'으로 한다는 한 구절을 삽입시키는데 성공했다. 이것은 류큐인이 '일본인'이라는 것, 즉 류큐가 일본령임을 청나라가 인정한다는 언질言質을 얻은 것으로 해석되었다.

이것을 일본정부에 충고한 사람은 사법성의 프랑스인 고문 보아소나드Boissonade이다. 타이완출병과 관련해서 화의和議가 성립한 뒤인 1875년 3월에, 보아소나드는 메이지 정부에 제출한 의견서에서, 조관條款에서 '[류큐] 인민을 일본 신민이라 칭하게' 했던 일은 '조약의 최고의 결과'이고, 이것은 류큐의 주권이 일본에 있음을 청나라에 인식시킨 것과 같은 의미를 갖는다고 쓰고 있다.[9] 그런 다음 그는 금후로 '류큐를 일본의 한 지방으로 간주할' 것이라며, '일본 지도의 경계 안에 반드시 류큐섬을 첨가해야 한다'고 주장했다. 또 대對류큐 정책으로서 류큐와 청나라의 외교관계를 폐지시키고 푸젠성福建省에 있는 류큐왕국 공관公館을 폐쇄시킬 것을 진언했다.

그런데 보아소나드의 의견서에는 그 후 메이지 정부의 대류큐 정책과는 다른 견해도 드러나 있다. 그것은 어떤 의미에서는 좌원과 마찬가지로 당장은 류큐번왕에게 자치를 맡기자는 주장이었다.

다만 보아소나드의 진언은 좌원의 주장보다도 훨씬 구체적이었다. 즉 그의 제언에 의하면, 외교에서 일본정부는 류큐의 주권을 장악해서 양속상태를 폐지하고, 류큐왕국의 종래의 외교관계를 폐기시키지만, 내정에 관해서는 중

9 平塚篤 編, 「仏人ボアソナードノ意見」, 『續伊藤博文秘錄』(복각판, 1982), 原書房, 1875.3.17, p.32. 이하 이 문서에서 인용한 것은 같은 책, pp.32~35에서 가져왔다. 보아소나드에 대해서는 大久保泰甫, 『ボアソナード』, 岩波新書, 1977 참조.

앙에서 특명의 이사관理事官을 보낼 뿐 류큐 내부의 정령政令이나 재판 등은 기본적으로 류큐왕부에 맡겨 '다소의 독립을 허락하는 것이 가可하다'는 것이었다. 또한 주민의 혼란을 피하기 위해서 「민사무역사무조세 및 병사民事貿易事務租稅及兵事」에 관해서는 구래의 관습을 유지하고, 형법에서는 일본의 형법보다 가혹한 부분만을 고치는 데 그쳐야 한다는 것이었다.

보아소나드의 의견은, 일본정부가 주권과 외교권을 장악하지만 당면한 내정은 종래의 왕조에 맡겨서 구관을 유지하라는 것으로, 어떤 의미에서 보면 류큐를 대일본제국 내에서 1국 2제도의 자치지역으로 할 것을 제언한 것이라고도 말할 수 있다. 하지만 이것은 아마도 당시 유럽 여러 나라의 식민지 지배, 특히 영국이 채용하고 있는 재래의 현지 왕조를 이용한 간접통치를 주장한 것이라고 해석하는게 적절하다고 볼 수 있다. 간접통치에서 보자면 현지의 내정을 기존의 왕조에게 위임하고, 종주국은 오로지 외교권만을 쥐는 것이다. 지배의 말단末端을 현지인에게 맡김으로써 종주국은 현지에 파견하는 관리를 줄여 비용을 삭감할 수 있고, 동시에 현지 주민과의 접촉과 마찰을 최소한으로 억제하여 효과적인 지배를 행할 수 있다. 제4장에서 후술하겠지만 타이완을 영유했을 때에도 외국인 고문은 이러한 간접통치노선을 일본정부에 제기했다.

이러한 제언은 전술한 비용론의 입장에서 처분을 반대했던 의견과도 기묘하게 합치되었다. 확실히 일본과 류큐 쌍방의 관계에서 생각한다면 합리적인 통치방법이었을지도 모른다. 그러나 주지하다시피 일본정부는 이러한 제언을 채용하지 않았고 류큐왕조를 폐하여 일본의 현縣으로 편입시켰다.

메이지 정부가 보아소나드의 제언을 물리친 까닭으로 거론할 수 있는 것은 역시 대외관계였다. 다만 이 경우 서구보다도 청나라와의 외교관계가 문제였다. 보아소나드의 의견서가 제출된지 1주일 정도가 지난 뒤 청나라 정부 측은 류큐의 소속을 둘러싸고 교섭을 벌이면서 류큐를 '속국'이라고 부른 일본 측에 두 가지 질문을 제출했다. 하나는 "귀국이 류큐와 갖는 관계는 영국이 인도에 대해 갖는 관계와 같은가"였고, 또 하나는 "류큐섬은 귀국 주군州郡의 적속籍屬이냐 그렇지 않으면 속번屬藩 제후의 명의인가"였다.[10]

이러한 질문들은 일본과 류큐의 애매한 관계를 겨냥한 것이었다. 만약 일본과 류큐의 관계가 영국과 인도의 관계라고 일본정부가 인정한다면, 류큐인이 '일본인'이라는 명목으로 타이완출병을 강행한 일본정부가 그때까지 갖고 있던 주장과 모순을 일으킬 것은 명확했다. 왜냐하면 인도는 영국의 식민지이긴 해도 인도인은 영국의 국민은 아니기 때문이다. 그리고 만약 류큐인이 '일본인'이고 류큐가 일본의 한 지방이라고 말한다면 류큐는 일본의 '주군州郡' 내지 부현府縣이 되지만, 현실에서는 류큐왕이 존재하는 번藩의 상태였다. 만약 류큐가 번왕이 지배하는 '속번屬藩'이라고 일본이 인정한다면, 류큐왕의 의지意志에 따라서 귀속歸屬의 상대로 일본이 아닌 청나라를 선택해도 좋기 때문이다.

더 나아가 영국의 인도 통치는 인도를 영국의 '주군'으로 다루는 것이 아니고, 현지의 번왕들이 영국에 귀속하는 형식을 취한 간접통치를 섞은 것이었기 때문에 이 두 질문은 한 질문이나 마찬가지였다. 만약 일본정부가 보아소나드의 진언처럼 류큐번왕에게 내정을 맡긴 간접통치노선을 취한다면, 일본과 류큐의 관계는 영국과 인도의 그것에 가까운 것이 되고, 류큐는 일본의 '주군'이 아니라 '속번'의 하나가 되는 셈이었다.

이러한 질문에 일본이 류큐에 간접통치를 행할 것을 공언한다면 교섭에서 청나라에게 공격의 틈을 주는 것은 명백했다. 물론 일본 측도 청나라 측의 노

---

10 外務省 編, 『日本外交文書』 第8巻, 日本國際聯合協會, 1950, 1875.3.24, p.300의 교섭.

림수를 꿰뚫고 있어서 류큐는 고래古來로부터 일본의 일부여서 '어떻게 인도에 비할 수 있겠느냐'라고 반문했다. 또 두 번째 질문에 대해서는 "아국으로 봉건 제도를 폐한다면 류큐를 더 일찍 군현으로 삼을" 작정이라고 회답을 보냈다. 어쨌든 일본은 이러한 회답을 보내 청나라의 외교공격을 막아냈지만, 이것은 필연적으로 보아소나드가 진언한 간접통치노선을 방기하는 것을 의미했다.

이때 일본이 청나라에 맞설 군사력에 자신이 있고, 간접통치로 류큐를 확보할 수 있다고 생각하고 있었다면 이렇게 회답할 필요는 없었을 것이다. 그러나 당시 조선문제에서도 청일 간에 대립이 생기고 있었는데 대對청 전쟁 군비軍備는 아직 충분하지 못했다. 본디부터 군사력에 자신이 있었다면, 영유해도 적자가 뻔할 류큐를 획득할 필요성 자체가 없었을 것이다. 이런 정세 아래서 일본이 류큐 영유를 정당화하고 확실하게 하는데 가장 유효한 수단이 바로 '일본인'으로 포섭하는 노선이었다.

'일본인'으로서의 류큐인

청일교섭에서 일본으로 포섭하는 노선이 공언된 뒤 내무대승內務大丞 마쓰다 미치유키松田道之는 류큐문제의 처분관處分官으로 임명받아 류큐왕부에 체제 변혁을 강요하는 교섭을 시작했다.

마쓰다가 류큐왕부 측에 제시한 조건은 몇 개의 영역에 걸쳐 있다. 우선 외교적으로는 보아소나드가 진언한대로 청나라에 보내는 조공을 폐지하고, 재청在清 류큐공관을 철거하고, 중국력에서 메이지 연호로 바꾸고 그것과 동시에 일본군의 주둔駐留을 인정하라는 요구였다. 그리고 내정에서 보자면 류큐 재래의 형법을 폐지하고 일본정부의 형법을 시행할 것, 번정藩政개혁에 착수할 것, '문명 학사學事'를 배우도록 유학생을 도쿄에 파견할 것 등 일본과의 정치적 통합이 제시되었다. 그리고 최종적으로 천황을 향한 '사은謝恩'을 위해

번왕이 류큐를 떠나 상경하는 것이 첨가되었다. 류큐 측의 입장에서 보면 이것은 기존 체제를 전부 버리라는 것과 같았다.

마쓰다가 이러한 요구를 한 이유는 다음과 같다. 하나는 '류큐의 땅地'은 '아시아 항해의 편의를 위해, 이 땅을 수선장修船場으로 만들고자 하는 나라도 종종 있는 까닭에, 우리 일본정부의 판도版圖임을 확연히 표장表章시킨다면, 앞으로 번의 존망存亡과 관계하여 능히 두려워할 바가 없을 것'이기 때문이다. 교통·전략상의 요충지인 류큐가 일본정부의 판도임을 명확히 하지 않는 한 외국에 탈취될 두려움이 높다는 것이었다. 후년 청국과의 교섭에서도 일본정부 측은 "[류큐는] 가난한 섬으로 종전처럼 내버려두어 만일 타국에 점거되어 버린다면, 내지 방어에 관한 일이 줄지 않을 것이다. 이는 우리 정부가 비용을 아끼지 않고 평상시에도 병졸 및 순사를 분주分駐해 두는 까닭이다"라고 하고 있다. 여기서 류큐가 일본에 있어서 어떠한 존재였는지를 엿볼 수 있다.[11]

그리고 두 번째 이유로, 류큐는 '지세·인종·풍속·언어 및 고래의 여러 역사諸史에 비추어 우리 일본국의 판도임은 논의할 필요조차 없다'고 말하고 있다. 인종·지리·언어·역사 등 모든 면에서 류큐는 일본의 일부이고, 류큐 주민은 '일본인'이어서, '청국의 지리·인종·풍속·언어 등'과는 '한 가닥의 인연'도 없다는 것이었다. 3년 전 이노우에 가오루의 의견서에는 류큐가 사쓰마의 침공 이후에 일본에 편입되었다고 되어 있지만, 마쓰다에 의하면 류큐는 고대부터 천황가에 귀복歸復해 있었다. 다만 '중고中古 이후' '병마소동兵馬騷動'이 한창일 때 류큐에 대해서 천황의 권위를 펼칠 만큼의 여유가 없었기 때문에, 중국과의 양속兩屬이라는 '실로 부조리'한 관계가 되어버렸다.[12] 요컨대

---

11 마쓰다의 주장은 앞의 『明治文化資料叢書』 第4巻, p.105. 청일교섭은 앞의 『日本外交文書』 第14巻, p.288. 후자는 1885.4.20의 에노모토(榎本) 주청공사와 이홍장(李鴻章)과의 담화. 양자 모두 원문에는 구두점이 없다.

12 『明治文化資料叢書』 第4巻, pp.94·105·121.

류큐는 신규新規로 대일본제국에 병합된 것이 아니라 고대의 상태로 복고復古했을 따름이라는 것이었다.

류큐왕부 측은 이러한 이유에 반발했다. 왕부 측은 류큐와 같은 소국小國에 군대를 주둔시키는 것은 오히려 국제적 마찰을 일으킬 뿐이고, 내정개혁이나 형법변경은 관습상의 혼란을 야기하고 번왕은 '건강상의 이유'로 상경할 수 없다고 대답했다. 게다가 류큐인이 '일본인'이라는 주장에 대해서는 '당번當藩은 황국과 지나支那의 중간에 해당하고, 지리의 기맥氣脈이 양국으로 연속해서 닿아있고, 인종·풍속도 양국과 비슷해서, 청일 양속이 자연스런 상태'라고 주장했다.[13]

마쓰다는 이에 대해 재차 문서를 제시하며 보다 상세한 반론을 제기했다.[14]

> 류큐의 인종은 골격과 체용體容이 우리 사쓰마 인종이다. 그 풍모는 우리나라의 풍속이 가장 많고, 그 중에서도 우리 고대의 풍취가 있다. (…중략…) 고언古言이나 가마쿠라鎌倉 말이나 사쓰마말 등이 많고, 간간이 지나말이 섞여 있다. (…중략…) 류큐 인민의 어조語調를 들음에, 순연하게 우리나라의 어조이고, 어음語音은 사쓰마의 어음이다. 어장語章에 이르러서는 명사를 위에 동사를 아래에 사용하는 것이 우리 국어라는 가장 확실한 증거이다.

류큐인은 인종적으로 '일본인'일 뿐만 아니라, 언어나 풍속에서도 일본의 고대나 중세의 그것을 많이 간직하고 있다고 말한다. 마쓰다는 여기서 명사와 동사의 어순을 논거로 들고 있는데 일본정부가 어느 정도 근대언어학의 지식을 근거로 류큐론을 준비한 다음에 교섭에 임했음을 알 수 있다.

---

13 Ibid., p.127.
14 Ibid., pp.137~138.

이러한 조치에 류큐왕부 측은 완강히 저항했다. 그들은 사태의 지연을 꾀하는 한편 도쿄의 류큐사무소를 통해서 메이지 정부에 청원을 반복했다. 그 사이에 청나라에 지원을 요청하고 한편으로 도쿄의 유럽 각국 공사에게도 밀서를 보내 구원을 청했다. 청나라는 주일駐日 공사를 통해 항의했지만 일본 정부는 그것을 사실상 무시했다. 사태는 교착상태에 빠졌다.

한편 외교적으로 류큐의 제국 편입은 척척 진행되었다. 1876년 1월, 당시 청나라 주재 공사였던 모리 아리노리는 청나라가 여전히 류큐를 자국의 속국으로 간주하고 있다고 외무경에게 보고했고, 해외에서도 '류큐번 사람도 스스로 일본인이라고 인식'하고 보호를 베풀라고 진언했다. 일본영토로 삼기 위한 기정사실화 작업의 일환으로 '일본인'으로서의 외교적 보호를 베푼다는 수법은 조선의 병합 즈음에도 사용되었다. 이는 제6장에서 후술한다. 또한 두 달 후에는 류큐라는 호칭을 폐지하고 '나하번那覇藩으로 개명'할 것을 모리가 상신上申하고 있는 것은 주목할 만하다.[15]

역사를 둘러싼 투쟁

류큐왕부와의 교섭이 막다른 골목에 봉착하자 1878년 11월 마쓰다는 내무경인 이토 히로부미伊藤博文에게 이제는 강행수단을 취해 폐번하는 것 외에는 다른 방법이 없다는 류큐처분안處分案을 건백建白했다. 흥미롭게도 마쓰다는 여기서 '종래 번내의 세입과 장래의 신정新政 세출을 비교함에 입자入資로서 출비出費를 지탱할 수 없다'고 지적했다. 즉 류큐의 일본편입은 처음부터 비용의 격차 즉 적자를 각오로 한 정책이었다. 이 처분안에 대해 이토는 류큐가 명령에 따른다면 번 그대로도 좋다고 생각했지만, 이제는 폐번도 어쩔 수 없다고

15 『琉球所屬問題關係資料』 第8巻, pp.132·139.

회답했다.[16] 해가 바뀌어 1879년 3월 마쓰다는 진대병鎮台兵과 경관警官을 거느리고 처분을 강행했다. 이로써 류큐왕국은 소멸했고 오키나와현이라고 개명되었다.

당연한 이야기겠지만 청나라는 일본정부에 항의했다. 타이완출병 즈음에 영국공사가 했던 것처럼, 이번에는 미국의 전前 대통령인 율리시스 그랜트 Ulyssess Grant가 청일교섭의 중개를 맡았다. 청나라는 그랜트에게 '일본에게 그 섬을 준다면 전쟁도 불사하겠다'고 하면서, '그렇지만 지금 만약 지나 정부가 손을 떼서 그것류큐을 일본에 넘긴다면 [일본은] 반드시 또한 조선에까지 손을 뻗치려고 할 것이다"고 말했다. 나아가 "이것은 무엇보다 일본으로 하여금 아시아 대륙으로 침입하게 만드는 첫걸음으로 이어질 터, 이어서 베이징까지도 습격하고자 할 것"이라는 위기감을 표명하고 있다.[17] 이러한 위구심은 당시에는 과대한 의심疑心과 암귀暗鬼[18]로 비춰졌지만, 그 후 역사는 그것이 단순한 기우杞憂가 아니었음을 보여준다.

1879년 7월 일본에 온 그랜트는 내무경 이토 히로부미 등과 회담했다. 그때 일본정부 측은 「지나정부의 항론抗論에 대해 우리 일본에 류큐섬을 점령할 주권이 있다」라는 각서를 준비했다. 이것은 종래의 청나라나 류큐 왕부와의 교섭 경위 외에도, 류큐의 역사·언어·인종·종교 등을 열거하며 류큐인이 고래로부터 '일본인'이라는 것을 주장하는 것이었다.[19]

이 각서에 의하면 류큐의 문자는 일본의 이로하가나いろは仮名와 마찬가지이고, '언어는 일본에서 쓰이고 있는 여러 지역의 토어土語와 그 근원을 같이'하고,

16 『明治文化資料叢書』 第4巻, pp.203·214. 또한 오키나와 통치 초기가 적자경영이었는가의 여부에 대해서는 여러 설이 분분하지만, 여기에서는 정부 측에 적자필지론(赤字必至論)이 존재했다는 점만 확인해 둔다.
17 『琉球所屬問題關係資料』 第8巻, p.328.
18 어둠을 지배하는 귀신. —역주
19 Ibid., 이하의 인용문은 pp.330·333~335에서 가져왔다.

또한 '인종이 서로 밀사密似한 것도 명료하다'. 더욱이 '류큐인이 믿는 종교는 신도'이고, '의식儀式을 거행할 때에 사용하는 법도는 모두 일본의 이른바 '오가사와라小笠原류'[20]이고, 식사 등의 습관도 '전적으로 일본 보통의 풍속과 같다'. 또한 새로 현명縣名으로 삼은 오키나와라는 명칭은 현지 주민이 종래부터 섬의 명칭으로 사용하고 있었던 것으로 이것도 '순수한 일본어'라고 주장했다.

또한 역사적으로 류큐는 8세기부터 일본에 귀속해 있어서, 중국으로 보낸 조공보다도 훨씬 오래됐다고 주장했다. 또한 초대 류큐왕인 슌텐舜天은 12세기에 도항한 미나모토노 다메토모源爲朝가 현지에서 얻은 아들이고, 이로하 문자도 '다메토모가 전수한 것'이라고 했다. 미나모토 씨源氏는 천황가의 혈통을 타고났기 때문에 다메토모의 아들이 초대 류큐왕이라는 것은 곧 '류큐섬의 추장島酋은 우리 천황의 말류末流'라는 주장과 연결된다.

7년 전에 제기된 이노우에 가오루의 이 건의에서는 '시조 슌텐이 미나모토노 다메토모의 유예遺裔라는 전설은 잠시 두고'라고 한 다음 류큐는 17세기의 사쓰마의 침공 후에 일본에 소속되었다는 인식을 보여주게 된다. 그런데 류큐의 일본 소속이 고대에까지 거슬러 가게 되고, 그와 동시에 다메토모 도래 전설이 클로즈업되었던 것이다. 그리고 일찍이 좌원이 '국내의 인류'가 아니라고 형용한 류큐왕도 천황의 친척이라고 여겨졌다. 그리고 제2부에서 후술하겠지만, 조선을 병합한 후에는 조선의 초대왕이었던 단군檀君이 기기신화記紀神話[21]의 스사노오가 조선에 건너가서 얻은 자손이라는 주장이 일본 측으로부터 나오게 된다.

그렇다고 하더라도 류큐왕부는 이러한 류큐관을 공유하고 있지 않았다. 청나라도 '외종外種 일본인과 토인 류큐인이라는 두 종'은 다른 민족이라고 주

20 예의범절의 한 유파. —역주

21 『일본서기』와 『고사기』를 일컫는 말. —역주

장했다.[22] 마찬가지의 견해가 당시의 서구인의 통설에서도 공유되고 있었다. 예컨대 1850년대에 오키나와에 기항한 매슈 페리Matthew Perry도 오키나와 주민은 '일본인'과 다르다고 보았다. 제4부에서 후술하겠지만, 이러한 오키나와관은 태평양전쟁 후의 미국 점령군 시기에 이르기까지 받아들여졌다. 당시 류큐인이 '일본인'이라고 강하게 주장한 것은 일본정부뿐이었다.

그리고 사실은 당시 일본정부도 이렇게밖에 할 수 없었던 고초가 있었다. 그것은 류큐처분 과정에서 내무성이 준비한 조사서에서 볼 수 있다.[23] 이 조사서는 교섭에서 제출된 「각서」에 덧붙여진 것으로, 인종·언어·풍속·종교 등 「각서」에 기재된 각 항목마다 고문顧問이 작성한 학문적 입장에서의 회답이 붙어 있다. 그렇지만 흥미롭게도 일본과 류큐의 유사성을 뒷받침하기 위한 자문이 행해지고 있음에도 불구하고, 회답하는 쪽은 거의 대부분에 대해서 부정적이었다.

조사서 회답에 의하면 류큐에는 확실히 히라가나와 유사한 문자가 일부에서 사용되고 있지만, 그것은 일본을 상대로 하는 문서에만 사용되고 있고, 더구나 '일본글자'와 명확히 다른 것이 포함되어 있다고 했다. 또한 류큐어의 음운은 사쓰마의 언어와 닮지 않고, 종교도 일본의 신도와 다른 점이 많았다. 풍속에서도 일본과 교류할 때에는 오가사와라의 의례儀禮를 이용하고 있지만 '통속적인 풍습은 크게 일본인과 다르다'고 되어 있었다. 인종적으로도 류큐인은 '고유의 성질을 드러내는 용모'를 갖고 있었다고 했다.

정부의 의뢰로 답신을 보낸 고문은 이러한 결론을 내놓는 것에 기가 죽은 듯, '해당 논담[인종학상의 논의]은 일본의 권리를 위해 효력効을 갖지 않음에도 불구

---

22 『琉球所屬問題關係資料』 第1巻, p.171.

23 「琉球ノ國語宗教種族慣習」, 國立國會圖書館憲政資料室, 『伊藤博文關係文書』, 伊藤家文書 356. 쪽수 기재 및 서명 없음. 언어학자 윌리엄 아스톤(William Aston) 등에 대한 언급이 있는데 아마도 외국인고문의 답신이라고 생각된다.

하고 그래도 적절하게 그것을 깨뜨릴 무기가 될 수 있다'라든가, '어떻게 류큐 종교의 신앙과 또 그 풍속에서부터 일본이 류큐를 전유할 주권이 있는가를 논변해 왔던가를 우리는 분별할 수 없다'라는 식의 고심으로 가득 찬 말을 조사서 도처에 남겼다. 일본정부로서는 기대에 어긋난 회답만을 얻었을 뿐이었지만 교섭에 제출된 「각서」에는 이 회답을 무시한 형태로 기술되어 있다.

그랜트와 회담이 있었을 무렵 일본정부 측은 「각서」의 내용에 따라서 류큐가 옛날부터 일본 고유의 영토라고 강하게 주장했다. 그리고 '류큐인'은 원래 '시장의 이익을 탐해 그 목적을 달성하기 위해서 즐겨 거짓말을 하는 자'들이고, 류큐가 중국에 귀복해 있다는 청나라의 주장은, 흡사 일본 영토가 아닌 듯한 형식을 취하고서 대청무역에서 이익을 얻어온 류큐왕부의 '사술詐術에 빠졌기' 때문이라고 보았다.[24] 류큐인은 '일본인'이고 류큐왕은 천황의 친척이라는 설의 시비是非는 제쳐두고 그 '일본인'은 자기의 이익을 위해 아무렇지 않게 타인을 헐뜯는 자들이라고 '일본인'이 주장한 것은 상당히 역설적이었다고 말할 수 있다.

그랜트는 청나라 및 류큐 측의 주장과 일본정부의 주장이 서로 다르다는 점에 당황한 듯 '쌍방이 논하는 바의 많은 부분이 사전史傳에 관한 것이기 때문에 세밀하게 그것을 조사한 후에 시비를 결정해야 하는 어려움이 있다'라면서 결론을 피했다. 그리고 일본정부 측은 '지나는 일본의 이웃 나라'이고, '문명·종교·문자·법률·풍속 등이 서로 같은 아시아의 형제국'이라고 서술하고, '류큐문제를 평온하게 해결하고 싶다'라면서 교섭을 끝냈다. 류큐의 영유를 바라고 있었음에도 세력이 정비되지 않은 상태에서 청나라와 전쟁을 피하고 싶어 한 것이 일본정부의 본심일 것이다. 더구나 마쓰다 처분관이 류

24 그랜트와의 회견에 관한 인용은 『琉球所屬問題關係資料』 第1巻, pp.242·243·252·254·257에 따른다.

큐와 일본의 공통성을 주장했을 당시에는 청나라와 일본의 '문명·종교·문자·법률·풍속 등'의 차이가 강조되고 있었지만 말이다.

그 후 청나라와의 교섭에서 일본 측은 류큐 분도分島의 개약안改約案을 제출했다. 이것은 청일수호조규清日修好條規를 고쳐 청나라 내의 통상권을 인정한다면, 보상으로 미야코와 야에야마八重山 군도를 청나라에 할양한다는 제안이었다. 여기서는 타이완출병의 구실이 되었던 사람들의 외교상의 흥정 재료가 되어 있었다.

그러나 이 교섭은 청측의 조인연기를 맞아 좌절되었다. 치현置縣 6년 후인 1885년의 교섭에서 청측이 물어본 류큐의 현 상황에 대해서, 일본정부는 "폐번廢藩 이래 그 땅에 재판소를 두고 학교를 설치하고 병영을 분주分駐하는 등 모두 내지와 다를 바가 없다"고 서술하고 있다.[25] 법·교육·군사 등 국가의 중요 측면에서 통합은 완료되어 있고, '내지와 다를 바' 없는 일본의 일부라는 것이 그 주장이었다.

일본정부가 류큐처분에 즈음해서 취한 류큐관과 역사관은 그대로 당시 일본의 출판물에도 유통되고 있었다. 폐번 다음해인 1880년에는 마쓰이 쥰지松井順時의 『류큐사건琉球事件』이나 나카니시 세이이치로中西才一郎의 『류큐기문琉球記聞』과 같은 류큐입문서가 몇 권 출판되었는데, 모두 '풍속·언어·문자 등 모두 내지와 다른 바 없고', '[언어의] 부분은 우리나라 고어가 전와轉訛한 것'으로서, 다메토모 도래 전설이나 이로하 문자의 사용 등을 역설하고 있다.[26] 이것들은 아직 인류학과 언어학·역사학과 같은 근대사회과학의 치장을 갖지 않았지만, 후년의 이런 학문분야들의 원형을 이루어 가는 것이었다.

---

25 『日本外交文書』 第14巻, p.288. 각주 11의 교섭과 같다. 일본군의 비준에 대해서는 原剛, 「明治初期の沖縄の兵備」, 『政治経済史學』 317号, 1992 참조.

26 두 책 모두 『琉球所屬問題關係資料』 第4巻에 수록. 인용은 pp.172·254.

그렇지만 이러한 공식견해에도 불구하고 류큐인을 '국내의 인류'에서 구분하고자 한 시선이 류큐처분과 함께 사라질리는 없었다. 1879년 6월, 처분에 임했던 마쓰다는 「오키나와현하의 사족士族 일반에 고한다」라는 포고에서 다음과 같이 말하고 있다.[27]

> 그대[류큐인] 등은 여전히 깨닫지 못하고 있으니, 구태舊態를 고치지 못하면 신현新縣에서는 그대 등을 도저히 쓸 수 없다. 모든 관직百職을 모두 내지인이 취하니, 마침내 이 토인 중 관직에 나아가는 자가 한 사람도 없으니, 스스로 사회의 모욕을 받으니, 거의 일반과 구별되지 않으니 흡사 아메리카의 토인, 홋카이도의 아이누 등과 같은 상태가 될 것이다. 그러나 이것은 그대 등이 자초한 바이고 (…중략…).

류큐인으로서의 '구태'를 고쳐 '일본인'으로서 대일본제국에 충성을 바치지 않는 한 '홋카이도의 아이누'처럼 '일반과 구별'될 것이라고 마쓰다는 말했다. 인종적으로 동일하다는 이유로 일본에 편입되어도, 그것은 '일본인'으로서 인정받았다는 최종 골이 아니라 길고 긴 동화의 여정의 출발선에 불과했다. 충성과 동화의 노력을 태만히 한다면 '일반과 구별'될 운명이 기다리고 있다. 그리고 그것은 구별하고자 하는 측의 잘못이 아니라 노력을 태만히 한 측이 '자초한 바'라는 것이었다.

이러한 류큐처분을 거쳐 류큐의 원주자는 '일본인'으로 편입되었다. 그 과정에 비용론과 차별의 입장에서 '일본인'으로의 통합을 배제하는 간접통치노선과 국방과 대외관계를 중시해 '일본인'에 포섭해 가는 통합동화노선이라는 두 방침의 대립이 있었다. 이후 이 둘은 다양하게 형태를 바꾸면서 정책논의나 역사관에도 영향을 미쳤다. 또한 오키나와뿐만 아니라 아이누와 조선

27 『明治文化資料叢書』 第4巻, p.269. 원문에는 구두점이 없다.

및 타이완 등에서도 그들을 '일본인'에 포섭할 것인가 그렇지 않을 것인가의 대립에 영향을 끼치게 된다.

제2장

오키나와 교육과 '일본인'화

동화교육의 논리

류큐처분으로 대일본제국의 일부로 편제된 '오키나와현'에서는 일본에 의한 국민교육이 행해졌다. 그것은 확실히 오키나와 주민들을 '일본인'으로 개조시켜가는 작업이었다.

구관유지旧慣維持와 충성심 육성

일본의 대對 오키나와 정책은 대체적으로 일본에 포섭하는 것이었다. 그러나 정책에는 모순되는 양상을 발견할 수 있다.

메이지 정부는 이른바 구관온존정책을 취했다. 형법 등은 본토의 것이 시행되었지만 초대현령인 나베지마 나카힌鍋島直彬은 류큐왕국시대의 '여러 법도' 중에 '개정 포고령이 미치지 않는 부분은 모두 종전대로 유지'라고 포고했다. 세제稅制 등은 류큐왕국시대 그대로였다. 또한 중앙에서 파견된 관리가 현정縣政의 중추를 장악했지만 구왕조의 관리들도 그 아래에서 일했다. 류큐왕국시대의 세제는 농민들에게 커다란 부담이어서 생활이 대단히 궁핍했다. 이에 2대 현령인 우에스기 모치노리上杉茂憲는 '같은 천자의 적자赤子인 오키나와인이 '구법'으로 고통 받고 있다'면서 개혁을 상신上申했지만 받아들여지지 않았다.[1] 앞 장에서 살펴보았듯이, 구관온존은 류큐왕국의 유지를 주창한 보

아소나드의 주장에 가까웠고, 오키나와를 일본에 포섭해가는 지향과는 역행하는 것이었다.[1]

그러나 그 한편 교육에서는 철저한 '일본인'화가 목표로 되고 잇따른 대책이 만들어졌다. 폐번치현 다음해에 현청 안에 회화전습소가 설치되었고, 4개월 뒤에는 이것을 사범학교로 바꿔 교원을 양성하기 시작했다. 이를 전후해서 중학교도 인가되었다. 병행해서 소학교도 3년 동안에 51개교가 정비되었다. 게다가 당시 다른 부현에서는 초등교육에서도 수업료가 징수되었지만, 오키나와에서는 거꾸로 취학자에게 보조금이나 문구 등이 지급되었다.

이렇게 일견 모순된 것으로 보이는 시책은 통치 수단으로써 류큐처분의 시점부터 검토되고 있었다. 폐번. 치현 직전, 처분관 마쓰다 미치유키가 내무경 이토 히로부미에게 제출한 「류큐처분안」에 왕국의 폐지 자체는 가능하지만 그 후의 통치에 즈음해서는 곤란이 예상된다고 지적하고 있다.[2] 그 곤란함이란 "글자를 아는 토민이 적"을 뿐만 아니라 "언어가 통하지 않기" 때문에,

---

1 이 시기의 우에스기 현령의 동향은 『沖縄縣史』 第11巻을 참조하기 바란다. 초기의 오키나와 교육에 대해서는 阿波根直誠, 「初等教育」(『沖縄縣史』 第4巻); 吉原公一郎, 『沖縄』(三一書房, 1968); 淺野誠・佐久川紀成, 「沖縄における置縣直後の小學校設立普及に關する研究」(『琉球大學教育學部紀要』 20集 第1部, 1976); 佐竹道盛, 「明治期の縣政と教育」(『沖縄文化』 42号, 1974); 「沖縄近代教育の特質」(『北海道教育大學紀要』 第1部, C教育科學編 29巻 1号, 1978); 西平秀毅・宜野灣嗣剛, 『教科書と沖縄教育』(沖縄時事出版, 1982); 安里彦紀, 『近代沖縄の教育』(三一書房, 1983); 島袋勉, 「近代沖縄における同化政策の展開」(『研究年報』 22号, 東洋大學アジア・アフリカ文化研究所, 1987); 淺野誠, 『沖縄縣の教育史』(思文閣, 1991); 田中宣子, 「沖縄教育と臺灣教育」(『新沖縄文學』 60号, 1984) 등 이외에 近藤健一郎의 일련의 연구(「學校が'大和屋'と呼ばれた頃」; 「沖縄における徵兵令施行と教育」; 「國定教科書の沖縄像」)는 각각 『北海道大學教育學部紀要』 61号(1993), 64号(1994), 68号(1995)에 실렸다. 「琉球處分直後の沖縄教育」(『日本の教育史學』 36集, 教育史學會, 1993); 「日清戰爭後の沖縄における'風俗改良'運動の實態」(『南島史學』 48号, 1996) 등이 있다. 이 책에서는 특히 '일본인' 의식을 형성하는 데 있어서의 '문명화'와 '일본화'의 모순, 나아가 역사관의 개조를 담아 교육받은 세계관의 종합적인 구조분석 등에 중점을 두고 있다.

2 『明治文化資料叢書』 第4巻, pp.202・204. 원문은 한자 가타가나 문장이다. 다만 마쓰다는 조세 등에서도 선택적인 "구규(舊規)의 개량"을 주장하고 있어서, 반드시 그 의견이 그대로 반영되었다고는 할 수 없다. 이른바 구관온존정책에 대해서는 니시자토 기코(西里喜行), 『論集 沖縄近代史』(沖縄時事出版, 1981)가 상세하다.

"정령政令을 선포하고 정치를 실시함에 사족 이상의 사람을 써서 그를 매개로 하지 않을 수" 없는데 왕국의 "사족이 곧 불평의 무리라면 상의上意를 위전僞傳하고 하정下情을 사신詐申하고 (…중략…) 정치를 방해함에 좋은 수단이 된다"는 것이었다. 현실적으로 통치 초기에는 사족층이 현청의 정책에 협력하지 않는 사보타주가 잇달았고, "완고당頑固黨이라고 통칭됐던 친청파親淸派 사족" 가운데에는 대륙으로 밀항하여 청조에 일본토벌군을 요청하는 움직임도 있었던 것이다.

이 문제에 대해서 마쓰다가 낸 해결책은 다음과 같은 것이었다. '토지제도나 풍속이나 영업 등 무릇 그 해당 지역 사민士民의 구래 관습은 노력해서 깨뜨리고' 그 안에서도 사족의 이익 기반인 가록家祿을 처분하는 것 등 구관을 온존시켜 이반離反을 피하고, 그것과 병행해서 '경찰·교육·종교 등'에 대해서 선택적으로 구규舊規를 개량하자'는 것이었다. 다시 말해 교육으로 평민에게 일본어를 가르치고, 차세대의 '일본인'화를 진행시키면서 잠정적으로는 구관 온존을 통해서 사족을 회유하고자 했던 것이다.

거의 같은 방식의 통치 방침을 다른 각도에서 보여준 자가 야마가타 아리토모山縣有朋였다. 1886년 내무대신이었던 그는 오키나와현과 고지마五島·쓰시마對馬 등 여러 섬을 시찰하고 복명서復命書에 철저히 국방상의 관점에 입각해 오키나와 통치론을 펴고 있다.[3] 그에 따르면, '오키나와는 우리의 남문南門이고, 만일 동양에 많은 일이 일어나는 때를 당하여 적국의 전함이 그 항만을 거처로 삼아 군대 주둔 지역으로 만들려는 것도 어렵지 않게 예측할 수 있는 국방거점'이었다. 그리고 야마가타는 이 거점을 확보하는 최선의 수단은 일본에 대한 오키나와인의 충성심을 육성시키고, 최종적으로는 오키나와인이

---

3 山縣有朋, 「復命書」, 『明治十九年 公文雜纂 九 內務省 一』에 수록, 내무성(內務省) 용지(用紙), 쪽 기재 없음. 원문은 한자 가타가나 문장이다. "메이지 19년 5월"이라는 날짜가 있다.

오키나와 방위의 임무를 맡는 것이라고 주장했다.

야마가타의 생각에는 비용 면에서 보더라도, 그 토지를 '토인에게 지키게 함이 군사兵의 원칙'이라는 시각이었다. 그러나 현시점에서 일본을 향한 오키나와인의 충성을 의심하고 있었으므로 '이와 같이 인민으로 하여 우리의 요지要地인 남문을 수호하게 만드는 것은 지금 결코 행해질 수 없는 상태'였다. 따라서 '애국의 기상을 만들어 일으키고 양속의이兩屬疑貳의 완념頑念을 깨고 (…중략…) 부지불식간에 개명의 길로 나아가게 하는 것이 정략 상 가장 필요한 것'이었다. 그러기 위해서는 교육이 중요하게 된다. 왜냐하면 '오키나와인의 애국심에 따라 다니는 것은 교육'이기 때문이었다. 그리고 교육으로 충성심을 침투시키면서 징병을 행하고, '점차 그 섬사람을 상비군으로 편제시키는 것을 목적으로 삼는다면 (…중략…) [병력을 파견하는] 비용도 자못 절감할 수 있을 것'이라고 보았다. 그리고 이러한 충성심 육성이 진행되기까지는 '행정일은 될 수 있는 한 구관과 고속古俗을 남겨 힘써 민정民情을 위무慰撫해야 한다'고 서술했다.

마쓰다의 경우는 통치상의 실용주의에서, 야마가타의 경우는 국방상의 이유에서 각각 교육으로 '일본인'화를 선행시키고, 제도 면에서의 통치는 뒤로 돌린다는 방침을 내세우고 있음을 알 수 있다. 일견 모순으로 보이는 구관온존과 '일본인'화 교육의 병존이 이렇게 주장되었다.

야마가타의 시찰은 일본정부가 오키나와의 국방상의 가치를 재확인한 현상이기도 했다. 당시 조선반도를 둘러싼 청일 간의 마찰이 격화되는 가운데, 대청전선기지로써 다시 한번 오키나와가 주목받았고, 나아가 영국이 군사기지로 오키나와 조차租借를 신청한 사실이 정부를 자극했다. 야마가타의 시찰 다음해인 1887년 2월에는 문부대신 모리 아리노리가, 11월에는 이토 히로부미 수상이나 육상陸相과 해상海相이 잇달아 오키나와를 방문한다.

제1장에서 전술했듯이, 모리는 이전부터 오키나와의 군사적 가치를 일본 정부에 제기했던 인물이고, 또한 이토도 오키나와 시찰에서 「누가 알까 군국 변방의 책략을, 신고辛苦의 경영에 임하는 흉중을」이라는 시를 지었다.[4] 이토 수상의 시찰 다음달에는 천황의 어진영御眞影이 전국에 앞서 오키나와의 사범학교에 하사됐고, 또한 모리는 오키나와 각지로 교육의 필요성을 강연하고 다녔다. 특히 다음 세대를 양육하는 어머니가 될 여자교육의 중요성을 강조했다. 여자교육의 장려는 후에 오키나와 측 지식인의 대일 태도에 미묘한 영향을 미치게 되는데, 이 점에 대해서는 제3부에서 서술하기로 한다.

이렇게 오키나와에서는 교육이 중요한 정책 항목이 되었지만, 그것은 물론 무색투명한 교양교육이 아니라 '일본인' 육성에 중점을 둔 것이었다. 1890년에는 본토의 잡지 『교육시론教育時論』에 '오키隱岐·쓰시마·오키나와·오가사와라 및 홋카이도 등, 국민으로서의 자신의 본분을 알지 못하고, 종종 양속의 의지를 품은 자'들이 살고 있는 국경의 요충지역을 대상으로 한 '변방' 특별교육론이 게재되었다. '국민의 언어가 한 국가의 안보를 유지함에 큰 관계가 있다'며 변경지대의 주민은 '풍속의 같고 다름으로 해서 종종 양속兩屬의 뜻을 품기 때문에 언어통일·풍속개량·덕성함양 등을 통해서 존왕애국의 정을 육성해가야 한다'는 주장이었다. 본래 폐번 직후인 1879년 12월에도 오키나와 현청은 대장성大藏省에 보낸 상신서上申書에 '언어풍속을 혼슈本州와 동일하게 하는 것은 당현 시정施政의 가장 급한 임무로서 그 법을 보면 무엇보다도 교육이 제일'이라고 학교정비의 목적을 말하고 있었다.[5]

---

4 吉原公一郎, 「天皇制國家確立のための教育」, 橋川文三·後藤總一郎 編, 『明治の群像』 第4巻, 三一書房, 1970, p.187에서 재인용.

5 辻敬之, 「劃一教育法ノ利害」, 『教育時評』 175~177号, 1980. 원문은 한자 가타가나 문장이다. 인용은 176号, p.5; 177号, pp.5~6. 앞의 사타케(佐竹) 논문이 이 논고를 언급하고 있다. 또한 쓰지(辻)의 논고는 이러한 국방목적의 변경교육은 "한층 더 많은 액수의 비용을 필요로 하는 것은 물론이고, 이것 등은 모두 국고의 지출에 맡기지 않을 수 없다"(177号, p.7)고 주장하고 있다. 이

그러나 오키나와에서의 교육도 쉽게 진행된 것은 아니었다. 앞에서 서술한 것처럼 폐번치현 직후부터 회화전습소를 개설하고 사범학교로 발전시켰지만 희망자가 모이지 않았기 때문에 수업료를 받지 않는 것은 물론이고 도시락비나 보조금까지 지급되었다. 오키나와는 경제적으로는 적자를 각오하고 탈취한 곳이었기 때문에 국방거점을 확보하기 위해서 이러한 교육정책을 행하는 것도 마다하지 않았다고 말할 수 있다. 그럼에도 불구하고 취학률은 극단적으로 낮았다. 다른 부현 소학교의 평균 취학률이 40%대였던 1880년대 전반기에 오키나와의 평균 취학률은 3% 전후였다. 학교에서는 일본 표준어를 가르쳐주었지만, 오키나와사회의 일상생활에서는 어떠한 도움이 되지 않았다. 학교는 야마토야大和屋라 통칭됐고, '야마토학문'을 시키면 아이들이 집을 버리고 야마토로 끌려간다는 소문이 났다고 한다.[6]

이러한 현실을 정부도 인정하고 있었다. 폐번치현에서 15년이 지난 1894년에도 마찬가지였다. 오키나와를 시찰한 내무성 서기관인 이치키 기토쿠로一木喜德郎는 학교에서 애써 가르친 일본어도 '일단 퇴교하여 나가서 사귀는 자들은 모두 야마토어大和語를 알지 못하는 자이기에 가까스로 기억한 야마토어도 거의 반 이상을 망실忘失함에 이르는 상태'였다고 보고하고 있다. 이치키는 "오키나와인의 완미頑迷한 사상을 깨고 그것을 내지의 문명에 동화시키려면 교육에 의지하지 않을 수 없다"고 기술하면서도 "교육으로써 오키나와인을 동화시키고자 하는 목표는 적어도 한 세대를 지나야 달성될 것"이라며 비관적이었다.[7]

점은 이후의 조선과 타이완 교육정책에서의 동화이념과 재정부담의 모순을 시사하는 것으로 흥미로운 바다. 현청 상신서(上申書)는 『沖繩縣史』 第12巻, p.410에서 인용했다. 원문은 한자 가타가나 문장이다.

6 大里康永, 『沖縄の自由民權運動』, 泰平出版社, 1969, p.49.

7 『沖繩縣史』 第14巻, p.508. 원문은 한자 가타가나 문장이다.

그러나 그러한 상황은 1894년에 발발한 청일전쟁으로 크게 바뀌었다. 친청파 사족뿐만 아니라 일반 오키나와 주민도 청의 패배에 큰 심적 변화를 겪었다. 아이들 사이에서도 전쟁놀이나 군가軍歌가 다른 놀이를 일소할 정도였다고 한다. 이러한 가운데 취학률은 단숨에 남 45%, 여 17%를 기록했고, 1907년까지는 전체적으로 93%로까지 상승했다.[8]

여기서 전개된 오키나와 교육은 새롭게 편입된 지배지역에서 대일본제국이 어떠한 교육을 실시할 것인가의 원형을 구성했다.

'문명화'와 '일본화'

1896년, 오키나와현 사립교육회는 교육에서 개량해야 할 점으로 아래의 사항을 내걸었다.[9]

1. 충애의 지기志氣와 국가적 사상을 환기시킬 것
2. 질서를 중시하도록 경례법敬禮法을 엄격히 할 것
3. 보편어 보급을 목적으로 구두시험을 치르고 또 고등소학교에 담화회談話會를 개최할 것

이 결의가 게재된 『류큐교육琉球教育』은 청일전쟁 승리 직후에 창간되었고, 당시 오키나와의 교육자들이 중심이 되었던 잡지였다. 이하 교원들의 기고문을 통해서 그 사상을 살펴보자.

위의 항목에서 확인했듯이, 『류큐교육』이 일본에 대한 충성심 육성과 동화

8 『那覇市史 資料編 第2拳 中－三』, 那覇市役所, 1970, pp.146·249; 安里, op. cit., p.160 참조.

9 『琉球教育』 3号(1896)에 게재. 이하 제10항목까지 풍속개량이나 입묵(入墨)금지 등이 이어진다. 본문은 각 항목에 주의(注意) 내용이 붙어있는데, 여기에서는 항목의 주문(主文)만을 인용했다. 인용은 『琉球教育』(복각판 第1巻), 本邦書籍, 1980, p.115.

를 중시한 것은 말할 것도 없다. 단 그것은 '일본인'인 자들에게 충성심을 육성하게 만드는 것이 아니고 '일본인'이라는 자각이 없는 자들을 '일본인'으로 개조해 가는 작업이었다. 예를 들면 1896년 어떤 교원의 기고문은 다음과 같이 말하고 있다.

> 본 현의 아동은 내지와 오키나와라는 말로서 (…중략…) 일본제국 도쿄부東京府, 일본제국 아오모리현, 일본제국 구마모토현, 일본제국 오키나와현임을 알지 못하고, 내지와 오키나와로 각각을 구별해서 마음에 오키나와를 일대 세계로 삼고, 내지를 외국으로 보는 경향이 있고…….

이 교원에 의하면 아동뿐만이 아니라 그 부모형제도 '내지의 각 현에서 오는 사람들을 보고서 일본인이라 하고 자기는 오키나와인이라고 하는데, 상류 사족에는 특히 자신을 류큐인으로 칭하는 자'가 있다. 그들에게는 '일본인'이라는 의식이 결여되어 있었던 것이다.[10]

국방상의 이유로 이러한 상황을 타파할 필요가 있다고 주장하고 있었다. 이 교원에 의하면 오키나와 주민에게 '일본인'으로서의 자각 결여가 왜 문제인가하면 '내지의 각현과 서로 제휴하고, 무릇 유사시에 호국護國해야 할 의무가 있음을 이해하는 자가 거의 드물기 때문'이었다.[11]

모든 교육과목은 이러한 국방상의 국가자원인 '일본인'의 육성을 목적으로 하고 있었다고도 말할 수 있다. 일본표준어 '회화'과科나 천황에의 충성심을 육성하는 '수신' 수업은 물론이고, 후술하겠지만 역사교육은 오키나와인

---

10 川上豊藏, 「本縣兒童ニ日本國民タルノ精神ヲ發揮セシムベシ」, 『琉球教育』 8号, 1896. 원문은 한자 가타가나 문장이다. 인용은 『那覇市史 資料編 第二巻 中－三』, pp.34~35.

11 川上, op. cit.. 인용은 『那覇市史 資料編 第二巻 中－三』, p.33.

이 고대부터 '일본인'의 일부였음을 강조하는 내용으로 되어있고, 지리교육은 "본 현은 우리 남문의 열쇠와 자물쇠鎖鑰임을 아동에게 자각시키는 것"이 목표였다.[12] 문단속을 의미하는 '쇄약鎖鑰'이라는 표현은 오키나와뿐만 아니라 홋카이도나 타이완에 대해서도 사용되었다. 창가唱歌에서도 살펴볼 수 있는데, 예를 들면 1885년에 만들어졌던 〈반딧불〉의 제4번째 가사는 다음과 같이 대일본제국의 범위와 국방상의 의무를 나타내고 있다.

> 쿠릴의 열도도 오키나와도 우리들이 지키고
> 모든 나라에 공훈을 세우도록 힘내세요 우리 낭군 탈 없기를

이 곡은 청일전쟁과 러일전쟁 후에는 '타이완의 끝도 사할린도'라고 불렸다고 한다.

국방의 의무를 강조하는 양상은 제국주의 서구에 의한 아시아 분할에 대해서 일본 측이 갖고 있던 위기감을 반영한 것이었다. 『류큐교육』에 게재된 1900년의 논고는 이렇게 쓰고 있다.[13]

> 국가적 관념을 현민에게 부식扶植하고자 하는 것은 현하 교육의 일대 문제이다. (…중략…) 우리 국가라는 관념이 없다면 국가의 흥망성쇠는 강 건너 불구경하는 것에 지나지 않고 (…중략…) 열국列國은 바야흐로 투쟁하여 이웃 나라를 분할하고자 하니 국가가 이로부터 장차 많은 일이 생기려는데 현민의 사상이 이와 같다면 이것이야말로 국가의 일대 사건이라 부를 수 있을 터 (…중략…) 나는

---

12 大城彦五郎, 「本縣小學校に於いて地理科を授くるに就きて思ひあたりことども」, 『琉球教育』 4号, 1896. 인용은 『那覇市史 資料編 第二卷 中ー三』, p.88.

13 大城彦五郎, 「沖繩教育に關する所見」, 『琉球教育』 53号, 1900. 인용은 『那覇市史 資料編 第二卷 中ー三』, p.88.

현하 교육에 더욱 힘을 다해야 하는 것이 본 현 40여 만의 인민을 외형뿐만 아니라 내심 즉 정신적으로 일본화시켜야 함에 있다고 믿는다.

여기에서 말하는 '정신적 일본화'가 충성심의 육성인 것은 말할 것도 없다. 『류큐교육』의 1898년 기고에 의하면, '고래로 이방시異邦視되고 무용시無用視됐던 우리 오키나와는 진실로 제국의 남문인 중요한 위치'가 되었는데, '물산이 모자라서 도저히 제국의 부원富源이 될 수'는 없지만, '국가상의 오키나와'는 '물질상의 오키나와'의 가치를 훨씬 상회한다. 그렇기 때문에 '오키나와인은 외해外海 방어의 선봉군임을 자임'하고, '일본 국민의 한 사람'으로써 '폐하를 위해서 목숨까지도 버려야 할 것'이라고 주장했다.[14]

이러한 충성심 육성과 병행해서 '뒤쳐진' 오키나와를 '문명화'하는 것도 강조되었다. 오키나와 재래의 풍습에서 야만으로 간주됐던 것은 남성의 결발結髮과 여성의 입묵入墨이었는 데 사범학교 등에서 학생에게 단발斷髮을 강요한 케이스가 다수 기록되어 있다. 또한 체형의 향상이나 소독 욕조에 입욕하는 것이나, 세탁과 같은 위생상의 지도나 '근면 사상'·'저축심'·'진취적 기상'과 같은 근대적 노동윤리를 주입하는 일도 중점사항으로 첨가되어 있었다.[15] 이것들은 오키나와인을 근대국민국가의 구성원으로 개조해 가는데 필요한 것들이었다.

그러나 '문명화'의 강조보다도 어디까지나 '일본화'가 우선이었다. 어떤 교원은 개화적인 '지식기능' 교육도 필요하지만, '본현 아동의 교육에서 가장 중요하게 이뤄져야 할 것은 국민교육, 즉 일본 국민으로서의 정신을 발휘시

---

14 譽田豊吉,「沖縄教育の方針」,『琉球教育』32号, 1898. 인용은『那覇市史 資料編 第二巻 中一三』, p.101.

15 위생 지도는「服裝に關する心得」,『琉球教育』64号, 1901; 노동관념은 平良保一,「實業教育ニ就キテ」,『琉球教育』66号, 1901 참조. 인용은『那覇市史 資料編 第二巻 中一三』, p.101.

키게 하는 것'이라고 강조했다. 왜냐하면 '일본 국민으로서의 정신'을 주입한 다음이 아니라면 '가령 허다한 지식기능을 주어도, 이는 구寇에게 병사를 맡기고, 도둑에게 양식을 제공하는 것과 다르지 않기' 때문이었다.[16] 충성심을 기대할 수 없다면 근대적 지식을 가르치는 것은 오히려 통치에 장애가 될 뿐이었다.

게다가 '문명화'를 너무 강조하는 것에는 모종의 위험을 수반했다. 유럽 여러 나라가 식민지 교육에서 '문명화'를 주창하는 일은, 종주국의 지배를 정당화하는 데 큰 문제가 없다. 그러나 일본에서 문명이란 서구의 것이었다. '문명화'만을 주장한다면 주민의 동경이나 충성심은 일본이 아니라, 일본의 적인 서구를 향할 수도 있다. 이러한 이유로 교원들은 '본국本邦의 교육은 일본주의이지 서양주의가 아니'라고 역설해야 했던 것이다.[17]

이 문제는 풍속개량에서도 드러났다. 오키나와의 '야만'적인 풍속을 개량하는 일환으로 오키나와 의복을 일본옷和服으로 바꾸도록 장려되었다. 그러나 내지에서는 양장洋裝으로의 전환이 주창되고 있는 와중에, 왜 오키나와의 경우 양복이 아닌 일본옷으로 전환시켜야 하는가라는 의문이 일어나는 건 당연했다. 이 문제에 대해 1901년 『류큐교육』의 논설은 다음과 같이 기술하고 있다.[18]

---

16 川上, op. cit.. 인용은 『那覇市史 資料編 第二巻 中ー三』, p.33. 여기에서는 '문명화'와 '일본화'를 일부러 대립적으로 그리고 있지만, 서구 여러 나라의 '문명화'도 대개는 해당 국가의 언어나 문화의 균질화와 더불어 행해졌다. 그런 이유로 저자는 특정 국민국가의 틀에 그치는 것이 아니라 보편적인 '문명화'와 '근대화'가 있을 수 있는가에 대해서는 의문을 갖고 있다. 따라서 정확하게 보자면, 여기에서 '일본화'로 대치되어야 할 것(당시의 논자들에 의해 의식되었던 것)은 '서구화'이지, 오히려 풍속개변이나 근대화정책 안에서 '서구화'라고 의식되었던 부분을 제외한 그 나머지는 '일본화'라고 말해도 좋다. 여기에서 '문명화'와 '일본화'라는 대립을 만든 까닭은, 어느 정도까지는 병행해서 행해진 적이 많은 근대화정책과 국민통합의 모순을 추출해서 보여주고자 하는 의도에서이다.

17 安藤喜一郎, 「國體論ニツキ前說ヲ敷衍シ併セテ本邦教育ノ性質ヲ述ブ」, 『琉球教育』 22号(복각판 第3巻), 1897, p.42. 원문은 한자 가타가나 문장이다.

18 安藤喜一郎, 「本縣ニ於ケル女服改良ニ就キテ」, 『琉球教育』 64号, 1901. 인용은 『那覇市史 資料編

> 내지의 여복女服 개량과 본현의 여복 개량은 모두 닮은 바가 있지만, 내적 의미에서 커다란 차이가 있다. 내지에서 오늘날 빈번히 주창되고 있는 것은 내지 부인의 복장을 특별히 변화시켜 약간 서양복을 닮게 하는 일이다. 그러나 본현의 여복 개량은 본현의 종래의 옷을 버리고, 내지 부인의 복장과 비슷하게 하는 일임은 말할 것도 없다.
>
> 또 내지에서 왜 여복개량론이 일어났는가를 말하자면, 지금의 옷은 띠가 매우 크고 소매는 길어, 실제 실용상에서 불편하다는 점이 중요한 이유인데, 본현에서는 그렇지 않다. 본현의 옷은 시세時勢에 뒤떨어져 있고 겉모양이 나쁘다. 같은 일본 안에서 다른 식의 복식제도服制를 갖고 있는 것은 마땅치 않으며, 언어를 보통어로 하는 것과 같이 복장도 보통복으로 하지 않으면 안 된다. (…중략…) 실용상에서 말하자면, 지금 본현의 복장 쪽이 편리하기 때문에, 불편한 내지의 복장을 입을 필요가 없다. 그렇기에 내지의 보통복으로 바꾸고자 하는 것은, 즉 실용상의 이유가 아니라 풍속통일상의 이유에서라고 명백히 말할 수 있다.

논설은 '문명화'와 '일본화'의 모순이 의식되지 않도록 적극 애썼다. '내지'나 '다른 부현'은 서구에 대해서는 특수성을 주장하면서도 오키나와에 대해서는 보편성을 내세웠다.

그 미묘함을 보여주는 말이 '보통'이라는 형용사였다. 앞의 인용문에서도 보이듯이 '일본복和服'이나 '일본어'라는 명칭은 꺼려지고, '보통복'·'보통어'내지는 '국어'가 이용되었다. 이것은 무의식적인 통칭이 아니라 '속인俗人이 여학생의 와소우和裝라고 부른 것은 실언失言이라고 하지 않을 수 없다'고 말하듯이, 명백한 자각적인 사용이었다.[19] 오키나와가 일본의 일부인 이상 '일본어' 나

第二卷 中一三』, p.96. 원문은 한자 가타가나 문장이다.

19 「首里小學校女生徒の普通服」, 『琉球教育』 47号, 1899. 인용은 『那覇市史 資料編 第二卷 中一三』, p.83.

'와소우' 따위의 구별적 어휘를 사용해서는 안 되었다. 그리고 오키나와 측에서 보자면 '와소우'·'일본어'는 자신들과 관계없는 이문화異文化에 지나지 않지만, 국경 내에서는 동화를 강요하는 존재였다.

이는 예컨대 언어의 경우에 현저했다. 『류큐교육』에서는 '류큐어는 반드시 어떤 시기에 우세한 언어, 이른바 보통어를 위해 박멸되어야만 하는 방언이다'라는 우승열패론이나, '힘써서 일반적으로 통하는 국어를 보급시켜, 통용되지 않는 방언을 고쳐야 한다'와 같은 범용론汎用論, 그리고 일본어를 습득하게 만듦으로서 '본현 인민으로 하여금 작금의 문명적 지식을 쉽게 획득收得하게 만듦으로써 그 행복을 증진시키지 않으면 안 된다'라는 문명화론 등이 일본어교육을 추진하는 이유로 거론되었다.[20] 그러나 세계에서 가장 강하게 '일반'적으로 통하고, 문명을 배우기 쉬운 언어는 일본어가 아니라 영어나 프랑스어였다.

그렇기 때문에 일본어가 보편적 언어라고 강조되는 한편에서 '서양'에 상대해서는 특수한 지방어임을 칭송했다. 즉 '서양 근방을 여행하며 알지도 못하는 사람과 만날 때, 우리나라의 언어로 대화를 나눌 수 있는 사람을 만난다면, 설사 모르는 사람이라도, 마치 우리 부모와 만난 듯이 어떻든 반가운 마음이 들 것이다. 이것은 같은 국어를 사용하기 때문이다"라고 말했다. 일본어교육을 '문명화'라는 논리만으로 주장하기에는 한계가 있었던 셈이다. 결국 일본어 교육의 사명으로 '문명화'보다 '국어는 같은 국민됨의 감정, 즉 국민적 사상을 유지하는 대강大綱이다'라든가 '국가를 인체에 비유하자면 언어는 혈액이라고 말해야 할 것으로 그 언어를 통일시키지 않는 것은 국가의 질병

20 帆足登梔,「言語ニ就イテ」,『琉球教育』89号, 1903. 인용은『那覇市史 資料編 第二巻 中ー三』, p.125; 島岡亮太郎,「國頭郡夏期講習會ニテ島岡教諭ノ演説筆記」,『琉球教育』21号(복각판 第15巻), 1897, p.4. 모두 원문은 한자 가타가나 문장이다.

이라고 말해도 마땅하다' 등 충성심의 육성이나 국민통합 쪽이 중시되고 있었다.[21]

역사관의 개조

오키나와 교육에서 중시되었던 것은 역사관의 개조였다. 류큐처분 당시부터 일본정부가 주장했던 바, 즉 오키나와인은 역사적·민족적으로 '일본인'이라는 인식을 주입하는 것이었다.

전국에서 소학교 교과서 국정화가 결정되기 6년 전인 1897년, 이미 문부성은 홋카이도·오키나와용 심상소학교독본을 편집했다. 이 다음해에는 오키나와에 징병령이 시행되었다미야코와 야에야마는 4년 후 적용. 그리고 이 독본에는 정부의 공식견해에 따라서, 미나모토노 다메토모 조정이 오키나와에 도래하였고 그 아들이 초대 도주島主가 되어 이로하 가나를 펼쳐 '풍속을 바로잡고' 생활을 풍요롭게 했다고 기술했다.[22]

『류큐교육』을 중심으로 활동한 교육자들도 일본정부와 마찬가지로 오키나와인은 고래부터 '일본인'이었음에도 불구하고, 중세 이래로 본토와의 교통이 단절되었기 때문에 '일본인임을 잊어버린 것'에 지나지 않다는 견해를 취했다. 그래서 그들의 교육은 새롭게 국민의식을 심어주는 것이 아니라 '중고中古 이래의 악습을 걷어냄으로써 상고上古의 일본인으로 회복시키는 것'이었다고 했다.[23]

1901년 『류큐교육』에 기고된 글은, 오키나와 자제 중에 '오키나와는 제국帝

21 島岡, op. cit., pp.3~4; 帆足, op. cit., p.124.
22 『沖繩縣用尋常小學校讀本』(복각판), 文化評論社, 1982. 1897년에 巻1이 발행된 후, 1899년에 巻8으로 완결되었다. 복각판에는 아사노 마코토(淺野誠)에 의한 해제가 달려 있다. 다메토모에 대한 언급은 巻6, pp.21~24. 그 아들인 '준둔(尊敦)'이 류큐의 초대왕인 슌텐(舜天)이 된 기술은 巻7, pp.5~7에 있다.
23 川上, op. cit.; 大城, op. cit.. 인용은 『那覇市史 資料編 第二巻 中ー三』, pp.34·88.

國에 속하지 않는다고 주장해서 다른 부현의 사람들로부터 야만시된 자도 있다고 들었다'면서, 다음과 같이 주장했다.[24]

> 오키나와가 일본인종이란 것은 본래 의심 받을 바가 아니다. 언어 계통 및 종류가 이것을 증명하며, 풍속의 대부분이 이것을 증명하고 있다. 또한 문학의 대부분이 이것을 증명하며, 주민의 면모와 골격도 이미 이것을 증명한다. 그런데 부형자제父兄子弟 스스로가 다른 인종으로 잘못 인식하여 되려 일본인종이라고 하는 것은 기괴하다. 오키나와 교육은 능히 이 폐단을 교정함에 있다. 정부가 국고비용을 내어 오키나와 교육을 장려하는 까닭은 주로 이 폐단을 교정하고, 오키나와로 하여금 진정眞誠의 오키나와로 만들고자 함에 있다.

'오키나와로 하여금 진정의 오키나와로 만들고자' 함은 물론 태고의 '일본인'의 상태로 복고復古시키는 것이다. 오키나와 종래의 문화나 습관이 '지나'에 의해 심어진 것에 불과하니 그것을 버리면 버릴수록 본래의 모습으로 돌아간다는 것이다.

이러한 역사관은 문명화와 '일본화'의 모순을 덮어버리는 기능도 담당했다. 다메토모 도래전설과 합쳐져서, 오키나와의 풍속이나 언어는 '칠백 년 전 미나모토씨源氏와 다이라씨平氏 두 가문이 서로 싸울 때의 유물'이라는 것이 교육자들 사이에서 정설定說로 받아 들여졌다. 그리고 내지와 오키나와의 차이는 '결코 차이가 있는 게 아니라, 그 진화된 내지의 다른 현과 진화되지 못한 본현과의 다름別이 있을 뿐'으로 다뤄졌다. 오키나와가 '진화'된 형태가 '내지'인 이상 '내지'에 동화하는 것이 곧 오키나와의 '진화'인 것이었다.[25]

---

24 沖繩源太郎, 「沖繩教育所感」, 『琉球教育』 44号, 1899; 川上, op. cit.. 인용은, 『那覇市史 資料編 第二卷 中一三』, pp.35·77.

1899년 『류큐교육』에는 당시 나라하라 시게루奈良原繁 현 지사가 솔선해서 '보통복'을 착용한 오키나와 출신의 여성 교원을 표창했던 취지서가 게재되어 있다. 거기에는 다음과 같이 쓰여 있다.[26]

> [오키나와 주민이 내지인과] 동일한 민족이라는 것은 의심할 바 없으며 3부府 43현縣 중에서 여전히 겐페이源平의 고태古態를 가지고 있는 곳은 본현이 유일하다고 할 수 있다. 다른 것은 하루에 바뀌고 달마다 새로워져, 또한 그 진보도 대략 비슷한 정도로 서로 부추겨지니, 마침내 다른 부현으로 하여금 이것을 잘못해서 국가 이외의 민족으로 삼거나 혹은 보기에 일종의 이양異樣의 족族으로 삼는 데에 이른 것이다. 그렇다면 오늘날 이것을 개선함으로써 통일시킬 것을 꾀하여, 다른 부현이 국가 이외의 민족으로 오인하게 만드는 것과 같은 실태失態가 없도록 하고 또한 우리 3부 43현 가운데, 일종의 이양異樣의 민족으로 주목하지 않게 만드는 것은 선각자의 임무이다. 여기에 덧붙여 현하縣下 아동 등, 그 부모의 풍채가 다른 부현과 같지 않음에 대해서, 마음속으로 다른 부현을 외국이라고 여겨 격의隔意를 갖고 그래서 국가라는 관념을 낳지 못하고, 스스로 오키나와를 한 대국大國으로 사유하는 (…중략…) 고로 풍속을 혁신하고 이로써 국가의 통일을 꾀함은 교육자의 선무先務이다.

여기에서 풍속 개조가 단순한 동화가 아니라 대일본제국에 대한 충성심을 지닌 '일본인'을 육성하기 위한 일환이라는 사실을 볼 수 있다. 그리고 오키나와가 흡사 이민족처럼 보이고, 또한 '일본인'으로서 자각이 부족한 것은 결

---

25 「本縣師範學校女子講習科の服制」, 『琉球教育』 44号, 1899; 川上, op. cit.. 인용은 『那覇市史 資料編 第二巻 中ー三』, 79号.

26 「首里尋常高等小學教女教師久場鶴子女士」, 『琉球教育』 44号, 1899. 인용은 『那覇市史 資料編 第二巻 中ー三』, p.79.

국 '진보'가 뒤쳐진 결과에 지나지 않는다. 이렇게 이 기사도 '일종의 이양異樣의 민족' 시선에서 벗어나 '일본인'이 되는 것이 오키나와의 '진보'라는 식으로 쓰고 있다.

언어에서도 마찬가지의 논리가 적용되었다. 오키나와어는 독립된 언어가 아니라 '자연적인 지세나 인위적인 구획을 위한 일종의 류큐어라고 부르는 방언을 만들어낸 것'에 지나지 않는다. 그리고 '지금 내지의 다른 현에서 언어가 날로 진보하고 다달이 변화하고' 있음에 비하여 '본 현의 언어는 진화하지 않아, 따라서 태고의 언어로 존재하는' 상태라고 여겨졌다. 또한 오키나와어가 일본어의 한 방언에 지나지 않는 이상, 그것은 보존할 가치가 없다. 왜냐하면 현청 서기관의 말에 따르자면 '오키나와 특색으로 오키나와어를 보존할 필요가 있다고 말하는 벽론가僻論家가 있을지도 모르지만 우리 연배들의 생각으로는 보통어가 전와轉訛한 것이 많이 있기 때문에 보통어로 고치는 것이 당연한 일'이기 때문이었다.[27]

이러한 세계관을 구성하는 불가결한 요소로서 오키나와에서 '이민족으로 간주되는 것', '뒤쳐진 것'을 발견하는 일이 행해졌다. 오키나와현 심상사범학교의 교원이었던 아라타 요시타카新田義尊가 1895년부터 『류큐교육』에 연재했던 「오키나와는 오키나와지 류큐가 아니다」라는 논고는 그 대표적인 예라고 할 수 있다.

아라타의 견해는 지금까지 서술해왔던 오키나와 교원들의 세계관을 집대성했다고 말해도 좋다. 즉 오키나와인은 '우리 동포인 일본인종'이며 교육의 목적은 '당당한 국민군國民軍을 만들어내는 것'이었다.[28] 다만 그의 특징은 부

27 帆足, op. cit.; 川上, op. cit.; 「郡視學會」, 『琉球教育』 95号, 1904. 인용은 『那覇市史 資料編 第二卷 中一三』, pp.35·125·133.

정해야 할 오키나와상을 '류큐'라는 어휘로 집약해서 그려냈다는 점이다.

아라타에 의하면 '오키나와'라는 명칭은 병합 후의 것이고, '류큐'가 본래 명칭이라는 건 잘못이라는 것이다. '오키나와'야말로 고대 이래의 명칭이며 '류큐'는 이 수백 년 동안 붙어 있던 '당명唐名'에 지나지 않았다. 따라서 오키나와라고 개명한 것은 '새로운 번역이 아니라, 옛 명칭으로 되돌리는 주의主意'였다. 그리고 '류큐'란 '지나에 머리를 숙이고 지나에 허리를 굽혀서, 우리 국체를 도외시하고', '고루함에 빠져서 구염오욕舊染汚浴을 남기고 있던 양속兩屬이라는 부정不貞한 여자의 이름'이고, '오키나와'란 '일본 남아를 낳아야할 정숙한 여성으로 복고復古한 명칭'이다.[29] 문제는 그게 아니라 그러한 오키나와보다도 '이민족시'되어야 할 지역이 '어디인가'라는 것이었다.

아라타가 그 대상으로 삼은 것은 청일전쟁으로 일본이 막 획득한 타이완이었다. 그에 따르면 '오키나와는 예로부터 우리의 동포 동족으로, 타인이 아니지만, 타이완 따위'는 "이종異種 별족別族으로 새로 우리의 집에 양자貰兒가 된 것"에 지나지 않는다. 그리고 '류큐'라는 호칭을 폐지하자는 주장도, "타이완 등과 동일하게, 이종 별족에 분류된 명칭으로 불리는 것을 참을 수 없기" 때문이었다.[30]

연재가 나가는 동안 아라타는 '오키나와는 어디까지나 우리 일본 오키나

28 新田義尊,「沖繩は沖繩なり琉球にあらず」,『琉球教育』2号(복각판 第1巻), 1895, pp.49·53. 아라타의 이 논고는 동화교육론의 사례로서 종종 언급되고 있는데, 이 역사관은 검토되지 않았다. 아라타는 자신이 발견했다고 주장하고 있지만,『수서(隨書)』의 '流求'가 타이완이라는 설의 진위는 오늘날까지 명확하지 않다. 이 '流求'가 타이완인지 오키나와인지에 대해서는 훗날 이하 후유(伊波普猷)와 히가시온나 간준(東恩納寬惇)이 논쟁을 했던 바인데, 이에 대해서는 별도의 논문에서 논하고 싶다. 또한 전후 타이완에서는 이 설은 고대부터 타이완이 중국 왕조의 사서에 기재되고 있었다는 증거로서, 중국과 타이완이 불가분의 관계라는 역사적 근거로 간주되어, 국민당 정권하에서 유포되었다고 한다. 오키나와를 '일본'에 귀속시키기 위해 타이완을 배제한 설이 타이완이 중국에 귀속하는 논거로 변형된 것이다.

29 Ibid., pp.48~50.

30 Ibid., pp.50·52.

와섬으로서 (…중략…) 류큐국은 별도로 자신들의 토지가 있다'고 주장하기 시작했다. 그에 의하면 수나라의 고문헌에는 '류큐' 주민은 인육을 먹는 풍습이 있다고 되어 있고 '류큐인이라 함은 (…중략…) 수당인隨唐人 등도 멸시하는 야만인종'이다. 거기에 비하여 오키나와는 '일본민족·일본인종·일본동포·일본동조同祖임이 명백'하며, '인육을 먹는 등의 야만적 인종의 자손이 아니라고 보증한다'. 그리고 타이완의 '생번生蕃'이 식인을 하고 있다는 당시 일본 측 신문기사를 토대로 "수대隋代의 사기史記와 북사北史 등에 나와 있는 류큐국'은 타이완에 대해 쓴 것이라고 주장했다.[31]

아라타에 따르면 오키나와에 류큐라는 이름이 붙은 것은 '저 간교하고 교활하기 이를 데 없는 지나인이 (…중략…) 류큐라는 명칭을 다른 것에서 전용轉用하여 오키나와의 명예를 더럽히기 위해서' 였다. 나아가 아라타는 이렇게 쓰고 있다.[32]

> 나는 우리 국체상 본 현을 타이완과 동일시하지 않도록 도내島內 사민士民의 종족 성질을 명백히 하여, 이전에 외번外蕃과 똑같이 대우받는 수치를 씻고 일본인의 지위와 권리를 완전히 실현시키고자 함에 부득이하게 천착해 가고 있을 따름이다. (…중략…) 본 현은 역시 오키나와이고, 지금의 타이완인 고류큐와 다르며, 일본인의 자격으로 국체상, 지위와 권리를 완전히 실현해야 할 요소가 본래 구비되어 있다.

'류큐'란 '야만인종'의 소굴인 타이완의 일이며 오키나와가 '류큐'가 아니

31 新田, 『琉球教育』 10号, 1896 및 14号, 1897; 복각판 第1巻, pp.411·413·414; 第2巻, pp.103·107. 전자의 원문은 한자 가타가나 문장이다.

32 新田, 『琉球教育』 14号(복각판 第1巻), 1897, pp.104·108.

라고 역사적으로 실증하는 작업은 오키나와인이 '일본인'임을 증명하여 차별로부터 구해내기 위한 것이었다고 한다. 또한 제5장에서 후술하겠지만, 당시 오키나와를 타이완과 함께 척식무성拓殖務省의 관할에 편입시키자는 제안이 있었는데 그 소문을 들은 아라타는 '진성정명眞誠正銘의 일본'인 오키나와를 식민지로 취급하는 것이라며 '유감천만'이라고 항의했다. 아라타는 본토출신이었지만 그는 '오키나와 주민住人 아라타'라고 자칭하고 있었다. 필시 아라타의 주장은 오키나와에 '일본인의 지위와 권리'를 주기 위함이고 '오키나와인을 위한 선의善意'였을 것이다.[33] 중국의 고문서에서 말하는 '유구流求'를 타이완으로 보는 설은 그 후에 정착되어 현재까지 받아들여지고 있다.

배제해야 할 대상을 보여줌으로써 오키나와인이 '일본인'임을 입증시키는 경향을 아라타만 가졌던 것은 아니었다. 『류큐교육』의 논설에는 오키나와가 그 일원이 된 일본의 대비로서 '지나 조선 등'의 '인민은 공공 신의가 부족한 바가 있다'고 강조했다. 또한 조선사에 대한 교육에서는, '정사政事가 아동 유희와 비슷하여 (…중략…) 차라리 호랑虎狼의 먹이가 되고자 함을 논하며', 그것과 대조시키며 '의용봉공義勇奉公하지 않을 수 없음을 논하는 것'이 중시되었다.[34] 이러한 세계관의 주입으로 마침내 오키나와인들은 자신이 '일본인'이 되기 위해 타이완인이나 조선인을 배제하는 경향을 낳았다.

이러한 '일본인'화 교육은 조금씩 효과를 드러냈다. 1904년 『류큐교육』에는 '학구내學區內에의 보통어 상황'으로, 아동이 '실수로 토어土語를 사용하면 호되게 혼났다'는 보고가 있다. 하지만 결코 '보통어'의 보급은 쉽지 않았다. 이 보고에도 '학교를 나오지 않는 이십 세 전후의 여자들이 다른 무리처럼

---

33 新田, 『琉球教育』 17号, 1897. 복각판 第2巻, pp.198·200~201.

34 「沖繩縣私立教育會常集會」, 『琉球教育』 44号, 1899에 있어서의 쓰바키 신이치로(椿秦一郎) 서기관 강연 및 川上, op. cit.. 인용은 『那覇市史 資料編 第二巻 中-三』, pp.36·78.

보통어를 쓰는 자가 아주 조금 있다'라든가 '부형父兄이 술에 취했을 때 보통어를 쓰는 것이 조금 있는 듯 하다'와 같은 기술이 나열되어 있는데 이는 현재의 영어회화 정도로 수용되었음을 알 수 있다. 그럼에도 아동들 사이에서는 '토어'를 부끄러워하는 의식이 침투하고 있었던 것은 대단한 변화라고 할 수 있다.[35]

국방이라는 목적을 위해서, 국가 예산을 써서라도 충성심 육성을 행해야 할 필요성에 따라 '일본인'으로서의 언어와 역사가 교육되었다. 오키나와의 '일본인'화는 이와 같이 시작되었다. 그리고 이 교육정책의 성공은 그 후 타이완·조선에도 영향을 미쳤다.

35 篠原一二,「普通語ノ普及ニツイテ」,『琉球教育』100号, 1904. 인용은『那覇市史 資料編 第二巻 中一三』, pp.140~141. 원문은 한자 가타가나 문장이다.

제3장

'제국의 북문'의 사람들

아이누 교육과 홋카이도 구토인舊土人 보호법

일본 남방에서 오키나와 주민에 대한 '일본인화'가 이루어지고 있었을 때, 북방에서도 유사한 상황이 진행되었다. 바로 홋카이도에서의 아이누 교육이다.

오키나와가 '제국의 남문'이라 일컬어졌듯이, 홋카이도는 '제국의 북문'으로 통칭되었다. 에도시대 이래로 홋카이도는 대對 러시아 군사거점으로 주목을 받았고, 대러시아 정책도 또한 그러한 대외관계 속에서 결정되었다. 그러나 오키나와와 다소 다르게 '일본인'과는 별종으로 구분되고 있었던 아이누에 대한 교육정책은 '일본인'으로의 포섭뿐만 아니라 '일본인'으로부터의 배제까지 겸한 형태로 형성되어 갔다. 그리고 이런 양상은 그 후 타이완·조선 등의 교육정책과도 서로 통저通底하게 된다.

국경분쟁에서 '일본인'으로

우라가浦賀에 페리 등의 아메리카 함대가 왔던 1853년 말, 북방의 국경지대인 '에조치蝦夷地, 홋카이도의 옛 이름'를 둘러싸고 에도 막부와 러시아 정부의 교섭이 이루어졌다.

제1장에 서술했듯이 19세기 전반까지 동아시아에서는 조공이나 귀복歸服 관계에 의해 국제질서가 이뤄져 있고, 국경선은 명확하지 않았다. 그러한 세

계관에서는 국경선의 내측에 있다고 영토라고 간주되었던 것이 아니라, 귀복민歸服民이 살고 있는 토지이기 때문에 지배 권역에 들어가 있다고 생각했다. 하지만 막부가 근대국제사회 원리에 입각하여 교섭을 진행해야 했을 때, 기묘하게도 하나의 원칙에서 이 영토관과 근대국민국가의 국경관은 우연의 일치를 봤다. 그것은 '국민이 살고 있는 토지가 영토이다'라는 점이었다. 나가사키에서 러시아와 교섭에 임했던 막부 측의 가와지 도시아키라川路聖謨 좌위문위左衛門尉는 치시마千島, 쿠릴열도의 에도로프섬이 일본영토라고 주장했고, 러시아 사절과 다음과 같은 대화를 나누었다.[1]

사절 　　당시 에도로프에는 아이누만 살고 있고, 일본인은 살고 있지 않았던 것으로 보입니다.

좌위문위 　　아이누는 에조인을 말하는 것이며, 에조는 일본에 소속된 인민으로 아이누의 거주지는 곧 일본에 소속된 영토입니다.

아이누는 '일본인'이며, 그렇기 때문에 아이누가 사는 토지가 '일본'이라는 이 논리를 가와지는 교섭 당시 반복해서 사용했다. 그는 같은 논리로 캄차카 반도도 '아국 소속我國之所屬'이라고 주장했다. 오키나와를 획득하기 위해 그 땅

1　東京帝國大學, 『大日本古文書』(幕末外國關係文書之三), 東京帝國大學史料編纂所, 1911, pp.390·406. 메이지시기의 아이누 교육정책과 홋카이도 토인보호법의 성립에 대해서는 竹ヶ原幸朗, 「近代日本のアイヌ教育」, 『北海道の研究』 6, 清文堂, 1983; 海保洋子, 『近代北方史』, 三一書房, 1992, 第1部; 小川正人, 『近代アイヌ教育制度史研究』, 北海道大學圖書刊行會, 1997 등의 연구가 있다. 앞의 다케가하라(竹ヶ原)의 논문이나 高木博志, 「アイヌ民族への同化政策の成立」(歷史學硏究會 編, 『國民國家を問う』, 青木書店, 1995) 등은 이와타니(岩谷)의 사상까지 검토하고 있다. 총괄해서 아이누 교육정책이나 홋카이도 토인보호법은 '동화'의 측면이 강조되어 왔는데, 앞의 오가와(小川)의 책은 그 속에 배제의 요소가 다분히 담겨 있음을 지적하고 있다. 이 장에서는 이러한 것들을 기반으로 해서, ① 근세 이래의 아이누동화론의 배경에서 서구와의 대항의식이나 국방상의 동기가 존재하고 있다는 점, ② 동화와 배제의 모순을 '점진'이라는 개념으로 양립시킨다는 두 사항을 제기하는 바이다.

의 주민을 '일본인'이라고 주장했듯이 북방에서도 아이누는 우선 대외교섭에서부터 '일본인'이 되어 있었던 것이다.

러시아와의 대항관계에서 일본의 중앙정부가 아이누에 주목한 것은 이것이 처음이 아니었다. 1799년까지 마쓰마에松前번의 통치에 위임되고 있었던 동東에조치를 막부가 직할령으로 편입시켰을 무렵 대러시아 정책에도 변화가 생겼다. 직접적인 동기는 러시아의 위협이었다.[2]

그때까지 마쓰마에번의 대아이누 정책은 기본적으로 방임이었다. 1777년 시점에 마쓰마에번은 아시가루足經까지 포함해도 번사藩士가 170호에 지나지 않는 작은 번이었고, 에조치 전 토지에 흩어져 사는 아이누를 관리할 능력이 없었다. 마쓰마에번의 통치대상은 오로지 일본인 상인이나 어장漁場의 청부인이었고 아이누를 대상으로 한 법령은 없었다. 물론 아이누가 반란을 일으킨 경우에는 마쓰마에번이 진압을 했고, 일본인 상인이나 청부인은 아이누와 부당한 교역 등으로 이익을 얻고 있었다. 아이누는 각지의 수장首長 아래에서 생활하는 일종의 간접통치 상태였다. 안이한 비교는 금물이지만, 이것은 예컨대 개척 초기 북아메리카의 선주민족이 식민자들의 압박에 괴롭힘을 당하지만 식민자들이 만든 법령의 대상이 되지 않았던 것과 대응한다.

게다가 마쓰마에번 통치시대의 특색은 후년의 동화 지향과는 대조적으로 아이누에 대해 야마토어和語와 야마토풍속和風俗을 습득하는 것이 일반적으로 금지되어 있었다는 점이다. 사쓰마薩摩가 류큐 주민의 동화를 금지한 케이스에 대해서도 말할 수 있지만, 에도 시대에는 신분의 경계를 넘어서 문화를 습득하는 것은 질서파괴 행위였기 때문에, 아이누가 야마토인의 언어나 풍속을 모방하지 못하게 만든 것도 그다지 이상한 것은 아닌 것이다.

---

2 이하 막부 말기에서 메이지 초기의 아이누정책에 대해서는 高倉新一郎, 『新版アイヌ政策史』, 三一書房, 1972 참조. 막부의 직할령 명령은 p.139에서 재인용.

그런데 이러한 상태를 더 이상 방치할 수 없었던 이유는 러시아의 남하정책 때문이었다. 작은 번에 불과한 마쓰마에번은 대러시아 병력을 충분히 갖추기는커녕 자신의 채무債務에도 힘겨워하는 상태였고, 재정난에서 기인한 청부인에 대한 의존이 아이누에 대한 착취를 조장하고 있었다. 그것을 방치하면 일본인의 차별을 참을 수 없게 되어 러시아에 기대려는 행동으로 나가지 않을까라는 염려도 있었다.

18세기 후반에는 중앙 차원에서 그때까지 등한시하고 있던 에조치 문제에 대해서 헌책서獻策書를 제출하는 자가 증가했다. 그리고 그 다수는 아이누를 보호하여 일본풍和風에 동화시켜 일본에의 복속 의식을 갖게 만들지 않으면, 러시아 측에 회유될 위험성이 크다고 호소하는 것이었다. 중앙정부에서 이것들을 받아들여 1799년에 막부는 동에조치를 직할령으로 삼았다. 그때 나왔던 명령은 '[아이누에게] 천황의 덕화御德化를 미치고, 교육을 시켜서 점점 일본의 풍속에 따르고, 진심으로 복종하게 하여, 만일의 하나 외국에 회유되는 일이 있더라도, 마음 밑바닥이 흔들리는 일이 없도록 해야 할 터'라고 주장하며, 야마토어나 야마토풍속으로 동화할 것을 서술했다. 에조치가 막부의 직할령이 된 이후 경비군을 보내는 한편 아이누에 대해 간략한 법령을 적용하여 교역상황을 개선하려는 등의 시도가 있었다. 이와 동시에 구마마쓰리熊祭り나 입묵入墨을 금지하는 조치가 이야기됐고 나아가 크리스트교 침입에 대항하는 조치로서 불교사원이 설치되었다.

그렇다고는 해도 실제로 행해졌던 시정施政은 적극적인 동화정책이라고 말하기 어려웠다. 최대의 이유는 동화를 완전히 실시할 정도의 재정적 기반을 막부가 갖고 있지 않았기 때문이다. 야마토풍속이나 야마토어의 습득 금지가 해제됐지만 이는 배우는 일이 허가되었다는 것뿐으로, 교육시설은 설치되지 않았다. 풍속의 개변도 아이누 측의 반발이 거셌고, 동화를 강제할 만한 감독관리를 파견하는 것도 곤란하여 실제적인 실시는 소극적인 상태에 머물러 있었다.

더구나 이러한 막부직할통치는 1821년에 방기되었다. 그 첫째 이유는 러시아의 위협이 멀어진 것처럼 보였기 때문인데, 그것보다도 더 컸던 이유는 경제적인 부담 때문이었다. 직할통치를 위한 시책, 특히 변경을 경비하는 비용은 적지 않았다. 때마침 재정난에 빠져들고 있던 막부는 겨우 이 년 남짓만에 에조치를 마쓰마에번의 통치로 돌려주고 말았다. 그리고 당연하게 아이누에게 야마토어 사용이나 야마토풍속 등을 금지하는 풍조風潮도 재연再燃되었다. 그런 반면 일본인과 아이누의 접촉과 교역은 한층 증가했는데 착취나 병 등으로 아이누의 인구는 급격하게 감소해 갔다.

그런데 막말幕末, 러시아의 남하정책의 고조와 개항요구로 다시 에조치는 변화에 직면한다. 전술한 가와지 도시아키라川路聖謨의 대러시아 교섭이 행해졌던 다음해인 1854년, 러일화친조약으로 에조치는 일본령이 되었고, 사람들은 국방 제1선인 에조치의 방비防備가 불완전하다는 점에 주목했다. 이리하여 1855년 막부는 다시 에조치를 직할령으로 삼기로 결정했다.

직할통치의 부활과 함께 아이누 정책도 다시 동화 지향으로 전환되었다. 1853년 러시아가 북에조후의 가라후토(樺太), 사할린를 점령했을 때, 러시아 측 보고서에는 현지의 아이누들이 러시아 병사를 환영하며 야마토인에 의한 차별과 착취를 호소했다고 기술되어 있다. 아이누 문제에 대한 이전부터의 위구危懼가 현실화되고 있었던 것이다. 즉각적으로 야마토어 금지를 해제, 야마토풍속으로 개변改變, 노임이나 사역使役 양상 등 노동조건 개선, 인구보전대책이나 종두種痘 실시 등이 거론되었고, 야마토어 교육도 실시되었다. 하지만 붕괴 직전이었던 막부는 재정적 여유가 없어서, 제기되었던 시책도 부분적으로만 실행되었다. 그리고 메이지유신을 맞이했다.

이와 같이 대아이누 정책은 이미 근세부터 항상 러시아의 위협이라는 대외관계와 밀접하게 결부되어 있었다. 아니, 중앙정부 차원에서 아이누가 주목된 일 자체는 대외관계 없이는 거의 있을 수 없는 일이었다. 근세 후기 이후, 아이누는 에조치 개발의 장애가 되었지 더 이상 군사적 위협은 아니었다. 경제적으로도 상업적인 이익의 대상으로 삼기에 아이누는 지나치게 인구가 적었다. 어떻게 노동력으로 이용할 수 있을까 하는 현장 수준의 문제만이 있었을 뿐이었다. 결국 막부에서 보자면 아이누는 위협도 되지 않고 이익도 되지 않는 수만 명에 불과한 변경민에 지나지 않았다. 그것이 정책대상으로 취급된 까닭은 대외관계 이외에는 다른 것을 생각할 수 없을 정도다.

러시아의 위협이 절박해지자 아이누의 동화와 중앙 직할통치가 제기되었지만 위협이 멀어지자 재정적 곤란으로 마쓰마에번의 간접통치로 되돌리는 순환이 반복된 까닭도 바로 이 때문이었다. 대아이누 정책은 그것 자체가 목적이라기보다 일본정부의 외교상의 수단이라는 성격을 갖고 있었다. 이와 같은 경향은 메이지 정부에도 영향을 주었다.

"일본인이 사는 토지"

1869년메이지 2 5월, 하코다테函館, 당시는 箱館에서 버티던 구旧 막부군이 진압된 직후, 메이지 정부는 에조치 개척 방침의 천황의 하문서御下問書를 발표했다.[3]

에조치의 의儀는 황국의 북문 곧 산단山丹 · 만주滿州에 접하여, 경계經界가 조정粗定하다고 할 수 있어도 북부에 이르러서는 중외잡거中外雜居하는 곳이 있으니, 지금까지 관리官吏가 토인土人을 사역使役하는 데에 심히 가혹하기 그지없었고, 이에 외인外人이 빈번히 애휼愛恤을 펴는 일이 있어 토인은 종종 아방인我邦人을 원망하여 멀리하고 그[외인]를 존경하고 따르기에 이르렀습니다. 일단 민民을 고통으로

3 Ibid., p.373에서 재인용. 원문은 한자 가타가나 문장. 호적등록에 대해서는 海保, op. cit., 第1章 참조.

부터 구한다는 이름으로, 토인을 선동하는 자가 있을 시에는 그 화禍가 금세 하코다테箱館와 마쓰마에에 이를 것은 필연적이니 화를 미연에 방지하는 것은 지금 당장의 긴급한 임무라고 아뢰옵니다. 하코다테를 평정한 이상 속히 개척開拓과 교도敎導 등 방법을 실시하여 인민이 번식하는 영역으로 삼으셔야 하는 줄로 생각합니다. 이해득실을 헤아린다면 각 의견에 기탄忌憚이 없을 것이라 아뢰옵니다.

'황국의 북문'인 에조치는 1869년에는 '홋카이도北海道'로 개칭되었는데, 대외적인 대항관계에서 아이누의 동화를 시작했던 상황은 메이지 정부도 막부와 마찬가지였다. 1871년 및 1876년의 고유告諭에는 입묵하거나 이환耳環의 관습을 금지한다고 기록되어 있으며, 일본의 언어·문자를 배워야 한다고 말하고 있다. 농업이 장려되고 교육사업도 행해져 1871년 호적법 공포와 더불어, 일단은 야마토인와 마찬가지로 평민으로 등록되었다. 이와 더불어 한자이름이나 야마토식 이름으로 개명이 이루어지고 있다. 이와 같이 서구에 대한 방위선을 유지하기 위해서 '일본인'화를 시도하는 경향이 오키나와와 공통된다고 말해도 좋을 것이다.

그러나 오키나와와 홋카이도에는 다른 조건도 존재했다. 아마도 그 최대의 차이는 오키나와와 달리 홋카이도에는 대량의 식민자가 보내졌다는 점이다.

잘 알려져 있듯이 메이지 정부는 당초부터 홋카이도 개척에 몰두하여 초기에는 수감자나 곤궁 사족士族, 나중에는 일반농민을 필두로 한 개척민을 정책적으로 이식했다. 홋카이도 개척은 당초에는 커다란 재정적 부담이었지만 일본은 러시아의 위협에 대항해야 했다. 일본은 홋카이도를 '일본인이 사는 토지'로 개조함으로써, 일본영토로 기정사실화 작업을 행했던 것이다. 둔전병屯田兵으로 이름붙여진 개척민과 병사를 겸한 무장武裝한 식민植民의 존재는 그것을 상징하는 것이었다.

방위선 지역을 일본영토로 확보하기 위해 그 땅을 '일본인이 사는 토지'로 개조하는 수단은 크게 두 가지이다. 하나는 오키나와에서 그랬던 것처럼 원주자를 교육으로 '일본인'화 하는 것이다. 그리고 또 하나는 홋카이도처럼 '일본인'을 식민자로 보내는 일이다. 둘 다 군사력에서는 서구제국에 열등한 일본이 '국민'을 방패로 삼아서 국가를 방위할 수단으로 선택한 정책이었다. 식민자를 보냄으로써 그 땅을 확보한다는 수단은 후에 조선·타이완이나 만주에 대한 정책론에까지 수용되었다.

이러한 이식민 정책은 메이지 정부 내의 아이누의 이용가치를 희박하게 만드는 효과도 야기했다. 반복해서 말하지만 원래 아이누의 동화는 아이누 그 자체의 개조보다도 아이누가 사는 땅을 일본영토로 확보하는 것이 목적이었다. 그 목적은 아이누를 '일본인'화하지 않더라도 아이누의 수를 훨씬 상회하는 '일본인' 식민자를 대량으로 보내는 것으로도 달성될 수 있는 것이었다. 1875년에 가라후토사할린와 치시마 교환 조약으로 일본이 가라후토의 영토권을 버린 대신에 치시마 열도를 획득하면서, 러시아와의 국경분쟁이 일단락된 것은 이 경향을 가속화했다.

주지하듯이 전전戰前 일본에서는 과잉인구를 북미·남미·중국대륙·남양 등 해외지역으로 송출하지 않으면 국가가 붕괴한다는 담론이 지극히 일반적이었다. 급속한 근대화의 과정에서 인구폭발이 발생하는 것은 어느 정도 보편적인 현상이었는데, 일본의 경우는 그 해결책으로 자국보다 선진적인 지역에는 이민을 송출하고, 지배지역에는 식민을 추진한다는 두 가지 노선이 동시에 구가되었던 점이 특색이었다. 이것은 서구 열강에 비해 후발이었지만 다른 아시아·아프리카의 여러 나라들처럼 식민지가 된 적 없는, 오히려 지배를 행하는 측으로 돌아섰던 일본이라는 나라의 중간적인 위치에서 발생한 현상이었다. 이 결과로 '일본인'은 서구에 대해서는 일본계 이민배척으로 상정되는 '차별 당하는 측'으로 아시아의 여러 지역에 대해서는 '차별하는 측'으로 존재하는 양의성을 띠었다. 이 양의성에 대해서는 이 책의 후반에서 논의할 예정이다.

메이지 중기에는 대량의 홋카이도 개척론이 나왔다. 그 대부분은 어떻게 이식민을 장려하여 개발을 촉진할 것인가를 논하고 있다. 아이누 정책을 다루고 있는 것은 의외라 할 정도로 적었다.[4] 막부시대에도 그랬듯이 대외관계 요소가 없으면 아이누는 당시 일본에 이익도 위협도 되지 않는 존재였다. 많은 홋카이도 개척론에서 보아도 홋카이도의 지독한 자연이나 자본 부족 등과 비교하여 아이누는 개척의 장애가 되는 존재로서 의식되지 않았다. 홋카이도의 인구가 적었던 막부시대에는 노동력으로서 아이누의 존재의의에 대해 주목하기도 했지만 이식민으로 개척 노동력을 충족할 수 있다는 목적이 세워지자, 그것[노동력으로서의 아이누의 존재의의]마저 잃었던 것이다.

또 한 가지 덧붙여 두면 당시 문헌에는 홋카이도를 '식민지'로 형용하고 있는 점을 다수 발견할 수 있다. 대부분 아이누는 그다지 주요한 언급대상이 아니었다. 현재의 감각으로 보면 '식민지'란 '원주자를 지배하고 있는 토지'라는 의미가 강하지만, 당시의 홋카이도론의 다수는 '식민으로 개발하는 토지'라는 의미에서 이 말이 사용되고 있었다.

전전 일본의 '식민지'란 말은 현재와는 다른 애매함을 갖고 사용되었고, 브라질에 일본계 이민이 입식入植해 있는 상태를 가리켜 브라질을 '식민지'라고 부르는 사례까지 있었다. 또한 홋카이도·타이완·조선·만주 등은 식민자가 보내졌기 때문에 '식민지'라는 형용이 진귀한 것이 아니었다. 그러나 오키나와에는 농업이민이 입식되지 않았기 때문에서 본토 측에서 오키나와를 '식

4 桑原眞人, 『近代北海道史硏究序說』, 北海道大學圖書刊行會, 1982, 第1章. 당시의 주요한 홋카이도의 식민론이 리스트화되어 있다.

민지'로 형용하는 예는 거의 보이지 않는다. 이렇게 같은 '식민지'라고 하더라도 '원주민이 사는 토지'와 '식민자가 사는 토지'라는 두 종류의 함의가 있었다. 이 두 개 함의의 교착은 후에 조선·타이완에 대한 통치논의에서도 미묘한 영향을 가져오게 된다.

아이누에 대한 민간의 여론은 무관심했고, 이와 나란히 메이지 정부에 의한 동화책도 그다지 열기가 있었다고 말하기 어려웠다. 막부의 경우도 그랬지만 정부 측의 경우를 보자면, 아이누의 독자적인 풍습이나 문화를 금지하는 법령을 공포하는 것은 간단하지만 교육이나 농업장려 등은 학교건설이나 농업지도 등의 재정적 뒷받침을 필요로 했다. 그러한 정책을 어디까지 진심으로 행할 것인가는 비용에 상당하는 만큼의 정책적 가치를 아이누에서 발견할 수 있는가의 문제였다. 그리고 이것도 막부시대에 그러했듯이 본격적이지 않은 일방적인 농업장려나 교육은 불충분한 시설과 아이누 측의 반발에 부딪쳐 그다지 실효를 거두지 못했다.

오히려 메이지 전반기에 아이누의 상황을 결정지은 것은 아이누가 '일본인'으로서 야마토인과 일률적인 법체계로 적용되었다는 사실이었다. 막부시대에 인정되고 있던 어장의 어업권 등 특수권리는 이로 인해 일괄적으로 상실되었다. 토지소유권도 근대법체계하에서 설정되면서 소유권 개념이나 일본어 식자능력 등이 충분하지 않았던 아이누는 식민자에 비해 압도적으로 불리했다.

아이누는 불리한 법체계로 일률적으로 조직되었던 한편 '일본인'에 편입되었어도 일반적으로 있었던 아이누 차별은 없어지지 않았다. 식민자가 증가함에 따라서 아이누가 식량으로 삼았던 동식물의 환경이 파괴되었고, 토지나 어장도 부지불식간에 야마토인의 등록이 되었고, 식민자가 갖고 온 전염병과 술이 아이누에 침투했다. 메이지 정부는 그것에 대해 차별시정조치 등을 적극적으로 취하지 않았을 뿐만 아니라 아이누 생활의 원천인 산림과 들판을 무주지無主地라면서 관유지官有地에 편입시켜버렸다. 더욱이 불완전하게나마 막부 시대에 행해지고 있던 아이누에 대한 특별보호마저 폐지했다. 구체적으로는 출생이나 사망 시의 수당, 노인과 병자에 대한 부조나 시료施療 등이 메이지에 들어와서 폐지되었고 대신 일반과 동일한 진휼賑恤의 규칙이 적용되었다. 그것은 표면적으로는 법적인 구별의 해소라는 형태를 갖고 있었지만, 실질적으로 메이지 정부가 거의 정책적인 가치를 발견할 수 없었던 아이누에 대한 특별보호를 없애는 일이었다.

이처럼 메이지 정부의 초기 아이누 정책이 아이누에 어디까지 관심을 가졌는지는 상당히 의심스럽다. 약간 시간이 지나 『오키나와현용 심상소학교독본』과 나란히 『홋카이도용 심상소학교독본』이 문부성에서 편찬되었을 무렵에도, 오키나와용은 명백히 현지 주민의 동화를 목적으로 한 내용이었지만 홋카이도용은 아이누를 언급한 곳이 한 군데뿐이었다. 그것도 15세기에 마쓰마에번의 선조로 여겨지는 무장武將이 건너왔을 때를 묘사한 것으로 한 문장으로 다루어지고 있을 뿐이었다.[5] 오키나와의 경우에는 국방상의 이유에서 다소의 비용을 들이더라도 '일본인'화를 추진할 필요가 있었지만, 홋카이도의 경우는 이식민의 촉진이라는 수단이 그것을 대체할 수 있었던 것이다.

그런데 그러한 상태를 방치할 수 없게 된 사태가 한편에서 진행되고 있었다. 러시아와는 다른 '서구'가 홋카이도의 내부에서 아이누를 교화하기 시작했던 것이다.

5 「征服者の視點－100年前の北海道·沖繩用教科書」, 『朝日新聞』, 1997.6.9.

선교사의 위협

정부도 민간도 거의 아이누에게 무관심했던 메이지 중기에 아이누 정책에 주목했던 세력은 세 부류가 있었다.

우선 그 하나로 인류학자를 들 수 있다. 1888년 도쿄인류학회의 회장이었던 쓰보이 쇼고로坪井正五郎와 일본 형질인류학의 시조인 고카네이 요시키요小金井良精는 홋카이도 아이누의 형질이나 의식주 풍습 등을 조사했다. 쓰보이는 열성적인 아이누 구제 및 교육운동의 제창자가 되었다.

인류학이 식민지의 '야만인'을 연구하는 학문으로서, 식민지 지배와 그 정당화에 일익을 담당한 일은 최근 들어 주목되고 있는 바이다. 일본의 인류학이 지배의 정당화에 어떠한 역할을 담당했던가는 저자도 논했던 적이 있지만,[6] 쓰보이 등의 경우 다소 유럽의 인류학과는 조금 다른 성질도 띠고 있었다. 그것은 서구의 '일본인' 인종차별을 그들이 강렬하게 의식하고 있었다는 점이었다.

예컨대 쓰보이는 1897년에 창간된 국수주의 잡지 『일본주의日本主義』에 「단신황색短身黃色은 과연 부끄러운 것인가」라는 담화를 게재했다. 여기에서 그는 '피부색은 신장과 마찬가지로, 지력智力 우열優劣의 징표가 아니다'라고 역설했다. 그는 피부색이나 신장으로 '일본인'을 차별하는 서구인에 대해서 항의하고자 했다. 그는 '제멋대로 논論을 세운 서구인 중에는 피부가 하얗지 않는 자는 열등 종족이라는 말 따위를 하는 자가 있지만, 자신의 성질이라면 그게 무엇이든지 존중한다는 자부심을 제외하고 보면, 두말할 나위도 없는 근거 없는 논의'라고 강조하고 있다.[7] 쓰보이가 같은 논의를 각지의 강연에서 후년까지

6 小熊, 『單一民族神話の起源』, 新曜社, 1995; 오구마 에이지, 조현설 역, 『일본 단일민족신화의 기원』, 소명출판, 2003.
7 『日本主義』 1号, 1897. 인용은 p.66.

되풀이하고 있는 것을 볼 때 그가 얼마나 이 테마를 중시했는지 엿볼 수 있다.

19세기 인류학에는 인류다원설과 인류일원설의 논쟁이 있었다. 전자는 세계 각지의 인종은 그 발생부터 다르며 인종적 능력의 차이가 유전적으로 결정된다는 것이다. 후자는 차이는 환경과 그 밖의 다른 것에 의해서 생기는 것에 지나지 않는다고 주장했다. 제7장에서 후술하겠지만, 이 점은 식민지 통치에서 동화주의를 취할 것인가 말 것인가의 논의와도 밀접하게 연관되어 있다. 쓰보이는 열성적인 일원설의 주장자였다. 그가 일원설을 주장한 까닭은 다원설이 유색인인 '일본인'이 서구에 비교해 열등하다고 규정하는 위험을 의미했기 때문이었다.

인종의 선천적인 우열을 인정하지 않는 것이 일본 인류학자에게서 보이는 거의 공통된 경향이었고, 후년에 우생학의 영향을 받아 식민정책론을 전개했던 기요노 겐지淸野謙次와 같은 인류학자조차 이러한 입장을 갖고 있었다.[8] 당시 '일본인'이 주변지역을 지배하면서도 서구로부터 차별의 위협에 노출되어 있다는 양의성을 갖고 있는 한 내심으로는 차별의식을 갖고 있을지언정 인종주의를 공공연하게 내세우는 것을 어느 정도 제어해야 했다. 이 책의 이하에서도 보겠지만 위정자를 필두로 한 일본의 논자들 다수는 자신이 '인종차별'이나 '식민지 지배'를 행하고 있다는 사실을 절대로 인정하려고 하지 않았다. 노골적인 인종주의자의 담론은 소수파에 그쳤다. 이들은 '일시동인'을 주장한 동화정책을 서구의 식민지 지배나 인종주의와는 대조적인 것으로 자리 매김해 갔다.

쓰보이는 이러한 배경하에서 '여러 경우 또는 사회의 발달 여하에 따라서, 그 인종이 열등한 것도 되고 우등한 것도 되는 것이지, 결코 인종의 우열이

8 기요노 겐지(淸野謙次)의 인종평등론은 『日本人種論變遷史』, 小山書店, 1944, pp.67~71. 기요노에 대해서는 小熊, op. cit., 第13章. 참조.

운명적으로 정해져 있는 것은 아니다'라고 주장했다. '아이누는 열등하다고 말해지지만 내지인에 뒤지지 않을 정도의 아이누도 있다'고 주장했다. 그리고 이러한 논리는 '무지한 백성을 교도하고, 무용한 사람을 유용하게 변화시키는 것은 선각자가 힘써야할 바다', '그들은 우리와 같은 일본 신민臣民의 일부이다. 같은 나라 사람 중 지식이 낮은 자가 산다고 해서 우리의 부끄러움이 되는 건 아니다'라는 동화론으로 귀결되었다.[9] 인종주의의 부정이 동화주의로 귀결되는 양상에 대해서는 제7장에서 상술하겠다. 이러한 쓰보이가 아이누의 교육운동에 열심이었던 것은 당연했다.

그리고 아이누에 주목했던 제2의 세력은 서구인 선교사였다. 특히 잘 알려져 있는 자가 기독교 선교사 존 바체라John Batcher이다. 1877년에 하코다테로 찾아왔던 그는 야마토인 식민자에 의한 아이누 차별을 보고 아이누 구제를 결심하고 포교활동과 함께 아이누의 언어·종교·관습 등을 조사했다. 또한 1892년에는 아이누 학교를 설립해서 로마자와 성서를 가르쳤고 나아가 병원을 설립하여 가난한 자와 병든 자를 수용하는 등 활발한 포교·자선활동을 행했다. 바체라뿐만 아니라 1890년 전후에는 서구인 선교사에 의해서 아이누 학교나 교회가 몇 개 건설되었다.[10]

박애주의에 입각한 바체라는 후년의 자서전에서 미국의 일본계 이민배척을 언급하면서 이렇게 서술했다.[11]

일본인이 미국과 다른 나라에서 차별 대우를 받고 있다는 이야기를 들으면 당

9 坪井正五郎, 「人種談」, 『東京人類學會雜誌』 205号, 1903, p.270; 「北海道舊土人教育事業」, 『東京人類學會雜誌』 245号, 1906, pp.432~433.

10 高倉, op. cit., p.527.

11 安田一郎, 「バチェラー小傳」(John Batcher, 安田一郎 譯, 『アイヌの傳承と民俗』, 青土社, 1995), pp.501·509.

연히 좋지 않은 기분이 듭니다. 일본은 크게 그 잘못을 질책하고 또 세계에 향하여 인류평등주의를 주장해야 한다고 생각합니다. [하지만] 그것을 이루기 전에 같은 국민인 아이누족이 갖고 태어난 생존권까지 빼앗기고 산에서 산으로 쫓겨다니며, 예방할 수 있는 병인데도 고치지 못하고 병으로 지상에서 사라져간다는 사실에 [일본인이] 주목하여 그 향상책向上策을 마련하는데 성의를 보이기를 희망합니다.

이러한 말은 서구로부터 차별당하면서 아이누를 차별하는 '일본인'의 모순을 폭로하는 것이었다. 바체라는 아이누어에도 능통하여 교회에서는 아이누어로 번역한 성경을 사용했다. 학교의 아이누가 분명치 않은 일본어를 말하고자 하면 '무리하지 말고, 아이누어로 답하세요'라고 응했다고 한다.

그렇다고 해서 바체라가 아이누의 관습을 전면적으로 긍정했다고는 말할 수 없다. 그는 아이누의 입묵에 대해서는 '명백하게 불합리한 관습'이라고 서술하고 있고, 아이누의 혼인을 일부다처제로 간주하여 전도할 때 '이 습관은 몰도덕한 것'이라고 역설했다.[12] 그는 아이누의 종교도 자주 조사했는데 그 종교를 버리고 기독교로 개종시키는 것을 주저하지 않았다. 그가 아이누어나 아이누 문화를 배운 것도 포교활동을 위해서 현지어나 관습에 능통해야 한다는 당시 선교사의 가치관에 따른 것이었다고 여겨진다. 그럼에도 그가 아이누 언어나 관습을 존중한 포교활동을 함으로써 아이누의 신망을 받았음은 확실했다.

아이누 정책에 주목했던 제3의 세력은 일본 측의 아이누 교육자들이었다. 그들은 서구인 선교사에 대하여 강한 대항의식을 갖고 있었다.

---

12 John Batcher, 『アイヌ人と其說話』, 富貴堂書房, 1925, pp.35·52.

1883년에 이미 홋카이도의 세 개 현이 함께 궁내성宮內省에게 구舊토인교육 기금을 내려달라고 청했을 때에도, '외국 선교사 등은 해마다 순회하며 유도誘導하고 있으니, 실로 무시할 수 없는 때'라는 인식을 보이고 있다. 이러한 인식은 선교사학교가 증가했던 1890년 전후에 한층 더 강해졌고, 1893년에 홋카이도교육회로부터 위촉을 맡은 구토인교육법취조위원이 제출한 보고서는 '아이누의 학교가 아직 생기지 않아서, 쓸데없이 외인外人이 [학교 건립에] 착수하게 만든다. (…중략…) 이것을 방관하고 알지 못하는 것은 국가의 치욕에 다름 아니라'라고 경고하고 있다. 당시 아이누는 식민자와 같은 학교를 다닐 수 있었지만 생활의 곤란이나 차별 탓에 취학율은 1886년에 9.2%에 불과하여 아이누의 '일본인'화는 진척되지 않았다.[13] 러시아의 위협은 일단 없어졌어도 이번에는 선교사라는 다른 '서구'가 내부에서 아이누를 교화하고 있었던 것이다.

이 1893년의 보고를 정리한 위원이자 홋카이도청의 아이누 교육방침의 근본을 정했다고 전해지는 사람이 바로 이와타니 에이타로岩谷英太郎였다.

'점화漸化'라는 논리

이와타니 에이타로는 당시 홋카이도사범학교의 교감으로, 홋카이도 교육계의 대부격인 존재였다. 그는 『홋카이도교육회잡지北海道教育會雜誌』에 다수의 아이누교육정책론을 기고했다.

쓰보이와는 조금 다르게 이와타니의 아이누 멸시는 대단했다. 그에 따르면 '아이누인은 실은 열등한 인종'이고, '구토인의 인격을 볼 때 망국의 백성임을 단언할 수밖에 없을' 정도였다. 다시 말해 그들은 '첫째, 장래의 희망을

13 이러한 의견서류는 高倉, op. cit. p.528에서 재인용. 원문은 한문 가타가나 문장. 다만 다이쇼시기에 홋카이도청은 바체라에게 표창장을 수여했다.

갖지 않는다. 둘째, 저축심이 없다. 셋째, 음주에 빠져 그것을 유일한 쾌락으로 삼는다. 넷째, 위생 지식을 조금도 갖고 있지 않다. 다섯째, 주거와 음식에 관한 규율이 없다. 여섯째, 태만·도박·허언虛言·사기 등의 악행이 그들 사이에서 빈번히 행해지고 있다. 일곱째, 조상의 유전遺傳으로 매독성梅毒性을 갖고 있다. 이상의 7가지 악은 모든 인종을 막론하고 망국의 길이다'. 이와타니의 이러한 발언은 빈곤 속에서 아이누의 인구가 감소하는 모습은 일찍이 북미 '동색인종銅色人種'이나 남양의 '종색인종棕色人種'이 없어지는 것과 마찬가지로 '요약하자면 우승열패의 법칙에 다름 아니었다'.[14]

그러나 이와타니는 '부모의 정情으로는 바보 아이만큼 귀여운 것도 없다'며, 아이누의 보호와 교육을 주장했다. 지배자로서의 가부장주의pathernalism에 기인하면서도 동시에 서구와의 대항관계에서 기인하는 것이었다. 그는 다음과 같이 쓰고 있다.[15]

> 아이누의 구제교육은 인애공의仁愛公義의 아름다운 거사美擧이다. (…중략…) 의협으로 동양東洋을 울릴 4천만 동포는 이것을 방관해 측은惻怛의 정情을 불러일으키는 것일까. 대일본제국의 체면이 여기에서 오점을 멈출 것인가. 하물며 신성한 교육사업임에야. 그것을 외국 선교사의 손안에 맡김으로써 말이다.

일본이 아이누를 방치한다면 선교사들이 아시아 교육을 독점하게 되고

14 岩谷英太郎, 「アイヌノ減少」, 『北海道教育會雜誌』 6号, 1891, p.18. 원문은 한자 가타가나 문장. 「日高國浦河郡の舊土人」, 『北海道教育會雜誌』 116号, 1902, p.83. 홋카이도구토인보호법의 성립 과정이 명확하지 않은 현재, 이와타니(岩谷)의 사상이 그 조문에 반영됐다는 증거는 없다. 여기에서는 홋카이도의 교육계에서 아이누에 대해 발언을 많이 남긴 그의 사상을 통해서, 아이누교육정책의 바닥을 흐르는 논리를 탐구하고자 한다.

15 岩谷英太郎, 「日高國浦河郡の舊土人」, p.83; 「アイヌ教育の必要」, 『北海道教育會雜誌』 18号, 1894, p.9.

'대일본제국의 체면'에는 '오점'을 남기게 된다. 이와타니는 미국이 1877년에 제정한 선주민족보호법이른바, 도즈법을 소개하면서 '배금종拜金宗의 신도信徒인 아메리카조차 토인을 보호하고 있는 것'과 대조하면서 일본이 아이누를 방치하고 있음을 비판했다. '토인보호문제는 (…중략…) 일국의 체면에 관한 것으로 심대하다'고 주장했다. 후술하겠지만 이와타니는 아이누를 '일본인'에 동화할 것을 부르짖으면서도, 다른 한편에서는 아이누의 전설이나 습관을 조사하고 있었다. 바체라 등의 선교사들의 조사가 진행되는 것에 대해서 '구토인에 관한 체계적 조사가 오히려 외국인의 손으로 이루어지는 게 아닌가 의심스러워했기' 때문이었다.[16]

게다가 아이누 교육은 이와타니가 말한 것처럼 단지 국가의 체면에 관한 문제만은 아니었다. 그는 마쓰마에번의 정책을 '러시아인의 이익'이 될지도 모른다고 비판했고, 러시아에 대항해서 아이누정책을 전환한 막부를 칭찬했다. 그에 의하면 막부는 '그들[아이누]의 덕성 및 사상을 교양教養하고 우리나라를 애모愛慕해서, 외국에 대해 적개심을 일으키도록 꾀하'고, '교화에 힘써서 누속陋俗을 깨고, 은혜를 깊게 해서 복종을 공고히 함으로써 러시아 방위의 양민으로 삼는 데 힘쓴다'. 이 정책은 '실로 아이누에 대한 금침金針'이라고 적고 있었다. 그가 『홋카이도교육잡지』에 기고한 다른 논문을 봐도 아이누 교육을 '외인의 손에 돌아가게 하는 것'에 대한 비판은 적지 않다. 이러한 의식이 당시 아이누 교육관계자에게 공유되고 있었음을 엿볼 수 있다.[17]

이와타니가 일련의 기고문을 실었던 1890년대는, 1890년 교육칙어 반포,

---

16 岩谷英太郎,「本道舊土人の傳說保存に就いて」,『北海道教育會雜誌』182号, 1908, p.3;「北美土人保護法を論してあいぬ人種保護法に及ぶ」,『北海道教育會雜誌』87~88号, 1900(87号, p.2; 88号 p.3). 또한 도즈법에 대해서는 富田虎男,「北海道舊土人保護法とドーズ法」, 札幌學院大學,『人文學部紀要』45号, 1987 참조.

17 岩谷英太郎,「昔時土人教育の沿革」,『北海道教育會雜誌』86号, 1900, pp.36·38; 阿部喜代治,「アイヌ教育に就て」,『北海道教育會雜誌』24号, 1894, p.5.

1891년 이른바 우치무라 간조內村鑑三의 불경사건에서 시작된 국체론자의 기독교 공격 그리고 1899년 서구인의 내지잡거에 이르기까지의 내지잡거논쟁 등 서구나 기독교에 대한 반감이 고조되었던 시기였다. 그리고 그러한 반감은 서구에 대한 멸시라기보다 서구 열강이 아시아의 여러 지역을 식민지화해 가는 국제정세 속에서 형성된 열등감과 공포에 근거한 것이었다. 예를 들어 내지잡거논쟁에서 잡거반대 측은 ‘우승열패’의 법칙에 따라 ‘일본인’이 서구인에게 멸망될 수도 있다고 그 위험성을 강조했다. 또 기독교 공격에서도 남미 등의 식민지 지배가 기독교가 첨병이 되어 행해졌음을 거론했다.[18] 선교사에 대한 이와타니 등의 강한 경계도 단순한 배외의식뿐만 아니라, 정면에서 싸우면 이길 수 없는 상대에 대한 위기감이 근저에 존재했기 때문이라고 생각할 수 있다.

그러면 이와타니는 어떠한 아이누 정책을 취해야 한다고 말했을까. 그는 1894년의 논고에서 이민족정책으로 ‘박멸주의’·‘변종주의變種主義’·‘진황주의秦皇主義’·‘급진주의’·‘점화주의’ 등 다섯 종류를, 후년에는 이것을 정리해서 ‘구화주의歐化主義’·‘보존주의’·‘동화주의’ 세 종류를 거론하고 있다.[19]

그가 말한 ‘박멸주의’는 “추루醜陋한 이종異種”인 아이누를 ‘제국 내에 두는 것은 수치’라면서 박멸하자는 것이다. 또 ‘변종주의’는 ‘야마토인과의 결혼을 장려하여 잡종을 낳는’ 혼혈로 아이누의 개량과 동화를 꾀하는 것이다. 이와타니는 이들에 대해서 전자는 국가의 체면을 상하게 하는 ‘잔인혹박殘忍酷薄’한 정책이라고 비판했고, 후자는 아이누가 차별 당하는 현상에서는 혼인을 촉진할 가능성이 낮다고 물리치고 있다.[20] 이 두 가지 주의를 제외하고 그는 ‘보존주의’“진

18 小熊, op. cit., 第2章; 第3章 참조.
19 이와타니(岩谷)의 정책유형론은 앞의 「アイヌ教育の必要」 및 「舊土人教育談」, 『北海道教育會雜誌』 125号, 1903 참조.
20 岩谷, 「アイヌ教育の必要」, p.6.

황주의'·'구화주의''급진주의'·'점화주의''동화주의'를 주로 검토했다.

이와타니의 '보존주의'란 무엇인가. 그의 말에 따르면 '그들[아이누]의 습관 풍속 보존을 목적으로 하고, 간이한 독서·산술 등을 가르치는 것'이었다. 그것을 위하여 '일정한 토지에 한정해서 구토인을 취합시켜 순연한 구토인부락을 조성하고, 추장 이하 역원役員을 구토인에서 선출하여, 일종의 자치제를 부여하고, 그들의 언어를 보호하고, 아이누어를 할 수 있는 자를 소학교 교사로 임명하고, 가옥·음식·기거起居·동작·예법·제례 등에서 습관을 보존시키는 것', 이른바 보호구역을 만드는 것이었다.[21]

아이누정책론에서 이러한 주장은 그 나름으로 잠재되어 후년 1919년의 제국의회의 한 의원이 '예를 들어 히다카日高의 사루가와沙流川 연안沿岸처럼 한 구역을 만들어', '토인을 위해 특별한 장소로 삼아' 국유지 내지는 공유지로 하여, '그 안에서 거의 내지인과 교섭 없이 생활할 수 있게 하는 방법을 세워 극히 원시적인 생활을 하도록 해야 한다고 주장'한 적이 있다.[22] 이 주장은 이식민촉진방침과 충돌한다는 이유로 정부로부터 거부되었는데 이와타니의 반대 이유는 다른 것이었다.

이와타니에 의하면, 이 '보존주의'는 아이누를 근대교육에서 배제시켜 무無 교육상태에 두려는 것이었다. 이 주의를 취한 것이 바로 마쓰마에번이다. 즉 "마쓰마에 씨의 정략은 힘써 [아이누의] 풍속을 보존하고, 지식의 미개未開를 꾀하여 농사를 금지시키고 야마토어를 금지시켜 무지와 비굴함으로 쉽게 지배하고자 하는 것'이었다.[23] 이러한 정책은 서구에 대한 저항이라는 관점에서

21 岩谷,「舊土人敎育談」, p.31.

22 北海道ウタり協會アイヌ史編輯委員會,『アイヌ史 資料編 三』, 北海道出版企劃センター, 1991, pp.291~292; 제41회 제국의회중의원,「北海道舊土人保護法中改正法律案委員會」(1919.2.5)에 있었던 고니시 가나우(小西和)의 발언.

23 岩谷,「昔時土人敎育の沿革」, p.38.

말하자면 긍정할 수 있는 것이 아니었다.

더구나 이와타니에 의하면 이 '보존주의'는 주로 '학자 또는 자선가'에 의해서 주장되었다. 결국 아이누의 보호뿐만 아니라 인류학적 조사의 대상으로 보존하고 싶다는 동기가 포함되어 있었다. 1919년의 제국의회에서 일어난 보호구역설치론도 '[아이누는] 인류학과 고고학에서 보더라도 내버려 두고 방치하기 어려운 종족입니다. 이 이유로 토인을 철저히 보호하고 영구히 그들을 보존할 방법을 만들 필요가 있다고 생각합니다'라는 입장에서 나온 것이었다. 이와타니는 이러한 '보존주의'를 '학술 연구로서는 자못 흥미로운 설說이지만, 잠시 잠깐의 사랑이 아니라면, 이른바 백성黔首을 우매하게 하여 그것을 갖고 장난하려는 것'이라고 비난했다.[24]

그러면 이와타니가 말한 '구화주의'"급진주의"는 어떤 것인가. 그에 의하면 이것은 주로 서구 선교사들이 행했던 것으로, 서구풍의 문명화 교육을 시행하여 로마자를 가르치고 '선량한 기독교인을 만드는 것'이었다. 이것은 아이누에게 근대교육을 베푼다는 취지에는 합치할 지 모르지만 그는 '절대적 반대'를 부르짖었다. 그 이유는 '구토인이 일본 국민인 이상, 구화주의 교육을 베풀어야 한다는 것에 그칠 뿐'이며 '국민의 자격을 손상'시키기 때문이었다.[25] 아이누를 서구인 선교사에게 빼앗기지 않기 위해서 아이누를 '일본 국민'으로 자리매김해야 했던 것이다.

아이누를 방치해서 절멸시키는 것은 '국가의 체면'에 관계되고, 구습 그대로 방치하는 것은 국방상으로 위험하고, 선교사에 의한 서구화 교육은 도저히 인정할 수 없었다. 이러한 검토를 거쳐 이와타니가 주장한 것이 바로 '동

24 『アイヌ史 資料編 三』, pp.276~277; 제41회 제국의회중의원 본회의, 「北海道舊土人保護法中改正法律案 第一讀會」(1919.2.1)에 있었던 고니시 가나우(小西和)의 발언; 岩谷, 「舊土人敎育談」, p.31.

25 岩谷, 「アイヌ敎育の必要」, p.7; 「舊土人敎育談」, p.31.

화주의"점화주의'였다. 즉 '박멸주의에 반대'하면서도 '그 종족을 번식시키지 않을 것을 희망하고', '그를 파괴해야하고 그들을 그들로서 적절한 교육을 실시하여 (…중략…) 생존경쟁을 견뎌 다행복리多幸福利의 대일본 국민이 되어, 점점 우리 국민으로 동화시켜서 새로운 1만 7천의 동포를 늘리는 것'이었다.[26]

대외관계의 필요에서 '일본인'으로의 동화가 주장되었고, 문명화를 한정하면서도 국가를 향한 충성심을 육성하려는 일본화가 주장되는 논리는 오키나와의 그것과도 거의 같은 양상이었다. 그러나 류큐처분에서 '일본인'에의 편입이 동화라는 결승점이 아니고 시작에 불과했듯이, 그리고 오키나와 통치에서 동화가 강조되면서도 점진적인 구습온존책이 취해졌듯이 이와타니의 아이누 동화론도 즉각적인 '일본인'과의 평등을 의미하는 것은 아니었다. 그의 '동화주의'는 어디까지나 '점화주의'의 다른 이름이었다.

구체적으로 이와타니는 아이누의 동화를 주장해 '그들은 일본 국민이다'라고 규정하면서도 '그들은 이종인이기 때문에 특수한 화육化育을 실시함으로서 그 성공을 기다린다'고 주장했다. 다시 말해 궁극에서는 '일본인'에의 동화를 목적으로 삼았지만, 야마토인과 같은 교육을 동일한 교실에서 행하는 것은 아니고 '그들을 그들로서 분리 교육하는 것'이었다. 그가 그 이유로 거론한 것은 '그들의 성정 및 유전이 다르다는 것', 즉 '언어도 완전히 야마토어와 다르고, 조아하고 거친 습관은 도저히 엄정한 교칙에 견딜 수 없으며, 게다가 구토인 아동은 특유한 냄새 외에도 불결한 습관이 있고, 기거와 동작이 모두 야마토인 아동과 다르기 때문에 야마토 아동과 한데 섞어 동일한 교칙 아래서 훈육을 받게 할 때는 서로 혐오할 뿐만 아니라, 구토인 아동은 결국 그 압박을 견디지 못해 잇따라 퇴학한다'라고 인식했다.[27] 아이누는 대외관계

26 岩谷, 「アイヌ教育の必要」, p.8.
27 岩谷, 「アイヌ教育の必要」, p.8; 「舊土人教育談」, p.32.

에서 '일본인'에 편입되지 않을 수 없었지만 대내적으로는 '일본인'과 동렬에서 취급될 수는 없었다.

물론 분리하여 특수교육을 한다고 하더라도 그것은 '보존주의에서 잘라져 나온 방편이 아니기 때문에, 특수교육은 종국의 방편이 아니지만 현재 시세時勢에 즈음해서는 피할 수 없는 방편'이었다. 그러면 몇 년 후에 그러한 일시적인 '방편'이 해소되었는가. 이와타니의 견해는 '수백 년간 독립해온 이인종을 야마토인에 동화시키는 데에는 10년, 20년의 짧은 세월로도 가능한 바가 아니기에 수십 년 후에 얼마간 동화의 목적을 이루고, 혼합 교육에 차질없이 이르는 것은 절대적으로 특수교육을 베풀 필요가 없는 것일지도 모르겠다'는 것이었다. 그는 '백 년을 거쳐 구토인의 종족을 끊고, 혼연한 야마토민족에 귀화歸化하는 것'은 '구토인을 위해서는 슬퍼해야 할 현상이 아니며, 오히려 영광스런 진화다'라고 쓰고 있다. 아이누가 '일본인'에게 동화하는 것은 어디까지나 '백 년' 후의 일이고 그때까지는 '일본인'에서 배제될 수밖에 없다는 것이다.[28]

'장래'의 동화와 '당장은當面' 분리, '대외적'인 포섭과 '대내적'인 배제, 이러한 모순적인 요소를 병립시키고 있는 것이 이와타니가 자신의 '동화주의'라고 부른 '점화주의漸化主義'였다. 즉 그의 동화론은 분리교육을 한 후에 '적당한 시일을 기다려 점진적으로 우리 국민으로 동화시키는 것'이었다.[29] 궁극에서는 모순에 빠질 동화와 배제가 '점진'이라는 이름 아래서 최종목적과 일시적 편의라는 형태로 동거하고 있는 것이다. 오키나와에서도 '점진'은 동화교육과 구관온존을 양립시키는 표현이었지만, 아이누는 오키나와보다도 이종異種이라고 인식되었고, 야마토인 식민자와의 공학共學문제가 존재했기 때문에 배

28 「舊土人教育談」, p.32; 「本道舊土人の傳說保存に就いて」, p.2.
29 岩谷, 「アイヌ教育の必要」, p.8.

제의 측면이 한층 전면에 나타났던 것이다.

홋카이도 구토인보호법의 성립

이와타니 등의 아이누 교육정책논의와 병행해서 아이누보호법 준비가 진행되었다. 1893년에 홋카이도 구토인보호법을 의회에 제안한 의원인 가토 마사노스케加藤政之助는 다음과 같이 주장했다.[30]

> 만약 이 안이 일단 부결된다면 일본제국 사천만 인간은 끝내 지금까지 입으로 구라파[유럽] 각 국의 인간은 약자를 학대하고 그들은 인종의 상이함 탓으로 사람을 모욕하고 사람을 못살게 했다고 비난했는데, 그러데 스스로는 어떠합니까, 이를 말할라치면 인종의 다른 바의 홋카이도 토인 (…중략…) 에게 향해서는 이와 같이 경멸하고 있는 것은 아닐까. 이처럼 학대하고 있는 게 아닌가 라는 상황에 이르면 (…중략…) 거의 장래 외국을 향해 말을 할 수 없게 되지 않을까 라고 생각합니다.

가토는 이와타니와 동일하게 서구에 대한 국가의 체면과 '귀순했다면 일본의 신민이다'라는 논리에서 아이누 보호법의 필요를 역설했다. 가토의 보호법안은 대체로 다음과 같다. 우선 농업을 지망하는 아이누에게 일정한 토지와 농기구 구입 자금 및 종자료를 주고, 야마토인에 의한 매수를 피하기 위해 30년은 상속 이외의 토지매매를 금지하고, 15년 이상 개간하지 않은 토지는 몰수한다. 나아가 홋카이도청 장관은 아이누에 위생상 주의를 주고, 중병자는 의사에게 명령하여 치료시킨다. 그리고 취학율의 향상을 위해 오키나와

30 『アイヌ史 資料編 三』, p.38. 이하의 심의는 제5회 제국의회중의원 본회의에서의 「北海道舊土人保護法案 第一讀會の續」(1893.2.15)에 따른다.

의 경우와 마찬가지로 아이누 자제로 취학하는 자는 수업료를 면제받고 교과서나 요구료要具料를 지급한다.[31] 총괄해서 농경민으로 만드는 것과 위생지식을 보급하는 것, 그리고 국민교육을 추진함으로써 아이누를 '일본인'화하는 것이 취지였다.

가토는 여기에서 '그들도 앞에서 말한 바처럼 열등한 인종은 아니다. 가르친다면 충분히 가르침을 받을 수 있는 백성'이라면서 아이누의 농경민화를 역설하고 있다. 하지만 법안 반대 측은 '억지로 그들을 농업에 종사시키고자 함은 보호가 아니라 오히려 토인을 괴롭히는 결과를 초래하지 않을까'라는 논법을 취했다. 그들에 따르면 '홋카이도 토인은 내지인과는 대단히 다른 성질'을 갖고 있어서 아이누에게 토지나 농기구를 줘도 자활할 능력이 없기에 국가 예산을 낭비할 뿐이라는 것이다.[32] 이와타니가 말한 '보존주의'가 보호법반대론으로 출현했던 것이다.

결국 이때 보호법은 간단하게 매장되어 버렸다. 정부의 입장에서 보면 한 푼의 정치적 가치도 없는 아이누에게 일부러 경비를 지출할 필요가 없었던 것이다. 그 후 1895년에도 다른 보호법안이 제출되었지만 역시 결국은 같은 꼴이 되었다.

그러나 1898년이 되자 사태가 변했다. 홋카이도청은 이전부터 독자적으로 「홋카이도구토인보호규칙北海道舊土人保護規則」을 칙령안으로 정리했다. 이 해 말에 「홋카이도구토인보호법안」이 이번에는 정부안으로 제출되었다.

정부가 일단 부결될 법한 보호법안을 이 시기에 제출한 까닭은 아이누의 궁핍함이 심각했던 이유도 있었지만, 이듬해로 예정되었던 내지잡거가 배경이 되었음도 간과할 수 없다. 불평등조약 개정 이전에는 정해진 거류지에만

31 가토의 법안은 op. cit., p.26 참조.
32 Ibid., pp.42·46. 발언자는 다쓰카와 운페이(立川雲平)과 스미 리스케(角利助)였다.

거주했던 서구인이, 일본 국내를 자유롭게 왕래할 수 있는 미증유의 사태 앞에서, 정부는 몇 개의 정책을 준비했다. 우선, 국적법이 제정되어, 내무대신이 '품행단정'하다고 인정한 자에 한해서 귀화를 허가해주도록 정해졌다. 더불어 귀화자는 육해군 장관이나 국회의원·국무대신 등은 될 수 없다고 규정되었다.[33] 또 훈령을 내려 사립 각종학교를 제외하고 종교교육을 제한했다. 충성심이 의심스러운 외국인이 '일본인'이 되어 요직에 앉거나, 서구인 선교사가 교육에 진출하는 것을 두려워한 조치였다. 나아가 감옥법이나 정신병자간호법이 정비되는 등 서구인의 시선에서 '야만' 내지 '더럽다'고 간주될 지도 모를 존재를 격리해서 숨기는 대책도 준비되었다.

사실은 바체라를 시작으로 서구인 선교사의 아이누 포교활동도 내지잡거 이전에는 거류지 제한으로 제한되었다. 예를 들어 1890년에 바체라가 아이누 학교를 건립하고자 했을 때 거류지역제한을 위반했다는 고소를 당해서 부득이하게 하코다테의 거류지 부근으로 장소를 변경해야만 했다.[34] 바체라 등이 일본어가 아니라 아이누어로 설교를 하고, 원호元號가 아니라 서력을 사용한 것은 이와타니 등 교육관계자뿐만 아니라 야마토 식민자의 반발과 항

---

33 국적법 심의에서 정부위원으로서 답변을 한 법학자 호즈미 노부시게(穗積陳重)는 귀화조건을 정한 국적법 제7조 제3항으로 "품행단정할 것"을 둔 이유를 다음과 같이 말한다. "우리나라의 불이익이 되는 자가 귀화해서 국적을 취득하게 하는 것을 방지하자는 취지에서 나온 것입니다." 그런 다음 그는 "품행단정의 표준은 무엇보다 내무대신이 인정하는 바에 의하는 것으로, 내무대신이 어떠한 표준에 따라 인정할 것인가는 주로 우리나라의 이익을 생각하는 것'이라고 적고 있다. 더구나 호즈미에 따르면, 국적법에는 "[일정한] 조건을 구비하고 있는 자라면, 반드시 내무대신이 허가하지 않으면 안 된다 라는 식으로 쓰여 있지 않고", "품행단정이라는 것의 (…중략…) 잴 수 없다고 하는 바가 오히려 이 제안의 목적을 달성함에 적당해서, 재미있다고 생각합니다"라고 한다. 즉 "품행단정"이란 국가 측의 재량으로 '일본인'이라고 인정할 것인가 여부의 프리핸드를 확보하는 것을 목적으로 한, 의도적이고 교묘한 표현이고, 이것이 전후의 국적법 제4조 제3항의 "소행이 선량할 것"이라는 귀화조건에까지 이어졌다고 말할 수 있다. 호즈미의 발언은 제13회 제국의회 중의원, 「國籍法案審査特別委員會速記錄」第1号, 1899.1.28, p.2. 원문은 한자 가타가나 문장이다.

34 高倉, op. cit., p.527; 安田, op. cit., p.501.

의를 불러 일으켰다. 그런데 내지잡거 후에는 선교사를 필두로 한 서구인이 아이누 집단 거주지역으로 진출하는 것을 방지할 방법이 없었다. 그렇게 된다면 서구인 선교사의 포교활동이 촉진될 뿐만 아니라 일본이 아이누 보호에 대해서 명목상이나마 대책을 강구하지 않은 상황이 서구로 전해지는 것이 불가피했다. 「홋카이도구토인보호법」의 제정 과정은 현재까지도 불분명한 점이 많았고 자료도 충분히 남아있지 않다. 어쨌든 수년 전까지 정부가 거부할 법한 이 법률이 상술했듯이 내지잡거를 향한 일련의 준비와 더불어 성립됐다는 점은 유의할 만하다.

이렇게 1899년에 공포된 「홋카이도구토인보호법」의 내용은 농경민화를 겨냥한 토지의 하부下付 등에 대해서는 이전에 부결된 가토안과 거의 비슷했지만 몇 군데에서 다른 점이 있었다. 하나는 일반 학교로 취학을 촉진하려는 취지의 가토안과는 달리 아이누의 '부락'에 야마토인 지역과는 별개의 소학교를 국고國庫로 짓는다고 되어 있다. 더구나 이 학교는 일반적인 6년제가 아니라 경비를 절감하여 과목을 줄인 4년제의 간이교육으로 되어 있다. 그것은 보호법을 심의하는데 정부의 위원이 서술했듯이 '열등한 인종'인 아이누에 대해서는 '고등 교육을 받게 할 토대를 우선 만들어 두고, 실지 생활에서 필요한 극히 간이한 교육 방법에 의거해서 가르칠 작정입니다'라는 취지였기 때문이다.

그리고 두 번째로 다른 점은 국가재정의 부담이 삭감되어 있다. 농기구나 종자의 배포 및 수업료 지급은 대상이 되는 아이누가 '빈곤'한 경우에만 한정됐고 교과서나 요구료 배부는 삭제되었다. 게다가 이러한 지출은 국고가 아니라 홋카이도청 장관이 관리하는 '구토인 공유재산'에서 조달하게 되었다. 정부위원은 보호법 심의에 즈음해 '같은 제국신민인 자가 이와 같이 곤란에 빠진 것은 즉 일시동인의 성지聖旨에 부副는 없다'고 강조했다. 전체적으로 성립된 법률의 내용은 가토의 안에서 국고부담이 줄고, 이와타니가 주장한 분리교육에 의한 '점화주의'를 취하고 있었다.[35]

서구와의 대항상 '일본인'에의 동화가 지향되었지만 실시에 즈음해서는 비용을 삭감한 간이교육을 '일본인'에서 배제하는 양상으로 시행했다. 궁극적으로는 포섭과 당면의 배제를 양립시킨 '점화'가 아이누 교육에서 성립했던 논리라고 말해도 좋다. 이것은 서구의 위협에 대항하면서 주변지역을 지배해간다는 일본의 양의적인 위치에서 발생한 모순된 요구를 만족시키기 위해서 필연적으로 발생한 것이었다. 그리고 그것은 당연히 타이완이나 조선의 통치정책에서도 공통된 것으로 나타났다.

35 정부위원의 발언은 『アイヌ史 資料編 三』, pp.88·91·93. 전자는 시라니 다케시(白仁武), 후자는 마쓰다이라 마사나오(松平正直). 모두 제13회 제국의회 중의원 본회의에서의 「北海道舊土人保護法案 第一讀會」, 1899.1.21.

제4장
타이완 영유
동화교육을 둘러싼 갈등

1895년, 청일전쟁에서 승리한 일본제국은 청으로부터 타이완을 할양받았다. 나중에 편입된 조선과 나란히 타이완은 일본의 국경선 안쪽에 있으면서도 '내지'와 제도적으로 구별되는 지역이라는 독특한 지위를 차지해갔다. 그리고 그 땅의 주인들도 마찬가지였다. 일본 국적을 가진 '일본인'으로 간주되면서도 '일본인'이 아닌 존재로 위치 지어졌다.

물론 오키나와인이나 아이누는 '일본인'으로부터 차별의 대상이었지만 타이완의 위치는 그들과도 조금 달랐다. 차별이 얼마나 격심는가와는 상관없이 오키나와와 홋카이도는 제도적으로 제국의 현縣과 도道로써, 즉 정식적인 '일본'으로써 편입되었다. 그러나 타이완은 이 장과 다음 장에서 살펴 보겠지만, '일본인'으로의 포섭과 배제를 주장하는 갖가지 논의가 있었지만 명확한 방침이 결정되지 못한 채 흘러갔다.

이 장에서는 주로 교육 부분에서 다음 장에서는 법제 부분에서 타이완 및 타이완인을 '일본' 및 '일본인'으로 포섭하느냐 배제하느냐와 관련한 논의를 검토하기로 한다. 그리고 그 결과 오키나와나 홋카이도에서도 그랬듯이 '서구'라는 타자의 시선이 무시할 수 없는 요소로 반영되어 있음을 발견할 것이다.

타이완통치의 혼미함

타이완통치를 둘러싼 논의를 검증하기 전에 일본이 타이완을 영유했을 당시의 상황을 살펴보자. 왜냐하면 통치 초기의 혼란이 후년까지 타이완의 위치에 영향을 미쳤기 때문이다.

1895년 4월에 청일 간에 강화조약이 체결되어 타이완의 할양이 결정되었다. 그 후 일본군은 타이완으로 향했다. 그런데 타이완의 현지주민은 '타이완민주국'의 독립을 선언하여, 청나라나 서구 열강의 지지를 기대하면서 일본군에 완강히 저항했다. 결국 서구는 일본의 지배를 묵인했고 타이완인의 저항은 진압되었다. 10월의 타이완섬 전체의 평정을 선언한 '전도평정선언全島平定宣言'이 있기 전까지 일본군은 근위사단장近衛師團長인 기타시라카와노미야 요시히사北白川宮能久를 포함해 사상자가 약 4천 5백 명—청일전쟁에서 죽은 육군사망자의 3할 정도에 상당한다—에 이르는 대손실을 봤다. 더구나 이 이후에도 일본 측이 '토비土匪'라고 부른 한족 무장단이나 산악선주민족의 저항은 끊이지 않아 무력진압은 1915년까지 계속되었다. 예상외의 격렬한 저항에 직면한 일본 측은 총독부를 군조직으로 규정하고 군정을 실시했다. 평정선언을 한 후인 1896년 3월 명목상으로 민정을 이관한 후에도 군사조항을 남겨두었다.

이 일은 타이완통치에 결정적인 영향을 미쳤다. 영유가 결정된 시점에서 일본 측의 타이완통치 구상은 극히 애매한 것이었다. 총독부의 초대 학무부장인 이자와 슈지伊澤修二에 의하면 '우리가 기륭基隆항에 정박하기까지 (…중략…) 거의 어느 누구도 생각하지 못했다'고 했다.[1] 그러한 백지상태에서 갑작스레 군정상태로 휩쓸리게 되었고 그것은 그 후의 통치에까지 깊이 군사

1 伊澤修二,「臺灣の學事」,『臺灣協會會報』2号, 1898, p.24. 이 장의 선행연구는 해당 부분에서 언급한다. 또한 이 장의 일부는 小熊英二,「'日本'への道」(田中克彦·山脇直司·糟谷啓介 編,『言語·國家, そして權力』, 新世社, 1997)에서 발표했던 것이다.

적 성격을 각인하는 계기가 되었다.

특히 군사적 성격을 확립하는 데 영향이 컸던 것은 군인 가운데에서 총독을 임명하기로 결정한 것이었다. 오키나와나 홋카이도에서도 국방은 통치방침을 결정하는데 커다란 요소였지만, 현령이나 도장관은 문관이었다. 그런데 타이완에서는 제도적으로 통치의 중추에 군인이 자리잡게 된 것이었다.

이 일은 통치 방침을 둘러싼 논의에도 당연히 반영되었다. 1896년에 당시 수상이었던 마쓰카타 마사요시松方正義에게 제출된 「타이완의 실황臺灣の實況」이라는 현지보고서는 「타이완에서의 시정 방침」으로 아래의 두 가지 선택지를 들고 있다.[2]

> 제국이 이 섬을 영유하는 것은 전적으로 국방상의 필요에서 나온 것이다. 이 섬의 토민을 배척하고 일본인민을 이식하는 데에 힘쓸 것인가. 아니면 제국이 이 섬을 영유하는 것은 부원富源 개발을 주로 삼아 이 섬 토민을 위무綏撫해서 그 자본과 노동력을 이용하는데 있는가.

오키나와가 그랬던 것처럼 타이완도 항상 국방상의 거점으로써 '남방의 열쇠鎖鑰'로 형용되었다. 그리고 통치의 목적은 국방을 중시해서 타이완을 '일본인이 사는 토지'로 개조할 것인가. 그렇지 않으면 경제적인 이익과 비용을 중시할 것인가 하는 선택은 오키나와와 홋카이도를 경영하는 데도 존재했다. 여기서 주목해야 할 것은, 이 보고서가 그러한 질문을 이어 '방침이 확정 명

---

2 이하 「臺灣ノ實況」, 國會圖書館憲政資料室, 『松方正義文書 』 第51冊에서 인용한 것이다. 저자의 이름 및 쪽수는 없다. 원문은 한자 가타가나 문장이고, 구독점은 없다. 타이완통치 초기의 상황은 許世揩, 『日本統治下の臺灣』(東京大學出版會, 1972), 涂照彦, 『日本帝國主義下の臺灣』(東京大學出版會, 1975), 小林英夫, 「初期臺灣占領政策について」(『駒澤大學經濟論集』 8卷2号; 4号; 10卷1号, 1976~78) 등 많은 연구가 있는데, 여기에서는 일본 측의 논자의 시선에 어떻게 비쳐지고 있는가를 중시해서 기술한다.

시되지 않았기에, 전체 문관의 10명 중 한두 명을 제외하고 무관은 거의 전체가 정부의 방침이 토민 배척에 있다고 잘못 알고 있다'고 서술하고 있다는 점이다. 여기서 군인이나 총독부 관료 대부분이 국방중시를 주장하고 있었음을 엿볼 수 있다.

다만 여기의 국방중시 노선은 타이완을 '일본인이 사는 토지'로 개조하는 방법으로 이식민移植民을 촉진하자고 강력하게 주장했으며 타이완 원주자에 대해서는 '일본인'화가 아니라 섬 바깥으로 쫓아내야 한다고 주장하고 있다. 이 보고서에는 그러한 통념이 총독부에 만연해있었기 때문에 원주자를 섬 바깥으로 쫓아내기 위해서 '잔혹한 무단武斷이 가장 좋은 수단이 되고, 모든 정령政令을 실시하는 데 가혹하고 횡폭하게 해서 공도公道를 배반해, 토민이 원망하게 만드는 조치가 고의로 취해지고 있다'고 적고 있다.

이러한 통념이 유포된 배경에는 타이완의 할양을 결정한 청일 간의 조약에 따라 타이완 주민은 2년 동안의 유예기간 내에 타이완에 머물면서 일본국적을 부여받던가, 그렇지 않으면 부동산 소유권을 매각해서 섬 바깥으로 퇴거하겠다고 밝히던가 하는 선택을 강요받은 사실이 있다. 다시 말해 이 2년 동안에 타이완 주민을 섬 바깥으로 퇴거하는 쪽으로 향했다면, 그 뒤에는 내지로부터 식민자들을 보냄으로써 타이완을 '일본인이 사는 토지'로 개조하는 것이 가능하게 보였다. 그러한 주장은 내지 쪽에도 존재했다. 예를 들면 후쿠자와 유키치福沢諭吉는 '저 앵글로색슨 인종이 아메리카 대륙을 개척한 방법을 모방해, 무지몽매한 야만인을 모두 경외境外로 축출하고 식산殖産상의 모든 권력을 일본인이 손에 쥐고, 그 전 토지를 단연코 일본인화 시키자고 주장'했고, '병력으로 가차없이 소탕하여 잎을 말리고 뿌리를 잘라 모든 추류醜類를 섬멸하고, 토지 등을 모두 몰수해서 전체 섬을 관유지로 삼는다는 각오'를 역설하고 있다.[3] 그러면 이런 상황하에서 통치는 도대체 어떻게 이뤄졌던 것일까.

보고서 「타이완의 실황」에 의하면 당시 타이완통치는 정책이라고 할 수도 없을 정도로 난맥이 극에 달한 상태였다. 우선 일본군은 도내島內 각지에서 '폭행으로 토민을 학대하고, 아무 이유 없이 타격하고 염가로 물자를 강매强買하고, 혹은 징발이라고 부르며 물자를 약탈해 가옥과 사당을 점령하거나 혹은 함부로 혐의를 씌워 토민을 체포해 살육'했고, 치안을 담당해야 할 헌병이나 경찰도 '약탈을 위해 토민을 때리거나 채찍질하거나 구둣발로 차거나, 혹은 함부로 혐의를 뒤집어 씌워 토민을 체포하고 고문해서 살육했다'고 한다. 일본군이 상륙하고 나서 평정선언이 있기까지의 5개월 동안 타이완 측의 희생자가 1만 4천 명을 넘었고 그 후에도 1898년부터 5년간 1만 명 이상이 살해되거나 처형되었다고 한다.

게다가 이 보고서는 통치의 실패로 '고유의 풍속 습관을 없앤 일'을 들고 있다. 다만 보고서가 지적하고 있는 것은 일본문화를 강제한 것 등이 아니고 사원이나 서원을 점령하거나 파괴한 것, 묘지를 발굴하거나 유골을 뒤집어 놓은 것, 혼인의식을 모욕하거나 방해한 것 등, 군이나 식민자들이 원주민에게 가한 모욕행위였다. 그것은 동화정책에 의한 체계적인 문화침략 따위가 아니었고 단순히 무질서한 폭력에 지나지 않았다.

이러한 잔혹하고 졸렬한 통치가 행해졌던 까닭으로 타이완에 거주한 관리의 질과 도덕성이 낮았던 점을 들 수 있다. 타이완 총독부로 파견된 관료의 입장에서 보자면 타이완 근무는 하루라도 빨리 중앙으로 복귀하고 싶은 지방 근무에 지나지 않았다. 또한 우수한 인재도 파견되지 않았던 데다가 인사이동도 격심했다. 이 보고서에 의하면 '타이완의 관리는 대저 용재열등庸才劣等

3 『福澤諭吉全集』 第15卷, 岩波書店, 1969~1971, pp.266·355. 당시의 타이완인의 국적문제에 대해서는 黃昭堂, 『臺灣總督府』, 教育社, 1981, pp.51~55; 戴國輝, 「日本の植民地支配と臺灣籍民」, 『臺灣近現代史研究』 3号, 1980 참조.

해서 내지에서 자리를 차지할 수 없었든지, 혹은 행휜行諠을 닦지 못해 내지에서 받아들여지기보다 새 영토에서 일자리를 구한 자'에 지나지 않았다. 따라서 '직무에 대해서 경험과 재능이 모자라는 것은 말할 것도 없고, 이에 덧붙여 전임轉任이 빈번해서 직무에 익숙할 틈도 없었다. 뿐만 아니라 놀기 좋아하고 나태하여 병을 핑계로 일을 피해', '결근관리가 정원의 4분의 1 내지 3분의 1에 이르고, 게다가 근무하는 동안에도 열심히 면려勉勵하는 자가 없는 상태'였다고 한다.

타이완 총독부 관리의 질이 낮았다는 평가는 이 보고서뿐만이 아니었다. 훗날 총독부 민정장관에 취임한 고토 신페이後藤新平도 자신의 타이완 근무를 '유배島流し'로 형용하며 '관리가 타이완으로 전임했을 때에는 더 이상 승진의 길이 없다'고 서술하고 있다. 대장 차관에서 타이완은행 점징頭取이 된 소에다 주이치添田壽一도 '내지에서 출세길이 막힌 사람은 가고 싶다고 신청하는 자도 있기는 하지만 내지에서 일하고 싶다고 생각하는 사람이라면 자진해서 가고 싶다고 말하는 사람은 아무래도 적다'고 단언할 정도였다.[4] 이렇게 질과 도덕성이 낮기 때문에 오직汚職이 빈번했던 것도 당연하다. 이 보고서에 의하면 관리들은 '혹자는 장사치와 결탁해서 토목사업의 상무商務를 간섭할 뿐만 아니라, 혹자는 토민을 위협하고 억압해서 토지가옥을 강매하고 기타 여러 가지 방법으로 재화를 축적'했다고 한다.

또한 타이완을 '일본인이 사는 토지'로 만들기 위해서는 내지의 식민이 장려되어야 할 필요성이 있었지만, 타이완으로 건너온 식민자들 대부분은 내지에서 근근히 살던 하층민들이었다. 「타이완의 실황」은 타이완에 거주하는 내지 민간인의 '과반수가 관리와 결탁해서 뇌물을 상납하여, 온갖 교묘한 수법

---

4 後藤新平, 「臺灣の實況」, 『臺灣協會會報』 7号, 1899, p.29; 添田壽一, 「臺灣と福建」, 『東京日日新聞』, 1900.3.21. 후자는 『臺灣協會會報』 19号(1900), p.67에서 인용했다.

으로 건축·영조營造·관물官物 구입에 종사하여 부당한 이익을 탐하는 무리'였다고 적고 있다. 당연히 원주민을 대하는 이들의 태도는 나빴고 '토인을 위협하고 협박해서 계약을 체결하게 만들고, 물건을 싸게 팔게 만드니, 그 행위가 거의 도적과 다름없었고', '장사치·군인·노동자·부녀자에 이르기까지 대개는 그 행동이 잔혹하고 제멋대로여서, 토인과 접해서는 욕하고 무력을 휘두르고, 토인 보기를 금수와 같이 하니 일말의 친화의 정이란 찾을 수 없는 상황'이었다.

이러한 내지인의 태도는 당연히 원주자들의 반발을 불러일으켰다. 원주자에 대한 차별의식이라는 점에서 보면 홋카이도 이식민이 아이누를 대하는 태도와 비교해 다르지 않았을 지도 모른다. 그러나 타이완이 홋카이도와 달랐던 점은 홋카이도를 통치하는 데 아이누는 장애가 될 수 없을 정도로 소수였지만, 타이완 원주자의 거취는 무시할 수 없을 정도였다는 점이다. 또한 이미 인구밀도가 높았던 타이완에서는 그 후에도 홋카이도처럼 개척농민을 보낼 여지가 없었기 때문에 농민으로 정주하기 보다는 총독부에 기생해서 일확천금을 얻으려는 한탕주의一旗組의 비율이 높게 되었다. 그러한 식민자의 대부분은 타이완 원주자의 신용을 얻어 장기적인 이익을 얻으려는 지향을 갖지 않았고, 범죄와 유사한 방법으로 단기간 내에 가능한 이익을 얻어 귀향하고자 하는 사고방식을 지닌 자들이었다.

보고서 「타이완의 실황」은 그러한 내지인들의 태도가 '토인으로 하여금 증오와 원한을 불러일으키게 했고 더불어 경멸심을 키우는 데까지 이르렀다'고 서술하고 있다. 대일본제국의 입장에서 보면 원주자로부터 증오를 받는 일은 통치하는 데 곤란할 뿐만 아니라 '경멸'을 받는 것은 제국의 위신과도 관련된 문제였다. 특히 위신의 문제에서 주목해야 할 것은 그러한 일기조一旗組와 더불어 유입된 내지인 여성의 존재였다. 타이완으로의 이민 촉진이라는 이름으

로 결성된 타이완협회가 발간하는 회보에 다음과 같은 현지보고가 실렸다.[5]

> 타이베이臺北를 가도 타이난臺南을 가도, 그 마을을 발호하며 돌아다니고 있는 자는 누구인가, 그것은 바로 게이샤藝者가 아니면 작부酌取女로 불리는 자들이었다. (…중략…) 타이베이에는 일본인 여성이 천 3백 명 정도가 사는데 그 중에는 창기, 예기藝妓와 작부가 8백 명 이상 된다. 그러한 풍속이어서 인민에게 본보기여야 할 공무원이 그 주변의 술집에 들어가서 토인이 보는 앞에서 술을 마시고 여자와 희희낙락하고 추태를 부리고 있다. (…중략…) 토인이 이것을 보고 일본인은 역시 이적夷狄이야, 그들은 문명이라느니 뭐니 떠들어대지만 실은 생번生蕃과 마찬가지라고 생각해도 어쩔 수가 없다.

내지인 여성이 타이완인에게 '팔리'는 사태도 내지인의 위엄을 저하시키는 것으로서 문제가 되었다. 타이완에는 내지인 인력꾼도 적지 않았다. 그들은 타이완인을 모멸하고 폭력을 휘두르는 한편 타이완인 유력자 손님을 다투어 태우려고 했다. 이러한 현상은 타이완뿐만 아니라 조선에서도 일어났다. 1899년에 조선을 시찰하고던 타이완 총독부 초대 민정국 장관인 미즈노 준水野遵에 의하면, 조선에 부설된 철도 '중등 칸 이상을 타는 사람은 서양인이든지 조선인'이고 일본 식민자 대부분은 하등 칸을 타고 있었다고 한다. 식민자가 그러한 형태로 원주자와 관계를 갖는 형국은 주변지역을 영유한 제국이면서도 동시에 빈곤층을 식민으로 해외에 송출하는 약소국이기도 한 일본의 국제적 위치를 반영한 것이었다. 그러한 가운데 당시 내지의 미디어는 '타이완은 내지인의 소류장掃溜場이라고 형용'하고 있었다.[6]

---

5 土屋元作,「臺灣の現狀」,『臺灣協會會報』6号, 1899, pp.9~10.
6 인용은 水野遵,「支那朝鮮漫遊談」,『臺灣教會會報』19号, 1900, p.7;「臺灣政獎の根本」,『日本』,

원주자의 저항이 계속되는 가운데 '국방중시'를 호언장담한 관리들은 경찰력과 군사력에 의존해 학살과 약탈을 반복했다. 인재부족이 통치의 미숙함과 오직사건을 야기했고, 그것이 나아가 원주자의 경멸이 되어서 되돌아왔다. 더구나 타이완 주민은 현지에 뿌리깊게 정착해 있었고, 퇴거율은 유예기간인 2년이 경과해도 0.16% 정도에 지나지 않았다. 결과적으로 일본 측의 잔학행위로 그저 반감을 사고 만 것으로 끝났다. 악순환이라고 말할 수 밖에 없는 이러한 상황 속에서 총독은 4년 동안에 4명이나 바뀌었다.

실적은 오르지 않고 통치비용은 치솟았다. 현지의 치안은 안정되지 않고 지방행정기구도 확립되지 않았기 때문에 당시 세수稅收의 기본인 지조개정地租改正은 불가능했고, 타이완에서 걷은 세수로는 도저히 통치비용을 조달할 수 없었다. 일본정부의 전체 세수가 8천만 엔 정도였던 당시에 타이완으로 갔던 국고보조는 1896년도에는 690만 엔, 1897년도에도 590만 엔에 달했다. 1897년도 타이완재정의 적자가 예상됐기 때문에, 당시 마쓰카타 내각은 내지의 증세를 꾀하려고 했지만 실패했고 결국 총사직으로 이어졌다. 신문은 통치의 무책無策을 공격했고 타이완은 '내지 국고의 일대 부담'이니, '모국의 일대 애물단지'라고 형용되는 현실이었다.[7] 당시 타이완을 1억 엔으로 서구의 어느 나라에 매각하자는 의견이 나오기까지 했다고 한다.

그런데도 타이완을 방기 내지 매각하자는 주장은 대세를 점할 수 없었다. 청일전쟁 직후, 삼국간섭으로 랴오둥遼東반도를 되돌려줘야 했던 일본의 입장

1899.8.30; 『臺灣協會會報』 12号, p.78. 타이완의 하층민에 대한 비판은 川原淸市, 「移植民として觀たる我民族の欠點」, 『帝國敎育』 443号, 1919 등 참조. 또한 타이완에서의 내지인 여성에 대해서는 竹中信子, 『植民地臺灣の日本女性生活史』, 田畑書店, 1995 참조. 또 특히 오키나와 여성에 주목한 연구로 又吉盛淸, 「沖繩女性と臺灣植民地支配」(『沖繩文化硏究』 16号, 1990)가 있다.

7 타이완 재정에 대해서는 栗原純, 「明治憲法體制と植民地」(東京女子大學, 『比較文化硏究所紀要』 54巻, 1993), p.53; 「臺灣自營の機や甚だ遠し」(『万朝報』, 1899.8.15), 『臺灣協會會報』 11号, 1899) p.73에서 인용했다. 「一億円賣却說」은 後藤新平, 『日本植民政策一斑·日本膨脹論』, 日本評論社, 1944, p.47.

에서는, 타이완은 전쟁에 의해 획득한 유일한 영토였기 때문이다. 이자와 슈지伊澤修二에 따르면 '우리 수천의 장졸의 피로 얻은 타이완'이었다.[8] 그것을 방기하는 것은 삼국간섭에 대한 복수로 불타고 있는 내셔널리즘 여론과 도저히 공론할 수 없었다.

더구나 경제적으로는 적자라고 할지라도 타이완은 국방상의 가치가 있다고 봤다. 가령 총독부 초대 민정국 장관이었던 미즈노는 당시의 담화에서 '세인들은 막대한 경비를 투자한 것치고는 타이완의 이익을 얻을 수 있을지 의심하는 자도 있다'고 인정하면서도 '만약 우리나라가 타이완을 영유하지 않는다면, 독일이 차지한 쟈오저우만膠洲灣과 또한 러시아가 차지한 따롄大連·뤼순旅順과 마찬가지로 어느 나라든지 반드시 그것을 침략해서 영유코자 할 것은 명확해서, 그 때에 이르러 북쪽은 블라디보스톡, 남쪽은 타이완을 근거지로 삼을 것이니 그 사이에 우리나라가 끼고 마는 위치에 선다'고 서술하고 있다.[9] 제국주의가 경쟁하는 와중에서 삼국간섭으로 독일이나 러시아에 탈취당한 쟈오저우만과 뤼순처럼 서구 열강의 전진기지로 여겨질 경우를 생각한다면, 비용을 도외시해도 타이완 영유는 의미 있다고 보는 논의를 다른 곳에서도 군데군데 발견할 수 있다.

그렇다고 해도 대일본제국의 입장에서 보면 타이완의 상황을 방치할 수는 없었다. 경제적인 부담 문제뿐만 아니라 서구에 대한 제국의 체면이 걸려있었기 때문이다.

이러한 의식은 미즈노가 '세계宇內의 열국列國을 향해서 제국의 체면을 잃게 된다'고 말하며 고토가 '바깥으로는 외국의 감시하에 있고 (…중략…) 지금

---

8 信濃教育會 編,『伊澤修二選集』, 信濃教育會, 1958, p.641.

9 「水野遵氏の臺灣談」(『京都新聞』, 1899.8.3).『臺灣協會會報』11号, p.72에서 인용했다. 원문에는 구두점이 없다.

그 경영에 조금이라도 실수가 있을 경우에는 (…중략…) 그 치욕은 말할 것도 없이 제국의 장래 운명 역시 염려될 지경'이라고 말하듯이 통치자 사이에서는 극히 광범위하게 퍼진 의식이었다. 이미 타이완에서의 일본 측 행위는 홍콩 등의 서구계 신문에서 보도되고 있었기에 이러한 근심은 현실화 되어 갔다. 타이완인의 '섬멸'을 주장한 후쿠자와 유키치는 이러한 보도를 일본이 타이완 영유를 성공한 것을 질투한 '불평외인不平外人'이 '사실무근의 설을 날조'해서 반일감정을 부채질한 것이라고 주장했다. 그렇지만 '통치의 실제 양상을 보면 처음부터 끝까지 점차 난삽한 상태를 드러낼 때, 일본인에게는 도저히 다른 것을 다스릴 만한 능력이 없고, 세계 인도人道에서 보더라도 그 다함에 그대로 방치하기 어렵다면서, 여하한 고장을 낳을지도 알아야 한다'고 서술하며 '시정施政상의 서투름'을 인정하지 않을 수 없었다.

앞의 보고서 「타이완의 실황」의 저자도 통치가 '제국 정부의 위신을 실추해 다른 나라의 모욕과 조소를 야기할 것'을 두려워했다. 내지인 창기의 문제도 원주자 상대의 위신만이 의식된 것이 아니라 '일본인은 추업부醜業婦와 함께 하지 않으면 식민지 경영이 불가능한 것일까 따위의 언급을 외국인으로부터 차가운 시선을 받는 지경에 이르렀다'는 언급이 그 뒤를 이어서 계속해서 나왔다.[10]

더구나 당시 일본의 상층부에서 보자면 서구에 대한 위신은 단순한 허영에 그치지 않는 문제였다. 왜냐하면 언제 식민지화될지도 모르는 '동양의 야만국'의 위치를 벗고, 문명국의 일원으로 인정받아 불평등조약을 개정하는 일이야말로 메이지 일본의 최대 외교과제였기 때문이다. 청일전쟁 직전에 체

10 미즈노의 발언은 「臺灣事業公債案の通過」, 『臺灣協會會報』 6号, 1899, p.64; 後藤新平, 「臺灣協會設立に就て所感を述ぶ」, 『臺灣協會會報』 2号, 1898, p.3; 『福澤全集』 第16卷, pp.40~41; 土屋, op. cit., p.11.

결된 대영조약개정을 시작으로, 서구 열강과의 조약개정교섭은 계속 성공적이었지만 개정조약이 발효되기까지는 방심할 수 없었다. 또한 후쿠자와가 우려했듯이 지나치게 '야만'적인 통치 실태를 방치해둔다면 '세계 인도'나 '문명'의 이름하에 서구로부터 정치적 내지는 군사적인 간섭을 초래할 가능성조차 존재했다. 일본 측은 타이완인에게는 잔혹 행위를 거듭하는 한편 타이완에 거주하는 서구인의 처우에는 상당히 신경을 썼는데 타이완에 살고 있는 서구인들은 서구계 신문의 뉴스원이었다. 그래서 타이완통치의 실패는 단순한 치욕에 그치지 않고 제국 그 자체의 장래가 걸려 있다는 고토의 말은 반드시 과장이라고만은 할 수 없다.

문제는 그러한 타이완의 상황을 어떠한 방향에서 해결해 가는가에 있었다. 그리고 이런 논의 가운데에서 타이완 원주자를 '일본인'으로 포섭할 것인가의 문제가 부상했다.

외국인 고문의 동화반대론

영유 초기에 통치 방침을 가장 체계적이고 구체적으로 드러낸 것은 사법성 영국인 고문이었던 커크우드William Montague Hammett Kirkwood의 의견이었다. 그는 타이완을 막 영유했을 당시부터 제출된 다수의 의견서를 정리했다. 훗날 타이완 총독이 된 이시즈카 에이조石塚英藏의 회상에 의하면 '당초 식민지 통치 경영은 우리나라 조야朝野에서는 전연 준비가 없었던 시대에 속하며 정부 당국자도 근근히 커크우드 고문의 의견서에 의거해 비로소 식민이 어떠한 것인지를 알게 된 실정이었다'고까지 형용될 정도였다. 1898년 3월 타이완 재정의 파탄으로 사직한 마쓰타카 마사요시의 뒤를 이어 수상이 된 이토 히로부미는 정부수뇌를 모아 바로 전해에 타이완을 시찰한 커크우드로부터 통치에 관한 제언을 듣는 설명회를 열었다. 이 자리에서 커크우드는 타이완

통치를 상당히 강하게 비판했다.[11]

커크우드에 의하면 식민지 통치의 2대 원칙은 '인민을 정부에 열복悅服시키는 것', '들어오는 것이 나가는 것보다 많아야 할 것'이었다. 다시 말해 비용을 절약하면서 현지 주민의 심복을 얻는 일이다. 그런데 커크우드의 시찰에 의하면 일본의 타이완통치는 이와는 매우 다른 상황이었다.[12]

커크우드가 가장 비판했던 것 중 하나는 일본 측의 관헌이 현지의 언어나 관습에 완벽하게 무지하다는 점이었다. 타이완을 시찰할 즈음에 그는 현지 주민이 항일무장단을 신고하러 왔던 현장에 마침 있었는데, 현장에는 순찰과 헌병이 20여 명 정도가 있었음에도 불구하고 현지어를 아는 사람이 한 명도 없었기 때문에 전혀 대응할 수 없었다고 한다. 그 외 종교상의 성지나 궁묘宮廟를 헌병이 점령하거나, 감옥 수용자에게 일본음식이나 일본식의 인사를 강요하거나, 현지어를 아는 의사가 거의 없다는 등의 사례를 열거했다. 그는 '토어土語를 이해할 수 없다면 어떻게 토인의 신용을 얻을 수 있겠습니까'라고 강조했다.[13]

다만 이러한 커크우드의 제언은 원주자의 입장에서 통치에 이의를 신청한 것이 아니고 어디까지나 효율적인 지배를 의도했던 것이었다. 그는 타이완의

11 이시즈카의 발언은 栗原, op. cit., p.59에서 재인용. 원문은 한자 가타가나 문장. 이하 커크우드의 인용은 『カークード氏 臺灣ニ關スル覺書說明筆記』, 國會圖書館憲政資料室, 『後藤新平文書』 7-33-3. 원문은 한자 가타가나 문장. 같은 필기록에는 「明治三十一年三月八日」이라는 일자와 '비(秘)' 도장이 찍혀있고, 제1회에서 제3회 설명회의 모양이 수록되어 있다. 커크우드의 경력에 대해서는 手塚豊, 「司法省御顧外國人カークード」, 『法學硏究』 40巻3号, 1967이 있고, 타이완 통치체제론에 주목한 것으로 春山明哲, 「近代日本の植民地統治と原敬」, 『日本植民地主義の政治的展開 1895~1934年』, アジア政經學會, 1980; 大谷正, 「臺灣における植民地統治機構の成立」, 『歷史科學』 99~100号, 1985; 江橋崇, 「植民地における憲法の適用」, 國立臺灣大學歷史學系 編, 『法學志林』 82巻, 3~4号, 1985; 吳密察, 「外國顧問W.Kikrwood的臺灣植民地統治政策構想」, 『日據時期臺灣史國際學術硏討會論文集』, 1993; 栗原, op. cit. 등이 있다. 커크우드의 교육정책론, 특히 비동화적 측면은 각주39에서 길게 나열한 논문들이 부분적으로 언급하고 있을 뿐이다.

12 『カークード氏 臺灣ニ關スル覺書說明筆記』, 第1回, p.2.

13 Ibid. 第1回, pp.30·41·49; 第3回, pp.13·15·19.

통치 경비가 영국이 거의 같은 규모의 각 식민지를 경영하는 것과 비교해서 2배에서 4배, 심하게는 치안경찰비에서 5배에서 20배까지도 들고 있다고 강조했다. 커크우드의 주장은 '만약 순사나 경찰 관헌병이 토어를 말할 수 있다면 지금의 반에 해당하는 인원만으로도 지금까지 하고 있는 일 정도는 충분히 할 수 있다'는 인식을 전제로 했다.[14]

그는 관습을 존중할 것과 원주자를 등용할 것 등을 주장했으며 또 '토인을 수세收稅 사무 등에 종사시킬 수 있다면 (…중략…) 관리 수도 줄일 수 있다고 생각합니다'라며 비용론과 한데 묶어 이야기했다. 일찍이 오키나와 문제에서 주장된 류큐왕국 온존론처럼 간접통치는 비용을 중시했다. 커크우드는 그러한 이념에서 재래의 치안자치조직인 보갑保甲제도를 부활시키거나 촌장 계층과 같은 재래 지배계층을 자기편으로 삼는 일이 중요하다고 반복해서 역설했다. 나아가 타이완 주민에게는 근대적인 삼권분립 따위는 필요 없고, 행정관이 재판을 할 수 있게 함으로써 재판비용을 삭감해야 한다고 제언하거나 항일무장단의 가족에게 연대책임의 형벌을 부가하자고 주장하거나, 통치측이 현지의 사정에 어둡기 때문에 세금 회수도 충분치 못하니 현재보다 3배 정도로 증세해야 한다고 주장하는 등 보다 더 가혹한 지배를 주장하는 견해도 피력했다.[15]

또한 커크우드는 내지에서 파견될 관리를 엄선하고, 하층 식민자의 유입도 제한해서 전적으로 자본만을 주입할 것을 제안했다. 그는 애초 간접통치라는 발상은 원주자에게 종주국어를 가르치는 것보다 본국에서 통치하러 온 관리에게 현지어를 가르치는 쪽이 훨씬 현실적이고 게다가 저렴하다는 전제에 서 있었다. 커크우드는 영국에서는 식민지에 부임하는 문관에게는 현지의

14 Ibid., 第1回, pp.4~7・30.
15 Ibid., 第1回, pp.27・29・31; 第3回, pp.27・34.

언어나 관습에 관해 몇 번에 걸친 시험을 치르고, 선발자는 높은 봉급으로 우대하는 대신에 최저 15년에서 20년은 근무할 수 있도록 지도하고 있음을 강조했다. 그렇게 해서 엄선된 엘리트만 보냄으로써 종주국 측은 원주자의 신용과 위엄을 얻을 수 있다는 것이었다. 그런데 현실적으로는 타이완에 저질 관리나 하층 식민자가 보내져 원주자의 경멸을 사고 있다는 것은 전술한 대로이다. 커크우드는 내지에서 모집한 경관이 '가능한 한 일찍 내지로 돌아가기를 희망해 그 지역에 있을 때 돈을 유용해서라도 귀국하고자 하는 자가 있음으로 토인의 말을 배운다든가 인정에 적응하려던가 하는 생각은 물론 아예 없다'고 지적하고 총독은 적어도 5년 임기를 맡아야 한다고 제언했다.[16]

그러면 이러한 이념을 가진 커크우드는 원주자 교육에 대해서는 어떠한 견해를 갖고 있었을까. 결론부터 말하자면 그의 교육정책론은 '일본인'화에 대한 철저한 비판이었다.

우선 커크우드는 타이완에서의 일본어 교육에 이의를 부르짖었다. 오키나와에서도 그러했듯이 타이완통치 초기에는 무상의 국어전습소가 설치되었다. 그런데 커크우드에 따르면 원주자에게 일본어를 가르치는 '관립 국어전습소는 극소수'가 좋고 교육은 오로지 '토인이 설립한 학교'에 맡겨야 한다고 보았다. 왜냐하면 식민지에서 종주국어의 교육을 받아도 그런 교육은 현지 사회에서는 쓸모가 없기 때문이다. 즉 수료자는 총독부 혹은 종주국에서 관

---

16 Ibid. 第1回, pp.21·37~38에서 인용함. 식민제한론은 第3回, pp.7~8. 식민지 관료의 양성에 관한 주장은「カークード顧問ノ演說」,『琉球教育』29号, 1898 참조. 후자는 커크우드가 타이완에서 돌아오는 길에, 1898년 2월에 오키나와현 사립교육회 상집회(常集會)에서 강연한 기록이다. 이것을 기록한『류큐교육(琉球教育)』의 기자는, 오키나와는 "원래는 식민지가 아니었다"라고 서술하고 있으면서도, 오키나와로 오는 교원이나 관료가 "대저 3년 내지 2년, 혹은 1년을 전후로 해서 귀향"해 버리는 것을, 타이완의 인사정책이 졸렬하다는 점과 아울러 비판하고 있다(복각판 第3巻, pp.288~289). 인기 없는 지방근무로서, 경험도 의욕도 없는 관료가 수년 동안만 근무하고 다른 곳으로 가버린다는 패턴은 타이완에서도 오키나와에서도 마찬가지였고, 오키나와 측의 불만이 쌓여 있었음을 알 수 있다. 또한 영국의 식민지 관료양성에 대해서는 濱渦哲雄,『英國紳士の植民地統治』, 中央新書, 1991 참조.

리가 되고자 희망하지만 그러한 취직자리는 한정돼 있기 때문이다. 커크우드의 시찰에 의하면 실제로 타이완의 관립학교에 다니고 있는 원주자는 그러한 희망을 갖고 있고 '벼슬길에 나아간다는 목적을 달성할 수 없을 때 그 교육은 다른 직업을 얻는 데 적당하지 않기 때문에 실망한 나머지 정부에 대해 불만을 품기에 이른다. 이것은 타이완에서의 현재 교육제도의 결점 중 장래를 위해서 가장 한심스러운 일이다'라고 지적했다. 나아가 그는 비용을 보아도 '토인의 학교는 토인의 비용으로 유지'하게 하여 관립학교도 수업료를 받아 운영해야 한다고 주장했다.[17]

커크우드는 직접 언급하지 않았지만, 종주국어로 교육을 받은 원주자가 불만에 쌓여 끝내 반항했다는 현상은 인도를 위시한 영국의 식민지 각지에서 이미 일어났다. 후년의 독립운동의 지도자들 대부분은 종주국에서 귀국한 유학생을 비롯해서 종주국어로 인권개념이나 반제국주의 사상을 배운 자들이었다. 커크우드의 입장에서 본다면 일본이 원주자를 등용할 의향이 없음에도 불구하고 일본어 교육을 무상으로 실시한다는 것은 당치도 않은 일로 비춰졌음에 틀림없다.

일본어가 어디까지나 위엄 있는 종주국어라고 한다면 일본어를 사용할 수 있는 자가 통치자이고 사용할 수 없는 자가 피치자라고 할 수 있다. 바꿔 말하면 일본어를 사용할 수 있는 자와 사용할 수 없는 자의 차이가 명확해야 한다. 그런 입장에서 본다면 원주자에게 종주국어를 가르친다는 것은 그 자를 통치자 쪽으로 끌어들이는 경우에 한정된다. 구체적으로 일본어는 총독부의 관리로 등용된다거나 통역으로 고용될 예정인 사람에게만 가르치면 충분했다. 더구나 그들은 위엄 있는 지배자의 일원으로써 엄선되어야 했다. 당연히

17 『カークード氏臺灣ニ關スル覺書說明筆記』第1回, pp.42·45.

그것은 현지의 사회 조직을 이용한 간접통치와도 맞아떨어져야 하기 때문에 현지 사회 계층을 무너뜨리지 않도록 재래의 유력자나 교양인의 자제가 전적으로 교육 대상이 될 수밖에 없다. 커크우드는 타이완을 시찰하고 국어전습소가 상층민과 하층민을 무차별적으로 입학시켜 무상으로 교육시키는 것에 놀랐다. 그는 '토인 가운데 상등의 품격을 지닌 자를 입학시키고 하등의 자를 입학시키지 않는 식의 방향을 취해야 한다'고 주장했고, 통역으로 고용할 자에게도 중국고전교양을 시험 봐서 선발해야 한다고 제기했다.[18]

커크우드가 제기한 일련의 플랜, 즉 현지의 언어나 관습을 존중해서 이용하며, 관리를 엄선하고 하층 식민자를 제한하며 자본을 도입하고, 일본어교육을 한정하는 등은 그가 규범으로 삼은 간접통치의 이념과 불가분의 관계를 갖는다. 거기에는 지배자와 피지배자의 차이를 유지하는 것이 중요하고, 그 차이를 전제로 삼는 것이야말로 지배자의 위엄도 재래 지배층을 이용한 간접통치로 말미암은 비용 삭감도 달성될 수 있다. 커크우드가 일본 측의 상황을 봐준 것인지 그는 일본어 교육 그 자체를 전체 부정한 것은 아니었다. 하지만 이상과 같은 원칙에서 본다면 원주자를 '일본인'으로 개조하고자 하는 동화교육은 그에게는 완벽하게 논외였다.

커크우드만큼 체계적인 형태를 취하지 않았지만 이러한 제언이 외국인 고문들에 의해서만 제시되었던 것은 아니었다. 가령 타이완을 영유했을 당시 정부에 제출된 의견서 중 '타이완 도민의 문화는 저급하고, 또 풍속습관이 우리나라와 현격하게 다르니, 도저히 우리나라의 법전을 실시하기에 어렵다'라는 전제에서 현지 사회의 재래법 존중을 역설하거나 교육에서도 '일본어 등에 이르러서는 점차 교수법을 정해야 하고 그것을 지금 급히 하지 않는 것이

18 Ibid., 第1回, pp.43~44.

가하다'라는 의견도 보였다.[19] 그리고 앞 절에서 소개한 보고서 「타이완의 실황」도 '행정은 가능한 한 구관舊慣을 지키면서' 구지배층의 '힘을 이용할 필요성'을 역설했고, 아울러 타이완에 파견된 관리는 시험을 통해 엄선해 현지어를 습득시키고, 그 대신에 연금이나 근무봉급 등에서 우대 조치를 취할 것을 제언하고 있다. 이 보고서의 저자가 총독부 관료의 국방중시 자세를 비판하고 있었던 것도 자신이 '시정방침은 토민을 위무綏撫해서 부원富源을 개발할 것을 주요 일로 삼는 것 외에는 다른 것이 없다'는 의견을 갖고 있었기 때문이었다.

이러한 간접통치론이 이미 타이완을 영유한 후 수년 동안에 일반적으로도 유포되었음에 주목할 필요가 있다. 제7장에서 후술하겠지만 19세기 말에서 20세기 초엽은 식민정책학의 전환기에 해당된다. 여기에는 원주자를 개조하고자 한 프랑스 동화정책이 실패했고 구습을 이용한 영국의 간접통치가 성공했다는 도식이 취해졌다. 이 도식이 꼭 정확하다고 할 수는 없지만 유포되기 쉬운 것이었기에 일본의 매스미디어 신문지상에까지 침투했다. 예를 들어 『요미우리신문』의 1899년 사설에는 '무릇 식민정책에는 2가지가 있는데, 하나는 동화주의로 토민의 사상 습관을 변혁시켜 본국의 문화와 정치에 일치시키는 것을 말하고, 다른 하나는 회유주의로 토민의 사상 습관을 보존해서 본국에 실리와 세력을 흡수하는 것을 이른다. 전자는 프랑스가 안남[베트남]에서 사용했지만 실패했던 바고, 후자는 영국이 인도에 이용해서 성공한 바다"라고 쓰고 있다. 또한 1900년의 잡지는 "영국 식민지의 실례는 팽창적 국민이 마땅히 모방해야 할 모범으로, 프랑스 식민지의 실례는 마땅히 진취적 국민이 취함에 거울로 삼아야 할 것에 다름 아니다'라고 주장했다.[20]

19 楢原陳政, 「臺灣ノ法律教育ニ關スル調書」, 伊藤博文 編, 『臺灣資料』, 秘書類纂刊行會, 1938, pp.50·53.
20 「臺灣統治の大方針」, 「讀賣新聞」, 1899.1.2; 「國民膨脹の要義」, 1900.3.1. 각각 『臺灣協會會報』 4号, p.75; 18号, p.73에서 인용.

또한 식민정책을 추진하기 위해서 결성된 타이완협회의 『타이완협회회보』도 영국·프랑스·독일·네덜란드 등 각국의 식민지 통치의 양상을 소개하고, 프랑스의 알제리 통치에 대해서 '오늘날 아랍인을 프랑스 풍으로 동화시키려는 계획은 (온화한 수법을 취하든 어쨌든 간에) 일반적으로 불행을 초래하고 위험을 낳는 것으로 인정받고 있다'고 논평하고 있었다. 더구나 1899년에는 잡지 『니혼日本』이 '영국식민의 방침으로 반드시 내지인 다수의 이주를 바라지 않고, 이주자의 수가 많은 것보다는 오히려 그 성질이 선량할 것을 바란다'고 서술했듯이 이민제한론도 그 나름대로 알려져 있었다.[21]

이러한 노선을 취할 경우 일본어 능력이나 충성심을 육성할 교육보다도 원주자 재래의 유교문화의 요소를 가미하면서 보편적인 문명교육을 실시하게 된다. 그러나 한편에서 간접통치는 원주자를 통치 측보다 낮은 레벨에 고정시키면서 경제적인 이익을 올릴 것을 목표로 하기 때문에 보편적인 문명의 교육이라고 해도 고등교육은 극히 일부의 협력자 엘리트에게만 실시하는 것이 좋고, 대부분 원주자의 초등교육에서는 현지 노동력을 육성하는 실업교육을 실시해야 한다는 주장이 된다. 가령 앞에서 서술한 타이완은행의 점장인 소에다 주이치는 동화교육을 비판하면서 1901년의 강연에서 다음과 같이 말했다.[22]

> 영국은 모든 점에서 인도인에게 경제사상을 키워주었음에도, 정치에서는 이용하는 바 없다. 그저 자신의 생계를 완전하게 해서 세간의 보통 사정에 통하게 함을 본지本旨로 삼지 결코 고등한 것을 가르치지 않았다. 내 생각에는 식민지 인민에게는 기타의 경제를 발달시키는 데에 족할 뿐인 교육을 주는 것만으로도 족

21 中山孝一,「アルゼリー狀況及制度」,『臺灣協會會報』3号, 1898, p.49;「臺灣政弊の根本」, p.78.
22 添田壽一,「敎育と殖民」,『臺灣敎育會雜誌』3号, 1901, p.18.

하다. 결코 스스로를 다스리게 만들 필요가 없다. 이것과 동시에 모국인은 이것과 반대로 전체 혹은 일부에서 다스리는 자로서 가져야할 자격을 구비하지 않으면 안 된다.

이러한 실업교육중시론은 미에다 같은 경제인이나 경제계의 관료로부터 지지를 받았다. 제7장에서 후술하겠지만 니토베 이나조新渡戶稻造도 타이완 총독부에 부임해서 당업糖業 개발에 매진하고 있었을 시기에 행한 강연에서 경제의식이 강한 '지나인'에 대해서는 동화교육보다도 구습을 존중하고 실업을 교육함으로써 경제적으로 일본의 통치에 대한 신뢰감을 배양하는 쪽이 유리하다고 주장했다.[23]

커크우드의 교육정책 플랜은 경제합리성과 냉철한 현실주의에 기반한 것이었다. 말할 것도 없이 이 구상은 타이완인을 '일본인'으로 포섭하는 것이 아니라 '일본인'으로부터 배제할 것을 전제로 했다. 그러나 그것은 타이완의 동화를 주창한 강한 논조 앞에서 실현될 수 없었다.

'식민지'인가 '비식민지'인가

타이완을 '일본'으로 포섭하고자 제창한 논의로 하라 다카시原敬의 1896년 「타이완문제2안臺灣問題二案」이 익히 알려져 있다. 하라는 후에 수상이 되었지만, 이 의견서를 냈을 당시에는 외무차관이었다. 그는 타이완을 영유할 당시에 임시로 편성된 타이완사무국위원으로서 이 의견서를 제출했다.[24]

---

23 新渡戶稻造, 「敎育雜感」, 『臺灣敎育會雜誌』 2号, 1901, p.13.

24 原敬, 「臺灣問題二案」, 『臺灣資料』. 이하 이 문서에서 인용한 것은 모두 같은 책, pp.32~34에 의한다. 原敬文書硏究會, 『原敬關係文書』 第6卷(日本放送出版協會, 1984~89), pp.228~230에 이 의견서를 깨끗하게 정서한 원고가 수록되어 있지만, 첨삭과 기입 등이 번잡하기 때문에 『臺灣資料』에서 인용했다.

하라가 제시한 주장은 커크우드 등의 논의와는 전제 자체가 달랐다. 타이완통치를 논함에 있어서 우선 행해야 할 것은 다음의 두 개의 기본방침에서 어느 쪽인가를 선택해야 한다는 것이었다.

갑　　　타이완을 식민지 즉 '콜로니'로 간주하는 것

을　　　타이완은 내지와 제도를 다소 달리 하니 그를 식민지류로 간주할 수 없다는 것

이러한 문제설정은 지금 보면 좀 이상하다. 현재에는 타이완이 일본의 '식민지'였음은 너무나도 자명한 전제이기 때문이다. 그러나 여기서 하라가 묻고 있는 것은 타이완을 '식민지'로 할 것인가 말 것인가 라는 것이었다.

그리고 사실은 커크우드도 타이완 영유 직후에 제출한 의견서에서 일본과 타이완의 관계에 존재할 수 있는 복수의 선택을 제시하고 있다.[25] 거기서는 ① 미합중국과 독일연방처럼 여러 주가 평등하게 결합한 연방국가, ② 영국과 인도 기타와 같은 본국-식민지 관계, ③ 러시아의 중앙 아시아 지역이나, 웨일즈·스코틀랜드처럼 제국의 한 주로 편입되는 것. 이 세 가지가 제시되었다.

이러한 복합국가의 사례는 현재의 일본과는 관련이 없지만 근대일본에 있어서는 반드시 그렇지 않았다. 메이지유신에 의해 각지의 번藩이 대등하게 연합했다면 커크우드가 말한 ①의 연방국가에 가까운 것이 나왔을 가능성도 있고, 오키나와와 홋카이도를 제국 내에 편입한 것은 ③에 해당된다고 말할 수 있다. 그리고 커크우드는 '일본과 타이완의 연합 같은 것은 이 두 번째에 속한다'고 인식하고, 영국의 식민지 통치를 모범으로 삼아 제언했던 것이다. 즉 커크우드의 제언은 어디까지나 타이완을 '식민지'로 삼는다는 전제에

25 「カークード氏臺灣制度, 天皇ノ大權, 及帝國議會ニ關スル意見書」, 『臺灣資料』, pp.96~97.

서 출발했다.

하라도 자신이 말하는 갑안즉 '식민지'과 을안비 '식민지' 어느 쪽이든지 배워야 할 유럽제국의 선례를 들고 있다. 우선 갑안에 대해서는 영국을 비롯해 '유럽'의 식민지 통치에서 '다수의 적절한 사례'가 존재한다. 그리고 을안은 보불전쟁으로 독일이 병합한 알자스·로렌 지방, 그리고 프랑스가 해외의 현縣으로 삼은 알제리가 참고 사례가 된다. 그 경우 '타이완의 제도를 가능한 한 내지에 가깝게 하고 마침내 내지와 구별 없는 상태로 만드는 것이 필요하다'. 그리고 하라 자신의 의견은 '물론 을안이 가하다고 보는 쪽'이었다.

이러한 의견을 하라만 갖고 있었던 것은 아니었다. 영국인 고문 커크우드가 상기의 제안을 했을 때, 프랑스인 고문 미셸 르봉Michel Revon은 1895년 4월의 의견서에서 타이완을 '제국의 진정한 하나의 현'으로 하자고 진언했다. 무엇보다도 르봉도 영국이 프랑스보다도 식민지 통치에 성공하고 있음을 인정했고, 일본이 타이완과 함께 청일전쟁에서 영유한 랴오동반도이후 삼국간섭으로 방기에 대해서는, 구관존중노선으로 통치할 것을 추천했다. 그러나 타이완에 관해서는 프랑스가 '식민지가 아닌, 진정한 한 주州로 삼고 있는 알제리 통치를 참고로 할 것'을 추천했다.[26]

하라와 르봉의 의견서가 독일의 알자스 로렌Alsace-Lorraine 통치뿐만 아니라 프랑스의 알제리 통치까지도 '식민지'가 아닌 것으로 거론하고 있는 것은 오늘날의 시각에서 보자면 꽤나 기이하다. 그러나 예컨대 미국의 한 주로 병합된 하와이는 오늘날 '식민지'라고 불리지 않는다. 커크우드가 들고 있는 러시아의 중앙아시아 지역이나 대영제국의 웨일즈-스코틀랜드도 그리고 대일본

26 Michel Revon, 「遠東及臺灣統治ニ關スル答議」, 『臺灣資料』, p.407. 르봉은 획득한 영토에서의 총독부 인사를 국내의 불만분자를 배출하는 배출구로 삼고, 내정의 안정을 꾀하자고 진언하고 있다. 이것은 커크우드의 인사구상과는 다르지만, 식민지 관제(官制)의 기능을 말한 것으로 흥미로운 부분이다.

제국이 편입해 한 현으로 삼은 오키나와도 통상적으로는 '식민지'라고 불리지 않는다. 그리고 제도적으로는 알자스 로렌은 독일의 주州이고, 또한 알제리 북부는 프랑스의 해외 현으로 편입되어 있다. 이들은 국가에 새로 편입된 지역이긴해도 하라가 말하는 '식민지'는 아닌 것이다.

하라는 전술한 의견서에서 타이완을 '식민지'로 취급해서는 안 되는 이유를 다음과 같이 설명하고 있다.

> 어쨌든 타이완 지형은 내지에 접근해 있고 특히 해저전신은 멀리서부터 두 선이 깔려 있다. 선박의 통행도 점점 빈번해지고 있다. 따라서 인민이 내왕도 내지와 다를 바가 없게 되는 것은 심히 쉬운 일이므로 흡사 독일의 '알자스·로렌'과 프랑스의 '알제리'처럼 하면 된다. 하물며 그 인민은 구주歐洲의 여러 나라가 다른 인종을 지배하는 것과는 완전히 정황을 달리하는 데 있어서야 더욱 그러하다.

여기서 하라는 일본과 타이완의 관계를 '구주제국'이 아시아·아프리카의 '다른 인종'을 지배하는 것과는 '완전히 정황을 달리하는 것'이라고 강조하고 있다. 확실히 일본과 타이완의 관계는 '백인'과 '유색인'의 관계라고 말할 수 없고, 외모상의 인종적 차이는 근소하다. 그리고 하라가 이유로 들고 있는 지리적 근접과 교통·커뮤니케이션 수단의 발달은 인종적 친연성과 나란히 국민국가가 형성될 즈음의 필요조건이다. 결국 하라에 의하면 타이완은 대일본제국의 '진정한 현'으로서 국민국가의 통치대상이 될 수 있는 요건을 갖추고 있어 유럽의 '식민지'와는 다르다.

제2부에서 후술하겠지만 하라는 나중에 수상으로서 타이완·조선통치개혁을 행할 즈음에 오키나와를 동화시켜 제국의 한 현으로 성공적으로 통합한 것을 자주 거론된다. 이로 볼 때 그에게 타이완이 어떻게 자리 매김됐는지

를 추측할 수 있다. 오키나와를 탈취할 즈음에도 인종적 공통성을 강조하면서 대일본제국으로의 포섭이 행해졌는데 여기서도 그와 유사한 현상이 일어났던 것이다.

국방중시론과 대對서구 의식

다만 하라의 의견서에는 타이완동화론의 중요한 요소가 결여되어 있었다. 그것은 역시 국방이었다. 오키나와와 홋카이도에서도 그랬듯이 타이완에서도 국방은 '일본인'화의 논거가 되었다. 예컨대 1899년의 『요미우리신문』 사설은 영국 '회유주의懷柔主義'의 성공과 프랑스 '동화주의'의 실패를 인정하면서 다음과 같이 주장했다.[27]

> 우리는 동화주의를 타이완에 적합한 정략이라고 생각한다. (…중략…) 회유懷柔주의는 일시적인 안정을 훔쳐올 수는 있어도, 후세의 화란禍亂을 배양하고, 전토全土를 상실할지도 모른다는 공포를 없애주지 못하고 (…중략…) 회유주의를 이용하지 않는다면 외국과 일을 해나갈 때에 하루아침에 본국의 행동을 저해할 수 있음에 있어서랴. (…중략…) 타이완의 세입은 그 세출에 비해 매년 천만 엔이 부족하고, 그 방위는 오히려 군비의 팽창을 재촉하고, 저 영국이 인도에서 하는 것처럼 본국에서 실리實利와 세력을 흡수할 수 없는 까닭에 회유주의는 참으로 타이완에 적용 불가능하다.

간접통치는 일시적인 비용에서 보면 유리해도 원주자를 '일본인'으로 개조하는 동화노선에 비교하면 국제관계가 일본에 불리할 경우 그 땅을 잃을 가능성이 높아진다. 게다가 타이완은 영국의 인도와 달리 경제적 목적으로 영유한

---

27 「臺灣統治の大方針」, p.76.

토지가 아니었기 때문에 비용론은 처음부터 무의미했다고 할 수 있다.

내지의 언론은 타이완통치를 '경제상으로 말하자면 완전히 실패'했음을 전제로 하면서 '만약 제국 남진의 쉬어가는 곳停足所으로 하든가, 또는 적어도 제국 남문의 열쇠로 삼는다면 천만의 국비가 반드시 아까운 건 아니다'고 보는 것도 적지 않았다. 예컨대 『아사히신문朝日新聞』의 1898년 사설은 '시모노세키조약에서 타이완섬을 요구하기에 이른 것은 주로 병략兵略상의 주의에 기반한 것이다. (…중략…) 척지식민拓地植民을 위해서라면 이 섬은 자못 부적당함을 면할 수 없다'는 견해를 내보였다. 또한 『경화일보京華日報』도 1898년에 '혹자가 말하길 타이완을 제국 본국의 것으로 할 수 없고, 그것을 식민지로 삼아야 한다고. 우리는 그것에 반대하는 자들이다. (…중략…) 타이완 경영의 방침은 그것을 본국과 동일 성질의 것으로 삼고, 또한 그것을 완전히 일본화해야 한다'는 주장을 '병략의 측면'에서 시행하고 있다.[28] 간접통치의 이념이 유포되고 있었지만 여전히 이러한 동화론 쪽이 언론에서는 우세했다.

교육정책에 관해서도 같은 주장이 동화론자로부터 행해졌다. 1901년 타이완의 어떤 공학교 교원은 구관존중과 저차원의 실업교육이라는 노선에 반대하며 이렇게 말했다(여기서 프랑스의 인도차이나 통치가 간접통치의 대표로 거론되고 있는 것은 프랑스가 세기 전환기를 경계로 하여 동화주의를 포기한 사태를 가리킨다).[29]

> 영토가 단순히 모국의 국고國庫를 부유하게 하는 데 있다고 하는 나라라면 교육을 논할 필요가 없다 (…중략…) 피정복자는 수세기를 거듭해도 다시 화化하는 일 없고 일단 정권의 동요에 즈음해서 어떻게 되는가 하면 이익이 있는 곳을

28 「時事見聞志」, 『日本』, 1899.9.17; 「臺灣の鐵道」, 『朝日新聞』, 1899.2.21; 「臺灣の經營」, 『京華日報』, 1898.12.11. 각각 『臺灣協會會報』 12号, p.83; 3号, p.77에서 인용했다.

29 渡部春藏, 「新領土ノ教育方策ニ就キテ」, 『臺灣教育會雜誌』 1号, 1901, p.23. 원문은 한자 가타가나 문장.

향하고 결코 모국에 동정을 표하지 않는다. 만약 완고함이 도가 지나쳐 동화의 가능성을 인정할 수 없을 때에는 교육 등은 단지 저급한 상식을 얻게 만들고, 그것으로서 부림에 편할 정도에 그친다. 프랑스의 안남安南에 대한 방책이 적당하고, 만약 동화의 필요를 인정해 그 가능성을 인정하면서 그 민족의 풍속과 관습은 꽤 자유롭게 일임해 그것을 보존해야 한다고 말하고, 교육은 그 민족의 특성을 따라야 한다고 운운하는 등은 목적과 수단의 배반에 다름 아니다.

확실히 타이완의 영구확보를 목적으로 한다면 실업교육론이나 구관보호론은 '목적과 수단의 배반'이라고 말할 수 있다. 이 교원은 일본이 태고적에 에조蝦夷를 동화한 역사나 독일이 알자스·로렌 지방을 통치한 사례를 들어 타이완 원주자를 '일본인'으로 징병하자고까지 제창하고 있다.

어쨌든 이러한 논리는 서구에 대해 상대적으로 약한 군사력만을 가진 일본의 위치를 반영한다. 군사력에 자신이 있다면 만일 서구의 여러 나라가 내습할 경우에 타이완 원주민의 반란이 일어나더라도 아무런 문제도 없을 터이다. 여기에도 일본의 대對 서구 관계에서의 위상이 타이완통치정책론에 반영되어 있다.

또한 군사력뿐만 아니라 경제력에서도 일본은 자신감을 갖고 있지 않았다. 다른 타이완 공학교의 다른 교원은 실업교육과 경제개발에 따른 이해관심에서 원주자의 신뢰를 획득할 수 있다는 의견을 '이익주의 교육'이라고 형용하며, 이에 반대했다. 이러한 교육은 제국의 영토가 된 상태가 행복하다고 인정받는 동안은 원주민을 회유할 수 있는 효과를 갖겠지만 '만약 그들에게 [제국에 소속되어 있는 상태를] 자기 불행과 불이익으로 발견하게 된다면 장차 어떻게 될 것인가'라고 보았다.[30]

일본의 통치에 불만을 야기할 경우 혹은 서구에 지배받는 쪽이 더 이익이 된다고 판단될 경우 실업교육은 타이완 확보에 도움이 되지 않는다. 하물며 적이 내습할 때에 일본을 위해 목숨을 바칠 충성심을 기대할 수도 없다.

어떤 의미에서는 당연한 일이지만 이러한 동화론과 대조적으로 영국인 고문인 커크우드는 서구에 대한 국방상의 위기감 따위를 갖지 않았다. 그는 식민지 관료를 엄선하고 육성할 것을 주장했지만 거기서 상정된 것은 어디까지나 문관이었지 군인이 아니었다. 커크우드는 자기의 타이완통치론에서 무관에 비해 문관의 지위가 낮은 것을 비판했고, 무엇보다도 타이완총독으로 문관이 임명되기를 바라고 있었다. 게다가 커크우드는 간접통치의 입장에서 우호적인 원주민 촌락에 무기를 주어서 항일무장단을 진압하는 데에 이용해야 한다고 주장했다. 하지만 이러한 의견 등은 군사력에 자신이 없는 일본에서는 도저히 받아들일 수 없는 것이었다.[31] 커크우드의 간접통치론은 국방상의 낙관론으로 뒷받침되고 있었다. 그리고 그것은 세계최강의 해군력을 가진 영국 식민지통치의 암묵적인 전제조건이라고도 말할 수 있다.

이렇게 국방문제·간접통치와 실업교육론이 전제가 된, 보편적 문명의 권위와 은혜라는 이데올로기에서 보아도 일본은 서구에 비해 열등했다. 오키나와의 경우와 마찬가지로 타이완에서도 일본은 문명의 입장을 내세웠다. 그러나 그것은 역시 한계가 있다. 1901년 타이완 교원들의 잡지인 『타이완교육회잡지臺灣教育會雜誌』에 「교육정복론教育征服論」이라는 제목의 논설이 게재되었다.[32]

> 일본은 육해군·농공상·미술기예학문 세계에서 서구보다 열약劣弱하고 겨우 지나와 조선 등보다 우월한 정도다. 이 외 약간의 한 가닥 희망을 걸 것이 있다.

---

30 高岡武明, 「公學校ノ修身科ニ就キテ」, 『臺灣教育會雜誌』 4号, 1902, p.13. 원문은 한자 가타가나 문장.

31 『カークード氏 臺灣ニ關スル覺書説明筆記』 第1回, pp.21·47; 第3回, p.25.

32 中村進午, 「教育征服論」, 『臺灣教育會雜誌』 3号, 1901, p.62.

> 말하자면 일본의 도의道義를 보통 교육의 한 과목으로 하고 더 나아가 게다가 중대한 한 과목으로서 세계에 널리 편 것에 있다. (…중략…) 혼성魂性은 서구의 공위公位보다 훨씬 위에 있다. 물질적 문명에서 한 걸음 양보하는 것은 이미 인정한다. 도의에서는 한 걸음도 양보할 수 없다. (…중략…) 물질적 문명을 청인清人에게 주입하는 것은 방책이 적중함이다. 모름지기 일본의 도의를 주로 지나에 고취시켜야 한다.

여기서는 일본이 서구와의 관계를 의식하면 할수록 동화론에서 '문명화'보다도 '일본화'를 강조해야 했던 필연성이 드러난다. 보편적 문명이나 과학기술, 혹은 경제개발력에서 서구보다 뒤쳐져 있다는 것은 일본 측의 논자들도 통절하게 깨닫고 있었던 것이다.

더구나 유교문화에 대해서는 타이완이나 조선의 지배지역의 주민 쪽 더 정통했다. 도쿠토미 소호德富蘇峰는 '일본은 지나를 향해 하등 자랑할 만한 것을 가지고 있지 않다. 무엇인가를 가지고 지나와 비교해봐도 일본은 이길 기미가 없다. 견줄 수 있는 바가 아니다. 전적으로 문제도 되지 않았다. 그러나 다만 하나, 지나에는 없고 일본에 존재하는 것이 있다. 그것은 만세일계萬世一系의 천황이다'라고 말했다.[33] 보편적 문명이 서구를 모방한 것이고 유교문화가 중국을 모방한 것이라면, 천황과 일본어를 가진 것 외에 타이완인에 대해서 일본이 우위에 있을 수 있는 '위엄'의 재료는 없었던 것이다.

서구와 중국에 대한 열등감은 문명뿐만 아니라 육체적인 것도 섞여 있었다. 당시의 평균적인 '일본인'의 체격은 서구와 비교해서는 물론이고, 타이완의 한漢민족이나 조선인보다도 작았다. 타이완총독부 민정국 장관이었던 미

33 德富猪一郎, 『國史より觀たる皇室』, 藤卷先生喜壽祝賀會, 1953, p.16. 전후의 저작이지만, 대일본제국시대의 지식인의 사고를 보여주는 것으로 여기에 인용했다.

즈노는 1899년에 중국과 조선을 시찰한 후 '체격이 아무래도 조선인에 미치지 못한다'고 인식했고, '일본인이 전승국의 문명 인민이라고 지나치게 자랑하고 있는 것이 부끄럽다. (…중략…) 작은 남자가 헌팅캡 따위를 쓰고 의기양양하게 걸어 다니는 것은 우리 일본인이 봐도 가소로우니 하물며 외국인이 보면 열등 동물이 걸어가고 있는 듯'이라고 말했다. 또한 동화노선에 비판적이었던 니토베 이나조의 경우도 의화단사건의 진압에 출병한 서구 열강의 군인들에 비해 '우리 군인은 발이 짧고 몸통이 길고 머리만 크다. 이것이 정말이지 보기가 좋지 않다고들 하는데, 전쟁에서 이기기만 한다면 다리는 짧아도 상관없다'라고 발언했다. 미즈노도 니토베도 이렇게 육체 면에서 떨어진다는 것을 인정한 다음 일본정신과 천황에의 충성심에서는 '일본인'이 우월하다고 주장했다.[34]

게다가 문명이나 육체적인 면에서의 열등감은 오히려 노골적인 군사력이나 폭력에 의존하는 심리를 가속화했다. 니토베가 '전쟁에서 이기기만 한다면 다리는 짧아도 상관없다'고 말한 것도 그 일례라고 할 수 있다. 미즈노는 더 노골적으로 육체적으로 조선인보다 뒤떨어져 있음을 인정한 뒤 '조선인에 대해서는 (…중략…) 강간적強姦的으로 군다면 가능하지만 화간적和姦的으로 한다면 만사가 실패한다'고 논했다. 문명의 은혜나 경제개발과 같은 '화간적'인 형태로는 권위를 확립할 수 없다는 초조감이 폭력에 의한 일본정신과 충성심의 강요라는 '강간적'인 노선으로의 경사傾斜를 초래했던 것이다.

서구에 대한 이러한 굴절된 저항의식에서 나온 동화론에서 서구제국의 '식민지 지배'와 일본의 타이완통치의 차이가 강조되었다. 그리고 영국과 프랑스 등이 간접통치로 전환하고 있다는 사실은 하라가 주장했듯이 본국과

34 水野, 「支那朝鮮漫遊談」, pp.4・8; 新渡戶, 「教育雜感」, p.10.

식민지 관계가 '멀고', '이인종'이기 때문이라고 간주되었다. 당연히 그것은 일본과 타이완의 관계가 '가깝고', '같은 인종'임을 제창하는 것과 일체를 이뤘다. 『요미우리신문』이 타이완동화를 주장했을 무렵 '프랑스가 동화주의를 안남에 적용해 실패한 것은 그 영토가 요원하고, 그 토민이 많았기 때문에 동화력에서 부족함을 고했기 때문'이라고 하고, '우리 타이완을 보면, 영토는 반드시 요원하다고 말할 수 없다'고 언급한 것이 그 일례였다.[35] 그 후로 타이완과의 인종적·지리적 '가까움'을 강조하는 언사는 동화론의 상투어가 되었다.

이렇게 대부분의 동화론은 국방을 중시하는 자세를 취했고, 그런 의미에서 「타이완의 실황」에서 언급된 총독부 관료의 사고방식과 일치했다. 그렇다고 해서 동화론자가 반드시 타이완통치의 방식을 긍정했던 것은 아니었다.

타이완 영유 초기 통치를 비판한 의견서로서 전술한 「타이완의 실황」 및 총독부 고등법원장이었던 다카노 모우노리高野孟矩가 1896년에 제출한 의견서가 알려져 있다. 총독부 내부의 의옥疑獄사건을 적발하는 데에 열심이었던 것 때문에 1897년에 그 자리에서 쫓겨날 정도로 강한 의지를 가진 사람이었다. 그 의견서는 군이나 관헌의 잔학행위나 부패상 등을 통렬히 비판하고 있었지만 「타이완의 실황」의 저자와는 완전히 반대 방향에서 타이완의 동화를 주장했다.

다카노의 의견서를 보면 그의 전제는 타이완을 국방거점으로서 확보하지 않으면 '오키나와 열도에서의 안전한 지위를 잃고 규슈와 시코쿠 역시 어느 때라도 위험에 처할 수 있다'는 위기의식에 있었다. 그리고 '소관小官이 믿는 바를 말하면 우리 제국이 타이완을 영유함은 수익적收益的 식민주의를 하는 데에 있지 않고, 점점 본토의 인민을 일본화시켜 즉 충군애국의 민심으로 이 방토邦土를 가득 채워 제국 서남의 번병藩屛으로 삼아 보장을 하는 것'에 있었다.

35 「臺灣統治の大方針」, p.76.

만약 타이완을 '영국이 인도를 경영하듯 혹은 스페인이 필리핀 군도를 경영하듯 수익주의의 식민지'로 간주한다면 원주민의 인권 따위는 무시해도 좋을지 모른다. 하지만 일본에의 충성심을 얻고자 한다면 타이완에서 행해지고 있는 '학살과 소멸燒滅 등의 억압수단'은 '충군애국의 정을 감살減殺시키는 것'에 지나지 않을 뿐만 아니라 서구 간섭의 구실이 되기도 쉽다. 그런 까닭에 '일시동인의 광대무변廣大無邊한 성덕聖德으로 원주민의 인권을 보장'하고, '종래의 주민을 일본화시켜 일본국 고유의 신군애국臣君愛國으로 신심身心을 조직하게 만들어 신민으로 키워야 한다'는 내용이었다.[36]

「타이완의 실황」의 저자가 '구관존중'의 입장에서 통치를 비판한 것과 대조적으로 다카노가 '일시동인'의 입장에서 통치를 비판한 것은 흥미롭다. 이렇게 타이완의 통치상황은 간접통치의 입장과 동화론의 입장에서 비판을 받았다. 그 후 이러한 '구관존중'형 비판과 '일시동인'형 비판은 대일본제국시대를 관통하면서 통치비판론의 양대 조류가 되었다.

단, 간접통치론의 입장에서 나온 비판은 전적으로 서구의 '선진적'인 '식민지' 지배에 대조하여 일본의 통치가 형편없다고 자리매김하는 것이었다. 그것에 비해서 동화론의 입장에서 나온 비판은 통치의 현상이 마치 서구의 '식민지' 지배와 같은 차별로 가득 차 있고, 일본의 독자적인 '일시동인'에서 일탈해 있다는 논법을 취했다. 위에서 썼듯이 다카노의 의견서에는 영국의 인

---

36 高野猛矩,「雲林地方巡視前ニ於ケル臺灣ノ施政方針ニ關スル意見書」(『松方正義文書』第51卷). 1896년 7월 제출. 쪽수는 기재되어 있지 않고, 원문은 한자 가타가나 문장. 다카노 비직(非職) 사건에 대해서는 小林道彦,「1897年における高野臺灣高等法院長非職事件について」(中央大學大學院研究科,『論究』14巻1号, 1981), 楠精一郎,「明治三十年・臺灣總督府高等法院長高野孟矩非職事件」(手塚豊 編,『近代日本史の新研究』III, 北樹出版, 1983) 등이 있다. 통치비판과 비직사건의 경위에 논점이 놓여 있고, 다카노의 동화사상에 대해서는 주목하지 않았다. 또한 다카노는 의견서에서 "조선인은 가토 기요마사(加藤清正)를 신으로 숭배하고 아버지로서 그를 경애"하고 있다고 쓰고 있고, 또한 순시 후의 의견서에서는 타이완인을 "가장 화육(化育)하기 쉬운 가련한 인종"으로 형용하고 있다. 이러한 조선인과 타이완인에 대한 멸시적인 낙관이, 그의 융화적인 '일시동인'론의 전제에 있었음을 유의하자.

도통치가 '수익주의'의 대표 사례로 제시되었고, 이것은 '일시동인'의 일본과 대조되었다.

요약해서 말하면 서구에 대한 대항의식에서 국방중시의 동화론을 역설하는 자들은 유럽의 간접통치를 모범으로 한 논자와는 반대로, 구태여 시대에 역행해 간접통치를 취하지 않은 것을 일본의 독자성으로 찬미하는 경향이 있었다. 예컨대 타이완총독부에 제출된 통치의견서의 하나인 『타이완경영책臺灣經營策』은 서구 열강에 의한 식민지 지배와 인종 차별을 '짐승의 도畜生道'라고 비난하면서 영국과 프랑스의 간접통치노선을 참고해야 한다는 의견을 '영국과 프랑스는 우리 국체와 비슷하지 않다'고 일축하고, 타이완인을 황도皇道로 '우리 국체에 동화'시켜서 아시아연합에 의한 '극동독립'과 '동양의 평화'를 지향할 것을 주장했다.[37]

「타이완경영책」이 타이완통치가 적자인 것을 '우리 제국의 외적 팽창은 (…중략…) 저[서구] 나라와 같이 그 국민의 탐욕스런 욕망을 충족시키기 위해 다른 나라를 수탈하고 다른 백성을 학대하기' 때문이라고 규정하고, 이를 일본 찬미의 재료로 삼고 있었다. 그곳에는 통치의 서투름과 국방중시의 원인에서 오는 적자경영이 흡사 일본이 '동양평화'를 위해 이해利害를 초월해 헌신하고 있다는 것의 증명인양 논해지고 있다. 다카노의 '수익주의' 비판도 그랬지만 경제수탈을 목적으로 한 '식민지' 경영을 서구의 것으로 보고, 일본의 적자경영과 대비시키는 논법은 이후 타이완·조선통치론에서도 동화론자의 내셔널리즘의 상투어가 되었다.

하라 다카시가 주장했듯이 일본과 타이완은 이른바 '백인' 대 '유색인'의 관계가 아니라, 인종적으로는 같은 황색인종으로 간주되었다. 서구에 의한

---

37 「臺灣經營策」, 『後藤新平文書』 7-78. 쪽수는 기재되어 있지 않고, 원문은 한자 가타가나 문장. 제출자는 미확인 상태다.

식민지화의 위협을 느꼈던 일본 논자들의 경우 그러한 지역을 지배할 무렵, 서구를 모방한 '식민지' 지배를 역설하기보다도 서구와 다르다는 자의식하에서 '일시동인'의 '일본인'화를 역설하는 쪽이 내셔널 아이덴티티를 유지하는 데 적합했음을 쉽게 상상할 수 있다. 내지의 논단에서 동화론 쪽이 압도적으로 우세했던 것도 그러한 이유에서였을 것이다.

다음 장에서 서술하겠지만 후년의 정책논의에서도 타이완이 미국만큼 멀고, 게다가 내지와 인종적으로 명확히 달랐다면 주저 없이 '식민지' 통치방법이 취해졌을 것이라는 의견이 군데군데 보인다. 만약 타이완을 '식민지'로서 통치한다면 동화정책이 부적당하다는 것은 당시부터 알려져 있었다. 그러나 일본의 적지 않은 논자들에 있어서 타이완을 명확히 식민지로 간주하기에는 지리적·인종적으로 너무 가깝다고 생각되었다.

다케고시 요사부로竹越与三郎는 타이완을 영유했을 1905년 당시를 회상하면서 '혹자는 규슈의 일부를 다스리는 것처럼 다스려야 한다고 생각했고, 혹자는 류큐보다 아주 조금 나은 것처럼 다스려야 한다고 생각했고, 또 혹자는 영국이 인도를 다스리는 것처럼 다스려야 한다고 말하는 사람도 있다. 어쨌든 영유분領分을 취했다고 말하는 것만으로, 그것을 영토로 할 것인가, 식민지로 할 것인가, 현을 하나 늘였다고 할 것인가 등 그 견해가 정해지지 않았다'고 적고 있다.[38] 타이완통치는 유럽의 식민지 지배를 모방해야 할까, 그렇지 않으면 오키나와·홋카이도에서 실시해 온 국내편입노선의 연장으로 대처해야 할까. 대일본제국이 전쟁으로 처음으로 획득한 영토인 타이완에 어떻게 대처하는가는 정말이지 경험하지 못한 사건이었다. 이 수수께끼는 의견서와 논단

38 條約局法規科 編, 『臺灣ニ施行スヘキ法令ニ關スル法律(六三法, 三一法及び法三號)の議事錄』, 外務省條約局, 1966, p.211. 원문은 한자 가타가나 문장. 다음부터는 이 책을 『法令審議錄』이라고 쓰겠다.

에서뿐만 아니라 타이완총독부 관료들 사이에도 존재했다.

'일본인'화 교육의 개시

타이완총독부의 초대 학무부장으로서 타이완의 교육정책 책임자였던 이자와 슈지는 1896년의 국가교육사정회國家教育社定會의 강연에서 다음과 같이 말했다.[39]

> 먼저 고려해야 할 것은 타이완을 대체로 일본국의 몸체, 즉 일본국 자신의 일부분으로 해야하는가, 아니면 이것을 영국과 인도의 관계, 불란서와 베트남의 관계처럼 영국의 몸체의 일부분, 혹은 불란서의 몸체의 일부분이 아니라 순연한 한 개체의 식민지로 볼 것인가, 즉 본국으로 몇 푼의 이익을 얻으면 족한 것으로 할 것인가, 이 두 가지 중 하나를 정하면 교육상의 정견定見은 자연스레 서리라고 생각합니다.

타이완은 '식민지'인가, 그렇지 않으면 '일본국의 몸체의 일부분'인가 하는

---

39 『伊澤修二選集』, p.592. 이하 쪽수를 기록한 이자와(伊澤)의 인용은 이 선집에 따른다. 이자와를 필두로 한 타이완 영유초기의 교육정책론을 연구한 것으로 村上嘉英, 「舊植民地臺灣における言語政策の一考察」(『天理大學學報』 144号, 1985), 近藤純子, 「戰前臺灣における日本語教育」(木村宗男 編, 『講座 日本語と日本語教育』 第15巻, 明治書院, 1991), 京極興一, 「'國語'觀と植民地言語政策」(『信州大學教育學部紀要』 74~75号, 1991~92), 石剛, 『植民地支配と日本語』(三元社, 1993), 駒込武, 『植民地帝國日本の文化統合』(岩波書店, 1996), 長志珠繪, 「教化と文化の間」(『文化交流史研究』, 1997)이 있다. 일본통치하의 교육정책을 개관한 것으로는 鍾清漢, 『日本植民地下における臺灣教育史』(多賀出版, 1993)가 있다. 이 책들은 모두 타이완이 '일본'과 절단된 '식민지'였다는 관점에서 논의를 진행하고 있기 때문에, 동화론/비동화론을 타이완을 '일본'의 일부로 삼을지의 여부에 관한 논의의 대립으로 생각하는 이 책의 시점과는 다르다. 그 때문에 동화론의 동기를 확실히 쥐고 있지 않을 뿐만 아니라, 비동화론이 지배에 대한 비판이라고 하기보다도 당시의 합리적 식민지통치의 방책이었음을 간과하고 있는 혐의가 있다. 앞의 고마고메 다케시(駒込武)의 책에는 이런 경향을 찾을 수 없지만, 동화론에서의 국방에의 동기나 커크우드의 구상을 간과하고 있다. 이자와의 경력 등에 대해서는 上沼八郎, 『伊澤修二』(吉川弘文館, 1988) 등을 참고.

질문은 물론 하라 다카시가 제기한 양자택일과 같은 것이다. 타이완의 교육정책은 이 선택에 따라서 좌우되는데, 이자와의 회답은 명확했다. '타이완도 이미 우리나라의 영토이다. 즉 타이완의 인민은 우리 국민이 되어야 할 인민이다.'[40]

교육정책에서 이자와가 가진 목적도 확실했다. 그것은 그가 1895년 11월의 강연에서 말한 '이 새로운 영지의 백성을 우리 황민의 일부로서 참으로 능히 동화시킬 수 있다면, 실로 우리나라는 남방에서 더할 나위 없는 대간성大干城을 얻었다고 말할 수 있다'라고 하듯이 국방거점으로서의 타이완의 확보였다.[41] 그는 타이완 도항 직전에도 다음과 같이 말했다.[42]

> 신영토의 질서를 유지함에는 (…중략…) 위력으로 그 외형을 정복함과 동시에 별도로 그 정신을 정복해 구국旧國의 꿈을 제거하고 신국민의 정신을 발휘하게 해야 한다. 즉 그것을 일본화하지 않으면 안 된다. 그들의 사상계를 개조해 일본인의 사상으로 동화시키고, 전적으로 동일한 국민이 되게 만들어야 한다. 그리하여 이처럼 그들의 정신을 정복하는 것이 보통교육의 임무이다.

이자와에게 타이완인을 교육을 통해 '일본인'으로 개조하는 것은 타이완의 확보를 위해 '정신을 정복'하는 것이었음을 알 수 있다.

마찬가지로 도항하기 전의 담화에서 그는 타이완에 '예수 신교파의 선교사'에 의한 로마자교육이 침투하고 있는 것을 지적하고, 그것에 대항해서 일본어와 천자聖天子의 위엄御稜威을 타이완 주민에게 확대할 것을 주장했다.[43] 조

---

40 『伊澤修二選集』, p.592.

41 Ibid., pp.587~588.

42 伊澤修二, 「明治二十八年ノ教育社會」, 『國家教育』 33号, 1895, p.10. 원문은 한자 가타가나 문장이고, 구두점 및 탁점이 없다.

43 Ibid., p.571.

선에 비해 타이완에는 서구인 선교사가 많지 않았지만, 영유할 당시에는 장로교회파가 경영하는 학교가 5개교 정도 존재했다. 홋카이도의 경우처럼 그들은 '일본인'화 교육의 대항 상대였다.

이자와는 타이완 주민을 '일본화'해야 할 필요를 강조하면서 "예수교국이라면 종교로서 해갈 수도 있지만, (…중략…) 마음 깊은 곳에서 타이완을 일본화하는 일은 교육을 빼고 무엇이 있는가" 하고 기술하고 서구 열강이 기독교를 원주민 대책에 이용하는 것과 같은 기능을 교육에서 구하고 있음을 살필 수 있다.[44] 일본은 조선에 함포외교를 행했던 강화도사건 이후, 조선에 스님을 보낸다거나 일본의 기독교 단체에 포교활동을 행하게 하는 등 서구인 선교사에 대항시켰지만 모두 실패로 끝났다. 1930년대에 신사 참배를 강요하기 시작하는데, 당시의 이자와의 입장에서 보면 학교교육 이외에 원주자의 '정신을 정복'할 수단이 보이지 않았던 셈이다.[45]

이러한 사명감에 불탔던 이자와는 상륙 직후인 1895년 7월부터 학교를 열어 일본어교육을 시작했고, 1896년 3월에는 국어학교로 개조했다. 전술한 대로 타이완의 평정선언이 나온 것은 1895년 말이고, 그 후에도 무력저항은 계속되었기 때문에 문자 그대로 무력에 의한 전쟁과 병행해 교육에 의한 정복전쟁이 행해졌다.

이것을 상징하는 사건이 1896년 1월에 일어난 항일무장봉기로, 학무부 소속 6명의 내지인 교원이 전사한 사건이다. 이자와는 동료의 죽음을 평하며 '몇 번이나 눈물을 흘렸던가, 수를 셀 수 없을 정도이지만, 아울러 국가를 위하는 마음에서 말한다면, 실로 능히 죽을 수 있다'고 기술하고 '신영토에 가

---

44 Ibid., p.593.

45 조선에 대한 종교정책은 韓晳曦, 『日本の朝鮮支配と宗教政策』, 未來社, 1988 참조. 시잔 간(芝山巖) 사건에 대해서는 上沼八郎, 「臺灣における植民地教育行政史の一考察」(『國立教育研究所紀要』 121集, 1992)이 상세하다.

서 교육을 행하는 자들은 이번에 죽은 자와 마찬가지로 죽음을 각오하지 않으면 안 된다'고 교육전쟁의 격문을 날렸다.[46] 교원들의 죽음은 학무부가 있었던 지명을 따서 '지산암정신芝山巖精神'으로 미화되어 타이완 및 내지의 교육관계자 사이에 널리 알려졌다. 이 봉기에서 죽은 내지인은 20여 명 정도였지만, 일본군의 보복으로 1,500여 명의 타이완인이 죽임을 당했고 약 1만 호가 불탔다고 한다.

더욱이 이자와는 전사한 교원이 가르치고 있는 타이완 원주민 일부가 항일세력을 진압하는데 협력했다는 사실을 들며 '죽은 벗 여럿의 힘으로 확실히 30명 정도는 일본인으로 만들었다고 생각합니다'고 말했다.[47] 이자와에게 있어서 '일본인'은 일본군에 협력하는 인간에 다름 아니었던 것이다.

이러한 방침에서 교육에 임한 이자와가 간접통치노선에 공감을 보이지 않았던 것은 당연했다. 그는 1895년 11월의 강연에서 프랑스의 '안남安南 교육국장'으로부터 충고를 받았다는 흥미로운 에피소드를 말하고 있다. 그의 강연에 의하면, 이 교육국장은 '언어와 풍속이 완전히 다른 지역에 학교를 세워서 반드시 불란서말이 아니면 안 되게 했지만, 어느 곳에서도 좋은 결과를 얻지 못했고', '이것은 일본이 타이완 교육에 대해서 참고해야 할 일'이라고 말하고 있다. 하지만 이자와는 그것에 대해서 '불란서가 이렇다고 해서, [반드시 그렇게 되리라고] 맹신妄信하는 자는 없을 것'이라고 평가했다. 또한 그는 타이완 상륙 직후에도 학교를 경영하고 있던 영국인 선교사로부터 원주민 교육은 현지어로 행하지 않으면 실패한다는 말을 들었지만 '나 자신은 확신하는 바가 있기 때문에 일본어로 가르친다'고 대답했다고 한다.[48] 교육의 목적이 식민지 노동력

46 Ibid., pp.594~595.
47 Ibid., p.594.
48 Ibid., pp.587·649.

을 양성하기 위한 지식의 전달이든 어찌 됐든 간에 충량한 '일본인' 육성을 목표로 한다면 일본어 이외의 것으로 교육한다는 따위는 무의미했을 것이다.

커크우드의 주장에서 보자면 경비절감의 차원에서라도 원주민의 사학私學기관을 적극적으로 이용할 만했지만 이자와는 타이완의 전통적 교육기관인 서당書房을 이용하는 데는 소극적이었다. 그에 따르면 서당에서 행해지고 있는 교육은 '우리의 유신維新 이전에 받은 것과 같은 교육'에 지나지 않아 '문명적 교육을 거기에 더하는 것'이 필요했다. 하지만 그것 이상으로 문제가 된 것은 재래의 교육기관에서는 '지나 황제가 흠정欽定한 바의 교칙에 따라 지나 황제의 이름을 받들고 수업을 한다'는 것이었다.[49] 그래서 서당을 통한 원주민 교육으로는 충량한 '일본인'을 육성할 수 없다는 것이었다.

또한 이자와도 동화론의 대세와 마찬가지로, 타이완이 인종적·문화적·지리적으로 일본에 가깝다는 주장을 들고 있다. 그에 의하면 타이완은 '배로도 날아서 갈 수 있는 정도로 가깝고, 인도차이나나 인도가 영국과 프랑스의 지구의 반대면에 있는 것과는 크게 관계가 다르다'. 그리고 언어에서도 '동문同文의 나라'이고, 문화 면에서도 유교를 공유하고 있어서 '인민은 뭐라해도 거의 같은 인종'이다. 그런 까닭에 '우리나라가 타이완을 교화하는 것은 다른 외국이 동양 여러 나라에 대하는 것과는 크게 다르다'고 했다.[50]

이자와는 간접통치를 '가타주의假他主義'라고 부르고, 이것이 유럽 제국의 식민정책에서 성공하고 있음을 인정했다. 이자와에 따르면 가타주의는 통치자와 피치자의 차이를 전제로 하고 있기 때문에 '이러한 치자와 피치자의 관계를 오랫동안 보존하고자 하면 치자 본국의 말을 가르치지 않는 것이 좋다'. 이 방침의 예로 네덜란드의 자바 통치를 들었다. 네덜란드인 관리는 현지어

49 Ibid., pp.585·611.
50 Ibid., pp.586·587·592·638.

와 현지의 관습을 알아야 부임할 수 있었지만 원주민이 네델란드어를 배우는 것은 금지되어 있었다. 또한 이자와는 마쓰마에번의 대 아이누 정책도 '불란서인 혹은 화란인이 안남과 통킹, 또는 '바타비아'를 향해 시행한 것과 완전히 같은 주의'였다고 쓰고 있다.[51]

그런데 이자와의 견해에 의하면, 가타주의는 통치 측과 원주민이 '신의 아들의 자손과 노예만큼이나 다른 것'을 전제로 하고 있어, 인종적·문화적으로 차이가 적은 경우에는 성공을 기대하기 어렵다.[52] 그는 이 문제에 대해서 다음과 같이 말했다.[53]

> 오직 우리[일본]만이 수십 년 이래 태서泰西의 문명을 수입해 학술에서 기계에서 모든 물건에서 진화에 도달해 있는데, 그것만은 그들[타이완]에 틀림없이 앞서 있습니다만, 지덕智德의 양을 서로 비교해보면 결코 타이완의 일반 인민이 일본의 일반 인민보다 열등하다고 말할 수 없습니다. 거의 같을 것이라고 생각합니다. 이런 바이기에 가령 저 불란서가 안남 통킹을 대하는 주의로서 하고자 하면 어떻겠습니까. 같은 인간이 같은 얼굴로 같은 정도의 지덕을 갖고 그로부터 기타 대개의 모든 일에서도 같은 정도의 존재가 우리는 신의 자손이고 너희들은 그 이하의 자들이라고 말하더라도 결코 행해질 리 없다고 생각합니다.

이 발언은 일본 측 논자가 간접통치를 주장할 수 없는 정체성의 이유를 솔직하게 표현한 것이라고 말할 수 있다. 이와 같은 이자와의 동화론은 '우리는 신의 자손이고 우리 야마토민족 외에는 모두 한층 저열한 인류라는 (…중

---

51 Ibid., pp.636·637.
52 伊澤,「臺灣の學事」, p.34.
53 Ibid., pp.638~639.

략…) 주의로서 한다면, 이것은 대단한 잘못이다'라는 '일시동인'의 측면도 갖고 있다.[54] 그는 1896년 제국교육회에서의 강연에서 다음과 같은 역사관을 드러냈다.[55]

> 옛 국학자 등의 설에 의하면, 일본 국민은 이른바 야마토민족 외에는 없는 것처럼 해석하고 있지만, 이는 커다란 잘못이라고 생각한다. 우리 황실의 은덕은 결코 그렇게 협소한 범주에 한정된 것이 아니다. 실은 천지에 널리 넘쳐나는 커다란 것이다. 일시동인, 세계 각국의 인민을 아들 보듯 하는 것으로, 어떤 사람일지라도 복종한다면 모두가 신민이다 (…중략…) 우리 신민 중에는 (…중략…) 중고中古 이래로 외국에서 귀화한 바의 사람이 결코 적지 않다.

일본이 고대의 도래인渡来人을 동화정책에 성공한 사례로 강조하고, '일본인'을 혼합민족으로 간주하는 논법은 후년의 조선동화론에서도 유포되었다.

그렇다면 이러한 사상에서 이자와는 어떠한 교육정책을 내놓으려고 했는가. 그가 1896년에 제안한 계획에 의하면 원주민을 대상으로 한 교육기관으로 국어학교를 한 개교, 사범학교를 세 개교, 그리고 각 사범학교에 부속 소학교를 설치하는 것이었다. 이 안에 국어학교는 '통역자·관리·실업가 등' 공사公私 사업의 중핵을 담당하는 층을 육성하고, 사범학교는 현지인 교원 양성을 목적으로 했고, 각각의 부속 소학교는 그 예비교육과 '소학교육의 모범'을 보여줄 것을 의도했다.

이자와 계획의 특징은 오키나와 교육정책과 마찬가지로, 모든 학교의 수업료는 무료이고, 많은 경우 식비 등도 지급하는 것이었다. 영유 이후에 그

---

54 Ibid., p.640.
55 Ibid., pp.615~616.

가 설립한 국어전습소나 국어학교도 수업료는 무료였지만 이것은 취학률 상승을 기대하고 행한 조치였음은 말할 것도 없다. 당시 오키나와를 제외하고 내지에서는 수업료를 징수하고 있었다. 내지에서 초등교육이 무상화된 것은 1900년이었다. 게다가 입학 자격으로 커크우드가 주장한 신분적인 제한을 두지 않았다. 이자와는 커크우드가 도쿄에서 각료들을 상대로 열었던 설명회에는 참석하지 않았지만, 그 내용을 알고 항의의 편지를 보냈다.[56]

게다가 이자와의 계획에는 사범학교 부속 소학교는 수업 연한이 6년이었는데, 다음해 5월에는 6년제 소학과에 4년제 중등과를 붙인 공학교안公學校案을 제시했다.[57] 당시의 내지 소학교가 4년제로, 6년으로 연장된 시기가 1907년이었음을 생각해보면 이것도 상당히 야심찬 플랜이었다. 이자와가 신영토인 타이완을 내지에서도 아직 실현되지 않은 국민교육의 실험장으로 간주했다고 말할 수 있다.

수업과목을 살펴보면 원주민 교육은 모두 '국어일본어'를 과목으로 하고 있었다. 물론 '일본어'가 아니라 '국어'라는 명칭을 사용한 까닭은 오키나와 교육에서 그랬던 것처럼 타이완이 이미 '일본'이라는 의사표시였기 때문이다.

---

56 이자와의 교육플랜은 「臺灣學事施設一覽」, 『選集』, pp.596~603 참조. 커크우드를 향한 비난은 앞에서 나온 『カークード氏 臺灣ニ關スル覺書說明筆記』 第3回, p.1. 이자와는 교육정책에 관해서 간접통치에 해당하는 '가타주의(假他主義)' 외에 '자주주의(自主主義)', '혼화주의(混和主義)'라는 유형을 만들었다. 이 가운데 '자주주의'는 독일의 알자스·로렌 통치나 미국의 하와이 병합 등에서 실시된 위로부터의 동화정책을, '혼화주의'는 캐나다의 프랑스계 주민이 영국계 주민과 '혼화'한 상태를 예로 들고 있다. 이자와는 알자스·로렌의 동화를 실패, 하와이의 동화를 성공으로 자리매김하고, '자주주의' 또한 통치자와 피통치자 사이의 격차가 없으면 실패한다고 주장해서, 타이완에 대해서 '혼화주의'를 취해야 한다고 주장했다. 그러나 그의 캐나다관은 "말도 영국의 것이 되고 모든 것이 영국의 것이 되어 대영국 황녀 아래에 서 있다"(『選集』, p.638)는 것으로, 실질적으로는 동화이기 때문에 본문에서는 굳이 들지 않았다. 그는 아마도 통치자와 피통치자의 격차가 적은 상황에서는 강권적인 동화정책를 실시하기 쉽다고 인식하고 있으면서도, 동화노선을 지향하는 모순 속에서 '혼화주의'라는 제3의 유형을 만들어내지 않을 수 없었던 것으로 보인다. 이자와의 3유형론에 대해서는 小熊, op. cit.에서 다소 상세하게 논했다.

57 Ibid., p.612.

덧붙이면 독서·작문·습자를 통합해 '국어'라는 수업과목이 내지에 개설된 것도 이자와 계획에서 4년이 지난 후인 1900년의 일이다.

다만 일본어 교육만으로 충성심 육성을 완성할 수는 없다. 타이완에 부임한 교원 중에는 '국어를 가르쳐 동화의 실질을 올릴 수 있다고 생각하는 것은 아니다. 일본어로 비제국주의 사회주의 정신을 고취할 수도 있다'는 목소리도 있었다. 까딱 잘못하면 커크우드가 위구심을 가졌듯이 교육을 받은 층에서 반란자가 나올 두려움도 있었다. 또한 다른 교원은 '일본어를 교묘히 조작해 그 정신을 완전하게 일본화하는 것이 가장 좋지만 두 가지가 모두 완전해지기를 바랄 수 없다면 오히려 국어 운용에는 익숙하지 않아도 그 두뇌를 일본화시키도록 만들고자 한다'고 써서 필리핀 독립운동가인 에밀리오 아기날도Emilio Aguinaldo가 스페인어로 교육을 받은 자임을 지적했다.[58] 이것을 보충한 이자와의 플랜을 보면 교육칙어를 기본으로 한 '수신修身이 모든 과목의 최상위'에 놓였다. 이자와는 1896년 10월 타이완에도 교육칙어를 내려달라고 신청했다. 다음해 4월에 칙어등본이 국어전습소와 국어학교 등에 내려졌다.

수업과목으로 산술이나 체조·창가·이과·도화圖畵 등 외에도 지리와 역사가 계획되었다. 다만 이것도 이자와의 입장에서는 단순히 지식을 보급하기 위한 것이 아니었다. 그는 '타이완은 과거 일본인의 영토였는데 화란에게 속아서 빼앗긴 것이다'라는 역사관을 갖고 있었다.[59] 그 논거로 타이완에서 청조와 싸운 영웅이자, 일본에서도 치카마쓰 몬자에몬近松門左衛門의 조루리淨瑠璃『국성옹합전國姓爺合戰』으로 잘 알려진 정성공鄭成功의 모친이 '일본인'이라는 것을 들었다. 오키나와 초대 류쿠왕 순텐舜天이 미나모토노 다메토모의 자손이

58 高岡, op. cit., p.4; 平井又八,「公學校に於ける漢文問題敢て橋本君の敎を乞ふ」,『臺灣教育會雜誌』6号, 1902, p.16.

59 Ibid., p.592.

라는 역사관이 가르쳐졌듯이 타이완에서 그것에 해당하는 것이 바로 정성공 전설이었다.

이자와는 1897년의 강연에서, 옛날 일본의 영토였던 타이완을 '청조가 취한 것'이라고 이야기하고, 그렇기에 일본과 타이완은 '역사적으로도 고래로 실제로 끊어질 수 없는 관계임을 충분히 타이완인의 머리에 집어넣는 것'이 바로 역사교육의 목적이라고 명확히 말했다. 나아가 지리에 대해서도 '타이완과 우리나라는 지리적으로 실로 일맥一脈을 이루고 있어 거의 천연적으로 우리나라에 붙어 있다'는 것이 그의 생각이었다.[60] 이자와에게 역사와 지리는 일본 및 '일본인'이라는 상상의 공동체에 타이완인을 짜맞추는 데에 필수적인 과목이었던 것이다.

반격하는 비동화론

하지만 이상과 같은 이자와의 교육 플랜은 계획한 대로 실현되지 않았다. 그의 구상은 당시의 재정 상태에서 보더라도 지나치게 야심적이었다. 타이완 통치의 보조금을 감당할 수 없는 일본정부는 총독부의 예산 삭감을 내려보냈고, 그 여세를 이어 총독부는 이자와 플랜을 포함해 현재 운영되고 있던 국어학교마저 축소하는 방침을 통고했다. 이자와는 당시의 총독 노기 마레스케乃木希典에게 강하게 항의하는 구신서具申書를 제출했지만 받아들여지지 않았다. 1897년 7월 학무부는 학무과로 축소됐고, 이자와도 보직이 없어지고 말았다.[61] 무혈점령이 가능했던 오키나와에 비교하여, 목전의 항일무장세력을 진압하기에도 바빴던 당시 총독부의 입장에서는 교육정책은 최우선적인 과제

---

60 Ibid., pp.623·638.

61 이자와의 의견서는 「乃木總督ニ提出シタ具申書」, 『選集』, pp.627~631 참조. 학무부 축소의 경위는 臺灣教育會, 『臺灣教育沿革誌』, 臺灣教育會, 1939, pp.44~48.

가 될 수 없었다.

그러나 교육에 관한 이자와의 기본방침이 전부 부정된 것은 아니었다. 그가 총독부를 떠난 뒤인 1898년 7월에 타이완의 초등교육을 결정하는 공학교령公學校令이 제정되었다. 이와 아울러 발표된 공학교 규칙 제1조는 '국민의 성격을 양성하고 동시에 국어에 정통하게 하는 것을 본지로 한다'는 규정이었고, 교육칙어를 중핵으로 한 '수신'과 '국어'가 중시되었다. 이 외에도 계층을 불문하고 원주자를 입학시키거나 '공학교'라는 명칭과 6년의 수업연한 등 이자와의 구상이 반영되었다. 단 수업과목에서 역사·지리·이과·도화 등이 삭제되었고, 중등교육기관은 설치되지 않았다. 무엇보다도 무상교육이 부정되었고, 공학교 경비는 수업료와 현지 부담으로 조달하는 식으로 되었다. 게다가 학교건설이나 운영비용을 주민에게 부담시키면서도 설립에는 지사知事와 청장廳長의 인가를 필요로 했고, 교과서도 검정제였다.[62] 전체적으로 말하면 이자와의 '일본인'화 노선은 기본적으로 계승되면서도 초등교육은 간이화됐고 중등교육은 생략됐다. 또한 재정부담을 주민에게 부가하는 형태가 되었다.

이러한 어중간한[中途半端] 형태는 현장 교원들의 불만을 일으켰다. 내지에서의 경험에서 말하더라도, 수업료를 징수하거나 경비를 주민이 부담하도록 만든 것은 귀중한 노동력인 자식들을 학교로 보내는 것에 대한 반발과 아울러 학교 파괴나 징수거부를 일으켜서 취학률이 상승하지 않을 것은 불을 보듯 뻔했다. 하물며 주민의 반감이 심한 타이완에서는 말할 것도 없다. 교원들은 주민부담으로 충성심을 육성하는 교육을 실시한다는 모순에 찬 정책하에서 비용을 징수하고 취학을 설득하는 작업에 분주할 수밖에 없었다.

당시 타이완 교원들의 기관지 『타이완교육회잡지』에는 '총독부가 본도 경

62 『臺灣教育沿革誌』, pp.223~238.

영의 기초로써 교육을 채용하려는 것은 본도인을 아국민我國民으로 동화해 훗날 국가에 충량한 국민으로 만들어 본도의 점령을 영원히 전하고자 하는 방침에 다름 아니다'라든가, '국어정통이라는 네 글자는 국민성격의 양성과 이명동의異名同義'라는 표현이 많이 보였다. 여기서 현장의 교원 대부분이 이자와 식의 '일본인'화 노선을 지향하고 있었음을 알 수 있다. 또한 이자와와 마찬가지로 고대의 일본민족이 도래인이나 선주민족을 동화시켰다는 역사관을 논거로 들며 '오늘날 류큐 타이완 민족도 금후 일본 민족에 동화될 수 있다'고 주장하는 자도 있었다. 그러나 문제는 공학교의 취학률이 전혀 향상되지 않았다는 점이다. 1908년이 되어도 5%에 미치지 않았다. 일본에 대한 충성심을 육성하기 위해 수신 수업 등에서도 중국인이 아닌 내지의 위인偉人만을 거론하거나 사례나 일화도 내지의 것을 사용해야 한다는 의견은 강했지만 그것으로 원주자에게 받아들여지기는 어려웠다.[63]

이러한 문제를 상징했던 사건이 한문교육의 존폐를 둘러싼 논쟁이었다. 당시 타이완의 공학교에서는 중국고전을 한문으로 가르치는 과목이 있었고, 교육칙어 등도 한문으로 번역되어 있었다. 이에 대해서 한문교육폐지를 주창한 교원은 언어학자인 우에다 가즈토시上田万年의 '일본어는 일본인의 정신적 혈액이다'라는 말을 내걸고 중국고전 교육은 중국 황제를 향한 충성심을 가르치는 것과 동일하다고 주장했다. 이에 대해서 한문교육의 존속을 주장하는 교원은 한문은 부형들에게 인기 있는 과목으로 취학률을 보전하기 위해서 필요하고, '가능한 많은 아동을 학당에 보내는데, 현재로서는 제1의 방법'으로 '한문은 확실히 동화의 한 방편이 된다'라는 반론을 폈다.[64]

---

63 인용은 高岡, op. cit., pp.1·16; 石田陸舟, 「公學教育につきての雜感」, 『臺灣教育會雜誌』 15号, 1903, p.9; 前田孟雄, 「公學校の修身科を如何にす可きか」, 『臺灣教育會雜誌』 8号, 1902, p.19. 취학률에 대해서는 『臺灣教育沿革誌』, pp.408~409.

64 아래 논쟁 부분은 다음과 같은 논문을 참조했다. 橋本武, 「臺灣公學校に於ける漢文科について」,

이 논쟁에서 한문교육을 폐지하자는 측은 '외국의 문자와 외국의 사상으로는 자국의 정신사상을 기를 수 없다'고 강조하며, 일본어 교육과 충성심 육성이 불가분한 관계임을 서술했다. 이에 비해 존속시키자는 측은 국민도덕도 한문을 이용해서 교육하면 좋다고 주장하며, 일본어에 능숙하지만 정신이 일본화하지 않은 케이스가 제일 위험하다면서 전술한 것처럼 스페인어로 고등교육을 받은 뒤 필리핀 독립운동가가 된 아기나르도의 사례를 들었다. 하지만 이 논쟁의 본질적인 부분은 존속을 주장하는 측이 '공학교를 경영한 경험이 없고 인민으로부터 협의비協議費를 징수했던 경험이 없어, 그 곤란함과 고심을 알지 못하기 때문에 즉각 그 이상理想에 대한 판단에만 호소해 한문의 폐지를 주창한다'는 내용이었다. 그들은 '이상의 측면에서는 절대적으로 한문의 보존을 주창하지 않는다'고 서술했지만 '수업료를 면제하고, 학비를 국고나 지방세에서 지불해야 한다면 실제 행할 수 없는 것'이 현실이었다.[65]

교육에 의한 '일본인'화를 급속도로 달성하기 위해서는 수업료를 무상화하는 의무교육제도가 필요했다. 전술한 것처럼 1900년 내지의 초등교육이 무상으로 이뤄지자 타이완은 교육정책의 실험장에서 일변해서 내지 교육보다 뒤처진 존재가 되었다.

『教育時論』 616~619号, 1903; 「平井又八君に答ふ」, 『臺灣教育會雜誌』 10号, 1903; 平井, 『臺灣教育會雜誌』 6~8号, 1902. 여기에서의 인용은 『教育時論』 617号, p.9; 『臺灣教育會雜誌』 7号, pp.2·9. 고마고메는 이 논쟁을 다루면서, 히라이의 한문존속론을 "내셔널리즘으로부터의 자유"로, "보편주의적"인 주장이었다고 위치 짓고 있다(p.67). 그러나 인용한 대로 히라이는 일본에의 충성심육성에는 열심이었고, 취학률조차 확보할 수 있다면 한문폐지에도 반대하지 않았다. 다만 저자는 일본어교육과 충성심 육성을 일본어교육보다 우선시한 것에 지나지 않는다고 생각할 뿐이다. 또한 교본이 한문교육은 중국에 대한 충성심을 유발한다고 주장한 것에 대해서, 히라이는 "타이완인은 일반적으로 지나인의 성질을 갖고 있어 국가적 관념이 결핍된 인민인데, 이들이 진정으로 이에 따르면, 기르던 개에 손을 물리는 것과 같은 우려가 없을 것이다"(8号, p.3)라고 서술하고 있다. 다카노도 마찬가지로 타이완인에 대해서 멸시적인 낙관론을 담고 있었던 것을 엿볼 수 있다.

65 Ibid.에 의한다. 인용은 『教育時論』 617号, p.8; 『臺灣教育會雜誌』 8号, p.7. 아기나르도에 대한 언급은 『臺灣教育會雜誌』 6号, p.17.

이런 와중에 1900년에 취임한 학무과장 기무라 다다시木村匡는 타이완에서도 의무교육제도를 실현하자고 주장했다. 기무라는 '모국과 새로운 판도를 결합'하는 '통일주의'의 주창자로 '국민교육 시행'을 지향했다. 그러나 그의 제안은 경비절감을 지상명령으로 삼고 취임했던 민정장관 고토 신페이後藤新平에게 거부당했고, 기무라는 취임한 지 1년도 채 되지 않아 면직되고 말았다.[66] 이 자리를 대신 모치지 로쿠사부로持地六三郎가 차지했는데, 그는 이자와나 기무라와는 무릇 대조적인 사상의 소유자였다.

모치지가 1902년에 저술했다고 하는 내부문서 「현치관견縣治管見」을 보면, '본도의 정치는 식민지 경영을 목적으로 진행되어야 한다'고 되어있고, '식민지 경영의 목적은 주로 경제상의 이익을 거둠에 있다'고 명확히 적고 있다.[67] 그 입장에서 모치지가 가장 비판했던 것은 '동화주의'로, '내지와 동일한 학과과정'을 '국가의 부담'으로 시행하자는 발상이었고, 그것은 '본도의 경제 및 재정의 현 상황에서 받아들일 수 있는 바'가 아니었다.

모치지의 동화비판은 비용론뿐만 아니라, 타이완인을 보는 그의 관점과도 결부되어 있었다. 즉 '선천적 사상·풍속·습관이 상이한 저 새로 부가된新附 토인'을 상대로 '천백 년을 기해서 본도의 토인을 일본화한다'는 따위는 비현실적이라는 것이다. 모치지에 의하면 '학문 보급과 인지 계몽은 식민지 경제상의 이익을 증진함에 필요하기 때문에 행하는 것'이기에 '초등교육에서 가장 중요시해야 할 것은 과학적 지식의 수양'이다. 그는 이러한 입장에서 '국문국어의 수양에 가장 중요성을 두고' 있던 공학교의 현 상황을 비판했고, 이

66 木村匡, 「臺灣の普通教育」, 『臺灣教育會雜誌』 28号, 1904, pp.3·5.
67 持地六三郎, 「縣治管見」, 『後藤新平文書』 7-73. 쪽수는 기재되어 있지 않고, 원문은 한자 가타가나 문장이다. 모치지의 경력에 대해서는 金子文夫, 「持地六三郎の生涯と著作」, 『臺灣近現代史研究』 2号, 1979 참조. 고마고메의 op. cit.은 모치지의 구상을 타이완 교육에서의 배제적 성격을 드러낸 것으로 중시하고 있다. 저자는 이자와와 마찬가지로 모치지의 안도 타협적으로만 실현됐다고 생각한다.

를 대신해서 실업교육을 장려하고 기존 서당을 개선 활용할 것을 제안했다. 이러한 모치지의 교육 플랜이 커크우드식의 식민지 교육 노선으로의 전환이라는 점은 명백했다.

그렇다고는 해도 모치지의 구상 역시 현실에서는 반영될 수 없는 요소를 다수 포함했다. 다른 많은 동화론자와는 대조적으로 그의 「현치관견」은 서구 문명에 대한 동경을 보여주고 있다. 국어교육보다도 '과학적 지식'을 우선시하는 그의 주장은 '서구 여러 나라의 물질적 진보와 산업발달은 과학적 지식의 결과'라는 인식의 산물이었다. 그뿐만 아니라 그는 일본어의 글말을 '비경제적이고 부적절한 문자 문체'라고 형용했고, 결국은 내지에서도 가나나 한자는 멸망해서 '로마자 사용으로 가야 함은 어학의 진화에서 반드시 올 것'이라고 주장했다. 당시 문부성에 국어조사위원회가 막 설치되었던 상황이라 일본어의 에크리튀르[書記] 형태도 충분히 정해지지 않았다. 타이완의 교원 사이에서도 일본어 교육을 언문일치체로 할 것인가, 역사적 가나사용으로 할 것인가의 논쟁이 있었을 정도였지만 로마자논자는 내지에도 구화론자의 일부에 지나지 않았고 타이완에는 거의 없었다.[68]

게다가 모치지는 '하급 관리에서 교원까지 전부 모국인으로 충당'하는 상태를 '비경제적'이라고 평했고, 최종적으로는 '교장을 제외한 공학교의 교원은 모두 본도인으로 충당하는 것이 필요하다'고 주장했다. 그러나 이 플랜은 충성심의 육성이나 '국어' 중시와 같은 교육노선을 포기하지 않으면 불가능한 것이었다. 모치지는 타이완의 서구인 선교사의 교육활동에 대해서 '그들은 로마자를 사용해서 본도 토인에게 과학적 지식과 정신적 수양을 주고 있다'고 높이 평가하고 있지만, 이것도 국방을 중시하는 동화론자들에게는 받

68 최종적으로 역사적 가나 사용이 채용되었다. 이 논쟁에 대해서는 다른 글에서 논하기로 한다.

아들여지지 않았을 것이다.

요약하자면 모치지의 구상은 그 나름으로 합리적이었지만 그대로 실현될 수 있는 성질의 것이 아니었다. 게다가 일단 이자와 등에 의해서 기정사실화 되어 있던 타이완 교육의 '일본인'화 노선은 모치지 개인의 지향만으로 전면적으로 변경될 수 있는 것이 아니었다. 그가 학무과장이 된 이후에도 로마자가 채용되지 않은 것은 물론이고 '수신'이나 '국어'를 중시했던 교육방침이 변경되는 일은 없었고, 과학교육이 충실해 진 적도 없었다.

모치지가 취임한 후 1904년에는 새로운 공학교규칙이 제정되었다. 하지만 기본방침에 관해서는 여전히 '국어를 가르치고, 덕육을 시행함으로써 국민의 성격을 양성하고, 아울러 생활에 필수적인 보통의 지식과 기능을 가르치는 것을 본지'로 했다. 다시 말하면 '국민의 성격을 양성한다'는 이하의 부분은 1890년에 공포된 내지 소학교령 제1조를 그대로 베낀 것이고 조문 상으로는 개정 전보다 내지의 규정에 더 가까운 형태였다. 게다가 한문 수업이 '일상의 용무'에 사용되는 '보통의 한자·한문'을 주로 하자 중국고전경서는 교육내용에서 생략되어 버리고 만 점 등 오히려 동화노선이 강화되었다고 말할 수 있다.[69]

모치지 본인도 취임 당시의 「현치관견」에서 전개한 교육 플랜을 그 후에 표나게 주장하지 않았다. 그는 1904년 타이완 교육회에서 한 강연에서 '국민적으로 동화한다는 목적은 본도 통치의 처음부터 지금까지 전혀 변하지 않은 방침'으로 인정한 상태에서 '국민교육이기 때문에 의무교육이어야 한다는 결론은 생겨날 수 없다'라든가 '국어 보급으로 동화주의를 진척하고, 농·공·상 과목을 더하고 학생을 실업 쪽으로 이끈다'는 등 자기의 주장도 끼워

69 『臺灣教育沿革誌』, pp.261·264.

넣으면서, 관료다운 애매한 자세로 목소리를 낮추었다.[70]

그러나 모치지의 영향은 교육의 기본방침보다도 오히려 세세한 비용 삭감에 있었다. 1904년 공학교규칙의 개정과 병행해서 기존의 사범학교가 폐교되었고, 공학교 증설까지 제한하는 방침이 제시되었다. 나아가 공학교의 50인 학급제가 60인으로 바뀌었다. 모치지는 후년에는 수업 연한에도 손을 댔고, 수업의 탄력적 운영을 구실로 반수에 가까운 공학교를 4년제로 단축해버렸다.[71] 모치지가 재임 중에 했던 타이완 교육에 대한 '공헌'은 실업교육의 강화를 제외하면, 의무교육제도 거부와 이런 비용 삭감이 주였다고 말할 수 있다.

기본방침으로 동화노선이 강화되면서도 비용 삭감이 병행해서 행해진 현상은 당시 시대 배경을 반영한 것이기도 했다. 모치지가 일련의 비용삭감책을 취한 까닭은 때마침 러일전쟁이 발발하여 경비삭감이 요구되는 시기였기 때문이었다. 그러나 한편으로 러시아 함대가 언제 타이완 근해에 출몰할지 모르는 상황이어서 충성심 육성을 포기한다는 것 따위도 논외였다. 이 시기 『타이완교육회잡지』를 보면 아동에게 반反러시아 전쟁창가를 부르게 하거나, 모의 군사연습을 행하는 행위가 활발하게 행해졌음을 엿볼 수 있다.[72]

하지만 이러한 정책은 종래 존재했던 현장의 모순을 한층 강화할 뿐이었다. 학무를 담당하는 관료가 교대할 때마다 다른 방침의 소유자가 취임했다. 당시 교원들이 '본도의 교육은 동화를 목적으로 하는가? 실학주의實學主義로 개발유도를 목적으로 하는가? 그 주변의 것은 심히 불명료하다'라고 이야기하는 것은 당연했다.[73]

70 持地六三郎, 「臺灣に於ける現行教育制度」, 『臺灣教育會雜誌』 31号, 1904, pp.1·2·5.
71 Ibid., pp.5~6; 『臺灣教育沿革誌』, p.287.
72 淸水岩生, 「戰爭遊戲 包圍攻擊」, 『臺灣教育會雜誌』 33号, 1904.
73 石田新太郎, 「臺灣教育家の使命」, 『臺灣教育會雜誌』 61号, 1907, p.2.

'점진漸進'이라는 절충형태

1903년 11월, 이러한 상황에서 타이완통치의 사실상의 톱top인 민정장관 고토는 교원간부들을 모아놓은 학사자문회學事諮問會에서 강연을 했다. 거기에서 고토는 다음과 같은 말했다.[74]

> 지난 날, 교육에 관한 당국자의 대방침을 듣고 싶다고 말하는 사람이 있었는데, (…중략…) 실은 본관에게는 이것이 대방침이라고 말할 수 있는 것이 아직 확립돼 있지 않다.
>
> 전 세계의 열강이 그 영토를 점령하기 이전에는, 모두 5년이나 10년의 준비가 있다. 선교사를 파견하고 또는 다른 방법으로 미리 점령에 필요한 사항을 완료하고 있다. 그러나 본도를 점령함에 예비라는 것이 전혀 없었다. 또한 내지인의 대다수는 식민지 또는 신판도新版圖 통치에 대해서 조금의 경험도 없다. 고로 본도를 점령할 당시, 통치에 관한 건의안은 쌓여서 산을 이룰 정도였다. 이른바 대방침설 등도 도도하게 수천만 글자의 긴 글을 쓸 수 있지만, 하나도 채택하기에 족한 바가 없다. (…중략…) 무릇 방침을 확립하고자 해도 대다수의 준비가 필요한 것이어서, 그 수속이 불충분해서는 도저히 방침을 확립하는 것이 어렵다.

고토에 의하면 유형론에서 논하는 프랑스나 영국의 식민지 통치 실태는 대단히 복잡해서 '방침은 일정불변한 것이 아니고, 때에 따라서 변화한다'. 그리고 교원들의 질문에는 '제군이 공학교의 범위 내에서 활약한다면, 본관은 크게 만족한다. 그 이외의 것은 제군에게서 듣지 않아도 괜찮다'고 답했다.[75]

이 회답의 배경에는 논단이나 의회로부터 타이완통치를 비판받으면서도

---

74 「後藤長官の訓示」, 『臺灣敎育會雜誌』 27号, 1904, pp.1~2. 원문은 한자 가타가나 문장.

75 Ibid., pp.3·5.

실무에 쫓기고 있던 고토가 추상적인 정책론에 몹시 짜증내고 있었던 것도 한몫했다. 그는 타이완의 실정을 알지 못한 채 '대방침'을 운운하는 논단의 타이완 정책론을 '탁상에서 논의를 하거나, 이부자리를 펴고 누워 생각한 설'이고 '썩은 유자儒者 따위로는 어느 것도 불가능하다'고 헐뜯고 있다.[76] 이때 그는 다음 장에서 서술할 타이완관습조사를 계획하고 있었고, 실지조사도 하지 않은 탁상 위의 '대방침' 논의 따위에 대해서는 상대할 마음이 없었던 것이다.

다만 고토는 교원들에게 "교육 방침은 아직 생각중이고, 공학교는 목적을 정해 설립한다. 즉 국어 보급이 그것이다"고 말했다.[77] 커크우드의 종주국어제한론은 있었지만, 세기 전환기에 영국과 프랑스를 필두로 한 유럽의 식민지 통치에서도 교육은 그 나름으로 행해지는 것이 통례였다. 어쨌든 어느 쪽의 노선을 취하든 일본어 교육을 진행한다는 것만은 최대공약수일 수 있었다.

그러면 '대방침'은 도대체 언제 정해진 것인가? 그것에 대해 고토는 이렇게 말했다.[78]

> 타이완의 교육 방침은 무방침입니다. 어떻게 해서라도 한 세대Generation를 25년이라고 한다면 75년을, 30년이라고 한다면 90년을 경과해야지만 진정으로 민심을 이해할 수 있습니다. 연한이 지났다고 방침을 세우지 않아서도 안 됩니다. 지금은 아직 일본어를 가르쳐야할 시기이고, 일본어로 일정방침을 가르칠 시대는 아닙니다.

고토는 우선은 일본어를 가르치고 3세대가 지난 뒤 방침을 결정하자고 말

---

76 後藤,「臺灣の實況」, pp.26·33.
77 「後藤長官の訓示」, p.2.
78 鶴見佑介,『後藤新平傳』第2巻(복각판, 勁草書房, 1965), 後藤新平伯傳記編纂會, 1937, p.373.

했다. 그러나 90년이라는 숫자는 사실상 방침 결정을 무기한으로 연기한다는 의미와 같은 것이었다.

게다가 실은 본국 정부 내부에도 이와 같은 의견이 있었다. 마쓰가타 수상 시대에 법제국이 작성한 문서를 보면 타이완은 "영국과 프랑스의 인도와 통킹과 다르고 오히려 독일과 러시아의 '알자스 로렌'·'폴란드' 등과 유사하다"고 주장하면서도 '재정의 곤란'과 풍속과 습관은 쉽게 변경할 수 있는 것이 아니라는 인식하에, '급치急治가 아니라 점화漸化를 주장'하고 있다. 그것에 의하면 '급치'가 '무릇 백 가지 제도를 하나로, 일본 본국의 사람과 같도록 만드는 것'임에 비해서 '점화'는 '구관'을 온존시키고 '동시에 국어교육을 보급시켜 그들로 하여금 부지불식간에 우리나라 풍속으로 순화시키는 것'이었다. 요컨대 국방을 위해서는 동화를 부정할 수 없지만 급하게 행하면 비용 증가와 원주자의 반발을 초래하기 때문에 구관을 온존시키면서 점진적으로 동화한다는 형태로 양자를 동거시키는 것이었다. 이것은 오키나와나 홋카이도에서도 나왔던 주장이었는데, 수업료를 징수한 점에서 보자면 보다 편의주의적 경향이 심했다. 이러한 경위를 거쳐 총독부 학무과의 내부문서도 '교육을 시행함에 동화주의에 의할 것인가, 식민지 경영주의에 의할 것인가와 같은 문제는 (…중략…) 이를 논단함은 필요 없다'고 주장하기에 이르렀다.[79]

이렇게 타이완의 교육정책은 많은 모순을 안은 채 기정사실화 되었다. '수신'과 '국어'를 중시하며 충성심 육성을 강조했으면서도, 수업료를 징수했고, 또한 내지보다도 과목이나 수업연한이 축소되었다. 이러한 점은 포섭과 배제

79 法制局, 「臺灣統治上ニ關スル政綱」, 『松方正義文書』, 第51冊. 쪽수는 기재되어 있지 않고, 원문은 한자 가타가나 문장이다. 『後藤新平文書』 7-2와 같은 것이고, 1897년 8월 3일에 마쓰가타(松方正義) 내각이 각의에서 결정해서 당시의 노기 총독에게 내송(內送)한 것. 「臺灣ニ於ケル教育施政ノ要領覺書」, 『後藤新平文書』 7-87-2. 원문은 양자 모두 한자 가타가나 문장. 후자의 집필자는 모치지로, 집필 시기는 1905년 8월경으로 보인다.

의 이른바 최악의 절충이 만든 것이었다. 궁극적으로 서로 모순적인 두 방침이 '무방침'이 아닌 '점진'이라는 애매한 조합으로 동거하게 된 것이다. 타이완에서 성립된 이 형태는 결과적으로 조선에서도 받아들여졌는데, 각 세력의 불만은 전술했던 '구관존중'형이나 '일시동인'형 비판론에 잠재해 갔다.

무엇보다도 이러한 교육정책은 원주자의 반발을 일으켰다. 무력저항은 유혈진압으로 표면적으로 진정되었지만, 커크우드가 중시한 지배자로서의 위엄 따위는 애매한 '무방침'이나 '점진' 노선으로는 기대할 수도 없었다.

고토도 지배자로서의 권위를 확립할 수 없다는 고민을 갖고 있었다. 그는 1898년 강연에서 아래와 같이 말했다.[80]

> 식민지에서 본국인에게는 도저히 식민지 사람이 도달할 수 없다는 바의 뜻을 갖게 만들어야 합니다. 이와 같이 30년이나 40년 동안 압제를 해야 비로소 압제가 없어도 존경이 습성이 됩니다. 이럴 때 정말로 그것이 본국에 속한 바의 판도가 됩니다. 그러나 슬프고도 슬프게도 그것은 어폐가 있을지도 모르겠습니다만, 일본인과 지나인은 적어도 그 얼굴색 등에서 다른 바가 없고, 그래서 식민지를 갖고 있는 네덜란드인이나 불란서인이나 '에스파니아'인 등이 식민지에 임하는 것과는 다소 다릅니다. 시종 그 좌작진퇴坐作進退에서 그 행위를 조심히 하고 품위를 보호하지 않는다면 이 신판도에서 본국인에게 존경심을 갖도록 만드는 것은 어렵다고 봅니다. 왜냐하면 단발斷髮을 하고 양복을 입고 있다면 조금도 다름이 없고, 형체상에서도 다르지 않습니다. 그 골격이 도리어 일본인보다 더 우수하기도 하기에 이들 무리가 본국인에게 존경심을 갖도록 하는 무언가가 필요하지 않을까요. 다만 그렇게 생각하고 있을 따름입니다.

80 後藤, 「臺灣協會設立に就て所感を述ぶ」, p.8.

이 발언은 이자와의 발언과 흡사한 게 아닐까. 고토의 사상은 이자와와는 달랐지만 일본이 급조한 서양문명 등 타이완인이 '단발을 하고 양복이라도 입고 있다면 조금도 다름이 없을 정도'라는 걸 그도 잘 알고 있었다. 아마도 현장교원들, 하라 다카시나 모치지 등도 그렇게 생각했을 것이다. 서구의 식민지 정책과 다르다면서 차이의 축소='일본인'화 노선을 취할 것인가, 서구에게 배운다고 칭하면서 차이의 확대='식민지' 지배의 길을 선택할 것인가. 이 선택이 복잡한 논쟁이 되었던 이유도 여기에 있었다.

일본의 타이완통치는 서구와 아시아라는 두 개의 타자에 어떻게 대응할 것인가를 둘러싸고 국가 정체성National identity이 갈리는 경험이었다. 그러나 현실의 정책은 결국 한 쪽 방향으로의 결정을 보지 못한 채 최악의 절충으로 고정되었다. 그리고 여기에서 만들어진 형태가 결국 원주자의 심복을 얻지 못한 채 제국이 붕괴되기까지 유지되었다.

제5장

총독부왕국의 탄생

타이완 '63법 문제'와 구관조사

교육정책 면에서 타이완인을 '일본인'으로 포섭하느냐 배제하느냐에 기묘한 절충이 성립되고 있었을 때, 법제 면에서도 동일한 사태가 진행되었다. 이른바 '63법 문제'가 그것이다.

앞에서 살펴 보았듯이 타이완에는 가혹한 무력 진압이 행해졌고, 타이완인에게 '일본인'으로서의 대우는 주어지지 않았다. 만약 타이완인이 법제적으로 '일본인'이라면 대일본제국헌법의 인권보호규정이 적용될 터이고, 총독부나 군대의 행위는 위헌이 될 터였다. 만약 '일본인'으로 대우하지 않는다면 타이완을 헌법 적용 바깥으로, 즉 법제적으로 '일본'에서 배제해야 했다.

결론적으로 말하자면 대일본제국은 그 어느 쪽의 선택도 명확하게 하지 않았다. 타이완은 '일본'이고 타이완인은 '일본인'이지만, 내지의 '일본인'과 동일한 법적 권리는 인정되지 않았다. 이 애매한 상태를 정당화한 것이 63법, 정식명칭 「메이지 29년 법률 제63호」이다. 법률상의 '요괴'를 낳았다고 묘사되는 63법에 의해서 '일본'이면서도 '일본'이 아닌 타이완의 위치가 점점 고정되었다. 그리고 그 속에서 타이완은 '일본'과 일정한 거리를 둔 총독부 독립왕국으로 형성되어 갔다.

'사실상의 입법권'

교육정책과 마찬가지로 법제에서도 타이완을 '일본'의 일부로 포섭할 것인가 그렇지 않을 것인가의 선택 문제는 이미 영유 당시부터 일어나고 있었다. 다만 당시에 초점이 되었던 것은 타이완인의 '일본인'으로서의 권리보다도 타이완총독의 권한 범위였다.

총독의 권한범위는 타이완이 '일본'의 일부인가의 여부 문제와 어떤 관계를 맺고 있는가. 이것은 오키나와나 아이누의 문제와 비교해보면 명확해진다.

앞에서 기술했듯이, 메이지시기 오키나와에서는 세제 등에서 구관온존정책이 취해졌고 내지와는 다른 법제가 시행되었다. 제10장에서 후술하겠지만 '일본인'의 권리인 제국의회 참정권도 제국에 편입된 지 30년 이상이 지난 후에야 주어졌다. 또 아이누에 대해서도 마찬가지로 「홋카이도 구토인舊土人 보호법」이라는 '일본인'과는 별개의 법률이 시행되었다. 그런 의미에서 오키나와도 아이누도 법제적으로 '일본인'에서 배제된 측면은 있지만, 그들에게 적용된 것은 원칙으로는 도쿄 제국의회의 협찬을 거쳐 제정된 특별법이었지 오키나와현 지사나 홋카이도청 장관이 만든 법률은 아니었다.

대일본제국헌법은 근대국가의 원칙에 입각하여 입법·사법·행정 삼권분립을 제정해 갔다. 입법은 어디까지나 입법부인 제국의회의 협찬을 거쳐 시행되었다. 오키나와나 아이누에 대해서 시행된 특별법이 차별적이었다고 해도 그것이 제국의회에서 심의된 이상, 현의 지사나 장관이 독재獨裁를 할 경우 삼권분립에 따른 견제가 따른다. 게다가 오키나와나 홋카이도의 경우 현지사나 장관은 문관이었다. 타이완 총독처럼 무관이 아니었다. 그러나 후술하겠지만 타이완이나 조선의 경우 행정관인 총독이 의회의 심의를 거치지 않고 '사실상의 법률'을 발포할 수 있는 권한을 쥐고 있었고, 더구나 총독은 군인만 임명되었다. 다시 말해 군인총독이 행정권과 입법권을 독점했고 독재정치를 행했던 것이다.

이것은 헌법이 타이완에서 시행되었는지의 여부, 다시 말해 타이완이 법제적으로 '일본'의 범위에 들어가는가 그렇지 않은가와 불가분의 관계를 맺는다. 대일본제국헌법은 1889년 발포되었는데, 이때 이미 제국에 편입되어 있었던 오키나와와 홋카이도의 경우 제외안除外案도 있었지만, 최종적으로는 다른 지역과 똑같이 헌법이 시행되었다.[1] 그러나 헌법이 발포된 이후에 제국에 편입된 타이완이나 조선 및 사할린 등에 대해서는 헌법을 시행할 것인가

1 대일본제국헌법의 기초자인 이노우에 고와시(井上毅)가 1882년에 기초했다고 하는 헌법사안(憲法私案)의 제3조에는 "홋카이도 및 오키나와현 기타 도서(島嶼)는 일반 법률에 의하지 않고 내각의 명령으로 편의로 별도(別段)의 제도를 시행한다"라고 쓰여 있다. 즉 홋카이도 및 오키나와는, 타이완과 조선과 마찬가지로 법률이 아니라 명령으로 통치되는 헌법제외지역으로 될 가능성이 존재했던 것이다. 이것은 실행으로 옮겨지지 않았다. 이노우에는 나아가 "단 양의원의 의결을 거쳐 각소(各所)에서 일반 법률을 시행하게 되면 이 조항에 구애되지 않는다"라고 부칙을 만들어두고, 내지의 법률을 점진적으로 시행해 가는, 후년의 '내지연장주의'에 가까운 발상을 보였다. 다만 홋카이도 및 오키나와를 관할하는 것이 총독부가 아니라 내각이라는 점이 그 후의 타이완과 조선통치와는 전혀 다른 점이고, 그것이 양원의 협의를 거쳐 내지법의 연장으로 즉좌(卽座)로 가능하게 된 전제라고 말할 수 있다. 또한 이 헌법사안 제1조는 '국토'로서 "무릇 우리 팔주(八洲)의 토양 및 메이지 해에 정해진 홋카이도의 강역(疆域)은, 이후 양원의 의결을 거쳐 법률(法章)에 의하지 않으면 분할 변경할 수 없다"라고 서술하고 있다. 이렇게 명시적으로 영토범위를 규정하는 상황이 헌법에 있었다면, 타이완을 '일본'에 편입할 것인가의 여부를 둘러싼 63법 문제가 착종하는 일은 없었을 것이다. 『日本近代思想大系』 第9卷, 岩波書店, 1989~1992, pp.229~230.
63법 문제 및 타이완통치구상의 성립에 대해서 大谷, 「臺灣における植民地統治機構の成立」; 栗原, 「明治憲法體制と植民地」; 江橋, 「植民地における憲法の適用」 등이 있다. 이외에 山本有造, 「日本における植民地統治思想の展開」(『アジア經濟』 제32권 12호, 1991. 후에 山本, 『日本植民地經濟史硏究』, 名古屋大學出版會, 1992년 재수록)에서 한일합방이나 황민화정책과 연결해서 논하고 있다. 이에 대한 가장 상세한 분석은 하루야마(春山)의 앞의 「近代日本の植民地統治と原敬」이다. 또한 고토 신페이(後藤新平)나 오카마쓰 산타로(岡松參太郎) 등의 타이완 구관입법구상에 대해서도, 春山, 「臺灣舊慣調査と立法構想」(『臺灣近現代史硏究』 6号, 1988), 「臺灣舊慣調査と立法問題」(『新沖繩文學』 64号, 1985), 「植民地における'舊慣'と法」(『季刊 三千里』 41号, 1985) 등이 있다. 그러나 하루야마는 타이완 영유 때의 커크우드안을 간과하고 있었기에, 오카마쓰 등의 구상이 커크우드안을 답습했던 것임을 파악하지 못하고, 게다가 고토의 사상에 대한 언급도 없다. 또한 하루야마는 하라와 고토의 내지연장주의와 특별통치주의의 대립을 축으로 논하고 있기 때문에, 마찬가지로 일본으로부터의 분리라고 하더라도 '원주자의 자치', '총독부의 자치', '식민자의 자치'라는 구별이 있다는 것을 인식하지 못했다. 오타니(大谷)의 논문이나 구리하라(栗原)의 논문은 커크우드의 플랜에 주목하고 있지만, 입법원이나 식민장관의 설치와 같은 개개의 제안이 종합적으로 어떠한 통치사상에 기반하고 있는지에 대한 정리가 이루어지지 않았다.

그렇지 않을 것인가의 선택이 있을 수 있었다. 그리고 만약 타이완에 헌법을 시행하고 있었다면, 행정관인 총독이 입법권을 쥐는 등의 일은 헌법위반이 될 가능성이 컸다. 이렇게 총독의 권한특히 입법권은 타이완이 법제적으로 '일본'인지의 여부를 결정하는 문제와 직결해 있었다. 그리고 결론적으로 말하자면 마치 전후 자위대라는 '사실상의 군대'가 헌법과 공거共居하고 있는 것과 유사하게 타이완총독의 '사실상의 입법권'은 기정사실화되었다.

그렇다면 어째서 '사실상의 입법권'이라는 의미불명의 것이 총독에게 장악되었을까. 그 커다란 요인은 앞장에서 기술했듯이 타이완통치 초기에 실시된 군정軍政이다. 군정하에서는 통상적인 법률처럼 의회의 심의를 통하지 않고 총독의 명령이 그대로 '사실상의 법률'로써 통용된다. 게다가 군정기에는 타이완인의 법적 보호 따위는 의식되지 못했고 항일행위는 군인이나 헌병에 의해 즉결 처벌되었다.

이것은 타이완의 법제에 두 가지 후유증을 불러왔다. 하나는 이 영유전쟁의 혼란 속에서 이미 총독이 '사실상의 입법권'을 장악해버렸다는 점이다. 군인총독에게 이 특권을 분리시키는 데는 상당한 곤란이 예상되었다.

그리고 또 하나는 입법뿐만 아니라 사법의 독립도 성립할 수 없게 됐다는 점이다. 삼권분립 원칙은 의회가 입법을 재판소가 사법을 분담하여 권력을 상호 견제하는 것이다. 그런데 즉결처형이라는 형식은 사법관에 의한 정식 재판 수속을 생략한다. 나아가 명목상 평정선언이 이루어져 민정으로 이행한 후에도 잔학행위가 그치지 않았기 때문에, 전술한 것처럼 타이완고등법원장인 다카노 다케노리가 '일시동인'의 입장에서 항의했지만 역으로 노기 총독에 의해서 파면되는 일도 생겼던 것이다. 삼권분립에 의거한 헌법에서 보면 사법관은 행정의 개입에서 신분이 보장되어 있어서 행정관인 총독이 사법관을 해고하는 것은 헌법 위반이다.

교육정책의 경우와 마찬가지로 법제에서도 타이완통치가 군사점령에서 시작됐기 때문에 생긴 영향은 이루 헤아릴 수 없다. 군정기를 통해서 군이나 총독부 관료는 자신들의 명령이 의회의 심의 없이 '사실상의 법률'로서 통용되고, 자기의 명령에 거스르는 사람을 사법과정을 거치지 않고 처벌할 수 있다는, 이른바 금단禁斷의 권력 맛을 봤던 것이다.

그러나 본국 정부의 경우, 민정이관移管 이후에도 그 상태를 방치할 수는 없었다. 어떤 법적 증명도 없는 채로 총독이 독재를 계속하는 것은 명확한 위헌이고, 의회로부터 비판의 꼬투리를 남기는 일이 없다. 또 근대법체계의 원칙에 반하는 지배를 행하는 것은 서구 열강으로부터 '야만'으로 간주되어, 당시 진행중이던 불평등조약 개정교섭에 지장을 줄 염려도 있었다. 그 때문에 일본정부로서는 진압전쟁이 끝나기 전에 민정이관 이후를 계획하는 통치기구를 구상해 둘 필요가 있었다.

1895년 4월에 청일 간의 강화조약으로 타이완할양이 결정된 이후부터 이 문제에 관한 각종 의견서가 정부 부서 내에서 제출되었다. 이 문제에 대해서도 외국인 고문관의 의견을 구했다. 이 가운데 프랑스인 고문관이었던 르봉은, 앞서 기술한 것처럼 프랑스의 알제리 통치를 선례로 들면서 타이완의 제국편입을 주장했지만, 일본정부는 초기에 르봉에게 의견을 구했을 뿐이었다. 이후에 영국인 고문 커크우드는 여러 통의 의견서를 제출했다. 그리고 커크우드의 통치기구 플랜은 교육정책의 경우보다도 훨씬 큰 영향을 가져왔다.

'타이완자치왕국' 구상

커크우드의 통치기구 플랜은 그의 교육정책 구상도 그러했듯이 타이완을 '일본'에서 배제하는 것을 전제로 했다. 그는 영국의 식민통치기구를 참조하여 아래와 같이 진언했다. 우선 '타이완처럼 해외의 원격지遠隔地에는 헌법'을 시행할 필요가 없다. 무릇 대일본제국헌법은 이른바 '대팔주大八洲'와 '홋카이도 및 오가사와라섬 및 오키나와의 여러 섬諸島'만을 염두에 두고 발포되었다. 식민지와 본국은 인종도 관습도 다르기 때문에 현지를 잘 아는 총독에게 많은 권한을 주고 본국 특히 의회로부터의 간섭을 배제해야 한다. 왜냐하면 본국의 정치가들은 현지의 사정을 무시한 법률을 강요하는 경향이 강하기 때문이다. 헌법을 시행하지 않기 때문에 총독이 의회에 속박되지 않는 권한을 가지고 있어도 하등 법률상의 문제는 없다. 만약 위헌의 염려가 있다면 헌법을 개정해서 식민지에는 적용하지 않음을 명시해야 한다고 말했다.[2]

커크우드의 구상은 타이완이 '해외 원격지', 즉 '멀고, 다르다'는 인식을 전제로 한 것이다. 이것이 하라 다카시처럼 '일본' 편입론자의 인식과 대조적임은 말할 것도 없다.

다만 커크우드는 군인총독의 무제한의 독재상태를 그대로 긍정한 것은 아니었다. 그가 문관총독 논자였음은 앞서 언급한 대로이고, 그 이외에도 총독을 제어하는 다음과 같은 플랜을 제기했다.

먼저 본국에서는 영국 식민성植民省 대신을 모방한 식민장관을 신설하고, 총독을 감독하게 한다. 다만 이 식민장관은 천황 직속이고, 내각에서 독립한 중앙관청으로 조직한다. 그리고 총독도 식민장관과 마찬가지로 천황에게 직속해있고, 역시 본국 내각의 개입을 받지 않는다.[3] 결국 식민지 통치를 행하는 기관은 본국의 통치를 담당하는 기관과 완전히 분리되어 있다. 그리고 타이완 현지에서는 행정회의와 입법원을 설립한다.〈도식 1〉 참조

2 인용은 「カークード氏 臺灣制度, 天皇ノ大權, 及帝國議會ニ關スル意見書」, pp.81·105. 7월 24일의 날짜가 있다.

3 Kirkwood, 「大日本植民地制度組織制度方案」, 『後藤新平文書』 7-34. 쪽수는 기재되어 있지 않고, 원문은 한자 가타가나 문장. 8월 6일이라는 날짜가 있다. 또한 커크우드안에서는 식민장관과 내각 사이의 연락을, 내각에서 독립한 타이완회의가 가지는 것으로 되어 있다.

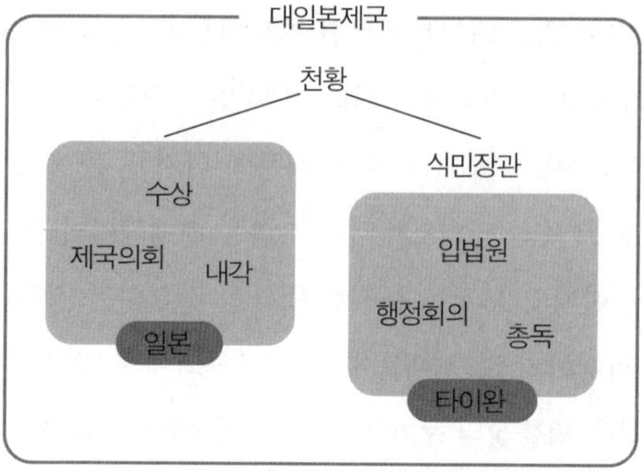

〈도식 1〉 커크우드의 타이완통치기구안
일본과 타이완은 연방에 가까운 형태를 취하고, 총독은 식민장관과 입법원에 의해 제어받는다.

여기서 주목할 것은 타이완에 설치하자는 입법원의 내용이다. 커크우드의 플랜은, 총독은 타이완의 범위 내에서만 유효한 법률을 만들 수 있지만 그것은 '입법원의 조언에 의거하고 또 입법원의 협찬을 얻은 다음' 식민장관을 거쳐 천황의 칙재勅裁를 받아 제정된다. 결국 총독은 입법을 행하는 데 있어 본국 제국의회의 심의를 거칠 필요는 없지만 타이완 입법원의 협찬을 얻어야 한다. 총독은 긴급한 상황에서만 '법률의 효력을 지닌 긴급법령'을 제정할 수 있지만 이것은 3개월 이내에 정규의 수순을 밟아 법률화되지 않으면 효력을 잃게 된다. 게다가 재정적인 측면에서도 타이완은 타이완의 세입으로 독립된 회계를 운영해야 하고, 그 타이완 예산도 입법원이 협찬해야 한다.[4]

이 플랜은 이른바 총독을 왕으로 하고 입법원을 의회로 한 '타이완자치왕국'을 구상한 것이라고 말해도 좋다. 이에 의하면 법률적으로도 재정적으로도 타이완은 일본에서 독립상태가 되고, 독자적인 왕과 의회를 갖춘 자치지역이 된다. 일본과 타이완의 행정·입법기구는 완전히 분리되어 있고, 양자의

4 Ibid., '입법원' 및 '행정회의'의 원문은 각각 legislative council 및 executive council이라고 생각된다.

접점은 총독이 천황 직속이라는 것뿐으로 마치 여왕 아래의 대영제국처럼 천황 아래의 타이완과 일본은 연방국가에 가까운 형태가 된다. 물론 커크우드의 플랜에 따르면 타이완에서 시행된 법률은 현지의 관습을 존중하는 것이어야 하고, '[구래의] 법률·관습 및 관례는 지금부터 폐지 또는 개정된 이상은 유효'하다.[5]

이것은 일견 이것은 류큐처분 때 보아소나드가 제언한 류큐왕국 온존론과 유사한 것처럼 보인다. 그러나 양자 간에는 커다란 차이가 있다. 그것은 커크우드의 플랜에는 이 자치지역의 왕은 타이완인이 아니고 본국에서 임명된 총독이라는 점이다. 그리고 의회에 해당하는 입법원에 대해서도 마찬가지라고 말할 수 있다.

커크우드의 플랜은, 입법원은 주로 본국에서 파견된 관료로 구성된다. 구체적으로는 입법원은 총독을 의장으로 하고, 총독부의 내무·재무·농공상·법무·체신 등의 각 장관에 관리 3명이 추가되고, 그 위에 총독이 선임한 민간인 5명이 참가한다는 내용으로 되어있다. 입법원과 더불어 총독을 보좌하는 행정회의는 타이완의 육군 지휘관이 보태어져 민간인이 없는 점을 제외하면, 입법원과 거의 같은 멤버로 되어 있다. 말하자면 입법원은 '타이완자치왕국'의 의회, 행정회의는 내각에 가까운 것으로 대신大臣에 해당하는 것이 총독부의 각 담당 장관이다. 거기에 의원에 해당하는 민간인의 참가로 입법원이 구성되는데 '의원'은 임명제로 이뤄지고 또한 사람 수가 적다는 점이 특징이다. 또 입법원 측에는 법안의 기초권起草權이 없으며 법안제출권은 총독에게 전임專任되었다. 나아가 '토인'의 참가와 관련해서는, 5명의 민간인의 일부로 임명될 수 있다는 것에 불과하고, 그것도 '식민지의 고법古法·관례 및 그 관습

5 Ibid., 쪽수는 기재되어 있지 않다.

을 아는 것'을 목적으로 하고 있었다.[6] 타이완인에 의한 자치의회라고는 도저히 말할 수 없는 형태였다.

커크우드에 의하면 이것은 영국 식민지통치의 극히 일반적인 형태였다. 그의 분류에 따르면 영국의 식민지에는 자치식민지dominion와 군주직예君主直隷식민지crown colony가 있다. 자치식민지는 캐나다·오스트레일리아·남아프리카 등 '영국인의 혈통을 잇는 인민이 번식하는 곳'이고, 영국계를 중심으로 한 식민자가 의회와 책임정부를 세워 자치를 행하는 곳이다. 군주직예식민지는 인도·실론·홍콩 등 '다른 인종이 다수를 차지하는 곳'으로 여왕에 직속한 총독 밑으로 영국인 관리와 소수의 '거류영국인'으로 구성된 입법원과 행정회의가 다스리는 곳이다.[7] 그는 후자의 사례를 참고로 타이완의 통치방식을 진언하고 있다. 물론 거기에는 타이완이 일본과는 '다른 인종'이 살고 있는 땅이라는 인식이 전제되어 있다.

유의해야 할 점은 커크우드가 거론한 어떤 모든 형태의 식민지도 원주자의 정치 참여를 고려하지 않는다는 것이다. 모두 본국으로부터 일정한 자치를 지키고 있지만, 캐나다 등은 '식민자의 자치'이고 인도 등은 '총독부의 자치'에 지나지 않는다. 일본의 사례로 말하자면 홋카이도처럼 '일본인'계 식민자가 다수를 점하고 있는 지역이 본국에서 분리된 의회와 책임정부를 갖는다면 '식민자의 자치'가 이루어지겠지만 커크우드의 타이완자치왕국 플랜은 이른바 '총독부의 자치왕국'이었다.

좀 더 부언해두면, 제2부에서 후술할 예정인데, 캐나다를 필두로 한 '식민자의 자치'는 일본에서는 종종 원주자가 자치를 행하는 것으로 오해받았다.

---

6 Ibid., 쪽수는 기재되어 있지 않다.

7 Kirkwood, 「植民地制度」, 『臺灣資料』, pp.112~113. 원문은 한자 가타가나 문장이다. 4월 30일이라는 날짜가 있다.

그러나 커크우드의 표현에 따르면, 영국은 '영국 출생자 혹은 영국인의 혈통을 잇는 인민이 다수를 차지하는 땅이 아니면, 식민지에 책임정부의 설치를 허락하지 않는다는 주의를 유지하여 그 대강이 잘못되지 않도록 힘쓰고', 원주자가 의회나 내각을 준비하여 자치를 하는 사례는 당시 존재하지 않았다. 나아가 '식민자의 자치'에는 원주자가 철저하게 배제되어 있다. 캐나다가 인디언에게 시민권을 준 것은 1960년, 오스트레일리아의 에보리진Aborigine이 인구컨센서스國勢 조사대상에 포함된 것은 1968년의 일이고, 남아공에 대해서는 주지하는 바와 같다.[8] 20세기에 들어서 원주자의 저항운동이 거세어지자, 인도 등은 입법원에 원주자를 등용하기도 했지만, 이런 자치식민지들의 경우에는 그것도 없었다. 원주자와 직접 경합하는 '식민자의 자치'가 정치판단이나 타협도 있을 수 있는 '총독부의 자치'보다 오히려 가혹한 지배로 전환되기 쉽다는 것을 쉽게 상상할 수 있다. '일본'의 예와는 상당히 거리가 있다손 치더라도 어쨌든 '총독부의 자치'·'식민자 자치'·'원주자 자치'라는 세 종류가 있음을 기억해두기로 하자.

이처럼 커크우드의 플랜은 일관된 모델을 확실하게 제시하고 있다. 하지만 그것이 지나치게 영국의 사례를 직수입한 것이었다는 것도 부정하기 어렵다. 이것을 타이완에 그대로 적용했을 경우에는 몇 가지 곤란이 예상되었다.

우선, 타이완총독부는 본국에서 거액의 보조금을 받아 유지되었다. 자치왕국을 목표로 했을지라도 당장은 경제적으로 불가능했던 것이다. 커크우드도 보조금을 지출하는 데에 제국의회의 협찬을 거쳐야 한다는 점을 인식하고 있었고, 그 상태를 벗어나기 위해서도 앞에서 기술했던 것처럼 통치비용

8 각지 선주민족의 상황에 대해서는 上村英明, 『先主民族』, 解放出版社, 1992, pp.53~55·64~69 참조. 커크우드의 인용은 op. cit., p.112. 또한 자치식민지 안에서도 뉴질랜드는 예외적인데, 선주민족 마오리에게는 비교적 일찍부터 참정권이 주어졌지만, 과거의 학살 등으로 식민자에 비해 인구가 압도적으로 적었다.

을 삭감해야 한다고 강조했다.[9]

그러나 더 중요한 것은 커크우드의 계획에는 영국과 일본의 관료제도나 의회정치의 경험의 차이가 고려되지 않았다는 점이다. 본래 커크우드의 구상에 따르면 입법원을 구성해야 할 총독부 관료나 식민자는 현지의 관습이나 언어를 숙지한 장기 근무경험자로 엄선된 엘리트이어야 한다. 또 그의 통치기구안에서 총독은 식민자나 타이완 주민으로부터 돈이나 물품을 받을 수 없다는 규정이 마련되어 있고, 입법원 회의는 공개가 원칙이고, 입법원 내의 발언은 원외에서 책임을 묻지 않는다는 조항도 있어서 통치자 측에 상당히 높은 도덕과 자유로운 토론을 기대하고 있었음을 알 수 있다.[10] 다만 오랜 의회정치의 경험을 가진 영국이라면 몰라도 본국의 제국의회조차 불과 5년 전에 개설된 당시 일본에 있어서 그것의 실현 가능성은 의문이었다. 현실에서는 무능한 관료나 어용상인으로 구성된 입법원이 예스맨의 집합소라든가 장식 기관으로 되어버릴 가능성은 무시할 수 없었다.

나아가 결정적인 것은 커크우드의 주장처럼 총독으로 문관이 임명되는 시기가 언제 올 것인지 불분명했다는 점이다. 커크우드의 플랜을 채택한다면, 총독은 의회와 내각에서 제어를 받을 수 있는 입장이 아니다. 게다가 입법원의 내실도 기대할 수 없다면 군인총독이 폭주할 경우 이를 막을 브레이크가 전혀 없었다. 일본군의 상층부는 구번벌의 아성이고 일단 총독의 위치를 장악하면 쉽사리 그것을 놓을 것이라고 생각할 수 없다. 최악의 경우 타이완은 본국에서 보조금을 받으면서 번벌 출신 군인총독이 입법·사법·행정 등의 모든 권한을 장악하고, 의회도 내각도 제어할 수 없는 독재왕국으로서 특권을 획득하는 것이었다.

---

9 「カークード氏 臺灣制度, 天皇ノ大權, 及帝國議會ニ關スル意見書」, p.98.
10 Kirkwood, 「大日本植民地制度組織制度方案」 참조.

그리고 결과적으로 이러한 위험들은 타이완에서 최악의 형태로 실현되게 되었다.

절충으로서의 '법률 아닌 법률'

1895년 여름까지 커크우드의 일련의 의견서가 제출되었고, 그 후인 10월에는 타이완의 평정선언이 나왔으며 통치기구에 관한 결정안 만들기가 급물살을 타고 진행되었다. 그리고 그때 커크우드안의 반대편에서 반대했던 사람이 바로 하라 다카시였다. 앞에서 기술한 것처럼 하라는 1896년 1월에 의견서를 제출해 타이완의 '일본' 편입을 강하게 주장했다. 여기서 유의해야 할 것은 하라도 타이완을 '일본'에 포섭할 것인가 여부가 총독의 권한문제와 밀접하게 결부되어 있다고 보았다는 점이다.

하라에 따르면 타이완을 '식민지'로 한다면 '유럽에서 살필 수 있듯이 타이완총독에게 충분한 직권을 쥐어 타이완을 가능한 한 자치 지역으로 만드는 것이 필요하다. 하지만 타이완을 '일본'에 포섭한다면 타이완총독에게는 그에 상당한 직권을 부여해야 함에도 불구하고 타이완의 제도는 가능한 한 내지에 가깝게 만들어 마침내는 내지와 구별 없게 만드는 것이 필요하다'고 했다.[11] 물론 전자에서 말하는 '자치'란 '타이완인의 자치'가 아니라 '총독부의 자치'를 가리킨다.

하라의 구상에는, 타이완을 '일본'에 포섭하지만 총독은 입법권은 부여하지 않는다. 법률은 가능한 한 내지의 것을 그대로 시행하고, 불가능한 부분은 오키나와나 홋카이도에서 그랬던 것처럼 중앙의 제국의회에서 특별법을 만들면 된다. 의회의 심의가 시간에 댈 수 없을 정도로 긴급한 사태일지라도 총

11 原,「臺灣問題二案」. 아래의 이 의견서에서 나온 인용은 pp.32~35.

독이 입법하게 만드는 게 아니라, 긴급칙령으로 대응하면 족하다. 그리고 커크우드가 주장한 천황직속의 식민장관이 아니라 내각의 일원인 대신에게 타이완총독을 감독하게 하고, '타이완에서의 육군·해군·우편·전신·철도·세관·재판 등의 사무는 타이완총독에게 일임하지 않고 내지의 해당 관청에서 직접 관리해야 한다'고 보았다. 요약하자면 중앙의 의회나 내각에서 총독을 제어하는 것이 하라의 기본 구상이었고 '일시의 편의를 도모해 타이완총독에게 문무 제반의 직권을 부여한다면, 국가는 마침내 그 폐해를 참을 수 없는 지경에 이를 것'이라고 결론을 내리고 있었다.

하라의 근심은 명확했다. 커크우드안은 타이완을 '일본'에서 분리된 자치왕국으로 삼고, 총독의 제어는 입법원을 통해서 '타이완 안에서' 행해지면 괜찮다는 것이었다. 다만 하라는 총독은 내각이나 의회라는 '타이완의 바깥에서' 제어하지 않으면 폭주할 위험이 크고, 그렇기에 타이완은 '일본'의 일부가 아니면 안 된다고 주장했다. 하라는 후에 대일본제국 초기 평민출신으로 수상이 된 인물로 당시 번벌정부 아래에서 낮은 지위에 머물던 도호쿠東北지방 출신이었다. 이후에 계속 보겠지만, 그는 타이완이 군과 번벌세력의 독립왕국으로 변하는 것을 저지하고 타이완을 '일본'에 편입시키는 데 힘썼다.

앞장에서 서술했듯이 하라 다카시는 타이완의 '일본' 편입 근거로써 그 지리적·인종적인 '가까움'을 들고 있다. 이것은 커크우드의 '해외 원격지'나 다른 인종異人種 등의 타이완관과는 대조적이다. 그렇다고는 해도 '가까움'이나 '멂'은 객관적인 기준이 아니라, 비교 대상에 따라 변동하는 형용에 지나지 않는다. 타이완이나 타이완인을 내지 각 지방에 비교한다면 멀고 '다른 종인'이라고 느껴질지도 모르지만, 서구에서 보자면 '가까운', '같은 인종'으로 볼 수 있다. 앞서 살펴 보았듯이 교육정책론에서 일본과 타이완의 관계만을 고찰하면 '다른 인종'으로 간접통치하는 쪽이 현실적으로 보이고, 서구와의 관계가 시야로 들어오면 '같은 인종'으로 동화하는 쪽이 바람직하다고 느껴졌다. 이후의 논의에서도 타이완이 '가깝다' 내지는 '멀다'와 같은 형용사가 타이완을 '일본'에 포섭하는가 그렇지 않은가를 선택하는 양상과 서로 불가분한 형태로 빈출頻出하게 된다.

또 유의해 둘 점이 있는데 그것은 하라가 타이완원주자의 대우를 생각해서 이러한 제안을 내놓았다고 말할 수 없다는 것이다. 사실 하라의 의견서에는 원주자의 정치참여는 물론이고 교육정책이나 관습에 대한 대응 등도 전혀 언급되고 있지 않다. 오로지 총독의 권한문제만 논해지고 있었다.

이 경우에 커크우드와 하라의 방침이 갖는 차이뿐만 아니라, 그 사고회로의 차이이다. 커크우드의 경우에는 관습이 다른 타이완을 간접통치하기 위해서 '일본'에서 분리한다는 통치상의 콘셉트가 먼저 존재하고, 연후에 총독의 권한을 확대한다는 구상이 그 수단으로 파생되었다. 그러나 하라의 경우는 총독에게 권한을 주어서는 안 된다는 목적이 먼저 존재하고, 타이완을 '일본'에 포섭한다는 통치방침은 그 결과로써 도출된 것이다. 여기서 '일본'에의 포섭이 원주자 통치에 효과적인가의 여부는 이차적인 문제였다.

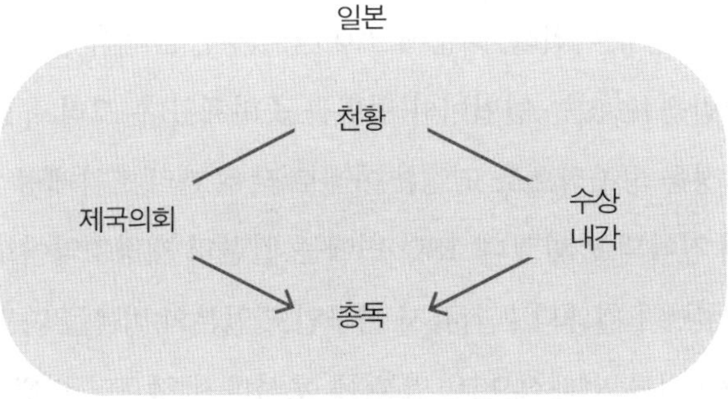

〈도식 2〉 하라 다카시의 타이완통치기구안
타이완은 일본의 한 지방이 되고, 총독은 지방장관으로서, 현 지사 등과 같이 내각과 제국의회의 제어를 받는다.

원주자 통치와 관련해 교육정책을 생각하면 동화노선이 실패하기 쉽다는 것을 잘 알고 있었음에도 불구하고, 서구 열강에 대한 국방이라는 이유에서 '일본인'화가 주장된 것이었다. 하라의 의견서도 원주자의 통치가 아니라 내정에서의 정치투쟁상의 이유에서 '일본' 편입이 지향되었다. 어느 쪽이든 간에 일본 측의 동화노선 주장은 원주자 통치의 관점에 서있다기보다는 국내외의 다른 요소가 들어간 결과로 제창되었음을 알 수 있다.

또한 하라의 의견서에는 원주자와의 관계에 대한 언급이 한 마디도 없는 반면에 서구와의 관계를 강하게 의식하고 있는 대목을 발견할 수 있다. 외무차관이었던 그는 타이완의 '일본' 편입의 이유로 '각 조약국에 대해서 현행 조약을 가능한 한 적용할 것을 선언한다. 고로 만약 (…중략…) 이것을 식민지의 부류類로 삼는 방침을 고집한다면 내외의 시정施政에 모순되는 것'이라고 주장했다. 그러면 이 말은 무엇을 의미하는가.

거듭 말해왔듯이 서구 각 국으로부터 문명국으로 인정받아 불평등조약을 개정하는 일이 당시 일본의 최대 외교과제였다. 불평등조약하에서는 외국인이 죄를 범해도 일본은 재판할 수 있는 재판권이 없었다. 그러한 치외법권의 근거는 유럽 문명의 기준에 준한 법체계가 없는 나라의 재판에 문명인을 굴복시킬 수 없다는 것이었다. 때문에 메이지 정부는 조약개정을 위하여 서구로부터 인정받을 수 있는 민법이나 형법을 준비해왔다. 그리고 1894년에 영국과 조약개정을 성공적으로 교섭한 이래로 각 국과의 조약개정 교섭이 이윽고 순조롭게 진척되고 있었다. 1899년에는 일련의 개정조약이 효과를 발휘하여 거류지居留地가 철폐되고 거류지 서구인도 일본의 법률을 따르게 되었다.

그런데 타이완을 법제적으로 '일본'에 포섭하지 않으면 헌법뿐만 아니라 민법이나 형법도 타이완에는 적용할 수 없게 된다. 다른 한편에서 하라가 지적했듯이 타이완을 개정조약 제외지역으로 삼자는 약속은 서구 여러 나라에 대해서는 행해지지 않았다. 따라서 타이완을 '일본'에서 제외하면 조약개정을 교섭하는 데 모순이 생기게 된다.

커크우드도 이 점을 염두에 뒀는데 그는 타이완을 개정조약의 적용제외지역으로 삼자고 진언했다. 타이완을 영유한 후에 행해진 독일이나 스페인과의 조약개정 교섭에서 현지 공사公使로부터 정부에게 타이완을 제외지역으로 두는가의 여부를 묻는 질문이 정부에 전해졌다. 외무성은 이 질문에 대해서 타이완을 '일본'의 일부로 포함한다고 지시했다.[12] 외부성의 입장에서 보면 살얼음을 밟듯 진행하고 있던 조약개정 교섭에 쓸데없는 장애가 될지도 모를 요소를 신규新規로 추가하는 일은 피하고 싶었을 것이다. 또한 오키나와나 홋카이도도 그랬던 것처럼 국방을 생각한다면, 타이완은 대내적으로 어떻든 간에 대외적으로는 '일본'의 일부임을 명확히 할 필요가 있었다. 더구나 타이완에는 일찍부터 서구인이 거류해서 권익을 쌓고 있었다. 그들을 모두 내쫓아 권익을 탈취하기 위해서는 타이완을 '일본'에 포섭하는 것이 필요 불가결했다.

그러나 앞에서 서술했듯이 커크우드는 타이완을 '일본'에서 배제해야 하고, 헌법을 개정해야 한다고 주장했다. 그러나 당시 일본정부의 입장에서 보면, 헌법개정은 의회의 반발이 예상될 뿐만 아니라, 조약개정을 교섭하는 데에 지장을 주지 않을까 하는 두려움이 있었다. 메이지 정부가 민법이나 형법을 만들고 나아가 헌법이나 의회를 설립했던 것도 서구로부터 문명국으로 인정받기 위해서였다. 이런 상황에서 발포된 지 6년밖에 되지 않은 헌법을 개정하는 것은, 일본의 입법 및 준법능력에 대한 믿음에 크게 상처를 주고, 치외

---

12 나카다 다카노리(中田敬義) 외무성(外務省) 정무국장이 노무라 마사아키(野村政明) 타이완 사무국장에게 보낸 「機密送 第三七號」. 메이지 31년 3월 19일이라는 날짜가 적혀있다. 『後藤新平文書』 7-5. 타이완과의 조약개정에 대해서는 淺野豊美, 「近代植民地臺灣における條約改正」(『臺灣史研究』 14号, 1997)에서 가장 잘 정리되어 있다. 여기에서 아사노(淺野)는 타이완에서의 서구인의 권익탈취를 필두로 한 일본 측의 조약적용의 동기를 시작으로, 조약개정이 타이완통치에 미치는 영향에 대한 시사로 가득 찬 많은 견해를 쓰고 있다.

법권유지라는 구실을 제공할 지도 모르는 일이었다.[13] 어쨌든 교육정책의 경우와 마찬가지로 대 서구 관계가 일본의 타이완 배제를 곤란하게 만들었다.

이렇게 두 노선이 대립하는 가운데 하라의 의견 제출에 즈음해서 타이완 통치의 골격을 둘러싼 몇 개의 초안이 작성되었다. 논의의 초점은 ① 총독의 입법권, ② 총독은 무관인가 문관인가, ③ 내각과 총독의 관계, ④ 타이완 재정의 독립 문제 등이었다. 1896년 2월, 이토 히로부미 총리대신 관저에서 회의가 열렸고 최종적인 담판이 이루어졌다. 그 결과는 다음과 같다.[14]

우선 총독은 천황직속의 무관으로 타이완에 있는 군대의 통솔권을 가질 뿐만 아니라 사실상의 입법권을 부여받는다. 그리고 본국에는 타이완을 관할하는 척식무성拓殖務省을 신설한다. 무관총독제는 총리인 이토가 육군을 배려해서 삽입한 것이라고 하는데, 이것을 제외하면 여기까지는 커크우드안이 반영된 것이다.

그러나 다른 한편 척식무대신은 내각의 일원으로 천황직속이 아니었다. 또한 척식무성은 타이완뿐만 아니라 홋카이도까지 관할하게 되었는데, 이에 타이완이 '일본'과는 별개의 '식민지'인가의 여부는 불명료하게 되었다. 커크우드는 식민장관을 신설한 목적 중 하나로, 타이완을 '하나의 식민지로 명확히 규정하는 것'이라고 밝히고 있었는데 이것은 커다란 후퇴인 셈이다. 게다가 타이완의 재정 독립에 대한 언급도 없었다. 이것 역시 커크우드안에서 후퇴한 것이었다. 커크우드에 의하면 그의 식민장관설치안에 대해서는 정부 부내로부터 '식민이라는 글자를 앞에 달면 [서구로부터] 일본이 장래 여전히 대외전쟁을 희망하는 징후라고 여겨질까 두렵다'는 위구심 어린 목소리가 있었다고 한다. '식민'이 아니라 '척식'이라는 명칭을 사용해 홋카이도까지 관

13 江橋, op. cit., p.12.

14 栗原, op. cit., pp.46~48; 山崎丹照, 『外地統治機構法の研究』(高山書院, 1943, pp.15~16) 참조.

할한(초안 단계에서 오키나와까지 관할하는 안이 있었다) 것도 이러한 대외적인 배려가 한 원인으로 작동했을 것이다.[15]

하라는 일기에서 '이 날 의결된 여러 안건에 동의하지 않는 점이 많다'고 하면서도 '타이완을 식민지에 유사한 것으로 삼자는 안건은 얼마쯤은 깨어졌다'고 적고 있다.[16] 확실히 총체적인 결과는 커크우드안과는 상당히 달랐고 하라의 제안이 반영되었다고 할 수 있다. 그러나 그것이 개선이라고 할 수 있을지는 의문이었다. 다른 체계가 절충된 결과 타이완이 '일본'인가 그렇지 않은가의 자리 매김은 완벽하게 불명료하게 됐기 때문이다.

그리고 여기서 문제는 총독 입법권의 내실이다. 결론부터 이야기하자면 이것도 대단히 절충적이고 불명료했다. 총독의 입법권을 최초로 규정했다고 말할 수 있는 초안 「타이완조례臺灣條例」의 관계조문은 아래와 같이 규정되어 있다.[17]

> 제2조 총독은 입법회의의 의정議定 및 칙재勅裁를 거쳐 그 관할구역 내에서 법률의 효력을 갖는 총독부령을 발할 수 있다.

여기서 말하는 '입법회의'가 커크우드안의 입법원에 해당하는 것임은 확실하다. 그러나 '법률의 효력을 갖는 총독부령'이라는 글귀가 불명확하다. 커크우드안에는 총독이 입법원의 의정을 거쳐 타이완 자치왕국의 '법률'을 만든다고 되어 있기 때문이다. '총독부령'은 행정관인 총독이 내는 행정명령이

---

15 Kirkwood, 「大日本植民地制度組織制度方案」 참조.

16 原奎一郎 編, 『原敬日記』 第1巻, 福村出版, 1965, p.230. 2월 2일 자.

17 「臺灣條例」는 『原敬關係文書』 第6巻, pp.223~225에 수록. 원문은 한자 가타가나 문장이다. 1895년 말에 작성되었다고 추정된다. 인용된 부분 및 그 부근에는 하라에 따른 「[총독에게] 국무대신 이상의 권력」, 「입법의회란 무엇인가」라는 글이 기입되어 있어 그가 이 규정에 반발했음을 알 수 있다.

기 때문에 법률이 아닌 것이다.

정체불명의 이 글귀야말로 타이완통치기구의 최대 핵심이었다. 원주자를 통치하는 데에는 타이완을 법제적으로 '일본'에서 배제시키고, 총독에게 입법권을 부여하는 쪽이 편리했다. 그러나 외교상 및 내정상의 이유에서 보면 타이완을 '일본'에 포섭하는 편이 바람직했다. 요약하면 총독에게 '법률'을 만들게 하는 편이 편리하지만 그것을 '법률'이라고 명언明言할 수는 없었던 것이다. 모순된 요구를 만족시키기 위해서 '법률의 효력을 갖는 총독부령', 즉 '법률 아닌 법률' 내지 '사실상의 법률'이라는 애매한 규정이 고안되었다.

이것은 실질적으로는 군정기에 총독이 장악한 특권을 추인함과 동시에 타이완을 법제적으로 '일본'이지만 '일본'이 아닌 지역으로 규정하는 것과 같았다. 교육정책의 경우도 마찬가지였다. 법제에서도 '일본'에 포섭하려는 지향과 배제하려는 지향이 충돌한 결과 모순을 내포한 절충형태가 만들어졌다. 이런 경위를 거쳐 성립한 정부원안은 1896년 3월에 법률 제63호안으로 제국의회에 제출되었다.

의회 측의 반발

63법이 의회에 제출되었을 때의 원안은 아래와 같다.[18]

제1조 타이완총독은 그 관할구역 내에서 법률의 효력을 갖는 명령을 발할 수 있다.

제2조 앞 조문의 명령은 타이완총독부 평의회의 의결을 취해 척식무대신을 거쳐 칙재勅裁를 청해야 한다.

타이완총독부 평의회의 조직은 칙령勅令으로 정한다.

18 제4장 주38, 『法令審議錄』, p.2.

제3조 임시긴급을 요하는 경우에 타이완총독은 앞 조문 제1항의 수순을 거쳐 직접적으로 제1조의 명령을 발할 수 있다.

제4조 앞 조문에 의거해 발해진 명령은 발포 직후에 칙재를 청하고 또한 그것을 타이완총독부 평의회에 보고해야 한다.

칙재를 얻지 못했을 때에는 총독은 직접 그 명령이 앞으로 효력이 없을 것임을 공포해야 한다.

제5조 현행 법률 또는 장래 발포할 법률로 그 전부 또는 일부를 타이완에서 시행해야 하는 것은 칙령으로 정한다.

이 법안의 내용을 정리해보자. 우선 타이완총독은 '법률의 효력을 갖는 명령'율령(律令)'이라고 불렸다''을 발할 수 있다. 이 명령을 발할 즈음에 타이완총독평의회와 본국의 척식무대신의 승인了承을 받으라고 되어 있지만, 긴급하다고 총독이 판단한 경우에는 사후승낙으로 끝난다. 게다가 내지의 법률 중 총독이 그대로 시행하고 싶은 것은 천황의 칙령을 통해, 즉 의회의 심의를 거치지 않고 시행할 수 있다.

63법과 앞 절에서 서술한 초안「타이완조례」를 비교해보면, 입법회의커크우드안의 입법원가 '평의회'라고 되어 있어 '입법'이라는 글귀가 사라진 데다가 그것의 기능이 대폭 삭감되었다.「타이완조례」를 초안했을 때 총독은 입법회의의 의정을 거친 후가 아니면 명령을 내릴 수 없고, 긴급령일 경우도 커크우드의 원안대로 입법회의의 승인을 얻지 못할 때에는 효력을 잃는 것으로 되어 있다. 또「타이완조례」에는 커크우드안과 마찬가지로 타이완의 예산안도 입법회의가 의정하도록 되어 있지만, 63법과 더불어 공표된「타이완총독부평의회장정」은 예산안에 대해서 총독의 자문과 '의견을 답신할 수 있을 뿐'이라고 되어있다. 평의회의 구성에서는 커크우드안에 있던 원주자나 민간인을 기용한다는 부분이 빠져있고 관료만이라고 되어 있었고 대신에 군무軍務국장과 차장이 첨가되어 군사색이 강했다.[19] 커크우드안의 골자였던 입법원에 '타이완 안에서' 총독을 제어하는 기능을 더 이상 기대할 수 없었다.

이러한 조치가 이루어진 것은 군의 의향과 함께 하라의 제안이 반영된 결과라고 생각할 수 있다. 왜냐하면 입법원에 대폭적인 권한을 인정하는 것은 타이완을 번벌 자치왕국으로 만들려는 것과 관련되어 있었기 때문이다. 후술하겠지만 그는 평의회조차 삭제하려고 노력했다. 확실히 입법원의 권한을 축소하기 위해서 타이완의 예산심의권은 제국의회 측에 남았다. 아마도 하라의 입장에서 보면 타이완이 왕국화할 싹이 될지도 모르는 입법원을 뿌리채 뽑고, 그 후 그가 제창했듯이 내지에서 결정된 법률을 시행하는 방향으로 개선하면 좋다고 생각했던 것은 아닐까.

하지만 이러한 '개선'은 도리어 총독을 억제할 브레이크를 제거해버린 결과를 초래했다고 볼 수도 있다. 만약 총독에게서 제국의회 쪽으로 입법권을 빼앗는 시도가 성공하지 않으면 총독은 타이완 '안에서'도 '바깥에서'도 통제할 수 없게 된다. 더구나 커크우드안에서 총독을 제어할 식민장관의 존재도 골자가 빠졌기에 오히려 커크우드안보다도 위험성이 높은 법안이 탄생하게 된다. 교육정책에서 보였던 서로 다른 이념의 절충으로 최악의 결과를 낳았던 현상이 여기에서도 일어나기 시작했다.

이 법안을 의회에 제출했을 무렵 정부 측은 다음과 같은 이유를 들었다. 우선 '타이완섬은 내지에서 수백 리 떨어져 있고', '인정과 풍토가 다른 인민'이 살고 있어서 '내지와 똑같은 법률명령을 시행하는 것은 도저히 불가능'하다. 그렇기 때문에 타이완의 사정을 알고 있는 총독이 명령을 내릴 수 있는 쪽이

19 伊藤, 「臺灣總督府評議會章程」, 『臺灣資料』, pp.161~163.

좋고, 항일무장세력을 진압하기 위해서 '긴급명령권까지 부여하지 않으면 안 된다'고 말했다.[20]

그러면 이 '멀고', '다른' 타이완은 법제적으로 '일본'의 일부인가. 더 구체적으로 '타이완은 헌법의 적용범위에 들어와 있는가' 등 의원들의 이런 질문에 정부 측은 애매할 수밖에 없는 회답을 했다. 즉 헌법은 타이완에서 '부분 시행'되고 있다는 식이었다. 질문에 대해서 정부 측을 대표해서 답변한 총독부 민정국장관 미즈노 준은, 일단 '타이완에는 헌법의 효력이 없습니다. 고로 이 법률의 효력을 갖는 명령을 발할 권한을 총독에게 부여하는 것입니다'라고 말했다. 그러나 의원들로부터 공격을 받자 '헌법 안에서도 신민臣民의 권리 의무 등은 실제 행해지지 않고, 아울러 헌법상의 천황의 대권이 타이완에서 행해지고 있는 것은 물론이지요'라고 다시 회답했다. 요컨대 천황의 지배하에 들어와 있다는 의미에서 보면 타이완인은 '일본인'이지만 '권리의무'의 측면에서는 '일본인'이 아니라는 것이다.[21]

이러한 답변에 민권파 의원들은 항의했다. 그 한 사람이었던 다카다 사나에高田早苗에 의하면 타이완은 총독의 독재지역이 되어 '명령으로 재산도 빼앗고, 사람도 금고禁錮하는 등, 생명의 안전과 재산의 안전이 위험에 빠질 수 있다'. 의원들은 63법이 '일본 국민의 안위에 관한, 헌법을 유린하는 거동'이라고 공격했다.[22]

여기서 말한 '일본 국민'이란 누구인가. '지나 인종의 사람들뿐만 아니라, 일본인도 성가셔질 것이다, 타이완에 장래 일본인이 쓸데없이 가지 않으면 안 된다'는 다카다의 말에서 보이듯이 전적으로 내지인 식민자를 가리키고

20 『法令審議錄』, p.3.
21 Ibid., pp.4·6.
22 Ibid., pp.12·15·19.

있다. 더구나 그 이상으로 의원들이 위구심을 품었던 것은, 이로써 '정부가 자기 마음대로 그것[헌법]의 일부를 응용하거나, 응용하지 않는' 전례前例가 생겨 조금씩 헌법을 짓밟는 일이었다.[23] 정부로서는 대외적으로도 명시적인 개헌을 행할 수 없는 상태였지만, 63법은 사실상의 해석개헌解釋改憲과 마찬가지였다. 그리고 하라와 똑같이 민권파 의원에게 있어서 최우선적인 것은 자유민권운동의 성과로 획득한 헌법과 의회를 번벌의 역습에서 지키는 것이어서 '지나 인종'의 인권 따위는 부차적이었다.

의회의 격렬한 반발에 부딪혀, 정부는 일단 법안을 철회했다. 그 뒤 내용은 똑같았지만 유효기한을 3년으로 하는 수정안을 다시 제출했다. 당시 이토 내각은 자유당을 끌어안아 여당與黨화하여 의회에서 다수를 확보할 수 있었다. 논의는 여전히 계속되었지만 정부는 군사점령 후의 이상사태에 대처하기 위한 예외조치라고 강조했고, 63법은 시한입법時限立法으로 성립되었다.

그런데 일단 특권을 획득한 타이완총독부가 겨우 3년으로 그것을 방기할

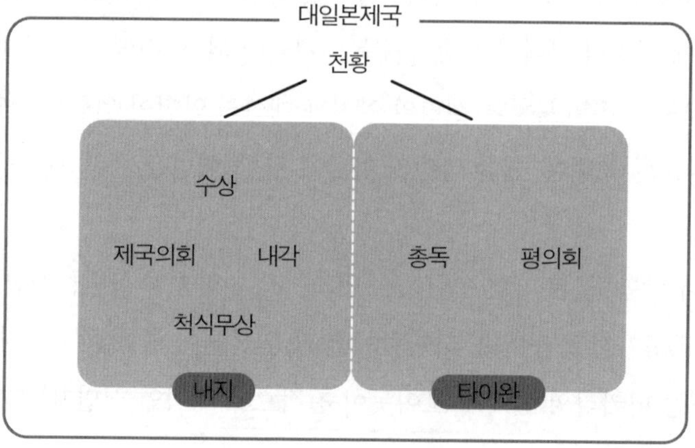

〈도식 3〉 63법으로 성립된 타이완통치기구
척식무상과 평의회는 실질적인 권한을 갖지 못하여 총독을 제어하는 기능이 없었다.

23 Ibid., pp.12・15.

리 없었다. 63법은 그 후에도 3년마다 기한을 연장하기 위해 의회에 다시 제출되었고 논의가 거듭되었다.

'일본인'의 의미

의회에서 63법 반대의 논의는 있었지만, 원주자의 권리를 둘러싼 논의는 거의 없었다. 그러면 전문 법학자들은 어떠했을까? 여기서는 이 문제에 대해 다른 견해를 제시한 3명의 법학자 우메 겐지로梅謙次郎·미노베 다쓰키치美濃部達吉·호즈미 야쓰카穗積八束의 견해를 살펴보자.

앞장에서 서술한 것처럼 1898년 3월 타이완을 시찰하고 돌아온 커크우드가 통치에 관한 설명회를 정부수뇌 앞에서 행했다. 이때 커크우드는 지론이었던 타이완을 '일본'에서 배제하자고 강력하게 주장했다. 이를 미심쩍어한 인물이 법제국장관 우메 겐지로였다. 우메는 정부에 제출한 비밀의견서에서 이 문제에 관한 견해를 밝혔다.[24]

우메의 주장을 한 마디로 말하면 타이완은 법제적으로 '일본'이고, 타이완인에게도 '일본인'으로서의 권리를 부여하라는 것이었다. 그에 의하면 헌법은 '별도別段의 명문明文[의 규정]이 없는 이상 제국 판도의 전토全土에 미쳐야할 일반적인 이론'이고 '건국 이후 우리 판도에 속한 오키나와와 홋카이도 등'이

24 梅謙次郎, 「秘 臺灣ニ關スル鄙見」, 『後藤新平文書』 7-5. 쪽수는 기재되어 있지 않고, 원문은 한자 가타가나 문장이고 구두점 및 탁점은 없다. 또한 우메는 의견서에서 영국법과 프랑스법의 성격의 차이를 언급하고 있다. 우메에 따르면, "영국헌법은 주로 관습법"이기 때문에 관습이 다른 식민지에는 적용할 수 없는 데다, 간단하게 헌법을 개정할 수 있음으로, 커크우드의 주장이 가능하다. 그러나 성문법의 일본에서는 그것이 들어맞지 않는다. 같은 성문법을 가진 프랑스에서는 해외영토로 헌법을 연장한다고 되어 있다. 이것은 자유·평등·박애와 같은 지향해야 할 이념을 담은 성문법에 맞춰서 사회를 개선해간다는 프랑스법의 이념과 법은 사회의 통념적인 규칙을 충실하게 반영한 관습법이어야 한다는 영국법의 이념 상의 차이가 간접적으로 반영된 결과로 간주할 수 있다. 우메에 대해서 岡孝·江戶惠子, 「梅謙次郎著書及び論文目錄」, 『法學志林』 82卷 3~4号, 1985 참조. 나아가 법학자의 63법 문제에 대한 연구는 春山, 「近代日本の植民地統治と原敬」이나 江橋, op. cit.이 있다. 그러나 이 논문들은 헌법적용의 시비 문제를 논하고 있기 때문에, 원주자의 권리에 관계를 갖는 '일본인' 개념을 검토하고 있는 이 책의 시점과는 다르다.

나 '건국 이후 우리 신민이 된 귀화인'에게더 '황덕皇德은 일시동인'인 이상 타이완도 그 은혜를 받는 것이 당연하다. 그는 의견서에서 다음과 같이 썼다.

> 타이완이라고 영구히 제국의회의 의원을 선거하지 못하게 하는 것이 가능할까, 의심이 들지 않을 수 없다. 대략 적어도 그 일부분에서는 심히 멀지 않은 장래에 마침내 의원을 선출하게 할 필요가 생기지 않을까. 어찌 우리 내지오키나와를 아울러 말함와 일의대수一葦帶水로 갈 수 있는 거리에 있는 타이완을 영국이 인도를 대하듯이 그렇게 동일시할 수는 없다.

우메는 내지에서 '가까운' 타이완은 영국의 인도와는 달라서 일본의 한 지방으로서 의원을 선출할 날이 올 것이라고 말했다. 타이완인의 '일본인' 편입에 대해서 갖가지 논의가 있었어도 참정권 문제를 언급한 것은 우메가 처음이었다. 또한 그는 '장래에는 타이완 인민이라고 할지라도 적당한 방법으로 병역에 나가게 할 필요가 있다'고까지 쓰고 있어 참정권과 병역 두 권리의무에서 타이완을 완전하게 '일본인'에 포섭하려고 생각했음을 알 수 있다.

매우 중요한 점인데 우메의 주장과 커크우드의 차이를 명확히 해두자. 커크우드의 경우 '식민지'의 입법원에 원주자를 기용할 가능성을 시사했다. 이것에 비해 우메는 중앙 제국의회에서의 선출을 주장했다. 다시 말해 원주자가 정치에 참가하는 형태로서 '식민지'에 의회를 설치하는 것과 '일본'의 제국의회 참정권이라는 두 개의 선택지가 존재했다. 이 선택지는 제2부에서 후술하겠지만 다이쇼大正시기 이후에 조선·타이완통치개혁 논의가 행해질 즈음에 왕성하게 다루어지게 된다.

이 대립의 배경에는 프랑스 유학파인 우메와 영국인 커크우드의 차이도 있었다. 앞장에서 서술했듯이 프랑스는 동화주의, 영국은 간접통치의 대표로 알려져 있었는데, 본국의 중앙의회에서 의원을 선출하는 방법은 프랑스가 알제리 등에 적용했던 방식이었다. 앞에서 서술한대로 알제리 통치를 타이완의 '일본' 편입 모델의 하나로 들고 있었던 하라도 프랑스에서 공부했다. 그리고 당시 알제리는 프랑스의 '해외 현縣'으로 자리매김됐고, 이 '현'에서 중앙의회에 의원이 선출되고 있었던 것이다. 우메는 프랑스의 알제리 통치에 관해서 자료를 수집했고, 타이완의 '일본' 편입을 주장했던 프랑스인 고문 르봉과 친한 사이였다.[25] 그는 법제국장관이라는 입장도 있고 해서 63법 그 자체를 부정하지는 않았지만 그 지향점은 명확했다.

이와는 대조적으로 타이완을 명확히 '일본'에서 배제하자고 주장한 법학자가 영국 유학 경험자인 미노베 다쓰키치였다. 미노베는 정부의 헌법 '부분 시행'론에 대해 이렇게 서술했다.[26]

> 국회의원을 선출할 권리도 없고, 입법권과 행정권은 한치도 분리되어 있지 않고, 사법권의 독립도 완전하지 않아 권리 박탈, 자유 침해, 조세 징수, 형벌 법규 등이 무릇 행정기관의 명령으로 정해질 수 있다면, 헌법에 의거해 통치하고 있다는 흔적을 과연 어디에서 찾을 수 있을까. (…중략…) 나는 정부의 정책을 비난하는 것이 아니고, 조선·타이완 같은 신영토에서 갑자기 헌법정치를 행하는 것은 극히 부적당하고 또한 실제로 불가능함을 나는 굳게 믿고 있지만, 다만 나는 정부가 (…중략…) 헌법을 시행하지 않는다고 명언明言할 만큼의 용기도 없음을 유감으로 생각한다.

---

25 江橋, op. cit., p.10. 또한 르봉은 앞의 의견서에서 타이완의 동화를 주장했지만, 하라와는 달리 총독에게 상당하는 권한을 주자고 주장하고 있다. 이렇게 보면, 반드시 '일본'에의 편입노선을 취했다고 해서 총독의 권한을 삭감하려는 주장으로 직결되지는 않는다. 이런 의미에서도 하라의 동화론이 통치의 입장에서보다는 총독권한의 문제에서 주창되었음을 엿볼 수 있다.

26 美濃部達吉, 「帝國憲法は新領土に行はるるや否や」, 『國家學會雜誌』 25巻7号, 1911, p.1056. 1911.3.18의 帝國大學·法學大學·綠會弁論部 토론회에서의 강연.

미노베에 의하면 '헌법을 실시하는 데에는 그 실시에 적당한 만큼의 사회 상태를 필요로 하고', '일본의 영토가 된 그 순간부터 어떠한 준비도 없이 즉각적으로 헌법을 실시한다는 것이 불합리하다는 점은 처음부터 명료한 일'이었다.[27] 이러한 견해는 우메와는 대조적이지만 여기서 유의할 것은 미노베도 우메도 헌법이 타이완에 적용된다면, 다시 말해 타이완인이 법제적으로 '일본인'이라면 그들에게 참정권을 부여하는 것은 당연하다는 인식에서는 일치했다. 다시 말해 '일본인'이면서 '일본인'이 아닌 존재로 타이완인을 규정했던 정부에 대해서 우메는 명확하게 '일본인'으로 포섭할 것을, 미노베는 '일본인'에서 배제할 것을 각자 주장했던 것이다.

이들과 비교하면 같은 법학자일지라도 가족국가론과 국민도덕론으로 알려진 호즈미 야쓰카의 논의는 조금 달랐다. 호즈미는 타이완이 '일본'의 영토인 이상 헌법이 시행되어야 하고, 따라서 총독에게 사실상의 입법권을 부여하는 63법은 헌법위반이라고 주장했지만 우메처럼 타이완인에게도 '일본인'의 권리의무를 부여해야 한다는 주장을 찾을 수 없다. 호즈미의 주장은 천황의 통치가 타이완에 미치는 이상 헌법도 거기에 부수付隨한다고 말한 것으로 히노마루日の丸를 앞세웠듯 일본영토에는 헌법이 시행되어야 한다는 견해만을 엿볼 수 있을 따름이다.[28]

여기서 우메·미노베·호즈미에 있어서의 '일본인' 개념의 차이에 주목해 보기로 하자. 타이완인을 '일본인'으로 삼는다는 것이 '일본인'으로서 권리를 부여하는 일임을 명확하게 의식하고 있는 경우는 우메처럼 참정권을 포함한 평등화를 주장하거나, 미노베처럼 명확하게 배제를 주장하거나 둘 중 하나가

27 Ibid., p.1069.

28 穗積八束, 「臺灣總督ノ命令權ニ付キテ」, 『法學協會雜誌』 23巻2号, 1905 참조. 원문은 한자 가타가나 문장. 이 논문은 穗積重威 編, 『穗積八束先生論文集』, 有斐閣, 1943, pp.669~672에 수록되어 있다. 게다가 타이완총독에 의한 법령을 법률의 '요괴'로 형용한 것은 이 논문이다.

된다. 하지만 호즈미의 경우 헌법이란 '일본인'의 권리보다도 천황의 주권이 우선이고, '일본인'이란 천황에 충성을 다해야 하는 신민이었다. 다시 말해 표면상으로는 타이완인을 '일본인'으로 삼자는 똑같은 주장이었으나, 그것이 권리의 평등화를 의미하는지 아니면 충량한 신민의 육성을 의미하는지는 논자에 따라서 달랐다. 당연하겠지만 후자의 의미에서 '일본인'화를 주장한 논자의 경우 동화를 주창하면서도 권리 면에서 차별을 주장하는 것은 아무런 자각도 없이 행해질 수 있었다.

가령 이자와 슈지伊澤修二의 법제와 관계된 견해에서 확실히 알 수 있다. 그는 교육정책에서는 동화론자이었음에도 불구하고 1897년 강연에서 '제국헌법은 신판도의 인민에게까지 이르는 것'이라고 명확히 서술하고 있다. 이자와에 의하면 타이완의 산악 선주민족은 '실로 무지하고 교육받지 않은 자로 인간사회의 최하등 종족'이고, 한민족은 일단 지능은 있지만 '내심은 몹시 고집스러워 쉽게 심복하지 않는다. (…중략…) 아편을 좋아하고 이기심이 깊어 무고誣告를 망령되게 하는 자'들이어서 도저히 '문명적인 헌법으로 대해서는 안 된다'고 말했다. 그리고 항일무장단을 처벌함에는 내지와 같은 형법 규정 등을 지킬 필요가 없고 가혹한 탄압은 당연하다고 주장했다.[29]

29 伊澤修二, 「帝國憲法ノ全部ヲ臺灣ニ實行シ得ベキヤ否ヤノ疑問」, 『國家學會雜誌』 22卷130~132号, 1897~98, pp.1007·1009·1011·1141. 1897년 10월 19일 및 12월 3일의 강연을 수록한 것으로, 원문은 한자 가타가나 문장이다. 나아가 이자와(伊澤)는 비직(非職) 후인 1898년 12월 제13 의회에서, 총독부 평의회가 "속료(屬僚) 회의와 같은 것"으로 타락하고 있는 현상을 타파하기 위해서, 총독이 선발한 2명의 원주자를 포함한 민간인 4명을 평의회에 참가시킨다는 수정안을 제출했지만 부결되었다(『法令審議錄』, pp.66~67). 이것은 이자와가 원주자의 정치참여를 고려한 것으로 생각할 수 있지만, 그의 지향에서 본다면, 자신의 교육정책에 협력적인 친일적 타이완인 유력자를 평의회에 참가시킬 요량이었다고도 볼 수 있다. 또한 그는 위의 강연에서 자신은 지방에서 교육사업을 하고 있기 때문에, "항상 성 외곽의 촌락에 있고 (…중략…) 총독부 내의 사정을 상세히 알지 못하고 오직 평의회의 일원으로서 출석해 그 의결에 가담"한 것만이 총독부에 관한 정보였다고 서술하고 있어(p.1995), 평의회에 애착을 갖고 있었음을 알 수 있다. 아마도 자신을 정보에 소외당한 상태로 방치한 채로 비직으로 몰고간 총독부의 '속료'들에 대한 불신이 평의회에 민간인 및 원주자를 등용하자고 제언했던 배경이 되었던 것은 아닐까 추측

이러한 자세는 이자와의 교육론과 모순되는 것처럼 보이지만 전혀 그렇지 않다. 앞장에서 보아왔던 것처럼 그에게 '일본인'이란 일본군에 협력하는 자이고, 천황과 대일본제국에 충성을 맹세한 자이다. 그렇기 때문에 타이완인은 이러한 '일본인'으로 개조될 필요가 있지만 일본에 반항하는 자는 용서 없이 탄압해야 할 '비국민'이었다. 아마도 그에게는 이것이 모순이라는 자각조차 없었을 것이다.

이러한 모순으로 가득 찬 자세는 후쿠자와 유키치에게도 찾을 수 있다. 그는 타이완인을 법제적으로 '일본인'으로 대할 것인가의 여부에 대해서 전혀 일관성 없는 주장을 폈다. 예를 들면 일본군에 저항하는 주민이나 청군淸軍 잔당殘黨에 대해서는 '이미 적국의 장수가 아니고, 우리 나라의 반적叛賊이다'라는 논리에서 전시포로가 아닌 '일본인' 반란자로 엄벌에 처할 것을 주장했다. 게다가 '풍속·습관에 관한 법률은 내지와 똑같이 집행하여 적어도 일시적이어서는 안 된다'며 구습을 파괴하는 동화를 주장했다. 그러나 '일본인'으로서 인권을 보장하는 법규가 타이완인에게 적용되었는가의 여부를 말하는 데 있어 '미개한 야만인蠻民에게 문명의 법률을 행하려는 것은 인력거꾼과 마부 무리에게 오가사와라류의 예식을 익히게 하는 것과 다르지 않다. 여러 문명 국가의 예에서도 아직 들은 바가 없다'고 서술하고, '그들처럼 무지몽매한 무리를 다스리는데, 민권주의에서 나온 현행 법률로 재산보호를 운운하는 것과 같다. 타국인이 듣는다면 뭐라고 평하겠는가'라며 서구 식민지 통치를 모방하자고 주장했다. 과연 후쿠자와가 이 모순을 자각하고 있었는지는 의심스럽다.[30]

또한 후쿠자와는 서구의 식민정책을 모방하자고 주장하는 한편, 서구에 의한 군사간섭의 위협에 대해서는 '타이완은 이미 우리의 판도'이고, '타이완

할 수 있다.

30 『福澤全集』第15卷, pp.270·360·473.

을 버리는 것은 흡사 우리의 시코쿠四國와 규슈九州를 버리는 것과 같아 나라의 면목을 보더라도 결코 허락할 수 없고', '전 섬을 하루라도 빨리 일본화해야 한다'고 역설했다.[31] 서구의 위협이 강해지면 '일본' 편입지향이 강해지는 게 당시의 예였지만, 새로 획득한 지역을 '시코쿠와 규슈'와 병렬시켜 '일본'의 일부라고 주장한 것은 이후 동화론의 정형定型이 되었다.

이자와나 후쿠자와에서 볼 수 있듯이, 한쪽에서는 타이완의 '일본' 편입을 주장하면서도 '일본인'으로서의 권리부여를 예사롭게 거부하는 자세는 결코 예외가 아니었다. 후술하겠지만 63법에 반대해서 타이완을 법제적으로 '일본'에 편입하자고 주장한 의원이나 논자는 많았지만, 그런 주장이 타이완인에게 '일본인'으로서의 권리를 보장하는 것과 관련되어 있다고 자각했던 인물은 놀랄 만큼 적었다. 그들 대부분은 서구나 번벌세력과의 대항관계에서 타이완의 '일본' 편입을 주장했던 것에 지나지 않았고, 원주자의 대우 따위는 안중에도 없었다. 타이완인을 '일본인'에 편입한다고 해도 '일본인'의 의미는 '국민의 권리'가 아니었던 것이다.

미노베 다쓰키치美濃部達吉는 이런 안이한 논의에 초조해 했다. 그는 새로 획득한 영토가 법제적으로 '일본'에 편입된다면 '가령 아프리카와 같은 야만의 땅에 장차 우리 나라의 영토를 확장시키는 일이 있다고 가정하면, 그 야만스런 인민은 우리 나라의 영토에 편입됨과 동시에 바로 헌법상의 권리 보장을 향유하고, 의회의 협찬을 거친 법률에 의하지 않고서는 그 자유 및 소유권을 침해받지 않아야' 하는데, '논자들은 과연 이를 용기있게 주장할 수 있을까' 라고 썼다.[32] 이 시기 원주자의 권리 따위는 안이한 '일본'편입론을 위협하는

---

31 Ibid. 第16卷, p.41; 第15卷, p.268.

32 美濃部達吉, 「法令ト憲法トノ關係ヲ論ス」, 『法學志林』 7卷1号, 1905, pp.43~44. 원문은 한자 가타가나 문장으로, 탁점이 없다.

문구로써만 나올 수 있는 개념이었다.

메이지시기 '일본인'에의 편입이 권리의 평등을 의미한다고 생각했던 사람은 적었다. 그리고 미노베처럼 그것을 충분히 알고 있고, 또한 공공연하게 '식민지'로서 배제할 것을 주장하는 자각과 '용기'를 가지고 있었던 자도 그렇게 많지 않았을 것이다. 하물며 우메처럼 권리의무의 동화까지 주창한 논자는 더욱 적었다. 정부관계자까지 포함해 대일본제국의 논자 대다수는 대단히 나이브naive했다.

고토 신페이의 타이완 왕국화

한편 총독부 측은 자기 주도권을 확보한 후부터 타이완의 법제적인 '일본' 편입을 반대했다. 1897년 가을, 당시 총독이었던 노기 마레스케乃木希典는 정부에 건의서를 제출했다.[33] 그것은 타이완은 '멀고' 또한 '다르다'는 것, '구관과 구제도를 존중'할 필요가 있다는 것 그리고 '영국식민지의 역사' 등을 논거로 헌법과 개정조약을 타이완에 시행하지 않도록 요구하는 내용이었다.

건의서에서 들고 있는 논거는 모두 간접통치를 주장하는 데에서 자주 나오는 상투구였지만, 타이완 총독부가 행한 통치 실태는 커크우드가 주장한 영국의 식민지 통치모델과는 완전히 달랐다. 아마도 이 건의서 속에서 실정實情을 반영하는 내용은 헌법이 타이완에 시행된다면 '총독이 타이완本島에서 군사적 통치를 행하는 것은 명백한 위헌이다'라는 부분 정도일 것이다.

그러나 전술했듯이 일본의 대對서구관계는 이 주장을 허락하지 않았다. 정부는 다음해인 1898년 6월, 헌법 및 개정 조약을 타이완에 적용한다는 취지

33 乃木希典,「建議書」,『後藤新平文書』7-3. 쪽수는 기재되어 있지 않고, 원문은 한자 가타가나 문장이다. 노기의 이름으로 나올 정도로, 같은 내용을 가진 의견서로「臺灣島ニ新條約實施ニ關スル意見書」;「憲法行否ニ關スル總督意見」,『後藤新平文書』7-5가 있다.

를 일방적으로 내훈內訓으로 정했다.[34] 더구나 전년도까지도 거의 의미가 없던 척식무성拓殖務省이 불과 1년 반 만에 폐지되었고, 1897년 2월 관제개혁으로 명목적이지만 내무대신에게 총독의 감독권이 부여되었다. 이런 상황은 모두 타이완을 '일본'으로 위치지으려는 조치라고 말할 수 있다.

이 내훈도 의회에서의 헌법 '부분적용'론과 마찬가지로 다분히 명목상의 것이었다. 개정조약을 타이완에 적용한다는 것은 서구인의 내지잡거에 대비해서 준비해왔던 '문명적'인 형법·민법·상법 등의 시행을 의미했다. 하지만 1898년 7월 총독의 '율령'—63법으로 인정된 '법률 아닌 법률'—에 의해 내지 법을 타이완에 시행했는데 '본도인 및 청국인'에 대해서는 '따로 정할 때까지 현행의 예例에 의거한다'고 규정되었다. 즉 '문명적'인 민법이나 형법은 내지인이나 서구인과 관련된 문제로 타이완인은 청조시대의 '구관舊慣'으로 대처하게 했다. 타이완은 대외적으로 '일본'이라고 간주됐지만 타이완인은 법제에서는 '일본인'에서 제외됐던 것이다.[35]

이 조치는 1898년 2월 제4대 총독이 된 고다마 겐타로兒玉源太郎와 다음 달에 민정장관으로 부임한 고토 신페이에 의해 결정되었다. 63법이 성립된 이후 2년 동안 항일무장세력의 저항이 끊이지 않았고, 통치비용도 눈덩이처럼 불어나는 가운데 통치 재건의 카드로 이 두 사람이 파견된 것이다. 실질적인

34 「訓第六二六號」, 『後藤新平文書』 7-5. 일자는 98년 6월이지만, 6월 말에는 伊藤博文에서 大隈重信으로 정권이 교대되어, 7월에 들어서 훈령이 전달되었다. 척식무성의 폐지에 대해서는 山崎, op. cit., 참고.

35 이 시점의 법제에 대해서는 春山, 「臺灣舊慣調查と立法構想」, p.89 및 栗原, op. cit., p.55 참조. 또한 아사노(淺野)의 op. cit.은, 타이완 원주자와 서구인·내지인을 구분해서 법을 적용하는 속인적(屬人的) 이중법 제도가 타이완에서 개정조약을 시행한다는 대(對) 서구관계에서의 필요와 타이완 원주자에게 근대법을 적용할 수 없다는 통치상의 필요 사이의 딜레마를 해결하는 수단이었다고 논하고 있다. 저자도 그것에 동의한다. 또한 아사노는 이 이중법제도안의 기원으로서, 1898년 5월의 미국인 고문 데니슨의 의견서와 1897년 11월의 오쿠마 시게노부(大隈重信) 외상 및 기요우라 게이고(清浦圭吾) 사법상(司法相)이 마쓰카다 마사요시(松方正義) 수상에게 보낸 문서를 들고 있다.

주도권을 쥐었던 고토는 '조야하고 유치한 인민'인 타이완인에게 '문명의 제도'나 '문명적인 법령'은 부적당하고, 오히려 그것은 '소박해서 아동같은 토민의 심리에, 그들이 도저히 이해할 수도 음미할 수도 없는 개인各人의 권리와 진기珍奇한 사상을 주입하는 데 불과하며', 자칫 '관권官權에 반항하려는 마음을 조장'할 뿐이라고 서술하고 있다.[36] 당연히 이런 그였기에 내지의 법률을 타이완인에게 적용하지 않았다.

이 대신 고토가 펼친 정책은 세 가지였다. 첫째는 항일세력 진압을 위한 가혹한 치안입법이었다. 고다마-고토 체제하에서 타이완의 '율령'으로 제출된 치안입법으로 「비도형벌령匪徒刑罰令」, 「타이완부랑자단속규칙」, 「보갑조례保甲條例」 등이 알려져 있다. 「비도형벌령」은 폭력적인 수단에 의한 모임結集이 있으면 '목적을 묻지도 않고' 주모자 및 교사자를 사형, 참가자뿐만 아니라 그들을 숨겨준 자도 징역, 회합장소를 제공한 자에게는 사형 내지 무기징역을 부과하는 것이었다. 또한 「타이완부랑자단속규칙」은 생업이 없어 공공의 안녕公安이나 풍속을 해치는 '혐오자'라고 판단된 타이완인을 구속해서 강제노동으로 보내는 것을 인정하고 있다. 또 「보갑조례」는 각 지역의 주민을 '갑甲'과 '보保'의 일원으로 편성해서갑은 10호, 보는 10갑으로 구성, 에도시대의 오인조五人組 등처럼 상호감시하고 연좌책임을 묻는 것이었다. 다시 말해 항일활동에 참가한 자는 물론이고 그것에 협력한 자도 처벌되고 그 가족이나 지역주민까지

---

36 鶴見祐輔 編, 『後藤新平』 第1巻, 後藤新平伯傳記編纂會, 1937, p.916; 第2巻, pp.36·40; 第3巻, p.296. 일부의 원문은 한자 가타가나 문장. 고토와 그의 타이완통치에 대해서는 小林道彦, 「後藤新平と植民地經營」(『史林』 68巻5号, 1985)이 대표적인 연구인데, 고토의 사상과 시책의 관계에 대해서는 주목하고 있지 않다. 고토의 국가 위생사상에 대해서는 尾崎耕司, 「後藤新平の衛生國家思想について」(『ヒストリア』 153号, 1996); 笠原英彦, 「明治十年代における衛生行政」(『法學研究』 70巻8号, 1997) 등이 있는데, 이 논문들은 타이완통치와의 연관에 대해서는 논하지 않고 있다. 溝部英章, 「後藤新平論」(『法學論叢』 100巻2号, 1976; 101巻2号, 1977)은 양자를 검토하고 있지만, 사상의 통치구상에의 반영에 대한 분석은 거의 미약하다. 일련의 치안법규에 대해서는 黃, op. cit., pp.84~88 참조.

도 연좌책임을 지게 되었다.

연좌책임에 의한 처벌은 근대법의 '문명적'인 원칙에 완전히 반하는 것이었다. 그러나 총독부 측에 따르면 보갑은 청나라가 통치했던 시대에 만들어진 제도로(일본이 영유했던 시점에는 유명무실했다), 일본이 이와 같은 '야만'적 제도를 가지고 온 것이 아니며 다만 타이완의 '구관을 참작'한 것에 지나지 않는다고 했다. 커크우드가 간접통치의 입장에서 보갑제도나 연좌책임제의 채용을 진언進言했던 적도 있지만 커크우드의 다른 많은 진언이 무시되었음에도 불구하고, 이렇게 자기들에게 유리한 부분만이 유용되었다. 또한 1904년에 청나라 시대의 유물이었던 태형笞刑 역시 '구관'이라는 형태로 부활되었다.

이러한 치안입법에 이어 고토 등이 취한 제2의 시책은 산업개발과 거대 인프라의 정비였다.

고토는 법제 면에서 타이완을 '문명'에서 배제하는 한편 물질 면에서는 '문명'을 도입하는데 열심이었다. 그는 타이완으로 건너오기 전부터 '철도·항구·수도·하수·병사兵舍·포대' 등 시설에 큰 예산을 투입할 것을 제안해왔다. 총독부는 서구를 향해 통치성적을 어필해야 했으므로, 1902년에 타이완의 영문명인 *FORMOSA*라는 제목의 영문 팸플릿을 "Dr. Shimpei GOTO, Civil Governor of Formosa"의 집필자명으로 출판했다. 그 내용은 타이완을 개발하고 문명화하는 '모국母國의 책임'을 일본이 담당하고 있음을 재정·철도·항만·위생·청사건축·교육·무역진흥 등의 지표를 통해서 호소하는 것이었다.[37]

앞장에서 서술했지만 고토는 일본이 '문명국'이라는 사실을 타이완통치를 통해서 서구에 강하게 입증하고자 했다. 이 팸플릿 항목에서는 그가 어떤 것을 '문명'의 지표로 삼고 있었는가를 엿볼 수 있다. 이러한 그의 생각에 따라

37 『後藤新平文書』 7-101. 타이완 도항 전의 의견에 대해서는 鶴見 編, op. cit., 第1巻, p.915 참조.

서 타이완의 도시는 내지를 능가할 정도의 근대적인 인프라를 정비해갔다. 이 도시개발이 간토대지진關東大震災 이후 도쿄 도시계획의 선례가 되었고, 고토가 그 작업의 리더였음은 잘 알려져 있다.

법제에서는 '문명'을 거부하면서 인프라 정비에서는 '문명'을 도입하는 데 열심이었던 사실은 일견 모순적으로 보인다. 그러나 고토의 사상은 강대한 권한을 지닌 행정관이 위엄으로 유치한 인민을 군림하면서 위로부터의 문명화를 달성해가겠다는 것이었다.

타이완 부임 직전인 1896년 3월에 고토는 이노우에 가오루井上馨 장상藏相에게 「타이완통치구급안臺灣統治救急案」이라는 의견서를 제출했다. 거기에서 그는 행정 주도로 인프라를 정비하고 이로 인한 '문명화'를 주창하는 한편, 통치에 임하는 행정관에게 대폭적인 권한을 부여하고 나아가 행정관의 제약이 되는 '문명적'인 삼권분립 법원칙을 적용하지 말자고 주장했다. 고토에 따르면 '타이완의 현황을 훑어보자면 경찰제도의 확립'이 가장 중요한데 그 경찰은 '오늘날의 경찰이 아니라, 18세기 이전의 경찰, 즉 광의의 경찰조직'이었다. '18세기 이전의 경찰'이란 경찰의 임무가 한정되지 않고, 행정 전반에 걸쳐 경찰이 개입할 수 있는 상황을 가리킨다. 고토에 따르면 독일어 경찰 Polizei은 고대 그리스어 국정國政 Politeia의 번역어이고, 18세기 게르만 지역에서 융성했던 국가학國家學은 그가 독일유학에서 접촉했던 사회정책학의 원류가 됐던 것이었다. 그는 이러한 사상을 토대로 국가운영을 일종의 생리학으로 간주했고, 경찰은 이른바 의사가 되어 치안뿐만 아니라 위생이나 노무관리 등 사회 전반의 치료와 예방조치를 담당하는 종합행정기관으로서의 역할을 부여했다.[38]

---

38 「臺灣統治救急案」은 鶴見 編, op. cit., 第1巻에 수록. 원문은 한자 가타가나 문장. 인용은 p.913. 독일의 국가학과 경찰개념에 대해서는 後藤新平, 『衛生制度論』, 忠愛社, 1890, pp.35~37. 다만 당시 내지에서도 경찰은 폭넓은 내무행정을 담당하고 있었기에, 고토의 사상이 눈에 띄게 특이하다고 말할 수는 없다.

고토에게 타이완은 이러한 사회정책구상을 실험하기 위한 땅이었다. 그는 「타이완통치구급안」에서 '18세기 이전의 경찰로 경찰제도를 조직한 이상, 지방장관은 경찰장관을' 겸임하고, '광의의 경찰제도로 지방행정을 하고' 나아가 '재판사무도 제1심은 경찰서에서 실행할 것을 역설'했다. 그에 따르면 삼권분립 등을 담은 '구성이 복잡'한 근대적 통치기구보다도, 일인一人 행정관이 전권을 쥐고 있는 전근대적인 '지나식의 정치' 쪽이 인민에게 위엄을 보여줄 수 있고, '조야하고 유치한 타이완인'의 민심을 파악하고 나면 효과적이어서 '하나의混一 총독을 요구하는 식민지에 문명적 분립제를 취하려는 것은 대단한 오류'라고 명확히 말했다.[39] 그가 교육정책에서 '무방침'을 내세운 것은 앞에서 서술했던 그대로이지만, 그것은 지배자 측이 방침을 명확히 언질을 주지 않고 임기응변의 재량권을 갖고 있던 상태라고도 해석할 수 있다.

당연히 고토는 63법을 지지했다. '본국 정부는 가능한 그 시정에 간섭하지 않고, 그 전권을 총독에 위임할 것'을 주장하며, 자기가 군림하는 왕국에 대한 '내정간섭'을 거부했다. 그에 따르면 통치에서 중요한 것은 '식민행정을 맡아야하는 수뇌의 지위에서 사람을 얻는 것'이며, '이미 사람을 얻었다면 국가는 마땅히 그 사람의 판단과 능력을 충분히 신용하고, 자유롭게 그 수완을 발휘하도록 맡긴다. 그들이 짠 계획을 널리 채용하고, 그 요구하는 비용에 관해 지나치게 제한하지 않아야 한다'고 했다.[40] 위로부터의 문명화를 촉진하는 엘리트다운 그의 자부심과 야심을 엿볼 수 있는 주장이라 하겠다.

또한 고토는 '총독을 필두로 한 여타 각 국장 이하, 오늘날 배액倍額을 지급하는 것도 가하다'며 타이완 총독부 관료 우대책을 주장하고 있다.[41] 전권을

---

39 鶴見 編, op. cit. 第1巻, pp.913~914; 第2巻, p.36.
40 Ibid. 第1巻, p.915; 第3巻, p.297.
41 Ibid. 第1巻, p.915.

쥐고 통치에 임하는 행정관은 생활면에서도 인민에게 위엄있는 존재여야 했다. 이러한 타이완 총독부 관료에게는 보너스라는 지방근무수당이 지급되었는데, 이 제도는 후년의 조선총독부 관료에게도 적용되었다.

이러한 총독부관료의 우대책은 커크우드의 주장이기도 했다. 그러나 관료 우대책과 떼놓을 수 없는 사항이었던 현지어 습득을 우선적 과제로 한 총독부 관료 전문 양성은 실현되지 않았다. 여기서도 우대책 제언만이 받아들여졌던 것이다. 한편으로 고토의 지휘로 일련의 거대 인프라 건축과 더불어 재정난을 무릅쓰고 웅장한 총독부 청사까지 지어졌다. 이런 거대 인프라의 정비는 위로부터의 문명화였음과 동시에 서구와 타이완인에게 총독부왕국의 통치자의 위신을 보여주는 기념물이었다.

고토는 이러한 인프라 정비에 거액의 비용을 투입했을 뿐만 아니라, 세입의 증대에도 수완을 발휘했다. 산업을 개발했으며 제당업을 유치육성했고 식염食鹽·담배·장뇌樟腦·아편 등 일련의 전매제도를 행했다.

이들 가운데 특히 장뇌와 아편의 전매는 타이완이 법제적으로 '일본'에서 분리되지 않았다면 불가능한 일이었다. 산악지대에서 이뤄지는 장뇌 채취는 선주민족의 저항을 진압하면서 이루어진 것이었다. 물론 선주민족에게 '일본인'으로서의 법적 보호 따위는 적용되지 않았다. 또한 아편 전매는 내지법에서 금지되어 있었다. 타이완 한족 중 아편 중독자가 다수 있었고, 아편수입으로 외화가 유출되고 있던 와중이라 일본 측은 아편수입을 엄격금지하자고 주장한 자가 많았다. 그러나 고토는 아편전매를 '구관'으로 삼아 유지시키는 '점금정책漸禁政策'을 폈다. 그 내용은 수입 대신 내지에서 아편을 제조하고, 판매관리의 명목으로 총독부가 전매한다는 것이었다. 국제적으로는 점진적으로 아편금지정책을 행한다는 명목을 지키면서 외화 감소를 막아 총독부의 재원을 증가시키는 일석삼조의 정책이었다. 또한 통화에서는 일본은행권이 아닌 타이완은행이 발행한 타이완은행권이 유통되었다. 통화 방면에서 보자면 타이완과 '일본'은 별개의 지역을 형성하고 있었다.

이러한 치안·경제정책하에서 1902년까지 평지平地에서 활동했던 항일무장세력은 거의 진압되었고, 재정적으로도 1905년부터는 내지로부터의 보조금을 거절할 정도에까지 이르렀다. 하지만 그 배후에는 영유에서 1902년까지 일본 측의 통계만 참고해도 당시 타이완 인구의 1%가 넘는 3만 2천 명이 살해당했다. 또한 재정 면에서는 아편 수입이 항상적으로 총독부 세입의 15~30%를 차지했다. 가령 1906년을 보면 아편과 장뇌를 중심으로 한 전매가 세입의 50% 이상을 차지했다.[42] 고토의 총독부왕국과 그 '문명화'는 유혈과 마약으로 지탱되고 있었다고 말해도 과언이 아니다.

고토 등이 몰두한 제3의 시책은 법제에서 총독부왕국을 '일본'에서 완전히 분리시키는 것이었다. 사실 고다마와 고토 등은 부임 직후부터 커크우드를 총독부 고문으로 초청하는 교섭을 추진했다. 커크우드는 타이완의 가혹한 기후풍토에 난색을 표했지만, 1898년 4월 설득되어 부임의 의지를 굳히고 있었다. 하지만 결국 이 교섭은 물거품이 되었다.[43] 앞에서 서술했듯이 2개월

---

42 경제정책에 대해서는 黃, op. cit., pp.74~84. 타이완의 아편정책에 대해서는 劉明修, 『臺灣統治と阿片問題』, 山川出版社, 1983 참조. 山田豪一, 「臺灣阿片專賣史序說」(『社會科學討硏』 38卷1号, 1992)은 고토의 아편정책을 검토하고 있다.

43 커크우드 초빙계획에 대해서는 요시카와 아키마사(芳川顯正)가 고다마 겐타로(兒玉源太郎)에게 보낸 편지(『後藤新平文書』 7-32)를 참조. 일자는 1898년 4월 26일. 고토와 커크우드의 통치사상은 구관입법과 '일본'으로부터의 분리라는 유사점도 있지만, 다른 점도 많다. 커크우드는 경제비용 삭감을 중시했지만, 고토는 거대 인프라 정비에서 알 수 있는 적극재정론자였다. 이 차이의 원인은 크게 두 가지다. 하나는 커크우드가 균형재정·최소정부·의회(입법원)를 중시하는 19세기 영국의 자유주의사상을 따르고 있는 것에 비해서, 後藤은 적극재정·큰 정부·행정관료의 우위와 같은 사상을 가졌고, 그가 유학했던 독일의 사회정책사상에서 큰 영향을 받았기 때문이다. 그리고 둘째로, 경제적 이익을 식민지통치의 목적으로 삼은 커크우드에 비해서, 고토는 식민정책을 "세계적인 경쟁의 투기장", "백인과의 경쟁"으로 생각하고 있다. 그래서 설사 일시적으로는 적자가 되어도 적극재정에 의한 개발정책을 취해, "도처에서 새로운 부원(富源)을 발견한다면, 자기의 실력이 어떠한가를 고려해 그 개척을 주저하는 일은 없어야 한다"고 주장하고 있었다(鶴見 編, op. cit., 第2卷, p.346; 第3卷, pp.294·296). 고토는 「타이완통치구급

후에 헌법과 개정조약이 타이완에 적용되는 것으로 결정되어 자기의 주장이 받아들여지지 않자 커크우드가 의욕을 상실했다고 생각할 수 있다. 이후 그는 1901년에 사법성과의 계약기간이 종료되어 귀국한다.

커크우드를 초빙하는데 실패한 고토가 커크우드 대신에 눈을 돌렸던 자가 교토제대 교수인 오카마쓰 산타로岡松參太郎였다. 오카마쓰는 영법과英法科 출신으로 유학을 통해 독일의 민족법학을 배우고 막 귀국한 소장법학자였다. 1900년, 오카마쓰는 임시 타이완토지조사국 촉탁으로 초빙되었다. 1901년 말 그는 고토에게 「타이완의 제도에 관한 의견서」를 제출했다. 그것은 기본적으로는 커크우드의 타이완 자치왕국 구상을 답습한 것이었다.[44]

오카마쓰의 의견서는 세계의 '속령제도屬領制度를 '종속제'·'자치제'·'통일제'로 분류하는 것'에서 시작하고 있다. 이 가운데 '종속제'는 커크우드가 인도를 예로 삼은 군주직예식민지君主直隷植民地, '자치제'는 캐나다 등의 영국의 자치식민

안(臺灣統治救急案)」에서 타이완 경제개발의 재원부족을 보충하기 위해 외채를 모집하자고까지 제안했다. 그는 「타이완통치구급안(臺灣統治救急案)」에서는 영국의 식민정책학자 찰스 프레스트우드 루카스(Charles Prestwood Lucas)의 저작을 인용하면서, "과학적 시설·철도·수도·기선·전신·병원 등, 문명이기에 의지해 민심을 일변시키는 것에 힘쓰고, 법령의 급변을 바라는 것은 영국식민의 본의가 아니다"(鶴見 編, op. cit., 第1巻, p.917)라고 제창했다. 문명 전파론이 영국의 식민지 지배를 정당화하는 데 일익을 담당했다고는 해도, 외채를 모집하면서까지 인프라를 정비하는 따위는 영국의 통치정책을 모방했다고 말하기 힘들다. 다분히 자기의 정책주장에 권위를 가하기 위해 그 나름의 영국 해석을 가지고 있었던 것을 느낄 수 있다. 그는 자신의 통치정책을 정당화할 때는 항상 영국의 사례를 이야기했다. 국면에 따라서는 "다른 대국(大國)의 정책 및 방법을 모범으로 하는 것은, 대개 심히 잘못된 것"이라고 서술하고 있다(鶴見 編, op. cit., 第3巻, p.297). 이러한 고토의 지향에서 본다면, 커크우드를 총독부가 고용했다고 해도, 최종적으로는 의견 충돌을 낳을 가능성이 높았다고 생각할 수 있다. 실제 고토는 후년의 술회(述懷)에서, 커크우드의 의견서를 그 나름으로 평가하면서도, "통치의 근본방침으로서는 별도로 독창적인 고찰이라고 볼만한 것이 없고 따라서 과학과 생물학의 원칙을 응용한 통치상의 방침 및 식민지적 재정경제의 대본(大本)을 심는 것에 이르렀다"고 위치짓고 있다(淺野, op. cit., p.82에서 재인용).

44 『後藤新平文書』 7-38. 원문은 한자 가타가나 문장. 하루야마 메이테쓰(春山明哲)의 힘으로 『臺灣近現代史研究』 6号(1988)에 복각되었다. 이하의 이 문서에서 따온 인용은 복각판 pp.218·227·228~229에 따른다. 오카마쓰(岡松)의 경력과 그 입법 작업에 대해서는 복각에 붙여진 하루야마의 해제, 「法學博士·岡松參太郎と臺灣」 참조.

지 그리고 '통일제'는 우메가 참고로 삼은 프랑스의 알제리 통치에 해당한다. 즉 '통독부의 자치'·'식민자의 자치'·'본국편입'이라는 세 가지 방침이 검토되었던 것이다. 그리고 오카마쓰는 타이완이 '멀고' '다르며' 내지로부터 온 식민자가 적다는 이유로 '종속제' 즉 '총독부의 자치'를 모델로 선택했다.

그 후의 구체적인 플랜은 기본적으로는 커크우드의 그것과 크게 다르지 않았다. 우선 헌법을 개정하고 타이완이 법제적으로 '일본'의 외부임을 명확히 한다. 다음으로 타이완 재정을 독립시키고 나아가 타이완 총독에 대한 내무대신의 감독권을 배제한다. 물론 총독의 율령제정권이 유지되는 것은 말할 것도 없다. 그리고 끝으로 총독부평의회의 기능을 확대해서 현재는 제국의회가 쥐고 있는 타이완 예산 결정권을 총독부평의회에 부여하는 것이었다.

이 중에 평의회 강화에 대해서는 커크우드안과 마찬가지로, 율령은 평의회의 결정을 거친 후에 발포되는 형태로 하며 더 나아가 '타이완 토인 중 명망 있는 자 두셋을 평의원에 참가시키는 것은 정략상 득책이 아닐까'라고 오카마쓰는 언급하고 있다. 이러한 오카마쓰안이 공개토의나 원내 발언의 보호를 규정하고 있는 커크우드안에 비하여 평의회가 총독을 제어하는 데 비중을 두고 있었다고 볼 수는 없다. 오카마쓰는 조항의 주기注記에, 평의회를 의결기관으로 격상시키고, 예산에 대해서도 '제국의회의 협찬이 필요치 않는 것으로 만들수 있다'고 기록하고 있다. 평의회의 강화가 '일본'으로부터 반半독립한 총독부왕국을 완성하고, 제국의회로부터의 '내정간섭'을 배제하는 수단이었음이 분명했다.

평의회를 커크우드가 말한 '입법원', 즉 타이완의회 수준으로 격상시키는 것은 율령이 '법률 아닌 법률'에서 커크우드가 제안한 '타이완자치왕국의 법률'로 승격하는 것을 의미했다. 그리고 그것은 고토나 오카마쓰 등이 가진 다른 플랜과도 결부되어 있었다. 다시 말해 타이완의 관습을 조사해 '일본'과는 별개의 법체계를 만드는 것이었다.

위의 오카마쓰의 의견서가 제출된 1901년에 고토는 오카마쓰를 중심으로 임시타이완구관조사회를 발족시켰다. 오카마쓰는 교토대학의 법학자들을 모아 이 사업에 투입했고 고문서에서 청조시대의 법제를 살피는 한편, 서구의 식민지 통치에 관한 자료 수집에 힘썼다. 나아가 민법에 빠져서는 안 되는 친족구조·상속관습·재산이나 토지의 소유형태 등 '구관'을 조사하기 위해서 타이완 전 섬을 각각 나눠 분담하여 촌부나 농민·어부·나무꾼에 이르는 광범위한 청취조사를 실시했다. 앞에서 서술했듯이 독일에서 민족법학을 배우고 귀국한 오카마쓰에게 있어서 새로운 법체계를 만든다는 것은 본국에서는 이룰 수도 없는 법학자들의 꿈의 사업이었다. 오카마쓰는 일본민법을 독일법과 프랑스법의 나쁜 절충이라고 평가하고 '영국의 법률은 식민지 인도의 입법에 의존해 개선되었음'을 예로 삼아 '일본 내지법으로 하여금 타이완법을 모범으로 삼고자 한다'고 서술하고 있다. 그에게 있어서 타이완은 자신 스스로의 야심의 실험지였음을 엿볼 수 있다.[45]

원래 고토는 '비목어의 눈은 머리의 한쪽에 붙어 있다. 그것이 가소롭게 보일지라도 도미의 눈처럼 양쪽에 고쳐 붙일 수 없다. 비목어의 눈이 한쪽에 두 개 붙어 있는 것은 생물학상 그 필요가 있어서 붙어있는 것이다. (…중략…) 정치에서도 이것이 중요하다'라고 보았고, 통치 측면에서 보아 '구습의 중시'

45 구관조사에 대해서는 春山, 「臺灣舊慣調査と立法構想」 참조. 오카마쓰(岡松)의 인용은 春山, 「法學博士·岡松參太郎と臺灣」, p.207에서 재인용. 커크우드안과 오카마쓰안의 차이를 들자면, 커크우드안은 총독을 감독하는 식민장관을 내각 바깥에 설치하자고 하는데 비해서, 오카마쓰안은 총독을 대신(大臣)과 동격의 행정장관으로 승격시키자고 주장하고 있다. 양자는 모두 총독을 내각의 감독 바깥에 두는 구상이지만, 전술했듯이 커크우드안의 식민장관에 해당하는 개척무대신이 일시적으로 설치된 후에 이미 폐지되어 버렸음으로, 오카마쓰는 이러한 플랜을 대용으로 삼은 것으로 생각된다. 또한 『後藤新平文書』 7-9의 「臺灣統治の形態硏究」는 타이완 총독의 내지 측 관할에 대해서 "내무성소속설(內務省所屬說)", "식민성 설치설", "총독을 내각에 나란히 하는 설", "총독을 행정장관으로 삼는 설", "내각소속설", "내각에 타이완 사무소 설치의 논의" 등을 비교 검토하고 있다.

라는 '생물학의 원칙'을 표방했다.[46] 그것은 국가나 사회를 하나의 유기체로 생각하고 의사인 행정관이 충분한 조사와 진단 후에 치료와 관리에 임한다는 그의 사상에 부합하고 있다. 앞장에서 보았듯이 교육정책에서도 충분한 조사를 거친 후가 아니면 '대방침' 따위를 세울 수 없다는 그의 서술은 이러한 사상과 구관조사 진행을 전제로 삼고 있었던 것이다.

제7장에서 후술하겠지만 영국은 물론이고 기존에 동화주의를 주창한 프랑스의 식민지 정책학도 이 시기까지는 동화주의를 방기하는 쪽이 주류였고, 타이완 총독부도 이러한 사정을 관료의 유학이나 오카마쓰 등 구관조사회가 번역한 자료 등을 통해서 흡수하고 있었다. 그리고 하라가 타이완의 '일본' 편입 모델로 삼았던 독일의 알자스 로렌 통치 정책 등에서 어떻게 동화노선이 원주자의 반발을 받았는가에 관한 보고서가 고토의 지휘로 작성되었다. 그리고 1904년 말에는 오카마쓰의 의견서를 원형으로 63법을 대신하는 「타이완통치법(안案)」이 굳어졌고, 헌법개정이 발포될 때의 칙어안까지도 만들어졌다. 칙어안을 보면 타이완은 '우리 제도帝都와 거리가 매우 멀고 그 민족부터 제도·문화·인정·풍습에 이르기까지 완전히 우리 본토와 그 취趣를 달리 하니 통치 방법 역시 저절로 우리 본토와 다르지 않을 수 없다'고 강조하고 있다.[47] 타이완의 '일본'으로부터의 분리를 정당화하는 논거는 서구의 식민지 통치의 국제적 조류와 연동한다는 외양을 띠고 준비되고 있었다.

이렇듯 고다마-고토 체제 아래에서 총독부왕국의 치안·경제의 안정과 '일본'으로부터의 분리독립이 착착 준비되었다. 다만 그러한 플랜을 실현하는데는 당연히 내지 측의 반대가 예상되었다. 특히 민권파 의회세력과 하라

46 鶴見 編, op. cit., 第2巻, pp.25·399.

47 알자스 로렌에 관한 총독부의 조사문서로는 「獨逸領有後ノエルザス・ロートリンゲン」, 「仏語ノ行ハルル程度」, 『後藤新平文書』 7-76 등이 있다. 칙어의 초안은 春山, 「臺灣舊慣調査と立法構想」, p.99에서 재인용.

다카시의 존재는 무시하기 어려웠다.

사실 정책이념의 차이와는 정반대로 고토와 하라 사이에는 하나의 공통점이 있었다. 그것은 양자 모두 내지의 번벌정부하에서 냉대를 받았던 도호쿠東北 출신이었다는 점이다. 고토가 자신의 타이완 근무를 '섬으로 유배됐다'고 자조했던 것은 앞에서 썼지만, 타이완 총독부의 관료 가운데에는 도호쿠 출신자가 적지 않았다고 한다.[48] 이 책에서 거론한 인물로 치자면 고토나 기무라 다다시, 모쿠치 로쿠사부로, 니토베 이나조 등이 있다. 또한 경찰관이나 교원에 오키나와 출신자가 유입되어 있었다. 내지에서 배척당한 무능관료의 쓰레기터라고 형용되었던 타이완에서, 능력이 아니라 출신지 때문에 내지에서 지위를 얻지 못했던 자들이 실무를 담당하고 있었던 것이다. 고토는 앞에서 서술한 사상에 따라 자신이 우수하다고 인정한 인재에 대해서는 '자유롭게 그 수완을 발휘하도록 맡기는' 주의였기 때문에 불우한 상태에서 고토에게 등용되어 활동의 장을 부여받은 관료나 학자들은 그에게 두터운 신뢰를 보냈다고 한다.

원래 '총독부'라는 명칭은 메이지유신 당시 내전內戰 시기에 도호쿠지방을 점령한 관군 측이 설치한 기관에 붙여진 것으로, 그러한 의미에서 도호쿠는 '총독부'에 지배당한 최초의 땅이었다. 그리고 자신도 도호쿠 출신이었던 요시노 사쿠조吉野作造의 표현에 따르면 메이지 유위有爲의 청년으로서 정부로부터 배척당한 자의 진로는 민권정치가나 사상가가 되어 번벌과 싸우든지 아니면 내지를 떠나 아시아에서 신천지를 구하는 방법밖에 없었다고 한다. 이 책의 문맥에서 말하자면 하라가 전자에 해당하고 고토가 후자에 해당한다고 말할 수 있다. 고토는 번벌의 힘을 빌려 자기의 야심을 실현하기 위해 타이완

48 鶴見 編, op. cit., 第2巻, p.58 및 金子, 「持地六三郎の生涯と著作」, p.120 참조. 오키나와 출신자와 타이완에 대한 又吉盛清, 『日本植民地下の臺灣と沖繩』, 沖繩あき書房, 1990 참조.

왕국화를 계획했고, 하라는 번벌의 거점을 무너뜨리기 위해 타이완의 왕국화를 막고자 했다. 타이완의 '일본' 편입을 둘러싼 정치투쟁은 다른 길을 선택한 두 사람의 아이덴티티의 투쟁이기도 했던 것이다.

근거불명의 독재지배

1896년에 제정된 63법은 1899년에 기한이 끝났다. 그러자 아직 항일무장세력을 완전히 진압하지 못했다는 등의 이유로 다시 3년 연장되었다. 1902년에 재차 기한만료가 돌아왔다.

이 무렵은 항일무장세력이 거의 진압되었고, 타이완 내부에서는 법제에서 '독립' 준비가 진행되고 있었지만 잠시의 유예가 필요하게 되었다. 기한만료를 앞두고 1902년 의회에서 벌어진 토론에서 정부위원은 '[타이완은] 식민지라고 말하기는 어렵지만, 인정과 풍속을 달리하는 신영토'라고 말하고, 중앙의 개입은 '프랑스처럼 실패할 것'이고, '영국 각 지역의 식민제도가 발달한 까닭은 총독에게 권력을 위임했기 때문'이라면서 63법의 연장을 주장했다. 게다가 고토는 구관조사회의 작업이 진행 중이라고 했고, 정부위원도 '타이완의 구관을 조사한 연후에 타이완에 적당한 입법부를 세울 작정으로, 조사를 행하고 있다'고 말했다.[49] 이들의 언급은 '멀고', '다른' 타이완에 '입법부'를 설치할 계획을 명확히 밝힌 것에 다름 아니었다.[49]

그러나 의원들은 이것들을 63법의 기한을 연장할 논거로 간주할 수 없다고 반론했다. 그들에 의하면 타이완은 '해파만리海波萬里 떨어져 있는 인도와 영국 간의 관계와 같지 않다'. 더구나 타이완인에게 독자적인 관습이 있어 내지의 법률이 적당하지 않다면 '홋카이도의 법률이 다른 것처럼, 오키나와에

49 『法令審議錄』, pp.110~111. 정부위원은 모리타 모키치(森田茂吉) 내무성 타이완 과장.

특별 법률을 시행하는 것처럼', 구관조사를 근거로 한 타이완용 특별입법을 제국의회의 협찬을 거쳐 만들면 된다고 보았다. 항일무장세력이 횡행한 시기라면 의회의 협찬을 얻고 있을 시간이 없을 경우도 있을 터이지만, 치안이 안정된 이상 총독의 입법권은 필요 없다는 내용이었다.[50] 그러나 총독부는 기득권인 입법권을 양도할 생각 따위는 물론 없었다.

논의는 평행선을 달렸고 화가 난 의원들은 '타이완은 일본국의 일부로서 (…중략…) 오키나와현이나 홋카이도처럼 제국의 일부로 다스려져야 한다는 총독의 방침인가 (…중략…) 순전한 식민지인가, 그렇지 않으면 속지屬地인가, 특별한 것으로 삼아 장래 행해야 한다는 게 대체적인 방침인가'라는 질문이 나왔다. 물론 고토와 고다마는 생각을 결정하고 있었던 것처럼 보이지만 이 질문에 대해서는 명확한 회답을 피했다. 왜냐하면 통치방침이 '일본' 편입이라고 회답하면 63법을 기한연장할 이유가 없고 '식민지'라고 회답하면 헌법을 시행하고 있다는 정부의 공식견해와 어긋난다고 비판당하기 때문이다. 고토는 타이완은 '외관으로는 내지의 일부로 간주할 수 있지만, 내용에서는 어느 기간 동안에는 식민지의 특질을 갖고 있다'는 애매한 발언으로 회피했고, 고다마는 '우리도 가능한 이 신영토의 백성을 황화皇化시켜서, 진정으로 충의忠義의 백성으로 만들 것을 최대한으로 노력한다 (…중략…) 두 세기가 경과하면 타이완 민족 고유의 성질도 다소 변할 것이다'고 말하며 '오키나와처럼 아주 작은 곳에도 (…중략…) 아직 내지의 풍風에 미치지 못했다'고 연막을 쳤다. 고다마의 '두 세기'에 걸친 '점진'이라는 발언, 고토의 '90년 후의 방침결정론'에 해당하는 것으로 사람을 질리게 하는 발언이었다.[51]

격론이 오고간 끝에 의회에서 63법은 3년 더 연장되었다. 이 사이에 오카

---

50 Ibid., p.146. 발언자는 하나이 타쿠조(花井卓造).

51 Ibid., pp.128·132·135·169.

마쓰의 플랜이 공고해졌고, 앞에서 서술한 대로 헌법개정안도 1904년 말에 완성되었다. 그런데 여기서 총독부에 사고가 일어났다. 때마침 발발한 러일전쟁에서 총독인 고다마가 참모장으로 출정했기에 의회에 출석할 수 없게 된 것이다. 어쩔 수 없이 1905년, 63법의 4번째 연장이 제안되었다.

그때까지 의회에서의 논의는 있을 수 있는 거의 모든 것이 다 나온 상태였고, 의회에서는 특별히 새로운 논의가 없었지만 총독부 측 플랜이 실현 곤란할 것이라고 예상할 수 있는 하나의 사태가 나타났다. 제2대 타이완총독이기도 했던 가쓰라 다로桂太郎 당시 수상이 중의원 위원회에서, 타이완은 '일본'인가 '식민지'인가라는 질문에, 무심코 '물론 식민지이다. 내지와 마찬가지로 봐서는 안 된다고 생각한다'고 답변해버렸다. 가쓰라는 원래 타이완을 영유할 당시의 혼란기를 회상하여 '구정부 치하의 법규관습을 조사할 틈이 없고 (…중략…) 생각기로 당시 최선의 방법은 옛적의 기관으로 신정新政을 실시하는 것'이었다고 말한 적이 있어서, 그 나름의 지향을 솔직하게 표명했던 것이라고 볼 수 있다.[52] 그런데 이 질문에 대한 명시적 회답은 고토와 고다마가 일관해서 피하고자 했던 것이었다.

수상의 발언은 의원들에게 커다란 감정적 반발을 불렀다. 의원 측은 '타이완을 식민지로 본다는 것은 어떤 내각에서도 승인된 적이 없다'라든가 '우리 의원으로서는 너무나도 갑작스럽다'는 식의 비난이 나왔다.[53] 마치 전후에 자위대가 '군대'가 아니라고 했던 것과 비슷하게 타이완은 '식민지'가 아니라는 공식견해로 헌법의 명목이 유지되고 있었는데, 수상의 발언은 그 금기를 깨는 것이었다. 그리고 일본이 서구에 의한 식민지화의 위협으로부터 가까스로 벗어나고 있던 당시에 자신들이 '식민지 지배'를 하고 있다고 분명히 밝힌 것

52 Ibid., p.194; 桂太郎, 「臺灣所感」, 『臺灣協會會報』 1卷, 1898, p.26.
53 『法令審議錄』, p.209.

은 의원들에게 있어서는 '갑작스런 사건'이었다.

이러한 가운데 제7장에서 검토할 다케코시 요사부로竹越与三郎가 본회의에서 정부를 지지하는 연설을 하며, '타이완에 대해 특별한 제도를 채택하지 않고 전적으로 일본과 같이 한다면 제군은 먼저 타이완에서 의원代議士을 뽑지 않으면 안 된다'고 말하고, '통치 방법은 구라파 여러 나라의 선진 식민지의 예에 의거해 다스리는 것 외에는 없다'고 주장했다. 미노베와 마찬가지로 안이한 '일본' 편입론에 대해서 타이완인을 '일본인'으로 삼는 것은 참정권을 부여하는 것이라고 위협을 가했던 것이다. 그러나 다케코시의 발언은 도리어 의원들을 자극해서 '바보같은 소리하지 마라', '일본의 영토다', '일본인이다'라는 야유가 터져나오면서 회의장은 소란스러워졌다.[54] 야유를 한 의원들이라고 해서 타이완인에게 참정권을 주자고 생각했을 리는 없다. 그렇지만 자신들이 차별의 자각도 없이 안이하게 '일본인'에의 편입을 제창하고, 객관적으로는 유럽의 식민지 지배와 같은 것을 행하고 있다는 지적이 그들의 신경을 거슬리게 했던 것이다.

고토는 우선 '식민이라는 글자는 어떠한 사람에 의해 어떻게 해석되는가. 그것은 다양하다'고 애매모호한 소화제消火劑를 뿌렸고, '다음으로 그것을 대신할 법률안도 제정할 작정이다'라고 약속했다.[55] 이 의회에서 63법은 전쟁이라는 비상사태를 이유로 연장이 가결되었지만 '식민지'라는 말에 반발했던 의회에서 총독부의 플랜이 통과될 가능성은 의심되었다.

1905년 9월에 러일전쟁이 끝나고 다음 의회를 향해 총독부 계획의 사전교

54 Ibid., pp.211~212. 의회에서 타이완인의 참정권을 '일본'편입론에 대한 위협으로 이용한 자는 다케코시(竹越)가 처음이 아니라, 노마 고조(野間五造)가 1902년의 제16의회에서 같은 주장을 행하고 있다(Ibid., p.154). 또한 노마가 같은 의회의 발언에서 내지인 식민자에 의한 타이완 자치의 가능성을 서술하고 있는 것이 흥미롭다.

55 Ibid., pp.198·218.

섭이 시작되었다. 하지만 다시 총독부내에서 커다란 장해가 발생했다. '식민지' 노선의 지지자였던 가쓰라 다로 수상이 내각을 정우회政友會 총재인 사이온지 긴모치西園寺公望에게 양도해버렸고, 하라가 내무대신으로 취임한 것이었다. 앞에서 서술한 대로 1898년 관제개혁에서 명목적이지만 내무대신은 총독을 감독할 권한을 가지고 있었기 때문에 하라의 허락이 없는 한 총독부안은 통과될 수 없었다.

1906년 1월 의회 소집을 앞두고 하라를 향한 설득공작이 행해졌다. 그러나 하라는 이에 응하지 않았다. 이미 고다마 이후로 타이완총독은 조슈長州번벌이 지배하는 육군의 고정적 지위로 굳어지기 시작했다. 더구나 1900년에는 고다마 등의 계획으로 타이완의 대안對岸인 샤먼廈門, 복건성 동남 아모이섬의 항구도시에 출병하고자 했지만 실패하고만 사건이 발생했다. 군인총독의 폭주라는 위험이 현실화된 것이다. 총독부 평의회는 이미 관료들의 명색뿐인 기관이 되어 있었기에 도저히 총독을 제어할 상황이 아니었다. 하라에게 총독부안을 인정하는 것은 대단히 위험스럽게 비쳐졌을 것이다. 나중의 의회 발언에 의하면 하라는 '이는 타이완이 거의 반독립과 같은 상황이 된다'며 총독부의 계획을 각하해버렸다.[56]

대신 하라는 다음 의회에서 자신의 안을 제출했다. 그것은 총독의 입법권을 폐지하고 '타이완에서 법률을 요하는 사항은 칙령으로 규정할 수 있다'고 하고 기한을 뺀 영구법永久法으로 하는 것이었다. 하라의 지향에서 보자면 당연한 안건이었지만 귀족원에서는 가쓰라 다로의 영향하에 있는 의원들로부터 공격을 받았다. 그래서 결국 이것도 부결되었다.[57]

하라 역시 타이완인에 대한 대우 따위에 대해서는 안중에도 없었다. 그가

56 Ibid., p.267. 그간의 경위에 대해서는 春山, 「臺灣舊慣調査と立法構想」이 상세하다.
57 春山, 「近代日本の植民地統治と原敬」, pp.36~38 참조.

제출한 법안에는 이때까지 총독부가 발표한 치안입법 등의 율령은 효력을 그대로 갖는다. 하라는 의회의 답변에서 '타이완에서는 도저히 내지와 똑같이 행할 수 없다. 일례를 든다면 내지의 형법을 그대로 시행할 수 없기 때문에 태형을 만들었다. 그것이 한층 실적功을 올렸다'고 말했다.[58] 하라에게 중요한 것은 총독의 권한 특히 입법권을 뺏는 것이어서 결과적으로 타이완인에게 어떤 법을 적용할 것인가에 대해서는 생각이 미치지 않았다.

고토와 하라 쌍방의 계획이 실패한 뒤 엎치락뒤치락하면서 63법과 대동소이한 '31법'메이지 39년 법률 제31호이 1906년에 가결되었다. 31법은 63법과 큰 차이가 없다는 의견이 많았지만 한 가지 중대한 차이가 있었다. 그것은 바로 총독부 평의회 규정의 삭제다. 실은 법안 심의에서 '평의회는 없는 게 좋다'고 강하게 주장한 자가 바로 하라였다.[59]

하라의 입장에서 보면 총독부안에는 평의회가 중시되고 있기도 해서 타이완이 왕국화될 싹을 자를 의도도 필요했을 것이다. 그러나 그 결과 63법에서는 형해形骸적으로나마 남았던 커크우드안의 체계성은 완전히 사라지고 타이완에 대한 위치부여는 점차 불명확하게 되었다. 어느새 조금씩 일이 진행되면서 총독이 독재적인 권한을 발휘하는 것 이외에 어떠한 개념도 눈에 띄지 않게 되었다. 그리고 그것과 동시에 타이완 원주자의 정치참여는 그 가능성마저 끊기고 말았다.

31법이 공포된 1906년은 타이완통치의 전기轉機였다. 4월에 총독을 사퇴한 고다마는 7월에 사망한다. 자기 계획의 실현을 저지당한 고토는 새로운 실험장을 찾아 8월에 남만주철도 총재에 취임해서 타이완을 떠났다. 1907년에 그는 오카마쓰를 만철이사로 초빙했다. 구관조사회는 그 후에도 활동을 계속

58 『法令審議錄』, p.224.
59 Ibid., p.236.

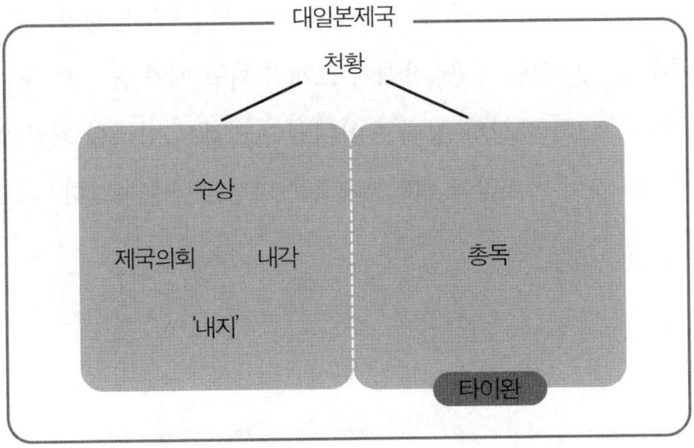

〈도식 4〉 31법으로 성립한 타이완통치 기구
형식적으로 남아 있던 평의회와 척식무상(拓殖務相)이 없어지고,
총독은 제국의회의 제약을 받는 내지의 수상 이상의 독재권을 가졌다

했고, 1910년대 중반에는 민사령民事令과 친족상속령 등 초안을 간신히 작성했지만 실현을 추진할 유력 정치가가 없어서 그대로 사라지고 말았다. 그리고 고다마와 고토의 후임들은 타이완의 위치 규정을 변경하려는 노력을 버리고 기득권이 된 독재권을 계속 행사하려고만 했다.

이렇게 '일본'이면서 '일본'이 아니고 '일본인'이면서 '일본인'이 아닌 타이완의 위치는 조금씩 고정되었다. 만약 고토의 노선이 완전히 실현되었다면 평의회 심의에 타이완인이 참여할 수 있었을지도 모른다. 또한 하라의 의견이 실현되었다면 총독에 의한 자의적인 독재상태가 개선되었을지도 모른다. 하지만 쌍방이 상대가 가진 계획의 장점을 없앤 결과로 근거불명의 독재지배가 만들어졌다. 그 정쟁政爭 속에서도 원주자의 대우는 일관해서 무시되었고 '식민지' 지배의 자각과 아픔을 결여한 상태로 타이완은 내측과 외측으로부터 제어되는 일 없이 총독의 왕국이 되었다. 하지만 타이완인들은 총독을 두려워하기는 했어도 존경하지는 않았다. 그들이 타이완총독에게 붙여준 이름은 '시골황제土皇帝'였다.

고토는 타이완을 떠난 8년 후에 했던 강연에서 63법 문제의 해결을 중도에서 애매하게 그만뒀던 것을 '장래에 크게 후회할 때가 올 것이라고 생각한다'고 말했다.[60] 그가 예상한 형태는 아니었다고 해도 이러한 최악의 절충형태를 고정화한 것이 머지않아 대일본제국을 파멸로 내몰아갔다.

60 後藤,『日本植民政策一斑・日本膨脹論』, p.50.

제6장
한국인 혹은 일본인
일한병합과 '신일본인'의 호적

1910년, 이미 일본의 보호국이었던 한국이 일본에 병합되었다. 이로부터 천만 명이 넘는 조선인이 '일본인'으로서 제국에 편입되었다.

병합으로, 조선에 부여된 위치는, 이미 기정사실화되어 있었던 타이완의 그것을 거의 답습하는 형태였다. 이것으로 '일본인'이지만 '일본인이 아닌 사람들'이라는 제국의 경계 형태가 완성되었다.

답습된 절충형태

일본 측의 위정자들이 한국을 지배한 까닭은 분명했다. 그것은 바로 초대 통감統監이었던 이토 히로부미가 1907년에 말한, '일엽대수一葦帶水로 떨어져 있는 한국에, 타국으로 하여금 지배하게 한다면 곧 일본의 독립을 위협할 염려가 있다'라거나, '일본은 자위상 실로 어쩔 수 없이 한국을 보호국으로 한 것이다'라고 하는 것에서 알 수 있듯 국방상의 동기에서 기인한다.

하지만 오키나와나 홋카이도 혹은 타이완에서 그랬던 것처럼, 국방의 중시가 반드시 경제적 비용과 일치한 것은 아니었다. 경제적 이유에서 류큐왕국폐지 반대론이 있었던 것처럼 한국에 대해서도, 이토 또한 초기에는 '금후 점점 더 증가할 한국의 여러 경비를 부담하고, 그것을 우리나라에 부과하는 것은 결코 장계長計가 아니다'라고 하고, '합병은 매우 골칫거리다. 한국은 자치를 시키지 않으면 안 된다'고 주장했다.[1]

일본의 의도에 따른 조선의 '자치'는 쉽게 실현되지 않았다. 이미 1870년대부터 일본은 조선에 친일정권을 수립하려고 안간힘을 썼고, 정치상황은 일본 측이 생각하는 것처럼 안정되지 않았다. 청일·러일 전쟁을 거치면서 어쨌든 군사적으로 청나라와 러시아의 영향력을 물리친 뒤, 결국 1905년에는 조선의 외교권을 박탈하여 보호국으로 삼았고, 이토를 수장으로 한 통감부를 설치했다. 하지만 일본이 개입하면 할수록 큰 반발을 사게 되는 불안정함이 계속됐다.

경제적으로 불리하다고 예상된 병합에 일본이 발을 들여놓은 까닭은 이러한 악순환에서 나온 최후의 수단이었다고 말할 수 있다. 한일병합 1년 전에 내려진 내각결정은 '한국을 병합해 그것을 제국판도의 일부로 삼는 것은 반도에서 우리 실력을 확립하기 위한 가장 확실한 방법이다'라고 쓰고 있지만,[2] 합병이 반도를 확보하는 '가장 확실한 방법'일지라도 가장 합리적인 방법이었는지에 대해서는 의문이었다. 그러나 최종적으로는 한국이라는 간접통치의 매체를 폐기하고, 일본의 직접통치가 행해지게 되었다.

그럼, 조선에는 어떠한 통치체제가 펼쳐졌을까?

우선 법제의 측면을 보자. 타이완의 31법, 즉 63법에서 평의회를 없앤 것과 거의 같은 내용의 「조선에서 시행해야 할 법령에 관한 법률」메이지 44년 법률 제30호이 제정되었다. 총독이 낸 '법률 아닌 법률'이 타이완에서는 '율령'이라고 칭해졌고 조선에서는 '제령制令'이라고 불렸다. 다만 이 둘의 커다란 차이는 63법이 시한입법이었기 때문에 갱신할 때마다 의회에서 분규가 일어났던 것에 비해

1 『續伊藤博文秘錄』, 春秋社, 1929(복각판은 原書房, 1982), pp.221·230~231.
2 市川正明 編, 『韓國併合史料』 III, 原書房, 1978, p.1256. 원문은 한자 가타가나 문장.

'제령'은 기한 없는 영구법이었다는 점이다. 그리고 조선총독은 무관武官 전임專任이었을 뿐만 아니라 천황에 대한 상주권上奏權까지 부여받아, 타이완 총독보다 더 큰 권한을 가졌다. 천황을 중심으로 한 궁중 석차席次도 조선총독 쪽이 타이완총독보다 상석이었다. 이 초대 조선총독에 취임한 것이 당시의 육군대신을 겸임하고 있던 데라우치 마사타케寺內正毅 대장이었다.

하라 다카시가 이 법률에 반대한 것은 당연했다. 조선병합 3년 전인 1907년, 러일전쟁으로 할양 받은 사할린樺太의 법제가 제정되었다. 이때는 하라의 주장이 어느 정도 승리를 거둬 육군의 의향을 밀어붙여 사할린청樺太廳 장관으로 초대初代를 제외하고는 내무성의 문관이 취임했고, 입법권은 부여되지 않았다. 육군의 힘이 강한 조선에서는 하라의 정치력도 미치지 못했다.

무엇보다도 육군 및 데라우치 총독 측의 주장이 실현되지 않았던 부분도 있다. 데라우치는 조선을 헌법의 제외지역으로 삼자고 주장했지만 가쓰라 다로의 표현에 따르면, 타이완의 케이스를 따라 '[헌법에 대해서는] 전래의 해석대로' 되었다.[3] 무엇보다도 타이완과 마찬가지로 명목상으로는 헌법이 시행되었지만 총독은 독재적인 권한을 쥐고 있었기 때문에 총독부가 열매를 딴 형태가 되었다.

여기서 데라우치가 조선을 헌법의 제외지역으로 삼자고 주장했다고 해도, 그 목적이 내지의 헌법이나 의회에 속박되지 않는 독재권을 얻고자 한 것이었음에 유의하자. 데라우치는 고토 신페이처럼 구관을 조사해서 조선의 독자적인 법을 만들자는 따위의 이념을 갖고 있지 않았다.

1905년 통감부가 설치되고 초대 통감 이토는 일본 민법의 기초위원이었던 우메 겐지로梅謙次郎를 최고법률 고문으로 불러, 조선에서의 구관조사에 입

3 조선과 사할린 등의 법제결정 경위에 대해서는, 春山, 「近代日本の植民地統治と原敬」, pp.40~42 참조.

각한 입법작업을 의뢰했다. 이 조사는 타이완과 마찬가지로 「관습조사보고서」로 정리되어 민사소송법 초안이 작성될 정도로까지 진전됐지만 데라우치는 이것을 불필요한 작업이라며 중지시켰다. 조선에서의 구관조사는 총독부의 각 부서를 차례로 돌면서 형식적인 차원에서 계속되었지만, 1910년 8월에 우메가 서울에서 급사하는 바람에 법안작성까지는 나아가지 못했다. 한편 치안입법 등에서는 조선의 '독자적'인 탄압법규가 다수 준비되었다. 데라우치는 제국의회에서 총독의 입법권이 필요하다고 주장할 때는 '[조선은] 역사도 일본과 다르고, 풍속습관도 각각 다르다'라고 했지만 다른 한편 '병합을 하여 자신의 나라로 끌어당긴 이상은 별도의 법률을 만들 필요가 없다. 이런 나의 생각에서 우메 군의 법률제정을 그만두게 만들었다'고 발언했는데 이는 기회주의 이외의 다른 이념이라고는 찾아볼 수 없다.[4]

이렇게 조선에서는 총독이 기한 없는 독재권을 움켜쥐고 있었고 독립왕국적 성격이 타이완보다 한층 더 강했다. 하지만 재정이 적자였음으로 경제적으로 독립할 수 없었다. 이것은 일반적으로 알려져 있는 대로이고, 병합 당시의 신문은 조선총독부의 항구적인 재원으로 당시 1,500만 엔 정도를 예상하고 있었는데 통감부 시대 말기의 세출은 4,200만 엔에 달했다고 보도하고 있다. 5년간의 보호국 통치에서 이미 일본정부로부터의 차입금이나 공채가 4,600만 엔에 달했고, 병합 당시에는 더욱이 3,000만 엔까지 은사금恩賜金이 하사되는 칙령이 나왔다.[5] 조세수입이 3억 엔 정도였던 당시의 일본정부의

4 조선의 구관입법조사에 대해서는 春山, 「植民地における'舊慣'と法」 참조. 데라우치의 발언은 제27회 제국의회 중의원, 「明治四十三年勅令第三二四號(承諾ヲ求ムル件)外十一件委員會議錄」 第3回, 1911.2.1, p.18 및 제44회 제국의회 중의원, 「共通法案委員會議錄」 第7回, 1918.3.13, p.51. 제국의회 의사속기록은 도쿄대학출판회나 린센서점(臨川書店) 복각판이 있는 데, 복각이 분명치 않는 부분도 있어서, 이하 관보(官報)의 쪽수를 기재한다. 제국의회의 의사속기록의 원문은 모두 한자 가타가나 문장이다. 이외 조선의 치안입법 등에 대해서는 鈴木敬夫, 『朝鮮植民地統治法の研究』(北海道大學圖書刊行會, 1989)가 상세하다.

5 「朝鮮の財政方針」, 『讀賣新聞』, 1910.9.23일 자 사설.

입장에서 보자면 이것은 상당한 부담이었고, 게다가 조선에는 타이완의 재정을 채웠던 아편이나 장뇌삼, 사탕과 같은 특산물이 거의 없었다. 물론 총독부는 수탈을 강화했지만 그 후에도 내지로부터의 보조금은 계속 들어왔다.

전체적으로 조선의 법제적 위치는 타이완의 그것을 거의 답습하고 있었지만, 총독의 독재권은 한층 강화됐고, 보조금은 더 많이 들어가는 형태가 되었다. 더욱이 타이완을 영유할 시점에는 '일본'이면서 '일본'이 아니라는 애매한 위치 규정과 총독이 무근거의 독재권을 휘두른다는 체제가 여러 세력간 갈등의 결과로서 성립됐다. 조선에 다소의 갈등이 여전히 존재했던 것과는 상관없이 그것은 이미 완성된 전례로서 도입되었던 것이다.

'점진주의' 교육

교육에서도 결론부터 말하자면, 타이완의 절충적인 형태가 받아들여졌다. 병합 전 보호국 시기, 일본의 통감부는 관공립의 보통교육을 설립했는데, 그것은 오키나와나 타이완 초기의 경우와 마찬가지로 수업료를 징수하지 않고 학용품이나 식사까지 지급하는 형태였다. 그러나 병합 1년 후인 1911년 8월에 공포된 제1차 조선교육령에는 '칙어의 취지에 기반해 충량忠良한 국민을 육성하는 것을 본의本義로 한다'고 명문화되었고제2조, '국어'와 '수신'이 중시되는 한편 '교육은 시세 및 민도民度에 적합하게 함을 기해야 한다제3조'라는 명목하에 보통학교의 수업 연한은 4년제가 되었다. 그리고 수업료가 징수되었고 실업교육을 중시하는 노선이 취해졌다.

수업연한을 보면 1906년에 통감부가 '소학교'라는 명칭을 '보통학교'로 바꾸고 동시에 연한을 6년에서 4년으로 단축했다. 내지의 소학교가 6년제로 된 것은 이 이듬해이기에 타이완과 마찬가지로 여기에서도 내지보다 선행했던 교육체제가 축소되었고, 역으로 내지가 이를 뒤따라가는 경향을 볼 수 있다. 수업료 징수는 적자 재정을 안은 총독부의 경비절감책이었다. 당시 문부성 보통학무국장의 견적에 의하면 조선에 무상 의무교육을 행하는 데는 430만 엔 정도의 경비가 필요한데 당시 조선통치의 학무예산은 60만여 엔에 불과했다고 한다.[6]

타이완교육에서 보이는 2개의 노선, 즉 충성심 육성에 의한 '일본인'화와 낮은 수업연한과 실업교육에 의한 '일본인'으로부터의 배제 지향의 대립은 조선에도 존재했다. 후자의 이념에서 동화노선에 대항한 것이 병합직후인 1910년 9월에 작성된 총독부 비밀문서 『교화의견서敎化意見書』이다.[7]

『교화의견서』는 '일본 민족에 특수한 충군애국은 도저히 그들[조선인]로서는 이해할 수 없을 뿐만 아니라 무익유해無益有害하다'고 단언하며 '그들에게 교육칙어를 제시해서 일본민족과 마찬가지로 충군애국의 교육을 그대로 적용시키자고 논하는 자'를 비판하고 '동화japanization의 가능성을 부정'하였다. 이것의 논거로 프랑스의 알제리 동화정책의 실패나 영국의 인도 통치가 거론되었다. 그리고 '철두철미하게 조선을 일본민족이 발전시켜야 할 식민지로서 경영하고 조선민족을 일본민족에 대해서 종속적 위치에 세울 것'이라는 전제하에서 '교육상의 시설은 그들의 생업에 직접 관계된 것에 한'하고, '구관 위에서 민도에 상응하는 간단한 시설을 이루고, 당분간은 주로 초등교육 및 직업교육만으로도 족함을 명확히 한다'는 결론을 이끌어내고 있었다.

---

6 마쓰무라(松村) 문부성 보통학무국장 담화, 「朝鮮經營意見」, 『万朝報』, 1910.9.1. 여기에서 마쓰무라는 의무교육을 '급히 실행하기는 어렵다'고 하면서 '점진주의가 중요하다'고 주장하고 있다.

7 渡部學·阿部洋 編, 『日本植民地教育政策史料集成(朝鮮編)』 第69巻, 龍溪書舍, 1987~1991 수록. 원문은 한자 가타가나 문장. 인용은 pp.28~29·31·35·37·39에서. 이 의견서를 논한 것으로, 渡部學, 「隈元繁吉文書『秘 教化意見書』解題」(『韓』 3巻10号, 1974)를 필두로, 근년에는 駒込, 『植民地帝國日本の文化統治』; 이연숙, 『'國語'という思想』(岩波書店, 1996) 등이 있다. 이 의견서에서 일본의 조선교육정책의 이념을 보고자 한 고마고메(駒込)나 이연숙과는 달리 와타리베(渡部)는 "결과적으로는 총독부에 의해 그다지 살려지지 않았다"(p.120)고 보는 등 의견서에 대한 평가가 다르다. 저자는 결과로서 행해진 정책은 각종 이념이나 의견 타협의 산물이고, 특정 의견서는 모두 부분적으로만 현실을 반영한다고 생각한다.

이 의견서에서 흥미로운 점은 세간에 횡행하고 있는 '동화론'에 대해서 하나하나 반론을 시도하고 있었다는 점이다. 비판대상으로서 거론되고 있는 '동화론'의 논거도 예로 제기되는데, 조선인은 인종적·문화적으로 '일본인'과 가깝기 때문에 유럽의 식민통치와는 다르고 일본민족이 태곳적부터 도래인渡來人을 혼합동화한 실적實績이 있으며 근대에는 오키나와의 동화에 성공했다는 것 등이다. 나아가 동화추진을 위해서 일본과 조선의 통혼을 추진하는 '잡혼정책'도 비판의 대상이 되었다. 이상과 같은 '동화론의 전형적 패턴'이 이미 광범위하게 유포되어 있었음을 엿볼 수 있다.

타이완의 경우에 빗대어 보자면, 『교화의견서』는 모치지 로쿠사부로의 『현치관견縣治管見』에 상당하는 위치를 점한다. 확실히 실업교육을 중시하는 등의 부분은 의견서가 총독부의 시책과 합치하는 부분도 있지만 어쨌든 동화교육 쪽은 수행되었다.

동화교육이 수행된 까닭은 첫째, 서구와의 대항이나 국방상의 이유임에 확실하다. 특히 조선에서는 서구인 선교사의 힘으로 기독교가 급속도로 보급되어 미션계 사립학교가 폭발적으로 증가하는 추세였다. 1905년부터 1910년까지 반일감정의 고조와 더불어 조선의 기독교도는 '근대 선교계의 기적'이라고 불릴 정도로 급증하여, 총독부 측의 통계에 의하면 1910년에는 교회와 기타 집회소集會所가 1,934곳, 신도 약 20만을 헤아렸다. 또 1910년에는 조선의 전 학교 수가 2,396개교인데, 그중 일본 측 관공립학교 및 그에 준하는 것은 146개소에 지나지 않았고 전체의 대략 35%를 종교계 학교가 차지했다.[8]

앞에서 서술했듯이 합병 전 일본 측 학교는 수업료 면제나 식사 지급 등으

---

8 阿部洋, 「併合直前の韓國におけるキリスト教主義學校」, 『韓』 115号, 1989. 조선의 서당에 대한 탄압에 대해서는 井上薰, 「日本統治下朝鮮の日本語普及·强制政策」, 北海道大學, 『教育學部紀要』 69号, 1995 참조.

로 대항했지만 여전히 종교계 학교나 조선 재래의 유교교육을 행하는 서당이 인기를 끌고 있었다. 조선인 사립학교에 대해서 통감부는 설립인가나 교원자격에 제한을 두는 등 통제를 취할 수 있었다. 하지만 기독교계 학교에 대해서 서구인 선교사가 치외법권을 가지고 있기 때문에 통감부도 공식적으로는 여기에 손댈 수 없었다. 병합 전후의 통감부·총독부의 학무 관계 문서에는 이들 종교계 학교가 조선의 민족주의와 결부되어 종교교육뿐만 아니라 항일이나 민족주의 교육이 행해진다고 끊임없이 보고하고 있다. 여기서 일본 측이 어떠한 위협을 느꼈는지를 엿볼 수 있다.

병합 후 조선은 이미 '일본'의 일부이고, 일본의 헌법과 개정조약도 적용된다는 명목에서 서구인 선교사의 치외법권이 철폐되었다. 그러나 종교계 학교의 위협은 변하지 않았다. 총독부는 1915년에 사립학교규칙을 개정하고 종교교육을 금지한다는 서구 각국과의 마찰까지 예상할 수 있는 강행수단을 취하지 않을 수 없었다. 서구의 영향력을 배제하고 조선민족주의의 대두를 억누르고 조선을 완전히 확보하기 위해서 조선인을 '일본인'으로 개조하는 교육이 필요했다. 병합 후 보통학교 규칙은 "국어는 국민정신이 깃든 곳"제7조이라고 부르며 보호국 시대와는 다른 일본어 수업이 '국어'로 개칭되었고, 시간수도 크게 증가했다.

교육에서 '일본인'화 노선을 추진한 다른 이유는 내지로부터의 영향이었다. 타이완의 경우와 마찬가지로 동화의 곤란이나 통치의 실태가 전해지지 않는 내지에서는 동화를 주장하는 의견이 압도적으로 강했다. 1911년 2월 제국교육회가 설치한 조선교육조사위원회는 조선에서의 교육방침에 관한 결의를 행했고, 교육칙어를 보급하고 '일본제국과 조선반도는 옛날부터 특수하고 친밀한 관계'조선과의 역사적 '가까움'를 교육했고, 초등교육에서 조선어와 한문의 완전한 폐지 등을 내세웠다. 또 교육계의 중심 잡지였던 『교육시론教育時論』의 사설은 '유교주의'나 '실업주의'에서 '신新 신민臣民을 교육하는 것'은 '근본적으로 잘못된 것'이라고 형용하고, '일본주의' 교육에 의해서 '신 신민을 구舊 신민에 동화시켜야 함에 만인은 이의를 제기하지 않는 바이다'라고 주장했다.[9] 물론 여기에서 말하는 '일본인'에의 동화가 권리의 부여는 아니고 충성심의 육성인 것은 말할 필요도 없다.

이러한 '일본인'화 교육론에 대한 총독부의 태도는 미묘했다. 일본어 보급과 충성심 육성을 긍정할 수는 있어도 조선어를 전폐하면 반발이 있을 거라 예상되었다. 또 비용 증가를 환영할 수도 없었다. 1911년 1월 총독부 초대 학무국장 세키야 데이사부로關屋貞三郞는 '조선인 교육의 주안이 무엇보다 그들로 하여금 충분한 일본인으로 만드는 것, 충량한 일본제국민으로 만드는 것임은 의론이 없는 바'라고 하면서도 조선어 전폐 등은 통치의 실정을 알지 못한 도쿄 교육자들의 '탁상공론'이라고 형용하고, '요컨대 급진주의에 치달리지 않고 부지불식간에 일본화한다'는 점진주의를 주창했다. 그해 3월에 동화노선을 주장한 제국교육회의 위원들의 방문을 받은 데라우치 총독도 일본어는 보급하지만, '급격한 개혁은 오히려 민심을 동요시켜 의외의 나쁜 결과를 낳는다'며, '조선교육에 대한 나의 방침은 점진주의다'라고 대답했다.[10]

결국, 이후에 제정된 조선교육령은 전술했듯이 '충량한 국민'의 육성과 간이簡易교육의 동거라는 타이완의 경우와 같은 절충형태가 되었다. 여기에는 실업교육의 중시, 교육칙어와 천황숭배의 주입, 수업료 징수 등이 어수선하게 동거하고 있고 '국어'교육의 강화와 더불어 조선어나 한문 수업도 필수과

9 제국교육회 병합과 관련해서는 井上薰, 「日本帝國主義の朝鮮に對する教育政策」, 北海道大學, 『教育學部紀要』 62号, 1994 참조. 인용은 「朝鮮教育の方針(平議員會決議)」, 『帝國教育』 344号, 1911, p.97 및 「私說 新領土の教育」, 『教育時論』 915号, 1910, pp.1~2.

10 關屋貞三郎, 「朝鮮人の教育に就て」, 『朝鮮』 35号, 1911, pp.22~23; 「時事彙報 朝鮮教育と總督」, 『教育時報』 934号, 1911, p.36.

목의 일부로 남았다. 통감부 시대의 조선교육에 관련해서, 제국교육회의 조선교육조사위원으로서 동화노선을 주장했던 시데하라 다이라幣原坦, 幣原喜重郞의 형으로, 후에 타이베이제국대학의 총장, 추밀고문관(樞密顧問官)는 조선의 교육이 '그 형식에서는 자못 [간접통치를 편] 네델란드령 동인도에 유사하고, 그 내용에서는 오히려 [동화노선을 취한] 미국령 필리핀에 닮았다'고 형용했다. 그것은 명확한 개념에 기반해서 설계되었다기보다는 '점진'이라는 이름하에 방침을 그 시점에서 판단하거나 처리하지 않고 절충한 결과로 보는 편이 낫다고 했다.[11]

어떤 한 재조在朝 내지인에 의하면 데라우치는 조선통치 방침에 대해서 '동화가 우리에게 유리하다면 동화한다. 우리에게 불리하다면 동화하지 않는다. 고로 나는 동화문제에 대해서는 아직 연구 중'이라고 말했다고 한다.[12] 전술한 법제에 관한 그의 자세에서 보아도 이것이 그의 속마음일 것이다. 이러한 '무방침'과 '점진' 아래에서 타이완의 전례를 답습하면서 '일본'이지만 '일본'이 아닌 조선의 위치가 확정되어 갔다.

다만 타이완의 전례에 존재하지 않는 조선에서 처음으로 결정된 문제가 하나 있다. 그것은 바로 조선인의 신분등록, 즉 국적國籍과 호적戶籍이다.

---

11 弊原坦, 『朝鮮教育論』, 六盟館, 1919; 『日本植民地教育政策史料集成』 25卷, p.2. 제1차 조선교육령의 원안(原案)에 대해 의견을 부탁받은 호쓰미 야스카(穗積八束)는 답장 편지에서 조선의 교육을 "수신과 실용의 여러 과목에 머무르"게 하는 것이 "가장 칭찬"할 만하다고 하고 있다. 그에 따르면, 국민교육은 "황실을 숭경(崇敬)하는 정신"이나 "질서를 중시하고 규율에 복종하는 관념"을 양성하고, 나아가 "일상생활에 필수적인 지식과 기예"를 부여하는 것으로 충분하고, 내지의 교육이 고등으로 지나치게 나아간 혐의를 "내지에서의 교육행정의 실책"이라고 평하고, 조선교육령을 내지보다도 뛰어난 것으로 쓰고 있다(大野謙一, 『朝鮮教育問題管見』, 朝鮮教育會, 1936, p.44; 『日本植民地教育政策史料集成』 28卷). 이 일은 절충으로서 만들어진 충성심육성과 실업교육의 조합이 이미 기정사실화되고, 내지 측의 실업교육장려의 풍조와도 맞아떨어져, 흡사 명확한 콘셉트처럼 한 걸음 나아가기 시작한 상황을 보여준다. 호쓰미의 관여에 대해서는 小澤有作, 「同化教育の歷史」, 『朝鮮史研究』 56号, 1966 참조.

12 青柳綱太郎, 『總督政治史論』 上卷, 京城新聞社, 1928(복각판은 龍溪書舍, 1995), p.263.

국적에서의 배제와 포섭

한일병합 바로 1년 전인 1909년 7월 병합 방침이 결정되었을 무렵, 병합 후의 조선인에게 일본 국적을 주어야 하는가의 여부가 검토대상으로 떠올랐다.

대일본제국이 영토확장에 즈음해 국적문제에 직면했던 것은 이것이 처음은 아니다. 제4장에서 서술했듯이 타이완 영유 때에도 같은 문제가 발생했다. 이 때는 영유 후 2년간의 유예기간을 설정해서, 그 기간 동안에 [타이완인에게] 타이완에 머무를 것인가 떠날 것인가를 선택하게 했다. 그 후 1899년에 제정된 대일본제국의 국적법이 타이완을 포함한 일본 영토 전역에서 시행됐고, 타이완에 잔류해있는 자들에게 일본 국적이 주어졌다. 즉 타이완에서 '일본인'이 될 것인가의 여부는 선택될 수 있었다. 이런 전례와 마찬가지의 패턴을 취할 것인가의 여부가 한일병합에 즈음하여 국적문제가 초점 중 하나로 떠올랐다. 데라우치 총독 소장문서에는 법학박사인 야마다 사부로山田三良, 도쿄제대 교수, 후에 경성제대 총장가 이 문제에 대한 자문에 대해 회답한 의견서가 남아 있다.[13]

야마다의 회답은 타이완방식과 달랐다. 그에 의하면 '종래 한국의 신민인

---

13 山田三良, 「併合後ニ於ケル韓國人ノ國籍問題」, 國會圖書館 憲政資料室, 『寺內正毅文書』 439-4. 원문은 한자 가타가나 문장, 탁점 및 구두점은 없다. 이하 이 문서에서의 인용은 pp.69~70·72에서 가져왔다. 문서 말미에는 야마다의 서명과 "明治四十二年七月十五日"이라는 날짜가 있다. 이 절에서 인용한 사료(史料) 원문은 모두 한자 가타가나 문장이다.
전후의 재일한국·조선인의 호적문제, 국적문제에 대한 연구는 다수이지만, 전전의 그것에 관한 연구는 극히 한정되어 있다. 국적문제에 대한 고전적 연구인 田中宏, 「日本の植民地支配下における國籍關係の經緯」(『紀要』 9号, 愛知縣立大學 外國語學部, 1974)는, 주로 참정권 및 병역 의무 문제에 관심을 집중시키고 있고, 조선에 국적법을 시행하지 않은 것에 대해서 "이유는 일반적으로는 불명이라고 여겨진다"고 하면서, 국가 통째로 병합한 것과 귀화방지라는 2가지 추론을 들고 있다. 또한 金敬得·金英達 編, 『韓國·北朝鮮の法制度と在日韓國人·朝鮮人』(日本加除出版, 1994, p.15)에서 김영달은 그 이유를 "자국민 보호라는 구실로 군대를 움직이지 않게 만든" 것에서 구하고 있는데 논거는 제시되어 있지 않다. 여기서는 이러한 추측을 뒷받침하는 형태를 취했다. 또한 文京洙, 「前後日本社會と在日朝鮮人(2)」(『ほるもん文化』 7, 1997)은 이 장에서 언급한 야마다가 병합 당시에 낸 의견서를 언급하고 있다. 조선인의 본적 이동 금지가 어떻게 형성되었는지 그 경위를 취급한 연구는 그다지 찾을 수 없다. 이 절의 내용은 小熊英二, 「'日本人'という牢獄」(『情況』, 1997.4月号)에서 발표한 것이다.

자는 모두 우리 제국의 신민이 되고, 우리 국적을 취득해야 한다'고 했다. 타이완의 경우 청나라의 일부를 영유한 것임에 비해 한국의 경우는 국가를 통째로 병합해버렸으므로 옛 한국국적자는 자동적으로 일본 국적에 편입되어야 하고 '한국인민이 병합을 희망하는지의 여부는 고려할 필요가 없음이 명백하다'는 것이었다. 야마다는 그 선례로서 미국이 하와이를 병합했을 때에도, 종래 하와이국적을 가진 자는 전원이 자동적으로 미국국적에 편입된 사실을 들고 있다.

다만 조선인이 일본 국적을 취득했다하더라도, 거기에는 권리상의 제한이 있음은 당연한 것으로 여겨졌다. 야마다는 다음과 같이 말했다.

> 종래로 한국의 신민인 자는 병합으로 당연히 일본 국적을 취득함에도 불구하고, 그것 때문에 한국인이 완전하게 일본인과 동일하게 되는 것은 아니다. 오직 외국에 대해 일본 국적을 취득하게 한 것에 불과함을 주의해야 할 것이다. 만약 무릇 내국의 일본인과 한국의 일본인한국인인 일본인과 일본인인 일본인에게 공법상 어떤 차별을 두어야 하는가는 국법상의 문제가 된다.

'한국인인 일본인'은 '외국에 대해'서는 '일본인'이지만, '내국'의 '일본인인 일본인'과 대등하게 취급할 것인가의 여부는 다른 문제라고 본 것이다. 결국 그들은 대외적으로는 '일본인'이지만 국내에서는 '일본인'이 아닌 것이다. 그리고 그 후 일본 국적을 부여해 대외적으로 '일본인'에 편입하면서 호적으로는 국내적으로 '일본인'으로부터 배제한다는 체제가 구축되었갔다. 여기서는 우선 국적문제부터 살펴보자.

여기에서 문제는 대일본제국에 있어서 조선인을 일본 국적에 편입하는 것이 어떤 의미를 갖고 있는가 하는 점이다. 어디까지나 '일본인'으로부터 배제할 작정이라면 처음부터 일본 국적 따위를 부여하지 않는 쪽이 간단할 것이다. 그렇지 않으면 당시의 국적법이 준비했던 귀화기준에 비추어, 국가에 바람직한 인간만을 귀화시켜 일본 국적을 부여하는 방법도 있었을 것이다. 그럼에도 불구하고 구한국국적자를 무차별적으로 편입시킨 것은 왜였을까?

그 이유 중 하나는 '대외적'인 문제에 있었다. 야마다의 의견서가 제출된 지 1년 후 병합 바로 전 달인 1910년 7월에 초대 총독 데라우치가 각의에 부친 병합방침안은 「조선인의 국법상의 지위」의 한 항으로 다음과 같이 되어 있다.[14]

> 외국에 귀화해 현재 이중 국적을 가진 자에게는 추후로 국적법이 조선에서 행해질 때까지 우리 나라의 이해관계에서는 일본 신민으로 간주한다.

외국에 귀화한 조선인까지를 '일본인'으로 간주한다고 선언한 이 문장의 '우리 나라의 이해관계'란 무엇일까? 그 하나로 생각할 수 있는 것이 청나라와 한국의 국경지대인 간도지방현재 중화인민공화국 지린성(吉林省) 연변 조선족 자치주 등을 둘러싼 문제였다.

간도지방은 현재는 중국의 영토이지만, 당시 조선반도에서 수많은 농민이 간도지방에 이주해 있었다. 그곳은 청나라의 실질적인 지배가 충분하게 미치지 못하는 변경지대였다. 당시 근대적인 국경이 충분히 확정되어 있지 않았기 때문에 한국을 보호국으로 삼아 그 외교권을 쥐고 있던 일본과 청나라 사이에서 분쟁이 발생하고 있었다.

한일병합 이전의 경위에서 말하자면 러일전쟁에 승리해 한국을 보호국으로 삼은 뒤 일본 외무성은 1907년 5월에 한 훈령을 발표했다. 그것은 당시

---

14 市川正明 編,『日韓外交史料』第8巻, 原書房, 1980, p.325.

일본이 치외법권을 가지고 있던 지역의 영사관은 관할 내의 한국민을 대일본제국의 신민과 마찬가지로 취급하고, 일부 한국의 관례에 준거하는 것 외에는 기본적으로 대일본제국의 법규에 의해 보호하라는 것이었다.[15]

대일본제국이 한국민을 '일본인'처럼 보호하고자 한 까닭은 인도적 동기에서가 아니었다. 훈령 발표 3개월 후 조선총독부의 전신前身인 한국통감부는 '한국민韓民 보호'라는 명목으로 간도지방에 군인을 수장으로 하는 통감부 파출소를 설치했다. 예전부터 일본이 권익을 확보하고자 한 이 지역에 파출소를 설치한 사건은 청나라 정부를 크게 자극했다. 청나라도 간도에 관헌을 보내어서 대항했다.

안이한 비교는 금물이지만 이 과정은 제1장에서 말한 류큐인에 대한 처우를 상기시킨다. 1874년 타이완에 표류한 류큐번민藩民이 선주민족에게 살해됐다는 이유로 타이완 출병이 행해졌는데, 이때 일본정부의 명목이 류큐번민은 '일본인'이고 출병은 '일본인'을 보호하기 위한 행동이라는 것이었다. 또한 주청공사駐清公使였던 모리 아리노리森有礼가 류큐영유를 기정사실로 만들기 위해 국외에서 류큐인을 '일본인'으로 보호할 것을 제창했던 것도 이미 살펴본 대로이다. 그것과 마찬가지로 한국민을 '일본인'처럼 보호하는 것은 일본

---

15 小松綠,「間島及鴨綠江沿岸ニ於ケル領事裁判ト朝鮮總督府裁判トノ關係ニ關スル意見」,『寺內正毅文書』439-28, p.33. 이하 간도지방을 둘러싼 경위는 李盛煥,『近代東アジアの政治力學』, 錦正社, 1991 참조. 간도문제에 대해서는 이성환의 연구 이후에 神戸輝夫·黑屋敬子,「間島領有をめぐる日清の角逐」(『大分大學教育學部研究紀要』13巻2号·14巻1号, 1991·1993); 申奎燮,「日本の間島問題と朝鮮人社會」(『朝鮮史研究會論文集』31号, 1993); 崔長根,「韓國統監伊藤博文の間島領土政策」(『法學新報』102巻7~9号, 1996) 등이 있는데, 국적문제에 대해서 언급하고 있는 것은 이성환의 책뿐이다. 이성환은 당시의 잡지기사 등을 토대로, ① 국적법을 시행하지 않는 것은 "국적법을 조선에 실시할 경우, 조선인의 법적 지위는 완전히 일본인과 동일한 것이 되고 (…중략…) 참정권을 주지 않으면 안 되기"(p.157) 때문이고, ② 국적변경을 허락하지 않은 이유는 귀화 조선인 단속이 곤란하게 되기 때문이 아닐까 라고 추측하고 있다. 이성환의 ②의 주장이 정부문서에서 확인되었다. ①은 오해였는데, 국적법 시행과 당시 참정권 문제에는 직접적인 관계가 없었다. 국적법 시행 지역이었던 타이완의 주민에게도 참정권이 없었다는 사실에서도 알 수 있다.

이 세력권을 확대할 수 있는 구실이 될 수 있었다.

무엇보다 1909년 9월 일본정부는 청국과 간도지방에 관한 협약을 맺고, 철도선을 청국 영토 내에서 연장하도록 인정받는 등의 양보를 얻은 대가로, 간도에서의 한국의결국 사실상은 일본의 영토권과 치외법권을 방기할 것을 약속했다. 이 조치로 파출소는 철수되고 간도의 한국민은 청국의 법률을 따라야만 했다. 일본정부는 한국민의 '보호'보다도 철도연장 쪽을 선택한 것이다. 일찍이 그 '보호'를 위해 타이완출병을 감행했던 미야코지마宮古島 사람들을 청나라와의 교섭을 위한 재료로 할양하고자 했듯이 대일본제국에서 보자면 한국민의 '보호'도 외교상의 수단에 불과했던 것이다.

이러한 조치는 통감부의 입장에서는 불만이었다. 1909년 간도협약이 교섭될 때 통감부의 간도파출소장은 '간도를 한국영토로 가정해 완전한 영토경영주의를 취하고', '재在간도 한국신민을 보호하자'고 제언했는데 이러한 요망을 일본정부는 듣지 않았다.[16] 데라우치의 병합방침안에도 간도거주자의 지위는 병합 후에도 변경되지 않는다고 되어있었다. 물론 일본 측에서는 불만을 가진 자가 적지 않았다. 이 문제는 최종적으로 1931년 만주사변에 의해 간도지방을 포함한 중국 동북부 전역을 일본의 세력권 아래에 두게 되는 형태로 '해결'되었다.

그런데 간도문제는 조선통치를 담당한 관료들에게는 단순한 영토확장욕의 문제가 아니었다. 병합 후 총독부가 한 간부가 데라우치 총독에게 제출한 극비보고문서의 말을 빌리면, 그들은 '재在간도 조선인의 법권法權을 우리가 쥘 수 없을 때 간도는 불령선인不逞鮮人의 소굴이 되고 음모의 색원지索源地가 될

16 齋藤季治郎, 「北韓經營ニ關スル意見」; 篠田治策, 「間島ノ狀態改善ニ關スル意見」, 별지부록; 『寺內正毅文書』 439-28, p.26. 1909년 9월이라는 날짜가 있다. 篠田, 「間島ノ狀態改善ニ關スル意見」, p.14에 따르면, 이 의견서는 "당시 사이토 소장(所長)이 이야기한 것에 따르면, 도쿄에서 면회할 때 가쓰라 총리대신이 대체적으로 동의를 표했다"고 한다.

까'봐 두려워했다. 간도지방은 병합 후 조선이 대륙으로 이어져있는 국경을 접하는 땅이고, 일본의 통치에 반항하는 조선인들이 망명하기에 좋은 땅이었다. 실제로 김일성 등 항일 게릴라가 간도지방을 거점으로 한 것을 본다면 반드시 기우杞憂였던 것만은 아니다. 간도 조선인의 단속을 주장한 자들은 한국이 병합된 이상 '간도협약에서 말하는 이른바 한민은 모두 제국의 신민'이고, '국내법에서는 내지인과 조선인으로 구별하는 법규가 있다고 해도 국제법상으로 명확히 한민韓民은 없다'고 주장했다.[17]

더구나 그들에게는 하나의 걱정이 있었다. 그것은 망명조선인들이 망명처 예컨대 청나라나 러시아의 국적을 취득해 일본 국적을 이탈해버리는 것이었다. 그렇게 된다면 그들은 '일본인'이 아니게 되므로 일본 국가의 법권 바깥에서 즉 조선총독부에 의한 단속 권한의 테두리 바깥으로 나가버린다. 그것을 막기 위해서 어쨌든 일본 국적에서 이탈하는 것을 저지할 필요가 있었다.

야마다 사부로는 이 문제에 대해서도 병합에 즈음해 데라다 총독에게 의견서를 제출했다.[18] 그는 병합에 즈음해 '신新정치에 반항하거나 혹은 신정부의 신민이 되기를 바라지 않는 자는 걸핏하면 이웃 나라에 귀화해 외국인인 척한다'는 사실에서 조선인 중 '특히 총독부의 허가를 얻어 귀화한 경우를 제외하고, 처음부터 그 국적 상실을 인정해서는 안 될 뿐만 아니라 혹은 이에 대해 그에 상응하는 형벌을 가할 필요가 있다'고 주장했다. 또한 '오히려 적

---

17 小松綠, 「秘密 在間島朝鮮人ニ關スル協議 第一回報告」, 『寺內正毅文書』, 439-23, p.206; 篠田, 「間島ノ狀態改善ニ關スル意見」, p.15.

18 「山田博士送付 國籍問題外三件」, 國會圖書館憲政資料室, 『大塚常三郎文書』, pp.108~117. 쪽수는 기재되어 있지 않다. 원문은 한자 가타가나 문장으로, 탁점은 없다. 조선총독부용 전(箋) 18매로, 표지에는 "6월 18일 수령 마사타케(正毅)"라고 되어 있다. 여기에서 야마다는 국적과 호적 외에, 외국인 등의 토지소유권 문제와 내지인 거류민단의 처우에 대해서 논하고 있다. 호적을 제외한 나머지는 모두 데라우치가 1910년 7월에 각의에 부친 전술한 방침안(案)에서 언급된 항목이다. 의견서 속에는 1911년의 총독부령에서 언급한 부분이 있고, 1913년에는 거류민단의 해산을 결정하고 있는 것에서, 아마도 1912년에 제출된 것으로 보인다.

극적으로 이중 국적의 존재를 전제로 청나라와 러시아의 국경에 이주한 조선인의 국적을 보장할 것'을 주장했다. 그러나 문제는 그것을 위한 법적 수속에 있었다.

왜냐하면 야마다의 말을 빌린다면 '지금 어느 나라에서도 그 국민이 외국에 귀화하는 것을 완전히 금지할 수 없기 때문'이고, 대개 일본이 근대국가를 자칭한다면 개인의 국적이탈권을 인정하지 않을 수 없기 때문이다. 대일본제국의 국적법에도 한정적이기는 하지만 '일본인'으로의 귀화와 나란히 '일본인'에서의 국적이탈이라는 규정이 명기되어 있다. 그렇다고 한다면 통치에 반항하는 조선인이 국적법 수속을 밟는다면 이탈을 저지할 수단이 없는 것이다.

이 점에 대해서 야마다가 대신 말했던 것은 '조선의 구관에서 논한다면 고래로 신민에게 탈적脫籍의 자유를 인정하지 않았기에 조선인이 가령 외국에 귀화했다고해도 여전히 조선의 국적을 상실했다고 말할 수 없다'는 법해석이었다. 다시 말해 근대법인 대일본제국의 국적법에는 국적이탈의 규정이 있지만, 조선의 봉건왕조인 이조李朝의 관습법에는 일단 귀복歸復한 신민은 그 자손에 이르기까지 왕조의 지배에서 이탈한다는 규정이 없었다. 그리고 한편으로 야마다에게 있어 '우리 나라 국적법 중 귀화에 관한 규정은 조선에 적용할 수 없음'은 자명했다. 왜냐하면 조선의 관습법을 그대로 유지한 채 일본의 국적법을 조선에 시행하지 않으면 조선인이 '일본인'임에서 벗어날 수 없기 때문이다.

이것은 어떤 의미에서 극히 교묘한 수단이었다. 법률상에 명문明文화하여 조선인에게만 국적이탈을 금한다면 일본이 조선인에게 근대국가에 있을 수 없는 차별을 행한다는 것을 폭로해버리는 꼴이 된다. 그러나 국적법을 시행하지 않고, 조선의 관습법대로 하면 일본 측이 그러한 '야만'적인 규정을 둔 것이 아니라 단지 조선의 구관을 존중하고 있을 뿐이라는 명목이 선다. 타이완에서 보갑제도와 태형을 부활시킨조선에서도 태형은 부활됐다 것과 같은 수법이 여기에서도 이용되고 있다. 이것이야말로 '국적법을 조선에서 행할 때까지 우리나라의 이해관계에서는 일본 신민이라고 간주한다'는 데라우치 총독의 방침이 의미하는 바이다.

이 방침은 즉각적으로 정책에 반영되었다. 병합 다음해인 1911년 7월, 조선총독부 경무과장은 통첩 「외국인과 조선인 간의 혼인에 관한 건」을 발포하고, 조선에서는 옛날부터 국적상실을 인정하지 않았다는 이유로 조선인과 청국인의 혼인을 수리하지 말도록 지시하고 있다. 또한 1917년 10월 총독부 서기관장의 회답인 「구한국민의 지나 귀화에 관한 건」도 병합 전의 한국 법령에 귀화에 대한 규정이 없다는 이유로 조선인의 국적이탈을 인정하지 않는다고 통달했다.[19]

무엇보다 법학자 야마다는 '조선에서도 장래 어떤 범위 내에서 외국에 귀화한 자는 그 국적을 상실함을 인정하지 않을 수 없다'고 말하고 '상술한 바처럼 불명료한 구관에만 방임하는 것'은 일시적인 조치에 그치고, 총독부의 제령으로 그에 '마땅한 규정'을 둘 것을 진언하고 있다. 그렇지만 결과적으로 이후에도 '마땅한 규정'은 결국 제정되지 않고 예에 의해 이러한 호도糊塗적인 조치가 고정되었다.

국적법을 시행하지 않는 것이 조선인을 대외적으로 '일본인'에서 이탈시키지 않게 하는 방책이라면, 조선인을 국내적으로 '일본인'과 구별하는 방책은 호적이었다. 야마다 사부로의 의견서는 이 문제까지도 구체적으로 논하고 있었다.[20]

야마다는 우선 구한국 시대의 호적등록을 '대단히 불완전'하다면서 '대체

---

19 坂元眞一, 「敗戰前日本國における朝鮮戶籍の硏究」, 『靑丘學術論集』 10集, 1997, pp.260~261. 이 논문은 통감부 시대에서 패전까지의 호적법제의 변화와 수속을 추적한 귀중한 것이다.

20 山田, 「國籍問題外三件」.

로 내지의 호적법에 상당하는 규정을 설치하여 내지인 및 조선인의 민적民籍을 명확히 할 필요가 있다'고 주장했다. 그리고 그는 「조선인의 내지 전적轉籍」이라는 표제어하에서 그 이유를 이렇게 쓰고 있다.

> 지금 조선인이 내지에 이주해 내지인이 될 수 있는가의 여부는 문제임에도 불구하고, 조선인은 외국인이 아닌 제국신민으로서 특별한 규정이 없는 이상, 이론상 내지에 이주해 일가를 이뤄 시정촌市町村 공민公民이 되고, 참정권을 향유하고 병역 의무의 부담을 담당할 수 있다고 말할 수 있다. (…중략…) 만약 조선 민족을 전적으로 내지인과 구별하거나 혹은 조선인은 내지에 이주할 수 없고, 혹은 이주해도 내지인이 될 수 없고 혹은 외국인과 같은 귀화 수속을 따라야 할 정치상의 필요가 있다고 한다면 더욱 신속히 호적법을 제정해 조선인이 내지인이 될 수 있는 자격 요건을 규정해야 한다. 그런즉슨, 조선인은 단순히 내지에 이주함에 따라 순연한 내지인이 될 수 있음을 인정하지 않을 수 없는 것이다.

야마다는 '한국인이고 일본인인 조선인'이 내지에 이주해서 '일본인인 일본인'인 내지인이 되는 것을 방지하기 위해서는 호적으로 구별하는 체제를 신속하게 확립해야 한다고 주장한 것이다.

이 주장의 기본 방향은 그대로 실행되었다. 1916년 7월 조선총독부 법무국은 조선인이 내지로 전적轉籍 하기를 희망한다면 어떻게 할 것인가라는 규슈 가라스구唐津區 재판소 판사의 물음에 대해 '조선인은 내지로 전적 또는 취적就籍할 수 없다'는 회답을 주었다. 또한 1921년 11월에는 내지의 법무성 민사국에서도 같은 회답을 내놓았다.[21] 다만 제8장에서 후술하겠지만 이후에

---

21 坂元, op. cit., p.263 및 田代有嗣·吉田和夫·林田恵, 「共通法三條三項と兵役法との關係(2)」, 『戶籍』 271号, 1970, p.4. 또 내선결혼 등에 의해 조선호적에 입적한 내지인은 법률상 '조선인'으로,

혼인 및 양자결연 등으로 조선인이 내지의 호적에 입적하는 것은 인정되었고, 이것으로 동화정책의 일환으로 제창되었던 이른바 '내선결혼'이 합법화되었다. 즉 내지인과 통혼하든가 양자가 된 조선인을 제외하고 원칙적으로 내지로 본적을 옮기는 것은 허락되지 않아 '일본인'과 구별되었던 것이다.

다만 호적에 관한 야마다의 의견과 현실 정책은 어느 정도 다른 점도 있었다.[22] 그 하나는 어떤 의미에서 국적법의 경우와 마찬가지로 호적법에서 조선인의 전적 제한을 규정했을 뿐만 아니라 내지의 호적법을 시행하지 않는다는 방법이 취해졌다. 병합 당시 조선인은 보호국이었던 한국시대에 제정된 민적법에 기초한 민적에 편입되어 있었고, 나아가 1922년에는 총독부의 제령으로 조선호적령이 공포되었다. 하지만 이것들은 모두 조선의 법률로서 내지의 호적법과 법체계가 달랐다. 다시 말해 호적을 뒤받치고 있던 조선과 내지의 법이 달라서 양자를 연결할 규정을 두지 않으면 일부러 조선인의 본적 이동 금지를 법문에 기록하지 않아도 내지와 조선 간의 이적移籍 수속은 존재하지 않게 된다. 국적의 경우와 마찬가지로 여기에서도 대일본제국은 교묘하게 법문에 차별을 명기하지 않았다.

이처럼 국적으로는 강제적으로 '일본인'에 포섭되면서 호적에 의해서 '일본인'에서 배제되는 체제가 만들어졌다. 이 체제는 타이완에서도 반영되었다. 내지의 호적법을 시행하지 않는다는 수법으로 타이완인의 본적 이동을

또한 내지 호적에 입적한 조선인은 법률상 '내지인'으로 취급받았다. 따라서 이 책에서 논하고 있는 법 개념으로서의 '조선인'은 정확하게는 "조선호적에 기재된 자"여서 혈통이 조선계였음을 반드시 의미하는 것은 아니다. 사실 내선결혼에 의해 남편의 조선 호적에 입적했기 때문에 전후에 국적박탈의 대상이 되었던 전 내지인 여성이 적지 않았다.

22 山田, 「併合後ニ於ケル韓國人ノ國籍問題」에서 청국인과 결혼한 대한제국 국민인 여성의 국적상실을 인정해야 한다고 주장하고 있고, 또한 「국적문제외 세건(國籍問題外三件)」에서는 조선을 병역면제지역으로 삼아야 한다고 쓰고 있다. 그러나 조선인 여성과 청국인의 결혼 건은 수리되지 않았고, 병역면제문제에 대해서도 제8장에서 논할 예정이지만, 야마다의 의견은 받아들여지지 않았다. 이 책에서 다룬 의견서 류에 대해서 공통적으로 말할 수 있는 점은, 대일본제국의 통치정책에서 특정 의견서의 주장이 완전히 실현된 적이 거의 없다는 점이다.

실질적으로 금지시켰다. 지역적인 수준에서뿐만 아니라 개인적인 수준에서도 조선과 타이완은 '일본'이면서도 '일본'이 아닌 지위를 부여받은 셈이다.

동화언설의 완성

이와 같은 정책이 실행으로 옮겨지고 병합이 추진되었다. 당시의 내지 신문과 잡지는 한 목소리로 조선의 동화를 제창했다. 아래에서 그 주요 특징을 살펴보자.

우선 타이완의 경우보다도 한층 더 인종적·지리적·문화적·역사적 '가까움'이 제창되었고, 그것과 반비례하듯 서구의 식민지 지배와의 차이가 강조되었다. 오쿠마 시게노부大隈重信에 의하면 '구라파 각국의 팽창을 보면, 대개는 다른 인종·다른 종교의 나라를 향해 팽창하고 있지만 일본은 이에 반해 같은 인종·같은 민족을 향해 팽창발전하고 있다'고 했다.

『오사카아사히신문大阪朝日新聞』의 사설에서는 '우리는 실제적으로 조선을 일본화해서, 저 영국과 프랑스의 여러 나라가 다른 인종을 통치하는 식민정치와는 근본적으로 다르기를 희망한다'고 주장했다. 하야시 다다스林董는 『태양太陽』에서 '일본이 조선을 동화하는 것은 무릇 태서泰西의 여러 나라가 이교異敎의 신영토를 통치하고 동화하는 곤란함에 비하면 참으로 쉬운 것'이라고 말했다. 사와야나기 마사타로澤柳政太郎는 "우리는 각국의 식민지 경영을 우리나라의 모범으로 삼음에 자못 주의해야 함을 한 마디 써 두지 않을 수 없다"고 했다. 이러한 서구와의 차이에 대한 강조는 식민지 통치에 대해서뿐만 아니었다. 예컨대 『도쿄마이니치신문東京每日新聞』의 기사는 독일이 알자스 로렌 지방을 동화하는 데에 난항을 겪고 있음을 들면서 '우리나라와 한국은 동문동종同文同種이 된다면 반드시 동화의 어려움을 염려할 것 없다'고 주장했고, 오쿠마 시게노부는 '일본인에 대한 조선인의 관계는 결코 러시아인과 오스트리아인이 폴란드인과 헝가리인에 대해 맺는 관계와 동일하지 않고, 동화는 일거수일투족의 노력일 뿐'이라고 말했다.[23]

동화의 선례로서 항상 거론된 것은 오키나와였다. 오쿠마는 '조선이나 타이완이 류큐처럼 일본의 충량한 신민이 되는 것은 이미 시간 문제'라고 말했고, 시마다 사부로島田三郎는 '조선의 합병은 류큐 합병이 확대된 것'이라고 형용했다. 언어학자 가네자와 쇼자부로金澤庄三郎도 '일본어에 대한 오키나와어의 관계는 일본어에 대한 조선어의 관계와 동일하다'고 주장했다. 오쿠마는 한국을 병합해 '조선'이라고 개명한 것은 류큐를 영유해 '오키나와'로 한 것과 같다고 서술했다.[24]

동화의 방법에 대해서는 '수신'이나 '국어' 교육, 조선어의 전폐全廢 등이 제창되었고, 이와 더불어 조선으로의 이식민 추진 작업과 '쌍방彼我 국민 간의 결혼婚姻嫁娶의 장려'가 제창되었다. 조선인은 '일본인'과 거의 같은 계통이기 때문에, 서구의 식민지통치와는 달리 '일본인종과 조선인종의 잡혼'은 동화를 촉진하는 데에 바람직하다고 우생학자조차 주장하고 있었다. 이식민의 장려는 '내지인을 가능한 한 많이 조선으로 옮기고, 언어도 습관도 거주도 결혼도 혼

---

23 大隈重信, 「日本民族の膨脹に就て」, 『太陽』 16巻15号, 1910, pp.6~7; 「朝鮮經營の遲緩」, 『大阪朝日新聞』, 11.20 사설; 「拼合後の朝鮮問題 林薫君談」, 『太陽』 16巻13号, 1910, p.78; 澤柳政太郎, 「朝鮮教化の方針」, 『讀賣新聞』, 8.28; 某法学博士談, 「同化難からず」, 『東京毎日新聞』, 8.29; 「朝鮮併合と世論 大隈伯」, 『万朝報』, 8.28. 병합 당시의 신문·잡지의 논조를 분석한 역사연구로는 강동진, 『日本言論界と朝鮮1910-1945』(法政大學出版局, 1984)이 대표적이고, 그외에도 吉岡吉典, 「'朝鮮併合'と日本の世論」(『朝鮮研究』, 65·72号); 渡部學 編, 「日本國內諸階級の思想狀況」(『朝鮮近代史』, 勁草書房, 1968); 宇井啓子, 井上秀雄 編, 「'併合' 日本と外國の新聞論調」(『セミナー 日朝關係史』 I, 櫻楓社, 1969); 平田賢一, 「'朝鮮併合'と日本の世論」(『士林』 57巻3号, 1974) 등이 있다. 또한 사회학자가 병합 당시의 논조를 조사한 것으로 山中速人, 「朝鮮'同化政策'と社會學的同化」(『社會學部紀要』 45·46号, 關西學院大學, 1982·1983)가 있다. 이 책에서는 특정 논자의 사상으로서가 아니라 총체적으로 동화론의 담론구조를 서구관념이나 역사관 나아가 오키나와관 등과의 연관선상에 중점을 두고 분석했다. 이 절의 신문 기사는 모두 1910년의 것이다.

24 大隈, 「日本民族の膨脹に就て」, p.7; 島田三郎, 「合併後の財政」, 『讀賣新聞』, 8.29; 金澤庄三郎, 「朝鮮教育根本問題(上)」, 『讀賣新聞』, 8.26.

화混和일치시켜야 한다'라는 동화촉진론이라고 말할 수 있다. 하지만『만조보万朝報』의 사설이 '일본인이 조선 내 거주자의 대부분을 점유하기에 이르면, 국방·정치·경제상의 여러 문제 장래에 또한 예의 야카마시키八釜敷き식의 동화문제 같은 것도 어떠한 어려움도 없이 해결할 수 있다'라고 했듯이, 역시 국방의 측면에서 조선을 '일본인이 거주하는 땅'으로 삼자고 생각했음을 알 수 있다.[25]

타이완에서도 그랬지만 조선에서도 일반 논단의 동화론은 경제적 이해에는 관심을 거의 보여주지 않았다. 오히려 병합으로 조선에 많은 보조금을 줘야 하는 것이 미디어에서 더 많이 지적되었고『만조보』의 사설이 '우리 재계는 한국병합 때문에 좋은 영향을 받기보다도 오히려 악영향을 많이 받을 것'이라고 논하듯이 경제적으로 불리하리라는 점은 상식이었다. 물론 부원富源 개발론도 존재했지만 조선에는 타이완보다도 개발할 수 있는 자원이 훨씬 적다는 점도 잘 알려져 있었다. 이것에 대해서는 제2부에서 서술할 비용론에서 본 병합반대론이나 경비절감론도 있었지만 '한국의 병합이 (…중략…) 의협적인 행위임은 칭찬할 만하다'는 자아도취적 논조가 더 많았다.[26] 당시의 논조에 따르면 병합은 러시아 등의 위협을 막고 '동양평화'를 위해 행해진 것으로, 국방력도 경제력도 없는 조선 측으로부터 병합을 요청 받아, 일본이 의협심에서 불리不利함을 충분히 알면서도 그것에 응한 것이라고 간주했다. 이 속에서 적자경영은 서구의 식민지 지배가 경제적 수탈을 목적으로 한 것과는 달리 병합은 '동양평화'를 위한 '의협적 행위'라는 논거로 이야기되었다.

류큐처분의 경우와 마찬가지로 병합에 직면해 '일본인'과 조선인은 같은

---

25 「朝鮮移民政策」,『万朝報』, 9.11 사설; 海野幸德,「朝鮮人種と日本人鍾の結婚に就て」,『太陽』16巻 16号, 1910, p.103;「寺内總督の歸朝」,『大阪毎日新聞』, 10.18 사설;「今後の朝鮮移民」,『万朝報』, 9.5 사설. 운노(海野)를 필두로 우생학자와 조선, 타이완 통치정책과의 관계에 대해서는 小熊, op. cit. 참조.

26 「經濟上の影響」,『万朝報』, 8.29 사설.

인종일 뿐만 아니라 고대에는 한 나라였다는 일선동조론日鮮同祖論의 역사관이 제창되었고, 병합은 침략이 아니라 고대 상태로의 '복고復古'라는 논조가 유포되었다. 이를 위해서 '한일 관계는 말할 것도 없이 대對 식민지 관계와는 취지가 다르고, 오랜 형제가 새롭게 화합을 이룬 것'이고, '같은 인종이 병합에 의해서, 하나의 국민이 되는 것'은 '미국이 기만적 수단으로 점차적으로 멕시코의 영토를 잠식하고 다음으로 하와이를 병합한 것과는 완전히 취지가 다르다'고 간주했다. 타이완의 경우와 마찬가지로 '외국인이 이번의 병합으로 일본인의 식민 수완을 시험한다'는 자의식 속에서, 서구의 식민지 통치의 실패를 보여주면서 오쿠마처럼 '우리나라의 한국병합은 평화·인도·박애 등 정의를 위한 병합으로서 그 성과 역시 반드시 이례적인 것이다'라며 '이례적인 위업을 보여 그들[서구]의 반성을 촉진해 보호국 통치의 최선의 수단을 그들에게 보이자'고 주장하는 자도 있었다.[27]

그러나 서구의 식민지 지배와의 차이가 강조되고 '한일 사이는 정복자와 피정복자의 관계가 아니다'라고 했지만 종속관계에 대해서는 확실하게 의식하고 있었다. '같은 인종'이면서 차이가 있는 상태를 정당화한 것은 오키나와에서도 그랬듯이 '문명'의 정도였다. 여기에는 '일본은 유교의 정신으로 태서신문명의 의복을 입었는 데' 비해 '조선인은 게으르고遊惰 놀기逸樂를 탐해 노동을 천히 여기고 근검저축하는 정신이 결핍되어' 있고 현저하게 '위생사상이 유치'한 상태라고 여겨졌다. 그리고 조선의 구관은 '도쿠가와막부 시대'의 문물과 같은 구시대의 유제遺制이고, '조만간 문명의 정치, 왕화王化의 은혜를 느끼기에 이를 것이다'라고 보았다.[28]

---

27 「朝鮮語研究」,『讀賣新聞』, 8.27 사설;「同人種の和合」,『万朝報』, 9.1 사설;「隈伯の併合觀」,『東京日日新聞』, 8.30.

28 「韓人待遇の道」,『東京日日新聞』, 8.21 사설;「併合後の朝鮮問題 林薰君談」, pp.77~78;「朝鮮人の風俗」,『東京日日新聞』, 9.4 사설;「朝鮮の女學生」,『東京朝日新聞』, 8.26; 大隈,「日本民族の膨

게다가 오키나와가 고대와 중세의 일본 풍속을 보존하고 있다고 간주되었듯이 '오늘날 조선에 현존해 있는 제도·풍속 등에는 우리나라의 왕조시대와 비슷한 것이 적지 않다'라든가 '우리나라의 경우에서 말한다면 남자는 후지와라기藤原期의 풍속과 비슷하고, 여자는 나라조奈良朝의 양상을 눈앞에서 보는 듯한 기분이 든다'라는 식의 언급이 신문지상에서 나타났다. 그러나 그 한편에서는 '우리 국민성과 조화할 수 없는 외국 선교사의 감화가 한 방울이라도 조선인들 사이로 침입하지 않도록 해야 한다'고 강조했다. '문명화'는 어디까지나 '일본화'와 모순되지 않는 범위 내에서만 제창된 것이었다.[29]

조선인의 '일본인'화가 주장되는 가운데 '일본인'으로서의 참정권 등을 언급한 예는 많지 않다. 병합 당시의 논단을 보면, 조선인의 철저한 동화를 주장하면서 '마침내 그 선량選良을 우리 귀중貴衆 양원兩院에 열석列席시키기까지 이르러야 한다'고까지 말한 것은 오이시 마사미大石正巳 등 극소수였다. 다른 의견은 거의 참정권 부여 반대론이었다. 이누카이 쓰요시犬養毅는 '한국민은 시기심이 많을 뿐만 아니라 뇌물 등 수수授受에 자못 교묘하여 참정권 부여는 흡사 의회에 바이러스를 퍼뜨리는 것과 같으므로 결단코 이것을 허락해서는 안 된다'고 말했다. 『도쿄아사히신문』에 게재된 「모외교대가담某外交大家談」은 영국의회가 아일랜드인에 의해서 혼란해진 것을 예로 들며 '타이완인과 조선인을 함께 의회에 세우는 날에는 본국 정치가 각종 사안에서 그들 때문에 좌지우지될 것'임으로 '우리나라는 영구히 조선인에게 참정권을 부여하지 않는 것이 가하다'고 주장했다. 제2부에서 논하겠지만 후에 아일랜드의 사례는 조선·타이완에 대한 참정권 부여 반대론의 상투어가 되었다. 교육에서도

脹に就て」, p.5.

29 「王朝時代と今の朝鮮」, 『東京朝日新聞』, 8.30; 「韓族の風儀(續)」, 『東京朝日新聞』, 8.29; 「朝鮮と我宗敎家」, 『万朝報』, 9.2 사설.

동화교육론이 제창되는 한편 낮은 수준의 실업교육을 주장하는 의견도 나란히 존재했다.[30] 조선인을 '일본인'에 동화하는 것 역시 권리의 부여를 의미하지 않았다.

잡지 『태양』에 게재된 마쓰다 마사히시松田正久의 아래의 주장은 조선인의 '일본인'화 논의의 성격을 여실히 보여주고 있다.[31]

> 일본인의 사상과 일본인의 정신으로 조선인을 도야할 수 있다면, 조선인은 이에 비로소 신일본인의 자격을 명실공히 얻을 것이다. 일본인으로서 쓰임이 없는 인구를 약간 덧붙인 것으로는 국가의 경사가 아니고, 오히려 성가심을 더 늘릴 뿐이다. 고로 꼭 이를 동화해서 일본인으로서 쓰일 수 있도록 해야 한다. 이에 결국은 병역에도 복무시켜 제국북문의 간성干城에 이르지 않으면 안 된다. (…중략…) 조선인이 일본에 동화해서 북문의 간성이 된 날이야말로 비로소 제국은 조선병합의 보상을 얻는다고 말할 수 있다. 그때까지는 우선—30년이 걸릴지, 50년이 걸릴지 그렇지 않으면 또한 100년, 150년이 걸릴지 모르지만—새로운 부담을 지게 됐다고 보는 것이 지당하다. 물론 조선병합 덕분에 동양의 화근이 근절되고, 그 평화를 확보할 수 있게 된 것은 우리나라를 위해서 뿐만 아니라 세계를 위해서도 기뻐해야 할 일이다. 우리는 감히 부담의 증가를 싫어하지 않는다.

조선인을 '일본인'화하여 조선을 국방거점으로 확보하는 일이야말로 경제적 부담인 병합의 의의가 생겨나는 지점이다. 그때 조선인은 병역에도 참가해 '신일본인의 자격도 얻을 것'이다. 그러나 그 동화의 완료는 수십 년에서

30 「併合後の朝鮮問題 大石正巳君談」, 『太陽』 16巻13号, 1910, p.90; 犬養毅, 「合併後の要務」, 『東京朝日新聞』, 8.25; 某外交大家談, 「朝鮮人の參政權」, 『東京朝日新聞』, 8.25; 실업교육론은 「朝鮮の教科目」, 『東京日日新聞』, 9.3 사설; 「所謂實業教育」, 『万朝報』, 9.13 사설 등.

31 「併合後の朝鮮問題 松田正久君談」, 『太陽』 16巻13号, 1910, p.88.

백년이라는 '점진'을 거친 후의 일이다.

이렇게 국방은 '동양평화'로, 동화는 '인도와 박애'로, 적자경영은 '의거義擧'로 의식 속에서 변용되었다. 그리고 그 각각에 서구의 식민지 통치와는 다른 노선을 취하고 있다는 정체성과 내셔널리즘이 수반되었다. 그러한 의식이 유포되는 한편에는 '일본인'이지만 '일본인'이 아닌 조선인과 타이완인의 위치가 점차 확정되어 갔다. 그리고 이 체제는 그 후 동요하기는 했지만 제국이 붕괴될 때까지 유지되었다.

제2부

일본형 오리엔탈리즘과 식민적 주체

제7장

차별 즉 평등

식민정책학과 인종주의

'차이를 인정하면서 평등하게.'

이것은 현재의 민족문제에서 이상적으로 여기지만 실현하기 곤란한 이념의 하나다.

일본식민지 통치의 기본방침은 일본의 문화나 법을 강요하는 동화주의였다고 오늘날 통상적으로 말해진다. 제1부에서 언급한 것처럼 현실에서는 '일본인'에의 포섭과 배제가 절충된 통치가 행해졌는데, 특히 교육 등에서는 동화적인 측면이 존재한 것은 분명했다.

앞서 기술한 것처럼 이 동화노선에 대해서는 당시부터 '구관존중舊慣尊重'형의 비판이 존재했다. 지금까지 대일본제국 시대에 동화정책을 비판했던 일본 측 논자를 원주민의 민족성을 존중했다고 무조건적으로 상찬賞贊한 적도 있지만, 그것이 반드시 적절하다고는 할 수 없다. 많은 '구관존중'형 비판은 보다 효율적인 지배를 주장한 것이었을 뿐만 아니라 조선인이나 대만인 혹은 오키나와인을 '일본인'에서 배제하려는 동기를 담고 있었기 때문이다.

이러한 동화주의 비판의 논거로 도입된 것이 프랑스 사회학의 동화주의비판에서 일본의 식민지 정책학으로 유입된 인종사상이었다. 지금까지 보아왔던 것처럼 영국은 간접통치의 대표로서 그리고 프랑스는 동화노선의 대표로서 통치논의에서 다루어졌다. 이 책에서는 니토베 이나조와 야나이하라 다다오矢内原忠雄 등 식민정책학자를 중심으로 이 인종사상의 영향과 기능을 검증하고자 한다. 그리고 그들이 '일본인' 이외의 사람들에게 어떻게 대응하고자 했는지를 살펴볼 것이다.

프랑스 동화주의와 계몽사상

인종사상을 검토하기 전에 프랑스의 식민지 통치방식이었던 동화주의의 전개 양상을 살펴보자. 프랑스의 동화주의l'assimilation는 프랑스혁명 이래 자유·평등·우애의 정신에 근거하고 있다고 한다.[1] 하지만 원주자의 관습이나 식민지 자치를 인정하지 않는 동화주의와 자유·평등·우애의 정신이 어떻게 결합될까?

그것을 논하기 위해 우선 동화주의의 정의가 무엇인지를 살펴보자. 이 책에서는 동화주의라는 말을 '법과 문화 등 사회 여러 측면의 공통화共通化를 목표로 하는 사상'이라는 의미에서 사용한다. 식민지통치에서 보면 이념형으로는 본국의 언어나 문화의 이입과 법제의 동화를 수반한다. 문화적으로도 제도적으로도 식민지는 본국의 한 지방이 되고, 참정권 등의 정치적 권리는 커크우드가 제창한 식민지의 입법의회설립이 아니라 우메 겐지로가 오키나와 사례와 프랑스의 알제리 통치를 참고하면서 말한 것처럼 본국의 다른 부현과 똑같이 중앙

---

1 프랑스의 동화주의가 대혁명의 정신에 뿌리내리고 있다는 점은 石井寬治, 「問題提起」, 『社會經濟史學』 51巻 6号(1986); 中村哲, 「日本植民政策一般解題」; 後藤, 『日本植民政策一般·日本膨脹論』, p.7 등에서 단편적으로 언급되고 있는데, 일본에서는 본격적인 검증이 이뤄지지 않았다. 일본 식민정책학의 대표적인 연구인 淺田喬二, 『日本植民地研究史論』, 未來社, 1990 등은 각각 글속의 관련 부분에서 언급하고 있지만, 프랑스 동화주의 비판의 영향을 논한 부분은 찾을 수 없다. 櫻井鐵夫, 「フランスにおける植民地帝國主義と民主制」, 『歴史における民族の形成−1975年歴史學研究會大會報告』(후에 『知識人の運命』, 三一書房, 1983에 수록)는, 프랑스에서의 동화주의 비판론에 대해서 약간 언급하고 있다. 이 장은 小熊英二, 「差別卽平等−日本植民地統治思想へのフランス人種社會學の影響」(『歴史學研究』 662号, 1994)을 가필 수정한 것이다.

의회에 의원을 선출하는 형태로 실현시키려는 것으로 나타난다.

다만 현실에서 행해진 통치는 이 이념 그대로였던 것은 아니다. 뿐만 아니라 프랑스 각 식민지에서 참정권의 형태도 제각각이었다. 이 정의는 현실의 식민정책 분석개념이라기보다는 본 장에서 검증하고자 하는 일본과 프랑스의 동화주의 비판론을 이해하기 위한 것이라고 미리 양해를 구한다.

프랑스혁명의 이념과 동화주의의 관계를 파악하기 위해서 먼저 프랑스혁명 당시의 식민지와 본국의 관계를 둘러싼 대립을 살펴보자.[2] 이 대립은 프랑스혁명 직후에 본국 의회로 식민지 생도맹그Saint-Domingue에서 대표를 파견하는 형태를 둘러싸고 발생했다. 즉 식민지 측은 백인 식민자만을 대표로 생각하고 있었지만 본국은 현지 흑인노예와의 혼혈 자유인 물라토Mulatto까지 포함시켜야한다는 의견이나 노예제도 그 자체를 철폐하자는 목소리가 나오고 있었다. 당시 생도맹그에는 식민지 의회가 설치되어 있었지만 이곳은 백인 식민자가 지배하고 있었다. 결국 여기서는 커크우드가 자치 식민지의 사례로 들었던 캐나다와 오스트리아에 가깝게 의회를 가진 '식민자의 자치'가 행해지고 있었던 것이다. 이러한 식민자들에게 있어서 노예제 유지는 자신들의 기득권을 지키기 위해서 절대적이었고 물라토와 흑인을 본국의회의 대표로 포함시키는 것 등은 논외였다.

이에 비해서 본국 측에서는 프랑스혁명의 인권선언의 원칙을 식민지에도 적용한다는 취지에서, 전술한 것과 같은 형태로 대표를 파견하라고 요구하는 주장이 있었다. 그리고 이때의 대립에서 '동화'에 대한 반대론이 노예제의 유지를 부르짖는 측으로부터 나왔다. 결국 식민지에는 본국과 다른 사회적 조

---

2 이하의 기술은 濱忠雄, 「フランス革命の植民地問題」, 『歷史學硏究』 419号, 1975; C.L.R. James, 『ブラック ジャコバン』, 青木芳夫 監譯, 大村書店, 1991; Carl. L. Lokke, *France and the Colonial Question*, New York, Columbia, U. P., 1932, pp.119~141.

건이 존재했기 때문에 법제적인 '동화'는 무리였고, 인권선언과 그 정신을 반영한 법을 적용할 수 없다는 것이었다.

마침내 생도맹그에서 흑인들의 봉기가 일어났고, 진압에 나선 식민지 의회는 영국·스페인군에 지원을 요청했다. 식민지 측은 여러 권리를 혁명 전의 상태로 유지시킨다는 조건으로 영국 국왕에 충성을 약속했다. 식민자들은 인권선언에의 '동화'를 강요하는 프랑스로의 귀속을 거부했던 것이다. 프랑스 본국 측은 식민지의회 해산령과 국민군의 파견으로 대응했고 현지 흑인도 그것에 협력해 싸웠다. 그리고 1794년 본국의 국민공회에서 물라토와 흑인 대표자는 열렬한 환영을 받았고 프랑스 전 식민지의 노예제 철폐와 본국헌법이 보장하는 인권이 주어진다고 선언되었다. 여기에는 혁명과 인권의 정신이 식민지 '자치'와 대립하는 가운데 본국법의 연장과 중앙의회로 대표를 파견한다는 동화주의의 제도적 측면이 실현되어 가는 모습을 볼 수 있다.

그 후 혁명의 후퇴와 함께 노예제도도 부활했고, 식민지는 본국법의 적용 외 지역이 되었다. 하지만 1848년 2월 혁명 직후에 재차 노예제철폐가 선언되었고, 식민지는 법적으로 본국의 부현과 동등하게 되었으며 대부분 본국의회로 대표를 선출해서 보낼 수 있는 대표선출권을 얻었다. 그 후 제2 제정기帝政期에는 다시 본국법의 적용 외 지역이 되었는데, 1870년대의 제3 공화제 아래에서 세 번째 동화주의가 부활했다. 그리고 식민지에도 인권선언 정신과 그것을 체현한 법과 문화를 넓힌다는 의식도 또한 계승되었다.[3]

그렇지만 그런 와중에 프랑스인 측은 식민지 원주민의 전통적 관습을 문명에서 뒤처지고 또 인권선언 정신에도 반反하는 것이라고 간주했다. 프랑스 측이 알제리 원주민의 관습 중 적대시했던 것은 토지를 비롯한 공유재산

3 Raymond F. Betts, *Assimilation and Association in French Colonial Theory 1890-1914*, New York, Columbia U. P., 1961, pp.17~21.

제·씨족제도·이슬람의 일부다처제였다. 이것들은 모두 개인의 권리가 확립되어있지 않은 전근대적 관습이라고 규정되었다. 인도차이나의 토착 과거科擧 엘리트는 존중되지 않았고, 인도의 프랑스령 지역에서는 참정권을 부여하는 데에 카스트는 무시되었다. 프랑스 측은 이러한 관습 대신에 프랑스의 법과 문화, 프랑스어를 이입하고자 했다. 인도차이나의 통킹Ton Kin에 부임하자마자 총독이 최초로 한 일은 대혁명의 인권선언을 포고했고, 현지의 전통적 사회체제와 관습을 '우리의 생각에 따라서 이 인종을 개조하기 위해서, 타파해야 한다'고 말했던 것은 이러한 심리를 잘 표현하고 있다.[4]

게다가 이 동화주의의 배경에는 프랑스혁명의 사상적 배경이었던 자연법사상과 계몽주의 인간관이 존재했다.[5] 중세나 절대왕정하에서 인간의 신분은 태어나면서 결정되었다. 그러한 사상의 한 극한은 스페인이 신대륙에서 선주민족의 노예화를 정당화할 때에 제시되었던 아리스토텔레스Aristoteles의 '선천적 노예인'이었다.

계몽주의와 자연법 사상은 이 관념을 타파했다. 17세기 영국의 사상가 존 로크John Loke는 인간은 '백지tabula rasa'로서 태어나는 것이고, 교육에 의해 어떠한 내용도 기입될 수 있는 가능성을 가지고 있다고 주장했다. 로크에 의하면 인간에게는 누구라도 만인과 공유하는 이성을 갖추고 있고, 그 이성으로 유일 보편의 진리나 자연법을 감지할 수 있다고 한다. 그렇다면 귀족에게 귀족의 법과 덕이 평민에게 평민의 법과 덕이 있는 것이 아니다. 유일 보편의 자연법하에서 전원은 평등하다. 이 고찰에 의하면 인간은 본래 평등하고 격차는 태어나면서 생겨나는 게 아니라 교육과 환경의 차이에 의하기 때문에

4 이러한 마찰에 대해서는 Stephen Roberts, *History of French Colinial Policy 1870-1925*, London, King & Co., 1929, pp.95~171.

5 이하 Betts, op. cit., pp.10~32. 프랑스에서의 논조에 대해서 이 책은 베츠(Betts)에게 많이 의존하고 있다.

교육으로 변화할 수 있다. 루소Rousseau를 비롯한 계몽주의는 이러한 전제에서 태어났다.

이 사상에서 혁명과 인권선언뿐만 아니라 동화주의도 발생했다. 왜냐하면 식민지의 원주민도 인간인 이상 프랑스인과 같은 이성을 가지고 있고, 그 이성으로 감지된 진리는 유일 보편의 것이기 때문이다. 귀족과 평민이 따르는 법과 도덕이 다르면 안 되듯이 자유·평등·우애의 원리를 체현한 프랑스 법률에 본국인도 원주민도 따라야만 한다. 그리고 인간에게는 교육으로 변화될 수 있는 가능성이 있기 때문에 원주민도 교육으로 개조하고 유일 보편의 문명으로 인도할 수 있는 것이다.

물론 식민지 통치에는 사상 이외의 경제적·정치적 요인이 크게 관계하고 있기에 프랑스 식민지에서 완전한 평등이 실현되었다고 말하려는 것은 아니다. 그러나 여기에서는 이러한 사상이 현실의 동화정책과 어느 정도로 실태實態로서 결합되어 있는지를 논증할 작정은 아니다.[6] 여기서 문제는 이러한 사상이 동화주의와 모순되기는커녕 논리상으로는 추진요인으로 작용할 수 있다는 점이고, 그 이상으로 중요한 것은 당시의 논자들 특히 일본에도 영향을 끼친 프랑스 동화주의 비판 사회학자가 동화주의의 본질이 바로 이 점에 있다고 간주했다는 점이다.

르봉과 동화주의 비판의 대두

프랑스 식민지 통치의 기본이념이었던 동화주의는 19세기 말에 자신의 실패를 고했다.

---

6 구체적인 정책과 밀접한 사상에 대해서 喜安郎, 「第三共和制の形成とフランス植民地主義」, 『史艸』 8号, 1967; 權上康男, 「フランス植民地帝國主義」, 『エコノミア』 50号, 1974; 菅原聖喜, 「フランス植民地思想の形成とナショナリズム(上)(下)」, 東北大學, 『法學』 46巻4号·48巻5号, 1984 등 참조.

우선, 통치 비용이 높았다. 프랑스문화를 수출하기 위해 많은 학교가 만들어졌고, 그것을 운영하지 않으면 안 되었다. 현지의 사회조직을 이용하지 않고 프랑스인 관리가 직접 통치를 하기 위해서 행정 일반의 부담도 늘었다. 당시 같은 조건에서 프랑스 식민지는 영국 식민지에 비해 3배의 관리비를 필요로 했다고 할 정도다.

게다가 원주민의 저항과 반란이 계속해서 이어졌다. 현지 관습과 사회체제의 무시나 파괴는 많은 반발을 불러일으켰고, 공유재산제도의 변화는 경제적인 손해를 야기했으며 몰락을 강요받았던 재래 지배층은 반란의 지도자가 되었다. 프랑스는 대량의 군대를 동원해 가혹한 진압을 각지에서 벌였는데 그것이 또 비용의 증대와 원주민의 이반離反을 불렀던 것이다.[7]

이러한 상황하에서 동화주의 비판 사상이 19세기에 대두하기 시작했다. 비판의 표적이 된 것은 그들이 동화주의의 논거라고 간주했던 것, 즉 계몽주의와 자연법에 기반한 인류평등 사상이었다. 그 대표적인 논자가 귀스타브 르봉Gustave Le Bon이다.[8] 르봉은 군중이라는 개념을 제시한 대중사회론과 사회심리학의 선구자로서 사회학의 역사에 이름을 남긴 인물이자 생물학과 인종주의에 기반한 사회학·심리학을 주창한 인물이기도 하다. 그의 지지자로 철학자인 베르그송Bergson이나 정치가 시어도어 루스벨트Theodore Roosevelt, 훗날에는 무솔리니Mussolini 등이 있다.

르봉에 따르면 인간은 평등·등질적인 추상적인 존재가 아니라 인종마다의 유전에 의해 결정된 특성을 가지고 있다. 세계의 각 인종의 사회체제나 관습·법률·문화 등은 각각의 유전적인 특성에서 필연적으로 발생한 것이지

7 Roberts, op. cit..
8 르봉에 대해서는 Betts, op. cit., pp.64~69 및 Serge Moscovici, 古田幸男 譯, 『群衆の時代』, 法政大學出版局, 1984 등 참조.

후천적으로 변할 수 있는 것이 아니라는 것이다. 인간은 원시적 인종·열등인종·우등인종이라는 네 가지로 크게 분류할 수 있고, 그 경계는 결코 교육 등으로 넘어설 수 없다. 열등한 인종도 예술 등에서는 고유의 훌륭함을 가질 수도 있으나 그것은 문명 수준을 재는 기준일 수 없다. 또한 개개인의 사례로 보더라도 열등인종이 유럽식의 교양을 체득하고 있는 경우도 있겠지만 인종적인 우열은 그러한 개인의 레벨보다도 민족이 집합적으로 만든 문화나 체제로 드러난다는 것이다. 설사 지식이나 언어를 형식적으로 교육할 수는 있어도 그 변화는 표면적인 것에 그치고, 유전으로 결정된 심리의 깊은 부분을 바꿀 수 없다고 했다. 그리고 식민지 원주민에게 고등교육을 실시하면 원주민의 상승지향과 자각을 강화시켜 불만을 낳을 뿐만 아니라 그 인종 본래의 전통적인 도덕을 저하시켜 혼란과 반란을 야기할 수 있다고 논한다.[9]

르봉의 사상이 돌연변이처럼 나타난 것은 아니다. 생물학에의 경사와 프랑스혁명 시대의 형이상학적인 추상적인 인간관을 '실증적'으로 '자연법칙'에 비춰 비판하는 태도는 니토베 이나조도 즐겨 인용한 프랑스 사회학의 시조인 콩트Comte에게서도 찾을 수 있다. 19세기 후반 계몽주의는 후퇴하고, 스페인의 사회진화론이나 고비노Gobineau의 인종이론 등 진화론이나 생물학을 받아들인 사회사상이 대두했다. 개인보다 집단적인 심리를 중시하는 사회학에는 동시대 인물로 뒤르켐Durkheim 등도 있었다. 르봉은 이러한 배경에서 등장했다.[10]

---

9 Gustave Le Bon, *Les Lois psycholigiques de l'évolution des penples*, Paris, Félix Alcan, 17c ed., 1922(1er ed. 1894), pp.15~31·38~47·65~78; *Psychologie des foules*, Paris, Félix Alcan, 15e ed., 1910(1er ed. 1897), p.82f; Le Bon, 『民族發展の心理』, 前田長太 譯, 大日本文明協會, 1910, pp.1~23·32~43·65~82; 大山郁夫 譯, 『群衆心理』, 大日本文明協會, 1910, pp.126~127.

10 콩트에 대해서는 『コント スペンサー 世界の名著』 36巻, 中央公論社, 1970 참조. 니토베의 글은 新渡戸稲造全集編輯委員會 編, 『新渡戸稲造全集』 第4巻(教文館, 1969~70, p.329) 등에서 인용했다. Betts, op. cit., p. 68.

르봉은 이 '과학적 진리'를 무시한 추상적인 인류평등관에 기반한 동화주의의 실패는 필연이라고 주장했다. 그에 따르면 영국이 식민정책에 성공해서 대제국을 구축하고 있는 이유는 동화주의를 채택하지 않고 원주민의 관습을 유지하고 전통적인 지배층을 온존·이용하여 자치적인 간접통치를 행하고 있기 때문이다. 그리고 1889년 국제 식민지회의에서 르봉은 '원주민을 그들의 습관, 그들의 체제, 그들의 법률 아래에 방치하라'고 동화주의 비판을 제창했다.[11]

당시 르봉은 아직 소수파였지만 그의 주장은 잠재해 있던 동화주의에에 대한 비판에 절호의 논거를 주었다. 이후 그는 점차 지지를 받았다. 그를 추종하고 동화주의 비판을 전개한 프랑스의 식민정책론자로 훗날 야나이하라 다다오도 인용하고 있는 소쉬르Saussure나 비뇽Vignon, 시거Seager, 그리고 유전을 강조하는 면모가 어느 정도는 적지만 후기의 르로이-뷔리우Leroy-Beaulieu 등도 이 흐름에 가세했다. 이 시기 프랑스 동화주의비판의 논조는 기본적으로 르봉을 답습하고 있으므로 상술하지 않겠다. 다만 일본에 준 영향에서 보자면 미국 위스콘신 대학에서 식민정책학을 담당하고, 윌슨 정권하에서 주중국 공사를 역임했던 폴 사무엘 라인쉬Paul Samuel Reinsch에 대해서는 서술하지 않을 수 없겠다. 왜냐하면 후술할 야마모토 미오노山本美越乃나 이즈미 아키라泉哲와 같은 일본의 식민정책자들은 유학시기 라인쉬에게서 수업을 받았을 뿐만 아니라 라인쉬는 니토베와도 교류가 있었고 일본어로 번역된 그의 식민정책 관계 저서는 일본에서 그의 '영향 바깥에 선 자가 드물다'고 말할 정도로 기본 도서였기 때문이다.[12]

---

11 Le Bon, *Les Lois psycholigiques de l'évolution des penples*, Paris, p.63f; Le Bon, 『民族發展の心理』, p.63; Betts, op. cit., p.68.

12 프랑스의 각 논자에 대해서는 주저(主著)만을 들어보자. Léopold Saussure, *La Psychologie de la colinisation francaise*, Paris, Félix Alcan, 1899; Louis Vignon, *Un Programme de politique colinial*, Paris, Plon-Nourrit, 1919; Carl Siger, *Essai sur la colonisation*, Paris, Société de Mercure de France, 1907(2e ed.); Pierre-Paul Leroy-Beaulieu, *De la colonisation chez les penples modernes*, Paris, Guillaumin,

라인쉬 저작의 한 가지 특징은 인도적 주장과 근저에 있는 차별의 혼재이다. 현지 관습을 조사해 존중하자는 동화정책 비판은 물론이고 전통을 유지하는 민족교육을 채용하고 주로 원주민의 언어로 교육해야 한다는 의견이 쓰여 있다. 또한 식민지에서의 통치자는 식민자에 의한 무제한의 착취나 식민자가 가지고 들어온 알코올 등의 악습에서 원주민을 보호해야 한다는 가부장적인 박애정신 등도 군데군데 발견할 수 있다. 이와 동시에 동화주의의 논거인 이성의 만인공유는 과학에 의해 부정되었다고 보았고, 교육으로 민족심리를 바꿀 수 없다고 서술하며 원주민을 고등교육시키는 것은 오히려 유해하므로 실업교육을 중시해야 한다고 주장했다. 그에 따르면 식민지 원주민뿐만 아니라 미국 흑인도 '아프리카의 숲'에 있었을 때와 기본적인 심리경향에서는 변화가 없고 아프리카 사회의 노예제를 서구의 인권 기준으로 판단해서는 안되며 노예는 '명확하게 행복한 것으로 보인다'며, 프랑스가 인도나 아프리카에서 주었던 참정권을 원주민은 이해할 수 없기에 '그로테스크한 결과'를 야기한다고 말했다.[13] 라인쉬는 강한 주장을 가진 논자라기보다는 당시의 식민정책의 신조류를 요령 있게 정리한 인물이었는데 르봉 이후의 동화주의 비판론의 영향을 명확하게 그를 통해 살펴볼 수 있다.

1900년 파리 만물박람회가 열렸을 즈음에 개최된 제1회 국제식민지사회

1906(6e ed.). 저자는 상기(上記)한 소쉬르의 저작을 보지 못했다. Betts, op. cit., pp.69~74에 내용이 소개되어 있다. Betts는 르로이-뷔리우도 이 조류에 넣고 있다(Betts, op. cit., p.80f). 개요를 파악하는 데는 Betts, op. cit., pp.59~89가 좋다. 라인쉬가 일본에 미친 영향에 대해서는 金持一郎,「我國における植民政策學の發達」,『經濟論叢』, 1934.1月号 참조. 같은 논문에서 인용했다. 라인쉬의 강의를 야마모토 미오노(山本美越乃)나 이즈미 아키라(泉哲)가 받았던 경위에 대해서는 若林正丈,「大正デモクラシーと臺灣議會設置請願運動」, 春山・若林,『日本植民地主義の政治的展開 1895~1934』, pp.156・184 참조. 니토베가 라인쉬의 서한을 소개하고 있는 양상은『新渡戸全集』第4巻, p.328.

13 Poul S. Reinsch, *Colonial Administration*, New York, Macmillan, 1905, pp.15~21・38~79・358~391; *Colonial Government*, New York, Macmillan, 1902, pp.346~362. 라인쉬는 인종적 특성을 강조했지만, 노예제 지지자는 아니었다.

학회의는 하나의 전환점이었다. 자바 통치 등에서 비동화주의를 채용하고 있었던 네델란드나 프랑스 동화주의의 실패지로 여겨졌던 아르헨티나의 대표 등이 줄을 이어 동화주의 파산을 선고하는 발언을 했다. 그것을 대신해서 주창된 것이 '원주민 사회와의 조화'였다.[14]

그리고 1905년을 전후해서 프랑스는 협동주의l'association라는 새 방침을 내걸기 시작했다. 그 애매한 이념을 굳이 단순화해서 말하면 식민자와 현주민 사회, 본국과 식민지의 협동과 공영이다. 실태로서 제기된 것은 튜니지아 통치에서 성공했다고 여겨진 보호국 제도와 영국 식민지통치의 선례였다. 현지의 전통적 관습을 조사한 다음 그것을 온존시키고, 일정 정도 원주자를 등용하거나 재래 지배층을 활용하는 등 간접통치 요소와 필요한 범위내의 점진적인 개발과 개혁을 조합시킨 계층적 협력관계였다. 동화주의 비판론은 그러한 정책전환과 병행하면서 국제적으로도 식민정책학 내에 정착하기에 이르렀다. 협동주의는 그 주장과 거의 일치했다. 게다가 르봉이나 그 추종자는 아시아나 아프리카의 신기한 문화에 대한 일종의 상찬賞贊이나 보호해야 한다는 의견을 보였는데(다만 그들이 근대문명을 소화해 향상하고자 하는 것은 헛된 노력이고 타락과 같다고 봤다), 협동주의는 당시의 '고귀한 야만인'과 같은 스테레오타입이나 오리엔탈리즘과도 합치했다.[15]

1889년 르봉이 동화주의 비판에서 협동주의로 전환한 시기는 타이완을 영유하고 조선을 병합하고, 그리고 1919년 조선에서 3·1독립운동이 발생하는 등 일본이 식민정책의 선례를 구해 국제적인 지식을 흡수하려고 노력했던 시기에 해당한다. 그렇기에 르봉에서 시작하는 동화주의 비판론이 그 속에 포함되어 있었던 것은 당연하다.

14 Betts, op. cit., p.75f.
15 협동주의로의 전환에 대해서 Ibid., pp.106~132. 르봉은 인도나 아랍 문화에 관한 저작을 남겼다.

'생물학의 원칙'

르봉의 『민족발전의 심리』가 일본어로 번역되어 대일본문명협회大日本文明協會에서 발행된 것은 한일합방 일주일 전인 1910년 8월의 일이다.[16] 대일본문명협회는 오쿠마 시게노부를 회장으로 하고, 회칙에는 '서구의 최근 명저 가운데 가장 건전하여 우리나라에 추천하기에 적당한 것을 선택한다'라고 적고 있으며, 일본어 번역 작업을 배부하는 회원제 단체였다. 1908년 발족시점에서 이미 회원은 5,000명에 달해 있었는데 당시 지식층의 상당 부분이 참여했다고 봐도 좋을 것이다. 평의원으로 이노우에 데쓰지로井上哲次郎, 다카다 사나에高田早苗, 우에다 가즈토시上田万年, 미야케 세쓰레이三宅雪嶺 등이 있고, 이후에는 니토베 이나조도 가담하고 있다. 당시 러시아 대사였던 혼노 이치로本野一郎는 파리에서 르봉과 면식을 가졌고, 귀국할 즈음에 르봉의 저서 가운데 여러 권冊을 협회의 편집장이었던 우키타 가즈타미浮田和民에게 번역을 추천해서 실현된 것이었다. 이는 호평이었던 듯 4개월 후에는 협회로부터 같은 르봉의 『군중심리』가 오야마 이쿠오大山郁夫의 번역으로 발행되었다. 이즈음부터 인종에 관한 우키타浮田의 논의가 현저해지기 시작했다.[17]

그러나 이 번역서가 나오기 5년 전에 프랑스의 동화주의 비판론의 영향하에서 논의를 전개한 것으로 보이는 인물이 있다. 바로 전 민권파 저널리스트이자 중의원 의원이기도 한 다케코시 요사부로竹越与三郎이다. 제5장에서 전술했듯이 그는 1905년 2월 의회에서 63법을 찬성하는 연설을 통해 타이완인을 법제적으로 '일본인'에서 배제하자고 주장했다. 그 의회가 있은 지 반년이

---

16 원저는 Le Bon, *Les Lois psycholigiques de l'évolution des penples*이다. 이 책에는 회칙적요(會則摘要)와 협회원명부도 게재되어 있다. 대일본문명협회에 대해서는 佐藤能丸, 「大日本文明協會試論」, 早稻田大學大學史編輯所 編, 『大隈重信とその時代』, 早稻田大學, 1989 등 참조.

17 번역을 결정하게 된 경위에 대해서는, Le Bon, 『群衆心理』 서문, p.1 참조. 우키타의 인종관에 대해서는 間宮國夫, 「大正デモクラットと人種問題」, 『人文社會科學研究』 30巻, 1990 참조.

지나서 발행된 『타이완통치지臺灣統治志』에서 다케코시는 '프랑스는 다년간 동화획일 정책을 실험했는데, 그 이론 명분의 아름다움과는 상관없이 그 결과는 심히 생각할 수도 없는 지경을 보여주니, 이 정책의 실패를 인식해야 할 것'이라고 주장했다. 더 나아가 다음해인 1906년에 발행된 『비교식민제도比較植民制度』에서 다음과 같이 쓰고 있다.[18]

> 대혁명이 일어나 자유·박애·평등의 이상으로 천하의 인류를 억압으로부터 구원하고자 하는 커다란 바람이 프랑스인의 흉중에서 불꽃처럼 타오르기에 이르러, 식민정책도 또한 일신하여 방향을 바꾸니 남만서융南蠻西戎까지도 개화해서 프랑스인과 똑같이 문명의 영역에 도달시키겠다고 바라고, 모든 식민지에 프랑스와 동일한 제도법령을 반포하자는 주장을 낳았다. 이것을 이름하여 시스템 드래타쉬망system de rattachement이라고 부른다. 동일획일주의라는 뜻이다.
>
> 그 국민의 교육이 아직 발달하지 않았음에도 불구하고 그들에게 문명의 정치를 가르치고, 그 국민이 여전히 호족豪族 정치에 만족해 있음에도 구애받지 않고, 궁중宮中을 숙청하고자 하고 그 국민이 여전히 노예의 처지를 달게 감내하고 있음에도 불구하고 노예를 해방開放시켜 일체 평등의 권리를 부여한다는 그러한 것만을 행해왔다. (…중략…) 결과는 일대 혼란이 있었을 뿐…….

'rattachement'는 '연결' 내지 '합병'이라는 뜻인데, 훗날 하라 다카시가 제

---

18 竹越與三郞, 『臺灣統治志』, 博文館, 1905, pp.65~66; 竹越與三郞, 『比較殖民制度』, 讀賣新聞社, 1910, pp.45·192~193. 다케코시가 동화주의를 비판한 것은 小野一一郞, 「第一次大戰後の植民政策論」; 小野一一郞, 吉信肅 編, 『兩大戰間期のアジアと日本』(大月書店, 1979)이나 石井, op. cit. 등에서 언급되고 있지만, 식민사상에 대한 전체적인 연구는 아직 없다. 그의 제국주의, 국가주의 사상에 대해서는 西田, 「'平民主義'から'自由帝國主義'へ」, 『年報政治學』, 1982 등 참조. 저자가 보기에는 다케코시는 프랑스의 동화주의 비판을 담은 식민정책의 국제적 조류를 감지해서 영국의 통치방법을 참고해야 한다고 생각했던 것으로 보인다.

창한 '내지연장주의' 쪽이 번역어로 적당할지도 모르겠다. 어쨌든 그 이론 자체는 당시 프랑스의 논조와 같다. 나아가 다케코시는 다음과 같이 말했다.[19]

> 우리 국민我國民이 내정內政을 논하는 데에 국가가 생물학 원칙에 제압 당한다고 믿고, 구구한 인위人爲가 자연의 추세를 구부러뜨리는 것만으로는 족하지 않다고 하면서 특별히 속된 이방異邦에 관해 법령 · 무력武權, 교육의 만능을 믿고 2,000~3,000년의 역사를 가진 국민을 20~30년으로 개조하고자 하니 이것은 동화주의의 잘못된 견해로 말미암아 생겨난 바이다.

다케코시에 의하면 '까마귀를 여하히 교육시킨다 해도 종족이 다른 이상 결코 두견새鵜가 될 수 없다'. 그리고 타이완에 대해서 '혹자는 규슈九州를 서로 떨어져 있는 것을 가깝다면서 식민지가 아니라고 말하는 자가 있지만, 거리의 장단長短으로 인종·풍속·역사·풍토의 차이를 없앨 수 없다'라고 형용하고, '헌법을 타이완에 실시하고자 한다면, 그 결과는 그저 분란을 만들 뿐'이고, '그 결과가 모국인의 권리를 보호할 수 없고, 토민권土民權의 보호로 끝날까봐 두렵다. 만약 헌법이 타이완에서 행해진다면, 왜 생번生蕃은 나날이 재판을 거치지 않고 살상당하는가'라며 63법을 지지하는 태도를 표명했다.[20] 동화주의의 평등화 측면을 파악하면서 그것을 원주민에 대한 차별의 시점에서 부정하는 동화주의 비판을 명확하게 읽을 수 있다.

다케코시는 이렇게 동화주의를 비판하고 영국의 간접통치나 프랑스가 튀니지 통치에서 성공했다고 여겨지는 보호국제도를 칭찬했다. 또한 그는 이 이론을 응용하여 일본의 보호국이었던 한국을 병합하는 것에 반대했다. 그리

19 竹越, 『比較殖民制度』 서문, p.3.
20 Ibid., p.226; 竹越, 『臺灣統治志』, pp.70·72.

고 일한병합 직후의 담화에서도 '타이완인이 가령 옛날 그대로 변발을 하고 있고, 조선인이 가령 옛날대로 백의를 입고 있어'도 상관없다며 전통적 관습을 존중하자고 주장했다. 또 '고등교육을 실시할 필요가 없다. 조선인은 그저 선량한 농민으로도 좋다'라며 일본어교육에도 반대하는 동화노선 비판을 전개했다. 말할 것도 없이 그가 조선통치방침의 대안으로 삼았던 것은 재래 지배층인 양반을 활용하는 간접통치였다.[21]

이러한 동화주의 비판은 당시 일본에서 다수파가 되기 어려웠다. 그 요인이 몇 가지 존재했다. 첫째, '동화주의'를 법제적인 평등화를 포함한 것으로 보는 이해 그 자체가 일반적이지 않았다. 제5장에서 검토했듯이 대일본제국의 많은 논자들은 교육이나 문화 면에서의 동화와 법제나 권리 면에서의 배제를 아무렇지도 않게 나열하며 주장했다. '일본인'에의 '동화'가 다시 말해서 권리 면에서의 '동화'를 동반한다는 사실을 명확히 이해하고 있었던 자는 우메 겐지로나 미노베 다키치 등 소수에 지나지 않았다. 그러한 의미에서 다케코시의 주장은 권리에 민감한 전 민권파다운 면모를 가졌다고 봐도 좋다. 즉 메이지 일본에서는 동화주의비판이 뿌리를 내릴만한 토양이 결여되어 있었던 것이다.

게다가 다른 요인을 들자면 르봉이 주장한 민족적 특성의 불변이나 문명화에의 의문 등의 논리는 서구의 문명을 소화하는 데에 열심이었던 메이지 일본에서는 친숙해지기 어려운 것이었다. 르봉의 논리에 따르면 황색인종인 '일본인'이 서구의 문물을 도입해도 문명화는 불가능하고 종래의 문화를 파

---

21 Ibid., pp.179~235; 小野, op. cit. 참조. 조선통치에 관한 부분은 「併合後の朝鮮統治問題」(『太陽』, 1910.10.1号)에서 인용했다. 양반(兩班)을 어떻게 이용했느냐에 대해서는 竹越與三郎, 『南國記』, 二酉社, 1910(증보판 1915년), pp.203~205. 『南國記』는 태평양전쟁의 남방진출 붐을 타고 1942년 일본평론사(日本評論社)에서 복간되었는데, 황민화 정책이 한창인 조선을 '식민지'라고 형용하는 것이 터부시되어 있었으므로, 간접통치를 주장한 부분은 모두 검열에 의해서 복자(伏字)로 처리되어 있다.

괴해서 혼란에 빠트리게 할 뿐이었다. 사회진화론자인 스펜서Spencer가 일본 정부에게 급속한 문명화를 제어하도록 충고했던 것은 잘 알려져 있듯이 당시 유럽 지식인들에게 일본은 동양의 진기한 야만국에 지나지 않았다. 그렇기에 문명화에 대한 '일본인'의 노력이 그들의 눈에 어떻게 비춰졌을지는 쉽게 상상된다. 그러나 이것은 일본 측에서는 도저히 수용하기 힘든 사상이었고, 르봉의 저작을 일본에 소개한 혼노 이치로조차 일본어판 서문에서 '르봉 박사는 인종의 성정에 미치는 교육 및 제도의 영향을 경시한다'고 언급하고, 르봉과 이 점에 관해서 '여러 차례 논쟁했다'고 서술하고 있다. 혼노는 르봉의 주장에 대한 반론으로 유신 이래의 40년 동안 일본에서 '국민성의 대변화'가 일어났음을 거론하고 있는데, 오키나와나 타이완에서 동화교육을 실시할 즈음에도 내지에서의 급속한 문명개화의 경험이 참조되었다.[22] 다시 말해 르봉의 사상은 어디까지나 '서양'이 '동양'을 배제하기 위한 논리여서 '일본인'이 자신들을 '동양'의 일부라고 인식하고 있는 한 받아들여질 조건이 없었다고 말할 수 있다.

따라서 르봉 식의 동화주의 비판이 일본에 정착하기 위해서는 두 가지 전제가 필요했다. 하나는 '일본인'이라는 말이 참정권을 필두로 한 '국민으로서의 권리'를 의미한다고 인식될 만한 권리감각이 고루 미처 있어야 할 것. 그리고 다른 하나는 단순한 '탈아脫亞 지향'에 그치지 않고, '일본'을 '서양'의 일원으로 의식할 수 있을 정도의 문명화를 이루었다는 자신감을 가질 것. 그리고 이러한 조건은 다이쇼 데모크라시기로 들어가면서 상층의 지식인을 시작으로 성숙해갔다.

프랑스의 동화주의 비판이 일본에 정착될 수 있었던 요인을 거론한다면

---

22 Le Bon,『民族心理及群衆心理』, 大日本文明協會, 1918의 혼노(本野)의 서문, pp.11·13.

번역이나 유학이라는 해외사상과 접촉할 수 있는 기회가 증대됐다는 점이다. 다케코시의 『비교식민제도比較殖民制度』에는 르로이-뷔리우나 라인쉬의 이름이 글 가운데 언급되어 있는데 이로 볼 때 그가 그들의 논의를 흡수했음을 추정할 수 있다. 다케코시는 원서로 읽었던 것으로 보이는데 르봉뿐만 아니라 라인쉬의 식민정책에 관한 두 저작도 1906년과 1910년에 일본어로 번역되었다. 이러한 영향 과정도 시대가 흐르면서 점차 증대했다. 일본에 있어서 이 타입의 동화주의 비판이 대두하게 된 것은 이른바 시간 문제였다.

사실 한일병합 다음해인 1911년에 법학자인 이시자카 오토지로石坂音四郎나 저널리스트인 아카기 가쿠도우赤木格堂 등에 의해 논단에 몇 편의 동화주의비판이 등장했다. 특히 이시자카는 다케코시나 니토베 등이 1910년에 설립한 식민학회殖民學會의 평의원이었고, 동시에 고토 신페이의 명령으로 오카마쓰 산타로가 거느린 타이완구관조사회의 중심 멤버였다. 그리고 타이완구관조사회는 라인쉬의 식민정책학 관련 책을 번역하고 있었다. 이들은 모두 동화주의는 '프랑스혁명 사상', '루소의 평등설'에서 발생한 것이라며 '식민지 인민의 지식 정도가 낮기 때문에 내지법은 연장할 수 없다'이시자카라든가, 열등인종은 교육으로 변하지 않는다는 '냉정한 르봉 식의 유명한 설'을 따라 '차별을 유지해야 한다'아카기고 주장했다. 나아가 아카기는 장래의 조선통치 방침은 '공동주의共同主義에 있을 뿐'이라고 주장하기도 했다.[23]

이러한 동화주의비판은 타이완총독부의 관리에게도 유입되었다. 1911년

---

23 石坂音四郎, 「殖民地における立法問題」(『太陽』, 1911.2.1号, pp.58·61) 및 赤木格堂, 「對鮮私議(上)」(『日本及日本人』, 1919.2.1号, pp.23·30~31)에서 인용했다. 게다가 赤木格堂, 「非同化政策論」, 『日本及日本人』, 1911.8.1号 참조. 라인쉬의 번역 및 식민학회(殖民學會)에 대해서는 金子文夫, 「日本における植民地研究の成立事情」, 小島麗逸 編, 『日本帝國主義と東アジア』, アジア經濟研究所, 1979 참조. 石坂·赤木의 논문은 奥田修三, 「大正期における朝鮮問題論」(立命館大學, 『人文科學紀要』 18巻, 1968)이나 강동진, 『日本言論界と朝鮮 1910~1945』에 언급되어 있는데, 모두 해외로부터의 영향에 대해서는 논의하고 있지 않다.

에 벌써 총독부 기관지인 「타이완시보臺灣時報」에 총독부 고급관료였던 도고 미노루東鄕實가 「비동화론非同化論」이라는 제목의 평론을 기고했다. 식민정책학을 배우기 위해서 베를린대학에 파견되었던 도고는 독일이 영유하고 있었던 동방 영토의 폴란드계 주민에 대한 동화정책의 실패를 알았고, 또한 서구의 식민정책의 신조류를 알아 이미 그 전해에 '식민사상 보급은 제국 현재의 최대 급무이다'라고 써서 보냈다.[24]

도고는 「비동화론」에서 이렇게 말했다. '원래 식민지 동화주의란 (…중략…) 인류는 무릇 공통의 '도리'를 구유具有한다는 오래된 이론주의에만 기반을 둔 것'인데, '19세기의 과학은 양지良知적 이성의 우월에 대한 이 신념을 파괴'했다. 그리고 '식민지 토인의 유전적 신앙 관습 및 본능을 무시하는 동화정책은 대개 실패했다'고 경고하고, '토인의 사회조직을 존중하고, 특수한 종류의 제도를 제정하는 이른바 비동화주의'를 제창했다. 이 평론에 보이는 동화주의의 정의와 비판은 라인쉬의 그것을 거의 번안한 것이었다.[25]

그리고 도고는 그다음 달 『타이완시보』에 게재한 「식민정책상의 공생주의共生主義를 논한다」라는 글에서 개미가 '약자인 진디'를 보호하면서 그 달콤한 분비액을 얻듯이 식민지에서는 '토인 사회에 가장 적합한 종류 및 정도'의 교육만을 실시하고, 전통적 관습을 존중하면서 경제적 이익을 올리는 '모국인 및 토인 간의 공생주의'를 주장했다. 이 평론에는 '식민정책의 근본은 생물학에 있다'는 고토 신페이의 말이 인용되었다.[26] 니토베와 마찬가지로 삿포로농

---

24 東鄕實, 「殖民鎖談」, 『臺灣時報』 13号, 1910, p.41. 독일의 대 폴란드정책에 대한 그의 조사는 『獨逸內國殖民論』(『拓殖局報』 第21, 1911)에 정리되어 있다. 도고(東鄕)의 식민사상에 대해서 小野一一郎, 「日本帝國主義と移民論」; 小野一一郎·行澤健三·吉信肅 編, 『世界經濟と帝國主義』(有斐閣, 1973)에서 초기의 저작을 논하고 있는 것 외에, 金子文夫, 「東鄕實の年譜と著作」(『臺灣近現代史硏究』 창간호, 1978)이 있는데 전체적인 연구는 아직 없다.

25 東鄕實, 「非同化論」, 『臺灣時報』 23号, 1911, pp.16·17·20. 도고(東鄕)가 번안한 부분은 Reinsch, *ColonialAdministration*의 p.20에 해당한다.

26 東鄕實, 「植民政策上の共生主義を論ず」, 『臺灣時報』 24号, 1911, p.3.

학교에서 농정학農政學을 전공한 도고에게 있어서 생물학의 비유는 너무나도 익숙한 것이었을 것이다.

도고의 주저主著는 1925년에 발행된 『식민정책과 민족심리植民政策と民族心理』이다. 초고는 출판 4, 5년 전에 탈고됐던 듯한데, '논하는 바가 반드시 정부의 방침과 일치하는 것'은 아니었기 때문에 '식민지의 관리로서' 발간을 미루고 있었다. 그는 중의원에 입후보하기 위해 사직한 다음에 이 책을 출판했다.[27] 발간을 미뤘던 기간은 제10장에서 자세하게 서술하겠지만 하라 다카시와 그의 뜻을 이어받은 타이완총독이 '내지연장주의'를 내걸었던 시기와 맞물리고 있었다. 동화주의에 반대하고 있던 그로서는 하라 등의 정책에 찬성할 수 없었음에 틀림없다.

『식민정책과 민족심리』에는 르봉의 강한 영향과 직접적인 인용을 도처에서 찾을 수 있다. 찰스 다윈Charles Robert Darwin, 허버트 스펜서Herbert Spencer, 프랜시스 골턴Francis Galton, 루트비히 굼플로비치Ludwig Gumplowicz를 시작으로 식민정책학에 한정되지 않는 많은 철학자와 인종사상가가 참고문헌으로 열거되어 있다. 책은 르봉의 주장이기도 한 혼혈의 기피, 유전에 기반한 민족심리의 불가변성, 인류평등설의 오류, 식민지에서의 고등교육유해론 등을 전개하고 그것을 뒤집은 동화주의 비판과 관습존중론을 거론하고 있다. 도고는 동화의 가능성을 전적으로 인정하지 않고, 이민족 간에 풍습이나 사고의 전이가 일어난다고 해도 그것은 프랑스 사회학자 타르도가 말한 '모방'에 지나지 않는다고 봤다. 그는 당시 자신이 주장했던 공서주의共棲主義'설을 들어 다윈의 생존경쟁을 물리치고, 생물계의 상호부조를 인간계에 적용한 피터 크로포트킨Peter Kropotkin을 칭송했다.[28]

27 東鄕實, 『植民政策と民族心理』, 岩波書店, 1925, 서문, p.7.

28 타르도에 대한 언급은 東鄕實, 『植民政策』 社會經濟體系 第105, 日本評論社, 1928, p.31. 크로포

도고는 이 책에서 식민자와 원주자의 관계는 '자유협동'의 원리에 서야 한다고 서술하고 '식민지 토인의 민족정신을 기초로 하여 그것에 적합한 법률제도를 제정하고, 모국과 구별된 하나의 통치 단위를 구성'하여 '각 민족에게 [그들에] 상당하는 장소를 부여하고' 민족마다 '자치적 제도'를 설치하는 '분화정책'을 제창했다. 또한 식민지의 원주자를 교육함에 개개인의 능력을 신장하기 보다는 집단적인 문화가 존재한다는 점을 중시하고, 그것에 따라서 점진적인 민족교육을 행해야 한다고 주장했다. 여기서 보면 그는 원주자의 독자성을 인정하고 있는 일종의 '자치' 주장자인 것이다. 그리고 '분화정책'의 구체적인 예로 남아프리카 연방을 들었다.[29]

도고의 발언에는 '구라파로 하여금 비상非常한 혁명을 일으키고, 혹은 미국으로 남북전쟁의 참상을 감히 하게 만들고, 혹은 불란서로 하여금 식민지를 구제할 수 없는 쇠퇴를 야기하게 만들고, 혹은 또한 근년 사회주의나 공산주의를 급속도로 전파시키고, 가는 곳마다 각종 교란을 야기시킨 몽환적인 인류평등설의 오류'라든가 '지금이야말로 인간은 주인으로서 환경의 작용 및 훈련의 산물이다 라는 오랜 견해는 유전을 연구한 결과 완전히 전복되었다' 등의 말이 도처에서 보인다. 그가 인종평등론자가 아닌 것은 명확하다. 원주자 교육에서 '르봉이 쓸데도 없는 지식을 습득하게 되면 사람들은 반란을 일으킨다고 말했던 것'을 중시하고 있다.[30] 도고의 생각은 간접통치로 구성된 협동주의류의 계층질서를 생물학의 '공생' 비유로 표현한 것이었다고 말할 수 있다.

트킨에 대한 언급은 東鄕, 『植民政策と民族心理』, 岩波書店, 1925, p.327.

29 Ibid., pp.198~227·305~307·320~323.

30 東鄕實, 「植民地教育制度論」, 『太陽』, 1927.3.1号, pp.34~36. 그는 라인쉬와 마찬가지로 실업교육을 중시했다. 도고는 이 논문에서 "인종민족이 결코 평등하지 않다는 것은, 근대의 유전학에서 논해지지만, 오히려 진리임을 의심하지 않는다"고 단언하면서도, 아리안 인종이나 튜턴 인종이 무엇보다도 우수한 인종이라고 하는 고비노나 챔벌린 등의 주장에 대해서는 "반드시 무조건적으로 찬성할 이유가 없다"라고 쓰고 있다(p.34). 인종주의자인 도고라고 해도 황색인종으로 분류되는 측인 이상 백인 우월설에는 찬동할 수 없었음을 엿볼 수 있다.

도고는 자신의 생각이 동화주의 같은 본국 중심의 억압적인 것은 아니라고 주장하며 '차별 즉 평등差別則平等'이라는 표현을 사용했다. 이것은 미국이 인종격리segregation를 정당화하며 말한 '분리되어 있어도 평등한seperate but equal'이라는 구호를 상기시킨다. 그가 분화정책의 예로 들었듯 남아프리카연방의 흑인은 모국homeland에서 격리되어 '자치'를 강요받았다. 다른 논문에서 타이완·조선에서의 내지인과 원주자의 공학共學폐지를 주장하고 있는 점에서 보더라도 도고의 '분화정책'은 현재의 말로 바꿔 표현한다면 '아파루트헤이트'라고 부를 수 있을 것이다. 도고는 민족자결이나 분리독립을 단호하게 부정하고 아름드리 나무의 줄기와 가지처럼 식민지와 본국이 각각 독자성을 유지하면서 합동해서 하나의 생물체가 되어 공영共榮할 것을 이상으로 삼고 있었다.[31]

이러한 동화주의 비판이나 '자치' 주장이 원주자를 '일본인'에서 배제시키고자 함은 명확하다. 그러나 본 책의 문제 의식은 그 차별성을 지적하는 데 있지 않다. 저자는 동화주의 비판이나 민족 독자성의 강조, 식민지 자치의 제창 등이 인종주의에 의해서 제창되었다는 사고 구조에 주목하고자 했다. 그리고 그 일은 다음에 서술할 자치를 제창한 다른 논자와도 관계를 갖고 있다.

'자치'와 '이격離隔'

일본의 식민지 정책학의 창시자로 알려진 니토베 이나조는 같은 도호쿠東北 출신인 고토 신페이 밑에서 임시 타이완 당무국장糖務局長으로 일하면서 당업糖業개발에 열중했다. 뿐만 아니라 교토제대와 도쿄제대에서 식민지정책을 강의했다. 그는 타이완 총독부의 촉탁囑託을 겸임하던 중인 1910년부터 이미

31 東鄕, 『植民政策と民族心理』, p.333; 「植民地教育制度論」, pp.39~40; 『植民政策と民族心理』, pp.336~339.

법제 측면에서 동화주의를 반대하고 있었다.

그는 같은 해 발표되었던 평론에서 일본이 '식민지인 타이완에서 성공하고' 있는 이유는 '프랑스의 전철을 밟지 않고' 제도적으로 '일본'에 동화시키지 않았기 때문이라고 파악했고, 의회민권파의 63법 철폐 운동을 '적호適好의 정책을 던져 버리고, 실패한 획일주의로 바꿔 타려고 한다'고 비판했다. 그는 고토와 친했을 뿐만 아니라 삿포로농학교 출신으로 도고와도 안면이 있었고, 도고의 첫 출판물에 서문을 써주기도 했다.[32]

니토베의 식민지 정책에 관한 주저로서는 1916년도에 도쿄제대에서 행한 식민정책학 강의를 그의 사후 야나이하라 등이 정리한 『식민정책강의 및 논문집植民政策講義及論文集』이다. 그는 이 책에서 '인종 간 우열의 이유를 설명할 수는 없지만 우열이 존재하는 것은 사실이다'라고 서술하고 민족의 성격을 교육으로 변화시킬 수 없다는 르봉의 주장을 소개하며 동화주의는 '800년 정도의 오랜 시간을 필요로 하는 정책'이라고 논했다. '800년'이라는 표현은 고토의 '90년'이나 고다마 겐타로의 '2세기' 발언 이상으로 비현실성을 표현한 것이라고 말할 수 있다. 게다가 니토베는 원주민 정책으로 이격제離隔制, Segregation라는 항목을 만들고, 아메리카 선주민족 동화정책에 대해서 다음과 같이

---

32 『新渡戸全集』 第5巻, pp.279~280. 서문은 東郷實, 『日本植民論』, 文武堂, 1906. 이 책의 제사(題辭)는 고토 신페이가 썼다. 니토베의 식민론과 인종관에 대해서는 많은 논의가 이뤄지고 있다. 浅田, op. cit.; 田中愼一, 「新渡戸稲造と朝鮮」, 『季刊 三千里』 34号, 1983과 札幌市教育委員會文化資料室 編, 「植民政策と新渡戸」(『新渡戸稲造』, 北海道新聞社, 1985); 太田雄三, 『'太平洋の橋'としての新渡戸稲造』(みすず書房, 1986); 平瀬徹也, 「新渡戸稲造の植民思想」(東京女子大, 『比較文化研究所紀要』 47巻, 1986) 등 외에도, 이이누마 지로(飯沼二郎) 씨와 사토 마사히로(佐藤全弘) 씨의 신문지상에서의 논쟁(飯沼, 『毎日新聞』, 1981.8.26; 『朝日新聞』, 1984.11.27; 1985.2.1; 佐藤, 『毎日新聞』, 1981.9.4; 『朝日新聞』, 1984.12.25; 1985.3.1 각 석간), 北岡伸一, 「新渡戸稲造における帝國主義と國際主義」, 『近代日本と植民地』 第4巻; 姜尙中, 「社會科學者の植民地認識」, 岩波講座, 『社會科學の方法』 第3巻, 1993 등이 대표적일 것이다. 전체적으로 말하면 현재 우리가 생각하는 '인종차별주의자', '제국주의자'의 카테고리에 니토베(新渡戸)가 맞아 떨어지느냐의 여부를 묻는 데서 논의가 진행되는 경향이 다분했다. 이와 전혀 다른 사고를 갖고 있는 것처럼 보이는 관점은 적어 보인다.

서술하고 있다(Segregation이란 전술한 대로 인종격리人種隔離의 명칭이기도 하다).[33]

> 미국은 '모든 사람은 평등하게 창조되었다'라는 신조 아래서 괴로운 경험을 맛봤다. 원주민에게는 원주민에게 적당한 정도의 대우를 하는 것이 가하다. 원주민을 위해서 별천지를 주고, 그 안에서는 백인의 법률을 행하지 않고 원주민 재래의 습관이 지배하게 하고 한편으로는 교육을 실시해 서서히 그들의 향상을 꾀하는 일이 중요하다.
>
> 원주민을 교육하는 데서도 마찬가지의 원칙을 따라야 할 것이다. 그 민족이 종래 받아왔던 교육이 되어야할 동일한 교육을 실시해야 한다는 것이 이격제라는 논의이다. 다시 말해 모국 본위가 아니라 원주민 본위여야 한다는 것이다. 정책으로서는 특히 일본에서는 실행하기 힘들 것이지만 심리학상은 그것이 진리이다. 그리고 원주민 교육에는 개인의 교육보다도 민족의 교육을 중시해야 한다.

이것은 도고의 견해였던 개인의 능력을 성장시키는 근대적 교육보다도 과거의 관습이나 집단적 문화에 알맞은 민족교육을 중시한다는 논의의 선구를 이룬다고 말할 수 있다. 니토베는 이것을 '원주민 본위'라고 칭했지만 도고라면 '자치적 제도'라고 말할 것이다. 또한 니토베는 다음과 같이 말한다.[34]

> 원주민을 보호하는 일은 가능하지만 그 권리는 모국인과 동일하게 해야 한다. 즉 특별하게 제정된 법률로써 지배해야 한다. 이것은 괴로운 경험을 겪은 뒤에

33 『新渡戸全集』 第4巻, pp.137~138·154~155·163. 다만 니토베는 이격제(離隔制)의 이익은 절대적인 것이 아니라 '어느 정도로 발달한 원주자'에게는 적용하지 않을 경우도 있다고 했다. 그렇다고 한다면, 누가 어떤 기준에서 "발달의 정도"를 판정할 수 있는가가 문제로 남는다. 그것에 대해서는 기술이 없다. 다만 통치 측에 유리한 인재를 얻어야 하는 중요성을 강조하고 있다. Ibid., pp.155~156.

34 Ibid., p.144.

얻은 것이다. 프랑스는 혁명의 표어인 '자유·평등·우애'를 그대로 식민지에 응용해 원주민을 본국인과 완벽하게 동등하게 대우했기 때문에 아이티에서 원주민의 반란, 프랑스인 학살을 초래했던 것이다.

여기서 유의해야 할 것은 이런 사고가 니토베의 인도적·박애적이라고 간주할 만한 부분과 전적으로 모순되지 않는다는 점이다. 야나이하라의 회상에 의하면 니토베는 강의에서 '산중에 격리되어 평온하게 생활하고 있는' 타이완 산악 선주민족을 총독부가 토벌했던 것을 비판하며, '일본인에게 어떠한 해도 가하지 않고 고산지역에서 조용하게 생활하는 사람의 잠을 깨우고, 대규모로 토벌하는 것은 무슨 짓인가'라고 책상을 치며 공격했던 적이 있다고 했다. 이것은 위에서 서술한 인종관과 식민지정책관에서 보면 당연한 반응이었을 것이다. 니토베에게 그것은 인도적으로 볼 때 허락할 수 없는 것임과 동시에 식민지정책으로서도 우책愚策의 극단으로 비춰졌음에 틀림없다. 또한 니토베가 인도나 자바섬의 전통문화를 높이 평가했던 것, 타이완 산악 선주민족을 '고귀한 야인野人'으로 부르고 아이누의 보호를 주장했던 것, 인종·민족의 우열은 개인이 아니라 집단적 레벨로 나타난다고 주장했던 것 등은 그가 차별적이지 않음의 논거로 거론되는 일이 있는데 이것들은 르봉이나 라인쉬 등 동화주의 비판론자의 인종관과 공통된 요소이다.[35]

이러한 인종관·민족관을 오늘날의 인종차별이라는 말에서 상상되는 이미지와 동일시해야 할까. 이 점에 관해서는 논의의 여지가 있다. 니토베 자신은 '원주민의 정치적 권리는 빼앗아도, 개인적 권리는 빼앗지 않는 것', 각 민족

35 야나이하라에 의한 에피소드는 『矢内原忠雄全集』 第24巻, 岩波書店, 1963~65, pp.390~391·723. 니토베의 주장은 각각 『新渡戸全集』 第6巻, pp.292·460~461; 第20巻, pp.171·207; 第4巻, pp.137~139.

은 '특수한 문명과 사명을 가지고 있다'고 간주하는게 차별이 아니라고 생각했을지도 모른다.[36] 그러나 우리가 오늘날 생각하는 평등 이념과 이질적인 것은 확실하다. 그리고 이러한 사상이 고토 등이 계획했던 구관입법노선사상과 공통된다는 점도 사실이다.

제5장에서 서술했듯이 고토는 1898년 타이완에 도착하여 일을 맡았던 당시부터 자신의 식민지 정책의 모토를 '관습을 중시하는' '생물학의 원칙'에 두었고, '무턱대고 미개국에게 문명국의 문화와 제도를 실시하고자 하는 것은 문명에 역정逆政하는 정치다'라고 서술했다. 나카무라 사토루中村哲에 의하면 고토는 그의 통치 기간 동안 '협동주의정책이 취해졌던 일을 술회했다'고 한다. 그렇다 하더라도 1898년에 프랑스 협동주의로부터 직접적으로 영향을 받았다고 간주하기에는 시기가 너무 빠른 감이 있어서 아마도 고토가 애독했던 다윈이나 스펜서 등 협동주의의 배경이 되었던 사상의 영향으로, 결과적으로 그에 가까운 형태로 표현되었던 것이라고 생각되지만 그에게 도고나 니토베가 수입해왔던 식민정책학이 이해하기 힘든 것은 아니었을 것이다. 또한 니토베는 '본국인의 위엄을 지키는 것에도 주의해야 한다'며, 고토가 장려한 총독부청사 건축을 긍정하고 있다. 게다가 '원주민정책에서는 특히 조사가 필요하다', '통치의 [성공은] 임무를 담당하는 적합한 사람을 얻을 수 있느냐의 여부에 따라 정해진다' 등 고토의 구관조사나 행정관 인재론과 공통된 사고를 서술하고 있는 것으로 보아, 그가 고토로부터 영향을 받았음을 알 수 있다.[37]

이러한 니토베에서 시작해서 그 위에 서구의 식민정책학을 수입함으로 성

---

36 『新渡戸全集』 第4巻, pp.145·158. 다만 정책용어를 정의내린 글에서 인용한 것이다.

37 고토의 발언은 鶴見, 『後藤新平』 第15巻, pp.25·399; 『日本植民政策一斑·日本膨脹論』, p.54에서 고토는 라인쉬를 언급하고 있다. 나카무라의 형용은 中村哲, 『植民地統治法の基本問題』, 日本評論社, 1943, p.130. 니토베의 청사(廳舍)나 인재 등에 관한 견해는 『新渡戸全集』 第4巻, pp.141·144·155.

장했던 일본의 식민정책학은 동화주의 비판의 최대 아성牙城이 되었다. 니토베를 이어서 교토제대 교수로서 도쿄제대의 야나이하라 다다오와 나란히 일본식민정책학의 쌍벽이라 일컬어졌던 야마모토 미오노山本美越乃는 1914년에 과연 동화주의를 비판하는 논문「식민지통치 2대주의에 대해植民地統治の二大主義に就て」를 발표했다.

야마모토의 논문은 '유래로 식민지의 통치에 관해서 동화주의 및 자치주의라는 것이 있고'라는 말로 시작한다. 그에 의하면 동화주의의 논거는 '무릇 인류사회에는 때時나 장소所에 따른 논論이 아니라 공통 보편의 이법理法이 존재하고, 이 이법을 기초로 제정된 제도는 (…중략…) 잠시 저항에 부딪히는 일도 있어도, 그것을 독려하여 강제하기를 멈추지 않는다면 끝내는 각각의 사람으로 하여 그 진의를 이해시켜' 인류를 발전으로 인도한다는 사고이다. 요약하면 '그들은 인류의 이성을 보편적인 것으로 보는 구파舊派의 합리론rationalism에 그 기초를 둔 것'이다. 야마모토는 '그러나' 라면서 말을 잇는다.[38]

> 그렇지만 근세의 학술적 연구의 결과는 그러한 구파의 합리론이 종종 실제 적용하지 않음을 보여주는데, 즉 그것을 사실에서 증거를 구하는 데 가장 많은 경우에는 사람은 이성에 의해서 지배되기보다 오히려 그 본능성, 습관 또는 유전적 신념 등에 따라 좌우되는 일이 크고 더구나 이 경향은 문화 정도의 낮음에 이성적 비판력이 가장 결핍된 야만미개한 인종 간에 특히 더 심하다.

38 이하의 인용은 山本美越乃,「植民地統治の二大主義に就て」,『外交時報』232号, 1914, pp.28・32. 야마모토의 식민사상에 대해서는 小野, op. cit.; 若林, op. cit.; 金子,「日本における植民地研究の成立事情」; 山本,「日本における植民地統治思想の展開(II)」등에서 언급되어 있다. 이외에 淺田喬二,「山本美越乃の統治論(上)(下)」(駒澤大學,『經濟學論集』18巻1~3号, 1986)이 포괄적으로 검토하고 있다. 다만 여기서 거론한 논문은 모두 해외로부터의 사상적 영향을 논하고 있지 않다.

여기에서 야마모토는 프랑스의 동화주의 비판의 이론을 충실히 따르고 있음을 알 수 있다. 실은 이 문장은 도고가 번안했던 라인쉬의 똑같은 문장을 거의 통째로 베껴 번역한 것이었다.

그런데 야마모토의 이 논문의 의의는 동화주의 비판론 부분보다도, 그가 '2대주의'의 다른 하나로 거론한 '자치주의' 쪽에 있다. 결론부터 말하면 이 '자치주의'는 일본의 식민정책학과 그것에 영향을 받은 일본논단의 독특한 개념이 되었고 그 후의 통치논의로 확대되어 갔다.

그렇다면 야마모토가 말한 '자치주의'란 무엇인가. 이 논문에 의하면 '자치주의론자의 논거는 식민지 통치의 근본방침을 항상 그 통치의 목적물인 식민지 토민土民의 특성 및 그들 사회조직의 실제 상황에 두고자 하는 것'이었다. 그리고 '각 민족은 서로 종족적 특성을 가지고 있을 뿐만 아니라 또 그 문명과 야만文野의 정도를 하나로 할 수 없기 때문에', '식민지 통치의 비결은 각 민족의 본능성 습관 및 유전적 신념 등을 연구하고, 그들의 사회에서의 선량한 풍속을 파괴하지 않는다'는, '문명적인 제도를 서서히 이식함으로서 그들의 사회적 생활을 점점 개선하는 것'이었다.

이것은 프랑스 협동주의의 이념과 거의 같은 논리라고 말해도 좋을 것이다. 야마모토 저작의 인용문헌을 통해서 보건대 라인쉬로부터 간접적 영향을 받았다고 생각된다. 그는 나중에 조선·타이완에서의 일본어 교육 편중에 반대하고, 동시에 법문계法文系 고등교육은 상승지향과 공론空論을 낳아 본국과의 관계를 약화시키기 때문에 실학實學교육을 중시해야 한다고 주장했다. 하지만 이것도 라인쉬 책을 베낀 것이고 결과적으로 보면 르봉의 주장과도 대부분 합치하고 있었다.[39]

39 山本美越乃, 「植民地の教育政策」, 『臺灣時報』, 1927.3月号 참조.

그렇다면 야마모토의 '자치주의'는 결국 간접통치노선을 가미한 협동주의인가 혹은 커크우드나 타이완 총독부가 주장했던 것처럼 '총독부의 자치'인가. 그 어느 것도 아니었다. 야마모토는 동화주의나 '자치주의'의 정의를 주저인 『식민정책연구植民政策硏究』에 거의 그대로 옮겨 실었지만 이 저작에서 그가 자치통치의 예로 들고 있는 것은 캐나다·오스트레일리아·남아공과 같은 영국령 도미니언으로 불리는 식민지 의회나 책임내각 등을 갖춘 자치식민지였다. 그리고 야마모토는 '아직 자각심이 발달하지 않은 민족에게 자결을 허락하는 것은 마치 어린아이에게 자유행동을 허락하는 것과 같아 결국 다른 나라가 유괴할 수 있도록 좋은 기회를 주는 것에 지나지 않는다'라면서 독립을 부정했지만 '조선의 장래는 결국 영국이 캐나다·호주·남아공 등에 맺은 관계처럼 거기에 자치를 허락하자'고 제안했다.[40]

그러나 제5장에서 기술한 것처럼 이러한 도미니언은 영국계 식민자를 중심으로 한 '식민자의 자치'가 행해지던 지역으로 의회나 내각을 구성하고 있던 것은 식민자로, 원주자는 철저하게 차별받고 있었다. 그런데 야마모토는 그것을 '원주자의 자치'라고 오해했던 것이다. 야마모토는 라인쉬에게 많은 것을 기대고 있는데 『식민정책연구』만 봐도 구성목차에서 구체적인 기술까지 라인쉬를 그대로 번안했다고 생각되는 부분이 사실 많다. 하지만 라인쉬의 저작에는 이러한 '식민자의 자치'와 동화주의 비판이 구별하여 기술되어 있지만, 야마모토가 말한 '자치주의'에 해당하는 분류는 없다.[41] 결국 야마모토는 식민자의 관습을 온존시키자고 주장한 간접통치나 협동주의와 원주자

---

40 山本美越乃, 『增訂 植民政策硏究』, 弘文堂書房, 1921, pp.156~164·240~255. 인용은 각각 山本, 『植民地問題私見』, 弘文堂書房, 1921, p.15; 山本, 『增訂 植民政策硏究』, p.223. 후자의 원문은 한자 가타가나 문장이다.

41 山本, 『增訂 植民政策硏究』 제4장·제6장 제3절은 Reinsch, *Colonial Government*, Chapter I~VI·Chapter VIII, XIII와 그리고 제7장·제8장·제9장은 *Colonial Administration*, Chapter II·Chapter IX·Chapter VIII과 표제, 구성, 내용 등이 유사하다.

를 배제한 '식민자의 자치', 다시 말해 다른 종류의 '자치' 개념을 혼동함으로서 원주자가 책임내각이나 의회를 갖추고 근대적 자치를 행하고 있다는 당시 세계 어디에서도 존재하지 않았던 유형을 만들어 냈던 것이다.

이러한 오해가 생겨난 배경에는 일본 식민정책학의 성격이 있다. 현재의 시점에서 보자면 믿기 힘들 수 있지만 실무경험을 기반으로 훗날 학자가 된 니토베는 별도로 하더라도 일본의 식민정책학자들의 많은 수는 조선이나 타이완의 통치실정에 정통했다고 말할 수 없었다. 초기 야나이하라까지 포함하여 식민정책학자들의 저작은 한결같이 서구 유학에서 배운 원리론과 국제사정을 나열하고 거기에 약간의 일본의 사례를 삽입했을 뿐이었다. 당시 일본의 사회과학 통례로써 서구의 선진적 사상을 수입하는 것이 그들의 주요한 역할이었던 것이다. 야나이하라 다다오가 1920년대 후반 이래로 타이완이나 남양군도를 조사하여 쓴 저작 류를 제외하고 일본의 대학에서 식민정책학자가 실지조사를 근거로 하여 실증적 연구성과를 낸 사례는 전무하다. 식민정책학자들은 누차 동화주의나 자치주의·종속주의 등 유형론을 즐겨 행했지만 그것은 조선·타이완 통치의 실태를 근거로 한 분석이라기보다는 유형이 선행된 탁상 추상론이었다. 이것은 야마모토에 한정되지 않았다.

당연하겠지만 총독부 측은 그러한 식민정책학자들을 믿지 않았다. 타이완 통치의 초기부터 총독부는 서구의 식민정책학을 참고로 내부문서를 여러 번 정리했지만, 식민정책학자들에게 의견을 제출하라고 했던 사례는 거의 보이지 않는다. 총독부는 필요하다면 도고와 같은 관료를 자기 부담으로 유학시켰다. 유럽의 모방에서 출발한 일본의 대학은 유럽의 대학에 존재한다는 이유만으로 어떠한 실천적 가치도 없는 강좌를 개설하기도 했고 또한 당시는 누구라도 그것을 자연스럽다고 생각했던 시대였다.

게다가 일본의 대표적인 식민정책학자로 니토베, 야마모토, 야나이하라에 덧붙여서 제13장에서 후술할 이즈미 데쓰시 등이 거론되는데, 이 가운데 야마모토를 제외한 세 사람은 경건한 크리스찬이고 친親서구적인 인격자로 알려져 있다. 당연한 결과로 통치와 실제적인 관계를 갖지 못한 것도 이유가 되겠지만, 식민정책학자들의 논의는 자신들이 배운 서구의 기준에서 일본의 통치 방식을 '뒤쳐져 있다'고 비판하는 상황이었다. 그리고 다이쇼 데모크라시 시기에 들어서 내지의 보통선거운동 등이 융성해지자 논단에서는 '데모크라시democracy' 지향을 타이완인이나 조선인의 경우에까지 할당하려는 논조가 높아졌다. 다른 한편으로는 그들이 배웠던 식민정책학이 동화주의에 의한 중앙의회로 의원을 선출하자는 노선에 대해서 비판적이었기 때문에 캐나다나 호주에 있다는 식민지 의회설치론으로 흘러가는 경향을 보였다. 이렇게 해서 인종사상에서 발했던 수입된 동화주의 비판과 일본의 정치상황을 반영한 '데모크라시' 지향이 절충된 결과 한편에서는 구래의 관습이나 재래 지배층이 온존해 있으면서 동시에 원주자가 서구 근대형型 내각과 의회를 운영한다는 거의 양립하기 힘든 요소를 겸비한 '자치주의'의 독립 개념이 일본 식민정책학 속에서 나왔던 것이다.

1919년 조선에서 3·1독립운동이 일어나자 다이쇼 데모크라시기의 논단에는 통치개혁론이 활발하게 이뤄졌고 '자치주의'는 서구의 문명적이고 또 최신의 통치정책으로 인기를 모았고, 조선이나 타이완에도 '자치'를 부여해야 한다는 논의가 대두되었다. 그러나 예를 들면 나가이 류타로永井柳太郎가 저작에서 '자치주의'를 분류하면서 도미니언만을 거론하고 있고, 또 도고가 일본에서 언급된 '자치주의'를 자신의 '분화정책'이라고 서술하고 있는 상황이어서, ['자치'가] 대략 엄밀한 공통적인 이해를 가지고 유통되었던 개념이라고는 말할 수 없다. 논단에서도 '영국의 자치령은 개략적으로 말해 영국에서 온 이주민이 핵심이 되어 발달된 것'이고, 그렇기 때문에 '조선에 자치를 부여해야 한다고 말할 때의 그 자치는 종래에 있었던 어떠한 자치도 아니기에 전적으로 독창적이고 신기한 것이 아니라면 제창의 취의趣意를 세울 수 없다'는 비판이 있었다. 그러나 그것은 극히 예외적이었다.[42] 1922년 아일랜드가 자유국의 지위를 획득하여 의회와 내각을 갖고 처음으로 원주자가 서구 근대형의 자치를 실시하는 사례가 탄생했다. 하지만 일본 논단에서 '자치주의'의 예로 거론된 것은 오로지 캐나다나 호주였고, 그것들은 '데모크라시'의 선진국인 영국의 식민정책으로서 말해졌다. 이렇게 '자치주의'가 유행하는 가운데 젊은 신예 식민정책학자로 등장한 자가 바로 야나이하라 다다오였다.

'자주'의 딜레마

니토베에게 수학하고 그 후임으로 도쿄제대의 식민정책학 담당이 되었던 야나이하라 다다오 또한 인종사상에 의거한 동화주의 비판론과 무관하지 않았다. 특히 야나이하라는 다른 누구보다 국내외 식민정책문헌에 정통했던 만큼, 동화주의 비판론에 영향을 받지 않을 수 없었다. 그는 이 분야의 대표저서인 1926년 초판 『식민 및 식민정책植民及植民政策』에서 '동화주의란 식민지에 대해 완전히 본국과 동일한 대우를 주고자 하는 것'이라고 정의했는데, 그 이론적 비판은 다음과 같았다.[43]

---

42 永井柳太郎, 『植民原論』, 巖松堂書店, 1921, pp.232~241; 東郷, 『植民政策と民族心理』, p.307. '자치' 비판은 高木繁, 「朝鮮統治私案」, 『日本及日本人』, 1919.7.1号, pp.27~28. 다카키의 조선통치사안은 인도의 입법원에 가까운 형식의 것을 조선에 설치한다는 것으로, 상당히 상세한 제도규정을 제언하고 있다. 다이쇼 데모크라시시기 논단에서의 통치의견류 안에서는 가장 구체적인 것이다.

43 『矢內原全集』 第1巻, pp.248·310~311. 야나이하라의 식민사상에 대해서는 淺田, op. cit.; 姜尙中, op. cit.; 村上勝彦, 「矢內原忠雄における植民論と植民政策」(『岩波講座 近代日本と植民地』 第4巻, 岩波書店, 1992~93) 수록, 楊井克已, 「矢內原忠雄先生の學問的業績」(『經濟學論集』 28巻3号, 1992); 川田侃, 「國際經濟」(『東京大學經濟學部五十年史』, 1976); 徐照彦, 「'南北問題'の課題と方法」(『アジア經濟』 18巻11号, 1977); 田中和男, 「地域研究としての植民政策」(同志社大學, 『社會科學』 第47巻, 1991) 등이 있다. 모두 같은 시대의 해외로부터의 사상적 영향을 본격적으로 검토하고 있지는 않다.

[동화주의의 근거인] 18세기 프랑스혁명시대의 철학은 인류천부권人類天賦權 관념에 기초하여 인류는 모두 이성의 소유자로서 근본에 있어 평등하고 자유로운 동포가 된다. 또한 종족일여種族一如의 인류학설을 채택하여 각 종족의 문화는 근본에서 하나가 된다. 만약 이성으로써 임한다면 동일문화가 모든 인류를 지배할 수 있을 것이다. 그리하여 식민자는 문명민족으로서 이성의 훌륭한 체득자이기 때문에 그 법제와 언어 등을 열등민족에 미치게 함은 그들의 문화적 사명이 존재하는 바라고 되어 있다.

그런데 종족은 유전 및 자연적 사회적 환경의 차이에 기초하고 그 특성을 달리 하는 역사적 산물이다. 절대인絶代人 "un homme absolu"이라는 추상적인 신념에 기초해 사회적 생활의 양태 및 그 발전의 단계를 달리 하는 사회군社會群에 대하여, 일률적으로, 집단적으로, 급속히 본국문화를 채용하도록 하는 동화정책은 이 역사적 사실을 무시하는 것이다. 즉 유전의 세력을 무시하고 외계의 영향에 의해서 쉽고 계획적으로 종족적 특성을 변경할 수 있다고 보는 오류를 지닌다.

이것은 라인쉬를 그대로 베꼈던 야마모토보다 한층 더 깊은 이해에 기초한 동화주의 비판이었다. 그는 후년 프랑스혁명뿐만 아니라 러시아 혁명 사상도 '세계적 적용을 요청하는 세계 동화주의'였다고 보고 있다.[44]

야나이하라는 당시 일본 식민정책학자의 예에서 벗어나지 않고 통치를 '종속주의'·'동화주의'·'자주주의'와 같은 세 유형으로 나누고 있다. 이 세 유형은 제5장에서 다뤘던 오카마쓰 산타로의 그것을 상기시킨다. 그러면 야나이하라가 최상의 식민정책으로 삼은 '자주주의'란 어떤 것이었는가.

야나이하라에 따르면 '자주주의'란 '현주자現住者 사회생활이 역사적 존재

44 『矢内原全集』 第18卷, p.13.

라는 사실을 인정하고, 그 고유한 방향에 따라서 발달시키고자 하는 것'인데, '무제한적인 자유방임은 식민정책의 본질에 반하기' 때문에, '공서양속公序良俗의 유지'·'보호지도'·'협동'이라는 세 가지 제한을 인정한다. 이 안의 '협동'이란 '원주자의 사회생활을 자주적으로 향상시키고 그 경제력을 발전시키는 것도 그들로 하여금 식민자의 유력한 협동자로 삼고자 하는 것'이며, 여기에는 식민자·원주자 간뿐만 아니라 본국과 식민지 간에도 '협동L'Association 주장은 반드시 자주주의의 정책에 수반'한다.[45]

이 저작의 각주와 참고문헌에는 프랑스의 동화주의 비판론이나 협동주의의 문헌이 몇 개인가 게재되어 있다. 이를 볼 때 야나이하라가 그 사상을 알고 있었던 것은 틀림없다. 그는 도고를 '동화정책을 배척하고 자주주의도고 씨의 이른바 분화정책를 주장한다'고 상찬하고, 모국과 식민지가 한 그루 나무를 이룬다는 도고의 표현을 '농학자에 걸맞는 좋은 비유'라고 형용했고, 타이완에서 고토의 주도로 행해진 구관조사를 '모범적인 것'이라고 평가했다.[46]

여기서 야나이하라의 주장은 실질적으로 프랑스 협동주의 주장에 가깝다. 그리고 1926년에 그는 조선통치개혁론이 활발했던 기운 속에서 「조선통치의 방침朝鮮統治の方針」이라는 논문을 당시 논단의 중심이었던 월간지 『중앙공론中央公論』에 발표했는데 거기에도 인종주의로서의 동화주의 비판론이 그 그림자를 드리우고 있었다.

이 논문에서 그는 우선 프랑스의 동화정책의 실패를 설명하고 '소쉬르·시제·비농 등의 학자가 이것을 비난했다'라며 르봉 추종자의 이름을 거론했다.

---

45 『矢內原全集』 第1巻, pp.250·312~313.

46 Ibid., p.495에 비농과 시제, p.157에는 소쉬르 등이 언급되어 있다. 이외에도 야나이하라(矢內原)가 동화주의를 형용하는 말로 자주 사용한 '그 도덕에서 넥타이 색까지' 같이했다는 것은 Saussure, 앞의 책에서 따른 것이다. 矢內原忠雄, 『植民地政策講義案』, 有斐閣, 1924(전집에는 미수록), p.141 참조.

그리고 포안카레 내각의 식민대신이 '자주협동적인 정책'을 주장했다고 적고, 다음과 같이 논했다.[47]

> 양복을 입고, 양식을 먹고, 영어로 말하고, 영문학을 배웠어도, 인도인은 영국인화되지 않았다. 그들은 영어로써 영국을 멈추지 않고 공격했다. 또 미국에 사는 흑인은 (…중략…) 미국에 동화된 자라고 여전히 인정되지 않는다. 환경의 영향은 현상형型의 변화에 그치고, 원인형型의 변화에는 미치지 않는다고 유전학자는 말한다.

그는 프랑스 동화주의의 참정권의 형태였던, 식민지에서 본국의 중앙의회로 대표를 보내는 제도를 반대하고 있다. 그 논거의 하나로 든 것은 본국의회에서 '식민지 의원이 유력하거나, 또는 케스팅 보드를 가질 때, 본국의 정치는 식민지인 때문에 좌우된다', 즉 '의회제도는 통일적 국민에 의해서야 비로소 가능하다. 상이한 집단적 의식을 지닌 민족이 동일 의회에서 그 내정을 심의하는 것은 민족심리학적으로 불가능하다'는 것이었다. 민족심리학이라는 어휘는 도고나 니토베가 르봉 학설을 표현하는 말로 이미 사용되고 있었는데, 야나이하라도 후년의 저작에 '구스타프 르봉이 민족심리학적 견지에 기반한 동화주의를 비난했다'고 기술하고 있다.[48]

이러한 동화주의 비판을 시행하면서 야나이하라는 이 논문에서 조선인을 중심으로 한 식민지 의회의 설치를 주장했다. 유전을 강조했던 동화주의 비판과 원주자에 의한 식민지의회 설치 주장은 야마모토류의 '자치주의'를 생

---

47 『矢内原全集』第1卷, p.732.

48 Ibid., p.733; 東郷, 『植民政策と民族心理』, p.73; 『新渡戸全集』第4卷, p.138. 당시 일본에는 르봉 이외의 민족심리학으로 빈트의 연구가 유명했지만, 식민정책과의 관계에서는 르봉의 영향력이 가장 컸다. 야나이하라가 르봉에 대해 언급한 내용은 『矢内原全集』第4卷, p.289.

각나게 한다. 확실히 야나이하라는 여기서 '자주협동'주의 통치의 예로서 '캐나다·호주·뉴질랜드·남아연방 기타의 영제국의 도미니언'을 예로 들면서, '아프리카 서부·중부 등의 흑인 지방에 대해서도 재래의 법제 관습을 중시하고, 추장의 통치를 인정하는 자주적 정책이 실행되고 있다'고 서술하고 있다. 따라서 이 양자를 같은 '자주주의'라는 어휘로 분류하고 있다고 말해도 좋다.[49] 그러나 야나이하라의 논의에는 야마모토 등에게는 없었던 몇 가지 특징이 존재했다.

하나는 '조선에 가 봐라. 길가의 돌까지도 모두 자유를 부르짖는다' 같은 발언에서 알 수 있듯이 그는 조선인의 처지에 대해서 동정적이었다. 야나이하라는 유럽에서 유학할 때 아일랜드에 들렀는데 거기에서 아일랜드인들의 곤궁함을 보고 '저도 모르게 눈물이 났다'고 적고 있으며, '자유! 독립! 획득하라! 아일랜드인 너의 자유를!'이라고 일기에 쓰고 있다. 그리고 프랑스의 동화주의 비판론을 논거로 삼았음에도 야나이하라의 기술에는 인종의 우열이라는 표현이 없다. 그는 또한 이격제離隔制에도 반대하고 있다.[50] 그는 르봉류의 동화주의 비판에서 차별을 포함하지 않는 형태로 민족성 존중이라는 부분만을 이용하고자 했던 것으로 볼 수 있다.

다른 하나는 우수한 학자였던 야나이하라가 책을 통해서였다고는 해도 야마모토보다 해외의 식민지 사정에 훨씬 정통했었다는 사실이다. 야나이하라는 학술서 『식민 및 식민정책』에 대부분의 도미니언이 영국계 식민자를 중핵으로 하고 있다는 사실, 인도에 도미니언의 지위가 부여되지 않은 까닭은 조건을 만족시키지 않기 때문이라는 것, 원주자가 다수를 점하고 있는 지역에서 도미니언과 동등한 자치가 부여된 유일한 예임에도 불구하고 아일랜드

---

49 『矢内原全集』第1巻, pp.249·734~735도 마찬가지다.

50 Ibid., p.740; 『矢内原全集』第28巻, pp.632~634. 격리정책에 대한 반대는 第1巻, pp.301~302.

의 민족문제가 해결되지 않았다는 사실 등을 명기하고 있었다.[51] 그러나 그는 『중앙공론』에 썼던 시사時事논문에서 이런 문제점을 다루지 않고 도미니언형 자치부여가 국제적 조류인 듯한 인상의 표현을 하고 있다.

야나이하라가 '자치주의'가 아니라 '자주주의'라는 어휘를 사용한 이유는 어쩌면 재래 지배층을 온존시켜 이용하는 것이 그가 이상으로 삼았던 도미니언형 '자치'가 아니라는 사실을 의식하고 있었기 때문이라고 생각된다. 그것보다는 차라리 그의 자주주의란 도미니언형 자치와 원주자 관습의 보호라는 두 개의 흐름이 장래에는 합치될지도 모른다는 바람에 기반한 개념이었다고 말할 수 있다. 그가 학술서와 시사논문에서 약간 다른 표현을 취했던 까닭은 그의 바람의 노출이었음과 동시에 자치부여의 여론을 환기하기 위한 전술적 행위였는지도 모른다.

그런데 야나이하라의 '자주주의'의 궁극, 즉 관습 존중과 도미니언형 자치를 양립시키고, 또한 본국과 평화적으로 협동하는 것은 처음부터 실현하기 어려운 개념이었다. 애초에 기존 사회체제를 온존하면서 서구근대형 내각이나 의회를 구비한 자치를 부여한다는 것은 거의 양립하기 어려웠다. 도미니언이 완전한 자치를 획득해도 본국과 협동하고 있는 까닭은 처음부터 본국과의 심리적 연관이 있는 식민자가 중핵이 되어 있었기 때문이었다.

이러한 실정을 알고 있었던 야나이하라는 자신의 '자주주의'의 실현에 낙천적이지 않았다. 그리하여 그는 다음과 같이 쓰지 않을 수 없었다. '자주주의 식민정책 이상의 실현에 대한 확실한 보장은 과학적으로도 역사적으로도 주어져 있지 않다. (…중략…) 그러나 한 가지 사실만은 확실하다. 즉 인류는 그것에 대한 희망을 갖고 있다는 사실 학대받는 자의 해방, 침몰된 자의 향상

51 『矢内原全集』 第1巻, pp.268·293.

그리고 자주독립의 평화적 결합, 인류는 과거에도 바라고, 현재에도 바라고 미래에도 이것을 희망할 것이다. 희망! 그리고 신앙!'이라고 했다.[52]

두 개의 차별 사이

식민정책학에 유입된 프랑스의 인종사상은 동화주의 비판의 유력한 논거를 제공했고 '자치주의'라는 독특한 개념을 성립시켰다. 식민정책학의 상식으로 수입된 동화주의 비판은 이후 식민정책파라고 불러야 할 조류를 형성했고, 종래의 간접통치론을 대신하는 형태로 '일본인'의 배제를 주장하는 논조를 형성했다.

이러한 주장을 취한 논자의 동기는 다양하다. 도고처럼 '일본인'과의 차별을 의도했던 자도 있고, 야나이하라처럼 '일본인'과는 다른 독자성을 존중하고자 했던 자도 있다. 다만 야나이하라라고 하더라도 식민정책학의 틀 내에서 동화주의를 비판하는 한 인종의 유전적 요소를 거론하지 않을 수 없었다.

그러나 이런 종류의 동화주의 비판론은 논의와 자료가 방대함에도 불구하고, 실제 정책에 영향을 크게 끼쳤다고 말하기는 어렵다. 무엇보다도 계몽주의에 의한 '문명화' 비판을 기본으로 삼는 이런 논의는 충성심 육성을 목표로 삼는 일본의 동화노선과는 괴리된 것이었다. 이 장에서 들었던 동화주의 비판론은 1905년부터 1920년대 절반까지의 것이다. 이 시기는 다이쇼 데모크라시기의 정점으로 일본에서도 인종의식이 강화되었던 한편 외교적으로 서구협조노선이 취해졌던 시기이다. 또한 훗날 황민화 정책시기와 비교하자면 조선·타이완에 일본문화를 강제하는 힘은 아직 약했다. 요컨대 동화주의를 권리의 평등화를 포함한 '문명화'로 취하는 것, 그리고 서구의 일원으로서 '일본'을 인

52 Ibid., p.483.

식한다는 두 개의 조건이 갖춰져 있던 시기였다. 1930년대에 들어서면 언론계의 관심이 조선·타이완에서 멀어짐과 더불어 이러한 종류의 동화주의 비판론도 꺼져가게 된다.[53] 물론 언론탄압 강화도 요인이었을테지만 원래 황민화 정책이 현실에 대응하는 데 유효한 사상이라고 말할 수는 없기 때문이다.

그 후 야나이하라는 일본의 동화정책을 프랑스와는 별종別種의 것으로 이론적으로 파악하고자 시도했다. 그는 『식민 및 식민정책』이 발행된 다음해인 1927년에 타이완을 조사하면서 그 실정에 접하여 『제국주의하의 타이완帝國主義下の臺灣』을 집필했다. 거기서 그는 교육 등에서 철저한 동화가 강행되지만 '다만 정치에 관해서는' '부동화不同化'≒불평등가 유지되고 있다는 사실을 지적하는 등 타이완 총독부의 통치를 격렬하게 비판하여 총독부로부터 발금 처분을 받았다. 그리고 후의 「일본과 프랑스의 식민정책을 군사적·동화적으로 비교한 한 논의軍事的と同化的·日仏植民政策比較の一論」라는 논고에서 일본의 동화정책이 '프랑스에서와 같은 자연법적 인간관에 기초한 것이 아니라, 오히려 일본 국민정신의 우월성의 신념에 기초한 것'이라고 위치 지었다. 이 논문에도 르봉 등을 언급하고 있지만 그는 유전이라는 어휘를 사용하지 않고 동화주의 비판을 행하고, 또한 협동주의를 "본국 중심의 제국적 연결 강화의 한 형태에 지나지 않는다'고 쓰고 있다.[54]

그러나 논문이 쓰여진 시기는 황민화 정책이 마침내 본격화되고 중일전쟁을 목전에 둔 1937년 2월이 된 후였다. 이해 12월 야나이하라는 대륙정책비판 때문에 도쿄대학의 식민정책학 담당 교수 지위에서 쫓겨나 사직하게 된다. 그리고 그 다음 달에 발표한 논문에서 일본이 행하고 있는 '동화적 식민

53 1910~1945년의 주요 신문, 잡지의 조선관계논문을 전부 총람한 강동진, op. cit.은 그 수와 내용의 변화를 명확히 보여주고 있다.

54 『矢内原全集』 第2巻, p.367; 『矢内原全集』 第4巻, pp.289·301.

정책'은 '경제적 및 사회적 동화를 요구함과 동시에 정치적 권리의 동화 거부를 특색으로 한다'고 주장했다.[55]

야나이하라가 도쿄제대에서 퇴출당한 뒤 협동주의를 주장한 사람은 강좌파講座派 논객에서 전향한 히라노 요시타로平野義太郎였다. 1939년 「도미의 눈과 넙치의 눈鯛の目と比良目の目」에서 고토 신페이의 말을 인용하며 동화주의 비판을 시작한 히라노는 우생학의 영향을 받은 인종학자 기요노 겐지淸野謙次와 함께 저술한 『태평양의 민족=정치학太平洋の民族=政治學』1942에서 프랑스 협동주의를 대동아공영권 통치정책의 참고로 삼아야한다며 '협동주의·공영주의'를 제창했다.[56] 그것은 각 민족 문화의 보호를 요소로 포함하고 있는 것으로, 일본민족을 지도민족으로 하고 아시아 여러 민족에게 '그 위상을 갖는' 계층질서의 정당화론이었다. 그리고 2년 후에는 중의원 의원이 된 도고 미노루가 익찬대의사翼贊代議士 회장에 취임했다. 1942년, 도고는 자유당 총무가 되었고 전후까지 정치적 영향력을 계속 유지했다.

'차이를 인식하면서 평등으로.' 이것은 현재에도 실현하기 어려운 이념이다. 평등은 독자성의 압살에 그리고 독자성의 존중은 차별로 각각 쉽게 바꿔치기 된다. '일본인'에로의 동화를 비판하면서 '일본인'으로부터의 배제에 빠지지 않고, 동시에 '공생'이나 '협동'의 존재방식을 탐색하는 것. 그러한 과제에 해답을 내고, 두 개의 차별 간에 가느다란 하나의 선을 이끌어내는 작업은 당시 지식인에게는 너무나도 어려운 일이었다. 야나이하라를 필두로 한 양심적인 논자마저도 인종사상의 영향권에 포섭되어 있었던 것이다.

---

55 Ibid., p.324. 아사다(淺田)는 이를 야나이하라의 동화주의의 정의로 보고 있지만(淺田, op. cit., pp.339~340), 『植民及植民政策』에는 그런 정의가 이뤄지고 있지 않다. 다만 일본의 동화정책의 실태를 분석하는 개념으로 이 정의 쪽이 효과적이라고 말할 수 있다.

56 平野義太郎, 「鯛の目と比良目の目」, 『改造』, 1939.10月号; 平野義太郎·淸野謙次, 『太平洋の民族=政治學』, 日本評論社, 1942, pp.232~236.

제8장
‘민권’과 ‘일시동인’
식민자와 통혼문제

앞서 제5장과 제6장에서 서술했듯이 타이완이나 조선은 영토로는 ‘일본’에 편입되었지만, 총독부의 지배라는 이름으로 ‘일본’에서 분리되어 있었다. 또한 그 지역에 살고 있는 조선인이나 타이완인도 국적으로는 ‘일본인’에 포섭되었지만 호적에서는 ‘일본인’에서 배제되어 있었다.

여기서 나타나는 두 가지 문제를 보자. 하나는 조선에 살고 있는 내지인의 대우이다. 그들은 호적상 ‘일본인’이지만 지역적으로는 ‘일본’에서 배제된 총독부의 지배지역에서 살고 있기 때문에 이른바 중간적인 존재였다.

다른 하나는 통혼이나 양자 등으로 혈통적으로는 조선인이어도 내지의 호적에 들어온 인간이 ‘일본인’이 되는가 그렇지 않은가의 문제였다. 대일본제국에서는 민족 구분을 호적에 기반하고 있기 때문에 내지인의 호적에 들어오면 내지의 ‘일본인’과 법제상으로는 구별하기 어렵게 된다.

본 장에서는 한일합방 때부터 일본의 조선통치론에 커다란 영향을 주었던 1919년 3·1독립운동 직전까지 이 두 가지 문제를 어떻게 다루었는지 살펴보도록 한다. 이를 통해 당시 ‘일본인’의 경계를 좌우하고 있었던 요소가 무엇이었는지 검토해볼 것이다.

'일시동인一視同仁'을 소리 높여 외침

위에서 제기한 문제에 들어가기 전에, 먼저 한일합방에서 3·1독립운동 발생까지 동안 조선총독부 주변과 내지의 신문에 나타난 담론 양상을 대강이나마 검토해 두자.

한일합방 5년 후인 1915년 10월에 발표한 성명에서 데라우치 조선총독은 조선의 위치를 다음과 같이 말하고 있다.[1]

> 병합이라는 함은 서구 제국諸國이 반개半開 또는 열등한 민족을 병합하는 경우와 전적으로 그 취지가 다르다. 그들에게 있어서 형식이나 또한 실질에 있어서 종속 관계를 가진다. 특히 지세地勢가 격절隔絶되어 국정國情과 인종도 또한 서로 같지 않기 때문에 정치상에서도 사교社交상에서도 도저히 서로 혼화渾和할 수 없는 운명을 가지고 있다. 그러나 일조日朝 관계는 이와 반대로 지세가 서로 맞닿아 있고 이해利害가 서로 얽혀 있을 뿐만 아니라 동종동문同種同文이고 풍속도 역시 크게 차이나지 않기 때문에 일통一統의 국가하에서 융합동화融合同化하는 것은 결코 어려운 일이 아니다.

조선은 지리적·인종적·문화적으로 '가깝고' 일본의 통치는 서구의 식민지 지배와는 다르다는, 전형적인 '일본인'에의 동화론이다. 데라우치는 이어서 조선인을 '충량한 제국의 신민'으로 삼는 것이 통치의 급무라고 말하고 있다.

'충량한 제국의 신민'으로의 개조가 가장 강조되었던 것은 교육정책에서였다. 1917년 조선총독부 학무국이 교과서 편찬을 즈음해서 발행한 개요를 보면, 교과서 일반 방침으로서 '조선은 내지·타이완 등과 똑같은 우리 국가

1 松岡靜雄, 「治朝策要旨」(國會圖書館 憲政資料室, 『齋藤實文書』, pp.104~148)에서 재인용. 쪽수는 기재되어 있지 않고, 원문은 한자 가타가나 문장이며, 구두점과 탁점이 없다.

의 일부를 이룬다는 것을 [조선인에게] 명확히 알릴 것'을 거론하고 있다. 그리고 수신修身에서는 '일시동인'의 천황의 은혜를 강조함과 동시에 '정직·근면·검약·저축·청결·위생 등'이 중시되고, 위인偉人의 사례에서 "외국[서구]인에 관해서는 일절 채택하지 않는 것'이 주의를 끈다. 또한 조선 재래의 풍속이나 여성의 사회적 지위를 변화시키기 위해 교과서의 삽화에서 '조선 아동의 풍속을 단발散髮과 짚신草鞋으로 하고, 노동자 속에 여자를 섞어', '언외言外의 교훈을 담을 것'을 지시하고 있다.[2] 오키나와에서 위정자 측이 여자교육의 중요성을 제창했던 것은 제2장에서 기술했는데 여성의 지위에 관한 문제제3부에서 다시 후술할 예정는 피지배 측에 미묘한 영향을 불러일으킨다. 어쨌든 요약하자면 조선교육의 논리는 오키나와 교육이 그랬던 것처럼 '일본인'화와 그 틀 내에서 '문명화'를 지향한 내용이라고 말할 수 있다.

또한 오키나와 교육의 경우와 마찬가지로 역사관의 개조에 초점이 맞춰졌다. 총독부 학무국은 국어독본 편찬에 즈음해 '역사교재에서 내지와 조선간의 친밀한 관계를 드러내 보이는 데 족한 고래古來의 전설과 사화史話를 많이 선택하여, 국민적 사상 양성을 도울 것'이라는 방침을 내세웠다. 또한 1918년에는 교육칙어教育勅語를 조선인에게 가르치는 데 있어서의 주의서注意書가 총독부에서 발행되었다. 거기에는 '국사國史에서 볼 수 있는 성씨姓氏 3천 중에 조선인 및 지나인 등의 후예에 속하는 것이 약 7백 개 있고', 도래인 계열의 인물에는 사카노우에 다무라마로坂上田村麻呂를 필두로 하여 '국가사회에 공헌한 자가 자못 많고', '고래로 우리나라에서는 새롭게 제국帝國 신민이 된 여러 민족이 오랜 기간을 거쳐서 융화합동融和合同해서 혼연일체渾然一體를 이룬 일' 등이 강조되었다.[3]

2 朝鮮總督府, 『朝鮮總督府編纂教科目概要』, 朝鮮總督府, 1917; 『日本植民地教育政策史料集成』 第18巻, pp.10~11·59.

이 칙어교육의 주문서에는 '내선인에게는 공통의 혈액이 흐른다'고 강조되어 있다. 당시 일본 학계에서도 조선인은 '일본인'이라는 인류학·언어학·역사학의 학설이 정착해 있었다. 다이쇼기를 보면 인류학의 정설을 쌓았던 도리이 류조鳥居龍藏는 '일조인日朝人의 경우는 동일 민족이기 때문에, 상호 합병 통일되는 것은 바른 일이다'라고 말하고, 언어학자인 가네자와 쇼자부로金沢庄三郎는 '한국의 언어는 우리 대일본제국의 언어와 동일 계열에 속하는 것으로, 우리 국어의 한 분파에 지나지 않는다. 이는 마치 류큐 방언이 우리 국어에 있어서와 마찬가지인 관계에 있다'고 주장했다. 그는 고대에 조선은 일본의 일부였으므로 병합은 침략이 아니라 복고復古라고 간주했다.[4]

나아가 오키나와의 다메토모 전설·타이완의 정성공 전설과도 유사하게 조선에 대해서는 기기신화記紀神話의 스사노오素戔嗚尊가 조선에 건너가 조선왕조의 선조인 단군의 조상이 되었다는 설이 유포되었다. 훗날 내무성 비밀문서에서도 조선에서의 역사교육에서 '전설상의 단군이 스사노오와 부합하는 점'이 중시되었다. 이에 부합하는 내용이란 '삼한을 독립국가로 보지 않고 일본의 한 지방명으로 삼고', '명明의 봉책封冊을 받은 이조 조선을 아시카가足利 시대의 국내 사정으로 잠시 그 경영을 이조李朝에 일임하듯 바꾸었던 일'이나, 도요토미 히데요시豊臣秀吉의 조선침공은 '일본 국내로 일여본연一如本然의 자세로 복귀시키고자 한 기도企圖인 것처럼 취급하는 일' 등이었다. 류큐처분이 단행될 즈음 고대로부터 일본의 일부였던 오키나와가 중세의 혼란 때문에 일시적으로 중국의 책봉을 받은 것과 다르지 않다는 주장과 유사한 역사관을

---

3 Ibid., p.13; 朝鮮總督府, 『教育ニ關スル勅語ノ奉釋上特ニ注意スヘキ諸点』, 朝鮮總督府, 1918; 『日本植民地教育政策史料集成』 第16巻, pp.3~4. 후자의 원문은 한자 가타가나 문장이다.

4 『教育ニ關スル勅語ノ奉釋上特ニ注意スヘキ諸点』, p.7; 鳥居龍藏, 「日本人は'同源'なり」(『鳥居龍藏全集』 第12巻, 朝日新聞社, 1975~77, p.538). 1920년의 강연이다. 金澤庄三郎, 『日韓兩國語同系論』, 三省堂書店, 1910, 서문, pp.1~2. 이러한 역사관에 대해서는 小熊, 『單一民族神話の起源』 참조.

살필 수 있다.[5]

통감부 시기, 조선교육에 관여하고 있었던 시데하라 다이라幣原坦은 다음과 같이 논술하고 있다.[6]

> 이렇게 식민지인을 문명적으로 동화하는 일을 보자면, 우리 동양인東洋人은 태서인泰西人이 동양의 식민지에서 행하는 것보다도 더 많은 이해와 편의를 갖는다. 때문에 태서인이 애먹고 있다는 동화정책도 우리 동양인 동료 사이에서 행해질 경우에 반드시 마찬가지의 결과로 끝난다고 즉단할 수 없다. 아니, 우리 동양인 동료 사이에는 인종, 사상, 풍속, 관습에서 거의 큰 차이가 없기 때문에, 동화·비동화를 과장되게 논할 정도는 아니라고 생각한다. 가깝게는 오키나와현의 상태를 봐도 그 일면을 알 수 있을 것이다.

그러나 이러한 조선관이나 역사관이 표면적으로 거론되는 한편 법제적인 구분을 적용시키기는 힘들었다. 데라우치 총독은 공식적으로는 '조선이 제국의 판도에 돌아온 이상 이론상 이 지역에 헌법이 미쳐야 하는 것은 당연한 일이다'라고 서술하고 있지만, 그 실질은 이미 봤던 그대로이다. 총독부에 의한 칙어교육의 주의서도, 칙어 속의 '국헌國憲을 중시한다'는 부분에 '제국헌법은 아직 내지와 똑같이 이 곳에서 실행되지는 못했지만 조선이 이미 제국의 일부가 된 이상 조선인에서도 이것[헌법]을 존중할 것을 알게 만들어야 함은 물론이다'라며 구차한 주석을 덧달고 있다.[7]

---

5 「極秘 朝鮮統治上ヨリ觀タル國史ノ問題案」, 「本邦內政關係雜件 植民地關係」, 第2巻, 外務省 外交史料館 소장. 원문은 한자 가타가나 문장이다. 1944년 말에 내무성 관리국에서 작성된 것으로 보인다. 이 시기의 통치개혁론에 대해서는 제17장 참조.

6 幣原, 『朝鮮統治論』, p.20.

7 데라우치의 발언은 松岡, 「治鮮要旨策」에서 재인용. 『教育ニ關スル勅語ノ奉釋上特ニ注意スヘキ諸点』, p.5.

'일본인'임을 강조하는 한편 '일본인'으로서의 대우가 주어지지 않음을 정당화하기 위해 여러 가지가 제기되었다. 우선 첫 번째 민도民度이다. 제6장에서 기술했듯이 조선교육령에는 '시세 및 민도에 접합시킨다'는 명목으로, 교육내용이나 수업년한이 축소되어 있다. 이러한 '민도'가 취학율의 상승이나 '국어'의 보급 등에 의해 향상된 다음 '점진'적으로 '일본인'으로서의 대우가 주어질 것이라는 내용이었다. 그러나 수업료가 징수되고 있었기 때문에 1920년까지도 보통학교의 취학률은 3%대에 지나지 않았다. 또한 조선인의 '구관'이 이유가 되는 경우도 있었다. 시데하라는 조선인의 보통학교 입학연령을 내지와 같은 6세가 아니라 8세로 했던 까닭은 '조선 재래의 고제古制에 준거한 것'으로, '재래의 관습을 답습한 것'에 지나지 않는다고 말했다.[8]

요컨대 위정자 측은 동화를 주장하거나 통치를 자화자찬할 때에는 조선통치와 서구의 식민지 지배와의 차이를 강조하면서도, 법제적인 구분을 정당화할 때에는 서구의 식민지 사례를 모범으로 제기하는 경향이 있었다. 앞에서 언급한 것처럼 시데하라 등도 '동양'의 특성을 역설하고 '일천여만 백의白衣민은 다른 지역에서도 열등인종으로서 냉대를 받지 않고 오히려 내지인으로부터 동포로서 환대받게 되었다'고 쓰면서도 같은 책 속에 '의무교육 제도는 도저히 처음부터 행할 수 없다. 각국의 식민지를 둘러봐도 이것을 실행하고 있는 지방은 극히 적다'라고 기술했다. 데라우치 총독도 마찬가지다. 그는 전술한 내용처럼 '서구 여러 나라'의 식민지와는 다르다고 성명을 내면서도, 의회의 심의에서 총독의 입법권에 관한 이야기가 나오면 '각국의 [식민지 통치의] 사례를 고찰해도 대략 그렇다'고 발언하고 있다.[9] 타이완에서 그랬던 것처럼 조선인을 '일본인'으로 삼는 일은 국방상으로 그리고 다른 동기에서 지향되

8 幣原, 『朝鮮教育論』, p.129.
9 Ibid., 서문, pp.1·30. 데라우치(寺內)의 발언은 「共通法案委員會議錄」 第7回, 1918.3.13, p.50.

었다고 하더라도, 그것에 의해 총독의 입법권이 침범받거나 비용이 드는 의무교육제도를 실시하는 것은 거부되었던 것이다. 총독부 주변에서 나온 '일본'에 대한 조선인의 위치에 관한 논의는 상기한 것처럼 기회주의적인 논조를 취하고 있다.

그렇다면 내지의 신문은 이 문제를 어떻게 봤을까. 한일합방 초기 내지의 주요 신문은 합방 찬미의 기사를 집중적으로 게재했지만 마침내 조선통치에 대한 비판이 나오기 시작했다. 그렇지만 3·1독립운동을 통해 조선인의 불만을 강하게 인지하기 전까지 조선인의 처우를 문제삼았던 기사는 거의 찾아볼 수 없다. 그렇다면 무엇에 대한 비판이 나왔던 것일까?

비판의 초점이 된 것은 첫째, 통치비용의 문제였다. 제6장에서 서술했듯이, 조선총독부는 내지의 거액의 보조금으로 유지되고 있었으므로 이 점에 관한 비판이 많았다. 그리고 두 번째는 63법 문제 이래로 불거진 총독의 위임입법권 문제였다. 이 문제는 이미 63법 문제에서 기정사실화되어 그다지 논의를 불러일으키지는 않았지만 총독의 입법권을 '위헌'이라고 한 논의는 여전히 존재했다. 이런 것들은 타이완 영유 당시부터 있었던 비판의 연장선상에 있었다고 말할 수 있다.

새롭게 부각된 비판은 조선총독이 군인이라고 되어 있는 점이었다. 항일무장세력의 진압에서 기정사실화된 타이완 군인총독제와는 달리, 조선에는 그러한 통치상의 이유가 없었다. 또한 이것은 63법 문제가 불거졌던 때도 그랬지만 군이나 관료에 의한 권위주의 체제에 불만을 가졌던 시대적 분위기의 반영이기도 했다. 1913년에는 내지에서도 군과 관료로 구성된 가쓰라 다로桂太郎 내각에 대한 대규모의 반대운동이 일어났다.

1910년대 전반기의 신문은 조선의 군인총독제를 육군 군벌의 세력신장책이라고 간주해 '편협한 군인사상의 발현', '군인만능시대'라며 일제히 비난했다. 군인총독 비판의 특징은 '총독무관제'를 '관료 일파의 묵은 폐해宿弊의 산물'이라고 형용한 『도쿄마이니치신문』의 사설처럼 '군인=전제專制=관료'라는 도식을 성립했다는 점이다. 다시 말해 이 문맥에서 '군인'에 대치된 것은 '민권'인데 그것이 반드시 문관 관료였던 것은 아니었다. 이 일은 군인과 관료를 중심으로 한 개발독재형 번벌藩閥정부와의 대항관계 아래에서 민권파 신문이 키웠던 일본의 사정이 반영된 것이었다.[10]

이런 상황에서 조선통치 초기에 가장 비판받았던 정책은 1911년 초두에 총독부 제령制令으로 공포된 조선회사령朝鮮會社令이다. 조선회사령은 조선에서 회사를 열 때 총독부에 인가를 받을 것을 의무사항으로 하는 것으로, 즉 조선은 내지와 법역法域이 다르다는 이유로 내지의 상법에서 인가받은 회사가 지점을 낼 때에도 인가를 받아야 한다는 것이었다. 또한 내지에서 작성된 관공청의 증명서류는 조선에서는 무효였다. 전술했듯이 조선에서는 조선은행권, 타이완에서는 타이완은행권이 사용되고 있어 내지와는 별개의 세계를 형성하고 있었는데 경제법규상에서도 조선의 '독립왕국'적 양상을 드러냈던 것이다.

원래 내지의 관료들도 민간 기업에의 인허가권을 독점함으로써 보다 막대한 권위를 가져 뇌물이나 접대를 받는 특권을 누리고 있었다. 하물며 의회나 사법의 감시도 없는 조선이나 타이완에서는 더더욱 그랬다. 당시 신문보도에 따르면 내지인 식민자가 회사령을 따라서 인가원認可願을 냈을 때 총독부의 경무총감부가 밀정을 풀어 출원자出願者의 재산이나 이력을 조사한다거나, 소유지를 도로로 제공하라고 강제한 다음 그것을 거부하면 '치안방해라는 혐의

10 이 시기의 신문 논조에 대해서는 강동진, 『日本言論界と朝鮮 1910-1945』에 요약되어 있다. 강동진은 일본에 의한 조선지배 비판에 중점을 두고 있기 때문에, 일본 내부에서의 대립을 충분히 검토하지 못한 것으로 보인다. 군인총독에 대한 비판은 「朝鮮總督府官制」, 『東京日日新聞』, 1910.10.1 사설; 「總督は軍人乎」, 『東京毎日新聞』, 1910.9.10 사설; 「人の爲めの官乎」, 『東京毎日新聞』, 1910.9.21 사설에서 인용했다.

로 건축물을 파괴하겠노라고 협박했다'는 사례가 소개되어 있다. 내지의 재계인사 중 가령 시부자와 에이치渋沢栄一 등은 이러한 불편을 참으면서까지 조선에 투자를 할 기분은 아니라고 공언했다고 한다.[11]

조선회사령이 발표되자 내지의 신문은 '조선기업계의 계엄령'이니 '상법을 유린하는 극단적인 군정주의'라고 일제히 비난했다. 회사령은 군인총독의 '관료적 전제'이고, 의회의 심의도 없이 나온 총독부의 제령이었으며 더구나 조선의 경제적 개발을 저해하는 것으로 위치 지어졌다. 전술했듯이 이것은 경제비용·총독입법권·군인총독이라는 세 가지 비판요소가 교차하면서 만들어졌다. 예를 들어 『요미우리신문』의 사설이 '식민지 통치에서 산업의 개발과 부식扶植을 꾀하려면 사벌Sabel주의를 그만둬야 한다'고 주장했던 것처럼 조선통치를 '관권'으로 행할 것인가 '민권'으로 행할 것인가의 싸움이었고 '조선인의 처우'에는 완벽하게 무관심했다. 또한 이러한 경제중시·군인비판이라는 주장이 취해진 경우 군인 총독의 과잉방위의식을 경계하기 위해 서구와의 협조를 역설한 논조가 항상 수반되었다.[12]

문제를 정리해보자. 총독부 측은 조선인을 '일시동인'으로 '일본인'에 동화하자고 노래했고, 오키나와에서 행해진 것과 유사한 교육방침을 제창했다. 그러나 그것은 어디까지나 총독부 특권의 원천인 '일본'으로부터의 조선분

11 총독부의 협박 사례는 「專任總督論(2)」(『東京朝日新聞』, 1911.10.4)에서 따온 것이다. 시부자와에 관해서는 「共通法案委員會議錄」 第5回(1918.3.9, p.37)에서, 의원인 마키야마 고조(牧山耕藏)가 "시부자와와 남작 등은 회사령이 조선에 존재하는 동안이라고 말한 것은, 우리들이 조선에 한 푼도 투자를 하지 않는다는 것을 공식 석상에서 언명하는 것"이라고 서술하고 있다.

12 「猛烈なる會社令」, 『東京朝日新聞』, 1911.1.13; 「朝鮮會社令」, 『讀賣新聞』, 1911.1.14 사설. 경제를 중시하고 서구에 협조적인 논조를 보자. 가령 『도쿄 마이니치신문(東京每日新聞)』, 「總督は軍人乎」는 "금후의 조선에서 우려해야 할 것은 그 경제상의 상태"라면서 군인총독은 "오히려 불편"하다고 쓰고 있고, 그 전제로서 "러시아는 우리 동맹국인 영국과 함께 일찍이 일한병합에 찬성을 표하"고 있음 등을 거론했다. 또한 『도쿄 아사히신문(東京朝日新聞)』의 大石正巳, 「朝鮮の會社令」(1911.11.13)도, 서구인 기업이 이 제령(制令)으로 압박을 받음으로써, '서구 각국의 비난공격'이 발생할 가능성을 반대 이유의 하나로 들고 있다.

리에 저촉하지 않는 범위 내에서였다. 다른 한편 내지의 신문은 총독의 특권에 불만을 가져 '민권'으로 조선을 통치하자고 주창했지만 조선인 처우에는 무관심했다.

그리고 양자 대립의 기반이 되었던 것은 바로 조선의 내지인일본인 식민자의 존재였다. 내지의 신문이 조선회사령에 대해서 비판했던 까닭 중 하나는 식민지 진출에 방해가 되기 때문이었다. 제5장에서 서술했듯이 무릇 63법을 심의하는 데에 다카다 사나에처럼 민권파 의원이 타이완을 총독의 독재 상태에 둔다면 내지인 식민자의 인권이 침해당하고, 이식민을 촉진하는 데 장해가 된다고 지적한 것이 그것이다. 한편 총독부 측에서 보면 자기의 관할지역인 조선에서 살고 있는 자가 내지인이든 조선인이든 총독부의 재량으로 탄압할 수 있는 편이 좋을 것이다. 그리고 이 차이는 '일본인'의 경계를 둘러싼 문제에도 반영되어 나타나기 시작했던 것이다.

'식민자 민권'의 출현

제4장에서 서술했듯이 타이완통치의 초기부터 내지인 식민자의 질적인 저하가 문제시되었다. 이 일은 조선에서도 마찬가지였다. 다만 어떤 준비도 없이 군사점령된 타이완에 비해 합병까지 일본의 진출 기간이 길었던 조선 쪽이 훨씬 식민자의 세력이 강했다는 점이 달랐다.

국방중시의 입장에서 말하면 조선을 '일본인이 살고 있는 토지'로 개조한 다음 식민자가 진출하는 것이 바람직하다. 내지의 매스미디어는 일본의 과잉인구의 배출구로 삼은 다음이든 또한 '민권'에 의해서 조선이 개발된 다음이든 식민자의 진출을 환영했다. 그러나 총독부의 경우 조선통치 초기부터 내지인 식민자는 두통거리였다. 가령 합병 직전에 나온 통감부의 비밀의견서에는 식민자의 대부분이 한 밑천 벌려고 건너온 '무뢰배'이고, '일본인의 횡포'

가 조선에서의 '배일사상의 근원'이라며 '불량 일본인 단속'을 주장하는 내용이 있었다.[13]

이러한 의견을 관료들의 양심의 표현으로 간주하는 것은 맞지 않다. 통치의 원활함과 '제국의 위신'을 확보하기 위해 제창된 것임은 말할 것도 없다. 그리고 이 의견서에서 '불량한 일본인의 단속'의 구체적인 정책으로 간주되었던 것은 '퇴한退韓명령'과 '신문지 단속'이라는 두 가지였다. 후자의 '신문'은 식민자가 발행하고 있는 일본어 신문을 가리키는 것인데, 단속 이유로 '일문日文신문이 한인韓人에 대해서 난폭한 필봉을 놀려 한인의 심정을 격성激成시키고', '일본관리에 관한 허구 사실을 과장해서 동포의 위신을 상처 입히는 일'을 거론하고 있다. 즉 '불량 일본인'이란 조선인에게 횡포를 휘두르는 자와 총독부를 비판하는 민권론자 쌍방을 의미하고 있었던 것이다.

당연히 식민자 측은 그것에 반발했다. 특히 경성에서 식민자들이 발행하고 있던 『조선朝鮮』이란 잡지는 총독부로부터 종종 발금처분을 받았다. 한일합방 무렵에, 이 잡지의 기자가 총독부의 아카시 모토지로明石元二郎 경무총장후에 타이완 총독을 방문해 발금처분에 대해서 질문했던 인터뷰 모습은 양자의 대립 구조를 잘 보여준다.[14]

---

13 「秘 意見書(韓國行政ノ根本要義)」, 『日本植民地教育政策史料集成』 第69巻, pp.8·21·22·24. 원문은 한자 가타가나 문장.

14 旭邦生, 「明石警務總長と語る」, 『朝鮮』 31号, 1910.9, pp.72~73. 원문에 발언자 이름과 꺽쇠를 붙였다. 目村健二, 『在朝日本人の社會史』(未來社, 1989, 第5章)에 의하면, 『조선(朝鮮)』은 1909년이라는 시점에서 발행부수가 약 2만 4천으로, 『조선의 실업(朝鮮之實業)』과 나란히 "당시 조선관계 월간잡지로서는 파격적인 영향력을 갖고 있었다". '아사히드쓰생(旭達生)'의 본명은 같은 잡지의 편집장인 샤쿠오 아키쿠니(釋尾旭邦)로, 1900년에 조선으로 도항한 후 중학교 교사나 거류민단 사무소 과장 등을 역임한 인물이었다고 한다. 이 인터뷰는 야마나카의 앞에 나온 논문, 「朝鮮'同化政策'と社會學的同化」에도 인용되어 있지만, 총독부 측의 고압적인 자세만 주목하고 있다. 또한 고마고메의 『植民地帝國日本の文化統合』은 『조선』을 "총독부보다 더 '오른쪽(右)'에 위치하는 잡지"(p.408)라고 봤다. 당시 식민자의 일반적 상황과 거류민단의 해산에 대해서 『梶村秀樹著作集』 第1巻III, 明石書店, 1990~93; 木村, op. cit.; 木村健二, 「在外居留民の社會活動」, 『岩波講座 近代日本と植民地』 第15巻 참조. 또한 尹健次, 「植民地日本人の精神構造」(『思想』 778

기자 대단히 과감하게 언론 단속을 하신 모습인데 금후에도 역시 그럴 작정이신가요.

아카시 더욱더 그렇게 할 작정이요. (큰 웃음)

기자 도대체 그 단속방침은 어디에 있는 겁니까.

아카시 어쨌든 쓸데없는無用 논의를 하여 인심을 혹란惑亂시키는 자는 가차없이 혼내줄 생각이다.

기자 그 쓸데없는 논의라고 하는 것이 무엇인지 아직 잘 모르겠다. 당국자는 무용하다고 생각해도, 민간에서는 여전히 유용할지도 모르기 때문이다.

아카시 민론民論이라든가 여론輿論이라든가 하는 것은 도쿄에서 말하는 것으로, 여기 식민지인 신영토에서는 그러한 일은 금물禁物이다. (…중략…) 어떤 식민지에서도 조선처럼 민간에 제멋대로 기력을 다해 열熱을 토해내는 곳은 없다. 인도에서도 필리핀에서도 언론에 대한 구속은 대단히 엄중했다. 신영토에서 여러 당국자에 반대하며 열을 토해내는 것은 질서파괴의 근원이다.

기자 그러한 이유도 있겠지요. 그러나 언론이나 여론을 존중하는 것은 입헌정치의 근본이지요. 이곳 신영토에서는 협의의 의미에서 헌법이 아직 행해지지 않는다고 해도 조선에 있는 우리 이주민도 역시 헌법 치하의 백성이기에 조선인에 대해서는 모르겠습니다만, 내지인의 언론이나 여론을 십분 존중하는 것이 정치가의 덕의德義가 아닐까요.

아카시 여론이니 뭐니 하는 것들은 (…중략…) [검열 복자伏字] (…중

号, 1989)는 식민자의 심리를 분석하고 있다. 여기에 거론한 논문은 모두 식민자의 '민권'과 '차별'의 이중성이나 권리를 중시하기 때문에 차별을 강조하고 있는 현상에는 주목하고 있지 않다.

략…) 인민은 우리가 하는 바를 신뢰하면 된다. 특히 내지인의 언론을 관용寬으로 하고 조선인의 언론을 엄격嚴하게 하는, 그런 불공평한 일은 가능하지 않다. (…중략…)

기자 (…중략…) 내지인의 언론을 조선인과 동등하게 다룬다고 말씀하신 것은 당치도 않습니다. 몰상식의 극한이 아닐까요. 이건 내지인을 적으로 보는 겁니다. (…중략…) 그렇지 않다면 지방관은 전부 자기의 비행非行을 덮기 위해서 지방의 언론을 압박하려는 악습을 갖고 있는 자들이기에 금후 관권 남용의 폐해에 대해서는 고려하지 않을 작정입니까.

이 인터뷰는 아카시가 '당신들도 크게 언론의 자유를 얻고자 한다면 이러한 곳에 살아서는 안 된다'고 크게 웃자 기자가 '그러면 식민지나 신영토라는 것은 속리俗吏와 사벨Sabel의 만능지역이어서 속리나 사벨의 기분을 살펴서 여택余澤을 맛보는 시정배들만의 생존지라는 의미가 된다'는 아이러니를 서술하면서 끝나고 있다.

이러한 대화 속에서 총독부 측은 '인민은 우리가 하는 바를 믿으면 된다'며 우민관을 드러냈고 기자 측은 '입헌정치'와 '언론의 자유'를 내걸고 있다. 현재 시각은, 내지는 '민중'과 '정부'라는 대립관계를 또한 조선은 '일본인'과 '조선인'이라는 대립관계를 생각하기 쉽다. 그러나 조선에서도 '민중'과 '정부' 즉 식민자와 총독부의 대립관계가 전무했던 것은 아니다.

여기서 주목해야 할 것은 양자의 '조선인관'이다. 총독부 측은 '내지인의 언론을 관용으로 하고 조선인의 언론을 엄격하게 하는 그런 불공평한 일은 가능하지 않다'는 '무차별'을 주창했고, 기자 측은 '내지인의 언론을 조선인과 동등하게 다룬다고 말씀하신 것은 당치도 않다'며 '차별'을 주창하고 있다. 물론 총독부가 조선인의 인권을 존중했다고 말하려는 것이 아니다. 총독부에서 보면 식민자도 조선인도 같은 '우민'이고 어느 쪽의 권리도 존중할 생각이 없다는 의미에서의 '무차별'이었던 것이다. 이 일은 63법 문제에서 '일본인'의 권리에 무관심했던 호즈미 야쓰카가 타이완에의 '무차별'적인 헌법 연장을 주장하고, 그것에 자각적이었던 미노베 다쓰키치가 '차별'을 주장했던 것을 상기시킨다.

이 『조선』의 기사는 총독부가 조선인을 '일본 국민'이라든가 '일시동인의 폐하의 적자赤子' 등으로 형용하는 일을 비판하며 '조선인이 총독에 임명되고, 조선인이 국회 회의장에 서고, 조선인이 병역兵役을 지는 날이 올 때까지는 일본인은 일본인이고, 조선인은 조선인이다'라고 서술하고 있다. 그들에게는 참정권을 필두로 한 권리가 동반되고서야 비로소 '일본인'이라고 말할 수 있는 것이다.[15]

총독부 측은 이러한 권리 감각에 결여되어 있었기 때문에 간단하게 조선인을 '일본인'으로 형용할 수 있었던 것이다. 『조선』의 기사에 따르면, 총독부가 1911년 1월에 경성 신문기자단을 불러서 개최한 신년연회에서 데라우치 총독은 '우리는 일찍이 언론을 억압한 일이 없고, (이때 그는 좌중의 얼굴을 쭉 훑어보며) 그저 언론의 자유를 난용亂用하는 일을 금할 뿐이다'라고 인사했다. 아카시明石 경무총장도 '조선의 언론계는 일본 내지와 똑같이 자유다. 그러나 그것에 다만이라는 괄호가 있음을 잊어서는 안 된다'라고 말했다고 한다.[16] 그들의 인권의식의 수준을 알 수 있는 발언인데, 이 인물들이 '일시동인'을 외쳤을 때의 감각도 '조선인은 내지인과 마찬가지로 일본인이다. 그러나 그것에 다만이라는 괄호가 있음을 잊어서는 안 된다'고 말한 것에 지나지 않는다.

---

15 旭邦生, 「寺內總督に奉る書」, 『朝鮮』 40号, 1911.6, p.5.
16 旭邦生, 「寺內總督と記者團」, 『朝鮮』 36号, 1911.3, pp.51~52.

이것은 두 개의 혀라고 말하기보다는 그들의 낮은 권리감각에서 오는 자각 없는 차별이었다.

1910년대 초『조선』에 등장한 총독부 비판은 내지의 매스미디어에서는 볼 수 없을 정도로 과격했다. 매호의 기사는 '조선은 관공서의 조선, 제도의 조선, 관리의 조선', '헌병과 순사의 천지天地'라고 비판하거나, '데라우치 총독의 관권 만능주의'를 '비입헌적 제도가 너무나도 심한 것' 등으로 형용하는 어휘로 넘쳐나고 있었다.[17] 그러나 이러한 통치비판과 민권론이 조선인의 처우개선이라는 방향으로 나아가지는 않았다. 그러기는커녕 이 잡지의 조선인 멸시는 같은 내지의 미디어에서 볼 수 없을 정도로 격했다.

『조선』의 논설은 조선인을 '유치한 백성이라고 부르기보다는 오히려 퇴화한 백성'이라고 평했고, '20세기의 제도문물을 가지게 하더라도, 그것을 씹어 소화시킬 능력이 없다'라든가, '불결·파렴치·게으름遊惰·잔인慘忍' 등으로 형용하고 있다. 주목해야 할 것은 '일본신민이라고 하는 것과 일본인이라고 부르는 것은 크게 그 의미를 달리 하니 일본인은 즉 일본인이고, 조선인은 즉 조선인이다'라고 주장하면서도 동시에 총독부에 대해서 '내지인이 권리를 거부당하는데 조선인 운운하는 것은 이해할 수 없다'라고 비판하며 '닮은 듯 다른 일시동인론을 타파해서 일본인은 일본인으로서 취급해야 한다'고 주장했다는 점이다.[18] 그들은 '일본인'으로서의 권리를 지키기 위해 더욱 조선인을 '일본인'에서 배제하고자 했던 것이다.

게다가 잡지가 보여준 조선인 멸시의 성격도 '20세기'의 문명인을 자부하는 민권론자다운 것이었다. 이 시대의 일본 측 논자가 주로 보여주었던 조선

17 「寺内總督に奉る書」, p.3;「何ぞ一の會社令に限らんや」,『朝鮮』36号, 1911.2, p.6;「朝鮮總督府官制の發布」,『朝鮮』32号, 1910.10, p.6.
18 旭邦生,「總督政治の方針を論ず」,『朝鮮』32号, 1910.10, pp.1~3;「寺内總督に奉る書」, p.5.

인에 대한 편견으로 많았던 것은 나태하고 경제관념이 결여되었다든가, 충성심이나 국가관념이 엷은 망국亡國의 백성이라든가 하는 것이었다. 이것은 당시 일본 측 사람들 대다수가 향해야 할 모범으로서 근검저축과 충군애국의 백성이라는 '일본인'상을 의식하고 있고, 그 부정성이 조선인에게 투영된 결과였다. 『조선』은 '그들 사회에는 지금도 노예매매가 행해지고, 그들 사회는 지금도 일부다처가 공공연히 행해지고, 또한 조혼早婚의 폐습도 행해지고, 그들의 사회에는 계급적 관념이 대단히 강하다'며 조선인을 멸시하고 있다.[19] 이것은 그들이 계급제도의 타파와 여성의 지위향상 등에 가치를 두면서 그 기준에서 편견을 양성하고 있었음을 보여준다.

민주적이고 언론의 자유를 노래하고, 관료의 전제를 비난하면서도 동시에 차별적이었다는 것. 이것은 현대에는 역설적으로 보인다. 다만 제7장에서 언급했듯이 식민정책파가 '자치주의'의 예로 들었던 캐나다와 오스트레일리아, 남아프리카 등 식민자가 총독에 대항해서 '자치'를 획득한 지역이 모두 민주적인 자유의 천지를 노래하면서도, 원주자에 대해서는 철저히 차별적이었음을 상기할 필요가 있다. 『조선』의 사설은 총독부의 언론탄압을 비난하면서 본국을 떠나 신천지 개척에 힘써온 자신들을 아메리카의 개척이민에 견주고 있다.[20] 민주주의와 자유를 내걸며 영국 본국의 총독과 싸운 아메리카의 식민자들이 민주주의와 자유를 원주자에게까지 적용했던 것은 20세기 후반의 일이다. 오히려 아메리카 독립전쟁에서 식민자에 대항하기 위해 '무차별'을 노래해 아메리카의 선주민족을 자신의 진영으로 끌어들인 것은 총독 측이었다.

조선의 경우는 총독부가 조선인을 자기편으로 끌어들여야 하는 사태에까

19 「朝鮮人とは如何なるものか」, 『朝鮮』 31号, 1910.9, p.9.
20 「友に與へて朝鮮の近事を語る」, 『朝鮮』 36号, 1911.2, p.8.

지 쫓기지 않았을 정도로 식민자의 힘은 강하지 않았다. 그렇지만 『조선』의 기사는 '최근 왕성하게 조선인 우대론優待論이 일어났는데, 조선인을 모욕하는 것은 곧 국가에 불충하는 것과 같다'고 주창되든가, '조선에 대한 우리의 통치방침은 본디 조선인에게 무게를 두고 우리 내지인에 대해서는 자못 냉담하다'라고 말하고 있다. 총독부가 조선인의 민심을 완화하기 위해 식민자의 노골적인 조선인 멸시를 표면적으로 억누르고자 했던 것은 전술한 대로지만, 조선인을 우대하는 일 따위는 존재하지 않았다. 인간은 종종 적敵과 자기편이라는 이항대립으로 사태를 인식하는 경향이 있다. 그래서 자신들이 총독부 및 조선인과 대립하고 있는 사태는 식민자로 하여금 총독부가 조선인을 자기편으로 삼고 있다는 생각을 갖게 했다.

이러한 식민자 민권의 논조는 내지의 신문이 행한 총독부비판의 경향과도 합치하는 것이었으므로, 내지 측에서도 '조선인을 주인主으로 삼고 내지인을 손님客으로 삼는 것은 잘못이다'라고 신문 사설은 표현하고 있다.[21]

저자가 식민자와 총독부의 대립을 지나치게 강조하고 있는 것인지도 모르겠다. 식민자로부터 총독부 비판이 분출하게 된 사태는 오히려 예외적이고, 『조선』이 '속리俗吏와 사벌의 기분을 살펴서 여택을 맛보는 시정배들'이라고 형용한 것처럼, 대부분의 식민자는 총독부에 기생해 재산을 쌓아 내지로 돌아가는 것이 목적이었던 '한탕족一旗組'이었다고 생각된다. 그러나 우선 주목해야 할 것은 내지인 식민자도 총독부 아래에서 '일본인'으로서의 권리를 박탈당하고 있었다는 사실이다.

타이완과 조선의 치안법규 등은 태형笞刑처럼 타이완인이나 조선인에게만 적용된다고 법문法文에 명기하고 있을 뿐만 아니라 치안법규나 범죄즉결령犯罪

21 「總督政治の方針を論ず」, p.2; 「寺內總督に奉る書」, p.4; 「寺內總督の憤言」, 『大阪朝日新聞』, 1911.1.28 사설.

即決令처럼 내지인 식민자를 대상으로 간주한 것도 있었다. 『조선』에서도 총독부가 '회사령을 필두로 헛되이 삼림법森林法·어업법漁業法·광산령鑛山令·수렵규칙 영업규칙을 반포하고, 즉결령과 보안규칙을 반포함으로써 민심을 절망의 구렁텅이로 빠뜨렸다'고 비난하고, '당랑지부蟷螂之斧, 무력한 저항'라고 형용되어도 총독부와 싸우겠다고 선언하고 있다.[22] 물론 여기서 말하는 '민심'에 조선인은 들어가지 않는다.

총독부는 이러한 식민자의 민권운동에 대해서 탄압으로 응했다. 1913년에는 그때까지 자치권을 가지고 있던 내지인의 거류민단을 해산하기로 결정해버렸다. 총독부 측의 해산 이유는 '한일합방의 취의는 선인鮮人으로 하여금 일시동인의 다스림의 세례를 치우침 없이 받게 하고자 하는 것'이지, '그들의 눈앞에서 유독 모국인에 대해서만 특수한 제도를 설치하는 것은 쓸데없이 그들의 오해를 불러일으켜 새롭게 가입한新附 국민을 열복脫服시키지 못하게 하는 것'이 아니었다.[23] 사안에 따라서 조선인과 내지인을 '일시동인'하여 무권리상태에 빠뜨림으로써 조선인의 불만을 완화하면서 내지인 식민자의 비판력을 뺏는다는 일석이조의 책략이었다.

이에 대해 식민자 측은 '헌정사상憲政史上 특필해야 할 조선 거류민의 자치'를 '관료정치로 퇴보시키는 행위'라고 비난하고, 항의와 진정운동을 전개했다. 그러나 그 진정서에 서술되어 있는 논리도 '세계식민정책이 우리에게 가르쳐 주는 바를 근거'로 하여, '우월한 백성에게는 우월한 제도를 요구하고 미개한 백성에게는 미개한 제도를 요구한다'는 명백한 조선인 멸시를 담고 있다. 식민자 측에서 말한다면 권리를 애호함은 문명인의 지정至情임에도 불

---

22 「寺內總督に奉る書」, p.3; 「客に答ふ」,『朝鮮』 36号, 1911.2, p.1. 조선의 법규에 대해서는 鈴木, 『朝鮮植民地統治法の研究』 참조.

23 총독부 측의 이유는 거류민단의 「陳情書」(『齋藤實文書』 104-2), p.2부터 인용. 1912년 11월 25일의 날짜가 있다. 원문은 한자 가타가나 문장이다.

구하고, 총독부의 조치는 '문명인'인 자신들이 '동화라는 이름하에서 (…중략…) 미개로 유입당한 것'이고, '조선인을 우리에게 동화하는 것보다 먼저 일본인을 조선적으로 동화하고자 하는 것'이었다.[24] 그들에게 있어서 '일본인'이란 권리와 문명을 그리고 '조선인'이란 무권리와 야만을 상징하는 언어였던 것이다. 그러나 그러한 세계관에서 나온 저항도 총독부의 '일시동인'에 의해 타파되었다.

이러한 사태에 대해 잡지 『조선』과 내지의 신문은 '조선총독부가 취한 금일의 대일본정책은 과연 조선으로 일본인의 이주를 장려하여, 일본인의 발전을 도와주는 방법인가'라고 비판했다.[25] 그러나 총독부가 독재상태를 유지하기 위해서는 내지인이라고해도 권리보장 등은 논외였다. 말하자면 거기에는 일본민족의 우대를 제창하는 논리와 총독부의 특권을 유지하는 논리가 충돌하고 있었다. 전자를 취한다면 '일본인은 즉 일본인이고, 조선인은 즉 조선인이다'라는 논리 아래에 혈통적인 구분을 명확히 할 필요가 있다. 그러나 후자라면 조선에 거주하는 자라면 조선인도 내지인도 '일시동인'으로 무권리상태에 고정된 쪽이 좋다. 그리고 이 두 논리의 충돌은 당연히 '일본인'의 경계를 둘러싼 법제에서도 반영될 수밖에 없었다.

통혼通婚과 '일본인'

이상과 같이 내지인의 '대우 중시'와 총독부의 '특권유지'라는 두 개의 입장에서 '일본인'의 구분에 대한 견해가 달랐다. 이것은 법제에서는 법을 속인적屬人的으로 운용하는가, 그렇지 않으면 속지적屬地的으로 운용하는가의 차이

24 Ibid., p.2; 「建議案」, 1913.10.4, p.2; 高城菅堂, 「陳情書」, 1911.6.26. 모두 『齋藤實文庫』 104-2에 수록되어 있고, 원문은 한자 가타가나 문장으로, 후자는 쪽수가 기재되어 있지 않다. 高城은 당시의 경성거류민단의 회장이었다. 「友に與へて朝鮮の近事を語る」, p.9.

25 「商業會議所大連合會に望む」, 『朝鮮』 38号, 1911.4, p.5.

로 나타났다.

속인적인 법 운용 및 속지적인 법 운용의 차이에 대해서 간단히 설명해두자. 속인적인 법 운용에서는 앞에서 말한 태형처럼 그 사람이 어느 민족으로 분류되는가에 따라서 그 법의 적용여부가 결정된다. 속지적인 법 운용에서는 그 법의 시행지역에 살고 있는가의 여부로 결정된다. 그리고 내지인을 대우한다면 거주지역을 묻지 않고 '일본인은 즉 일본인'으로서 다루는 속인적 운용이, 총독부의 특권을 중시한다면 조선에 거주하는 자는 민족을 불문하고 총독부의 지배하에 두는 속지적 운용이 각각 바람직하게 된다.

총체적으로 대일본제국의 통치정책의 절충적 성격에 어울리게 조선이나 타이완에는 속인적인 법규와 속지적인 법규가 혼재해 있었다. 그렇지만 이 책의 문맥에서 중요한 것은 바로 대일본제국에서의 '일본인'의 권리의무의 2대 요소가 속인과 속지로 나뉘어 있다는 점이다. 즉 제국의회에의 참정권은 속지적으로, 징병은 속인적으로 운용되고 있었던 것이다.

구체적으로 말하자면 중의원의원선거법衆議院議員選擧法이 조선과 타이완에서 시행되지 않았기 때문에 조선에 거주하고 있는 자는 조선인도 내지인도 참정권을 갖지 못했다. 그러나 징병령과 병역법은 '호적법의 적용을 받는 자'에게만 적용되었다. 따라서 제6장에서 서술한대로 조선인과 타이완인에게는 내지의 호적법이 적용되지 않고, 또한 조선·타이완·내지 사이에는 본적本籍의 이동이 불가능했기 때문에 실질적으로는 속인적으로 적용되었다고 말할 수 있다. 다시 말해 타이완인·조선인에게는 병역이 없는 데 반해서 내지인 식민자는 설사 조선에 거주하고 있어도 징병을 피할 수 없었다. 내지인 식민자의 입장에서 보면 이것은 참정권은 없으면서도 징병의무는 지고 있음을 의미한다. 『조선』은 '의무는 지켜야 하는데 권리가 주어지지 않았다는 것은 어마어마한 포학暴虐이라고 항의'하고 있었다.[26]

실은 이러한 양상은 정부 내에서도 문제시되었다. 제6장에서 살펴본 것처럼 도쿄제대의 법학자 야마다 사부로는 호적으로 내지인과 조선인을 구분하자고 주장한 의견서를 제출했었다. 그 안에는 '내지인에게 병역의 의무를 지우고, 조선인에게는 그것을 지우지 않는 불공평함을 용인해서는 안 된다'고 주장하고 있었다. 하지만 그렇게 말했기는 했어도 언어도 충성심도 믿을 수 없는 조선인을 징병하여 무기를 갖게 만드는 것은 불가능했다. 그렇기 때문에 '내지인의 이주를 장려'하기 위해서 내지인이 조선으로 본적을 옮기는 것을 허락하고 '일찍이 홋카이도를 징병령 시행구역 외外로 삼았던 것처럼' '조선에 본적을 가진 자에게는 병역을 면제하는 것'이 야마다의 의견이었다. 1896년까지 홋카이도는 징병령 시행 제외 지역으로 개발촉진을 위한 이식민장려책으로 홋카이도에 본적을 옮긴 자에게는 징병이 면제되었다. 야마다뿐만 아니라 고토 신페이도 타이완으로 간 식민자 대부분이 잠시 동안 돈벌이를 위해서 건너온 한탕족一旗組이라는 사실을 한탄하면서도 정주식민定住植民을 장려하기 위해서는 본적을 옮길 수 있게 해야 한다고 주장했다.[27] 조선인과 내지인을 구분하고 있던 본적이동금지라는 방법이 식민자를 송출하는 데에 장애가 되었던 것이다.

이러한 의견은 결국 채용되지 않았다. 실은 홋카이도의 경우에서 일본정부는 실패를 경험했다. 즉 홋카이도에 형식적으로 본적을 옮겨 징병을 기피하는 자가 속출했기에 이런 징병면제는 이미 폐지된 상태였다.

타이완인과 조선인을 징병하지 않았던 이유는 야마다의 의견서에서 보이듯 언어와 충성심의 측면에서 '일본인'이 될 수 없는 그들에게 무기를 쥐어주

---

26 「言論取締に就て明石警務總長の一顧を促す」, 『朝鮮』 39号, 1911.5, p.5.
27 山田, 「國籍問題外三件」; 後藤新平, 「臺灣經營上舊慣制度の調査を必要とする意見」, 『東京日日新聞』 8771~8773号(동아연구소 제6조사위원회보고, 1940에 재수록), p.8.

는 것을 대일본제국이 달가워하지 않았기 때문이었다. 그러나 당시 국적법에도 내지인 남자는 징병의무를 끝마치지 않으면 일본 국적을 이탈할 수 없다는 규정이 있었다. 민중의 징병기피에 골치 아파하던 대일본제국은 국가의 자원인 '일본인'을 외국적外國籍으로 빼기기 싫었던 것이다. 이 때문에 다음 장에서 서술할 미국의 일본계日系 이민문제에서 미국국적을 취득한 현지에서 출생한 일본계 2세도 병역의무를 마치지 않는 한 일본 국적에서 이탈할 수 없었으므로, 이중국적문제가 발생했다. 이 문제는 일본과 미국 간의 마찰로까지 발전했다. 특례로서 일본 국적이탈을 인정한다는 형태로 일본정부가 절충했지만, 조선·타이완에서 식민을 하면 병역에서 도망칠 수 있는 등의 규정을 설치한다면 징병기피자가 속출할 것이라는 두려움이 있었다.[28]

본적 이동을 허락해버리면 내지인과 조선인의 법적인 구분이 불가능해진다는 문제도 있었다. 말할 것도 없지만 신체검사에서 내지인과 조선인·타이완인의 엄밀한 구별이 가능한 것도 아니었기 때문에 고토 신페이의 말을 빌리면 '내지인과 본도인本島人을 구별할 표준은 본도本島에 호적을 가지고 있느냐의 유무有無'이고, '타이완에 본적이 없는 자가 내지인이고, 그렇지 않은 자가 본도인일 수밖에 없는 것'이 법제적 구분의 실정이었다.[29]

제6장에서 검토했듯이 논단論壇에서는 동화를 추진하기 위해 내지인과 조선인의 통혼을 주장하는 의견이 적지 않았지만 그 구분이 호적에 따라 이뤄지는 이상 본적이동이나 통혼으로 본적을 조선으로 옮겨버리면 혈통적으로는 내지인일지라도, 법적으로는 '조선인'이 되고 만다. 실제로 훗날 조선인 남성과 결혼해 조선호적에 입적했다는 이유로 법적으로 '조선인'이 되어 패전 후에 일본 국적을 박탈당한 내지인 여성이 적지 않았다. 또한 그 반대로

28 田代·吉田·林田,「共通法三條三項と兵役法の關係」, 270号, p.11.
29 後藤,「臺灣經營上舊慣制度の調査を必要とする意見」, p.7.

혈통적으로는 조선인이나 타이완인일지라도 데릴사위 등으로 내지의 호적에 입적하면 완전한 '일본인'으로서의 권리를 획득할 수 있었다.

문제를 정리하면 다음과 같다. 타이완인·조선인과 내지인을 어디까지나 법적으로 구분한다면 양자의 구분을 흔들 수도 있는 본적이동이나 통혼을 인정해서는 안 된다(내연혼內縁婚은 호적상의 이동을 가져오지 않기 때문에 다른 문제다). 귀중한 병력 자원인 '일본인'이 빠져나가지 않도록 하기 위해서도 법적 구분이 필요했다. 그러나 이것은 조선을 '일본'에 동화하는 식민이나 통혼 촉진이라는 정책과는 모순을 초래한다. 또한 63법 문제가 한창이었을 때 타이완을 '일본'에서 분리할 계기로 작동했던 총독부의 독립왕국 지향이 이 경우에 작동하지 않았다. 왜냐하면 총독부의 입장에서 보면 오히려 내지인의 인권이 보장되는 속인적 법 운용보다 내지인과 조선인까지 지배하에 두는 속지적 법 운용 쪽이 좋은 측면도 있었기 때문이다. 대일본제국에 있어서 타이완인·조선인을 법제적으로 구분하는 장점과 단점은 이상과 같다. 뒤에서는 이것이 어떻게 절충되는가를 탐색하기로 한다.

실은 합병 이후 잠시 동안, 일본에서는 조선·타이완·내지간의 통혼에 관한 법적 규정이 없었다. 그것에 대한 정치적 비판이 법률로 나타난 것이 1917년에 제정된 '공통법共通法'이다. 이 법률은 통혼뿐만 아니라 그때까지 조선·타이완·내지에 법적인 연락이 없었던 상황을 개선하기 위해 설치되었다. 이미 서술했듯이 이 세 지역은 마치 국가 내 국가처럼 별개의 법역을 형성하고 있었다. 그런 까닭에 예컨대 조선에서 범죄를 저질러 내지로 도망가면 조선의 재판소로부터 촉탁이 없는 한 처벌할 수 없었다거나, 내지에서 파산선고를 한 회사가 재산을 조선으로 가지고 가면 별도의 회사로써 차압대상이 되지 않는 등 각종 법적 문제가 쌓여왔다. 공통법은 이러한 형법이나 상법상의 문제에 대한 응급책을 열거했고, 동시에 민법 분야인 통혼에 대해서도 다음

과 같이 규정하고 있다.[30]

제3조

제1항 한 지역의 법령에 의거해 그 지역의 집에 들어가는 자는 다른 지역의 집을 나간다.

제2항 한 지역의 법령에 의거해 집을 떠날 수 없는 자는 다른 지역의 집에 들어갈 수 없다.

제3항 육해군의 병적兵籍에 있지 않는 자 및 병역에 복무할 의무가 없는 자가 아니라면 다른 지역의 집에 들어갈 수 없다. 다만 징병 종결 처분을 거쳐 제2 국민병역에 있는 자는 이 범위에 들지 않는다.

---

30 공통법의 내용에 대해서는 實方正雄, 『共通法』(日本評論社, 1938)이 상세하다. 법안 원문은 한자 가타가나 문장이다. 공통법에 관한 전후의 연구로는 田代·吉田·林田, op. cit.이 있다. 이외에도 재일조선인의 참정권이 처음으로 제국의회에서 거론된 예로 松田利彦, 『戰前期の在日朝鮮人と參政權』(明石書店, 1995)에서 보인다. 또한 坂元, 「敗戰前日本國における朝鮮戶籍の硏究」는 공통법 심의에서 '조선인'을 어떻게 규정할 것인가에 중점을 두고 검토하고 있다. 저자는 '일본인'의 경계설정이 서로 모순을 이루는 여러 요소들에 대해서, 일본정부가 어떠한 우선기준으로 판단했는지를 검증함으로써 공통법 심의를 다뤘다. 또한 森田芳夫, 『在日朝鮮人處遇の推移と現狀』(法務硏修所, 1955, 복각판은 湖北社, 1975), p.249에 의하면, 1926년부터 1939년까지의 누계에서도 내지 호적에 입적한 조선인은 1,516명에 지나지 않았다.
또한 정부 측이 조선인·타이완인과의 통혼이 징병기피의 수단이 될 것을 두려워한 배경에는 1913년에 일어난 사건이 있었다. 조선에 살고 있던 내지인 식민자가 징병검사에 출두하지 않아 징병령 위반으로 기소된 사건이 있었다. 이 사건에 대해서 조선총독부 재판소는 징병제가 조선에서 실행되고 있지 않기 때문에 재판소에 관할권이 없다는 이유로 공소를 기각해 버렸다. 이러한 기각이 행해진 이유로 1913년에 거류민단이 해산되었고 식민자의 권리의무 관계의 불균형으로 불만이 쌓여왔기 때문에 그것을 배려했던 것, 또한 제11장에서도 후술하겠지만, 조선총독부 재판소가 섹터주의와 내지 재판소에 대한 대항의식 때문에 내지와는 다른 독자적인 판결을 내리고자 했다는 점 등을 들 수 있다. 결국 식민자의 징병기피는 본적지의 징병관이 내지의 검사장에서 부르는 것으로 하고, 그것에 응하지 않을 경우 본적지에 있는 내지의 재판소에서 관할하는 수단을 취했다(大江志乃夫, 『徵兵制』, 岩波新書, 1981, p.109). 이렇게 조선으로의 이주를 징병기피의 수단으로 삼는 토양은 실제로 존재했고, 본적이동이 가능하게 되면 이러한 육군의 대응도 불가능하게 된다고 생각한다면, 공통법 심의에서 정부가 이 문제에 대해 강경하게 대응한 것도 이해할 수 있다.

여기서 말하는 '집에 들어간다'라는 것이 통혼이나 양자에 의한 입적이라는 사실은 말할 것도 없다. 그리고 제3항은 병역의무를 마친 자가 아니면 조선·타이완의 호적에 들어갈 수 없다는 규정이다. 결국 일본정부는 통혼과 양자결연을 인정하면서도 병력자원을 놓치지 않겠다는 선택을 취했던 것이다.

이 법안이 제출된 중의원위원회는 내지의 호적에 입적한 조선인과 타이완인을 '일본인'으로 취급할 것인가 그렇지 않을 것인지 여부를 집중 토론했다. 우선 조선인과 타이완인에게 총체로서 병역의무와 참정권을 부여할 의지가 있는가 하는 질문이 나왔지만 정부위원은 '징병령 및 중의원의원선거법 같은 것은 (…중략…) 오키나와의 경우 점차 제반의 일이 지금 내지와 동일하게 되어 있는 것은 진실로 좋은 일이라 생각합니다만 아직 타이완과 조선을 그처럼 바라볼 시기는 오지 않았습니다'라고, 여전히 '점진'에 의한 차별의 합리화를 말했다. 그것을 받아 오가와 고타로小川鄕太郎 의원은 다음과 같이 질문했다.[31]

> 만약 조선인이나 타이완인이 일본인의 집으로 데릴사위가 되거나 혹은 처가에 입적하는入夫 혼인을 하게 되면 그것은 당연히 일본인과 똑같이 이 공통법에 의해 내지인과 동일하게 된다고 생각합니다. 그렇게 하면 그 자는 역시 (…중략…) 징병의 의무를 가지고 있으며 또한 참정권도 가지고 있습니다. 일본인이 된 이상은 법령을 적용한 결과이니 이는 선거권을 행사할 수 있게 되겠고, 또 피선거권까지 가지기에 중의원 의원에 나가는 자도 생길지 모릅니다.

제14장에서 후술하겠지만, 15년 후에는 실제로 조선인 중의원 의원이 탄생하게 된다. 따라서 오가와의 위구심이 반드시 빗나간 것은 아니었다. 이것에 대한 아리마쓰 히데요시有松英義 정부위원의 회답은 '내지인과 똑같이 취급

31 「共通法案委員會議錄」第4回, 1918.3.7, p.28.

하지 않으면 안 됩니다'라는 것이었다. 아리마쓰에 의하면 '소수의 사람이 내지에 들어와서 내지인과 동일한 취급을 받는다고 하는 일에 대해서는, 그다지 폐해를 인정할 수 없다'라며 '제한을 둘 필요를 인정하면 그때 적당한 입법의 처치에 따라 방법'을 취한다고 했다.[32]

오가와는 '소수의 사람이라고 말하고 있지만, 만약 그런 구멍을 만든다고 한다면, 대단히 많은 조선인이 일본인이 될 수 있지 않겠습니까. 일본인이 되어도 본래의 근성은 변하지 않기 때문에 통치상으로 대단히 곤란한 일이 생길 수도 있지 않을까 생각합니다'라고 힐책했다. 그리고 다른 의원은 '국적법에 규정하고 있는 것처럼 공통법안의 이 호적에 관한 부분에 하나의 조문이라도 설치해두는 편이 좋다고 생각합니다'라는 대안을 제기했다. 국적법은 귀화한 외국인은 육해군의 장관이나 의원은 될 수 없다고 규정하고 있는데, 그것을 모방하자는 것을 시사한 것이다. 그러나 이에 대한 정부위원의 회답은 어디까지나 '폐해가 있을 것이라고 인정된다면, 그 때에는 또 [그에] 상당하는 처치와 규정을 설치한다'는 것이었다. 게다가 조선총독에서 수상이 된 데라우치도 답변에서 의견을 표명하되 '내지인이 된 자에게 내지인과 동일한 권리를 주는 일은 물론 그렇게 말하는 것 외에는 방법이 없다고 생각합니다'라고 회답했던 것이다.[33]

인권감각이라곤 도무지 갖추고 있다고 말하기 힘든 데라우치가 조선인의 권리를 고려해 이와 같은 발언했다고는 생각할 수 없다. 앞에서 서술한 것처럼 내지에서 조선인이 권리를 획득했다고 하더라도 그것은 조선총독부의 기

---

32 Ibid., 第4回, p.28.

33 Ibid., 第4回, p.19; 第6回, 3.12, pp.47~48; 第7回, 3.13, p.57. 회답정부위원은 아리마쓰 히데요시(有松英義), 국적법을 모방해 개정하자고 주장한 것은 노무라 가로쿠(野村嘉六)이다. 의원인 마키야마 고조(牧山耕藏)는 第5回, 3.9, p.36에서, 반일적인 조선인이 대륙 쪽으로 도망간 뒤 내지호적에 입적한다면, 일본 국적에서 이탈할 수 있음을 시사하고 있다. 이 일은 정부 측이 국적법을 조선에 시행하지 않는 이유를 마키야마가 알고 있음을 의미하고 있다.

득권을 흔드는 것이 아니었고, 내지 호적에 들어간 조선인도 내지인과 똑같이 총독부의 관할하에서는 탄압할 수 있었다. 총독부의 기득권에 관계가 없다면 소수에 불과한 입적자에게 권리를 주어 '일시동인'을 선전하는데 이용하는 쪽이 법문法文에 차별을 명기해서 조선인을 자극하는 쪽보다 장점이 훨씬 많았을 터였다.

통혼을 법적으로 인정하는 것은 총독부특권에 저촉하지 않는 범위에서 '일시동인'을 선전할 수 있는 정책임과 동시에 동화의 촉진에도 유익한 것이었다. 그러나 그 관점에서 보면 병역의무를 종료한 자 이외에는 통혼할 수 없다는 규정은 불철저했다. '일본인'으로서의 권리를 줄 수 없다는 질문과는 어떤 의미에서는 거꾸로 다른 의원으로부터 이 규정은 '피로써 피를 제압하고, 우량한 피로써 열성의 피를 제압한다는, 즉 동화의 근본 의의에 닿는 바가 대단히 멀다. 왜냐하면 노후자老朽者가 처음으로 남他과 결혼하는 일이 된다'라는 반론이 나왔다. 이것이야말로 만약 '징병기피의 사례가 속속 생긴다면, 그것은 다른 방법으로 교정해야 한다고 규정해도 좋다'는 것이다. 그러나 이것에 대해 정부 측은 '병역의 의무를 면하게 하는 일을 장려하는 결과에 이른다'며 차갑게 거절했다.[34] 우선 조선의 경우, 이미 1911년 5월 총독부 통첩은 ① 내지인이 조선인의 호적에 입적하는 것은 미해결 상태이기에 머지않아 '정지'하지만, ② 조선인이 내지인의 호적에 입적하는 것은 내지의 호적법에 의해 가능하다고 회답하고 있다. 즉 이 시점부터 조선인의 내지 호적에의 입적은 일단 가능하다고 할 수 있고, 호적법의 속지적 해석을 취했다고 말할 수 있다. 1915년 8월의 통첩에는, ① 내지인 여성이 조선인 남성과 결혼했을 때

34 Ibid., 第8回, 3.16, pp.59·61~62. 질문자는 사쿠라이 군노스케(柵瀨軍之佐)이다. 이 공통법을 가지고 내지와 조선·타이완 등 간의 결혼법규가 일률적으로 확정됐다고는 말할 수 없음을 덧붙여 두기로 하자.

는 조선의 '민적民籍'에 편입하고, ② 조선인 여성이 결혼으로 내지 호적에 입적할 경우는 조선의 민적에서 삭제되지만, ③ 조선인 남성이 양자결연 등으로 내지 호적에 입적할 경우는 민적에서 삭제되지 않고 입적의 대강旨만 기재하는 것으로 되어 있다.[35] 당시의 법해석에서 보자면 조선의 민적에 기재되어 있는 자가 '조선인'이고, 앞에서 서술했듯이 조선인에게는 일본 국적이탈을 인정하지 않았기 때문에, 내지 호적에 입적한 조선인 남성을 민적에서 삭제하지 않는다는 방침은, 조선인 남성 항일세력이 내지 호적에 입적한 뒤 국적을 이탈하는 것을 방지하고자 한 것으로 보인다. 그리고 이 통첩이 내려지고 2년이 흐른 뒤, 공통법에 의해서 여기서 기재되어 있지 않은 제4의 케이스인 "내지인 남성이 조선의 민적에 입적할 경우" 병역을 제한하게 되었다.

이후, 공통법의 시행과 더불어 조선의 민적령이 개정되어, 송입적送入籍 규정이 마련되어 공통법에서의 제한 이외에 통합은 합법화되었다.[36] 그러나 총독부 고등법원 검사장인 고쿠분 산가이國分三亥는 3·1독립운동 후에 제출한 「총독부 시정 방침에 관한 의견서總督府施政方針ニ關スル意見書」제11장 참조에서, "공통법의 시행에 대해서 비록 상호 입적에 관한 제3조의 규정은 조선에서의 민적법이 불비不備하기 때문에 아직 실시할 수 없다"고 서술하고, 동화를 추진하기 위해 "결혼에 붙인 법제상의 장애 제거를 급무로 삼자"고 주장하고 있지만, 현실에서는 기능하고 있지 않았던 듯하다. 이후인 1922년 조선민사령의 개정과 민적령폐지, 조선호적령 제정으로, 내지-조선 간의 통혼에 관한 법제가 정비되었다.

하지만 타이완에서는 조선과는 상당히 다른 경위를 밟았다. 우선 타이완에는 호적제도가 없고, 총독부에 의한 호구조사부戶口調査簿가 그 대용이었다. 그

35 坂元, op. cit., pp.261~262.
36 實方, op. cit., p.45.

때문에 타이완인은 조선인과 똑같이 호적법의 적용 외이고, 내지로의 본적 이동이 불가능했을 뿐만 아니라, 민법에서 정하는 호적에 대한 신고 수속 그 자체가 타이완 관청에는 존재하지 않았다. 따라서 타이완에서는 내지인과 타이완인의 결혼수속이 불가능했다(다만 내지에서 결혼 내지 양자결연을 신고할 경우에는 타이완인을 '무적자無籍者'로 해서 내지 호적에 입적할 수 있었다). 그래서 타이완에서 공통법이 시행되었을 무렵, 결혼수속을 정한 제3조는 적용에서 제외되었다. 3·1독립운동 이후, 하라 다카시의 뜻을 받아 총독으로 부임한 덴 겐지로田健治郎가 1920년에 결혼서류를 수리하는 통달을 냈지만, 이것은 타이완 내부의 행정조치로 법적인 뒷받침을 갖지 못했다. 1933년에 이르러, 칙령으로 타이완에 호적제도를 인정하는 것과 동시에 송입적의 수속이 정해져서, 일단 결혼합법화가 이뤄졌다. 게다가 남양군도 원주자나 관동주 조차지의 중국인은 일본국적이 없어, 원칙적으로는 공통법 성립 이전의 타이완인과 마찬가지로, 호적이 없었기에 결혼수속도 없는 (다만 내지에서의 신고는 가능) 상태였다고 한다.[37]

또한 사할린의 경우, 내지인 식민자가 주민의 대부분이었고, 공통법 제1조에 "내지에는 사할린을 포함한다"라고 쓰여 있고, 1924년 4월의 칙령 제88호로 내지의 호적법과 국적법이 시행되었다. 다만 타이완과 마찬가지로, 원주자에 대해서는 호구조사를 그 대용으로 삼았다. 1920년 5월의 칙령 제124호에는 "사할린의 토인'아이누인'을 제외 외에 관계자 없이 민사에 관한 사항은 관례에 따른다"라고 규정하고 있기 때문에, 위르타나 니브히의 사람들과 내지인의 결혼은 남양군도 원주자와 마찬가지였다고 생각된다. 1943년, 사할린은 법제상으로는 내지에 편입되어 있었지만, 내지로부터의 전적자轉籍者와 아이누인을 제하고는 "호적법의 적용을 받지 않는 자"인 채였다.[38] 또한 홋카이

37 實方, op. cit., pp.44~45.
38 淸宮四郎, 『外地法序說』, 有斐閣, 1944, p.43.

도 아이누인은 이 점에서는 내지인 취급을 받았고, 사할린의 아이누인도 상기한 것처럼 내지민법의 적용에서 제외되지 않았다. 또한 1932년 12월의 사법성령 제47호에 의해 호적이 설정되었다.

제17장에서 후술할 내무성 관리국의 내부문서 「朝鮮及臺灣在住民政治處遇ニ關スル質疑應答」에서는 "내선 간의 결혼은 다이쇼 7년 이래, 내지와 타이완 간의 결혼은 쇼와 8년 이래로 제도로 삼음을 인정하고 있다"라고 쓰고 있다. 이것은 위에서 말한 바와 같은 복잡한 사정을 기반으로 하고 있다.

이렇게 내지의 호적에 입적한 조선인의 '일본인'으로서의 권리가 의외일 정도로 간단하게 인정되는 한편 총독부의 특권과 독립을 위협하는 듯한 질문에는 명확한 거절이 돌아왔다. 의원들 사이에서는 공통법으로 귀찮게 규정을 설치하기보다는 조선을 법적으로 '일본'에 통합해 총독의 입법권을 폐지하는 쪽이 깔끔하다는 의견이 나왔지만, 그것에 대한 정부 측 회답은 여전히 '[유럽이] 추진한 식민지정책으로 각지의 제도관습을 중시해 통치하고 있다'는 변명이었다. 그러나 그렇다면 조선과 타이완을 명확하게 외국으로 다룰 수는 없는가 라는 질문에는 '일본의 경우에 내지와 식민지가 연결을 맺고 있어 영미의 경우처럼 그렇게 전적으로 외국으로 간주하는 것은 현행의 법제로는 불가능합니다'라는 회답이 돌아왔다. 데라우치의 답변에 의하면 '요약하면 도리가 좋고 나쁜가가 아니라 통치가 잘 되는가 라는 점이 제일의 목적'이었다. 조선과 타이완은 총독부의 특권을 유지하고 있는 '일본'이지만 '일본'이 아닌 지역으로 삼는 것이 지향되었던 것이다.[39]

이렇게 '일본인'의 법적인 경계는 다시금 규정되었다. 총독부의 기득권, 식민자의 권리, 병력자원으로서의 '일본인'의 확보, '일시동인'의 공식견해 그리

39 Ibid. 第5回, p.34; 第3回, 3.5, p.11; 第7回, p.51; 회답은 바바 에이치(馬場鍈一)와 야마다 사부로(山田三良)였다.

고 동화에 대한 생각思惑과 배제에의 지향 등 서로 다른 이해가 복잡하게 교차하는 가운데 통혼에 관한 규정이 정해졌다. 결과적으로 총체로서의 조선인·타이완인은 '일본인'에서 배제되면서 입적자에 한해서 법적으로라도 '일본인'으로 인정한다는 형태로 포섭지향과 배제지향의 타협이 이뤄졌다.

이렇게 간극에서 인정된 조선인·타이완인의 '일본인'으로서 권리획득의 가능성이 금후 어떻게 확대되어 가는가는 그 당시 예측할 수 없었다. 정부 측은 문제가 있으면 규정을 만들 것이라고 주장했지만 입적자에의 권리부여를 반대한 의원은 심의 과정에서 '이미 일본인의 권리, 아니 내지의 권리를 얻어 활동하는 자에게, 그 때에 이르러 그 권리를 박탈하는 일이 정치가로서 또한 입법자로서 가능할까'라고 지적했다.[40] 일단 준다고 언명한 '일본인의 권리'를 박탈하는 것은 조선인과 타이완인을 자극할 두려움이 있고 법적으로는 가능하더라도 정치적으로 가능한가는 의문이었다. 그리고 이러한 문제는 제14장에서 후술할 조선인 중의원 의원의 출현까지 연결되는 일이었다.

40 Ibid. 第6回, p.48. 발언자는 노무라 가로쿠(野村嘉六)였다.

제9장

버들은 푸르고 꽃은 붉다

일계日系이민문제와 조선통치론

1919년 3월 조선에서 3·1독립운동이 발생했다. 조선인은 반도 전역에서 평화적인 시위행동을 했다. 총독부와 일본군은 유혈 진압으로 대응했다. 5월까지 사망자가 약 7,500명, 체포된 자가 4만 명을 넘었다고 한다. 이 운동이 발생했다는 소식에 내지의 논단에서는 조선에 관한 통치개혁론이 급속하게 왕성해졌다.

이와 동시에 일본에서는 다른 하나의 민족문제가 발생했다. 그것은 미국이 일본계 이민을 배척한 일이었다. 1913년과 1920년에는 일본계 이민자가 집중적으로 모여 있는 캘리포니아주에서 외국인의 토지소유와 대차貸借를 제한하는 법률이 만들어졌고, 1922년에 일본계 1세는 시민권을 획득할 수 없다고 확정된 데다가 1924년 연방이민법 개정으로 일본계 이민 수용이 정지되었던 것이다.

1919년 1월 제1차 세계대전의 전후처리를 둘러싸고 파리강화회의가 열렸는데, 거기에서 일본정부 대표는 일본계 이민문제를 염두에 두고 국제연맹 규약에 인종차별 철폐를 담은 안을 냈다. 이 안은 서구 열강에 의해 부결되었고, 일본의 여론은 격앙되었다. 이 안이 심의되고 있었을 바로 그때 조선에서는 3·1독립운동이 유혈 진압되고 있었다. 그러자 『베이징 데일리 뉴스』나

『시드니 모닝 헤럴드』 등은 조선인이나 타이완인을 차별하는 일본이 인종평등제안을 낼 자격이 없다고 비판했다.[1] 이것은 강자인 서구로부터 '유색인'이라고 차별당하면서도 더 약자인 주변지역을 침략한 '제국'이기도 한 일본의 위상을 상징적으로 보여주는 사태였다.

본 장에서는 일본 내지 논단의 조선통치에 관한 논의 양상을 검토한 후 이 두 개의 차별 문제에 동시적으로 대처하면서 완전히 다른 해결책을 제시한 논자들을 살펴보겠다. 당연히 이 작업은 서구와 아시아라는 두 타자와의 관계 속에서 '일본인'의 경계를 어떻게 설정할 것인가 하는 문제와 불가분의 관계를 갖는다.

착종하는 논단의 통치 비판

1920년 전후 시기는 일반적으로 '다이쇼 데모크라시'의 시대라고 불린다. 제1차 세계대전 후의 데모크라시의 세계적 조류를 따랐던 것이다. 그러나 당시 사람들이 도대체 무엇을 '데모크라시의 세계적 조류'라고 봤는지 이해하기 힘든 부분도 있다. 유럽의 경우 이 시대는 세계대전 후의 부흥과 혼란의 시기였다. 영국에는 보수정권이 탄생했고, 소련에서는 혁명과 내전이 한창이었다. 독일은 인플레이션과 정치적 혼란으로 괴로워했다. 미국도 윌슨의 대통령선거 패배, 보수정권의 성립, 고립주의의 대두와 국제연맹의 불참가, 종교색이 강한 금주법이나 이민제한법안이 성립되는 등 오히려 보수회귀가 현저했다.

---

1 若槻泰雄, 『排日の歴史』, 中公新書, 1972, p.146. 일계 이민문제를 둘러싼 일본 지식인의 논조에 대해서 麻田貞雄, 「日米關係と移民問題」(齋藤眞 編, 『デモクラシーと日本關係』, 南雲堂, 1973) 등이 있지만, 이 장에서 대상으로 삼은 3인에 대해서는 검토하지 않고 있다. 또한 이것과 조선통치론을 연결시킨 연구는 저자가 아는 범위에서는 발견할 수 없었다. 이 장은 小熊英二, 「有色の植民帝國」(『ナショナリティの脱構築』, 柏書房, 1996)을 수정한 것이다.

그렇다고는 해도 이 시대는 제1차 세계대전의 충격으로 당시 선진 제국이 어떤 무언가의 변동에 휩쓸렸다는 점에서는 공통적이었다. 그러한 변동의 분위기가 때마침 일본에서 일어난 번벌藩閥정부의 쇠퇴와 정당의 발달, 전쟁 경기景氣나 도시화 현상, 노동자 계급과 중산층의 대두 등의 사회변동과 나란히 묶여졌다. 19세기 후반이 되어 급속한 근대화를 이룬 일본에는 유럽이 경험한 자유주의와 민주주의의 대립과 같은 사정도 없어서 종래의 권위주의체제를 향한 대항이론이 될 수 있는 것이라고 한다면 자유주의든 민주주의든 공산주의든 사회주의든 간에 상관없이 모두 '데모크라시'라고 총칭될 수 있었다. 그리고 3·1독립운동 후에 논단에서 왕성하게 이뤄진 조선통치개혁론도 이러한 '데모크라시'의 잡다한 성격을 반영해서 상당히 복잡하고 애매했다.

3·1독립운동이 발생했을 때 내지 측 신문이나 잡지가 먼저 보여줬던 반응은, 이 사건이 이면에 서구인 선교사가 선동해서 발생했다는 주장이었다. 선동만으로는 설명할 수 없을 정도로 운동이 확대되자 이번에는 군인총독에 의한 전제지배가 조선인의 불만을 초래했다는 논조를 취했다. 이것들은 내지 측 미디어의 인식 틀이 합병된 지 10년이 지났어도 거의 변화하지 않았음을 보여준다.

이러한 반응에 이어서 등장한 조선통치 개혁논의 대부분도 그때까지의 세계관의 연장선상에서 크게 벗어나지 않았다. 가장 많았던 의견은 한일합방의 조칙詔勅을 따라서 '일시동인'으로 조선인을 '일본인'으로 취급하고 차별을 그만두자는 것이었다. 이 경우 조선인은 아시아의 형제이니 동화노선을 취한 일본은 일본계 이민을 차별하는 서구와는 대조적이라는 논조가 이따금 취해졌다. 이 경향은 3·1독립운동에 동요한 일본정부가 조선인을 '일시동인'으로 대우하라는 칙어를 다이쇼 천황에게 내려달라고 했던 것에서 한층 강화되었다.

이보다는 조금 소수였지만 지식인들 사이에서 나름 광범하게 퍼졌던 것은 동화정책에 대한 비판이었다. 이 경우는 메이지시기 이래의 구관존중론에 식민정책학에서 유포되기 시작한 동화주의 비판이 논거로 첨가되는 형태였다. 이러한 주장을 취한 자는 한결같이 서구를 선진문명의 모범으로 삼는 다이쇼 데모크라트였다. 이들은 서구의 식민지 통치가 동화정책을 방기하는 쪽으로 기울고 있다는 정보를 접하고 그것을 일본이 본받아야 할 모범으로 받아들였다. 마침 당시는 제1차 세계대전 전후를 처리하는데 미국 대통령인 윌슨이 민족자결원칙을 제안했던 시기였고, 민족의 개성을 존중하는 일이 '데모크라시'의 국제적 조류라고 의식되었던 시기였다.

이렇게 해서 메이지시기의 통치비판의 2대 조류였던 '일시동인'형 비판과 '구관존중'형 비판의 연장선상에서 두 종류의 비판론이 형성되었는데, 다이쇼시기의 비판론은 메이지시기에는 없었던 두 가지 특징을 갖고 있다.

하나는 63법 문제 등 메이지시기의 논의가 원주자의 권리를 무시한 것이 많았던 것에 비해서 다이쇼시기는 조선인에게 얼마간의 형태로 정치적 권리 특히 참정권을 부여하자는 주장이 많았다. 구체적으로는 '일본인'에의 포섭 노선에 따라 본국의 제국의회로 의원을 선출해 보낼 것인가, 그렇지 않으면 '일본인'과는 별개의 정치단위를 형성해 식민지 자치의회를 열 것인가 하는 선택으로써 논의되었다. 메이지시기에는 우메 겐지로 등 극히 일부에 지나지 않았던 원주자의 참정권 부여라는 문제의식이 다이쇼 데모크라시의 분위기를 반영해서 마침내 일반적 논의로까지 확대되었던 것이다.

그러나 반면에 제2의 특징으로 다이쇼시기의 논의는 메이지시기 이상으로 통치의 실태에서 괴리된 것이 많았다. 조선에서의 언론·출판이 제한되었던 사정을 감안한다면 무리없이 알 수 있을 것이다. 즉 내지에서는 조선에 어떤 통치와 탄압이 행해졌는지에 대한 실정實情이 충분하게 보도되지 못했고, 지식인들은 입소문이나 서구 미디어를 통해 정보를 얻고 있는 상황이었다.

따라서 조선이나 타이완에서 실행된 법제에 대해서 아무런 지식도 없는 상태에서 논의가 이루어졌다. '일시동인' 형의 통치비판 대부분은 '내선內鮮 양인이 무차별적으로 대일본인이 된다'는 따위의 논조를 취했지만 조선인이 법제나 호적에서 구분되고 있다고 지적한 자는 전무했다.[2] 또한 동화정책비판을 행한 다이쇼 데모크라트들은 조선에는 '데모크라시'나 '개성의 존중'이나 '자치'가 필요하다는 따위의 비판을 정력적으로 행했지만 그것이 법제적으로 어떻게 실현될 것인가에 대해서 구체적인 플랜을 제기한 논자는 거의 없었다. 이 일은 통치 제도 분야에 지식이 있는 정치가나 관료, 법학자 등이 논의를 행했던 메이지시기에 비교해서 논의가 일반 지식인으로 확대된 다이쇼시기의 상황을 반영하고 있다.

또한 통치실태에 관해서만 이해가 천박했다고 볼 수는 없다. 다이쇼 데모크라트들의 일부는 전술했듯이 서구의 식민정책학을 모범으로 삼아 동화주의를 비판했지만, 야나이하라와 같은 예외를 제외하면 그 논거가 바로 계몽주의의 부정과 유전의 강조였음을 충분히 인식하지 못했다. 그 때문에 그들은 이따금 문명화의 촉진이나 차별철폐 등의 주장과 동화주의 비판을 동시에 행할 수 있었다.

가령 다이쇼 데모크라트의 대표적인 존재로 알려진 요시노 사쿠조는 식민정책학자인 야마모토 미오노의 동화주의 비판을 절찬하고 '나는 다년간의 학술 연구의 결과로, 여기에서 단언한다. 동화는 거의 불가능하다'고 기술하면서, 한편으로 '모든 방면에서의 일선日鮮의 구별을 철폐'하는 '일시동인 정

2 高橋亨, 「朝鮮人國家觀念の變遷」, 『太陽』, 1920.4月号, p.121. 이상의 다이쇼시기의 통치비판론에 대한 평론은 강동진, 『日本言論界と朝鮮 1910-1945』에 게재되어 있는 주요 신문·잡지의 조선관계 기사 리스트를 기반해서 총람하고, 조사한 결과에 따른다. 이 시기의 조선통치론의 연구로 이외에 앞에서 거론한 奥田, 「大正期における朝鮮問題論」 및 高崎宗司, 「日本人の朝鮮統治批判論」(『季刊 三千里』 34号, 1983, 훗날 『妄言の原型』, 木犀社, 1990년에 수록) 등이 있다. 일계 이민론과의 관계에서 연구한 것은 저자가 아는 한에서는 찾을 수 없었다.

책의 철폐'를 주장하고 '그[조선인]를 오랜 노력의 결과로, 완전한 일본인으로 삼는 것은 우리 내지인의 도덕적 책임이고, 따라서 조선통치책의 근본 요체이어야 한다'고 주장했다. 후자의 '일본인으로 삼는다'는 발언은 여전히 '생래의 일본인과 똑같은 권리를 부여받지 못한 조선인'이 '우리와 똑같은 국가관념'을 갖고 있지 않는 것은 당연하다는 문맥에서 '조선인을 마음에서 일본인답게 만든다는 책임'을 강조한 것이다. '일본인'으로서 평등을 부여하자고 주장하는 내용이라고도 말할 수 있겠지만, 그래도 이것이 동화주의 비판과 어떻게 정합하고 있는지를 알기에는 이해하기 힘든 내용이다.[3]

---

3 『吉野作造選集』第9巻, 岩波書店, 1995~97, pp.52·149·167; 吉野作造, 「朝鮮の暴動」, 『中央公論』, 1920.11月号(선집 미수록), pp.84~85. 요시노의 조선통치 비판에 대해서는 요시노가 민족자결원칙에 의한 조선독립을 주장했다고 하는 마쓰오 다카요시(松尾尊兊)의 일련의 연구(「吉野作造と朝鮮」, 『人民學報』25号, 1968; 松尾尊兊 編, 「吉野作造と在日朝鮮人學生」, 『中國·朝鮮論』, 平凡社, 1970의 해설 등)와 융화적 차별 철폐 내지는 한정적 자치론에 머물고 말았다는 우치야마 스스무(內山進)나 다카사키 소지(高崎宗司) 등 사이에 견해차도 있다. 또한 이러한 차이를 넘어 요시노의 조선론을 다시 자리매김하고자 하는 시도로써, 中塚明, 「朝鮮の民族解放運動と大正デモクラシー」(『歷史學研究』355号, 1969)이나 平野敬和·三木信吳, 「吉野作造の'朝鮮論'を讀む」(『文化交流史研究』1号, 1997) 등이 있다. 그러나 저자는 요시노의 조선통치론에 일관된 구체적인 구상이 있다고는 말하기 힘들다고 본다. 또한 그의 조선론의 대부분이 구술필기에 따른 『中央公論』의 시평이었기 때문에, 요시노와 기자의 주장이 서로 섞였을 가능성도 무시할 수 없다. 그렇다고 요시노의 조선론을 폄하하려는 의도에서 말하는 것이 아님을 써둔다. 松尾尊兊, 「吉野作造と在日朝鮮人大學生」(『東西文化史論叢』, 1973)이나 『吉野選集』第9巻 해설 등에도 보이듯, 요시노는 당시 일본 측 지식인 가운데에서 조선인 학생과 성실하게 자주 교섭을 가졌던 인물이었다. 이 책의 후반부나 결론 부분에서 기술하겠지만, 저자는 지배 측뿐만 아니라, 일본의 통치하에 놓인 피지배자도, 포섭이나 배제와 같은 형식적 일관성을 가진 논리로 완전히 표현할 수 없는 양가성을 안고 있었다고 생각한다. 아마도 요시노가 접촉한 조선인 학생으로부터도, 평등이나 차별 해소의 요구와 자치나 독립의 바람을 동시다발적으로 들었을 것이다. 요시노가 그러한 소리에 성실했다고 하다면, 그의 조선론은 형식논리적으로 일관성을 결할 수밖에 없다고 생각한다. 요시노보다도 논리적 일관성이나 법제적 지식에서 우수했던 조선론은 적지 않았지만, 그것들은 바로 그 일관성 때문에 포섭이나 배제라는 양자택일을 조선인 측에게 강요하게 된 것이었다. 전술했듯이 그것들은 양가성을 갖지 않았던 것이다. 이에 비해서 요시노의 조선론은 그 애매함과 일관성의 결여 때문에, 차별해소의 희망도 민족자결의 기대도, 읽는 측의 해석대로 발견될 수 있는 것이었다. 조선인 학생들이 일본논단에 존재한 다수의 조선론 안에서도 요시노의 그것을 환영했다는 사실은, 그것이 정치적 평론임에도 불구하고, 인간이 텍스트를 평가하는데 논리적 일관성만을 기준으로 삼지 않는다는 걸 말해준다. 요시노의 조선론 연구가 혼란하게 됐던 이유도 이러한 해석의 편폭이 아주 컸기 때문이다. 저자는 요시노의 조선론을 연구하면서 '민족자결론', '미온적인 동화론'이나 '자치론' 등과 같은 특정한 틀에서 그의 '진의'를 분

요시노의 조선론에는 '일시동인'의 차별철폐, 동화주의 비판, 민족자결 존중, 내지인과 조선인의 공학共學 그리고 조선의 '자치' 등과 같은 주장이 나열되어 있고, '일시동인 정책의 필연적인 결과는 조선인에게 일종의 자치를 인정하는 방침에서 나오지 않으면 안 된다'와 같은 발언도 있다. '일시동인'을 권리의 평등을 포함한 '일본인'화로 해석한다면, 동시에 '자치'를 인정한다는 것은 의미불명이지만 어쩌면 차별철폐의 주장과 식민정책학의 '자치주의'를 결합시켜 버린 발언으로 생각된다. 제7장에서 서술한 것처럼 '자치주의'는 유럽에서 수입된 동화주의 비판과 일본의 '데모크라시' 풍조가 결합해서 낳은 실체 없는 개념이고, 모델은 영국의 도미니언인 캐나다나 오스트레일리아였다. 동시에 일본은 영국을 의회정치의 모범으로 간주하고 있었기 때문에 신문에는 '데모크라시[적 통치]라고 일컫는 것은 결국 영국과 같이 자치주의에 다름 아니다'라는 형용도 나왔다.[4] 물론 여기에는 영국의 식민지 지배의 가혹함이나 인종주의는 간과되고 문명적 선진국으로써만 의식되고 있음은 말할 것도 없다.

이러한 '자치주의'가 제창된 예를 든다면 요시노와 함께 조선문제에 관한 계몽강연을 했던 후쿠다 도쿠조福田德三가 있는데 후쿠다는 '조선의 2천만 인구는 동일한 일본인입니다', '조선은 식민지가 아님을 단언합니다', '무슨 이유로 조선에 헌법을 공포할 수 없습니까'라면서 '일본인'에의 포섭론을 주창했다. 하지만 한편으로 '조선에 국회를 줍시다. Korean parliament를 조선인에게 줍시다'라고 말했다. 63법 문제에서 명확하게 나타났듯이, 조선에 헌법을 실행한다면 조선의 입법권은 제국의회로 이전되고, 고토 신페이나 오카마쓰 산타로가 구상한 것 같은 헌법개정제5장 참조을 행하지 않는 한 조선에 별개의

류하고자 노력하는 것에는 무리한 점이 있다고 생각한다.

4 『吉野選集』第9卷, p.53;「總督文官制」,『万朝報』, 1919.3.19 사설.

'국회'를 설립한다는 주장과 양립하지 않는다. 아마도 이것도 법제에 대한 이해를 갖지 못한 채 차별철폐론과 '자치주의'를 안이하게 결합해서 만든 산물이라고 생각된다.[5]

요시노는 또한 '조선 쪽에서는 혹은 자치를 희망한다던가 독립을 추구한다던가 혹은 조선에 독립된 국회를 만들어 달라고 하던가 혹은 제국의회에 조선의 대표자를 내게 해달라고 하는 등의 갖가지 세세한 안案이 있는 듯 합니다'라면서 '이런 것은 금후 천천히 연구해야 할 일'이라며 원칙론적인 비판을 행하고 있다.[6] 후쿠다나 요시노뿐만 아니라 다이쇼 데모크라트들 대부분은 '데모크라시'의 원칙에 신뢰를 보내는 한편 법제 등의 '세세한 안건'에 대해서는 관심을 주지 않아 구체적인 대안을 갖지 못했다. 무엇보다도 일본의 조선·타이완 통치 그 자체가 한편으로는 동화를 진척시켜가면서 다른 한편으로는 법제적인 차별을 온존시키는 모순적인 것이었기 때문에 통치비판 측도 모순을 갖게 되는 것은 어쩌면 당연한 지도 모르겠다.

논단의 통치비판이 착종하고 있었다고는 해도 '조선인에 대해서 차별대우를 실시하면서, 파리강화회의에서 차별철폐를 주장했던 것은 대단히 모순'적이라고 적지 않은 논자들이 눈치채고 있었다.[7] 무엇보다도 이 두 문제에 이중기준double-standard을 취해 일본계 이민에의 차별은 비판하면서도 조선에서의 탄압을 역설한 자도 많았지만, 쌍방에 공통의 해결책을 모색한 자도 있었다.

---

5 福田德三, 「朝鮮は軍閥の私有物に非ず」, 『黎明會講演集』, 大鐙閣, 1919, pp.571·574·575. 후쿠다의 조선론에 대해서는 姜尙中, 「福田德三の『朝鮮停滯史觀』」(『季刊 三千里』 49号, 1987) 등이 검토하고 있다. 여명회(黎明會)는 요시노를 필두로 한 다이쇼 데모크라시의 계몽강연활동으로, 후쿠다는 우에하라 에쓰지로(植原悅二郎)와 유사한 단선적인 문명관에서 일본에 의한 조선의 문명화를 긍정했다. 그 주장은 이 장에서 봤듯이 우에하라보다는 구체성이 떨어져 있다.

6 『吉野選集』 9巻, p.75.

7 内ヶ崎作三郎, 「朝鮮問題の背景としての形式主義」, 『黎明會講演集』, p.599. 여기에 보이는 우치가사키(内ヶ崎)의 조선통치론은 기본적으로는 제국의회에의 참정권을 포함한 '일본'통합론이었다.

이하에서 거론할 우에하라 에쓰지로植原悅二郎·나카노 세이고中野正剛·이시바시 단잔石橋湛山은 조선통치와 일본계 이민 문제 쌍방에 대해 일관된 방침을 내세웠다. 더구나 그것이 삼자가 모두 달랐다는 점에서 흥미로운 사례이다. 여기에서는 민족문제에 있어서의 다양한 해결책이 어떠한 한계에 부딪치게 되는가가 명확하게 드러날 것이다.

데모크라트의 문명적 동화주의

두 개의 민족문제에 대해서 이른바 공통적으로 '문명으로의 동화'를 주창했던 사람이 우에하라 에쓰지로이다. 그는 1899년 22세에 도미渡美하여, 미국 재주 일본인들을 위한 주간지를 발행하고 스스로 생활자금을 마련해가면서 시애틀의 중학교에서 워싱턴 주립대학에까지 진학하여 8년 동안 미국에 체재했던 지미파知美派였다. 그리고 런던대학에서 수학하고 귀국 후에는 메이지대학 교수가 되었으며 1927년에는 중의원 의원으로 당선되었다. 1920년을 전후해 우에하라는 언론활동을 가장 왕성하게 펼쳤는데 이 시기에 그는 여러 개의 조선론과 일본계 이민론을 남기고 있다.

우에하라의 일본계 이민문제론에 따르면 '인종적 편견이 캘리포니아에서 일어난 배일排日의 주 요인은 아니다'. 왜냐하면 그에 따르면 '일본인이라고 해도 미국인과 같은 언어를 가지고 동일한 생활 양식을 갖추고, 서로를 이해한다면 그 사이의 이른바 인종차별은 자연히 소멸하기 때문이며', '미국인은 일반적으로 인종적 편견이 많지 않기' 때문이다. 그 논거로 삼은 것은 이민자가 균질한 미국문화에 동화해 있다는 것이었다.[8]

8 植原悅二郎,「排日の眞相と其の解決策」,『太陽』, 1920.11月号, pp.3~4. 植原,「米國近時の對日態度」(『太陽』, 1919.9月号)에서 일계 이민배척은 인종문제가 아니라 경제문제였다고 말하고, 일본의 대중국 태도를 비판하면서 일본은 인종평등제안을 낼 자격이 없다며, 윌슨이 제기한 제안의 부결을 옹호하고 있다. 우에하라에 대해서는 다이쇼 데모크라시론의 입장에서 마쓰오 다카

미국에서는 유태인도 아일랜드인도 이태리인도 스페인인도 그다지 차별을 받으면서 살고 있지 않다. (…중략…) 이들은 모두 세계 각지로부터 모였으며 지금은 동일한 언어·풍속·관습을 지닌 국민이 되었다. 이로 볼 때 미국인은 일반적으로 강한 인종적 편견을 갖고 있지 않다. 따라서 배일 문제의 근저에 인종적 편견이 존재하는 것은 주로 캘리포니아주의 일본인이 미국의 문화 및 사회에 익숙해 있지 않기 때문이다.

현실적으로 유태계나 이탈리아계 등 동유럽계과 남유럽계의 '신新 이민'에 대한 차별은 뿌리깊으며, 이민법 개정 등의 배척 움직임도 대두한 상태다. 그러나 우에하라는 그것을 인정하지 않을 뿐만 아니라 캘리포니아에서 일본계 이민 배척운동을 담당하고 있는 자들은 민주주의의 나라인 미국에 동화해 있지 않는 '어쨌든 극단으로 치닫기 쉬운 라틴 민족'인 동남부 유럽계 신 이민 노동자라고 주장했다. 즉 일본계 이민에 대한 차별은 미국의 본질이 아니라 '미국인'에 동화하지 않는 사람들에 의한 것이라는 주장이었다. 이러한 인식에서 신 이민이 너무나도 많은 미국의 현 상태에서 이민배척이 일어나는 것도 어쩔 수 없다고 그는 말한다.[9]

바야흐로 미국의 인구는 일억에 달한다. 그리고 그 일억의 인구 중에 일천 삼백만 명은 외국 태생의 미국 재주자이며 그중 대부분은 또한 미국의 시민답지 못한 자이다. (…중략…) 일천만의 흑인과 일천 삼백만의 아직 동화되지 않는 외국

요시(松尾尊兊), 스즈키 마사세쓰(鈴木正節), 미야모토 모리타로(宮本盛太郎) 등이 행한 연구가 있다. 이외에도 그의 중국관을 논한 것으로 酒井正文, 「自由主義政治家の中國觀」(『法學研究』 68巻1号, 1995)이 있고, 나아가 若林, 「大正デモクラシーと臺灣議會設置請願運動」이 그 조선론을 내지연장주의의 일례로 규정하고 있다. 우에하라의 일계이민론에 대한 연구는 내가 아는 한에서는 발견할 수 없다.

9 植原悅二郎, 「米國近時の排日問題」, 『太陽』, 1920.9月号, pp.57·62~63.

이민은 의심할 바 없이 미국의 통일을 방해하고 있다. 이러한 견지에서 미국인이 일본인을 배척하는 것은 미국의 국가정책상 당연하다고 긍정하지 않을 수 없다.

배척의 원인을 메이저리티majority의 차별이 아니라 마이너리티minority의 책임으로 돌리고, 균질한 동화에 의한 국가통합을 언급하는 우에하라의 설명은 메이저리티의 견해를 그대로 되풀이하고 있는 듯 보인다. 그러나 언어나 풍속 그리고 교양 등으로 동화된다면 미국 사회에서 대등하게 대접받을 수 있다는 주장은 고학苦學 끝에 영어를 익히고, 대학 졸업장을 스스로의 힘으로 얻어낸 마이너리티인 자신의 체험에 근거한 것이었다. 더구나 그의 논조가 겨누고 있었던 것은 미국의 배척을 정당화하는 것이 아니라 일본계 이민자의 폐쇄적인 내셔널리즘에 대한 비판이었다.

우에하라는 '캘리포니아주에 살고 있는 일본인은 미국인과 교제하는 일 없이', '완전히 백인사회와 별개의 일본마을을 만들고' 있고 그 내부에서만 인간 관계를 맺는다고 비판하고 있다. 그 결과 일본계 이민자의 다수는 십 년이 훨씬 넘게 미국에 살고 있음에도 불구하고 '자유롭게 영어를 사용할 수 있는 자가 놀라울 정도로 소수'이며 '일상의 용무조차도 영어로 말할 수 없다'. 우에하라에 따르면 일본계 이민자의 폐쇄성은 '봉건시대'의 '쇄국적 생활'로 인해 몸에 밴 것으로 '일본인은 미국에서도 현인회縣人會 따위를 조직해서, 일종의 쇄국적 집단을 만들고 있을 뿐만 아니라', '거칠게 말하자면, 일본인은 미국인보다 더 강한 인종적 편견을 갖고 있다'고 했다.[10]

또한 '그들의 유일한 읽을거리는 일본인들 사이에서 발간되고 있는 신문과 드물게 고국에서 들어오는 신문잡지 따위'이다. 이러한 신문은 '우리나라

10 植原,「排日の眞相と其の解決策」, p.4.

의 실력을 무지한 국민에게 과신過信하게 만들려는 기사를 숱하게 싣고 있으며', '이러한 신문을 읽은 일본인은 일본을 대단히 힘있는 국가처럼 상상하여, 미국민에 대해 불손한 태도를 보인 것도 결코 적지 않았다'고 했다. 뿐만 아니라 '이와 같은 상태인 고로 미국에 있음에도 불구하고 그들의 사상은 십 년, 십수 년 전 일본에서 살았던 때보다 한층 더 편협해졌다'고 할 정도라고 했다.[11] 일본어 잡지 발행에 관계하고 있었던 우에하라는 일본계 에스닉 신문의 실정實情의 일면을 아주 잘 알고 있었던 것이다.

우에하라에 의하면 '그들은 노동시간에 대한 관념이 없다'. 즉 '일본인 가정에서는 처도 자녀도 농장에서 일하는데 노동시간에도 제한이 없다. (…중략…) 그 결과 백인 농민은 일본인 농민과 대부분의 경우 경쟁이 될 수 없다. 이것이 백인 농민이 일본인을 혐오하는 유력한 이유가 됐던 것'이다.[12]

이러한 상황은 일본계 이민들의 '돈벌이' 지향에 있었다. 즉 이들이 장기 체류를 선택하고 있었던 이유는 단지 당초 예상과는 달리 일확천금을 노려 돈을 모아서 귀국할 수 없었기 때문이다. 그렇기에 이들은 완벽한 미국인이 되고자 하는 의지가 없었다. 다시 말해 '그들은 미국에 이주한 그 당시부터, 영주永住의 의지가 없었다. 고로 하루라도 빨리 돈을 모아서 귀국할 것에 부심했다. 어학을 배우고, 미국 사회에 동화하여 이곳에 영주의 기반을 잡고자 하는 의지를 갖고 있지 않았던 고로, 동화해야 할 이유가 없었다'.[13] 이러한 '한탕족'의 자세는 조선이나 타이완의 식민자에게도 공통된 것이었지만, 우에하라를 통해 보자면 이러한 이민은 배척운동의 대상이 되어도 어쩔 수 없는 존재였다.

더구나 그는 '일본인은 걸핏하면 동화문제를 주로 언어나 풍속 습관 등의

11 Ibid., p.4.
12 Ibid., p.6.
13 Ibid., p.5.

문제에 한정해서 생각하는데 이것은 올바르지 않다. 일본인이 동화하지 않는다고 말하는 근저는 주로 사상의 문제이다'라고 했다. 우에하라에 의하면 미국은 민주주의를 국시國是로 하고 있는 데 비해 일본은 군국주의라는 것이다. 제8장에 서술했듯이 대일본제국의 국적법에는 미국에서 태어난 2세라도 병역의무를 마치지 않으면 국적이탈이 불가능하다고 되어 있어 그 때문에 일본계 이민은 일본군의 예비군인이며 '일본인의 군국주의 때문에 동화하지 않는 것'이었다. 더욱이 일본계 이민자들은 자신들의 에스닉학교를 만들어 아동들을 다니게 만들어 '순일본식 교육'을 받게 했는데, 거기에서 문부성 교과서를 사용해 '미국 태생의 일본 아동에게 우리나라 전통적인 도덕관념을 주입시킨다든가, 구스노키 마사시게楠木正成의 충의忠義를 설파한다든가, 편협한 일본식 애국심을 가르치고 있다'고 우에하라는 적고 있다.[14] 이입된 신문이나 교과서와 같은 미디어에 의해 형성된 일본계 이민자들의 원격遠隔 내셔널리즘은 본국보다도 강렬한 것이 되었다는 것이다.

우에하라는 일본계 이민이 '일본마을을 만들어 살고 있는 것이 배일의 근본 원인'이라고 결론내렸다. 그 해결책은 단 하나로 일본계 이민자들이 즉각 에스닉 집단을 해체하고 민주적인 미국 사회에 동화하는 것이었다. 그는 '어느 곳에서도 언어·풍속·인종·습관을 달리하는 이인종이 격리되어 그 사회의 일부로 존재하는 것은 그 사회의 건전한 발달을 위해서 보자면 바람직한 현상이 아니다'라고 말했다.[15]

그리고 일련의 일본계 이민론과 동시에 쓰여진 우에하라의 조선통치론의 논리는 이것과 동형이었다. 다만 많은 일본의 논자가 종래 그대로의 일본을 긍정하면서 동화를 설파한 것과 달리 그는 대일본제국의 의회제 민주주의의

14 植原, 「米國近時の排日問題』, pp.68~69; 植原, 「排日の眞相と其の解決策」, p.12.
15 植原, 「排日の眞相と其の解決策」, pp.17·20.

원리에 의거해 개혁하고 민주화된 일본에 조선을 동화시키자고 설파했다.

3·1독립운동 8개월 후 우에하라는 『데모크라시와 일본의 개조』라는 책을 출판해 정치나 언론, 여성의 지위향상 등 모든 면에서의 개혁을 주장했다. 그의 조선·타이완 통치개혁론에 따르면 '조선민은 우리 국민과 동포'이며, 가장 중요한 것은 '새 영토의 인민으로 하여금 우리국민의 일부임을 믿게 만드는 일'이었다. 하지만 그것은 그가 비판하고 있던 애국심 교육 등에 의해서가 아니라 총독의 전제專制를 폐지하고 조선과 타이완에 헌법을 실질적으로 시행하고, 내지와 '동일한 정책'을 시행하여 차별을 철폐함으로서 달성되어야 하는 것이었다.[16]

> [제국의회의 감독하로 이행함으로] 신 영토의 인민은 그 욕구를 직접 제국의회에 호소할 수 있다. 그리고 이에 의거해 그들은 스스로 제국의 신민으로서 그 책임을 느끼게 된다. (…중략…) 신 영토의 인민으로 하여금 진실로 제국신민임을 자각시키려면, 속히 그들에게도 그들의 대표자를 제국의회에 참여할 수 있는 권능權能을 주어야 한다. 이렇게 신영토와 본토의 인민과의 차별이 전부 철폐되어야 함께 제국의 신민이 될 수 있는 것이다.

여기서 우에하라가 제언하고 있는 헌법의 완전시행과 제국의회에의 대표선출은 권리 면에서의 '일본인'화를 의미한다. 한편으로 우에하라는 일본의 문화를 조선·타이완에 이식하자고 주장하지 않았다. 왜냐하면 그가 말하는 동화란 '언어나 풍속 습관 등의 문제'보다도 '사상의 문제', 즉 민주화에 의한 통합이었기 때문이다. 반면 조선의 문화나 구관을 존중하자는 의견도 여기에

16 植原悅二郞,「朝鮮統治策」,『日本及日本人』, 1919.7.1号, p.24;『デモクラシイと日本の改造』, 有斐閣, 1919, pp.189~191.

는 없다. 그에게 있어서 일본문화에 조선인에게 강제할 만한 가치가 있는 것도 아니지만 조선문화도 문명화 앞에서 보존되어야 할 정도의 것이 아니었기 때문이다.

우에하라는 군인총독의 존재는 '데모크라시'의 세계적 조류에 역행한 것이라고 말하고, 일본 측의 차별의식도 비난했다. 그는 '조선인일지라도 장래 조선민이 우리국민과 정치상 평등한 지위에 설 수 있게 된다면 감히 오늘날 독립운동을 일으키는 그런 일은 없을 것이다'라는 인식에 서 있다.[17] 평등이 부여되어도 민족이란 틀에 구애될 거라는 감정을 그로서는 이해할 수 없었다.

더구나 우에하라에게 있어서 조선은 일본보다도 근대화나 민주화가 뒤쳐진 땅이다. 물론 '그들은 후진자後進者이지 열등자가 아니기' 때문에 일본의 손으로 '조선인의 문화를 우리국민과 동일하게 진보시키는 방침으로 나아가야 한다'.[18]

그러나 민족의식에 갇혀서 근대적인 사회에 동화하지 않는 이민족이 국내에 존재하는 것은 미국의 일본계 이민이 그러하듯이 '그 사회의 건전한 발달을 위하여 바람직하지 않는 현상'을 초래한다.

결국 그의 조선통치론의 결론은, 일본 전체의 민주화와 문명화 속에 조선을 집어넣어 '그간 과거 국경의 존재를 허용하지 않도록 하여', '양자의 구별을 소멸시키는 것'이었다.[19] 보편적 문명을 신봉하는 당시의 우에하라에게 있어서 민족의식 등은 일본계 이민자와 조선에 있어서 상호 격리나 차별에 의해 발생하는 불합리한 감정에 지나지 않았던 것이다.

---

17 植原, 「朝鮮統治策」, p.24.
18 Ibid., p.24.
19 Ibid., pp.23·25.

대아시아주의자의 문화다원주의

우에하라와는 대조적으로 미국의 인종차별을 강하게 비난하고 아시아주의에 의한 조선통치론을 주장했던 사람이 나카노 세이고이다. 나카노는 『아사히신문朝日新聞』 기자를 거친 후, 3·1독립운동 발생 당시에는 잡지 『동방시론東方時論』을 주재하고 있었고, 1920년에 중의원 의원에 당선되었다.

나카노는 『아사히신문』 기자 시절에 조선에 파견되어 총독의 통치를 맹렬히 비판했던 인물이다.[20] 1915년에 쓴 평론에서 그는 차별에 노출되어 있는 조선인을 미국 흑인의 지위에 비유하며 '그들 사이에 엉클 톰이 나타날 것'이라고 쓰고 있다. 그러나 이 시점에서 나카노의 조선통치의 대안은 '조선인을 조선관리로 임용하고', '신 영토 인민의 이해를 대표하는 소수의 의원을 상하 양원으로 맞아들이고', '황족을 조선에서 맞이하고 받든다'와 같은 부분적인 것에 지나지 않았다.

그 후 나카노는 아사히신문사를 떠났고, 자신이 주재하는 『동방시론』 특파원의 자격으로 일본대표단과 동행하여 파리강화회의에 참여했다. 귀국 후에 견문기인 『강화회의를 목격하고講和會議を目擊して』를 집필했다.[21] 강화회의장에서 그가 통감을 금치 못했던 바는 서구 열강이 주도권을 쥐고 행했던 전후 질서교섭에서 일본이 보인 무력함이었다. 그 중에서도 충격적이었던 것은 그가 '윌슨 씨

20 이 시기의 나카노(中野)의 조선론으로는 「總督政治論」(『朝日新聞, 1914.4.16~5.1)이 저명하지만, 여기에서는 「同化政策論」(下), 『日本及日本人』, 1915.4.15号에서 인용했다. 나카노에 대해서는 中野秦雄, 『政治家中野正剛』, 新光閣書店, 1971; 『アジア主義者中野正剛』, 亞紀書房, 1988; 猪俣敬太郎, 『中野正剛』, 吉川弘文館, 1988; 木坂順一郎, 「中野正剛論」, 『龍谷法學』 3巻2号·6巻1号, 1971·1973; Tetsuo Najita, "Nakano Seigo and the Spirit of the Meiji Restoration in Twentieth-Century Japan"(James W. Morley ed., *Dilemmas of Growth in Prewar Japan*, New Jersey, Princeton U. P., 1971); Leslie R. Oates, *Populist Nationlism in Prewar Japan; A Biography of Nakano Seigo*(Sydney, Allen & Unwin, 1985) 등이 있다. 조선론이 언급되어 있고 조선론을 검토하고 있는 것으로 高崎, op. cit.; 若林, op. cit.이 있다. 이들은 모두 평등과 동정을 말하면서도 조선독립을 인정하지 않는다는 한정적인 평가를 받고 있고, 문화다원주의적인 주장으로 주목받지 못했다.

21 이하 나카노 세이고(中野正剛)의 언급은 모두 『講和會議を目擊して』(東方時論社, 1919)에서 인용했다.

의 인도론人道論과 14개조를 배반하는 것'으로 형용된 인종평등제안의 부결이었다.[22] 이때 회의의 의장이었던 미국 대통령 윌슨은 찬성이 다수였던 인종평등제안을 전원 일치가 아니면 가결할 수 없다며 안건을 매장했던 것이다.

나카노는 이 책에서 미국과 윌슨이 정의와 인도를 역설하면서도 왜 국내의 차별을 방치하는가에 대해서 통렬하게 비난했다. 그는 유태계나 이탈리아계 등 신新 이민자에 대한 차별이나 '흑인 노예의 학대'를 비판하고, 미국의 노동조합에 대해 '새로 온 이민자처럼 기의 조합에 가입할 수단이 없어 (…중략…) 노동조합은 특별히 법을 만들어 유색인종을 배척하는 것이니, 비교해보면 거의 모두 그렇지 않으랴. 이른바 유색인종에는 지나인도, 일본인도, 인도인도, 니그로도 모두 포함되어 있으니, 이것이 과연 무슨 인도人道란 말이냐'라고 서술하고 있다. 그의 말에 따르면 미국은 '각 민족의 무차별을 주창하고 미국통일의 정열을 부채질'하면서, '일본 이민을 제한하고 이민자가 얻은 재산을 위협하는 위선의 나라'였다.[23]

1919년 3월 이러한 분노를 안고서 강화회의에서 귀국하던 도중에 나카노는 싱가폴에서 3·1독립운동이 발생했다는 사실을 알고 다음과 같이 썼다.[24]

> 우리는 조선의 현 상황에 대해서 냉담할 수 있을까. 만약 그렇다고 한다면 그 사람은 그의 정의와 인도를 입에 올려 몰래 세계에 자국의 전제를 가하고자 하는 모모 열국列國의 정치가와 다를 바 없다.

귀국한 나카노는 강화회의의 상황을 강연하고, 그 열변으로 중의원 의원

22 中野正剛, 『강화회의를 목격하고』, p.121.
23 op. cit., pp.143, ·148·191.
24 op. cit., p.172.

에 당선됐다. 그리고 곧 1920년 가을에 조선과 만주를 여행·시찰하고 『만선의 거울에 비춰滿鮮の鏡に映して』를 저술했다. '만선滿鮮에는 여위어 초라해진 모습의 일본민족의 그림자가 비치고 있다'는 말로 시작되는 이 책은, 조선인이나 중국인을 차별하는 일본의 추악함을 반복해서 고발하고 있다.[25] 나카노가 가장 비난했던 것은 '좋은 물건은 손에 쥐고, 약한 사람을 짓밟는', '일본인의 비열한 사상'에서 '미국의 배일안 앞에 머리를 조아리면서 (…중략…) [조선인에 대해서는] 학교 토벌討을 공훈으로 자랑하는 우리나라의 현상'이었다.[26] 그는 '상대편이 일본을 배척하는 것도 무리가 아니고, 전체 캘리포니아주의 일본인이 좋지 않다'는 우에하라의 논의가 약자를 꾸짖고 강자에게 굴복한다는 점에서는 '조선인을 냅다 버리려고 하는 일당과 마찬가지로 비열한 사상'이라고 말하고 '우리들은 선배들만큼 서구 열국의 정의와 인도를 인정하지 않는다'라고 반론하고 있다.[27] 나카노에 의하면, 일본계 이민자에 대한 배척이 행해지는 캘리포니아는 원래 미국이 멕시코인에게서 빼앗은 땅이었다.

우에하라가 마이너리티의 민족의식을 비합리적인 것으로만 생각했던 것과는 달리 나카노는 그것을 높이 평가했다. 그는 현지에서 많은 조선청년과 대화했다고 말하며 '[독립운동에서] 말뿐이라고 일컬어지는 조선인 소년이 분개하여 폭탄을 던지고 피스톨을 들고 일어난 것이 아닌가. 미쳤다狂熱고 비웃어도 혁신은 미침의 산물이다'라고 평하고 '우리는 조선을 여행하면서, 조선인의 악화惡化보다는 오히려 조선인의 자각을 느껴서 기뻤다'고 기술하고 있다.[28]

나카노는 '선인급진론鮮人急進論은 단호하게 조선의 독립을 요구한다. 우리도 역시 그 의기意氣에 공명한다'고 서술하면서도 '오늘날 이것은 불가능하다'고

25 이하 中野正剛, 『滿鮮の鏡に映して』(東方時論社, 1921)에서 인용했다.
26 『滿鮮の鏡に映して』, pp.4·6·8.
27 op. cit., pp.10·11·13.
28 op. cit., pp. 24·76.

말한다. 그 이유로 그는 조선이 일본의 대륙진출을 위한 발판으로서 중요하다고 강조했다. 하지만 그것만은 아니었다. 나카노에 의하면 만약 자원이 모자란 조선이 만약 독립하면, 가공무역 입국의 길밖에 없는데 '그렇게 되면 마침 오늘날 일본이 경험했던 곤란에 봉착한다'. 일본은 이민을 배척당하고 있을 뿐만 아니라 원료수입도 제품수출도 '미국의 선박법, 호주의 차별관세, 남아공의 유색인 거절' 등에 직면하고 있다. 백인 열강은 유색인 독립국이 경제적으로 대두하는 것을 허락하지 않고, 모든 수단을 동원하여 압박을 가할 것이다. 그러므로 '조선인도 일본을 배척하고, 독립하여 홀로 걸어가고자 한다면, 역시 마찬가지의 압박에 괴로워할 것이 틀림없다. 그때 미국의 정의와 인도가 결코 경제적 압박을 완화하지는 않을 것이다. 이런 지경이면 조선인은 비로소 꿈에서 깨어날 것이다'라고 말했다.[29]

게다가 나카노는 조선의 독립운동의 일익을 담당했던 상하이 망명정권을 '완전한 조선제朝鮮製가 아니다. 극언한다면 미국제美國製이다. 지금의 대통령 이승만은 미국에 체류하고 있다'고 말했다. 그는 3·1독립운동도 윌슨의 민족자결이념의 영향을 받았다고 강조하고 '조선인 제군의 독립운동은 일본을 떠나 미국의 품으로 뛰어드는 것'이라고 서술하고 있다. 그에 의하면 '니그로를 사형하는 미국인은 유색인종에게 진정한 동정을 갖지 않는다. 그렇긴 하지만 반은 장난으로 일본을 위협하는 데 흥미를 느낀다. 의협義俠이라는 명목을 달지만, 실질을 음모하는 것이 그들의 도락道樂이다'. 나카노는 대화를 나눈 조선인에게 들은 이야기로 미국인 선교사가 표면상으로는 조선인을 찬미해 인기를 모으면서도, 동료가 되면 '조선의 애송이들Those Korean boys'이라고 부른다는 에피소드를 소개하고 있다.[30] 나카노가 보기에 미국이 조선의 독립운동

---

29 op. cit., pp.89~91.
30 op. cit., pp.72·74·107·109.

에 호의를 보인 것은 유색인 동료를 분열시켜 조선에 친미 괴뢰정권을 세우기 위한 음모에 지나지 않았다.

나카노는 조선인이 독립을 외친 까닭은 일본 측의 압정壓政과 차별에 원인이 있다며, 조선에 헌법을 완전하게 시행하고 제국의회에의 참정권을 필두로 한 '일본인'으로서의 권리를 부여할 것을 주장했다. 여기까지는 우에하라의 제안과 같지만 우에하라와 다른 내셔널리즘을 긍정한 그는 '일본인'으로서의 평등과 조선의 에스닉 아이덴티티ethic identity의 공존을 주장했다. 그것을 그는 다음과 같이 표현하고 있다.[31]

> 일본도 이미 제국인 이상 많은 민족을 모아 하나로 만드는 관대함이 없어서는 안 된다. 이른바 동화정책은 천박하게 오만한 미국의 동화정책과 동일한 궤를 달려서는 안 된다. 그들은 캘리포니아주에서 일본인의 개성을 없애고, 결국 피부색을 바꿀 수 없다면 일본인을 동화시키는 게 힘들다고 지껄여대고 있다. 버들은 푸르고 꽃은 붉어야 풍미가 있다. 섬나라 일본만으로는 대제국을 만드는 데 복잡성이 충분치 않다. 조선의 문화, 조선인의 개성, 이것들을 크게 발전시켜 대제국의 귀중한 요소로 삼아야 한다. (…중략…) 이른바 동화정책은 인공적으로 조선의 문화를 일본화하는 것이 아니고 철저하게 정치경제조직을 동일하게 하는 것이다.

'동화정책'이라는 말을 사용하고 있지만 그가 실질적으로 문화다원주의에 가까운 이념을 가지고 있었음을 알 수 있다. '철저하게 정치경제조직을 동일하게 한다는 것'은 구체적으로 총독부의 폐지나 헌법의 시행을 필두로 한 법제적인 통합을 가리키고 있다. 제10장에서 후술하겠지만 나카노는 의회에서

31 op. cit., pp.138~139.

조선·타이완 통치개혁을 제창했는데 그 때에도 '버들은 푸르고 꽃은 붉다'는 표현을 갖고 다원주의를 주장했다.[32]

나카노에 의하면 이렇게 문화적 독자성을 보증받았던 조선인들은 동시에 '일본인'으로서 대일본제국의 모든 지위에 뒤따르는 권리를 갖는다. 다시 말해 '총리대신도, 육군대장도, 대학총장도, 대은행가도, 변호사도 조선인 중 능력 있는 자가 그 지위를 얻는데, 하등의 장애가 있어서는 안 된다'. 조선인이 일본의 수상이 된다는 발상은 의외일지는 모르지만 '지금 영국의 수상 데이비드 로이드 조지David Lloyd George는 웨일스인이다. 웨일스는 켈트민족이지 영국인이 아니다. 말도 다르고 풍습도 다른 이른바 영국의 조선인이다'. 그리고 그는 로이드 조지가 파리강화회의에서 영국대표로서 활약했던 것을 서술하면서 일본도 '국제회의에 조선인을 출석시키고 그들의 힘을 빌려 세계에 공평을 요구하지 않으면 안 된다'라고 외쳤다.[33] 조선인을 '일본'의 대표로 삼아 인종평등제안을 제출한다면, 그때는 서구 열강도 그것을 반대하기에는 곤란할 뿐만 아니라 어떠한 웅변보다도 일본의 국제적 지위를 높일 수 있다는 주장이었다.

물론 그의 이러한 의견은 조선의 상황을 방치한다면 '마침내 아일랜드와 마찬가지로, 참정권도 자치권도 상대편으로부터 거부당해, 독립 이외의 어떠한 것도 요구하지 않게 될 지도 모른다'는 두려움도 있었다.[34] 또한 조선인의 문화적 독자성을 존중한다고는 해도 공용어를 무엇으로 할 것인가 등의 사안에는 구체적 제안이 없었다. 어찌됐든 다원적인 다민족국가로서의 일본을 구상한다는 주장이었음은 사실이다.

---

32 『律令審議錄』, p.408.
33 op. cit., pp.128~130.
34 op. cit., p.64.

하지만 이렇게 생겨난 새로운 대일본제국의 사명으로서 나카노가 거론한 것은 백인의 위협에 대항하기 위해 국방을 강화하는 것이었다. 왜냐하면 '[미국은] 인디언을 사냥개 대용으로 사용했다. 남부의 목화농장은 흑인노예의 피로 살져 있었다. 태평양 연안의 평원은 지나인과 일본인의 땀으로 윤택해졌다. 사냥개와 노예와 노동자, 지금은 그들이 장애물이기 때문에, 그 번식을 우려해 그 절멸을 희망한다. (…중략…) 지금 지나인과 조선인을 동정하는 미국인이 어느날 만약 일본을 극동極東에서 밀어붙여 끝장낸다면, 과연 어떠한 태도로 유색인을 대할 것인가'라는 인식에 선 그의 입장에서 보면 '일본의 군비軍備는 하나의 작은 일본의 군비가 아니'고 '일본은 유색인종 가운데 간신히 국제적 위력을 가진 유일한 국가이다. 일본이 씨름판土俵을 유린당한다면, 유색인종의 전도前途는 절망적'이기 때문이었다.[35]

나카노의 주장은 이런 식으로 일본을 중심으로 유색인종이 연합하여 백인에 대항한다는 대아시아주의와 극동 먼로주의로 흘러갔고 조선의 독립은 아시아의 단결을 어지럽히는 것으로 부정되었다. 나카노는 '이렇게 일본은 실력을 유지하면서, 새로운 기운機運에 맡기지 않으면 안 된다. 어깨가 부서져도 극동을 기꺼이 담당해야 한다. 일련탁생一蓮托生[36]의 지나인과 조선인은 부디 우리의 이 고충을 살펴 주기 바란다'고 말했다.[37]

자유주의자의 분리주의

이러한 문명적 동화론과도 문화다원주의와도 다른 답을 내놓은 이가 있다. 바로 이시바시 단잔石橋湛山이다. 1919년 당시 그는 자유주의적인 경제잡지

35 op. cit., pp.91·97·105~106.
36 죽은 뒤에 극락에서 같은 연화대에 몸을 의탁한 데서 나온 말로 잘못에도 불구하고 행동과 운명을 같이한다는 뜻. —역주
37 op. cit., p.101.

로 알려진 『동양경제신보東洋經濟新報』의 부주간에 해당하는 존재였다. 이시바시도 이 시기에 몇 개의 일본계 이민론과 조선론을 남겼다.[38]

이시바시는 원래 이민반대론자였다. 1913년 캘리포니아주가 외국인의 토지소유제한법안을 가결했을 때 그는 이미 「우리에게 이민은 필요 없다」는 사설을 썼다. 당시 일본에는 인구과잉을 해결하기 위해 이민과 영토확장이 불가결하다는 논조가 퍼져 있었다. 그런데 이시바시는 노동력을 이민이라는 형태로 타국으로 유출시키는 것보다 그것을 사용해 자국의 공업을 일으켜 통상하면 인구를 충분하게 부양할 수 있고, 장기적으로는 자국의 경제에도 유리하므로 '제국주의'에 의한 식민지 확장과 '미국인이 싫어하는데 무리하게 보내는 이민은 무익하다'고 주장했다.[39] 이 견해는 이후의 이시바시의 이민론에 일관되게 나타난다.

파리강화회의의 인종평등제안에 대해서 이시바시는 열강의 유색인 차별을 인정하면서도 '우리나라도 내외에 대해서 차별대우를 행하고 있음'을 주로 비판했다. 즉 일본은 중국인 노동자의 입국을 금지하고 있고 '우리의 판도인 타이완인·조선인에게도 차별대우'를 하고 있다. 이 상태에서 인종평등제

---

38 이시바시 단잔에 대한 근년의 대표적인 연구인 增田弘, 『石橋湛山研究』(東洋經濟新報社, 1990); 姜克實, 『石橋湛山の思想史的研究』(早稻田大學出版局, 1992); 長幸男 編, 『石橋湛山』(東洋經濟新報社, 1974); 松尾尊兊·淺川保·安藤實·上田博·岡本俊平·鹿野正直·菊地昌典·判澤弘·松本俊郎·筒井淸忠 등의 연구에서 그의 소일본주의가 논해졌다. 이외에도 深川博史, 「石橋湛山の植民政策論」(『經濟論叢』 66号, 1986)이 있고, 조선론으로 검토된 것으로 大沼久夫, 「石橋湛山の朝鮮獨立論」(『季刊 三千里』 32号, 1982)이 있다. 소일본주의에 대해서는 "'비제국주의'라고 평가되는 것과 '경제적 제국주의'라고 평가되는 것으로 나뉘는"(姜克實, 「戰後初期の石橋湛山思想」, 『歷史學研究』 652号, 1993) 경향이 있다. 또한 조선론은 '독립자치'를 주장한 당시 드문 의견으로 높이 평가받고 있으면서도, "조선의 민족주의에 대한 공감은 결핍되어 있었다"(高崎, op. cit.)는 비판도 이뤄지고 있다. 일계 이민론에 대한 연구는 많지 않지만, 마스다(增田)의 op. cit., 제1장이 이시바시의 이민 송환론을 팽창주의의 부정으로 긍정적 평가를 내리고, '식민지방기론'이나 소일본주의로 '연결'시킨 것으로 논하고 있다. 저자는 이시바시의 일계이민론이 소일본주의와 연계되어 있다는 시각을 공유하면서도, 그것이 일면에서는 이민배척운동을 추인하게 되었다고 본다. 아래의 인용은 『石橋湛山全集』, 東洋經濟新報社, 1970~1972에서 가져왔다.

39 『石橋湛山全集』 第1卷, p.357.

안을 제출한다는 것이 '어떤 권위가 있을까'라는 것이 그의 주장이었다.[40]

이같이 이시바시도 일본계 이민을 비롯한 일본에 대한 차별과 조선과 타이완에 대한 일본의 차별을 병행해 의식했다. 이시바시의 대응은 우에하라와도 나카노와도 달랐다.

이시바시는 당초부터 일본계 이민문제의 근저에 인종차별이 있음을 알고 있었다. 그런데도 1916년에는 '우리는 미국시민이지 일본신민이 아니다'라며 전쟁시에는 미군의 일원으로서 일본과 싸울 것도 마다하지 않겠다고 발언한 하와이 일본계 이민자의 발언을 칭찬하면서, 이민자 전원이 이러한 자각을 갖는다면 이민문제도 해결될 것이라고 생각했다.[41] 이 시점에서 그의 견해는 우에하라에 가까웠다고 말할 수 있다. 그렇지만 일본계 이민배척운동이 차츰 높아갔던 1920년 미국에는 인종차별이 없다고 하는 우에하라와는 달리 그는 문제의 원인을 '인종적 편견이라는 한마디로 다할 수 있겠다'고 말하기에 이르렀다.[42] 그런데 이시바시는 나카노처럼 미국의 인종차별을 규탄하지 않고 이렇게 주장했다.

> 이러한 사태를 야기한 원인은 무엇인가라고 묻는다면, 이미 우리가 말한 대로 황백인종의 동화가 아무리해도 어렵다고 답할 수 있다. 그리고 그 동화되지 않음은 미국 대통령 후보 워런 하딩Warren Harding 씨도 말했다고 전해지는 것처럼 황인의 죄도 백인의 죄도 아니다. 당연하다고 할까, 만약 오랜 역사가 우리를 이렇게 동화하기 어렵게 만들었다면 누구를 원망할 것도 없다. 우리는 오직 그것을 잠시 사실로 승인하고, 그 위에서 모든 행동을 하는 것 외에는 방법이 없다.

---

40 op. cit., 3巻, pp.69~70.
41 op. cit., 2巻, p.415.
42 op. cit., 3巻, p.506.

(…중략…) 그리고 문제의 근본이 이미 이에 있음이 명확하다면, 미국인이 현재 취하고 있는 태도가 방약무인傍若無人하다든가 나쁘다라는 식으로 말하는 것은 필시 지엽적인 것이다.

이시바시에 의하면 '이인종배척은 인류의 자연적인 감정'이고 '각국 공통의 것'이고 '우리나라도 풍속·관습·언어를 달리하고 게다가 교양 없는 외국 노동자가 다수 부락을 이루어 국내에 살게 되면 충분히 성가시다고 느낄 것'이라고 했다. 확실히 캘리포니아는 미국이 멕시코로부터 탈취한 땅일지는 모르지만 '미국 노동자가 8, 9만 명이 와서 홋카이도 또는 타이완과 조선 근방의 일각에 근거지를 잡고, 토지를 경작하고, 소유하고, 왕성하게 번식해 가는 상황을 한번 상상해보라. 그러면 캘리포니아주 문제도 그처럼 화를 내지 않고도 생각할 수 있을 것이다'라고 했다.[43] 이러한 인식에 서서 그는 일본계 이민문제에 다음과 같은 해결을 제언했다.[44]

우리는 오히려 일미친선을 위해 미국정부와 교섭해 캘리포니아의 방인邦人의 재산을 팔아버리고 이민자를 전부 일본으로 송환시키면 가장 좋을 것이라고 생각할 수 있다.

이민자를 '출신국으로 송환시키자. 친선을 위해서'라고는 해도 결과적으로 보면 이민배척운동의 주장을 용인한 형태의 해결안이다.

이러한 제언은 그의 미국관과 연동하고 있다. 이시바시는 일본계 이민문제를 몇 번이나 논하면서도 신 이민자나 흑인의 존재에 대해서는 다루지 않

---

43 op. cit., 3巻, pp.507·521; 4巻, p.27.
44 op. cit., 3巻, p.507.

았다. 우에하라는 미국이 현재 복수의 민족으로 이뤄져 있음을 예로 들면서 다른 민족이라고 해도 동화한다면 공존할 수 있다고 역설했다. 나카노는 차별에 노출된 흑인이나 선주민족 및 이민자들을 들어 차별은 유색인이 연합해 백인과 싸움으로써만 해결된다고 주장했다. 무릇 이민자들을 모두 송환한다면 미국이라는 나라는 이뤄질 수 없다. 하지만 이시바시의 미국관은 흡사 앵글로 색슨의 단일민족국가에 단지 일본계 이민자만 들어가서 문제를 일으키고 있는 것처럼 그려내고 있다.

그러나 결과적으로는 차별과 배척을 용인하면서 어떻게 국제친선이 가능하다는 말인가. 여기서 통상에 의한 국제관계라는 그의 지론이 나온다.[45]

> 한 나라가 타국을 경제적으로 이용하는 데에 농업노동자를 보내 상대편에서 농업을 경영시키겠다는 말만큼 지혜롭지 않은 말도 없다. (…중략…) 똑같은 5만 명의 사람을 보내더라도 그가 상인이고 금융업자라면 어느 정도 큰 활동을 할 것이다. 그리고 미국 전국에 흩어져서 무역을 하는 일본인이 캘리포니아라는 한 지역에 모여서 일본인 마을을 만든다면 미국인의 눈에 특이하게 비치지 않을 것이다. 따라서 이민문제는 일어나지 않을 것이다. 현재 캘리포니아에 있는 일본인의 재산 등은 중앙정부와 교섭해서 적당한 배상을 받는다면 아까울 게 없다. 우리는 우리 국민이 눈을 한층 더 대국大局으로 돌리고 더욱 커다란 경제적 이익을 미국으로부터 얻도록 공부하기를 바란다.

눈앞의 작은 이익에 집착하지 않고 대국적으로 국제관계를 봐서 커다란 이익을 목표로 하자는 논리는 그의 평론 전체를 관통하고 있고, 이시바시로 하여금 당시에 일본 유수의 논자로 만들어 주었다. 그러나 거기에는 이민자

45 op. cit., 3巻, p.522.

들이 현지에서 개척한 토지나 지위에 애착을 가지고 있을지도 모른다는 것을 국가적 레벨의 비용론 앞에서 무시하고 말았다. 그는 더욱 일본계 이민 수용이 연방이민법개정으로 완전히 정지된 1924년 다음과 같이 말했다.[46]

> 아이의 마음으로 느꼈던 것이지만 청일전쟁은 아마도 메이지 20년 후라고 생각하는데, 지나의 행상인 대부분이 일본에 밀려 들어온 적이 있다. 그것을 당시는 '난징상인南京商'이라고 부르며 시정市井의 경멸거리로 삼았다. 지나인에 대해서 (…중략…) 경멸과 모욕을 초래하는 기반을 이루고 있는 것처럼 생각된다. 국민 가운데에서도 특히 저열한 계급을 국외에 보내는 것은 끝내 국민 전체가 욕먹는 원인이 된다. 유학 등을 보면 지나의 학생이 우리나라에 왔던 경험에서 보자면 재미 없는 것 같다. 일본인이 미국에서 배척 당하는 원인은 반드시 단순하다고는 할 수 없지만 일본인이 농업노동자와 동일시되는 일이 커다란 화를 초래한 것도 역시 의심할 바 없다. (…중략…) 영국인은 일반적으로 일본 등지에서도 존경받지만 아울러 만약 이스트 런던의 빈민굴 영국인이 왕성하게 국외로 나갔다고 한다면 그 평가는 현저하게 다를 것이다.

이시바시는 유학생이나 '저열한 계급'은 국외에 나갈 자격이 없다고 하는 것일까. 그는 이렇게 덧붙였다.[47]

> 일본인이 외국인에게 존경받는 국민이 되는 것은 배일문제를 배제할 가장 근본적이고 유효한 방법의 하나라는 점만은 의심할 여지가 없다. 그리고 존경받는 국민이 됨에는 첫째로 국민 전체의 문명을 고양시키는 것, 둘째로 국외에 나갈

46 op. cit., 5巻, p.510.
47 op. cit., 5巻, pp.510~511.

> 국민의 질을 음미하는 일이다. 어떤 바보 같은 일을 [하는 자], 어느 지방을 불문하고 교육이 낮은 자와 도덕이 열등한 자가 있기 마련이다. 가끔 국외로 다수 보냈다고 해서 바보같이 구는 것은 상대방이 나쁘다, 하물며 그 교육이 낮다든가 열등하다는 식으로 말하는 것은 지금의 부르조아 문명의 눈으로부터 봐서 그런 것은 아닐까 라고 이유를 말하는 자도 있을지 모르겠다. 그러나 그것은 어떤 바보 같은 일을, 어느 집이든 화장실은 있기 마련인데 그것을 손님방 한가운데 두고 왜 나쁘냐고 말하는 것과 같다.

좋든 싫든 차별은 없어지지 않는다. 인종이나 민족의 경계는 불변하고 동화는 있을 수 없다. 민족문제의 최선의 해결은 분리해서 각각 단일민족국가를 만드는 일이다. 그러한 나라들끼리의 친선은 통상과 선발된 사람들에 의해 보존될 것이다. 일본계 이민문제에서 드러난 이시바시의 국제관계관에는 이러한 측면이 포함되어 있었다. 이시바시는 미국과 영국 등의 유색인차별 비판까지도 병행해서 시행하고 있어, 이민배척을 도의적으로 인정한 것은 아니었지만 그의 냉정한 현실감각과 일본에의 비판의식이 이러한 형태로 드러나고 말았던 것이다.

한편 이시바시는 조선에 대해서는 '조선인은 일본의 통치 아래에서 어떠한 선정善政을 입어도 결코 만족할 리 없다. 때문에 그들은 독립자치를 얻을 때까지 결코 반항을 그치지 않을 것이다'라고 주장했다.[48] 그것은 그가 민족자결의식의 고양이 세계적 조류임을 인식하고 있었기 때문이다. 이와 동시에 상술한 국제관계관과도 모순되지 않았다. 왜냐하면 동화는 있을 수 없고 가장 좋은 해결은 분리해서 별개의 나라를 만드는 것이라는 인식에서 보자면,

---

48 op. cit., 3巻, pp.78~79.

그것은 공통되기 때문이다. 우에하라나 나카노는 평등을 부여하거나 문화다원주의와 같은 수단으로 조선인을 '일본인'으로 통합할 수 있다고 생각했다. 이에 비해서 이시바시는 그러한 가능성을 거론하지 않았다.

이식민을 철회시키는 것 대신 통상을 중심으로 한 국제관계로 대국적인 경제적 이익을 추구하는 것이 이시바시의 외교이념인 '소일본주의'의 기본이었다. 다시 말해 그의 '소일본주의'는 국경을 초월해 다민족제국으로 팽창해가는 '대일본주의'에 대한 비판임과 동시에, 단일민족국가로서의 일본의 구상이기도 했다. 그리고 1921년 그는 『대일본주의의 환상大日本主義の幻想』을 집필했고 상세한 비용분석을 통해서 조선과 타이완 영토를 지키는 것은 경제적으로 무익할 뿐만 아니라 서구나 아시아 여러 국가와의 우호관계와 무역을 저해해서 큰 판도로 봐서는 손해라고 주장하고, 이들을 방기할 각오를 역설했다.

물론 경제적 비용에 기반한 통치비판은 앞에서 보았듯이 오키나와를 영유했을 때부터 존재했고 외교적으로는 국방보다도 경제교역을 중시한 국제협조노선과 일체가 되어 있다. 그리고 이시바시의 『대일본주의의 환상』에도 국제친선을 요구하는 도의적 주장과 경제적 이해를 중시하는 공리주의적인 성격이 혼재되어 있었다. 이시바시는 여기서 서구와 군비로 대항하는 일 따위가 아니라 '어떤 형태로든 신속히 조선·타이완을 해방해 지나·러시아에 대해서 평화주의를 취한다'는 도의적 행위에 의해서만 '아시아 각국의 신뢰를 획득할 수 있다'고 주장했다. 그러나 그것과 동시에 다수의 노동자나 식민자를 외국으로 송출하는 것은 어리석은 일이고 '노동자는 상대쪽의 사람을 쓰고, 자본과 기술과 기업두뇌만을 갖고 간다. (…중략…) 나쁘게 말하면, 자본과 기술과 기업두뇌를 갖고, 상대방의 노동을 착취하는' 쪽이 현명하다며, '인도를 봐도, 영국인은 얼마 가 있지 않다'고 역설했다.[49]

그에게 이러한 도의적 주장과 비용론의 병존은 모순되지 않았다. 아담 스미스나 스펜서를 배운 자유주의자인 이시바시는 군사침공이나 이식민에서는 비판적이었지만 통상에 의한 관계는 평화적이고 또한 호혜적인 것이라고 믿고 있었기 때문이다. 다소 시기가 어긋나지만 제2차 세계대전 직후인 1945년 10월, 그는 조선과 타이완의 상실을 환영하면서 다음과 같은 말을 남겼다.[50]

> 세상에는 해외에 식민지를 가진 나라는 거기서 공짜로 물건을 획득할 수 있다고 오해하는 자가 종종 있다. 영국이 인도를 착취한다고 말하는 것이 바로 그것이다. 조선인 안에도 또한 마찬가지의 비난을 일본에 퍼붓는 자가 있었다. 그들은 일본이 조선에서 쌀을 가져오는移入 것을 가리켜 일본은 조선인의 식량을 빼앗아간다고 했다. 옛날, 동인도회사가 처음으로 인도에 들어갔을 즈음에는 약탈이라고 말할 수 있는 행위도 있었을 것이다. 그러나 오늘날의 인도에서 이른바 조선에서 상매商賣에 의하지 않는 물자를 어떻게 얻을 수 있겠는가. 상업활동에 의한 물자의 획득은 대가를 지불한 획득인 것이다. 그것은 무역표를 일견해도 알 수 있다.

평화적인 분리와 통상에 의한 국제친선. 이것이 이시바시의 일본계 이민론과 조선론에서 보이는 이념이었다. 그러나 분리한다면 민족문제는 해결될 것이라는 그의 생각은 분리 후의 통상관계에는 마찰이나 착취 등이 있을 수 없다는 전제에서 지탱되고 있었다고 말할 수도 있다.

---

49 op. cit., 4巻, pp.21・24.
50 op. cit., 13巻, p.48.

'민족문제'의 협로

대일본제국 안에서 서구를 향해서는 인종평등제안을 제기하면서 조선이나 타이완을 차별하고 있는 것이 모순이라고 지적했던 논자가 그렇게 적었을 리 없다. 하지만 두 개의 문제에 대해서 일관된 해답을 견지하고자 한 자는 이 장에서 들었던 세 명의 사례에서 봤듯이 원리적으로 많은 곤란함을 갖고 있었다.

우에하라는 다민족국가의 통합은 개개 민족의 내셔널리즘을 극복한 것이라고 생각했고, 민족의 경계나 내셔널리즘 등은 문명화와 '데모크라시'에 의해서 소거되어야 할 불합리하고 또한 폐쇄적인 감정에 지나지 않는다고 간주했다. 그리고 그에게 있어 미국을 위시한 서구 나라들은 문명의 선진국이고, 일본은 아직 충분치는 않지만 서구의 일원으로 존재하는 나라였다. 이 단선적인 문명관에 의해서 그는 일본계 이민의 미국 사회에의 동화를 역설함과 동시에 '데모크라시'에 의한 일본의 개조와 개조된 일본으로 조선 통합을 주장했던 것이다.

다이쇼 데모크래트 중 우키타 가즈타미浮田和民 등을 위시로 하여 우에하라와 유사한 주장을 폈던 논자가 여럿 있다.[51] 그러나 이런 종류의 소박한 문명화론은 다이쇼 데모크라시기를 정점으로 해서 쇼와기에 들어서면서 거의 볼 수 없게 된다. 일본을 서구의 하위下位로 위치짓는 단선적인 문명화론은 조선 지배를 정당화하는 어떤 메리트가 있다고해도 그 후 국수주의國粹主義가 고조하는 양상과는 서로 섞일 수 없었다. 또 문명화의 추진만을 중시해서 충성심 육성에는 도무지 관심을 보이지 않는 동화론은 다음 장에서 보겠지만 하라 다카시와 같은 일부 정치가가 지지했지만 애초에 일본이 조선이나 타이완을

51 麻田, op. cit. 참조.

영유한 동기에서 말하면 다수파가 될 수 없었다.

한편 나카노의 서구관은 그들과는 대조적으로 인종차별과 제국주의의 상징이라고 할 만한 것이었다. 그리고 내셔널리즘은 적어도 심정적으로는 존중받을 만한 가치가 있고 일본은 서구에 대항해서 아시아를 부흥시킬 책임을 가진 존재였다. 아시아주의에서 일본을 비판한 나카노의 의견은 당시에 고립됐던 것이 아니다. 예를 들어 1919년 4월에 일본에서 인종차별철폐 기성대회期成大會가 개최되었을 때 내빈으로 왔던 프랑스인 철학자 폴 리처드Paul Richard가 오카와 슈메이大川周明의 통역으로 강연했다. 그는 인류평등 제안을 부결한 국제연맹을 비판하는 한편 일본은 세계에서 선구적으로 식민지를 해방하라고 호소하여 미야자키 도텐宮崎滔天 등의 공명을 얻었던 일은 잘 알려져 있다.[52]

이러한 아시아주의자로부터 나온 조선·타이완 통치비판은 서구 제국주의비판이나 아시아의 대의를 거론했다는 점 등은 공통적이지만 제시된 정책은 각양각색이었다. 단순하게 천황에 의한 일시동인을 주장하는 자도 있었고 기타 잇키北一輝의 『국가개조원리대강國家改造原理大綱』처럼 조선에 '군현제郡縣制'를 시행해서 '일본 내지와 동일한 행정법 아래에 두고', '약 20년 후를 기약해 조선인에게 일본인과 동일한 참정권을 얻게 한다'는 구체적인 플랜을 제시한 자도 있었다. 또 나카노처럼 법제적 통합과 문화적 다양성을 양립시킨 문화다원주의를 제창한 자도 있었고, 미야자키처럼 '조선과 타이완에 자치를 허용하고, 이와 연맹해서 아시아연맹의 기초를 만든다'라는 연방국가구상을 주장했던 자도 있었다.[53]

---

52 大塚健洋, 『大川周明』, 中公新書, 1995, pp.93~94. 리처드에 대한 미야자키(宮崎)의 공명은 『宮崎滔天全集』 第2巻, 平凡社, 1971~1976, p.108.
대일본제국에 있어서 나카노(中野)만 문화적 다원주의를 제창한 것은 아니었다. 이에 대해서는 제13장에서 후술할 예정인데, 그 일례로 법학자인 호즈미 시게도오(穗積重遠)가 쓴 조선기행문 「조선을 다녀와(朝鮮を通つて) (2)」(『中央公論』, 1926.2月号)를 들 수 있다. 그는 여기서 "조선 및 타이완이라는 명칭이 언어상 풍속상 또 제도상의 차이점에 구속받지 않고, 국민 감정

제13장에서 후술하겠지만 아시아주의자의 입장에서 타이완인의 운동을 지원하는 움직임도 존재했기 때문에, 그들의 심정에는 그 나름의 성실함도 포함되어 있었을 것이다. 나카노가 행했던 인종차별에 대한 격렬한 비판 그리고 유색인 연합과 문화대원주의라는 사상은 그가 미국의 마이너리티 지식인이었다면 후세에 높은 평가를 받았을지도 모른다. 하지만 서구에의 대항이라는 기본 틀이 존재하는 한 기타 잇키가 '일본 존립이라는 국방상에서 조선은 영구히 독립을 생각해서는 안 된다'고 제창했듯이 아시아주의는 독립부인否認과 군비확장론에 연결되지 않을 수 없는 것이다.[54]

나카노를 비롯한 아시아주의자들은 이따금 조선의 독립운동을 서구에로의 내통內通 혹은 아시아의 단결을 어지럽히는 배신행위로 자리 매김했는데, 이것은 '적'과 '우방'이 경우는 '백인'과 '유색인' 내지는 '서구' 대 '아시아'이라는 이항대립도식을 취하는 논자가 종종 빠지기 쉬운 현상이다. 즉 자기 생각대로 되지 않는 자의 행동을 즉각적으로 '적'과의 내통이나, '우방'에 대한 배신으로 간주하

상 규슈 또는 도호쿠라고 하는 것 이상의 의미를 갖지 않게 되기를, 나는 기대하고 또한 바라마지 않는다"라고 국민통치를 주장하면서, "복장의 차이가 무엇인가. 언어가 통하지 않는다는 것이 무엇인가. 규슈와 도호쿠의 경우를 봐도 복장이 다소 다를 뿐만 아니라, 말에 이르면 쌍방이 작정하고 지방어를 사용한다면 외국어와 마찬가지로 통하지 않는다. 그럼에도 규슈인과 도호쿠인이 동포임에는 하등의 방해가 되지 않는다"라며 언어 및 문화의 다양성의 보존을 노래했고, "조선의 재판은 조선 본위이어야 한다. 조선의 정치는 조선어 본위여야 한다"고 쓰고 있다. 또한 도요토미 히데요시의 조선침공을 격퇴한 이순신을 "조선의 도고(東鄕), 넬슨"이라고 형용하고, "이순신의 사적은 실로 내지 교과서의 재료로 삼아야 마땅한 바가 있고," "마찬가지로 애국심을 발휘한다면, 일한병합의 오늘날 오히려 이순신을 우리나라의의 영웅으로 세계에 널리 알려야 한다"고 제창했다. 이러한 자세는 지식인의 낙관적인 다원주의를 보여주고 있지만, 법학자로서의 구체적인 법제적 제안은 아니었다. 법제에 관해서는 전적으로 조선의 가족제도에서의 이성불양(異姓不養)이나 조혼의 폐해를 강조해, "조선의 아낙네에게는 오늘날까지 거의 사회적 지위가 인정되지 않은" 점을 비판하고, 1921년 조선민사령의 개정으로 "조혼의 폐가 교정"되기를 바란다고 쓰고 있을 정도다. 다만 이 경우도 일방적인 내지의 법제 연장에는 반대하고 있고, "내지의 문물제도가 반드시 최선이라고는 말할 수 없다. 나아가 또한 그것이 반드시 조선에 맞다고도 말할 수 없다"고 쓰고 있다. 이러한 의견을 종합적인 법제 플랜으로까지 진척시켜 간 구상은 없었다. 인용은 앞의 기행문의 pp.44·49·51·53·54에서 가져왔다.

53 『北一輝著作集』 第2巻, みすず書房, 1959~72, pp.260·262; 『宮崎全集』 第2巻, p.222.

54 Ibid., p.262.

는 경향에서 그들이 자유롭지 않았음을 보여주는 것이다. 이 때문에 나카노의 논조는 서구 열강에 대한 비판을 통해 자국 내의 억압을 정당화했고, 이의 신청을 '서구제국주의'에로의 내통이라고 비판한다는 것, 그 후에는 제3세계 개발독재정권 등에서 보이는 대항 내셔널리즘의 나쁜 양태까지도 보여준다.

그리고 다이쇼기에 있었던 많은 통치비판에서 공통적으로 나타난 것, 즉 다원주의나 연방국가라고 말하더라도 그들에게는 그것을 공용어나 법제 측면에서 어떻게 실현할 것인가의 플랜을 결여하고 있었다. 대부분은 '일본인'으로서의 완전한 권리 부여를 노래하는 문명적 동화론과 비교해도 구체성이 희박했다. 결과적으로 그들의 주장은 조선의 독립을 부정하고 지배의 상태를 덮어 감추는 역할만을 완수할 수 있었다.

그러한 것에 비교해 이시바시는 서구를 찬미하지도 않았고 아시아를 이상화하지도 않았다. 물론 일본도 칭찬의 대상은 아니었다. 그에게 있어서 내셔널리즘은 우에하라가 생각하듯이 소거할 수 있는 것도 아니고 나카노처럼 찬미해야 할 것도 아니었다. 좋아하고 좋아할 수 없음을 떠나서 존재하는 국제관계의 '소여所與의 요소'였다.

민족문제에 관한 이시바시의 해결안은 분리에 의해 민족끼리의 접촉이나 교섭을 단절하고 각자 단일민족으로 구성된 국민국가의 내부로 봉쇄되어, 상호관계는 통상으로 선발된 사람에 의한 교제로 유지하는 일이었다. 그에게 있어서 민족의 경계나 인종의식은 불합리하기는 해도 변경할 수 없는 '인정人情의 자연'이어서 우에하라나 나카노 등과 달리 '일본인'의 경계의 존재방식을 바꾸는 일에도 관심을 보이지 않았다. 이 논리에 의해서 조선의 분리독립과 국민국가로서의 완성 그리고 일본 침략행위의 봉쇄가 제창될 수 있었다. 대일본제국에서도 비용론의 입장에서 이뤄진 통치비판은 계속해서 존재했지만 이시바시의 조선·타이완 방기론放棄論은 치밀함이나 대담함에서 보자면 그 정점에 위치한다고 말해도 좋다. 하지만 이민을 출신국으로 귀환시키자는 주장은 당시의 제언으로서 갖는 가치는 차치하더라도 현재에는 참고가 되지 않는다. 더구나 거기에는 분리 후의 통상관계에도 마찰이나 착취가 있을 수 있음이 상정되지 않았다.

이 시기를 거치고 난 뒤 이들 세 사람은 다양한 길을 걸었다. 우에하라와 이시바시는 대미對美전쟁에 반대했고 전후에는 보수정권당의 중진 정치가가 되었다. 이시바시는 단기간이지만 수상까지도 역임했다.[55] 나카노는 대아시아주의로 강하게 경도되어 '만주국'의 성립을 환영했고 '대동아해방의 성전聖戰을 주장'했다. 하지만 도죠 히데키東條英機 수상과 대립하여 탄압을 받았고 태평양전쟁이 한창일 때 자살했다.

세 명의 논자에게 이념형으로 보이는 민족문제에 대한 해답은 다른 해결을 선택했던 두 개의 문제가 갖는 각각의 장점과 단점을 드러냈다. 그리고 대일본제국에서 잉태된 다원주의의 맹아는 조선의 독립에 반대한다는 오점을 남긴 채 성장하지 못하고 중간에 꺾여 버렸다. 전후 일본은 조선·타이완의 방기, 소군비小軍備, 가공무역에 의한 통상입국 등, 큰 틀에서는 이시바시가 그린 구상을 따라갔다. 그러나 무역에서 마찰이 발생하고, 제3세계에의 경제진출이 착취라고 비판받기 시작했을 때 그것은 한계를 드러내기 시작했다. 그리고 일본에 이민노동자가 유입되기 시작한 현재 우리는 공존의 논리를 아직 찾지 못한 채 살고 있다.

---

55 清澤洌, 『闇黑日記』, 岩波文庫, 1990, p.300. 기요자와는 정치가의 무능을 비판하면서, 1945년 3월 14일 날짜에 '전쟁의 시작과 끝을 생각하고 있는 자는 이시바시 단잔 군과 우에하라 에쓰지로 군 정도이다"라고 적고 있다.

제10장

내지연장주의

하라 다카시原敬와 타이완

3·1독립운동은 논단뿐만 아니라 정계에도 파문을 일으켰다. 마침 다이쇼 데모크라시의 물결 속에서 최초의 평민재상으로 일컬어진 하라 다카시가 수상으로 취임했다. 하라의 입장에서는 3·1독립운동을 계기로 일어난 논단의 군인총독 비판은 제도개혁의 절호의 기회였다.

이 시기부터 하라 및 그가 임명한 총독하에서 조선·타이완의 통치개혁이 어느 정도 진행되었다. 그리고 그 성과와 한계는 당시 대일본제국의 교착 상태를 보여주는 것이기도 했다.

문명화로서의 '일본인'

조선과 타이완의 총독제도를 개혁하고자 한 시도는 3·1독립운동 이전부터 있었다. 1913년 제1차 호헌護憲운동으로 무너졌던 가쓰라 다로 내각의 뒤를 이어받은 야마모토 곤베에山本權兵衛 내각에서 육해군대신의 현역 무관제武官制와 함께 조선·타이완의 무관총독제도에 대한 재평가가 시도되었다. 이때에도 하라는 협력을 약속했지만 조선총독인 데라우치가 반대하여 난항에 부딪히고 있는 사이에 내각이 의옥사건疑獄事件으로 붕괴되면서 흐지부지되었다.[1]

1918년 조선총독에서 수상이 된 데라우치 내각이 쌀소동의 여파로 붕괴한 후 하라가 차기 수상에 취임했다. 데라우치를 물리치고 하라가 수상의 자리에 취임한 일은 일종의 상징적인 사건이라고 말할 수 있다.

하라는 즉각적으로 조선총독에 문관을 임명하려는 움직임을 시작했다. 이로부터 총독에 관한 규정은 문관도 임명가능하도록 변경되었고, 후술하겠지만 타이완총독에는 문관임명이 성공했다. 하지만 조선에서는 난항이었다. 육군 측 반대가 너무 강경했기 때문이다. 결국 조선에 문관총독을 임명하려는 것은 좌절됐고, 하라는 부득이 해군 예비역 대장이었넌 사이토 마코토齋藤實를 현역으로 되돌려 후임 총독으로 기용했다.

육군 측에서 보자면 이때까지 육군의 포스트였던 조선총독을 해군에 건네줌으로서 여론의 비난을 피하고 무관총독이라는 관례를 유지하고자 하는 타협이었다. 군의 힘이 약했던 다이쇼 데모크라시시기에서조차 조선에 관해서 이 정도의 타협만을 가까스로 군으로부터 이끌어냈다고 말할 수 있을 정도였다. 하지만 사이토는 하라와 마찬가지로 도호쿠東北 지방 출신자로 반번벌反藩閥의 지향에는 일단 적합했기에 하라도 이 인사人事에 타협했다.

이렇게 해서 조선총독에 임명된 사이토에게 하라는 『조선통치사견朝鮮統治私見』이라는 문서를 통해서 통치방침을 전하고 있다. 그것은 하라의 종래의 견해인 조선의 '일본' 편입을 구체적으로 드러냈던 것이었다.

하라에 의하면 '조선통치의 종국의 목적은 내지와 똑같이 만드는 것에 있고', 조선의 총독제도는 '외국의 제도', 특히 '영국 식민지의 총독'이나 '러시아의 지방총독을 모방한 것'이었다고 한다. 그것에 대한 대한 하라의 평가는

---

1 조선관제개혁에 대한 하라의 대처는 春山, 「近代日本の植民地統治と原敬」이 상세하다. 저자도 하루야마의 연구에 많이 빚지고 있다. 또한 조선통치개혁에 대한 연구는 강동진, 『日本の朝鮮支配政策史研究』(東京大學出版會, 1979) 등이 상세하다. 여기에서는 ① 하라(原)·조선군·하세가와(長谷川) 등 지금까지 동화주의라고 일률적으로 칭해졌던 많은 논자들의 차이와 세계관을 분석하는 것, ② 하라와 오키나와의 '일본' 통합과정의 관계를 뒤쫓는 것, ③ 시모야마(下山)나 법삼호(法三號) 심의에서의 세계관을 조사할 것 등을 명확히 내세웠다.

다음과 같다.[2]

> 현행 제도는 근본적으로 잘못되었다고 단언할 수 있다. 뭐냐하면 (…중략…) 우리 제국과 신 영토인 조선과의 관계를 보는 데 있어서 언어 풍속이 다소 다른데도 불구하고 근본으로 거슬러 가면 거의 동일 계통에 속하고, 인종에서는 본디부터 다르지 않으며 역사에서도 상고上古로 거슬러 가면 거의 동일하다고 논할 수 있는 것과 같다. 이와 같은 밀접한 관계를 지닌 영토를 서구 제국이 본국과 멀리 떨어져 있고 그리고 다양한 점에서 완전하게 다른 영토를 다스린다는 제도를 모방해서 이 밀접한 신 영토를 다스리고자 함은 커다란 과오로 그 성적이 좋지 못함은 당연한 일이다.

조선은 지리적·인종적으로 '가깝고' 그 때문에 서구의 식민지 정책과는 달리 '일본'에 편입할 수 있다는 전형적인 동화론의 언설이다. 그는 '조선을 통치하는 원칙은 모두 내지 인민을 통치하는 주의主義와 같은 방침에 의거하여 근본방침을 정해야' 하고, 조선인은 '어떤 점에서도 동화할 수 없는 근본적인 성질을 갖는다고 인정할 수 없다'고 말한다.

이러한 인식하에서 하라는 구체적으로 다음과 같은 통치개혁을 주창했다. 우선 총독은 문관이 바람직하며 법률은 내지법 연장을 원칙으로 하고 '특별한 제도를 펼치고자 하는 것은 근본적으로 방침을 그르치는 것'이다. 나아가 국방이나 사법 등은 내지의 해당 관청으로 하여 감독시키고, 조선은행을 대장성大藏省의 감독하에 두고 헌병제도를 폐지하고 보통경찰이 치안을 유지한다. 또한 지방제도를 내지와 동일한 방향으로 개혁하고, 관리를 등용할 때 내

2 原敬, 「朝鮮統治私見」, 國立國會圖書館, 『齋藤實文書』 104-19. 쪽수는 기재되어 있지 않고, 원문은 한자 가타가나 문장이고, 구두점 및 탁점이 없다.

지인과 조선인의 평등화를 꾀하는 일 등도 제시되었다.

또한 조선의 현행 교육제도는 '영국 기타의 식민지제도를 모방한 과실에서 일어난 것으로 단연 개정할 수 있다'라며 '내지의 교육과 동일하게 만드는 방침'이 부여되었다. 나아가 내지인과 조선인을 잡거雜居시키고 '공공연한 잡혼을 허가하는 방침'을 주장했다. 이러한 철저한 '일본'화 노선을 내세웠던 하라가 '서구 제국의 신영토에서의 자치를 펼치고자 하는 논의는 조선에 대해서 근본적으로 그 주의가 잘못되었다'고 위치 짓는 것은 당연한 것이었다.

하라는 지금까지의 조선·타이완 통치가 영국을 모방한 것이었다고 단정하고 있지만 제1부에서 살펴본 것처럼 이 평가는 정확하지 않다. 고토 신페이 등은 그 반대로 '타이완에서도 당초에는 하나에서 열까지 프랑스의 알제리 정책을 최선의 것으로 삼아, 이것을 모방했지만 실패했다'고 적고 있다.[3] 하라도 고토도 조선·타이완 통치의 현상에 비판적이었지만 당시 일본에서는 간접통치와 동화노선이 영국과 프랑스라는 국명과 결부되어 유포되었기 때문에, 마찬가지로 조선·타이완 통치의 상황을 조망하더라도 '일본'으로부터의 배제를 주장하는 고토에게는 프랑스의 모방으로 '일본'에로의 포섭 노선을 취한 하라에게는 영국의 모방으로 보였던 것이다. 물론 하라의 '자치' 비판도 영국이 캐나다나 오스트레일리아 등에서 시행하고 있는 선진적인 통치형태로 당시의 논단에 유포되고 있었던 '자치주의'를 의식했던 것임에는 틀림이 없다.

이러한 하라의 주장에는 생각지도 못한 방면에서의 동조 세력을 얻었다. 그것은 조선군조선에 주둔하는 일본군이었다. 3·1독립운동 후, 1919년 5월에는 조선군 사령司令인 우쓰노미야 다로宇都宮太郎가 7월에는 군사군 참모부參謀部가 각각

3 後藤, 『日本殖民政策一斑·日本膨脹論』, pp.51~52.

조선통치개혁의 내부문서를 내놓았는데 그것들은 모두 조선을 제도적으로도 '일본'에 편입시킬 것을 주장하는 것이었다. 동기는 말할 것도 없이 바로 국방이었다.

우쓰노미야의 의견서에 따르면 '조선을 한데 묶어 특종特種의 행정관할지구行政管區로 두는 일은 조선의 국민사상을 영원히 보존하는 일이 되며 (…중략…) 모국母國의 국운國運이 소장消長하는 바에 따라서 독립론이나 분권론이 반복하는 등의 국가의 영원한 화근을 남기게' 되고 '타이완 등지의 영토는 별문제로 해도 조선만큼은 제국 본국의 일부로 삼아 화합시켜 (…중략…) 점차 거의 내지와 마찬가지의 부현제府縣制를 시행하고 제국헌법을 점차 실시해야' 한다. 또한 조선군 참모부의 의견서도 통치방침은 '조선 전민족을 동화시켜 일본민족으로 만들어 모두의 대우를 개선하여 완전히 내지인과 동등하게 만들어 결합적국가結合的國家를 형성하는 것을 종국의 목적으로 삼아' 내지인과의 공학共學이나 '일본인'으로서의 참정권 부여 그리고 '조선인의 잡혼雜婚을 장려'하자고 주장했다.[4]

이러한 조선군의 의견이 그대로 실시된다면, 이것은 총독부의 폐지 내지는 권한의 축소와 관련된다. 이미 독립왕국으로서 기득권을 구축하고 있었던 총독부의 경우 조선을 '일본'에 편입하는 제도개혁에 반발하는 모습을 목격할 수 있었지만, 그러한 기득권이 없는 조선군의 경우 국방의 차원에서의 동화론이 직접적으로 나오는 경향이 있었던 것이다.

시기가 약간 어긋나지만 간토대진재關東大震災 직후에는 중앙의 참모본부도 이식민의 촉진과 국방상의 이유에서 경성의 남쪽에 있는 용산에 대일본제국

4 宇都宮太郎, 「秘 朝鮮時局管見」, 『齋藤實文書』 104-3. "다이쇼 8년 5월 17일"에 다나카 기이치(田中義一)에게 발송된 것. 쪽수는 기재되어 있지 않다. 朝鮮軍參謀部, 「騷擾ノ原因及朝鮮統治ニ注意スベキ件 並ニ軍備ニ就テ」, 姜德相 編, 『現代史資料』 第26巻, みすず書房, 1967, pp.647·651. 모두 원문은 한자 가타가나 문장이다.

의 수도를 이전하는 계획을 세운 일이 있을 정도로 국방은 조선의 '일본' 편입을 초래하는 모멘트로서 무시할 수 없는 것이었다. 물론 이들의 의견이 조선의 확보를 목적으로 했던 것인 이상 우쓰노미야도 조선군 참모부도 '독립을 허락하고 또는 자치를 허락하는 것은 절대로 피해야 한다'라든가 '독립분리는 절대로 허가할 수 없다'고 주장했던 것은 말할 것도 없다. 하라는 전술한 『조선통치사견』을 집필할 즈음에 그 대강의 방침에 대해서 각의閣議와 야마가타 아리모토의 이해를 얻고 있었다. 하지만 야마가타가 이해했던 까닭은 생각건대 국방상의 관점에서 본다면 하라의 계획이 반드시 부정해야 할 것은 아니었기 때문이다.[5]

총독부가 조선인의 동화 그 자체를 반대했을 리 없다. 사이토의 전임前任인 하세가와 요시미치長谷川好道 총독이 썼던 인계서引繼書에는 '조선통치는 연래年來 동화의 방침을 견지'하고 있고 '조선과 내지와의 관계는 열강과 그 식민지와의 관계와 다르다'고 주장하고 있다.[6] 또한 그는 내지인 식민자가 조선인을 멸시하는 것을 비판하고 '당국은 항상 이것을 걱정해 내지인에 대해서 이를 경계하게 만드는 일을 한 두 번에 그쳐서는 안 된다'고 서술하고, 통치 실패의 책임을 식민자에 의한 차별에 전가하고자 했다. 조선인의 민심이 악화되고 있는 현상이 식민자나 '하급관리'의 책임이라고 하는 주장은 총독부가 이전부터 계속 갖고 있던 것이었는데 이것은 조선군 참모부를 필두로 한 다른 의견서류에서도 종종 볼 수 있는 논리였다. 그 밖에 하세가와가 들었던 통치개선

5 야마나시(山縣)의 승인(了承)에 대해서는 春山, op. cit., p.60. 육군의 천도안(遷都案)은 八幡和郎, 『遷都』 中公新書, 1988, pp.37~38 참조.

6 長谷川好道, 「騷擾先後策私見」, 姜德相 編, 『現代史資料』 第26卷, みすず書房, 1966, pp.494~495·498~500. 원문은 한자 가타가나 문장이고, 탁점이 없다. 또한 통치 실패의 원인을 식민자의 차별이나 하급관리의 대응 등으로 돌리는 주장은, 위정자 측에서 광범위하게 찾을 수 있다. 내지 측 논자들의 경우, 총독부의 압정에 대한 비판이 이에 덧붙어 있는데, 어느 쪽이든 간에 실패의 원인을 정책이나 병합 그 자체가 아니라, 자기 세력이 아닌 자에 의한 서투름으로 귀속시키는 책임 전가론(轉嫁論)을 볼 수 있다.

안은 '내선인 공학 방식으로 가르쳐 국어를 보급시켜 내지 이민을 장려하고 잡혼의 길을 열어 사상의 융화통일을 기하는 것'이나 '내선인 간의 불평등 대우를 개선하는 것' 등으로 하라가 내세운 것과 같았다. 이른바 당면의 개선책에 대해서는 하라·조선군·하세가와 사이에는 커다란 차이가 없었다고 말할 수 있다.

그렇다고는 해도 하라와 하세가와에게는 달랐던 점도 많았다. 하라는 제도적 통일 이외에는 국방문제를 거의 다루지 않았는데 군인이기도 한 하세가와는 '조선은 우리의 대륙발전의 근거지로서 또한 실로 본토의 외벽外壁이라는 인식'에서 '그 결합을 혼연융화渾然融和하여 공고히 함은 실로 제국의 존재요건'이라고 쓰고 '동화에 크고 많은 곤란이 있다고 해도 정진함으로써 이것의 달성을 기할 것'이라고 주장했다. 국방의 동기에서 나온 동화론은 조선군의 견해와 같지만 하세가와는 총독부 권한 축소나 내지와의 법적 내지는 행정적 통일 등에 대해서는 전혀 건드리지 않았다. 하세가와의 입장에서 보자면, 공학이나 통혼과 같은 '일본인'화는 촉진해야 할 것이지만 그것은 총독부의 기득권을 침해하지 않는 범위여야 했다는 점에서 하라와는 거리가 컸다. 또한 하세가와는 '국민성의 함양을 목적으로 한 교육방침'을 제시하고 있지만 비용문제가 걸려 있는 의무교육제도는 '시기상조'라고 봤다. 여기서 여전히 기회주의적인 절충을 엿볼 수 있다.

하나 더 하라와 하세가와의 다른 점은 하세가와가 일본문화의 이식을 주장하는데 비해서 하라에게는 그것이 보이지 않는다는 점이다. 하라가 그 대신에 주장했던 것은 어떤 의미에서는 제9장에서 봤던 우에하라 에쓰지로 등과 똑같이 조선인을 '문명적'인 제도로 동화시키자는 것이었다.

예컨대 하라는 총독부의 가혹한 형벌법규를 '형刑을 관대히 하는 것이야말로 [조선인을] 점차 문명의 영역으로 인도하는 것이다'라고 평하고, 특히 조선의 구관舊慣으로 간주됐던 태형笞刑을 '일본인은 생각도 할 수 없는 잔혹한 인민이며, 야만의 유풍이 아직 가시지 않은 인민이라고 외국인이 비난할까' 두려워한다며, '국가의 체면과도 관계있는 것'이라고 형용하고 있다. 또는 그는 서구인 선교사에 대해서도 '선교사 및 교도敎徒는 이번의 소요에는 추호의 관계도 없다'는 견해를 보이고 있었다. 하세가와가 태형에 대해서 '외국인 및 조선인 지식계급 중에서는 이것을 비문명적이라고 하며 그 폐지를 소리 높여 주장하는 자도 있는데 민도民度에 적합한 가장 효과 있는 처벌'이라고 봤고 혹은 '종교의 교권敎權을 외인外人에게 장악당하는 것은 심히 위험하다'고 본 것은 확실히 달랐다.

대미협조를 기조로 하지 않는 하라의 외교관에서 우리는 하라의 동화론이 국방을 중시하지 않는 일단의 이유를 발견할 수 있다. 하라는 조선에서 반란이 일어날 경우 '가령 조선에서 잇키一揆반란이 일어나도 우리의 병력과 부력富力으로 진압하는 것은 말할 것도 없이 용이한 일이다'라고 적고 있다. 국방중시 논자에게 흔히 보이는 조선인의 반란을 틈타 서구 열강이 개입할 것이라는 공포를 갖고 있지 않았다. 또한 역시 우에하라와 마찬가지로 하라는 '조선인 다수의 희망은 독립에 있는 게 아니라 내지인과의 동일한 대우에 있다'는 견해를 갖고 있었고, 압도적인 힘의 우위를 배경으로 조선인에게 '문명'화를 실시하여 평등한 지위를 부여해 '조선인으로 하여금 옛날의 조선인이라기보다는 새로운 일본 국민이 되는 것이 그들의 행복이고 그들의 향상발전을 꾀하는 길이라는 관념을 심화시킬 것'을 거론하고 있었다. 그에게 있어서 '일본인'으로의 동화란 문명화를 의미하며 그렇기 때문에 조선인을 '일본 국민'답게 만드는데 일본문화의 이식은 중요하다고 간주되지 않았다. 또한 조선군 참모부의 의견은 구관존중으로 조선인을 회유하자는 이야기도 있지만 하라는 여기에 대해서도 무관심했다. 조선인을 '문명의 영역'으로 인도한 다

음에는 '야만'적인 구관은 눈에 들어 오지 않기 때문이다.[7]

총괄하면 하라의 동화론은 다이쇼 데모크라시의 분위기를 반영한 서구협조와 '문명'의 일원으로서의 일본이라는 세계관을 전제로 했던 것으로, 메이지시기 이래의 서구에 대한 공포에 기초한 국방 중시의 동화론과는 선을 긋는다. 무엇보다 그러한 세계관이라면 서구의 식민지 지배의 선례를 따르려고 했던 식민정책파의 '자치주의' 노선도 있을 수 있지만 하라에게 있어서 총독부 특권의 타파는 메이지시기 이래의 숙원이었다. 우에하라의 경우도 조선총독의 통치를 군벌적이라고 비난하면서 문명적 동화론을 주창했지만, 이러한 국내의 정쟁政争을 의식하고 있었던 정치가들은 식민정책학자와 달리 '자치'가 총독부 독재의 유지와 관련될 위험성을 계산에 넣고 있었던 것이다.

후술하겠지만 하라는 의회에서의 답변에서 '나는 동화주의라는 어휘를 한 번도 쓴 적이 없다'고 했고 '내지연장주의'라는 어휘로 관철했다. 이 말의 진의眞意를 그는 분명히 서술하진 않았지만 어쩌면 이것은 그가 외교관으로서 체재했을 때 알았던 것으로, 프랑스가 알제리를 통치하면서 내세웠던 prolongément de la métropoles의 번역어이고, 문화적인 '일본화'보다도 제도적인 '문명화'를 의도했던 것이라고 생각된다. 이와 동시에 지금까지 총독부의 권한 내에서 행해져 왔던 동화책과 선을 긋고, 총독부 특권과의 투쟁을 내지의 제도를 연장함으로써 해결하자는 의식이 강했음을 알 수 있다. 그가 타이완 영유 시점부터 알제리를 '일본' 편입 정책의 모델로 위치 지었던 것은 제4장에서 전술했던 대로이고 의회에서도 알제리를 사례로 들며 내지연장주의를 주창하고 있었다.[8] 어쩌면 그가 도호쿠인이라는 사실을 두고 볼 때 제도적 평

7 原,「朝鮮統治私見」및 春山, op. cit., pp.58~59.

8 가령 모치지 사부로(持地六三郞)는 다음 장에서 서술할 '조선통치론'에서 '본국연장주의'에 프랑스어를 할당하고 있다. 또한 하라는 1921년 2월 7일 중의원 위원회가 법삼호를 심의하는 자리에서, 서구의 식민지통치는 동화주의를 버리고 있다는 나가이 류타로(永井柳太郎)의 질문에

등을 획득함으로써 국민으로서의 자각이 증대한다는 주장은 무엇보다도 자기 자신의 경험에 입각한 것이었을 지도 모른다.

하라에게 있어서 조선을 그와 같은 의미에서 '일본'에 포섭한 다음에는 반드시 문화적인 동화가 필요한 것은 아니다. 그는 의회의 답변에서 '옛부터 류큐에서 살았던 사람이 전적으로 내지인과 같은가라고 묻는다면, 다소 생활의 형태가 다르겠지요. 이는 내지와 같은 제도를 펼치는데 어떠한 방해도 되지 않지요'라고 적을 정도였다. 원래 그는 일찍이 서구인의 내지잡거內地雜居 문제에 대해서도 '외국인 자제子弟로 하여금 내국인 자제와 동일한 학교에서 동일한 교육을 받게 하는 일은 없다'라며, 그들을 '일본인' 화하자고 주장했던 경위가 있었다. 그리고 하라는 사이토 총독에게 보낸 조선통치 의견서에서도 '[지방제도는] 흡사 오키나와현 (…중략…) 과 마찬가지의 조치를 하는 것이 적당할 것'이라며 '오키나와현 사람들이 (…중략…) 자격을 갖고 있다면 관공리가 될 수 있는 것과 마찬가지로 될 것'이라고 오키나와를 동화의 선례先例로 삼고 있었다.[9]

그런데 하라가 선례로 들었던 오키나와는 제도적으로 어떠한 상태에 있었을까.

'일본' 편입의 모델

오키나와인이 '일본인'으로서 국민교육의 대상이 되고 또 그들에게 징병령이 시행된 것은 제2장에서 서술했다. 여기서는 참정권을 비롯한 제도적인 측면의 이행을 대략적이지만 검토해 보기로 하자.

대해서, '당신이 말하는 양상뿐만이 아니고, 불란서가 '알제리'에 있어서의 그것, 영국이 호주나 캐나다에서의 그것과는 다르다'라고 쓰고 있다(『律令審議錄』, p.456).

9 『律令審議錄』, p.456; 『原敬全集』(上), 原敬全集刊行會, 1929, p.784; 原, 「朝鮮統治私見」.

오키나와에서 주민 측으로부터 참정권 획득운동이 일어난 것은 징병령이 시행된 1898년으로 거슬러 올라간다. 당시 오키나와는 사쯔마번벌薩摩藩閥에 속한 나라하라 시게루奈良原繁 현지사縣知事의 독재하에 있었고, 경제면에서도 사쯔마와 오사카 상인들이 독점되어 있었다. 그리고 나라하라 지사는 '타이완이나 오키나와처럼 역사와 민정民情을 달리하고 있는 식민지와 같은 곳은 민지民智의 발달을 기다려 점차적으로 정치를 하지 않으면 안 된다고 생각한다'고 공언하고 있었다. 더구나 타이완이나 조선과는 달리 오키나와는 헌법이 시행되는 지역으로 지사도 입법권 등을 갖고 있지 않았고, 본적을 옮길 수 없었던 것도 아니었지만 '[관료 가운데] 갑甲은 특정特種한 민정民情을 관찰하지 않고 급격한 개혁을 꾀해 지방적 습관의 득실을 연구하지도 않고 단지 내지를 표준으로 해서 돌발적인 정책을 시행하고 (…중략…) 을乙은 완전히 그것과 반대의 정견을 품고, 갑이 시행한 것의 좋고 나쁨을 따지지 않고 모두 전복하고, 급하게 구관을 부흥시키는' 상태 아래에서 '경찰정치를 행해 사민士民을 억압'하고 있었던 상황은 조선·타이완과 유사했다.[10]

그리고 당시 오키나와에서는 구관온존책舊慣溫存策하에서 세제稅制와 지방제

10 나라하라(奈良原)의 발언은 『鹿兒島實業新聞』, 1902.4.16. 大田昌秀, 『沖縄の民衆意識』(新泉社, 신판, 1995), p.148에서 재인용. 정책의 형용은 高橋拓也, 『起テ沖縄男子』, 金刺芳流堂, 1915, p.39. 후자의 원문은 한자 가타가나 문장이다. 자하나에 대해서 '반역자' 등으로 형용한 것은 앞에 나온 大里, 『沖縄の自由民權運動』, pp.53·72 참고. 자하나의 운동이나 오키나와의 참정권획득에 관한 논문이 다수 있다. 자하나에 관해 大里知子, 「'謝花民權'論についての一考察」(『沖縄文化研究』 22号, 1996)에서 리스트를 작성하고 있다. 하라의 타이완과 조선통치개혁과 오키나와의 참정권 부여의 병행관계에 주목한 연구는 저자가 아는 한에서는 발견할 수 없었다. 松尾尊兌, 「沖縄の印象」(『本倉』, みすず書房, 1983, p.469)이나 比屋根照夫, 『近代沖縄の精神史』(社會評論社, 1996, p.140) 등은 오키나와와 조선통치의 모델로 삼은 하라의 견해를 '오키나와를 일본 국내의 한 지역으로 삼아 대우하는 것이 아니라, 식민지 (…중략…) 로써 위치 짓는' 히야네(比屋根) 것이라고 비판했다. 그러나 저자는 오히려 반대가 아닐까 라고 생각한다. 하라에게 있어서 조선과 타이완은 '식민지'가 아니라 '일본 국내의 한 지역'으로 삼기 위한 선례가 오키나와이고, 이 책에서 논했듯이 그는 오키나와를 법제적으로 '일본 국내의 한 지역'에 통합하는 작업을 촉진하고 있었기 때문이다.

도에 특별제도가 실시되고 있었고, 현회縣會와 촌회村會가 존재하지 않았으며 내에서 국회가 개설된 뒤에도 중의원의원선거법이 시행되지 않았다. 그리고 그 안에서 참정권 획득운동을 행했던 자들은 도쿄 유학에서 돌아온 평민이면서 오키나와 최초로 제국대학을 졸업한 학사 자하나 노보루謝花昇[11]라는 인물이었다.

유의해둬야 할 것은 자하나의 사회적 위치이다. 사족士族의 자제가 평민과 동석하는 것조차 혐오했던 메이지 초기의 오키나와에서, 학교는 야마토야大和屋라고 불리며 사족의 자제로부터 기피되었지만 평민 출신의 자하나는 열심히 학교를 다녔던 아동이었다고 한다. 한국이 보호국이었던 시기에도 일본 측 학교는 오키나와와 똑같이 수업료가 면제되고 식사가 지급되었지만, 역시 상층의 자제는 모이지 않았고 속칭 '빈민학교'라고 불렸다. 자하나는 그 '빈민학교'의 우등생으로 도쿄에 유학을 하여 오키나와의 평민에게는 '계급타파의 상징'으로 추앙받았지만 류큐왕조를 사모하는 사족들로부터는 '반역자 취급'을 당했다고 한다.

자하나가 일으킨 운동의 형태는 구래의 사족들과 달랐다. 자하나는 류큐왕조의 부활이 아니라 '일본인'으로서의 참정권 획득을 방향으로 선택했다. 원래 류큐 왕조하 사족에게 차별당하는 입장이었던 그의 입장에서 보면 이것은 자연스런 선택이었을 것이다.

오키나와에 참정권을 부여한다는 사안에서 가장 문제가 된 것은 세제稅制가 류큐왕조시대 그대로이고, 토지정리가 행해지지 않았으며 토지의 사유권

---

11 자하나 노보루(1865.11.16~1908.10.29)는 오키나와 자유민권운동의 아버지라 불리는 인물이다. 동경제국대학 농과대학을 졸업했고 오키나와현 최초의 학사(学士)이기도 하다. 오키나와 최초의 현비(県費) 유학생으로 동경제국대학을 진학했고 졸업 후에는 오키나와현의 고등관(高等官)이 되었다. 오키나와의 지유민권운동을 주도했고 참정권획득 운동에 적극적으로 참여했다. —역주

이 확정되어 있지 않았던 것이었다. 당시 대일본제국의 참정권은 납세액에 의해서 참정자격이 생기는 제한선거였기 때문에 사유재산이 확실하지 않은 이상 개인의 납세액이 확정될 수 없다는 이유로 오키나와는 중의원의원선거법 시행제외지역이었다.

자하나는 도쿄 유학을 마치고 귀향한 뒤 현청縣廳에서 근무하게 되었는데 나라하라와 대립하는 바람에 사직을 종용당하게 되었다. 그는 자신의 고향에서 운동을 행하는 한편 1898년에 상경해서 당시 이타가키 다이스케板垣退助 내상內相에게 나라하라 지사의 경질更迭을 직소했다. 오키나와 내부에서는 대항할 수 없는 독재자의 압정에 대해서 내지의 민권 세력에게 원조를 청원하는 방법을 취한 것이었다. 이 운동방식은 제13장에서 후술할 타이완의 자치의회설치 청원운동에도 공통된 것이다.

이타가키는 동정을 표하고 나라하라의 경질을 내락內諾했지만 내각이 붕괴되어 계획은 취소되었다. 자하나는 동지들과 함께 재차 상경해서 중의원의원선거법의 오키나와 시행을 요구하는 진정陳情활동을 했다. 이것은 호시 도루星亨와 시마다 사부로島田三郎 및 다카기 마사토시高木正年 등 민권정치가들의 호의를 얻었지만 의회에서는 토지정리가 확정되어 있지 않은 이상 시행할 수 없다는 정부의 견해에 저지당해 버렸다. 겨우 호의적인 의원의 노력으로 오키나와에 선거법을 시행한다는 취지가 법문에 기입되었지만 시행기일은 '칙령으로 정한다'는 명목적 개정만이 1899년에 이루어졌다. 더구나 이때 정해진 오키나와의 의원정원은 2명뿐으로 미야코와 야에야마는 제외되었다.

이후 이 운동은 자하나가 실망한 나머지 정신질병을 얻게 되는 등 비극적 결말을 맞이하지만 형식적이기는 해도 중의원의원선거법에 오키나와가 기입된 성과는 적지 않았다. 1907년 미야코와 야에야마에서 참정권실시 청원단이 제국의회에 상경했다. 오키나와의 신문도 참정권 부여를 주장했다. 그 배경에는 이 시기까지 토지정리가 종료되어 세제가 정비되었을 뿐만 아니라 이미 정부의 입장에서 보면 오키나와 경영이 흑자이고 매년 3백만 엔 정도가 오키나와로부터 국고國庫로 들어왔고, 1904년 러일전쟁에서 2천 명 이상의 오키나와 출신 병사들이 참가했다는 일도 있었다. 즉 오키나와는 경제적으로도 군사적으로도 일본에 공헌하고 있었으므로 권리부여는 당연하다는 의식이 싹트고 있었던 것이다. 또한 러일전쟁에서 종군자의 1할에 달하는 전사자를 낸 것이 오키나와 주민에게 '일본인'이라는 의식을 정착시키는 데 계기가 되었다.

그것은 미야코와 야에야마에서 온 대표단이 제출한 청원서에도 확실하게 드러나 있다. 청원서는 오키나와 주민이 '황은皇恩을 입고 행복 속에서 (…중략…) 교육도 일반에게 보급되어 인지人智가 크게 나아가 징병령도 일찍이 시행되어 병역의 의무도 잘 행한다'고 강조하고 있다. 이어서 청원서는 '일본 국민의 본분을 다해 그 자격 권능에서 추호도 결하는 일이 없기'를 주장하고, '일본인'으로서 '일시동인의 입헌정체立憲政體에 참가할 권리를 부여해달라고 호소'했다.[12]

당시의 현지 신문도 참정권을 주장하면서 '[오키나와의] 민족은 순연한 조국의 그것에 동일하지 않으랴. 언어에서도 그렇고, 생활에서도 그렇다'고 제창하고 오키나와가 '순연한 조국의 일부'임을 강조했다. 이미 홋카이도에서는 중의원의원선거법이 시행되고 있었고, 아이누에게도 일단은 참정권이 부여되고 있었기 때문에 현지 신문은 오키나와가 '내지'에서 유일하게 참정권이 없는 지역임을 강조했다. 류큐를 탈취할 때 일본정부가 내세웠고 국민교육을 통해 주입해 온 '일본인'으로서의 오키나와가 그대로 '일본인'으로서의 권

12 「沖縄縣宮古・八重山兩郡民選擧權に關する請願書」, 『琉球新報』, 1907.2.17; 大田, op. cit., p.411에서 재인용.

리요구 운동 주장으로 되돌려 보내졌던 것이다. 설사 그것이 '애초부터 류큐는 타이완과 같이 할양지가 아니고 옛부터 일본에 속한 것이다'라든가 '인민은, 아이누의 류에게는 있을 수 없다'는 등 '일본인' 이외의 사람들에 대해서는 노골적인 차별을 보여줬지만 말이다.[13]

1912년 이러한 움직임 끝에 마침내 오키나와에 중의원의원선거법을 시행한다는 칙령이 나왔다. 이에 대해서 오키나와의 현지 신문이 '오키나와의 현민縣民은 성상聖上 폐하의 은택恩澤을 감사한다고 환영했던 것'은 말할 필요도 없다.[14] 그러나 여기서 주목해야 할 것은 당시의 사이온지 긴모치西園寺公望 수상에게 이 문제에 대한 각의閣議를 요청하고 칙령안을 제출한 자가 바로 내상內相인 하라 다카시였다는 점이다.

참정권 부여 전前 단계로 1907년에 공포된 칙령으로 오키나와에 정촌제町村制가 그리고 1909년에는 부현제府縣制가 시행되는 등 내지와 같은 지방제도를 향한 정비가 행해졌고 더불어 구정촌회區町村會 의원에 의한 간접선거라는 변칙적이지만 현회縣會 의원선거도 행해지게 되었다. 하라가 사이온지에게 제출한 문서에는 오키나와에는 이미 '구장촌區長村 제도는 물론이고, 부현제와 같은 것도 이미 수 년 전에 실시되어 지금에는 인문人文이 크게 나아갔다는 점'이 선거법을 시행할 수 있는 이유로 제시되어 있다. 지방제도의 정비를 제국의회에의 참정권의 준비단계로 간주하고 있었음을 엿볼 수 있다. 그리고 하라는 1919년에 사이토 총독에게 넘긴 『조선통치사견』에서 조선의 지방제도를 내지와 같은 것으로 바꿔갈 것을 주장하며 '오키나와현에서 변칙적인 제도에서 시작된 것과 같은 조치를 하는 것이 적당하다'고 서술했다.[15]

---

13 「我れに參政權を與へよ」, 『琉球新報』, 1911.7.12~21(『沖繩縣史』 제19권 수록); 「沖繩縣民に一言す」, 『琉球新報』, 1906.1.23; 大田, op. cit., pp.409·439에서 재인용.

14 「三たび大白を擧ぐ」, 『沖繩每日新聞』, 1911.6.29; 大田, op. cit., p.469에서 재인용.

15 「沖繩縣ニ衆議院議員選擧法施行ノ件」, 『沖繩縣史』 第15卷, p.948. 원문은 한자 가타가나 문장이

오키나와의 법제적인 '일본' 편입의 과정을 하라가 씨름하고 있었던 조선·타이완 제도개혁의 시도와 겹쳐보면 흥미롭다. 오키나와에 시정촌제 시행을 공포한 1907년은 오카마쓰 산타로가 입안한 타이완 총독부의 개혁 플랜이 하라의 반대로 좌절하고 고토 신페이가 만주로 간 다음해에 해당한다.제5장 참조 그리고 이 해는 하라가 육군의 반대를 무릅쓰고 가라후토청樺太廳 장관에게 입법권을 주는 안건을 매장한 해이기도 했다.

하라는 또한 1911년 4월의 일기에 '조선을 보통의 식민지로 보지 않고 결국 일본에 동화시켜야 한다'고 서술하면서 '장래 부현회府縣會와 같은 것도 바라고, 또한 국회의원을 내는 일도 바란다. 추호의 차질도 없이 말이다. 내지에서의 류큐 또는 홋카이도처럼'이라고 기록하고 있다. 그는 이 직후 조선시찰을 나섰는데 '조선인에게 일본인과 같은 교육을 시행해 일본에 동화되게 만드는 것이 용이한 일임은 더욱 더 확실하다'고 적고 있다.[16] 이 시점에서는 아직 오키나와로부터 중의원 의원은 선출되지 않았다. 이 말대로 오키나와를 참정권 부여의 선례로 삼는다면 중의원의원선거법의 시행이 필요했다. 그리

다. 오키나와 지방제도의 변화에 대해서는 高江洲昌哉, 「島嶼行政構造の基礎研究の前提」(『沖縄關係學研究論集』 3号, 1997)가 상세하다. 게다가 하라는 오키나와에의 선거법 시행 칙령을 1912년 3월 28일에 추밀원 심의에 들어갈 즈음, 당시 그가 진행하고 있던 중의원의원법 개정에서 오키나와를 시행범위에 포함할 예정이었을 터지만 '이 안은 제국의회의 협찬을 얻어야만 가능하고 고로 현행법의하에서 오키나와현으로부터 의원을 선출시키기 위해서' 칙령을 내는 방침으로 바뀌었다고 서술하고 있다. 여기서 이 문제에 대한 그의 적극성을 느낄 수 있다. 國立公文書館, 『樞密院會議錄』 第15卷, 東京大學出版會, 1985, p.407.

16 『原敬日記』 第3卷, 1911.4.24·5.31, pp.114·131. 하라가 오키나와를 타이완이나 조선통치의 모델로 삼고자 한 지향은 이미 1897년 12월 8일의 『오사카 마이니치신문(大阪每日新聞)』의 기사에서 찾을 수 있다. 즉 그는 타이완의 개정조약 시행 반대론에 대해서 '류큐의 여러 섬들에는 신법전은 말할 것도 없고 현행의 여러 법규와 규칙들을 실시할 수 없는 것'이 많은데도 불구하고 '여전히 신조약을 실시하는데 조약가맹국(締盟國)에게 하등의 이견이 있을 것이라고도 생각하지 않는다'고 서술했듯이 이러한 지향이 1911년에 발생한 것은 아니었다. 또한 제12장에서 서술하겠지만 1897년에 일어난 오키나와의 자치운동인 공동회사건(公同會事件)을 사전에 특종 보도하여 운동이 실패하도록 일조한 『오사카 마이니치신문(大阪每日新聞)』 기자인 사사키 쇼주로(佐々木笑受郎)에게 하라는 상장을 수여하고 있다. 하라에게 있어서 오키나와가 특별자치를 획득하면 타이완 총독부의 왕국화를 부수는 선례가 될 수 없다고 명확히 생각했기 때문이다.

고 이 일기 11개월 후에 하라는 그것을 실행에 옮겼던 것이다.

앞서 살펴 보았듯이 조선·타이완의 동화의 선례로서 오키나와를 거론하는 것은 결코 드문 일이 아니었다. 그러나 우메 겐지로와 같은 예외를 제외하면 그것은 충성심 육성의 선례로서 거론된 것으로 제도적 평등의 선례가 아니었다. 그리고 하라가 오키나와에 선거법시행에서 했던 역할을 생각해보면 그가 1911년의 시점에서 조선에의 참정권 부여를 논할 무렵에 오키나와를 말로만 거론한 것은 아니었다. 하라는 오키나와 선거법시행에 관한 각의를 요청하는 문서에서 참정권 부여의 이유로 지방제도가 정비되어 '인문人文이 크게 발전했다'고 논했고, 또 문화적 동화나 충성심 따위를 전혀 건드리지 않고 있다는 점을 볼 때 여기서도 그의 지향을 살짝 엿볼 수 있다.

그리고 이러한 대 오키나와 정책이 반드시 기존의 일본 측의 노선이었던 것은 아니었다. 부현제를 시행하기 전년도인 1908년에 오키나와를 타이완 총독부의 직할로 편입해 '남양도南洋道'를 신설하려는 계획이 제기되었고, 나라하라 시게루 등이 찬동을 표명했다. 이러한 플랜은 비공식적으로는 그 이전에도 있었던 것으로 보인다. 오키나와 현지 신문의 보도에 의하면 오키나와와 타이완의 합병이 시사될 무렵 오키나와가 아직 적자경영이라고 오인한 고토 신페이가 그것을 거절하여 없어졌던 사건이 있었다고 한다. 타이완을 영유하고 있었을 때 오키나와를 척식무성拓殖務省의 관할에 포함할 계획이었다는 일은 제5장에서 다룬 대로이다. 제7장에서 언급한 식민정책학자인 야마모토 미오노 등은 「잘못된 식민정책의 기형아·류큐」라는 논문을 쓰고 식민정책의 입장에서 오키나와를 논했다.[17] 이 남양도 신설계획은 결국 실현되지

17 남양도(南洋道) 설치문제에 대해서는 大田, op. cit., pp.296~302 참조. 고토의 반응을 보도한 것은 「沖縄の獨立會計を論ず」, 『琉球新報』, 1908.12.16(『琉球縣史』 第16巻 수록); 山本美越乃, 「誤れる殖民政策の畸形兒·琉球」, 『經濟論叢』 23巻, 1926.

않았다. 1900년대의 단계에서 보자면 오키나와가 '일본'에 포섭되었는가의 여부가 아직 유동적이었음을 알 수 있다.

하라에게 있어서 오키나와에 대한 일련의 지방제도 정비와 그 마무리로서의 참정권 부여는 조선·타이완을 '일본'에 편입할 때의 모델로 의식되었다고 생각할 수 있다. 1912년의 선거법 시행은 아직 미야코와 야에야마를 제외하고 의원 정수定數가 2명이었지만, 1919년 5월에는 재차 선거법이 개정되어 정수를 5명으로 증가해서 미야코와 야에야마에도 똑같이 참정권이 부여되었다. 계속해서 지방제도에서도 특별제도가 폐지되어 지방제도의 측면에서도 내지와 완전히 같아졌다. 오키나와 역사상 '진정한 폐번치현廢藩置縣은 이때 행해졌다'고 평가된, 말하자면 오키나와가 명실공히 '일본'이 된 순간이라고 간주되었다.[18] 그리고 1919년 5월은 3·1독립운동이 일어난 지 2개월이 지난 뒤이고 하라가 수상으로서 조선통치개혁에 골몰하고 있던 시기임은 주지하는 바이다. 물론 이후에도 일반적인 오키나와인 차별은 계속되었고 현지사로 오키나와 출신자가 임명된 일은 전전戰前에는 한번도 없었지만 어쨌든 제도적 평등은 달성되었다고 말할 수 있다(전전의 현지사는 공선公選이 아니라 중앙정부에 의한 임명제였다).

타이완 영유 이후 오키나와는 국방거점으로서의 의의도 반감되었고, 대일본제국의 입장에서 보자면 더 이상 이용가치가 없는 존재였다. 앞에서 서술했듯이 오키나와는 제국의회에 참정권 부여를 청원했지만 일본정부는 그것을 무시했다. 제3부에서 후술하겠지만 타이완은 15회에 걸쳐 계속해서 의회설치를 청원했고 조선은 18회기에 걸쳐 참정권 부여를 청원했다. 하지만 완벽하게 성과를 보지 못하고 끝났다. 만약 오키나와가 하라에 의해 조선·타이

18 比嘉春潮, 『新稿 沖縄の歴史』, 三一書房, 1970, p.458.

완 통치개혁의 모델로서 자리 매김되는 일이 없었다면 참정권 부여는 실현되지 않았든지 혹은 대폭적으로 뒤쳐지는 것까지도 예상할 수 있다. 오키나와는 폐번치현 이래 30년 만에 지방제도가 정비되었고 그 뒤 3년 만에 일단은 제국의회에의 참정권이 부여되었지만 조선·타이완은 토지조사와 지방제도가 정비된 후에도 줄곧 참정권이 부여되지 않은 채 방치되었다.

이와 같이 오키나와가 법제적으로 '일본'에 위치하게 되는 경과를 보면, ① 국민교육실시와 취학률의 향상, ② 징병의 실시, ③ 지방제도의 정비라는 단계를 거쳐 ④ 참정권의 부여로 완성되어감을 알 수 있다. 문화 면에서의 완전동화는 '두 세기' 이후라는 식으로 이야기됐는데, 오키나와가 이 경과를 완료한 것은 폐번치현에서 40년이 지난 후였다. 앞에서 서술한 대로 하라는 오키나와의 문화가 내지와 다소 달라도 제도 측면에서 동화시키는 데는 문제없다고 말했기 때문에 그의 구상이 이상대로 실현된다면 40년에서 50년이 우선의 목표가 될 것이다. 이후 하라의 말에서 퍼진 '내지연장주의'는 지방제도의 준비 즉 지방의회에서의 참정훈련이 국정 참정권 부여의 전제조건이라는 논리를 취하게 된다.

경과 양상은 학제와 징병령의 시행에서 지방제도의 정비, 국회개설이라는 과정을 밟은 내지의 움직임과 그리고 무엇보다도 하라 자신이 경험한 도호쿠의 행적이 겹쳐져 있다. 조선과 타이완에 깔린 통치제도는 커크우드 등 외국인 고문의 제언을 참고로 한 부분도 있었지만 일찍이 내지에서 행해진 법제의 선례도 다분히 참고되고 있었다. 이것은 결과적으로 내지에서는 민주화가 전진함에 따라 차츰 불가능하게 되었던 권위주의체제가 조선이나 타이완에 잔존하여 관료와 군의 성역을 형성해가는 형태였다. 그것에 대해 하라는 내지가 걸어간 민주화의 역사를 연장해 이러한 성역을 붕괴할 것을 목표로 했던 것이다. 이것은 영유지역의 '진화'한 모습이 '일본'이라는 동화교육의 논리를 법제 면에 적용시킨 발상임과 동시에 '진화'의 정도를 민주화의 진전 정도에서 찾는 다이쇼 데모크라시의 가치관이 반영된 사고였다고 말할 수 있다.

오키나와와 조선·타이완 사이에는 서로 다른 조건이 존재했다. 그것은 바로 총독부의 존재였다. 나라하라 지사 등이 아무리 독재적인 권력을 휘두르고 있다고 해도 오키나와에 있었던 것은 어디까지나 내무성 관할하의 '현청'이었고, 오키나와를 '일본'에 포섭하더라도 현지의 관청조직으로부터 저항을 받지 않았다. 그러나 조선·타이완의 총독부는, 내지의 내무성이나 대장성 등과 나란히 혹은 그 이상의 기득권과 권한을 가진 강대한 관청이었다. 조선·타이완을 통상적인 부현 등으로 '일본'에 통합하는 것은 조직에서 말한다면 조선·타이완의 총독부를 폐지해서 내무성의 관할 아래로 편입하는 것을 의미했다. 때문에 총독부가 총력을 기울여 저항할 것은 예상할 수 있다.

더구나 하라의 '내지연장주의'가 반드시 원주자의 대우를 최우선시했던 사상이었는가는 의문이었다. 확실히 원주자의 권리 등을 무시하며 충성심을 육성하거나 권한을 다투는 것에 시종일관始終一貫했던 63법 문제가 있었던 당시와 비교한다면 큰 차이가 있다고 말할 수 있다. 그러나 예컨대 참정권 부여 직전의 오키나와 신문이 '우리에게 대의권을 달라, 그렇지 않으면 자치를 달라'라고 했던 것처럼 원주자 측의 권리획득이라는 관점에서 보면 '일본인'으로서의 참정권만이 선택지였던 것은 아니었다.[19] 그러나 하라가 줄곧 중시하고 있었던 총독부와의 정쟁政爭이라는 관점에서 본다면 참정권 부여와 자치에는 근본적인 차이가 있었다. 왜냐하면 '원주자의 자치'는 '일본'으로부터의 분리이고 그것은 '총독부의 자치'를 타파하는데 도움이 되지 않기 때문이다. 그런 까닭에 전술한 대로 하라는 조선인의 자치에는 절대부정이라는 입장으로 임했다.

19 앞의 「我れに參政權を與へよ」 참조.

말하자면 하라의 '내지연장주의'는 그가 종래부터 정치목표로 삼았던 총독부 특권의 타파에 문명화로서의 '일본인'화와 제도적 평등이라는 요소가 덧붙여진 것이라고 할 수 있다. 제국의회로의 참정권 부여라는 형태로 양자가 조화를 이루게 되었다고 해도 63법 문제에서 보았듯이 군인총독 아래에서도 입법원과 식민지의회의 설치로 원주자가 정치에 참가할 수 있었고, 제국의회가 권한을 쥐어도 예컨대 홋카이도 구토인보호법과 같이 특별입법으로 법적 차별을 행할 수 있었다. 만약 군인총독하에서의 자치와 제국의회가 만든 차별적 입법이라는 선택지가 제시된다면 원주자는 전자를 선택하겠지만 하라는 후자를 취할 가능성이 높은 것이다. 그리고 그 차이는 하라의 통치개혁에도 그림자를 드리우게 되었다.

총독부의 저항과 '점진'

1919년 10월 타이완총독이 된 아카시 모토지로明石元二郎가 급사하자 하라는 조선에서 실패한 문관 총독 실현을 향해서 움직이기 시작했다.

하라가 타이완총독 후보로 선택한 사람은 귀족원 의원인 덴 겐지로田健治郎였다. 덴은 야마가타 아리토모가 차기수상으로 생각한 인물 중 한 사람이었는데 하라의 입장에서 보자면 야마가타를 중심으로 한 육군 군벌로부터 양해를 쉽게 얻을 수 있을 뿐만 아니라 야마가타의 후원을 받는 정치가를 내지에서 쫓아낸다는 일석이조의 책략이었다고 볼 수 있다.[20]

무엇보다도 덴에게는 통치경험이 전무했다. 하라는 덴에게 자신의 내지연장주의의 방침을 가르쳤고 덴은 야마가타를 방문해 타이완인을 '일본인'으로 개조해 장래에는 '정치적 평등대우'를 이루는 방향으로 인도해 갈 것이라

20 이 사이의 경위에 대해서는 春山,「近代日本の植民地統治と原敬」, pp.64~65.

고 자신의 통치방침을 말하여 야마가타의 찬동을 얻었다. 타이완인을 '일본인'으로 개조한다고 말하더라도 하라와 야마가타가 생각한 '일본인'상은 어쩌면 달랐을 터이지만 어쨌든 이렇게 최초의 문관총독의 취임이 실현되었다.

덴은 타이완부임에 즈음해 행한 훈시에서 '타이완은 제국을 구성하는 영토의 일부로서, 당연히 제국헌법의 통치에 종속되는 판도'이고 '영국과 프랑스의 속령屬領이 단지 본국의 정치적 책원지策源地이자 경제적 이원지利源地에 그치고 마는 식민지와 동일시해서는 안 되기에' 통치방침을 '본도 민중을 순연한 제국신민으로 삼는다'고 말했다. 여기까지는 전형적인 동화론이지만 이 훈시는 다음과 같은 내용으로 이어졌다.[21]

> 통치의 방침이 이와 같을지라도 (…중략…) 지세地勢·민정民情·언어·풍속을 달리하는 타이완 민중을 향해 급격하게 모든 것을 내지와 동일한 법률·제도로 실시하는 일은 금세 어긋나거나 상대를 받아들이지 않는 일이 발생하니, 도리어 그것이 질고疾苦를 초래할 우虞를 범하지 않는다고 할 수 없다. 미리 교육의 보급에 힘써서, 한편으로 그 지능덕조智能德操를 계발하고 한편으로 우리 조정의 창생무육蒼生撫育의 정신과 일시동인의 성지聖旨를 감득시켜, 이것을 순화융합醇化融合해서 내지인과 사회적 접융接融에서 하등의 차이 없는 입장에 도달시켜 정치적 균등의 역域으로 나아가도록 교화선도하지 않으면 안 된다.

여기서 논하고 있는 것은 충성심 육성을 우선시했던 메이지시기 이래의 점진적 동화론과 별반 다르지 않다. 단지 최종목표에 정치적 평등이 부가되어 있는 점이 다를 뿐이다.

실은 이러한 '점진' 그 자체는 하라에게도 존재했던 요소이다. 하라는 『조

21 『田健治郎傳』, 田健治郎傳記編纂會, 1932, pp.384~385.

선통치사견』에서 '문명의 정도와 생활의 상태 등을 갑자기 동일하게 할 수 없다면 잠시 점진하는 방침'을 제창했다. 그리고 조선총독이었던 하세가와長谷川도, '통치의 방침은 동화주의에 즉해야 하는 것도 파괴주의의 것도 아님으로 점진주의가 될 것을 요한다'고 서술했다.[22] 그 종국의 목표가 '문명화'인지 그렇지 않으면 일본문화의 이식인지는 다르다고 하더라도, 정치가들에게 있어서 점진주의는 공통적인 이해사항이었다고 말해도 좋을 것이다. 문제는 이러한 애매한 점진 이름 아래서 '일본' 편입이라는 이념 그 자체가 환골탈태해 갈 가능성이 있다는 점이었다.

부임 이후 덴이 개혁했던 것은 1920년 지방공공단체로서 주州·시市·가街·장庄과 같은 특별제도를 창설해, 각각 자문기관으로 관선官選 협의회를 설치하는 일이었다. 나아가 이 해 8월에는 내지인과 타이완인간의 혼인·결연의 신고를 수리한다는 통달通達이 나왔다. 게다가 하라가 비판한 태형笞刑이 폐지되고, 대단히 한정된 사항이었지만 '소학교'와 '공학교'로 따로 배웠던 내지인과 타이완인의 공학이 허가되었다. 그리고 1923년부터는 내지의 민법·상법 등이 친족법규 등 약간의 예외를 제외하고 타이완인에게도 적용되었다. 내지의 형법은 그 후에도 시행되지 않았기 때문에 타이완의 '독자'적인 치안법규는 개선되지 않았다. 상법이 시행되면서 그때까지 불가능했던 타이완인만이 주주로 참가하는 주식회사도 설립할 수 있게 되었다. 여기까지는 오키나와의 '일본' 편입을 모방한 내지연장주의의 준비라고 말해도 좋을 것이다.

그렇지만 문제는 1920년 10월에 개최된 총독부 간부회의였다. 63법 대신에 마련된 31법은 5년의 시한입법時限立法이었기에 과거 두 번의 연장을 거친 후인 1921년 말에는 기한이 다했다. 간부회의는 이 문제를 협의하고 총독입

---

22 原, 「朝鮮統治私見」; 長谷川, 「騷擾先後策私見」, p.495.

법권의 존속뿐만 아니라 하라의 주장으로 폐지된 총독부 평의회를 율령律令의 자문기관으로 부활시킨다는 방침으로 정리했다.[23] 하라의 뜻을 받아서 부임한 덴이었지만 이것은 하라의 지향과는 완전히 상반되는 것이었다.

덴의 변화는 필시 총무장관민정장관에서 개칭인 시모무라 히로시下村宏를 비롯한 총독부관료의 영향이었다고 생각된다. 시모무라는 1915년부터 이미 3대 총독 밑에서 민정장관으로 근무하고 있었던, 말하자면 당시 타이완통치의 중심으로, 그 통치이념은 하라와 완전히 달랐다.

타이완에 부임했을 당시 총독에게 제출한 의견서에서 시모무라는 타이완을 '본국과는 멀리 떨어져 있고', '인종이 다르고 언어풍속이 다르다'라고 형용해서 말하고 "동화하려는 일은 완전히 불가능하다"고 단언했다. 그러한 인식하에서 그는 교육에서는 '생업에 관한 지식의 양성'에 중점을 둘 것, '율령 발포권律令發布權은 조선과 마찬가지로 오히려 기한을 두지 않음이 가하다'는 것, 그리고 구관을 중시한 입법을 목표로 할 것 등을 역설하고 있다. 총괄하면 '구주열국歐州列國의 수세기에 걸친 식민역사 상에 비추어도 (…중략…) 모국교화母國敎化 통일주의統一主義의 좋은 사례를 볼 수 없다는 것'이 그의 의견이었다.[24]

무엇보다도 동시에 시모무라는 장래 타이완에 '외구外寇가 생겼을 때'에 타이완인이 아군에 붙을 것인가 아닌가 하는 국방상의 염려까지도 끌어안고 있었다. 그 때문에 '순연한 일본인화가 가능하지 않더라도, 우리 민족의 외곽으로서 가능할 수 있을 정도로 일본인화해야 한다'고 말하고 모리 아리노리가 오키나와에 대해 주장했듯이 차세대를 양육할 모친을 아군으로 만들기

23 春山, 「近代日本の植民地統治と原敬」, p.66. 덴의 일련의 통치개혁에 대해서는 黃, op. cit., pp.151~155 참조.

24 下村宏, 「臺灣統治ニ關スル所見」, 天理大學所藏, 『下村宏文書』. "다이쇼 4년 11월 23일 원고"라고 한다. 쪽수는 기재되어 있지 않고, 원문은 한자 가타가나 문장으로 탁점은 없다.

위해 여자교육을 중시하자고 제창했다. 그러나 그의 본의는 만약 우리민족으로 기타[타이완]를 바꾸고자 한다면 어쩌면 생각한 바의 반에 지나지 않는다'고 말한 것을 볼 때 타이완을 '일본인이 사는 토지'로 삼는 수단으로서의 '일본인화'에 지나지 않음은 명확했다.[25]

부언해 두면 1915년에 시모무라를 민정장관으로 추천한 자는 귀족원 서기관장이었던 야나기타 구니오柳田國男였다. 야나기타는 법제국 참사관으로 지냈을 때 한일합방의 공적功績으로 서훈을 받은 경력이 있었고 시모무라가 부임할 당시 타이완 총독인 안도 사다요시安東貞美의 조카이기도 했다. 민속학자였던 야나기타는 원주자의 관습을 파괴하는 동화정책에는 반대 의견을 갖고 있었다. 또한 그는 니토베 이나조와 친교가 있었고, 니토베의 추천으로 국제연맹의 위임통치위원으로 추천되었으며 자신이 이임할 때에는 후임으로 식민정책학자인 야마모토 미오노를 추천했다. 이렇게 야나기타는 그 사상이나 인맥에서 식민정책파에 가까운 위치에 있었다. 그의 추천으로 부임한 시모무라가 상기한 것과 같은 견해를 갖고 있는 것도 자연스러웠다고 할 수 있다.[26]

노련한 총독부 관료인 시모무라가 통치경험이 전무할 뿐만 아니라 확고한 이념도 없는 신임 총독을 조종하는 일 따위는 손쉬웠을 것이다. 하라가 총독부 특권을 타파할 목적으로 보낸 덴은 말하자면 미이라를 파러 간 사람이 미이라가 돼버린 양상[27]이 된 것이다.

1920년 11월 도쿄로 돌아온 덴은 하라에게 총독부 측의 의견을 말했다. 일기에서 "덴은 조금 수정을 가해 현행법을 계속하려는 의사"인 것 같다고 기록해두고 있어 하라의 곤혹감을 상상하기 어렵지 않다. 하라는 덴과의 회견

25 下村宏, Ibid..
26 岩本由輝, 『柳田國男』, 柏書房, 1982, 제4장 8절; 岩本由輝, 『論爭する柳田國男』, 御茶の水書房, 1985, p.301을 참조.
27 처음의 목적을 이루지 못하고 반대의 결과가 되어 버린 것을 말한다. —역주

에서 어쨌든 평의회 설치는 인정할 수 없다고 일축한 다음 「민법형법상법」 등의 '인민의 권리 의무'에 관한 사항을 총독의 권한에서 제외하고 제국의회의 협찬을 거쳐야 한다고 전했다.[28]

11월부터 12월에 걸쳐 하라와 총독부의 대항관계 안에서 31법을 대신할 법안의 기초작업이 진행되었다. 최종적으로 만들어진 초안은 ① 내지의 법을 가능한 한 시행한다. ② 해당 법률이 내지에 없든지 타이완 특수의 규정을 필요로 하는 것은 총독이 명령을 내린다. ③ 총독의 긴급명령권은 인정한다. ④ 내지법의 연장은 칙령勅令으로 행한다. ⑤ 시행한 법률이나 칙령에 위반하는 명령은 낼 수 없다는 내용이었다. 이 중 ③에서 ⑤는 31법과 거의 같았고, 내지법의 연장을 원칙으로 총독의 입법을 예외로 위치지은 것만 다를 뿐이었다. 다시 말해서 많은 치안법규를 비롯한 과거의 율령은 그후에도 유효했고, 총독의 입법권도 유지되었던 것이다. 그리고 63법 등과의 최대의 차이는 이것이 시한입법이 아니라 영구법永久法이라는 점이었다.

실은 총독부 측은 내지법의 연장을 칙령이 아니라 총독명령으로 행할 것을 주장했고 이것을 일단 초안에 담았다. 그러나 그것을 인정한다면 내지법이 시행가능할 것인가의 여부를 총독부가 판단하게 됨으로서 법제적으로 '일본'에 편입되지 않는 것이 명확했기 때문에 하라는 이 점을 되돌렸던 것이다. 덴 및 총독부 측도 총독이 입법권을 획득하는 것에서 타협했다. 그리고 평의회에 대해서는 법문상에는 어떤 것도 규정하지 않았다. 말하자면 비공식적인 자문기관이라면 총독에게 일임하는 것으로 귀착되었다. 하라로서는 이 안案이 불충분했지만 처음부터 그는 원주자의 권리를 최우선으로 하는 입장이 아니라 총독부와의 정쟁에서 얼마만큼의 성과를 거둘 것인가를 중시했기

28 『原敬日記』 第5巻, 1920.11.15, p.313; 春山, 「近代日本の植民地政策と原敬」, pp.66~67.

때문에 이러한 점진적 개혁으로 타협했던 것이다.[29]

좌절한 통치개혁

이상과 같은 경위로 성립된 '법3호'다이쇼 10년 법률 제3호가 1921년 1월에 의회에 제출되었다. 그러나 중의원의 신진의원이었던 나가이 류타로永井柳太郎나 나카노 세이고中野正剛 그리고 오카나와의 참정권 청원에 호의적이었던 다카기 마사토시高木正年 등이 반대를 했다. 그들에 의하면 이 법안은 '타이완 총독에게 부여한 권한의 증감을 발견할 수 없는', '다만 같은 조문을 고쳐 썼다고 밖에 말할 수 없는 것'이었다.[30] 그리고 심의에서는 63법시대와는 달리 원주자의 권리가 최대의 초점이 되었다.

열혈형인 나카노는 아시아 제민족 연휴론連携論을 서술하면서 '정부 당국자는 가령 불란서의 신 영토 통치처럼 본국의 연장주의를 행하는 식, 즉 타이완에 헌법을 실시하고, 타이완에서 의원을 내어 본국의 정치에 참여하게 만드는 그런 방침인가, 그렇지 않으면 영국과 같이 타이완을 자치로서 타이완이 스스로 입법행정의 권權에 참여시키려는 근본방침인가'라고 물었다. 다카기도 자치노선으로 '타이완의회를 설치할 것인가' 아니면 '류큐가 대의사代議士를 내지에서 내는 것과 같이 제국의회에의 참정권을 부여할 것인가'라는 질문을 던졌다. 이러한 의견은 나가이가 '어디까지나 총독이 전제정치를 하려고 한다면 민족자결주의의 사상에 편승해서 어떠한 변동을 야기할지도 모른다'라고 말했듯이 3·1독립운동 이후의 위기의식에서 발생했다. 어쨌든 원주자의 참정권이 의회에서 크게 거론되었던 것은 최초의 일이었다.[31]

29 春山, op. cit., pp.68~69.
30 『律令審議錄』, pp.401·457.
31 Ibid., pp.403·442·492~493.

덧붙여 말한다면 통치방침을 영국과 프랑스에 비겨서 두 유형으로 나누는 것은 메이기시기 이래의 상투구였는데 일찍이 영국형은 간접통치 내지 '총독부의 자치'를 프랑스형은 동화정책을 의미했다. 그런데 여기서 영국형은 식민지의회의 설치를 중심으로 한 '원주자의 자치'를 프랑스형은 헌법의 시행과 제국의회에의 참정권을 골자로 한 '국민으로서의 권리'를 각각 의미하는 용어로써 사용되었다. 총독의 권한에 초점이 놓여 있었던 63법 시대와 비교해 원주자의 대우에 관심이 이동한 이 시기의 분위기가 이 유형론에도 반영된 것이다.

이러한 질문에 대한 덴 총독의 회답은 '오키나와 현이 대표자를 내는 것과 같이, 타이완도 [제국의회에] 대표자를 내는 시기가 올 것이지만, 타이완 그 자체에 입법의회를 둔다고 단정할 수 없다', '타이완에 하나의 의회를 만든다는 식의 일은, 즉 타이완에 자치의 씨앗을 뿌린다는 것'이었다. 덴도 당시의 통념에 따라 '자치'의 예로 영국을 거론할 때 종종 언급하는 오스트레일리아든가 캐나다를 들고 있지만 여기서의 '자치'도 '총독부의 자치'에서 '원주자의 자치'로 의미가 변화해 있음을 엿볼 수 있다.[32] 그리고 제13장에서 후술할 타이완 원주자에 의한 타이완의회 설치 청원운동이 이미 개시되었기 때문에, 덴이 '총독부의 자치'를 지향하고 있다고 하더라도 자치를 방침으로 공언하는 일은 불가능했다.

나아가 덴은 '타이완은 헌법이 행해지는 제국의 판도여서 결코 영국과 프랑스 등의 영토적 책원지이자 경제적 이원지인 식민지와는 전혀 다르다'고 주장했고 '타이완에서는 식민지라는 단어를 일절 사용하지 않는다. 내지와 구별을 할 때는 보통 본도本島와 내지라는 단어로써 구별하고 있다. 타이완인

32 이상의 덴의 발언은 Ibid., pp.444·467.

이라고도 말하지 않는다. 오히려 타이완인을 본도인, 내지인을 내지인이라고 말하며 구별하고 있다'라고 서술하고 있다. 이것은 일찍이 63법 문제로 가쓰라 수상의 답변이 소동이 되었던 이래로 '식민지'라는 형용이 터부시 되었던 일도 있었기 때문이다. 물론 '자치주의'의 영향도 있었다. 왜냐하면 타이완이 '식민지'다라고 인정하면 영국형 '자치주의'가 식민지 통치의 국제적 조류이기 때문이라는 논의의 자장 속으로 말려 들어가 버릴 두려움이 있었기 때문이다. 그 때문에 덴은 '영국은 지금 말한 '콜로니'주의를 채택하고 있지만, 프랑스는 그렇지 않다. 역시 내지연장주의를 채택하고 있는 것이다'라고 말하면서 타이완은 '식민지'가 아니라고 강조했다.[33]

그렇다고는 해도 이러한 덴의 답변은 명목에 지나지 않았다. 왜냐하면 그가 총독 입법권을 옹호할 즈음에 '식민지 총독을 두고 있는 문명국의 대부분의 식민지정책은 그런 방식[위임입법]으로 다루고 있다'라고 발언했기 때문이다. 의원으로부터 그 모순을 추궁당하면 덴은 '식민정책'이란 '학술상의 단어'여서 깊은 의미는 없다고 피했다. 그리고 한편으로 후쿠자와 유키치 등과 마찬가지로 '내지의 규슈와 시코쿠로 바꾸어야 하다'고 기술하면서 동시에 타이완이 '역사·습관·인정·풍속·언어까지도 다른 것'을 강조하고 '총독에게 입법권을 위임해서 타이완에 한정된 일은 총독에게 맡기는 것이 가장 적절하다'고 했던 것이다. 사안에 따른 기회주의이지만 내지연장주의와 모순된다는 질문에 대해서는 '다른 날에 내지연장주의가 점차 실적實績을 드러내고, 거의 내지와 하등의 차별이 없다고 말할 수 있는 경우가 된다면, 총독도 필요 없다는 상황이 되리라 생각합니다'라고 회답했다.[34] 이러한 점진론은 '차별'이 없어질 때까지는 '차별'을 유지한다는 것과 동일했다.

---

33 Ibid., pp.404·419·433.
34 Ibid., pp.418·419·420·424·433.

덴과 함께 제시된 하라의 답변도 크게 달라지지 않았다. 하라에게 있어서 이미 법3호는 총독과의 타협의 한계였고, 이 법안을 자신의 수상 재임 중에 통과시키지 않으면 두 번 다시 개선의 기회는 찾아오지 않을 것이라고 생각했다. 하라는 의원들의 반대에 대해서 '조문의 치환뿐만 아니라 정신이 달랐다'고 서술하고, 그때까지는 총독의 위임입법이 주로 내지법 시행의 종從이었던 것에 비교해서 그것이 거꾸로 되었다고 강조했다. 그리고 '나는 동화주의라는 단어는 한 번도 사용하지 않았지만 (…중략…) 행정 기타의 제도를 그 쪽으로 향하게 한다면 내지와 마찬가지가 될 것이라고 생각한다'고 서술하는 한편 '갑자기 똑같이 하는 것은 불가능하다. 점차 이것 속에서 기대하고 싶다'고 '점진'을 주창했다. 그러나 언제 타이완의 '일본' 통치가 완료하는가라는 질문에 대해 하라는 '나는 그것을 명언할 수 없다. 그것은 타이완의 문화이고, 지식이고, 모든 제도가 어디까지 향상하는가에 따라서 정해진다'라고 회답했다.[35] 통치를 개혁하고자 한 하라도 총독부의 기득권이라는 벽에 부닥친 결과 '점진'에서 도망칠 수 없게 된 것이다.

나가이 류타로가 속한 헌정회憲政會는 법안을 5년의 시한입법으로 하고 민선평의회를 설치한다는 수정안을 냈지만 하라가 이끄는 정우회政友會의 우위 앞에서 부결되었고, 정부 측의 법3호가 가결되었다. 평의회의 부활은 하라가 허용할 수 있는 바가 아니었고 민선평의회는 총독부의 독재권을 침범하기에 총독부 측도 지지하지 않았다. 아마도 하라는 법3호에 의해 내지법의 연장을 원칙으로 한 것을 일보 전진으로 보고, 이후에도 오키나와에서 행했던 것과 마찬가지로 50년 계획의 점진적인 '일본' 편입을 완수해 갈 작정이었을지도 모른다. 그러나 그 하라가 1921년 11월에 암살당한 이후로 타이완의 위치 규

35 Ibid., pp.448·456·458·462.

정을 변경하려는 시도는 소멸되고 말았다.

이렇게 해서 조선인이나 타이완인을 권리 면에서 '일본인'으로 편입하는 논리로서 생겨난 내지연장주의는 총독부왕국의 특권이라는 벽에 부딪혀 실현의 한 걸음을 내딛었던 시점에서 정지해버렸다. 결과에서 보자면 하라는 영구법인 법3호를 통과시켰을 뿐, 즉 약간의 내지법 연장의 원칙과 교환하여 총독부의 특권을 안정화시켰을 뿐이었다. 그 후 추진 담당자를 잃은 내지연장주의는 일본정부나 총독부의 공식 견해로서 정착됐지만 '일본인'으로서의 평등을 먼 미래의 환상으로 마구 뿌리면서 독립거부와 동화강요의 논리로서만 기능하게 되었다.

제11장
통치개혁의 좌절
조선참정권 문제

타이완 영유 이래로 논의되었던 '동화인가 간접통치인가'의 문제가 1919년 3·1독립운동을 경계로 '국민' 참정권 부여인가 '식민지' 자치인가의 문제로 바뀌었다. 이미 조선통치에서 어느 정도 개혁이 필요하다고 공통적으로 이해하고 있었지만 그것이 어떠한 방향으로 나아가야하는가에 대한 논의는 착종된 채로 머무르고 있었다.

본 장에서는 그러한 상황하에서 조선총독부가 1920년대에 착수했던 통치개혁을 검토하고자 한다. 그리고 그 양상과 결말은 대일본제국의 자기개혁능력의 한계를 드러내는 것이 되었음을 보여주게 될 것이다.

총독부에 의한 통치 개혁

1919년 하라 다카시에 의해 조선총독에 임명된 사이토 마코토齋藤實가 부임했다. 취임지에 도착하자마자 조선인에 의한 폭탄사건이 발생하는 등 통치의 곤란함이 예상되었지만 아무 일도 없었던 사이토는 통치개혁을 어느 정도 행할 수 있었다.

사이토가 취임 후에 행했던 개혁은 다음과 같다. 우선 치안에서 하라가 '야만의 유풍遺風이라고 표현'했던 태형笞刑과 헌병제도가 폐지되었다. 나아가 내지의 자본가가 악평했던 조선회사령도 철폐되었다. 또한 조선어신문의 발행을 허가하고 그때까지 별도의 체계였던 조선인 관리와 내지인 관리의 급여를 봉급령奉給令으로 통일했다. 또 서구에의 배려로서 포교布教규칙과 사립학교규칙이 개정되어 일단의 종교교육이 허락되었고, 포교소布教所 설립이 허가제에서 신고제로 변경했으며 종교단체도 법인으로 인가하는 일까지 시행되었다.

게다가 내지연장주의에 편승했다고 말할 수 있는 일련의 조치가 타이완과 거의 비슷하게 취해졌다. 우선 민사령民事令이 개정되었고 내지인과 조선인의 통혼에 관한 법제가 정비되었다. 또한 지방제도에서는 1920년 개정에서 부府·면面·도道 등의 지방공공단체에 자문기관을 설치했다. 나아가 교육령이 개정되었는데 보통학교 및 고등보통학교의 수업연한이 내지의 소·중학교와 같이 끌어 올려졌고, 부분적이지만 내지인과 조선인의 공학이 인정되었다. 게다가 1924년에는 경성제국대학이 신설되었다.[1]

이러한 사항들을 열거해서 보자면 어느 정도 개선된 것처럼 보인다. 조선총독부의 자화자찬은 말할 것도 없고 특히 교육에서의 개혁은 큰 자랑거리였다. 사이토와 함께 취임한 정무총감 미즈노 렌타로水野錬太郎는 '새로 첨가된附민民에 대해 본국과 동일한 교육제도를 선포하고, 그 계발에 힘쓰는 데 성과를 낸 것은 각국에서 아직 그 유례를 들을 수 없다'고 하며 '일시동인의 성지가 숭고하다'고 노래했다. 내지의 정치가 사와야나기 세이타로澤柳政太郎 등은 '미국에서 백인과 흑인의 공학은 아직 인정되지 않았다'고 하며 '세계에 자랑

1 일련의 통치개혁은 「朝鮮施政 改善」(『齋藤實文書』 71-12)나 「朝鮮ノ新施政」(朝鮮總督府, 1920), 『齋藤實文書』 71-1 등의 총독부문서를 참조. 이 시기의 통치개혁에 대한 연구로 강동진, 『日本の朝鮮支配政策史研究』 등 다수가 있지만 세계관이나 '총독부의 자치'에 대한 지향이라는 각도에서 검토한 연구는 저자가 아는 한에서는 찾을 수 없다. 또한 최근의 관련 연구로 今西一, 「帝國'日本'の自畫像」(『立命館言語文化研究』 8巻3号, 1997)이 있다.

할 만한 내선공학'이라고 절찬했다.[2]

그러나 그러한 자화자찬은 내실을 수반하지 않았다. 헌병은 폐지되었어도 오히려 경찰은 강화되었고 봉급령은 통일되었어도 내지인 관리에게는 보너스가 별도로 지급되었다. 또한 지방의 자문기관에는 의결권이 없었고, 내지인 거류민이 많은 도시부나 지정구역 이외는 임명제였다. 더구나 총독부의 지방관리인 도지사道知事나 면장面長 등이 자문기관 의장을 겸했는데 이들에게는 회원의 해임권이나 발언금지권 등이 있었지만, 회원에게는 안건 제출권이 없었다. 사립학교규칙이 완화되었어도 보통교육에서는 '수신'과 '국어' 교육이 여전히 의무였고 또한 수업연한도 '토지의 정황에 따라' 단축할 수 있게 되어있고 의무교육제도는 행해지지 않았다.

이러한 일련의 개정에서 총독부 및 일본정부는 조선인 측이 차별을 의식하지 못하도록 상당히 신경을 썼다. 자화자찬의 대상이 된 교육개혁을 일례로 들어보자. 1922년에 공포된 제2차 조선교육령은 개정 전 교육령의 '조선에 있어서의 조선인의 교육'이라는 규정을 '조선에 있어서의 교육'이라고 바꾸었고, 조선에 거주하는 자를 일률적으로 '일본인'으로 보고 제정한 법령이라는 취지를 공공연히 달고 있다. 총독부 학무국장인 시바타 요시자부로柴田善三郎는 '조선 지역에 있는 국민은 민족적 차이를 논하지 않고, 동일한 교육을 받게 되었습니다'라고 그 '일시동인'의 모습을 자랑했다.[3]

그런데 실은 총독부의 원안原案 단계에서 보면 조선인과 내지인의 초등·중등교육은 별개로 규정되어 있었다. 그러다 도쿄의 추밀원樞密院의 심의에서 '이와 같은 중요한 법제에서 민족의 종별種別에 따라 대우를 달리 하는 조항을

---

2 水野練太郎,「朝鮮教育令公布に際して」,『朝鮮』85号, 1922, p.4; 澤柳政太郎,「共學問題」,『朝鮮』85号, 1922, p.67.

3 柴田善三郎,「新朝鮮教育令に就て」,『朝鮮』85号, 1922, p.7.

두는 것은 양자의 일시동인으로 통치한다는 요체의 취지에 맞지 않는다'라는 크레임이 붙었고 동시에 심의된 제2차 타이완교육령과 함께 "'내지인'을 대신해 '국어를 상용하는 자'로, '조선인' 또는 '타이완인'을 '국어를 상용시킬 자'로 대신한다"는 수정안이 가결되었다. 총독부의 조사에 의하면 1919년 시점에서 조선인 중 '국어'로 아무 지장없이 회화를 할 수 있는 자는 남성 0.6%, 여성 0.05% 정도였기 때문에 국적법이나 호적법 등처럼 법문상에서 민족명에 의한 구별을 명기하지 않았던 것에 지나지 않았다.[4]

그리고 '국어를 상용하는 자'에게는 내지와 같은 소학교령과 중학교령이, '상용시킬 자'에게는 수업연한이 단축가능한 보통학교 규정이 적용되어 '내선공학'이라고 하더라도 희망에 의한 한정적인 상호 입학이 인정되었을 뿐이었다. 총독부의 시바타 학무국장에 의하면 이것은 '조선의 특수한 사정'을 고려해서 내지와는 조금 다른 제도적 유연성을 구비한 것에 불과하고, 지역적인 구별이지 민족적인 차별이 아니다. 그러나 시바타에 의하면 '업무상 국어를 사용하는 자, 또는 대화자와의 관계상 국어를 사용할 뿐인 유類는 상용하지 않는 자라고 해석해야 할 것이다'라고 되어 있기 때문에 일본어 능력을 가진 소수의 조선인 자제라고 하더라도 '국어상용'의 벽을 넘는 것은 거의 불가능했다.[5]

또한 이 교육령에는 구교육령에 있었던 '교육은 시세 및 민도에 적합하게 해야 한다'라는 차별대우의 상징 조항이 삭제되었다. 그러나 총독부의 내부 문서에는 '조선인의 교육을 시세와 민도에 적합하게 해야 함은 말할 것도 없

4 이 개정의 경위에 대해서는 廣川淑子, 「第二次朝鮮教育令の成立過程」(北海道大學, 『教育學部紀要』 30号, 1977)이나 久保義三, 『天皇制國家の教育政策』(勁草書房, 1979, 제4장) 등이 상세하다. 인용은 廣川, op. cit., pp.83~84에서 재인용했다. 원문은 한자 가타가나 문장이다. 총독부가 행한 조사는 「國語普及の狀況」(『日本植民地教育政策史料集成』 第17巻, 朝鮮總督府 學務局, 1921).

5 柴田, op. cit., pp.7~8.

다'라고 한 다음에 '본령本令의 조문 중에서 든 것은 (…중략…) 조선인에게의 차별적 취급의 근거로 반감을 품고 있을 뿐만 아니라 특히 본 조항을 들지 않는 것도 실제상의 운용에 따라 적당하게 조처하지 않으면 안 된다'고 적혀 있었다. 그리고 경성제국대학이 창설되었을 무렵 추밀원에서 제기된 희망사항으로 사립대학설치의 불허가가 있다. 그것은 '만일 중외인中外人, 서구인 내지 조선인이 경영에 관계하는 불완전한 사립대학'이 '관립대학에 우선해서 설립된 다면 통치 측면에서 고찰할 때 심히 우려할 만한 일'이기 때문이었다.[6]

이 정도로 한정된 개정이었지만 여기에도 애로사항이 있었다. 그 중 하나가 내지인 식민자의 존재였다. 총독부가 추밀원에 제출한 문서에 의하면 내지인 식민자는 조선인과의 공학을 극도로 기피했고 조선인의 '보통학교'를 내지인과 마찬가지로 '소학교'로 개명하는 것조차 거부했다고 기록되어 있다. 제2차 조선교육령 공포 직후에도 식민자 측으로부터 '내선동화는 말이야 하지만 쉽게 행해지는 것은 아니다'라든가 '동화의 방침 때문에 교육을 실시하고자 함은 마땅하지 않다'는 소리가 들끓었다. 대부분의 조선인이 내지인과의 공학을 기대하고 있지 않는다고도 병기되어 있지만 식민자들이 총독부 이상으로 강경했던 것은 쉽게 상상할 수 있다.[7]

교육이나 지방제도조차 이 정도의 개혁에 그쳐버렸다고 한다면 최대의 난관인 총독부 특권의 타파가 거의 진척되지 못한 것도 당연했다. 가장 큰 문제는 63법 문제 이래로 쟁점화됐던 총독입법권이었는데 하라 다카시는 사이

6 「朝鮮教育令改正ノ要旨及朝鮮教育ノ現狀」, 『齋藤實文書』 76-18. 쪽수는 기재되어 있지 않고, 원문은 한자 가타가나 문장이다. 경성대학 설치에 대한 인용은 廣川, op. cit., p.84에서 재인용했다. 경성제대설립과 조선 측의 민립대학 설립 운동에 대해서는 阿部洋, 「日本統治下朝鮮の高等教育」, 『思想』 565号, 1971 참조.

7 「普通學校·高等普通學校及女子高等普通學校ニ關スル件」, 『齋藤實文書』 76-20. 쪽수는 기재되어 있지 않고, 원문은 한자 가타가나 문장. 식민자의 의견은 「朝鮮教育上最高留意すべき事項-各方面の所見」, 『朝鮮』 85号, 1922, p.212.

토 총독에게 건넨 「조선통치사견」에서 조선총독부의 사법부문을 내지 사법성의 관할하에 둘 것을 주장하고 있다. 즉 조선과 타이완의 재판은 총독부의 사법부문에서 끝내게 하여 내지 대심원大審院, 현재의 대법원(最高裁)에 해당에 상고할 수 없도록 하는 것이었다. 어떤 한 의원의 말에 따르면 '조선의 재판소는 내지의 대심원의 판례가 여하할 것이다'라고 하는데 이는 내지의 법을 말한다. 조선은 상관하지 않고 '조선 총독의 특별한 해석으로서 행하는 것을 판결이라고 쓰고 있는 상태'였다.[8] 혹독한 치안입법이 제국의회의 속박을 떠나 제정된 사태가 사법에서도 일어났던 것이고 여기서 조선·타이완이 사법적으로도 '일본'에서 분리되어 있었음을 알 수 있다.

그러나 총독부 법무국장이 사이토에게 제출한 비밀의견서는 사법권을 내지와 통일하는 것은 '차별대우를 의식하고 있는 조선인에게 호감을 준다'는 장점이 있다고 인정하면서도 총독부에 지장이 되는 판결을 내지 않도록 '조선통치를 이해하고 있는 사법기관'이야말로 바람직하고 '조선총독은 사법·입법·행정의 삼권을 총괄해야 비로소 통치를 원활하게 할 수 있다'고 강하게 주장했다. 게다가 사법권이 통일된다면 '사법행정사무의 감독은 [내지의] 사법성으로 이전되기에 사무 집행에 불편이 많을 것이다'라는 관료의 자기 세력범위를 지키고자 하는 의식도 표명되어 있다.[9] 일단 성립된 총독부왕국의 기득권과 분파주의sectionalism는 쉽게 깨어지지 않았던 것이다.

이외 사이토 총독 아래서 행해진 개혁은 주로 총독부 관리의 제복 폐지와 '구관존중'으로 전통 묘지의 부활 등 표면적인 것이었다. 하라의 뜻을 이어

8 「共通法案委員會議錄」第5回, p.33.

9 조선총독부 법무국, 「秘 裁判所構成ヲ朝鮮ニ施行スル可否」, 『齋藤實文書』 71-22. 쪽수는 기재되어 있지 않고, 원문은 한자 가타가나 문장이다. 조선의 사법을 사법성의 관할에 두는 것(사법권의 통일)은, 구체적으로는 내지의 재판소 구성법을 조선에서 시행하는가 하지 않는가의 선택으로 드러났다.

부임했을 사이토였지만 그가 행했던 여러 연설을 보면, 일시동인에 의한 차별철폐라든가 조선 재래의 관습존중과 같은 단어를 쓰면서 뒤로는 일련의 개혁에 대해 자화자찬하는 등으로 볼 때 통치에 대해 그가 어떠한 방침을 갖고 있었는가는 잘 알 수 없다.[10] 일련의 시책은 법문 등에서는 내지연장주의를 노래하면서도 총독부왕국의 독립성에는 해를 끼치지 않는 범위에서 우선적으로 눈에 띄게 차별적인 부분만을 개선했다고 말할 수 있다.

이러한 상황이었으므로 통치개혁의 가장 근본적인 문제인 원주자의 참정권에 대해서도 역시 진전이 없었다. 사이토는 일단 한일합방 이후 한 번도 열린 적 없는 채로 방치되었던 자문기관인 중추원을 소집시켰지만 그 정도의 조치로 조선인 측이 만족할 리 없었다. 총독부의 안팎에서는 다소의 발본拔本적인 개혁을 마련할 필요성을 느꼈다.

자치인가 참정권인가

1920년대 통치개혁의 최대 쟁점이었던 참정권에 대해서 사이토 총독으로 '식민지' 자치론과 '국민' 참정권 부여론의 쌍방 의견서가 모여졌다. 이것들은 논단의 논의보다는 다소 구체성을 띠었지만 여기에서는 그 세계관을 정리해보기로 한다.

우선 참정권 부여론은 앞에서 보았듯이 조선인에게 '일본인'으로서의 제국의회참정권을 주려는 것이었다. 이럴 경우 가령 총독부 고등법원 검사장인 고쿠분 산가이國分三亥가 의견서에서 썼듯이 '조선 민족에게 장래 자치를 허락한다면 그 결과는 마침내 조선의 독립으로 끝날 것이다'라든가 '조선을 분립分立하게 만들면 그것[일본]의 자위自衛를 온전하게 하기 힘든 것은 말할 것도

10 사이토(齋藤)의 연설류는 『齋藤實文書』에 다수 수록되어 있다. 특히 「訓示」, 『齋藤實文書』 69-1 등을 참조.

없습니다'는 식의 인식을 공유하고 있었다. 그렇기 때문에 앞 장에서도 소개한 조선군朝鮮軍의 의견서 등도 그러했듯이 참정권 부여와 독립이나 자치의 절대부정은 불가분의 것이었다. 또한 이 경우에는 조선을 '시코쿠와 규슈와 같은 순연한 제국의 일부로 삼는다는 식'의 메이지 이래의 형용이 종종 사용되었다.[11]

또한 많은 참정권 부여론은 '일본인'에의 동화론과 일체一體를 이루어 고대 일본이 도래인을 혼합동화混合同化시켰다는 역사관이나 일선동조론日鮮同祖論과 직결되었다. 중의원 의원인 마쓰야마 쓰네지로松山常次郎의 의견서는 고대에는 시마소熊襲나 에조蝦夷의 나라였던 규슈나 도호쿠에서 현대 일본의 원훈元勳이나 수상이 배출되고 있다면서 '우리는 조선을 (…중략…) 규슈라던가 도호쿠와 같이 만들자고 말하는 겁니다'라고 쓰여 있다. 더구나 마쓰야마는 일본과 조선은 같은 황인종이고, 일본계 이민배척으로 대표되는 백인 열강의 차별에 포위되어 있는 아시아주의를 들면서 '조선인이 내각의 의자를 차지하도록 만들자고 생각합니다', '우리는 조선을 스코틀랜드나 웨일즈와 같이 만들자고 말하는 겁니다', '조선에서 로이드 조지가 나오기를 희망한다'라고 서술하고 있다. 이로 볼 때 조선을 (아일랜드가 아니라) 웨일스에 빗대는 레토릭이 제9장에서 본 나카노 세이고만의 것은 아니었음을 알 수 있다.[12]

참정권 부여를 주창한 의견서는 동화론의 연장이었기 때문에 종종 '동화정책의 제1의 방법으로 가장 효과적인 것은 내선인의 결혼'이라고 역설되었다. 총독부 고등법원 검사장이었던 고쿠분의 의견서 등은 '결혼에 붙은 법제상의 장애를 제거하는 게 급무이다'라고 아뢰고 있다.[13] 앞에서 서술했듯이

11 國分三亥, 「總督府施政方針ニ關スル意見書」, 『齋藤實文書』 104-4 참조. 1919년 5월이라는 일자가 있다. 쪽수는 기재되어 있지 않고, 원문은 한자 가타가나 문장이다.
12 松山常次郎, 『朝鮮ニ於ケル參政權問題』, 『齋藤實文書』 75-1, p.29. 원문은 한자 가타가나 문장이다. 1924년 1월 11일이라는 날짜가 쓰여 있다.

조선민사령의 개정에 의해서 이것은 실현되었다. 앞 장에서 서술한 조선군 참모부나 하라 다카시 혹은 하세가와 총독 등의 의견서도 그랬는데, 입법권이나 사법권 등의 개혁과 달리 통혼은 관청 간의 기득권 조정과 관계없이 실행할 수 있는 동화책의 하나였기 때문에 비교적 손쉽게 주장되었던 것으로 보인다. 조선인 측뿐만 아니라 식민자의 반발까지 고려한다면 제도적으로 가능했다고 해서 실제적인 통혼이 급증했는가는 별개의 문제였다.

이러한 사항들에 대해서 자치론은 조선에 식민지의회를 설치한다는 선택지를 거론했다. 자치론은 참정권을 부여한다면 조선인이나 타이완인 의원단에 의해서 제국의회가 교란될 지도 모른다는 위험성을 강조했다. 이 문제는 제6장에서 보았듯이 병합 당시부터 지적되었고 또한 야나이하라 다다오 등 식민정책학자가 주장했던 것이지만 의례적으로 제기되었던 선례는 바로 영국 의회가 아일랜드인 의원들에게 캐스팅 보드를 쥐어주게 된 사태였다. 게다가 귀족원 의원으로 『경성일보京城日報』의 사장이기도 했던 소에지마 미치마사副島道正처럼 '영국이 아일랜드에게 애를 먹는 것과 똑같은 정치적 경로를 답습하는' 공포뿐만 아니라 '조선에서의 보선普選은 내지인 이상으로 무산계급 세력의 대두를 예상해야 하고', '조선의 민족 정당은 반드시 내지의 노동당 혹은 무산자당과 제휴할 것임이 명백하다'라고 관측하는 자도 있었다.[14] 오키나와에는 참정권이 부여되었어도 중의원 의원 정수는 5명에 지나지 않았지만 백 명 이상의 의원선출이 예상되는 조선과 타이완에 참정권을 부여하는 것은 결단을 요하는 문제였다.

게다가 자치론의 최대 논거는 식민정책파가 주장한 민족동화불가능론이

---

13 인용은 모두 고쿠분, op. cit..

14 副島道正, 『朝鮮統治に就て』, pp.3~4. 소에지마는 『京城日報』의 사설란에 1925년 11월 26일부터 3회에 걸쳐 「朝鮮統治の根本義」라는 통치개혁론을 연재하고 그것을 중심으로 해서 이 팸플릿을 1926년에 발행했다.

었음은 말할 것도 없다. 타이완총독부 학무과장에서 조선총독부로 전임한 모치지 로쿠사부로제4장 참조는 고대 일본의 도래인 동화나 일선동조론과 같은 역사관을 하나하나 비판하고 독일의 폴란드, 오스트리아의 체코, 영국의 아일랜드 등의 동화정책의 실패를 열거하며 어느 정도는 자치를 부여할 수밖에 없다고 서술하고 있다. 소에지마 역시 조선인은 '어디까지나 내지인과는 다른 존재'라고 주장했다.[15]

또한 모치지는 조선인을 '일본인'으로 제국의회에 선출했다고 하더라도 '통역을 붙인 변론토의弁論討議여서도 안 된다'고 서술하며, 참정권 논자의 사탕발림을 공격하고 있다.[16] 확실히 참정권 부여론의 대부분은 이러한 곤란을 고려하고 있지 않았지만 모치지의 주장은 원주자의 권리 옹호가 목적이 아니라 단지 참정권 부여론에 대한 위협에 지나지 않았다. 이것은 이른바 메이지시기의 참정권 문제에 대한 관심이 '일본' 편입론에 대한 위협으로 출현했던 것과 똑같은 현상이라고 말할 수 있다.

개략적으로 말하면 자치론자는 영국을 비롯하여 서구 식민지 통치의 선례를 상찬하는 경향이 있었다. 모치지가 영국의 웨일스 통치를 '과연 영국인이군'이라고 서술하고, 캠브리지대학에서 유학을 마치고 돌아온 소에지마가 아일랜드에게 자치를 부여한 일을 칭찬하는 것이 그 전형적인 것들이다.[17] 외교적으로도 서구와의 협조노선은 자치를 부여해도 조선을 보호하기 위한 필요조건이었다. 반면에 참정권 부여론자에게는 프랑스를 상찬하는 것은 그다지 보이지 않고 오히려 일본의 독자성을 강조하는 경향이 강했다.

---

15 持地六三郎, 「朝鮮統治論」. 모치지의 『安邊私言』이라는 제목이 붙은 자비출판팸플릿(1922년 발행)에 수록되어 있고, 언급 부분은 같은 책, p.10 및 副島, op. cit., p.5에서 가져왔다. 이 모치지의 의견서는 1920년 19월에 제출된 것이고 『齋藤實文書』, pp.104~127의 것과 같은 글이다.

16 Ibid., p.14.

17 Ibid., p.12.

이렇게 보면 참정권 부여론과 자치론의 조선관이나 서구관 등은 거의 메이지기의 동화론과 간접통치론의 연장임을 알 수 있다. 다만 반복해서 말하는 것이지만 메이지시기에는 '일본인'이란 전적으로 천황에의 충성심을 의미하는 말이었는데 이 시기에는 국민으로서의 권리를 의미하는 말로 바뀌었다.

메이지기의 논의와 다른 점을 하나 더 든다면 간접통치론에서 많이 보였던 비용론이 이 시기의 자치론에서는 거의 보이지 않는다는 점이다. 기존 사회의 구관유지를 겨냥한 간접통치론과는 달리 이 시기의 자치론은 어디까지나 서구 근대형의 자치제도를 주장한 것이었는데 그것을 실행해보았자 비용이 삭감되리라고는 생각되지 않았던 것이다.

조선총독부는 통치 후 10년을 경과한 이 시기가 되어서도 내각에 제출한 보고에서 '조선내의 재원은 대단히 빈약'하기 때문에 '장래 당분간은 (…중략…) 일반 회계의 원조를 기다릴 수밖에 없다'라고 주장하고 있다. 마쓰야마와 같은 참정권 부여론자는 '조선의 재정은 장래에도 우리나라의 무거운 짐이다'라고 분명히 밝히면서 '일본은 자기방위를 위해서 조선을 손에 놓을 수 없기' 때문에 '재정은 내지의 부담을 조장助長하고 지지支持함은 당연한 일'이라고 기술하고 있다. 이 점은 메이지기 이래의 동화론과 다르지 않다.[18] 한편으로 자치론자가 주창한 메리트는 동화보다도 조선인 측의 민심 획득이었지만 무릇 조선을 무엇을 위해서 보호하고 유지해야 하는가라는 것의 이유는 빈약했다.

이것에 대해서 자치론자인 소에지마는 조선인의 자치능력을 양성하는 일이 '일본제국이 문명에 대해서 지는 최고의 의무'이고 '도덕적 제국으로서의 일본을 세계에 증명하는 문제'라고 주장했다. 그러나 참정권론자인 고쿠분은

18 재정보고는 「朝鮮統治ノ概說」, 『齋藤實文書』 71-9. 1925년의 문서라고 여겨진다. 쪽수는 기재되어 있지 않고, 원문은 한자 가타가나 문장이다. 松山, op. cit., pp.12·45~46.

이와는 정반대로 독립의 두려움을 깨닫기까지 자치를 부여하는 것은 '단순하게 조선에 문명을 선전하는 것 외의 하등의 의미도 없으니 제국의 존립이라는 대방침과 서로 용납될 수 없다'고 서술하고 있다.[19] 경제적인 비용을 중시한다면 이시바시 단잔처럼 방기론 쪽이 철저했고 국방이 목적이라면 동화가 바람직하겠지만 자치라는 선택지는 목적이 불명료했다.

덧붙여 말한다면 자치론은 조선·타이완이 '식민지'임을 즉 일본이 식민지를 지배하고 있다는 사실을 인정한 다음의 논의였다. 일본은 서구가 했던 식민지 지배와는 다르고, 일시동인으로 '일본인'화를 지향하고 있다는 참정권 부여론 쪽이 일반적으로 유포되기 쉬웠다. 냉철한 리얼리스트였던 모치지 등은 '식민지 경영'을 '위선僞善의 정치'라고 잘라 말하고 '표면적으로는 거침없는 왕도王道의 창도唱道하에서 교묘하게 패도覇道를 행함으로써 일본제국 본래의 목적을 달성하려는 것임에 틀림없다'라고 서술했다. 이러한 인식이 여론에서 인기를 얻었다고는 생각하지 않는다. 모치지처럼 통치의 실정에서 동화의 곤란함을 알고 있었던 관료를 제외한다면 자치론의 지지자는 오로지 야나이하라나 소에지마와 같은 서구지향의 지식인뿐이었다고 말할 수 있다. 그런데다가 이미 확인했듯이 논단상의 '자치주의'는 아주 애매한 것이었다. '자치'라고는 해도 캐나다나 오스트레일리아에 대해서 갖고 있던 오해에 기반한 완전자치를 말한 것일까, 그렇지 않으면 모치지가 주장한 것처럼 '다소 권한을 확장한 홋카이도 의회와 같은 것'을 설립하고자 한 것일까. 이에 대해서 자치론자들간의 합의는 없었다.[20]

이러한 이유에서 자치론은 일본의 대세가 될 수 없었다. 이미 앞에서 보았듯이 군軍과는 다른 동기라고는 해도 '서구 여러 나라가 신 영토에서 했던 자

19 副島, op. cit., p.1; 國分, op. cit..
20 持地, op. cit., pp.19·29~30.

치와 동일한 것'을 하라 다카시 등도 거부하고 있었다. 일본정부도 '① 조선의 독립을 허락할 수 없다. ② 조선인의 조선자치를 허락할 수 없다. ③ 조선에 지방자치를 인정하는 것. ④ 장래 조선인을 제국의회의 의원으로 삼는다'와 같은 「조선통치의 방침」을 작성하기에 이르렀다.[21]

그러나 몇 년 후에 '일본인'으로서의 참정권을 부여할 것인가라는 핵심적 사안에 대해서 이 정부방침안을 필두로 하여 대부분의 논자는 '장래'·'점진'·'시기상조' 등이라고 말할 뿐이었다. 취학률이나 '국어' 보급률이 상승하고, 지방제도가 정비되고, 정치적 훈련을 거쳐 조선인의 '민도'가 상승된 뒤 참정권을 부여한다는 것이 내지연장주의의 공식 견해였지만 그 과정이 언제 완료될 것인가에 대해서는 누구도 명백하게 말하지 않았다. '점진'이라는 명목하에서 그때까지와 똑같이 권리를 주지 않은 채 동화를 진척시키는 것 외에 다른 구상은 전혀 없었던 것이다.

가장 현실적인 총독부 관료의 한 사람이었던 모치지의 경우 자신의 통치 경험에서 이러한 어중간한[中途半端] 동화노선은 이미 불가능하다고 판단하고 있었다. 그는 자치에도 달콤한 기대를 갖고 있지 않았다. 소에지마나 야나이하라 등과 달리 그는 확실하게 국방에서 조선의 필요성을 주장했고 '지난날처럼 주위의 사정이 허락된다면 무단주의武斷主義·억압주의로 그것에 대처해 완고하고 불령不逞한 조선인을 모두 국경 바깥으로 쫓아내고, 그것에 대신하여 본국의 과잉인구를 이식한다. 이리하여 확실하게 일본인의 이권을 반도에서 부식扶植하는 것이 일본에게는 이보다 더 좋을 수 없는 좋은 기회'라고 서술하고 있다. 그러한 모치지가 자치부여를 주장한 까닭은 '이와 같이 난폭한 정책은 오늘날 행해서는 안 된다'는 인식에 기반한 정치적 양보로서 등장

21 「朝鮮統治ノ方針」(「韓國に於ける統監政治及同國併合後帝國の統治策に對する論評關係雜纂」, 外務省外交資料館 소장). 강동진, 『日本の朝鮮支配政策史研究』, p.319에서 재인용.

한 것이고, 이것도 논단에 왕성했던 애매한 '자치주의' 등이 아니라 전술했듯이 '다소 권한을 확장한 홋카이도의회 같은 것'을 만든다는 현실적이고 또한 '아주 제한적인 어느 정도의 자치'를 구상한 것이었다. 그러나 그것이 동화론자로부터 비판을 받자 그는 다음의 의견서에서 자치론을 취하하고 주둔 일본군을 대폭 증강시키면서 '반도에 충량忠良한 백만 명의 일본인'을 이주시켜 '만약 일이 생길 경우는 혹은 알스타와 같이 만들 수밖에 없다'는 주장으로 후퇴했다. 여기서 알스타는 아일랜드 북부의 지명으로 영국에서의 이민이 집중했기 때문에 아일랜드가 독립한 후에도 영국에 잔류해서 현재의 북아일랜드분쟁의 무대가 된 곳이다. 동화는 불가능하고 자치도 적당하지 않다면 남은 것은 이식민을 보내어 조선을 '일본인이 거주하는 토지'로 삼는 수밖에 없다는 논리이다. 하지만 이것은 그 자신이 '오늘날 행해서는 안 된다'고 평했던 '난폭한 정책'에 지나지 않았다. 실은 이런 의견서는 모치지가 총독부를 자진해서 퇴관退官한 직후에 제출된 것이었는데 그의 사직은 대일본제국의 어쩔 수 없는 상황을 상징한다고 말할 수 있다.[22]

단지 부언해두자면 이러한 어찌할 수 없는 상황이 일본에서만 일어났던 것은 아니다. 일본에서 유행했던 '영국형=자치'니 '프랑스형=동화'라는 도식이 상당히 오해를 받아왔다는 것은 반복해서 말해왔던 대로다. 하지만 이들 국가로써는 이상적인 원주자 참정권을 실현하지 못했다. 가령 1936년 프랑스의 식민지 선출의원은 본국의회 의원 612명 가운데 20명에 지나지 않았다. 영국은 인도에서의 반영反英투쟁이 고조하자 그때까지 자문기관에 불과했던 입법평의회를 개혁한 의회를 설치했지만, 관리 이외의 민간 의원은 간신

22 持地, op. cit., pp.17·19·37. 모치지의 제2의 의견서는 「조선통치론(朝鮮統治論)」이 나온 다음 달에 제출된 「조선통치론」인데, 여기에서 모치지는 자기의 자치론이 '비애국적이고, 학구적이고, 비실제적이다'라고 비난받았다고 말하고 있다(p.27). 여기에서 당시에 자치론이 인기를 얻지 못한 상황을 엿볼 수 있다.

히 과반수가 되었을 뿐 총독의 우위는 절대적이었다.[23] 원주자의 민의를 존중하면서 식민지를 지배한다는 것은 처음부터 불가능했고 점차적으로 막다른 골목으로 몰렸음은 영국과 프랑스가 마찬가지였다.

하지만 제한된 형태라고는 할지라도 영국과 프랑스 등이 원주자의 정치 참가를 실행했던 것은 사실이었다. 대일본제국의 입장에서 보자면 이미 선택에 관한 논의는 남김없이 다 나온 상태였고 그 뒤는 얼마간의 정치적 판단만이 필요했던 것이다.

'총독부의 자치'가 부상하다

이러한 와중에 1920년대 중반부터 후반에 걸쳐 총독부 내부에서 참정권 문제에 관한 검토가 이루어졌다. 아래의 문서는 모두 총독부의 극비내부문서이다.

발단으로 보이는 것은 1919년에서 1925년까지 총독부의 내무국장이었던 오쓰카 쓰네자부로大塚常三郎의 의견서이다.[24] 내지의 정부방침과 역행해서 제국의회에의 참정권 부여가 아니라 자치론자의 주장인 조선의회 설치를 주장하고 있다.

---

23 木畑洋一,「英國と日本の植民地統治」,『岩波講座 近代日本と植民地』第1巻, pp.275~276 참조.

24 「朝鮮議會(參議院)要項」,『齋藤實文庫』75-2.「오쓰카 내무국장사안(大塚內務局長私案)」이라고 되어 있다. 쪽수는 기재되어 있지 않고, 원문은 한자 가타가나 문장이다. 이 조선의회안은 일원제(一院制)로, 심의항목으로는 이외에 위생이나 교육 예산이 거론되어 있다. 또한 오쓰카는 한국통감부 시대부터 근무해왔던 고참 관료이고, 그 이전에는 오키나와현의 경시(警視)였다. 1907년에 그는 오키나와에 정촌제도(町村制度)를 도입하는 것을 반대해, "공공(公共)의 관념이 충분히 발달하지 않아 지방인민은 선거를 전적인 권리로 보아 그것으로 자기의 권리를 다툴 우려가" 될 것이기에 자치 따위는 부적당하고, "자치제의 근본 정신이란 무엇인가, 그것은 바로 의무이다"라고 주장했다(高江洲,「島嶼行政九條の基礎研究の前提として」, p.73). 이러한 오쓰카의 '자치'나 '선거'관이 본론에서 서술한 조선의회안에도 반영되어 있음을 추론할 수 있다. 아래에서 논한 일련의 참정권 관계에 대해 강동진,『日本の朝鮮支配政策史研究』, 제3장 제3절 외 楠精一郎,「外地參政權」(手塚豊 編,『近代日本史の新研究』IX, 北樹出版, 1991) 등이 검토하고 있지만, '총독부의 자치' 지향이나 오카마쓰(岡松)안과의 유사성을 간과하고 있다.

오쓰카가 제국의회에의 참정권 부여를 제외한 까닭으로 조선인 의원에 의한 제국의회의 교란 그리고 조선인은 병역의 의무를 지지 않기 때문에 권리와 의무의 불균형이 생기는 일, 게다가 '민도'의 낮음 등을 들었다. 이러한 논리는 앞에서 봤듯이 특별나게 새롭지 않다. 오히려 기이하게도 조선의회를 설치하려는 이유로, 조선의회가 내지인과 조선인의 '민족결합의 기관'일 수 있다는 점이나 서구의 식민지와는 달리 일본과 조선은 '문화·풍속·인종·신념·지리적 관계가 밀접'하고 그렇기 때문에 자치를 주어도 분리독립에는 이르지 않을 것이라는 관측을 들고 있다. '민족결합의 기관'이라면 오히려 제국의회 쪽이 좋을 터이고, 또한 동문동종同文同種은 동화노선의 주장이다. 한편에서 이 의견서는 조선인 의원단의 위협을 말할 때 '민족심리'의 불변을 강조하고 있어 논리적으로 맞아떨어지지 않는다.

게다가 오쓰카가 들고 있는 참정권 부여의 난점은 실은 총독부의 입장에서 보자면 결정적인 것이 아니었다. 왜냐하면 1927년에 작성되었다고 여겨지는 다른 비밀의견서는 이러한 난점들을 모두 극복할 수 있다고 보았기 때문이다. 다시 말해 조선인 의원단의 위구심에 대해서 '조선인은 유래由來로 내홍內訌을 좋아해 그 일치 단결 따위의 일은 있을 수 없다'는 편견에서 '조선인 의원에 의해서 국정國政이 좌지우지되는 일 따위는 없다'고 결론내리고 있다. 나아가 '병역의 의무와 제국의회의 참정권은 본질적으로 병행해야 할 것이 아니다'라고 서술하고 '민도'에 대해서도 납세액에 따른 제한선거권 방식으로 한다면 문제가 없을 것이라고 보았다.[25] 요약하자면 오쓰카가 들었던

25 「極秘 朝鮮在住者の國政並地方行政參與に關する意見」,『齋藤實文書』71-13, p.4. 이 의견서에는 1926년 11월 부협의회(府協議會) 선거에서 유권자 조사자료가 첨부되어 있고, 앞의 구스노키(楠)의 논문도 1927년에 작성된 것으로 추정된다. 이 의견서는 참정권 부여와 조선의회설치를 나란히 검토하고 있고, 이때에 '조선지방의회'라는 명칭이 채용되고 있다. 또한 조선인에게는 내분벽(內紛癖)이 있어 의원단을 형성할 수 없다는 예측이 앞에서 거론한 마쓰야마의 의견서에도 공통적으로 나오는 걸로 봐서, 참정권 부여의 안전성을 강조하는 논거로 자주 거론되는

이유는 총독부의 입장에서는 어떤 식으로도 해석할 수 있는 것이었고 뿐만 아니라 굳이 조선의회를 설치해야 할 정도의 필연성이 있었다고는 생각할 수 없었다.

그런데 오쓰카의 의견서에는 이러한 전반적인 문제와 완전히 별개의 부분에서 다른 노림수를 하나 발견할 수 있다. 「조선의회 특설의 이익朝鮮議會特設の利益」이라는 제목이 붙은 항목에 다음과 같은 것들이 기록되어 있다.

(イ) 조선의 사무는 조선 사정에 밝은 인사人士에게 심의하도록 만들어야 하기에 조선의 사정에 적당한 시정施政을 펼쳐야 한다.

(ロ) 내지 의회 또는 관청의 사무가 혼잡에서 발생하는 정체停滯를 막아야 한다.

내지의 제국의회나 감독관청으로부터의 간섭을 배제하고 총독부 왕국의 독립성을 확보하는 일 그리고 63법 문제 이래로 총독부가 중시했던 이 권한 문제가 조선인의 권리문제일 터인 참정권을 논의할 즈음에 다시금 부상했던 것이다.

게다가 오쓰카의 의견서는 조선의회 설치와 동시에 '조선의 개별 재정을 인정하고' 조선 예산은 제국의회에서가 아니라 조선의회에서 심의되어야 한다는 주장을 썼다. 그리고 그는 조선의회 설치가 '종래 제국의회의 권한에 속하는 권한을 일부이지만 포괄적으로 이양할 것'이라고 서술했다. 이것은 진정 30년 전 고토 신페이나 오카마쓰 산타로가 가졌던 통치구상에서 보이는 총독부 평의회를 의회와 같은 것으로 승격시킴으로써 제국의회로부터 권한

세계관의 하나임을 알 수 있다. 제4장의 다카노(高野) 고등법원장의 경우에도 말할 수 있는데, 대체로 '일시동인'형의 통치개혁을 제창한 논자는 피지배자를 약체로 묘사함으로써, 통합에 위협을 가하지 않는다고 주장하는 경향이 있었다.

탈취를 꾀했던 논의의 부활이었다.

이러한 견해는 오쓰카 내무국장에 한정되지 않았다. 앞에서 서술했던 1927년의 총독부 비밀의견서에는 확실히 '조선지방의회를 설치하는 이유'의 한 항목으로 '종래로 예산은 모두 대장성의 소관으로 삼고 제국의회에 제출해서 그 협찬協贊을 거쳐야만 하는데 조선지방의회를 설치할 그 날에는 그것에 부의附議해야 할 예산은 그 의결에 따라 확정할 수 있다'고 기록되어 있다. 또한 후년의 다른 총독부 극비문서에는 조선에 중의원의원선거법이 실행된다면 '총독의 제령제정권制令制定權은 변혁되어야할 것'이라는 결점demerit이 지적되어 있다.[26] 확실히 조선에서 제국의회로 의원을 선출해 보낸다면 그 의원이 심의한 법률을 조선에서 시행하지 않는 것은 모순이고 필연적으로 총독의 입법권을 제국의회에 뺏기는 셈이다.

물론 총독부가 통치개혁을 내세운 제일의 목적은 조선인의 민심을 완화하는 것이었다. 그러나 통치정책이라는 관점에서 보면 참정권 부여인가 의회설치인가 라는 선택지는 둘 다 일장일단이 있었다. 그런 과정에서 굳이 의회설치를 선택한 요인으로는 관청으로서의 기득권을 보호하고자 하는 '총독부의 자치' 지향을 무시할 수 없었기 때문이다. 조선인의 민심을 완화시키면서 아울러 의회설치를 구실로 권한을 탈취할 수 있다면 일석이조라고 할 수 있고 또한 입법권이 위협당하는 중의원의원선거법의 시행과 비교해서 총독부의 입장에서 보자면 메리트가 훨씬 컸을 것이다.

그렇다고는 해도 대장성이나 제국의회로부터 예산에 관한 권한을 조선의회에 빼앗겨도 조선의회가 생각하는 대로 되지 않는다면 총독부로서는 [그것을 실시할] 의미가 없다고 할 수 있다. 총독부의 구상은 조선의회를 어떻게 총

26 Ibid., p.7; 「朝鮮選擧權問題ニ關スル件 制度改正ニ關スル諸資料」, 國會圖書館 憲政資料室, 『大野綠一郎文書』 1256-1, p.5.

독이 제어할 수 있을까 하는 검토방향으로 나아갔다.

우선 오쓰카안案에는 조선의회를 당장은 자문기관으로 삼고 그 다음에 의결기관으로 승격시킨 뒤에도(의결기관이 아니면 제국의회로부터 예산의결권을 탈취할 수 없다) '총독은 해산을 명할 수 있다'거나 '의회의 의결위법 또는 적당하지 않을 때에는 원안을 집행하고 또는 재의再議를 명령할 수 있다'는 대폭적인 제한을 인정하고 있다. 나아가 의원의 반수는 관선官選으로 의결사항도 군사·외교·치안 등은 물론이고, 철도·민사·형사·관청조직 등도 제외되고, 토목사업 등의 심의가 맡겨져 있을 따름이었다. 이것으로는 조선의회라고 말할지라도 사실상은 총독부의 괴뢰기관에 지나지 않는다.

무엇보다도 중요한 것은 일찍이 커크우드안이나 오카마쓰안의 핵심이었던 총독의 입법을 심의하는 권한이 주어져 있지 않은 점이다. 결국 권한상의 관점에서 본다면 조선의회설치안은 총독부의 권한에 영향을 주지 못한 채로 제국의회나 대장성의 영역이었던 예산에 관한 권한을 총독부라는 괴뢰기관에 위임시킨다는 내용이었다. 이것은 타이완통치의 통합플랜이었던 오카마쓰안보다 한층 더 권한탈취 부분이 전면에 부각됐던 구상이었다고 말할 수 있다.

그런데 조선의회의 설치에는 분리독립의 두려움과 같은 전체적인 견지와는 별도로 조선내부의 장해가 있었다. 내지인 식민자의 반발이었다.

확실히 인구의 압도적인 다수가 조선인인 가운데 조선의회가 설치된다면 의원의 대부분이 조선인이 될 가능성이 높았다. 이것에 대해서 오쓰카 국장의 의견서에는 만약 식민자에 불리한 의결이 이뤄질 경우에는 '의회의 잘못을 바로잡기 위해서는 원안을 다시 논의하거나 집행해산의 방법 등이 있다'고 되어 있다. 1927년의 비밀의견서도 '만약 부당하게 내지인의 이익을 무시하는 등의 의결이 있을 경우는 [총독의] 감독권 발동에 의거해 이것을 시정할 수 있다'고 쓰고 있다. 게다가 총독부의 조사보고는 이미 일부에서 제한선거가 행해지고 있던 지방자문기관 등의 선거결과를 분석해서 각지방의 유권자와 당선자의 수를 상세하게 표로 정리해 '조사 결과 납세 5엔 이상[을 참정권 자격]으로 할 때는 어떤 부府도 유권자수는 내선인 동수 혹은 내지인 다수가 될 만한 자료를 얻었다'라고 기록되어 있다.[27]

1929년 12월 마침내 이 문제에 대한 총독부의 계획은 거의 정리되었다. 내용은 오쓰카안과 거의 유사한 권한과 감독을 받는다는 내용을 가진 '조선지방의회'를 설치하고, 중의원의원선거법은 시행하지 않고, 귀족원에만 5명 이내의 칙선의원을 보낸다는 것이었다. 이 '조선지방의회'의 의원 가운데 3분의 일은 총독이 임명하고 나머지는 납세액에 따른 제한선거로 뽑고, 개설은 10년 후라고 되어 있고 의회 개설의 조서안詔書案까지 준비되어 있었다. 오쓰카안에서 제기된 '조선의회'가 '조선지방의회'라고 개칭되었던 까닭은 내지연장주의 풍조가 강한 정부나 제국의회에 제출하는 안이라는 것을 의식했기 때문이다.[28]

이 플랜이 작성된 1929년에는 조선총독부와 중앙의 성청省廳 간의 권한 다툼과 관련해서 사건이 발생했다. 이해 6월 정부는 척무성을 신설했다. 이것은 커크우드의 진언으로 설치된 척식무성이 1897년에 폐지되고 척식국으로 축소된 것을 다시금 성省으로 승격시킨 일이었다. 그러나 이 기관이 다루는 사무는 큰 변화가 없었기 때문에 대신의 지위를 높이기 위한 엽관獵官행위라는 신문기사가 났다. 그런데 척무성이 이것을 기회로 조선총독부에 대한 감

27 「極秘 朝鮮在住者の國政並地方行政參與に關する意見」, pp.8~9; 「秘 選擧制度ノ沿革並ニ現狀」, 『齋藤實文書』 75-8. 후자는 쪽수가 기재되어 있지 않고, 원문은 한자 가타가나 문장이다. 후자의 조사는 1928년도의 통계가 사용되고 있다는 점과, 1929년 말에 조선지방의회의 최종 플랜이 정리되어 있다는 점에서 1929년 중에 작성된 것으로 생각할 수 있다.

28 「秘 朝鮮ニ於ケル參政ニ關スル制度ノ法案」, 『齋藤實文庫』 75-5. 1929년 12월 2일이라는 날짜가 달려있다. 오쓰카안(大塚案)과 다른 점은 의원수가 약 20명에서 약 100명으로 변경되어 있는 점을 들 수 있다.

독권을 주장했기 때문에 총독부가 척무대신에게 받은 지시전보류 등에 대해서 대답을 보이콧한다는 관료끼리의 정쟁으로 발전했다. 이 문제는 가을까지 이어졌고 마침내 수상·척무대신·총독 간의 회담과 사무 수준 협의를 거쳐 척무대신은 조선총독부를 감독하는 권한이 없다는 쪽으로 합의를 교환하고 결말이 지어졌다.[29] 총독부는 권한투쟁에서 승리했지만 앞의 총독부 조선의회설치 최종안은 이 정쟁의 소용돌이 속에서 정리되고 말았다.

사이토 총독은 조선의회설치안을 갖고 도쿄로 향하여 중앙정부와 절충작업을 시도했다. 이때 배부된 것으로 보이는 설치안 문건의 내용은 총독부의 원안과 같지만 '내지연장주의하에서 조선 전지역을 범위로 해서 지방의회를

29 이 정쟁의 경위는 山崎, 『外地統治機構の研究』, pp.29~39 참조. 또한 사이토 마코토(齋藤實)가 일단 1927년 4월에 총독을 사임하고, 1929년 8월에 복귀하기까지 야마나시 한조(山梨半造)가 총독이었다. 이때 총독부 측은 야마나시 아래에서 척무성의 전보 등을 보이콧하는 한편, 사이토가 총독부 출신자로서 추밀원에서 척무성의 감독권에 크레임을 걸었고, 게다가 사이토가 총독으로 복귀해서 지도자 정상 회담을 행하는 감독권을 장례지내는 방법을 취했다. 총독경험자가 추밀원에 가입해서 권한을 보호한다는 패턴은, 제17장에서 거론할 미나미 지로(南次郎)의 사례에서도 보인다.
조선과 타이완 등을 관할하는 중앙관청의 변천에 대해서 보충해 두자. 우선 타이완을 영유했을 때에 내각총리대신 밑에 타이완사무국이 설치되었는데, 뒤이어 척무성이 만들어지자 1897년에 폐지되었다. 다시 타이완사무소가 내무성에 신설되자 이것은 1898년에 폐지되었고, 내무성 대신관방이 타이완을 관할하게 되었다. 이후에 사할린은 내무성, 관동주 조차지는 외무성이 관할했다. 조선이 병합되자 가쓰라 다로(桂太郎) 내각하에서 총리대신 직할로 설치된 척식국이 조선·타이완·사할린·관동주를 관할하는 기관이 되었다. 그런데 제1차 호헌운동에서 가쓰라 내각이 무너져 야마모토 겐베에이(山本權兵衛) 내각이 되자, 1913년에 척식국이 폐지되어 조선·타이완·사할린은 내무성, 관동주는 외무성이 관할하는 형태가 됐다. 제10장에서 전술했듯이, 이는 야마모토 내각하에서 하라 다카시 등에 의해 조선과 타이완 총독의 무관제(武官制)가 재검토되는 움직임이 있었고, 그것과 연동한 개혁이었다고 생각할 수 있다. 그러나 그 후 데라우치 내각하에서 1919년에 총리대신 직할의 척식국이 부활했고, 조선·타이완·사할린·관동주를 관할하는 것과 아울러 내무성의 타이완과 사할린 등의 감독권은 총리대신에게 빼앗기고 말았다. 요약하면 조선과 타이완 등을 내무성의 관할하에 두고자 하는 하라 다카시 등과, 총리대신 직할의 부국(部局)에 두고자 한 가쓰라와 데라우치 등의 정쟁이 행해졌다고 봐도 좋다. 그 후 1922년에 하라 내각의 뒤를 이은 가토 도모사부로(加藤友三郞) 내각에 의해서 척식국은 폐지되어, 내각의 외국(外局)으로 축소된 척식사무소가 되었다. 그러다 1924년에는 가토 다카아키(加藤高明) 내각하에서 다시금 척식국으로 승격되었다(山崎, op. cit., pp.15~23). 이렇게 복잡한 경위를 거쳐 1929년에 척식국이 척무성으로 승격된 후, 제17장에서 후술하겠지만 총력전체제하에서 다시금 폐지되어 내무성이 관할하게 된다.

설치하자'라던가 '내지연장주의하에서 적당하게 제한하는 어떤 범위의 자치를 하자'는 등 문면상으로 보면 애써 내지연장주의로 치장하고 있는 것이 특징이다.[30]

그러나 사이토가 도쿄에서 벌였던 절충작업은 순조롭지 못했다. 특히 당시 여당의 실력자였던 와카쓰키 레이지로若槻禮次郎가 소극적이었다고 한다. 제13장에서 후술하겠지만 와카스키는 수상 재임 기간인 1926년에 타이완인의 의회설치청원에 대해 타이완의회는 제국의회의 권한을 침범하는 헌법위반이고, 참정권은 내지연장주의 원칙에 따라 제국의회로 의원을 선출하는 방향으로 실현되어야 한다고 명확히 밝힌 바 있었다. 이 청원운동은 1930년의 시점에서 타이완총독부의 탄압에도 불구하고 아직 계속되고 있었지만 와카쓰키의 입장에서 보자면 새삼스럽게 전언前言을 철회해 조선의회를 설치한다는 등의 제안을 긍정할 리 없었다. 또한 제안의 성격이나 지난해 이후의 경위에서 말하자면 대장성이나 척무성을 필두로 한 관할관청이나 제국의회도 이 안을 받아들였다고는 생각할 수 없다.

결국 이 의회설치안은 내지측의 이해를 얻지 못해 결국 묻히고 말았다. 그

30 「秘 朝鮮ニ於ケル參政ニ關スル制度ノ法案」, 『齋藤實文庫』 75-5, pp.3·9. 원문은 가타가나 문장으로, 1월 4일이라는 날짜가 있고, 1930년의 것으로 추정된다. 주28의 문서를 내지 절충 용으로 고쳐서, 활자 인쇄한 것으로 생각된다. 안에 지방제도개정안도 수록되어 있다. 내지와의 절충에 대해서는 강동진, 『日本の朝鮮支配政策史硏究』, pp.385~386 참고.
또한 『子爵齋藤實傳』 第2卷, 財團法人齋藤子爵紀念會, 1941, pp.665~667에 의하면, 사이토는 그의 제1기 총독시대의 말기에 해당하는 1927년 2월경에 개혁안을 작성해 당시의 와카쓰키 수상에게 구두로 의견을 진술했는데, 4월에 내각이 붕괴해 사이토 자신도 제네바 군축회의 대표로 임지를 떠나 총독을 사임했다. 때문에 일이 흐지부지되고 말았다. 이것이 사실이라면, 사이토는 대동소이한 플랜을 2번에 걸쳐 내지 측과 절충하려고 한 셈이다. 이것을 사이토가 정치정책 상의 이유에서 의회 설치에 의욕을 가지고 있었기 때문이라고 간주한다면, 척무성을 필두로 내지 관청과의 관계가 악화되고 있고, 또한 와카쓰키 등의 민정당이 내각을 구성했던 이 시기에 절충을 행했던 것은 대략 현명하다고 말하기 힘든 행위이다. 이 타이밍에서 조선의회 설치를 제안한 것은 강동진이 지적한 바처럼 조선인 측의 저항으로 대처해야 했을 뿐만 아니라, 전년도의 권한 투쟁으로 총독부 측이 내지의 간섭에 불만을 계속 갖고 있었다는 점이 배경이었던 것은 아닐까 하고 생각할 수 있다.

리고 이와 병행해서 총독부가 검토하고 있었던 지방의 자문기관을 한정적인 의결기관으로 끌어올린다는 지방제도개정만이 내지연장주의의 준비단계로 이해를 얻었고, 1930년 말에 실현되었다.

조선의회설치에 실패한 사이토는 총독 자리를 떠났고 그를 대신해서 우가키 가즈시게宇垣一成가 총독으로 부임했다. 우가키는 1931년 12월의 강연에서 조선인을 향해 다음과 같이 말했다.[31]

> 조선인 즉 그대들이 — 조선신궁 신전 앞에 전부가 이마를 조아리고, 게다가 이마를 조아리는 자들이 우리 내지인과 같은 마음으로 머리를 조아릴 수 있는 시기가 도달한다면 그 때가 정확히 그대들이 바라는 자치주의든 내지연장주의든 희망하는 것들을 이룬 때이다. (…중략…) 조속히 자치를 할 것인가 내지연장주의로 갈 것인가 확실히 그것을 보이지 않으면 사람들이 거취에 혼란스러워할 것이라고 말하며 빈번히 재촉하는 자들이 있을 겁니다. 나는 지금 말씀드린 의미에서 그 선결문제인 정신적 결합, 물질적 결합이 불가능한 가운데에서는 뭐라고 말하는 것은 온당치 않고 국가를 위한 것이 아니라고 믿고 있습니다.

이렇게 해서 3·1독립운동 이래로 10년에 걸쳐 논의되어왔던 참정권 문제는 명확한 방침도 없이 충성심 육성을 선행시키는 '무방책'·'점진'으로 되돌아가고 말았다. 일단은 조선인의 권리문제 차원이 되기 시작했던 '일본' 편입을 둘러싼 개혁도 막다른 골목에 처한 상태에서 몇 개의 이전의 권한 투쟁의

31 宇垣一成, 「時局斷片」, 1932, pp.20~21. 인용은 도쿄은행클럽원(東京銀行俱樂部員) 집회에서 행한 강연에서 가져왔다. 이 팸플릿은 우카키의 공개강연 등을 모은 것임에도 불구하고, 도쿄대학(東京大學) 동양문화연구소(東洋文化硏究所)에 소장되어 있는 것에는 비(秘) 도장이 찍혀있다. 아마도 전적으로 동화를 주장하게 되었던 1930년대 말이 되자, 통치방침을 정하지 않았다는 총독의 발언을 조선인 측이 읽을 것을 두려워했기 때문에 내려진 조처라고 생각할 수 있다.

차원으로 떨어진 나머지 기득권과 분파주의의 벽에 가로막혀 성과를 거의 보지도 못하고 사라져버렸다. 이렇게 대일본제국은 자기개혁의 능력을 잃어버린 채 15년 전쟁의 진흙탕 속으로 돌입했다.

제3부

내셔널리즘의 변증법과 민족해방

제12장

오키나와 내셔널리즘의 창조

이하 후유伊波普猷와 오키나와학

> 당시 오키나와인은 자신들조차 '일본인인지 아니면 중국인인지' 잘 모르고 있었다. 이처럼 일본은 그들을 애매한 인민人民으로 방치해두는 것이 밀무역을 위해서는 형편이 좋았던 것이다.

오키나와학沖縄学의 아버지라 일컬어지는 이하 후유伊波普猶는 사쓰마薩摩지배하의 류큐琉球를 형용하여 위와 같이 기술하고 있었다.[1] 대일본제국에 새롭

---

1 『伊波普猷全集』 第2巻, 平凡社, 1974~1976, p.417. 이하 후유에 대해서는 金城正篤·高良倉吉, 『伊波普猷』(清水書院, 1972); 外間守善, 『伊波普猷論』(平凡社, 1993); 外間守善·藤本英夫, 『伊波普猷·金田一京助』 日本民俗文化大系 第12巻(講談社, 1978); 此屋根照夫,『近代日本と伊波普猷』(三一書房, 1981); 鹿野政直, 『沖縄の淵』(岩波書店, 1993) 등이 있다. 그 밖에도 外間守善編, 『伊波普猷ー人と思想』(平凡社, 1976); 『新沖縄文学』 31号(1976) 수록한 일련의 논고들이 있다. 최근에는 村井紀, 「起源と征服」(『批評空間』 11~12号, 第2期1号, 1993~1994); 河村望, 『G.H.ミードと伊波普猷』(新樹社, 1996); 富山一郎, 「『琉球人』という主体」(『思想』 878号, 1997)의 연구가 있다. 그리고 이하 후유에 대해 언급한 연구로서 중요한 것으로는 新川明, 『異族と天皇の国家』(二月社, 1972); 安良城盛, 『新沖縄史論』(沖縄タイムズ社, 1980)의 논고가 있다. 아이누 및 '생번(生蕃)'의 배제와 소테쓰 지옥을 계기로 인식이 변화하는 것에 대해서는 본 논고에서도 이들 연구에 많이 의존하고 있다. 이들 연구는 모두 '오키나와' 대 '야마토'라는 대립구도 속에서 오키나와의 동화와 자립이라는 양면성 상징적 인물로서 이하 후유를 논하고 있다. 본서에서는 이에 대해 ① 이하 후유가 슈리(首里)나 류큐 왕조와의 관계에서도 양의성을 띠고 있었다는 것. ② 이하 후유의 정치나 권력에 대한 불균형성. ③ 동화와 자립의 양의성에 보이는 일류동조론과 오키나와의 개성 강조가 실은 일체성을 띠고 있다는 것. ④ 오키나와 내셔널리즘의 창조로서 오키나와학과 그 한계성 등을 검증하고 있다. 그리고 역사관의 창조와 계몽활동이라는 근대적 내셔널리스트의 특징, 마이너리티의 내셔널리즘 형성의 문제점 등을 이하 후유를 통해 분석했다.

게 편입된 지역의 주민들은 지배자 측이 '형편'에 의해 일본인도 되기도 하고 '일본인'이 아니기도 했던 것이다. 법률적인 구분이 마지막까지 소실되지 않았던 조선과 대만에 비하면 오키나와는 1920년까지 통치가 진행되었지만, 일반적인 차별은 강하게 남아 있었다. 이러한 상황에서 오키나와 주민은 '일본인'과의 관계 속에서 아이덴티티를 모색하게 되었다.

본 장에서는 오키나와의 '민족적' 아이덴티티를 창조하려했던 인물 이하 후유를 다루어본다. 각주에 제시한 것처럼 이하 후유에 대해서는 많은 연구가 있지만, 여기서 그를 다루는 이유는 앞에서도 언급한 대로 애매한 상태에 놓인 마이너리티 측의 반응을 검증해보기 위해서이다. 바로 이 점은 본서에서 논하려는 각 지역의 마이너리티에게 공통으로 나타나는 흔들림의 형태를 볼 수 있기 때문이다.

오키나와 입장에서의 동화

이하 후유의 검토에 들어가기 전에 그가 사상을 형성한 시기에 해당되는 오키나와 언론계의 상황을 개략적으로라도 설명해두지 않으면 안 될 것이다. 청일전쟁에서 청나라가 패배한 이후 오키나와의 친청파親淸派는 거의 사라졌고, 메이지 중기 오키나와의 주요 신문 역할을 했던 『류큐신보琉球新報』의 논단에서는 일본의 '동화론'이 유행했다. 이 『류큐신보』의 주요 집필자였던 오타 초후太田朝敷가 1900년에 시행한 강연에서 '오늘날 오키나와의 급선무는 무엇인가 하면 하나에서 열까지 타 부현府縣에 맞추는 것입니다. 극단적으로 말하면 재채기까지 타 부현과 동일해야 한다는 것입니다'[2]라고 말을 한 것은 잘

2 『太田朝敷選集』, 琉球新報社, 1993~1996, p.58. 오타 초후에 대해서는 히야네 데루오(比屋根照夫)에 의한 『太田朝敷選集』의 상권, 중권, 하권의 해설에 따른다. 히야네의 오타에 대한 평가는 '재채기까지 동화해라'라고 주장하며 '일본화'를 주창한 논자로 그려진 오타를 재평가하는 것이 많았다. 그러나 오타의 동화론이 '문명'화(『近代沖縄の精神史』, p.127)를 강조하는 측면이 있

알려져 있다. 그러나 오키나와 측 동화론은 지배 측의 그것과는 약간 달랐다. 예를 들면 오타는 1903년 사설에서 다음과 같이 말한다.[3]

> 우리들 안중에는 '어떻게 하면 오키나와가 타현他縣과 동등한 힘을 가질 수 있을까'라는 것 이외는 관심이 없다. 류큐 기존의 머리 형태를 전국민과 어깨를 나란히 하려면 우리들은 억지로라도 머리카락을 잘라야 하며 사서오경의 지식을 가지고 전 국민과 어깨를 나란히 하려면 우리들은 신교육을 장려하지 않으면 안 된다.

목적은 오키나와현민의 세력을 발전시키는 일이었으며 그 목적을 달성하기 위한 첫 번째 수단으로써, 즉 동화라고 오타는 지적하는 것이다. 여기서 동화는 수단이었지 목적이 아니었다. 오타는 동화를 부르짖고 있었지만 '야

는 것으로 저자는 느껴진다. 그래서 저자는 오히려 본래는 '문명화'를 지향했던 오타였지만, 지배 측이 설정한 '일본화' 담론에 수렴되어가는 프로세스를 중시해야 한다고 생각한다. 石田正治, 「沖縄における近代化の希求」, 九州大学法学会, 『法政研究』 64巻1号, 1997은 오타의 근대화에 대한 희구가 동화론에 연결되어가는 문제점에 주목한다. 鹿野政直, 「太田朝敷の文明観」, 『太田朝敷選集』 下巻, 1996은 오타의 문명관이 1890년대에서 1910년대에는 동화론에서 산업개발론으로, 더 나아가 정치적 자치론으로 이동하는 것에 역점을 두고 지적하고 있는데, 여기서는 동화론 시기만을 묘사하고 있다. 그렇지만 오타의 문명관으로의 관심 이동은 그의 내발적인 사상의 변화라기보다는 오키나와사회의 발전에 우선되어야 할 것은 무엇인가라는 시대적 흐름을 중시한 판단에 의한 것이라고 생각된다. 저자의 생각으로는 오타가 어디까지나 오키나와의 발전을 목적으로 했으며 사상을 그 수단으로 삼는 내셔널리스트 지식인이었다고 본다. 그가 게이오기주쿠대학(慶応義塾大学) 졸업생인 후쿠자와 유키치(福沢諭吉)를 존경하고 있었다는 점을 보아도(太田良博, 「沖縄の福沢諭吉」, 『太田朝敷選集』 下巻) 이러한 오타의 평가는 적확하다고 본다. 후쿠자와도 「今の外人の狡猾猾悍なるは公卿幕吏の比に非ず」(『全集』 第4巻, p.200) 등 서구인에 대한 불신과 적의를 가지고 국민의 각성과 문명화를 설파하면서도 서구보다 일본이 열세에 있음을 판단하고 문물과 제도를 그들과 닮게 해야 하고, 습관이나 종교도 그들과 닮게 하여 모든 것을 서양색으로 똑같게 해야 한다고 하면서도 그들과 차이가 있음을 각성하게 해야만 한다. 그들로 하여금 구별이 없이 우리를 보게 하여 우리를 소외하게 하는 관념을 끊어야 한다(『全集』 第9巻, p.531)고 논했던 인물이었다. 후쿠자와도 후자의 발언만이 후세에 남았다면, 오타가 그렇게 오해를 받듯이 무조건적인 동화론자로 기억되었을 것이다. 그러나 그것은 후쿠자와가 일본의 발전을 최우선으로 삼은 내셔널리스트 지식인이었고 시대적 정세 판단에 의한 사상을 변용시켰을 뿐만 아니라, 최후의 수단으로 아시아 침략과 차별을 제창하는 것도 일본의 발전을 위한 '언변'이었다고 보는 것 또한 오타와 동일한 의미를 가진 부분이 있다고 볼 수 있다.

3 『太田朝敷選集』 上巻, pp.277~278.

마토인大和人'에 대한 대항의식과 증오는 대단했다. 그에 따르면 '야마토인'들은 '구라파인종이 미국선주민을 대하는 것처럼 마치 미개하고 야만적인 아프리카토인을 대하는 것'처럼 '오키나와인민을 노예시하고, 오키나와를 식민지라고 보는 관념을 갖고 있다'고 기술하고 있었다.[4]

이러한 인식을 갖고 있으면서도 오타가 동화를 주장한 이유는 '전국의 백분의 일밖에 안 되는 하나의 지방이기 때문에 그 정도의 세력으로는 도저히 종래의 풍습을 유지해갈 수 없다'는 상황 인식에서였다. 즉 '유지할 수 없다면 스스로 자진해서 동화하는지 또는 자연스러운 흐름에 맡기든지 하는 방법, 즉 이 두 가지이다. 즉 적극적으로 할 것인지 아니면 소극적으로 할 것인지 두 가지밖에 없다'고 말했다. 그러나 소극적 동화라는 것은 곧 지배적 현상을 방치하는 것이고, '우승열패의 법칙에 의해 많은 불리함을 느끼지 않으면 안된다'는 것이었다. 그리고 '야마토인'과 오키나와인의 '조화'를 부르짖으면서도 동시에 '내가 주장하는 조화는 대등한 조화이고, 현민을 그들에게 복종시켜 감정의 충돌을 피하려는 것이 아니다'라는 것이 그의 주장이었다.[5]

이와 같은 오타의 인식 배경에는 그가 참가했던 1896년 공동회사건 실패가 있었다. 이 사건은 류큐의 구사족舊士族 7만여 명이 서명을 모아 류큐처분 때 도쿄로 옮긴 구舊 류큐왕을 현지사縣知事로 앉혀 의회를 설치하고, 본토와는 다른 특별제도를 실시하도록 중앙정부에 청원한 것이었다. 이 청원 취의서에는 류큐왕을 선두로 순수한 제국신민이 될 것을 논하고 있었지만, 실질적으로는 류큐왕을 수장으로 하는 오키나와 자치—이하 후유의 표현을 빌리면 '아일랜드 같은 일종의 특별제도'—를 지향한 것이었다.[6]

---

4 『太田朝敷選集』 上巻, pp.285·289.

5 『太田朝敷選集』 中巻, pp.58~59; 上巻, p.270.

6 공동회(公同會)운동의 취지서는 『太田朝敷選集』 中巻에 수록되어 있다. 원문은 한자 가타가나를 사용했다. 이하 후유의 형용은 『伊波普猷全集』 第10巻, p.393.

이는 1896년에 청일전쟁에서 청나라가 패하고 청나라의 무력에 의해 류큐왕국의 부활은 희망이 없어진 시기와 맞물렸다. 그리고 7만 명의 서명은 당시 오키나와의 성인남자 대부분을 모집했다고 해도 과언이 아니며 그 토족들에게는 최후의 모험이었다고 말할 수 있다. 그러나 이 운동은 일본정부의 거부로 좌절되고 말았다. 이 운동이 좌절한 하나의 원인으로 작동한 것이 신문기자가 자치보다도 내지와 같은 지방제도의 개혁을 진행해야만 한다는 비판이었는데, 이 기자에게 감사장을 보낸 것이 하라 다카시原敬였다.[7] 제10장에서 전술한 평민출신의 자하나 노보루謝花昇에 의한 참정권 청원이 이루어진 것은 이러한 사족들의 자치 획득 운동을 종식시킨 후의 일이다. 오타를 비롯해 오키나와 측이 류큐왕국의 부활도 특별자치도 실현될 전망이 없어진 이상, 동화됨에 따라 '일본인'으로서의 평등을 획득하는 것 이외에는 방법이 없다고 생각한 것이다.

그러나 동화론의 고조에는 평등획득 지향 이외에 또 하나의 요인이 있었다. 그것은 동화를 '문명화'의 계기로 간주한 것이다. 이것도 오타의 입장에서 보면 그는 오키나와 재래의 습관에 많은 비판적 인식을 갖고 있었다. 그가 비판의 대상으로 삼은 것은 쓸데없이 화려한 경축일이나 장례식의 의식, 그리고 구사족과 평민을 가로막은 '계급적 폐풍' 등이었다. 그중에서도 특히 그가 '본 현에서 첫 번째로 교정해야만 하는 것'이라고 지적한 것은 전통적인 여성의 지위 문제였다. 그는 축첩의 풍습과 유곽의 폐지, 그리고 여성교육의 보급 등을 개혁의 대상으로 거론했고 구습의 신분별 복장과 말투도 여성 사이에 많이 남아있는 것을 한탄하고 있었다.[8]

일본으로의 동화는 '문명화다'라며 동화촉진을 주장한 것은 제2장에서 전

---

7 하라 다카시의 영장(令狀)은 『伊波普猷全集』 第10卷, p.394. 그리고 제10장 각주 15 참조.

8 『太田朝敷選集』 上卷, pp.255~261.

술한 『류큐교육琉球教育』 잡지에서도 전개되고 있었다. 그러나 『류큐교육』 잡지의 내용에서 '문명화'와 '일본화'가 대립했을 때는 분명히 후자가 우선이라고 설명했다. 그렇지만 오타는 "다른 부현府縣의 관습 중에도 꽤 보기 흉한 것이 많으면" 경우에 따라 "단연코 이를 극복하여 서양풍으로 개량할 것을 희망한다"고 주장하고 있었다. 그의 동화론은 오키나와의 관습에서부터 신분차별과 여성의 지위 등 '사람이 지켜야 할 도리에 호소하는 서구 문명의 감각에 호소하며'라고 개량할 것을 구가한 것이기도 했다.[9]

오타를 주필로 한 『류큐신보琉球新報』의 지면에는 표면적으로 동화를 표현하면서 실은 '일본인'으로서의 평등획득과 문명화의 촉진을 설파한 기사를 발견할 수 있다. 예를 들면 1898년에 나하那覇 우편전신국의 직원 중 '타 현 소속의 사람'에게만 특별수당이 지급된 것을 비판하며 타 현 사람도 본 현 사람도 동등하게 일본제국의 신민으로 대해야만 한다며 차별철폐를 주장한 것' 등이 그 한 예이다. 또한 그는 이듬해 본토에서 온 경찰의 횡포에 대해 비판적으로 '신체의 안전권리'를 '헌법이 보장하는 것'인데, 이와 같은 '문명자유의 분위기'에 반하는 '야만적 악폐는 타 부현에서는 안 된다'고 부르짖고 있었다.[10] 이들의 동화론은 평등획득의 수단으로 기능한 것이라고 말할 수 있을 것이다.

그러나 오키나와 측의 동화론이 가지고 있던 '수단으로서의 측면'은 점점 퇴색되어갔다. 자신의 아이덴티티를 정치적인 목표 실현의 수단으로 삼은 긴장은 어느 사이엔가 사라져 동화 그 자체를 자기 목적화해갔던 것이다.

그와 같은 요인에는 몇 가지가 존재한다. 우선 첫 번째로 19세기 말 오키나와에서는 '문명화'와 '일본화'의 구분이 없어졌다. 다음 장에서 서술하듯이

9 『太田朝敷選集』 上巻, pp.252·254·262.
10 「那覇郵便電信局の出勤の本県人」, 『琉球新報』, 1898.9.13; 傍観生投稿, 「掃きため」, 『琉球新報』 1899.5.1·3. 인용은 『沖縄県史』 第19巻(자료 편 9), pp.15·31·33.

1920년대 조선과 대만에서는 의사소통 수단의 발달을 위해 '문명화' 요소를 일본에서 배우지 않고도 서구로부터 직수입해버리는 경향이 나타났는데, 당시 오키나와에서는 '문명화'의 수입은 내지를 경유하는 것으로 한정되어 있었다.

'일본화'와 '문명화'의 구분에 민감했던 오타조차 "세계의 형세에서 타산적 계산을 하면서 본 현을 혁신하려는 것은 엉뚱한 희망이고, 내가 오늘날 우리 현민에게 편달鞭撻하는 까닭은 하루라도 빨리 내지와 동일하게 되는 것, 피정복자의 지위를 벗어나게 하는 것에 있다"[11] 고 말했다. 또한 '일본화'의 규정틀 이외에서 '문명화'를 추구하는 것은 지금 당장은 불가능한 것으로 간주하고 있었다. 그는 '새로운 오키나와 건설의 대원칙'으로서 '국체의 정신에 위배되지 않는다', '세계의 대세에 따라야만 한다'라는 2개조를 내걸고 있었지만, 양쪽 밸런스가 붕괴되어 '일본화'에 쏠릴 가능성이 컸던 것이다.

또한 '문명화'를 목표로 하는 것은 필연적으로 오키나와의 재래풍습이 '야만'이라고 간주하는 것으로 연결된다. 오타는 오키나와의 모아소비毛遊び—남녀의 야외교제—를 '금지시켜야 하는 야만풍습'이라고 비난하고, '문명류文明流의 클럽을 설립'할 것을 제안하면서 '고상하게 되면 될수록 내지內地류가 되고 자연스러운 결과로서 내지와 일치하기에 이르는 필연적인 흐름'이라고 부르짖는다. 『류큐신보』의 기사에도 '우리 구식고식舊式古式이 본 섬의 고유적인 것에서 발육하는 것은 지극히 적고, 대부분은 외부에서 수용한 것으로 내지 혹은 한토漢土에서 수입해온 것'이라고 형용한다거나 '다른 현에서 조소의 눈으로 본다'는 이유에서 '문신이 있는 여성이나 부인의 도항에 대해서는 현 당국에서 엄중히 단속해주길 바란다'고 주장하게 되었다.[12]

---

11 『太田朝敷選集』 上巻, pp.262・271~272.

12 『太田朝敷選集』 上巻, pp.256~257・259; 「沖縄歳時記(1)」, 『琉球新報』, 1900.1.5; 「入墨女」, 『琉球新報』, 1916.7.22; 『琉球新報』 인용은 『沖縄県史』 第19巻, pp.57・696. 또한 이 시기 오키나와 출신자들의 돈벌이 노동자와 이민들이 받은 교육에 대해서는 近藤健一郎, 「沖縄における移民・

실은 오타가 '재채기'까지 동화하라는 말을 발표한 것은 여성교육 추진을 '문명화'의 일환으로써 제창한 강연에서의 일이었다. 여기서 설명된 극단적인 동화론은 그가 오키나와의 열등성에 대해 초조해하며 주민에게 '깨어나라, 일어서라'라고 꾸짖었던 것이다. 그러나 그와 동시에 오타는 이 강연에서 특히 여성의 '외관'이 야마토와 다른 것을 강조하고, "본 현을 타 부현과 똑같이 하기에는 우선 본 현민의 머리에서부터 내지라는 관념을 제거하는 것은 물론 타 부현민의 머리에서도 류큐라는 관념을 제거하지 않으면 안 됨에도 불구하고, 이와 같은 모습으로는 일종의 독특한 '류큐성'이라는 논리를 언제까지나 피할 수 없다"고 말하고 있다.[13] 문명의 표준을 '타 부현'에 둔 결과, '타 부현'과 구별되는 것은 바로 오키나와가 '야만'으로 간주되는 것이라고 인식한다.

오타는 오키나와사회에서는 '수구주의와 진보주의'의 대립이 있는데, "나는 늘 진보의 진영에 서서 분투한다"라고 말했다.[14] 자기 자신은 이것이 야마토에 대한 굴복이 아니라, 오키나와의 '진보'를 염원하고 있을 뿐이라고 생각하고 있었을 것이다. 그러나 오타조차 '동화=문명화'와 '반동화=야만'라는 구도에서 어느 쪽을 선택해야 하는가라는, 다시 말해서 지배 측이 설정한 이항대립 도식의 자장 안에 얽매이고 말았던 것이다.

또한 동화가 자기목적화해갔던 또 하나의 요인을 살펴보면, 원래는 자기의 노력으로 상황을 개선하기 위해 적극적 행위로 주장되고 있던 동화론이 어느 사이엔가 뒤집어져서 상황의 책임을 동화의 노력 부족으로 간주하는 논리로 변해갔다. 약간 시기를 내려가서 1916년 『류큐신보』에 게재된 이하 후유의 기

出稼ぎ者教育」, 『教育学研究』 62巻2号, 1995 참조.

13 『太田朝敷選集』 中巻, p.59.

14 『太田朝敷選集』 上巻, pp.276~277.

사를 보면 이전 오타의 동화론과는 다름을 말하고 있는 부분이 있다.[15]

> 타 현민이 본 현민에 대해 일종의 차별논리가 보이는 것은 부당하며 때때로 이에 분개하는 현민이 있다. 동시에 이것이 어쩔 수 없다는 것도 냉정하게 생각해 보면 그 책무의 과반수를 현민에게 전가시켜서는 안 된다. 현민의 풍속이나 언어는 점차 개선되어야만 한다고 하더라도 이것을 다른 현과 비교해 보면, 아무리 호의적인 눈으로 보아도 이에 이르지 못한다. 특히 부인의 복장 및 일반 현민의 언어가 통용되지 않는다는 것은 정신 내부에 일본 국민으로서의 감정이 넘쳐흐른다고 해도 도저히 현 이외의 사람들에게는 이 같은 종류의 감정이 일어나지 않는다. 우리들에게 타 현민이 차별감을 품는 것에 대한 책임의 과반을 현민이 부담해야 하는 까닭이다.

여기서 사용되고 있는 '본 현민'이라는 호칭은 '류큐인'이 차별어로서 의식되었기 때문에 정착한 것이다. '타 부현'이라는 말도 오타의 표현을 빌리자면 "본 현민의 머리에서 내지라는 관념을 없애는 일"이기 때문에, 즉 '류큐'라는 '일본'^'내지'^과 대립한 일국인 것 같은 호칭이 아니라 '일본'의 한 현임을 나타내는 호칭을 채용한다는 의미에서 보급해갔던 것이다. 그리고 동화의 노력 부족으로 인해 차별의 원인으로 나타난다는 논리는 점차 오키나와의 내부를 침식해갔다.

이러한 가운데 오키나와 측의 동화론도 또한 『류큐교육』의 교원들의 그것과 마찬가지로 조선·대만·아이누의 차별론으로 변형되어갔다. 조선의 내지인 식민자가 그랬다는 것을 인용하며 '일본인'으로서 권리에 대한 갈망이 '비일본인'과의 차이를 강조하는 주장을 낳은 것이다. 오타는 '오키나와는 결코

---

15 「風俗改善の必要」, 『琉球新報』, 1916.7.23; 인용문은 『沖縄県史』 第19巻, p.697.

일본의 새로운 영토가 아니다'라고 말하며 오키나와가 '식민지'가 아니라 '일본'임을 강조하고, 야마토 측이 '홋카이도의 아이누와 동일'하게 오키나와인을 '모반의 기미가 있는 열등종족'이라고 간주하는 것에 심하게 반발했다. 또한 『류큐신보』의 기사도 모아소비와 오키나와 음악에 흥취하는 농촌부 사람들을 '야만의 극치'라고 형용하고, '대만의 생번生蕃을 상상해라'라고 말했다.[16] 그들 자신이 아이누와 '생번'을 본 적은 없었지만, 그들이 '야만'이라고 상상하는 형용사로서 이 말은 사용되었던 것이다.

1903년 인류관人類館 사건은 이와 같은 배경 아래 이루어졌다. 오사카大阪에서 열린 제5회 내국근업內國勸業박람회에서 도쿄인류학회 인류학자들의 기획으로 조선인, 생번, 아이누 그리고 오키나와인이 '전시'된 사건이었다. 이때 오타는 『류큐신보』에 '우리들을 생번, 아이누 취급한 것이다'라고 맹반발하고, '본 현의 교화가 매우 향상되었으며 복장면에서도 십중팔구 남자는 이미 이를 수정하고, 여성들의 개장改裝도 매년 그 수가 증가하는 추세이다'라며 동화의 진전을 강조했다.[17]

그리고 이 사건이 일어났을때 오타의 반론에서 주목해야만 하는 것은 '타부현 인민은 때때로 본 현 인민을 가리켜 일본국 안에서 좀 특별한 민족이라고 하지만, 나는 전혀 구별이 있음을 인정할 수 없다'며 인종적으로도 오키나와는 '일본인'이라고 강조한 점이다. 그리고 인류관 사건 이듬해에 신문지상에서 "우리의 조상은 존엄한 청화淸和천황의 후손으로, 천하에 명성이 높았다는 것을 잊었는가"라고 호소하며 대일본제국의 영토 확장을 환영하는 기사가 나타났다.[18] 이들은 류큐처분 시에 일본 측으로부터 유포流布당한 류큐인이

16 『太田朝敷選集』上巻, pp.266·337;「国頭より」,『琉球新報』, 1898.10.7. 후자 인용은 『沖縄県史』第19巻, pp.16~17.

17 『太田朝敷選集』中巻, p.213. 인류관 사건에 대해서는 海保,『北方近代史』, 真栄平房昭, 第6章;「人類館事件」,『国際交流』63号, 1994; 松田京子,「パビリオン学術人類館」,『日本学報』15号, 1996.

'일본인'이라는 주장이 오키나와의 내부에 침투한 것을 의미하고 있었다.

이하 후유가 등장하기 이전에 이미 오키나와 측의 자기규정은 이처럼 생성되어가고 있었다. 그리고 이하 후유는 이러한 막연한 여론을 학문적으로 뒷받침해야 한다는 기대감을 등에 업고 오키나와학을 전개해가게 된다.

이중의 마이너리티

이하 후유는 1878년에 나하那覇의 사족가정에서 태어났다. 가정은 야마토의 인간에게는 일체 방을 빌려주지 않는다고 할 정도로 야마토를 싫어한 것 같은데, 어머니가 독단적으로 사범학교 부속 소학교에 입학원서를 내서 그를 입학시켰다고 한다.

이하 후유의 유년기에 대해서는 후년 그의 오키나와사관과의 관계에서 간과할 수 없는 한 가지 사건이 있다. 그것은 전학으로 인해 집을 떠나 슈리首里[19]에 맡겨진 적이 있었다. 회상기록에 의하면 이때 이하 후유는 '학생들의 말투와 풍습이 나하와 다른 것'에 놀랐다고 한다. 게다가 '당시 아직 계급제도의 여풍이 남아 있어 귀족집안의 자식은 평민의 자식을 경멸'하며 슈리 학생들은 이하 후유를 '늘 나하인이라며 놀렸다'. 원래 울보 응석받이였던 그는 향수병에 걸려 '밤마다 고향의 꿈을 꾸며' 주말에 나하로 돌아가는 것은 '다른 무엇에 비할 수 없는 즐거움'이었다고 한다.[20]

현재의 우리들은 야마토와 오키나와를 하나의 대립구조로만 보아 당시 오키나와 내부의 차이를 간과하는 경향이 있다. 이하 후유는 슈리어首里語에 동

---

18 『太田朝敷選集』 中巻, p.213; 比嘉生, 「時世小観」, 『琉球新報』, 1904.6.11. 후자 인용은 『沖縄県史』 第19巻, p.223.

19 오키나와현(沖縄県) 나하시(那覇市) 동부의 지명. 류큐왕조의 수도이기도 하다. 1954년에 나하시로 합병되었다. ―역주

20 『伊波普猷全集』 第10巻, p.93. 인용은 모두 이 전집에 의한 것이다.

화하는 것으로 학교생활을 보내게 되었는데, 나하로 돌아오면 가족들은 그의 슈리 방언을 듣고 '내말이 이상한 어조로 변한 것을 듣고 웃고 있었다'고 할 정도로 언어의 차이는 적지 않았다. 또한 계급제도의 흔적에 대해 예를 들자면, 이하 후유보다도 6살 연하의 히가시온나 간준東恩納寛惇 조차도 성년이 된 후에도 "화제로 누군가의 이름이 나오면 그 출신에 대해 이야기하고, '그 사람은 사족이다'라든가 '그 사람은 농사꾼이다'라며 계급을 확인하고 나서, 비로소 안심하는 것 같았다"라고 했다.[21] 이하 후유와 히가시온나東恩納는 모두 오키나와 사학자로서 후년에 논쟁을 벌이는 사이가 되기는 하지만, 슈리 사족계 출신의 히가시온나가 류큐왕조에 지극히 긍정적이었던 것에 반해, 이하 후유는 약간 복잡한 자세를 취하게 된다.

이하 후유가 '다른 지역 사람'이라며 배척 받았지만, 동화함에 따라 그것을 극복했던 최초의 상대가 야마토가 아니라 슈리사족이었다는 것은 주목할 만한 가치가 있다. 동화는 언어 부문에만 그치지 않고, 예를 들면 나하에서는 13살에 원복元服[22]을 하는 풍습이 있었는데, 슈리의 학생들에게 맞추기 위해 이하 후유는 11살에 원복하여 머리를 틀어 올리게 되었다. 이와 같은 체험이 그의 결발結髪에 애착을 가져온 것이라고는 생각하기 어렵다. 그 후 이하 후유가 다닌 중학교에서 야마토 출신의 교장선생님이 학생들에게 단발을 강요하고, "미국 원주민의 사진을 보았는데 학생들은 모두가 단발을 하고 양복을 입고 있다. 그렇지만 일본제국의 중학교 중에는 아직 단정치 못한 풍습을 하고 있는 곳이 있는데, 이는 실로 슬퍼할 일이다"라고 말하며 강제적으로 머리카락을 자른 사건이 있었다. 이하 후유는 단발을 거부하거나 도망가려고 갈팡

21 『伊波普猷全集』第9巻, p.93. 히가시온나의 발언은 新里金福·大城立裕·琉球新報社 編, 『沖縄の百年』第1巻(人物編), 太平出版社, 1969, p.106.
22 에도시대에 여성들이 결혼하여 눈썹을 밀고 이를 검게 물들이고 머리를 묶는 것. —역주

질팡하거나 하는 사족 학생들의 모습을 지극히 담담하게 기술하고 있다.

사회학의 에스닉ethnic 연구로는 마이너리티 중에서 마조리티Majority로부터의 동화압력에 응하기 쉬운 것은 마이너리티 내부의 소수자라는 것이 알려져 있다. 마이너리티사회에서의 억압체험이 문화에 대한 상대적 자세를 기르게 되기 때문이다.

이러한 갈등이 있어도 일본정부에 의한 교육이 그 나름대로 학생들에게 침투해갔던 것은 역시 동화가 '문명화'로 받아들여졌기 때문이다. 단발이 '일본화'인지 '문명화'인지 그 판별은 어려운 것이지만 단발사건 후, 이 교장선생님은 중학생들에게 오키나와에서 개량해야만 하는 것을 지적했다. 거기서 예로 든 것은 결발, 여자의 문신, 조혼, 여자교육, 언어, 구관온존舊慣溫存 정책 등이었다. 언어 등은 동화라고도 말할 수 있지만, 대체로 중학생들은 오키나와 재래의 풍습 중 특히 여성의 지위를 비롯하여 '문명화'에 반한다고 생각한 것을 고치려고 했었음을 알 수 있다. 이하 후유가 4학년이 되었던 시기에는 교토와 오사카 지방으로 수학여행이 이루어지고, 학생들은 '많은 물질적 문명'을 볼 수 있었고, 게다가 내지로 진학을 희망하게 되었다고 말하는 것을 보면 역시 '내지'는 무엇보다도 '문명'으로 의식되고 있었다.

그러므로 학생들은 '문명화'에 역행하는 동화에 대해 크게 반발했다. 잘 알려져 있는 것은 청일전쟁 직후에 일어났던 중학교 스트라이크 사건이다. 청일전쟁 시기 최전선의 기지였던 오키나와에서는 긴장감이 감돌고, 청국 함대의 공격에 대비하여 야마토로부터의 거류민 의용단도 조직되고, 이하 후유 등 중학생들도 사격연습을 할 정도였다. 그리고 1895년 여름, 오키나와현 심상尋常중학교 규칙이 개정되고 영어를 수의隨意과목으로 격하하는 것이 결정되었다. 이 결정에 대해 학생들은 격분하고 이하 후유 등이 중심이 되어 전원퇴학원서를 제출하는 사건으로 발전했다.

원래 당시 교장으로 오키나와 현청 학무과장이기도 했던 고다마 기하치兒玉喜八는 이미 전년도에 '여러분은 보통어조차 완전히 사용하지 못하는 형편으로 영어까지 배우지 않으면 안 되는 불쌍한 존재'라며 영어과 폐지를 주장하여 학생들의 반감을 사고 있었다. 이러한 경위를 거쳐 실시된 영어과 폐지결정은 오타의 표현을 빌리자면 '국민적 정신만 고취하면, 교육의 능사가 끝나게 되는 것이 명백하다'고 받아들이고 이는 '오키나와를 식민지로 취급'하는 것이라고 하여 오키나와에서는 스트라이크 지원 운동과 고다마 불신임 여론이 고조되었다.[23]

청일전쟁에서 일본이 승리하자 오키나와에서는 일본에 대한 애국심 표명과 '보통어' 세력이 고양되었고 학생들도 군인 지망자가 속출하고 있었다. 고다마 입장에서 보면 그러한 상황에서 영어를 폐지하고, '보통어'와 '국민적 정신의 고취'에 더욱 중점을 두어 교육을 전환해도 그것이 반발을 살 것이라고는 생각하지 않았을지도 모른다. 그러나 오키나와 측에서는 언어와 풍속의 동화를 부르짖고는 있었어도, '문명화'의 상징인 영어를 빼고 '국어'와 충성심의 육성에 중점을 둔 것은 '식민지 취급'이라고 느껴졌던 것이다.

6개월에 달한 스트라이크 결과, 고다마는 대만총독부로 전임했지만 이하 후유 등도 퇴학처분을 당하게 된다. 그리하여 이하 후유는 수학修學의 기회를 찾아 도쿄로 향하게 되었다. 원래 마음약한 이하 후유는 동지들의 권유에 어

---

23 고다마의 발언은 『伊波普猷全集』 第15巻, p.366. 오타의 형용은 『太田選集』 上巻, p.267. 이 사건의 경위는 比屋根, 『近代日本と伊波普猷』에 자세히 기록되어 있는데, 히야네는 고다마와 대립하여 직장을 잃은 교원 시모쿠니 료노스케(下国良之介)를 지나치게 높이 평가했다는 생각이 든다. 시모쿠니는 이하 후유를 비롯해 오키나와 측의 학생들에게 존경받는 교원이기는 했으나, '阿米利加印度人'이라는 비유를 통해 그들에게 단발을 강요한 인물이기도 하다. 또한 그는 조선에 부임하여 1922년 조선교육에 관한 논고를 발표했는데, 그 의견은 '内鮮人共学'과 고등교육의 기회를 주어야 한다는 등의 차별철폐로 '邦国の為の貢献奉仕する'인재를 양성해야 한다는 것으로, 전형적인 '양심적' 동화론자이기도 했다(下国, 「施設の完璧に近づくを喜びつ」, 『朝鮮』 85号). 시모쿠니가 고다마와 대립했다고 하더라도 대만에서 다카노(高野) 고등법원장의 의견과 동일하게 '일시동인(一視同仁)'형 비판의 범주를 벗어나지는 못했다고 생각된다.

쩔 수 없이 고민한 끝에 참가한 것 같지만, 이때 경험을 "그때 나는 무척 우유부단한 청년이었음에도 불구하고 후일 정치가가 되어 모욕을 당한 동포를 위해 분투할 결심을 했다"고 말하고 있다. 이 사건을 통해 그는 나하와 슈리라는 지방의식을 넘어 오키나와 전체를 '동포'로 간주하는, 말하자면 오키나와 내셔널리즘을 보다 깊이 체득했다고 말할 수 있을 것이다.

그러나 상경한 이후 이하 후유의 진로는 평탄했다고는 말할 수 없다. 중학교는 편입하여 졸업했고, 고등학교 입시에는 3번이나 실패했다가 1906년에 동경제대를 졸업했을 때에는 30살이 되었다. 고향 집이 그래도 경제적으로 안정되어 있었기 때문에 그쪽 면에서 고생은 없었던 것 같지만, 좌절하는 동안에 '자신의 성질과 경우'가 정치가에게 적합하지 않다고 판단하여 동경제대에서는 언어학을 전공했다. 오키나와의 정치적 수준 고양이라는 입장에서 오키나와의 집단적 아이덴티티의 확립으로 지망이 바뀐 셈이다.

이하 후유의 이 전향이 반드시 자질상의 이유에서만이었는지 어떤지는 의문이다. 그는 1910년 담화에서 오키나와의 청년에게 "아무리 초조해한다 하더라도, 불문율로서 오키나와인에게 정치상 및 실업상의 권력은 줄 수 없다. 하는 수 없이 아무런 제재가 없는 학문 쪽에 최선을 다할 수밖에는 없는 것"이라고 말하며 '내지인'에 대한 "적개심을 학문상으로 발전시켜 오키나와인이라 하더라도 학습 여하에 따라 내지와 대항하기에 충분하다고 생각한다"[24] 라고 말했다. 이하 후유는 정치가 취향이라고는 말하기 어려운 성격의 소유자였지만, 동시에 마이너리티로서의 사회적 위치가 배경에 있었던 것도 간과할 수 없을 것이다.

이와 같이 오키나와의 아이덴티티를 찾을 것을 지향한 그는 고등학교 입

24 碧梧桐, 「続一日一信」, 『日本及日本人』, 1910.7.15. p.56. 오키나와를 방문한 기자가 이하 후유의 이야기를 듣고 게재한 것으로 담화 날짜는 5월 17일이다.

학 전부터 문단에 문장을 발표하기 시작하여 대학재학 시기부터 오키나와의 민족적 기원론으로서 '일류동조론日琉同祖論'을 제창하게 된다. 우선 그것을 검증하기 전에 대학입학 시기의 그의 오키나와관과 일본관을 살펴보기로 한다. 그는 고등학교 입학 직전인 1900년 투서에서 일본과 오키나와의 관계에 대해 이와 같이 적고 있다.

> 류큐는 일본 및 지나 사이에 있는 섬 나라인데 두 나라의 태도나 기색을 살피면서 살았다. 지나에 대해 조공하고 책봉을 받은 것은 교역의 이익을 얻기 위함이고 둘째로는 그 보호를 얻기 위해서였다. 또한 일본 내지인을 초빙하여 신하임을 표현한 것도 같은 이유임에 틀림없다.

이러한 문장에서 나타나는 이하 후유의 역사관은 일본에 대한 충성심은 물론 오키나와가 일본과 일체가 될 필요성도 말하고 있지 않다는 점이다. 동시에 그는 제2장에서 전술한 일본에 충성을 다하는 애국교육을 예로 드는 『류큐교육』의 기사를 '당나라인의 잠꼬대'라고 평가하고 있다는 것이다.

지금부터는 이하 후유가 일본에 어떠한 반발을 품고 있었는지를 살펴보겠지만, 일본에 반발한다고 해서 그가 친청파親清派는 아니었다. 당시 이하 후유의 논리에 의하면, 오키나와의 역사는 '일본 사상과 지나 사상의 상호교류'를 기조로 하고 있는데, 그는 자신이 오키나와 역사의 위인으로서 존경하고 있었던 사이온蔡溫을 '두 사상의 조화자'라고 형용했다. 그가 지향하고 있었던 것은 일본과 청나라와의 대립이 아니라 어느 한쪽으로 치우치지 않는 조화였음을 알 수 있다.

더 나아가 주목하고 싶은 것은 일본과 청나라와의 조화만이 아니라 오키나와 내부의 조화를 지향하고 있었던 점이다. 이하 후유의 최초의 투서에 따르면, 섬 나라라는 것은 '하나의 가족처럼 화목하지 않으면 안 되는데, 슬픈 것은 이러한 정의가 오키나와에는 적합하지 않다'는 것이고, 오키나와의 내부에서는 '눈앞의 소득실小得失과 소이해小利害만을 위해 다투고 있는 것'이었다. 그리고 그의 주장에 따르면, 이 대립은 역사적인 것이어서 오키나와에는 '중산, 남산, 북산이라는 세 개의 왕국'으로 분열하여 전란이 있었던 시대가 있는데, '오늘날에도 삼산三山시대의 벽은 여전히 인심人心 안에 구축되어 있는 것처럼 생각된다'는 것이다.

이러한 점은 이하 후유의 그 후의 기본적인 테마가 되었고 문제의식이었다. 그것은 일본과 오키나와의 대립, 그리고 오키나와 '내부의 대립을 어떻게 조화롭게 이끌어갈 것인가' 하는 것이었다. 나하인으로서 슈리와의 대립에 고민하고, 동시에 오키나와인으로서 일본과의 대립에 고민한다는, 말하자면 이중의 의미로 아이덴티티였던 그의 경험이 여기서 반영하고 있었던 것은 말할 필요도 없다. 그리고 일본과의 관계에 대해 그는 이 투서에서 이미 챔버린의 류큐 언어에 대해 언급하고 있고, 후에 이 학설을 바탕으로 일류동조론의 원형을 주장하게 되는데, 여기서는 오키나와 내부의 대립에 대한 그의 견해를 좀 더 살펴보기로 하자.

이하 후유는 고등학교 재학 중에 '류큐에서 삼중의 백성'이라는 독특한 '오키나와인론'을 적고 있다. 이것에 따르면, 오키나와에는 '인종 이주의 파도가 적어도 세 번' 있었고 역사상 '삼산의 쟁란 같은 것은 이 인종적 경쟁에 의한 것이었다'라고 했다. 이 시점에서 이하 후유는 오키나와 내부의 역사적 대립을 '인종적 경쟁'으로 간주하고 있었던 것이다.

그리고 당시 이하 후유에 의하면 이 삼산시대의 오키나와인은 '살벌함을 좋아하고 투쟁을 무릅쓰는 미개의 인종'이고, 참혹한 전쟁상태가 계속되는 것으로 보았다. 그리고 이 대립을 조정한 것이 류큐왕국을 축조한 상가尙家이다. 그에 따르면 상왕조尚王朝에 의한 통일은 3개의 단계를 겪는다고 한다. 우선 '상파지尚巴志의 무력은 삼산의 구획만 파괴하고', 이어서 '상덕尚德의 외부 정벌은 류큐의 정신을 고취했고' 마지막으로 '상진尚眞의 중앙집권'에 의해 통합이 완성되고 '세 인종은 처음으로 화합'되었다. 즉 '인종'의 대립은 우선 무력에 의한 상호 경계의 강제적 파괴, 이어서 공동으로 대외전쟁을 행하면서 생겨난 내셔널리즘의 고양, 그리고 마지막으로 중앙집권과 제도적 통일이라는 코스를 겪어 조화를 이루게 된 것으로 보았다.

그리고 말할 필요도 없이 이 세 단계는 말 그대로 일본과 오키나와의 관계에도 적용되는 것이었다. 즉 먼저 무력에 의한 류큐처분에 의해 일본과 오키나와의 경계가 파괴되고, 청일전쟁을 함께 싸운 것으로 '일본 일반'이라는 정신이 고취되는 단계는 이미 매듭을 짓고 있었다. 그리고 같은 해 그의 다른 글에 따르면, 지금이야말로 오키나와인은 '단순한 일본 국민으로서의 권리를 요구할 때'였던 것이다. 그 뒤에서 보이듯이 그의 오키나와사 관심은 류큐왕조에 의한 오키나와통일과, 일본과 오키나와의 관계에 중점을 두고 있었지만 늘 오키나와사에서의 통합과정이 대일본제국의 통합과정의 모델이 되었다. 그에게 오키나와사를 연구하는 것은 '오키나와 내부의 조화'와 '일본과 오키나와의 조화'라는 두 가지의 과제를 동시에 해결하는 열쇠를 찾는 행위였다.

그러나 이하 후유가 이렇게 통합을 무조건 칭찬한 것은 아니었다. 그는 류큐왕조에 의한 오키나와 통일에서 인민이 '『수리천가나지首里天加那志』[25]를 구가'했다고 말하는 한편, 지배자인 슈리인에 대해 엄격한 평가를 내리고 있다. 현재 오키나와에서는 '세 타입의 백성'들의 대립이 부활하고 있다는 것이 그의 견해였는데, 그것은 '슈리인, 나하인, 지방인'의 대립이었다. 그리고 이하

25 일본어 발음으로는 스이텐가나시(すいてんがなし)라고 하며 국왕의 경칭이다. 슈리의 임금님이라는 의미이기도 하다. —역주

후유에 따르면 류큐왕조의 주인공인 슈리인은 '정치적 교지巧智에 능숙함과 동시에 단결심이 풍부한 국민'이고, '나하인'과 '지방인'을 정치로부터 배제하여 '마음먹은 대로 삼산의 유민을 위압했다'고 보았다. 물론 류큐왕조의 슈리사족들도 사쓰마薩摩의 지배하에 있었지만, 이하 후유에 따르면 왕조시대에 사족을 의미하는 '유카체ユカッチェ'라는 말은 원래 '정복자의 부하가 되어 동포를 노예화하는 운동에 종사한 일당'을 가리키는 것이었다.

그리고 이러한 류큐왕조의 지배 아래 '원성怨聲이 사회의 내부에서 발생하지 못했을 때', '세 계급의 구별을 타파하여 그 국민을 화합해야 한다는 큰 세력'은 어디에서 온 걸까. 이하 후유에 의하면 그것은 오키나와의 내부에서부터가 아니라 '일본 중심에서부터 나온 류큐 합병이다'라고 했다. 즉 일본에 의해 류큐왕조가 폐지되어 종래 지방적 분열과 계급차별이 파괴되었던 것이다. 그렇지만 이미 앞에서 살펴본 것처럼 이하 후유는 그러한 '화합'을 행한 일본도 칭찬하지 않았다. 그는 같은 시기의 기고문에서 '류큐 합병' 후의 오키나와를 '식민지적 시대'라고 형용하고 있었다.

이상으로 살펴본 것처럼 이하 후유의 기본적인 세계관을 정리해보기로 하자. 한마디로 말하자면 그의 마음속에는 정치적 권력에 대한 동경과 거절이 동거하고 있었다. 그의 견해로는 '이종異種' 사이의 대립은 무력에 의한 강제적 통합과 내셔널리즘에 의한 일체감의 형성, 그리고 제도의 통일이라는 정치적 권력의 작용에 의해서밖에 해결될 수 없다는 것이다. 그러나 그러한 대립이 조화로 나아간다 하더라도 지배자의 권력 아래에서 차별과 지배라는 구조는 고착화되고 말았다. 그리고 그 권력을 타파한 권력도 새로운 지배와 차별을 반복했다. 이하 후유에게 정치라는 것은 안정과 통합을 가져오는 한편, 차별과 지배를 낳는 야누스 같은 존재였다.

이와 같은 세계관이 이하 후유의 경우는 유소년기의 체험에서부터 출발하고 있었을 가능성이 크다고 볼 수 있다. 아마 그가 슈리사족 학생으로부터 배척당했을 때, 그것을 보다 큰 정치력으로 조정한 것은 야마토 출신의 교사였을 것이다. 어린 이하 후유가 슈리에서 기거한 곳은 사범학교 부속소학교 교사의 자택이었다. 그러나 이하 후유는 중학교의 스트라이크에서 그 야마토 교사들의 차별과 싸우지 않으면 안 되었다. 그리고 이하 후유 자신은 정치가가 되기를 동경하면서 자신의 자질과 상황에서 그것을 단념한 인간이었다. 그는 그 후에도 류큐왕조와 일본에 대해 모순된 자세를 취하게 되는데, 그 배경에는 정치에 대한 동경과 거절이라는 동시성이 존재하고 있었다고 여겨진다.

대립을 조정하기 위해서는 권력의 개입이 필요하게 된다. 권력은 지배와 차별을 낳는다. 이러한 정치사상적인 아포리아 속에서 당시 이하 후유는 고민하고 있었다. 그것은 '일본'에 대해서도 '류큐'에 대해서도 동화할 수 없는 이중의 마이너리티로서 그의 이방성이 반영되었던 것이다. 그리고 그 해결을 위해 그는 오키나와의 자리매김에 몰두해간다.

방벽防壁으로서의 동조론

이하 후유가 일류동조론의 원형을 발표한 것은 고등학교 재학 중인 1901년에 발표한 글에서이다. 그는 이 글에서 챔버린의 언어학연구를 바탕으로 '오늘날 류큐 주민의 대다수'는 '천손인종의 대이동 중에 나누어진 사람의 후예이다'라고 주장했다.

챔버린설의 골자는 기본적으로 두 가지로 집약된다. 하나는 류큐어와 일본어의 관계는 '에스파니아어와 이탈리아어' 혹은 '에스파니아어와 프랑스어' 같이 가까운 관계에 있고, 양자 사이에는 공통의 '조상어'가 존재한다는 점이다. 다른 하나는 일본의 『기기記紀신화』를 바탕으로 이 공통언어를 가진 집단이 조선반도에서 건너와 규슈에 상륙하여 대부분은 선주민족을 정복하면서 신무동정神武東征이라고 불리는 동진東進을 행했지만, 일부분이 남하하여 오키나와에 이르렀을 것이라는 점이다. 이하 후유가 오키나와인을 '천손인종 대이동 중에 나누어진 그들의 후예'라고 표현한 것은 이 설에 따른다.

또한 챔버린에 따르면 공통언어의 특질을 보다 강력하게 남기고 있는 것은 일본어보다도 류큐어 쪽이라고 했다. 이하 후유는 이 점도 근거로 삼으면서 오키나와는 "『고사기』에 사용된 언어와 유사한 말을 구사하고, 일본 고대의 유풍이 많이 잔류한다"고 주장하고 있었다.[26] 그리고 이것은 류큐처분과 한일합병 시기에 유포되었던 영유지역에 일본의 고대풍속이 잔류하고 있다는 설과도 합치하는 것이었다. 그 후 이하 후유의 학설은 기본적으로 이 틀 안에서 전개된다.

이하 후유는 그 후 챔버린이 근무하는 동경대학 문과대학 언어학과에 입학하여 가나자와 쇼자부로金沢庄三郎와 우에다 가즈토시上田万年의 강의를 들었다. 또한 인류학자 도리이 류조鳥居龍藏와도 친하게 지내 1904년에는 도리이가 오키나와를 방문했을 때 안내역할로 동행했다. 그리고 재학 중에 발표한 오키나와 역사에 관한 논고는 『류큐신보』에도 게재되어 관심을 받게 되었고, 동화지향 속에서도 오키나와인이 '일본인'임을 학문적으로 입증해주는 인물로서 이하 후유에게 관심이 집중하기 시작했다.

그리고 이하 후유가 1906년 동경제대 졸업 후 귀향하여 발표한 것은 『류큐신보』에 연재된 「오키나와인의 조상에 대하여」였다. 이것은 한일합병 이듬해인 1911년에 출간된 『고류큐古琉球』의 개정판을 실었는데, 전 시기 오키나와 역사의 표준이 되었다.

26 『伊波普猷全集』1卷, p.525.

이하 후유가 여기서 전개한 논설은 앞서 언급한 챔버린설을 도리이 류조의 인류학과 가나자와의 언어학 연구를 통해 보충한 것이라고 말해도 좋다. 언어학 입장에서 이하 후유는 『기기記紀』신화와 『만요슈萬葉集』에서 볼 수 있는 고대 일본어와 현대 오키나와에 남아있는 언어의 유사한 예를 열거하여 동조同祖의 증거로 제시했다. 또한 가나자와의 연구에서 일본어의 서쪽西의 원래 의미는 과거의 의미이고, 신무동정을 거쳐 '자신들이 거쳐 간 곳'을 가리킨다는 설을 인용하고, 류큐어에는 북쪽을 '니시'라고 칭하는 것을 예로 들면서 오키나와인의 조상이 규슈에서 남하했다고 주장한다.[27] 이것은 물론 조선반도에서 규슈에 상륙한 집단이 동진과 남진으로 나뉘었다는 챔버린설을 보강한 것임에 틀림없다.

또한 이하 후유가 참조한 도리이의 연구에는 다음과 같다. 도리이는 오키나와 본도와 야에야마八重山 군도의 유적을 발굴하여 오키나와에는 일찍이 아이누가 살고 있었고, 또한 야에야마에는 15세기경까지 대만의 '생번'과 동종同種의 말레이계통의 인종이 있었다고 주장했다. 도리이에 의하면 오키나와인에게 다모多毛 사람이 많은 것은 아이누의 혈통이 섞여 있기 때문이었다. 이하 후유는 이 도리이설을 지지하고 오키나와에는 아이누어풍의 지명이 산재하며 '류큐제도의 주민 중 말레이인의 눈을 가진 자가 있다'는 것을 근거로 말

27 伊波普猷, 「沖縄人の祖先に就いて」, 『琉球新報』, 1906.12.5~9 중에서 『沖縄県史』 第19巻, p.306. 인용은 『伊波普猷全集』 第1巻, p.44. 이 신문연재부터 『고류큐(古琉球)』, 沖縄公論社, 1911로 정리되기까지는 상당히 많은 부분이 가필되었다. 그리고 전집에 수록되어 있는 1942년의 최종판까지 3번에 걸친 개정이 있었는데, 본장에서 언급한 사론 대부분은 개정된 곳에서도 변화가 없는 부분이다. 『고류큐』 초판은 국립국회도서관(일본)에 소장되어 있다. 그리고 이하 후유는 『고류큐』에서 자신의 이름을 알파벳으로 'Iha'가 아니라 'Ifa'라고 표기하고 있다. 이점에 대해 가노 마사나오의 『沖縄の淵』(p.71)에는 오키나와 발음에 의해 '류큐인으로서의 자기 아이덴티티를 체현시켰다'고 해석하고 있다. 반대로 아라카와 아키라(新川明)는 '그가 이하를 보다 오랜 이화라고 부른 것은 오키나와의 토착성에 자각적으로 고집하여 그것을 주장하는 것이 아니라, 류큐적이라는 것이 오히려 일본적인 것, 일본보다 순수한 것이라고 보는 발상'이며 '그의 본토지향성을 가장 단적으로 표현했다'고 기술하고 있다(新川明·岡本恵徳·川満信, 「日本国家となぜ同化し得ないか」, 『中央公論』, 1972.6月号, pp.88~89).

레이계의 혈통도 혼입되어 있다고 논했다.[28]

당시 오키나와 여론이 오키나와인은 '일본인'으로 아이누와 '생번'과는 전혀 다르다는 주장을 취하고 있었다는 것을 생각하면, 아이누와 말레이계의 혈통이 혼입되어 있다는 이하 후유의 학설은 그에 반하는 것처럼 보인다. 그렇지만 이러한 주장은 이하 후유의 일류동조론에서 빠뜨릴 수 없는 요소였다. 왜냐하면 도리이를 비롯하여 당시 인류학에서는 고대의 열도에는 아이누와 말레이계의 선주민족이 있었고, 거기에 대륙계 민족이 조선반도에서 도래하여 그들을 정복하고 세 개의 혈통이 혼합하여 일본민족이 형성되었다고 보는 것이 일반적이었기 때문이다.[29] 즉 오키나와인이 아이누계와 말레이계의 혈통이 섞여 있다는 학설은 혈통적으로도 일본민족과 같은 조상이라는 주장임에 틀림없었다.

그리고 이하 후유에 따르면, 오키나와인이야말로 대륙에서 도래한 자들과 공통의 언어 중에서도 조사의 특성을 가장 강하게 남기고 있고, 오키나와는 '일본의 고대사를 연구하거나 일본어사전의 역사적 연구에 종사하는 자에게 진귀한 재료를 공급하는 것'이라고 했다. 그리하여 그는 류큐처분에 의해 '지금이야말로 우리들은 2천 년 전에 헤어진 형제와 해후하여 동일한 정치 아래 생활하게 되었다'[30]고 결론지었다.

이하 후유가 어디까지 의식하고 있었는지는 불분명하지만, 제8장에서 전술한 것처럼 가나자와와 도리이는 '일선동조론'으로 조선지배와 동화를 정당화한 논자들이었다. 가나자와는 챔버린의 설을 연장시켜 일본어와 조선어의 관계는 '에스파니아어와 프랑스어'의 관계와 동일하다고 말하고, 조선어

28 伊波普猷, 「沖縄人の祖先に就いて」, 『沖縄県史』 第19巻, p.309. 인용은 『伊波普猷全集』 第1巻, p.43.
29 오구마 에이지, 『単一民族神話の起源』 참조.
30 『伊波普猷全集』 第1巻, p.525; 「沖縄人の祖先に就いて」, 『沖縄県史』 第19巻, p.310.

가 '우리 국어의 한 분파에 불과하다는 것, 류큐 방언은 우리 국어와 다름없는 관계에 있다'고 부르짖었다. 이러한 설을 바탕으로 조선총독부와 일본논단은 조선의 병합은 침략이 아니라 복고라고 주장하고 있었다. 그리고 조상이 동일하지만 수천 년 동안 생활이 달랐기 때문에 일본과는 '민도民度' 차이가 생겨났고, 그렇기 때문에 동화정책에 의해 그 열등성을 회복하기까지 차별이 존재하는 것은 어쩔 수 없다고 보았다. 조선에 일본 고대의 풍속이 보존되어 있다는 속설도 조선의 정체와 열등성을 증명하기 위한 재료임에 틀림없었다.

이렇게 보면 이하 후유의 일류동조론은 일선동조론과 불가분으로 생겨난 것이라고 보아도 좋고, 지배자 측이 만들어낸 언설을 모방하고 있는 것처럼 보인다. 그렇지만 그의 동조론에는 그것만으로 그치지 않는 요소가 포함되어 있다. 그는 1905년에는 오키나와의 신화와 설화가 일본 고래의 것을 보존하고 있다는 전제하에 다음과 같이 주장하고 있다.

> 첫째, 우리는 우리들 정신적 산물을 어디까지라도 보존할 필요가 있다. 의무가 있다.
>
> 둘째, 그런데 소학교 교원 중에는 일종의 애국심이라고 생각하여 귀중한 오키나와 설화를 전부 없애려는 사람이 있다. 이것은 결국 신화, 전설의 유사함이 체질언어 등의 유사함, 그리고 두 종족 사이의 밀접한 관계를 보이는 것을 모르는 죄이다.[31]

오키나와의 신화와 언어는 그대로 '일본'의 것이고 그것을 파괴하는 것은 '일본'을 파괴하는 것이라고 이하 후유는 말한다. 즉 이하 후유에게 '동조' 란 동화를 강조하는 논리가 아니라, 그 반대로 오키나와의 독자성을 지키는 방

31 『伊波普猷全集』 第10巻, pp.33~34.

벽인 것이다.

이하 후유는 1907년 강연에서 류큐처분 후의 오키나와를 형용하여 "누구도 대세에 저항할 수는 없다. 자멸을 원하지 않는 사람은 이에 따르지 않으면 안 된다. 한 명이 일본화하고 두 명이 일본화하여 마침내 청일전쟁이 끝날 즈음 메이지 정부를 비난한 사람들의 입에서 제국만세 소리를 듣게 되었다"고 말하고 있다.[32] 이러한 상황 속에서 오키나와의 독자성을 옹호하는 방법은 한정되어 있었다.

그렇지만 마이너리티 측이 무력은 물론, 사상에서도 대항할 방법을 빼앗겨 지배자의 언어에 의해서밖에 자기의 입장을 표현할 방법이 없는 경우 취할 수 있는 하나의 방법은 지배 측의 언설을 자신들에게 유리한 형태로 치환하여 읽는 것이었다. 미국 초기 흑인해방운동이 성서의 말에 빌려 차별의 부당성을 소송한 것처럼 지배 측의 언설을 뒤바꾸는 것은 유효한 무기가 되는 것이다. 원래 '동조'라는 것은 일본 측이 오키나와와 조선 등을 동화시키면서 차별하기 위해 '일본인'이면서 '일본인'이 아닌 것으로 그들을 자리매김시킨 '형용'이었다. 그렇지만 이하 후유는 그것을 '일본인'과 평등하게 대우하면서 '일본인'과 또 다른 개성을 가진 상태를 가리키는 말로 사용한다.

이하 후유는 1907년 강연에서 '오키나와의 근세사는 사회학상 소위 사회화의 최적의 예'라고 하면서 그 나름대로 '일본인'상을 말하고 있다. 그에 따르면 '오키나와인은 일본국의 건설 이전에 남도南島에서 분리해 나와 나라를 세운 일본인의 하나의 지족이지만 2천 년 사이에 자연변종으로 된 자들로', 즉 '일본인'이면서 '일본인'이 아닌 자들로 '고유'의 '개성'을 지니고 있다고 보았다. 여기까지는 지배 측의 동조론과 같지만, 계속해서 그가 부르짖은 것

32 『伊波普猷全集』第7巻, p.8.

은 '여러 다른 개성 있는 인민을 포함하여 여유 있는 국민이 곧 대국민이고', '만약 오키나와인으로 인해 그 개성을 없앨 수 있는 사람이 있다면 그것은 분명 정신적으로 자살한 것'이며 '아마 국가의 손실 중 이것보다 큰 손실은 없다'는 주장이었다. 여기서 말하는 '다른 개성'을 포함한 '대국민'이야말로 이하 후유가 주장한 '일본인'이었음에 틀림이 없다.[33]

이러한 다양성을 포함한 '일본인'상은 대일본제국에 대한 반항으로서가 아니라 오히려 보다 고차원적인 '통일'로서 제창하고 있었다. 이하 후유는 1909년 담화에서 '국가주의자는 흔히 통일이라고 말하지만, 소위 통일은 어떤 일부 사람들이 가지고 있는 특질만이 보존되고 그것과 다른 편린들은 사라져버린다'고 말하고, 인격으로써 그 특질을 발휘시켜 그런 것들을 포함하여 여유 있는 움직임이 진짜 통일이라고 주장하고 있다.[34] 그에 따르면 '타인의 개성을 존경하는 일은 마침내 그 국가에 충성하는 까닭'인 것이고, 편협한 동화론보다도 다양한 '대국민'을 지향하는 쪽이 '국가에 충성'인 것이었다.[35]

가장 다원적인 '일본인'상은 제9장에서 살펴본 나카노 세이고中野正剛의 다원주의 논리조차도 조선의 독립운동에 대해 부정적이었던 것처럼, 이것도 오키나와의 독립이라는 방향에는 연결되지 않는다. 이하 후유에게 일본과의 전면대결은 상황적으로 불가능할 뿐만 아니라, '인종' 간의 대립을 싫어하는 나카노의 지향과도 다름을 말해야만 했던 것이다. 그는 1909년에 자신은 소년시절부터 타 부현민과 오키나와인 사이에는 커다란 참호塹濠가 있는 것처럼 느끼는 그 참호를 메워 보고 싶다고 생각하고 있었다'고 말하고, 그가 어디까지나 대립보다도 조화지향이었음을 알 수 있다.[36] 또한 그는 1910년에는 아

---

33 『伊波普猷全集』第7巻, pp.10~11.
34 『伊波普猷全集』第10巻, pp.336~337.
35 『伊波普猷全集』第7巻, p.11.
36 『伊波普猷全集』第10巻, p.336.

래와 같이 적고 있다.

> 우리들은 오키나와인이라는 자각 아래 단순히 내지인의 모방에 따라야만 할 것인가라는 의문이 있다. (…중략…) 오키나와 현청에 대해 모반을 꾀하는 것은 바보스러울 것도 없지만, 그들의 불평은 언젠가 묘한 방향으로 흘러 청년에게 사회주의의 서적과, 러시아 소설의 비통한 것 등을 읽는 사람이 많아지게 되었다. 만약 이 기풍을 점점 조장해가면 인종상 무서운 전쟁이 되지 않는다고 할 수 없다.[37]

이하 후유에게는 현재의 차별 상태를 방치하게 되면, 마침내 인종상 무서운 전쟁을 초래할지도 모른다는 위구危懼심이 있었다. 그것은 그가 진작부터 두려워하고 있었던 것일 뿐만 아니라, 정치적인 권력관계에서 보아도 오키나와에게 불리한 사건일 수밖에 없었다.

이 담화에서는 또한 '십 년 전까지는 단순히 구문물 파괴, 일본모방의 단순한 사회였던 것이 오늘날에는 오키나와인으로서의 자각이 싹트고 구문물 보존, 모방배척의 단서를 만들었다'라고 적었지만, '오키나와인으로서 자각'의 대두와 '인종상 무서운 대립'의 회피를 양립시키는 것이야말로 이하 후유의 사상적 과제였다고 말할 수 있다. 그가 동조론을 환골탈태시켜 만들어낸 다원적인 '일본인'상은 그것에 답하기 위한 것이었다.

오키나와 내셔널리즘과 '동조'

이렇게 이하 후유는 동조론으로써 오키나와와 일본과의 조화를 확보한데

37 「続一日一信」, pp.56~57. 이 담화에서 이하 후유가 'lha'에서 'Ifa'를 사용하게 되는 경위를 정황하게 적고 있다고는 보증하지 못하지만, 아마도 야마토와의 결정적 대결을 회피하려는 이하 후유의 지향을 어느 정도는 전달하고 있다고 볼 수 있다.

다가 오키나와의 '개성'을 주장하고 있었다. 즉 그는 오키나와인을 '류큐민족'이라는 독자적인 민족이라고 부르짖고 있었다.

『고류큐古琉球』로 대표되는 초기 이하 후유의 오키나와사관은 말하자면 이중구조를 지닌 것이었다. 즉 일본과의 '동조'가 강조되는 한편, '류큐민족' 영광의 역사가 설명되고 있던 것이다.

이하 후유에 의하면, 남방으로 향한 '아마미키アマミキ종족'은 류큐왕국을 건설하고 미야코宮古·야에야마 등을 포함한 '류큐민족의 통일'을 이룩했다. 그리고 이 '류큐민족'은 해양으로 진출하는 '파도의 건아'로서 '일본 및 지나의 문명을 소화하여 스스로 독자문화를 발휘'하면서 남양南洋무역으로 멀리 수마트라Sumatra까지 배를 파견했던 것이다.[38] 그 후 16세기 사쓰마薩摩의 침공에 의해 오키나와인은 '노예'에 처해 일찍이 정치적 위업과 해외진출의 기억을 잃은 연체동물이 육생동물陸生動物'로 되어버렸던 것, 그것은 오키나와 본래의 모습은 아니라는 것이다.[39] 이하 후유는 '류큐민족'에 대해 이렇게 말하고 있다.

류큐처분은 미아를 부모 슬하로 데리고 돌아온 것과 같은 것입니다. 그렇지만 이 류큐민족이라는 미아는 2천 년간 지나 바다 한가운데의 도서지역에서 방황하고 있었음에도 불구하고 (…중략…) 슈리首里를 중심으로 하여 정치적 생활을 영위했습니다. 그래서 그들의 북방동포가 일찍이 일궈내지 못했던 장소에서 자국어로서 금석문金石文을 쓰게 되었습니다. 그들은 실로 물질적으로 또한 정신적으로 국가사회를 형성해야만 하는 도량度量을 지니고 있었던 것입니다.[40]

38 『伊波普猷全集』 第1巻, pp.46~47.
39 『伊波普猷全集』 第10巻, p.19.
40 『伊波普猷全集』 第1巻, p.61.

이하 후유는 이처럼 '북방의 동포'인 '일본인' 이상의 정치능력을 보인 '류큐민족'의 자긍심을 읊고 있었다. 그는 또한 쇼쇼켄向象賢[41] 이라는 류큐사의 위인을 그리는 작업도 진행했다. 한 집단이 내셔널리즘을 형성하고, 민족의 기원을 설명하며 정치적·문화적 능력을 증명하기 위해 모범이 되는 위인을 그린다고 하는 일련의 역사연구는 빠뜨릴 수 없는 것이었다. 말하자면 이하 후유의 역사연구는 '류큐민족'의 잃어버린 영광의 기억을 읊고 있으며 오키나와 내셔널리즘을 창조하는 행위였다고 말해도 좋다. 그것은 '모욕당한 동포'들에게 긍지를 심어주기 위한 그가 할 수 있는 최대의 작업이었다. 이하 후유의 작업이 통상적 내셔널리즘의 창조과정과 약간 다른 것은 당시 오키나와의 상황에서 보면, 그 첫 걸음이 일본과의 대결을 노래하는 것이 아니면 안 되었던 것이다. 말하자면 이하 후유는 일본과의 조화와, 오키나와 내셔널리즘의 창조라는 이면裏面 작전을 수행하지 않으면 안 되었던 것이다.

이 곤란한 상황 속에서 이하 후유가 취한 역사관은 두 가지의 요소를 가지고 있다. 하나는 위에서 볼 수 있듯이 류큐처분에 대한 긍정적 평가였다. 처분 후의 오키나와를 '식민지적 시대'라고 형용한 인물이라는 점에서 보면 이 일은 약간 기이하게 느껴진다. 그러나 류큐처분을 침략이라고 자리매김하는 형태로 오키나와 내셔널리즘을 노래한다면, 그것은 일본과의 전면적 대결을 부르짖는 것을 의미한다. 일본과의 대결이 불가능인 상황하에 류큐처분을 침략으로 그리는 것은 오키나와의 사람들에게 한층 더 굴욕감을 주는 것으로밖에 되지 않는다. 그보다는 류큐처분이 결코 굴욕은 아니었다고 표현하는 편이 굴욕당한 동포에게 긍지를 회복시켜주는 데에는 효과적이었다고 말할 수 있다.

41 쇼쇼켄은 당나라 명으로 하네지 초슈(羽地朝秀)라고도 불렸다. 왕족 출신으로 어릴 적부터 국정을 논하기도 했으며 한문에 능했다고 한다. 1650년 류큐에서 최초 사서인 『중산세감(中山世鑑)』을 편술한다. 1666년에는 국왕의 최고 정치적 위치인 섭정(국상·国相)에 취임했다. —역주

다른 하나는 오키나와인이 '일본인'이어도 '일본인'과는 다른 것, 즉 '동조'를 강조하면서 '류큐민족'임을 부르짖는 것이었다. '동조'라는 틀을 새로이 만들어 일본과의 조화를 확보함에 따라 비로소 그 틀 내에서 류큐 내셔널리즘을 고무시키는 것이 가능하게 되었다. 여기서도 '동조'는 오키나와의 개성을 보증하는 방벽으로서 기능했던 것이다.

그리고 여기서 주목해야만 하는 것으로 '류큐민족'이라는 말은 이하 후유가 사용하기까지 오키나와에서는 일반적으로 사용되지 않았던 것 같다. 근대 이전에는 '민족'이라는 말이 현재와 같은 의미로 사용되고 있었던 것은 아니었고, 일본에서부터 '일본국 중 특별한 종족의 민족'으로 간주되는 것을 극도로 두려워하는 상태에 이르고 있던 이 시기의 오키나와 여론에서 '류큐민족'이라는 표현은 오히려 기피의 대상이었다. 그렇지만 1906년에 귀향한 이하 후유가 오키나와사의 강연을 한 후 『류큐신보』에 '류큐민족이 야마토민족과 동일한 근간으로 되어 있다'는 형태로 '류큐민족'이라는 말이 나타났던 것이다. 그리고 이 기사는 "본 현민은 자신들의 인종적 가치를 자각하지 않기 때문에 이 작은 섬에서 태어난 것과 대국에 태어난 것과는 천부의 가치에 높고 낮음이 있는 것으로 오인하고 있다"는 것이고 "비굴하게 되는 것도 이 때문이다"라고 적었다. 그리고 '이하 후유 씨의 사업이 점점 발전하여 현민의 자긍심을 진작하기를 바란다'고 호소하며 '류큐사'를 소학교 과정에 넣으라고 요구했다.[42] 즉 당시 이하 후유가 '동조'라는 논리를 강조한 후, 처음으로 오키나와 여론을 자신들의 '개성'을 찾기로 연결시켜 주장했던 것이다.

이하 후유는 또한 일류동조론이 챔버린 등의 외국인과 일본정부에 의해 떠맡겨진 것이 아니라 그가 오키나와의 역사상 위인으로 삼은 쇼쇼켄向象賢과

42 「多方多面」, 『琉球新報』, 1906.10.27. 인용은 『沖縄県史』 第19巻, p.302.

사이온蔡溫, 초호朝保라는 인물에서부터 부르짖은 것을 강조했다.[43] 자신들이 자긍심을 되찾기 위한 역사관이 외국인과 침략자로부터 주어진 것이라는 인식인 채로는 도저히 오키나와 내셔널리즘을 창조할 수 없는 것이었다. 이를 위해서는 어떤 일이 있어도 그 이론은 오키나와 측에서 부르짖는 복고가 아니면 안 되었던 것이다. 그리고 그는 1911년 담화에서는 이렇게 말하고 있다. "류큐인 연구는 꼭 우리들 류큐인 스스로 연구하지 않으면 어차피 불완전하고 철저하지 않다"라고 어필했다.[44] 이러한 이하 후유의 주장이 당시 오키나와의 청년층에게 어떻게 받아들여졌는지에 대해서는 히가 슌초比嘉春潮[45] 일기의 일절을 통해 알 수 있다.

> 『류큐인종론』에서 이하 후유는 류큐인을 일본인종이라고 결론짓는다. 이것이 이하 후유 선생의 지론이다. 그러나 선생이 어째서 이런 견해를 공공연하게 발표하는지는 이유가 있다. 선생의 생각으로는 지금의 류큐인은 빠르게 일본인과 동화하는 것에는 행복을 얻는 길이다. 그 때문에 이와 같은 견해를 피력한다. 쇼쇼켄向象賢과 같은 사람들은 결코 일본에 편중된 사람도 아니고 오히려 지나 숭배사상을 가지고 있었다. 그러나 만인의 행복을 위해 동종동족同種同族을 부르짖고 있었다. 이하 후유 선생은 물론 지나숭배는 아니지만 류큐인을 문명인으로서 부끄러워하지 않는 인종, 아니 어느 특별 인종으로 만들어냈다. 또한 문명을 만들

43 『伊波普猷全集』 第1巻, p.54.
44 『伊波普猷全集』 第11巻, p.243.
45 본명은 슌초(春朝)이다. 오키나와 사범학교를 졸업하고 소학교 교사, 교장을 거쳐 신문기자를 역임했다. 그 후 1923년 개조사(改造社)에 입사했다가 고야마(小山)서점에 들어간다. 야나기타 구니오(柳田国男)를 스승으로 삼았고, 남도담화회에서는 신무라 이즈루(新村出), 긴다이치 교스케(金田一京助), 핫토리 시로(服部四郎)와 함께 명성이 높았다. 전후에는 가미야마 세료(神山政良)가 취임한 오키나와인 연맹의 발기인이 되기도 하며 오키나와의 복귀운동에도 힘썼다. 저서에는 「沖縄の歴史」, 「沖縄の歳月」, 「沖縄の犯科帳」, 「蠹魚庵漫章」 등이 있다. 지금은 『比嘉春潮全集』 全5巻, 1971~1973이 전해지고 있다. —역주

어내는 인종으로서 종족적 자존심을 가지고 있으셨다. 이러한 논리에 우리들은 이하 후유 선생에게 복종하는 바이다.[46]

이하 후유의 주장은 '동조'를 표면에 내걸면서 종족적 자존심의 고취라는 히가 슌초의 인식은 대체로 적중하고 있었을 것이다.

배제와 동화의 연쇄

이렇게 이하 후유는 곤란한 상황하에 오키나와 내셔널리즘을 창조했다. 그런데 여기에는 두 가지의 문제점이 동반되고 있었다. 하나는 이하 후유가 '나의 연구결과에 의하면 오키나와인이 일본인이라는 자격은 아이누와 생번生蕃이 일본인다운 자격과 별개임을 일러주었다'라는 것처럼 아이누와 '생번'에 대한 이하 후유의 멸시관이었다. 그것은 당시 오키나와 여론과 대세가 합치하고 있었음과 동시에 그의 정치에 대한 불신도 있었다. 즉 일본과 오키나와 사이에 '만약 이들의 문화적 유사점이 없다면, 오키나와인이 일본인이라는 자격은 단순히 정치적이어서 대만의 생번과 홋카이도의 아이누가 일본인과 똑같은 관계일 수밖에 없다'는 것이었다.[47] 정치적인 권력에 의한 통합은 일시적으로는 성공한다 해도 결국은 차별을 낳는다는 것이 그의 인식인 이상, 오키나와인이 일본인인 것은 정치적 이상의 것이 아니면 안 되었던 것이다.

그러나 그 한편으로 이하 후유의 정치 동경은 아이누와 '생번'을 류큐민족의 정치능력을 칭찬하는 비교대상으로 자리매김되었다. 그는 '류큐민족'의 역사를 그리는 것에 맞춰 '아이누와 생번이 피플people로 존재했고, 네이션nation으로서 공생한 것이 아닙니다'라든가 '아이누를 보세요. 그들은 우리 오

46 『比嘉春潮全集』, 沖縄タイムス社, 1971~1973; 『比嘉春潮全集』 第5巻, 1911.4.29, p.295.
47 「沖縄人の祖先に就いて」, 『沖縄県史』 第19巻, p.310; 『伊波普猷全集』 第10巻, p.34.

키나와인보다도 꽤 이전부터 일본 국민의 대열에 끼여 있습니다'라고 했다.[48]

여기서 말하는 '피플'은 정치적 능력이 결여된 민족, '네이션'은 국가를 형성할 능력을 가지고 있는 민족을 가리킨다. 제7장에서 본 것처럼 르봉Le Bon을 비롯한 당시 인종사상의 주장 속에는 인종의 우열은 개개인의 능력보다도 집단적으로 국가를 형성할 수 있는 정치능력이 기준으로 되어 있었다. 전술한 바와 같이 이하 후유는 르봉을 비롯한 당시의 인종 사상론을 읽고 있었기 때문에 그에게도 영향을 받고 있었다고 생각된다.

오키나와의 조상이 아이누와 말레이계 선주민족을 정복하여 그 혈통을 혼합했다고 하는 주장도 당시의 이하 후유에게는 '류큐민족' 정치능력의 증명이었다. 그는 "오키나와섬 및 오시마大島에서는 귀신 퇴치 전설이 있지만, 이것은 아마 오키나와인의 조상과 아이누의 접촉을 넌지시 보여주는 것이다"라고 말하고 있다. 또한 도리이의 설을 논거로 하여 요나구니시마與那國島는 말레이계 주민이 살던 땅이라고 한데다가 '영웅이 오나구니로 건너가 육식인종을 정벌한 전설 등은 (…중략…) 대륙계의 몽고족과 말레인종족과의 접촉을 상상하도록 한다'고 자리매김하고, '인육을 즐기는 것은 말레이인종'이라고 주장했다. 이것은 물론 '말레이인종'의 '생번'에 '인육기욕'이 있다는 당시의 일반적인 논조에 따른 것이었다. 그는 '오키나와인은 기원전에 규슈의 일부에서부터 남도에 식민한 자손'이고, '상고上古의 식민지인'이라고 표현하고 있지만, 이것은 당연히 오키나와인의 조상이 아이누와 '생번'을 정복한 위대한 식민자라는 의미였다.[49]

또한 이하 후유는 1906년 신문연재에서 같은 동조론이라도 남방의 민족이 오키나와를 경유하고 북상하여 열도로 들어왔다는 구메 구니타케久米邦武의

48 『伊波普猷全集』 第1巻, p.1·54.
49 「沖縄人の祖先に就いて」, 『沖縄県史』 第19巻, pp.309~310.

설을 비판하고 있다.[50] 이 설을 인정하게 되는 경우 '인육을 즐기는' 남방계 민족의 성질을 가장 강력히 남긴 것은 오키나와인이 되고 말기 때문이다. 그는 어디까지나 북방민족이 규슈를 경유해서 남하하여 아이누와 '생번'을 정복했다는 설을 부르짖은 것이다.

현재의 입장에서 이러한 이하 후유의 주장을 비판하는 것은 용이하다. 그러나 이는 이하 후유 개인의 한계라기보다 당시 상황의 한계였다. 당시의 오키나와 여론에서 '일본인'과 동조인 것만이 아니라, 아이누와 '생번'과의 차이가 강조되지 않으면 '류큐민족' 등이라는 말을 받아들이는 것은 아마 곤란했다고 생각된다. 또한 지배자의 언설인 동조론을 이용한 점에서 거기에 포함되어 있던 차별도 유입시켜버린 것도 무시할 수 없을 것이다.

또한 말하자면 이것은 내셔널리즘 그 자체의 한계이기도 했다. 내셔널리즘은 자신들의 집단 아이덴티티를 형성하기 위해 민족적 우수성을 읊는 역사를 창조할 뿐만 아니라, 어느 정도의 비교와 배제의 대상을 필요로 한다. 대부분의 마이너리티·내셔널리즘은 지배자를 비판하고 배제의 대상으로 하는 것으로 그 조건을 충족시키지만, 이하 후유의 경우는 일본과의 차이를 강조해야만 했다. 그렇게 되면 나중에는 아이누와 '생번'만 배제해야 한다고 요구하지 않았던 것이다.

그리고 이하 후유의 오키나와 내셔널리즘에는 또 하나의 문제가 있었다. 그것은 오키나와 내부의 동화문제였다. 그는 원래 오키나와에는 아이누를 비롯한 선주민족 이외에도 복수의 '인종'이 있고, 그것이 류큐왕조에서부터 통합되어 '류큐 일반'이라는 의식이 성립했다고 말한다. 그는 '류큐민족의 통일' 과정을 다음과 같이 형용하고 있다.

---

50 Ibid., p.305.

일찍이 류큐정부가 미야코宮古·야에야마를 동화했을 때 정치가를 내쫓음과 동시에 그 땅의 호족 여자를 신관祝으로 임명하고, 그 민족적 종교의 포교에 고심한 것이다. 오키나와인이 험악한 파도와 싸우면서 이른바 36개 섬의 국민을 통솔하고 하나의 왕국을 건설했다는 것은 정치적 인민임을 증명하는 것이다. 이 점에서도 그들은 북방의 동포와 관련되어 있었다.[51]

정치가를 파견하고 '민족적 종교의 포교'를 행하는 '동포정책'에 의해 "류큐민족의 통일은 할 수 있다"고 이하 후유는 말한다.[52] 그의 1913년 논고에 따르면 오키나와사의 삼산시대는 '혈연을 달리 하고 모시는 신이 다르다고 생각하고 있는 단체'의 대립이었지만, 류큐왕조의 지배에서부터 '슈리화首里化'가 이루어져 '세 종족은 통합하여 한 민족을 형성'하고, '상가尚家의 신이 (…중략…) 민족전체의 신'으로 되었다고 되어 있다.[53] 이 과정은 '북방의 동포'인 일본의 동화정책과 '매우 흡사하다'고 했고, 오키나와인의 정치능력을 입증하는 것이라고 보았다.

이하 후유는 이 '슈리 왕부의 동화정책'을 다음과 같이 설명했다. 우선 슈리 왕부는 주변제족과 적극적으로 통혼하고, 일본과 중국으로부터 새로운 문명을 도입하여 "이 정복자는 대부분의 혈액을 흡수하여 우량인종을 만듦과 동시에 당시의 신사상을 받아들여 피정복자를 맞은 것"이라고 보았다. 다만 그 제도적 완성자인 상진왕尙眞王은 피정복자를 '자국의 국민'으로 대우하고, 이를 시행할 때는 동일한 법률로 대하고 일시동인, 기존의 국민과 차별 없도록 했기 때문에 쉽게 하나의 공동생활체로 들어갈 수 있었던 것이다"라고 했

51 『伊波普猷全集』第1巻, p.34.
52 Ibid., p.46.
53 『伊波普猷全集』第9巻, pp.343~344.

다.[54] 이하 후유는 또한 '사회학자의 설에 따르면, 정복에 의해 다른 두 종족은 밀접한 접촉을 하게 되지만 그들은 도저히 동화할 수 없다. 정복자는 늘 피정복자를 멸시하고, 모든 방법을 통해 노예화한다. 피정복자는 어쩔 수 없이 복종하면서도 정복자의 무력 이외에 일체의 것을 인정하지 않는다'라는 인식을 보이고 있고, 상진왕에 의한 제도적 평등 없이는 피정복자의 동화는 있을 수 없었다고 보았다.[55]

말할 필요도 없이 이것은 이하 후유 나름대로 정복자인 '북방의 동포'에게 동화정책의 모범을 보인 것이기도 했을 것이다. 그는 류큐왕국을 지배한 사쓰마를 비난하여 '정복자인 사쓰마인은 피정복자인 오키나와인을 동포로 보고 있지 않았고, 노예시'하며 일본풍으로의 동화를 거부했기 때문에 '당시의 오키나와인은 일본인인지 자신도 잘 모르게 되고' 말았다고 보았다.[56] 그리고 1912년의 논고에서는 조선·대만·아이누·오키나와 등을 포함한 '오늘날 일본의 상태는 (…중략…) 상진왕의 시대를 방불케 하고 있다'고 형용하며 상진왕의 통치를 참고로 '일본인은 주위의 이민족을 정신적으로 통합 / 융합하여 한층 위대한 국민'이 되어야만 한다고 주장하고 있었다.[57] 마이너리티인 '류큐민족' 자체가 슈리인에 의한 '동화정책'에 의해 형성되었다는 역사관을 이하 후유는 중시하고 있었다.

이하 후유의 이와 같은 '류큐민족'관에는 역시 두 가지의 요인을 생각할 수 있다. 하나는 그가 지배 측의 언설 틀 내에서 오키나와 내셔널리즘을 창조하려고 했기 때문에 '류큐민족'의 정치적 능력도 늘 '북방의 동포'라는 기준에서 재는 경향이 있었다. 구체적으로 말하자면, 당시의 오키나와지식인이 받

54 『伊波普猷全集』第1巻, p.439.
55 『伊波普猷全集』第10巻, p.73.
56 『伊波普猷全集』第1巻, p.50; 『伊波普猷全集』第2巻, p.417.
57 『伊波普猷全集』第10巻, p.57·60.

아온 교육환경에서 보아도 오키나와 내셔널리즘을 창조하기에는 일본 내셔널리즘 이외의 모델은 찾을 수 없었을 것이다. 그는 '류큐민족'을 칭찬할 때에도 '용감한 야마토 민족으로서 부끄럽지 않은 모든 자격을 나타냈다'라는 형용을 때때로 사용하고 있다. 이하 후유의 오키나와 내셔널리즘은 주변지역을 정복하고 동화해가는 일본 내셔널리즘, 즉 일본 내셔널리즘의 작은 축소판으로 들어지고 있었다.[58] 아마 그는 동경에서 배운 근대 내셔널리즘 형성의 학문과 방법을 오키나와에 수입한 것이다.

그리고 다른 하나의 요인은 역시 내셔널리즘의 본질과 관련되어 있었다. 즉 마이너리티 집단이라고 해도 처음부터 균질적인 것이 아니라 일체화된 내셔널리즘이 형성되기 위해서는 아이누와 '생번'과 같은 배제의 대상과 함께 오키나와 내의 소수자의 동화가 필요했을 것이다. 그리고 나하인이었던 이하 후유에게 '류큐 일반'이라는 의식이 자연스럽게 형성되었다는 것은 생각할 수 없는 일이다.

그렇다고 하더라도 이 시점에서 이하 후유는 이렇게 류큐왕조의 '동화정책'을 아이누와 '생번'의 정복과 마찬가지로, 오키나와인의 정치능력을 입증한 것으로서 긍정적으로 평가하고 있었다. 이와 같이 창조된 오키나와 내셔널리즘은 일본의 동화정책에 모범을 보인다는 암묵의 주장이 포함되어 있었던 것, 어디까지나 무력과 정치능력의 평가가 중심이 되었다. 그것은 아무리 봐도 내셔널리즘이었다. 즉 그것은 일본이 오키나와를 비롯한 주변지역에서 행하고 있던 것과 같은 배제와 동화를 연쇄, 축소하여 반복하는 것이었다.

그렇지만 이와 같은 내셔널리즘의 예찬이 실은 그의 본질은 아니었다. 그는 후년 류큐왕조에 대해 이렇게 말한다.

---

58 『伊波普猷全集』 第1巻, p.50.

경제적 착취뿐만 아니라 혈액의 착취까지도 실시한 정복자 슈리인首里人은 뜻밖에도 모든 제도를 운용하여 이 3, 4백 년간 자신들의 열배나 넘는 피정복자를 노예시하여 메이지 초년에도 영향을 미친 것이다.[59]

여기서 말하는 '혈액의 착취'란 통혼에 의한 동화정책의 추진인 것은 두말할 필요도 없다. 이하 후유가 '류큐처분을 일종의 노예해방'이라고 말한 것은 잘 알려져 있다. 이 말은 사쓰마에 의한 지배를 비난하고 일본의 류큐처분을 정당화한 것이라고 전해져 왔다. 그렇지만 이하 후유에게 있어 류큐처분은 전술한 바와 같이 오키나와 내셔널리즘의 고무를 위해 긍정적으로 그려지지 않으면 안 되는 것이었을 뿐만 아니라, 그의 감각에서도 슈리인에 의한 '노예화'의 종언이기도 했던 것이다. 그는 후년 좌담회에서 "일반농민은 부역을 그만두게 된 것으로 야마토시대를 고맙다고 생각한다. 폐번廢藩 전에는 부역에 징발되어 지게를 짊어지거나 했을 때, 짊어진 쪽이 나쁘다고 채찍을 가했던 것이다"라고 말하고 있는데, 류큐왕조는 결코 무조건적으로 찬미해야만 하는 대상은 아니었다.[60]

그리고 이하 후유는 후년 류큐왕조시대에 '계급제도의 제정'이 이루어진 것을 실로 '류큐민족' 형성의 제도적인 완성으로 간주하고, 조선·대만통치의 모범으로 삼아야만 한다고 주장했다. 상진왕시대의 일이었다고 말하고 있다.[61] 그는 오키나와인의 조상이 '북방의 동포'와 같은 동화정책과 국가통일을 행하는 정치능력을 보였다는 오키나와 내셔널리즘사관을 읊는 한편, 그 한편으로 통합의 완성은 차별의 시작이기도 하다는 정치관을 지속시키고 있었다.

59 『伊波普猷全集』 第7巻, p.279.
60 『伊波普猷全集』 第10巻, p.384.
61 『伊波普猷全集』 第7巻, p.279.

그러나 이하 후유는 이와 같은 마이너스적인 오키나와사관을 오키나와에 거주할 때는 발표하지 않았다. 앞서 전술한 고등학교시절의 기고 논고는 본토에서 재학 중의 것이었고, 위의 문장은 1926년에 오키나와를 떠나 상경한 후에 발표된 것이었다. 그는 1908년 오키나와의 신문에 발표한 문장에서는 슈리인을 통일성이 강한 '정치적 인민', 나하인을 개개인이 '비정치적 인민'이라고 평가하면서 오키나와는 내부의 대립을 뛰어넘어 통일로 향하지 않으면 안 된다고 부르짖고 있었다.[62] 그 자신은 '비정치적 인민'의 일원이었지만, 이것은 그가 진작부터 오키나와 내부의 대립을 우려하고 통합을 지향한 연장선상에서의 주장이었다.

이와 같이 이하 후유의 일본관과 류큐왕조관은 대립적이라기보다도 오히려 상관적인 것이었다고 말할 수 있을 것이다. 그에게는 일본도 류큐왕조슈리인도 국가통합과 동화정책 등에 뛰어난 정치능력을 가진 존재이고, 그가 동화를 강요한 강자였다. 그리고 그의 역사관을 보면, 일본에 대한 긍정적 평가와 사쓰마 침공 이전의 류큐왕조에 대한 긍정적 평가가 일체가 되어 있음을 알 수 있다.

이처럼 이하 후유의 일본 및 류큐왕조에 대한 평가는 긍정과 부정 사이에서 흔들리고 있었지만 이것은 한쪽이 진심이고 한쪽이 거짓이라고 말하기는 어렵다. 그는 상황에 따라 주장을 가려 쓰는 것 같은 정치능력이 뛰어난 인물은 아니었고, 상황과 시세마다 충성의 대상을 바꾸는 '이중주의'가 '오키나와인의 최대 결점'이라며 비난하고 있었다.[63] 그럼에도 불구하고 그의 언동이 진자의 추처럼 왕복하는 것은 강자인 '일본인'과 슈리인으로서의 동경과 거절의 반영이었다고 생각된다. 이러한 그의 심정을 알 수 있는 것은 「약자의

62 『伊波普猷全集』 第1巻, p.147.
63 『伊波普猷全集』 第1巻, p.64.

심리」라는 제목을 붙인 1915년 강연의 일절이다.[64]

> 오키나와인은 외부로 나아가거나 혹은 강자를 만나면 약자이지만 내부로 나아가거나 강자를 만나면 강자가 된다. 그때는 전력을 다해 싸우고 먹히고 살육한다. 바라는 것은 이 나쁜 민족성을 전부 버렸으면 한다. 그리하여 진정한 강자가 되고 싶다. 나는 스스로 약자인 것을 고백한다. 그러므로 나는 강자가 되기를 희망한다.[65]

약자이기 때문에 내부에서 분열하여 서로 다투고 보다 약한 사람을 차별하며 강자에게는 도합주의로 아첨한다. 그러한 약자의 추함에 자기혐오하고, '진정한 강자가 되고 싶다'고 바라는 이하 후유의 심정이 오키나와 내셔널리즘론을 이루게 함으로써 '정치적 인민'을 실현하고, '강자'인 류큐왕조와 일본을 칭찬한 것은 아니었을까. 원래 그는 몸도 마음도 약한 학생이었음에도 불구하고 『동방책東方策』이라는 제국주의시대의 국제관계서를 애독하고, 나폴레옹과 도요토미 히데요시豊臣秀吉라는 영웅을 존경한다는 소년시절을 보내고 있었다. 그리고 전술한 것처럼 그는 정치가로서의 길을 단념하고 문화연구로 전향한 인간이었다.

이하 후유는 약자의 추함에 자기혐오를 느끼고 강자가 되고 싶다고 갈망하는 한편, 강자에 의한 지배와 차별의 아픔을 알고 있다. 정치의 중요성을 알고 정치가를 동경하지만 정치로의 이화감과 혐오를 씻어낼 수는 없다. 이

64 이하 후유는 1915년 「物呉ゆ者ど我が御主の真意義」에서 '二股膏薬主義'와 대동소이한 말을 가혹한 상황에서 '보다 잘 살기 위해서'를 바라는 '오키나와인의 고통 소리'의 형용이었다.(10권, p.74). 약자 입장의 아픔과 자기혐오의 언밸런스가 여기에도 나타나고 있었다. 원문에서 '약자의 심리(弱者の心理)' 부분에 쉼표는 없다.

65 『伊波普猷全集』 第10巻, p.353.

러한 딜레마 속에 있으면서 메이지 말기부터 다이쇼大正 전반에 걸쳐 이하 후유는 스스로 오키나와인을 '강자'로 단련해주고 싶다는 지향점을 가지고 있었다. 그리고 그 목적을 달성하기 위해 그는 한편으로 일본과의 조화와 오키나와 내셔널리즘을 부르짖는 동시에 계몽활동에 종사하게 된다.

계몽지식인으로서

『고류큐』에서 이하 후유는 일류동조론을 부르짖은 쇼쇼켄向象賢을 칭찬하고, "모든 사회의 일은 그 방침을 정하는 것을 원한다. 그 방침을 정하면 특별히 잘못된 것을 하지 않으면 스스로 시세가 이끌어주는 것입니다"라고 말하고 있다.[66] 사쓰마시대를 상징하는 '애매한 상태'로부터 벗어나 개성을 유지하면서도 '일본인'으로 포섭되는 것을 주장한 것이 1910년대 이하 후유였다.

이하 후유에게 『고류큐』의 발간 다음해인 1912년, 오키나와에 중의원 의원 선거법이 시행되었던 것은 확실히 이 방향의 정당성을 실감시키는 것이었다. 그는 이 선거에 즈음하여 "우리 오키나와의 역사에 획을 긋는 것이어서 우리들은 게이초慶長의 침입 이래 오랫동안 맛볼 수 없었던 정치의 진미를 다시 맛볼 수 있게 되었습니다"라고 말하고 있다.[67] 이와 같은 '일본인'으로서 권리획득의 기대 속에서 그는 1918년에는 '오키나와에서 무엇보다도 급선무인 것은 언어·풍속·습관을 일본화시키는 것이다'라는 말까지 적고 있었다.[68]

이러한 '일본화'의 호소는 물론 아무런 이유 없이 나타난 것은 아니었다. 참정권 부여에 의해 제도적 평등이 확보될 수 있는 목표가 있을 뿐만 아니라, 당시의 이하 후유는 오키나와사회를 문명화하는 계몽활동에 열중하고 있었

66 『伊波普猷全集』 第1巻, p.55.
67 『伊波普猷全集』 第10巻, p.62.
68 『伊波普猷全集』 第7巻, p.57.

던 것이다.

사실 위에서 언급한 '언어·풍속·습관을 일본화시킨다'는 말은 이하 후유가 오키나와 여성의 지위에 대해 신문연재를 했을 때의 일이었다. 전술한 바와 같이 오타 초후의 '재채기'까지 동화하라는 말도 여자교육에 대한 강연에서 언급한 것이었다. 오타 초후도 이하 후유도 오키나와내셔널리스트였지만, 여성의 지위와 계급제도 등에 대해서는 오키나와 재래의 습관을 고칠 필요성을 통감하고 있었던 것이다. 그리고 제2장에서 논한 것처럼 1887년에 오키나와를 방문한 문부대신 모리 아리노리森有礼는 여성교육의 필요성을 설파하고 있었다. 그것은 물론 국가에 충성을 다하는 훌륭한 어머니를 만드는 것으로, 그 자손을 국가의 입장으로 편입시키려는 의도였지만, 그럼에도 불구하고 더욱 오키나와 여성의 지위를 개선시키는 계기로 보인 것이다.

원래 이하 후유에게는 여성의 지위에 민감하지 않을 수 없는 사정이 있었다. 하나는 아내와의 관계이다. 그는 아내와의 관계에 대해 아무것도 남기지 않았기 때문에 분명하지는 않지만, 당시 오키나와사회의 통례는 자신의 의지와는 관계없이 가문에 의해 지극히 빠른 연령에서 아내를 결정하는 것 같다. 그는 1909년부터 촉탁으로 오키나와 현립 도서관장을 역임하고 있었는데, 중앙의 출세 코스인 제국대학을 나왔음에도 불구하고 고향으로 돌아와 그와 같은 직업에 종사하고 있는 이유를 다음과 같이 말하고 있다.

> 노골적으로 말하자면 우리 청년시절에는 오키나와의 여자교육이 오늘날처럼 성행하지 않았기 때문에 우리 친구들은 누구나 불행한 아니 걸맞지 않은 결혼을 했다. 그러므로 어떤 사람은 입신출세의 필요에 의해 조강지처와 헤어지지 않으면 안 되게 되었다. 그러나 나는 그런 일을 할 수 없었다. 또한 어떤 사람은 타 부현으로 아내를 함께 데리고 나갔지만, 고상한 사회에서 생활하는 것은 감옥 속

에 들어가는 것과 마찬가지이기 때문에 그들은 머지않아 고향으로 되돌아왔다. (…중략…) 부부는 차의 양 바퀴와 같다고 하지만, 과도기의 우리들은 차의 한쪽이 잘 움직이지 않는 바퀴를 중심으로 하여 같은 장소를 빙빙 돌듯이, 움직이지 않는 아내를 중심으로 고향이라는 좁은 범위에서 활동했다.[69]

이 문장 뒤에 전술한 '오키나와에서 무엇보다도 급선무인 것은 언어·풍속·습관을 일본화시키는 것이다'라고 말한다. 게다가 '아니 여성교육을 더욱 확실하게 하여 가정의 개량을 꾀하는 것이다'라고 이어간다.[70] 이처럼 이하 후유에게 '일본화'의 결의 표명과 동시에 '부정'이라는 심리적인 요동을 읽어 낼 수 있을 것이다.

게다가 이하 후유가 여성의 지위에 관심을 기울인 두 번째 이유로서 어머니의 존재가 있다. 이하 후유의 생가는 나하의 재산가 집안으로 정치를 독점하는 슈리사족보다 우위에서 무역 등으로 재산을 모으고 있었다. 그러나 류큐처분 이후는 가고시마鹿児島와 오사카大阪의 상인이 경제활동을 독점하게 되어 그의 아버지는 희망을 잃고 음주에 빠지게 되어 어머니가 가업을 지탱하고 있었다.

전술한 대로 야마토를 혐오하는 집안의 반대를 무릅쓰고 이하 후유를 야마토인이 운영하는 소학교에 입학시킨 것도 그녀였다. 이하 후유는 유년시절의 회상기에서 아버지의 방탕으로 "가정의 평화는 깨져 어린마음에도 나는 비애를 느꼈다"고 말하고 있다.[71] 또한 그는 여성의 지위를 논한 논고에서 '남자가 술을 마시고 있는 사이에 일찍부터 신시대의 도래를 자각하여 그 아

69 『伊波普猷全集』 第7巻, p.56.
70 『伊波普猷全集』 第7巻, p.58.
71 『伊波普猷全集』 第10巻, p.91.

들들을 학교로 보내 신교육을 받게 하는 것은 대서특필해야만 할 것이다'라고 적고 있다.[72] 제10장에서 말한 자하나 노보루謝花昇의 경우도 마찬가지로 야마토 측이 운영하는 학교에 입학시킨 것은 어머니였다.

이와 같은 남성의 방탕과 여성의 노고에 대한 이하 후유의 생각은 여성교육문제와 밀접하게 관계하고 있었다. 왜냐하면 그에 의하면 하루 종일 '정치를 논하는' 류큐사족들에게 무학의 아내는 거의 남편의 말상대가 될 수 없었기 때문에 이 결함을 채우기 위해 기생과 유곽이 발달했던 것이다. 당시 이하 후유는 "여성의 지위가 낮은 오키나와에서 유곽이 번성하는 것은 피할 수 없는 것이다"라고 말하며 '가정이라는 경제단위가 더욱 축소하고, 개인마저 발전할 수 없는 한, 여성교육이 이루어져 자각한 여성이 가정에서 세력을 얻지 않으면', '오늘날 여성의 지위가 높은 서구제국'과 같은 상태로는 도달할 수 없다고 주장했다.[73]

예속상태로 편입된 에스닉 집단에서는 기존의 사회질서와 가치관이 붕괴되는 과정에서 특히 옛날 질서에 애착을 가진 상층남성이 음주와 방탕이라는 일탈행동에 빠져 여성에게 부담을 주는 경향을 볼 수 있다. 이하 후유가 직면한 상황은 미국의 선주민족사회와 일본의 아이누사회 등 다른 곳에서도 발생하고 있던 현상이었다. 그러나 당시 이하 후유는 이러한 사회해체보다도 오키나와사회의 근대화가 불충분한 것에 대한 비극적 이유를 찾아내고 있었다. 그 때문에 이하 후유는 일반적으로 오키나와의 '개성'을 중히 여겼지만, 특히 여성문제에 대해서는 '문명화'를 설득하는 경향이 강하게 나타났다.

그 상징적인 사례가 오키나와의 무녀인 유타신앙에 대한 자세였다. 『류큐신보』의 지상에서 오키나와의 '야만'적인 풍속의 절멸이 주장되고 있었는데, 이하

72 『伊波普猷全集』第7巻, p.48.
73 『伊波普猷全集』第7巻, pp.52~53.

후유도 이에 찬동했다. 1913년 『류큐신보』에 연재된 이하 후유의 유타[74]론에 따르면 고대의 오키나와 여성은 말을 타며 남성과 대등하게 활동했고, 류큐 왕조가 삼산과 미야코·야에야마를 동화했을 때 무녀로서 상가尙家의 신을 제사지내는 '민족종교'를 퍼뜨리는 역할을 수행했다고 기술한다. 그러나 이 무녀신앙은 '류큐민족의 통일'이 완료되어 그 사명을 끝낸 뒤에는 무용지물로 퇴화되었는데, 그것은 '남성에게만 학문을 시키고 여성에게는 학문을 시키지 않았기 때문'으로 미신화되었다는 것이다. 그에 따르면 '유타를 중심으로 활동하는 오키나와의 여성은 부인문제로 활동하는 새로운 여성보다 2천 년이나 뒤져 있다'는 것이었다.[75]

이하 후유가 유타에 대해 집착한 배경에는 역시 어머니의 존재가 있었다. 그의 어머니는 이하 후유가 아직 어릴 적 중병에 걸려 유타신앙에 경도되어 자신도 "매년 두세 번 신내림"을 했다고 한다. 이하 후유는 "오키나와에서 남편이 여색에 빠지면 아내는 신사神事에 관계를 가지게 된다. 어머니도 그랬던 것이다"라고 말하고 있다. 그에 따르면 어머니의 유타신앙은 오키나와 전통의 옹호라는 추상적인 문화론의 문제가 아니라, 가정붕괴와 여성교육의 부족에서 기인하는 비극임에 틀림없었다.[76]

이하 후유는 어머니를 '총명한 사람, 포용력 있는 사람, 남자라면 정치가가 될 사람'이라고 평가하고 있지만, 그 자신이 '정치가'를 지향하며 좌절한 것을 생각하면 이것은 최대의 찬사였을 것이다.[77] 혹은 그의 이상이었던 정치

---

74 류큐의 신앙 중에서 샤먼을 가리키는 말이다. 노로(祝女)는 공적인 일의 제사를 담당했고, 유타는 일반인의 샤먼, 즉 무녀(巫女)이다. ―역주

75 『伊波普猷全集』 第9巻, pp.342·355.

76 『伊波普猷全集』 第11巻, p.389.

77 比屋根照夫, 『日本近代と伊波普猷』, p.12. 이하 후유의 여성관에 주목한 논고에는 鹿野政直, 『沖縄の淵』와 若尾典子, 「伊波普猷『沖縄女性史』の現代的意義」(『歴史評論』 529号, 1994) 등이 있는데, 이하 후유가 고민한 근대화에 의한 여성의 평등화와 오키나와 아이덴티티의 딜레마를 파악하지 못하고 있다는 인상을 준다.

가의 모습은 그대로 어머니의 모습이었을지도 모른다. 그의 어머니가 노고와 무학 속에서 유타신앙에 경도되는 모습은 그의 마음을 아프게 하기에 충분했다고 생각된다. 이하 후유가 1913년에 "말에 올라타고 활동했던 장소에서 류큐부인의 자손을 교육하여 근대적 계몽활동을 시키는 것은 가장 유쾌한 사업이라고 생각합니다"라고 말하며 근대교육을 받은 오키나와 여성들은 "훗날 여성문제를 내걸고 당당하게 활동을 할지도 모릅니다"라고 적고 있지만, 그것은 이상과 같은 그의 입장에서 출발한 언설이었다.[78]

오키나와 현립 도서관장이 된 이하 후유는 도서관에 향토 사료를 모으는 한편, 자택에서 청년들과 여성들을 모아 학습 서클을 열고 또한 각지를 순회하면서 강연을 실시했다. 즉 당시의 '신사상' 보급에 힘썼던 것이다. 한편으로는 민족의 역사적 아이덴티티를 강화하면서 다른 한편으로는 근대화의 추진을 꾀하는 계몽활동을 실시한다는 발전도상지역의 지식인과 같은 행동을 취하고 있었다고도 말할 수 있을 것이다.

교육을 받은 엘리트층이 희박한 지역의 지식인이 언제나 그랬듯이 그는 다종다양한 계몽강연을 했는데 그 내용은 크게 나누어 네 가지였다. 우선 오키나와와 관련된 것, 크리스트교와 관련된 것, 오키나와사회의 비평, 그리고 '민족위생'에 관한 것이었다. 그중에서 오키나와에 관련된 것은 전술한대로이지만 그 이외의 타 분야는 어떻게 선택되었을까. 먼저 크리스트교에 대해 말하면 이하 후유가 세례를 받았는지 어떤지는 잘 모르겠지만, 청년시절부터 크리스트교에 경도되어 있었음은 확실하다. 1907년에는 오키나와 기독교청년회의 회장으로 추천받았다. 그러나 이것도 그에게는 오키나와사회의 개선과 관련이 없는 것은 아니었다. 이하 후유에 의하면 유타신앙 같은 '미신타파

78 『伊波普猷全集』第9巻, p.365.

에는 과학사상을 고취하는 것이 급선무'였지만, '그와 동시에 종교사상을 전파시키는 것도 급선무'였다. 이하 후유의 인식 속에는 '자식을 갖지 못한 부인이 인형을 가지고 노는 경우가 있습니다만 자식을 사랑하는 마음은 신앙이지만 인형을 사랑하는 마음은 미신'인 것이고, '그저 인형을 버리고 미신을 버리라고 외치는 것은 잔혹'하기 때문에 '우리들은 인형과 미신 대신에 자식과 신앙을 갖게 하지 않으면 안 됩니다'라는 것이 있었다.[79] 그가 크리스트교 관련 강연을 한 이유는 아마 여기에 있었을 것이다. 상기의 '자식이 없는 부인'이라는 비유는 그와 아내 사이에 최초의 자식이 사산한 후 6년 후에 쓰인 것에서 비롯된다.

오키나와사회의 비평에 대한 강연을 보면 이 시기의 이하 후유는 활발하게 오키나와인의 자조노력을 호소했다. 그는 1914년에 '류큐처분을 일종의 노예해방'이라고 단언한데다가 '3백 년간 노예적 생활에 익숙해져 스스로 자신을 유지해간다는 독립자영獨立自營의 정신이 거의 전무하게 되었다'고 하며 오키나와인을 질타하고 있다.

그에 따르면 '류큐인이 명령받은 의무에 순종하고 주어진 권리를 획득하기에 주저하는 이유도 역시 여기에 있다. 따라서 그 정치, 산업, 교육이 발달하지 않은 원인도 역시 여기에 있다'는 것이다.[80] 그가 류큐처분을 '노예해방'이라고 칭하는 논리 중의 하나는 오키나와사회에 대해 노예근성을 버리라고 격려하는 것이었다고 말할 수 있을 것이다.

이하 후유는 또한 '노예해방'의 선례로서 미국의 흑인 운동가 부커 워싱턴Booker T. Washington[81]을 때때로 언급한다.[83] 워싱턴은 급진적인 차별철폐투쟁

79 『伊波普猷全集』第9巻, pp.364~365.
80 『伊波普猷全集』第1巻, pp.493~494.
81 미국의 흑인운동 지도자이자 교육가이다. 버지니아(Virginia)주 출생으로 노예로 태어나 9세 때 해방되었다. 햄프턴학원을 졸업한 뒤 교직에 종사하다가 1881년 흑인전문학교인 터스키기

을 전개한 듀보이스William E. Du Bois와 백인사회로부터의 분리를 부르짖은 가비 Garvey Marcus[82] 등과 달리, 당시 흑인운동가 중에서도 가장 융화적인 논리 주장의 소유자였던 것으로 알려져 있다. 워싱턴의 기본적인 주장은 백인을 비난하거나 혹은 자신의 경우를 한탄하며 원조를 기다리는 것이 아니라, 흑인 자신이 자조노력에 의해 실력을 양성하려는 것이고, 이것은 당시의 백인유력자에게도 환영받았다. 워싱턴의 유명한 말은 '현재 지점에서 양동이를 내려라'로서 자기가 처해 있는 상황에서 자조노력을 부르짖은 것이었지만, 당시의 이하 후유는 『고류큐』의 마지막에서 "당신이 서 있는 장소를 깊게 파라. 샘은 당신의 발 아래에 있다"는 니체의 말을 사용하고 있다.

그리고 이하 후유의 계몽강연활동의 마지막 요소인 '민족위생'은 우생학에 대한 것이었다. 오늘날 우생학은 전적으로 인종주의의 학문으로 알려져 있지만, 당초에는 훌륭한 자손을 남기기 위해 사회개량을 지향한 공중위생의 학문으로 유포되었다. 1920년에 일본에서도 잡지 『우생학』이 발간되었는데, 당초 주요 내용은 유전장애의 원인으로 생성된 습관의 개선이고 구체적으로는 위생관리의 필요성과 음주의 폐해 등이 강조되고 있었다. 황색인종인 '일

(Tuskegee)대학을 창설하고 이후 34년 동안 학장으로서 흑인을 위한 학교발전에 힘썼다. 워싱턴은 흑인교육이 흑인의 생활향상에 필요하며 백인의 지지와 원조도 받을 수 있는 것이라고 여기고, 실업교육이 그 중심형태이어야 한다고 주장하며 그 실천을 넓혀갔다. 1895년 애틀랜타박람회연설에서 흑인에게는 사회적 평등에 대한 요구보다도 근면하게 일해서 부를 축적하는 것이 선결과제라고 주장하고, 백인에게는 남부의 산업발전에 흑인이 꼭 필요하다고 호소했다. 그리하여 정치적 요구를 억제하고 경제적 이익으로 백인과 흑인의 화해를 꾀한 대변인으로서 일약 유명해졌다. 그는 흑인의 자조를 권장하고 흑인실업가의 육성을 중요시했으며 1900년에는 전국흑인실업가연맹을 조직하여 초대회장을 지냈다. 자본가와 정치가 등 유력한 백인의 지지를 얻은 그는 스스로 정치가가 되지는 않았지만 흑인에 대한 원조금이라든지 임관(任官) 결정 때는 반드시 상담을 요청받을 만큼 정치적인 힘을 가지고 있었으며 흑인사회 안에서의 비판적 조류에 대해서는 억압도 마다하지 않는 권력자이기도 했다. 그 뒤 나이아가라운동이 일어나 전국흑인향상협회가 결성되어 그도 차츰 수세에 몰렸으나 죽을 때까지 백인과 흑인 사이의 조정자로서 큰 역할을 담당했다. 교육가로서도 국제적인 영향력을 미쳤고 1895~1915년 미국 흑인들의 가장 영향력 있는 대변인이었다. ―역주

82 『伊波普猷全集』 第1巻, p.493.

본인'이 우생학을 받아들인다는 것 자체가 서구의 인종사상가에게는 기이하게 비쳐졌음에 틀림없지만, 발전도상국이었던 당시 일본에서 우생학은 생활개선운동의 학문으로서 수용되고 있었다. 그리고 그와 같은 우생학은 오키나와사회의 개선에 몰두하는 이하 후유에게도 수용되었고, 그가 인종사상가인 세자르 롬브로소Cesare Lombroso[83]와 귀스타브 르봉Gustave Le Bon[84] 등을 읽고 있던 것을 저자의 인용에서 알 수 있다.[85]

이하 후유는 1919년경부터 「혈액과 문화의 부채」라고 제목을 붙인 '민족위생' 강연을 오키나와 각지에서 실시했지만, 거기서 이야기한 것도 전적으로 음주와 근친결혼 등의 폐해를 호소하는 것이었다. 그는 여기서도 여성들을 향한 강연을 했는데 남편의 음주와 방탕을 그만두게 하도록 설득했다. 또한 이하 후유는 이미 1909년경부터 오키나와인이 다른 부현 사람보다 키가 작은 것에 대해 '오랫동안 동떨어진 고도孤島에 살고 있어서 그다지 다른 혈액이 섞이지 않았던 것과, 섬 안에서 혈족결혼이 성행한' 탓이라고 말하며 계급제도와 민족적 대립을 버리고 내지인과 다른 지방의 사람들과도 통혼할 것을 장려했다.[86] 우생사상과 동화론의 결합이라는 비교적 희귀한 패턴임을 알 수 있다.

또한 이하 후유는 르봉의 『민족발전의 심리』를 명저로서 절찬하고 있지만,[87] 거기서 그가 공명한 것은 급격한 동화정책이 그 민족의 파괴를 초래한

83 이탈리아의 의학자이다. 빈 대학에서 의학을 배웠다. 군의관으로 군에 복무한 후 76년에는 토리노(Torino)대학의 교수로 전직하고 그곳에서 범죄 인류학적 연구에 몰두했다. 근대적 학문의 형법이론과 범죄의 자연과학적 연구를 세웠다. —역주

84 프랑스의 심리학자이며 사회학자, 물리학자이기도 하다. 원래는 의사였는데 1860~1880년대에는 유럽과 아시아, 아프리카를 돌아다니며 고고학과 인류학 등에 관한 논고를 집필하기도 했다. 귀스타브 르 봉의 관심은 사회심리학으로 수렴되었고, 군중심리학은 20세기 전반기에 사회심리학의 커다란 반향을 일으키게 되었다. —역주

85 『伊波普猷全集』 第7巻, p.53; 『伊波普猷全集』 第9巻, p.365. 당시 일본의 우생학에 대해서는 鈴木善次, 『日本の優生学』, 三共出版, 1983 참조.

86 鹿野政直, 『沖縄の淵』, p.143; 『伊波普猷全集』 第1巻, p.66.

87 『伊波普猷全集』 第1巻, p.484.

다는 주장이었던 것 같다. 그는 1909년 강연에서 '유전의 이법을 생각하면 개성은 반드시 잃는 것이 아닙니다'라고 설득하면서 '오키나와인'의 개성을 주장하고 있었다.[88] 일류동조론의 경우도 그랬듯이 이하 후유는 인종사상을 오키나와의 '개성' 존중론으로 변형시키고 있었던 것이다.

이상과 같이 1910년대 이하 후유의 사상은 '개성' 존중에 눈을 돌리면서 '문명화'를 추진하고, 오키나와사회를 근대화하여 자립시키는 것이었다고 말할 수 있다. 거기서는 '류큐민족'을 근대화하여 발흥시키는 것도 중요하지만 반드시 오키나와 문화를 묵살하는 것은 요청하지 않았다.

그 일은 그의 오키나와어에 대한 자세에도 잘 드러나 있다. 그가 계몽강연을 오키나와어로 행한 것에 대해 보통어 장려에 폐해가 된다며 비판하고 있었다. 그러나 그는 '나는 어머니로부터 배운 말을 싫어할 마음이 없다'라고 말하면서도 결국은 오키나와어의 장려는 '오키나와를 위해 손해다'라고 답하고 있다. 그에 따르면 자신이 강연에서 오키나와어를 사용한 것은 보통어가 충분히 통용되지 않은 지방에까지 '민족의 생명'에 관한 우생사상을 보급시키는 일이 '급선무'라고 생각했기 때문이고, 오키나와어는 일종의 편의에 불과했다. 그리고 언어는 '사명을 다하면 없어지는 것이 당연'하기 때문에 오키나와어가 세대교체와 함께 사라져가는 것은 '아쉽다고 생각하지 않는다'는 것이었다.[89] 제15장에서 말한 것처럼 그는 후년 오키나와언어논쟁 때에도 오키나와어를 탄압하여 '민족적 자긍심을 잃게 한다'는 것은 피해야만 하지만, '자연스럽게 소멸시키는 것이 제일 현명한 책략'이라고 주장했다. 여기서 중요한 것은 '민족의 생명'이고, 언어가 근대화와 통합 속에서 사라져가는 것은 어쩔 수 없다는 사상의 소유자였음을 읽어낼 수 있다.

88 『伊波普猷全集』 第7巻, p.10.
89 『伊波普猷全集』 第11巻, pp.277·280·287.

이 시기 이하 후유에게는 참정권획득에 의해 '일본인'으로서 일단 제도적 평등이 달성되는 것을 목적으로 삼은 이상, 근대화와 자조노력에 의한 오키나와 부흥이 가장 현실적인 것으로 보였을 것이다. 워싱턴이 그랬던 것처럼 이것은 일본정부의 입장에서도 온건한 사상으로 비쳐졌던 것이다. 1915년 이하 후유가 류큐의 세 명의 위인으로 평가하고 있었던 쇼쇼켄向象賢·사이온蔡溫·기완 초호宜灣朝保가 다이쇼 천황의 즉위에 맞춰 승격된 것도 이하 후유 사상의 온건성을 말해주고 있다.[90] 그렇지만 1920년대에 들어서면서 그의 오키나와관과 일본관에도 변화가 찾아오게 된다.

좌절된 오키나와 내셔널리즘

이하 후유의 자조노력에 의한 오키나와의 근대화 구상을 깨뜨리게 된 것은 제1차 세계대전 이후에 오키나와를 덮친 대불황 때문이었다. 식료품이 없어 독성인 소데쓰ソテツ마저 먹었다는 '소데쓰 지옥'이라고 통칭된 이 불황은 본토에서의 불황이 오키나와에까지 파급된 것이다. 일본 본토와의 통합에 의해 본토의 불황이 오키나와에 불어닥쳐 일본의 가장 약한 부분인 오키나와를 무너뜨렸던 것이다.

원래 이하 후유는 이미 1915년의 시점에서 오키나와가 과세부담 초과로, 국고에 세금을 빼앗기고 있는 사태를 우려하여 '오키나와의 정치상적 속박인 노예제도는 겨우 폐지되었지만 노예적 경우는 새로운 형식, 즉 경제적 형식 아래에서 시작하고 있다'라고 위구심을 표명하고 있었다.[91] 또한 미야코·야에야마에게까지 참정권이 주어졌던 1919년에는 그 7년 전에 오키나와 본토의 참정권 부여를 기대한다고 말했던 것과는 달리, '번벌내각藩閥內閣을 파괴

90 鹿野政直, 『沖縄の淵』, p.123.
91 『伊波普猷全集』 第10卷, p.77.

하여 일본 국민을 노예로부터 해방시켜주었다는 정당'도 "새로운 감옥을 만든 것이 아니었을까"라고 말하고 있다.[92] 정치권력에 의해 노예해방이 이루어졌어도 그것은 '새로운 감옥'으로 변해가는 것이 아닐까하는 불안함은 이하 후유의 심리 속에서 지울 수 없었던 것이다. 그리고 소데쓰 지옥의 도래는 그 불안을 적중한 형태가 되었다.

불황이 한창인 때, 이하 후유는 "오키나와 현민은 자신의 손으로 자신을 구해야만 하는 시기를 이미 넘기고 있는 것이다"라고 말하고[93] 스스로의 경제활동시대를 모두 부정하기에 이르렀다. 그는 마침내 "지금이야말로 민족위생의 운동도 미온적이고, 경제적 구제만이 우리들에게 남겨진 유일한 수단이다"라고 말하며 "정신의 구제밖에 설득하지 않는 '불교와 기독교'는 사람을 노예화하는 마술사가 되었다"고까지 판단했던 것이다.[94] 그는 지금까지는 재래의 토지공유제를 전근대적이라고 비판하고, 토지정리에 따른 공유제共有制를 폐지하여 참정권의 전제가 되는 납세액을 결정할 것을 환영하고 있었지만, 이것에도 '참정권이라는 미명을 얻어 소데쓰 지옥으로 떨어지기보다도 이 특수한 토지제도를 보존해 서서히 다음 시대를 기다리는 편이 영리한 것이 아닌가'라고 흘리고 있었다.[95] 자조노력도 문명화도 우생학도 크리스트교도 경제 불황 앞에서는 너무나도 무력했던 것이다.

무엇보다도 '나는 일찍이 일류동조론을 부르짖고 학자와 교육가의 양해를 얻을 수 있었지만, 정치가와 실업가의 동정을 얻을 수는 없었다'는 괴로운 인식이 소데쓰 지옥 이후의 이하 후유의 인식을 지배한다. 이 인식 속에는 '소민족인 주제에 특수한 역사와 언어를 가지고 있다는 것은 현대에는 적어도

92 『伊波普猷全集』 第11巻, p.270.
93 『伊波普猷全集』 第2巻, p.264.
94 『伊波普猷全集』 第11巻, pp.299·301.
95 『伊波普猷全集』 第2巻, pp.451~452.

그 불행의 원인이 되어서는 안 된다. 이것만이라도 그들은 노예가 되어야만 하는 충분한 자격을 갖추고 있다'는 비관과 함께 섞여 있었다.[96]

그리고 그 후 그의 저작 경구警句에는 자조노력을 호소하는 니체의 말을 빌려 "우리들은 역사에 의해 파괴되고 있다"는 말을 실었다. 이것은 역사를 전혀 폐지해버리는 것이 좋다. 즉 '각 시대에 과거의 소용없는 증거를 모두 없애버리기로 하는 것이다'라는 내용의 말이었다.[97] 그것은 일찍이 오키나와인의 개성을 압살하는 것을 '역사를 무시한다'는 것이라고 부르짖은 그의 사실상 패배선언에 가까웠다.[98]

불황에 의해 이하 후유의 학습 서클 사람들도 직업이 없어 본토로 건너가지 않으면 안 되는 상태가 되었다. 계몽활동의 어려움은 점점 그를 순수한 학문연구 쪽으로 향하게 만들었고, 그것은 1921년에 야나기타 구니오柳田国男가 오키나와를 방문하여 이하 후유의 연구를 격려한 것에서 가속화되었다. 그리고 사상적 막힘뿐만 아니라 사생활에서도 아내와 파탄되었는데, 그는 학습 서클의 일원이기도 했던 여성과 연인사이가 되었다. 계몽강연에서 인기와 존경을 모으고 있던 이하 후유의 스캔들은 그를 난처한 입장에 빠뜨려 결국 1925년에는 49세로 새로운 애인과 오키나와를 떠나 동경으로 향하지 않으면 안 되게 되었다.

지금까지 피정복민을 평등하게 대하는 것을 이상화하여 상진왕의 제도개혁에 의문을 던지는 말이 쓰이게 된 것도 이 상경 이후의 일이다. 이하 후유에 의하면 '두 번째 상尙씨는 착취기관을 그대로 시마즈島津에 헌상했다'는 것이고, '착취해야만 하는 어떤 것도 그들 '일반 오키나와인'의 주머니 속에서

96 『伊波普猷全集』 第10巻, p.314.
97 『伊波普猷全集』 第10巻, p.315.
98 『伊波普猷全集』 第7巻, p.10.

사라졌을 때 그들은 류큐처분 덕택으로 겨우 해방되어 신제도 속으로 수용되었지만, 40년이나 지나 아직 그 잃어버린 것을 회복할 수 없는 사이에 다시 궁지의 구렁텅이에 빠지려 하고 있다'는 것이었다.

그 후에도 이하 후유는 오키나와사 연구를 그만두지 않았다. 그러나 그것은 이전과 같은 것은 아니었다. 상경 후에는 아이누에 대한 멸시도 사라지고 오키나와 안에서도 아이누의 혈액이 많은 땅이었던 아마미, 오시마를 '오키나와인 이상으로 학대받는 인민'이라고 표현하게 된다.[99] 이제껏 상진왕의 통치를 모범으로 하며 부르짖고 있던 조선문제에 대해서도 1921년에는 '대학 선생의 일한동조설日韓同祖說보다도 기독교 선교사의 동포주의 설교보다도 윌슨의 민족자결 선언 쪽이 조선인의 마음을 움직이는 것이 대단하다는 것을 들었다'는 인식을 나타내기 시작한다.[100]

그러나 무엇보다 변한 것은 이전과 같은 형태로 오키나와 내셔널리즘의 고취가 차츰 없어지게 되었다는 것이다. 일본과의 관계는 경제적 비극을 낳고 이하 후유에게 아이누를 멸시하는 것도 없어졌다고 한다. 일찍이 힘차게 갖고 있던 오키나와 내셔널리즘으로부터 이하 후유가 떠나갔다는 것도 당연한 일이었다.

그 이후 이하 후유가 전개한 오키나와연구에 대해 본서에서는 언급을 자제하기로 한다.[101] 기본적으로 그는 오키나와의 독자성보다 일본과의 공통성을 강조하고, 또한 정치사보다도 『오모로사우시おもろさうし』를 중심으로 하는 문화연구에 집중해간다. 그것은 '동조'로부터 일보 앞으로 나아가 일본민족

99 『伊波普猷全集』 第10巻, p.322.
100 『伊波普猷全集』 第1巻, p.489.
101 이 책에서는 마이너리티의 내셔널리즘 형성에 대한 문제점을 논하기 위해 소테쓰지옥 이전의 이하 후유에게 초점을 맞추었고 그 이후 이하 후유의 「남도(南島)」 연구, 아이누 관념의 변화, 야나기타 구니오(柳田国男)와의 관계 등에 대해서는 다른 논고에서 논하기로 한다.

및 일본문화의 방계로서 오키나와를 자리매김시키 것이었다. 때마침 그의 원조역할을 하던 야나기타 구니오가 1920년대부터 선주민족 존재설을 부정하게 되고, 1930년대 일본의 인류학계에서도 차츰 아이누와 말레이계가 선주민족이었다는 설이 차츰 부정되어감에 따라 일본민족과의 동족성을 강조하는 데에는 아이누와 말레이계의 정복 등을 강조할 필요가 없어졌던 것이다. 이하 후유는 1925년 오키나와에 아이누어로 된 지명이 있다는 종래의 자신의 설을 부정하는 회답을 마쓰오카 시즈오松岡靜男에게 보냈고,[102] 이듬해에는 시라토리 구라키치白鳥庫吉의 '수사數詞연구'에서 일본민족과 조선인의 차이를 강조하면서 '이에 반해 먼 것 같지만 의외로 가까운 것은 류큐인의 조상이 남도南島로 이주한 시대이다'라는 일선동조론과 일류동조론이 절단하게 된다.[103] 그는 패전 후 1947년에 사망했는데 유작이 된 『오키나와역사이야기沖縄歴史物語』는 마침내 '류큐민족'이라는 말이 완전히 후경화 된 듯이 보였다.

이제까지 검증해 온 이하 후유의 궤적은 정치가의 지향에서 내셔널리즘형성을 위한 역사연구, 그리고 계몽활동과 곤란한 상황 아래에 놓인 마이너리티 집단의 지식인이 경험하는 모색이 바탕을 이루고 있었다. 그리고 본서의 문맥으로 말하자면 이하 후유의 특징은 일본과 전면 대결을 하는 것이 아니라, 지배자측이 만든 언설을 다시 오키나와인의 입장에서 읽어내는 방식으로 오키나와를 옹호하려고 한 것이었다.

'일본인'이며 '일본인'이 아니라는 자리매김을 거꾸로 개성의 방벽으로 기능시켜 '대국민'이라는 표현으로 다원적인 '일본인'상을 구상한 이하 후유의 전략은 많은 한계를 내포하게 되어 결국 좌절되고 말았던 것이다. 그렇지만 그것에는 어떤 가능성을 간직한 것이었다고 말할 수 있다. 그리고 그것은 다

102 『伊波普猷全集』 第10巻, p.100.
103 『伊波普猷全集』 第7巻, p.358.

음 장에도 살펴보는 대일본제국의 마이너리티들이 취한 전술의 선구를 이루는 것이었다.

제13장

‘이신동체異身同體’의 꿈

타이완 자치의회설치 청원운동

조선통치개혁이 논의되고 있던 1920년대, 대만에서 일어났던 한 운동이 주목을 모으고 있었다. 그것은 바로 대만의회설치 청원운동이다. 대만에 자치의회 설치를 일본의 제국의회에 청원한다는 수법을 취한 이 운동은 대만인에 의해 당시 유일한 근대적인 동시에 합법적 정치활동이었다. 이 운동이 가장 고조되었던 1920년대 전반부터 중기는 대만영유 초기의 전통적 가치관에 바탕을 둔 무력항일투쟁이 폐색된 후, 후년의 공산주의와 노동농민운동이 대두하기까지의 중간 시기에 해당한다. 이러한 이유 때문에 근현대사에서 중간적 시기에 생겨난 온건형 항일운동이라는 평가가 정착하게 되었다고 말해도 좋을 듯하다.[1]

그러나 여기서는 이 운동을 명확히 ‘항일’이라고 자리매김하는 것을 전제로 하지 않는 형태로 검토하고 싶다. 왜냐하면 ‘일본인’과 싸우려고 하는 ‘항일’과 ‘일본인’으로서의 권리를 요구하는 ‘친일’의 경계는 지극히 판단이 어

1 대만의회설치청원운동에 대해서는 若林正文, 「大正デモクラシーと台湾議会設置請願運動」 및 許世楷, 『日本統治下の台湾』(東京大学出版会, 1972) 등이 운동사적인 측면에 자세히 나와있다. 또한 당사자에 의한 역사서로서는 蔡培火·林柏寿·陳逢源·呉三連·葉栄鐘, 『台湾民衆運動史』(自立晩報叢書編輯委員会, 1971) 등이 있다. 본 장에서는 이 운동의 사상적 측면에 중점을 두어 ① 다원주의의 맹아적 형태, ② 지배자 측의 담론에 저항의 사례라는 의미에서 접근한다.

렵기 때문이다. 서장에서 말한 것처럼 본서는 스스로를 '비'일본인이라고 자리매김하고, 새로운 국민국가를 형성하려고 한 항일운동은 검토의 대상 외로 하고 있다. 여기서 대만의회설치 청원운동을 예로 드는 것은 그것이 '일본'으로의 통합과 '일본'으로부터의 이탈이라는 두 가지 지향, 말하자면 경계에 위치하는 운동이었기 때문이다. 거기에는 기존의 국민국가로의 통합과 새로운 국민국가의 건설과 또 다른 제3의 길의 모색이 원초적인 형태이지만 진행되고 있었던 것이다.

권리옹호로서의 '동화'

대만의회설치 청원운동의 성립을 말할 때에는 1914년에 이타가키 다이스케板垣退助를 회장으로 하여 결성된 대만동화회를 언급하지 않으면 안 된다. 메이지의 원훈으로 알려진 이타가키가 대만과 관계를 맺게 된 것은 1913년 봄에 대만청臺中廳 참사였던 임헌당林獻堂[2]의 방문을 수락한 것에서라고 한다. 당시 32세였던 임헌당은 대만 한민족 중에서도 유수의 대지주 출신이었고 그 후 대만의회설치청원운동에서도 대표역할을 맡았던 인물이다.[3]

임헌당이 이타가키를 방문한 것은 엔세가이袁世凱[4]정권의 사법총장이었던 양계초梁啓超[5]를 방문하기 위해 북경으로 갔다가 돌아오던 길에 이루어졌다. 임헌당과 양계초가 만난 것은 그 6년 전, 정치활동을 위해 청나라에서 쫓겨나 일본으로 망명한 양계초와 일본에 처음 방문한 임헌당이 대면하면서부터

2 대만 문화협회 총리이다. —역주

3 이타가키의 사상적 분석 이외의 동화회 경험에 관한 기술은 許世楷, op. cit., 東京大学出版会, 1972, pp.168~178 참조.

4 엔세가이(袁世凱, Yuán Shìkǎi)는 중국의 청나라 말기 중화민국초기의 군인이며 정치가이다. 청 제국의 제2대 내각총리대신을 역임했고 중화민국의 임시대통령 및 황제를 자칭하기도 했다. 하남성(河南省) 항성현(項城県) 출신이다. —역주

5 양계초(梁啓超, Liang Qichao)는 청나라 말기, 중화민국 초기 정치개혁가이다. 저널리스트이며 역사학자이다. —역주

였다. 그때 양계초는 금후 30년간 중국은 대만을 구원할 여유가 없다고 말하며 아일랜드가 무력투쟁에는 패배하면서 영국 여론에 호소하는 합법운동으로 참정권을 획득했던 것을 예로 들며 그 방법을 임헌당에게 설명했다고 한다. 1920년대에는 참정권을 부여해도 원주민의 불만이 해소되지 않았던 전형적인 예로서 언급되는 것이 많았던 아일랜드가 여기서 참정권획득 운동의 성공 예로 되어 있는 것은 매우 흥미롭다. 그 후 임헌당은 중국 국민당 간부로부터 대만주민의 지위향상을 위해서는 일본 중앙에 호소하여 이해와 지지를 얻는 온건적 운동이 적당할 것이라는 시사를 받고 북경 방문 후 동경으로 왔던 것이다.

동경에서 임헌당은 당시 내무대신이었던 하라 다카시原敬에게 면회를 요청했지만 이루지 못하고, 그 대신 일찍이 자유민권운동의 기수로 잘 알려진 이타가키를 방문했다. 대만총독부에 의한 압정의 비도덕성을 설명하는 임헌당에게 이타가키는 동정을 표하고, 이듬해 11월에 대만을 시찰한 후 본국과 대만의 융화를 주장하는 대만동화회의 설립을 부르짖게 되었다. 이타가키는 이 동화회의 설립을 위해 오쿠마 시게노부大隈重信[6]와 도고 헤이하치로東郷平八郎 등의 지지를 모았고 임헌당은 명사와 정치가들을 방문했다.

임헌당이 일본 중앙의 인사들에게 설명한 것은 대략 다음과 같은 것이었다. 대만영유 이래 63법제5장 참조에 따라 대만 총독이 독재권을 쥐고 '대만은 마치 일본제국과 관련이 없는 것처럼 거의 총독부의 대만'으로 변화하고 있다. 천황은 '일시동인'을 노래하고 있음에도 불구하고 총독부에 의한 탄압이 계속되고 있고, 미국 통치하의 필리핀과 비교하여 수준이 낮은 교육시설밖에

6 오쿠마 시게노부는 일본의 무사이다. 사가번사(佐賀藩士)이며 정치가, 교육자이기도 하다. 제8대, 제17대 내각총리대신을 역임했고, 작위는 후작(侯爵)이다. 동경전문학교(東京專門学校), 즉 현재의 와세다(早稲田)대학 창시자이다. —역주

없다. 이와 같은 상황을 방치해서는 "대만을 위해서도 일본 국가를 위해서도 결국 양책良策은 아니다"라는 것이었다.[7] 이러한 논조는 총독부를 '적'으로 일본 중앙과 대만인이 연합한다는 것이고, 천황의 '일시동인'과 서구의 식민지 지배를 대비시켜 일본의 국가적 자존심을 자극한다는 논법을 취하고 있음을 알 수 있다.

대만인이 총독부와 싸우기 위해 천황의 '일시동인'을 제안하고 대일본제국의 중앙정치에 호소한다는 수법은 언뜻 보아 기이하게 보인다. 그러나 예를 들면 후년 미합중국에서 킹 목사 등의 흑인공민권운동도 앨라배마Alabama 주의 인종격리정책에 의해 '미국인'으로서의 권리가 침해당하고 있다는 것을 연방 최고재판에 소송하는 수단을 동원하며, 이때 미국의 국시인 자유와 평등을 주장하는 앨라배마주가 국민들에게 상처를 준다는 논법을 사용했다. 이와 같이 지배자 측의 '국시'를 바꾸어 마이너리티 지위향상의 수단으로 하는 것은 결코 진귀한 것이 아니었다. 그리고 그러한 운동은 당연하지만 어떤 의미에서 '항일'인 동시에 '친일'이기도 하는 미묘한 성격을 띠었다.

또한 여기서 지적해두지 않으면 안 되는 것은 이 운동의 형태가 제10장에서 말한 오키나와의 참정권 청원운동과 유사하다는 점이다. 역시 오키나와의 젊은 엘리트였던 자하나 노보루謝花昇가 오키나와의 독재자로 불린 나라奈良하라 현原縣 지사의 경질을 이타가키에게 직소한 것은 임헌당이 이타가키를 방문하기 15년 전의 일이었다. 그리고 임헌당의 방문에 관심을 보인 정치가는 오자키 유키오尾崎行雄, 시마다 사부로島田三郎,[8] 이누카이 쓰요시犬養毅,[9] 오쿠마 시게노부 등으로 이들도 자하나의 경우와 매우 닮은 멤버였다고 말해도 좋을 것이다.

---

7 許世楷, op. cit., 1972, p.160.

8 시마다 사부로는 일본의 정치가이며 저널리스트, 관료를 역임했다. —역주

9 이누카이 쓰요시는 정치가이다. 제29대 내각총리대신을 역임했다. 입헌정우회(立憲政友会)의 제6대 총재를 지냈다. —역주

임헌당의 주장은 63법에 불만을 품고 있었던 정치가들에게는 평판이 좋았다. 이누카이는 총독입법권의 폐지를 검토할 것을 약속했고 당시 수상인 오쿠마도 임헌당을 격려했다. 젊디 젊었던 임헌당이 이렇게 일본의 정치가들이 반응한 것에 대해 만족했으리라는 것은 상상이 가능하다. 그렇다고는 하지만 오쿠마든 이누카이든 그 후 대만통치의 문제에 진심으로 몰두한 모습은 엿볼 수 없었다. 그 상황 속에서 동시에 그 장소에서의 동정이었다는 것은 부정할 수가 없다. 이누카이 등은 내지의 보통 선거운동과 함께 민권확장을 위해 노력하겠다고 임헌당에게 말했다고 하지만, 한일합병에 즈음하여 조선인을 '바이러스'라고 단언한 인물로 약간 당돌한 감은 역시 지울 수가 없다. 총독부에 대항하기 위해 일본 중앙의 민권파 의원에게 기댄다는 자세는 그 후 대만의회설치 청원운동까지 거의 일관되게 유지되었다.

그렇다면 동화회의 회장이 된 이타가키는 대만을 어떻게 생각하고 있었을까. 결론부터 말하자면 그의 대만통치론은 대아시아주의에 의한 동화론의 전형이었다. 이타가키에 의하면 '제국의 대만 식민지정책은 영국이 인도에 실시하는 정책과 같은 것으로, 인종 구별을 묻지 않는 동화주의'이고 대만통치의 최종목표는 '동종동문同種同文'의 대만인을 '충량한 국민'으로 만드는 것에 있었다. 이를 위해서는 교육을 경시하는 서구의 식민지 통치와는 반대로 국어와 수신교육을 강화하는 한편, "적어도 백만의 내지인을 대만으로 이주시켜 통혼을 촉진하는 것과 함께 총독부의 압정을 완화하여 대만인과 내지인의 융화를 꾀하지 않으면 안 된다. 또한 제국의 진의를 품지 않는 외부인은 일본이 침략적이라고 오해하고 있지만, 사실 서구인은 불경스러운 인종적 감정으로 아시아인을 압박하려고" 하고, "대만을 일본이 영유하면 국방상 동양 평화의 보전이 이루어진다". 일본이 취하지 않으면 "열강의 손으로 넘어가는 것을 의심하지 않았다"고 했다. 이타가키는 "인종상 귀족주의를 전제로 하여 세계의 침략을 꿈꾸는 서구 제국주의를 배격하라"고까지 부르짖었고, 자신과 대일본제국을 반인종차별과 반제국주의의 투사로 그리고 있었다.[10]

이렇게 자아도취적인 '일시동인' 비판은 이미 보아온 것처럼 특이한 것은 아니다. 굳이 새로운 점이라고 한다면 이 세계관이 대만인에게 어떻게 자리매김 되었는가라는 문제이다. 이타가키에 의하면 백인과의 인종전쟁에서 일본인은 아시아인으로서 지나와 제휴하고, 대만의 한족은 '지나인'임과 동시에 '일본인'이기 때문에 대만인을 자기편으로 만들면 중일친선의 가교가 될 것이라고 보았다.[11] 물론 여기서 말하는 지나와 제휴의 내용이 일본 측의 자기만족에 불과하다는 것은 새삼 말할 필요도 없지만, 대만통치의 안정이라는 점 이외에도 대만인의 민심을 획득하는 이유는 바로 여기에 존재한다. 이후 이러한 중일친선론 입장에서 본 대만의 자리매김은 아시아주의적 논리의 대만통치론이다. 이는 상투적이긴 하지만, 역으로 이러한 입장에서 총독부를 비판하는 것은 일본 측에도 공명을 기대할 수 있는 것이었다.

이러한 사상을 가지고 1914년 2월에 대만으로 도항한 이타가키는 대만인으로부터 환영을 받았다. 그리고 12월 다시 대만을 방문한 이타가키를 회장으로 내지와 대만의 융화를 내걸고 대만동화회가 대만 북부에서 발족했고, 성립직후부터 3천 명이 넘는 참가자가 모였다. 그리고 이타가키의 추천으로 많은 대만인이 평의원으로 임명되었다.

이러한 움직임에 먼저 반발한 것은 내지인 식민자들이었다. 대만 북부의 변호사회가 반대연설회를 기획했고, 고치高知현 사람들로 구성된 조직이타가키는 일본 고치 출신도 반발하고 나섰다. 또한 대만동화회 연구식의 광경은 "이를 환영하고

---

10 板垣退助, 『板垣退助全集』, 春秋社, 1933(복간은 原書房, 1969), pp.312·395·404·407·411·398~400.

11 Ibid., p.411; 台湾総督府警務局, 『台湾総督府警察沿革誌』 第2編, 領台以後の治安状況(中巻)』, 台湾総督府, 1939(복간은 『台湾社会運動史』, 龍渓書房, 1973, p.14). 이하 『警察沿革史』라고 약칭한다.

열광하는 대만 도민과 이를 백안시하고 냉소하는 모국인의 야유가 착종하는 살기넘치는 광경을 전개했다"고 되어 있다. 결국 대만 북부의 식민자들이 이타가키를 방문하여 항의를 신청하고, 동경의 고토 신페이後藤新平 앞으로 이타가키를 제지해달라는 호소문의 전보와 편지가 다수 도착했다.[12]

그러나 동화 논리의 구도 그 자체는 일본 측도 정면에서 부정할 수 없었다. 동화회의 발전식장에서는 수상 사쿠마와 총독부 민정民政장관 우치다 가키치內田嘉吉로부터 축사를 받았고, 총독부의 관료들도 내빈 자격으로 다수 참석했다. 이타가키에 따르면 당시 총독 사쿠마 사마타佐久間左馬太와 면담한 결과, 사쿠마는 그의 주장에 찬성했다고 한다. 그렇다고는 해도 11월에 임헌당이 우치다 민정장관을 방문했을 때 동화회의 취지는 좋지만 "정치는 날카로운 칼로서 만약 이를 우롱하면 실로 위험천만하다"고 못을 박았다.[13] 총독부 측에서 보면 동화촉진이라는 취지에서는 반대할 수 없지만, 대만인이 이를 계기로 '일본인'으로서의 권리를 찾기 시작하거나 내지의 정치가들이 총독부 왕국의 내정에 개입하는 것은 피하고 싶었던 것이다.

총독부의 대응은 차별의식을 드러내는 식민자들보다도 교묘했다. 우선 동화회에 축사를 보내는 한편, 식민자의 반대연설회를 중지시켜 이타가키 등을 쓸데없이 자극하는 일은 일단 피했다. 그렇지만 이타가키가 대만을 떠난 후, 대륙낭인大陸浪人의 모조품이라며 동화회의 격리가 어렵다는 것을 이유로 이사들을 체포하고, 이듬해 1915년 1월에는 공안을 살해하는 것으로써 동화회 그 자체를 해산시켜 버렸던 것이다.

이와 같이 겨우 1개월 만에 소멸하고 만 대만동화회였지만 그것을 환영한 대만인들의 기대는 이타가키의 사상과는 달랐던 것이다. 임헌당은 후에, 동

12 許世楷, op. cit., pp.172~173. 식민자에 의한 항의 문서는 『警察沿革史』, pp.20~22.
13 사쿠마 총독의 동의는 『板垣退助全集』, p.404. 우치다의 발언은 許世楷, op. cit., p.172에서 인용.

화회는 대만인의 '법률상 불평등'을 개선하기 위한 것이고 "동화라고 해도 그 실동화를 목적으로 하는 것이 아니라 은폐용 수식 명사이고, 그 목적은 일본 정부의 대만인에 대한 압력을 부드럽게 하고 속박을 완화하면서도 대만인의 고통을 경멸하려고 하기까지 했다"고 명확하게 말하고 있다.[14] 그에게 있어서 '일본인'으로의 동화는 '법률상 불평등'의 타파를 의미하고 있었던 것이다.

그에 비해 이타가키는 '일본인'으로서 천황에 대한 충성밖에 없었다. 그는 총독부의 압정에 대해서는 부분적으로 비판해도 대만인의 정치적 권리에 대해서는 "아직 참정권을 부여하지 않은 신정부에 정치문제로 발언하는 것을 허락하지 않는 것은 당연하다"고 말하고 있었다.[15] 즉 같은 '일본인'으로 동화라는 말을 사용하면서도 양자 의사는 처음부터 엇갈리고 있었다. 이러한 현상은 그 후 대만의회설치 청원운동에도 영향을 미치게 된다.

다양성에 대한 희망

대만동화사건을 전후로 하여 임헌당은 대만인에 의한 사립중학교설립에 몰두하고 있었다. 그때까지 대만에서는 내지인을 위한 중학교밖에 존재하지 않았던 것이다. 중학교 설립을 허가하지 않을 경우 대만인 자제가 복건성福建省에 있는 서구인이 경영하는 학교에 다니고 마는 것을 예측할 수 있기 때문에 총독부는 회유책의 일환으로 이것을 인정했지만, 동경의 법제국과 내무성의 반대로 수업 연한이 단축되었다.

이 대만중학교 설치를 둘러싼 일련의 움직임은 일본 측이 차별을 보이고 있었다는 것은 물론이지만, 다이쇼기에 드러난 조선·대만에서의 근대교육 지향 현상이기도 했다. 대만의 전통적 교육기관인 서점 수는 1898년 조사에

14 許世楷, op. cit., p.177.
15 『板垣退助全集』, p.404.

서 감소의 일로를 걷게 되어 1918년에는 조사 당초 약 20%로까지 감소하고 있었다. 그것과 반비례하듯이 의무교육제도가 널리 퍼지지 않았는데도 불구하고, 공립학교 취학률은 점차 상승하고 1912년에는 아직 6.6%에 불과했지만, 1920년에는 25.1%로 급증한다. 말하자면 1910년대 후반부터 20년대에 걸쳐 대만인 중에는서 전통적 교육에서 근대교육으로의 지향전환이 일어나고 있었다.[16] 거의 마찬가지 현상이 조금 늦게 조선에서도 발생하고 있었다.

교육 측면뿐만 아니라 문화 면에서도 변화가 일어나고 있었다. 대만인 중에는 1900년에 천연족회天然足會, 1911년에는 단발불개장회斷髮不改裝會를 발족하고, 그때까지의 관습이었던 전족과 변발을 '문명화'의 입장에서 개선하려는 움직임이 나오고 있었다. 이들은 양자 모두 오키나와의 결발이 그랬던 것처럼 일본 측에서는 '지나支那의 야만풍蠻風'의 상징으로 간주되고 있었다. 일본 측 지식인은 전부터 대만을 '문명화'의 일환으로 이들의 풍속개량을 부르짖었고 총독부도 대만인의 이러한 움직임을 환영하고 있었다.

그런데 이것만으로 대만인이 '일본인'으로의 동화를 지향하고 있었다고 할 수는 없다. 오키나와의 경우 '문명화'의 수입 루트가 내지경유로 한정되어 있었기 때문에 '문명화'와 '일본화'의 구분은 어렵다. 그렇지만 대만에서는 중국에서도 단발과 전족 해제 등의 운동이 일어나고 있었기 때문에 단지 단발한 것만으로는 '일본화'와 직결하지 않았던 것이다. 게다가 오키나와보다도 시대가 내려가서 서구 근대문명의 유입에 대해서도 여러 가지 미디어와 내지유학 등의 루트가 완성되고 있었다. 상징적인 사례를 보면 1900년경 오키나와의 경우에는 학교교육을 거쳐 오키나와 옷을 벗은 청년이 대부분 일본 옷을 입은 것에 비해 1920년대 대만에서는 양복 혹은 '상하이 옷'이라 불

---

16 취학률의 추이 과정은 『台湾教育沿革史』, pp.408~409.

리는 개량 중국 옷 양복이 지식층 청년들 사이에서 유행했다.[17] 말하자면 일본 측에서 '지나 옷'을 벗게 했다는 것만으로 동화의 작업이 완료된 것은 아니며 양복을 벗고 일본 옷을 입는 단계가 필요하게 되었지만, 그것을 '문명화'의 이름하에 이룬다는 것은 맞지 않는 것이었다. 메이지의 오키나와교육에서는 아직 눈에 띄지 않았던 '문명화'와 '일본화'의 차이가 다이쇼의 대만에서는 감출 수 없는 것이다.

이러한 움직임이 있는 한편 반대로 1915년에는 대규모적인 무장항일 봉기였던 서래암西來庵사건이 벌어지고, 이로 인해 대량학살과 900명이 넘는 사람들의 사형판결이라는 결과로 끝난다. 산악 선주민족의 진압도 거의 종결되어 대만에서 무력저항을 수행할 수 있는 여지는 거의 없어졌다. 이와 같이 전통적인 문화를 기반으로 한 무력저항이 진압되고, 또한 근대화 지향이 생겨나기 시작하는 가운데 합리적인 동시에 근대적인 형태의 운동이 요구되었다. 그리고 그 선구가 된 것이 대만동화회이고 중학교 설치운동이었다고 할 수 있다. 30년대 중반이라는 비교적 젊은 세대에 속하는 임헌당이 이들 운동을 리더했던 것도 운동의 질적 전환을 나타내고 있었다.

그리고 이러한 운동에 가장 민감하게 공명하기 쉬웠던 것이 대만에서 가장 근대화된 계층이었던 내지유학생들이었다. 대만에서 만족스런 고등교육을 받을 수 없는 불만으로 인해 내지유학이 늘어나고, 1915년에 그 수는 300명 남짓에 달했고, 게다가 1919년에는 800명, 1922년에는 2,400명을 넘었다.[18] 시대는 다이쇼 데모크라시기에 접어 들었고 자유와 개혁이 넘쳐흐르는 분위기 속에서 유학생들은 '신문명'을 흡수하고 있었다. 영국과 프랑스 등의 식민지에서도 종주국의 유학을 마치고 귀국하는 인물들이 근대적 저항운동

17 若林正文,「黃呈聰における『待機』の意味」,『台湾近現代史研究』2号, 1979, p.82.
18 許世楷, op. cit., p.184;『警察沿革史』, p.24.

의 중핵을 담당했다는 것은 잘 알려진 바인데, 오키나와의 참정권획득운동을 행한 자하나 노보루도 내지유학생이었다. 조선 3·1독립운동에서도 조선인의 내지유학생들이 독자적인 독립선언문을 기초했던 것이다. 그리고 대만인의 내지유학생으로부터 대만의회설치운동이 일어났다.

다만 대만총독부 측의 조사에 따르면, 초기의 대만인 유학생들은 "되도록 내지의 풍속습관에 동화하려고 하고 사회문제, 정치문제 등에 깊은 관심을 보이는 것도 없이 가끔 지나인 유학생 혹은 조선인 유학생들보다 유유낙낙하게 일본통치하에 굴종하는 어리석음을 조소받기조차 하는 상태"였던 것 같다. 1918년 임헌당은 동경의 중화요리점에서 약 20명의 유학생을 초대하여 이후의 대만을 어떻게 할까라는 좌담회를 열었지만, 이때 나온 의견은 "동화론, 비동화론, 중국 본국에 기대하는 조국론, 대동아주의론 등 여러 가지"였고, 실행방법도 "부언실행不言實行을 허락하는 자, 우선 자기의 힘을 기르자고 설득하는 자, 정치에 흥미 없다고 자폭적 상태를 보이는 자, 그리고 완력에 의해서만 이루어내자는 무단파" 등 논의백출議論百出이었다고 한다.[19] 이 시점에서는 대만의 상황에 불만이 있어도 운동 방침을 정하지 못하고 있었음을 알 수 있다.

상황이 바뀐 것은 1919년경부터였던 것 같다. 두말할 필요도 없이 제1차 세계대전 완료 후 민족자결의 풍조와 조선의 3·1독립운동과 중국의 동향이 원인이다. 그와 동시에 중국과 조선 유학생들과의 교류도 그들에게는 자극이 되었다. 다만 대만 유학생의 경우는 독립국이 아니었다는 역사적 경위와 유혈 진압의 기억이 생생한 것도 있어 조선인들처럼 즉시 독립은 부르짖지 않고 합법적인 동시에 비폭력적인 노선을 계속해서 취한 것이 하나의 특징이 된다.

19 『警察沿革史』, p.24. 좌담회의 모습에 대해서는 若林正文, 「大正デモクラシーと台湾議会設置請願運動」, pp.106~107.

1920년 1월 대만인 유학생들은 '신민회新民會'를 결성하고 7월에는 기관 잡지 『대만청년臺灣青年』을 발행했다. 모임의 강령으로 '문화의 향상'만을 내세우지 않았지만 간부회의에서는 '대만통치의 개혁운동'이 결정되었다. 그 시점에서 그들이 가지고 있던 운동방침은 63법의 철폐였다. 이는 전술한 1918년의 좌담회 때 임헌당의 비서가 "동화·비동화의 여하를 불문하고, 63문제가 대만인을 속박하고 있기 때문에 이것의 철폐를 기약하라"는 의견을 말한 것이 전원 찬동을 모았던 것에 기인하고 있었다.[20] 잡지 『대만청년』은 후에 『대만신민보』라는 신문에 발전적인 해결을 이루게 되는데, 이 논조에서 그들의 사상을 엿볼 수 있다.

이 『대만청년』 잡지의 특징은 일본 측 논자의 기고가 적지 않은 비율을 차지하고 지면의 반 이상이 일본어 기사가 차지하고 있었다는 점이다. 일본 측 집필자는 물론, 대만인들의 기고도 일본어 쪽이 오히려 많다. 이는 당시 이 잡지가 내무성과 대만총독부의 이중검열을 받았고, 내지와 대만의 융화라는 겉포장이 필요했던 것도 있었지만 유학생들이 일본어로 근대교육을 받았던 제1세대였던 것도 작용하고 있었다. 후술하는 것처럼 『대만청년』은 어디까지나 '문명화'를 추진하는 입장에 있었는데, 발행자들은 유학을 통해 일본어 경유로 문명을 흡수한 자들이었다. 아마 그들에게는 일본어를 사용하는 쪽이 근대적 개념어를 표현하기에 편리했던 것이 아닐까 싶다. 말하자면 이 대만인에 의한 첫 잡지는 애초부터 언어상으로 지배자의 언어를 사용하고 있었

20 신민회의 강령은 『警察沿革史』, p.27. 좌담회의 발언은 若林正文, 「大正デモクラシーと台湾議会設置請願運動」, p.107에서 인용. 또한 若林正文, 「黃呈聡における『待機』の意味」, pp.117~118을 보면, 대만 유학생이 합법적으로 활동하려는 것에 대해 가혹한 탄압의 기억이 있었다는 에피소드와 1923년경 북경의 대만 유학생과 조선인 유학생이 합동으로 '한국대만 혁명동지회'를 결성했다고 한다. 조선인 측에서 독립을 위해서는 폭력도 감수하겠다고 주장한 반면 대만인 측에서는 대만이 섬나라이기 때문에 도망갈 곳이 없으므로 피를 흘리는 것은 반대하는 입장을 취했기 때문에 해산했다고 적고 있다.

다고 말할 수 있을 것이다.

게다가 이러한 경향을 강화하고 있던 것이 잡지의 편집자 겸 발행인이었던 채배화蔡培火의 개인적 자질이었다. 채배화는 대만의 공립학교 교원이었지만, 동화회 사건으로 면직당해 임헌당의 원조로 도쿄고등사범학교에 유학하고 있었다. 잡지발간 당시 31세였던 그는 유학생 중에서는 연장자로서 리더 역할을 했던 인물이었다.

채배화는 후년 도쿄로 피신하게 되는데 이 '민족적 증오 관념'에 빠져 있었던 것, 일본기독교회의 목사였던 우에무라 마사히사植村正久[21]의 감화로 그것을 씻고 크리스트교에 입문하여 '사해 형제주의'를 신조로 삼게 되었다. 그는 『대만청년』 잡지의 기고문에서도 "우리들은 더욱 진지한 태도를 취하고, 우리들의 흉금을 활짝 열어 전 일본 국민과 말해야만 하는 것이다"라며 대화를 중시하고 있었다. 그리고 동화회의 유파를 이어받은 『대만청년』의 기고 논고 대부분이 기본적으로는 대만이 '일본'의 일부임을 인정하고 있고, 채배화가 썼다고 여겨지는 권두언은 "대일본제국은 입헌군주의 국체임에도 불구하고 우리 대만에서만 입헌정치가 행해지지 않는 것은 뭔가 불합리하다고 항의하면서 대다수의 모국 국민은 우리들과 소통하지 못한다. 우리들은 궐기하여 실로 우리가 생각하는 바를 전 국민에게 호소하여 근본적이고 대대적인 개조를 우리들은 전 국민과 협력하여 우리 섬 내에서 이루어야 하는 계절이다"라고 주장하고 있다.[22] 채배화는 이후 대만의회 청원운동에도 리더가 되지만 이러한 대화노선과, 대만은 '일본'의 일부라는 전제는 운동의 일환이 되었다.

그러한 대화노선을 취하는 논조로 『대만청년』에 게재된 일본 측의 기고자

---

21 우에무라 마사히사는 사상가이며 목사, 신학자, 소설가였다. 호는 '겸당(謙堂)'이었다. —역주

22 蔡培火, 『日本々国民に与ふ』(岩波書店, 1928, p.25); 蔡培火, 「我島と我等」(『台湾青年』, 1巻4号, 1920, p.23); 蔡培火, 「巻頭の辞」(『台湾青年』 1巻5号, 1920, p.1)에 대해서는 伊東昭雄, 「蔡培火と台湾議会設置運動」(『横浜市立大学論叢』, 人文科学系列, 27巻3号, 1976)이 있다.

들이 많았는데 그 타입은 상당히 광범위했다. 채배화와 면식이 있는 우에무라 마사히사와 에비나 단조海老名彈正[23]는 크리스트교계 지식인 나가이 류타로永井柳太郎[24]와 시마다 사부로島田三郎 등 민권파 정치가 요시노 사쿠조吉野作造[25]와 스에히로 이즈타로末弘嚴太郎라는 다이쇼 민주주의자 게다가 아베 이소오安部磯雄와 사노 마나부佐野學[26] 등 사회주의자 미야케 세쓰레이三宅雪嶺[27]와 야스오카 마사히로安岡正篤 등의 아시아주의자 그리고 대만 총독 덴 겐지로田健治郎와 총독부 총무장관 시모무라 히로시下村宏였다. 이들 어수선한 멤버도 3·1독립운동 이후의 분위기를 반영하고, 조선·대만 통치에 여러가지 개혁이 필요하다는 인식에는 거의 일치하고 있었다.

그러나 일본 측 논자의 논의 내용은 제9장에서 말한 다이쇼기 통치비판론의 한계를 나타내지 않은 것이었다. 쉽게 예상할 수 있는 것이지만, 그들에게 가장 많았던 것은 '일시동인'형의 차별비판이었고, 63법 문제 이후의 총독부 특권에 대한 반발과 서구에의 대항을 구가하는 아시아주의가 추가된 것이었다. 또한 동화회 사건 때 이타가키 다이스케처럼 '일지친선日支親善'의 매개자로서 대만을 중시하는 주장도 자주 쓰여진다. 나가이 류타로는 '일본의 대만에 대한 관계는 영국의 인도에 대하는 것'과는 달리 "동일문화의 계통에 속하는 동일인종"의 관계라고 말한다. 그리고 시마다 사부로는 '일본의 천황은 모든 사람에게 평등한 선정을 베푼다는 것'이어서 '일본인이 서양제국을 향해 부르짖고 있는 인종평등'을 대만에서도 적용하라고 주장한다. 와세다교수

---

23 에비나 단조는 종교가이며 교육가이다. 동경 혼코(本鄕) 교회의 목사였다. 도시샤(同志社)대학 통장을 역임했다. ―역주

24 나가이 류타로는 정치가로서 이시카와(石川) 출신이다. 와세다대학 교수를 역임했다. ―역주

25 요시노 사쿠조는 다이쇼기에 주로 활동한 정치가, 사상가이다. 동경제국대학에서 교편을 잡았고 다이쇼 데모크라시의 입안자이기도 하다. ―역주

26 사노 마나부는 쇼와 초기 일본공산당 위원장을 지냈고 옥중에서 전향을 발표하여 커다란 반향을 일으켰다. ―역주

27 미야케 세쓰레이는 철학자, 평론가이다. 중의원 의원을 역임했다. ―역주

인 우치가사키사쿠 사부로内ヶ崎作三郎[28]는 일본민족은 혼합민족으로 대만과의 융화를 설명하고 있다.[29]

게다가 이것도 시대의 기운에 편승하여 '데모크라시'와 '문명'의 입장에서 총독부의 통치를 시대의 뒤떨어진 것이라고 비판하는 논조가 많아지고 있었다. 예를 들면 에비나 단조는 대만 교육시설의 불충분함을 "세계의 문명국 대열에 올라선 일본에게 지극히 어울리지 않는다"고 비판한다. 또한 후술하는 식민지 정책학자인 이즈미 아키라泉哲는 "식민지의 복지, 안녕을 도모하는 문명국의 임무인데, 이에 위반하는 식민국이 있다면 이 문명국의 행렬에 낄 자격이 없는 자"라고 말한다.[30]

또한 식민정책학의 지식이 단편적으로 전해지는 한편, 동화주의에 대한 비판이 일어나고 있었다. 그러나 이것도 제9장에서 말했듯이 다이쇼기 일본측 지식인의 대부분이 식민정책학의 동화주의 비판 기반이 인종주의임을 이해하지 않았고, 그러한 기고의 대부분도 '일시동인'과 '문명'의 보급을 동시에 부르짖고 있었다. 그것이 가능했던 것은 서구의 식민정책이 동화주의의 포기로 기울고 있다는 정보와, 서구의 행위는 보편적 문명의 표현이라는 무의식의 전제가 이해를 빠뜨린 채 혼동되었기 때문이라고 말해도 좋다.

다만 여기서 주목해야 할 것은 '일시동인'과 보편적 '문명'에서 차별해소론과 동화주의비판을 양립하려고 한 결과, 일종의 문화적 다원주의의 주장이

---

28 우치가사키사쿠 사부로는 정치가이며 교육자이다. 동경제국대학 영문과를 졸업하고 옥스퍼드대학에서 유학했다. 이후 와세다대학의 교수가 되어 문명사와 문화사를 강의했다. 종교 평론도 저술했다. 『리쿠고(六合) 잡지(雑誌)』의 주필을 담당했다. 제1차 고노에 후미마로(近衛文麿)의 내각에서 문부정무차관(文部政務次官)을 역임하고, 1941년에는 중의원 부의장을 역임했다. 저서에는 『인생과 문학(人生と文学)』, 『링컨전(リンカーン伝)』 등이 있다. ―역주

29 永井柳太郎, 「世界的文化と台湾人の使命」, 『台湾青年』 1巻3号, 1920, p.7; 島田三郎, 「内台融和の根本問題」, 『台湾青年』 1巻4号, 1920, p.4; 内ヶ崎作三郎, 「日本国民性と台湾統治策」, 『台湾青年』 3巻4号, 1921, p.10.

30 海老名弾正, 「台湾人の実力とその使命」, 『台湾青年』 1巻2号, 1920, pp.2~3; 泉哲, 「台湾島民に告ぐ」, 『台湾青年』 1巻1号, 1920, p.8.

『대만청년』의 일본 측 기고자 사이에서 엿볼 수 있었던 점이다. 예를 들면, 메이지대학장 기노시타 도모사부로木下友三郎는 "법률상, 정치상, 사교상, 가능한 한 내지인과 동등한 대우를 하여 결국 내지인과의 차별을 없게 할 것을 이상으로 삼지 않으면 안 된다. 이러한 의미에서 동화주의를 적용해야만 하는 것이지 결코 인종 고유의 언어, 습관, 종교 등을 파괴하고 멸망시킨다는 취지의 것은 아니다"라고 주장한다. 그리고 동경고등사범학교 교수 도모에다 다카히코友枝高彦[31]는 "우리들은 일본국이 여러 가지의 풍속과 습관을 가지고 있고, 게다가 공통점을 갖고 있다는 것에 일본 국가의 장점을 느끼지 않을 수 없는 것이다"라고 말한다. 또한 귀족원의원 에기 다스쿠江木翼[32] 등은 "다른 것을 버리지 말고 이를 포용하고 육성하여 국민적 문화의 발달을 촉구한다"는 것을 현재의 EC통합의 표어이기도 한 'Uniformity in diversity'라는 형용으로 표현하고 있었다.[33] 나카노 세이고中野正剛[34]가 부르짖고 있던 다원주의가 당시에는 예외적인 것이 아니었음을 알 수 있는데, 이 시기 통치비판론의 통례로서 평등과 다원주의를 제도적으로 어떻게 실현해갈 것인지에 대한 구체적인 제안은 없었다.

그런데 이러한 일본 측 지식인들과 함께 『대만청년』의 지면을 채우고 있던 대만인들의 기고는 어떠한 것이었을까. 결론부터 말하면 여기서 볼 수 있는 대만의 청년들의 논조는 표면상으로는 일본 측 논자들과 큰 차이는 없다. 제1차 세계대전 이후 '데모크라시'와 보편적인 '문명'의 조류를 강조하고 총독통치의 전제적 성격을 비판하는 것이 그 주요 논조였다.

---

31 도모에다 다카히코는 윤리학의 선구자이다. 구마모토(熊本)의 제5고등학교에 졸업 후 교토대학 문학부에 입학하여 철학, 윤리학을 연구했다. —역주

32 에기 다스쿠는 메이지, 다이쇼, 쇼와기의 관료이며 정치가이다. —역주

33 木下友三郎, 「台湾人並内地人に対する希望」, 『台湾青年』 1巻1号, 1920, p.14; 友枝高彦, 「文化問題として内地と台湾との関係を論ず」, 『台湾青年』 1巻5号, 1920, pp.14~15; 江木翼, 「台湾統治の第1義」, 『台湾青年』 3巻4号, 1921, p.5.

34 쇼와기의 저널리스트. 우익 단체 동방회의 총재를 역임했고 중의원 의원을 지냈다. —역주

그렇다고 하더라도 거기에는 물론 일본 측 논자들과의 미묘한 차이가 있었다. 하나는 이미 일정한 근대화를 이룩한 일본과는 달리 그들 대부분이 "대만 문화는 아직 세계문화와 비교가 될 수 없다. 적어도 2·3세기는 늦어지고 있다"는 인식을 가지고 대만이 '문명의 낙오자'가 될 수 있다는 위기감을 품고 있었다.[35]

이러한 지향을 가지고 '구습을 제거하고 신문명을 흡수할 것'을 내건 대만 유학생들이 무엇보다도 '누습'으로 내세운 것은 '가족제도의 부패, 위생사상의 저급, 아편의 누습' 등이었다. 그리고 이하 후유와 오타 초후라는 오키나와 지식인들이 그랬듯이제12장 참조, 그 중에서도 그들이 비판하지 않으면 안 되었던 것은 역시 낮은 여성의 지위 문제였다. 『대만청년』에는 거의 매호 빠지지 않고 대만여성의 지위향상에 관한 논고가 게재되었는데, 이 문제에 관심이 집중하고 있음을 엿볼 수 있다. 거기에는 축첩제와 매매혼, 전족 등의 관습을 강하게 비난했고 자유연애와 자유결혼의 보급, 그리고 여자교육의 보급 등이 제창되었다.[36]

그러나 이러한 '문명화'와 '누습' 비판이 제창되는 한편, 한족漢族 아이덴티티의 주장도 존재하고 있었다. 그것이 가능한 것은 그들이 일본을 '문명'의 체현자라고 간주하고 있지 않았기 때문이다. 이 점은 고향을 '문명화'할 지향과 종주국에 대한 반발이라는 딜레마가 되어 버리기 쉬운 영국의 인도인 유학생들과는 약간 다른 특징이었다. 예를 들면 한문폐지론에 반대하는 어떤 투고는 다음과 같이 주장하고 있다.[37]

---

35 葉栄鐘, 「己に求めよ」, 『台湾青年』 2巻1号, 1921, p.64; 台湾青年雑誌社, 「青年同胞に与ふる檄」, 『台湾青年』 1巻1号, 1920, p.62.

36 林呈禄, 「新時代に処する台湾青年の覚悟」, 『台湾青年』 1巻1号, 1920, p.38; 葉栄鐘, 「己に求めよ」, 『台湾青年』 2巻1号, 1921, p.64.

37 呉三連, 「同胞教育者に送る」, 『台湾青年』 1巻4号, 1920, p.50.

> 우리는 동양의 문명 중심을 이룬 한민족의 후예이면서 무엇 때문에 문화가 낮은 대만인이라고 불리는지 의심도 하고 분개도 하는 것이다. 그렇지만 '일본의 문화적 생활은 여전히 외국의 모방시대를 벗어나지 못하고 있다. 정치도 모방하고, 법률도 모방하고, 학문도 모방하고, 문자도 모방하고, 미술도 모방하고, 음악도 모방하고, 간혹 일본 고유라고 칭하며 외국에 자랑하는 것도 거슬러 올라가 생각해 보면, 이것도 또한 대부분이 인도, 지나, 조선의 모방'이다. 이는 와세다 대학 교수, 현 중의원 의원인 나가이 류타로 씨의 저서를 읽고 의심이 풀려 자중심自重心이 생겼다. (…중략…) 나가이 씨가 말한 것이 과연 맞다고 한다면 우리는 일본의 현재를 배우는 것과 함께 더 나아가 근본적으로 우리 옛 조국의 문화를 연구할 필요가 있는 것이다.

이러한 인식에 서 있던 『대만청년』의 기고자들은 '개량해야 하는 사항이 있으면(예를 들면 아편과 전족의 폐해를 고치는 것과 같이) 이를 위해 진력하고 싶다'고 말하면서도 '일본화'에는 부정적이었다. 그들에게는 여성의 지위향상 쪽이 '국어보급보다도 급선무'로 되어 있었다. 이와 같은 자세 속에서 그들이 일본문화의 상징으로 자주 예로 든 것은 '일본 옷'과 '생선회'였다. 이들은 모두 아열대 대만의 기후에 맞지 않을 뿐만 아니라, 위생과 기능을 중시하는 문명화에 역행하는 것으로 보고 오히려 대만 재래의 요리법과 복장 쪽이 위생적이어서 '내지의 풍속과 습관을 맹목적으로 따르는 것은 현인이 취할 바는 아니다'라고 되었다.[38] 물론 이는 '일본' 안으로부터의 '문명'에 어울리지 않는 부분만이 선택적으로 그들의 세계관에 편입시킨 결과였다.

이러한 '문명화'와 '일본화'의 분리라는 경향을 잘 나타내고 있는 것은 그

38 蔡敦曜,「台湾改良に就て」,『台湾青年』1巻1号, 1920, p.57; 楊海盛,「冨家の奮起を望む」,『台湾青年』1巻2号, 1920, p.44; 黄朝清,「保存す可き我衛生的習慣」,『台湾青年』1巻1号, 1920, p.49.

들의 리더인 채배화가 『대만청년』에 기고한 「우리들의 동화관」이라는 논고이다. 여기서 채배화는 동화를 '자연적 동화'와 '인위적 동화'로 나누어 전족과 아편흡연 등의 '본질적 누습'이 쓸모없게 되어가는 것과, '인격존중·자유평등'이 촉진되어가는 것 등을 전 세계 규모로 일어나고 있는 '자연적 동화'라고는 하고 있다. 그에 대해 '일본 옷을 장려하거나 거리 이름을 내지 형식으로 바꾸거나 가도마쓰門松을 나누어 주어 집에 세우게 하거나 하는' 것은 도저히 성공할 수 없는 '어리석은 행동'일 수밖에 없다. 통합이 성공하는 것은 '이신동체적異身同體的 정신'을 가지면서 '개성을 존중하고 선량한 문화를 보장'하며 동시에 차별 관념과 영토적 야심을 떨쳐버린 경우에만 가능하다고 했다. 그러나 그에 따르면 현실 대만통치는 차별로 가득 차 있었고, '과거 이십여 년 간 대만에서는 동화의 언사를 들은 적이 있었어도 이에 대한 실제 시설을 본 적이 없고' 총독부가 말하는 동화라는 것은 '착취주의의 별명', '우민정책의 겉 간판'에 불과하다는 것이었다.[39]

이러한 논리에는 제도적 평등의 달성과 동시에 '선량한 문화를 보장'한다는 일종의 다원주의에 가까운 주장을 엿볼 수 있다. 이것은 채배화 개인의 주장이라기보다 '문명화' 추진과 '일본화' 거부라는 『대만청년』의 일반논조를 반영한 것이었다.

그리고 이러한 '문명'과 '문화'의 이분법론에 서 있는 유학생들이 동화정책에는 비판적이었지만, 총독부에 의한 경제개발과 위생 정비 등에는 일반적으로 호의적이었다. 그것은 유학생의 대부분이 대만의 원주민 중에서도 상류층의 자제이고, 총독부의 경제정책에 의해 일정의 이익을 받고 있던 계층에 속하고 있던 것과도 관련이 있다. 이러한 점은 후년에 그들의 운동이 대만인에 의한

39 蔡培火, 「吾人の同化観」, 『台湾青年』 1巻2号, 1920, pp.71~72·75~76·79~80; 蔡培火, op. cit., p.50·86.

노동운동과 농민운동과 협력관계를 쌓지 않았다는 약점과도 연관된 것이지만, 우선 이러한 문명관이 그들 나름대로는 다원주의의 토양이 되었던 것이다.

그러므로 그들은 '일본화'와 '문명화'의 접점에 해당하는 부분, 예를 들면 교육과 통혼에 대해서는 미묘한 반응을 보였다. 한편으로는 일본어교육의 편중을 비판하는 동시에 가나仮名 문자의 식자율이 낮음을 한탄하고, 조선에서는 거의 볼 수 없었던 내지인과의 공학이 차별철폐의 일환으로서 제창되고 있었다. 또한 한편으로는 여성의 지위향상을 위해 "내지의 호적법이 축첩제를 용인하지 않는 것처럼 대만 호적령도 마찬가지로 축첩제를 인정하지 않도록 개정"할 것을 부르짖으면서도 대만에의 민법·상법의 연장이 결정되자, 전통적 가족제도를 파괴하는 것으로서 친족법규의 연장반대를 부르짖는 기고도 게재되었다.[40]

유학생들의 서구에 대한 자세도 또한 복잡한 것이었다. 물론 서구는 '문명'의 선진국으로 의식되었고 로마자와 에스페란토어에 경도되는 자도 있었는데, 채배화는 로마자 논자였다. 그러나 그 한편으로 서구가 중국을 분할하고 유색인을 차별하는 침략자라는 점도 잊지 않았다.

그러므로 『대만청년』에 기고한 논고 중에는 "전 아세아 민족이 지금 문명인이 될까, 노예민족으로 될까라는 분기점에 서 있다"는 인식 아래 '동문동종同文同種인 일화日華'의 결속을 설득하는 아시아주의론도 군데군데 보인다. 또한 캘리포니아에 재주하는 대만인으로부터의 기고는 배척운동에 괴로워하는 일본계이민의 경우를 전하며 "우리들과 마찬가지로 역으로 동병상련을 느껴 실로 동정하지 않을 수 없었다"라고 적고 있다. 그들도 또한 서구를 적이라

40 가나문자(仮名文字)의 식자율이 낮음을 비판하는 것은 林呈祿, op. cit., p.34. 호적법에 대한 인용은 陳崑樹, 「婦人問題の批判と陋習打破の叫び」, 『台湾青年』 1巻4号, 1920, p.28. 민법연장에 대한 비판은 鄭雪嶺, 「民商法施行に就て」 및 匿名記者, 「民法商法施行に就きては宜しく除外例を置くべし」, 『台湾青年』 3巻4号, 1922 등.

고 의식한 경우에는 아시아 연대론을 주장하는 반면, 일본을 적으로 의식한 경우에는 서구에의 친근감을 갖고 있다는 딜레마를 안고 있었다. 그러나 그들이 중일 연대를 주장했다고 해도 그것은 대등한 관계를 전제로 한 것이고, "일본인이 서구에게 어떻게 차별적 대우의 고통을 겪었을지를 알고 있다면 특히 차별심을 일으키는 것은 너무나 몰인정한 것이 아닐까"라는 지적은 반드시 병존하고 있었다.[41]

그들의 대만관에도 또한 불균등성을 가지고 있었다. 이하 후유가 그랬듯이 『대만청년』의 기고에서도 한족을 "4천여 년의 오래된 역사를 가지고 전통적으로 우수한 것"이라고 자부심을 말하는 한편, '우리 도민島民의 대부분은 (…중략…) 진취적 기상이 부족하고, 또한 전투적 정신은 늘 부족하다', '사대주의라거나 기대근성이라거나 (…중략…) 악평을 받고 있다' 등 분기와 자조노력이 촉구되고 있었고, 애증이 상반된 심리를 엿볼 수 있었다. 기고 논고 중 또 하나는 「문명의 파도가 울려 퍼지고 있는 제국 도시」와 「저 미개한 고향」을 대조시키면서 "역시 저 남쪽 나라는 나에게 생명"[42]이라고 말하기도 했다.

자신들이 '일본인'인지 아닌지를 둘러싸고 복잡 미묘함이 있었다. 문화 면의 '일본화'는 거절하고 있어도 초기의 『대만청년』에는 '오늘날에는 대만인도 내지인도 법률상 고르게 일본인이다. 일본인으로서 가져야 하는 권리의무는 우리 대만인도 당연히 이것을 가지거나', '대만은 제국의 일부분으로 인민

41 채배화의 로마자 논쟁은 「新台湾建設と羅馬子」, 『台湾』 3巻6号, 1922; 近藤純子, 「蔡培火のローマ字運動」, 『国際交流研究』, 創刊号, 1985. 에스페란토어는 連溫卿, 「英国に於ける英語擁護運動とエスペラント」, 『台湾青年』 2巻4号, 1921. 인용은 순서대로 周桃原, 「全亜細亜の大勢より観たる現台湾青年に対する急務」, 『台湾青年』 1巻3号, 1920, p.49; 羅萬俥, 「加州に於ける排日運動を見て」, 『台湾青年』 2巻1号, 1921, p.36; 林伯殳, 「中華に遊びて日華親善に関する感想」, 『台湾青年』 1巻4号, 1920, p.40.

42 徐慶祥, 「台湾地方自治制と同風会」, 『台湾青年』 1巻2号, 1920, p.38; 林呈禄, 「新時代に処する台湾青年の覚悟」, 『台湾青年』 1巻1号, 1920, pp.36~37; 蔡氏阿信, 「帰郷に際して」, 『台湾青年』 2巻1号, 1921, p.61.

의 권리의무가 헌법정신에서 보면 특별히 큰 차이가 없는 셈이다' 등과 '일본인'으로서의 평등획득을 주장하는 것을 다수 엿볼 수 있다. 한편으로 한민족 아이덴티티를 제창하는 동시에 '일본인'으로 스스로 자리매김하는 자세는 필연적으로 마음의 동요를 초래하지 않을 수 없었다. 일본 측 저널리스트에 따르면 대만의 어떤 청년이 "자신들은 지금 순수한 지나인이 될 수 없으며 나아가서 확실히 그 중간에서 배회하고 있는 이 마음의 외로움을 헤아려 주세요"라고 말했다고 한다.[43]

이러한 자신들의 집단에 대한 자부와 열등감 그리고 '문명화' 추진론 등은 오키나와 내셔널리즘을 창조했을 때 이하 후유에게도 보이는 논조였다. 그리고 그것은 역시 이하 후유의 아이누관과 마찬가지로 자신들보다 하위라고 간주한 자에게로의 차별을 동반한 것이기도 했다. 대만 유학생 중에는 일본 측으로부터의 차별을 비난하는 한편, "본 도민은 4천여 년의 긴 역사를 가지고 있는 한민족의 일부이다. (…중략…) 역사 없는 미개한 생번生蕃과 전혀 다른 것은 말할 필요도 없다'는 것처럼 선주민족으로부터의 차별을 드러내는 자도 있다. 실제 '생번'이라는 차별어는 선주민족을 정복하여 대만에 이주한 한족들이 만들고 그것이 일본 통치시대까지 이어졌던 것이다. 그러나 채배화는 그에 대해 이렇게 주장하고 있다.[44]

> 우리 도민 동포여, 우리들 손을 가슴에 대고 눈을 감고 조용히 생각하면 생번이라는 말은 우리들이 만든 것으로, 현재 우리 섬의 산중에서 기거하고 있는 사

43 鄭松均,「馬関条約と台湾人の法律上の地位」,『台湾青年』1巻5号, 1920, p.52; 徐慶祥「大勢逆行論」,『台湾青年』1巻4号, 1920, p.36. 일본 측 저널리스트 시바다(柴田廉)의 관찰은 若林正文,「黃呈聡における『待機』の意味」, p.81에서 인용.

44 '생번(生蕃)' 발언은 林呈禄,「新時代に処する台湾青年の覚悟」, op. cit., p.29; 蔡培火「我島と我等」,『台湾青年』1巻4号, 1920, p.22.

> 람들, 즉 산내인山內人을 가리키는 것이다. (…중략…) 우리들은 과거에 있어서 스스로 인종적 차별을 하고 타인을 박해했다. 그 천벌로서 우리들은 타인으로부터 인종적 차별을 받고 그 박해를 받고 있는 것이다. (…중략…) 우리들이 적극적으로 실천해야만 하는 것은 첫 번째, 현재 심산 속에서 분별없는 생활을 보내고 있는 사람들의 불행을 도와주는 것으로, 그것을 위해서는 먼저 생번이라는 말을 버리고 (…중략…) 우리들은 성의를 다해 해결방법을 강구하는 것이 필요하다. 두 번째, 우리들은 내지인당국을 불문하고 민간을 불문하고의 무리한 차별과 압박에 대해 항의를 하는 것이다.

채배화는 후년 자신의 저작에서 일본의 통치정책을 비판하고 선주민족을 우리들이야말로 정말로 문명의 피해자라고 형용하고 있는데, 이를 보면 반드시 단순한 문명 찬미론자는 아니었다.[45] 또한 전술한 바와 같이 그는 '민족적 증오심'을 제거하려 했고 대화노선을 주장하고 있었다. 즉 단순한 '민족적 자부심'을 내세우는 자들에 비해 강자에게 대항하는 내셔널리즘이 약자에게는 차별을 낳는 연쇄로부터 거리를 두고 있었다고 말할 수 있을 것이다.

이와 같이 대만 유학생들 사이에서는 이하 후유가 그랬듯이 '일본인'으로서의 권리를 요구하면서도 '일본인'이 아닌 개성을 발휘한다는 다양성으로의 원망이 막연한 형태이지만 생겨나고 있었다. 그러나 유학생들에게 이것은 일본 측 지식인의 논의처럼 말뿐만 아니라 제도로서 구체화해 가지 않으면

---

45 蔡培火, op. cit., p.163. 단, 채배화는 1920년 「我島と我等」에서는 '불견목(不見目)'인 상태에 빠져있는 '산내인(山內人)'을 '교화'에 의해 구제해야 한다는 의견을 제시하고 있다. 이 시점에서 그는 보편적인 '문명' 및 크리스트교에 의한 선주민족의 '교화'를 지향한 것으로 보인다. 그런 면에서 1928년 저작에서 '문명의 피해자'라는 형용을 사용한 것은 매우 흥미롭다. '문명' 그것 자체의 보편성은 후년에 이르러서도 의심하지 않았던 것 같다. 또한 比屋根照夫, 「沖縄ー自立・自治への苦闘」에서 오타 초후(太田朝敷)의 동화론과 채배화의 '자연적 동화'론의 유사함을 주장하고 있다.

안 되는 절실한 과제였다. 그리고 그 바람이 자치의회의 설치라는 정치적 요구로 구체화되어 가고 있었다.

식민정책학의 치환

그렇다 하더라도 이와 같은 원망을 구체화할 수 있는 표현 형태는 한정되어 있었다. 당시 다원주의라는 말도 존재하지 않았을 뿐만 아니라, 그들이 '일본인'으로서 권리를 요구하는 한 일본 측과의 마찰을 최소화하면서 표현하지 않으면 안 되었다.

이와 같은 어려움 속에서 취한 방법은 어떤 의미에서 이하 후유와 같은 것이었다. 즉 그것은 지배자 측 언설의 치환이다. 이것은 정치적으로 열등하다는 입장에서 필요하게 되었을 뿐만 아니라, 일본유학에 의해 지배 측의 말로 '문명'을 배운 그들이 근대적 운동을 실천하기 위해서는 말하자면 필연이기도 했다. 그리고 이하 후유가 일류동조론을 역전시킨 것에 대해 대만 유학생들이 선택한 지배자의 말은 식민정책학이었다. 앞에서 언급한 것처럼 당초 유학생들은 '63법 철폐'를 방침으로 삼고 있었다. 이는 대만동화회의 노선을 계승하고 있던 '일본인'으로서 권리획득 지향의 표현이라고도 말할 수 있지만, 1920년 11월 집회에서 채배화 등은 63법 철폐라는 슬로건이 적힌 깃발을 들고 연단에 서면서 "우리들에게 자치권을 부여하라, 법률 제63호를 철폐하라"라고 외쳤다.[46] 63법정확하게는 당시는 31법 철폐와 자치획득이라는 것은 전혀 다른 요구였는데, 그 중에는 그것이 정리되지 않았음을 엿볼 수 있다.

그러나 그 11월에는 덴 겐지로田健治郎 총독이 상경하여 총독의 입법권을 존속시키는 의사가 전해져 왔다. 임헌당과 유학생들의 63철폐라는 방침은 내

46 『警察沿革史』, p.312.

지연장주의를 내건 덴 겐지로와 하라의 통치개혁에 일정 기대를 품고 있었는데, 결국 배신당한 형국이 되었던 것이다. 그리고 영구법인 '법3호'가 머지않아 성립되어제10장 참조 이 운동방침은 완전히 좌절하고 만다. 이렇게 새로운 방침이 모색되는 가운데 『대만청년』에 「63문제의 귀착점」이라는 논문이 게재되었다. 이 논문은 작년까지 메이지대학 대학원에서 식민정책학을 배우고 있던 임정록林呈祿이라는 대만인이 대만의 자치획득을 주장한 논고였다.

이 자치론을 검증하기 전에 알아두지 않으면 안 되는 것은 일본 식민정책학의 성격이다. 대만으로부터 유학 온 학생이 지배자의 학문인 식민정책학을 배운다는 것 자체가 아무리 생각해도 기묘한 현상이었다.

그렇지만 이미 제7장에서 살펴본 것처럼 일본 대학에서 식민정책학은 조선·대만 통치에는 뭐 하나 도움이 되지 않았다. 이 논문을 쓴 임정록 입장에서는 총독부에 취직할 목적으로 식민정책학을 배운 것은 아니다. 그리고 이것도 전술한 바와 같이 일본 식민정책학자들의 저작은 현지조사도 제대로 행하지 않은 채, 그들이 서구유학에서 배운 식민정책학의 원리론을 기준으로 하여 일본 통치의 모습이 '뒤쳐지고 있음'을 비판하는 것들이 대부분이었다. 대만 유학생이 식민정책학을 배운 것도 이러한 수입학문의 비실용성 탓에 본래대로 한다면 통치 실천자인 식민정책학자들의 강좌가 다만 통치에 비판적임을 배울 수 있다는 것 빼고는 이득이 없었다.

임정록이 식민정책학을 배운 것은 메이지대학 법과 이즈미 아키라라는 학자 밑에서였다. 이즈미는 야마모토 미오노山本美越乃와 야나이하라 다다오矢內原忠雄 등이 경제학 출신이었던 것에 비해 원래 국제법을 전공한 법학자로서 지극히 온후한 성격의 크리스찬이고 메이지대학의 대만 유학생과도 교유가 깊었다.

이즈미는 『대만청년』의 창간호부터 몇 회나 기고했는데, 그의 주장은 '문명식민국의 지위를 지키기 바란다면 식민지인의 복리를 위한 것을 통치의 주안점으로 삼지 않으면 안 된다'는 것이었다. 그에 의하면 "식민지의 복지, 안녕을 도모하는 것은 문명국의 임무"이고 문화의 보급을 꾀하고 자치독립의 훈련을 이룸으로써 식민국의 임무를 다하는 것인데, 압정과 수탈 등 "본국 본위의 정책을 펴는 나라는 문명국의 행렬에 낄 자격이 없는 자"라는 것이었다.[47]

물론 문명 전파론은 유럽의 식민지 지배 이데올로기에 불과한 것이었다. 그러나 선험적으로 자국을 문명국이라고 규정할 수 있는 영국과 프랑스 등과 달리, '문명국'의 행렬에 등극하려고 노력하는 입장이었던 일본에게는 오히려 이것이 '문명국'으로서 책무를 완수하지 못하고 있다는 통치비판론으로 기능한 것이었다. 게다가 현재의 눈으로 보면 믿기 어려운 것이지만 이즈미는 이러한 논리를 형식적으로 부르짖고 있었던 것이 아니라 진심으로 믿고 있었다. 국제법학자인 그가 제1차 세계대전 후의 국제연맹위임통치령에 관한 연맹규약에 이러한 규정이 만들어진 것을 가맹국이 지켜야 하는 국제법의 일종으로 받아들인 것에 그 이유가 있었던 것 같다. 어쨌든 그는 이러한 논리의 입장에서 "대만 도민의 목표는 자치적 대만에 있음을 믿어 의심하지 않는다"고 말하고 있었던 것이다.[48]

이즈미는 식민정책학자답게 대만인을 '일본인'이라고 형용하지 않고, 대만을 '식민지'로 칭하면서 영국과 프랑스 등의 식민정책이 동화주의를 방기

47 泉哲, 「台湾自治制を評す」, 『台湾青年』 1巻3号, 1920, pp.8·11; 泉哲, 「植民地の将来(2)」, 『南洋協会雑誌』 5巻2号, 1919, p.18. 이즈미는 "민족자결은 결코 혁명의 자유 혹은 식민지 독립운동에는 하등의 관계가 없다", "민족 자결의 진의는 (…중략…) 식민지인은 자치 독립적 정신을 가지고 식민지의 진보 발달을 꾀하는 것을 의미한다"라고 말하고, 그에게 '민족자결'과 '자치독립'이란 '식민지인'의 자조 노력이었다. 泉哲, 「民族自決の真意」, 『台湾青年』 2巻4号, 1921. 따라서 그가 장래의 '자치독립'을 인정했다 하더라도 그것이 현재적 시점에서 생각하는 '독립'과는 약간 거리가 있다는 것을 지적할 수 있다. 당시 일본 측 지식인 사이에는서 '독립'과 '자치'는 모두 애매한 의미로 사용되었고, 요시노 사쿠조도 『대만청년』 창간호에 기고한 축사에서도 대만인의 독립을 논했지만 그 의미가 불분명하다. 이러한 '자치'라는 말을 자신들의 입장에서 해석하여 운동을 개시한 대만인들의 사상과는 직접적인 관계가 없다.

48 泉哲, 「台湾島民に告ぐ」, p.7.

하고 있는 것을 논거로 동화정책을 비판하고 있었다. 그러나 이즈미가 다른 식민정책학자와 다른 것은 그가 인종사상으로부터 동화주의비판론의 영향을 전혀 받지 않았다는 점이다. 그는 식민정책 저서에서 "일반적으로 민주주의 식민국은 식민지의 관습을 인정하고 고유의 제도, 문물, 법령의 보존에 주의를 기울이고, 전제주의 식민국은 본국 법으로써 식민지 고유법을 대신하지만", "다수의 예외가 존재하고 민주적인 프랑스의 동화주의를 채용하고 있다"고 기술했는데, 그가 프랑스의 동화주의비판 논리를 알지 못했던 것은 분명하다. 또한 일본 '자치주의'에 대해 이즈미는 캐나다와 호주 등의 지배권과 튜니지아 등의 보호국 모두를 '비동화주의'로 분류하고 있었다. 그리고 요시노 사쿠조와 마찬가지로 그는 동화주의를 비판하면서 내지인·대만인의 차별대우 철폐 등을 주장하고 있었다.[49]

요컨대 이즈미는 야마모토와 야마이바라 등의 식민정책학자와 비교해 보면, 다이쇼 데모크라시의 애매한 성격을 반영한 인물이라고 볼 수 있다. 이러한 이즈미의 식민정책학은 조선·대만 통치의 학문적으로 도움이 되지 않는 것은 물론, 대체로 유럽 식민지 지배의 실태를 이해하고 있다고는 말할 수 없는 그 온후한 성격과 서로 맞물려서 대만에서 온 유학생들에게는 감명을 주었다. 만약 유학생이 접촉한 상대가 야마모토였다면 야마모토의 고등교육의 제한론에 유학생들이 분개하는 결과가 되었을 가능성이 높다.

그 이즈미 밑에서 배우고 있었던 임정록은 『대만청년』의 초기 기고에서 '일본인'으로서 법률상 차별철폐를 주장하고 있었다. 마침내 그는 일본 식민정책학의 영향을 받아 영국이 캐나다와 호주의 통치에 성공하고 있는 '자치주의'가 식민정책의 국제적 조류라고 부르짖게 된다. 이렇게 그는 『대만청

49 泉哲, 『增訂 植民地統治論』, 有斐閣, 1924, pp.64·243~247.

년』에 발표한 논문에서 "63문제의 귀착점은 순리상으로 생각해보면 장래 대만의 특별통치를 철폐하고 제국의회에서 동일하게 입법하는 것이어야만 하는 이치지만, 실제상으로 보면 대만에 특별한 대의기관을 설치하여 특별 입법하지 않으면 안 된다"고 주장한다.[50]

이 임정록의 논문은 유학생들 사이에서 큰 반향을 불러 일으켰다. 이제까지의 '63법 철폐' 노선을 방기하여 '자치주의'를 추구하는 방향으로 운동을 전환해야만 한다는 주장이 대두되어 신민회의 내부에 격심한 논쟁이 일어났는데, 임정록은 야마모토의 저작을 논거로 '자치주의'의 이점을 주장하여 승리를 이끌어냈다. '63법 철폐' 노선은 언제 실현될지도 모르고, 어떤 식으로든 문화 면에서는 동화를 거부하더라도 평등과 바꿀 수밖에 없는 법적·정치적 독자성을 잃는 것은 분명했다. 그것과 비교하여 임헌당의 논문에 따르면, '자치주의'는 일본의 주권을 인정하면서 "총독은 단순히 일반통치의 개요를 보이고, 그 실질 및 내용에는 식민지주민 스스로 이를 정하는 것으로 하고, 제3국에 대한 정치관계에서만 모국정부가 관여하는 통치방법"이었다. 이것이 국제적인 문명적 식민지통치의 최신조류이기 때문에 유학생들이 매력을 느끼지 않은 것은 아니었다.[51] 그리고 채배화와 임헌당도 63법 철폐운동을 방기하는 것에 찬동하고 '자치주의'의 제일보로서 우선 대만주민의 공적인 선거에 의한 대만의회를 설치하는 청원을 제국의회에서 제출할 것을 결정하는 일이었다.

그러나 이러한 '자치주의'가 국제적 조류라고 말할 수 없는 것은 두말할 필요도 없다. 재삼 말하는 것처럼 캐나다와 호주는 원주민을 배제한 '식민지의

---

50 평등 획득론은 林呈禄, 「新時代に処する台湾青年の覚悟」, op. cit., p.33; 林呈禄, 「63問題の帰着点」, 『台湾青年』 1巻5号, 1920, pp.40~41.

51 林呈禄, 「近世植民地統治に関する対人政策」, 『台湾青年』 2巻1号, 1921, p.23. 유학생들의 논쟁 경위는 許世楷, 『日本統治下の台湾』, 東京大学出版会, 1972, p.193.

자치'일 수밖에 없었고 아일랜드의 자치획득조차 다음다음 해의 일이었다. 유학생들이 식민정책학을 논거로 자치의회 청원운동을 시작한 것은 이중삼중의 오해의 결과였다. 이미 일본에 식민정책학이 수입된 시점에서 학자들의 몰이해와 서구 콤플렉스 때문에 상당한 실수가 생겨나고 있었고, 게다가 유학생들이 자신들의 희망을 걸을 수 있을 것 같은 이해를 가졌기 때문에 더더욱 오해가 쌓인 것이다.

그러나 여기서 중요한 것은 그러한 오해를 지적하는 것이 아니라 대만 유학생들이 모두 모여 이 대만자치의회라는 주장을 지지했다는 사실이다. 그들은 그 이전부터 압도적인 지배와의 정면대결을 피하고, 대만이 '일본'의 일부라는 것을 인정하며 '일본인'으로서의 평등을 바라는 동시에 자신들의 독자성을 지키고 싶다는 매우 어려운 욕구를 가지고 있었다. 현재라면 이에 대해 '다원주의'와 '일국 이제도의 자치'라는 언어가 준비되어 있다. 그러나 그러한 말이 없었던 그 시대에 그들은 자신들이 품고 있던 형태가 아직 실현될 수 없는 바램을 구체적인 정치목표로 하는 말을 식민정책학에서 찾아낸 것이다.

현실을 움직이는 것은 사람들 사이에 존재하는 에너지로서, 사상은 그것에 형태와 방향성을 불어 넣어주는 것에 불과하다. 이 경우 반드시 그 사상이 원전에 비추어보아 '올바른 것'일 필요는 없다. 예를 들어 곡해와 오독이라 하더라도 사람들의 잠재적인 소망을 대변해줄 수 있다면, 그것은 사회적으로 기능하게 될 것이고 거기에 사상의 치환 가능성이 존재한다. 마르크스 자신은 아시아·아프리카 제국의 사회주의혁명 가능성을 시야에 두지 않았고, 윌슨이 민족자결을 부르짖은 것은 유럽의 전후처리를 하기 위함에 불과했지만 마르크스주의와 민족자결은 식민지독립운동의 지도이념이 되었다. 대만 유학생들이 자신들의 희망을 식민정책학의 언술로 결정結晶시킨 것이 오해였다고 한다면, 조선인이 민족자결을 내세워 독립운동을 일으킨 것도 역시 오해의 산물일 것이다. 그러나 그러한 사람들의 행동을 사상의 '바른' 해석에서 비판하는 것은 대개 의미가 없는 것이다. 사상은 인간을 위해 존재하는 것이고 인간이 사상을 위해 존재하는 것은 아니기 때문이다.

물론 식민정책학은 지배자의 말이었다. 그렇지만 같은 말이라도 지배하는 측이 말하는 경우와 지배받는 측이 말하는 경우에는 그 의미하는 바가 다르다. 임정록은 이제까지 정부와 총독부가 63법 유지의 근거로 실시해온 '특수한 민정풍속에 기반한 특별입법'의 필요성을 긍정하면서 "율령권 유지의 근거가 되기보다도 오히려 특별대의 기관을 만들어야만 하는 이유가 되는 것이다"라고 자신들 주장의 논거로 치환하고 있었다.[52] 그것과 동시에 식민정책학의 동화주의 비판도 역시 독자성의 논거로서 이용되었다. 이렇게 지배당하는 측인 대만인들이 지배자의 말인 식민정책학을 저항의 '언론'으로 이용하는 특이한 운동이 시작되었던 것이다.

크리스트교도와 아시아주의자

대만의회설치를 제국의회에 청원하려면 일본 측 소개의원이 필요했다. 청원 소개에 협력한 것은 중의원 의원으로 다가와 오요시로田川大吉郎와 기요세 이치로清瀨一郎, 나중에 간다 마사오神田正雄가 소개의원이 되었다. 청원운동의 내용을 언급하기 전에 다가와와 간다의 사상을 살펴보기로 하자.

다가와는 원래 중국어통역가로서 청일·러일전쟁 등에 현지에 동행하던 저널리스트이고, 노기乃木 총독시절 대만에서 신문주필을 맡아 식민촉진을 주창하는 대만협회의 간사였던 인물이었다. 또한 그는 경건한 크리스찬이었고, 중의원 의원에 당선된 후에는 도시문제에 몰두했던 것으로도 잘 알려져 있

52 林呈祿, 「63問題の帰着点」, 『台湾青年』 1巻5号, 1920, p.41.

다. 그러한 다가와가 대만의회설치 청원운동에 관여한 것은 그의 신앙상 스승인 우에무라 마사히사植村正久의 소개로 채배화와 만난 것에서부터였다.

다가와의 사상은 역시 크리스트교도인 채배화와 이즈미 아키라 등과 마찬가지로 보편적인 문명에 신뢰를 가지고 있었다. 그가 대만 재주시절에 쓴 대만통치론에 따르면, 일본이 청일전쟁에서 승리한 것은 "일본이 현재 세계적 조류에 순응하고 19세기의 문명에 동화했기 때문"인 것에 비해 청나라가 패한 것은 "지나가 현재의 세계적 조류에 반항"했기 때문이라고 보았다. 여기까지는 문명의 전파론에 의한 지배의 정당화 논리까지로는 변하지 않았지만, 다가와의 특징은 이즈미와 마찬가지로 그 논리가 통치비판에까지 이른다는 점이다. 즉 현재 정책에서 행해지고 있는 동화는 "대만인을 문명화시키려는 것보다는 오히려 일본화'하는 수밖에 없고, "대만을 도저히 문명화할 수 없다면 일본은 지나에 대해 세계에 대해 면목이 없는 것"이고, 일본어뿐만 아니라 '외국어'도 가르쳐 '세계적 지식'을 전수해야만 한다고 보았다.[53]

아울러 다가와는 대만통치론에서 영국의 인도 통치를 '문명적'인 식민정책의 모범으로서 칭찬하고 있다. 그 기술은 영국 측 저작에 나타난 공식견해를 열거하고, "그들의 식민지에 대한 태도가 얼마나 공명公明한가를 생각해야만 한다"고 주장하는 것이었다. 거기에는 원주민의 권리와 관습이 중시되는 것과 함께 문명의 은혜가 전파되어 원주민의 대표가 통치에 참여하고 있는 것으로 되어 있다.[54] 그에게 있어서 문명의 최선진국인 영국은 그가 믿는 문

---

53 田川大吉郎, 「台湾統治策」, 『台湾訪問の記』 1, 白揚社, 1925, p.60. 다가와에 대해서는 若林正文, 「大正デモクラシーと台湾議会設置請願運動」가 간다와 함께 그 운동의 지지 경위를 다루고 있다. 그 외에는 伊東昭雄, 「田川大吉郎と台湾」(『横浜市立大学論叢』, 人文科学系列 28巻2·3合併号, 1977) 및 成田竜一, 「田川大吉郎年譜」(『民衆史研究』 14号, 1976) 등이 있다. 모두 다가와와 간다의 서구관과 대만관의 연쇄를 검토하고 있지는 않다.

54 田川大吉郎, Ibid., p.11. 위의 글, p.19에서 다가와는 "대만 번족(蕃族)은 적자생존의 이치에 의해 점차 절멸해갈 것이다", "자연스럽게 홋카이도의 아이누인종과 같은 운명에 귀착할 것이다. 그것은 정치상 하나의 요소이며 경영을 이룰 필요가 없다"라고 기술하고 있다. 단 채배화, 『日本々

명적인 것임과 동시에 인도적인 통치를 행하고 있었던 것이다.

이러한 문명관과 영국관을 가진 다가와에게 일본은 문명의 후진국이었다. 그는 1925년 대만 방문기에 "만약 대만인이 번인蕃人이라면 일본인도 번인이다. 일본인이 문명인으로 대만인만이 번인, 미개의 국민이라는 것은 아니다"라고 적고 있다. 다가와는 『대만청년』의 기고에서 "메이지 이후 일본이 오늘날과 같이 진보했다는 것은 두말할 필요도 없고, 주로 서구 사조의 하사"라고 보고, "오늘날 대만은 제1유신의 일본"이어서 "대만의 청년제군은 중화문명을 존중하는 지나간 일의 폐해를 거울삼아 (…중략…) 일본 국민과 마찬가지로 성실하게 서구의 사조를 배워야만 한다"고 논하며 내지도 대만도 한자를 폐지하고 로마자를 채용할 것을 주장했다. 그가 대만의회설치 청원에 찬동한 것도 문명의 은혜인 의회정치를 대만에 가져온 것이야말로 일본의 사명이라는 논리에서부터였다.[55]

또한 다가와는 "나는 내지인, 대만인이라는 말조차 싫어한다. 그런 말이 빨리 없어지기를 바라고 있다", "양자는 동일한 천자天子 아래에서 지배를 받는 동일한 일본인이다"라고 말하며 "미국에 대해 차별대우를 비난하고 있는 본토의 동포는 그 논리를 바꾸어 대만에 있는 내지의 동포를 비난하지 않으면 안 되는가"라고 부르짖고 있었다. 이것만이라면 일시동인형 내지연장주의에 빠질 수도 있는데, 그는 이미 대만에서 근무할 때부터 '영국형' 통치를 찬양하여 대일본제국헌법의 대만 연장에 반대하고 있었다. 그에 따르면 군주 지배아래 제국의 각 지방과 식민지가 통합되는 것이야말로 영국의 장점이고, 그의 '동일한 천자 아래에서 지배받는 동일한 일본인'도 영국을 모델로 한 것

国民に与ふ』(1928, p.5)에서는 선주민족의 궁상(窮狀)을 '고통스럽게 느꼈다'고 형용하며 동정을 표하고 있다.

55 田川大吉郎, 『台湾訪問の記』, p.123; 田川大吉郎, 「欧米の思潮と羅馬字」, 『台湾青年』 1巻3号, 1920, pp.8~10.

이었다.[56] 다가와의 경우도 영국을 문명의 체현자로 간주하는 세계관이 '동일한 일본인'론과 자치론을 양립시키는 배경이 되던 것이다.

이러한 다가와에 대해 마찬가지로 소개의원인 간다 마사오의 사상은 대조적이었다. 간다는 대만의회설치 청원운동이 개시되었을 즈음 아사히朝日신문의 기자였지만 나중에 중의원 의원이 되었고, 특히 다가와의 낙선 후에는 청원의 소개에 진력을 다했다. 그는 중국·대만·조선 등을 자주 방문하고 소위 '지나통'으로 알려져 일본의 해외발전과 식민지장려를 주장하는 잡지 『해외』를 주재하고 있었다. 그러한 그가 대만의회설치 청원운동을 지원한 심정을 엿볼 수 있는 것은 거의 후년의 것이지만 그가 중일전쟁 와중에 쓴 다음과 같은 문장이다.[57]

> 만약 일본이 신질서의 건설을 빙자하여 지나 대륙 및 만주국에서 자원개발, 경제시설을 독점하는 것처럼 행동하면 종래 서구 각국이 우리 동아의 천지天地에 침입하고 혹은 식민지로서 동아민족을 압제하고 경제적 착취를 하면 아무런 선택의 여지가 없고, 오히려 미명아래 자본주의적 행동을 감행하는 것으로 그 죄악은 더욱 용서하기 어려운 것이다. 이와 같은 동양영원의 평화유지를 바라는 것은 어리석은 일이고, 한때 일시적으로 성공을 볼 수 있어도 얼마 안 되어 파멸의 운명에 봉착하는 것은 불을 보듯 뻔하다.

간다에 의하면 일본과 아시아가 서구에 대항하기 위해서는 '밖으로는 동아민족의 경제적 대단결', '안으로는 내지와 조선인, 대만인의 완벽한 융합'이

56 田川大吉郎, 『台湾訪問の記』, pp.4·8. 헌법연장반대론은 田川大吉郎, 「台湾の論議に関する回想」, 『台湾青年』 2巻3号, 1921, p.4.

57 神田正雄, 「大亜細亜主義と民心の収攬」, 『大亜細亜主義』 8巻10号, 1940, p.14.

필요하다. 그것은 "결코 일본의 음모도 아니고 제국주의도 아니고 경제침략도 아니다"라고 말했다. 물론 이것은 전형적인 아시아주의에 의한 침략정당화론이고 앞에서 언급한 그의 중일전쟁론도 전쟁 그 자체를 반대한 것이 아니라, 그저 그 도의적 전개를 설명한 것에 불과하다. 그렇지만 간다의 경우도 다가와의 문명적 통치론과 마찬가지로 이러한 부패한 아시아주의를 진심으로 믿고, 거기서부터 조선·대만의 통치를 비판하고 있다. 그에 따르면 "통치방법은 일시동인이라고 말하고 있지만, 실제로는 역력한 차별대우가 행해지고 있다"는 것이고 "우리나라의 대만통치정책에는 일대혁신을 필요로 한다"는 것이었다.[58]

당연하지만 이러한 간다의 서구관은 다가와와는 대조적이었다. 그에게 있어서 조선과 대만에서 차별의 원흉은 '일본이 서구의 물질문화를 급격하게 받아들인 결과, 일반인도 어떻게 해서라도 물질적 욕망을 만족시킬지에 고심하고, 또한 관아의 귀신이 되었기' 때문임에 틀림없었다. 간다는 아시아주의자의 통례로서 대만을 서구류의 식민지로 간주하는 것을 피하고 있었고, 오히려 일시동인의 '일본인'화를 지향하고 있었다.

원초적으로 보면 그러한 그가 대만의회설치와 같은 '영국형' 식민지 자치라는 사상에 공명할 리가 없다. 그러나 그는 임헌당과 채배화를 비롯한 청원자의 열의와 인격에 감명을 받았다고 반복해서 말했고, "우리 야마토민족의 자긍심은 약함을 돌보는 의협심에 있다"는 신조를 가지고 있었다.[59] 아마 그는 식민지 자치라는 사상에는 위화감을 품으면서도 그 나름대로 '의협심'에서 소개받은 의원들을 받아들인 것이라고 생각된다.

---

58 神田正雄, 「新日本繁栄の道」, 『海外』, 1931, pp.6·11; 神田正雄, 「朝鮮を旅する心」, 『海外』, 1930, p.19; 神田正雄, 「台湾南洋の統治とその他の諸問題」, 『海外』, 1927, p.8.

59 神田正雄, 「朝鮮を旅する心」, 『海外』, 1930, pp.19~20; 神田正雄, 「新日本繁栄の道」, 『海外』, 1931, pp.6·11.

결국 대만의회설치 청원운동을 지원한 소개의원은 한쪽은 서구를 모방한 문명적 식민지통치를 내세운 크리스트교도이고, 다른 한쪽은 서구에 반발하는 의협주의적 아시아주의자였다. 양자의 사상은 물론 색다른 것도 아니고 이 운동에 대한 일본 측의 공명이 메이지 이래 사상적 조류의 테두리 안에서 나온 것이 아니었음을 나타내고 있다. 원래 식민정책학의 오독에서 시작한 운동이 이와 같은 형태로 지지받은 것은 보기에 따라서는 해학적이라고도 할 수 있지만, 자주 문명적 통치론도 아시아주의도 역시 통치비판에 치환되어 『대만청년』이라는 잡지에 존재한 것이었다. 즉 유학생만이 아니라 소개의원도 지배의 말의 치환에 의해 이 운동을 지지하고 있었다고 할 수 있다.

그리고 후술하겠지만 소개받은 의원들은 매우 성실히 노력했다. 그들이 대개 한 표로 달성할 수 있는 것이 아닌 것은 물론이고, 정치생활에 불리함을 초래하는 것도 자명한 일이지만 바라던 의원들을 소개 받은 것이 청원자들에게 는 무엇보다도 고마운 임일에 틀림없다. 다가와든 간다든 그 사상 그 자체는 대일본제국이 지배를 정당화하기 위해 부르짖어 온 '현교顯教'[60]의 연장에 불과하지만, 그들이 다른 논자와 다른 것은 그러한 '현교'를 단순한 형식으로 하는 것을 허용하지 않는 성실함에 있었다. 다가와는 의뢰하러 방문한 임헌당에 대해 다음과 같이 말했다고 한다.[61]

> ① 나는 찬성합니다. 나는 종래 이런 종류의 생각을 품고 있었다.
> ② 일본의 관민은 대체적으로 그 반대의 의견이다. 쉽게 성공할 가망은 없다.
> ③ 임 군도 진작부터 각오하고 있는 것이 좋다. 패했을 때 주저앉을 것이라면

---

60 현교란 말이나 글로 분명히 밝혀놓은 석가의 가르침이며 밀교(密教)에 대비하여 밀교 이외의 모든 불교를 일컫는다. —역주

61 田川大吉郎, 「台湾の論議に関する回想」, 『台湾青年』 2巻3号, 1921, pp.2~3.

오히려 처음부터 운동하지 않는 편이 좋다. 백절불요百折不撓의 뜻을 품고 10년이라도 20년이라도 계속할 생각이라면 하길 바란다. 그 사이에는 오해인지 비난인지 여러 가지 의외의 사건도 있을 것이다.

이처럼 1921년 1월 제1회 대만의회설치 청원은 제국의회에 제출되었다.

다원적인 일본, 다원적인 대만

대만의회설치 제1회 청원서에는 이 운동의 기본적 성격을 잘 보여주고 있다. 즉 그것은 "대일본제국은 입헌법치국가로 대만은 제국에 귀속시켜 제국 판도의 일부가 된다"는 말로 시작되어 "대만의회를 개설하고 (…중략…) 진심으로 선량한 국민으로서 지리상, 역사상, 그 특수한 사명을 완수하기 위한 현재 최대의 급선무라고 믿는다"라고 적혀 있었던 것이다.[62]

여기서 볼 수 있는 '대만은 제국에 귀속시키는 제국 판도의 일부'와 '선량한 국민'이라는 규정은 대만인이 '일본인'임을 인정한 것이었다. 그리고 그가 '국민'이라고 여기고 있는 '일본'은 제국주의의 전제국가가 아니라 입헌법치국가라고 되어 있고, 여기서 '일본인'이라는 것은 헌법에 의한 인종보호를 의미하고 있었다. 그리고 '지리상, 역사상, 그 특수한 사명'을 주장하고 있다. 즉 이는 '일본인'으로서의 권리를 요구하면서 '일본인'이 아닌 독자성을 지키고 싶다는 청원자들의 소망 표현이고, 이하 후유의 일류동조론과 마찬가지로 지배자 측에서 부여해준 '일본인'이어서 '일본인'이 아닌 자리매김을 역전시킨 것에 불과하다.

이 청원운동을 사전에 알아차린 대만총독부는 즉시 임헌당·채배화·임정록 등을 총독부 동경출장소로 불러 총독 덴 겐지로가 몸소 청원중지를 설득

62 『警察沿革史』, pp.340~341.

했다. 때마침 덴 겐지로는 제10장에서 말한 법 3호를 이 의회에 상정하고 있었고 병행하여 실시하도록 한 총독부 평의회의 부활안을 제시했다. 그것은 이전의 평의회가 총독부 관료만으로 구성되어 있었던 것에 대해 대만인도 평의원으로 기용할 계획이고, 겐지로는 이것으로 그들을 납득시키려고 한 것이다. 그러나 이 평의회는 하라 다카시와의 타협 속에서 63법 시절과는 달리 율령의 의결권이 제외된 자문기관에 불과하게 되고, 평의원은 총독에 의한 임명제 그대로였다. 청원 측이 생각하고 있던 대만의회는 대만에 관한 입법 및 예산의 의결권과, 의원의 공적 선거를 골자로 하는 것이었기 때문에 이에 납득할 리도 없고 청원은 예정대로 의회에 상정된 것이다.

덴 겐지로는 체면이 깎인 형태가 되어 법 3호 심의에서 '오키나와현에서 대표자가 나오는 시기는 오겠지만, 대만 그 자신에게 입법의회를 둔다는 것은 단연코 할 수 없다'고 선언했다.[63] 정부 측도 몰래 양원兩院의 청원위원회에서 청원 불채택을 제의하고 있었고, 귀족원·중의원 모두 심의다운 심의도 아닌 채 불채택을 결정하고 말았다.

대만총독부는 재빨리 이 청원운동에 대한 반론 담화를 발표하고 있다. 그것은 대만 도민은 '동문동종'이고 일본의 대만통치는 서구의 식민지통치 같은 '경제상 자원을 획득하기 위한 것'이 아니라, '순수한 제국영토의 연장'을 지향하는 '일시동인'의 취지에 기반한 것이라고 했다. 그 때문에 영국의 '자치주의'를 선례로 한 대만의회 설치는 "우리 제국의 대만통치의 근본방침과 다르다"고 주장하는 것이었다.[64] 물론 이것은 대만의 '일본' 편입론의 전형이었지만, 제5장에서 보아온 것처럼 대만총독부는 종래 자신들의 특권을 유지하는 구실로서 대만의 '밖'과 영국의 식민지통치의 사례를 자주 예로 들고 있

63 『律令審議録』, p.444.
64 「台湾議会設置請願運動ニ関スル当局ノ談」, 『下村宏文書』 참조.

었다. 그러나 자신들이 '총독부의 자치'를 정당화하고 있었던 논리를 역수로 취한 '원주민의 자치' 운동이 출현하자 논리를 바꾸었던 것이다. 이미 법3호의 영구화에 의해 총독부 특권의 확보에서 성립한 대만총독부는 이후에는 당면한 적인 대만의회 청원에 대항하기 위해 이전에는 적대하고 있던 동화논리를 계속해서 내세우게 된다.

이렇게 아무런 성과도 올리지 못하고 끝난 제1회 청원이었지만 운동자 측의 의지와 결속은 강했다. 총독부 경찰이 수집한 정보에 따르면 청원운동의 지지자들에게는 '지금 우리들이 스스로 각성하지 않으면 모든 권리는 내지인의 수중으로 넘어'가고 만다는 위기감과, '청원 결과에 대한 성패를 묻는 것이 아니라 이를 통해 섬나라 사람들의 정치적 자각을 유도하고, 한편으로는 우리들이 어떻게 참정권의 획득에 열의를 품는지를 해외에 보여주고, 위정자를 반성하게 하는 효과를 꾀해야만 하는 것이다'라는 논리가 침투하고 있었다.

게다가 당시 내지의 지식인과 논단은 일반에게 이 청원에 호의적이고, 조선독립운동 직후라는 위기감도 있어서 대일본평화협회는 "일본의 주권만 인정해주면 어떤 내부적 대개혁안에도 협력을 아끼지 않겠다"고 천명하고 있었다.[65] 청원자들에게 내지 측은 자신들의 아군이고 적은 대만총독부만인 것처럼 비쳤던 것이다.

한편 대만 내지인 식민자들의 반발은 거셌다. 대만에 거주하는 내지인이 경영하는 신문은 일제히 청원운동 비판을 비롯해 임헌당의 자택에는 협박장이 날라 왔다. 1921년 4월, 제1회 청원활동을 끝내고 일단 대만으로 돌아온 임헌당과 채배화는 섬 내부의 각 지역을 순회하고 청원운동 선언에 힘쓰며 『대만의회설치청원이유서』라는 팸플릿을 인쇄하여 배부했다.

---

65 『警察沿革史』, p.343; 許世楷, 『日本統治下の台湾』, 東京大学出版会, 1972, p.190.

이 팸플릿의 내용에는 청원의 취지를 적은 것인데 이는 청원서와 크게 다르지않았지만 프랑스의 알제리와 독일의 알사스 로렌Alsace-Lorraine, 러시아의 우크라이나 등 일찍이 대만총독부가 대만의 '일본' 편입반대 구실로 이용한 동화정책 실패의 예를 열거하고, '대만은 특수한 역사를 가지고 있는 제국속령으로서 결코 오키나와와 홋카이도를 동일 논조로 논해야만 하는 것은 아니다'라고 주장한다. 또한 총독부에 대해서는 "한편으로는 동화정책을 표방하고 다른 한편으로는 자치의 기초인 특별제도를 고수"하고 있고, "통치상 편리한 경우에는 본국의 제도를 모방하고 불리한 경우에는 특별한 제도를 채용하는 임기응변적 본국 본위주의"를 취하고 있다고 비판을 퍼붓고 있다.[66] 이미 대만인 측은 총독부가 이용하고 있는 식민정책학의 지식을 완전히 익히고 있었던 것이었다.

동시에 이 팸플릿은 청원이 '추호도 비국민적 의사를 가진 것이 아니라, 실로 제국 신부민新附民으로서 최선의 천직을 다하기 위한 열성에서 나오는 것이다'라고 강조하고 있다. 같은 주장은 『대만청년』의 지면에서도 나타나고 있었고 청원운동은 "정당한 국민적 자각의 발견"이어서 "혁명이냐, 독립운동이냐, 그 이외에 여러 가지 상서롭지 못한 중상적 언술"로서 비난하는 내지인 식민자야말로 "신세계를 알지 못하는 비문명적 국민"이라고 비난하고 있다.[67]

이처럼 자신들을 '일본인'으로 인정하고 청원을 '국민적 요구'라고 주장하는 것은 탄압정책이기도 했겠지만 아마 속마음이기도 한 것 같다. 임헌당은 청원운동이 '혁명반역의 악명으로' 받아들여졌다고 한탄하고, 연약한 하나의 고독한 섬에 불과하다는 대만이 '독립을 요구하고 가령 모국이 이것을 허락

66 이유서는 『警察沿革史』에 수록. 인용은 pp.349·351.
67 『警察沿革史』, p.347; 林子民, 「台湾議会設置請願の精神に就て」, 『台湾青年』 2巻3号, 1921, pp.30·33.

해도 베풀 여유도 없다. 게다가 타인의 침탈을 만나야만 하는 것은 불을 보듯 뻔한 것이다. 대만인이 어리석다고 하더라도 이와 같은 망상을 일으키지 않는 것은 학자의 이론을 기다리지 않아도 이치상 충분히 안다고 생각한다'고 적고 있었다. 또한 소개의원 다가와도 의회에서 "대만의회 청원의 희망을 품고 상경한 자도 현재 총독정치에 무척 실망하고 있지만, 독립의 독자도 말하지 않았다. 어째서 독립을 말하지 않는가를 내가 역으로 물어보면, 대만은 옛날부터 역사적으로 독립한 적이 없다. 그러므로 우리들은 독립한다는 것을 희망하는 것이 아님을 반복하고 반복해서 그들은 설명한다. 그러므로 나는 그 설명을 진실이라고 생각한다"라고 말하고 있다. 그들의 요구는 '일본인'이 아닌 독자성을 보장하면서 '일본인'인 것이었다.[68] 당시 청원자들의 심정에 가까웠다고 생각되는 것은 임헌당의 다음과 같은 말이다.[69]

> 일본제국은 (…중략…) 동아의 평화를 지키기 위해서는 반드시 동아의 각 민족과 단결하는 것이 우선 필요하다. 동아의 민족과 단결을 꾀하기 위해서는 뭐니뭐니해도 그 식민지에서부터 시작하지 않으면 안 된다. (…중략…) 그가 미국을 보지 않는가. 그 인종의 복잡한 것, 그 언어, 문화, 종교 등이 같지 않은 것, 그것들도 늘 좋은 일국을 형성하여 세계에서 제1등의 강국 지위를 차지하고 있다. 그것은, 즉 각 개인의 자유를 존중함과 함께 이득과 해로움을 잘 알기 때문이다. 우리는 대만을 위해서도 우리국가를 위해서도 이와 같기를 바란다. 그러므로 이번 대만의회설치의 청원을 제출한 출발점도 전적으로 그 이해의 공동을 꾀하려는 것에 있다.

68 林献堂, 「台湾議会設置請願に関する管見」, 『台湾青年』 2巻3号, 1921, p.11.
69 林献堂, 「台湾議会設置請願に関する管見」, 『台湾青年』 2巻3号, 1921, p.8; 第46回帝国議会衆議院, 「請願委員第1分科会議録」 第7回, 1923.3.12, p.6.

이러한 다원적인 일본상日本像은 그대로 다원적인 대만상臺灣像과도 결합되고 있었다. 임헌당과 채배화 등이 전술한 팜플랫에는 "대만의회는 대만에서 재주하는 내지인과 섬 사람, 행정구역 내에 있는 숙번인을 불문하고 균등하게 선출한 대표자로 조직한다"며 강조하고 있고 한민족만의 대만을 주장하고 있던 것은 아니었다.[70]

그 당시 『대만청년』에는 '대만의 내지인'을 식민자로 다루어 많은 비판 논설을 게재하고 있지만, 그 비판점은 그들의 횡포와 차별의식은 물론이고 돈벌이를 의식한 것이었다. 기고자들은 '내지인이 대만으로 건너간 것은 전적으로 다소의 이익을 얻기 위함으로, 그 이익을 얻은 후에는 곧바로 출항하여 내지로 귀환하는' 것을 불쾌하게 생각하고 있었다. 이 잡지의 어느 기사에는 호주에서 태어난 영국 식민자의 자식이 '호주인'을 자칭하고 있는 것을 증거로 내세우면서 "대만에서 태어나고 조선에서 태어난 일본 소년으로 아무렇지도 않고 진지하게 '나는 대만인입니다, 왜냐하면 나는 대만에서 태어났기 때문에' 혹은 '나는 조선에서 태어났기 때문에 조선인이다'라고 큰소리치는 소년이 과연 몇 명 있을까"라고 적혀 있다. 이러한 인식 위에서 식민자도 총독부의 지배 아래 법적권리를 박탈당하고 있기 때문에 "대만으로 이주한 내지인은 적어도 자손의 영주지로서 대만의 발전을 촉진해야만 하는 국민적 임무를 다하지 않으면 안 된다. (…중략…) 만약 이 책임적 자각이 있으면 반드시 전제제도 치하에 만족하지 못하고, 도민과 일치 협력하여 입헌정치를 요구해야만 할 것이다"라고 청원 지지를 호소하고 있었던 것이다.[71] 이러한 경향은 일본인과 자신들을 준별하는 민족자결운동과는 약간 다른 것이었다.

---

70 『警察沿革史』, p.347.

71 林献堂, 「台湾議会設置請願に関する管見」, 『台湾青年』 2巻3号, 1921, p.11; 奮闘生, 「英人の気質」, 『台湾』 3年2号, 1922, p.63; 林子民, 「台湾議会設置請願の精神に就て」, 『台湾青年』 2巻3号, 1921, pp.31~32.

그렇지만 이러한 생각은 식민자들이 이해하는 것으로는 되지 않았다. 이 시기 『대만청년』의 지상에는 대만의 내지인 식민자로부터의 기고문이 적극적으로 게재되어 있었고, 가능한 한 대화를 꾀하려고 하고 있었음을 엿볼 수 있다. 그러나 게재된 식민자의 기고는 가능한 한 일시동인논리 내에서 차별의 완화를 호소하는 정도이고(그것조차도 익명기사였다), 대만의회청원 지지를 서술한 것은 결국 나타나지 않았다.

채배화는 귀향을 앞두고 만난 이미 20년 이상 대만에서 교육에 종사하고 있는 내지인 공학公學 교장의 발언을 적고 있다.[72]

> 대만청년잡지에서 늘 자유스럽게 절규하지만 세상에는 자유스러운 것이 있을 수가 없다. 만약 있다고 한다면 그것은 천박한 서양풍의 생각이다. (…중략…) 야마토혼은, 즉 헌신복종의 대정신이어서 자유를 허락할 이유가 없다. 그런데도 자네들이 자주 자유를 운운하는 것은 진정으로 불근신不勤愼적으로 지극히 유감스럽다. (…중략…) 자네들은 이미 일본신민이 된 이상 그것을 고치지 않으면 안 된다. 26년 이후의 선정善政 덕택으로 자네들은 어느 정도 혜택은 받았을 것이다. 이후에도 모두 내지인 관민이 종래와 마찬가지로 경영해가는 것이기 때문에 자네들은 그것을 믿고 말하는대로 따라가면 반드시 보다 큰 행복을 누릴 수 있음에 틀림없다. (…중략…) 대만인은 한민족이기 때문에 [중일의] 친선을 꾀하는 매개로서 가장 적당하지만 그것은 전적으로 오류이다. 대만인이 자신들은 한민족이라고 생각하기 때문에 결코 일본에게 호의를 품을 이유가 없다. (…중략…) 언제까지라도 한민족으로 있고 싶다고 한다면 마관馬關조약 당시 2년의 유예기간을 주었는데도 불구하고 어째서 지나로 돌아오지 않는가. 26년 후 오늘

72 蔡培火, 「二ヶ年振りの帰台」, 『台湾青年』 3巻1号, 1921, pp.75~77.

날에 와서 자네는 한민족이라고 칭하며 거리끼지 않는 것은 지나치게 제멋대로이다. 이는 자네가 수천 년의 역사가 있는 조선민족이라고 칭하는 것과 동일계통이어서 불령선인不逞鮮人에 대한 그것은 불령대인不逞臺人이 되는 자이다. 대만인인 것은 하루라도 빨리 그 한민족 관념을 버리고 야마토민족의 일원이 되는 것에 최선을 다하지 않으면 안 된다.

'일본인'이라는 것은 명령에 복종하는 자를 말하고 그 '일본인'이 되려고 노력하라는 이 교장의 말은 지배측이 부르짖는 '동화'와 '일본인'의 의미를 잘 표현하고 있다. 요시노 사쿠조는 1921년 조선통치비판에서 "동화정책이라는 것은 전적으로 일본인과 동일한 사람이 되라는 것이 아니라, 일본인이 말하는 대로 행동하는 자가 되라는 요구인 것이다"라고 말하고 있는데, 이것은 적확한 형용이라고 말할 수 있을 것이다.[73] 그리고 이 교장에게는 한민족 아이덴티티를 남겨두면서 '일본인'으로 머무른다는 논리는 전혀 이해가 안 되었던 것이다. 그에게는 야마토민족의 완전한 일원이 될지, 그렇지 않으면 독립운동을 일으킨 '비국민'으로서 일본으로부터 나갈 것인가 둘 중 하나밖에 없었던 것이다.

채배화는 이러한 교장을 구시대의 유물로 간주하고 신시대의 '청년동포'는 "성의와 달식達識의 내지 인사가 있음을 잃지말고, 그들과 화합하고 협력하여 내지와 대만인 사이의 장벽을 타파"하는 것을 호소하고 있다.[74] 그러나 '일본인'에 동화할지 그렇지 않으면 내셔널리즘에 의한 민족독립인지라는 대립도식의 사이에서 그들의 주장을 이해하는 인간이 얼마만큼 있을지는 의문이었다. 그리고 실제로 이후의 청원운동은 이 대립 속에서 갈라지게 되는 것이다.

---

73 『吉野作造著作集』 第9巻, p.159.

74 蔡培火, 「二ヶ年振りの帰台」, 『台湾青年』 3巻1号, 1921, p.85.

'헌법위반'의 한계

이러한 과정을 거쳐 서명이 모아진 제2회 청원은 1922년 2월 의회에 제출되었다. 그러나 이것 또한 청원 위원회에서 거의 논의 같은 논의가 이루어지지 않은 채, 채택이 안 되고 말았다. 그들은 1921년에 결성한 대만문화협회를 운동의 기반으로 하여 이하 후유가 그랬던 것처럼 대만의 지방을 돌며 과학 지식과 '신문명'을 보급하는 순회강연활동을 전개했다. 1923년부터 1926년 사이에 문화협회는 798회의 강연회를 열었고 동원된 청중은 합계 30만 명에 달하고 있었다.[75]

대만총독부 측은 이에 대해 본격적인 단속 방침을 결정했다. 우선 지방의 가장장街庄長회의와 보갑保甲회의를 통해 '대만의회설치 같은 자치운동'은 절대로 용인하지 않는다는 취지를 철저히 주입시켜 섬 내 유력자에게 이 운동에 관여하지 않도록 설파함과 동시에 청원운동과 문화협회 강연회에 현지어를 이해하는 경관을 배치하여 수시로 해산과 단속처분을 명령한 것이다. 게다가 1923년부터는 내지의 치안경찰법이 대만에 연장 시행되어 이것으로 집회·출판을 제한할 수 있게 되었다. 비도형벌형匪徒刑罰令을 비롯한 대만 특수의 율령이 수없이 잔존하고 있었음에도 불구하고, 이러한 총독부에 편리한 치안 법규는 '내지연장'이 된 것이다. 그 이외에 청원에 서명한 공무원과 회사원의 해고, 협력한 전매업자의 면허정지, 서명자에게의 대만은행에 의한 책무징수와 대출거부 등의 압력이 음으로 양으로 걸려들기 시작했다.[76]

이러한 탄압이 효과를 거두어 도내 유력자로 자세가 엉거주춤하게 된 자가 나오기 시작했다. 가장街長이었던 임헌당의 의제義弟는 임헌당에게 청원중지를 호소하고 대만은행으로부터 임헌당의 집안에 책무회수의 압력이 있었

75 黄,『台湾総督府』, p.139.
76 『警察沿革史』, pp.353~354.

다. 1922년 9월 곤혹스러운 임헌당이 총독 덴 겐지로를 방문하자, 덴 겐지로는 '청원은 헌법이 우리 신민에게 부여하는 권리'이기 때문에 "직권으로 청원에 간섭하는 것 같은 행동"은 하지 않는다고 말하면서 '중지하라고 말할 수밖에 없다'고 논했다고 한다.[77] 뒤쪽에서는 여러 가지 수단으로 압력을 가하면서 표면상으로는 권리의 보장을 노래하는 '친구로서' 충고한다는 태도는 차별을 절대로 법문으로는 명기하지 않았던 일본의 통치와 동일하다.

이처럼 음성적인 탄압을 실시하는 한편, 노골적인 강경수단도 총독부는 마다하지 않았다. 1923년 2월에 채배화가 중심이 되어 결성한 대만의회기성동맹회에 대한 탄압이 그것이다. 이 단체는 어디까지나 합법적 운동을 지향하는 채배화가 치안경찰법의 절차에 기반을 둔 공인결사 신청을 하려던 참에 총독부가 결사금지명령을 내렸기 때문에 동맹 본부를 총독부의 관할 외인 동경으로 이주하여 결성한 것이다. 총독부의 압박에 대항해야만 하는 내지를 이용한다는 전술이었지만, 그해 12월 총독부는 대만에 재주하고 있던 자를 일제히 검거한다.

대만에서 이와 같은 탄압이 계속되는 한편, 내지에서는 청원활동 지지세력이 증가하고 있었다. 1923년 2월 제3회 청원을 위해 채배화를 비롯한 대만 유학생은 '자유', '평등', '대만의회'라고 적은 깃발을 흔들며 상경했는데, 열광적인 환영을 받았고 일행은 대만의회 청원가를 합창하면서 당시 보기 드문 고급 자동차에 나누어 타고 오색 선전 비라를 산포하면서 시내를 행진했다. 청원서 제출에 즈음하여 당시로서는 매우 진귀한 서양식 레스토랑에서 신문기자와 소개의원들을 초빙하여 기자회견을 열었고, 선전용 비라를 비행사가 공중에서 뿌려 주고 대만의회설치 청원이유서 팸플릿을 양원兩院의원과

77 『警察沿革史』, p.354.

신문사에 배부하는 등 동원할 수 있는 한 모든 책략을 시도했다. 물론 그 중에서 운동 합법성과 입헌정치의 대만연장, '국민'으로서의 권리 등이 강조된 것은 말할 것도 없다. 이러한 도시형 시민운동의 선구자라고도 할 수 있는 근대적 선전 작전이 다이쇼 데모크라시 분위기와 서로 맞물려 성공적이었으며 매스컴에서는 호의적인 기사가 게재되었다.[78]

그렇다고 하더라도 가장 중요한 의회 심의는 순조롭지 않았다. 총독부와 정부가 일치하여 이 운동에 반대하고 있었을 뿐만 아니라 제국의회에서도 찬성 의견은 적었다. 의원은 대만인에 대해서 동정을 표했고, 총독부에 의한 대만의회기성동맹회 일제 검거 때에는 3천 명 이상의 의원이 '국민의 권리를 유린'하는 것이라며, 질문서를 정부에 제출했다.[79] 그러나 이 질문서 제출에 서명한 의원 중에는 우에하라 에쓰지로植原悅二郎와 같은 동화론자도 포함되어 있었는데, 그들은 총독부의 인권침해에는 항의해도 청원의 취지에는 찬동하지 않았다.

원래 대만의회설치 청원은 민권파 의원들이 그때까지 적대하고 있던 '총독부의 자치'와 똑같은 논거를 사용하여 전개된 것이고, 대만에 자치의회를 설치하는 것은 '제2의 제국의회'가 생기는 것과 마찬가지로 제국의회의 권한을 축소시키는 것으로 받아들여졌다. 그리고 청원위원회의 심의에서 입법권을 가진 대만특별의회 설치는 제국의회에만 입법 협찬권이 있다는 것을 정한 헌법에 위반될 수가 있다고 하여 채택되지 않았다. 총독의 입법권은 해석개헌에 의해 용인되고 있음에도 불구하고, 대만인의 의회설치 청원은 위헌 취급을 당하고 말았다. 그뿐만 아니라 이제까지 헌법을 무시해온 대만총독부도 청원운동에 대항하면서도 자치의회설치는 '헌법의 취지에 합치한다'는

78 『警察沿革史』, pp.361~362.
79 『警察沿革史』, pp.364~365.

담화를 발표했다.[80]

이 일은 청원운동의 약점을 드러내 보이게 되었다. 청원자 측은 지배자의 말인 식민지정책학과 총독부 특권을 정당화하고 있었던 대만의 특수성이라는 이론을 역전시키는 것으로 운동을 시작했다. 그러나 일본 내부에서 지배자 사이가 분열하고, 그들이 청원할 제국의회 쪽은 총독부와는 다른 이름인 내지연장주의를 사용하고 있다. 게다가 대만총독부도 내지연장주의에 표면상은 전환해버리고 말았기 때문에 청원논리의 이군은 식민지정책학과 논단의 일부밖에 남지 않았던 것이다.

이후의 청원운동은 기본적으로는 계속해서 동일한 난관에 부딪혔다. 1924년 1월, 제4회 청원은 의회가 해산되었기 때문에 상정하지 못했고 그해 실시된 선거에서 소개의원인 다가와가 낙선했다. 같은 해 7월 제5회 청원에서는 간다 마사오와 기요세 이치로清瀬一郎가 중의원 소개의원을 맡게 되었는데, 이것이 청원에 미묘한 변화를 초래하게 된 원래 '영국형' 식민지 자치라는 지향을 가지고 있지 않았던 아시아주의자인 간다는 심의 장에서 대만의회라는 것은 '내지의 부현회府縣會 같은 성질의 것'이라고 강조하며 채택을 강요했다.[81]

원래 이 청원이 가진 목표는 완전한 자치를 시야에 둔 것이었지만, 청원서에는 '총독이 행하는 입법과 대만관계 예산을 협찬하는 것'이라고밖에 적혀 있지 않았다. 지방의 부현회에서도 지원 일부예산 등을 심의할 권한은 있었는데 이를 확대해석하면 지방의회와 마찬가지라고 말하지 않을 수 없다. 청원자 측도 대만의회라는 것은 '내지에 있어서 지방의회에 준하는 것'이라는 해명서를 제출했고, 간다 주장의 이면서를 보낸다는 작전을 세웠다.[82] 제국의

80 「台湾議会設置請願運動ニ関スル当局ノ談」(『下村宏文書』)에 수록.

81 第49回帝国議会衆議院, 「請願委員会議録」 第3回, 1924.7.14, p.4.

82 『警察沿革史』, p.316.

회의 권한을 침해한다고 해석되면 청원이 통과하지 않는 것은 확실했기 때문에 이것은 어쩔 수 없는 전술이라고도 할 수 있는데, 청원통과를 위해 요구를 평가절하하는 형태가 되어 버렸다.

사실 대만의회의 설치라고 했지만 청원자와 소개의원들 사이에 엄밀한 공통의 이해가 성립하고 있었을지는 의문이었다. 청원서류에는 의회의 구체적 구성과 선거방법, 권한의 범위 등은 명기되어 있지 않았다. 간다는 내지의 지방의회와 마찬가지라고 해석하고 있었던 것 같지만, 다가와는 제한 선거에 의한 이원제라는 꽤 구체적인 의회안을 갖고 있었는데 이것은 분명히 내지의 지방의회와는 달랐다. 원래 청원을 결정한 시점에서도 요구를 완전 자치로 할 것인지 의회설치에만 머물지 유학생 사이에서도 의견이 나뉘었는데, 임헌당의 중재로 우선 의회설치요구만으로 청원을 진행했다고 했다.[83] 요컨대 대만의회라는 말은 대만인 측의 막연한 소망과 내지인 측의 여러 가지 통합개혁론을 묶어낸 하나의 상징이었으며 구체적인 내용은 갖지 못했던 것이다.

법제에 문외한이었던 대만 유학생들에게 구체안을 만들라고 하는 것도 가혹한 요구였을지도 모른다. 또한 구체적인 의회구성안을 만들고 있다면 다가와와 간다와 같은 정반대의 사상을 가진 의원이 지원하는 일은 없었을 것이고, 처음부터 대만인 내부에 분열이 생기고 있었을 가능성도 있었다. 오히려 식민정책학에 대한 애매한 이해에서 발생한 '자치주의'는 많은 사람들의 지원을 결집하는 역할을 완수했다. 그렇지만 청원이 벽에 부딪혔을 때 그 '자치'의 실체가 없음이 드러나게 된 것이다.

이 제5회 청원에서는 또 한 사람의 소개의원인 기요세도 "대만에서도 내지와 마찬가지로 선거구를 만들어 제국의회에 대표자를 보낸다고 하면, 대만

83 田川大吉郎, op. cit., pp.101~103. 若林正文,「大正デモクラシーと台湾議会設置請願運動」, p.108.

인은 기뻐할 것입니다만, 본 건은 그 이하를 요구하고 있다"고 강조했다. 청원위원회의 의원들도 그렇게 되면 '같은 국민으로서 참으로 불쌍하다'며 한때는 채택으로 기울었지만, 대만총독부 출신 위원이 "이 대만의회 청원 정신은 대만독립의 음모에서부터 출발하고 있다"고 반론을 제기했기 때문에 결국은 심의 미완료로 끝나고 말았다.[84]

반복되는 청원의 실패로 인해 1925년 제6회 청원에서는 새롭게 장문의 청원이유라는 항목이 첨부되었다. 그러나 거기서도 대만의회의 구체적 구성안은 보이지 않고, 오로지 대만총독부의 압정을 비판함과 동시에 청원이 "입헌사상에 합리적 근거를 가진 국민적 요구"라는 것을 강조했을 뿐이었다.[85] 아마 완전 자치를 지향하는 급진적인 대만인의 기대와 간다를 비롯한 소개의원의 입장이 강조되면 이전의 논리로 되돌아갈 수밖에 없는 것이었다.

한편 대만총독부 경찰국 측도 반론의 내부문서를 작성하고 있었다. 이 문서의 특징은 청원운동의 논거였던 식민정책학에 의한 '자치주의'에 비판을 보완해 "자치를 허용하는 것은 영국령 자치식민지처럼 주민 대부분이 본국과 같은 민족인 경우에 한하며, 그 이외의 식민지에서 자치를 허용되는 것은 없음"이라고 그 허구성을 주장했다. 그러면서 청원운동에 탄압을 가하는 한편, 운동 간부를 설득하여 내지연장주의에 따른 '참정권획득 운동 및 지방자치제의 개선운동'을 유도하는 방침을 표명하고 있었다. 물론 참정권청원 운동 쪽으로 전환시키는 것이라고는 해도 실제로 참정권을 주는 것은 '의원은 물론 선거할 주민이 모두 봉공희생 정신이 풍부한' 상태가 되는 것이 전제였고, '점진'에 의해 그 '먼 장래'에 이르기까지는 총독이 입법권을 행사한다고 되어 있었던 것은 두말할 필요도 없다.[86]

---

84 第49回帝国議会衆議院, 「請願委員会議録」 第4回, 1924.7.14, pp.3~5.

85 『警察沿革史』, pp.371~376. 특히 인용은 p.372.

계속된 탄압, 의회의 벽, 내부의 불협화음이라는 사태와 이론 레벨에서도 총독부에게 약점을 간파당한 청원운동은 운동을 강화하는 유일한 수단으로 청원 서명의 인원수를 늘리는 수밖에 없었다. 제6회 청원은 각종 탄압에도 불구하고 그 당시 최고 782명의 서명을 모아 제출했다. 이전 모임과 마찬가지로 소개의원들은 "이 운동은 독립운동이라든가 민족자결 운동과는 조금도 관계가 없음이 완전히 증명되었다"고 하며 "대만의회라고 이름 붙였지만, 조금도 제국의회의 권리에 간섭할 수 없다"고 강조하며 대만인이 중일친선에 도움이 된다는 아시아주의의 논리를 반복했다. 대만인의 민심을 고려하여 형식적인 채택만이라도 시행하기를 바란다고 말했지만 결과는 또다시 심의 미완료로 끝났다.[87]

1926년 제7회 청원은 수백 명이라는 수준을 넘어 2천 명 가까운 서명과 함께 제출되었다. 이때 당시 와카시키 레이지로若槻礼次郎 수상이 의회 답변으로 '대만에도 언젠가는 자치의 상태로 이르게 하지 않으면 안 된다'고 발언했는데, 청원운동 측은 이에 기대를 걸었다. 그렇지만 총독부가 수상에게 설명회를 열면서 사태는 일변했다. 와카시키는 특별의회 설치는 '헌법에 반하는 것'이라고 명언해버린다.[88] 소개의원들은 예년과 마찬가지로 설명을 반복했지만, 위원회에서는 청원이 식민지자치를 의미하는 것인지 내지와 마찬가지인 지방의회를 설치하는 것인지 불명료하다고 하며 일방적으로 채택불가를 결정했다.[89]

---

86 반론 논문은 「台湾議会設置請願運動の真相」, pp.316~324. 인용은 pp.321·324. 마지막 부분 인용은 「台湾議会設置請願運動ニ関スル当局ノ談」 참조.

87 第5十回帝国議会衆議院, 「請願委員第1分科会議録」 第9回, 3.16, p.3. 자유민권운동의 비유는 제7회, 1925.3.9, p.4.

88 『警察沿革史』, p.343; 許世楷, 『日本統治下の台湾』, 東京大学出版会, 1972, p.190.

89 『警察沿革史』, pp.378·380. 심의의 모습에 대해서는 第51回帝国議会衆議院, 「請願委員第1分科会議録」 第3回, 1926.3.10, pp.2·5.

수상의 공식적인 부정 발표에 의해 운동의 동요는 커졌다. 채배화는 대만으로 돌아가 "우리들의 운동은 세계적 정세에 따르는 운동으로서 와카시키 수상이 만일 반대한다고 해도 (…중략…) 우리들은 백절불요百折不撓의 결심마저 생각하지 않을 수 없음"이라고 설파하며 격려했다.[90] 그러나 그 막다름은 결국 확실했다.

갈라진 청원운동

이후 청원운동은 퇴조의 길을 걸었다. 우선 운동의 최대 모체였던 대만문화협회의 내부대립이 격심해지면서 1927년 초두에 분열이 일어났다. 운동에 내재하고 있던 불협화음이 표면화되고, 융화적인 청원운동에 만족해하지 않는 좌파가 대두하게 되었다. 공산주의와 무정부주의의 영향을 받은 좌파가 문화협회의 지도부를 장악하고, 채배화 등 구간부는 협회를 탈퇴하고, 대만민중당臺灣民衆黨을 결성하여 청원운동을 계속하게 되었다. 임헌당은 이미 1922년 덴 겐지로 총독에 의한 위협으로 일시운동을 탈퇴하는 등 요동을 보이고 있었지만, 운동 분열 후 동지의 제지를 뿌리치고 유럽으로 떠나고 만다. 그 후에도 병 요양을 이유로 동경에서 머무는 등 2년 가까이 대만으로 돌아가지 않았다.

이 분열로 인해 대만총독부는 "임헌당을 한시라도 빨리 유럽으로 보낼 것", "급진분자 간의 분열 계획을 실시할 것", "온건파를 시켜 참정권획득 운동에 방향을 바꾸게 할 것" 등 대책을 세우면서 동시에 "과격한 운동을 하는 청년층에 대해서는 그들이 빠지기 쉬운 아편, 간통, 도박, 사기 등 소위 파렴치죄를 적용해 집중적으로 검거할 방침"을 취했다.[91] 수뇌부의 서양행 권유, 운동의 분열촉

90 『警察沿革史』, p.381.
91 台湾総督府警務局, 「文化協会対策」. 若林正丈에 의한 복간이 『台湾近現代史研究』(1号, 1978)에

진, 그리고 급진파를 정치범이 아니라 파렴치죄로 몰아붙여 신용을 실추시키는 등의 방법은 모두 이미 메이지 중기에 자유민권운동 탄압에서 사용되었었고 성공한 수단이었다.

운동의 분열은 큰 타격이었다. 문화협회의 주도권을 쥔 좌파는 대만의회 청원운동을 "단지 부르주아 중의원 의원에게 아부하고, 일본제국주의와 타협하려고 급급함"이라고 형용하며 "우리들 입장에서는 고분고분 따르는 놈들이 쓰러질지 그렇지 않으면 우리들이 쓰러질지 결정적 투쟁이 있을 뿐"이라며 대결자세를 분명히 했다. 게다가 이전과는 달리 내지인과 대만인의 '공학共學타파'라는 슬로건도 공공연하게 나타나게 되었다. 야마카와 히토시山川均 등 내지의 좌파세력도 채배화와 임헌당을 일본제국주의에 타협한 융화주의자라고 비난하기 시작했다.[92] 또한 새롭게 대두한 대만의 노동운동과 농민운동에 대해 그때까지 청원운동 간부가 취해온 계몽주의적인 자세로는 충분한 대응을 할 수 없게 되었다. 시대는 이미 다이쇼 데모크라시시기를 지나 내지의 논단도 좌우대립이 격해지고 있어 그때까지 존재했던 낙관적인 문명찬미의 분위기는 사라지게 된다. 그리고 대만의회 청원운동은 바야흐로 동화를 재촉하는 일본 측과 일본과의 대결을 내세우는 민족주의 사이에서 분열하게 되었다.

이러한 상황 속에서 1927년 제8회 청원도 심의 미완료로 끝났다. 이듬해 제9회 청원에서는 그때까지 계속해서 펴지고 있던 청원서명 수가 처음으로 감소했을 뿐만 아니라, 청원을 위해 상경한 채배화 등의 환영회는 회장 대부분을 점거한 좌파유학생들이 청원반대연설을 실시하는 일이 벌어졌다. 그해

게재되어 있다. 인용은 pp.165·166·173. 마지막 부분 인용은 정무국장인 야마모토 분페이(山本文平)의 회상록이다.

92 『警察沿革史』, pp.369·377·388. 야마카와 히토시의 비판은 「政変·政党·出兵」, 『改造』 9巻7号, 1927.7, p.76.

는 내지에서 최초의 보통선거가 이루어진 시기로, 청원자 측은 의회의 조류 변화를 기대했다. 그렇지만 결과는 역시 심의 만료로 끝났을 뿐만 아니라 무산세력의 신장을 경계한 경찰의 태도가 더욱더 경색되고, 이제껏 허용되었던 선전용 전단지의 배포와 퍼레이드가 금지되었고 체포자도 속출하게 되었다.

이후 1929년 2월 제10회 청원에서 서명자는 2천 명을 끊었다. 청원위원이 동경에 도착했어도 왕년과 같은 화려한 이벤트는 없었고, 마중 나온 사람도 겨우 십 몇 명에 불과했다. 의회에서는 소개의원이 "대만 본토인도 일본신민이다"라거나 "같은 일본인이면서 대만 본도에 있다는 관계만으로 선거권이 없다"는 전과 다름없는 주장과 함께 청원자의 면목 때문에 "적어도 한 번은 채택만이라도"라는 애원섞인 모습으로 제출되었지만, 결과는 역시 심의 미완료였다.[93]

결과적으로 청원이 실현될 가능성이 거의 없다는 것은 확실했다. 총독부는 원래 처음부터 세운 방침이었지만, 참정권 부여 청원으로 바꾸도록 압력을 가하고 있었다. 1929년 11월, 대만민중당은 중앙상무위원회를 열고 청원운동을 계속해야만 할지 어떨지를 협의했지만, "청원이 가령 채택이 안 될지라도 의회가 이것을 수리하는 한 운동은 계속해야만 한다"고 결론지었다. 다음해 1930년에 열린 제11회 청원에서 서명 수는 더욱 감소하여 1,200명 남짓의 서명을 받았고, 예년 3명 이상 파견하던 상경위원 대신에 채배화 한 사람이 동경으로 향했다. 중의원에서는 재선된 다가와와 기요세가 소개의원의 역할을 했지만, 정부 측은 "내용은 언제까지나 같을 것입니다. 역대내각이 이에 대한 답변의 취지도 언제까지라도 마찬가지"라는 한마디로 거의 심의도 없었고 채택도 이루어지지 않았다.[94]

93 第56回帝国議会衆議院,「請願委員第1分科会議録」第4回, 1929.3.4, p.3; 第56回帝国議会衆議院,「請願委員第1分科会議録」第7回, 3.11, p.5.

1930년 문화협회의 분열 후에 청원운동의 기반이 되었던 대만민중당이 분열되었다. 세계대공황의 발생, 일본공산당의 탄압과 과격화, 자유주의 퇴조라는 정세 속에서 생겨난 일이었다. 민중당에 잔류했던 좌파는 대만의회청원운동을 포기한 후 보다 좌파색을 강화했지만, 다음해에는 운동이 과격해지기만을 기다리고 있던 총독부에 의해 단속을 받아 괴멸되었다. 민중당을 탈퇴한 임헌당과 채배화는 당국이 전부터 내지연장주의의 범위로서 추천하고 있던 지방자치의 정비를 내세워 대만지방자치연맹을 결성했다.

대만지방자치연맹은 당국과의 타협을 위해 지방제도개혁만이라도 내세우지 않으면 안 되었기 때문이다. 그리하여 결국 대만의회청원을 지지하는 단체는 없어졌다. 운동은 임헌당의 출자出資에 의지하며 유지명의로 이어졌지만, 채배화를 총지휘자로 전 섬에 동지 유도원을 배치하여 1,300명 남짓의 서명을 모았다. 이로써 제12회 청원이 1931년에 이루어졌지만, 역시 불채택으로 끝났다. 한편 같은 의회에 제출된 지방자치연맹에 의한 지방제도개혁 청원 측은 참고 송부가 되고 제국의회의 대응에 차이가 나타나는 결과가 되었다. 거의 효과가 없는 상경위원의 파견은 중지되고 서명은 우편으로 소개의원에게 보내지게 되었지만, 1932년 제13회 청원에는 최고 2,600명 이상의 서명이 모여졌다. 지금까지 운동이 입은 타격을 생각하면 이 회복은 경탄할 만한 것이었다. 그렇지만 이 청원도 역시 변변한 심의도 없이 중의원에서 심의 미완료로 종료되었다.

이듬해 1933년, 전년보다 800명 이상이나 감소한 서명으로 제14회 청원이 실시되었다. 이미 운동내부의 동요도 격렬해졌고 청원중지를 호소하는 자도 적지 않게 되었지만, 채배화는 "우리들은 청원령으로 인해 당연히 국민에

94 『警察沿革史』, pp.392~393. 第56回帝国議会衆議院, 「請願委員第分科会議録」 第2回, 1930.5.6, p.9.

게 부여된 권리를 행사함으로써 조금의 불합리함도 없다"며 서명모집을 강행했다. 소개의원이 보기에는 이 위원회의 청원은 온건파에 의한 것이고, "만약 의회가 이 청원에 대한 태도를 바꾸지 않으면 급진자가 증가하는 것은 피할 수 없다"고 부르짖으며 채택을 주장했다. 그러나 "이 청원은 위장이다. 아무리 강변해도 본 청원의 이면에 흐르는 민족자결주의를 부정하지 않을 수 없다", "본 청원의 목적이 지나치게 민족 독립주의적 요소를 포함하고 제2의 아일랜드화의 의지를 가지고 있는 것은 분명하다"고 보는 의견이 다수를 차지하여 불채택으로 결정되었다.[95]

이것이 사실상 마지막이었다. 1934년, 제15회청원이 1,200명이 채 못 되는 서명으로 시도되었는데, 의회에서는 "이 청원은 금년에는 제출이 없을 것이라고 생각하고 있었습니다만"이라는 말이 있었을 뿐 채택되지 않았다.[96] 그해 채배화는 상경하여 지금까지의 내지 측 지지자와 상담한 뒤, 대만으로 돌아가 운동의 간부를 모아 결국 운동을 중지할 것을 결정했다. 13년 동안에 걸쳐 계속된 운동의 어이없는 최후였다. 그 후 1936년 지방자치운동연맹도 해산되고 대만인에 의한 합법적 정치활동은 사실상 소멸하게 된다.

대만의회설치 청원운동은 어떤 의미에서 불행한 운동이었다. 일본의 주권하에 입법권을 포함한 문화적·정치적 독자성을 확보하기 위한 의회 설치를 '국민의 권리'로 청원한다는 운동 개념이 당시에는 거의 이해되지 않았던 것이다. 지배 측은 어디까지나 민족독립운동의 위장이라고 형용했고 대만 내부의 좌파로부터는 지배자에게 다가간 개량주의라고 비난받았다. 이 운동은 대만인이 처한 '일본인'이면서 '일본인'도 아닌 위치가 적극적으로 치환되는 사이에 발생했지만, '일본인'이 될 것을 강요하는 동화론과 '일본인'으로부터의 완전분리를

95 『警察沿革史』, pp.396·398~399.

96 第65回帝国議会衆議院, 「請願委員会議録」 第13回, 1934.3.23, p.18.

부르짖는 민족자결주의 사이 양쪽으로부터 적대시되었던 것이다.

자신들의 위치를 재고하는 운동에 걸맞게, 즉 운동가 측이 자신들의 주장을 어필하기 위해 사용한 것은 문명의 전파와 식민정책학이라는 지배자 측의 말이었다. 그렇다고 하더라도 이 운동에 참가한 대만인들 자신도 그것을 지원한 소개의원들도 그러한 말로 자신들이 무엇을 표현하고 있었는지, 서로가 서로를 이해하고 있었는지 매우 불확실하다. 운동 초기에는 식민정책학의 오독에 의한 사상적인 애매함이 지지를 결집하는 데에는 도움이 되었지만, 후반에는 그것이 오히려 약점이 되었다. 식민정책학의 이해는 오히려 총독부 쪽이 위이고 제국의회는 청원 취지가 불명확하다고 분리시켰지만, 이것은 논리차원에서도 말 그대로였다. 본래 지배자의 말을 활용하는 교졸巧拙에 있어서 지배자 측이 뛰어나다고 해도 그 자체가 이상한 것은 아니었다.

그러나 청원하는 측은 자신들이 사용하는 말 하나하나가 지적을 받았어도 운동을 그만두려고 하지 않았다. 그들이 문명과 식민정책학이라는 말로 표현하려고 했던 바람, 그 자체는 가령 그것을 표현하는 말을 잃었다고 해도 사라지는 것은 아니었기 때문이다. 다원주의라는 개념은 현재도 구체적인 어떤 내용을 가진 것이라고 말하기 어렵고, 국민통합과 민족자결 사이를 떠도는 꿈같은 것이라고 자주 형용된다. 일본 측의 평등은 '일본인'으로서 통합되는 형태로밖에 실현할 수 없는 것이었고, 정치적 독자성을 주장하는 사람은 '일본인'으로부터 벗어나려는 민족주의자라는 논리를 띨 수밖에 없었다. 그러나 그것은 논리적인 측면에서 일정한 '정의'가 있어도 오독과 곡해로 인해 표현되고 있던 소망을 없앨 수는 없었던 것이다.

채배화는 운동이 퇴색하기 시작했던 1928년에 『일본 국민에게 고한다』라는 저작을 출판했다. "성격상 행동에 앞서 말로 표현하는 것을 좋아하지 않는다"라고 말하는 그의 말처럼[97] 지금까지 청원운동의 주장을 성실히 반복한 저서로서 사상적으로는 그다지 색다른 내용을 내포한 것은 아니었다. 그는 지금까지 서구로부터의 차별과 번벌藩閥 정부의 압정에 시달리고 있던 '내지의 동포'에게 대화로서 대응하려는 외침을 다음과 같이 적고 있다.[98]

> 제군은 불명예스러운 피지배의 지위에서 일약하여 지배자의 지위에 설 때가 되었다. 피지배자의 동지였던 제군이 장래 우리들의 지배자로서 유유히 행동하는 시대가 된 것이다. 제군의 의기는 하늘을 찌를 정도이다. 나는 제군의 앞날과 제군의 새로운 생애를 축하함과 동시에 제군이 과거에 스스로 맛보았던 피지배자로서의 쓴맛, 참담한 맛을 잊지 않기를 간절히 바란다. 만약 불행하게도 제군은 전혀 입신출세의 방순芳醇에 도취하고, 과거의 역경불우逆境不遇를 한때의 꿈으로서 구름 속으로 사라진 것으로 취급하여 제군이 지배자의 무도한 경륜經綸에 가담하고, 벼락출세의 새로운 지배자로 행동하며 우리들을 대한다면, 그때 나는 또한 무엇인가를 말할 것이다. 나는 제군에 대한 만강滿腔의 기대를 포기할 것이다. 그리하여 인격을 가진 인류로서의 권위를 상처받지 않도록 우리들은 별개의 진로를 찾을 것이다. 아아! 제군, 실제 있어서는 안 되는 불행한 가정假定 위에 세운 위와 같은 억측을 서로 품어야만 한다. 나는 마음에서부터 큰 소리로 '동포여'하며 제군에게 호소한다. 그리하여 나의 만강한 생각을 제군에게 알린다. 제군, 바라노니, 나와 같은 심정을 가지고 성의 있게 나의 말에 귀를 기울이기를 바란다.

소개의원이었던 다가와는 이 책의 서문에서 다음과 같이 쓰고 있다. "나는 생각한다. 내지의 동포는 자네가 기대하는 대로 자네를 이해할 수 없다. 지금 그것을 이해할 수 없다고 하더라도 몇 년 지나면 이해할 수 있을까. 그가 결

97 蔡培火, 『東亜の子かく思ふ』, 岩波書店, 1937, p.9.
98 蔡培火, 『日本国民に与ふ』, pp.30~32.

국 올 것인가"라고.[99] 지금으로부터 70년 전에 쓰인 말들은 그들이 호소하려고 했던 사람들에게 전해졌는지, 또한 도착할 '때'가 왔는지는 본서에서 말할 듯 싶다.

---

99 蔡培火, 『日本国民に与ふ』, p.3. 그 이후 채배화는 동경에서 중화요리집을 경영했는데 1938년 1월 일본 측 관헌에 체포되어 고문을 받았고, 1943년에는 대만 총독 이자와 다키오(伊沢多喜男)와 총무장관인 고토 후미오(後藤文夫)의 의뢰를 받아 평화공작을 위해 상해로 간다. 상해에서 다가와 다이키치로(田川大吉郎)와 연결되었다. 임헌당은 1945년 4월 통치개혁(제17장 참조)으로 대만에 할당된 3명의 귀족원 의원 중 한명으로 뽑혔다. 이것과 맞물리면서 전시기에는 일본 측에서 협력을 요구하게 된다. 또한 채배화는 전후에 입법위원으로 선출되고 '국민정부(國民政府)'의 행정원정무위원(行政院政務委員)을 15년에 걸쳐 역임한다. 그 후 총통부 국책고문으로 임명되고 대만성(臺灣省) 홍십자회(紅十字會) 회장을 겸임한다. 그는 1927년에 『제국주의 아래의 대만(帝國主義下の臺灣)』 집필 조사를 위해 대만을 방문한 야나이하라 다다오(矢內原忠雄)와 친교를 맺기도 했다. 전후에는 대만 '국민정부'의 반공정책에 의해 야나이하라의 일본군 재군비(再軍備)화 반대론에 동의하지 않았다고 한다.(蔡培火「神の忠僕矢內原忠雄先生を憶う」(南原繁·大內兵衛·黑崎幸吉·楊井克己·大塚久雄 編, 『矢內原忠雄』岩波書店, 1968)에 수록, p.98). 채배화는 『동아(東亞)의 아이 이렇게 생각한다』(pp.971~101)에서 대만 의회 청원운동 및 자신을 비판한 좌파세력의 언동을 언급하면서 마르크스주의를 '폭력압제' 사상이라고 강하게 비판했는데, 이는 그의 융화적 자세와 운동 분열 경험이 전후 반공세력의 기반이 된 듯하다. 임헌당과 채배화에 대한 평가는 당시 운동 내부에서 뿐만이 아니라 전후 대만정치의 정치적 입장과 사상의 대립 등이 뒤엉키면서 간단치 않게 되었다. 본서에서는 주로 1920년대 전반기 그의 사상에 초점을 맞추었고 1930년대 후반 이후의 그에 대해서는 검토에서 잠시 제외되었음을 밝혀둔다.

제14장

조선 출생의 일본인

유일 조선인 중의원 의원 박춘금朴春琴

현재에 이르기까지 일본 역사상 조선계 이름을 사용한 상태로 중의원 의원이 된 예는 단 한사람밖에 없다. 1930년대에 동경 서구지역에서 당선된 박춘금朴春琴이라는 인물이다.[1]

그럼에도 불구하고 박춘금이라는 인물의 존재는 그다지 널리 알려지지 않다. 가장 큰 이유는 그의 자리매김이 어렵기 때문이라고 생각된다. 우리들은 자주 역사를 국가와 민족을 주체로 한 내셔널·히스토리로서, 그리고 역사상 개개의 인물들을 국가와 민족에 대한 공헌도에 따라 평가하기를 좋아한다. 그것에는 '일본'과 '조선', 혹은 '반일'과 '친일'이라는 이항대립의 카테고리가 형성되어 있어 '일본인'도 '조선인'도 아니라는 애매한 존재는 허용될 수 없다.

이러한 분류로 '조선인'이면서 '일본' 국회의원이었던 박춘금과 같은 존재는 극히 받아들여지기 어려운 것이다. 그 때문에 지금까지의 역사연구에서

1 박춘금에 대해서는 岩村登志夫, 『在日朝鮮人と日本勞動者階級』(校倉書房, 1972) 등을 들 수가 있으며 松田利彦, 「朴春琴論」(『在日朝鮮人史硏究』 18號, 1988); 「衆議院議員選擧と朴春琴」(『ほるもん文化』 3號, 1992); 『戰前期の在日朝鮮人と參政權』(明石書店, 1995) 등의 연구가 있다. 양자는 모두 박춘금을 총독부에 밀착한 친일파로 보고 있다. 본장에서는 박춘금의 저작과 의회발언 등을 통해 그가 친일파였다고 하더라도 바로 그 부분에 미묘한 굴절이 있었다는 점에 초점을 맞추고 있다. 그리고 이러한 점에 주목한 논고로는 梁泰昊, 「尼崎市會議員－朴炳仁のこと」(『ほるもん文化』 3號, 1992)이 있다.

박춘금은 분류 불가능으로 무시되던가, 또는 혈통적으로는 '조선'이었어도 실질적으로는 '일본'의 앞잡이라는 카테고리, 즉 '친일파'의 대표적인 예로서 자리매김되어 왔다. 그러나 다음에서 보는 것처럼 그의 언동은 단순히 일본 정부를 추종하고 있었다고만 보기에는 너무도 복잡하다.

박춘금은 자신을 표현할 때 '조선태생의 일본인'이라는 말을 자주 사용했다. '조선인'을 공언하면서 '일본인'이라고 주장한, 말하자면 '조선계 일본인'에 상당하는 이 말은 당시 그의 위치를 잘 나타내고 있다. 그리고 그가 겪은 궤적에는 제국의 마이너리티들의 굴종과 저항의 양가성이 존재한다.

'일본인'으로서의 권리

대일본제국에서는 원칙적으로 조선인과 대만인이 국정에 참가할 수 있는 참정권은 없었다. 그러면 조선인이면서 중의원 의원이 된 박춘금의 존재는 어떻게 하여 생겨난 것일까. 그것을 알기 위해서는 조선인과 참정권을 둘러싼 경위를 되돌아볼 필요가 있다.

이미 보아온 것처럼 병합에 의해 '일본인'으로 편입된 조선인들이 권리를 획득하는 방법에는 몇 가지가 있었다. 그 극단적인 방법은 '비일본인'으로서 분리 독립하는 것이고, 또 하나는 조선계의 '일본인'으로서 참정권을 획득하는 것이었다. 대만에서는 이 양극의 중간에 해당하는 자치의원 설치청원이 성행하고 있었지만, 조선에서는 대만에 비해 독립운동이 강력한 반면 자치운동은 미약했다. 겨우 1922년 제국의회에서 "천황폐하 통치 아래 선인鮮人을 해방하고 선인으로서 자유롭게 조선의 내정을 다스리게 해야만 한다"는 취지의 「조선내정독립청원서」가 일부 조선인과 일본인 민간 우익의 손에 의해 제출되었다. 하지만 청원위원회에서 심의 미완료로 처리되어 이후에 그 청원은 끝이 났다. 자치 또한 내지연장주의를 내건 제국의회가 용인하는 것은 아니었고, 청원서는 천황 직할통치 아래 총독정치의 실패를 비난하고 있었기 때문에 총독부도 받아들였던 것은 아니었다.[2]

한편 조선에서 중의원 의원 선거법을 시행해달라는 청원은 총 18회기에 걸쳐 제출되었다. 조선에서부터 제1회 참정권 부여 청원이 이루어진 것은 대만의회설치 청원과 거의 같은 1920년으로, 이때 청원운동의 리더였던 것이 '국민협회'를 결성하여 '신일본주의'를 제창하고 있었던 민원식閔元植이라는 조선인이었다.

민원식은 조선 이 왕조 혈연의 아내가 있었고, 보호국이었던 한국정부에서 관료를 역임했다. 병합 후에는 젊은 나이에 군주郡主에 발탁되었던 인물로, 당시 33세의 엘리트였다. 민원식은 자신의 '신일본주의'에 대한 논문에 동양제국 사이에서 서구와 대항할 수 있는 것은 일본뿐이라고 주장하고, 그 일본이 인종평등제안을 제출한 것을 내세워 "동양인은 다 같이 소아를 버리고, (일본)제국을 중심으로 하여 협심하고, 백인에 대해서는 서로 머리를 짜내야 한다"고 말했다. 민원식 및 국민협회에 따르면, 한일합병은 식민지화가 아니라 아시아주의의 대의에 의한 대등병합이었고, '일본은 이미 구시대의 일본이 아니라 조선의 토지와 인민을 포유하는 신일본'으로 인식 되었다. 그리고 '조선은 제국의 한 지방'이지 '식민지'가 아니라는 것이었다.

조선이 '식민지'가 아니라든가 아시아주의에 의해 백인과 대항할 것이라고 하는 말은 물론 일본제국이 한일합방과 조선통치에서 내세워왔던 공식견해이다. 그러나 대만의회 청원운동이 식민정책학의 '언어'로 이루어졌던 것처럼 같은 말이라도 그것을 지지하는 측이 일으킬 때와, 지배당하는 측이 일으킬 때에는 그것이 의미하는 바는 달랐다. 그렇기 때문에 국민협회 측의 결

2 同光會本部, 「朝鮮內政獨立請願に就いて」, 同光會, 1920; 『斎藤實文書』 103-11(1), pp.12~13.

론은 "우리들은 내선을 구별하는 현재의 제도에 만족하지 않는다"라고 말하고, '조선인은 국민의 중요한 권리인 참정권을 가지고 있지 않다'고 항의했다.[3] 조선인이 '일본인'이며 '식민지'가 아니라고 한다면, '일본인'으로서의 권리를 행사하는 것이 민원식의 '신일본주의'의 내용이었다.

1928년에 즉위식과 다이죠사이大嘗祭를 위해 교토를 방문한 쇼와천황에 대해 계엄체제를 뚫고 들어가 직소를 시도한 조선인 청년이 있었다. 그 직소장直訴狀은 다음과 같은 것이었다.[4]

1. 천황시정하에서 민족적 차별이 있으면 동양평화 정신의 장애가 된다. 조선 2천만 민족도 폐하의 신민인 이상 국가를 위해 일하고 싶기 때문에 아래의 사항을 절하며 간절히 원한다.
1. 조선총독부 폐지할 것
1. 내지와 같은 중의원 의원 선거할 것
1. 내지인도 마찬가지로 징병할 것
1. 재외조선인을 내지인과 마찬가지로 보호할 것
1. 그 밖에 정치적 차별을 폐지할 것

조선인이 '동양평화'와 '폐하의 신민'이라는 입장에서 '민족적 차별' 철폐와 참정권, 그리고 '총독부폐지'를 천황에게 직소한다. 직소라는 표현 형태에 대한 평가는 보류하더라도, 이들 요구는 조선인입장에서 대일본제국이 공공적

3 인용은 閔元植, 「朝鮮騷擾善後策」, 『太陽』, 1920.1月號, pp.38·59; 國民協會本部, 『國民協會史第一』(國民協會本部, 『斎藤實文書』 103-3), pp.22·43. 후자의 원문은 한자 가타가나 문장이다. 민(閔)의 경력과 그 활동에 대해서는 『국민협회사(國民協會史)』 및 강동진, 『日本の朝鮮支配政策史研究』를 참조.
4 原武史, 「朝鮮型『一君萬民』思想の系譜」(『社會科學研究』 47卷1號, 1995, p.132)에서 인용.

으로 말한 것처럼 조선인이 '일본인'이라면 당연히 요구할 수 있는 내용이었다.

거기에는 총독부 폐지와 참정권만이 아니라 징병제와 재외조선인의 보호라는 항목으로 들어 있다. 징병제 시행은 민원식도 국민으로서 권리이며 의무의 일환으로 환영을 표명하고 그 대상으로서 참정권을 요구하고 있었다. 오키나와의 지방신문이 징병의무를 완수하고 있음을 강조하면서 참정권을 요구한 것은 제10장에서 살펴 본 대로이다. 또한 재외조선인의 보호라는 것은 주로 조선과 중국의 국경지대인 간도間島지방의 재주 조선인 보호를 가리킨다. 당시 일본의 지배하에서 생활의 기반을 잃은 조선인들은 내지로의 출가와 간도지방으로 흘러 나가는 사람이 다수였지만, 간도 조선인은 중국 측 관헌으로부터 압박을 받고 있었다. 일본정부는 세력권 유지를 위해 그들 조선인을 일본 국적으로부터 이탈시키지 않았지만 이용가치가 없을 때에는 보호를 하지 않았는데, 1920년대 후반에는 그들의 입장이 문제시되었다. 결국 이 문제는 만주사변에 의해 이 지역 전체를 일본군의 지배하에 둔다는 형태로 해결된다.

1930년대에 들어서면 '일본인'으로서의 권리를 찾는 조선인을 보다 많이 볼 수 있게 된다. 그들의 공통된 주장은 참정권 부여를 필두로 제국헌법의 철저한 적용, 내지인과 조선인의 공학, 의무교육제도 시행, 내지 도항제한 철폐, 징병제의 적용, 대개 조선을 '식민지'가 아니라 '일본'으로 대우하는 것이었다. 또한 민원식의 경우에도 볼 수 있듯이 아시아주의의 입장에서 조선과 일본의 인종적·역사적·문화적인 '가까움'과 서구의 식민지 지배와의 차이도 자주 강조되었다.

그러한 주장의 근거로서 예로 들어진 것은 한일합방 시의 메이지천황의 조서詔書와 3·1독립운동 진압을 위해 나온 '일시동인'을 읊은 다이쇼천황의 칙어였다. 즉 천황은 일본과 조선의 대등한 합병을 노래하고 조선인을 '일본인'으로서 일시동인으로 대우할 것을 논하고 있음에도 불구하고, 일본정부와 총독부는 그것을 실행하고 있지 않는다는 것이다. 천황에게 직소한다는 표현 형태까지 발생한 것도 그러한 배경이 있었던 것이다.

이와 같은 '일본인'으로서의 평등을 지향하는 조선인들에게 무엇보다 굴욕이었던 것은 조선을 '식민지'라고 형용한 것이었다. 그것은 마치 오키나와 지식인과 신문이 오키나와가 '식민지'시 되는 것을 극도로 두려워한 것과도 닮아 있었다. 오키나와를 대만과 함께 '남양도南洋道'에 편입한다는 계획에 오키나와 지방 신문지가 격렬하게 반발한 것은 제10장에서 언급했지만, 어떤 의미에서 그것과 유사한 일이 1929년에 일어난 척식성拓殖省의 조선 제외 운동이다. 제11장에서 말한 것처럼 일본정부는 그해에 척무성을 신설했는데, 이 척무성은 조선총독부와의 권한다툼으로 발전한다. 이때 일부 조선인들이 "척식성은 외국의 식민성殖民省과 비슷하고", "조선을 척식성의 관할로 하여 식민지와 동일 취급을 하는 것은 병합 정신에 위배되는 것이다. 절대로 반대한다"고 성명을 내었다. 그리고 오키나와의 여론이 아이누와 '생번'을 배제하여 자신들을 '일본인'이라고 주장한 것처럼 조선이 '남양군도와 동일한 관할하에 놓인' 것은 굴욕이라고 다루며 정부에 진정 활동을 한 것이다.[5]

물론 여기서 말하는 '합병정신'이란 합병은 메이지천황의 조서에서 논하고 있는 것처럼 한일 간의 대등합병이어서 서구의 식민지 지배와는 다르다는 의미였다. 이때 진정에 대해 당시 다나카 기이치田中義一 수상이 조선통치의 궁극 목적은 모든 것을 내지와 동일하게 한다는 것은 자타가 인정하는 바라고 논하며 "나는 장래 조선총독부도 폐지하고, 내지와 똑같이 해야만 한다고 믿고, 이를 향해 노력한다고 생각하고, 성청省廳의 관할은 변경할 수 없지만, 조선은 식민지가 아니라는 훈시를 정부로부터 내놓아도 좋다"는 조건이 나

5 朴榮喆, 『內鮮融和策私見』, 私製パンフレット, 1929, pp.1~3.

왔다.[6] 그리고 최종적으로 설치된 성省의 명칭은 원안의 '척식성'에서 '식殖'자를 삭제하여 '척무성拓務省'으로 정했다. 63법 문제 이래 일본정부도 조선·대만을 식민지라고 공언하는 것은 터부화되었고 일부 조선인들의 감정과 정부의 공식견해가 표면적으로 합치한 것이다.

다만 상기와 같은 움직임이 조선인 일부 사이에 한정되어 있던 것은 살펴볼 필요가 있다. 민원식이 1921년 3회째 청원에서 상경 중에 조선독립 운동파 청년에게 사살됨으로써 천황에게 직소한다는 것은 지극히 예외적인 것이 되었다. 그렇다고 하더라도 자신들이 '일본인'이라는 것을 내세워 그것을 통해 차별을 해소하려 한 조선인이 존재한 것은 사실이고, 본장에서 다루는 조선인 중의원 의원 박춘금도 그중 한 사람이었던 것이다.

민원식의 암살 이후에도 조선으로부터의 참정권 청원은 계속 단락적으로 제출되었지만 이에 대해 일본 측의 자세는 표면상으로는 대체로 호의적이었다. 특히 내지연장주의를 지지하는 신문과 제국의회의 수용태세는 양호했고, 대만의회설치 청원이 끝내 한 번도 채택되지 않았던 것에 비해 조선에서 참정권 청원은 9회기에 채택되었다. 조선의 내지인 식민자도 조선에서 선거법이 시행된다면 자신들에게도 참정권이 부여된다는 의미에서 이것을 환영하는 경향이 있었고, 대만의회설치 청원이 대만 원주민만의 서명으로 행해졌다는 것과 대조적으로 조선에서의 청원에는 식민자가 이름을 내거는 경우도 있었다.[7]

그렇다고 하더라도 청원이 표면상으로는 호의적으로 받아들여졌다는 것과, 실제로 참정권 부여의 움직임이 촉진되었는지는 별개의 문제였다. 민원식 등의 청원에 대해 당시 수상이었던 하라 다카시가 취지는 좋지만 시기상

---

6 Ibid., p.4.

7 조선에서의 참정권 청원 결과는 田中,「日本の植民地支配下における國籍關係の經緯」참조.

조라고 회답을 했고, 총독부의 미즈노 렌타로水野鍊太郎 정무총감도 우선 지방 자치제의 시행을 기다려보고 점진적으로 진행 양상을 보아야만 한다고 했다.[8] 조선총독부는 3·1독립운동 이후, 친일적 단체에 자금 원조를 추진하고 있었지만 1920년대 중반에는 열기가 식어버렸다. 1929년 척식성 조선 제외 운동은 척무성의 감독으로부터 탈피한다는 총독부의 의중과 일치하고, 친일 단체를 동원했다는 모습도 느껴졌지만, 조선인 측의 요구를 총독부가 어디까지 지지하고 있었는지는 의심스럽다. 이미 보아온 것처럼 조선인 의원단이라는 두려움이 이 문제에는 존재했고, 그들의 요구가 그대로 실현되면 총독부가 폐지되는 것은 분명했기 때문이다.

그러나 제국의 공식견해를 앞세운 이러한 운동을 일본 측의 세력들도 덮어놓고 부정할 수는 없었다. 그리하여 이 청원은 참고송부나 채택이 가능했지만 내지 정부로부터는 실질적으로 무시당하고 있었다.

내지 거주 조선인의 참정권

이와 같이 참정권 청원이 계속해서 보류되는 가운데 의외의 방면에서 조선인의 일부가 참정권을 획득하게 된다. 제8장에서 언급했듯이 법률상으로 말하자면 조선인에게 참정권이 없는 것은 조선에게 중의원 의원 선거법이 시행되고 있지 않기 때문인데, 조선과 대만 거주의 내지인 식민자도 참정권이 없었다. 그렇지만 그러한 법운용 측면에서 보면 당연히 반대의 사태가 예상된다. 즉 중의원 의원 선거법이 시행되고 있는 내지에 사는 조선인은 참정권을 행사할 수 있을까라는 의문이다.

공통법 심의 때 혼인 등에 의해 내지로 본적을 옮긴 '조선인'은 법률상으

8 Ibid.,『國民協會史第一』, p.45.

로는 내지인 취급하게 된다는 것은 이미 제8장에서 서술했다. 그러나 이 문제는 그것과는 달리, 본적이 조선과 대만에 있는 채로 결국 법률적으로 '조선인'과 '대만인'으로 내지에 살고 있으면 참정권을 획득할 수 있을지 어떨지라는 것이다. 게다가 조선인·대만인에게는 호적에 동반되는 속인법인 징병제는 적용되지 않았기 때문에 이 경우에는 징병의무를 지지 않고 참정권을 향유한다는 사태가 생겨나게 된다.

이러한 가능성은 사실 합병 당시부터 적용되었다. 합병 당시 법학자인 미노베 다쓰키치美濃部達吉[9]는 "조선인은 모두 일본인으로 되었기 때문에 만약 내지로 이주하면 내지인과 마찬가지로 모든 참정권을 향유하는 셈이다"라고 신문에서 말했다. 그에 반해 중의원 의장 하세바 스미타카長谷場純孝는[10] 이 법해석에 대해 '오류도 이만저만이 아니다'고 반론하고, "류큐인은 지금도 참정권을 행사하지 못하고, 홋카이도에서는 근래 겨우 선거법을 시행하는 정도인데, 조선인에게 참정권을 부여하는 것은 (…중략…) 매우 전도 요원遼遠하다"고 주장했다. 다만 제5장에서 서술한 바와 같이 미노베 다쓰키치는 조선인에게 '일본인'으로서의 권리를 부여하는 것에는 반대지만, 내지거주 조선인이 참정권을 향유한다고 해도 "의원으로 당선되는 것은 희박할 것이고, 그렇게까지 위험한 것이라고는 생각하지 않지만, 혹은 법률로서 귀화인과 똑같은 제한을 추가하는 것으로도 좋지 않을까하고 생각한다"고 피력한다.[11] 당시 국적법에 귀화한 외국인은 국회의원과 육해군 장관은 될 수 없다는 규정이 있었기 때문에 미노베 다쓰키치는 그 방향에서 법 개정을 시사한 셈이다. 어쨌든 이 시점에서 문제의 가능성은 보여주고 있었어도 해석은 일정하지 않았

9 일본의 헌법학자. 천황기관설 사건으로 중의원 의원을 사직한다. —역주

10 하세바 스미타카는 메이지기, 다이쇼기의 정치가이다. —역주

11 美濃部達吉,「朝鮮の併合と憲法問題」,『読賣新聞』, 1910.9.6; 長谷場純孝,「朝鮮人と參政權」,『東京日日新聞』, 1910.9.6.

다고 말할 수 있을 것이다.

정부 측 해석이 의회의 장에서 논해진 것은 10년 남짓 뒤의 일이다. 1921년 제10장에서 말한 대만통치에 관한 법 3호 심의에서 대만에서의 참정권 부여와 관련하여 이 문제가 질문으로 나왔다. 이때 정부위원으로서 답변한 법제국 장관은 "대만인도 내지에 와있기 때문에 중의원 의원 선거법에 정해져 있는 요건을 갖추면 선거권을 가진 셈입니다"라고 한 데다가 "조선인은 선거인명부에 실려 선거권을 행한 예가 있는 것으로 알고 있습니다"라고 회답하고 있다.[12]

여기서 나온 답변 중 내지거주 조선인의 선거인 명부기재라는 것은 그 전년도인 1920년 3월에 유권자 등록을 마친 조선인을 가리킨다. 이때 오사카부大阪府는 중앙정부 관할 내의 '조선, 대만, 가라후토인'을 등록해야만 할지 어떨지를 조회했지만, 이에 대해 내무성 지방국은 "조선, 대만, 가라후토인이라 하더라도 모든 자격요건을 구비하면 선거권을 가질 의무가 있다고 생각한다"고 회답했다. 그 당시는 제한선거권으로 직접국세 3엔 이상을 납부하고 있는 것이 요건이었지만 그 조건에 적합한 조선인이 오사카부에 2명 존재했다.[13]

이와 같은 회답을 내무성이 실시한 것인지는 불분명하다. 다만, 3년 전 공통법 심의에서 본적을 일본으로 옮긴 조선인이 참정권을 행사하는 것은 묵인하고, 문제가 생기면 규제를 한다는 정부회답이 이루어지고 있었다. 내지의 조선인이 참정권을 획득했다고 해도 조선 전역의 중의원 의원 선거법 시행과 달리, 총독부 왕국의 기득권은 위협받은 적은 없었기 때문에 총독부도 이 문제에는 관대했다.

---

12 『律令審議錄』, p.419.

13 전전기의 내지 재주 조선인의 참정권 행상, 유권자수, 후보의 당락, 한글 투표에 대해서는 松田, op. cit.; 岡本眞希子, 「植民地時期における在日朝鮮人の選擧運動」(『在日朝鮮人史硏究』 24號, 1994)에 의존했다.

또한 오사카부의 조회가 이루어진 1개월 전에 전술한 민원식 등의 참정권 청원이 이루어고 있었고, 정부는 이 문제를 의식하지 않으면 안 되는 입장에 있었다. 시기는 3·1독립운동 직후로 정부는 조선인의 민심 완화에 필사적일 때였다. 겨우 2명의 조선인에게 참정권을 주는 것으로 조선인의 감정을 완화할 수 있다면 다행이었을 것이다. 대부분의 내지거주 조선인은 노동조건이 극심하여 납세액이 일반적으로 낮았고, 여기서 허가해도 유권자가 그렇게 다수 나올리가 없다는 계산도 작용했다고 생각된다. 내지거주 조선인에게 참정권이 있다는 사실은 일본이 조선인을 차별하여 참정권을 주지 않는 것이 아니라, 그저 조선에게 중의원 의원 선거법을 시행하지 않을 뿐이라는 레토릭을 낳게 된다.

게다가 대일본제국에서 큰 결단을 요하는 조선 및 대만 전역에 중의원 의원 선거법시행과 달리 내지거주 조선인의 참정권 부여에 대해서는 여론도 비교적 관대했던 것 같다. 1924년 1월 당시의 종합잡지 『태양』은 논의가 고조되고 있었던 보통선거실시에 관한 각계 식자에게 앙케트 조사를 했는데, 그 중 하나의 항목으로서 내지거주 조선인 참정권 부여의 시비를 묻고 있었다. 여기에는 정재계, 교육계, 학계, 법조계, 화족 등 보수계부터 진보계까지 다수의 사람들이 회답을 보냈는데, 내지거주 조선인 참정권 부여에 대해서는 찬성 72, 반대 16, 시기상조 12로, 대다수가 찬성하고 있었다. 덧붙여서 말하자면 납세자격 제한 철폐 반대는 20이고, 부인참정권은 앙케트 항목에조차 오르지 않았다. 보통선거에 반대해도 내선융화와 대아시아주의의 입장에서 내지거주 조선인의 참정권 부여에 찬성하는 자도 있었다. 당시 여론의 한 면을 엿볼 수 있을 것이다.[14]

14 「普通選擧の可否に関する名士の回答」, 『太陽』, 1924.1號 참조.

그러나 이로써 일본정부가 조선인의 제국의회 진출이라는 사태를 받아들일 준비가 되어 있었다고는 말하기 어렵다. 예를 들면 한일합병으로 조선 이씨 왕조의 왕가와 귀족이 '일본인'이 되었을 때, 일본 측은 지금까지의 '황족'과 '화족'이라는 신분 이외에 '왕족' 및 '조선귀족'을 새롭게 신설한 것이다. 당시 정부내부 문서에서 이 제도를 신설한 것은 "일본화족이 가지고 있는 참정권을 부여하려는 취지이다"라고 명기하고 있다.[15] 병합의 형식절차상 이들에게는 경제적 대우로서 황족과 화족 등과 동등하게 취급하지만, 귀족원 의원으로는 될 수 없다는 것이다. 류큐 처분 때는 류큐 왕가는 통상 화족으로 편입되고, 오키나와에 선거법이 시행되기 이전에는 왕가로부터 귀족원 의원이 나온 선례가 있기 때문에 일본정부는 이러한 사태를 두려워했던 것이다. 백 명 이상의 조선인 의원 진출이 예상되었던 중의원 의원 선거법 시행 경우와 달리, 이씨 왕가로부터 한 명이나 두 명의 귀족원 의원이 나온 것으로 정치적인 영향은 제로와 같은 것이었지만, 정부는 조선인 의원의 출현 그 자체를 피하려고 했던 것이다.

그렇지만 내지거주 조선인 유권자는 오사카부의 두 명만으로 끝나지 않았다. 특히 의회에서 쟁점으로 떠오른 것은 보통선거실시와 함께 내지거주 조선인에게도 이것을 적용할지 말지였다. 납세자격의 제한이 있었던 시기와 비교하여 유권자수가 비약적으로 증가하는 것이 자명했기 때문이다. 게다가 내무성으로부터 최초 회답이 있었던 1920년 당시 내지거주 조선인은 3만 명 남짓으로, 2천 명이 채워지지 않았던 것에 대해 1922년경부터 연간 2만 명 전후 추세로 증가하기 시작해 1925년에는 13만 명을 넘었다. 이에 대해 조선총독부와 내무성은 조선인의 도항 제한을 실시하지만, 조선에서의 수탈과 빈

15 市川 編, 『日韓外交史料』 第8卷, p.328.

곤이 없어지지 않는 이상, 돈벌이를 위해 내지로의 도항이 증가하는 것은 명백했다.

1925년 3월 보통선거법안이 심의되었을 때, 내지거주 조선인의 처우를 둘러싼 논의가 끓어올랐다. 이때 논의의 초점은 두 가지였다. 하나는 징병의무가 없는 조선인과 대만인에게 참정권을 주면 적절한가 아닌가고, 다른 하나는 내지에 살고 있어도 조선인에게는 특별한 참정권 제한을 만들 것인지 말 것인지에 관한 것이었다.[16]

위원회에서 특히 질문이 집중한 것은 후자 쪽의 문제였다. 이때 보통선거법 원안에는 일정지역에 6개월 이상 거주하고 있는 25세 이상의 남자에게는 납세액을 불문하고 참정권을 부여하는 것으로 되어 있었다. 그리고 당시 정부의 공식견해로서 조선·대만에 선거법을 시행하지 않는 것은 주민의 정치적 능력과 '백성의 수준'이 낮기 때문이었고, 취학률의 향상과 지방자치제도에 의한 정치적 훈련을 거친 후 먼 미래에 참정권을 준다는 것이었다.

그러나 어느 의원이 질문한 것처럼 '조선 또는 대만에 있으면 정치능력이 없지만, 내지에 오면 정치능력이 생긴다는 것은 아무리 생각해봐도 추측할 수 없다'는 질문이 나온 것은 당연한 것이었다. 의원들로부터는 조선·대만 재주의 고액납세자의 정치능력 쪽이 내지에서 6개월 산 돈벌이 노동자보다 높다는 목소리가 주창되었고, 이것을 계기로 조선·대만에 제한 선거를 허용할지 혹은 그 반대로 내지거주 조선인에게 참정권 자격의 제한을 만들지를 해결해야 한다는 의견이 나왔다.

당시 수상은 나중에 내지연장주의를 이유로 대만의회설치 청원과 조선총독부의 조선의회 계획에 반대하게 되는 와카쓰키 레이지로若槻礼次郎였는데, 우

16 의회발언에 대한 인용은 第50回帝國議會貴族院, 「衆議院議員選擧法改正法律案特別委員會議速錄」 第4號, 1925.3.14, p.17.

선 조선·대만에서의 제한선거 실시는 지방자치제도에서 훈련을 받아야 한다는 의미의 공식견해를 반복해서 주장했다. 그리고 내지거주 조선인에게 특별제한을 만든다는 안건에는 "조선인·대만인이 아무리 내지에 온다하더라도 권리가 없다는 규정을 법률로 만들겠다는 것은 생각해볼 필요가 있는 문제라고 생각한다"라고 말했다. 조선인·대만인을 호적에 의해 파악하고 있었기 때문에 차별대우를 추가하는 것은 기술적으로 쉬운 것이었다. 그러나 일단 인정해 버린 내지에서의 참정권을 박탈, 차별을 법률상으로 명기하는 것은 조선인의 민심완화와 '일시동인'의 공식견해에서 보면 '반드시 고려하지 않으면 안 되는' 문제였다. 그렇다고 해서 조선·대만 전체에 참정권을 부여하는 것은 대일본제국의 정치가들에게 과한 결단을 요하는 도박이었다.

이 위원회는 자주 속기를 중단하고 비밀회의를 가졌는데 상당한 논의가 있었다고 생각된다. 결국 보통선거법안은 조선인·대만인에게는 특별한 규정을 만들지 않고, 거주제한을 6개월에서 1년으로 연장한다는 수정이 추가되면서 통과하게 되었다.

사실 내지거주 조선인 유권자는 증가하게 되었다. 1928년에는 내지거주 조선인이 24만 명을 넘었고, 같은 해에 실시되었던 최초의 보통선거에서 유권자는 1만 명 남짓이라고 추정하는 신문기사가 나와 있다(덧붙여서 말하면 같은 기사에는 대만인 유권자가 3백 명 남짓, 아이누인 유권자가 3천 명 남짓이라고 되어 있다). 1932년에는 내지거주 조선인이 39만 명, 유권자는 3만 5천 명 정도였다. 그 이외에 절차상의 곤란 등으로 유권 해당자였어도 유권자명부에 기재되지 않은 경우도 적지 않았다.

또한 투표할 때 문제가 되었던 것 중 하나는 '문자'였다. 이미 제한선거 시절인 1924년 기시와다시岸和田市[17] 의회선거에서 한글 문자에 의한 투표가 이루어져 내무성이 무효 판정을 내렸다. 한편 로마자로 표기한 투표는 인정되

었기 때문에 조선 문자를 무효로 한 것에 대한 반발이 일어났다. 1926년 조선의 『동아일보』에는 「조선 문자는 무효=일본인 협량狹量의 일례」라는 사설이 게재되었는데, "선거권이 없는 서구인이 사용하는 문자는 인정하면서 선거권이 있는 조선인의 조선 문자사용을 무효로 돌리는 점에서 그들의 협량과 편견을 볼 수 있다"라고 항의하고 있었다.[18] 후에는 내지거주 조선인의 노동단체인 재일본조선노동총동맹과 제휴관계에 있었던 노동농민당 등의 항의를 거쳐 1930년 2월에는 한글문자에 의한 투표가 허가되었다. 그렇지만 후보자의 이름을 일본어 발음으로 기재하지 않으면 무효박(朴)을 'パク'로 하면 무효, 'ボク'로 하면 유효라는 것이었다.

이러한 곤란함은 있었지만 내지거주 조선인구의 증가와 함께 유권자도 늘어나 마침내 입후보자가 출현하기에 이르렀다. 1929년의 사카이시堺市 의회선거, 오사카시 의회선거, 다치카와초立川町 의회선거, 1930년 요코하마横浜시 의회선거, 1931년의 효고현兵庫縣 의회선거 등에 입후보가 나왔다. 이들은 '내선융화'를 부르짖는 친일후보자들로 모두 당선된 것은 물론 아니었지만, 1932년 2월에는 내무성이 조선인 후보자에 한해 조선어 읽기 표기에 의한 한글투표를 인정한다는 회답을 냈다. 그다음 달에 실시된 중의원 의원 선거에서 박춘금朴春琴이 당선된 것이다.

내지거주 조선인 참정권은 차별을 공공연하게 공언할 배짱도 없고, 동시에 완전한 평등을 행할만한 도량도 없었던 일본제국이 상황에 의해 어쩔 수 없이 만들어낸 소위 말하는 법의 공백기였다. 그것은 '일본인'이기도 하고 '일본인'이 아닌 당시 조선인의 위치를 상징한 표상이었지만, 일본 위정자들의 관대함을 나타내는 것이 아니라, 이념의 결여와 우연히 겹쳐진 산물이었

17 기시와다시는 오사카부 이즈미(泉) 남쪽 지역에 위치해 있다. —역주
18 岡本, op. cit., p.8.

다고 형용하는 편이 합당할 것이다. 처음에는 지극히 작은 것이었던 그 간극이 점차 확대되어 마침내 조선인의 중의원 의원이라는 존재가 출현하려는 것은 거의 누구도 예상할 수 없었던 것이다. 그러나 그것은 결국 현실로 나타나 제국의회에 등장하게 된다.

'우리들의 국가'로의 굴절

박춘금은 1891년 1월에 태어났는데 한일합병 당시 19세의 청년이었다. 고등교육을 받지 않은 채 내지로 건너간 그는 오로지 육체노동에 종사하면서 각지를 돌며 전전긍긍하며 살고 있었던 것 같다.

1921년에는 친일계 내지거주 조선인 단체인 상애회相愛會가 결성되었는데 박춘금이 부회장으로 취임했다. 상애회의 주요 활동은 내지로 도항한 조선인의 취업알선, 주택소개, 야간학교와 진료소 설치였다. 당초는 '더러운 민가를 빌려 그것을 합숙소로 삼고 취업소개와 주선을 담당하는 소규모 시설'에 불과했던 이 조직은 3·1독립운동 후에 민심완화를 위해 친일단체 육성을 행하고 있던 조선총독부의 원조를 받아 1929년에는 철근콘크리트로 지은 상애회관을 건설하고, 각지에 지부를 거느릴 정도로까지 성장한다. 임원에는 일본의 정재계 거물들을 맞아들였는데, 임원명부에는 이누카이 쓰요시犬養毅[19]와 고노 히로나카河野廣中[20]라는 민권정치가, 도야마 미쓰루頭山滿[21] 등 아시아주의의 우익, 시부사와 에이치渋澤榮一 등의 경제인, 동경부 지사와 정부관료 그리고 당시 조선총독부의 사이토 마코토齊藤實와 경찰국장 마루야마 쓰루요시丸山鶴吉 등의 이름을 내걸었다. 특히 내무관료 출신의 마루야마 쓰루요시는 후년에

---

19 이누카이 쓰요시는 일본의 정치가이다. 제29대 내각총리대신을, 입헌정우회 제6대 총재를 지냈다. —역주

20 메이지와 다이쇼기의 정당 정치가. 제10대 중의원 의장을 지냈다. —역주

21 아시아주의입장에서 활동한 국가주의자. 저술활동, 정치활동을 펼쳤다. —역주

박춘금의 선거운동을 지원하는 인물이 된다.[22]

주목할 만한 가치가 있는 것은 관동대진재 때의 상애회 활동이다. 마루야마 쓰루요시의 회상에 따르면 박춘금은 동경대지진으로 조선인학살이 한창인 때, 신변에 위험을 무릅쓰고 상애회 본부를 방문하여 조선인을 수용하여 보호하는 한편, 경시총감을 방문하여 "조선인에 대한 오해를 풀기 위해서는 조선인이 자진해서 봉사를 하는 것이 가장 효과가 있기 때문에 매일 의원과 함께 시체의 수용, 도로정비 등에 노력하고 봉사하고 싶다"고 신청한 것이다. 경시총감은 이를 거부했다고 하는데, 박춘금은 "다음 날부터 백수십 명의 조선인 회원을 인솔하여 불탄 자리의 정리에 전념했다. 이 결사의 행동이 조선인에 대한 감정을 가라앉혀 결국에는 일본인에게 감격의 말조차 듣게 되었다. 경찰서와 검사국의 밀접한 연락으로 상애회는 부동의 기초를 확립했다"고 마루야마 쓰루요시는 적고 있다.[23]

이 '미담'에는 아마 그 나름대로의 과장이 포함되어 있을 것이다. 그렇지만 박춘금이 조선인 측으로부터 모범적 행동을 보이면 융화가 가능하다고 생각하고 있었다는것과 또한 그것이 일정한 성공을 보았다. 그리고 그 속에서 상애회와 관헌의 밀착이 왕성해진 것은 확실한 것 같다.

그 후 상애회는 경찰과 협력하여 조선인의 비모범적 활동을 계속해서 단속하게 되었다. 생활에 곤궁한 조선인 절도는 물론, 풍속상 탐탁하지 않다고 된 엿 팔기 등도 '조선인의 신용을 높이기' 위해 '상애회는 총동원하여 이것

22 상애회 사업에 대해서는 「相愛會館事業要覽」(財團法人相愛會館, 연도와 호수가 없음), 『齋藤實文書』 103-18(3) 및 Manfred Ringhofer, 「相愛會－朝鮮人同化團體の步み」, 『在日朝鮮人史研究』 9號, 1981 참조. 총독부의 자금 원조 상황에 대해서는 「相愛會館建設狀況報告」 및 「池上四郎依賴狀」(둘 다 1928), 『齋藤實文書』 103-18(4)·(5) 참조. 이케가미는 당시 총독부 정무통감으로 체신부장관에게 상애회에 자금 원조를 요청했다. 초기의 상애회의 모습은 丸山鶴吉, 『七十年ところどころ』, 1955, p.87 참조.

23 丸山, op. cit., p.89.

을 일소했다'고 한다.[24] 조선인 노동자의 알선 때에도 상애회는 경찰에게 알선 방법 등을 처음부터 의뢰하여 노동자를 통제했기 때문에 기업의 신뢰는 두텁고 알선 성공율도 높았지만, 노동쟁의는 철저하게 적대적이었다. 그 이외에 '다이쇼천황 어대상의봉송단御大喪儀奉送團'을 조직하고, 1928년 이후에는 매년 '건국제'에도 참가했다. 상애회 주최의 야간학교에서는 조선어와 산수 이외에 '국어'와 '수신'이 추가되어 쓰레기 버리는 법과 일상생활윤리 등도 가르치고 있었다. 관동대지진 때의 조선인 희생자를 추도할 때에도 일본의 신도를 기준으로 삼았고, 상애신사相愛神社를 설치하기도 했다. 대체로 대일본제국의 지배적 가치관에 충실하려는 활동내용이라고 말할 수 있을 것이다.

한 방적회사의 인사과장으로부터 하여금 "일반 노동자본가 기관에 상애회와 같은 것이 있다면 일본에서 지금까지와 같은 노동쟁의는 절반도 없었을 것이다"라고 칭찬받은 이 조직은 조선인공산주의자에게서 "일본인의 집을 지키는 개"라고 비난받았다.[25] 상애회와 공산주의자의 투쟁은 쌍방에게 적지 않은 희생자가 나왔지만 이러한 대립 속에서 상애회는 점점 경찰과 밀착해갔다.

상애회의 실제적인 지도자였던 박朴이 중의원 선거에 입후보를 시도한 것은 1930년 2월 총선거 때의 일이다. 보통선거 개시 이래 두 번째 총선거였는데, 처음으로 한글투표가 인정되었던 이 선거에서 박朴은 입후보했지만 자금사정으로 단념했다고 한다. 그리고 이 시기 박춘금의 사상은 그해 11월에 자비출판된 『우리들의 국가 신일본』이라는 팸플릿에서 엿볼 수 있다.[26]

제목에서도 알 수 있듯이 이 책은 "새로운 영토와 새로운 국민이 모두 힘을 합쳐 달성하는 대일본제국을 신일본이라고 칭하는 것이다"라고 말하고,

---

24 丸山, op. cit., p.90.
25 Manfred Ringhofer, op. cit., p.60.
26 이하 페이지를 표기한 것은 朴春琴, 『我等の國家新日本』(朴春琴事務所, 1930)에서 인용한 것이다.

'일본인'인 '우리들 조선인이 대일본제국을 사랑하는 것이 뭐가 이상하겠는가'라고 선언하고 있었다.[27] 그러나 그 내용은 일본에 대한 애국심의 표명과 동시에 굴절된 비판도 내포되어 있었던 것이다.

이 책에서 박춘금의 조선통치평가는 총독부와 관계를 가진 친일파라는 박춘금의 이미지와는 의외일 만큼 다른 것이다. 그에 따르면 "총독부가 자랑하는 조선의 경제성장은 단순히 내지자본이 침입한 결과에 불과하고, 가난한 자의 수는 줄지 않으며 해마다 아사하는 자, 동사凍死하는 자도 있는데 새로운 정부를 찾아야만 하는 이유를 우리들은 모르겠다"라고 하며 교육도 "일본어를 학습시키기 위해 특히 진력하는 것이어서 교육을 위한 교육이 아니다"라고 했다.[28] 그는 합방 후의 조선통치를 다음과 같이 형용한다.[29]

> 늘 무장하여 민중을 대하는 것 같은 태도로 대하고 완전히 민중의 자유를 빼앗고 '너희들은 무교육자 모임이다. 너희들은 세계 다수의 사람들과 소통하지 않는다. 너희들의 경제력은 낮고 너희들은 약하다. 너희들을 교육시켜 세계의 대세를 알게 하여 너희들의 경제력을 높이고, 그리하여 너희들을 모든 의미에서 문화민이 되게 하여 행복한 생활을 영위하게 하기 위해 정부는 가능한 한 노력하고 있는 것이기 때문에 무슨 일이건 자아를 버리고 순종해라'라는 것이다. 민중은 이것을 소위 남을 위하는 체 하면서 자기 실속을 차리는 압박이라고밖에 이해할 수 없으며 어쩔 수 없이 복종하고 있지만 불만은 몹시 심각한 것이다.

경제적으로도 정신적으로도 모든 존경과 자유를 빼앗은 통치, 그는 총독

---

27 Ibid., p.111.
28 Ibid., pp.22·24.
29 Ibid., p.19.

부의 정책을 "관리가 입버릇처럼 말한 '조선인 본위'라고는 볼 수 없다. 서구인이 식민지를 착취하는 수법과 닮았다"고 형용하고 있다.[30]

이러한 인식을 가지면서도 박춘금은 조선의 자치와 독립은 주장하지 않는다. 박춘금에 의하면, 조선자치론은 '식민정책이라는 것을 연구했다는 사이비학자의 논의'에 현혹된 것에 불과하고, '논자는 영국에게 배우라고 하지만 (…중략…) 영국인 이민의 실력이 토착인을 이기고 있다는 것은 영국의 지배권dominion 통치의 성공을 이야기하는 것이 아닐까'라며 식민정책의 약점을 찌른 평가를 내리고 있다. 또한 조선인 사이에서도 '일반적으로는 독립이 불가능한 것을 알고 있다'는 것이고, '독립의 불가능함을 알면서도 독립을 부르짖는 것은 불평불만이 심해진 결과'일 수밖에 없다. 그리고 조선인의 불만은 '정부가 조선인을 대우하는 일, 내지인과의 사이에 차이를 만드는 것에서 출발하는' 것이고, 조선인이 요구하는 것은 독립과 자치가 아니라 '일본인'으로서 '평등'하게 대우받는 것이라고 했다. 게다가 "조선민족을 진심으로 사랑한다면, 즉 합방의 조서에 널리 알리고 '일시동인'의 성지聖旨를 숭상하고, 일본민족과 똑같은 행복을 누리게 할 것이라면 조선의 2천만 백성을 일본민족으로 길러낼 각오가 있어야만 한다"는 것이다.[31]

그러나 이처럼 말하면서도 박춘금이 말하는 '일본인'으로의 동화 내용은 그다지 명확하지가 않다. 그는 "동화목표가 생활양식, 풍속·습관을 내지인에게 동화하라는 것이고, 충군애국의 성의도 지금 당장 내지인과 같아야만 한다는 것에 있다면 그것은 요구당하는 자의 입장에서는 무리이다"라고 단언하고 있다. 또한 무엇보다도 일본 측의 동화론에 대해 내지인과 사정 좋은 경우에만 내선일가內鮮一家이며, 새로운 정부의 동포라는 식으로 친애의 태도를

30 Ibid., p.1.
31 Ibid., pp.5·25·31·32.

보이고, 그들에게 "조금이라도 사정이 나쁘면 퇴출시키고, 방해꾼으로 취급한다"고 형용하고 있다.[32] 결국 그는 자치와 독립을 부정하면서도 동화가 비현실적이고 일본 측의 동화론도 형편주의일 수밖에 없음을 내심으로 알고 있었던 것이다.

그렇다면 어째서 그는 '일본인'으로 동화해야 한다는 논리를 내세웠을까. 그는 팸플릿에서 조선의 공산주의와 독립운동을 철저하게 탄압할 것을 부르짖었고 있는데, 그때 다음과 같은 말을 드러내고 있다.[33]

> 조선 민중은 탄압에 의해 처음으로 가야만 하는 길을 깨달았다. (…중략…) 가야만 하는 길이 정해지지 않았기 때문에 망설이고 있다. 가야할 길이 좋든 싫든 이 길밖에 없다고 생각하면 단념하게 된다. 단념하면 마음이 안정되고 그러한 상태를 민심의 안정이라고 한다. (…중략…) 안정되면 즐겁게 살려는 마음가짐이 생긴다. 이것이 인간이다. 거기서 희망이 생겨나고 광명이 있다.

자치에는 희망을 가질 수 없고 독립도 불가능하게 보여 동화를 선택하지만 그렇다 하더라도 차별은 사라지지 않을지도 모른다. 이처럼 사방이 막힌 가운데서 자치와 독립을 부정하고 '좋든 싫든 이 외길밖에 없다고 결정하면 단념하게 되고, 단념하면 마음이 안정되는 상태'에 이르기를 바라고 있는 것은 박춘금 자신이었던 것은 아닐까.

실제 그가 이 책에서 가장 비난하고 있는 것은 통치의 참상이기도 하면서 일본정부의 방침이 분명하지 않았던 것 그것이었다. 즉 박춘금에 의하면 "조선통치의 근본방침이 합방 이후 20년을 거쳐 오늘날에 이르도록 아직 확정

32 Ibid., pp.7·42.
33 Ibid., p.38.

되지 못했고, 조선민중은 오른쪽으로 가야 하는지 왼쪽으로 가야 하는지를 모르는 실정이다. 성실하고 온당한 사상을 가지고 있는 자일수록 내일 생활에 대해 마음의 준비를 할 수 없다. 일본정부는 동화정책을 시행하는 것이 좋을지 그렇지 않으면 장래 자치를 허락해야 할지 어떨지"라는 자세로 안정되지 않았고, "요컨대 저것도 아닌 무주의無主義, 즉 무방침이다. 민중은 이를 따를지 말지 괴로워한다"고 논했다. 그가 "정부 스스로 확신 없는 정치를 하면서 민중에 대해 정부를 신뢰하라고 강요하는 것이다. 국가의 불안, 인민의 불행 이것이 중요한 것임을 알아야만 하는 것이 현실이다"고 말할 때, 그것은 아마 그 자신의 심정을 말하는 것이었을 것이다.[34]

박춘금은 식민정책파의 자치론을 강력히 비판하고 독립운동을 탄압할 것을 주장하고는 있지만 그 논리를 서로 대조해보면 모순이 많이 존재한다. 그가 자치론을 반대할 때에는 "조선민족은 결코 일본의 자치령에 만족하는 것이 아니다. 자치는 당장 독립의 단계가 된다"고 말하고, 독립론을 비난할 때에는 "일반적으로 독립이 불가능한 일임을 이해하고 있다"고 말하고 있다. 또한 일본인으로서 평등획득이라는 희망을 논하면서도, 식민정책파의 조선인 의원단 위협론을 비판할 때에는 "국가의 우환이 일어날 것이라고 예상되는 상황에서 조선에 선거법을 시행하는 어리석은 정부가 있을까. 실로 웃음을 금치 못하는 우론愚論이다"라고 적고 있다.[35] 이 팸플릿의 제목은 『우리들의 국가 신일본』이었지만, 가장 힘이 들어가 있는 부분은 일본정부의 무방침 비판, 그리고 독립론과 자치론의 부정, 그 대안인 '신일본'이라는 묘사는 전적으로 구체성이 결여되어 있다. 아마 그 자신에게도 구체적인 전망은 없었던 것 같다. 실제로 믿고 있지 않은 '일본인이 된다'는 선택에 스스로 확신을

34 Ibid., pp.4·5·24·37.
35 Ibid., p.32.

가지기 위해 그 이외의 모든 선택지를 부정해간다는 것이 이 책의 내용이었다고 말해도 좋다.

박춘금은 이 책에서 "내가 '조선인'이기 때문에 무심코 한 행동이 조선인 전체에 조금이라도 누를 끼쳐서는 안 된다는 배려에서 세심한 주의를 게을리 하지 않는다"고 적고 있는데, 역시 전형적인 동화형 모델·마이너리티의 틀에 빠져 있음을 알 수 있다.[36] 일본여성과 결혼하여 이미 조선인 공산주의자와 독립파로부터 매국노라고 비난받고 있었던 그는 내심으로는 망설임이 있었든지 간에 객관적으로는 마침내 되돌아갈 수 없는 지점에 서있었다. 그렇지만 그가 '일시동인'과 '내선일가'라는 지배자 측의 말을 그대로 믿기에는 너무나도 현실을 잘 알고 있었다. 그런 그가 제국의회로 입후보하겠다는 결정적인 스텝을 밟기 시작했을 때 이 책을 저술하게 된 것이다.

박춘금은 독립과 자치의 가능성이 없다고 보고 힘들어도 '일본인'으로 동화하여 평등을 획득하는 길밖에 없다고 단언했던 것이다. 당시 미로를 헤매는 상황 속에서 어느 것이 현명한 선택인지는 누구도 명언할 수 없었다. 그리고 박춘금은 이러한 망설임과 동요를 내포하면서도 '일본인이 되는 것'에 스스로를 걸었던 것이다.

'일시동인'의 벽

1932년 1월, 중의원 해산과 함께 박춘금은 정당에 속하지 않는 순수 중립계로서 입후보했다. 조선인이 중의원선거에서 피선거권을 행사하려고 했던 것은 이것이 최초의 사례였기 때문에 경시청으로부터 내무성에서 조회가 있었지만, 법에 저촉되지 않는 것으로 밝혀졌다. 이 선거에서는 오사카에서도

36 Ibid., pp.7~8.

조선인 후보가 출마하여 화제를 불러일으켰다.

박춘금이 이 선거에서 슬로건으로 내건 것은 '내선융화'와 '만몽문제 해결' 이었다. 후자는 물론 전년에 발발한 만주사변을 가리키지만 박춘금의 경우에는 간도 조선인의 보호문제도 포함되어 있었다. 박춘금은 이미 상애회 멤버들과 이전에 이 지역을 시찰하고, '일본 국민'인 조선인을 일본정부가 보호하지 않는 것은 『동포 영욕의 큰 문제』라는 팸플릿을 발행하고 있었다.[37]

박춘금의 슬로건은 만주사변 발발 후에 대외 강변 풍조에 교묘하게 매치가 되어 이 지역사람들에게 환영받았다. 박춘금이 입후보한 동경 니시구西區는 혼조本所·후카가와深川 등의 노동자와 작은 상점을 중심으로 한 시타마치下町인데, 이러한 주장이 받아들여지기 쉬운 분위기가 조성되어 있었던 것이다. 게다가 마루야마 쓰루요시를 중심으로 한 브레인 위원들과는 상애회 시절부터 관계를 맺고 있었는데, 그 정관계 거물들의 응원연설도 힘을 보탰다. 당초 정당의 배경을 갖지 못한 거품 후보[38]로밖에 간주되지 않았던 박춘금은 다크호스가 되어갔다. 일본 측의 관료나 정치가 입장에서 보면 단 한사람의 중의원 의원을 당선시키는 것으로 조선인의 민심을 완화할 수 있고, 민족적 차별이 없다는 증거로 활용할 수 있다면 일본인에게는 손해갈 것이 없는 일이었다.

그러나 박춘금의 급부상 배경에 있었던 것은 그것만이 아니었다. 상애회는 물론 선거전에 참여했지만 이 선거구의 조선인 유권자는 전체의 1% 남짓에 불과했고, 게다가 조선인 내에서도 박춘금에게 반발하고 있는 자가 적지 않았기

---

37 朴春琴,『同胞榮辱の大問題 在滿朝鮮人歸化問題に關して朝野官民諸賢に檄す』,私製パンフレット, 1930; 相愛會總本部,「滿州視察狀況と本會の態度」,『斎藤實文書』 103-18(2) 참조. 일본인의 「在滿朝鮮人」정책에 대해서는 伊藤一彦,「日本の在滿朝鮮人政策」,『比較文化研究所紀要』 53卷, 東京女子大學, 1992 참조. 박춘금의 선거 상황에 대해서는 平田奈良太郎,「選擧犯罪, 特に買收犯に就いて」(『司法研究』 19輯8號, 1933) 및 마쓰다의 저서에 자세하게 나와 있다.

38 당선이 절대 불가능한데도 이름을 내기 위해 또는 다른 후보자를 방해하기 위해 입후보하는 사람을 가리킨다. -역주

때문에 조선인 표만으로는 당선이 불가능하리라는 것은 분명했다. 박춘금 자신도 부동산업으로 상당한 수입을 가지고 있었지만, 박춘금 진영은 지방 상점주 등의 조직인 '민중자치회'를 아군으로 끌어들여 선거인 매수전술에 나섰다. 이로 인해 자치회원들 중에는 선거위반이 다수에 달했고, 사무소 가택수사까지 당할 정도였다. 그러나 이러한 선거전임에도 불구하고 박춘금은 동경 네 곳의 후보자 11명 중 3위로 전혀 예상 밖의 상위 당선을 이루었다.

전술한 바와 같이 "내가 '조선인'이기 때문에 무심코 한 행동이 조선인 전체에 조금이라도 누를 끼쳐서는 안 된다는 배려에서 세심한 주의를 게을리하지 않는다"라는 말을 토로하고 있던 박춘금이지만, 이러한 선거 전술을 실제로 어떻게 생각하고 있었는지는 분명하지 않다. 박춘금이 이 선거에 뿌린 자금은 수입의 10배가 넘는다는 소문도 있었다. 동시에 출마한 오사카의 조선인 후보는 낙선되었는데, 당시 상황에서 보면 매수 전술 없이 박춘금이 당선될 수 있는 확률도 꽤 낮았을 것이다. 어쨌든 이렇게 일본사상 최초의 조선인 중의원 의원이 탄생하게 된 것이다. 1932년 6월 처음으로 의회에 등단한 41세의 박춘금은 이렇게 말했다.[39]

> 나는 조선태생의 일본인으로서 제국의회의 의정단 위에 선 것은 내 개인의 광영만이 아니라, 조선 2천만 백성의 광영이라고 생각하기 때문에 이로써 여러분께 감사의 말씀을 드립니다 (…중략…) 어쨌든 태생은 조선입니다만 일본인임에는 틀림없고, 그러나 비참하게도 조선태생이기 때문에 말이 유창하지 못하지만 잘 들어주셨으면 합니다.

'조선태생의 일본인'임을 자칭하는 박춘금이 '유창하지 못한' 일본어를 구

39 第57回帝國議會衆議院, 「本會議議事速記錄」 第3號, 1932.6.4, p.23.

사하며 의회에서 주장한 내용은 조선인에의 참정권 부여 및 병역의무 부여, 내지와 조선간의 도항제한 철폐, 만주이민 촉진 등이었다.

박춘금의 주장은 이미 기술한 바와 같이 친일조선인에 의한 '일본인' 권리 요구의 전형이라고 말할 수 있을 것이다. 참정권과 병역에 대해 "우리들은 합병한 그날부터 제국의 신민이고 폐하의 백성이 되었는데, 국민으로서의 권리를 요구하는 것은 당연하다", "똑같은 일본 국민이기 때문에 당연히 병역의 의무도 가지며 또한 참정권도 필요하다"라고 말하고, 도항제도 철폐도 "똑같은 국내에서 통교하는 것임에도 불구하고 이를 제한한다는 것은 어찌된 일입니까"라는 논리를 끝까지 밀고 나갔다. 또한 아시아주의를 전면에 내세워 "우리들은 일본 국민입니다. 결코 영국인·미국인이 아닙니다"라며 서구와의 차이를 강조하고, 조선은 식민지가 아니며 "식민지라는 것을 들으면 우리들은 그것을 들을 때마다 눈물을 흘리며 격분한다"고 말했다.[40]

이처럼 박춘금의 언동 그 자체에는 두드러진 독자성이라는 것은 없다. 또한 그는 총독부를 비롯한 일본 측 후원에 의해 당선될 수 있었던 인물이고, 의회에서도 겉으로 드러나는 통치비판은 삼가하고 있었다. 그렇지만 박춘금은 다른 친일파 조선인과 달리, 의원으로서 직접 일본정부에 질문을 던질 수 있는 입장에 있었다. 말하자면 그는 사상적 독자성은 없어도 대일본제국이 공식견해로 내세운 논리를 역으로 정부에게 되물었을 때 어떠한 반응이 일어났는지를 몸소 실증한 케이스가 되었다.

그리고 박춘금에 대한 일본 측 반응은 한결같이 분명치 않은 것이었다. 박춘금이 내세운 일련의 요구는 논리로서 정부의 공식견해였지만 그것과 실현

40 第64回帝國議會衆議院, 「請願委員會議錄」 第6回, 1933.2.17, p.8; 同本會議議事速記錄第6號, 1.26, p.85; 第65回帝國議會衆議院, 「臨時米穀移入調節法案外2件委員會議錄」 第3回, 1934.3.16, p.36; 同, 「豫算委員會議錄」 第19回, 1934.3.9, p.14; 同, 「豫算委員第1分科會議錄」 第3回, 2.8, p.33.

가능성은 별개의 것이었기 때문이다.

예를 들어 박이 '폐하의 백성' 권리로서 주장한 참정권 부여 청원에 대해 일본정부 측은 "지극히 지당하십니다. 조금도 구별하고 있지 않습니다"라고 말했지만, 최종적인 회답은 "근본적으로 정부는 이의가 없습니다만 지금 실행하기에는 아직 모든 사정이 적당하지 않다"는 것이었다. 이에 대해 박춘금은 일본이 만주문제 때문에 국제적으로 고립되어 있는 것을 강조하며 일본이 언제까지라도 우세한 시대이면 좋겠지만, 만약 전쟁이라도 발발하면 2천만의 조선인이 아군이 될지 적이 될지를 정말이지 생각하지 않으면 안 된다"고 다그쳤다. 기가 누그러진 일본정부 측은 "그 정신에 찬성한다"고 말하며 청원을 하면서도 그것은 보류되었다.[41] 박춘금의 의회활동은 다른 예를 보아도 이러한 상황의 반복이었다. '내선융화'와 '일시동인'을 내세운 박춘금의 주장은 일본정부도 정면에서 부정할 수 없었지만, 모두 "시기상조"와 "신중히 조사 연구하겠습니다"라는 대답으로 사실상 묵살했다.

또한 참정권과 도항제한 철폐를 요구하면 취학률이 낮다는 것과 경제 격차가 심하다는 이유를 들어 아직 시기상조라고 말한 것이다. 그리고 문부대신에게 의무교육 시행을 요구하자, 조선은 총독부 관할로 문부성은 관계없다고 반응한다. 조선경제가 발달하지 않은 것은 화폐통일이 이루어지지 않았기 때문인 것은 아닌가하고 대장성에 질문하자, 그것은 척무성에게 질문하라고 반박했다. 또한 박춘금이 척무성에 화폐통일을 요구하자, 척무성의 산하에 있는 조선은행이 일본은행의 감독하에 들어 가버린 것과 연결되어 있기 때

41 第64回帝國議會衆議院, 「請願委員會議錄」 第6回, pp.9~11. 박춘금은 第64回帝國議會衆議院의 청원위원회에서 第14回の臺灣議會設置請願의 심의자로 참가하고 있었다. 이때 의회 제10회(1933.3.3)에서 박춘금은 "대만은 식민지임에는 틀림이 없지만, (…중략…) 대만인도 우리 일본인이라고 생각하고 있다. 조선인도 마찬가지이다"라고 기술한 다음 "대만의회 설치문제에 반대하는 것은 아니지만, 오히려 대만인에게 참정권을 부여하고 중의원 의원 선거법을 개정하여 제출할 것"을 제안했다(pp.10·11). 그의 주장은 결과적으로 청원 채택의 방해를 초래했다.

문에 재고의 가치가 없다고 반박당했다. 게다가 그 모든 답변에 대해 "취지는 전적으로 동감입니다"라거나 "차별하려는 마음은 전혀 없습니다"라는 답변을 들었다.

어떤 의미에서는 흥미롭게도 박춘금의 징병 의무부여 요구도 동일한 대답으로 부정되었다는 점이다. 일본어 보급이 불충분한 이유도 있었지만 최대 이유는 조선인에게 무기를 줄 경우 충성심에 의심이 가기 때문이었다. 다시 말해서 박춘금도 "병역의무를 부과했다고 해서 아군에게 총을 쏘는 행위는 절대로 없을 것이다"라고 말해야 할 정도였다.[42] 박춘금은 징병제가 안 된다면 언어능력을 검토한 후 선발하는 징병제도 괜찮지 않느냐고 주장했다. 참정권에 대해서도 내지인 식민자에게 유리한 제한 선거방식으로 요구를 낮췄지만 일본정부의 반응은 변하지 않았다.

박춘금은 이렇게 2년 정도 아무런 수확도 없이 의원활동을 계속했는데 마침내 그는 최대의 난관에 부딪쳤다. 그것은 조선 쌀 이입제한 문제였다. 조선 쌀 이입제한이라는 것은 과연 무엇일까. 1918년에 쌀 가격 폭등으로 인해 생긴 쌀 소동이라고 불리는 대폭등이 일어나 일본정부는 쌀 공급량의 확보를 위해 조선에서 산미증식계획이라는 쌀 강제증산을 실시했다. 그렇지만 박춘금이 당선됐을 시기에는 조선도 내지도 농작을 계속하여 쌀은 공급 과잉이 되어 가격이 폭락하고, 때마침 대공황과도 겹쳐 내지 농촌부는 심각한 경제적인 곤경에 빠져 있었다. 그 때문에 동북지방을 비롯한 농촌부 출신 의원들의 요망으로, 조선·대만의 쌀을 이입제한하는 법안이 심의되고 있었다. 물론 이입제한에 따라 조선·대만 농민의 곤경은 보다 심각해지기 시작했지만 그

42 일련의 일본정부 측 답변은 후술하겠지만 1935년 2월 6일 본회의에서의 질의응답으로 집약된다. 지원병제도에 대한 인용은 제65회제국의회중의원「예산위원 제1분과 회의록」제3회의 38페이지이다.

것은 그들이 관여할 바는 아니었다.

농산물 가격이 올라가면 도시부에서는 정치적 불안이 일어나고 내려가면 농촌부가 피폐해지는 현상은 현재에도 제3세계에서는 반복되고 있는 일이다. 전후 일본은 이것을 정부 매출에 따른 식관食管제도로 극복했지만, 이 시기 대일본제국은 부족할 때에는 조선·대만으로부터 공급하고 과잉일 때에는 이입제한을 실시한다는, 이를테면 양쪽 지역을 완충으로 하며 조정이 이루어지고 있었던 것이다. 그리고 1920년대 조선총독부로서 산미증식계획을 추진한 사이토 마코토가 이번에는 수상으로서 이입제한 법안을 통과하려는 측에 서있었던 것이다.

이 문제는 '일시동인'의 공식견해와는 정반대로 조선이 대일본제국에서 어떠한 존재였는지를 상징하는 것이었다. 그리고 박춘금은 이전부터 이 이입제한을 조선인 차별대우의 일례로 들고 있었고, 의원으로서 이에 정면으로 부딪치게 되었다.

이 법안에 대해 박춘금은 조선농민의 경제적 곤경을 호소하는 한편 철저하게 대일본제국의 공식견해를 역전시키는 형태로 반박했다. 박춘금은 1934년 예산위원회에서 조선 쌀 이입문제에 대해 다음과 같이 말했다.[43]

> 아시는 바와 같이 조선, 대만은 내가 생각하기에는 같은 국내이다. 게다가 같은 일본제국의 신민이다. 같은 국내에서 차별을 한다는 것은 나는 국가의 대책이 잘못된 것은 아닐까하고 생각한다. (…중략…) 내지의 사정이 좋을 때에는 내선융화라고 말하지만, 사정이 조금 나빠지면 이번에는 너의 것은 필요없다는 식의 대응은 너무 형편주의가 아닐까 생각한다.

43 第65回帝國議會衆議院, 「豫算委員會議錄」 第16回, 1934.3.6, p.28.

이미 수년에 걸쳐 형식적인 답변만 들었던 박춘금은 일본정부에 대한 신뢰를 잃게 된다. 그는 "예를 들어 홋카이도에서 생산한 쌀에 대해 이입제한이라고 말할 수 있을까"라며 조선이 '일본'의 일부임을 재삼 강조하는 한편 "이 문제가 오늘 생긴다고 하면 무엇 때문에 조선에서 산미증식을 했을까"라며 비판하고, "일본에 쌀이 부족할 때는 어떻게 할까. 입에 거품을 물고 조선, 대만에 쌀을 가져오라고 할 것임을 나는 알고 있다"고 말했다.[44]

정당에 속하지 않은 순 중립 의원인 박춘금이 제안할 수 있는 재료는 외압밖에 없었다. 그는 "정말로 이 일본의 국책이 얼마나 초라한 것인지를 영미제국에게 제공하고 있다", "저쪽[서구]에서 [일본제품이] 수입제한을 받은 경우에 일본은 어떻게 말해야 할 것인가를 고민하며 끝까지 영국정부와 철저하게 싸운다는 생각이었다"라고 서구의 시선을 강조하는 한편, "조선에 대해 일본이 그만큼 혹독한 눈으로 보고 있음을 말하고, [중국인이] 본 경우에는 금후의 일만친선日滿親善이라는 것은 어떻게 생각할까"라며 아시아주의의 심정으로 호소했다. 그리고 이 이입제한을 하려면 "일본이라는 나라는 자신의 형편만을 생각하는 나라라는 인상을 조선 2천만 사람들은 물론, 대만 4백만 사람들에게도 주게 된다", "같은 국민이면서 차별적으로 다루는데, 야마토혼을 심어준다는 논리는 통할 수 없는 일이다"라고 주장했다.[45]

그러나 이러한 박춘금에 대해 일본정부 측 답변은 변함없이 냉담했다. 사이토 마고토 수상은 말 그대로 '일시동인'의 형식적 입장으로 도피했다. 일찍이 신진의원으로서 대만문제로 정부를 규탄한 나가이 류타로도 일선동조론을 제안하여 "학자의 설說이 바르면 나도 조선인의 자손이라고 생각합니다"

44 第65回帝國議會衆議院, 「臨時米穀移入調節法案外二件委員會議錄」 第3回, p.35; 「豫算委員會議錄」 第16回, p.29.
45 Ibid., p.37; 「豫算委員會議錄」 第16回, p.29; 「豫算委員第一分科會議錄」 第3回, p.33.

라고 동정하기 시작했지만 그뿐이었다. 원元 대만총독부 총무장관 고토 후미오後藤文夫[46]에 이르러서는 사정이 다른 조선·대만에 내지와는 다른 정책을 실시하는 것은 "오해이며 차별대우를 하는 것이 아닌데도 차별처럼 생각하는 자가 많이 있다"라며 차별이 아니라고 답변한다.[47]

의회의 기록을 보면 박춘금은 이러한 답변에 대해 머리에 피가 거꾸로 솟아버리는 것 같았다고 한다. 고토 후미오에 대해 "나는 오해하고 있지 않다"라고 말하고, 나가이 류타로의 동정론에는 "이제 당신이 말하는 것은 나 자신은 잘 알고 있습니다"라고 말하며 사이토 마코토의 일을 "너무나 한심스러운 총리대신이다"라거나 "정신에 이상을 일으킨 것은 아닐까"라고 형용하고 있다. 흥분하여 조선 쌀 문제 이외에 차별 문제까지 항의하는 그를 위원장이 제지하려고 하자, "조금 더 말하고 싶습니다. 좀 더 말하게 해 주십시오"라고 말했다는 것이 여러 번에 걸쳐 게재되었다.[48]

박춘금은 "나는 이곳에서 가능한 한 미움 받고 싶지 않습니다. 모처럼 466명[의 의원] 중에서 조선에서 태어난 박춘금 겨우 한 사람을 의원으로 만들어 주었기 때문에"라고 말하고 있었는데, 틀림없이 '겨우 한 사람'이기 때문에 뒤로 물러설 수 없었을 것이다. 결국 3·1독립운동을 예로 들며 "2천만 명[의 조선인]이 잠자코 있지 않을 것이다"라든가 "내선 간에 유혈 참사를 보는 일이 없다고만은 볼 수 없다"라고 말해 다른 위원으로부터 '너무나 선동적'이라는 비판을 받기도 했다.[49] 그가 덤벼들었던 사이토 마코토와 고토 후미오는 선거에서 박춘금을 응원한 인물들이고, 그들 입장에서 보면 키워준 개가 주

46 다이쇼, 쇼와기의 관료이며 정치가. '천황의 경찰관'이라고 자칭했고 아들은 법무대신을 지냈다. ―역주

47 op. cit., p.39; 「豫算委員會議錄」 第19回, 1934.3.9, p.22.

48 第65回帝國議會衆議院, 「豫算委員會議錄」 第16回, p.29; 「豫算委員第1分科會議錄」 第3回, p.34; 「豫算委員會議錄」 第19回, pp.17·22.

49 第65回帝國議會衆議院, 「豫算委員會議錄」 第19回, p.16; 第16回, p.30.

인에게 반항하는 것 같은 느낌이었다고 생각된다.

박춘금의 입장에서 보면 조선 쌀도 조선인 지원병도 필요 없다는 것은, 즉 "쌀도 필요 없고 토지도 필요 없다면 결과적으로 조선을 독립시킨다는 것이다. 그렇게 되면 오늘날과 같은 쌀 문제는 일어나지 않는다". 그러나 현실은 '어쩔 수 없다'는 것이었다. 조선이 '일본'으로 받아들여지는 것을 거부하는 동시에 '일본'으로부터 벗어나는 것도 허용하지 않는 것이었다. 참으로 "조선에서 태어난 일본인은 어느 쪽으로 가면 좋을지 모르겠다"는 것이었다.[50]

1935년 2월 6일, 중의원 본회의에서 실시한 박춘금의 연설은 의회활동의 하이라이트였다.[51] 그때까지 일본정부 측 답변에 애를 태우던 박춘금은 총리부, 척무성, 내무성, 대장성, 육군성, 해군성, 농림성, 외무성 등 거의 모든 성청省廳을 지명하며 그때까지 그가 부르짖어왔던 요구 모두를 담은 장시간의 질문연설을 했다. 거기서 그는 "위치를 바꿔 반대가 되어 생각해 보십시오. 불평불만을 가지는 것이 당연하지 않습니까. 표면상으로는 차별하지 않고 일시동인하겠다고 말하면서 내부로 들어가보면 이미 차별이 존재한다"라며 "정부의 성의 있는 답변을 듣고 싶다"고 추궁했던 것이다.

그러나 이에 대한 답변 내용은 전과 다를 바가 없는 것이었다. 취지는 좋지만 시기상조, 제도가 다른 것은 차별이 아니다. 신중히 조사검토하겠다. 관할이 다르다. 이를 들은 박춘금은 더욱더 "당신들은 차별하지 않는다. 차별하지 않는다"고 말하고 "그렇기 때문에 성의 있는 답변을 듣고 싶다. 표면상으로는 차별하지 않는다고 하면서 숨어서 차별해서는 안 된다. 이것은 내가 조선을 위해서 말하는 것이 아니다. 대일본제국의 견지에서 요구하는 것입니다"

50 第65回帝國議會衆議院, 「臨時米穀移入調節法案外二件委員會議錄」 第3回, p.35; 「豫算委員會議錄」 第3回, p.35; 第67回帝國議會衆議院本會議議事速記錄 第11號, 1935.2.6, p.207.

51 第67回帝國議會衆議院, 「本會議議事速記錄」 第11號, pp.209·213·214.

라고 끈질기게 맞섰지만 결국 질문은 시간초과로 중단되고 말았다.

그 다음 달 사이토 마고토 내각에서 오카다 게이스케岡田啓介[52] 내각으로까지 이어받았던 조선 쌀 이입제한 법안이 위원회를 통과했다. 이때 박춘금은 철저하게 반대의견을 내놓으며 통과 체결 때에는 발언을 요구했다. "절대로 반대다. 오카다岡田 내각은 약한 자를 괴롭히는 내각이다"라고 외쳤으나, "이것으로 토론은 종결하겠습니다"라는 위원장의 목소리에 의해 지워져 갔다.[53]

조선총독부와 정재계에 연줄이 있다고 하더라도 겨우 한 명의 조선인 의원이 아무리 소리를 질러도 결과는 처음부터 불 보듯 뻔했다. 게다가 의회활동을 통해 박춘금은 조선의 입장만을 대변하고 자신의 선거지반인 동경 니시구의 일에 대해서는 발언을 거의 하지 않았다. 그렇게 되자 지방 상점가 자치회는 1936년 중의원 의원선거에서 자치회 회장을 입후보시켜 박춘금을 지지하지 않게 되었다. 게다가 의회에서의 발언이 화근이 되었는지 정관계로부터 소외당하고, 특히 총독부 관계자는 한 명도 박춘금 진영에 이름을 내걸지 않았다. 그리고 때마침 선거숙정肅正 운동도 박춘금의 매수전술에 역풍으로 작동하게 되어 그는 이 선거에서 낙선하게 된다.

허상의 '일본인'

그러나 낙선한 이듬해인 1937년 또다시 중의원이 해산되자 박춘금은 중의원 해산 다음날 입후보를 신고했다. 이 선거에서 박춘금을 내세운 정견에서는 대아시아주의에 의한 대륙진출과 내선융화라는 지금까지와 마찬가지로 공통적인 내용에 무산대중보호와 물가대책, 그리고 기성 정당 공격 등이

52 오카다 게이스케는 일본의 군인이며 정치가이다. 해군 대장을 지냈으며 제3대 내각총리대신을 지냈다.
53 第67回帝國議會衆議院,「米穀自治管理法案外二件委員會議錄」第18回, 1935.3.23, p.8.

첨가되어 있었다. 그때까지 의회활동으로 정당 정치가들에게 계속해서 소외되었던 박춘금은 정당정치 그 자체에 비난을 돌리고 있었던 것이다.

조직적 표밭을 갖지 못한 그는 이러한 대외강경론과 매수전술로서 부동표를 모았다. 이미 이전처럼 정관계로부터의 지지는 얻을 수 없었지만, 그 대신에 여자배우 가와시마 가즈코川島芳子와 문학자인 기쿠치 칸의 응원 변사를 불러 출신지역 구의원들의 지지를 확보했다. 이러한 노력에 의해 이 선거에서 그는 차점자와 불과 20표라는 근소한 차이로 최하위이지만 당선되었다.

박춘금의 제2기 의원활동기의 주장정책은 이전과 거의 변하지 않았다. 변했다고 한다면 그것은 일본 측에 있었다. 1937년 8월 박춘금은 조선인에게도 병역을 실시하도록 하는 청원을 중개하고, 문제가 있으면 지원제라도 좋다는 이전부터의 주장을 반복했지만 육군 측의 답변은 역시 시기상조라는 것이었다.

그런데 상황을 급변화시킨 것은 중일전쟁의 격화였다. 전쟁이 심화되면서 군인과 식량부족을 맞이한 일본제국은 1938년 육군에 조선인 지원병제도를 채용하고, 조선의 쌀도 다시 증산할 것을 장려하며 조선총독부는 내선일체 슬로건을 대대적으로 부르짖었다. 말 그대로 박춘금이 이전에 예언했던 것처럼 정황주의 행동을 일본 측이 취하기 시작했던 것이다. 박춘금은 지원병제도의 채용에는 감사를 표했지만 조선 쌀 증산에는 '자기들 마음대로'라며 불만을 드러냈다.[54]

그렇지만 장기화되는 전쟁에 의해 조선인 지원병 채용은 증가했음에도 불구하고 박춘금의 또 다른 주장인 도항제한 철폐와 참정권 요구에 대한 일본정부의 대응에는 변함이 없었다. 박춘금은 참정권 요구에 즈음해서 조선인이

54 지원병 청원에 대한 육군의 반응은, 第71回帝國議會衆議院, 「請願委員會議錄」 第4回, 1937.8.6, p.21. 박춘금의 발언은 第75回帝國議會衆議院, 「豫算委員會議錄」 第11回, 1940.2.15, p.289. 박춘금의 선거에 관련해서는 松田, 앞의 책에 자세히 나와 있다.

이미 군인으로서 대일본제국주의에 공헌하고 있는데, 조선인의 참정권 부여는 조선인뿐만 아니라 내지인 식민자에게 부여해야 한다고 강조했다. 이것이 친일파다운 박춘금의 본질인지 아니면 자신의 요구를 통과시키기 위한 전술이었는지는 모른다.

그렇지만 적어도 박춘금은 총독부의 단순한 로봇은 아니었다. 1938년에 그는 의회에서 다음과 같이 발언했다.[55]

> 우리들은 조선통치의 모든 부문을 내지연장이라고 생각하고 있다. 조선을 내지의 연장이라고 생각하면 조선총독부의 권위가 낮아지는 것 같지만, 조선총독부는 없어도 상관없다고 생각하는 철저한 내지연장이 되지 않으면 안 된다고 생각한다.

총독부 왕국과 내지 측의 권한 경쟁의 사정을 고려한다면 이것은 총독부의 꼭두각시인형 발언은 아니다. 박춘금은 총독부가 본심으로는 조선의 '일본'편입을 바라지 않는다는 것을 알면서도 대일본제국의 공식견해에서 '일본인'으로서의 권리를 요구하고 있었던 것이다.

그러나 일본정부의 대응에 박춘금은 제1기 의원활동 때만큼 격렬한 반응은 보이지 않게 되었다. 대신에 보인 것은 내면의 불안이었다. 중일전쟁이 한창일 때 중국에 어떻게 친일정권을 수립할지가 논의되었는데, 이때 박춘금은 "[자기 자신도] 일본의 국체에 반대하고 있는 자는 무뢰한 조선인이라고 보고 토벌을 감행했던 한 사람입니다. 이때 박춘금을 이용하여 조선이 평화스러워지자, 박춘금이라는 사람은 훼방꾼이고 폭력단이라며 뭔가 끌어다 붙일 것이 없을까 생각하고 있다. 이렇게 해서는 친일양성은 안 됩니다"라고 말하고 있다.[56]

55 第73回帝國議會衆議院, 「本會議議事速記錄」 第7號, 1938.1.28, p.130.

이미 살펴보았듯이 박춘금은 모범적인 일본인이 되기 위해 상애회를 이끌며 조선독립운동자들과 투쟁해왔다. 그렇지만 30년대 말에는 독립운동이 괴멸상태가 되고 일본정부는 내지거주 조선인 단체인 '협화회'를 결성시켜 마침내 상애회의 이용가치가 줄어들었다. 일본정부의 지지를 잃은 상애회는 세력을 잃고 1941년에 해산하게 된다. 그가 조선 쌀 이입문제 때에 언급한 "형편이 좋을 때에는 내선융화라고 말하지만, 조금이라도 형편이 나쁘게 되면 이번에는 너 같은 것들은 필요 없다"라는 대우가 그의 신변상에 일어나고 있었다.

이미 선거에서 정관계의 지지를 잃고 자신이 공들여 만든 상애회도 없어지고, 총독부와의 관계도 미묘하게 된 박춘금은 이대로 '일본인'으로 받아들여질 수 있을지 불안을 떨칠 수 없었을 것이다. 그는 의회에서 "조선인이 일본이 되고 지나인이 일본인으로 될 수 있는지를 질문하는 사람이 있다. 이것은 절대로 될 수 없다"라든가 "천황폐하 만세라며 죽는다는 지원병이 있다면 야마토민족의 혼은 반도인에게도 있다"라고 말하고 있지만, 그 직후에 "나라의 위력을 가지고 '중국놈'이라는 말을 해보라고 하여 중국놈이라고 부르고 있지만, 그런 것을 말하고 일본인이 되라고 한다면 일본인이 될 수 있을 것인가"라고도 말하고 있어 그의 내심이 흔들리고 있음을 느낄 수 있다.[57]

그러한 망설임 속에서 박춘금은 현실의 일본과는 달리 그가 그렇게 믿고 싶어 하는 일본상을 만들어낸 것이다. 그는 의회에서 "일본으로 태어난 일본인보다 오히려 조선에서 태어난 박춘금은 황실중심주의에 대해서 한치도 양보할 수 없다는 신념을 굳게 가지고 있다"고 자주 주장했지만, 그것은 예를

56 第73回帝國議會衆議院, 「豫算委員會議錄」 第9回, 1938.2.2, p.2.
57 第74回帝國議會衆議院, 「決算委員會議錄」 第14回, 1939.3.20, pp20~21; 第75回帝國議會衆議院, 「豫算委員會議錄」 第11回, 1940.2.15, pp.285~286.

들어 합병 때와 3·1독립운동 때에 제출된 칙서와 칙어를 근거로 "내지에서 태어난 일본인이라도 조선에서 태어난 일본인이라도 폐하의 마음은 하나도 변함이 없다고 우리들은 믿고 있다"는 것을 전제로 한 것이었다. 박춘금은 또한 자신의 아들이 조선인이기 때문에 학교에서 이지메당하고 돌아왔을 때 의원으로서 궁중에서 하사받은 과자와 담배를 자신의 가미다나神棚에 바치고 '감사합니다'라고 절하고, 그것을 먹으면서 "이것이 있는 이상은 괜찮아, 이것이 진정한 일본인이다"라며 마음속에서 느꼈던 것을 의회에서 말했다.[58]

일단 일본인이 되는 것을 내건 이상, 천황은 그가 추구하는 허상 일본의 심벌로서 미화되어가야만 했던 것이다. 동시에 박춘금은 또한 대부분의 대아시아주의자와 마찬가지로 그 허상의 일본과 대조시키는 존재로서 서구를 인종차별의 상징으로 그리고 있었다. 의회에서의 발언에 따르면, 그는 조선에 있었을 때 어느 미국인의 밭에서 사과를 무단으로 먹었다는 이유로 조선인의 아이를 끈으로 묶어 염천에 방치한 후, 도적이라고 쓴 도장을 찍었다는 사건에 직면한 경험이 있었던 것 같다. 그때 그를 비롯한 조선인이 항의했음에도 불구하고 일본 측 관헌은 서구와의 관계에서 손해볼 것을 두려워하여 손을 잡지 않았다고 한다. 그리고 박춘금은 일본의 조선통치는 영국의 인도통치와 똑같아서는 안 된다고 강조하면서 일본은 "대아시아의 선구자가 되어 서구제국과 싸우지 않으면 안 된다"는 것을 주장하고 있었다.[59]

그가 믿는 '일본'은 '서구'처럼 조선인을 인종차별과 식민지 지배지에서 '배척'을 일삼는 존재는 아니라는 것이었다. 그는 "460여 명 중에 조선태생의 일본인이 적어도 열 명이나 스무 명이 있는 것은 당연하다고 생각한다"라고

58 第65回帝國議會衆議院, 「豫算委員第1分科會議錄」 第3回, p.40; 第67回帝國議會衆議院, 「本會議議事速記錄」 第11號, p.206; 第74帝國議會衆議院, 「決算委員會議錄」 第14回, p.20.
59 第73回帝國議會衆議院, 「本會議議事速記錄」 第7號, p.128; 第67回帝國議會衆議院, 「本會議議事速記錄」 第11號, p.210.

말하고, '우리들은 일본을 아시아의 일본이 되도록 세계의 일본이 되도록'이라고 생각하고 있었던 것에 비해 조선에 대한 참정권 부여에 반대하는 의원은 '떳떳하지 못한 일본이 되려는 것을 생각하고 있는 것은 아닌가'하고 주장하고 있었다. 그리고 "일본에서 태어난 일본인도 조선에서 태어난 일본인도 하등의 차이가 없고 함께 산다는 것은 즉 동일한 국민이다"라고 역설했다.[60] 그것이 꿈일 수밖에 없다는 것을 명백하게 알고 있다고 해도 그가 물러설 수는 없었다.

그러나 '일본인'으로서 평등을 요구하는 한편, 박춘금에게도 굴절된 조선인으로서의 자존심이 아른거리고 있었다. 그는 "조선이라든가 일본이라든가 하는 말 그 자체를 나는 하루라도 빨리 없애기를 원한다"고 말하면서도 일본 정부 측의 답변에 흥분하면 "일본문화는 어디에서 오는 걸까 (…중략…) 조선에 대한 은혜를 모르는가"라거나 "조선의 역사는 내지보다 오래되었다"는 발언을 하고 있다.[61]

그는 또 "나는 태어난 곳은 조선이지만 (…중략…) 오히려 여기서 태어난 일본인보다 강하다고 생각하고 있기 때문에 곡해는 절대로 하지 않는다"고 발언한다. 앞서 살펴 본 것처럼 일찍이 그는 자비출판한 팸플릿에 조선인이 '네놈들은 무교육자 모임이다', '네놈들은 약하다'라고 불리는 것에 화를 나타내고 있었지만, 그것은 조선인으로서의 자부심임과 동시에 학력도 없어 자기의 완력을 믿고 살아온 그의 자존심의 발현이기도 했을 것이다. 박춘금은 '일본인'으로서의 권리요구가 언제나 그렇듯이 조선은 제국의 한 지방이지

60 第71回帝國議會衆議院, 「建議委員會議錄」 第5回, 1937.8.5, p.42; 第67回帝國議會衆議院, 「請願委員第3分科會議錄」 第4回, 1935.2.27, p.9; 第65回帝國議會, 「臨時米穀移入制限法案外2件委員會議錄」 第3回, p.35.

61 第65回帝國議會衆議院, 「臨時米穀移入制限法案外2件委員會議錄」 第3回, p.36; 「豫算委員會議錄」 第19回, p.20; 第16回, p.28.

'식민지'는 아니라고 역설한 것도, 그 이유도 "우리들은 식민지가 아니다. (…중략…) 일본이 강하기 때문에 잡은 것도 아니고, 조선이 약하기 때문에 잡힌 것도 아니다"라는 것이었고, '조선은 약하지 않다'는 자부심이 굴절한 표현을 수반하고 있었다.[62]

박춘금에게 자신들이 피정복자라는 인식을 가지면서 동화를 지향하는 것은 너무나도 자긍심에 상처받는 일이었다. 침략에 의해 정복된 '식민지'라면 저항운동에 나서지 않으면 안 되었던 것이다. 그러나 마침내 동화가 피할 수 없는 선택이라면, 스스로 자긍심을 지키기 위해는 병합은 '정복'과 '식민지화'여서는 안 되고 '동양평화'를 위해 대등합병이지 않으면 안 되었던 것이다. 그것은 아무리 굴절된 것이라 하더라도 조선인으로서 자부심의 표현이었다.

그리고 박춘금에게 있어서 그러한 자신이 일본인이 되는 것에 목숨을 내걸었기 때문에 누구에게도 질 수 없고 남한테 비난받지 않는 '일본인'이 되는 것이었다. 전술한 "일본에서 태어난 일본인보다 오히려 조선에서 태어난 박춘금은 황실중심주의에서 뒤지지 않는다는 신념을 굳게 가지고 있다"는 말도 조선인은 자신은 일본인이 될 수 있는 능력에서 '일본인' 이상이라는 의미가 담겨있다. 그렇지만 그것에 일본 측이 어떻게 부응했을지는 전혀 그의 힘이 미치지 못하는 것이었다. 박춘금의 제2기 의원활동은 그를 제쳐두고 결정된 지원병제도의 실현을 제외하고는 완전히 제1기 때와 같은 결과로 끝났다. 그리고 태평양전쟁 초기인 1942년 4월 중의원 임기만료에 따른 해산총선거가 실시되자 박춘금은 또 입후보했다. 그러나 조선인지원병 전사의 미담으로 치장된 그의 선거공보에서 구체적인 공약으로 내세운 것은 조선에 대한 징병제 시행뿐이었는데, 결국 그 지방의 지지는 저조했고 지난번에 지지를 얻

62 第74回帝國議會衆議院, 「決算委員會議錄」 第14回, p.20; 第65回帝國議會衆議院, 「豫算委員第1分科會議錄」 第3回, p.34.

어낸 의회도 이반되었다. 그 징병제도도 선거 후 10일 지나지 않아 일본정부가 결정을 발표한 것을 생각하면 그가 중추로부터 완전히 소외된 상태였음을 쉽게 추측할 수 있다. 내선일체의 슬로건을 부르짖는 가운데 그는 익찬후보로 정부의 추천을 받았지만, 후보난립의 충격을 받아 깨끗이 낙선했다. 낙선 후 박춘금은 조선으로 건너와 '야마토 동맹'과 '대의당' 등의 친일단체를 결성했지만, 친일파의 거두라는 평가가 굳어졌기 때문에 패전 후에는 조선에 있을 수 없게 되자 가족과 함께 일본으로 도망갔다. 전후에는 재일조선인연맹으로부터 민족반역자로 규정되어 대한민국으로부터도 '반민족행위처단법'의 대상으로 수배 받은 그는 간신히 한국 인도를 모면한 것, 일본정부가 재일조선인에게 실시한 국적박탈로 인해 '외국인'으로서 등록법의 대상이 된다. 그 후 한때는 민단고문 등을 역임했지만 '민족의 배신자'라는 악명은 지워지지 않은 채 1973년 동경에서 숨을 거두었다. 1935년 그는 의회연설에서 '일본'과 '일본인'에 대해 이렇게 말하고 있다.[63]

> 우리 일본인으로서 일본정신이라는 것이 없어서는 안 된다. 조선에서 태어난 박춘금 나 역시 일본정신이라는 것은 가지고 있을 것이다. 이 일본정신이라는 것은 강한 자를 향해 싸워야만 하고, 강한 자는 이를 굴복시켜야만 하며 약한 자는 이를 돕는 것으로 보는 것을 나는 일본의 야만토민족의 정신이 아닐까하고 생각한다. 그런데도 자신의 형제가 된 자의 머리를 때리고 일본정신을 논한다는 것은 이 일본정신에 반하고 있다고 생각한다. 이 문제에 대한 정부의 성의 있는 답변을 듣고 싶다고 생각한다.

친일파이자 독립운동에 적대하고 경찰과 정관계의 앞잡이였던 단 한 명의

63 第67回帝國議會衆議院, 「本會議議事速記錄」 第11號, p.209.

조선인 중의원 의원. 그가 대일본제국의 부패한 형식노선을 역전시키면서 현실 일본에 힐문한 '일본인'이라는 것은 과연 무엇을 의미하고 있는 것일까.

1940년 창씨개명을 거쳐 많은 친일파조선인이 솔선수범하여 일본풍으로 이름을 바꾸었음에도 불구하고 의회활동을 통해 그의 이름은 '박춘금'인 채로였다. 그것은 '조선태생의 일본인'이라는 말에 목숨을 걸은 그가 조국으로 향한 무언의 질문이었을지도 모른다.

제15장

오리엔탈리즘의 굴절

야나기 무네요시柳宗悅와 오키나와언어논쟁

1940년에 중앙논단과 오키나와현청沖繩縣廳, 그리고 오키나와의 지방신문 등이 참여한 격렬한 논쟁이 일어났다. 현재 이 논쟁은 '오키나와 방언논쟁沖繩方言論爭' 내지는 '오키나와언어논쟁沖繩言語論爭'이라고 불린다.

오키나와에서는 영유領有 이래 일본의 표준어보급을 계속해서 실시했지만 이 시기에는 현청의 지도에 따라 한층 더 일본어 장려운동이 이루어지고 있었다. 이때는 중일전쟁도 격화된 시기였고 조선과 대만에서도 황민화운동의 일환으로 국어일본어 장려를 부르짖고 있었다. 오키나와의 모든 곳에 '모든 가족이 표준어'라는 슬로건의 포스터가 붙었고, 학교에서는 오키나와어를 말하는 학생들에게 '방언표'를 하달시킨다는 제재가 가해지고 있었다. 오키나와를 방문한 야나기 무네요시柳宗悅를 비롯한 민예협회의 일행이 오키나와어와 오키나와 문화의 보존을 호소하며 현청과 대립한 것이다.

이 논쟁은 자주 오키나와어를 압살하려는 현청과 그것을 지키려고 하는 양심적인 지식인의 대립이라는 도식으로 전해진다. 그러나 지금부터 논하는 것처럼 이 논쟁에는 그 이외의 다른 요소들, 즉 오키나와를 '일본인'의 경계에 두고 어떠한 자리매김을 할 것인가를 둘러싼 논의를 포함하고 있었다. 게다가 그 문제가 자리매김되는 일본 중앙의 논자들과, 자리매김되는 오키나와인들 사이로 논쟁이 확대된 것이다.

오리엔탈리즘으로서의 '민예'

오키나와언어논쟁의 검증을 위해서는 우선 야나기 무네요시와 조선과의 관계를 살펴보지 않으면 안 된다.

일본의 민중예술을 발굴한 민예운동으로 알려진 야나기 무네요시는 1889년에 태어났다. 해군소장의 아버지를 두었으나 정치를 싫어했다. 종교와 미를 좋아한 그는 학습원대학 고등과에서 무샤노고지 사네아쓰武者小路実篤와 시가 나오야志賀直哉 등과 만든 동인잡지로서 유명한『시라카바白樺』에 참가한다. 동경제대에서는 심리학을 전공했고 이미 재학 중에 최초의 저서를 발표했으며 마침내 종교철학과 미술, 시인 월트 휘트먼Walter Whitman과 윌리암 블레이크William Blake[1]의 연구 등으로 알려지게 되었다. 미술에는 로뎅과 앙리마티스Henri Matisse 후기인상파 등이 주요 흥미 대상이었던 것 같다.

이와 같은 서양 하이칼라 취미의 야나기가 촌스러운 '민예'에 관심을 가진 중계점이 된 것은 조선미술이었다. 야나기는 1916년과 1920년 조선여행을 통해 이조李朝시기의 미술과 건축에 심취하여 일련의 조선론을 집필하게 된다.

야나기의 조선론에서 가장 알려져 있는 것은 3·1독립운동의 여운이 아직 가라앉지 않은 1922년, 그가 33세 때 발표한「잃어버리지 말아야 하는 조선건축을 위해」이다. 이것은 총독부 건축계획을 위해 이조시대에 세워진 경성 광화문을 파괴하려는 움직임에 항의한 것이었다. 이 계획은 3·1독립운동 직후 통치 방법을 고민하던 일본이 서양풍의 청사를 건설함에 따라 위신과 문명력을 과시하려고 한 통치정책의 일환이고, 1995년에 이 청사가 식민지 지

1 윌리암 블레이크는 영국의 화가이며 시인이기도 하다. ―역주

배의 상징으로서 한국정부에 의해 파괴된 것은 일본에서도 보도된 바 있다. 야나기의 이 문장이 일본잡지에 게재되었을 때는 삭제 투성이었지만, 조선어 및 영어로 번역되어 유포해가고 마침내 총독부는 파괴를 중지하고 광화문을 보존한 채 이전한다는 타협점을 찾게 된다.

야나기의 항의는 일본 측 지식인의 양심을 나타낸 것이라고 하여 정부 측으로부터 한때 형사가 미행 붙을 정도였지만, 야나기 자신은 일관되게 비정치적인 입장을 취하고 있었다. 그는 3·1독립운동 후의 조선을 논할 때에도 "나는 무력과 정치에는 전혀 신앙을 갖고 있지 않다", "당신 조선인도 '자신들의' 무력과 정치에 신뢰를 두어서는 안 된다"고 말했다. 그의 항의는 어디까지나 미술보존 입장에서였고, 1923년에는 "총독부에 근무하는 사람들은 학대를 방침으로 하고 있지 않다. 나는 거기에 다수의 교양 있는 사람이 있어 가능한 한 선정을 하고 싶다는 열의와 의지를 가지고 있는 것을 알고 있다"고 적고 있었다.[2]

---

2 『柳宗悦全集』 第6巻, 筑摩書房, 1981, pp.39·228. 이하 각 권 호와 페이지는 전집에서 인용한 것이다. 야나기 무네요시와 오키나와언어논쟁에 대해서는 『新沖縄文學』 80號(1989)에서 특집으로 다루고 있으며 上沼八郎, 「沖縄の『方言論争』について」(『地方史研究』 141號, 1976)이 있다. 『那覇市史 資料編 第2巻－3』과 谷川健一 編, 『わが沖縄』 第2巻 『方言論争』(木耳社, 1970)에 오시로 다쓰히로(大城立裕)와 다나가와 겐이치(谷川健一)의 해설이 있다. 그리고 야나기의 평전에서 언어논쟁을 언급한 것에는 鶴見俊輔, 『柳宗悦』(平凡社, 1976); 水尾比呂志, 『評傳柳宗悦』(筑摩書房, 1992); 八田善穂, 「柳宗悦の民藝論」 第4回(『德山大學論叢』 23, 1985)이 있다. 전집에서도 조선론(第6巻)과 오키나와론(第15巻)에 대한 해설은 쓰루미(鶴見)와 미즈오(水尾)가 담당하고 있다. 야나기의 조선론을 평가한 것으로는 幼方直吉, 「日本人の朝鮮観」(『思想』 448號, 1961)이 있으며 야나기와 조선관계를 실증적으로 조사한 것에는 高崎宗司, 「柳宗悦と朝鮮」(『朝鮮史叢』 1號, 1979); 高崎, op. cit.(『妄言の原型』 수록)이 있다. 조선론에 관한 80년 전후까지의 주요한 연구는 다카자키(高崎)가 정리하고 있다. 그 이후 야나기의 조선론에 대해서는 오키나와론과 링크시키는 형태로 親富祖恵子, 「柳宗悦の朝鮮観と沖縄論」 (『國際關係學研究』 12號, 1986)과 太田哲男, 『大正デモクラシー思想水脈』(同時代社, 1987, 4장) 등이 긍정적으로 평가하는 논고들이다. 또한 이 시기 오키나와 표준어 장려운동의 실태에 대해서는 近藤健一郎, 「國家總動員體制下の沖縄における標準語勵行運動」(『南島史學』 49號, 1997)이 있다. 모두 야나기의 조선론에 대해서는 일정한 평가를 하면서도 그 비정치성과 조선미술=「비애의 미(悲哀の美)」론에 대한 비판이 있고, 오키나와언어논쟁에 대해서는 야나기에 대해 긍정적으로 평가하는 논리가 정착되어 있다. 그러나 op. cit. 다나가와 겐이치에 의한 해설은 언어를 민예품과 마찬가지

그렇다면 야나기는 왜 그렇게까지 조선미술을 사랑했을까. 그는 1920년 조선도항 때의 강연에서 "내가 무엇 때문에 조선의 예술을 특별히 강조하는 걸까"라며 다음과 같이 말하고 있다.[3]

> 근세 일본에서는 서양의 물질이 밀물처럼 밀려오고 고유의 미는 점점 사라지고 있습니다만, 다행히도 조선은 아직 그러한 문명이 고유의 미를 위협하는 지점에는 이르고 있지 않습니다.

서양으로부터 밀려오는 문명의 파도 앞에 보존되어 있는 동양미로서의 조선미술. 이러한 야나기의 세계관은 "잃어버리지 않았으면 하는 조선건축을 위해"라며 일관되어 있었다. 그는 광화문을 '순純 동양의 예술'이라 부르고, 총독부의 건축물을 "아무런 창조적인 미를 갖지 못한 서양풍"이라고 형용하며 순수한 동양의 것을 우리들의 영예를 위해 열애하라"고 호소하고 있다. 그는 일본 측 독자 감정에 호소하기 위해 조선이 일본을 합병하고 에도성江戶城을 파괴하려고 한다면 어떻게 생각할까하고 말하고 있지만, 그때 조선 측이 세운다고 가정한 것도 조선풍의 건축이 아니라 '서양적인 일본총독부'라고 되어 있었다.[4]

로 고정적인 물체로 생각한 야나기의 한계를 지적하고 있다. 花田俊典, 「沖縄方言論爭三考」(『日本近代文學』 52號, 1995)은 개발과 문화적 아이덴티티의 딜레마를 논하고 있다. 鹿野正直, op. cit.(『沖縄の淵』)에서는 민예협회 측의 논조 중 '오키나와를 존중하는 논설을 펼치면 펼칠수록 그 마음은 순일본(純日本) 쪽으로 기울어져간다'(p.274)라고 지적하고 있다. 富山一郎, 『戰場の記憶』(日本經濟評論社, 1995)에서 야나기의 "『오키나와 문화』의 발견은 우수한 『일본문화』의 발견과 연결되었다"고 지적하고 있다. 그가 오키나와와 대만, 조선의 차이를 강조하고 있는 것이라고 밝히고 있다.(p.39) 본 장에서는 ① 야나기의 민예사상과 오리엔탈리즘의 접점, ② 오키나와 측의 오리엔탈리즘에 대한 대항의식이 동화론에 몰입되는 기능이 있었다는 것, ③ 언어논쟁에서 오키나와의 '일본'편입이 오히려 진행되었다는 것 등을 분석하려 한다. 竹中均, 「柳宗悅の民藝理論と『實踐的意識』」(『ソシオロジ』 39卷3號, 1995)은 야나기의 민예사상이 반오리엔탈리즘이었다고 평가하고 있는데, 저자의 입장에서는 판단이 어렵다.

3 『柳宗悅全集』 第6卷, p.660.

그리고 야나기에게 일본은 이미 서양의 일부가 된 존재로서 자리매김되어 있었다. 야나기는 조선에서 실업교육의 일환으로서 조선인 학생에게 만들게 한 자수의 모범작품을 보여주었을 때, 그것을 '조선고유의 미를 인정할 수 없는 현대 일본풍의 작품 — 즉 반 서양화된 취향도 없고 기품도 없는 어리석은 도안과 옅은 색채의 작품'이라고 형용하고, "그러한 교육을 강요받아 고유의 미를 잃어가는 조선의 손실"이라며 한탄하고 있다.[5] 야나기에게 일본의 조선에 대한 동화정책은 '반半서양'에 의한 '순 동양의 파괴'였던 것이다.

서양미술을 사랑한 하이칼라 청년이었던 야나기가 그렇게까지 서양문명에 의한 동양문화의 파괴에 반발을 나타내고 있는 것은 약간 기이하게 보인다. 그러나 실은 야나기가 미술과 문학의 지향을 형성한 배경에는 시라카바파와 관계하고 있던 영국 도예가 버나드 리치Bernard Howell Leach[6]와의 교유가 있었다. 야나기의 회상에 따르면 인상파회화와 윌리엄 브레이크의 시에 대해 리치로부터 많은 것을 배움과 동시에 그러한 서양미술의 화제는 마지막에 리치가 사랑한 일본미술 이야기가 되었다고 보았다.

야나기는 일본을 이해해준 서구인으로 리치와 라프가디오 헌Lafcadio Hearn, 일본명 고이즈미 야쿠모(小泉八雲)을 특히 예로 들고 있는데, 그들 두 사람은 모두 잊혀져가는 일본의 전통예능을 사랑하고 천박한 서양화를 싫어한 사람들이었다. 그리고 야나기는 그의 조선론에서도 내지인의 식민자가 조선으로 다수 이주하고 있음에도 불구하고 "조선에서 살고 조선어를 말하는 사람들 사이에는 아직 헌과 같은 모습은 한 사람도 없다"고 말했던 것이다.[7] 또한 리치는 이미

---

4 Ibid., pp.145·149~150.

5 Ibid., p.29.

6 버나드 리치는 영국의 도예가이다. 화가이면서 디자이너이다. 일본을 여러 번 방문했고 시라카바파(白樺派)나 민예운동에 깊게 관련되어 있다. 일본민예설립에 야나기 무에요시와 협력하기도 했다.

7 Ibid., p.24.

1912년에 우에노上野에서 개최된 척식박람회에서 본 이왕조의 도예에 깊은 관심을 보였는데, 이것이 야나기에게 이어져간 것이라고도 전해지고 있다. 즉 야나기의 반서양문명 지향과 동양미술애호는 유럽인과의 접촉에서 배양된 것이었고, 약간 역설적이면서 그것 자체가 서양지향의 연장이었다고 말해도 좋다.[8]

그리고 야나기는 리치와 헌이 일본미술에 대한 것과 마찬가지의 자세를 조선미술에 취하려고 했음을 인지한다. 야나기에 의하면 조선의 미술은 '비애적인 미'였다. 즉 조선은 항상 외적의 침공과 내란으로 고통받고 "참혹했던 조선의 역사는 그 예술에 남모르는 외로움과 슬픔을 내포한 것이다". 그것은 '따뜻한 마음을 애타게 기다리고 있다'는 의미이고, "조선의 예술만큼 사랑의 소식을 기다리는 예술은 없다". 그리고 야나기의 조선통치 비판은 "일본은 다액의 돈과 군대와 정치가를 그 나라[조선]에 보냈겠지만, 언제 마음의 사랑

8 Leach의 조선 미술관심은 야나기의 전집 제6권에 쓰루미 슌스케(鶴見俊輔)에 의한 해설(p.680)에 자세히 나와 있다. 그 후 1914년에 야나기는 아사카와 노리타카(淺川伯教)의 방문을 계기로 이조도자기와 만나게 된다. 야나기의 조선론에 대해서는 '나는 언제나 선교사의 죄악역사가 선행보다 많다고 생각하고 있다', '특히 조선에서 선교사의 질은 최악이다', '그들이 정치적으로 음모를 꾸미고 기획하는 일은 대부분 식민지에서 나타난 사실이다'라고 한다. '현재 불행의 원인을 조선인과 선교사에게만 귀속시키는 것으로 우리들 자신의 죄를 은폐하는 것은 비겁한 태도라고 생각한다. '많은 외국의 선교사는 자신들을 탁월한 민중이라고 생각하고 있다.' 그렇지만 이것과 동일한 추함을 가지고 우리들의 것이 우수하다고 믿는 우리들의 태도에도 문제점을 느끼지 않을 수 없다'라고 주장하고 있다. 또한 내지인 식민자의 조선인에 대한 모멸행위를 비판할 때에도 "외국인들이 동일한 태도를 일본에 취하는 것을 안다면 어떠한 반감이 일본에서 일어날까"라고 기술하고 있다. (제6권, pp.30·49·68) 이러한 야나기의 선교사관은 그의 반서양문명 의식이 표면적으로는 아시아주의의 주장에 가깝게 보이는 점이 매우 흥미롭다. 라프가디오 헌도 일본의 전통문화가 서양문명과 크리스트교에 침식되는 것에 대한 위기감에서 말하자면, 우치무라 간조(內村鑑三)의 불경사건으로 인한 크리스트교 논쟁을 공격한 이노우에 데쓰지로(井上哲次郞)를 높이 평가하고, 국민에게 「애국심과 천황에 대한 사랑」을 교육할 것을 주창했다(太田雄三, 『ラフカディオ・ハーン』, 岩波新書, 1994, pp.124~133). 야나기는 극단적인 국수주의나 아시아주의를 주창하지는 않았지만, 서구 근대문명에 의한 비서구문화의 파괴에 저항한다는 자세를 가진 유럽 지식인이 천황제나 포경산업 등을 '일본의 전통문화'라고 간주하고, 이를 옹호하며 표면적으로는 우파의 주장과 합치한다는 표상은 현재도 보이는 논의이기도 하다. 이것은 근대 이후 일본 부수사상의 적지않은 부분이 당시의 최신사상이라고 배운 서구 유학자들의 지식인들이 짊어진 하나의 논리이기도 했다.

을 보낸 경우가 있을까"라거나 "모든 조선인은 돈보다도 정치보다도 군대보다도 그저 약간의 인정으로 보다 많이 굶주리고 있는 것이다"라는 말을 내포하고 있었다. 문제는 정치와 경제가 아닌 사랑과 미인 것이고, 이와 같은 '비애의 미', '그들이 사랑에 굶주리는 마음의 상징'인 조선미술의 마음을 이해하고 그 가치를 사랑하는 자는 야나기 자신이었다.[9]

야나기는 그 후, 1924년에 조선민족미술관을 경성에 개설했지만 같은 해 가끔 만난 내지의 소박한 불상에 감동한 것을 계기로 그 이후에는 내지의 지방미술을 탐구하는 여행에 몰두했다. 그리고 1926년에는 여행하는 가운데 알게 된 내지의 '민예'''민중적 공예'의 약어를 모은 일본민예 미술관 설립계획을 세운다. 일본에서는 이미 문명화되면서 잃어버렸고 조선에서밖에 존재하지 않는다고 생각하고 있었던 '순 동양의 미'를 지방과 민중에게서 발견한 것이다.

도시와 상층계급이 차츰 서양화되어가는 일본 속에서 전통의 잔향을 지방과 민중에서 찾았다는 의미에서 야나기의 민예운동은 거의 동시기에 대두했던 야나기타 구니오柳田國男의 민속학과도 공통된 요소를 띠고 있다고도 말할 수 있다. 그리고 그들이 운동을 개시한 1920년대 후반은 하리칼라 취미의 계몽적인 문명론이 유행한 다이쇼 데모크라시시대가 끝나고, 점차 일본의 전통을 내세우는 국수적 논조가 고양되어가는 시기였다. 메이지기에는 유별난 외국인 고용원으로밖에 간주되지 않았던 라프가디오 헌 최초의 일본어 번역전집이 발간된 것도 1927년이고, 그가 일본문화의 옹호자로서 주목받은 것은 이 시기 이후의 일이다. 야나기 자신은 일관되게 정치와 관계를 가지려고는 하지 않았지만, 민예운동의 비약점이 된 것은 1928년에 개최된 쇼와천황 대례大禮 기념의 국산진흥박람회에서 '민예관'의 출품이었던 것에서도 알 수 있

9 第6卷, pp.24·27·42·43.

듯이 좋아하고 좋아하지 않음에도 불구하고 국수주의 부흥의 시류와 관계가 없었던 것은 아니다.

그렇지만 야나기는 야나기타와는 상당히 다른 부분도 가지고 있었다. 1920년대 중반 이후 야나기타가 '일국민속학'을 자칭하여 일본민족 이외의 민속에 거의 언급하지 않은 것에 비해 야나기는 조선뿐만 아니라 아이누, 대만, 중국 등의 민예품에도 관심을 보이고 있었다. 야나기타의 경우 일본의 내셔널·아이누의 아이덴티티 확보를 위해 남긴 일본 독자의 민속을 탐구하는 경향이 있기 때문에 타 민족의 민속은 관심 밖이었지만, 정치를 싫어하는 야나기는 그가 '순純'이라고 간주한 민예를 찾아낼 수 있는 곳이라면 어디든 갔다고 한다.

야나기는 조선미술뿐만 아니라 아이누와 대만의 민예도 절찬했는데, 그 평가방법은 기본적으로는 모두 닮은 데가 있다. 아이누의 공예품을 보면 "그 미에 허위는 없는 것이다. 불성실함은 없는 것이다. 이렇게 놀랄 만한 현상을 지금의 문화인 작품에서 찾아낼 수 있을까" 하고 경탄했고, 남양제도南洋諸島의 복식에는 "실로 미개인이라고 멸시받는 민족이 압도적으로 아름다웠던 것이다. 소위 문명국이라는 것은 (…중략…) 생산의 불성실함을 배워야만 했던 것은 아니다"고 말하고, 더 나아가 대만의 산악 선주민족의 직물을 "직물의 역사도 시대를 거슬러 올라갈 만큼 아름다움이 진실한 것이다. 시간이 흐르지 않았던 지역은 당연히 아름다움을 기억한다"고 평가하고 있다. 그에 따르면 문명에 오염되어 있지 않을 만큼 아름다움이 순수한 것이고, 아이누미술 가운데서도 "전통이 바르게 남아있는 것은 가라후토 아이누의 것이며 홋카이도의 것은 내지인과의 교섭이 많기 때문에 점차로 어쩔 수 없이 변화했다"고 말하고, 대만 한민족의 공예공장에서도 "내지인의 손이 필요 없음에 틀림없다"고 누설하고 있었다.[10] 이러한 야나기의 시선이 현재 오리엔탈리즘으로서 비판받는 논리가 숨겨져 있는 것은 두말할 필요도 없다.

그런데 여기서 야나기의 한 면만을 너무 지나치게 강조했을지도 모른다. 그는 일본의 조선미술연구가를 비판하고, "그 연구는 전적으로 자신의 지식을 만족시키기 위한 노력이어서 조선의 평가를 수호하고 천명하려는 희망은 아니다. 더군다나 그 민족의 운명이 어떻게 될 것인지 조금도 관여하는 바가 없다. 지식은 바르더라도 심정은 매우 차갑다"고 말하고 있었다.[11] 또한 아이누론에서도 "아이누에 대한 연민은 아이누에 대한 경외로운 관념이었다"고 주장하고, "우리들 선조에게는 비슷한 역량이 있었던 것이다. 그러나 지금은 (…중략…) 자네들의 발걸음으로는 따라 잡을 수 없는 상태인 것이다"라고 적고 있었다.[12] 이처럼 야나기가 단순한 미술품 애호에 머무르지 않고 그것을 만든 사람들에게도 경의를 표하고 있었던 것은 확실하다.

한편 야나기는 "지나 민예의 가치를 가장 잘 이해할 수 있는 것은 지나인보다도 오히려 일본인입니다. 이에 대해 지나인은 물건을 만들어내는 힘을 지금도 풍부하게 가지고 있는 것입니다. 그러므로 보는 일본인과 만드는 지나인이 협력하여 함께 일을 하면 큰 결과를 얻을 수 있다"라는 인식을 가지고 있었다. 그가 아이누와 대만인에게 자긍심을 가지고 호소한 것도 "그들은 좋은 것과 나쁜 것의 구별을 할지 모른다. 아름다움을 찾아내는 것은 어떤 일이 있어도 반드시 일본인입니다. 그러므로 그 일본인이 (…중략…) 그들의 미의식을 끌어올리지 않으면 안 됩니다. (…중략…) 그러기 위해서는 먼저 상대가 가지고 있는 훌륭한 것을 인정하고 그것을 존중하는 것입니다"라는 논리와 일체했다.[13] 그는 '미개인'의 미적 창조력을 존경했지만 그것에 가치

10 第15卷, pp.501·503·525·564·606.
11 第6卷, p.17.
12 第15卷, pp.508·536.
13 Ibid., pp.574·602.

를 부여하여 그 이유를 가르치고 교도敎導하는 것은 문명 측에 있는 그 자신과 '일본인'이라고 한 것이다.

여기서 중요한 것은 야나기의 이론을 상대편 쪽에서는 어떻게 받아들였을까 하는 점이다. 그는 조선의 미술이 사랑에 굶주려 있다고 표현했지만, 전후에 이것이 한국에서 번역되었을 때, "야나기의 입장은 어디까지나 주인이 하인을 동정하는 논리에 불과했다"라거나 "일본제국주의에 대한 야나기의 도덕적 항의는 자위에 불과하다. 조선의 미를 애린의 미, 애환 호소의 미라는 것은 일본제국주의시대의 시각이다"라는 비판이 잇달았다.[14] 야나기가 동시대에는 이러한 비판을 받은 적이 없었고, 받았다 하더라도 뜻밖이라고 생각했을 것이다. 그러나 그를 일본의 좋은 이해자로 그리고 있었던 헌이 서구인 상대의 편지에서 "[일본인은] 물론 아이입니다"라고 단언하고 있는 것처럼, 또한 제7장에서 말한 인종주의자 귀스타브 르봉Gustave Le Bon이 동양미술에 열정을 가진 연구자였듯이 전통미의 존중과 오리엔탈리즘 사이의 구분은 지극히 미묘한 것이었다.[15] 그리고 야나기의 사상은 오키나와를 둘러싼 논쟁에서 현지로부터 많은 직접적인 비판을 받게 된다.

오키나와 측의 맹반발

오키나와언어논쟁의 발단은 1939년부터 이듬해 1월에 걸쳐 민예협회와 국제관광협회 멤버의 일행이 오키나와를 방문한 것에서 비롯되었다. 그리고 그 일행이 오키나와의 경제인, 문화인, 현청 관리 등과 좌담회를 가졌을 때 논의가 일어났던 것이다.

신문보도와 민예협회의 기록에 따르면 이때 야나기의 의견은 다음과 같은

14 第6卷, pp.690~691.
15 太田雄三, op. cit., p.55.

것이었다. 먼저 야나기는 "표준어를 사용하는 것에 반대하지 않지만 그렇다고 해서 류큐 언어를 등한시해서는 안 된다", "관광도시인 슈리, 나하에 설비를 적극적으로 갖추어 주기를 바란다", "오키나와에 풍부한 토산물이 없다는 것은 유감이다"라고 말했다. 게다가 관광협회 스텝은 "관광객들이 아름답다고 하는 전통적인 미와 그 특징을 보존하고 싶다", "표준어를 장려하고 있다고 하지만 기탄없이 말하면 지나친 것은 아닐까", "금지해주길 바라는 것은 지방적 특징을 살리기 위해 슈리성 아래의[콘크리트의] 철책", "호텔이 없는 것도 불편하다"는 의견을 내놓았다.

또한 민예협회 회원은 "숭원문崇元門 앞의 눈에 거슬리는 전신주의 이전을 부탁했는데 아직 버젓이 그대로 있다", "자동차 주차장이 얼마나 풍속을 해치고 있는지 아는가"라는 의견이 나왔다. 호텔 등의 정비는 실시하면서도 '본현 고유의 풍물, 명소, 구적의 보존'이라는 관점에서 "류큐어와 묘를 그대로 보존하고 싶다"는 것을 주장했다.[16]

이에 대해 전기회사는 전신주의 철거는 곤란하다고 대답했다. 또한 현청의 경찰 부장은 표준어의 장려와 묘지의 근대화는 '현 입장의 대방침'이고, "현 밖에서 불쑥 찾아와서 관광상 곤란한 점이 있으니 깊이 생각해달라"고 말했는데, 이러한 논의는 평행선인 채로 끝났다.[17] 그렇지만 오키나와현 학무부學務部가 오키나와의 세 신문지에 「일부러 현민에게 호소하는 민예운동에 현혹되지 마라」라는 제목을 붙여 성명을 발표함으로써 사건이 크게 확대되었다.

이 성명은 표준어보급이 '황기皇紀 이천육백 년'의 '역사적 성업聖業을 익찬'하기 위한 운동임을 강조함과 동시에 '표준어장려 덕분에 멸시와 차별대우

---

16 「觀光座談會·論戰賑ふ」, 『沖縄日報』, 1940.1.8; 「問題の推移」, 『月刊民藝』, 1940.3月號. 인용은 『那覇市史 資料編第2卷中-3』, pp.355·374.

17 op. cit., pp.355·374.

를 벗어났다며 감사하다는 소식을 전하는 최근의 돈벌이 이민자들'의 존재와, '현縣출신병사의 공통적 결합인 의지발표가 최근 양호하게 발전하고 있다고 보는 군부의 소견' 등을 내세우고, '외래자'의 의견에 현혹되는 일 없이 표준어장려운동을 철저히 하라는 내용이었다.[18]

오키나와는 그 경제적 어려움 때문에 이전부터 돈벌이와 이민이 많은 토지였지만, 다이쇼기 '소테쓰 지옥'이라고 불린 대 불황 이후에는 본토로 돈벌이와 남양군도로의 이민이 늘었고, 언어와 관습 때문에 심한 차별을 당하면서 남양에서는 원주민에 대한 모멸 명칭인 '가나카Kanaka'를 빗대어 '재팬 가나카' 등이라고 불리고 있었다. 그러한 돈벌이 이민들이 표준어를 구사할 수 없기 때문에 차별받은 것은 사실이지만, 현청 측의 주장은 군사를 비롯한 일본으로의 통합을 위해 표준어 보급이 필수라고 보았다. 이는 메이지기 이후 변하지 않는 논리였다고 말해도 좋을 것이다. 그 후 현청은 방위시설을 무단 촬영했다는 이유로 야나기 등을 구속한다고 하여 민예협회의 일행은 오키나와로부터 퇴거하지 않으면 안 되게 되었다.

이러한 현청의 입장에 대해 야나기 측도 반론을 내놓았다. 그에 따르면 '서양어의 불필요한 혼입'을 초래하고 있는 동경어와 비교하여 오키나와어는 순수한 모습을 유지하고 있다. 또 '동양의 미덕은 항상 조상에 대한 숭배에 있는 것'이고 '오키나와인은 그들의 조상, 그들의 동포를 세계 제일의 무덤에 제사지내고 있는 것을 자랑스럽게 말한다'. 게다가 본토의 근대도시에서 생활과 예술이 분리되고 만 것과 대비하여 '민요 속에 살고 있는 오키나와'가 칭송되었다. 또한 전문적인 민예로는 오키나와의 전통양식을 지키고 있는 것을 '순수하고, 훌륭한 동양의 형태를 보여준다'고 칭찬한 것이다.[19]

---

18 沖縄縣學務部, 「敢て県民に訴ふ民藝運動に迷ふな」(『琉球新報』; 『沖縄毎日』; 『沖縄日報』, 1940.1.8). 인용은 『那覇市史 資料編第2卷中-3』, p.356.

이러한 야나기의 주장은 지금까지 본 그의 조선·대만·아이누 등에 대한 미술론과 기본적으로는 변함이 없다. 그러나 이것은 오키나와 측의 큰 반발을 초래했다. 우선 오키나와 현청의 관리였던 요시다 시엔吉田嗣延이 「애완현愛玩縣」이라는 논평을 발표했다. 그는 본토 중앙의 지식인들을 비평하며 이렇게 말하고 있다.[20]

> 그들이 말하는 바는 항상 이렇다. "일부러 멀리까지 왔기 때문에 진기한 것, 재미있는 추억을 남겨주지 않으면 곤란하다." 그들은 너무나 현縣을 호기심의 대상으로 삼아버렸다. 호기심의 대상으로 할 정도라면 그래도 나은 것이다. 가장 심한 것은 감상용 식물 혹은 애완용 동물 정도로밖에 생각하지 않는 자도 있다는 점이다. 그러한 사람들이 항상 오키나와 예찬을 방송하는데 이를 보면 우리들은 '또인가'라는 생각밖에 들지 않는다.

요시다는 전후에 보수계의 오키나와 복귀운동단체인 남방동포원호회의 대표가 된 인물이지만, 회상기에서 야나기와 논쟁했을 때 그 심정을 솔직히 적고 있었다. 요시다는 11형제의 장남으로서 슈리에서 태어났고 소테쓰 지옥의 불황으로 가업이 기울었고 어려서 어머니를 잃었다. 친족의 지원으로 내지에 유학을 했는데 내지에서는 '유창한 표준어에 대한 콤플렉스가 심했던' 것 같다. 고학으로 입학한 동경제대에서 사회학을 전공하고 빈곤문제를 테마로 했지만, 대학의 분위기는 조수로 근무하고 있던 하니 고로羽仁五郎와 시미즈 기타로清水畿太郎를 비롯하여 "부르주아풍으로 어느 곳의 커피는 맛이 없어서

---

19 第15卷, pp.150·161·164·166.

20 吉田嗣延, 「愛玩縣」, 『沖縄朝日新聞』, 1940.1.10; 「問題の推移」, 『那覇市史 資料編第2巻中-3』, p.375에서 인용.

마실 수 없다는 이야기뿐이다. 머릿기름을 발라 머리카락이 반들반들하게 빛나는 것을 보았다. '불쾌한 녀석들'이라고 반발했다. 세련된 언동에 대해 콤플렉스도 심해졌다". 대학 재학 중의 1930년대 초두인 쇼와 공황기에 그는 국가사회주의단체에 참가하여 그것 때문에 체포된 후, 가정을 생각해서 활동을 단념하고 조직 관계서류를 태웠다고 한다.[21]

요시다가 이 언어논쟁을 접한 것은 빈곤에 관한 연구로 논문을 쓰고 졸업 후, 고향인 오키나와현청에 막 신설된 사회사업의 주사로서 생활개선운동에 몰두하고 있었을 때였다. 물론 그 '생활개선'에는 위생과 영양지식의 보급뿐만이 아니라 습관과 언어의 개혁도 포함되어 있었다. 고향을 빈곤으로부터 구하는 운동에 참가한다는 의식을 가지고 있었던 요시다는 "민예협회의 일행이 소박한 옷을 입은 귀족취미, 부르주아인 척하는 언동을 참을 수가 없었다"고 했다. 이렇게 그는 '재팬 가나카'라는 말로 상징되는 차별 논리를 강조하고, "현縣 밖에 있는 한 친구는 '현 밖의 표준어는 생명 다음으로 소중한 것'이라고며 비통함을 호소를 하고 있다", "현민이 표준어를 만족할 만하게 표현할 수 없기 때문에 얼마나 유형무형으로 손실을 받고 있을까"라며 야나기를 비난했던 것이다.[22]

이러한 비난은 요시다에 한정되지 않았다. 지방신문에는 이 논쟁에 관해 대량의 투서가 들어왔는데, 그 대부분은 야나기 무네요시를 통렬히 비판한

---

21 『回想 吉田嗣延』, 吉田嗣延追悼文集刊行委員會, 1990, pp.327~329. 그리고 야나기의 반론에 대한 투서는 『沖縄日報』, 『沖縄朝日』에 게재되었는데, 요시다에 의하면 "『沖縄日報』, 『沖縄朝日』는 류큐신보(琉球新報)가 민예협회의 지지를 표방한 것에 대해 표준어의 장려를 지지했다".(『回想 吉田嗣延』, p.330)라고 말했다. 따라서 신문 투서만으로 오키나와 일반의 여론을 추론하는 것은 곤란함이 있을 뿐만아니라, 표준어의 장려에 대한 찬반에 오키나와 내부의 대립관계가 작용했음을 알 수 있다. 그런데 민예협회에 의한 논쟁 리스트(『那覇市史 資料編第2巻中-3』, pp.443~450)를 보면 오키나와 논단의 야나기 비판이 대부분이었음을 알 수 있다. 다만 이것은 이들 투서가 과연 오키나와 주민 전체의 감정을 대표하고 있다고 말할 수 있는가라는 비판이 있을 수 있다.

22 Ibid., p.331; 吉田嗣延, 「柳氏に与ふ」, 『沖縄日報』, 1940.1.16; 『那覇市史 資料編第2巻中-3』, p.361.

것이었다. 한신阪神지역에서 돈벌이 경험을 가진 한 투서자는 "시인과 예술가는 오키나와인의 소박한 풍속을 보고 매우 남국적이라거나 정열적이라거나 한다. 그러나 그러한 견해를 가진 사람은 열 명에 한 명 정도가 고작이다", "오래된 것은 오래된 것을 연구하는 사람들에게 맡겨두면 된다. 우리들은 내일의 오키나와 건설에 매진하면 되는 것이다"라고 말했다. 또 다른 투서자는 "어리석은 애정과 필요 이상의 위무에 대해 우리들은 반발한다. 우리들은 사쓰마薩摩인이나 에도 토박이를 보는 똑같은 눈으로 사랑받고 또한 경멸도 받고 싶다"라고 주장했다.[23] 게다가 현지의 신문기사는 다음과 같이 야나기를 비난했다.[24]

> 이 몇 명의 기이한 자들의 눈 때문에 방해가 되어 고古류큐식 경치 촬영이 안 된다면 전신주의 철거를 요망한다. 오키나와에서는 전등이나 전력을 사용하지 말아달라는 심산이다. 오키나와를 우롱하면 시민의 이익도 없고 국가의 융성함도 없다. 그 철저한 이기적 심장에 경복敬服하지 않을 수 없다.

오키나와 측의 비판은 야나기의 민예운동 사상으로 향했다. 어느 투서자는 오키나와의 미를 직감으로 발견했다는 야나기의 감성에 의문을 품고 그것을 "직감에 의해서가 아니라 야나기 씨가 극도로 혐오하는 자본주의 문화의 기계공예에 반발하여 배양된 것이다"라고 형용했다. 다른 투서에는 "야나기가 칭찬한 고래의 칠기는 많은 패접봉행소貝摺奉行所의 작품으로 비용과 시간을 무시하고 만들어진 민예가 아닌 관예품官藝品에 불과하다"고 말하고, 예술품의 배후에

23 田名宗德, 「標準語問題と縣民の使命(上)」, 『沖縄日報』, 1940.1.27~28; 城間得榮, 「琉球語論爭(上)」, 『沖縄日報』, 1940.1.17; 『那覇市史 資料編第2巻中-3』, pp.362·368.

24 比嘉順常, 「沖縄玩弄」, 『沖縄日報』, 1940.1.11; 『那覇市史 資料編第2巻中-3』, 「問題の推移」, p.376.

있던 오키나와 내부의 계급관계와 노동착취는 없다고 주장했다.[25]

또한 구니가시라國頭 지역의 교원으로부터는 '한마디로 오키나와 방언이라고 해도 그 실태는 십중 이십중의 지층을 이루고 있고', '내지인은 미야코 방언을 이해할 수 없고 야에야마 방언도 풀 수 없다. 그러한 실태에 즈음하여 현민의 단결을 꾀하기에도 표준어장려의 하나로 [나아가는 것이] 능률적이고 효과적이다'라는 투서가 실렸다. 그에 의하면 자신은 표준어를 습득하기까지 '다른 마을에서 통용되지 않는 괴상한 방언'밖에 말할 수 없었지만, "지금은 우아한 슈리의 인사人士와 자유롭게 대화할 수 있다"는 것이었다.[26] 표준어에 따른 균일화는 지방과 계급에 따라 언어가 구분되어 있던 류큐 왕조시대의 질서를 파괴했기 때문에 이 투서자에게는 일종의 해방으로 받아들여졌던 것이다. 야나기가 단일한 존재인 것처럼 파악한 '오키나와'도 그 내부에 살고 있는 자에게는 복잡한 대립관계를 내포한 것이었다.

그리고 이들 투서에서 본 것 같은 의견은 사실 오키나와 측에서는 진귀한 것은 아니었다. 이미 1901년 『류큐신보』의 주필이었던 오타 초후太田朝敷는 "본토 측 미술가가 와서 본 현 부인의 의복을 칭찬하는 것을 듣고 경솔하게도 이를 보존해야 한다고 주창하는데, 이는 미술 관념으로 보는 것이지 사회적 시선으로 보는 것이 아니다"라고 부르짖고 있었다. 또 이하 후유도 소테쓰 지옥 직후, 1926년 오키나와의 미술이 훌륭하다는 것은 "오키나와 부르주아계급의 논리이며 시골에 있는 일반 류큐인 특히 고류큐인에게는 적합하지 않은 것 같은 느낌이 든다"고 말하고 있다. 이하 후유가 이 말을 한 것은 동경에서 발행된 잡지의 오키나와 문화의 특집호 기고문에서였는데, 오키나와의 정

25 城間得榮, 「言葉の社會性(中)」, 『沖縄日報』, 1940.1.18; 山田正孝(當眞嗣合), 「標準語の問題」, 『沖縄朝日新聞』, 1940.1.15; 『那覇市史 資料編第2卷中-3』, pp.363·450.

26 兼城靜, 「標準語の立場」, 『沖縄日報』, 1940.1.21; 『那覇市史 資料編第2卷中-3』, p.365.

서와 풍광명미風光明媚를 칭송한 문장이 늘어선 가운데 이하 후유는 '중앙의 사람들이 생각하고 있는 것처럼 류큐의 토지는 풍요한 것도 아니고, 그 근해近海에 어류가 떼 지어 있는 것도 아니다'라며 '경치와 정서로 밥을 먹을 수 있을까'라고 말하려는 듯한 어조로 쓰고 있다.[27] 오키나와 측의 투서에는 관광협회와 민예협회원 등의 발언도 모두 야나기의 것이라고 간주하여 반론하는 경향도 있었는데, 야나기 사상의 급소를 찌른 것도 적지 않았다.

그러나 이 논쟁에서 오키나와 측의 반발은 요시다에서도 볼 수 있었던 것처럼 동경의 지식인인 야나기에 대한 굴절된 열등감과 섞여 있었다. 예를 들면 지방지에 게재된 「훌륭하신 여러분에게」라는 투서에는 이렇게 쓰여 있다.[28]

> 지금의 오키나와는 약진하여 일본과 보조를 맞추려고 열심히 노력하고 있는 것입니다. 그것을 당신들은 잘못 생각하여 이상한 우월감을 가지고 비평하십니다. (…중략…) 당신들은 정말로 가벼운 마음이시겠지요. 아마 어린아이의 빨간 기모노를 이 세상에서 최상의 것이라고 아이를 칭찬하는 것이며 진정한 꼬까옷이라고 달래는 것 같은 것일지도 모릅니다. (…중략…) 오키나와는 참으로 좋은 것입니다. 우리들의 고향입니다. 그러나 당신들에게 그렇게 좋은 것이라면 오키나와에서 영주하시라고 말씀드리면 '아이들 교육을 위해서는 곤란해요, 어찌할 도리가 없어요'라며 도망가실 것입니다. (…중략…) 우리들은 당신들보다 오키나와의 비참함을 잘 알고 있습니다. 그러므로 최선을 다하고 있는 것입니다.

이 투서자는 "예를 들면 당신들이 꼬까옷이라고 칭찬해주는 것은 우리들 여자의 복장입니다. 그러므로 우리 일본의 여자는 이러한 것이라고 미국 박

27 『太田全集』, 上卷, p.261; 『伊波全集』 第2卷, p.265・270.
28 大宜味梅子, 「お偉い方々へ」, 『沖縄日報』, 1940.1.13; 『那覇市史 資料編第2卷中-3』, p.357.

람회에 나가실 용기가 있습니까"라고 말하고 있다. 인류관人類館사건을 기억하고 있던 오키나와 측에서는 이것이 단순한 비유 문제는 아니었을 것이다. 그러나 야나기라면 미국박람회에 류큐 옷을 용기를 가지고 전시하겠지만, 일본인에게는 그러한 자신은 없었던 것이다.

이것은 오늘날 '오키나와언어논쟁'이라고 불리지만 실제로 언어문제는 논쟁의 일부이고, 특히 오키나와 측으로부터의 발언은 근대화와 개발문제를 언급하고 있는 것이 많다. 그러나 이러한 반론의 큰 특징은 개발과 표준어의 문제를 별개로 논한 적이 없었다는 점이다. 결국 야나기 등의 개발관을 비판하면서도 표준어 장려의 비판에 공명한다는 논자는 없었던 것이다. 그들에게 오키나와의 발전과 표준어의 장려는 구별할 수 없는 것이 되었다. 그렇기 때문에 앞에서 언급한 요시다 등도 빈곤문제의 해결과 표준어의 장려를 구별하지 않은 채 논의했고, 투서자들은 야나기를 비판하면서 "현 밖에서 말하는 것, 특히 말을 혼종하여 의지를 제시하는 것은 현 체면에 상처를 입히고 있는 정도라며 고향의 흙토에서 죽는 편이 얼마나 현민 전체를 위한 것인지 모른다"고까지 주장하고 있었던 것이다.[29]

여기서는 조선과 대만의 경우와 달리 '문명화'와 '일본화'가 구별되지 않은 채, 동화가 발전과 차별해소의 유일한 방법이라고 간주해온 오키나와의 사정이 반영되어 있었다. 야나기는 반드시 표준어의 장려와 개발 그 자체를 반대한 것은 아니었지만, 이미 오키나와 측 투서자들의 뇌리에는 동화되어 생활의 향상과 차별해소를 얻을지 그렇지 않으면 미개발과 피차별 상황에 머무를지라는 양자택일만이 존재하게 되었고, 그러한 양자택일의 언설 구조를 가져다준 것이 무엇인지를 물을 여유가 없었다. 그러한 가운데 야나기의 말은

29 田名, op. cit., p.368.

오키나와를 피차별의 상황 아래에 머무르게 하려는 오리엔탈리즘으로밖에 받아들일 수 없었을 뿐만 아니라, 오키나와 측의 오리엔탈리즘에 대한 대항 의식은 동화의 노력을 강화하는 방향으로 향하고 만 것이다.

'서양인'으로서 방언옹호

한편 동경에서도 이 논쟁에 주목하여 많은 지식인이 발언했다. 그리고 오키나와 측과 대조적으로 그 대부분은 야나기를 지지했던 것이다. 그렇지만 그들이 주목한 것은 오키나와 주민의 경우의 문제보다 지방문화를 존중할 것인지 그렇지 않은지라는 추상적 명제였다. 그리고 중앙의 지식인들이 공통적으로 가진 생각은 오키나와와 일본의 관계를 일본과 서구 관계의 축약도라고 간주하는 시선이었다. 예를 들면 『월간 민예』에서 발언을 정리한 시인 하기와라 사쿠타로萩原朔太郎[30]는 다음과 같이 말하고 있다.[31]

> 일본에 만유漫遊하는 외국인 여행객은 일본의 독특한 건축과 풍물의 미에 감탄함과 동시에 일본인이 아까워하는 기색도 없이 그것을 파괴하고, 오로지 서양을 속악俗惡하게 모방하는 것을 한탄하고 자주 일본을 위해 친절한 충고를 하는 것입니다만, 일본인 쪽에서는 결코 그 충고를 들으려고 하지 않는다. 오히려 신흥일본의 발달을 저해하는 쓸데없는 참견으로써 혹은 만유 외인의 흥미위주에서 일본을 그들의 견문표상을 위한 말이라며 반대로 화를 냅니다. 그렇지만 류큐에서의 사건도 꼭 이와 비슷한 점이 있는 것으로 생각됩니다. (…중략…) 아마 류큐 사람들이 그 향토문물에 대한 경멸의 태도와 중앙문화에 대한 숭배 태도와는 일반 일본인이 서양문명에 대한 경우와 같은 것이라고 생각됩니다.

30 하기와라 사쿠타로는 다이쇼, 쇼와기의 시인이며 작가이기도 하다. －역주
31 萩原朔太郎, 「爲政者と文化」, 『月刊民藝』, 1940.3月號; 『那覇市史 資料編第2巻中-3』, p.387.

그 이외에 평론가 사토 노부에佐藤信衛가 "오늘날은 내지인이 류큐인에 대해 마치 옛날 서양인이 문명개화의 일본을 아랫사람을 대하는 것 같은 태도에 대해서는 재미있다고 생각합니다. 오늘날의 류큐인은 그대로 당시의 일본인이기도 한 것 같습니다"라고 말한다거나 또는 시미즈 이쿠타로淸水畿太郎가 "일본을 방문한 외국인이 도회지로부터 눈길을 돌려 오히려 농촌의 전통문화를 소중하게 다루는 것은 주지의 사실이다. 현재 일본문화의 첨단이라고도 말하는 것에 반성을 촉구하는 사람이 류큐문화를 접했을 때 이에 마음을 빼앗기는 것은 아마 당연할 것이다"라고 발언했는데, 이러한 예는 많았다. 야나기타 구니오도 역시 『월간 민예』의 좌담회에서 "원래 나하인은 경박하고 편리주의여서 꼭 일본인이 초기에 메이지 외국문물을 대했던 비슷한 태도를 가지고 있습니다"라고 말하고 있다.[32] 이에 대해 『월간 민예』의 특집기사에는 이렇게 적혀 있다.[33]

> 우리들이 이번 문제를 중앙의 일반 문화인에게 물을 때, 그 대부분의 의견이 '지금의 류큐는 꼭 한 시대 이전의 서구문화에 대한 문명개화의 일본인 같군요' 라는 말이었다. 지금의 오키나와에 풍속개량으로 소위 문화의 첨단을 걸을 것 같은 예정인 사람들이 어떻게 중앙의 지식인으로부터 주목받고 있는 것일까를 느껴 깊이 반성하기를 촉구하고 싶은 것이다.

이러한 발언은 중앙의 지식인들이 이 오키나와언어논쟁에 어떠한 관심과

32 佐藤信衛,「その後の琉球問題」,『月刊民藝』, 1940.5月號; 淸水幾太郎,「中央文化と地方」,『東京朝日新聞』, 1940.3.26. 야나기타 구니오의 발언은 柳田國男·武場隆三郎·柳宗悅·比嘉順常,「座談會 沖縄の標準語問題批判」,『月刊民藝』, 1940.4月號.『那覇市史 資料編第2卷中-3』, pp.370·398·403

33 「その後の琉球問題」, p.403. 단 시미즈 기타로와 야나기타 구니오의 오키나와의 차별이나 경제문제에 언급하고 있으며 반드시 본토 측의 논자 전원이 문화문제에만 집중한 것은 아니다.

태도로 임하고 있었는지를 여실히 보여주고 있다. 결국 그들 대부분은 일본의 문화적 아이덴티티를 말하기 위한 재료로서 오키나와를 논하고 있었던 것이고, 알지도 못하는 오키나와 그 자체에 진정으로 관심이 있었는지는 매우 의심스럽다.

게다가 그들은 문화적 열등감으로 괴로워하는 약자 측이 아니라 지방문화의 보존을 충고하는 강자의 입장을 취하고 있었다. 그것은, 즉 '마치 서양인이 문명개화하려는 일본을 대하는 것 같은' 기분을 그들에게 맛보게 해준다는 것이었다. 위에서 언급한 『월간 민예』의 기사에서도 오키나와 측을 향해 자신들이 '어떻게 중앙의 지식인으로부터 주목받고 있는지'를 의식하고 '깊은 반성'을 해야 한다는 우월감이 감춰져 있었다.

그리고 주목해야만 하는 것은 중앙에서 이만큼 공감이 된 '서구 대 일본=일본 대 오키나와'라는 도식이 오키나와 측에서는 받아들여질 수 없었다는 점이다. 야나기도 역시 그에게 반론해왔던 요시다에 대해 "요시다 씨 같은 분은 마치 메이지·다이쇼기에 서구문화에 유혹되어 서양인에게 굴욕적인 태도를 보인 일본인과 같다"라고 말하고 있지만, 지목받은 요시다 측은 "이것은 뜻밖의 일이다. 당시 일본과 서구와의 관계를 그대로 오키나와의 그것에 적용하는 것에 야나기 씨의 현에 대한 인식에서 일말의 위구를 느낄 수 있다"고 대응하고 있다.[34] 야나기의 이러한 발언은 아마 요시다를 더욱 화나게 하는 것 이외의 효과는 없었을 것이다.

요시다뿐만 아니라 이 도식에 공명을 보인 것은 오키나와 측에서는 찾아볼 수 없다. 이 도식이 중앙 지식인들의 불가분한 나르시시즘의 투영이었음을 생각하면 그것도 당연한 것이었다. 원래 오키나와 측의 관심은 자신들의

---

34 『柳全集』, 第15卷, p.152; 吉田, 「柳氏に与ふ」, p.361.

생활향상과 차별해소였는데, 이 문제가 일본과 서구의 관계와 비슷한 것과는 아무런 상관이 없는 것이었다. 그리고 대부분의 중앙 지식인들 발언은 문화문제로 이쪽 테마를 논하는 정열과는 정반대로 이들은 오키나와의 생활과 차별문제에는 거의 관심을 보이지 않았다.

약간 역설적인 표현을 하자면 중앙의 지식인들은 일본과 서구의 관계를 직접 자신의 문화적 아이덴티티의 문제로 생각할 만큼 '일본이라는 국가'와 일체화하고 있었다. 그에 비해 오키나와 측은 표준어 장려를 정면에 내걸고 있었어도 사실은 지역의 이해를 최우선시하고 있었다. 표면적인 주장만을 보면 전자가 지방문화의 존중을 찬양하고 후자가 국가중시의 자세를 취하고 있는 것처럼 보여도 과연 어느 쪽이 내셔널리스트라고 보아야만 하는가의 판단은 어려운 일이다. 지방신문의 논평에는 '야나기 씨는 국가적 견지에서' 이 논쟁에 임하고 있는 것에 비해 오키나와 측의 논자는 '현의 이해관계에서' 발언하고 있다고 말하고 있다.[35] '국가적'이라고 형용하면 야나기는 뜻밖이었을지도 모르지만 그렇다고 크게 틀린 것은 아닌 것이다.

물론 중앙의 지식인들 중에도 야나기에 대한 반론은 존재했다. 언어학자 호시나 고이치保科孝一처럼 국가의 통일이라는 관점에서 방언은 좋아하지 않는다는 의견도 존재는데 또한 오키나와의 개발이라는 관점에서의 반론도 있었다. 그 대표적인 사람인 문예평론가 스기야마 헤이스케杉山平助는 자신이 오키나와를 방문했던 경험에서 "무섭고 가난한 생활을 직시하지 않고 과거의 민예품만을 찬양하여 행복하고 바른 생활을 보내고 있는 섬이라고 소문을 내는 것은 도움이 안 된다"고 말하며 "오키나와 현민 전체에게 박물관의 파수꾼 같은 역할을 맡겨서는 안 된다. 오키나와 현민은 과거를 살아서는 안 된

35 「金口木舌」, 『琉球新報』, 1940.1.19; 『那覇市史 資料編第2巻中-3』, pp.363·403.

다. 미래를 사는 것이다"라고 야나기를 공격했다.[36]

그러나 스기야마의 반론은 전술한 것 같은 양자택일의 언설구조를 의심하는 것이 아니라 '표준어를 철저하게 보급시켜 지방어를 압박하고 있는 당국의 방침이 전적으로 옳다'라든가 '일본인으로서 저런 말을 사용하며 장래 살아가는 것은 핸디캡이다'라고 부르짖은 것이었다. 오키나와의 입장에서 그렇게 말하는 것은 궁지에 몰린 상황이었기 때문에 가능했지만, 표준어를 빌려서 오키나와인이 아닌 일본인 입장에서 스기야마가 그렇게 말하는 것은 표면상은 같은 말을 하고 있었다고 하더라도 자신의 유리한 입장을 덮어두는 행위인 것이다. 게다가 스기야마는 "나는 서양인이 후지산이나 벚꽃을 보기 위해 일본에 오는 것처럼 막연히 류큐 정서를 동정하여 찾아온 것에 불과했다"라고 말하기도 했다.[37] 아마 그는 그가 위선적이라고 간주한 야나기에 대한 반론의 재료로서 오키나와의 발전문제를 제안한 것에 불과했고, 주된 동기는 중앙 논단 내에서의 대항의식이어서 역시 오키나와의 운명에 대한 진정한 관심은 아니었을 것이다.

결국 동경쪽 논단에서는 오키나와의 사정보다도 자신의 문화론에 열중한 논자가 대부분으로, 그다지 내용 있는 논의가 이루어졌다고는 말하기 어렵다. 그것은 내지 정치가들의 조선·대만통치론이 현지 사정을 무시한 정쟁의 도구가 되었던 것과 병행한 논리 바로 그것이었던 것이다.

'일본인'의 강조

이러한 논쟁 속에서 야나기는 대부분의 논자와는 달리 오키나와의 어려움

---

36 杉山平助, 「文學と方言について」, 『改造』, 1940.8月號; 「琉球の方言について」, 『新潮』, 1940.7月號. 인용은 『那覇市史 資料編第2巻中-3』, pp.419·461.

37 杉山平助, 「琉球の標準語」, 『東京朝日新聞』, 1940.5.22; 「琉球の方言について」. 인용은 『那覇市史 資料編第2巻中-3』, pp.37·416.

을 강하게 의식한 일련의 논고를 발표했다. 거기서 그는 차별의 해소와 경제적 개발은 "오키나와가 타 부현府県을 추종함에 따라 장래의 길을 타개해야만 하는 것이 아니라 타 부현을 추종하지 않고, 자신의 역량 위에 미래를 개척하지 않으면 안 된다"고 외치고, "현민이여! 자신감을 가지고 스스로 키워나갈 문화적 가치를 생각해내고, 오키나와인다운 것에 자긍심을 가져라", "하루라도 빨리 표준어로 바꾸는 것은 현민 자신의 요망이라고 설파하는 자가 있지만, 만약 현민에게 자신감이 생긴다면 아마 그런 것은 말하지 않을 것이다"라고 호소했다. 거기에는 야나기의 오키나와에 대한 동정이 표현되어 있음과 동시에 일찍이 조선을 대했을 때도 그러했듯이 '무엇보다 선물은 물질적 재물보다도 현민의 정신적 자신감이다'라는 인식이 존재하고 있었다.[38] 그렇지만 야나기의 오키나와론에는 조선과 대만, 아이누에 대해서는 말할 수 없는 다음과 같은 주장이 내포되어 있었다.[39]

> 불행하게도 본토 사람들의 류큐에 대한 개념은 일반적으로 아직 다른 점이 많다. (…중략…) 류큐는 대만에 가깝고 아무튼 번지蕃地의 연속인 것처럼 생각된다. 그렇지 않으면 복주福州에 가깝고 풍물은 모두 지나풍일 거라고 상상한다. (…중략…) 비하적 시선에서 현민을 구한 것이야말로 가난으로부터 그들을 구하는 이상으로 긴요한 것이다. 거기에는 오키나와가 아무리 일본문화권 내에서 확실한 존재인지를 외부에 선양하고, 내부를 향해서는 자각시키지 않으면 안 된다. 류큐는 식민지와는 다르다. 대만과 같은 역사와는 종류를 달리하고 질을 달리한다. 그것은 귀중한 일본문화계의 한 지방이다. 게다가 일본에의 중요한 전통을 지금도 계승하는 한 지방이다.

38 第15巻, pp.177·182·595.
39 第15巻, pp.184~185.

오키나와가 '일본'의 일부이고, '대만처럼 식민지와는 다르다'는 것을 현의 외부 사람들을 계몽시키고 오키나와 주민에 대해서는 '자각'시킨다는 내용이다. 이것이 야나기가 오키나와의 사람들에게 자긍심을 갖게 하기 위해 선택한 수단이었다.

이러한 발상은 실은 이 언어논쟁이 시작될 초기부터 야나기가 품고 있었던 사상이었다. 그는 오키나와 방문 시 경찰부장과 이야기할 때부터 오키나와어 보존 이유로서 '장래 일본어를 결정하는 일이 생길 때 류큐어가 중요한 시사를 주지 않는다고 볼 수는 없다'고 말했다. 그것은 즉 "언어학자들이 이구동성으로 말하듯이 일본에서 현존하는 각종 지방어 중 전통적인 순수한 일본어를 가장 많이 포함하고 있는 것은 동북의 토어土語와 오키나와어이다. 그중에서 후자는 그러한 점에서 국보적 가치를 가지고 있다"는 그의 인식에서 온 것이고, 최초의 반론문에서도 "대일본의 국어사전 편찬을 시행할 때 어떻게 순수한 일본어를 적을까라는 문제가 생길 시에는 오키나와어를 다수 인용하지 않으면 안 된다는 것을 발견할 수 있을 것이다"라고 말하고 있었다.[40]

야나기가 이러한 주장을 한 배경에는 이 논쟁을 시작한 1940년이라는 시대적 상황이 작동했다. 그 이유는 조선·대만·오키나와 등에서 실시된 '국어' 강제의 격화와 반대로 본토에서는 국수주의의 고양 속에서 지방과 농촌문화의 부흥이 제창되고 있었던 것이다. 이것은 반자본주의·반자연주의·반서양 문명의 주장이 대두한 것과, '피와 흙'을 내걸은 나치독일이 '건전한' 지방 농촌문화를 칭찬하고 있었던 것의 영향이었다. 야나기도 현청縣庁에 대한 반론문에서 "요즘 독일과 이태리에서 지방의 언어, 풍속, 문학, 공예, 건축 등의 진흥책을 대규모로 강구하고 있는 것을 어떻게 비평하려는 것일까"라고 묻고

40 第15卷, pp.149~150·355.

"중앙어가 잡다한 어조로 어지럽혀지고, 특히 외래어의 혼입에 따라 일본어로서의 순수함을 잃고 있는 때, 우리들 앞에는 오키나와어가 마치 클로즈업한 것처럼 나타난다"고 주장하고 있었다.[41]

이와 같은 논조는 야나기만이 아니었다. 예를 들어 민예협회의 일원이었던 시키바 류자부로式場隆三郎에 의하면[42] '독일이 요즘 문화의 지방성을 중시해 온 것은 민족의 특징이 강하게 남아 있는 것에 깨달았기 때문이다'라고 하여 "민예가 중앙에서 모습을 감추고 동북과 규슈의 일부, 류큐 등에 남아 있는 사실은 일본정신 확인 운동에서 가장 좋은 자료를 제공한 것이다"라고 말한다. 그밖에 하세가와 뇨젠칸長谷川女是閑과 이시구로 오사무石黑修 등도 나치의 지방어 부흥운동을 증거로 내세워 오키나와어의 보존 의의를 설파했고, 영문학자 주가쿠 분쇼壽岳文章[43]는 "지금 동경의 젊은 여성들이 사용하고 있는 추괴醜怪한 단어 및 어법이 살아있는 표준어의 견본이라면 표준어여 지옥에 떨어져라!"라고 말하며 표준어의 강요에 반대했다.[44]

야나기 등의 주장은 언어탄압이 심했던 이 시대에 위장전술이었다고 간주할 수 있는 것도 아니다. 그러나 전술한 바와 같이 반서양문명과 전통문화 보호를 내건 민예운동은 원래 내셔널리즘과 결합하기 쉬운 요소를 지니고 있었다. 그리고 내셔널리즘은 근대화와 보편성을 내걸고 지방의 언어와 문화를 균질화하는 측면과, 반근대와 민족의 특수성을 내건 균질화에 저항하는 측면이라는 모순된 두 개의 얼굴을 가지고 있다. 현청 측이 내셔널리즘으로서 전

---

41 第15卷, pp.155·159.
42 시키바 류자부로(1898~1965)는 일본의 정신병리학자이다. —역주
43 쥬가쿠 분쇼(1900.3.28~1992.1.16)는 영문학자이며 수필가, 민예운동가이다.
44 武場隆三郎, 「琉球と標準語」, 『東京日日新聞』, 1940.3.29; 長谷川如是閑, 「日本語の洗練性に就いて」, 『月刊民藝』, 1940.5月號; 石黑修, 「標準語の名稱と要件」, 『月刊民藝』, 1940.5月號; 壽岳文章, 「標準語と方言」, 『月刊民藝』, 1940.3月號. 인용은 『那覇市史 資料編第2卷中-3』, pp.371·390·406.

자의 이론으로 표준어 장려를 행한 것에 비해 야나기 등은 후자의 논리로 대항을 시도했던 것이다.

이러한 논리 가운데 야나기는 "일본과는 다르다고 상상되는 오키나와에 와서 처음 일본과 다른 일본을 만난 것이다"라거나 "근래의 사조가 천박한 형태 그리고 천박한 질, 비속한 모양과 색조로 나타날 때 혼자 오키나와만은 야마토풍을 남기고 훌륭한 질과 아름다움을 유지하고 있는 것이다"라는 주장으로 기울어갔다. 물론 누구도 본 적 없는 '본 적이 없는 일본'은 그의 상상에 의한 산물이었다. 그리고 그 주장이 오키나와의 언어와 문화는 오키나와 독자의 것이 아니라, 고대일본의 그것이 보존되어 있기 때문에 특이하게 보이는 것에 불과하다는 일류동조론日琉同祖論과 연결되어갔던 것은 말할 필요도 없다. 야나기는 논쟁에서 "오키나와에서는 가마쿠라鎌倉부터 무로마치室町에 걸쳐 우리 일본의 조상이 사용하고 있었던 말 그대로를 사용하고 있다"는 것이고, "류큐의 전통적인 의상 종류는 대부분이 역시 무로마치의 것"이라고 주장하고, "천평天平의 고도古都는 이처럼 아름다웠을 것이다. 그 고도를 꿈꾸는 자는 오키나와를 방문하는 것이 좋을 것이다"라고 말하고 있다.[45]

요컨대 야나기 등의 주장에 따르면 오키나와는 현재상태로도 '일본이상의 일본'이고, 반半서양화된 '일본이 아닌 일본'이 된 동경어와 동경문화에 침해당할 필요는 없다는 것이었다. 그리고 일본 고대문화가 보존되어 있다는 논리는 일선동조론日鮮同祖論에서도 마찬가지였는데, 야나기는 이 언어논쟁에서 "나는 일찍이 조선의 한 건축을 위해 공개문을 철회한 것을 상기했다'고 썼다. 하지만 어디까지나 '오키나와는 조선과 대만, 더욱이 지나 등과 동일한 것은 아니'라고 부르짖고 있었다.[46]

---

45 第15卷, pp.159·161~162·579~580.

46 『柳全集第』 15卷, p.594; 柳宗悅, 「沖縄語の問題」, 『東京朝日新聞』, 1940.6.1, 全集未收錄. 인용은

이러한 논리 전개는 예를 들면 오키나와 측으로부터 야나기 지지자였던 오키나와 사학자 히가시온나 간준東恩納寬惇과도 상통하고 있었다. 히가시온나에 의하면 오키나와어 금지는 '오키나와어는 일본어가 아니라는 터무니없는 잘못된 관념'을 심어줄 가능성이 있고, 그것은 '이해력이 부족한 관료가 오키나와를 조선·대만과 마찬가지로 보고', '현민을 모욕한 주제 넘는 의견'이었다. 히가시온나에게 표준어 장려 그 자체보다도 '일본'에 속하는 오키나와가 조선이나 대만과 동열로 취급받는 것이 '모욕'이었고, '오키나와 일체의 문화가 일본문화 전체에서 보면 중요한 지위에 있는 것을 자각시키는 것보다 중요한 것은 없다'고 강조하고 있었다.[47]

오키나와가 '일본'임을 주창하고 조선이나 대만과의 차이를 강조하는 논리는 오키나와 측에서도 받아들여지기 쉬운 것처럼 보였다. 야나기를 비판한 스기야마 헤이스케杉山平助는 다음과 같이 말한다.[48]

> 확실히 현재 옛날 말을 사용하는 류큐인은 번역이 섞인 이상한 말을 남용하고 있는 우리들보다 훨씬 '일본인다움'조차 느낄 수 있다. 이것은 새로운 여행자에게 하나의 '발견'인 것이다. 왜냐하면 보통 무책임한 내지인은 평소부터 류큐인이라는 것에 대해 아무런 생각도 가지지 못하고 막연하게 일본인과 지나인과 조선인의 혼혈아 같다고 상상하고 있기 때문이다. '류큐는 대만이나 조선과 다르다'고 야나기 씨는 부르짖고 있다. 그것을 읽고 나는 웃음이 나왔다. 바로 그러한 것이야말로 일부의 의식적인 류큐 사람들의 호소 그대로를 야나기 씨가 대변하고 있기 때문이다. 그들은 끊임없이 류큐가 일본이 아니라고 생각하고 있지 않

『那覇市史 資料編第2巻中-3』, p.372.

47 琉球新報社編, 『東恩納寛惇全集』 第8巻, 第一書房, 1980, pp.174·176.

48 杉山前掲, 「琉球の方言について」, p.418.

을까하는 점을 예민하게 신경쓰는 것이다. 예를 들면 그들 앞에서 '내지'라는 말을 사용하면 그들은 화낼 것이다. 만약 규슈 이북이 내지라면 류큐는 외지, 즉 식민지 취급받는 것이 되기 때문이다. 그러므로 '내지'라는 말 대신에 '타 부현他府縣'이라는 말을 사용하지 않으면 지역 주민의 기분이 나빠진다는 것은 내가 도착하자마자 알게 된 경고다. (그런데도 인텔리가 아닌 류큐의 일반민중은 역시 규슈 이북을 내지라고 부르고 있다) 그들은 류큐라는 말을 사용하는 것을 좋아하지 않는다. 왜냐하면 그것은 지나의 황제로부터 받은 이름이기 때문이다.

분명하게 '일반민중'은 제쳐두고라도 오키나와 측의 투서자들은 '일본인'으로부터 배제되는 것을 두려워하고 있었다. 표준어 장려를 지지하는 투서에는 대만의 황민화운동을 예로 들며 "오키나와는 대만보다 훨씬 열등하다. 대만에서는 어디를 가도 방언[현지어]을 들을 수 없다"라든가 "현민이여, 대만에 지지말자"라는 목소리가 나왔다.[49]

그러나 중앙 지식인의 의도와는 달리 오키나와 측의 투서는 이 '오키나와 문화=순일본'론에도 반발했다. 어떤 투서는 "오키나와어는 일본 고어古語연구의 자료로서 귀중한 것임에는 틀림없지만 아무리 소중한 것이라도 통용되지 않는 한 말로서 존재가치는 없다"고 말하고, "오키나와어는 장래 표준어 결정에 도움이 될지도 모른다는 의견도 나온 것 같지만, 그 장래라는 것은 도대체 언제인가"라고 반론했다. 그들에 의하면, "류큐어는 '대일본어국어사전 편찬'에 큰 역할을 위해 태어난 것이 아니라, 실로 류큐 사람들이 서로에게 사상과 감정을 서로 교환하고 문화적인 생활을 영위하기 위한 기능으로 존재했다"는 것이고, 도대체 '오늘날 우리들 생활경험은 고류큐인의 말로는 전

49 「標準語問答の松尾氏語る / 縣出身騎兵の思ひ出」, 『沖縄日報』, 1940.1.25; 「縣民よ臺灣に敗けるな!」, 『沖縄日報』, 1940.1.22; 『那覇市史 資料編第2巻中-3』, p.364.

혀 의사 표시할 수 없기' 때문에 '우리들이 현재 사용하고 있는 류큐어가 순수한 것은 아니라는 것은 말할 필요도 없다'는 것이었다. 야나기가 '국보'라는 표현으로 자긍심을 주려고 한 오키나와어도 사용자에게는 일상생활의 도구이고 '류큐가 그 고색창연古色蒼然한 방언이기 때문에 야마토大和 언어 연구에 적당한 재료를 제공한다고 하여 중시된 것은 미국 인디언의 가족형태가 고대사회 연구를 위한 최적의 재료라고 하여 중시되는 것과 같고, (…중략…) 결코 명예로운 이야기는 아니다'는 것이었다.[50]

원래 일류동조론日琉同祖論을 제창한 이하 후유 자신도 이미 1926년에는 "류큐가 고대생활 양식 대부분을 보존하고 있기 때문에 멸망하고 있는 아이누가 국보로서 중시되는 것과 같은 의미에서 학자의 주의를 끌고 있는 것 이외에 세상의 식자, 특히 정치가가 주목하지 않는 것은 유감스러운 것이다"라고 말하고 있었다. 이하 후유가 이 언어논쟁에 즈음하여 말한 짧은 코멘트는 "나는 야나기 씨의 태도는 진지하고 순수하다고 생각하고 있지만, 단 하나 잘못되었다고 생각하는 것은 야나기 씨가 언어와 민예를 혼동하고 있다"라는 것이었다. 어디서라도 진열할 수 있는 민예품과 달리 언어는 인간의 생생한 도구이고, 보존보다도 사람들과의 행복이 우선시되지 않으면 안 된다는 것이다. 오키나와어에 대한 이하 후유의 주장에 의하면, 지방어의 탄압은 '민족적 자긍심을 소멸시킬 수' 있기 때문에 바람직하지 않지만, "작은 민족의 언어는 일반화하지 않고 자연스럽게 소멸하기 때문에 인위적 저지 등은 필요없다"라는 것이었다. 야나기에 대해 '순진하다'라는 형용에 비해 이하 후유에게는 굴절을 감지할 수 있다.[51]

그러나 오키나와 측의 투서자가 야나기의 주장을 받아들이지 않았던 최대

50 山田, op. cit., p.450; 城間, 「言葉の社會性(中)」, p.363; 杉山, 「琉球の方言について」, p.418.
51 伊波全集, 第2卷, p.284; 第10卷, pp.431~432.

원인은 "우리들의 표준어 장려는 현민을 한 사람도 빠뜨리지 말고 일본인이 되게 한다는 계몽운동이다"라고 말한 것처럼 그들 자신이 아직 '일본인'으로서 동화가 부족하다고 생각하고 있었기 때문이었다.[52] 차이가 있는 한, '일본인'이라고는 인정할 수 없고, '일본인'이라고 인정받을 수 없다면 차별을 받는다는 공포에 사로잡히고 만 그들에게는 '일본 이상의 일본'이라는 형용도 오키나와를 '보통의 일본인'으로부터 배제하려고 하는 말로밖에 받아들일 수 없었던 것이다.

오키나와 동화의 최종단계

이에 대해 야나기는 오키나와 주민에게 자신감을 주어야만 한다고 말하며 "일본을 보라고 오키나와인은 왜 부르짖지 않는 걸까", "무엇보다도 야마토문화의 독자성을 가장 다량으로 소장하는 것은 오키나와라는 것을 자각해라"라고 호소하는 방향으로 점점 기울어져갔다.[53] 그는 오키나와 측의 심정을 이해하면서 '일본인' 경계의 내부 측에 오키나와를 편입시키려는 방향으로 경주하게 되었던 것이다.

그러나 현청 측은 이러한 논쟁과는 전적으로 관계없는 논리로 움직이고 있었다. 1940년 8월, 논쟁과정에서 야나기와 면회한 오키나와 현지사 후치카미 후사타로淵上房太郎는 "오키나와 말은 순수한 일본어계의 방언이 아닙니까"라며 보존을 주장하는 야나기에 대해 "표준어로 바꾸지 않는 한, 이 현의 발전은 없습니다. 실제로 징병검사 때 아직도 바른 말을 사용하지 않는 사람이 있어서 웃음거리가 될 정도입니다", "이 현의 사정을 다른 현과 동일하게 보아서는 곤란합니다. 이 현은 청일전쟁 때에도 지나에서 파견하려고 했던

52 兼城, op. cit., p.364.
53 第15卷, pp.159·167.

사람이 있었을 정도입니다"라고 대답했던 것이다.[54]

이 대답은 국방거점으로서의 확보를 지향한 메이지 중기의 동화론에서 지사知事의 인식이 전혀 바뀌지 않음을 나타내고 있었다. 이미 이 논쟁의 발단이 된 성명에서 그랬지만, 현청이 표준어 보급의 장점으로 예를 든 사례는 징병검사이고 중요한 것은 전시기 주민들의 충성심에 대한 거취문제였다.

한편 지사는 야나기와의 면담에서 오키나와 측의 투서자들이 '일본인'으로의 동화라는 수단에 의해 간절히 바라던 차별해소에 대해서는 아무것도 언급하고 있지 않다. 지사에게 중요한 것은 오키나와 문화가 '처음보는 일본'인지 아닌지 등이 아니라, 일본정부와 자기 자신에 대한 충성심을 표준어 사용이라는 형태로 나타낼지 아닐지였다. 야나기는 표준어 장려에는 반대하지 않으면서 지방어와 함께 사용하면 좋겠다고 주장했지만 지사는 이것도 거부했다. 단순한 언어라면 '둘 다 사용'이라는 가능성도 있겠지만, 충성심의 대상은 하나밖에 있을 수 없었던 것이다. 이 지사에게도 말은 '일본인'과는 권리적으로 평등하지 않고 충성과 복종을 의미하는 것이었고, 주민이 오키나와어를 방기하는 것으로 입는 고통이 컸다면 클 정도로, 그것에 따라 증명되는 충성심의 깊이도 크게 되는 것이었다.

지사의 이러한 자세에 대해 야나기 측은 점점 오키나와를 일본이라고 강조하는 것으로 대항하지 않으면 안 되는 입장이 되어갔다. 지사 면담으로부터 3개월 후, 1940년 11월 민예협회는 이 논쟁의 최종견해로서 '오키나와언어문제에 대한 의견서'를 『월간 민예』에 발표했다.[55] 이 의견서는 오키나와의 표준어정책 역사를 세 시기로 구분하고 있다.

---

54 第15卷, pp.599~600.

55 「沖縄言語問題に対する意見書」, 『月刊民藝』, 1940.11・12月合併號; 『那覇市史 資料編第2卷中-3』, pp.424~425・427.

민예협회가 말하는 '제1기'는 류큐처분시기부터 청일전쟁 때까지이고, "이 제1기의 근본정신을 이루는 것은 표준어 보급에 의해 오키나와를 일본화하려는 지극히 정치성이 농후한 것"이었다. 그 배경은 '당시 오키나와의 마음에는 (…중략…) 꽤 심각한 지나 숭배사상이 들어와 있었다'는 것이고, 그러한 '정세 아래 오키나와에서 이 표준어를 보급하는 것은 오늘날 일본이 지나와 만주 등에 일본어를 수출하고 혹은 조선과 대만 등으로 국어를 보급하고 있는 것과 같은 의미를 가지고' 있는, '즉 오키나와에 대한 반半식민지적 정책'이었다.

이에 이어지는 제2기는 '오키나와 현민이 향토를 떠나 남양방면으로 이민을 가고, 오사카 등으로 돈벌이하러 가는 등 또한 수시 여행 등으로 보다 외부와의 교섭을 새롭게 하는 시대'이다. 그리고 '이 시대에 오키나와 현민은 이른바 오키나와의 향토적인 요소를 지니고 있기 때문에 뭔가 타 부현인과 인종적으로 다른 것처럼 오해받고', '이 향토적 문화의 악취를 재빨리 일소하는 것이 오키나와의 진흥을 도모하는 유일한 방법이라고 사람들에게 생각하게 만들었던 시기이다'.

결국 제1기는 정치적/군사적 이유로 인한 오키나와의 '일본화'가, 제2기는 타 부현으로부터 '인종적으로 다르다는 오해'와 차별로부터 탈피하는 것이 각각 표준어 장려의 동기였다. 전자는 후치카미 지사가 후자는 야나기에 반론한 오키나와 측 논자의 논리였다고 말해도 좋다.

그리하여 이 의견서는 "이 제1기, 제2기에 이 표준어 장려를 위해 노력한 사람들에 대해 우리들은 충심으로 깊은 경의를 표하지 않으면 안 된다", "그 과도기의 오키나와는 그렇게 하지 않으면 안 되는 역사의 흐름이었다"고 한 데다가 지금이야말로 그러한 시기는 지나갔다고 주장했다. 게다가 '오키나와의 문화는 전 일본 중에서도 가장 순수한 형태'임을 설파하고, "이번 지나사변에서 전쟁터로 먼 길을 떠나는 출정용사의 전송 광경은 아마 일본의 가장 열렬한 애국의 정이 넘치는 모습이 아니고 무엇일까" 하고 말하며 오키나와인이 훌륭한 '일본인'이 되고 있음을 강조했다. 그리고 나치의 지방문화보호를 칭찬하면서 "우리들은 거듭 언명言明한다. 오키나와의 향토문화는 순일본의 문화적 존재이다. 그러한 사실이 지나치게 명확할 만큼 명확하게 된 오늘날 현민에게 국민정신을 심어 주기 위해 그 일본정신의 모든 것을 다른 식민지 외부로부터 가지고 들어올 필요는 전혀 없다. 현민에게 확실하게 이 오키나와의 문화적 위치를 인식시켜 그 향토에 대한 끝없는 자신감과 애정 속에서 일본정신을 부흥시켜 전시하에서 긴급한 중앙적 의지를 타 부현에게 전달하지 않으면 안 된다"고 말했다. 의견서의 마지막 부분에 「우리들 금후의 일」이라는 논설을 싣고, '오키나와이외의 외부 사람들에게 오키나와 문화는 일본계의 문화임'을 전달하는 것이라고 강조하며 끝내고 있다.

이렇게 거의 1년에 걸쳐 투쟁했던 오키나와언어논쟁은 끝이 났다. 이 논쟁은 단순히 지방문화를 압살하는 측과 존중하는 측의 논쟁이 아니었다. 그것은 민예협회가 말한 것처럼 오키나와가 아직 '일본인'이 안 되었다고 생각하는 측과 오키나와가 충분히 '일본인'이라고 간주하는 측의 논쟁이었다.

야나기 개인에 대해 말하자면 그의 미술관은 이 사건으로 큰 위기에 처했다. 그는 자신의 주장이 오리엔탈리즘과 배제의 논리에 빠지는 것을 피하는 동시에 오키나와의 독자성에 자긍심과 자신감을 주려고 노력했다. 그러나 당시 언설의 배치 속에서는 오키나와를 '일본인'의 경계 내측에 편입시키고 조선과 대만과의 차이를 강조해가는 형태로밖에 그것이 성립해갈 수 없었던 것이다. 그리고 이 논쟁 속에서 오키나와와 중앙 쌍방에서 오키나와가 '일본'이며 오키나와인은 '일본인'이라는 인식과 자각이 확실하게 정착해갔다. 그것은 역시 민예협회가 그렇게 말한 것처럼 메이지 중기 이후 계속해서 해왔던 오키나와 동화의 최종단계였다고 말할 수 있을 것이다.

야나기는 논쟁 과정에서 많은 반론을 만났을 때 이렇게 적고 있다. "나는 지금 조용히 반성한다. 우리들이 여태까지 오키나와에서 한 일은 오키나와인에게 나빴을까." 그는 계속해서 '그렇게 생각했을 때, 좋다 우리들은 우리들의 힘이 부족한 부분은 있었다 하더라도 오키나와를 해치는 것은 결코 행하지 않는다는 확고한 신조를 행복하게도 가질 수 있었다', '이것은 우리들의 단순한 자만심이라고 해도 상관없다. 우리들은 그렇게 믿고 의심하지 않는다'라고 적고 있다.[56] 이 논쟁에 참가한 중앙의 지식인 중에는 야나기가 가장 오키나와에 대해 경의와 애정을 나타낸 인물이었다는 것은 의심하지 않는다. 그렇지만 그가 논쟁에서 완수한 역할을 어떻게 평가할지는 아마 현재도 쉽게 단정지울 수 없는 문제가 있다.

그 후 야나기가 사랑한 오키나와가 전쟁으로 잿더미로 변하고 옛날 모습은 민예협회가 기록한 사진과 영화에 의해서만 그리워할 뿐이었다. 그가 구한 조선의 광화문도 조선전쟁으로 초석만을 남기고 파괴되었다. 제2차 세계대전 중 야나기는 1961년 죽을 때까지 두 번 다시 조선도 오키나와도 방문한 적이 없었다. 그에게는 자신이 사랑했던 것이 현실 모습과 너무 다르다는 것을 바라보지 못할 정도로 그 마음은 너무 섬세했는지도 모른다.

56 第15卷, p.175.

제16장

황민화와 '일본인'

총력전 체제와 '민족'

1937년에 개시된 중일전쟁이 격화되어감에 따라 '내선일체'의 슬로건 아래 실시된 '황민화정책'은 조선을 뒤덮었다. 신사참배의 강요, 천황에 대한 충성을 노래하는 '황국신민의 서사誓詞' 등의 창가, 필수과목에서 조선어의 배제, 창씨개명, 그리고 지원병제도와 징병제, 노동징용 등이 잇달아 조선인에게 강요되었다. 이러한 유사한 운동은 물론 대만에서도 행해지고 있었다.

이 황민화정책에서는 조선인을 '일본인'으로 한다는 명목하에 '일본인'의 정의에 대해 여러 가지 언설이 전개되었다. 이곳에서 바로 지배 측과 피지배 측이 별개의 기대를 가지고 '일본인'이라는 말이 사용된다.

'조선'의 부정

황민화정책은 여태까지 볼 수 없었던 흐름으로 동화를 내세웠지만, 이러한 극단적인 동화노선이 갑자기 강해진 이유는 말할 필요도 없이 전쟁이었다. 이미 앞에서 본 것처럼 원래 동화노선 그 자체가 국방과 밀접하게 관련되어 있었지만 조선이 대륙 병점기지로서 의의가 높아진 점, 그리고 조선인을 군인이나 노동력으로서 동원할 필요가 생긴 점 등에 의해 일본에 대한 충성심을 육성하는 것이 급속히 요구되었다.

일본정부에 따르면 '황민화의 근본'은 '우리 국체에 대한 확고한 신념을 파악하는 것'에 있었다. 그러나 지배자 측은 오키나와의 표준어장려운동이 그랬듯이 조선인과 대만인에게 국가에 대한 충성심을 주입할 뿐만 아니라, 그것을 문화와 언어의 동화라는 눈에 보이는 형태로 나타나지 않으면 안심할 수 없었다. 즉 '황민화의 근본은 정신에 있는 것', '정신은 자연스럽게 외부로 베어나와 경신숭조敬神崇祖의 관념이 되어 풍속과 관습이 개선되어 도의관념으로 향상되는 것은 당연한 절차'였다.[1] 그러한 의미에서 황민화정책이라는 것은 단순한 일본문화로의 동질화라기보다도 이사와 슈지伊沢修二가[2] 칭송한 '정신의 복종'이고 정신의 총동원체제였다.

이러한 황민화정책은 이전부터 존재한 동화노선의 연장이었지만 동시에 갑자기 강행되기 시작한 것이라는 인상은 지울 수 없다. 처음에는 조선인과 대만인을 군인으로 동원한다는 발상은 거의 없었다. 군인의 가격이 엽서 한 장 값이라고 속칭되고 있었던 대일본제국에 부족한 것은 군인이 아닌 장비이고 장비를 마련할 자금이었다. 그 귀중한 장비를 충성심이 의심스러운 조선인에게 주는 것은 논외였을 것이다. 황민화정책을 추진한 조선총독인 미나미 지로南次郎 육군대장은 1936년 부임 당시부터 조선인의 징병제 시행을 목표로 두고 있었다고 전해지지만, 그가 부임 당시에 작성한 총독부 내부자료의 중요정책사항 중 병역문제와 창씨개명은 존재하지 않았다.[3] 이들 정책은

1 内務省管理局, 「朝鮮及臺灣在住民政治處遇ニ関スル質疑應答」(外務省外交史料館所藏, 「本邦內政關係雜件 植民地關係」 第6卷收錄), p.1. 원문은 한자와 가타카나로 표기되어 있다. 황민화시기의 이데올로기에 대해서는 宮田節子, 『朝鮮民衆と「皇民化」政策』, 未來社, 1985의 4장 등이 있다. 본 장에서는 총독부 측의 민족개념의 상대화와 조선인 측의 근대화지향 논리에 초점을 맞추고 있다.

2 이사와 슈지는 일본의 교육가이며 메이지기와 다이쇼기의 음악교육가이기도 하다. ―역주

3 朝鮮總督府, 「重要事務引繼書」, 「大野綠一郎文書」 수록. 미나미 지로가 부임한 1936년 8월부로 병역, 호적, 참정권 문제 사항은 기재되어 있지 않다. 조선총독부를 비롯해 일본 측이 언제부터 조선인의 병역을 구체적으로 계획하고 있었는지에 대해서는 미야타(宮田), op. cit.에 상세하게 검토되어 있다. 미야타에 의하면 조선군은 만주사변 이후 1932년부터 조선인의 병역문제 연구를 진행시켰고, 1937년 6월에는 육군성이 조선군 앞으로 조선인 병역문제에 대해 의견을 구하

중일전쟁 즈음부터 급속하게 부상된 것이다.

그리고 조선인을 일본군에 편입시키기 위해서는 그들이 '일본인'일 필요가 있었다. 왜냐하면 동시대의 영국·프랑스 등이 식민지출신병을 본국인 부대와는 격리시켜 인도인 부대 식민지군으로 편성한 것과 달리 일본은 조선인을 정규 국민군에 편입시켰기 때문이다. 그들은 반란의 우려가 있기 때문에 조선인부대만으로는 내버려 둘 수 없었고, 만족스러운 무장을 갖지 않은 후방근무 부대이외에는 기존의 내지인 전투부대에 몇 명씩 분산시켜 배치했다. 그것은 마치 오키나와 출신 병사들로 통합한 부대를 만들게 하지 않고 구마모토 등의 부대에 편입시킨 것과 비슷하다. 이처럼 국민군에 편입되기 위해서는 조선인이 '식민지인'이 아니라 '일본 국민'이 아니면 안 되었던 것이다.

는 비밀문서를 발주했다. 그리고 같은 해 7월 2일에는 조선군이 시험적으로 지원병제도를 채용한다는 의견서를 제출했고 8월 5일에 총독부 간부가 합의를 내정했다. 미나미 지로가 1938년 1월 15일에 상경하여 천황에게 상소한 이후, 1938년 2월에 「육군특별지원병령(陸軍特別志願兵令)」이 공포된다. 1936년 8월에 총독으로 부임한 미나미 지로는 부임 당초부터 조선에 징병제 시행을 염두에 두었다고 한다. 그렇지만 1933년 3월 17일에 중의원 청원위원회에서 「징병제를 조선에서 시행하는 건(徵兵制度ヲ朝鮮二施行ノ件)」에 대해 정부위원은 '병력은 부족하지 않다. 충분한 여유가 있다고 하니 현재는 필요를 인정하지 않고 있다'고 회답하고 있으며 또한 제14장에서 언급한 것처럼 1937년 8월 6일의 중의원 청원위원회에서도 '징병제도를 실시하는 데는 그 시기가 아직 안 되었을 뿐만 아니라 병력모집상 반드시 필요하다고 볼 수 없으며 징병제도를 전제로 하는 지원병제도를 실시하자는 안에 대해서도 아직 시기상조라고 보고 있습니다'라며 정부위원은 회답하고 있다. 후자는 조선인 중의원 의원 박춘금에 의해 중재된 청원이며 이것에 찬의를 표명한 것은 육군 입장에서는 마이너스라고만은 볼 수 없다. 이러한 이야기를 보면 8월 6일 단계에서는 징병제도 문제는 조선군-총독부-육군성의 탑 레벨의 합의에 멈추고 있었고, 병원 자원 부족과 조선인의 동원 필요성이 정부와 육군 전체의 공통인식으로 합의되는 것은 후에 중일전쟁이 심화되어가는 시기라고 생각된다. 오늘날 최종적으로 조선인이 징병된 것을 보면 그것이 일본 측이 처음부터 방침으로 정해져 있다고 보지만, 일본의 조선통치의 실정은 계획성이 결여되어 있었던 것이었다. 장래 조선인을 징병하자는 의견은 논단 상으로 보면, 병합시기부터 있었다고도 볼 수 있으며 조선군과 같은 일부 세력은 일찍부터 구체적으로 연구를 진행했던 것은 사실이라 하더라도, 그것을 가지고 '일본'의 총체적 의지라고 간주하는 것은 신중해야 할 필요가 있다. 본서에서도 기술하듯이 조선인을 징용하는 것은 충성심이 의심스러운 그들에게 무기를 갖게 한다는 위험성이 있을 뿐만 아니라, 참정권 문제를 검토하는 것이 중요한 문제로 부상하고 있었기 때문에 총독부와 일본정부 사이에는 리스크를 동반한 정책이었다. 그러한 정책비판을 무시하고 군이 주도하는, 즉 원관동군 사령관이었던 미나미 지로가 호의적이었다 하더라도 그것이 각 세력의 합의를 얻어 실시하게 되는 것은 전쟁이라는 비상사태가 없었다면 아마도 실시할 수 없었던 것이다.

동화노선 중 가장 먼저 실현된 것은 1938년 조선교육령재정에 따른 교육의 변화였다. 그때까지 국어 '상용'을 기준으로 한 분리규정은 먼저 폐지하고 '보통학교', '고등보통학교'의 명칭은 '소학교', '중학교'가 됨과 동시에 교과목도 거의 내지인의 그것과 통일되어 그때까지 필수였던 조선어는 선택과목으로 격하되었다. 의무교육은 시행되지 않았지만 1935년에는 25%였던 취학률도 급속하게 상승하고 1938년에는 38%, 1943년에는 50% 전후가 되었다. 대만에서도 1937년에는 수의과목으로 잔존하고 있었던 한문이 폐지되고 1941년에는 내지에서의 '국민학교' 제도시행과 함께 '공립학교', '소학교'가 '국민학교'로 통일되고 취학률은 1943년까지 70%를 넘었다. 1937년 홋카이도 구토인舊土人 보호법개정에 따라 아이누에 대한 분리교육도 폐지되었다.[4]

이들은 총력전 체제에 따른 평준화 효과의 일종이었다고도 말할 수 있겠지만, 전쟁이 격해짐에 따라 함께 충성심의 육성을 중시하게 되었던 내지 교육이 조선의 그것에 동화한다는 측면도 가지고 있었다. 1911년 조선교육령 시점에서 충성심의 육성과 실업교육을 조합시킨 조선에서의 교육은 '충량한 국민'을 육성하고, 내지의 교육보다 훌륭하다고 호즈미 노부시게穗積八束가 칭찬하고 있던 경위도 있었지만,[5] 총독부가 조선교육령 개정에 즈음하여 편찬

4 조선의 취학률에 대해서는 古川宣子, 「植民地期朝鮮における初等教育」, 『日本史研究』 370號, 1993 참조. 제도개혁과 그 공식견해에 대해서는 총독부 학무국장인 야기 노부오(八木信雄)에 의한 「學制改革と義務教育の問題」, 『今日の朝鮮問題講座』 第3冊, 綠旗連盟, 1939 참조. 조선에서의 의무교육제도는 1942년 12월에 1946년도부터 실시가 설정된다고 발표했는데 실현되지 못했다. 대만에서의 제도변경과 취학률에 대해서는 鍾清漢, 『日本植民地下における臺灣教育史』 참조. 다만 '공학교(公學校)'와 '소학교(小學校)'의 명칭상으로 구분이 폐지되었어도 일본어를 상용하는 자는 제1호 과정의 초등학교, 상용하지 않는자는 제2호 과정의 초등학교에 다니고 있었다. 실제적으로 구분이 없어진 것은 아니었다. 또한 이 시기에 대만의 총동원체제와 황민화교육에 대해서는 伊藤幹彦, 「日本植民地時代の臺灣教育」; 「皇民化運動と戰時動員體制」(『アジア文化研究』 3·4號, 1996~1997)과, 近藤正已, 『總力戰と臺灣』(刀水書房, 1996)등이 있다. 조선에서 황민화운동의 조직적 전개에 대해서는 庵逧由香, 「朝鮮における戰爭動員政策の展開」, 『國際關係學研究』 21號, 津田塾大學, 1994 참조. 홋카이도 구토인보호법 개정에 대해서는 小川, 『近代アイヌ教育制度史研究』 참조.

한 소학교 국사교과서는 '내지의 문부성보다 훨씬 뛰어난 것'이라고 평가받았고, 각계에 '큰 충격을 주었다'고 한다.[6] '국체명징國體明徵'과 '황국신민의 교육'을 내건 조선에서의 황민화교육은 이른바 내지의 그것을 선취한 형태로 실시되었던 것이다.

참정권 등 권리 면에서의 평등화와 총독부 특권에 관계되는 관제상의 통일이 쉽게 진전되지 않았던 것은 제17장에서 후술하겠지만, 그것들과 비교하여 교육내용과 언설 상으로는 조선의 '일본'통합이 고창되었다. 내지에서도 이미 1935년부터 국정교과서에 '국민의 민족 종류와 그 비율'이라는 제목을 붙인 그래프가 게재되고, 조선과 대만 주민이 '일본 국민'으로 기재되어 있었다.[7] 이전부터 일본정부는 조선과 대만을 공식적으로는 '식민지'로 인정하지 않았지만 이러한 경향은 황민화정책 속에서 한층 강화되었다.

1941년 12월 미일개전에 즈음하여 조선총독부였던 미나미 지로 육군대장은 이렇게 말하고 있다.[8]

> 조선은 식민지가 아닙니다. 그런데도 반도를 식민지로 간주하여 외국의 예를 인용하며 '이민족은 동화하지 않는다. 식민지는 단지 본국의 번영의 위해 그 필요 한도에 있어서 이것을 키워야만 하는 것이어서 동화일체同化一体를 바라는 것은 영원히 불가능하다'고 판단하고, 내선일체에 대해 어쨌든 이론異論이 있다고 듣고 있습니다만 그것은 '당치도 않다'고 말하지 않을 수 없습니다.

5 이 책의 제6장 각주 11 참조.

6 綠旗日本文化研究所 編, 『朝鮮思想界概觀 第4冊 今日の朝鮮問題講座』, p.36. 이 시기의 국사교과서에 대해서는 磯田一雄, 「第3次·第4次朝鮮教育令下の國史教科書の改訂狀況」, 『成城文藝』 130號, 1990 참조.

7 이 책의 서장 각주 1 참조.

8 南次郎, 『時局內鮮一体』, 國民總力朝鮮連盟, 1942, p.10.

말할 것도 없이 이것은 식민지정책에 따른 동화주의비판에 대한 반론이었다. 미나미 지로의 발언 배경에는 '조선인'을 '일본인'으로 동원할 필요성 논리 이외에 서구와의 관계가 존재했다. 중일전쟁에서도 태평양전쟁에서도 일본은 전쟁을 서구 제국주의에 의한 식민지 지배에서 아시아를 해방시키는 정의의 전쟁이라고 주장했다. 그 일본이 '식민지'를 가지고 있다는 모순이 있어서는 안 되는 것이었다. 미나미는 식민정책학의 동화주의 비판을 "팔굉일우의 대大 이상에 바탕을 둔 일시동인의 야마토 대애大愛의 숭고함을 잊고, 단순히 서구의 국가들이 그저 본국을 풍족하게 만들기 위해 착취를 목적으로 하는 식민정책의 척도를 빌려와 이것[황민화정책]을 꾀하려고 하는 것"이라고 비난하고, 1942년에는 "조선은 식민지가 아니다. 조선을 식민지로 취급하는 자가 있다면 후려갈겨라"라고까지 말했다는 그 강한 어조는 이 문제가 일본의 내셔널 아이덴티티의 유지에 얼마나 중요한 것인가를 나타내주는 것이었다.[9]

실제 총독부가 황민화정책을 추진할 즈음 조선민족주의와 함께 적대시하고 있던 것 "외국에서 이민족동화정책 실패의 실례를 인용하며 내선일체가 불가능하다는 의견"이었다. 총독부 경찰국 보안과장 후루카와 가네히데古川兼秀는 1941년 강연에서 일본내부의 황민화 비판으로 "교육 따위는 그만둬라", "군사교련, 지원병제도도 위험하니까 그만두는 게 좋다", '도리어 사견飼犬에게 손을 물린다'라고 지적하며 이들을 "열국의 제국주의적인 식민지제도"를 모방하는 것이라고 형용하고, 황민화정책은 "열국의 이민족정책이라고 말할지 식민지통합이라고 말할지, 이러한 것과는 본질적으로 다른 비교가 안 되는 숭고한 덕과 사랑으로 빛나는 것"이라고 주장했다.[10] 이렇게 서구 '식민지'지배와의 차이가 강조되는 한편 조선의 민족주의를 소거해야만 하는 논조를 띠었다.

---

9 南, op. cit., p.13; 上田龍男, 『朝鮮の問題と其の解決』, 京城正學研究所, 1942, p.1.

10 古川兼秀, 『(秘)內鮮一体の具現』, 國民總力朝鮮連盟防衛指導部, 1941, pp.2·5·35.

첫 번째는 종래와 마찬가지로 일선동조론을 비롯한 역사관의 변경이 있었다. 미나미 총독은 "내선관계는 인류학상으로도 언어학상으로도 또한 인문학상으로도 동조동원同祖同源임이 훌륭하게 입증되어 있다"고 강조했다. 총독부 정보 과장도 한 핏줄로 연결된 내선內鮮은 지금이야말로 영원히 서로의 소격疏隔을 버리고 서로 화합하고, 서로 섞여 대야마토 민족적인 일억일심一億一心의 대 발전을 기하지 않으면 안 된다고 부르짖었다. 보는 바와 같이 합병이 침략이 아닌 복고임을 주장했을 뿐만 아니라 창씨개명조차도 복고라고 했다. 왜냐하면 총독부에 따르면 고대조선의 성姓은 오히려 일본풍에 가까웠는데, 그것이 중국의 영향으로 '조선인의 성명 거의 대부분이 지나적인 것'으로 되었고, '내지인과 같은 씨명을 부르는 것이 허락되었던 것은 구래의 지나적인 것에 대한 하나의 반성'이고 '조선 본래의 것으로 돌아가는 첫 번째 방법'이라는 것이었다. 또한 복장개선에 대해서도 종래 비활동적인 조선 옷도 '지나풍의 영향'이라고 간주하고 국민복 착용을 복고라고 규정했다.[11]

두 번째 논조는 '조선'과 '일본'이 서로 개별적인 것이라는 호칭 자체를 소거하는 방법이었다. 이미 오키나와에서는 '류큐인'·'오키나와인'이 차별어로 되어 '본현인' 내지 '현민'이라는 호칭이 장려되고 있었지만, 중일전쟁 개시와 함께 '선인'과 '조선인'은 차별어로 간주되어 '반도인' 내지 '반도동포'가 채용되었다. 마찬가지로 대만에서는 '대만인'이 기피되고 '본도인'이 장려되었다.

말할 필요도 없이 이들 조선과 대만은 일본의 한 지방임을 의미하는 호칭이었다. 이러한 호칭이 채용된 동기로는 "일본인인가, 조선인인가하는 말은 마치 조선인은 일본인과 완전히 서로 다른나라 사람이라고 간주하는 것 같

11 南, op. cit., pp.12~13; 倉島至, 『前進する朝鮮』, 朝鮮總督府情報課, 1942, p.12. 宮田節子·金英達·梁泰昊, 『創氏改名』(明石書店, 1992, p.35)에서 인용. 孫貞圭·趙烘·津田節子, 「都會に於ける家庭生活の改善」, 『今日の朝鮮問題講座』 第5冊, p.20.

은 표현입니다"라는 일종의 '차별철폐'론과 "'조선'이라는 국가의식, 민족의식을 건드리지 않고 그것은 규슈인, 시코쿠인四國の人이라는 것과 전혀 다르지 않다"라는 통치상의 배려가 뒤섞여 있었다. 이 방침은 출판물에서 완전하게는 정착되지 못했지만, 1938년 10월에는 내지의 '신문사별로 각각의 간부가 합동좌담회를 열고 신문이나 잡지기사에 내선인의 차별적 취급을 절멸한다'는 결의와 함께 '내지인, 조선인의 호칭을 철폐하는' 것이 결정되었다.[12]

여기서 조선인은 '일본인'의 일부가 되고 조선인을 배제하여 '일본인'이라는 말을 사용하는 것은 차별로 되었다. 1941년에 출판된 계몽 팸플릿은 다음과 같은 문답을 싣고 있다.[13]

> [조선]의 인구는? 2천 2백 8십만.
>
> 그럼 일본인은 몇 명인가. 일본인은 지금 말한 것만큼 있다.
>
> 거짓말, 그것은 조선인이 아닌가?
>
> 대단히 곤란하다. 지금 무엇을 들었는가. 한일합병을 잊었는가.
>
> 아니, 알았어. 내지인은 몇 명인지라는 것이다.
>
> 내지인은 20만 호 70만 명이다. 확인하지만 두 번 다시 그런 바보 같은 소리 하지 마.

동시에 '일본어'라는 호칭은 일본을 외국 취급한 것이라고 여겨 터부시되어 '국어'가 바른 용어로 되었다. 당시 조선재주의 교원이 출판한 『반도의 아

---

12 『朝鮮同胞呼稱並新聞雜誌記事取扱座談會』, 新聞用語硏究會, 1939, pp.7·13. 전자는 『大阪每日新聞』(1938.8.13)의 「朝鮮の一愛國少年」의 투고 제1부, 후자는 大阪商工會議所理事의 武田鼎一의 발언이다. 이 좌담회에서 사용된 '반도인'이라는 호칭에 대해서는 樋口雄一, 『協和會』, 社會評論社, 1986, 보충 3 참조.

13 內海愛子·梶村秀樹·鈴木啓介, 『朝鮮人差別とことば』, 明石書店, 1986, p.90.

들들』이라는 책에는 일본어를 '국어'라고 부르지 않으면 안 된다며 조선인 아동들에게 이야기하는 장면이 게재되어 있다.[14]

> 모든 할아버지들에게는 아무런 생각도 없이 일본어 등[이라는] 말을 사용하고 있는 사람이 있다. (…중략…) 그렇지만 모두 그렇게는 안 되는 것이다. (…중략…) 왜냐하면 일본어라는 것은 마치 국어인 조선어와 대립하고 있는 것 같은 기분이 들지 않는가. 그렇지 않다. 조선어는 (…중략…) 일본 나라 말 중 글쎄 어려운 말이지만 방언이라고 말해지는 것으로 하나의 작은 지역의 말이다. 그러므로 국어를 말하지 않는 사람이 방언도 사용하지 않으면 어쩔 수 없지만, 아는 사람은 반드시 국어—표준어를 사용하지 않으면 안 되는 것이다. (…중략…) 조선이라는 등 내지라는 등의 구별적 표현을 한다거나, 지금 말한 것처럼 일본어라는 말을 사용한다거나—이런 일을 전부 없애버리지 않으면 안 되는 것이다.

이러한 조선어 자리매김의 배경에는 일본 측의 언어학연구에 의해 조선어는 오키나와어와 마찬가지로 일본어의 방언에 불과하다고 '입증'된 것이 존재했다. 총독부 보안과장에 의하면 '국어의 보급이라는 것은 단지 내지의 말을 보급하는 것이 아니라, 바른 표준어를 장려하는 것'이고 민족어 말살이 아니라 공통어의 보급이었다. 그리고 학교에서는 아동들에게 '조선어를 사용하지 않도록 하자'고 결정하고, 조선어를 사용한 자에게 '국어 표찰'을 하사하게 되었다고 되어 있다.[15]

그렇지만 이러한 교원들 중에는 조선인을 차별하고 있다고 자각한 것이 아니라 황민화가 동정과 선의의 표현이라고 생각하고 있는 자도 많았다. 예

---

14 浅田彬, 『半島の子ら』, 第一出版協會, 1942, pp.68~69.
15 古川, op. cit., p.26; 浅田, op. cit., pp.72・75.

를 들면 내지의 조선아동의 교육에 관계하고 있던 한 국민학교장은 1941년 다음과 같이 말하고 있다.[16]

> 요컨대 나는 반도아동, 아니 반도인이 불쌍합니다. 가엾습니다. 어떻게든 하루라도 빨리 내지인과 마찬가지로 행복한 사람으로 되기를 바라고 있습니다. 일본인으로서 받는 우리들의 행복 그대로를 그들에게도 갖게 하고 싶다고 생각합니다. 그러기 위해서는 (…중략…) 일본인이 되는 것입니다. 그것은 그들만의 노력에 맡겨두어서는 안 되고 내지인이 진심으로 지도하지 않으면 안 된다고 생각합니다. 그것이 동포에 대한 우정이고 또 임무라고 생각합니다.

'동포'로서 선의에 의해 '일본인으로서의 행복'을 준다는 논리는 아마 적지 않은 교원이 공통적으로 갖고 있었던 것 같다.

민족개념의 상대화

조선민족주의의 부정을 위해 취한 세 번째 논조는 민족이라는 개념 그 자체를 상대화하는 방법이었다. 1941년 6월 조선총독부 공인의 『내선일체의 이념 및 그 구현방책 요항』이라는 팸플릿이 발행되었는데, 거기에는 '서양의 사상을 수용한 민족주의'는 '동양의 정신에 따르는 민족협화 사상'을 가지고 극복하지 않으면 안 된다고 주장하고, '서양인의 사회구성은 일반적으로 민족이 그 본위를 이루지만', '이에 반해 동양은 고래古來부터 사회사상의 근본이 작게는 이에家, 크게는 국가로 이루어졌듯이 국가를 본위로 한다'라고 되어 있었다.[17]

16 石黑政憲, 「協和教育斷想」, 『國民學校に於ける協和教育』, 中央協和會, 1941; 樋口雄一編, 『協和會關係資料集』 II, 綠陰書房, 1991, p.19.

민족을 단위로 하는 서양에 비해 이에와 국가를 우위에 두는 '동양'을 대비시키는 이 도식에는 좀 더 자세히 설명할 필요가 있다. 이에와 국가에 대조되는 것은 당시 일본지식인 사이에서 유행하고 있던 헤겔사상의 문맥에 따르며 근대적 개인에 의해 만들어지는 '이상적' 시민사회이다. 이것을 의식하면서 동족민족론을 실천하고 있던 사례로서 교토학파[18] 철학자들에 의해 이루어진 1942년 '세계사 철학' 제3회 좌담회를 예로 들 수 있다.

이 좌담회에 따르면 '근대유럽 최대의 병원근'은 '인륜대人倫態의 분열'과 '근대국가의 성립'에 있다. 이 두 개는 모두 '처음부터 완성되어 있는 것 같은 인격이라든가 민족이라든가를 전제로 하여 출발하는 사상, 즉 개체주의적인 사상, 이에 오진의 원인에 있다'. 결국 개인과 민족을 하나의 단위, 하나의 주체로 설정하는 것 그 자체가 근대유럽의 병리인 것으로, 그것은 협화적인 동양사상에 의해 극복하지 않으면 안 된다. 원래 '지금 가장 문제를 일으키고 있는 국가의 형태라는 것은 비교적 새로운 유럽의 근대국가에서부터 발단한 것'이어서 동양의 전통적 국가는 '명확한 국경을 가진 국가가 아니다. 그러므로 서로에게 국경으로써 대립하여 서로 싸우고 있다는 의미의 근대국가의 이념과는 이념이 다르다'. 즉 "기성의 '민족'을 고정시켜 생각한다. 그러한 입장에서 민족자결주의와 같은 것도 나온 것이지만, 그러나 현재와 같이 조선에 징병제가 실시되고 '조선민족'이라고 불린 것이 주체적인 형태로 일본이라는 것 안에 들어오는 경우 결국 주체적으로 일본인이 되는 경우에는 지금까지 고정된 것이라고 생각하고 있던 '민족' 개념은 큰 개념 속에 녹아들어간다". 그리고 조선을 비롯하여 아시아인들은 민족자결에 의해 뒤늦게 국민국

---

17 『內鮮一體ノ理念及其ノ具現方策要綱』, 國民總力朝鮮連盟防衛指導部, 1941, p.4.

18 교토학파는 일반적으로 니시다 기타로(西田幾多郎)와 다나베 하지메(田辺元) 그리고 이들을 따른 철학자들이 만든 철학의 학파를 가리키는데, 교토대학 인문학연구소를 중심으로 한 학제적 연구를 특징으로 하고 있다. —역주

가를 만들어서 '근대유럽이 밟아온 것 같은 비극을 다시 되풀이하는 것은 의미가 없다'. 그들은 일본을 중심으로 한 대동아공영권 속에서 하나로 통합되어야만 한다[19]는 내용이었다.

총독 미나미 지로에 의하면, "세계에 유례없는 우리 국체의 존엄에서 유래하는 조국 정신, 즉 팔굉일우를 대 이상으로 하는 일본정신은 (…중략…) 귀화한 서로 다른 다수의 각종 민족을 모두 합쳐 한 덩어리를 이루고 (…중략…) 완전히 통일하는 위대한 포옹력, 그것에 있다"[20]고 논한다. 민족이라는 개념을 상대화하여 조선인의 조선민족 아이덴티티를 망각시킨 후 그들을 일본의 동일성에 회수하는 것이다.

거기서 국가는 민족을 기초로서 성립하는 것이 아니라 민족을 초월한 것이 된다. 그리고 "민족은 국가에 의해 자유롭게 파괴되거나 혹은 창조되는 것일 수밖에 없다. 총독부 보안과장 후루카와 가네히데는 내선일체의 미완성적인 과도기의 현재에는 조선인간에게 혈족적인 민족의식이 아직 비교적 농후하게 잔존하고 있을 뿐으로 민족의 말을 사용하는 그것 자체가 국민적 결합의 장애가 되고, 불온성조차 낳을 위험성이 많이 있다"[21]고 말하며 다음과 같이 주장한다.

> 생각건대 소위 민족개념은 보통 혈족 내지 인종이라는 의미에서 사용되고 있지만, 이는 확실히 인종학적, 생물학적 범주에 속하는 것으로 커다란 오진이라고 생각한다. 민족개념은 그러한 생리학적인 혈액문제를 초월하여 동일한 세계관 아래 협동생활의식을 가지고 발전을 계속하는 인간의 집단에서 가지고 있다고

19 高坂正顯・西谷啓治・高山岩男・鈴木成高, 『世界史的立場と日本』, 中央公論社, 1943, pp.338・340・343・352・354.

20 南, op. cit., p.15.

21 古川, op. cit., pp.44~45.

해석하는 것이 옳다. 공통의 경제, 정치, 문화를 지니고 발전을 기대하는 것이 중점으로 동일한 종족이냐 아니냐는 두 번째로 중요한 것이다.

후루카와에 의하면 황민화정책에 반대하는 조선인은 일본 측 동화반대론자들과 마찬가지로 '비국가적인 민족의식적인 배타감정'으로 파악되고 있다. 그리고 그는 '민족이라는 사고방식은 의심할 여지도 없이 서양류의 사상'이고, "우리나라에서 통념은 이와 전혀 다르고 크게는 국가, 작게는 이에여서 어디까지나 국가본위로 일관되어 있다"고 한다. 후루카와는 이러한 민족의식을 망각한 "지극히 비겁한 예로써 오키나와현에서 이를 볼 수 있다"고 말하며 "서양물이 든 민족동화 불가능 논자는 이 엄연한 사실을 어떻게 생각하는지 반성할 필요가 있을 것이다"라고 주장했다.[22]

이러한 후루카와의 주장에는 그의 개인적인 배경도 존재하고 있었다. 그는 '나의 집안은 아이즈會津 마쓰다이라번松平藩' 출신으로 메이지유신 내전에 의해 "나의 집은 불타 가재도구도 없어졌다"고 말했다. 그러나 현재 그의 아내는 일찍이 적이었던 사가佐賀출신으로 "황실에 대한 충성심을 잃지 않았다면, 가령 상극 갈등이 일시적으로 있었어도 그것은 결과론적인 문제"라고 간주하는 입장이었다.[23] 후루카와도 또한 동북출신의 총독부 관료의 한 명이었고 일찍이 하라 다카시가 그랬던 것처럼 자기 경험을 조선동화론에 연장시키고 있었던 것이다.

경성제국대학 교수 오다카 도모오尾高朝雄[24]의 민족개념 비판 또한 철저했다. 그에 따르면 민족의 순혈을 주창하는 나치 독일에서조차 '국가의 법률로 어

---

22 Ibid., pp.35~36.
23 Ibid., p.37.
24 오다카 도모오는 법학자이다. 전공은 법철학이었으며 조선의 부산에서 태어났다. 제3기 일본학술회의부회장을 지냈다. —역주

는 정도까지 피가 섞여 있는 것은 독일민족으로 정하고, 그 이상 섞이면 독일민족이 아니라는 식으로 나눈다'는 식으로 '민족을 법률로 정의'하고 있다. "민족이라는 것은 본래 범위가 막연한 것이어서 이것을 하나의 민족으로 한데 묶는 것은 국가의 법률이다. 국가의 힘인 것이다." 그 때문에 민족이라는 것은 국가에 의해 창조되는 허구의 개념이고, 민족이라는 것은 이미 국가라는 틀 속에 들어가 비로소 민족다워지는 것이다. 그것을 억지로 "민족이 국가보다 우선시되어야 한다는 것은 궤변"이라는 것이다.[25]

오다카에 의하면 "일본에는 천황이 존재함으로써 국가가 있고 국민이 있는 것으로, 민족이라는 것은 결코 절대적인 의미를 지니는 것은 아니다. 일군만민一君萬民의 관계로 연결되고, 물론 외래민족이라고 하더라도 마침내 진정한 황국신민이 되어 야마토민족이라고 불리게 된 것"이라고 했다. 마찬가지로 총독부의 외곽단체였던 녹기연맹의 회장이었던 쓰다 쓰요시津田剛도 1941년 강연에서 "천황 귀일 앞에 민족이라는 것은 없다"라고 강조했다.[26] 민족이라는 개념을 파괴해도 일본 측에서는 천황이라는 동일성이 남지만 조선의 민족주의에는 치명적인 타격을 줄 수 있는 것이다.

황민화정책 속에서 나치가 비판되는 것과는 의외의 인상을 줄지도 모른다. 그러나 조선민족주의의 소거를 위해 그것이 필요했을 뿐만 아니라, 원래 일본에서는 서구로부터의 차별에 대항하기 위해 노골적인 인종주의의 언설은 기피하는 경향이 있었다. 일본은 독일과 동맹을 맺고 있었는데 히틀러가 저작에서 황색인종을 열등시하고 있는 것에 불쾌감을 드러내는 자는 적지 않았다. 그보다는 '서양'의 식민지 지배를 비판한 것과 마찬가지로 유리한 입장일 때는 인종주의를 비판한 쪽이 일본 쪽 자아도취증에 딱 맞았던 것이다.

---

25 尾高朝雄,『國體の本義と內鮮一体』, 國民總力朝鮮連盟防衛指導部, 1941, pp.49~50.
26 Ibid., p.50; 津田剛,『世界の大勢と內鮮一体』, 國民總力朝鮮連盟防衛指導部, 1941, p.50.

그 반대로 조선인의 일부에는 히틀러를 민족주의의 영웅이라고 인식하는 경향이 존재했다. 당시 특별고등경찰의 자료를 보면 민족주의운동에 의해 검거된 조선인 중에는 "히틀러의 노력에 의해 민족의 결합이 이루어지고, 대 독일을 건설했다. 우리들도 또한 조선민족을 결합하여 현재의 피압박 조선민족 해방에 매진해야만 한다" 등이라고 주장하는 사람이 있었던 사례가 군데군데 보인다.[27] 당시는 아직 유태인학살이 본격화되기 이전으로 히틀러는 오로지 제1차 세계대전에서 피폐한 독일을 재건한 인물로 소개되고 있었다고 하더라도 이것은 분명한 오해일 것이다. 그러나 대만의회설치청원운동이 식민정책학을 오독하여 저항사상으로 변한 것처럼 이러한 조선인이 말하는 '히틀러'가 의미하는 것도 현실의 히틀러와는 다른 것이었다. 그렇다고 하더라도 이러한 형태로 민족주의운동이 발생한다는 것은 황민화정책 측의 나치비판이 있으면서 전혀 빗나간 것이 아니었음을 나타내고 있었다.

이처럼 조선인이 '일본인'임을 한결 같이 강조되었지만, '일본인'으로서의 평등과 권리는 약속받지 못했다. 징병제 시행결정은 당연하지만 조선인 사이에 참정권획득의 기대를 높였는데, 미나미 총독을 비롯한 일본 측은 '징병과 참정권은 전혀 다른 것'이라고 강조했다. 미나미의 말을 빌리자면 "황국신민의 본질은 서구식에 '우선하는' 그 권리를 주장한다는 관념과는 근본적으로 다르다"는 것이고, 조선인은 "권리를 제멋대로 주장하기 이전에 먼저 충량한 황국신민이 되는 본질을 완전히 완성하지 않으면 안 된다"는 것이었다.[28] 조선인이 천황과 대일본제국에 충성을 다하는 '일본인'이 된다면 '일본인'으로서의 권리는 시기를 보고 주겠다는 것은 그들의 변명이었다.

---

27 明石博隆·松浦總三 編, 『昭和特高彈壓史』 7, 太平出版社, 1975, p.212. 1941년 10월에 검거된 오사카부의 「조선독립청년당(朝鮮獨立青年黨)」에 관한 특별고등경찰 기록에 의거함. 같은 자료집, p.65에는 히틀러에 대한 견해도 엿보인다.

28 御手洗辰雄, 『南次郎傳』, 南次郎傳記刊行會, 1957, p.472; 南, op. cit., p.20.

평등과 근대화의 기대

그럼에도 불구하고 조선인의 일부에서 '일본인'으로서의 평등에 대한 희망은 고조되어갔다. 1930년대 말부터 태평양전쟁 초기까지 일본의 패권은 점점 공고해져 조선이 독립할 가능성은 거의 없어진 것처럼 보였다. 만주사변에서 서구와 국제연맹이 일본을 만류할 수 없고, 중일전쟁에서 역사적으로 조선이 존경하고 있었던 중국이 계속해서 패배한 것은 조선의 지식인들에게도 충격이었다. 만주사변과 중일전쟁은 청일전쟁이 류큐 왕부의 사족들에게 준 것에 가까운 효과를 조선의 지식인들에게도 초래했다고 말했을지도 모른다.

그때 때마침 민족주의운동도 공산주의운동도 격심한 탄압 속에서 침체와 분열을 겪게 되었다. 만주사변부터 중일전쟁을 거쳐 조선에서 사상범의 전향자가 나오기 시작하여 1938년 말에는 형무소사상범과 요주의인물 중 전향이 60%를 넘었다고 총독부 측은 기록하고 있다.[29] 그리고 황민화정책에 협력해갔던 조선지식인의 적잖은 부분은 이러한 전향자들이었다.

이들 조선지식인의 협력이유는 몇 가지 존재했다. 하나는 말할 필요도 없이 '일본인'으로서의 평등에 대한 기대였다. 조선근대문학의 아버지라고 불리고, 일찍이 독립선언문의 기초와 망명정부에의 참가 등으로 잘 알려진 이광수는 1941년에 이렇게 말하고 있다.[30]

---

29 『朝鮮思想界概觀』, p.32.

30 香山光郎(創氏名), 『內鮮一体隨想錄』, 中央協和會, 1941, pp5~6·13~14. 이 시기 친일파 지식인의 동향에 대해서는 林鍾國, 大村益夫 譯, 『親日文學論』(高麗書房, 1976)이 망라적인 검증을 실시하고 있으며 高崎宗司, 「朝鮮の親日派」(岩波講座 『近代日本と植民地』 第6卷, 1993) 등이 있다. 동시기 대만 지식인의 갈등을 다룬 것에는 垂水千惠, 『臺灣の日本語文學』(五柳書院, 1995)이 있다. 조선의 친일파 지식인의 동향에 대해서는 宮田, 앞의 책에서 차별로부터의 탈출 바람이 있었다고 지적하고 있으며 松本武祝, 「植民地下の朝鮮人はいかに統治されたか」, 『情況』(1997.12號)에서는 玄永燮과 印貞植을 다루면서 조선사회를 어떻게 하면 경제적으로 발전시킬까를 둘러싼 그들의 문제의식이 협력으로 연결되는 과정을 분석하고 있다. 竝木眞人, 「植民地期民族運動の近代觀」, 『朝鮮史硏究會論文集』 26集, 1989은 황민화정책 이전부터 이광수 등의 '근대 지상주의'가 그 후에 전향을 준비하게 되는 시점을 제시하며 "'전통민족'이라는 가치관에 입각하여 서구적 근대성과 어떻게 대결할까를 고민하면서 일본제국주의의 지배에 타협적이면서 비

일본이라는 것은 일본정신을 소유하는 동시에 이것을 실천하는 것을 가리킨다. 우리 제국은 옛날에도 그랬지만 앞으로 더욱 더 혈통국가만을 고집해서는 안 된다. (…중략…) 대동아공영권건설을 위해서는 오히려 혈통이 방해가 되는 경우조차 있을 수 있다. 따라서 팔굉일우의 대 이상으로서 전 인류를 포용하지 않으면 안 된다. 그렇다면 어떠한 자가 황민이고 일본인일까. 그것은 천황을 우러러 받들고 일본 조국의 이상인 팔굉일우를 이상으로 하는 인민이어야만 한다. (…중략…) 바꾸어 말하면 조선인은 원래부터 일본인이었던 내지인과 마찬가지의 심정으로 천황을 우러러 받들고 같은 마음으로 참배하고, 그 심정으로 총을 잡지 않으면 안 된다.

그는 또한 과거에 품은 '편협한 민족감정'에 반성을 말하고 내지 재주在住의 조선인 학생에게 다음과 같이 호소하고 있다.

타협적인 부분이 분기하고 있었다"(p.116)고 기술하고 있다. 이처럼 차별로부터의 탈출과 조선사회의 근대화에 대한 소망이 전향의 배경이 되었다는 지적을 보이는 마쓰모토의 논문과 나미키(竝木)의 논문은 '근대(近代)'를 경제적 발전이나 국력양성이라는 측면에서 다루었고, '근대지상주의'에 대비되는 민족주의적인 '근대회의주의'를 평가하는 나미키만으로는 불충분하다고 생각된다. 본 장에서는 친일파 지식인들이 계급적 격차나 여성차별의 해소라는 '근대'의 플러스적인 가치를 황민화정책에 기대했다는 것도 전향의 계기가 되었다는 시점을 취하고 싶다. 이것은 근대를 어떻게 파악하는가, 또는 어떻게 평가하는가라는 커다란 문제와 연결되는 것인데, 우선 먼저 '근대지상주의' 대 '근대회의주의'라는 도식을 설정하면서 어느 쪽에 일방적으로 찬성한다는 입장에는 의문을 던진다. 이러한 대비는 자칫 잘못하면 일본을 과도하게 '근대' 쪽으로 조선을 과도하게 반근대쪽으로 분류하여 쌍방의 다양한 실태들을 잘라 버려내는 것을 초래할 뿐만 아니라, 근대의 대비물로서 산출된 반근대를 찬미하는 로맨티시즘과 근대화와 집단적 아이덴티티를 양자택일하여 자리매김시키는 자승자박의 아포리아에 빠질 우려가 있다. 본 장과 제15장에서 살펴본 것처럼 근대화의 과실을 얻기 위해서는 동화하지 않으면 안 되고, 동화를 거부한다면 근대화를 포기해야 한다는 양자택일의 논리에 빠지는 것이 많은 사람들을 동화론으로 전향시키는 요인이 되었다고 본다. 적어도 '일본제국주의'가 이념형적인 근대의 사도가 아니었음은 물론이고, 문명화론과 구관온존(舊慣溫存)론을 함께 지배이데올로기로 사용하고 있었으며 조선 측의 협력을 통해 구관온존, 반서구, 반자본주의라는 문맥에서 획득하려 했던 것이다.

제군은 입버릇처럼 제군의 앞날에 희망이 희박함을 한탄한다. 제군은 제군의 선배가 훌륭하게 학문을 이루었음에도 직업이 없거나 관官 이외의 직업에 취업하여 오랫동안 보조역할만 하다가 끝날 것을, 제군의 음울한 앞날의 사실적 표현인 것처럼 생각하고 있다. '조선인은 사용해주지 않는다'고 불평을 말하고 있다. (…중략…) 동경에서 배우고 있는 조선의 학생이여 당신에게 묻는다. 솔직히 대답해보아라. 당신 학교의 내지인 학생이 그렇게 하듯이 당신은 폐하를 위해 생명을 바칠 충성을 가지고 있는가. 당신은 모든 일본적인 것을 당신의 보물로서 당신의 피로써 그것을 지키겠다는 애국심을 가지고 있는가. 그럼에도 불구하고 당신이 만약 국가에서 내놓은 물건 취급을 한다면 당신의 문구는 맞다. 만약 동경 재주의 2만 조선인 학생이 전부 당신처럼 대군大君에 대한 충성과 일본의 국토와 문화, 그리고 국가이상에 대한 애국심을 가지게 된다면 결코 제군은 직업이 가질 수 없다거나 차별받는다거나 그런 걱정은 하지 않는 것이 좋을 것이다. 제군의 선배는 아직 일본인이 되지 않았기 때문에 국가의 모든 기관으로부터 신뢰받고 있지 않은 것이다. 신뢰받지 않기 때문에 사용되지 않는 것이다. 그것을 차별 때문이라고 생각하는 것은 사악한 추정에 불과하다.

이러한 차별에서 탈출 바람은 이 시기 소위 친일파 지식인에게 크든 작든 공유되고 있었다. 사회주의 지지에서 전향한 인물이었던 현영섭玄永燮은 베스트셀러가 된 1938년의 『조선인이 나아가야만 하는 길』에서 "우리들이 두 번 다시 '독립공화국'을 꿈꾸지 않고, 완전히 일본 국민의 정신을 가진다면 우리들 조선인도 국정에 참가할 기회가 주어질 것이다. 의무교육도 병역의 의무도 거주의 자유도 (…중략…) 모두 주어지고, 조선의 가난한 농민이라도 그 인생에서 희망이 이루어지는 날이 올 것이다"라고 말하며 '완전히 일본화된 조선인에게서 재상이 나올 그 빛나는 날'을 꿈꾸었다. 그 꿈이 언제 실현될지에 대해서는 현영섭도 그것이 20년 후가 될지 아니면 50년 또는 100년 후가 될지는 우리들의 노력 여하에 달려있다'고 동화의 노력부족에 차별의 원인을 찾아낼 수밖에 없었던 것이지만 말이다.[31]

이러한 평등 바람 이외에 총독부 측이 내세운 '서양' 대 '동양'이라는 도식에 공명하는 자도 있었다. 원래 공산주의자였던 이량李亮은 본인이 전향할 즈음 "공산주의와 파시즘, 이것으로 동양민족은 구원받지 못함을 깨달았다. 어떠한 일이 있어도 우리들은 오랫동안 동양 전통을 보고 민족의 실천을 거울삼아 어디까지나 서양의 정치형태와 다른 새로운 형태의 조직을 창조하는 사명과, 그것을 구체화시키는 역할을 완수하지 않으면 안 된다고 생각한다"라고 주장하고, 크리스트교도의 대표로서 중일전쟁을 찬미한 양주삼梁柱三도 "만약 러시아가 이겼다면 동양인종은 멸망했다. 다행히도 일본이 이겼고 만주국은 태어나고 제국신민으로서 만족하며 살아갈 수 있는 땅에서 태어난 것은 얼마나 행복한 것일까"라고 말했다. 현영섭 또한 '동양에까지 그 마수를 뻗쳐 온 백인의 제국주의에 대해 우리들 동양인은 모두 일치단결하여 저항할 의무가 있다'고 강조하고 있었다.[32]

그렇지만 그 이상으로 컸던 것은 대일본제국의 적지 않은 마이너리티 지식인과 마찬가지로 그들 사회에서 전근대적인 관습에 대한 비판 감정이었다. 역시 현영섭의 저작을 예로 들면, 그는 이조시대 이래 '지배계급과 피지배계급의 차별과 분묘와 관혼상제에 경비를 낭비하는 '형식적 조상숭배'와 '조선인적 가족주의', 게다가 '조선인 사회만큼 나이 많다고 뻐기는 자가 많은 곳은 없다'는 것, '무격巫覡의 신앙, 유치한 교환경제, 원시적 농업 등을 극렬하게 비난하고 있다. 그리고 한일합병에 의해 상민계급도 옛날에 지배계급이었던

31 玄永燮,『朝鮮人の進むべき道』, 綠旗連盟, 1938, p.147;「宰相」 발언은 宮田, op. cit., p.43에서 인용.
32 『朝鮮思想界槪觀』, pp.22·29; 玄永燮, op. cit., p.84.

양반계급과 함께 법률 앞에는 평등하게 되고', '조선은 근대화하여 농업기술은 발달하고 근대공업은 발흥하고 교육은 발달하여 면목을 일신했다'는 것이어서 "민족주의조차 모든 계통의 사회주의사상과 마찬가지로 내지로부터 유입해온 것이다"라는 것이었다. 또한 오타 초후가 '진보군'을 자칭하면서 동화할 것을 부르짖은 것과도 유사했고, 현영섭은 '조선어에 대한 애착은 보수주의의 센티멘탈리즘이다. 나는 진보 쪽 편을 든다'며 조선어의 전면 폐지를 주장하고 있다.[33]

게다가 현영섭은 "일본을 제국주의, 침략주의라는 민족주의적인 사고방식은 식민지근성이어서 일부 내지인이 서구적 관념에서 조선을 '식민지'라고 부르는 것은 안 된다는 것과 마찬가지로, 깨끗이 청산해야 하는 것이다"라고 주장하고 있다. 이것은 총독부의 논조에 합치한 것임과 동시에 '식민지취급'을 피하려고 한다는 차별로부터의 탈출론이고, '식민지근성'을 버리라고 호소하는 조선인에 대한 자조노력의 질타이기도 했을 것이다. 이것은 류큐처분을 감히 '노예해방'이라 부르고, '노예근성'의 타파를 호소한 이하 후유에서 볼 수 있는 심리가 변형한 것이었다고 말할 수 있다. 이광수도 20년대부터 조선사회의 근대화와 조선인의 자조노력에의 각성을 설파하는 사이에 차츰 조선 그 자체에 비판적이게 되고, 친일적 경향을 강화해갔던 경위가 있었다.[34]

그리고 이 현영섭이 조선사회의 결점으로 예로 든 것에는 역시 여성의 지위가 포함되어 있었다. 그는 조선의 '가정생활에서', '부인의 지위는 너무나도 비참'하다고 부르짖고, '조혼의 폐해'와 '축첩의 풍습'과 '동성불혼同姓不婚'을 강하게 비난한 데다가 "법률적으로도 가족제도를 내지의 그것과 마찬가지로 개정해야만 할 필요가 있다"고 주장한 것이다.[35]

---

33 玄永燮, op. cit., pp.8·9·20·24·28·29·41·78·157.

34 Ibid., p.145; 이광수에 대해서는 竝木, op. cit.과 波多野節子, 「李光洙の民族主義思想と進化論」,

그것과 더불어 내지의 총력전 체제의 경우 때에도 그랬던 것처럼 조선에서도 황민화정책과 일체화되어 행해진 총동원은 조선의 여성지식인에게도 사회진출이라는 환상을 품게 했다. 성신가정학교장이었던 이숙종李淑鍾은 근로봉사와 출정병사의 출정 등을 '반도부인에게 일찍이 없었던 호외 활동'이라고 형용하고 "칩거의 폐해를 완전히 깬 것은 실로 기쁘기 한이 없습니다"라고 말했다. 또한 미국에서 수학하고 이화여자전문학교의 교장이 된 김활란金活蘭은 '가장 소중한 것은 우리들 조선의 부인 자신이 새로운 희망과 이상을 품고 사회적으로 진출해가는 것이라고 생각합니다', '부인문제가 내선일체의 큰 역사 속에서 훌륭하게 해결되어온 것은 아닐까 하고 나는 믿고 있습니다'라고 부르짖었다. 그리고 일찍이 공산주의운동으로 모스크바에 부임한 적이 있는 고명자高明子도 '우리들 조선부인의 새로운 진출'은 '국가총력전의 시국'에 맞추어 적극적인 국가사업의 참가에 있다고 보았다.[36]

이와 같은 조선인 측의 원망을 총독부와 그 관련단체는 교묘하게 떠올렸다. 조선총독부 학무국의 팸플릿은 "조선에서는 예로부터 부인의 교양을 간과했기 때문에 부인에게는 일반적으로 이상과 희망이 결여되어 있고, 공연히 내방內房에 칩거하여 홀로 인생의 의의를 망각하고, 가정 및 사회적인 존재의 가치도 잃고 있다"고 말하고, "가정에 칩거시키는 부인으로 하여금 (…중략…) 자진해서 국가사회생활에 참가하고 공헌하게 하는 것"을 예로 들어 지식의 계발과 '국체관념을 명징'으로 하는 것을 목표로 삼는 교육을 부르짖었다. 또한 녹기연맹이 내놓은 창씨개명의 안내책에서 창씨개명은 '내선일체의 완성일'뿐만 아니라 '여성의 지위향상'이라는 주장을 내세웠다. 조선의 가족

『朝鮮學報』136號, 1989 참조.

35 Ibid., pp.32~33·41~42·44.

36 李淑鍾,「半島婦人と勞動奉仕」,『總動員』1卷3號, 1939, p.29; 金活蘭,「婦人同志の愛情と理解」,『東洋之光』1卷6號, 1939, pp.86~87; 高明子,「新しい婦人運動の道」,『東洋之光』1卷6號, 1939, p.89.

제도에 여성의 성姓은 부친의 성 그대로이고, 남편 측의 친족보다 낮은 지위로 자리 매김되는 경향이 많지만, 창씨개명에 의해 가족제도를 개조하면 "지금까지 그저 자식을 만들기 위해 여성의 지위보다 남편과 함께 하고, 자식의 어머니로서 사회생활의 한 단위로서 가정을 가지는 지위로 나아"간다는 것이었다.[37]

또한 녹기연맹 부인부婦人部는 조선인 여성활동가의 협력 아래 물자통제와 노동력동원에 적합한 생활합리화를 노래하는 팸플릿을 작성했다. 거기에는 조선의 과거의 가정생활과 의식습관의 비합리성과 여성의 가사노동에서 과중부담, 위생지식보급의 필요 등이 강조되고, 그것이 내지풍으로 정하는 '개량'론에 연결되고 있었다. 예를 들면 조선인의 백색 복장 습관은 부인에게 세탁 노동을 강요하고 있다며 이를 예로 들어 "전체 조선의 부인이 세탁에 필요한 시간을 노동의 생산력으로 할 것"을 제창하고, 게다가 "여자도 거침없이 집밖으로 나가 일하지 않으면 안 되는 때입니다"라고 설파하는 것이 조선옷을 개량국민복으로 바꾸는 주장과 합체되고 있었던 것이다.[38]

조선인 여성활동가에게는 황민화정책과 총력전 체제에 협력하는 형태였어도 가난한 농촌여성들의 상황을 개선하는 것에 대한 기대는 있었다고 생각된다. 김활란 등은 부인문제연구회를 결성하고, 대정익찬회의 조선판인 국민정신총동원 조선연맹과 협력하여 생활의 합리화를 내세우는 생활기준을 작성했다. 또한 1938년에는 총독부 사회교육과가 그녀들에게 착목하고 그 후원아래 조선 각지를 순회 강연시키고 있다. 국방색의 부인 국방복을 입은 그녀들은 농촌지대에서 '구체적인 생활개선과 사변중일전쟁의 바른 인식'을 설

37 朝鮮總督府學務局社會教育科, 『朝鮮社會教化要覽』, 1938; 『日本植民地教育政策史料集成』 第51卷, pp.81~83; 綠旗連盟日本文化硏究所 編, 『氏創設の眞精神とその手續』, 綠旗連盟, 1940, p.8.
38 『現代朝鮮の生活とその改善』, p.53.

파하며 돌아다니는데, '부인멸시의 풍조가 있는 지방에도 (…중략…) 대단히 효과가 있어서 각지에도 성회盛會였고, 좌담회 등에서는 신상상담까지 꺼내는 부인들도 있어서 강사들도 얻는 바가 많았다'고 기록되어 있다. 김활란은 '과거 조선의 부인운동은 (…중략…) 지금부터 생각해보면 참으로 일부 지식인 여성의 호소에 불과하다'며 '내선일체의 대업 가운데 참으로 확실히 현실성 있는 부인운동이 전개되어온 것이라고 생각하고 있습니다'라고 적었는데 이것은 그녀 나름대로의 실감이었을 것이다.[39]

한편 녹기연맹의 이데올로기였던 모리타 요시오森田芳夫는 1939년에 조선으로 건너가 "조선의 민족주의자가 그 운동에 열중한 사람들의 10분의 1이라도 진지하게 조선의 자식에게 주는 완구를 생각하고, 아동교육의 쇄신을 실행해준다면 조선의 사회는 얼마나 진전할까", "조선의 공산주의자가 그 열정의 10분의 1이라도 식사의 낭비를 없애고, 고추를 줄이고 회충을 없애고 영양가를 높이는 운동을 해주면 조선의 민중은 얼마나 행복하게 될 것인가"하고 적고 있다.[40] 격심한 탄압 아래 이미 운동의 막다름과 분열로 흔들리고 있던 조선지식인들이 이러한 말의 유혹에 저항하는 것은 쉬운 일이 아니었을 것이다.

같은 시기 내지에서도 부인운동과 사회주의로부터 전향한 자들이 총력전 체제에 협력하고 있었다. 그리고 제15장에서 본 오키나와현청의 요시다처럼 운동을 방기하고 고향의 생활합리화에 힘쓰면서 그것이 동시에 표준어의 장려활동 등과 함께 불가분하게 되었던 사례도 있었다. 그리고 요시다와 마찬가지로 조선인의 경우도 일본 측 오리엔탈리즘의 시선에 대한 반발이 '일본인'으로의 동화를 촉구하는 한 원인이 되었다. 역시 전향자였던 이영근李永

39 『朝鮮思想界概觀』, p.58; 金活蘭, op. cit., p.87.
40 『朝鮮思想界概觀』, p.72.

根은 조선의 전통문화를 칭찬하는 내지의 지식인을 비판하며 이렇게 말하고 있다.[41]

> 조선을 여행한 사람들은 반드시 조선의 기생을 칭찬합니다. 지붕에 박꽃이 피어있는 집의 정경을 노래합니다. 신라, 백제, 고구려 등의 고적을 찾아가서 옛날을 그리워하는 시를 읊습니다. 고려 화병을 바라보는 예술가는 조선의 박물관을 찾아 돌아다닙니다. 애조哀調 띤 조선의 민요를 레코드에 녹음하는 상인도 있습니다. 내지의 지식인들은 왠일인지 조선을 골동화骨董化하려고 노력하는 것입니다. (…중략…) 생동감 넘치는 새로운 조선, 황은을 입고 성장해온 조선을 파헤쳐보려고는 하지 않는 것입니다. (…중략…) 그 중에서 조선 따위는 어떻게 되어도 상관없기 때문에 자신은 백제관음만 바라보고 있으면 된다고 생각하고 있는 사람마저 있는 것입니다. (…중략…) 조선이라는 것이 그렇게 특이한 곳, 기인한 것, 먼 곳일까요. (…중략…) 조선을 평범하게 보고 시코쿠와 규슈처럼 당연하게 보는 것을 국민은 수련해야만 하는 때가 아닐까.

이러한 담론을 보면 '일본인'으로 동화하는 것이 '유일한 길'이었다. 친일 지식인 중에도 원래 민족주의자인 최린崔麟처럼 "조선의 민족성을 어디까지나 존중하고, 조선 문화를 숭배하면서도 우리들은 일본제국신민이 될 수 있듯이 일본제국이 세계적 사명에 공헌하여 대동아의 평화에 진력할 수 있다"고 말하는 자도 있었지만, 그러한 잠재적 지지는 논단상 소수에 불과했다. 오히려 현영섭처럼 "조선인이 전부 내지인의 생활양식을 취하고 내지인과 조금도 다르지 않는 심정이 되었을 때 내지와 조선 간의 '차별'은 없어질 것이다"라는 주장 쪽이 눈에 띄었던 것이다.[42]

41 上田(創氏名), op. cit., pp.15~16.

그러나 이러한 일부 조선인들의 말은 하나의 전제로 지탱되고 있었다. 그들에게 '일본인'이 되는 것은 즉 차별로부터의 탈출이고, 근대화에 대한 바람이었고, 여성의 지위향상이었다. 그것은 한마디로 말하면 그들 자신의 행복에 대한 바람이고 황민화정책에 대한 협력은 그 수단이었음에 불과하다. 지배 측에 '일본인'이라는 것은 천황과 국가에 대한 충성을 의미했지만, 이러한 조선인들에게 '일본인'은 다른 의미를 지니고 있었다. 그럼에도 불구하고 '일본인'에 대한 경사傾斜를 볼 수 있는 것은 일본의 군사적 승리가 만들어낸 상황인식이었다.

일본 측도 그 점을 잘 의식하고 있었다. 1942년 3월 동남아시아 방면에서 붙잡은 영국인 포로를 '사상 선전공작'을 위해 조선에 이송할 계획이 지시되었다. 그 목적은 '조선인에 대해 제국의 실력을 현실적으로 인식시킴과 동시에 여전히 조선인 대부분이 가진 서구 숭배관념을 불식시킨다'는 것에 있었다. 그해 10월 조선군참모장으로부터 육군차관 앞으로의 보고에는 포로이송의 길에 조선인 12만, 내지인 5만 7천이 모였다고 적혀 있고, 조선인으로부터 나온 소리로 '우리들을 저속한 인간으로 바보 취급하고 있던 영국인을 포로로 보는 것은 꿈 같다', '반도인도 일본인으로서 자긍심을 느끼고 이것으로 기분도 일변했다', '반도청년이 황군의 일원으로서 포로의 감시를 하고 있는 것을 보았을 때 눈물이 나올 만큼 기뻤다'라고 말한 것을 소개하고 있다.[43]

그러나 이러한 군사적 승리가 언제까지 계속될 수 있을까, 그리고 그것과 불가분이었던 '반도인도 일본인으로서 자긍심을 느끼고 이것으로 기분도 일변했다'는 소리가 언제까지 계속될 수 있을지 그 보증은 없었다. 그리고 군사

42 『朝鮮思想界概觀』, p.23; 현영섭, op. cit., p.81.

43 朝參密, 第475號「朝鮮俘虜收容計劃に関する件報告」와 朝參密, 第202號「英人俘虜收容に伴ふ一般民衆の反響」. 東京裁判記錄, 1947.1.7 제출 자료에서 인용.

적 패배가 다가옴에 따라 일본 측은 단순히 황민화의 구호뿐만 아니라 구체적인 통치개혁에 직면해가게 된다.

제17장
최후의 개혁
패전 직전의 참정권 부여

태평양전쟁은 차츰 일본에게 불리하게 되었고 그것은 당연한 이야기지만 조선·대만 통치에도 변화를 가져왔다. 쇠퇴하는 형세를 감출 수 없는 정세하에 한층 총동원과 징병의 필요성에 사로잡힌 대일본제국은 지금까지와 같은 애매한 '점진적 발전'을 계속하는 것은 곤란하게 되었다. 이러한 가운데 조선인의 징병이 결정된 1942년부터 전후까지 일정한 개혁이 진행되어 마침내 그것은 호적과 참정권이라는 '일본인' 경계의 근간에 관계되는 문제에까지 영향을 미쳤다. 그리고 이들 개혁의 결말도 대일본제국의 자기개혁능력의 한계를 드러내게 되었다.

경계를 뒤흔드는 세 가지 요인

일본정부가 조선·대만의 통치개혁을 추진하기 위해서는 몇 개의 요인이 존재했다.

먼저 첫째는 말할 필요도 없이 징병제의 결정에 동반되는 조선인의 참정권요구가 고양되고 있었다. 표면상으로 징병제의 도입은 참정권 부여와 관계가 없다고 총독부와 일본정부는 부르짖고 있었지만, 그것으로 조선인을 납득시킬 수 있다고는 생각할 수 없었다. 조선인의 징병결정 직전의 문서라고 생각되는 「조선인 징집에 관한 구체적 연구」라는 극비 내부문서에는 징병을 행하면, '참정권 문제의 논의보다 먼저 다루어야 하는 분명한 것'이 있기 때문에 '징병제 시행을 결정할 즈음에는 참정권 문제의 취급에 관해 조금이라도 근본방침을 확립해두어야 한다'고 적혀 있다.[1]

그렇다고 하더라도 1929년 조선의회설치구상제11장 참조이 좌절된 후, 참정권 부여 계획작업은 정지되고 있었다. 1936년 시점에서 병역과 창씨개명이 총독부의 중요항목에 거론되지 않은 것은 전술한 바와 같지만, 참정권 문제도 마찬가지였다.

황민화정책이 강행된 1939년 11월에 조선총독부는 참정권 문제에 대해 극비 내부문서를 작성했다. 그러나 거기에는 변함없이 식민지의회 설치안과 중의원 의원 선거법 시행안이 검토된 결과, 1929년 조선의회안과 큰 차이가 없는 조선참의원을 만들 계획이 중요시되고 있었다. 의회설치안이 중시된 것은 중의원 의원 선거법을 시행하면 조선이 '일본'에 편입되고 만다는 것으로 그 결과, '총독의 제령제정권에 변혁을 받아야만 한다'는 지금까지와 변함없는 권한상의 이유에서였다. 물론 여기서 검토되고 있던 조선의회의 권한도 일부 예산심의에서만이었고, '자치입법권'은 '이를 인정하지 않는다'고 한 것은 말할 필요도 없다.[2]

---

1 「朝鮮人徵集ニ関スル具體的研究」, 『大野綠一郞文書』 1279-5, 페이지는 없음. 원문은 한자와 가타카나로 이루어져 있음. 이하 모두 동일. 전쟁말기의 참정권 부여에 관해서는 미나미, 「外地參政權問題」이 있으며 그 이외에도 岡本眞希子, 「アジア・太平洋戰爭末期における朝鮮人・臺灣人參政權問題」(『日本史研究』 401號, 1996)와 淺野豊美, 「日本帝國最後の再編」(『研究シリーズ』 35號, 早稲田大學社會科學研究所, 1996)이 있다. 오카모토(岡本) 논문은 참정권 부여에 이르는 과정을 정리하고 있으며 아사노(淺野) 논문은 참정권 부여가 서구와 관련과 국내 정세의 대립관계 속에서 용두사미가 되어가는 과정을 다루고 있는데, 본장에서는 대만을 영유한 이후에 총독부의 특권을 둘러싼 정쟁과의 관련 속에서 이 문제로 접속하는 방식을 취하고 있다. 또한 본장에서의 「이적(移籍)」 문제에 대한 기술은 오구마 에이지, 「『日本人』という牢獄」에서 발표한 것으로, 당시에는 이 문제를 다룬 연구를 찾을 수가 없었지만 그 이후에 岡本眞希子, 「アジア・太平洋戰爭末期の在日朝鮮人政策」(『在日朝鮮人史研究』 27號, 1997)이 공표된 것을 알았다.

2 「極秘 朝鮮選擧權問題ニ関スル件, 制度改正ニ関スル諸資料」, pp.5・21. 총독부 내무국(內務局)의

한편 전술한 바와 같이 황민화정책에서 조선은 '식민지'가 아니라고 말하고, 총독부 보안과장은 1941년 강연에서 "이때 보충 설명해야만 하는 것은 조선지방의회의 설치이지만 이것은 반도를 '자치령화'한다는 사상과 종합해 보면 내선일체의 대도大道에서 일탈할 우려가 있기 때문에 이것은 절대로 인정할 수 없다"고 단언했다.[3] 이것은 관료의 다테마에와 혼네라는 모순을 의미하는 것인지 그렇지 않으면 총독부 내부의 섹트주의이거나 정보전달이 불충한 것에 기인하는 것인지 분명하지가 않다. 아마 치안유지와 총동원을 중시하는 보안과장의 입장에서 보면 '일본인' 의식의 주입이 급선무라는 것도 혼네였겠지만, 또 한편으로 총독부의 특권을 유지할 목적으로 중의원의원선거법 시행은 피하고 싶다는 것도 혼네였을 것이다. 이러한 모순된 욕구를 양립시키려고 했기 때문에 일본인으로부터 포섭과 배제의 절충상태가 30년 이상에 걸쳐 계속되어 왔는데, 전쟁과 총동원이라는 지금까지 없었던 초유의 사태가 찾아와도 총독부의 자기개혁 능력은 이 정도에서 멈추었다고 할 수 있다.

그러나 이러한 어중간한 상태를 허용할 수 없다는 압력이 외부에서부터 증대하고 있었다. 서구와의 관계이다. 서구와의 대항관계 때문에 조선이 '식민지'가 아니라고 강조되고 있었던 것은 이미 검토한 바이다. 이 경향은 전쟁의 진전과 함께 더욱 격화되었을 뿐만 아니라, 차츰 단순한 내셔널·아이덴티티문제에 머무르지 않고 아시아제국의 신뢰를 어느 쪽이 얻을 수 있을까하는 외교전 양상을 드러내고 있었다.

예를 들면 1943년 1월, 일본은 중국의 친일정권이었던 왕조명汪兆銘정권을 상대로 일본이 가지고 있던 조계租界와 치외법권 등의 권익철폐를 실시했다.

작성은 1939年 11月로 되어 있다.

3 古川, 『内鮮一体の具現』, p.24.

그것과 거의 동시에 미국과 영국도 중경中慶정권과의 불평등조약을 폐지하게 된다. 같은 해 8월과 10월 일본은 미얀마와 필리핀에 형식적인 독립을 해주었고, 11월에는 점령아시아지역에서 대표가 도쿄에 모여 대동아회의를 열었고 아시아를 식민지 지배로부터 해방시켜 공존공영의 신질서를 만든다는 공동선언을 결의했다. 그리고 12월에는 미국이 중국인 이민의 제한을 대폭적으로 완화시켜 이민법개정을 행시하고 있었다.[4]

이러한 시소게임 가운데 일본 측은 변함없이 서구제국주의의 식민지 지배와 인종주의를 비난하는 한편, 대서양 헌장이 '공문'인 것에 비해 일본의 대동아선언은 '실행'이라고 주장해갔다. 정보국의 여론지도 방침은 제국대동아전쟁의 목적 및 제국이 언명하는 바는 반드시 실행에 옮기는 것임을 강조하고, 적대국 미국과 영국이 가진 전쟁목적의 기만성 및 그의 '언행불일치'를 추궁한다고 말하고 있다.[5] 확실히 처칠이 대서양헌장을 영국의 식민지에는 적용하지 않는다고 언명한 것에서도 볼 수 있듯이 서구 측의 '언행불일치'를 공격할 재료는 얼마든지 있었다. 그러나 그것은 필연적으로 일본 측의 '언행불일치'를 해결하지 않으면 안 되는 상태를 초래하게 되었다.

조선·대만과의 관계에서 결정적이었던 것은 1943년 11월에 열린 미국·영국·중국 수뇌부에 의한 카이로선언으로, 연합군이 승리하면 조선의 독립과 대만의 중국반환이 이루어진다고 구개한 것이다. 일본 측에서 보면 조선과 대만을 독립시키는 것을 허용할 수 없는 이상, 그 이후에는 '일본인'으로서의 권리부여를 주장할 수밖에 없었다. 1944년 후술하는 참정권 문제의 정부심의회에 참가한 흑룡회 주간 구주 요시히사葛生能久는 '미국이 다년에 걸쳐

4 Christopher Thorne, *The Issue of War*, London, Hamish Hamilton Ltd. 1985; クリストファー・ソーン, 市川洋一 譯, 『太平洋戰爭とは何だったのか』, 草思社, 1989, p.201.

5 淺野, 「日本帝國最後の再編」, p.260. 1944년 12월 23일로 적혀 있다.

[조선에] 야심의 마수를 내밀고 있었다', '공명정대한 우리 제국을 적반하장으로 도리어 침략국 취급을 했다' 등이라고 미국을 비난하면서 다음과 같이 말하고 있다.[6]

> 대동아 모든 민족해방의 대방침을 천명하고 이에 기초하여 미얀마, 필리핀 등을 전후로 하여 독립국가로서 발족시키고, (…중략…) 조선인 중에는 불만을 토로하는 자가 있었다. 말하기를 일본이 대동아부흥을 위해 종래의 피압박민족을 해방시키고 그 독립을 위해서는 당연한 일이지만, 무엇 때문에 조선민족에 대해서만 그 독립을 인정할 수 없다는 것은 우리 조선통치의 방식에 대한 불만이었다. (…중략…) 우리들은 이와 같은 설을 논하는 자에 대해 다음과 같이 대답한 것이다. 조선은 본래 대일본제국의 일부로서 내지와 조선은 확실히 불가분한 것이며 이것은 대동아의 신독립민족과 동일하게 논할 수 있는 것이 아니다. (…중략…) 요즘 징병령의 시행과 전시 상황에 의해 조선동포가 국가를 위해 맡은 임무는 점차 중요성을 더해가고 (…중략…) 조선동포는 지금이야말로 내지동포와 거의 고르는 것 없이 중요책무를 완수하고 있다. (…중략…) 조선동포는 이렇게 내지동포와 동렬 평등의 입장에 서서 영원히 복지를 향유할 것을 얻어야만 한다.

이러한 논리는 정부 내에서도 공유되지 않으면 안 되었다. 1944년 8월에 참모본부가 최고전쟁 지도회의를 위해 준비한 대외정책 지도요령 안에는 "반도인·내지인에 대해서는 (…중략…) 제국신민으로서의 권리의무를 부여하고 독립운동에 대해서는 매우 엄격하고 준엄하게 탄압한다"고 하며 10월 최고전쟁지도회의의 결정 '적사상 모략 파괴 방책'에는 "조선, 대만에서 독립운동을 기도하는 것에 대해서는 제국이 처우개선을 준비할 것을 분명히 한

6 葛生能久, 『朝鮮問題解決の急務』, 黑龍會本部, 1944, pp.7~9.

다"고 되어 있다.[7] 총독부의 기득권이 문제가 아니라, 서구와의 대항이라는 외압에 의해 마침내 조선인·대만인에게 일본인으로서의 권리를 부여하는 것은 피할 수 없는 것이 되어버렸다.

그리고 이와 같은 외압과 맞물려 국내의 성청省廳 간의 역학관계에도 변화가 생겨나고 있었다. 내지의 성청이 총독부왕국의 독립성을 침식하는 움직임을 보이기 시작했던 것이다. 잘 알려진 것처럼 1940년 전후로 정비되어갔던 총력전체제는 중앙통제 경제 이름하에 정부관청의 감독권한을 대폭적으로 강화하는 것이었다. 그 때문에 전쟁이 깊어짐과 함께 그때까지 성역으로 보았던 총독부의 권한에도 차츰 중앙통제의 물결이 밀어닥쳤다.

이미 1936년 8월 조선총독이 육군대신과 간담을 나누었을 때, 만주국과 내지가 통제경제로 이행하고 있던 것에 대해 "조선, 대만 등의 외지에 이르러서는 극도의 자유주의적 경제정책을 취하는 산업상의 통제와 원활한 운영이 어려운 상태에 있다"는 불만을 총독부 측에 내놓았다.[8] 총독부왕국에 있어서 이것은 그 후에 증대해가는 '내정간섭'의 예고였다.

그 후 1942년 5월에는 조선인에게 징병제를 시행하는 각의결정이 발표되었는데, 사실 이것은 중앙정부와 육군이 총독부에 거의 아무런 예고도 없이 내던진 것이었다. 무릇 일련의 황민화정책 자체가 군동원의 필요성을 중시한 군 의향을 반영하여 이루어지고 있었던 것이었다. 총독부 측에서 보면 군의 의향에 따라 황민화정책에 노력한 결과, 징병제라는 중대결정에서 배제된 것이다. 이것만으로도 총독부의 동요는 큰 것이었지만 반 년 후, 1941년 11월에는 크게 진전을 보였다. 이때 실시된 관제개혁에서 중앙 성청에 조선·대만 총독부의 감독권한이 주어졌던 것이다.[9]

---

7 淺野, 「日本帝國最後の再編」, p.259.

8 「極秘 陸軍大臣ヨリ朝鮮總督ヘ 談要旨」, 『大野綠一郎文書』 1152, 페이지 표기는 없다.

앞서 언급한 것처럼 조선총독부는 내지관청으로부터 감독을 받지 않는 제왕적인 존재였고, 대만총독은 형식적으로는 척무대신의 감독을 받게 되었던 것으로 실질적으로는 어떤 것에도 구속받지 않는 자유재량을 쥐고 있었다. 그렇지만 이 시기 개혁에 의해 조선과 대만의 화폐·은행·관세는 대장대신大藏大臣, 고등교육은 문부대신, 주요 식량농산물은 농림대신, 중요 광공업과 무역은 상공대신, 철도는 철도대신에게 각각 감독권이 주어졌다. 또한 종합사무에 대해서는 내무대신이 총독에게 지시를 내리게 되었다. 이것은 물론 총력전체제에 기인한 중앙통제를 위해 필요한 조치로 되어 있었지만, 각 성청이 이것을 호기로 삼아 총독부로부터 권한을 박탈하려고 했다. 총독부를 각 대신의 하급관청과 같은 지위로 전락시키는 것으로까지 형용된 이 개혁에 총독부 측에서 반발이 없을 리가 없었다.[10]

일찍이 1929년 척무성 신설시에 총독 OB의 사이토 마코토齋藤實가 추밀원 회의에서 이의를 제기하여 감독권을 버린 경위가 있었지만, 이 개혁시기 5월에 조선총독을 그만두고 추밀고문관이 된 미나미 지로南次郎가 크게 반대했다. 미나미는 이러한 개혁은 '총독의 지위를 저하시키는 것'이고, '이를 받아들이는 자가 있다면 그것은 각 성청 사무당국 관료의 일부가 되어야만 한다'고 절대 반대를 부르짖었다. 그리고 그는 조선은 '전혀 내지와 다르다', '특수사정'이라는 것이 있고, 조선인은 '사상, 인정, 풍속, 습관, 언어 등을 달리하는 이민족인 것은 엄연한 사실이다'라고 주장한다.[11]

---

9 징병제 결정경위에 대한 설명은 宮田의 『朝鮮民衆と「皇民化」政策』 제3장을 참조함.

10 山崎, 『外地統治機構の研究』, p.81. 이 시기의 관제개혁에 대해서는 제2장 참조.

11 「行政簡素化實施ノ為ニスル內閣所屬部局及職員官制改正ノ件外29件, 『樞密院會議筆記』, 國立公文書館所藏, 1942.10.28. 이 미나미 지로의 발언은 미야다의 앞의 책에서 다루고 있다. 이에 저자는 이 미나미 지로의 자세를 자각적인 '두 개의 혀'보다도 책임의식이 결여된 '두 개의 혀'에 의한 편리주의라고 말하고 있으며 미나미를 변호하고 있다고 적어두고 싶다. 또한 『南次郎傳』(pp.472~473)에서는 미나미가 「하라 수상의 미즈노 정무통감에게 준 방침을 충실히 지키고 있어 자치의회설치안에 반대하며 '장래에는 조선에서 의원을 중의원으로 보내고, 정치적으로

현지의 '특수사정'을 강조하든 '이민족' 취급을 하든 이것은 모두 6·3법 문제 이후 총독부가 독립성을 유지하기 위해 사용해온 상투적인 언설이었다. 황민화정책에서 조선인은 '동조동원同祖同源'이라고 강조하고 있던 미나미가 권한문제가 부상하자 갑자기 '이민족'이라고 주장한 것은 확실히 모순적이었다. 그러나 이것은 대일본제국이 취해온 합리주의의 전형적인 표현이고, 아마 메이지기 이사와 슈지伊沢修二 등과 마찬가지로 미나미에게 '모순을 내포하고 있었던 것'이라는 자각이 있었는지 어떤지는 의심스럽다.

그렇지만 총력전체제의 관철을 내세운 정부 측의 자세는 강경했고 미나미의 반대는 계속되었다. 이것을 계기로 '만주국'과 남양반도는 신설 대동아성大東亜省의 관할이 되었고, 내무성에는 조선·대만을 관할하는 '관리국'이 설치되었다. 이 내무성 관리국은 구 척무성의 직원을 흡수하여 편성된 부서가 되었는데 실질적으로는 척무성의 후신이었다.

내지 측 조선·대만관할관청의 변천을 개관해보면, 1896년에 척식무성이 설치된 후 이듬해 척식무성이 폐지되고 내무성의 통리統理로 이관되어 1929

도 조선을 9주, 4국과 마찬가지로 내지의 한 지방으로 다루어야 한다'고 의견을 내고, 선거시행법에 대해 점진하는 방식에 관해 내부 학자들과 정치가의 의견을 구했다. 그리고 후에 추밀원 문관으로서 천황의 참석회의에 나가 그것을 가장 명확한 말로 주장했다'고 기술하고 있다. 분명히 미나미는 10월 28일 추밀원 심의에서 관제상의 '내외행정일체화'보다도 권리 면의 일체화인 '징병제의 시설, 의무교육제도의 진전, 참정권의 부여' 등을 촉진할 것을 주창하고 있었다. 그러나 그의 주장은 이러한 권리 면의 동화는 '반도관민이 절대로 총독을 신뢰하여 총독의 지도에 따르는' 상태에서 촉진하지 않으면 안 되었기 때문에 그 때문에라도 총독의 권한은 삭감되지 않으면 안 되었던 것이다. 미나미가 이와 같이 주장한 것은 총독권한과 중의원 의원 선출 관계를 잘 이해하고 있지 않았던 것을 말해주는 것이며 정부가 쉽게 결단을 내리지 못하는 참정권 부여를 관제개혁보다도 선행해야 한다고 주장함으로써 관제개혁에 브레이크를 걸 의도가 있었던 것은 아닌가 하는 생각이 든다. 제5장에서 살펴본 것처럼 권한문제에서 법제상 일본편입을 주장하는 내지세력에 대해 참정권 문제를 협박용으로 내놓는 것은 상투적인 언설이었다. 적어도 총독부 권한의 삭감을 중시한 하라 다카시의 지향을 미나미가 충실하게 수행했다는 기술은 미나미와 일본 측의 일관된 일시동인의 동화론 입장에서 참정권, 징병제, 창씨개명 등의 일본인화 장책을 의도하고 있었다고 묘사하는 자세가 농후한 것으로, 사료로서 신빙성에 문제가 있다고 본다. 미나미가 총독부 부인시기부터 조선에 징병제를 적용하려는 의도가 있었다는 기술을 어디까지 신용해야 할지 저자는 판단이 서지 않는다.

년에 또 척무성이 신설되고, 게다가 1942년에 또다시 척무성이 폐지되어 내무성으로 흡수되는 '일본'으로의 통합과 분리의 왕복운동을 반복하게 된다. 그리고 척무성과 조선총독부의 정쟁의 경위를 생각하면, 총독부에 지시하는 입장이 된 그들이 총독부의 특권을 빼앗은 것에 열정적이었음을 예상할 수 있다. 덧붙여서 말하면 관제개혁 후 1943년 4월에는 가라후토樺太가 법적으로 내지로 편입되었다.[12]

이와 같이 조선인의 총동원, 서구와의 대항관계 그리고 관청 간의 권한쟁탈전에서 총독부의 지위저하라는 세 가지가 '일본', 즉 '일본인'의 경계를 뒤흔드는 요인으로서 전쟁이라는 비상사태 속에서 형성되어갔다. 이렇게 전쟁말기에 이르게 되면 조선인의 호적이동과 참정권 두 가지에 대한 변혁이 시도되어간다.

이적移籍 문제의 부상

제6장에서 논한 것처럼 호적의 본적 이동금지는 '일본인' 경계의 중요한 구분이었다. 그리고 그 개혁의 움직임은 이미 1930년대 말부터 시작되고 있었다. 그 이유는 역시 조선인의 병역문제였다. 일본의 병역법은 '호적법의 적용을 받는 자'를 대상으로 하고 있고, 호적에 의한 국민등록이 징집실무의 기본이 되었을 뿐만 아니라, 제도적으로도 호주에게 징역적령자를 신고하게 하는 책임을 지게 하고 있었기 때문에 조선에서의 징역제 실시는 필연적으로 호적제도의 정비 내지 개혁을 필요로 하는 것이었다.

1938년 2월에는 조선인의 지원병제도가 공포되었지만, 그에 앞서 조선총독부의 미나미 지로가 중앙정부와의 절충을 위해 동경으로 향했을 때 '총독

12 가라후토의 내지편입과 참정권 문제에 대해서는 楠精一郎, 「樺太參政權問題」, 『近代日本史の新研究』 VIII, 1990 참조.

부재중 주요사항'이라는 메모에는 '지원병제도문제'와 나란히 '호적법의 실시'가 기재되어 있다. 또 그 후의 징병제실시를 내세운 극비문서 '조선인 징집에 관한 구체적 연구'도 조선으로의 "징병제시행을 위해서는 호적의 완비를 선결요건으로 하고, 이를 위해서는 현재 내지 및 가라후토에 시행되고 있는 호적법을 조선에서 시행해야 한다"고 기록하고 있었다.[13]

실제 제8장에서 살펴 보았듯이 본적 이동금지는 내지인의 징병기피를 방지하는 것이 큰 목적이었기 때문에 조선에서 징병제를 시행해버리면 금지의 필요성은 감소하게 되는 셈이다. 전후의 재일조선인에 대한 일제히 국적박탈은 법제적으로는 '호적법의 적용을 받는 자'를 대상으로 하는 형태로 실시된 것이었기 때문에 만약 이때 호적법이 시행되었다면, 내지인과 조선인의 법적 구분의 근거가 소실되고 전후 재일조선인의 운명도 바뀌었을지도 모른다.

그러나 결과적으로는 이때도 조선에 호적법은 시행되지 않았다. 내지인과의 구분 상실이라는 문제도 있었겠지만 한편으로는 내지의 호적법을 그대로 시행하기에는 내지와 조선의 가족제도에 너무 차이가 있었고, 혼란과 반발이 예상되었기 때문이다. 전술한 극비문서 '조선인 징집에 관한 구체적 연구'도 이것을 이유로 호적법 시행안을 보류했다.

결국 이 문제는 병역법이 그때까지 '호적법의 적용을 받는 자'의 호적법 뒤에 '또는 조선 민사령 중 호적에 관한 규정'이라는 문헌을 추가하는 형태로 결착되는 한편, 전후로 조선 호적령이 보다 내지식 가족제도에 가깝도록 바꾸는소위 창씨개명 것에 머물렀다. 창씨개명의 절차에는 조선의 전 가구 중 약 20%가 '행방불명', 즉 호적등록과 실태에 차이를 생겨 총독부는 대규모적인 호적등록 정리를 개시했다.[14] 그러한 의미에서 창씨개명은 징병실시를 향한

13 「總督留守中ノ主要事項」(「大野綠一郎文書」 1156-2); 「極秘 朝鮮人徵集ニ関すスル具體的研究」. 페이지가 모두 표시되어 있지 않다.

호적 확인의 리허설 역할을 수행했다고 말할 수 있다.

이렇게 일단 보류된 이 문제가 다시 부상하는 것은 1944년에 이르러서의 일이다. 그해부터는 조선인의 징병이 시작되고, 또 강제연행 등으로 인해 급증한 내지 재주조선인의 수는 200만에 달하고 있었다. 이 시기에는 이미 일본의 패색은 짙어져가고 있었고, 징병제 실시와 노무동원의 담보로서 조선인에 대해 어느 정도의 처우개선을 행할 필요가 생겨나고 있었다. 이러한 상황 속에서 1944년 12월에는 마침내 내지거주 조선인의 한 부분으로 내지로의 이적을 허가한다는 각의결정이 이루어지게 된다. 이하 그 결정에 이르는 경위를 보도록 하자.

공공적인 의미에서 조선인 처우개선의 일환으로서 이적허가를 제창한 제일 초기의 것은 1944년 1월 날짜의 한 극비문서 '조선인 황민화의 기본방침' 이다.[15] 이 문서에 "전시하 조선인에 대한 징병의 실시와 전력 증강의 요원으로서 조선인의 대량 내지이입을 필요로 하는 현 사태를 거울삼아 (…중략…) 조선인의 황민의식을 한층 함양시키고 그 총력을 전쟁수행으로 몰아가기" 위해 '조선인에 대한 처우의 적절한 개선을 실행'할 것을 방침으로 제창하고 있었다. 그를 위해 구체적으로 예로 든 것은 조선인과의 마찰을 피하기 위한 '내지인의 자각촉진'과 조선인관리와 내지인관리의 급여차이 개선, 그리고

---

14 坂元, 「敗戰前日本國における朝鮮戶籍の硏究」, p.271·273. 또한 창씨개명과 조선의 가족제도에 대해서는 宮田·金·梁, 『創氏改名』 참조.

15 「本邦內政雜件 植民地關係」(이하 「內政雜件」이라고 약기함) 第1卷 수록, 페이지 표기가 없음. 모두에는 「극비(極秘)」라는 도장이 찍혀 있고, '1944년 1월 28일'이라는 날짜로 표기되어 있으며 「무라야마 사안(村山私案)」이라고 적혀 있다. 저자는 「『日本人』という牢獄」에서 내무성 관리국이 작성했다고 추정하는데, 오카모토(岡本)의 「アジア·太平洋戰爭末期の在日朝鮮人政策」은 이 무라야마를 당시의 내각참사관, 관방 심의실 근무의 무라야마 미치오(村山道雄)라고 추정하고 작성자에 대해서는 확정적인 근거가 없다. 그리고 내무성 문서나 각의결정 등에서는 '이적'이라는 호칭이 사용되고 있었다. 이것은 정식적 법률용어가 아니기 때문에 의미가 불명확한데, 아마도 내지로 '전적(轉籍)'하거나 '취적(就籍)'하는 것을 일괄적으로 사용한 개념이라고 여겨진다. 이하 본문에서의 기술도 이에 따라 '이적'이라고 사용한다.

조선인의 '내지에서 진학지도'·'취직알선'·'노동 관리의 쇄신'·'내지에서 경찰단속 조정'이라는 지금까지 제도적 개변을 동반하지 않는 것이 많았지만, 그것만이 아니었다.

중요한 제도적 개혁으로서 예를 든 것은 우선 '조선에서 중의원의원선거법을 시행하는 방침 및 실시시기를 결정하고 발표함과 동시에 급속히 이 조사를 개시할 것' 및 '귀족원 의원에 상당수의 조선인을 임용하도록 조치할 것'이었다.' 이 문제는 다음 절에서 상술하겠지만 여기서 주목해야만 하는 것은 처우개선의 일환으로서 호적법을 조선에서 시행하고 황민화의 사실 현저한 조선인(특히 내지에서 오랫동안 거주하고 내지인과 구별하기 어려울 정도로 황민화된 자, 대동아전쟁에서 무훈武勳을 자랑하는 귀환용사로서 내지에 거주하는 자 등)에 대해 내지로의 이적을 인정하는 것이 내세워지고 있었다. '황민화' 된 자와 원일본군 병사에 한정된다 하더라도 이적 허가와 호적법 시행은 '일본인' 경계에 관한 정책의 근본적 변경이었다.

이 문서의 기본자세는 철저한 조선인의 동화론이고 내지 재주조선인에 대한 '국어'보급, 조선옷의 금지, 풍습의 동화 등을 부르짖고 있었다. 당시 후생성 연구소 등에서 일본민족 순혈주의의 입장에서 내선결혼에 반대하는 의견이 있었지만, 여기서는 '내선통혼을 인종주의적 순혈론으로써 저지해야만 할 것, 인종주의적 학설을 원용하여 조선인의 황민화를 부정하는 언설을 단속할 것'이 주장되고 있었다. 다만 '내선통혼은 가능한 한 내지인과 황민화하는 조선인과의 사이에 행하도록 지도할 것', '교양이 낮은 조선인의 대량집단 내지이입은 조선인의 황민화를 위해 바람직한 조치가 아니다'라며 "내지에 도항 거주하는 조선인은 가능한 한 국민학교 혹은 조선청년 특별 연성령練成令에 의한 공립 연성소의 과정을 종료하게 할 것 및 그 부양가족에게 지도할 것이라고 하고, 장래는 원칙으로 이에 한정한다"고 되어 있다. 내지에 정주하는 조선인의 수는 한정되면서 내지인 수의 우위 아래에서 통혼 그 이외에 황민화를 촉진시키는 것이 이 문서의 기본자세이고, 이적 허가 제창도 그 틀에 따른 것이었다고 할 수 있을 것이다.

1944년 9월부터는 징병된 조선인의 일본 군입영이 시작되었다. 그 다음 달, 이번에는 조선총독부 법무국이 보다 구체적인 극비문서를 작성하고 있었다.[16] 여기에서는 당시 총독부가 일본인으로 인정해도 좋다고 판단하는 조선인상을 어떻게 생각하고 있었는지를 엿볼 수 있다. 우선 이적 허가의 '목적'이라고 정한 내용을 다음과 같은 문장에서 잘 알 수 있다.

> 내선호적의 이동을 가능한 한 주로 황민화의 정도가 높고 동시에 범죄 성향의 악질적 유전병 등이 없는 조선인을 내지로 본적을 가지게 하고 이에 따라 내선구별의 표준을 철폐하고, 이로써 내선일체의 이념을 구현할 것을 목적으로 한다.

이 문서에 따르면 조선인에게 징병을 강요하고 있는 상황의 아래에서 '내선일체'의 촉진은 불가결했지만, 전시하 호적상에 존재하는 내선구별을 전면적으로 철거하지 않으면 조선 및 내지에서 통치상 일대혼란과 분규를 초래할 수 있다는 것이 불을 보듯 뻔하기 때문에 '적용을 받는 조선인의 범위는 가능한 한 소범위로 정할' 필요가 있다. 그 때문에 "황민화하거나 황민화를 판정할 수 있는 상당정도의 엄중한 조건을 첨가하고 이에 합치하는 자에 대해서만 호적에 관한 이동을 용인할 것을 가능하게 한다"고 되어 있다.

여기서 구체적인 '조건'으로서 예로 든 것은 다음과 같은 것이다. 우선 내지거주 조선인에 대해서는 일정 이상의 연수를 내지에 거주하고 있을 것, 전

16 「内地朝鮮間戸籍ノ移動ニ関スル法律案要領」(『内政雜件』 第3巻), 페이지 표기가 없다. 「1944년 10월 10일」이라고 도장이 찍혀 있다.

과가 없을 것, 또한 '호주 및 가족이 국어를 사용할 것', '악질의 유전병을 가지고 있는 자를 제외할 것' 등이다. 또한 내지재주이외의 '일반조선인'에 대해서는 역시 전과와 유전병이 없을 것 이외에 '군무에 복종하는 자 및 그 가족', '국민징용에 복종하는 자', '국가에 특별공로가 있는 자한일합방의 지사들 및 그 가족', '국경경비 그 이외의 공무수행에 따라 순직한 자의 가족' 등이 예로 들어졌다. 게다가 '혈통에 관한 조건을 완화'하여 '부모의 한 쪽이 내지인이 될지 또는 내지인 것', '호주의 배우자가 내지인일 것'에는 규정을 완화한다고 한다. 조선인의 징병에 즈음하여 제국에 대한 충성심의 환기에 기를 쓰고 있던 당시 총독부가 일본군병사가 되는 것과 내선결혼을 행하는 것을 '일본인'으로 인정하는 기준으로 삼으려고 했던 것임을 엿볼 수 있다.

그렇다고 하더라도 제한은 그것만이 아니었다. 또한 '호적의 이동을 광범위하게 벌어지지 않게 하기 위해 제한'하고 '친족입적을 적당히 제한하는 규정을 만들 것'이 기록되고 이적할 수 있는 친족은 호주와 그 아내의 직계만이 적당하다고 되어 있다. 한 명이 이적해서 내지호적을 만든 후 친족이 대거 입적해버리는 것을 두려워한 것이다. 게다가 이적조건 심사는 지방재판소에서 행하고 불허가의 재판에 대해서는 '불복을 신청할 수 없다'고 했다. '허가 재판에 대해서도 검사가 적당하지 않다고 판단될 때는 항소를 할 수 있다'라는 조건이 붙어져 있었다. 게다가 입법의 형식으로는 내지와 조선의 친족법규가 다름을 이유로 하여 '호적법을 조선에 시행하는 형식에 따르지 않을 것'으로 되어 있고, 공통법의 특례에 해당되는 특별법의 제정이 적당하다고 되어 있다.

이러한 제한을 만들면서도 한편으로 이것이 내선일체의 어필을 위한 것인 이상, 노골적인 차별을 의식하지 않게 하기 위해 일정한 배려가 이루어지고 있었다. 먼저 첫째, 법문학상으로 '조선인에게만 해당되는 규정을 만들 때에 모든 종류의 엄중한 조건을 첨부할 시에는 오히려 내선구별을 법문학적으로 분명히 의식시키는 것으로 귀착하고, 입법기술상 졸렬'하기 때문에 '가능한 한 내선인을 포괄한 규정을 만들고 법문학상 언뜻 보아 차이를 판단하기에 곤란하도록 규정할 수 있다'고 되어 있었다. 여느 때와 마찬가지로 차별을 법문학상으로는 명기하지 않는 수법이라고 말할 수 있을 것이다. 그리고 둘째, 엄중한 조건을 달면서도 '귀화의 조건보다 엄중한 조건을 만드는 것은 타당하지 않다'고 했던 것이다. 조선인을 '일본인'으로서 징병하고 있던 당시에 외국인의 귀화보다도 곤란한 이적조건을 공표한 것에는 역시 망설임이 있었던 것이다.

넘을 수 없었던 임계

총독부 측은 동시에 이 안을 대강의 법안으로 정리하며 작성하고 있다.[17] 그 내용은 내지거주기간의 요건이 '3년 이상'으로 된 것 등 구체적 내용이 줄어든 것 이외에는 전술한 문서와 큰 차이가 없었다. 또 법문학상으로 '조선인'과 '내지인'이라는 기재가 없고, 지역 간의 상호이동을 결정하는 것 같은 형식을 취하고 있는 점도 방침대로였다. 그렇지만 내무성이 이러한 조선총독부 논리에 반론을 제기했다. 다음 달 11월 자 내무성의 비밀 내부문서는 다음과 같이 주장하고 있다.[18]

> 이적은 호적에 관한 단순한 수속상의 문제라고는 생각하기 어렵고 민족의 혼효, 동화 내지 순수 보호 등에 관한 근본문제를 포장하고 조선인 및 대만인에 대한 민족정책 및 일본민족의 장래에 관한 장구 방책의 근본에 관한 것이다. 따라서 수속적 편리의 조치로서 경솔하게 처리해야만 하는 것은 아니고, 이에 대해

17 「1944년 10월 11일, 조선총독부 법무국 민사과(民事課) 인(印)」이라고 적혀 있다.
18 「1944.11.12」이라고 적혀 있다.

서는 조선인 및 대만인 종류의 자질, 인구, 증식력, 순응력, 동화력 등을 내지인과 대비해서 신중히 검토하고 민족통치의 근본을 거울로 삼을 것을 요한다.

이 내무성 문서에 따르면 이적은 '언어, 풍습, 사상, 감정 등의 내지인화하는 특정한 조선인 및 대만인'에 대해서만 허용해야만 하는 것이고, 만약 '형식적 요건을 법으로 정해두고 이를 구비하면 대체적으로 허가한다고 하면 틀림없이 순식간에 수십만의 조선인 및 대만인이 이적해야만 하고 내선인 및 내지거주 대만인들에게 커다란 혼효분란이 생겨 지도 단속상 여러 가지 곤란한 문제를 낳는다'고 했다. 또한 조선인·대만인은 내지인과는 신분법상 지위가 다르기 때문에 이적에 따르는 신분법상 중대한 영향을 미치고 복잡한 법률관계를 초래한다는 것도 고려하지 않으면 안 된다고 논했다.

내무성의 이적에 관한 인식과 총독부의 그것 사이에는 근본적인 차이가 하나 있었다. 그것은 내무성이 내지에 재주하고 있는 조선인만을 이적허가의 대상으로 여기고, 내지에 정주를 허가하는 시점에서 선별하려는 것을 추가하려고 했었던 것에 대해 총독부는 조선재주의 조선인도 이적시킬 것을 부르짖고 있었다. 총독부는 일본 군인이 된 자와 노동징용당한 자에게 이적을 허가할 것을 상상하고 있었지만, 패전까지 병사가 된 조선인만도 11만을 넘고 있다. 그 직계친족까지 이적할 수 있다는 총독부의 안이 그대로 실현되면, '순식간에 수십만의 조선인 및 대만인의 이적이 이루어진다'는 내무성 측의 걱정도 전혀 근거가 없다고는 말할 수 없을지도 모른다. 내무성의 입장에서 보면 이것은 도저히 간과해서는 안 되는 일이었다.

실은 이러한 총독부와 내무성의 대립은 이전부터 생겨나고 있었다. 원래 총독부는 1937년에 미나미 총독이 상경했을 때 조선인의 내지도항 제한의 완화를 제창하고 있었다. 총독부에 따르면 "내지도항의 제한은 현재 본부의 시설 중 조선인 사이에서 가장 불평등을 가지고 있는 사항의 하나인 것도 내지 측의 절실한 요청에 의해" 단속을 강화해왔지만, 조선총독부와 내무성 경찰 쌍방에 제한을 두고 실시하기 때문에 '이중단속의 모습을 드러내고 한층 조선인의 불평을 고양시키고' 있을 뿐이 아닌가. '조선 측에서 도항을 용인하는 자에 대해서도 부정도항자로서 송환해오는 것 같은 실례'까지 발생하여 총독부의 위신이 훼손되었다고 말하고 있다.[19]

총독부에게 내지로 도항하는 조선인의 관리는 자신들의 관할 밖의 문제이고, 도항제도에 의해 조선인의 불만을 높이고 통치에 불안을 초래하는 것은 피하고 싶었다. 한편 내지의 치안을 담당하는 내무성 측에서 보면, 조선인은 우선 내지로의 유입을 가능한 한 제한하고 내지로 들어와버린 자는 확실히 동화하고 싶은 것이었다. 도항 제한문제에서부터 존재하고 있던 이러한 대립이 이적 즈음에도 부상된 것이다.

전술한 내무성 문서에 이적문제는 조선인의 '인구, 증식력, 순응력, 동화력 등'과 합쳐 검토하는 것이 필요하다고 주장하고 있지만, 이 문제에 대해서도 극비문서가 작성되어 있다.[20] 그 기본방침은 '가능한 한 대 야마토민족의 풍습을 이식하고 조선인의 모방을 순치한다', '국어를 철저하게 보급하고 20년 사이에 그 용어를 국어로 통일한다', '가족제도에 대해서는 내선통혼에 지장을 주는 것 같은 것을 차례차례로 지도하여 개선시킨다'는 강경한 동화론이었지만, 동시에 '[조선인의] 민족감정을 대야마토 민족화하기 위해서는 수적 및 문화적 우위를 요청시킴으로써 조선민족의 수는 가급적 소수가 되는 것이 적당하다'고 하여 '조선민족을 자극하여 오히려 동화에 어려움을 가져오지 않도록 일부 이주, 증가억제 등의 방책을 수행하지 않으면 안 된다'

19 「中央政府ト交渉案件」, 『大野綠一郎文書』 1155-1, 페이지 표기가 없다.

고 적고 있다. 거기에는 '증가인구의 억제'로서 다음과 같은 항목이 제창되고 있다.

1. 조혼의 폐풍을 타파함과 동시에 여성의 혼인연령을 현재와 비교하여 2년을 올려 20세 이상에 달하지 않으면 결혼시킬 수 없다고 하고, 남자에 대해서도 5년을 올려 지도한다.
2. 여자의 노동을 장려하고 여자를 내방內房에서 사회로 해방시키록 지도한다.
3. 남자의 단신출가를 장려하고 경제생활의 향상을 기도하도록 지도한다.
4. 억제방책에 즉응하는 우생법을 시행한다.

여성의 '해방'과 '경제생활 향상'을 가장한 교묘한 인구 억제책이다. 그럼에도 불구하고 증가한 조선인에 대해서는 가라후토·남양반도에 20만, 남방 지역에 400만, 대륙방면'시베리아, 만주, 지나'에 80만을 이주시키려고 하고 있다. 물론 이주지역으로서 '내지'가 '부적당'하다고 되어 있었던 것은 말할 필요도 없다.

내무성에서 조선인의 이적문제는 이러한 인구배치의 정책과 일체화한 것이고 총동원의 필요성에 사로잡힌 총독부의 변명을 받아들일 수는 없었다. 그리고 이적은 사법사무라기보다는 치안문제로서 총독부안에는 재판소가 담당하도록 되어 있었던 이적조사의 권한을 치안담당의 내무성이 자기 관할 아래인 지방장관을 통해 파악해야만 한다고 주장한다.

11월에 작성된 이적문제의 내무성 대안에는 조선총독부안보다도 조건이 한층 더 엄격하게 되어 있었다.[21] 먼저 "이적은 내지로 일정한 주거를 가지고

---

20 「朝鮮統治施策企劃上ノ問題案」(『內政雜件』第2卷). 페이지 표기가 없다.

21 「朝鮮及臺灣ニ本籍ヲ有スル者ノ內地移籍ニ関スル件」(『內政雜件』第3卷). 「1944년 11월 14일」이라고 찍혀 있다. 페이지 표기는 없다. 내지거주의 연수에 대해서는 『內政雜件』第3卷에 수록되어 있고, 그 후 내무성안(內務省案)에는 다시 3년으로 되돌렸다.

있는 자로서 생활의 기초가 안정되고 언어풍습 이외에 일반생활상태의 내지인과 격차가 없을 정도에 달하는 동시에 장래 내지에 영주할 의사를 가지고 있는 것에 한하여 허가하도록 할 것"이라고 되어 있고, 내지 거주 연수조건은 총독부안의 3년에서 5년으로 끌어올리고 있다. 그 사이 거주 연수에 관해서는 '아버지 또는 어머니가 내지인인 자', '아내가 내지인인 자', '내지에서 태어난 자'에 대해서는 3년으로 좋다고 되었지만, 직계친족의 이적을 허용하고 있었던 총독부안과 비교하여 친족의 이적은 '아내 및 미성년인 자녀'로 한정했다.

게다가 이 내무성이 작성한 안에서 이적은 내지재주인 자로 한정되었고 조선재주조선인의 이적에 대해서는 전혀 언급되어 있지 않았다. 내무성은 일본군병사가 된 조선인조차 완전한 일본인으로 간주할 마음이 없었던 것이다. 게다가 '이적에 의해 신분법상의 지위에는 영향을 미치지 않을 것'이라는 항목이 추가되어 있었다. 또한 이적사무는 재판소가 아니라 내무성 관할의 지방장관이 파악한다고 되어 있었던 것은 말할 필요가 없다.

이 내무성안에 대해서는 사법성으로부터 반론이 있었다. 그러나 사법성의 반론 동기는 조선인의 대우개선이 아니라 단지 호적사무는 재판소를 산하에 두는 사법성 관할의 관청 간의 영역이라는 의식에 불과했고, 내무성에 따르면 사법성안의 '허가조건 등은 내무성안보다 한층 더 엄중'했다.[22] 이미 미군의 폭격기가 동경으로 공격하기 시작했던 이 시기가 되어서도 여전히 관료

22 「朝鮮及臺灣ニ本籍ヲ有スル者ノ內地移籍ニ関スル件 所轄問題」(『內政雜件』第3卷). 페이지 표기는 없다. 「1944년 11월 24일」이라고 되어 있다. 이 문서와 함께 수록되어 있는 사법성안(司法省案)으로 보이는 「1944년 11월 29일」의 「朝鮮人又臺灣人ノ移籍ニ関スル法律案要綱案」(未定稿)은 3년 이상의 내지 거주와 독립된 생계를 가진 20세 이상의 「지조견실한 자(志操堅實な者)를 이적 허가의 조건으로 하고 있으며 직계친족의 입적을 인정하고 있다. 여기에는 총독부안에 있었던 군무경험자의 허가조항도 없지만, 내무성안에서 있던 언어, 풍습상의 조건도 없다. 주문상으로는 중립적인 내용이지만 재판소가 행정관청의 의견을 편의대로 청취하면서 「지조견실」의 내용을 심사하도록 한 것 같다.

들은 기득권과 권한을 둘러싸고 싸우고 있었다.

그 1개월 후인 1944년 12월 '조선·대만동포'에 대한 처우개선에 관한 각의결정이 공표되었다.[23] 그 내용에는 이미 1월 극비문서에도 들어 있던 '일반 내지인의 계발', '경찰상의 처우개선', '진학지도', '취직알선'과 '내지도항 제한의 폐지' 등의 항목과 나란히 '이적 방법을 열어줄 것'이 포함되어 있었다. 다만 그것은 내지에 정주하는 조선동포로 한정되었다.

게다가 이 이적허가는 방침이 공표되었을 뿐 그 후에도 이적허가조건과 관할문제 등의 구체적인 안은 결국 정리되지 않았던 것 같다. 다음해 1945년 3월 내무성관리국 작성의 극비문서에는 조선인의 인구억제 등이 전해지는 한편, 이적 조건의 '구체방책에 관해서는 목하 깊이 생각 중이다'라고 되어 있다. 다만 거기에는 지금 무제한으로 이적을 인정하는 것은 폐해가 따를 우려가 있으므로 외국인 귀화의 예에 준하는 허가제도를 채용하는 것이 적당하다고 생각한다고 적고, 조선총독부가 피하려고 하고 있던 '외국인 귀화'(와 같은 수준), 내지 그것 이상으로 심한 조건을 부과하려고 하고 있는 것은 분명한 것이었다.[24]

이와 같이 우선 이적에 관한 개혁은 조선총독부의 제안이 내무성의 반대로 강행되는 형태로 용두사미의 결말을 보았다. 계속해서 참정권에 대한 개혁도 거의 마찬가지의 결말을 겪게 된다.

'일본인'이라는 감옥

이적문제가 이상과 같은 결말을 맞이한 후 1944년 말부터 '일본인'으로서

---

23 1944.12.22의 각의결정 「朝鮮及臺灣同胞ニ対スル處遇改善ニ関スル件」, 『內閣制度90年 資料集』, 內閣官房, 1976, pp.1004~1005.

24 內務省管理局, 「朝鮮及臺灣在住民政治處遇ニ関スル質疑應答」, 「內政雜件」 第3卷, p.38. 의회와 추밀원에 대한 정부답변용 자료이며 표지에 「1945.3.6」이라는 날짜가 찍혀 있다.

의 권리부여란 마지막 수단인 참정권 문제가 구체적인 토의에 오르고 있었다.

이 문제의 주도권을 잡은 것은 1944년 7월에 도조 히데키東條英機[25]에 이어 수상이 된 고이소 구니아키小磯國昭[26]였다. 고이소는 미나미 지로가 총독권한의 삭감에 반대했을 때에도 도조로부터 '현 조선총독[고이소]은 정부와 소견을 같이 한다'고 평가받고 있었다. 고이소는 원래 조선군 사령관이었지만, 국방을 중시하는 조선군은 이전부터 총독부보다도 조선의 '일본' 편입에 열성적인 세력이었다. 또한 그것뿐만이 아니라 그는 추밀원에서 '조선에 대해서는 스사노 미고토素戔嗚尊가 이 지역에 근거를 두고 (…중략…) 조선인으로서 국체의 본의에 일관하고 있는 것은 가능 동시에 필연이다'라며 진심으로 일선동조론을 부르짖는 발언을 하고 있었고, 쇼와 천황으로부터도 '미신적인 경향'이 있다고까지 형용되었던 인물이었다.[27]

이 고이소 곁에서 참정권 부여의 최대 장애였던 총독부의 자세가 변하기 시작했다. 고이소가 총독이었을 시기에 작성된 총독부 내부문서에는 지금까지와는 딴판으로 제국의회에서 의원선출이 메인이 되고, 조선지방의회는 부대안付帶案으로 격하되었다. 거기에는 중의원에는 제한선거이고 중의원에는 칙선으로 각각 10명 정도의 의원을 보내는 것이라고 되어 있다.[28] 표면상 황민화의 구호가 어떻든 간에 총독부의 내부문서에서 중의원에 대한 의원선출이 메인이 된 것은 확실히 획기적인 것이었다.

그것과 호응하듯이 움직이기 시작한 것은 내지 측의 총독부왕국에 대한

25 도조 히데키는 군인이며 정치가였다. 현역 군인인 채로 제40대 내각총리대신을 지냈다. ―역주
26 고이소 구니아키는 제41대 내각총리대신이다. 육군대장을 지냈고 종(従)2위, 훈(勲)1등이다. ―역주
27 「行政簡素化實施ノ為ニスル内閣所屬部局及職員官制改正ノ件外29件」. 고이소의 발언과 쇼와천황의 형용은 淺野, 「日本帝國最後ノ再編」, p.259에서 인용.
28 「朝鮮ニ於ケル參政制度方策案」(『大野綠一郎文書』 1281-5). 1943년 3월의 취학통계를 사용하고 있으며 1943년 후반부터 44년 전반에 작성된 것으로 여겨진다.

권한박탈의 움직임이다. 전술한 것처럼 1944년 1월 비밀문서는 이적 가능성과 함께 "조선에서 중의원의원선거법을 시행하는 방침 및 실시시기를 결정 발표함과 동시에 조사를 개시할 것"을 구가하고 있었다. 중요한 것은 이 참정권 제안이 내지 측의 권한확장과 연결되고 있었던 점이고, '그와 동시에 조선에서 [총독의] 제령을 원칙으로 하는 현행입법제도를 [내지의] 법률시행을 원칙으로 하는 제도로 이행시키는 것에 고려할 것' 및 '내외지 행정사무의 통일 일원화를 강화할 것'이 게재되어 있었다.[29]

조선에서의 중의원의원선거법 시행은 필연적으로 총독의 위임입법권의 소멸과 관련된 것이었기 때문에 뒤집어 말하면 조선인에 대한 참정권 부여는 내지 측에 의한 총독부왕국으로의 공격수단이 되는 것이었다. 이 비밀문서에는 참정권 부여와 나란히 '조선총독부 정무총감을 지방행정 협의회장회의에 참가 열석할 것'이 제언되어 문자대로 조선총독부를 내무성 관할하의 지방행정기관으로 취급하는 것이 지향됨과 동시에 후생성이 관할하고 있는 내지거주 조선인의 협화사업도 '내무성 관리국으로 이관할 것'이 게재되어 있었다.[30] 전술한 바와 같이 내무성 관리국은 척무성의 후신이고 총독부는 관할 관청으로서의 부국部局이었다.

그렇다고는 하지만 아직 이 단계에서의 변화는 지지부진한 것이었다. 1943년 11월 내외지 일체화 촉진을 내세운 총독부 관제개혁의 추밀원심의에서 어떤 고문관이 "조선인은 에미시蝦夷, 구마소熊襲, 아이누라는 것 같은 [고대에 일본민족으로 동화한] 사람들처럼 되기를 바란다. (…중략…) 총독이 관제상 특수한 지위에 있는 것은 좋지 않다"고 질문한 것에 대해 법제국장관은 '총독의 지위 특히 궁중 석차 등에 변경을 가하는 것은 좋아하지 않는다'고

29 「朝鮮人皇民化基本方策」 참조.
30 「朝鮮人皇民化基本方策」 참조.

회답하고 있다.[31] 확실히 조선이 법제적으로 '일본'에 편입된다면 총독부가 폐지될지, 적어도 총독의 지위가 저하하는 것은 피할 수 없었을 것이다. 그렇다고 하더라도 조선인에 대한 징병제시행을 결정하고, 대동아회의에서 공동선언을 호언장담한 시기가 되었어도 총독의 궁중宮中 석차는 변할 수 없는 것이 당시의 실태였다.

그러나 상황은 차츰 그것을 허용하지 않게 되었다. 1944년 여름부터 일본 측의 방위선은 단번에 붕괴되고, 도조내각이 타도되어 고이소가 수상의 자리에 올랐다. 그러나 이러한 패세敗勢는 여기서 그치지 않고 10월에는 필리핀 전투에서 일본해군이 괴멸되고 전투는 특공대에게만 의지하는 상태가 되었다. 당시의 예상으로서는 미군이 필리핀에 뒤이어 대만을 공략하여 남방과 내지를 연결하는 자원루트를 차단하고, 게다가 조선남부를 공격하여 일본 본토와 대륙의 교통을 봉쇄하고 본토에서 상륙해올 거라고도 전해지고 있었다.[32] 현실적으로는 미군이 갑자기 오키나와를 탈취한 후 본토공격을 계획한 셈이지만, 조선·대만이 국방최전선이 된다는 메이지기 이후의 위구가 현실로 되고 말았던 것이다. 그러한 상황 아래에서 힘을 잃은 일본군과 총독부에게는 미군이 공격해왔을 때 원주민이 아군이 될지 적이 될지는 완전히 사활문제였다.

특히 심각했던 것은 10월 이후 미국 항공모함의 공습을 받고 있었던 대만의 실정이다. 1944년 말에 대만총독부는 '도민처우에 관한 조치 개요'를 작성하고, 그때까지 차별의 상징으로 되어 있었던 비도형죄령匪徒刑罰令·부랑자단속규칙·보갑제도·아편전매 등의 철폐와 지방자치의 정비 및 총독부평의회의 활성화를 내세웠다. 그렇다고는 하지만 이 처우개선안에도 친족법규의

---

31 「行政機構整備實施ノ為ニスル朝鮮總督府官制中改正ノ件及臺灣總督府官制中改正ノ件外5件ニ関スル樞密院審査委員會(昭和18.11.17~18)に於ける質疑應答(抄)」, 『外地統理提案』 수록; 『內政雜件』 第2卷, 1944.1, p.9.

32 大井篤, 『海上護衛戰』, 朝日ソノラマ, 1992(구판「舊版」은 1953), p.353.

내지연장과 '국어'보급이라는 황민화를 부르짖고 있었을 뿐만 아니라, 총독부평의회의 활성화도 "자문기관도 결의기관처럼 그 의견을 엄중 운용한다"고 말한 정도의 것이었지만, 총독부로서는 총독부 권한 내에서 사용할 수 있는 카드를 전부 활용했다고 말해도 좋다. 다만 조선총독부의 비밀조사에는 이 시기가 되어도 내지인 식민자가 참정권 부여에 반발하고 '조선인의 전면적 무차별요구 박차', '내지인의 지위 위험' 등이라고 부르짖고 있던 것이 보고되어 있지만, 총독부는 내지 측으로부터 참정권 부여가 결정되는 것을 기다리는 상황이 되었다.[33]

이와 같이 고이소 수상과 총독부가 참정권 부여에 찬성하고 육군도 전쟁국면상 이것을 용인하는 상황이었다. 그러나 내무성 안에서도 치안담당의 보안국과 내지의 행정을 관할하는 지방국은 반대했다. 이들은 '첫째 부분적으로 사탕을 주어도 조선인을 진심으로 전쟁에 협력시키려는 것이 가능한 것은 아니다. 조선인에게 참정권을 주면 대만인에게도 가라후토의 아이누에게도 주지 않으면 안 된다'는 이론에서 '경보국장과 지방국장이 정면에서 반대했다'는 것이다.[34]

2년 전부터 총력전체제의 구축을 위해 익찬선거가 행해지고, 내무성을 중심으로 정부추천후보 당선에 힘썼음에도 불구하고 기존의 정치노력은 아직

---

33 「島民處遇ニ関スル措置概要」(『内政雜件』 第4卷)「本島人ノ處遇ニ付總督府ニ於ケル考慮シツツアル事項」(『内政雜件』 第2卷). 전자는 「1944.12.2」이라 찍혀 있다. 이 시기 대만의 동향에 대해서는 近藤正已, 『總力戰と臺灣』 제6장 참조. 식민자의 반응은 조선총독부 보안과(朝鮮總督府保安課), 「極秘朝鮮同胞處遇改善發表ニ伴フ反響」(國立公文書館 「쇼와(昭和) 20年 공문잡편(公文雜纂)」에 수록되어 있음. (1944.1.8의 보고서이다.) 모두 페이지 수가 없음. 원문은 한자와 가타카나. 조선총독부의 비밀조사에는 참정권 문제에 대한 조선인들의 반응도 보고되어 있는데, 그것은 '유식자층에서는 감격과 기대에 차있어' '사전 출마 공작을 시도하려는 움직임을 상당히 많이 볼 수 있다'는 것에 대해 일반 대중들은 '일부 특권계급의 정치적 야망을 만족시키는 것 이외에 일반 대중에게는 아무런 영향도 없다'라며 '관심 희박'이라고 적고 있다. 유식자들 중에서도 '조사회 위원 중 조선인을 한명도 참가시키고 있지 않다'라는 불만도 기록하고 있다.

34 『大達茂雄』, 大達茂雄傳記刊行會, 1956, p.264.

뿌리 깊게 남아 있었다. 게다가 조선·대만에서 의원이 나타나고 제국의회에 불확정 요소가 증가하는 것을 내무성으로서는 피하고 싶었던 것이다. 신참 관리국을 제외하면 참정권을 부여해도 권한이 증가하는 것은 아니었기 때문에 내무성 전체에서 장점은 적었다. 이적문제의 경우도 그랬지만 내무성은 관할하에 문제의 종류가 증가하는 것을 싫어했던 것이다.

내무성은 1944년 11월에 참정권 문제에 대한 독자적 안을 제출했다. 그것은 종래부터 존재하는 조선의 중추원과 대만총독부평의회를 개혁하고, 민간에서도 의원을 선출하고 자문에 대한 회답에 추가하여 '건의'도 가능하다는 안이었다. 이것은 그때까지 조선총독부가 준비해온 안과 비슷하지 않은 것도 아니지만, 종래 총독부안에는 의결기관인 조선지방의회를 신설하여 제국의회로부터 권한을 탈취하는 것이 기도되어 있었던 것에 대해, 이 내무성안에는 기존의 중추원과 평의회를 자문기관인 채로 개조하려는 것으로, 제국의회의 권한에 저촉되지 않는 구조로 되어 있다. 요컨대 내무성으로서는 자기관할에 저촉하는 중의원의원선거법 시행도 제국의회의 반대가 예상되는 조선의회설치안도 피하고 탈없는 개혁안을 준비했다고 말해도 좋다. 한편 전술한 바와 같이 1월의 비밀문서에는 "조선자치 내지 조선의회설치의 요망 및 이를 시인하려고 하는 언설을 억제함과 동시에 그와 같은 희망을 품은 조치예를 들면 중추원의 강화를 취할 것"이라고 적혀 있고, 내지 측에서도 의견이 통일되어 있지 않은 상태였다.[35]

그러나 이러한 내무성의 저항은 고이소 구니아키에 의해 제지되었다. 당시 내무성 관료의 회상에 따르면 "마지막으로 오오다테大達[내상內相]도 고집을 꺾고 차관 및 국장들도 이에 따랐다"고 한다. 이렇게 12월 말에는 '조선 및 대

35 「朝鮮總督府中樞院及臺灣總督府評議會官制改正要項(案)」, 『內政雜件』 第3卷, 1944.11.4; 「朝鮮人皇民化基本方策」 참조.

만 재주민 정치 처우조사'의 설치가 결정되었다. 멤버는 총리대신 고이소를 회장으로 모신 것을 비롯하여 내무성·사법성·육군성·해군성과 조선·대만 총독부의 차관 및 정무총감이 참가함과 동시에 위원으로 시모무라 히로시下村宏[36]·고토 후미오後藤文夫·미즈노 렌타로水野練太郎·세키야 데이사부로關屋貞三郎라는 원총독부간부, 그리고 법학자 야마다 사부로山田三良[37]와 흑룡회[38]의 구주 요시히사葛生能久, 정치학자 로야마 마사미치蝋山政道,[39] 외교관 쓰루미 유스케鶴見祐輔 등이 이름을 내걸고 있었다. 그리고 고이소는 일본의 조선·대만통치는 "서구식의 소위 식민지통치와는 그 관념을 달리하고 (…중략…) 내외지 일체의 결실을 거두는 것을 목표로 한다"며 인사말을 전하고 참정권 부여의 심의를 개시했던 것이다.[40]

그렇지만 제국의회에 대한 의원선출에는 지금까지 반복했던 것처럼 두 가지 문제가 있었다. 하나는 총독부 특권과의 관계이고, 다른 하나는 조선인·대만인 의원단에 대한 공포였다. 당시 정치가 중에는 추밀고문관 이자와伊沢, 원 대만총독처럼 '참정권 부여는 당연히 총독정치의 존부, 법 영역의 철폐 등 중요 문제에 영향을 주는 것'을 인정하면서도 "총독부 정치도 없애야만 하고, 법 영역의 차이도 철폐해야만 하며 총독은 이를 행정장관이라고 하라"라고 주장하고 '아일랜드 의원단 문제는 실은 앵글로색슨이기 때문에 생길 수 있는 것으로 그들은 지극히 인종적 차별의식이 강렬하고, 우리나라의 국가적

36 시타무라 히로시는 메이지기, 다이쇼기, 쇼와기에 걸쳐 관료를 지냈다. 신문경영자이기도 하며 정치가이다. 천황의 옥음방송 때 내각정보국 총재 자리에 있었으며 포츠담선언 수락 실현을 위해 노력한 것으로 잘 알려져 있다. 다쿠쇼쿠대학(拓殖大学)의 제6대 총장을 역임했다. —역주

37 야마다 자부로는 나라현(奈良県) 출신으로 국제 사법학자이다. 법학박사이며 법화회창립자이기도 하다. —역주

38 흑룡회(黒龍会)는 1901년 설립된 국가주의(우익) 단체이다. 현양사(玄洋社)의 해외공작 센터라고 일컬어지기도 한다. —역주

39 로야마 마사미치는 행정학을 전공한 정치학자이다. 민주사회주의의 제창자이기도 하다.

40 『大達茂雄』, 「朝鮮及臺灣在住民政治處遇調查會ニ於ケル小磯會長挨拶」, p.264; 「朝鮮及び臺灣在住民政治處遇調查會に関する件」, 國立公文書館所藏, 第1卷 수록. 후자는 페이지 표시가 없다.

특징인 건국정신을 이어가면 그러한 문제는 일어나지 않는다'라고 부르짖는 자도 있었다.[41] 그러나 이러한 논리까지 급진적인 동시에 낙관적인 견해에 서는 자는 많지 않았다.

과연 조사회에서는 참정권 부여에 대한 의문이 잇달았다. 특히 '헌법이 외지에서 시행되고 있었는지가 본안 심의상 큰 문제'였다. 왜냐하면 헌법이 시행되어 총독부가 폐지하지 않으면, 즉 법제적으로 조선·대만이 '일본'으로 편입되지 않으면 의원을 선출해도 그들이 제국의회에서 만든 법률이 현지에서는 시행되지 않는 것이다.[42]

이 점을 예로 들어 강경하게 반대의견을 제시한 것은 한일합병 시에 국적·호적문제 의견서를 제출한 야마다 자부로였다. 그는 법제적으로는 총독부가 폐지된 후가 아니면 중의원의원선거법은 시행할 수 없다고 주장하고, "총독부 관할 아래 지방정치에 참여시켜 정치훈련을 해두는 것이 장래 국정 참여의 전제로 해야 한다"는 점진 노선을 부르짖고, 비교적 문제가 적은 "귀족원에 몇 명의 의원을 보내는 정도로 만족해야만 한다"고 말했다. 또 로야마 마사미치도 마찬가지로 '헌법론'으로부터의 모순을 지적했다. 게다가 조선·대만으로부터의 의원이 "다수인 경우는 의회운영에도 지장이 있다고 생각한다"는 의견이 나온 것은 말할 필요도 없다.[43]

예전 같으면 논의는 여기서 멈추었을 것이다. 그러나 전쟁 국면이 그것을

41 「朝鮮人及臺灣人ノ政治的處遇ニ関スル伊沢樞密顧問官口述要旨」, 『內政雜件』 第3卷. 「1944. 11.28」이라는 날짜가 표시되어 있다. 페이지 표기는 없음. 淺野, 「日本帝國最後の再編」은 이러한 伊沢의 의견이 내무성의 태도 변경에 커다란 영향을 주었다고 보고 있는데, 저자는 판단하기 어렵다.

42 「朝鮮及臺灣在住民政治處遇調查會第2部會要錄」, 『內政雜件』 第5卷, 1945.1.19, 페이지 표기가 없음.

43 「朝鮮及臺灣在住民政治處遇調查會第2回總會要錄」(1.7)과 「第2回總會要錄」(3.4) 모두 『內政雜件』(第5卷 수록), 페이지 표기가 없다. 야마다는 동화 반대의 입장에서 「創氏制度ハ政治的ニモ不可デアッタ」(第2回總會)라고 발언하고 있다. 大木操, 『大木日記』, 朝日新聞社, 1969, p.154. 발언자는 야마자키 다쓰노스케(山崎達之輔)라고 표기되어 있다.

허용하지 않았다. 고이소 수상은 지방정치에서 훈련을 거쳐야만 한다는 야마다에 대해 '본 조사회는 국정참여만을 생각한다'고 일축하고 육군차관은 "전쟁 국면은 날이 갈수록 긴박해오고 있고, 하루라도 빨리 본안을 정해 전쟁 총력에 크게 도움이 되어야 한다"고 다그쳤다. 또 조선총독으로부터는 "조사부의 결과에 따라 참정권 문제가 결정되기를 간절히 희망한다"며 내무대신에게 비밀정보를 전달하고, 대만총독부로부터도 "현 전쟁 국면에서 대만의 지위에 대조해보면 민심수교, 치안유지상 장애가 많다"고 하여 의원정수의 할당에 '특단의 배려를 바란다'는 전보가 관리국장 앞으로 전달되었다.[44] 일찍이 척무성으로부터의 전보에 대한 회답조차 거부한 총독부가 내무성에 애원조의 전보를 치지 않으면 안 될 정도로 상황은 위기에 직면하고 있었던 것이다.

이들에게 압도당하는 형태로 1945년 1월부터 3월에 걸쳐 심의가 진행되었다. 결국 중의원에는 직접국세 15엔 이상을 납부하는 자만을 유권자로 하는 제한선거로 조선 23명, 대만 5명을 할당하고 귀족원은 총독이 추천하는 자, 즉 조선 7명, 대만 3명을 칙선하게 되었다. 단순한 인구비례로 계산하면 조선으로부터는 150명, 대만으로부터는 30명 전후의 중의원 의원수가 되는 것을 감안해보면 매우 제한된 것이었음을 알 수 있다. 귀족원의 의석은 식민자가 아니라 원주민에서 선출하는 것이 전제로 되어 있지만 '민족대표와 같은 형태는 절대로 피하지 않으면 안 된다', '법 전문에는 내선, 대만인을 구별하지 않는 것이 다테마에建前이다'라는 법제국 장관의 발언에서 알 수 있듯이 법문에 기재되지 않았다.[45] 법문상으로는 민족적 구별을 명기하지 않는 방침이 여기서도 관철되었던 것이다.

---

44 고이소의 발언은 「第2回總會要錄」(육군의 발언은 「第2部會會議要錄」), 조선총독으로부터의 전보는 2월 28일로 되어 있다. 대만총독부로부터는 2월 20일. 이 자료는 「內政雜件」(第5卷에 수록), 원문은 한자와 가타카나임.

45 「第1部會會議要錄」, 1.18·2.8, 『內政雜件』(第5卷에 수록), 페이지 표기가 없다.

그러나 이 시기에 이르렀어도 총독부 그 자체는 점진적으로 개혁한다는 방침이 확인되었을 뿐 이 문제를 보류한 채, 의원 선출만을 선행시키는 형태로 결착되었다. 의원선출이 정해졌어도 총독의 권한에는 아무런 변함이 없었고, 그저 선거에 관해서만 내무대신이 조선·대만총독을 '지휘 감독'할 수 있는 권한이 추가된 것에 불과했다. 이 추가에 관해서조차 추밀원에서는 미나미 지로가 '독특한 역사를 가진 이민족의 통치'에 즈음에서는 총독의 권위가 중요하고, '내무대신이 총독을 지휘 감독하는 것은 총독정치를 유지하는 이상 절대로 배제해야만 한다'고 부르짖고 있다. 참정권 부여에 열성적이었던 고이소 역시 추밀원에서는 "당분간 실정에 맞는 총독정치를 존치해야만 하고 따라서 법률 제정권도 그대로 존치시켜야만 한다"고 말했고, 여기에 참석한 조선총독부 정무총감은 '내무대신의 지휘 감독은 선거 사무만', '이로써 총독의 위신이 손상되는 일 없이' 라고 발언하고 있었다.[46] 아마 조선·대만 총독부가 참정권 부여에 찬성한 것도 당장의 통치문제만이 아니라, 이러한 전제가 수상에게 약속되었기 때문일 것이라고 생각된다.

실제 문제는 조사회에서도 지적한 것처럼 총독이 제국의회와는 관계없이 '제령'과 '율령'이라는 '사실상의 법률'제5장 참조을 제정할 수 있는 위임입법권을 쥐고 있는 한, 의원이 선출되어도 그들이 협찬한 제국의회의 법률이 조선과 대만에서는 시행되지 않기 때문에 제도적으로 모순이 생기지 않을 리가 없었다. 고이소는 전술한 바와 같이 총독권한의 유지를 주장하고 있었지만 법제에 밝은 사법대신과 법제국장관은 '조선, 대만에서 입법부에 의원을 보내 법률 제정에 참여하게 된다면 입법부의 협의를 거친 법률은 조선, 대만에

46 미나미와 엔도류사쿠(遠藤柳作) 조선총독부 정무통감의 발언은「貴族院令改正案貴族院ニ提出ノ件外1件審査委員會」,『樞密院會議錄』第2回, 1945.3.13에 의거함. 고이소의 발언은『樞密院會議錄』第1回, 3.12에 의거함.

서도 당연히 시행되어야만 한다고 본다'라든가 '스스로 종래의 총독의 법령 제정권에 대해서는 근본적인 개혁이 필요하다고 생각한다'라고 의회에서 답변하고 있어 의견통일이 이루어져 있었는지 어떤지는 의심스럽다.[47]

이 법안은 육군과 조선총독부의 주장대로 의회와 추밀원을 빠르게 통과하여 4월에 공포되었다. 그러나 문제가 적은 귀족원의원 선출 측은 공포일부터 시행되었지만, 총독부 권한에 관련된 중의원의원선거법 개정에 대해서는 시행기일을 칙령으로 다시 정하게 되었다. 제10장에 살펴본 것처럼 총독부의 저항이라는 장애가 없었던 오키나와의 경우에서조차 자하나 노부루謝花昇 등의 참정권 청원운동에 의해 같은 중의원의원선거법 개정이 이루어졌기 때문에 실제 시행까지 13년이 필요했다. 고이소는 다음번의 총선거부터 실시하고 싶다고 희망하고 있었던 것 같지만, 군인출신으로 법제에 어두웠던 그가 과연 의원선출과 총독부 권한의 관계를 어디까지 이해하고 있었는지는 의문이다. 원래 참정권 부여에 소극적이었던 내무성 간부는 "법률은 공포했지만 시행령이라는 것은 만들지 않았다. 시행령은 만들지 않아도 이제 그것만의 의지가 있음을 보이면 괜찮다는 것이었을까라고도 생각한다"라고 회상하고 있었고, 요컨대 단순히 입에 발린소리였다고 해도 좋을 것이다.[48] 대일본제국은 그 붕괴의 직전이 되었어도 관청 기득권 벽을 무너뜨리지 못했던 것이다.

이렇게 조선인과 대만인에게 '일본인'으로서의 권리는 결국 주지 않고 끝났다. 그렇지만 그들을 '일본인'이 아니라는 것은 아니었다. 내무성 관리국이 작성한 1945년 3월 정부답변용 자료에는 국적법 시행에 관해 다음과 같이 기록되어 있다.[49]

---

47 第86回帝國議會衆議院, 「衆議院議員選擧法改正法律案委員會議錄」 第3回, 3.20, p.14. 전자는 사법대신(司法大臣)인 마쓰자카 히로마사(松阪廣政), 후자는 법정국장관인 미우라 구니오(三浦一雄)의 발언이다.

48 大霞會 編, 『續內務省外史』, 地方財務協會, 1987, p.228.

종래 조선에 국적법을 시행하지 않는 이유는 주로 국외의 조선인이 외국으로의 귀화 등 국적법으로 정하는 이유에 의거하여 일본 국적을 상실하고, 그리하여 이들에 대한 단속에 곤란을 초래하는 것을 방지하려는 것에 있는 것으로 오늘날에 일부 조선인에 관해서는 그러한 사정이 소멸되었다고는 볼 수 없다 그러므로 이 국적이탈에 관한 규정은 같은 법 제20조를 시행하지 않는 것을 당연하다고 해야만 하는 것으로 그 이외의 규정은 시행해야 한다.

조선인은 대일본제국이 붕괴된 그해에도 여전히 일본 국적으로부터 벗어날 수 없었다. 간도지방을 비롯한 '만주국' 지역에서는 조선인의 징역조사를 실시했고, 그때까지 조선호적의 등록에서 빠져 있던 만주 재주조선인의 조사가 강행되었다. 그 결과 1944년 8월까지 정리하여 전체 22만 명 이상이 새롭게 등록되었고 그중 많은 사람이 '일본인'으로서 징병되었다.[50] '일본인'이란 예를 들어 권리가 주어지지 않아도 국가와 천황을 지키기 위해 무조건 복종을 요구당한 '자원'이었다.

이것은 오키나와에서도 변하지 않았다. 1945년 4월 미군이 오키나와에 상륙한 후, 일본군은 오키나와 주민을 전투원 및 보조원으로 동원시킴과 동시에 오키나와어로 대화하는 자는 스파이로 간주하여 처형한다는 취지를 선고하고, 전투자원으로서 도움이 안 되는 자들은 자결하도록 했다. 오키나와의 주민들은 '일본인'으로 인정받을 것을 기대하고 적극적으로 동원에 호응했다고 할 수 있다.

오키나와의 경양간慶良間 열도에서 초등학교 2학년 남자아이가 산중에서

49 「朝鮮及臺灣在住民政治處遇ニ関スル質疑應答」, p.26.
50 坂元, 「敗戰前日本國における朝鮮戶籍の硏究」, p.271.

어머니와 자결을 기도했다는 상황이 다음과 같이 전해지고 있다.[51]

> '나는 일본인이다. 어머니 죽읍시다.'
>
> 여러 번 자식에게 이 말을 듣고 마침내 자식의 머리를 나무에 매달았다. 발을 동동 구르며 괴로워하는 것을 어머니는 차마 눈 뜨고 볼 수 없어 다시 내렸다.
>
> 어머니 왜 내렸어요. 난 일본인이란 말이에요. 다시 해주세요.

한편 1945년에 개시된 소련을 중개역할로 기대한 평화 교섭을 위해 고노에 후미마로近衛文麿[52]가 기록한「평화 교섭의 요강」에는 항복조건으로서 국체의 유지는 절대적으로 '한 치도 양보할 수 없는 것', '국토에 대해서 말한다면 가능한 한 훗날 재기를 위해 노력하지만 어쩔 수 없다면 고유 본토로서 만족한다'고 말한데다가 "고유본토의 해석에 대해서는 최하 오키나와, 오가사와라小笠原, 가라후토를 버리고, 치시마千島 쪽은 남반부만을 소유하는 정도로 할 것"이라고 되어 있다.[53] 지배 측에서 조선·대만은 물론 오키나와도 '일본'이 아니라 교섭상 수단에 불과했다. 그들 지역의 사람들을 '일본인'으로 간주할지 아니면 '일본인'으로 남길 것인지는 어디까지나 정부의 이익과 의향으로 결정되었던 것이다.

대일본제국은 많은 사람들이 강제적으로 '일본인'으로 편입되었고, '일본

51 日本教職員組合·沖縄教職員會共 編,『沖縄の先生たち』, 合同出版株式會社, 1970, p.94. 그리고 일본군 중에서도 예외적으로 오키나와 주민에게 동정적이었다고 알려진 太田實 해군 소장은 1930년대 전반기의 일기에 "미국의 배일주의를 비판하는 일본인은 조선인이나 대만인에 대해 어떻게 대했는가를 생각한 후에 미국을 비판하는 자가 몇이나 있는가"라고 적고 있다. 이러한 세계관이 오키나와에 대한 태도로 나타난다고 생각한다. 田村洋三,『沖縄縣民斯ク戰ヘリ』, 講談社, 1994, p.159.

52 고노에 후미마로는 정치가로서 제5대 귀족원 위원장, 제34·38·39대 내각총리대신을 역임했다. —역주

53 『近衛文麿』下, 近衛文麿傳記編纂刊行會, 1952, p.559·561.

인'이면서 '일본인'이 아닌 국가의 자원으로 비춰졌다. 그들은 '일본인'이라는 것에서 도망칠 수도 '일본인'으로서 대우받는 것도 허용되지 않았다. 그들에게 당시 '일본인'이라는 것은 말하자면 감옥일 수밖에 없었다.

제4부
포스트전후와 탈식민화

제18장

경계상의 섬들

'외국'이 된 오키나와

1945년 8월 대일본제국은 무조건 항복하고 전쟁은 끝이 났다. 가라후토, 대만, 조선은 일본 영토에서 분리되어 그 지역에 살고 있던 비일본인계 '일본인'은 일본인이 아니었다. 그러나 전후도 '일본인'의 경계에 위치한 사람들이 존재했다. 재일한국·조선인, 아이누, 그리고 오키나와이다.

이하 제4부에서는 그 중 오키나와가 겪은 역사를 검증해가고자 한다. 재일한국·조선인과 아이누문제도 작지 않지만, 본서의 주제인 영토변경에 수반되는 '일본인'의 경계문제로서는 역시 일본으로부터의 분단과 복귀하는 경과를 경험한 오키나와가 가장 큰 대상이 되기 때문이다. 그리고 거기에는 전후의 '일본인'을 둘러싼 숱한 문제가 포함되어 있었기 때문이기도 하다.

'소수민족'으로서의 오키나와인

패전 직후, 재일조선·대만인과 아이누, 그리고 오키나와인 각각 다른 법적 위치에 놓여 있었다. 여기서는 우선 앞의 두 재일조선·대만인에 대해서는 개략만을 설명하고 오키나와의 위치검토에 들어간다.

내지에 재주하고 있던 조선인·대만인 등에게 일본정부가 전후에 먼저 취한 조치는 1945년 12월에 '호적법의 적용을 받아들이지 않는 자'의 참정권을

'정지'시키는 일이었다. 이미 살펴본 바와 같이 그들은 속지법인 중의원의원 선거법이 시행되고 있었던 내지에서는 참정권을 가지고 있었지만, 호적법의 법체계에 의해 구분되었기 때문에 이러한 조치가 가능했던 것이다. 그러나 그 후에도 일본정부는 그들의 국적을 당장 박탈시키지 않고 조선인의 민족 학교에 대해 일본 국적을 가진 '일본인'의 교육을 관리하는 것은 당연하다는 이유로 개입했다. 한편 1947년에 나온 최후 칙령인 외국인 등록령에는 '간주된 외국인'이라는 기묘한 자리매김으로써 등록 대상으로 간주한 것이다. 이렇게 1945년부터 51년까지는 '일본인'이면서 '일본인'이 아니라는 자리매김이 계속된 후, 52년에 샌프란시스코 강화조약이 발효된 후 일본 국적을 무조건적으로 일제히 박탈했다. 그 후 그들은 특별영주권 등 다른 외국인에게는 없는 처우를 받으면서도 기본적으로는 '외국인'으로 취급받게 된다.[1]

한편 호적법에 의해 구분되지 않았던 홋카이도 아이누의 경우에는 재일조선인과는 달리 법적으로는 전후에도 일관되게 계속해서 '일본인'이었다. 다만 1947년 봄, GHQ의 홋카이도·동북 북부관할이었던 스윙スイング 소장이 홋카이도 아이누 협회의 간부들을 초대하여 일본으로부터 독립할 의지가 있는지 어떤지를 물은 적이 있었다. 이때 초대받은 아이누들은 "우리들은 일본입니다. 특수한 인종이 아닙니다. 그러한 독립의 생각은 털끝만큼도 없습니다"라고 단언했다고 한다.[2] GHQ 측에 어떠한 의도가 있었는지는 불분명하지만, 예를 들어 이때 미군의 원조에 의해 독립했다고 해도 후술하는 오키나와의 사례에서 추측해보면 소련에 대비하기 위한 군사기지로서의 괴뢰정권이

---

1 大沼保昭,『新版單一民族社會の神話を越えて』, 東信堂, 1993; 松本邦彦,「在日朝鮮人の日本國籍剝奪」,『法學』 52卷4號, 東北大學, 1988; 田中宏,『新版在日外國人』, 岩波新書, 1995; 水野直樹,「在日朝鮮人·臺灣人參政權『停止』條項の成立」,『硏究紀要』 1號, 世界人權問題硏究センター, 1996 참조.

2 增子義久,「幻のアイヌ獨立論を追う」,『朝日ジャーナル』, 1989.3.3 참조.

었을 가능성이 높았던 것은 아닐까 생각된다. 결국 여기서 아이누가 '일본인'으로부터 분리될 기회는 사라지고, '일본인'이면서도 1997년까지 계속해서 홋카이도 토인보호법의 대상이 된 것은 주지하는 바이다.

이상과 같이 숱한 문제를 포함하면서도 전후 수년 사이에 재일조선인은 '외국인'으로서 아이누는 '일본인'으로서 각각 법적으로 자리매김되어갔다. 그렇지만 그것에 대해 전후 27년에 걸쳐 경계영역에 놓인 것이 오키나와이다. 그렇다면 오키나와의 비일본화는 어떠한 경위로 행해진 것일까. 본장은 경위와 법적 위치도 설명하겠지만 먼저 전시 중 미국의 오키나와관을 검증하는 것에서 시작하기로 한다.

미국이 오키나와의 전후처리에 대해 토의를 다시 시작한 것은 1942년 여름부터라고 전해지고 있다.[3] 이때 외교담당의 국무성 정치소위원회 측은 군사기지화를 금지하는 등 조건부로 일본에게 오키나와를 비롯하여 북한 30도 이남 섬은 그들이 가져가도 좋다는 생각이었다. 그러나 군사전략을 중시하는 안전보장소위원회는 이들 여러 섬들은 미국의 단독 지배하에 두어야만 한다고 양보하지 않았던 것이다.

그 후 중국이 만주·대만·오키나와 반환을 요구하는 취지가 전해졌으나 1943년 11월 카이로에서 미국, 영국, 중국 3개국 수뇌가 회담하여 중국은 미영에 의한 오키나와의 공동점령과 국제기관에 의한 신탁통치를 주장했다. 카이로선언에는 조선의 독립과 대만·만주의 중국반환이 주장됨과 동시에 "일본은 폭력 및 탐욕에 의해 일본이 약탈한 다른 일체의 영역에서 구축되어야

---

3 大田昌秀, 「沖縄分離の背景についての一考察」, 『沖縄帝王高等弁務官』, 朝日文庫, 1996 참조. 본장에서는 미국 측의 오키나와관이나 세계관, 일본 측의 오키나와관, 오키나와의 법제적 위치 등을 묘사하고 있는데, 개별적 논점은 각각의 부분에서 언급한 선행연구를 통해 지적하고 있다. 본장에서 다루는 의의는 이들을 종합적으로 분석하고, 동시에 전전(戰前)의 조선, 대만통치와 비교하면서 일본인이면서도 일본인이 아닌 오키나와의 전후(戰後)의 위치를 정리하려는 것에 있다.

만 한다"고 적혀 있었다. 이 '폭력 및 탐욕에 의한 일본이 약탈한' 지역에 오키나와가 들어와 있는 것은 당사자들에게는 거의 자명하다고 되어 있었지만, 명기되지 않았기 때문에 과연 오키나와가 '폭력'에 의해 일본이 '약탈'한 지역일까 아닐까하는 역사해석은 나중에 복귀운동에서 논해지게 된다.

결국 미국인의 논리 속에서 오키나와의 단독점령을 강하게 주장하고 있었던 것은 국방을 중시하는 군이었다. 그리고 주목해야만 하는 것은 미국 측이 오키나와인을 '일본인'과는 다른 소수민족이라고 간주하고 있었던 것이다.

오키나와 침공 직전에 해당하는 1944년 가을 인류학자들에 의해 오키나와 조서보고가 몇 개 만들어졌는데, 그 당시의 오키나와 인식을 살펴보기로 한다. 이러한 종류의 보고서로서는 인류학자 앨프레드와 역시 인류학자인 조지 머독George Murdock을 중심으로 한 그룹에 의한 것이 잘 알려져 있다.

특히 머독은 핵가족이라는 개념을 창출한 것으로도 잘 알려진 학자이고 오키나와뿐만 아니라, 일본의 위임통치령이었던 남양군도의 조사그룹 중심 멤버로서 해군중좌의 대우를 받고 있었다. 당연하지만 당시의 상황에서는 일본군 지배하에 있던 오키나와에서 현지조사 등을 행할 리가 없지만, 이하 후유를 비롯한 오키나와학의 문헌은 물론 일본정부의 통계 등을 이용하여, 오키나와의 역사, 주민의 인종·종교·관습·친족집단, 행정기구와 경제상황 등이 상세히 보고되어 있다.

전술한 것처럼 이들 조사서에는 오키나와인이 '일본인'과는 다른 민족이라는 견해를 취하고 있었다. 이하 후유를 비롯한 일본의 오키나와학을 참고로 했음에도 불구하고, 그것과는 정반대의 견해를 내세우고 있었는데, 앨프레드의 보고서에서는 일본의 오키나와학에 대해 이렇게 말하고 있다.[4]

4 沖縄縣立圖書館史料編集室 編,『沖縄縣史 資料編』2 和譯編(沖縄縣教育委員會, 1996, p.28); トッザーの報告書,『琉球列島に関する民政ハンドブック』는 자료편(資料編) 1, 1995에 수록되어 있

> 일본인과 오키나와인의 문화적 배경에 관한 서적은 모두 두 종류인데 이 둘 중 하나로, 그 어느 쪽인가로 분류된다. 첫 번째 종류는 이 두 민족의 공통점을 강조하고 차이점에 대해서는 거의 언급하고 있지 않다. 오키나와인의 저작은 거의 예외 없이 이 부류에 속한다. 그들은 대개의 경우 상당히 무의식적으로 일본 본토의 문화레벨 쪽이 높다고 생각하고 있고, 자신들의 민족을 문화적으로 같은 레벨까지 끌어올리는 것을 의무라고 생각하고 있다. 두 번째 부류에 속하는 서적의 저자는 대개 일본인이 아닌데, 이 두 민족의 문화를 명확히 구별하고 있다. 나중에 지적되는 것처럼 남쪽 민족은 북쪽 일본인과는 상당히 다른 특징을 가진 것은 어떻게 보면 지극히 당연하다.

이처럼 일본의 오키나와학을 자리매김했는데, 앨프레드와 머독 그룹은 도리이 류조와 챔버린 등의 인류학·언어학을 바탕으로 다음과 같이 오키나와의 위치를 언급하고 있다. 즉 일본민족은 아이누, 몽고계, 말레이계 등의 혼합이고 오키나와인도 거의 같은 구성요소를 가진 혼합민족이지만, 일반적으로 털이 많은 "본토 일본인보다도 아이누의 요소가 많이 들어 있다. 그리고

다. 이들에 대해서는 미야기 에쓰지로(宮城悅二郎)의 해설이 수록되어 있으며 그 이외에도 宮城, 『占領者の眼』(那覇出版社, 1982) 그리고 오타 마사히데(大田昌秀)의 연구와 崎原貢, 「琉球列島の沖縄人・日本の少数民族」(『部落解放史・ふくおか』 55号, 1989)에서 잘 분석하고 있다. 그러나 이들 연구는 오키나와인을 '일본인'이 아니라는 미국 측의 견해를 편견에 의한 오류로 파악하는 경향이 있다. 그것은 암묵적으로 오키나와인은 언어학적 / 인류학적으로 '일본인'의 일부라고 보는 것이 '진실이다'라고 보는 견해로 연결될 수가 있다. 그러나 미국 측 연구가 이하 후유와 마찬가지로 '일본어'와 '오키나와어'의 관계가 '라틴어와 이탈리아어'의 그것과 마찬가지라는 챔버린의 이론에 기초를 두고 있다는 것은 본문에서 언급한 대로인데, 이하 후유는 이것을 '유사'라는 표현으로 받아들였고 미국 측은 '상위하다'라고 해석하고 있다. '오키나와어'와 일본표준어가 약간의 차이가 있는 것은 말할 필요도 없지만, 그것을 '일본어'의 분류에 넣으면서 '방언'이라고 볼 것인지 혹은 전혀 다른 언어로 볼 것인가라는 해석의 문제가 존재하는데, 저자의 생각으로는 이 해석의 어느 쪽도 진실이라고도 오류라고도 말할 수 없다고 본다. 저자는 이전의 저서 『단일 민족 신화의 기원(単一民族神話の起源)』에서 인류학과 언어학 연구 방면에서 '일본인'의 경계 설정의 자의성을 지적했는데, 여기서도 인류학연구를 통해 오키나와인을 '일본인'인가 '비일본인'인가로 분류하는 행위 자체가 불필요하다고 생각한다.

언어적으로는 현대일본어와 류큐어에는 프랑스어와 이탈리아어 사이에서 볼 수 있는 것 같은 차이점이 있고, 서로가 상대를 이해할 수 있는 것은 아니다. 오키나와인은 두발과 신장, 체모라는 신체적 특징과 언어, 관습, 종교 등에서 일본인과는 다른 인종적 구조가 있다"고 한다.[5]

역사에 관해서는 조선반도 도래 전설도 언급되어 있지만, 대체적으로 중점으로 삼은 것은 류큐왕국으로서 메이지까지는 일본과는 다른 국가를 형성하고 있었던 것과, 류큐처분이 중국과 그 지방인의 반대를 무릅쓰고 밀고 나아가 강행되었던 것이다. 그리고 일본편입 후에는 '일본인은 오키나와인을 경멸하고 섬을 착취하고 사람들의 복리를 위해서는 거의 아무것도 하지 않았던' 것, '오키나와현 지사는 항상 일본인이고 도쿄의 중앙정부에 의해 지명된다'는 것, '도민은 일본인으로부터 민족적으로 평등하다고 간주되어 있지 않다'는 것 등이 지적되었다. 머독은 '식민지정책'이라는 항목에서 「도민의 동화」라는 제목으로 이렇게 말하고 있다.[6]

> 일본정부의 목표는 류큐 열도를 일본의 정치, 경제 · 문화기구에 완전히 통합하는 것이었다. (…중략…) 이 두 민족 일본과 류큐의 인종적 · 언어적 유사점과 그 이외의 문화적 상이점 지적에 만족하지 않은 과학자들의 조력에 의해 일본인은 오키나와인을 일본인게다가 다소 거칠고 신분이 낮은 일본인이라고 생각하고 있다. 게다가 중요한 것으로 동화정책은 거의 류큐인이 자신을 일본인이라고 생각하는 것까지 성공했다.

게다가 머독 등은 일본의 교육제도 전체의 유일한 목표를 '충실한 국민'을

5 『沖縄縣史 資料編』 1, pp.75~76; 『沖縄縣史 資料編』 2, p.111.
6 『沖縄縣史 資料編』 2, pp.41 · 47 · 193; 『沖縄縣史 資料編』 1 , pp.75 · 150.

만드는 것에 있다고 보았고 신사참배와 어진영 배부, 교육칙어와 표준어 교육 등의 사정을 보고하고 있다.[7]

게다가 앨프레드는 하와이에서 오키나와이민 조사보고를 실시했다. 거기에는 "오키나와인은 먼저 일본인으로서 '통용'되지 않는다"는 것, "두 개의 그룹 '일본인'과 오키나와인 간의 결혼은 대단히 드물고 총수의 1%에도 충족시키지 않을" 것, 그리고 하와이의 오키나와인 이민 사이에서 진주만 공격은 일본이 시작한 전쟁으로 자신들은 관계가 없음을 강조한 사례가 있었던 것 등을 들고 있었다.[8]

물론 이들 보고서의 목적은 일본에 대한 윤리적 비판이 아니라 이러한 실정을 파악하고 통치에 도움이 되는 것에 있었다. 앨프레드는 "오키나와인과 일본인 사이의 틈을 현재의 전쟁에 이용하는 것이 가능할까"라고 말한다. 또한 "오키나와인은 차별 받아왔다는 생각을 증대시키고, 일본인 전체와 대비시켜 오키나와인으로서 자각을 가지도록 하는 선전활동, 즉 회유책은 결실을 맺을 가능성이 있다"고 주장하고 있다. 이러한 조사를 거쳐 오키나와전쟁 시에는 주민에게 "이 전쟁은 모든 사람들의 전쟁이 아닙니다. 오로지 당신들은 내지인의 앞잡이로 이용되고 있는 것입니다"라는 글이 적힌 전단지가 살포되었다.[9]

그러나 이러한 선전책은 그다지 눈에 띄는 효과를 거두지 못했다. 오키나와 점령 후인 1946년 12월 자 앨프레드 앞으로의 현지보고에는 "오키나와인과 일본인과의 균열에 대해 보낼 수 있는 정보가 아무것도 없음을 유감스럽게 생각합니다"라고 말하고 있다.[10] 실제로는 수용소 등에서 오키나와 주민

7 『沖縄縣史 資料編』 1, pp.211~213.
8 『沖縄縣史 資料編』 2, pp.105~106·111.
9 Ibid., pp.113·262.
10 Ibid., p.185.

과 일본병의 대립이 일어난 예 등도 있고 균열은 그런대로 잠재하고 있었지만, 그것은 미국 측이 기대한 만큼은 아니었던 것이었다.

그렇지만 이와 같은 오키나와관은 후년까지 미국의 통치자들에게 꼬리를 물고 이어졌다. 1966년에 제5대 고등변무관—'류큐 총독'에 상당하는 지위—에 취임한 육군중장은 "오키나와인은 인종적으로 말하자면 일본인이 아니다", "정치상으로는 하나의 왕국으로 살아왔다", "일본의 통치하에서 거의 경제적·사회적 진보도 달성할 수 없고, 그것은 류큐 열도에는 끊임없이 재고되어 왔다"고 말했다. 마찬가지로 제6대 고등변무관이 된 램파트Rampart 중장도 "오키나와인은 보통 일본인에게 멸시당하고 있다. 그것을 미국 사회의 흑인의 지위와 비교하는 것은 정확한 것은 아니겠지만 거의 비슷한 것이다"라고 말했다.[11]

다만 미국 측에서 제시한 일본에 의한 오키나와 차별에 대한 지적은 대개 그들의 자기변호와 내셔널리즘으로 연결되어 있음에 유의할 필요가 있다. 1949년에 『타임즈』지 기자는 "오키나와인은 60년 이상 오랫동안 오키나와인을 시골사람이라고 멸시한 일본군과 일본상인에 의해 착취당하고 있었다"고 말하면서 "미군이 상륙해 와서 오키나와인에게 식량과 오두막집을 주었을 때, 그들은 놀라는 것과 동시에 기뻐했다"거나 "그들은 미국인을 좋아하고, 오키나와가 미국의 속령이 되는 것을 확실히 바라고 있다" 등이라고 부르짖었다. 1952년에 미군의 어느 당국자는 미군병사와 오키나와여성 사이에서 태어난 자식 대부분이 어머니에 의해서만 부양되고 있는 사태를 비판하고, "그들은 이러한 것에 아주 익숙하고, 미국인이 오기 전에는 일본인 관리

11 鹿野政直, 『戦後沖縄の思想史』, 朝日新聞社, 1987, pp.26·28에서 재인용. 가노 마사나오의 저서 제1장 「『沖縄』と『琉球』のはざまで」에 많이 의존했다. 다만 가노는 오키나와의 아이덴티티를 고찰함에 있어 법제적인 측면에는 관심이 적었던 것으로 보인다.

가 때때로 아내를 내지에 남기고 주민 부녀자를 애인으로 삼는 거군요"라며 거짓말을 했다고 한다.[12]

지배하는 측이 자신들이 오기 이전의 지배자들의 죄악을 강조하는 것은 대부분의 경우 상대적으로 스스로의 행위를 찬미하는 의도를 포함한다. 일본이 조선과 대만을 지배했을 때도 이씨 조정과 청나라에 의한 착취를 강하게 강조한 것이었다. 그것이 한편으로는 진실을 이야기하고 있다고 해도 그들이 이전의 지배자로부터 찬미할만한 통치를 행할지 어떨지는 전혀 다른 것이었다. 오키나와인을 '일본인'과 다른 민족으로 간주하는 견해도 역시 대일본제국의 일류동조론과 일선동조론이 그랬듯이 그것이 그들에게 알맞은 것이기 때문에 유포하고 있다는 것은 말할 필요도 없다. 그리고 미국에 의한 오키나와통치 실태는 그들의 일본에 의한 통치 비판과는 정반대로, 오키나와 사람들에게 일본복귀를 지향시킬 만큼 가혹한 것이었다.

'류큐총독부'의 탄생

전술한 것처럼 오키나와는 당초부터 미국에 의해 일본 본토와는 별개의 대상으로 취급되어왔다. 그리고 본토 전후정책은 국무성이 중심이 되어 미정부 내의 성청과 연구를 중첩시켜 입안되었고, 오키나와점령과 군정의 문서는 해군성 작전본부의 지휘 아래 군정과軍政課와 실전부대에 의해 만들어졌다.[13]

이와 같이 오키나와통치에 대해서는 처음부터 군사적 색깔이 짙었고 게다가 격전의 혼란이 그것에 박차를 가했다. 주민의 4분의 1이 사망하고 황폐한 토지는 식료생산의 목표조차 정해지지 않았으며 일본의 화폐는 통용되지 않게 되어 경제는 배급과 물물교환으로 영위되는 상태 속에서 실전부대에 의

12 中野好夫,『戦後資料沖縄』, 日本評論社, 1969, pp.59·63.
13 大田,「沖縄分離の背景についての一考察」 참조.

한 군부정치가 실시되었다. 그리고 오키나와의 군정을 육군과 해군의 어느 쪽이 관할할지 이랬다저랬다 한 결과, 1946년 7월 이후에는 육군이 군정부를 담당하고 통화는 우선 'B엔'이라고 불리는 군표軍票체제가 퍼져갔다. 일본의 대만영유의 경우도 그랬지만 군정에서부터 통치가 시작된 것은 그 후 오키나와의 운명을 결정짓게 되었다.

이후 1950년에 후술하는 '민정부'실질적인 '류큐총독부'의 설립이 지령되지만, 역시 언급해두지 않으면 안 되는 것은 오키나와에 보내진 군정담당자의 질이 낮았다는 점이다. 초기에는 전술한 바와 같이 조사자로서 인류학자 머독과 정치학자들이 군인으로 근무하고 있었는데, 그들이 실제 군인들로 바뀌었던 것이다. 당시 미국 측의 보고는 "만약 극동에 배치되었다고 해도 조금 나은 인간이라면 도쿄에 가게 됩니다. 다음으로 좋은 것은 요코하마의 제8군에 가는 것입니다. 그 다음으로는 필리핀에서 근무해야만 합니다. 그렇게 거기서 합격하지 않으면 류큐군사령부에 가야만 할 것입니다. 게다가 류큐사령부에도 합격하지 않으면 유배가게 됩니다"라고 말하고 있었다. 그리고 "군인이든 문관이든 상관없이 주요 관심사는 자신이 일본을 떠날 날짜입니다"라고 되어 있었다.[14]

이러한 것에서 오키나와를 통치할 때 미국인들의 사기가 높았다고는 말할 수 없다. 1949년부터 50년에 걸쳐 오키나와에서 근무한 상무관商務官은 "거기 오키나와로 간 사람들의 대부분이 여기서 출세도 종말도 느끼고 있는 것 같았습니다"라고 말하고, '교대해오는 사령관들은 류큐를 통치하여 사업을 전개해가려는 능력도 이해심도 욕구도 전혀 갖지 않은 인간'이었다고 혹평하고 있었다. 전전 일본에서 '오키나와현은 지방관의 쓰레기통'이라고 불렸는데, 당시 미국 측의 보도도 "오키나와는 미국육군의 재능이 없는 자와 따돌림당하는 사람들

14 鹿野政直, op. cit., pp.95·97 재인용.

의 쓰레기터가 되었다"라고 평하고 있었다. 특히 '군기는 세계 어느 곳의 다른 미군 주둔부대의 무엇보다도 나빴고' 미군병사에 의한 범죄는 많았다. 이러한 상황은 1950년경부터 어느 정도 개선되어갔다고 전해지지만, 통치 초기의 수년 사이에 그 후까지 계속되는 제도의 원형이 완성되고 만다.[15]

이러한 군정이 행해지고 있는 가운데 오키나와가 일본으로부터 분리가 결정 되어간다. 미국은 이미 1944년에 오키나와의 중국반환을 선택에서 떼어내어 미국 단독점령 또는 신탁통치를 지향하는 방침을 굳히고 있었다. 그리고 1946년 1월 맥아더는 '약간의 외곽 변두리 지역을 정치상·행정상 일본에서 분리하는 것에 관한 각서'를 공포하고 오키나와의 분리를 명확히 했다. 맥아더는 1947년에 "오키나와인이 일본인이 아닌 이상, 미국의 오키나와 점령에 반대하고 있는 듯한 것은 없는 것 같다"고 발언했는데 역시 오키나와인은 '일본인'이 아니라는 인식이 배경에 존재한 것을 엿볼 수 있다.[16]

특히 미국의 오키나와 장악의 의지를 강하게 한 것은 냉전 격화와 중화인민공화국의 성립이다. 미국 공군의 한 사령관의 표현에 의하면 "오키나와로부터 출동하는 B29의 행동범위는 북쪽으로는 캄차카반도에 이르고, 그곳에서부터 시베리아를 횡단하여 바이칼호 방면에 이르며 전 중국 본토를 지나 인도의 콜카타Kolkata에 달한다"는 것이고, 오키나와는 태평양의 '핵심지역'으로 불리게 되었다.[17]

1951년 일본이 미군점령하에서 독립할 즈음에 미군이 오키나와 및 오가사 와라제도小笠原諸島[18]를 통치할 것을 인정하는 샌프란시스코강화조약 제3조

---

15 鹿野政直, op. cit., p.97; 『戦後資料沖縄』, p.59.

16 『戦後資料沖縄』, p.4.

17 오키나와 분리의 경위에 대해서는 大田, 「沖縄分離の背景についての一考察」 참조. 맥아더의 발언은 『戦後資料沖縄』, p.58.

18 오가사하라제도는 동경 남쪽으로 약 1,000km 떨어진 태평양에 있는 30여 개의 섬들로 이루어져 있다. —역주

가 체결되었다. 중요한 조문이기 때문에 그 일본어 번역을 인용한다.

> 일본국은 북한 29도 이남의 남서제도류큐 열도를 포함, 상부암孀婦岩의 남쪽 남방제도오가사와라섬, 서지도 및 화산열도를 포함 및 앞바다인 도리시마鳥島 및 남도리시마南鳥島 및 합중국을 유일한 시정권자로 하는 신탁통치제도하에 두기로 하는 국제연합에 대한 합중국의 어떠한 제안에도 동의한다. 이와 같은 제안이 시행되고 동시에 가결되기까지 합중국은 책임자를 포함하여 이들 제도의 영역 및 주민에 대해 행정, 입법 및 사법상 권력의 전부와 일부를 행사하는 권리를 갖는 것으로 한다.

그 후 '권력의 전부와 일부'의 원문은 'all and any powers'인데 '권력의 전부와 일체'라고 번역하는 편이 정확하다는 의견이 많아졌다. 결국 오키나와·오가사와라에는 미국에 의한 신탁통치가 실시될 예정이었지만, 그것이 실제로 결정되기까지는 미국이 잠정적으로 행정·입법·사법 3권시정권이라고 총칭된을 행사한다는 것이다.

이 신탁통치제도는 전전의 일본이 남양군도를 통치하고 있었던 위임통치와 거의 마찬가지로 '통치국의 영토는 아닌 것, 시정은 전면적으로 행하는 것'이었다. 다만 양자의 큰 차이는 위임통치가 통치국에 의한 군사적 이용을 금지하고 있었던 것에 비해 신탁통치는 경우에 따라 그것이 가능하게 되었던 것이다. 미국은 이미 일본으로부터 탈취한 남양군도를 자국의 신탁통치하에 두고 있었기 때문에 오키나와를 신탁통치하면 군사기지를 태평양에서 극동에까지 전개하는 것이 가능했다.[19]

그러나 미국은 그 후에도 오키나와를 신탁통치로 하는 제안을 주장하지 않고 잠정조치로서 규정된 시정권의 독점상태를 계속해서 유지했다. 미국무

19 신탁통치제도에 대해서는 高野雄一, 『日本の領土』, 東京大学出版社, 1962, pp.100~102.

성 당국자에 따르면 신탁통치의 이행에 대한 제안을 하면 국제연합 안전보장이사회에서 토의하지 않으면 안 되고, 그렇게 되면 '미일 양국 간에 쐐기를 박을 기회를 소련에게 주게 되기 때문'이었다. 1957년에는 오스트레일리아 등이 미국에게 오키나와를 합병해버리면 좋다고 진언했지만, 그것은 영토확장 금지를 주장한 대서양 헌장에 위반될 우려가 있고, 게다가 냉전상태하에서 합병을 단행하면 소련과 중국의 비난대상이 될 것이 뻔했기 때문이다.[20]

신탁통치제도는 전전의 위임통치와 거의 마찬가지로, 그 목적으로 통치국이 '주민의 정치적, 경제적, 의식주 및 교육적인 진보를 촉진'시켜 '자치 또는 독립을 향하고 주민이 점진적으로 발달할 것을 촉진하는 것'을 결정하고 있었다. 그렇지만 1951년에 일본정부의 외무성 조약국장은 국회답변으로 "평화와 안전의 유지를 위해 이들 여러 섬들 오키나와를 당분간 합중국이 관리할 필요가 있기 때문이라는 것이어서 이들 여러 섬들에 살고 있는 동포제군의 정치적, 경제적 내지 문화적 수준을 향상시켜 자치 내지 독립을 지킬 필요가 있다는 것은 한 번도 못 들었습니다"라고 말했다.[21] 결국 완전히 군사목적을 위한 '잠정적' 점령이었다.

미군은 만약 오키나와를 합병하여 미국의 영토로 해버리게 되면 오키나와 주민에게 '미국인'으로서의 인권을 주지 않으면 안 된다. 신탁통치는 중소의 반대로 현실적으로 곤란할 뿐만 아니라 국제연합의 규정에 속박되게 된다. 물론 일본에게 반환하면 미군의 군정은 행할 수 없다. 잠정조치라는 형태로 군정을 계속하면, '미국이면서 미국이 아닌 토지'로서 자신들이 구속받지 않는 이득을 얻을 수 있었다. 이 명료하지 않은 잠정조치를 결정한 샌프란시스

20 『戦後資料沖縄』, p.165.

21 제12회참의원, 「平和条約及日米安全保障条約特別委員会」에서의 니시무라 구마오(西村熊雄) 조약국장의 발언, 1951년 11월 5일. 高野雄一, 『日本の領土』, 東京大学出版社, 1962, 권말부록 자료, p.368에서 인용.

코강화조약 제3조는 일본이 대만에 시행한 63법체제하의 율령이 '법률의 요괴'로 형용됨으로써제5장 참조, 그 후의 복귀운동에서는 '법률의 요괴'라고 불리게 된다.

그런데 이러한 가운데 미국은 어떠한 통치체제를 오키나와에 구축해갔던 것일까.

강화조약체결에 대한 움직임이 활발했던 1950년 12월에 미국 극동군 총사령부는 군정부를 폐지하고 '류큐 열도 미국민정부', 즉 실질적인 '류큐총독부'를 창설하는 지령을 내렸다. 이 '민정부'란 민정장관은 극동군 총사령관이, 민정부장관은 류큐군 사령관이 겸임한다는 것으로 이름만 '민'으로의 이행이었다.

그리고 그 지령에 규정된 각 조항도 대개 인권옹호를 지향한 것이라고는 말할 수 없다. 우선 "류큐 열도의 행정운영에 대한 미국정부의 방침은 군사적 필요가 허락하는 법 위에서 주민의 경제적 및 사회적 복지증진을 꾀하는 데 있다"고 되어 있고, 류큐 주민의 인권은 '군사점령에 지장을 초래하지 않는 한' 보장받게 되었다. 민정부장관류큐군 사령관은 자신의 재량으로 법령의 공포를 명령할 수 있었고, 민정장관극동군 총사령관은 사법판결의 수정과 철회를 명령할 권한을 가지고 있었다. 즉 군인인 민정장관과 민정부장관이 행정·입법·사법 3권을 사실상 독점하고 있었던 것이다.

1957년 이 '민정부장관' 제도가 '고등변무관'으로 변경되었지만 실질적으로는 변하지 않았다. 오키나와의 미국정부의 관할은 국방성에 속하고 그 아래에 육군이 담당하고 있었다. 류큐민정부의 장인 고등변무관은 현역군인이 국방장관에 의해 임명되는 규정으로 되어 있고, 법률과 같은 노력을 가진 명령'포령'이라고 불리었다을 할 수가 있었다.

이것들을 보면 민정부장관과 고등변무관의 권한과 지위가 제5장과 제6장에서 살펴본 것처럼 대일본제국시대의 조선·대만총독과 많이 닮아 있음을 알 수 있다. 그렇다고 하더라도 이러한 고등변무관의 태도는 일본의 제도를 참고했다고는 생각할 수 없다. 미국 국방성도 고등변무관제도의 발표와 함께 '류큐제도 통치의 조직법'을 '괌, 푸에르토리코Puerto Rico, 서인도제도the Virgin Islands, 사모아 등'의 통치조직법을 모방하여 작성한다는 방침을 내세운 적이 있었지만, 그들이 오키나와 통치의 선례를 어디서 구하고 있었는지는 의심스럽다.[22] 그렇다고 하더라도 전전의 조선·대만도 전후의 오키나와도 군사적 필요성에서 군인이 '잠정조치'라는 명목으로 3권을 독점하는 통치형태였다는 점에서는 공통적이었기 때문에 유사한 것도 당연하다고 말할 수 있을 것이다.

이러한 통치방법에 미국 내부에서 이론이 없었던 것은 아니다. 1949년에는 오키나와의 미군당국자였던 한나Hannah 소장의 의견으로서 오키나와를 일본에 반환한 데다 동경의 점령군 총사령부를 통해 관리하면 미국의 대의명분이 설 뿐만 아니라 오키나와 재건의 경제적 부담을 일본에 전가할 수 있다는 제안이 있었다. 한나는 그 이외의 차선책으로서 군에 의한 통치를 그만두고 관할을 국방성에서 내무성으로 이관할 것을 부르짖었지만, 결국은 '미국인의 피에 의해 얻었던' 오키나와를 양도한다는 의견 쪽이 군의 대세를 차지했다고 한다.[23] 오키나와통치가 적자가 된다는 인식은 미국 측에서 공유하고 있었고, 일본에 반환한 쪽이 부담을 준다는 의견은 후술하는 바와 같이 미국 본국 의회 등에서도 나왔지만, 군의 의향이 그것을 밀고 나갔던 것이다. 그리고 미군은 대량의 예산을 투입하여 오키나와의 기지와 항만, 도로 등을 정비해가고 1958년에는 오키나와의 통화를 달러로 전환했다.

---

22 이상의 민정부장관 및 고등변무관제도에 대해서는 大田, 『沖縄の帝王 高等弁務官』에 상세히 밝히고 있다. 초기의 민정방침은 『戦後資料 沖縄』, p.55. 류큐통치 조직법에 대한 인용은 같은 책, p.161에서 인용.

23 鹿野政直, op. cit., pp.91~92; 『戦後資料 沖縄』, p.48.

그러나 한편 미군은 자국의 이익을 위해 오키나와를 관할하고 있는 것이 아님을 여러 번에 걸쳐 강조했다. 1952년 류큐 총독에 해당하는 당시 히틀러 민정부장관은 "미국은 아무런 영토확장의 야심을 갖고 있지 않은 것입니다. 우리들은 식민지적인 야망은 전혀 없습니다. 우리들은 불안한 세계정세의 요구에 의해 태평양의 전초거점의 확보를 위해 이곳에 머무는 것에 불과한 것입니다"라고 말하고, "미국군대가 주류하고 있는 것은 이를 식민지화라든가 노예화라든가 혹은 영구적인 진주라든가를 나타내는 것이 아니라, 오히려 공산주의 침략에 대한 상호방위의 일환인 것입니다"라고 주장했다.[24] 오키나와통치는 영토적 야심과 식민지 지배가 아니라 '동양평화'를 위한 '잠정적'인 것에 불과하다는 것이다.

이러한 발언의 배경에는 미국 측의 나르시시즘뿐만 아니라 냉전이라는 실리적인 문제도 존재했다. 1956년 일괄 지불에 의한 기지용, 토지세용이라는 방침을 내세워 심한 반발을 받은 가격 권장은 "세계의 눈, 특히 공산국들은 오키나와 우리들의 행동을 주의 깊게 지켜보고 있고, 공산국가 측은 우리들에 대한 반대선전으로 이용할 수 있는 것을 발견하려고 노력하고 있다"고 말하고 있다. 소련에 의한 '미국제국주의' 비판이 이루어지는 가운데 미국이 식민지를 지배하는 것은 있어서는 안 된다고 본 것이다.[25]

소련에 대항하기 위해 미군은 오키나와를 '민주주의의 쇼윈도우'로 한다고 주창하고 있었다. 그러나 통치의 실태가 '민주주의'에서 멀 뿐만 아니라 '잠정적'인 미군통치가 끝나는 기한에 대해서는 1954년에 오구덴Ogden 민정부장관이 서술한 것처럼 "우리들은 극동에 평화와 질서가 수립될 때까지 류큐에 머무를 것이다"라는 대답이 돌아올 뿐이었다. 1957년에 초대 고등변무

24 『戦後資料 沖縄』, p.93.
25 Ibid., p.177.

관이 된 무어Moore 육군중장에 따르면 "긴장의 원인이 공산주의에 있기 때문에 미국이 오키나와에 무기한으로 머무를지, 또는 장래 일정 시기까지 있을지"는 회답할 수 없다는 것이었다. 60년대 국방차관보대리였던 할페린Halperin은 미군이 전권을 쥐고 있는 오키나와는 '군사적 관점에서 보면 완전히 이상적'이었기 때문에 일본으로의 반환은 예를 들어 있다고 해도 '21세기나 22세기의 일'이라고 생각하고 있었다고 증언하고 있다.[26]

무아 중장은 또한 토지수용에 반대하는 오키나와 주민에 대해 "극동의 자유제국보호를 위해 미국이 군사기지를 지키는 것이 필요하다. 그 때문에 미국은 자신의 재화를 투입하여 열심히 노력하고 있다"고 말하고, 미국이 '동양평화'를 위해 헌신적 희생을 치르고 있음을 강조했다. 당시 보도에 따르면 그것에게 한정하지 않고 오키나와 재주의 미국인들은 "왜 오키나와인의 대부분은 미국이 오키나와를 원조하기 위해 수억 달러를 부어넣고 있는데도 미국인을 싫어할까"라고 이상하게 생각하고 있었다고 한다.[27] 국방이라는 목적을 가진 적자경영은 일본의 조선·대만통치에서도 그러했듯이 통치 측의 내셔널리즘으로 변형되고 있었던 것이다.

'미국'으로부터의 배제

그러나 미국의 오키나와통치는 대일본제국의 조선·대만지배와는 큰 차이가 있었다. 그것은 대일본제국이 원주민을 '일본인'으로 동화하는 지향을 가지고 있었던 것에 비해 미국에는 그것이 없었던 것이다.

원래 압도적인 군사력을 가지고 오키나와를 세력권 내에 확보한데다 경쟁

---

26 Ibid., pp.94·165. 국방차관보의 증언은 NHK취재반의 저서『戦後50年その時日本は』第4巻, 日本放送出版協会, 1996, p.49.

27 『戦後資料 沖縄』, p.189; Peter J. Phonaka,「外人のみた沖縄」,『沖縄タイムス』, 1958.12.1.

상대도 없었던 미국은 대일본제국이 행한 것 같은 영토로서의 합병과 충성심의 육성교육이라는 정책을 실시할 필요성이 희박했다. 전술한 바와 같이 영토편입은 대서양헌장의 제약과 공산권 국가들의 시선으로부터 곤란했을 뿐만 아니라, 오키나와인이 '미국인'으로서의 인권보호를 받은 것은 미군에게도 귀찮은 일이었다. 강화조약 발효 직후인 1952년 5월 미국 국무성의 법률고문에 의한 대일 회답은 오키나와 주민이 미국국적을 취득하고 있지 않음을 말했고, 또 1954년에는 미국령인 하와이 재주 오키나와인이 외국인으로서 필요한 절차를 밟지 않았다는 이유로 유죄판결을 받았다. 후술하듯이 1962년 당시 국무차관보는 의회에서의 답변으로 "우리들은 류큐인을 영구히 미국에 편입할 계획은 없다"고 말하고 있다.

이것은 오키나와 현지에서의 통합을 쉽게 할 뿐만 아니라 오키나와인을 노동력으로 활용하기에도 도움이 되었다. 어느 미군 당국자는 필리핀인 노동자 대신에 오키나와인 노동자를 사용하는 장점으로서 "괌에서는 오키나와인을 사용함으로써 우리들은 필리핀노동자가 괌 여성과 결혼하여 미국의 시민권 획득으로 침입해오는 문제를 씻어버릴 수 있습니다"라고 말했다고 한다. 1948년에는 오키나와의 미군정부는 현지인과 미국군인과의 결혼을 금지시켰다. 이것은 그 후 철회되었지만 오키나와인을 미국국적에 입적시키지 않으려는 경향을 읽어낼 수 있다.[28]

미국이 류큐 주민의 일본으로의 귀속의식을 단절시키는 것은 필요했지만, 상기와 같은 방침 때문에 류큐 주민을 '미국인'으로 동화하는 정책 등은 취할 수 없었다.

교육에서는 천황에 대한 충성심의 육성을 중시하는 구래의 교육을 배제하

28 鹿野政直, op. cit., p.110에서 재인용; 『戦後資料 沖縄』, p.10.

는 것은 철저했지만, 영어를 '국어'화하려는 움직임은 없었고 일본어 금지도 행해지지 않았다. 초등교육정책에는 열의가 없었다. 초기에는 초등학교에서 영어수업이 필수로 부과되었는데, 1957년에는 폐지되었고 중학교에서도 영어의 필수 숫자는 감소했다. 그 이외에 영어센터의 설립과 미국군속에 의한 파견영어교원보란티어 제도가 만들어졌는데, 이것도 강제라고 보기에는 거리가 있었다.

오히려 미국이 오키나와에서의 교육에 주력한 것은 미국 협력자가 될 현지 엘리트를 육성하는 고등교육이었다. 전쟁에서 황폐한 초등교육의 재건이 진행되지 않는 한편, 이미 1947년에는 대학설치의 방침이 나왔다. 이때 내놓은 군정부의 성명을 보면, "맥아더는 오키나와인이 일본으로 유학하는 것을 기뻐하지 않는다. 오키나와는 일본과 다른 특수한 입장에 있기 때문에 (…중략…) 오키나와 교육은 오키나와의 대학에서 이루어져야만 한다"고 말했다. 1951년에는 류큐대학이 이 방향에 따라 설립되고 미국으로의 유학생파견 제도도 채용되었다.[29]

병행하여 행해진 것은 류큐문화를 장려하는 일이었다. 미국 점령하에 일본 통치시대에는 금지나 다름없었던 전통예능이 부활되었다. 통치 초기에는 결국 실패한 것, 오키나와어에 의한 교과서 작성을 시도한 것은 잘 알려져 있다. 일본 통치시대와 반대로 오키나와가 아닌 류큐라는 호칭이 공식기관에서 사용되었고, 1950년에는 청·백·적 삼색과 별을 배치한 '류큐기琉球旗'의 제정을 권유하고 있었다.

정치기구에도 미국 국가로의 동화보다도 오키나와인의 자치가 지향되었다. 패전 직후부터 오키나와인의 자문회의 소집과 지사임명이 이루어지고 시

29 영어교육에 대해서는 山内進, 「戦後沖縄におけるアメリカの言語教育政策」, 照屋善彦·山里勝己, 『戦後沖縄とアメリカ』, 沖縄タイムス社, 1995 참조. 맥아더의 발언은 『戦後資料 沖縄』, p.30.

정촌장의 직접선거도 실시되었다. 그리고 1951년에는 본도·미야코·야에야마 등의 각 군도정부를 통합해야만 하는 임시중앙정부가 만들어지고 이듬해에는 류큐정부로 발족했다. 이 류큐정부는 류큐총독부에 해당하는 미군의 '류큐민정부'라는 명칭이 혼란하기 쉽지만, 이는 오키나와 주민에 의한 자치정부이고 수장급에 해당하는 행정주석과 의회에 해당하는 입법원을 갖추고 있었다.

그러나 1950년 군도지사 선거 때 오키나와 본도에서 친미파의 후보가 패배한 이후, 미군은 행정주석의 공선을 정지시키고 고등변무관에 의한 임명제를 취했다. 또 고등변무관은 법령에 의한 실질상의 입법권뿐만 아니라 오키나와 측의 입법원이 가결한 법안의 거부권과 일단 성립한 법률을 무효로 하는 권한, 게다가 류큐정부 공무원의 파면권도 쥐고 있었고 주민에 의한 자치는 지극히 한정된 것이었다.

이러한 관계를 미국 측이 어떻게 생각하고 있었는지를 드러내는 발언은 미군 당국자로부터 여럿 발표되었다. 1946년에 오키나와 자문회 석상에서 왓킨스Watkins 해군소좌가 말한 "군 정부는 고양이고 오키나와는 쥐다. 고양이가 허락하는 범위에서만 쥐는 놀 수밖에 없다"는 말과, 캘러웨이Callaway 고등변무관이 "현재로는 자치정부는 가공의 것이고 실존하지 않는다"고 발언한 것은 잘 알려져 있다. 미국 측은 오키나와 주민의 정치능력을 신용하지 않고 자신들의 의사에 부합되지 않는 후보가 선거에서 승리하면, '공산주의자'를 당선시킨 주민에게 '실망'을 표명하기도 했다. 1950년에 미국 측 기자는 "오키나와 주민은 대개 공산주의자와 극단적인 보수주의자와의 구별조차 할 수 없을 정도이다. 어쨌든 일본이 오랜 세월에 걸쳐 오키나와를 지배하고 있었기 때문에 일반인이 주민민주주의라고 불리는 기묘한 말에 당황하여 그의 머리를 흔들었다고 해도 아무런 의심할 것이 못 된다"고 적고 있지만, 이런 것이 평균적인 이해였을지도 모른다. 실제로는 자신들의 의사에 따르지 않는 인간을 무차별하게 '공산주의자'로 간주하고 있던 것은 미국 측이었지만 말이다.[30]

가노 마사나오鹿野政直는 오키나와 측의 초대지사가 미군으로부터 어떻게 취급받았는지를 나타내는 예로써 미국 측의 부영사副領事가 1949년에 보고한 에피소드를 예로 들고 있다. 덧붙여 말하면 당시 미군은 오키나와 측의 지사를 공문서에서는 'Governor'가 아니라 'Chiji'라고 표기하고 있었다.[31]

> 내가 정부 장교에게 지사를 방문하고 싶다고 말했을 때(그들은 그 사람을 '치지〈チジ〉'라고 부르고 있지만, 그것이 '지사'를 의미한다고는 알 수 없고 '행정 조수'인지 뭔지의 의미라고 생각하고 있습니다), 그는 민정부와의 연락장교인 대위를 불렀습니다. 지프를 타고 가는 도중에 그는 나에게 자신이 얼마나 지사와 사이가 좋은지 얼마나 서로를 이해하고 있는지 자랑하는 것이었습니다. '오, 그럼 지사는 영어를 말하는군요'라고 나는 말했습니다. '아니 한마디도 못하지만 그는 잘 압니다.' '그럼 당신이 일본어를 합니까.' '아니요, 그렇지만 지사는 내가 영어로 하는 것을 통역이 일본어로 바꾸기 전에 벌써 이해해버리는 것입니다.' 우리들은 지사의 집무실에 대해 소개받았습니다. 책상을 둘러싸고 앉았을 때 그 대위는 마치 서부극 인디언처럼 말하면서 우선 지사를 가리키고 그 후 자기 자신을 가리키며 말했습니다. '너와 나는 친구.' 지사는 미소 지으면서 고개를 끄덕였습니다. '자, 그는 완벽하게 이해하는군요'라고 대위는 말했습니다. 그래서 나는 지사에게 일본어로 '지금 상황을 이해했습니까'라고 물었습니다. 지사는 대답했습니다. '아니, 나는 영어를 모릅니다. 그러나 말을 걸 때는 고개를 끄덕이고 미소 짓는 것을 배웠습니다. 그래서 사이가 좋은 것입니다.'

30 『戦後資料沖縄』, pp.23·61·389.

31 鹿野政直, op. cit., p.81. 가노 마사나오는 시키야 고신(志喜屋孝信) 지사가 영어를 이해하고 있

지사가 이 정도의 영어를 이해할 수 없었다고는 생각하기 어렵지만 이는 미군의 태도와 미국 측의 관찰자의 시선을 나타내는 에피소드일 것이다.

후에 복귀운동의 고양과 함께 1962년에 케네디 대통령의 통치개혁이 실시되는 가운데 군인 고등변무관 밑에 문관 민정관民政官이 정식으로 설치되었다. 상원 외교위원회에서 검토되고 있는 개혁계획에는 고등변무관은 문관으로 하고, 내무성 혹은 국무성 관할로 옮기는 것도 포함되어 있었다. 그러나 국방성은 고등변무관의 자리를 넘겨주지 않았고, 게다가 민정관도 국방장관이 임명하게 되었다. 당시 캘러웨이 고등변무관은 의회의 답변에서 "민정관의 자격으로서 요구되는 것은 착한 사람일 것, 두 번째로 민정관은 어디까지나 고등변무관의 보좌에 불과하다"라고 단언하고 있다.[32] 하라 다카시에 의한 조선·대만통치개혁제10·11장 참조이 그랬던 것처럼 군의 힘과 기득권 앞에서 마침내 대통령에 의해서도 개혁은 불충분한 것으로 끝나지 않으면 안 되었던 것이다.

이러한 제도하에 예를 들어 오키나와 측의 자치정부가 내놓은 법률이 인권보호를 주창하고 있어도 고등변무관이 발표하는 포령이 우선시되었다. 자치정부의 입법원은 1953년에 본토와 동일한 내용의 노동관계법을 제정했지만, 미군이 고용하는 노동자는 포령에 의해 노동조건이 낮게 책정되었고 단체교섭권도 없었다. 자주 미군과의 충돌 원인이 된 기지용 땅의 수용도 미군은 자치정부의 토지수용법 규정이 아니라 포령에 의해 처리되고 있었다.

게다가 포령은 자주 변덕스럽게 발표되어 그때마다 오키나와의 운명을 좌우했다. 1957년에는 일본복귀를 내세운 좌파정당인 인민당 후보가 나하那覇시장

으면서도 '본심은 이중적이었는지도 모른다'고 보충설명하고 있다. 이것을 미국 측의 자세를 보여주는 에피소드로 인용했다.

32 鹿野政直, op. cit., p.92; 캘러웨이의 발언은 op. cit.; 高野, op. cit., p.159에서 인용.

으로 당선된 후, 포령에 의해 지방자치법과 지방선거법이 개정되고 수장불신임안 결의의 정족수와 피선거권 자격이 변경되어 이 시장은 직장에서 내쫓기게 되었다. 또 1958년 자치정부의 입법원이 가결한 물품세법 개정안을 고등변무관이 거부하고 포령에 따라 별개의 과세율을 결정했지만, 이것은 개정에 따라 불리하게 되는 일부 업계가 고등변무관에게 진정을 낸 결과였다.[33]

그리고 일련의 치안입법이 포령에 따라 제정되었다. 1945년 점령 직후에 발표한 포령 제1호는 '미국에 대항하기 위해 무기를 가진 자', '미국군의 요원 또는 가족인 부인을 강간한 자', '적국에 고용되거나 스파이행위를 하는 자' 등을 사형, '군정부가 인가하지 않는 시위운동과 회합에 참가하거나 참가시키는 자', '미국정부에 유해하가나 부당한 언사를 부리는 자' 등을 금고벌금형에 처할 것을 정했다. 1959년에 발표되어 심한 반대를 부른 포령 제23호에는 '합중국 정부 또는 합중국에 대해 적대적, 유해 또는 불손한 공공公共의 시멸운동 또는 집회에 참가'한 자에 대해 벌금형, 그리고 등록정당 이외의 정당활동 금지, 출판업의 등록제 등이 규정되어 있었다.

게다가 당시 주목을 끈 것은 이 포령에 '외국'의 이익을 위해 행동한 스파이를 사형할 수 있음을 규정한 조항에서 '외국'을 '합중국 및 류큐 열도 이외의 모든 국가'라고 규정하고 있었던 점이다. 이것은 일본을 '외국'이라고 규정한 것이라고 비난받고 복귀운동이 스파이죄로 될 가능성을 의미한다고 전해졌던 것이다.

33 당시의 포령과 집성형법의 문제점에 대해서는 여러 연구가 있는데, 우선 塩見俊隆·大野正男, 「沖縄―『法の支配』の真空地帯」(『世界』, 1959.5月号) 및 大野正男, 「驚くべき戦時刑法への逆行」(『世界』, 1959.9月号); 塩見俊隆, 『法の真空地帯「沖縄」』(南方同胞援護会, 1959) 등이 당시의 반응을 전해주고 있다. 토지수용 관련의 포령은 op. cit. 『戦後資料沖縄』, pp.105~106.

'일본인'이고 '일본인'이 아닌 존재

그렇다면 일본정부 측에서 오키나와는 어떠한 위치에 있었을까. 결론부터 말하자면 그것은 '일본'이고 '일본'이 아닌 토지였다.

우선 먼저 처음에 확인해두지 않으면 안 되는 것은 패전부터 오키나와가 복귀하는 1972년까지 '오키나와현'이라는 행정단위가 존재하지 않았던 점이다. 오키나와전쟁에 의해 현청의 조직은 거의 전멸했지만, 당연히 미군은 적국의 행정단위인 오키나와현을 재건하지 않았다. 한편 1947년에 GHQ에 의한 전후개혁으로 전전 지방행정을 담당하고 있던 내무성이 해체되고, 그것을 계기로 오키나와 관계 대부분의 사무는 외무성으로 이관하게 되었다. 메이지 초기에 류큐 관련 사무가 외무성으로부터 내무성으로 이관된 후 73년 이후의 사건이었다. 오키나와는 1951년 강화조약체결 이전에 일본정부의 기구에서는 내정이 아닌 외교의 대상이 되었다. 또한 그 당시 쇼와천황이 미국 측에게 메시지를 보내 '극동의 평화'를 위해 오키나와를 반영구적으로 통치하도록 말하했던 것은 잘 알려져 있다.

전술하는 바와 같이 1951년 샌프란시스코강화회의에서 오키나와는 미국의 정권하에 들어갔지만, 당시 요시다 수상은 오키나와에 대해 일본이 '잠재주권'을 가진 것을 성명으로 냈다. 그러나 당시 이 잠재주권이라는 말은 금시초문이었다. '행정·입법·사법 3권을 미국이 쥐고 있음에도 불구하고 주권이 일본에 있다는 것은 도대체 어떠한 것인가'라는 국회질문에 대해 당시 외무성 조약국장이었던 니시무라 구마오西村熊雄는 다음과 같이 답변했다.[34]

34 제12회국회참의원, 「平和条約及日米安全保障条約特別委員会」, 1951.11.6; 高野, op. cit., 부록자료, p.376. 또한 오키나와 주민의 법적지위에 대해서는 桑田三郎, 「沖縄住民の国際法的地位」(南方同胞援護会, 1959)과 宮里政玄編, 『戦後沖縄の政治と法(1945~1972)』(東京大学出版会, 1975) 등에 정리되어 있다.

나는 다이쇼 9년 동경대학에 들어갔습니다. 동경대학에 입학했을 당시에 미노베 다쓰키치美濃部達吉 선생의 강의에서 이미 그것을 들었습니다. (…중략…) 그때 설명을 들은 것은 조차지와의 관계였습니다. 조차지에서 관동주, 즉 요동반도 조차지에 대한 중국의 주권은 여전히 남아 있어서 이 토지에 살고 있던 중국인은 아직 이제껏 일본 국적을 취득한 적이 없습니다.

확실히 조선인과 대만인이 다르고 요동반도 조차지의 중국인이 중국국적인 채로 있었던 것은 사실이었다. 그리고 니시무라 국장의 답변에 따르면 국적상으로 오키나와의 '주민제군은 여전히 일본인'이었던 것이다. 그런데 문제는 그렇다면 일본국헌법에 규정된 '일본인'으로서의 권리는 오키나와인에게 보장되는 것일까하는 점이다. 이 질문에 대해 니시무라는 "일본인이라는 것에는 변함이 없습니다만 권력을 행사라는 것은 합중국입니다"라고 말하고 "평화조약 제3조의 규정과 모순되지 않는 범위 내에서 헌법은 적용되지만, 모순되는 경우에는 배제된다"고 회답했다. 니시무라에 따르면 전전부터 일본에서 "헌법의 모든 규정은 국가의 모든 범위에서 평등하게 전부 적용되는 성질의 것은 아니다"라는 것이고, 주권은 있지만 인권보호는 적용되지 않는다는 시행형태는 진귀하지 않은 것이다.[35] 미노베美濃部의 제자인 니시무라를 통해 조선·대만에서 헌법시행의 형태가 전후 오키나와에 꼬리에 꼬리를 물고 이어지는 형태가 되었던 것이다. 이렇게 오키나와는 '일본'이면서 '일본'으로부터 배제당하고 국회의원이 오키나와로부터 선출되는 것도 사라졌다.

그러나 이러한 가운데 내정사무로서 일본정부가 계속해서 파악한 것이 있었다. 그것은 바로 호적이었다.[36] 오키나와에서 호적은 1944년 10월 대공황

---

35 高野, op. cit., 부록자료, pp.371·375·377.

36 호적정리 과정에 대해서는 西原諒, 宮里編, 「戸籍法制の変遷と問題点」; 『戦後沖縄の政治と法』

으로 소실된 것을 시작으로 오키나와 본도에서는 대부분이 산실되어버렸다. 전후 얼마 안 되어 배급대장 등으로 대용되었는데 현지에서의 필요성에서 1947년부터 임시호적이 작성되었다. 전후 혼란 때문에 조사는 충분하지 않았고, 이때 성씨 개명 붐으로 야마토 풍의 이름으로 바꾸거나 또 일부는 반대로 류큐 풍으로 되돌아가는 등 개명신고가 다수 행해지고 있었다.

일본정부의 법무성에는 이것과는 다르게 1948년에 후쿠오카현에 설치한 오키나와 관계 호적 사무소에서 독자적으로 가짜 호적을 작성시켰다. 당시는 미군점령하의 오키나와에서는 조사를 행할 수 없었기 때문에 등록된 것은 본토 재주 오키나와인이 대부분이었지만, 일본정부는 이 가짜 호적만을 공인하고 오키나와 현지에서 만든 호적은 인정하지 않는 입장을 취했다.

1953년 냉전의 고양과 함께 미군이 엄밀한 주민파악의 필요성을 느끼고 있었기 때문에 호적정비법이 제정되어 호적등록의 재편이 개시되었다. 호적 관계법규는 일본정부의 관할이라는 입장에 선 법무성은 당초 이에 반발했지만, 이것을 계기로 오키나와 내부의 호적을 파악하는 방향으로 바뀌었다. 법무성은 호적기술의 협력지도라는 형태로 이 사업에 참입하고 허위신고를 철저하게 방지할 것을 호소하고, 전전 호적의 완전한 재편을 위해 류큐정부의 법무국을 지도했던 것이다. 이 때문에 해외나 타 부현에 보존되어 있던 오키나와 관계의 신고서, 등본·초본 등을 제공하는 한편, 해외의 오키나와 현인회縣人會에도 신고를 하게 하여 1954년에는 오키나와 내부의 호적도 법무성이 파악하게 되었다.

전술한 바와 같이 구 오키나와 관계 사무의 대부분은 외무성으로 이관되어 있었다. 그러한 가운데 거의 유일하게 내정사무로서 계승된 것이 법무성

참조. 다만 일본정부가 파악하고 있었던 오키나와 관련 내정사무로서는 은급(恩給)이 있다.

이 관할한 호적이었다. 그리고 법무성의 오키나와 관계 호적에는 본적과 현주소로 '오키나와현'이라는 호칭이 계속해서 사용되었다. 오키나와현이라는 행정단위가 소멸되고 있었던 당시 '오키나와현'은 공적으로 호적상에서만 존재하고 있었다고 말해도 좋을 것이다.

그렇지만 이렇게 작성된 호적은 미군이 이용하는 것으로도 되었다. 미군의 류큐민정부는 이미 1952년 류큐정부의 장전章典에 '류큐 주민'이란 것은 '류큐의 호적부에 그 출생 및 씨명이 기재되어 있는 자연인'이라고 기록되어 있었다. 호적에 기재하는 것이 주민에게는 목적이었지만 1954년 호적정비 직후, 그때까지 자유였던 일본 본토로부터 류큐 열도로의 이적을 제한한다는 지령을 내렸다. 게다가 1956년 말에는 혼인과 양자결연 등에 의한 류큐호적으로의 입적도 민정부장관나중에 고등변무관의 허가가 필요하게 되었다.[37]

이 이적 제한 이유는 공식적으로는 명확하지 않았다. 그러나 1954년에 오키나와의 좌파정당인 인민당에 대한 탄압사건이 발생하고, 또 1956년에는 미군기지로의 토지수용에 반대하는 '섬 전체가 나선 투쟁'으로 고양되는 등 통치에 심한 동요가 일어나고, 미국 본국에서도 공산주의자 사냥 바람이 한창 일어나고 있었다. 원래 류큐정부의 장전에는 류큐정부의 행정주석과 부주석의 취임자격, 게다가 입법원 의원의 피선거권은 호적상 류큐 주민에게 한정되어 있고 미군의 의도가 일본 본토로부터 '공산주의자'가 이적하여 공직에 취임하는 사태를 방지하는 것에 있었음은 명백했다.

이 이적 제한과 거의 동시에 1955년에는 그 이전의 시행제한 규정을 정비하는 형태로 '류큐 주민의 도항관리'라는 포령이 발표되었고, 일본 본토와의 왕래에도 민정부장관후의 고등변무관이 발행하는 도항증명서가 필요하게 되었다.

37 류큐정부의 장전은 『戰後資料 沖縄』, p.88.

도항 때 미군으로부터 필요하다고 간주된 자는 과거 및 현재의 소속단체, 공산당원과 외곽단체와의 교섭관계, 도항 중에 방문하는 개인·단체명 등을 기록한 보조신청서를 제출하지 않으면 안 되었고, 게다가 심문을 받는 것이 요구되는 경우도 적지 않았다.

이처럼 국적취득의 제한과 출입국관리를 모방한 일련의 조치 속에서 본토의 '일본인'은 미군의 필요에 따라 '외국인'으로서 대우받았다. 1958년 전술한 인민당의 후보가 나하 시장의 자리를 빼앗긴 일련의 사건이 있은 후, 변호를 요청받고 본토의 자유인권협회 변호사가 도항하려고 했을 때 '외국인변호사가 입도入島'할 필요가 없다고 하여 미군 당국으로부터 거부당했다.[38]

한편 오키나와 주민에게는 일본 국적이 있고 미군의 법적지배는 속지적인 것이었다. 따라서 오키나와 주민도 본토에 재주하고 있는 경우에는 일반 '일본인'과 마찬가지의 법적지위를 얻어 참정권과 피선거권을 행사하는 것도 가능했다. 그러나 이들은 일본의 시정권 내에서의 일이고 오키나와 재주의 주민에게는 관계가 없었다.

이처럼 미군 및 일본정부에 의해 애매한 위치로 고정되는 한편, 국외에서 오키나와인은 모두 정부로부터 외교보호의 대상이 되지 않았다. 일본정부는 오키나와의 시정권이 미국의 관할이었기 때문에 외교보호는 내정간섭이 된다는 견해를 취했다. 한편 미국정부는 오키나와인은 미국국적이 없기 때문에 외교보호의 대상으로 될 수 없었다고 한 것이다. 그러나 미국은 오키나와를 그 군사적 가치 때문에 넘겨주려고 하지 않았고, 일본정부는 미국와의 마찰이 일어나지 않는 범위에서 계속해서 영토권을 주장했다.

38 도항제한 관련 포령은 op. cit., pp.95~96. 자유인권협회 변호사의 도항거부는 시오미·오노의 op. cit. 참조. 도항에 즈음하여 심문한 사례에 대해서는 横堀洋一,「沖縄ーこの知られざる真実」(『世界』, 1959.12月号)에서 엿보인다.

영토는 '일본'의 일부이고 국적도 '일본인'이지만, 헌법은 시행되지 않았고 참정권도 없으며 호적의 이동과 도항은 제한되어 3권을 독점한 군인총독에 의해 통치되었다. 이러한 '일본인'이고 '일본인'이 아닌 존재가 일본 측에서의 오키나와였다. 또한 미국 측에서도 오키나와인은 '미국인'이 아니기 때문에 시민권도 법의 보호도 없었다. 1962년에 미국 의회에서 선 존슨Johnson 국방차관보는 다음과 같이 말하고 있다.[39]

그들 오키나와인은 미국인으로 생각되지 않고 미국인으로 취급받지도 않는다. 우리들은 류큐인을 영구히 미국으로 편입할 생각이 없다. 따라서 장래에도 미국에 다가간다는 전망도 가지고 있지 않다. 게다가 류큐는 너무 작고 따라서 우리들이 마침내 거기에 머물 필요가 없다고 판단했으며 그렇다고 독립국가로 살아남기 위해 필요한 자원을 가지고 있지 않다. (…중략…) 거기서 심리적인 문제에는 그들 자신이 아메리칸도 아니라면 일본인도 아니고, 그렇다고 해도 자기 자신을 독립국가 류큐제도의 류큐인이라고도 생각하지 않는다는 점에 있다고 말할 수 있을 것이다. (…중략…) 그들이 시행할 때 고등변무관은 시행용 서류를 건네지만 이것은 여권이 아니라 해외의 세관과 이민관계의 공무원이 이것을 보고 '자네는 도대체 일본인인가 미국인인가'하고 이상하다는 듯이 묻는다. (…중략…) 그들은 이러한 사태에 직면했을때, 미국의 영사관으로 갔는지 일본 영사관으로 갔는지 모른다. 우리들은 일본 측과 협력하고 있지만 어쨌든 애매한 입장에서부터 이런 문제가 일어나고 있다.

여기서 말하는 일본 측과의 '협력'이 이 상태의 개선을 위한 것일지 그렇지 않으면 고정화하기 위한 것일지는 확실하지가 않다. 오키나와의 시인인 야마

39 高野, op. cit., p.157.

노구치 바쿠山之口貘는 1958년에 다음과 같은 시를 발표하고 있다.[40]

> 사용하고 있는 말, 그것은 일본어로.
>
> 사용하고 있는 돈, 그것은 달러인 것이다.
>
> 일본 같은데, 그렇지도 않은 것 같구나.
>
> 미국 같은데, 그렇지도 않은 것 같구나.
>
> 막연한 섬인 것이다.

국가로부터 보호도 아이덴티티도 없고 국가로부터 이용당하는 존재. 이 상태에서 오키나와 사람들이 어떠한 방향을 지향했을까. 그것은 다음 장 이후의 검증에 의해 밝히고자 한다.

---

40 山之口貘, 「正月と島」, 『沖縄と小笠原』 12号, 1960, pp.22~23.

제19장

독립론에서 복귀론으로

패전 직후의 오키나와 귀속논쟁

1945년 전쟁이 끝나고 1951년 샌프란시스코강화조약이 체결되기까지 미국의 군정이 행해지는 가운데, 오키나와의 귀속은 불분명한 채로 남아있었다. 당시 예상되고 있던 선택지는 거의 논의의 대상도 되지 않았던 중국 귀속론을 제외하면 일본 복귀, 미국에 의한 신탁통치, 독립이 세 가지였다. 현실적으로 1951년에는 이 세 가지 모두 실현되지 않았고 '잠정조치'로서 군정이 계속되었지만, 이 시점에서 귀속문제를 둘러싼 논의는 후년처럼 일본 복귀로 일체화되는 것은 아니었다.

본장에서는 이 51년까지의 귀속문제를 검증해보기로 한다. 여기서는 당연히 오키나와인의 입장에서 일본관과 미국관이 자신들이 '일본인'이려고 할지 아닐지를 결정하는 요소로 중요한 것이었다.

오키나와 독립론과 미국관

1945년 11월, 이하 후유를 회장으로 하는 본토 재주 오키나와인에 의한 '오키나와연맹'이 결성되었다. 그 주요 목적은 패전으로 인한 혼란과 기아 속에서 오키나와인의 상호부조를 꾀하는 것이었는데, 기관지인 『자유 오키나와』에는 귀속문제에 대해 몇 개의 논고가 게재되었다.

그 가장 빠른 예는 1946년 1월 발행의 제2호에 게재된 나가오카 도모타로永丘智太郎의 기고이다. 나가오카는 전전의 잡지 『개조改造』와 모스크바 특파원 등을 역임한 저널리스트로서 그 후에는 오키나와협회의 이사장도 역임한 인물이었다. 여기서 그는 이렇게 말했다.[1]

> 보도에 따르면 이미 오키나와 본도 인민은 오키나와를 영구히 일본에게 돌려주는구나하고 청원했다는 것이다. 아무리 봐도 이것은 있을 것 같은 사실이다. 지금까지 뭐 하나 오키나와에 국가적 시설을 해준 적이 없는 일본정부, 게다가 이번 전쟁에서 이 사람 저 사람 가리지 않고 대개 무의식적인 사투를 강요당하고, 또 군의 설치 공사에 동원되어 채찍을 가하는 강제노동이 부과되고 바닥난 식량은 약탈당했기 때문에 오키나와의 민중이 일본군벌에 대한 울분이라는 것은 컸다. 그러므로 일본이 철저하게 민주주의화되지 않는 이상, 그 통치를 초래하고 싶지 않다고 바라는 것은 나로서는 지극히 당연하다고 생각한다.

나가오카는 1946년 말에 『오키나와민족독본沖縄民族讀本』이라는 팸플릿을 출판했는데, 여기서 그는 자신이 '오키나와민족'이라는 '약소민족의 슬픔'을 통감한다며 "나는 류큐를 사랑하기 때문에 편협한 친일주의자가 될 수는 없었다"고 말하고 있다. 그리고 이하 후유의 일류동조론을 바탕으로 '오키나와인

---

1 永丘智太郎, 「沖縄の帰属問題」, 『自由沖縄』 2号, 1946.1月. 오키나와인들의 연맹에 대해서는 新崎盛暉 編, 『ドキュメント沖縄闘争』(亜紀書房, 1969)에서 가베 마사아오(我部政男)가 해설을 썼고 新崎盛暉, 「沖縄人連盟」(『新沖縄文学』 53号, 1982)은 그 동향에 대해 논하고 있다. 또한 이 시기의 오키나와 내부인들의 일본관 굴절에 대해 다룬 것으로 鳥山淳, 「揺らぐ『日本人』」(『沖縄関係学研究論集』 3号, 1997)이 있으며 가네시 사이치(兼次佐一)의 발언을 통해 전전기의 『일본인』이 되기 위한 노력을 헛수고로 돌리지 않기 위한 의식이 초기 복귀운동에 존재했음을 지적하고 있다. 여기서는 이 시기 귀속논쟁 속에서의 미국인식, 일본인식, 오키나와인식이라는 세 개의 분석에 초점을 맞추고 있다. 冨山一郎, 『近代日本社会と「沖縄人」』(日本経済評論社, 1990)의 제4장 참조.

은 인종적으로 일본인의 방계지만 '역사적으로 독자적인 발달을 이룬', '민족 독자의 발자취'를 갖고 있다고 주장하고, 메이지 이후에는 '일련의 동화정책'을 시행한 것, 패전으로 인해 "우리들 오키나와인은 '비일본인'이 되었다"고 했다.[2] 이러한 역사관과 '오키나와민족'관은 후술하듯이 당시 오키나와 측 사람들에게는 대부분 공유되고 있었다고 말해도 좋을 것이다.

그리고 나가오카의 예상은 오키나와가 일단 미국의 신탁통치령으로 된 후, '자치에서 독립으로의 코스를 겪는다'는 것이었다. 그리고 이 주장의 전제는 "미국은 데모크라시의 본고장이기 때문에 오키나와의 민의라는 것이 크게 존중받을 것이다"라는 일본에 대한 경계심과 반비례적인 미국에 대한 신뢰였다. 그는 미국이 통치하고 있는 참고의 예로써 파나마를 예로 들었는데 그것은 "파나마인은 만사를 미국인에게 맡기고 미국인에게 지폐를 만들게 하여 사용하고, 수도를 공급시켜 물을 마시고 모기를 잡아 안면하고 자동차를 만들게 하여 타고 다니며 의복을 만들게 하여 입고 집을 만들게 하여 살고 식량을 운반하게 하여 먹고 그럼에도 불구하고 명랑하고 조금도 비굴한 곳이 없다"는 목가적인 것이었다. 그는 계속해서 "이상으로 파나마공화국의 전모를 앎으로써 우리들은 오키나와 미래의 모습을 간파하는 것 같은 느낌이 든다"고 말하고, 미국의 경제원조와 문화적 은혜 아래에서 번영하는 오키나와의 미래를 예상하고 있었다.[3]

그렇다고는 하지만 당시는 아직 오키나와인의 상호구제 때문에 다른 여유가 없었고 오키나와인 연맹에서도 귀속 논의는 깊게 생각하지 않았다. 회장 이하 후유는 "당면한 매우 긴요한 문제는 본토 재주 오키나와인의 구원이

2 永丘智太郎,『沖縄民族読本』, 自由沖縄社, 1947, pp.2·26·30·94; 永丘智太郎,「沖縄人連盟の性格に就て」,『自由沖縄』6号, 1946.5月. 전자의 본문 말미에는 1946년 12월 7일 자로 '본편은 7, 8개월 전에 집필한 것'이라고 적고 있다.

3 Ibid., pp.115·118~119; 永丘智太郎, op. cit.,「沖縄の帰属問題」참조.

다. 오키나와의 귀속문제는 연합국 측에서 결정하는 것이고, 장래 고향 재주 오키나와인의 일반투표로 묻게 될지도 모르지만, 그것은 우리들 이쪽에 있는 사람들의 현재 문제는 아니다"라는 자세를 취하고 있었다. 귀속문제에 열심이었던 나가오카도 역시 "연맹으로서는 그러한 문제를 다룰 단계로는 발전하고 있지 않다"고 말하고 있었다.[4]

그렇다고 하더라도 패전 후 본토 재주 오키나와인의 미디어에서는 일본에 대한 비판과 '오키나와 민족'의식은 농후한 것이 있었다. 그중에는 이하 후 유대신에 제2대 오키나와인 연맹 총본부회장이 된 나카하라 젠추仲原善忠처럼 "오키나와민족이라는 일본민족과 구별할 정도의 것은 아니다"라든가 "자신은 오키나와민족으로 비일본민족이라고 믿고 있는 사람이라 하더라도 제발 자신의 감정을 다른 사람들에게 억지로 떠맡기지 않도록 해주기를 바란다"는 의견도 나왔지만, 지면에는 '조국 오키나와의 재건'과 '민족을 구한다'라는 문자를 다수 볼 수 있다.[5] 이들 '조국'과 '민족'이라고 불리고 있는 것은 거의 전부가 일본이 아닌 오키나와를 가리키는 것이었다.

오키나와 현지에서도 일본으로의 복귀 목소리가 많다고는 말할 수 없었다. 1947년 미야코지마에서는 신문기자단이 미국 군정관에게 "류큐인은 류큐라는 독립국으로 미국의 보호하에 살아가기를 바라고 있다"고 호소하고, 같은 해에 결성된 미야코 지방 사회당은 "우리 당은 류큐민족의 행복이 미국 귀속에 있다고 확신하고 장래 오키나와주의 현실을 기약한다"는 강령을 내놓았다. 요나구니지마에서 1949년 정장町長선거에서 입후보한 세 사람이 내

4 「伊波会長と一問一答」, 『自由沖縄』 9号, 1946.8. 이 글을『伊波全集』 第11巻에 수록되어 있다. 永丘智太郎, 「沖縄人連盟の性格に就て」 참조.

5 예를 들면 安里延, 「民族を救うものは偉大なる人である」, 『更生沖縄』 4号, 1948.10月과 仲田忠一郎, 「歓迎の辞」 등에 이러한 '민족'이나 '조국'의 용례가 보인다. 仲原善忠, 「沖縄人とは」, 『自由沖縄』 13号, 1947.2月.

걸은 귀속론은 일본 복귀·류큐 독립·대만 귀속으로 나뉘어져 있었다.[6]

오키나와 본도에서 1947년에 결성된 오키나와민주동맹이 '독립공화국 수립'을 내걸고 있는 것은 알려져 있다. 또 요시다吉田에 의하면 그가 1946년 여름에 오키나와로 도항했을 때 "가네시 사이치兼次佐一, 세나가 가메지로瀬長亀次郎[7]는 미국의 보호국으로서 오키나와의 구상을 드러냈다. 구체적으로 어떠한 것인지라는 나의 질문에 그들은 예를 들면 파나마공화국과 같은 형태를 생각하고 있다고 대답했다"고 한다.[8] 후술하듯이 가네시와 세나가는 후에 반미기지투쟁과 복귀운동의 중핵이 되는 인물들이지만, 요시다의 말이 사실이라면 그들도 당시에는 미국에 대한 신뢰에 기반을 둔 파나마형 보호국안을 부르짖고 있었던 것이 된다.

1946년 시점에서는 일본에 대한 불신과 미국에 대한 신뢰라는 세계관이 널리 침투하고 있었다. 이해 4월, 미군이 오키나와인으로부터 지사를 임명했을 때 오키나와의 지방신문 『우루마 신보』현재 『류큐신보』의 전신는 '오키나와 재건과 주민의 보호로 헌신적인 노력을 아끼지 않았던 미군정부는 평화적 도의 아래 우리들의 향토 오키나와를 해방시켜주었다'고 환영하고, 다음과 같은 축사를 게재하고 있다.[9]

> 류큐왕국이 오키나와현으로 개칭되고 오키나와 세상이 야마토 세상으로 바

---

6 이 시기 미야코(宮古)의 동향에 대해서는 平良好児, 「宮古社会党」, 야에야마(八重山)와 요나국(与那国)에 대해서는 太田静男, 「不発の独立論」(『新沖縄文学』 53号, 1982)에 자세하게 적고 있다.

7 세나가 가메지로는 정치가이다. 중의원 의원(7기), 나하 시장을 지냈고 일본공산당 부위원장, 오키나와인민당 서기장을 역임했다. —역주

8 오키나와민주동맹에 대해서는 仲宗根男, 「沖縄民主同盟」(『新沖縄文学』 53号, 1982)은 독립론을 강조하고 있다. 요시다의 회상은 吉田嗣延, 『小さな闘いの日々』, 文教商事, 1976, p.23. 당시 인민당위원장인 浦碕康華도 파나마형 보호국의 내용을 말한 것이 기록되어 있다.

9 「祝沖縄民政府発足」및 島清, 「知事就任を祝う」, 『ウルマ新報』 1946.4.24; 인용 부분은 那覇市企画部市史編集室編·発行, 『那覇市史 資料編3巻3』, 1978, p.14.

꿔어 봉건이 변하여 자치제의 시행이라고는 하지만 그것은 이름뿐이다. 정치행정의 진상을 보면 여전히 식민지적 관료행정이고, 우리들 우루마[오키나와] 주민은 오랜 세월 식민지적 중압으로 신음하고 패전국민으로서 오늘날 비운을 맞이했다. 시험 삼아 일본정부의 오키나와 산업에 대한 보조정책의 내용을 검토할 때, 실제 목적은 일본 본토로의 이출 가능한 산업에 중점이 있었던 것을 몇 명이나 알아차렸을까. 강화조약의 체결을 보기까지는 미국 측에서 보면 우리들은 적국인다운 입장에 있다. 그런데도 우리들을 적시敵視하지 않는다. 이번 우리들 우루마[오키나와] 도인부터 정치행정의 전체를 총괄하는 지사와 부지사를 선임받은 것은 우리들 현재의 지위를 제외해도 또한 근세 우루마[오키나와] 섬 역사상 일찍이 보지 못한 최대의 통쾌한 일이고 후세의 역사가는 오늘날의 좋은 날을 영구히 찬미할 것이다.

이 축사의 전제로 전전 오키나와 출신자가 지사로 임명된 적은 한 번도 없었던 사실이 존재하고 있는 것은 말할 필요도 없다. 물론 이 '지사'가 어떻게 미군에게 초대받아 갔었는지는 앞에서 언급한대로지만, 그러한 사태는 이 시점에서는 예측할 수 없었다. 이렇게 최초의 지사가 된 시키야 고신志喜屋孝信도 1947년 8월 미국 기자단과의 회견에서 "오키나와 주민은 일본으로 귀속하고 싶은가, 또는 미국의 보호 아래 장래는 독립하고 싶은 것일까"라는 질문에 "소수는 일본으로 귀속하고 싶다는 희망을 가지고 있는 모양입니다만, 대부분은 미국의 보호 아래 평화스러운 나라를 만들어가고 싶다고 생각하고 있습니다"라고 답하고 있었다. 또한 그는 그해 11월 미군고관과의 회견에서도 "우리들은 직접 미국인을 보고 미국을 마음에서부터 신뢰할 수 있게 되었습니다"라고 말하며 다음해 1948년에도 오키나와독립의 희망을 표명했다.[10]

이러한 독립론은 오키나와 내부에서만 외쳐지고 있었던 것은 아니었다.

1946년 2월, 일본공산당은 당 대회에서 오키나와인 연맹 전국대회 앞으로 만장일치로써 다음과 같은 '오키나와 민족독립을 축하하는 메시지'를 보냈다.[11]

> 수세기에 걸쳐 일본의 봉건적 지배 아래 예속되었고, 메이지 이후에는 일본 천황제 제국주의의 착취와 압박에 시달리는 오키나와인 제군이 이번 민주주의 혁명의 세계적 발전 가운데 마침내 오랜 세월 원망인 독립과 자유를 획득하게 된 것은 제군에게 큰 기쁨일 것이다. 지금까지 일본의 천황주의자는 국내에서는 천황과 국민이 가족적으로 혈연관계를 가지고, 국외에서는 조선인이 일본과 같은 계통이고 아시아민족이 일본민족과 같은 아시아인이라고 주장하고, 일본 천황이 아시아의 지도자임을 자칭해왔다. 오키나와인 제군에 대해서도 그들은 동일민족임을 제군에게 밀어붙였다. 제군은 이 간계의 제국주의적 본질을 마침내 밝혔다고 생각한다. 예를 들어 고대에 오키나와인이 일본인과 동일한 조상으로부터 분리되었다고 해도 근세 이후의 역사에서 일본은 분명히 오키나와를 지배해온 것이다. 즉 오키나와인은 소수민족으로서 억압받아온 민족이다.

일선동조론과 일류동조론을 병행하여 비판하는 이 메시지로부터 오키나와는 조선과 유사한 피지배 지역이었다는 인식을 엿볼 수 있다. 이 메시지가 발표된 배경에는 당시 공산당위원장이었던 도쿠다 규이치德田球一의 개인적 경험도 있었다. 오키나와 출신이었던 그는 1947년에 오키나와 청년동맹이 주최한 좌담회에서 "자신의 할아버지는 가고시마鹿児島 분인데, 그것 때문에 나는 원한이 뼈에 사무치기에 달하는 경험을 가지고 있다. 사쓰마 지방의 친척

---

10 「米国保護の下」,『ウルマ新報』1947.8.1; 인용은『那覇市史 資料編 3巻3』, p.88;『戦後資料 沖縄』, pp.14·16.

11 『戦後資料 沖縄』, p.6.

인 작은 아버지와 함께 살고 있어도 오키나와에서 자랐다는 것만으로 같은 목욕탕에 들어가는 것도 허용되지 않았다"고 회상하고 있다. 그는 "정치 면에서도 경제 면에서도 류큐는 완전히 식민지로서 착취당하고 있었다"고 말하며 오키나와는 '민족의 자주권'을 존중한 "민족적 자치공화국이 되지 않으면 안 된다"고 주장하고 있었다.[12]

이와 같은 주장은 공산당만의 것은 아니었다. 역시 오키나와청년동맹 주최의 좌담회에서 사회당대표는 "장래는 당연 오키나와 민족자결의 의의를 생각하지 않으면 안 된다", "오키나와가 자치국가로서 나아가는 것이 반드시 필요하다고 생각한다"고 말하고 있었다. 또 조선인 연맹대표도 "오키나와인은 오키나와의 자유로운 나라를 만드는 것이 오키나와인민의 행복"이라고 말하고 있었다.[13] '오키나와민족'의 독립이라는 주장은 당시 본토좌파 사이에서는 오히려 일반적인 것이었다고 말할 수 있다.

또 하나는 오키나와인이 일본민족과 다른 '소수민족'이라는 민족관과, 류큐처분이 일본의 침략이었다는 역사관이었다. 오키나와 독립론에 대한 지지는 상기上記의 좌담회에서 조선민주청년동맹 대표가 "일본과 오키나와가 역사적으로 원래부터 같았다고 한다면 반드시 일본으로 돌아가야만 하지만 만약 그렇지 않다면 자주적으로 공화국을 건설하지 않으면 안 된다"고 말하고 있었던 것에서도 알 수 있듯이 그 판단은 민족관과 역사관에 따라 좌우될 가능성을 가지고 있었다.

그리고 또 한 가지는 이미 살펴본 바와 같이 일본에 대한 불신과 부정성을 갖는 것 같은 미국에 대한 신뢰였다. 미국 귀속론을 부르짖은 미야코지마에

12 『戦後資料 沖縄』, p.8; 『徳田球一全集』 第6巻(五月書房, 1986)에도 수록되어 있다. 徳田球一, 「植民地扱いされた僕のふるさと」. 후자는 오키나와현립 도서관소장의 『比嘉春潮文庫』의 잡지에서 인용. 날짜는 불분명함, 전집에 수록되어 있지 않은 부분이다.

13 이 좌담회는 『戦後資料 沖縄』, pp.7~8.

서는 미군을 환영하기 위해 거리에 아케이트로 장식하고 전 주민을 동원할 것을 결정하거나, 생활의 미국화와 영어의 일상화를 설파하는 지도자도 있었다. 일본공산당의 오키나와 독립메시지도 대일본제국의 감옥에서 해방된 당간부들의 미군을 해방군으로 여기는 규정과 불가분의 것이었다. 후에 오키나와인민당위원장으로서 미군과 전면대결하게 되는 세나가 가메지로瀬長亀次郎도 1949년 8월 시점에서는 "해방군으로서 미군에게 협력하고", "류큐민족 전선결성을 위해 전신전령을 불어넣고 우리민족의 확고부동한 생활을 확립한다"고 말하고 있었다.[14]

패전 직후의 오키나와독립론은 이와 같은 일본관과 미국관 그리고 그것들과 연동한 '오키나와민족관'에 입각한 것이었다. 그렇지만 차츰 미국 지배에 대한 환멸이 퍼짐과 동시에 이러한 세계관에 변화가 생겨나게 된다.

보수계운동으로 복귀

이러한 가운데 복귀운동의 가장 빠른 사례로 알려진 것은 원 슈리시장이었던 나카요시 요시미쓰仲吉良光의 청원이다. 나카요시가 복귀운동을 개시한 계기는 그가 포로로 일하고 있었던 오키나와형무소에서 본 미국의 잡지였다고 한다. 그는 거기서 "현재의 천황은 전범이고 혹은 퇴위를 어쩔 수 없게 되었지만, 황태자가 뒤를 이어 즉위하는 것으로 결국 천황제는 유지된다"는 취지의 기사를 보고 "왠지 온몸이 뜨거운 용기가 솟아나는 것을 느꼈다"는 것이다. 그것을 계기로 친구와 합의 끝에 아직 패전 전인 1945년 8월 4일에 오키나와점령군 앞으로 복귀청원서를 제출했다.[15]

---

14 瀬長龜次郎, 「退社声明書」, 『ウルマ新報』 1949.8.5; 인용은 『那覇市史 資料編3巻3』, p.189.

15 나카요시의 청원경위와 진정서 인용은 오키나와현 조국복귀투쟁사편찬위원회 편, 『沖縄県祖国復帰闘争史 資料編』, 沖縄時事出版社, 1982, pp.6~8.

그 취지는 나카요시의 요약에 의하면 "여기에는 이론도 논리도 없습니다. 오키나와인은 일본인이기 때문에 자식이 부모의 집으로 돌아가고 싶은 것처럼 인간 자연의 감정이기 때문입니다"라는 것이다. 그러나 미군이 오키나와의 유력자를 모아 발족시키고 있던 오키나와 자문회는 "반드시 주민 다수의 의견이 아니다"라고 회답하고 미군도 이를 묻어버렸다. 그러나 나카요시는 이에 굴하지 않고 1946년 10월에 맥아더에게 복귀청원서를 제출했다. 그 청원서는 다음과 같이 주장하고 있다.

오키나와인은 일본 본토의 동포와 혈연관계가 있기 때문에 전전과 마찬가지로 일본정부의 행정 아래로 돌아가고 싶다는 일념으로 불타오르고 있습니다. 피는 물보다 진하다고 전해지는 것처럼 오키나와 전 주민은 일본민족이라는 자각이 강렬하여 어떠한 경우에 빠져도 본토동포와 운명을 함께 하고 싶다는 염원이 지배적입니다. 서구의 일부에서는 일본 국민은 오키나와인민을 가난한 종형제라고 멸시하고 냉대한다고 논하는 자도 있습니다만 이것은 잘못된 생각으로 일본정부 및 일본인이 오키나와인을 차별대우한 사실은 절대적으로 없습니다. 오키나와인민은 항상 본토 각 부현민과 동등한 대우를 받아온 것입니다.

게다가 이 청원서는 "오키나와인은 일본인종으로 언어, 풍속, 습관, 신앙도 동일하다"고 노래하고, 미나모토노 다메토모源為朝를 '최초의 류큐왕국'의 아버지라고 부르고, 류큐처분을 "자식이 아버지의 집으로 돌아가는 것처럼 지극히 자연스럽게 행해지고 무력행위에 의한 변혁은 아닙니다"라고 형용하고 있다.

그러나 당시 오키나와인의 대다수는 나카요시와 같은 복귀론이 지지받는 분위기는 아니었던 것 같다. 1946년 나가오카 도모타로는 복귀청원에 언급하고 '일본의 군국주의자 내지는 제국주의자로부터 잘못된 교육의 영향 아래 아직까지도 사고방식의 전환이 안 되는' 인간밖에 지지하지 않을 것이라고 혹평하고 있다.[16] 또 시키야 고신志喜屋孝信도 전술했듯이 1947년 기자회견에서 "소수는 일본으로 귀속하고 싶다는 희망을 가지고 있는 것 같지만, 대부분은 미국의 보호 아래 평화스러운 나라를 만들어가고 싶다고 생각하고 있습니다"라고 발언하고 있었다.

그 때문인지 나카요시의 맥아더에 대한 청원서에는 아무런 조직명도 없이 나카요시를 비롯한 오키나와인 유지의 연명이라는 형태로 제출되었다. 거기에는 오키나와언어논쟁에서 표준어 장려를 지지한 이에 조스케伊江朝助 남작이외에 후에 오키나와협회장이 되는 가미야마 마사요시神山政良, 그리고 오키나와 역사가 히가시온나 간준東恩納寛惇 등이 이름을 내걸고 있었다. 청원에서 보이는 일류동조론은 히가시온나가 나카요시에게 교시한 것인 것 같다. 상경한 나카요시는 마침내 이들 멤버를 결집하여 '오키나와군도 일본복귀기성회'를 결성한다.

나카요시 등의 운동이 민간으로부터 복귀운동의 선구로 가정한다면 이 보다 일본정부와 밀착한 형태로의 그것은 오키나와언어논쟁에서 야나기 무네요시와 싸운 요시다의 활동이 있었다.

야나기 무네요시와의 논쟁 후에 징병되어 부갱빌Bougainville 섬 전투에 동원된 요시다는 구 현청관리의 생존자로서 오키나와현 동경사무소장으로 임명되었다. 이 동경사무소는 오키나와현청이 괴멸당한 시기에 일본에서 '오키나와현'이라는 행정단위의 흔적이었던 것이다. 그는 관리로서 본토 재주 오키나와인의 구제에 종사했지만, 본토의 오키나와인 연맹결성에 대해서는 '제3국인 국적 특권을 교묘하게 이용하여 생활적으로 혜택받은 입장에 있었던

16 永丘智太郎, 「沖縄の政治的動向」, 『自由沖縄』 10号, 1946.11.

조선인연맹'을 모방한 것이라고 단정하고, '일본인임을 스스로 방기하는 사람'이라며 '단호하게 반대'했다. 이러한 요시다의 자세는 반발을 불러일으켰고, 오키나와인 단체로부터 "요시다는 항상 보수반동분자를 주변으로 모이게 하여 오키나와의 일본복귀를 창도하는 초국가주의자"라는 결의문이 작성되어 GHQ와 내각총리대신 앞으로 제출될 정도였다고 한다.[17]

동경에서 요시다는 나카요시 등의 복귀 기성회와도 연락하면서 사무소를 운영하고 있었는데, 1947년에는 내무성이 해체되어 '오키나와현'도 소멸하고 그는 외무성 관리국의 오키나와반장으로 임명되었다. 이렇게 '외교'사무와 함께 그는 1956년에 '남방동포원호회'의 사무국장이 되어 복귀운동에 종사하게 된다. 이 남방동포원호회는 회장을 시부자와 게이조渋沢敬三, 부회장을 야나기 무네요시와 논쟁한 현지사 후치카미 후사타로淵上房太郎가 맡았고 자민당과 관계가 깊어지면서 오키나와 반환과 동시에 오가사와라제도와 북방영토의 반환도 부르짖은 것이었다.

나카요시와 요시다의 지향성에서도 알 수 있듯이 오키나와의 일본 복귀운동은 당초 어느 편인가 하면 보수적인 것으로 간주되고 있었다고 해도 좋다. 1947년 7월에는 당시 외무대신인 아시다 히토시芦田均가 외국인기자단과의 회담에서 치시마와 오키나와 반환에 대해 언급한 것이 포츠담선언위반 영토획득요구로서 사회당의원으로부터 국회에서 자문을 받았다는 문건이 있었다. 아시다는 치시마와 오키나와를 '인종적으로도 역사적으로도 우리 본토와 일체가 되어 옛날부터 일본민족의 울타리로서 유지된 지역의 섬'이라고 표현하면서도 '무력으로써 영토를 획득하는 것처럼 문제를 일찍이 몽상한 적은 없습니다'라며 질문에 답했다.[18] 오키나와 반환 요구는 당시 본토에서는

17 吉田, 『小さな闘いの日々』, p.24.
18 『戦後資料 沖縄』, p.7.

제국주의적 침략과 마찬가지의 것으로 보고 있었던 것이다.

귀속논의의 급부상

복귀론이 약했던 배경에는 1940년대 후반의 국제적인 정세도 있었다. 미국은 이미 군사적 필요성 때문에 오키나와를 장기적으로 점령할 계획임을 명언하고 있었다. 중화민국은 중국반환을 요구하고 있었고, 영국노동당과 상해시참의회는 일본이 오키나와를 영유하는 것은 위험하다며 반대를 표명하고 있었다. 또한 필리핀은 중국의 오키나와영유를 경계하고 신탁통치를 주장하고 있었다.[19] 그렇다고 하더라도 일본복귀를 지지하는 국제적인 움직임은 그다지 없었던 것이다.

또한 오키나와에서 복귀론이 약한 이유의 하나로서 본토의 정보가 도착하지 않았던 것을 들 수 있다. 1948년 3월 오키나와의 지방신문 기사에는 봉쇄상태로 '세계와 단절된 외로운 섬 오키나와'를 본토의 통신사가 소개한 기사를 게재되어 있는데, 그것은 미군이 공급하는 식료품으로 넘칠 만큼 충분했고 주민은 음악회와 영화를 즐기고 있다는 "일본에서 보면 천국과 같은 별천지"라는 것이었다.[20] 아마 미군발표에 의존한 기사라고 생각되지만, 당시는 오키나와 측 신문도 외부 뉴스는 라디오 수신으로 취재하고 있는 상태였고, 본토와의 실정비교는 불가능했다. 후술하듯이 후에 본토의 부흥과 경제성장의 정보가 전해짐에 따라 복귀운동은 강해졌고, 오키나와 측이 본토보다도 좋은 생활을 하고 있는 등이라는 정보밖에 얻을 수 없었던 시점에서는 복귀에 대한 바람도 약했던 것이다.

또한 매스 미디어상에서 보는 한, 40년대의 오키나와에는 귀속문제에 대

19 국제적 분위기는 Ibid.,『戦後資料 沖縄』, pp.4~5.

20 「日本から覗かれた沖縄の姿」,『ウルマ新報』1948.3.5; 인용은『那覇市史 資料編3巻3』, p.129.

한 관심이 높지 않았던 것 같다. 당시 오키나와의 신문 『우루마 신보』의 지면을 보면 1950년까지 귀속문제의 기사는 불과 한두개로 그 대부분이 전술한 것 같은 국제정보를 전달한 것에 불과하다. 기사의 대부분은 일상생활의 개선과 미군의 구체적 정책을 전하는 것이었다. 독립론 등이 존재했다 하더라도 전쟁으로 전국토가 황폐해지고, 인구의 4분의 1을 잃었을 당시 오키나와의 상황에서는 하루하루의 생활과 전후부흥으로 힘에 부쳐 다른 것에 눈을 돌릴 여유가 없었다고 할 수 있다.

이러한 상황이 바뀌기 시작한 것은 1950년 9월에 실시된 오키나와 지사 선거 전후부터였다. 때마침 전년도에는 중화인민공화국이 성립하고 미군은 냉전체제에 대비하여 오키나와의 군사화 지향을 강화하고 있었는데, 미국에 대한 환상은 조금씩 깨지기 시작하고 있었다.

이 오키나와의 지사 선거에서는 미국에서 유학을 마치고 귀국한 미국의 지지를 받고 있던 마쓰오카 세이호松岡政保,[21] 오키나와인민당 위원장 세나가 가메지로瀬長亀次郎, 그리고 다이라 다쓰오平良辰雄 세 명이 입후보했다. 그 중 다이라는 전전 대정익찬회 오키나와현 지부 간부로서 패전 직후에는 추방을 당할뻔한 인물이었다. 일반적으로 오키나와에서는 본토에 비해 전쟁시기의 지도자였던 사람들의 추방이 약했고, 다이라도 이 시기에는 부활할 수 있었던 것이다. 그리고 선거전은 사실상, 미국 통치하에 신흥세력을 대표하는 마쓰오카와 일본 통치시대부터 기성세력을 대표하는 다이라의 일대일 승부라고 형용할 수 있지만 결과는 다이라의 압승으로 끝났다. 그 후 미군은 지사와 행정의 주요자리에 공선제를 그만두고 임명제로 바뀌어버린다.

그렇다고는 하지만 이 선거전에는 아직 세 명의 후보 그 누구도 공적으로

21 마쓰오카 세이호는 류큐정부의 정치가이며 실업가이다. ―역주

복귀와 귀속문제를 내세우고 있지 않았고, 다만 다이라의 승리가 주민의 일본지향을 나타내는 것이라고 전해질 뿐이었다. 그러나 승리 후 이듬해에는 강화회의가 행해진다는 정보가 전해지고, 51년에 들어왔을 때쯤부터 갑자기 귀속논의가 고양되어갔다.

51년에 급속히 고조되었던 귀속논의에서 일본복귀를 부르짖은 것은 세나가를 위원장으로 하는 인민당, 그리고 다이라 등의 여당으로서 결성된 사회대중당이었다. 그리고 신탁통치를 부르짖은 것은 사회당, 독립을 주장한 것은 공화당이다. 그 사이 공화당의 독립론은 당면적으로 신탁통치를 행하면서 독립을 지향한다는 것이었기 때문에 실질적으로는 복귀와 복귀반대신탁통치 및 독립라는 두 개의 선택지의 싸움이었다고 말해도 좋다. 여기서는 우선 신탁통치를 부르짖은 당시 『우루마 신보』의 주필 이케미야구시쿠 슈이池宮城秀意의 주장을 살펴보도록 하자.

이케미야구시쿠가 복귀 반대이유는 대체로 다음과 같은 것이다. 우선 일본경제는 미국의 원조에 의해 겨우 유지되고 있는 것에 불과하고 복귀해도 "우리들은 일본경제로부터 큰 이득을 예기할 수 없다. 오히려 오키나와로 향하고 있는 미국으로부터의 원조는 일본으로 복귀하면 소멸될 것"이라는 것이다. 게다가 "미소전이 시작되면 일본은 미국방위 제일선이 되는 것은 너무나도 명백"하기 때문에 "일본으로 귀속하면 오키나와의 청년도 또다시 징집될 것이며 미국은 극동의 긴장이 완화되지 않는 한, 절대로 오키나와의 기지를 일본에게 넘겨주지 않기 때문에 예를 들어 일본으로 복귀해도 기지용 땅은 조차될 것"이라고 했다.[22]

---

22 池宮城秀意, 「沖縄は国連信託たるべし」; 「何故国連信託を主張するか」; 「日本帰属は何を意味するか?」. 이 세 원고의 인용은 『反骨のジャーナリスト池宮城秀意セレクション』, ニライ社, 1996, pp.17·24.

이케미야구시쿠가 오키나와 독립은 현실성이 희박하다고 보고 신탁통치를 주장하고 있었지만, 그가 예로 들은 일본복귀의 장점은 독립을 구가하는 공화당의원도 주장하고 있던 것이고, 복귀반대 측에서 공통의 것이라고 간주해도 좋다. 반대 측은 복귀 후의 기지 조차료는 일본정부가 부담하는 동시에 일본정부는 미국으로부터의 원조를 거의 돌려주지 않을 것이라고 주장하고, 전전에 오키나와가 일본으로부터 받은 차별을 빈번히 강조하고 있었다. 이케미야구시쿠도 '일본이 지배하던 시대에 오키나와인이 일본으로부터 식민지적 취급을 받아왔다는 사실'을 지적하고 있고, 공화당의원은 미국의 지원을 받아 "옛날 류큐 독립국가의 재건을 하고 싶다"고 말하고 있었다.[23] 전체적으로 말하자면 복귀하면 미국으로부터 받은 은혜를 일본에게 빼앗기고, 징병과 납세의 의무만을 지게 된다는 것이 복귀반대 측의 주장이었다.

여기서 중요한 것은 복귀반대론의 미일관계관이다. 위에서 언급한 것과 같은 반대론은 일본이 미국보다 가난하고 민주화의 정도도 뒤떨어져 있고, 경제적으로도 정치적으로도 복귀에 의해 오키나와가 얻는 것은 없다는 인식에 서 있었다. 그 전제에는 냉전 상태하에 미일관계는 변하지 않는다는 관측이 있었다. 예를 들면 이케미야구시쿠는 일본이 소련의 위성국으로 변하지 않는 한 "일본이 미국의 지도로 움직이는 것은 기정사실이다. 따라서 정치적으로도 경제적으로도 미국은 일본이 주는 자유 이상의 자유를 오키나와에게 준다고 생각하는 것은 부당한 것이 아니다"라고 말하고 있다. 또 공화당의원은 "오키나와는 미국의 국방 제일선에 있고 일본보다 미국이 우위에 있는 한, 오키나와기지는 점점 강화되고, 이에 수반되는 원조가 있다"고 주장하고 있

23 Ibid., pp.23~24. 공화당의원 발언은 1951년 3월 19일 군도의회(群島議会)에서의 신자토 긴조(新里銀蔵)의 발언이다. 인용은 沖縄県議会事務局編, 『沖縄県議会史』 第13巻, 沖縄県議会, 1995, p.349.

었다.[24] 즉 냉전체제하에서 미국에 대한 종속관계를 전제로 하고 있는 것이 이 시기 복귀반대론의 특징이고, 이점은 후년의 반전·반기지를 내걸은 반복귀론과는 크게 달랐다.

한편 복귀 측의 첫 번째 주장은 일본과 오키나와가 불가분이었다는 것이다. 1951년 3월 사회대중당의 성명은 "일본과 류큐가 동일민족이라는 것에는 다른 이론이 없고, 동일민족이 동일한 정치태세하에 놓인 것은 지극히 자연스럽다"고 구가하고, 인민당의 성명도 "류큐민족은 일본민족의 일부이고 류큐인의 행복은 모든 면에서 일본인과 결합하지 않으면 안 된다"고 주장하고 있다. 사회대중당 서기장이고 일본복귀촉진 기성회장이 된 가네시 사이치兼次佐一에 의하면, "일국의 구성은 뭐니 뭐니 해도 구성원이 하나의 인종으로서 동일한 문화와 동일한 풍속과 습관을 지니고 동일한 언어와 문자를 사용하고 동일한 생활양식과 경제조건 아래에 있다는 것이 가장 이상적이다"라는 것이었다. 또한 복귀측은 '일본경제를 벗어나 오키나와경제가 있을 수 없다'라거나 '일본인민과의 결합, 그것만이 오키나와인민을 가난에서 해방하는 길이다'라며 경제적으로도 일본과 오키나와는 불가분임을 강조했다.[25]

또한 복귀 측은 복귀반대론과 대조적으로 일본에 대한 신뢰를 표명했다. 거기서 강조된 것은 전전의 대일본제국과 전후의 민주국가 일본의 차이이고, 일본의 지배자와 민중의 차이였다. 사회대중당의 겐지는 전후의 일본이 "주권천황에서 주권재민으로, 제국주의에서 민주주의로, 호전국가에서 평화국가로, 180도 전환을 한 것"을 강조하고, 인민당의 세나가는 '오키나와의 인민을 착취한 것은 일본의 자본가, 대지주, 은행가, 그들과 결탁한 악질관리와 군

---

24 池宮城秀意, op. cit., p.23;『沖縄県議会史』第13巻, p.349.

25「琉球住民はどの道を選ぶか」,『ウルマ新報』, 1951.3.19. 인용은 op. cit.,『那覇市史 資料編3巻3』, p.415; 兼次佐一,「日本復帰の提唱に就いて」,『世論週報』1951.6月号, pp.38·40; 瀬長亀次郎,「日本人民と結合せよ」,『世論週報』,1951.6月号, p.34.

벌들'이었고 일본의 노동자와 '동북의 농민' 등은 오키나와인과 마찬가지로 피해자였다고 말하고 있다.[26]

게다가 복귀론 측은 이것 또한 복귀반대론과 대조적으로 류큐왕국에 대해 낮은 평가를 내리고 있었다. 세나가에 의하면 중요한 대립은 '일본 대 오키나와'가 아니라 '지배자 대 인민'이라고 주장하고, '류큐의 임금님'과 '오키나와의 지체 높은 양반들'도 '오키나와의 농민을 착취한' 것을 잊어서는 안 된다고 말했다. 또한 후년에는 복귀 상조론자가 되는 니시메 준지西銘順治도 이 시점에서 류큐왕국을 비판하고 "평민계급의 피와 땀 위에서 만들어진 것이고, 그 번영은 특권계급의 번영에 불과했던 것을 생각하면 과거의 류큐는 증오의 대상이 되고, 찬미의 대상으로는 될 수 없다"고 외치고 있었다.[27] 오키나와를 하나로 간주하는 오키나와 내셔널리즘을 내세운 복귀반대론에 대해 오키나와 내부의 계급분열을 지적하는 것으로 대항했다고 말할 수 있을 것이다.

그렇다고 하더라도 인민당과 사회대중당이 같은 주장을 취하고 있던 것은 아니다. 계급적인 요소를 강조하는 인민당보다도 사회대중당은 일본과의 민족적 동일성을 주장하는 경향이 보다 강했다. 또한 겐지는 "일본 재계의 금후를 우리들은 크게 낙관하고 있다"고 말했는데, 이러한 점은 일본경제를 비관시하는 복귀반대론과도 또 일본의 '재벌'을 비난하는 인민당과도 달랐다. 또한 인민당 측은 '일본복귀는 평화옹호와 관련이 깊다'고 주장하고 있는 것에 대해 사회대중당의 다이라 지사는 "반미주의는 배척하고 싶다. 그러나 일본귀속문제가 반미주의라고는 생각할 수 없다. 왜냐하면 일본은 미국과 전면적으로 협력의 태세를 띠고 있기 때문이다"라고 말하고 있다.[28] 그렇다고 하더

26 兼次佐一, p.39; 瀬長龜次郎, op. cit., p.15.

27 瀬長龜次郎, Ibid., p.15; 西銘順治, 「独立論をばくす」, 『世論週報』, 1951.6月号, p.54.

28 兼次佐一, op. cit., p.40; 瀬長龜次郎, Ibid., p.12; 「帰属問題」, 『ウルマ新報』, 1951.2.3, 신문용은 『那覇市史 資料編3巻3』, p.395.

라도 전체적으로 말하면 일본에 대한 불신과 미국에 대한 신뢰를 부르짖는 복귀반대론과 일본과의 동일성을 주장하는 복귀론이라는 대조는 거의 분명했다.

동요 속의 귀속론

그렇다면 정치가와 저널리스트들의 논조와는 달리 일반 여론은 어떠했을까. 당시 신문에서는 몇 개의 거리의 목소리가 취재되어 있다. 그에 따르면 복귀지지 측에서는 '일본과는 민족적으로도 같다', '부모의 슬하로 돌아가는 것이 인정'이라는 일본에 대한 친근감과, '일본인이라면 같은 민족이기 때문에 융화도 가능하지만 미국인의 경우는 역시 말이라든가 습관이 다르기 때문인지 어딘지 모르게 잘 맞지 않는다' 혹은 '일본시대에는 볼 수 없는 인종적 차별관이랄까 압박을 항상 느끼고 있다'는 미국에 대한 경계도 전해지고 있다. 그에 대해 복귀반대 측은 '미국귀속에 반대하는 목소리로서 인종적 차별을 운운하는 것이 있습니다만, 일본에 건넨 거짓말은 한층 더 그러한 점을 심하게 맛보는 것이 아닐까 하고 생각합니다'라든가 '미국에 도착하면 경제적인 원조를 통해 장래의 생활과, 수준도 끌어올려 크리스천적인 그리고 민주주의사상도 보급해서 훌륭한 세계인으로서 살 수 있다'고 주장하고 있었다.[29] 요컨대 여론에서도 일본관과 미국관의 배합에 따라 복귀지지와 복귀반대로 나뉘어져 있다고 할 수 있을 것이다.

그러나 의회에서도 여론에서도 복귀반대론은 소수에 머물렀다. 1951년 3월부터 4월에 걸쳐 오키나와 청년연합회에 의해 청년여론조사가 행해졌는데, 그 결과는 약 1만 2천의 조사총수 중 복귀 86%, 신탁통치 7%, 독립 2%,

---

29 「帰属問題をめぐり街の声を聴く」, 『ウルマ新報』, 1951.4.23; 인용은 『那覇市史 資料編3巻3』, pp.435~437.

기타 4%라는 것이었다. 그리고 8월까지로 유권자의 70% 이상에 해당하는 수의 복귀청원서명이 모아지게 되어 9월에 강화조약이 체결되기 직전 국제연합과 연합군 최고 사령부로 보내고 있었다.[30] 그렇다면 패전 초기에는 미약했던 일본 복귀론이 어째서 그 정도의 지지를 모았던 것일까.

분명히 '본래 일본인이고 역사적·지리적 정치관계와 경제적·문화적 관계에서도 당연히 일본으로 되돌아가야만 한다'라든가 '자식이 부모를 그리워하는 감정, 도무지 설명할 수 없고 어쩔 수 없는 기분'이라는 논조는 표면적으로 많았다.[31] 그러나 이것이 어디까지 본심이었는지는 의심스럽다. 그 이유도 강화조약이 눈앞에 다가온 이 시기가 되고나서 복귀론으로 전환한 자가 많았기 때문이다.

예를 들면 1946년에는 파나마를 증거로 '오키나와민족'의 독립을 주장하고 있었던 나가오카 도모타로도 51년 2월에는 '적어도 오키나와의 피를 계승한 자가 이제 와서 향토를 미국의 군사식민지로 기쁘게 제공하는 사람이 있을까'라고 하며 '여전히 일본의 일부분으로 머물고 싶다'고 주장한다. 게다가 5년 후에는 '피는 물보다 진하다'고 말했다. "오키나와인이 일본인인 동시에 오키나와어가 일본어의 방언이라는 친연관계에 있다"고 말하게 되었다. 또한 51년에는 '동일민족'론을 부르짖고 복귀촉진기성회장이 된 겐지도 1947년 연설에서 "우리들은 일본민족의 이름 아래 일본의 노예일 수밖에 없었다"고 단언하고, "수만 명의 우리 동포를 전사시켰으며 오키나와를 초토화시켰다. 또한 집도 없는 비참함이 극도에 달했음에도 이런 모습을 무시하고 돌보지 않았던 일본에게 나는 원한을 갖게 되었다"고 말하고 있었던 것이

30 여론조사 결과는 『沖縄県祖国復帰闘争史 資料編』, p.50.

31 「帰属問題をめぐり街の声を聴く」, p.435; 瀬長龜次郎, op. cit., p.22. 다만 세나가의 경우는 이러한 논조가 많은 것에 대해 비판적으로 다루고 있다.

다.[32] 겐지와 세나가도 1946년의 시점에서는 파나마형의 보호국안을 지지하고 있었던 것은 전술한 대로였다.

신탁통치론자 이케미야구시쿠는 "오키나와인이 일본인이라는 의식을 갖게 된 것은 도대체 언제의 일이었을까를 뒤돌아보았을 때 놀라지 않는 오키나와인은 적었을 것이다"라고 말하고 있었지만, 메이지 초년의 과거로 거슬러 올라갈 것까지도 없고 1946년에는 '오키나와민족'의 독립을 말하고 있던 사람들이 51년에는 '일본인'을 자칭하게 되었다. 게다가 그것은 5년 사이에 천천히 진행된 사태가 아니라 51년에 몇 개월 사이에 성립된 상황이라는 인식이 있었다. 공화당·인민당·사회대중당 등은 모두 51년 1월 말의 시점에서는 귀속문제에 대한 태도가 확정되지 않았고, 2월에 들어서 잇달아 방침을 내세운 뒤 3월에는 오키나와의회에서 일본귀속의 의사표시가 사회대중당과 인민당의 다수로 결의되고 말았던 것이다.[33]

'일본인'이기 때문에 귀속한다는 논리는 표면적인 것이었는데 그렇다고 한다면 복귀론을 지지한 진짜 동기는 과연 무엇이었을까. 물론 미국에 대한 환멸이 퍼지고 있었던 것도 사실이지만, 이 시기는 아직 기지용 지역 접수를 둘러싸고 대립도 후년만큼 심하지는 않았다. 아마 복귀론 측의 실감에 가까웠던 것은 사회대중당의 성명에서 보인 다음과 같은 감정이 아니었을까 하고 생각된다.[34]

---

32 永丘智太郎, 「沖縄の帰属問題について」, 『オキナワの友』 11号, 1951.2; 饒平名智太郎(饒平名智太郎는 永丘智太郎의 이전 이름), 『沖縄(現状と歴史)』, 三一書房, 1956, p.199; 가네시(兼次)의 발언은 도리야마 야쓰시(鳥山淳)의 앞의 글, p.53.

33 池宮城秀意, op. cit., p.18; 『ウルマ新報』(1951.1.30); 「琉球の帰属問題」(『那覇市史 資料編3巻3』, p.392)에 의하면 사회대중당, 인민당, 공화당은 모두 귀속에 관한 방침을 정식적으로 정하고 있지 않았다.

34 「琉球住民はどの道を選ぶか」, p.415.

> 과거 1세기 동안의 노력에 의해 일본과 류큐는 동등한 권리로 동일한 풍속과 습관 속으로 혼연, 융합해온 지금 이것을 떼어놓는 것은 과거 1세기의 공을 수포로 돌아가게 한다.

'일본인'이기 때문에 복귀하고 싶다기보다도 '일본인'이 되기 위해 치른 '과거 1세기'의 노력을 헛되게 하고 싶지 않다는 것이었다. 이 감정을 오키나와 섬 의회의 토의에서 사회대중당의원은 구체적으로 이렇게 말하고 있다. "일본과 통합된 이 무렵은 언어, 풍속, 습관이 약간 다른 점도 있었습니다만, 그 후 교육의 진보에 따라 이 방면에 대해서도 아무런 등차가 없을 정도로 전진해왔고 정치 면에서 생각해도 일본 타 부현과 마찬가지로 참정권을 부여하고 있습니다", "그와 같은 곳까지 이른 것도 약 1세기 사이에 걸쳐 전주민이 노력한 결과이다. 그러한 점에서도 저는 일본을 따르기를 희망합니다"라고 했다.[35] 자신들이 '일본인'으로서 대우받지 못한 기억을 망각했기 때문이 아니라, 그 반대로 아플 정도로 그것을 생각하고 있기 때문에 나온 복귀론이었다고 말할 수 있다.

여기서 중요한 것은 오키나와의 경우 조선이나 대만과 달리 전전에 '일본인'으로서 우선 제도적 평등이 달성되어 있었던 점이다. 상기의 성명에서도 참정권을 비롯한 '동권의 권리'를 획득한 것이 또다시 '일본인'으로 돌아간다는 대전제가 되었다. 복귀하면 징병된다는 복귀반대론에 대해서도 복귀 측은 "본도로부터도 국회의원를 만들어 절대적인 반대운동을 완수할 수 있다"고 반론하고 있었다.[36] 만약 전전의 오키나와가 조선이나 대만과 마찬가지의 제도밖에 적용되지 않았다면 이러한 복귀론은 생겨나지 않았을 것이다.

---

35 1951년 3월 19일 군도(群島)회의. 인용은 『沖縄県議会史』 第13巻, p.338.

36 Ibid., p.342.

이 점은 황민화교육의 잔재 취급을 받았던 나카요시 요시미쓰仲吉良光 등도 마찬가지였다. 그는 1947년 6월에 본토의 민주당에 제출한 복귀청원에는 "전시 중까지 중의원에는 오키나와로부터 5명의 의원이 선출되었습니다"라며 복귀를 주창하고, 또 1951년에 극동위원회에 제출한 청원에도 "오키나와 주민은 (…중략…) 종전 전까지 보호받고 있었던 일본국정 참가권, 그 이외에 본토동포와 평등하게 향유하고 있었던 모든 권리도 상실하고 무미건조, 생기가 없는 생활을 보내지 않으면 안 된다"고 호소하고 있다. 그리고 그의 청원서류에는 본토의 보수계 정치가 앞으로 보낸 것에도 천황찬미 등은 볼 수 없다.[37] 그는 오키나와를 '전전과 마찬가지'로 복귀시키고 싶다고 논하고 있지만, 그것은 징병과 황민화, 소테쓰 지옥과 차별 등에의 복귀를 의미하고 있었던 것이 아니다.

이것은 경제 면에서도 말할 수 있다. 사회대중당은 "류큐는 일본의 경제권 내에 있고 이것을 분리하는 것은 거의 불가능하다"고 성명에서 주창하고 있었지만, 일반적인 의견으로도 "판로를 합리적으로 개척하기 위해서는 어떤 일이 있어도 일본과의 관계로서 전전과 같은 자유출하를 실현시키지 않으면 안 된다"라든가 "상인의 입장에서도 국내 거래에서 자유로운 상거래가 요망되고 나라가 존재하면 거래 등은 외국무역형으로 간단히 할 수 있다"는 목소리가 높아지고 있었다.[38] 다음 장에서 서술하듯이 전전의 우편저축과 연금 등이 일본정부 측에 맡겨진 채였고, 이것을 받을 수 있을지 없을지도 관심의 대상이 되었다. 이미 오키나와에서도 일본에 대해 어떻든 간에 경제적 이득권

---

37 仲吉良光,「沖縄の日本復帰方陳情書」, 1947.6; 琉球大学,『仲吉良光復帰関係資料』第1巻 수록. 동경에 머물던 오키나와인의 유지로서 나카쓰미(仲吉) 이외에도 이에 초조(伊江朝助), 가미야마 세료(神山政良), 히가시온나 간준(東恩納寛惇), 나카하라 젠추(仲原善忠) 등이 있다.『沖縄県祖国復帰闘争史 資料編』, p.8.

38「琉球住民はどの道を選ぶか」, p.415;「帰属問題をめぐり街の声を聴く」, p.437.

이 존재하고 있었던 것이다.

또 경제적으로 복귀하면 일본정부로부터 원조를 받을 수 있을 것이라는 점도 빠뜨릴 수 없는 관점이었다. 예를 들면 다이라 지사는 "전쟁 재해 보장에 대해서는 오키나와정부도 요구하고 있고 일본으로 귀속하면 더욱 촉진된다고 생각한다"고 말했다. 또 사회대중당 의원도 "일본으로 귀속한 경우 일본정부로부터 다액의 원조를 받을 수 있다"고 발언하고 있었다. 당시 오키나와 경제인 한 명은 "오키나와인이 일본인이고 피는 물보다 진하다는 이유만으로 일본귀속을 주장하면 그것은 잘못이다. 일본으로 귀속함으로써 오키나와의 부흥이 성급하다고 생각해서 자신은 그렇게 주장한다"고 하고 있다.[39] 이미 51년 시점에서는 조금씩 본토 측의 경제부흥의 정보가 전해지고 있고, 지지부진하게 진척되지 않는 오키나와의 부흥과의 격차가 의식되기 시작하고 있었던 것이다.

그리고 부흥과 비교한 경우 미국 아래서의 신탁통치는 미지수의 불안이 너무 많았다. 복귀든 신탁통치든 '식민지적인 귀속에는 절대반대'라는 것은 오키나와인 공통의 감정이었겠지만, 불충분하지만 그런대로 '일본인'으로서 제도적 평등은 확보할 수 있을 것 같은 복귀에 대해 신탁통치는 미국 혼자만의 생각하에 자신들의 운명을 던져 넣는 것이었고, "신탁통치가 특정국에 의해 군사기지화로 이용되는 것 이외에 아무 것도 아니다"라는 예측은 이미 일부에서 존재하고 있었다.[40]

게다가 문화적인 동화라는 의미에서 '과거 1세기'의 성과는 무시할 수 없었다. 일본으로부터의 차별을 강조하는 복귀반대 측의 목소리도 "전시 중 야

39 다이라의 발언은 「帰属問題に対する住民の動き」, 『ウルマ新報』, 1951.3.27; 『那覇市史 資料編3巻3』, p.417; 사회대중당 의원인 (仲里誠吉)의 발언은 1951년 8월 28일 군도의 회의, 인용은 『沖縄県議会史』 第14巻, p.244; 경제인인 (高峯明達)의 발언은 池宮城秀意, op. cit., p.22.

40 「守鉄」, 『オキナワの友』 10号, 1951.1; 「われわれは主張する」, 『オキナワの友』 11号, 1951.2 참조.

마토민족이라는 자랑과 호기심으로써 규슈의 소외지역으로 우리들에게 다가온 것은 본토 사람들로부터의 이민족 취급이고, 특별 취급이었다"고 한 것처럼 '이민족 취급'을 비난하는 것이 많았다. 거기에 잠재되어 있었던 것은 이민족으로서 비난받는 것에 대한 공포이고, 차별에 대한 항의라는 형태를 띠고 있어도 실은 동화지향을 지탱하고 있었던 심리와 동질적인 것이었다. 그러한 심리에서 보면 '과거 1세기'의 실적이 어떤 일본으로의 동화와, 하나에서부터 노력을 시작하지 않으면 안 되는 미국으로의 동화의 곤란함을 비교하고 "만약 미국의 신탁이 된 경우 극단적으로 이민족 취급을 받지 않을까 그것을 두려워하고 있습니다"라는 복귀지지론 쪽이 우세하게 된 것은 어쩌면 당연한 일이었다. 복귀반대론자 중에는 일본에 의한 과거의 '이민족 취급'을 비난하면서 미국 통치하에 "영국 국민이 되라"고 주장하는 자도 있었지만, 그것이 비현실적이라는 것은 어느 누구의 눈에도 확실했다.[41]

다대한 노력을 통해 일본의 표준어를 습득해온 부모세대는 신탁통치가 되면 "자식들은 일본인이 될 수 없고, 미국인으로도 될 수 없는 결과가 될 거라고 생각한다"는 위구심과 "자식들의 교육 면에서도 우리들이 일본교육을 받고 있고, 일본의 교육을 환영하는 것이 당연합니다"라는 입장에서 복귀지지의 목소리가 높아지고 있었다. 복귀반대론에는 일단 신탁통치가 되어 실력을 양성하고 유리한 시기에 일본으로 복귀할지 안 할지를 결정하면 된다는 의견도 있었지만, 이에 대해 겐지는 "불행하게도 오키나와가 일본으로부터 격리되는 것 같은 사태에 직면한 때는 (…중략…) 일본인은 오키나와인을 외국인 취급하게 되고, 그것이 결국에는 이민족 이국민 취급하게 되고 만다는 것"을 '두려워하고 있다'고 말한다.[42]

41 「帰属問題をめぐり街の声を聴く」, 比嘉幸一, 「沖縄の帰属問題について(5)」, 『ウルマ新報』, 1951.4.21; 인용은 『那覇市史 資料編 第3巻3』, pp.435~437.

이들 이론들에 공통적인 것은 복귀에 대한 찬부는, 즉 일본으로 동화할 것인가 미국으로 동화할 것인가에 대한 선택이라는 무의식적인 전제였다. 오키나와전의 비극으로, 일본 국가에 대한 충성심은 역시 상대화하기에 이르렀고 복귀지지를 그러한 동기에서 부르짖은 것은 아니다. 그러나 지배자로부터 '이민족 취급' 받는 것에 대한 공포와, 그것으로부터의 탈출방법은 동화라는 의식이 마치 조건반사처럼 논단상의 복귀론에 각인되어 있었다. 그러한 세계관으로부터 오키나와 미래의 행복을 생각했을 때 동화노력의 축적이라는 점에서 일본복귀 쪽이 유리하게 보였던 것이다.

그리고 '이민족 취급' 받는 것에 대한 공포로부터 시작된 복귀론은 전전과 마찬가지로 자신들보다도 '이민족 취급' 받는 자에 대한 배제와 일체가 되는 경우도 있었다. 일부의 복귀론자 측에서 보면 신탁통치는 자치능력이 없는 '야만인'으로 적용되는 것이고 전전에 일본통치하의 남양군도에 시행되고 있었던 위임통치의 후신이다. 즉 오키나와를 '남양' 또는 '카나카스Kanakas'와 동등한 지위로 전락시키는 것을 의미했다. 나카요시中吉와 요시다吉田라는 보수계 논자는 "사이판, 티니안Tinian 등과 같은 신탁통치가 되고 조상에게 미안하고 오키나와인 자신의 교양부정이 됩니다"라든가 "오키나와도 만약 미국의 신탁통치하에 놓이게 되면 카나카스처럼 되기 마련이다" 등이라고 주장했을 뿐만 아니라, 좌파의 인민당 세나가도 "신탁통치론자는 (…중략…) 스스로 자진해서 자치의 능력을 부정했기 때문"이라고 주장하고 있었다. 복귀반대론자가 말하기를 복귀론자의 "진정한 속마음은 '국제연합의 신탁을 받아 식민지민족으로 전락하는 것은 좋아하지 않고, 또 국제적 고아의 지위에 놓이고 싶지 않다'는 점에 본심이 있는 것이 아닐까"라고 했는데, 이것은 어

42 「帰属問題をめぐり街の声を聴く」, p.437; 兼次, op. cit., p.37.

느 정도 정곡을 찌르고 있었던 것이다.[43]

그러나 이러한 세계관으로부터 나온 것이라고 하더라도 오키나와 측의 복귀론은 결코 일본에 대한 무조건적인 충성이 아니라, 오키나와에 유리한 선택인지 아닌지라는 판단에 의해 주장되었다고 보아도 좋을 것이다. 구마모토熊本의 본토 재주 오키나와인의 신문에서는 본토의 '일본인'이 부르짖는 것과, 오키나와인이 부르짖는 것에는 "같은 일본 귀속의 말コトバ이라도 본질적인 차이가 있음을 간과해서는 안 된다"고 적고 있다. 그리고 그런 이상 표면상은 복귀론이 대세를 차지했다고 해도 그것은 전후 5년 사이에 많은 논자가 자세를 바꾸고, 대부분의 정당이 수개월 사이에 방침을 결정한 것처럼 정세에 의해 급격한 변화가 찾아온 것이었다. 무엇보다도 당시 어떤 잡지에 게재된 기사에 "한 사람의 인간이 한편으로는 일본귀속을 바라면서 마음 한구석에는 신탁통치를 바라고 있다"고 형용한 것처럼 각자 개인 안에서도 동요심리가 내포되어 있었던 것이다.[44]

귀속논의는 일본과 미국이라는 타자의 틈새에서 오키나와 아이덴티티의 동요이고, 지금까지 '1세기'에 걸쳐 시행해온 '일본인'으로서 권리획득의 노력을 계속할지 어떨지를 둘러싼 동요였다. 그리고 이러한 동요는 그 후, 정세의 변화 속에서 그 진폭이 커지게 된다.

43 「仲吉良光の手紙」, 『オキナワの友』 10号, 1951.1; 吉田, 『小さな闘いの日々』, p.49; 瀬長, op. cit., p.11; 比嘉, 「沖縄の帰属問題について(5)」, p.435. 그리고 나카요시(仲吉)는 1951년 2월 6일 참의원 외무위원회에서도 참고인으로 동일한 취지의 발언을 했고 '일본인으로서 자랑스러움을 잃었다'고 말했다. 『戦後資料 沖縄』, p.44

44 永丘智太郎, 「沖縄の帰属問題について」에 편집부가 첨가한 문구이다. 「琉球の悲劇」沖縄県立図書館所蔵,『比嘉春潮文庫』의 인용이다. 본문 안에는 '종전 후 3년(終戦後3年)'이라고 적혀 있다.

제20장
'조국 일본'의 의미
1950년대의 복귀운동

1952년 4월에 발효된 강화조약에서 오키나와는 일본으로부터 분리되고 미국에 의한 잠정적인 군정이 계속되게 되었다. 그리고 미군의 기지확장 정책과 인권침해가 노골적이게 됨으로써 미국에 대한 반감과 그에 평행하는 것 같은 일본복귀 지향이 높아지게 된다.

그러나 1950년에 복귀운동은 '반전 복귀'라고 불린 60년대의 그것과는 약간 다른 성격을 지니고 있었다. 여기서는 50년대 중반기까지의 복귀운동론이 어떻게 전개되어 갔는지를 검증하기로 한다. 이를 통해 오키나와 측이 '일본인'이라는 말로 무엇을 표현하려고 했는지를 엿볼 수 있을 것이다.

인권의 대명사로서 '일본인'

1950년의 회계 연도에서부터 본격적인 예산을 책정한 미군의 오키나와 기지건설은 강화조약체결 이후에 그 기세를 더했다. 때마침 조선전쟁이 발발하여 오키나와 기지로부터 매일같이 미국의 전략폭격기가 조선반도에 출격하고 있었다. 미국의 어떤 신문논설에 따르면, "극동에서 공격력은 오키나와에 있다. 전시에는 일본정부가 허가하지 않으면 일본에서부터 작전을 실시할 수 없었다"는 것이고, 미군에게 오키나와는 지리적으로 절호의 기지일 뿐만 아니라 자신들이 자유로 할 수 있는 토지라는 의미에서도 중요한 존재가 되었다. 1953년 류큐 주류 군사령관은 "오키나와에서 철수하는 것은 미군이 극동 전체로부터 손을 뗀다고 발표하는 것과도 같은 것이다"라고 말하고, 이듬해 아이젠하워Dwight David Eisenho 대통령의 일반 교서에는 "오키나와 우리들 기지를 무기한으로 보호할 작정이다"라고 주창하고 있다.[1]

이에 대해 강화조약체결에 의해 미군에 의한 통치가 계속된 것을 확고히 한 직후인 1951년 10월, 오키나와 측의 임시부장회의에는 15항목에 걸쳐 미군에게 요구하는 요망사항을 정리하고 있다.[2] 그 제1항은 "국적은 일본으로

1 ザルツバーカー,「施政権放棄が唯一の道」,『ニューヨク・タイムス』, 1958.1.18;『南と北』4号, 1958, p.49;『戦後資料 沖縄』, p.78. 후술하겠지만 오키나와의 복귀운동 이미지는 60년대 후반의 '반전, 복귀'로 대표되는 것이 많고, 대부분이 복귀운동의 묘사는 50년대에 강화조약 기간의 복귀지지 서명에서 '섬 전체의 투쟁'을 정점으로 토지 투쟁운동을 다루고 있다. 이는 60년대의 복귀운동으로 연결하는 경향이 많다. 운동에 대한 반성이나 진보라는 관점에서 '히노마루 복귀(日の丸復帰)'에서 '반전복귀'로 변화되는 양상을 개괄하는 것은 있어도 복귀운동의 사상이나 세계관을 분석한 실증적 연구는 거의 없는 것이 실상이다. 그리고 아라사키 모리테루(新崎盛暉)에 의하면 복귀운동에는 '내셔널리즘, 민주화, 반전, 반기지'의 세 가지 '흐름'이 있었다고 논한다. 新川明・新崎盛暉,「沖縄にとって〈復帰〉とは何だったか」,『世界』1985年6月号. 이에 의하면 50년대부터 '섬 전체 투쟁'까지의 시기는 일본과의 일체감을 요구하는 내셔널리즘이 복귀운동의 중요한 심정 중 하나였고, 60년대 전후에는 인권의 개선과 '격차수정'이라는 정치적, 경제적인 부분의 실리적인 요구가 나오기 시작했으며 60년대 후반부터는 '반전, 반기지'라는 슬로건이 전면에 나오게 되었다. 이 세 가지는 '반드시 동시에 나온 요소가 아니다'라고 말한다. 그러나 저자는 실리적 요구가 당초부터 복귀운동의 불가결한 요소였으며 또한 반전, 반기지 감정도 오키나와전쟁의 체험을 경험한 직후부터 이미 존재했던 것이라고 생각한다. 그리고 50년대 일련의 이해와 감정을 '복귀'라는 정치운동으로 표현하게 된 이 단어도 일본 내셔널리즘과 관련이 있다고 본다. 그러나 본서에서 논술하듯이 50년대의 복귀운동에서는 정치적인 상황에 의해 반전, 반기지라는 슬로건은 전면에 내걸지 않았던 것이 사실이다. 또한 실리적 요구는 당초부터 존재하기는 했지만 시대가 내려오면서 본토의 경제성장과 오키나와와의 격차가 현저해짐에 따라 이에 대해 관심이 높아졌고, 베트남전쟁이 격심해지면서 60년대 후반부터 반전이라는 슬로건이 전면에 나타나게 되었다. 따라서 니자키(新崎)가 표현하는 세 가지 흐름이 시대의 현상과 맞물려있었다는 표현은 정당하지만, 그것과는 다르게 '구성요소'에 의해 시대마다 복귀운동이 일어났다고 보기보다는 오키나와 입장에서 존재했던 '평화'나 '번영'이라는 다양한 욕구 속에서 복귀운동이라는 형태로 표현된 것이 상황에 의해 교체된 것이라고 보는 편이 타당할지도 모른다. 운동이란 단순히 구체적 정치목표를 획득하기 위한 행위만이 아니라, 형식화할 수 없는 다양한 욕구를 나타내는 미디어적인 것으로 복귀운동에는 후자적 요소가 강하다고 본다. 이렇게 해석하지 않으면 50년대의 복귀운동이 내걸었던 정치목표 실현을 앞둔 1972년을 목전에 두고 반복귀운동이 오키나와 측에서 대두된 이유를 이해할 수 없게 된다.

하고 일본국기의 게양을 허락한다"는 것을 명시하고 있었다. 당시에는 히노마루를 게양하는 것도 반미행위라고 하여 금지되었던 것이다.

그러나 오키나와 측의 희망은 단순한 '일본인'으로의 동화는 아니었다. 이 요망서의 제2항 이하에는 "일본의 법규를 최대한으로 채용한다", "일본과의 교역은 모두 내국으로 취급하고 아무런 제한을 두지 않는다", "전전의 연금, 예금 저축금, 보험금, 국책 등의 채권에 대해 조기에 지불한다" 등의 요구가 나열되어 있었다. 즉 여기서 말하는 '일본인'이라는 것은 일본의 법규에 의한 인권보호와 일본과의 교역, 그리고 일본정부에 의한 연금지급 등을 의미하고 있었다고 해도 좋을 것이다. 그리고 요망서에는 "류큐에 자치정부를 두고 대표나 의원은 모두 공개선거로 뽑는다"라든가 "미국의 경제원조를 금후에도 계속하고 일본도 적극적으로 원조한다"라고 되어 있었다. 일본복귀론과는 논리적으로 별종이었지만 그러나 오키나와 측에서는 중요한 사항도 많이 논의되고 있었다.

특히 요망서 중에서 가장 중요한 문제가 된 것은 "군사용 땅의 차지료를 조속히 지불하고 또 군시설에 의한 피해지는 보상을 한다"는 항목이었다. 1954년까지 미군이 사용하는 토지는 오키나와 총면적의 14%, 경작면적의 41%까지 증가해 가는데, 실은 이 문제가 복귀지향의 고양의 큰 요인을 이루고 있었다. 그 이유도 본토에서는 미군이 토지를 수용할 때 일본정부가 정한 미군용지 특별조치법의 절차에 따르지 않으면 안 되고, 수용한 용지의 임대가격도 설정되어 있었지만 그것이 적용되지 않는 오키나와에서는 수용도 보상도 미군의 생각대로 진행되었기 때문이다.

1953년 오키나와의 어떤 입법원 의원 한 사람은 "촌회村會에서 일본 복귀결

---

2 이하의 '요망서' 인용은 『戦後資料 沖縄』, p.73.

의를 한 이유가 무엇인가 하면 미군의 토지수용이 너무나 제멋대로여서 일본복귀를 결의하면 일본에는 법규가 있기 때문에 그에 준하여 보상금을 받을 수 있다는 의미이기 때문입니다"라고 말하고 있다.[3] 이 특조법은 전후의 토지수용법이 군사목적의 토지수용을 인정하고 있지 않았기 때문에 미일안전보장조약 성립 직후에 일본정부가 미군을 위해 제정한 것이었지만, 그럼에도 불구하고 50년대 다치카와立川기지 확장반대투쟁과 90년대 오키나와에서 볼 수 있듯이 현지의 자치제 대표가 토지조서의 공고·종람의 절차를 거부한다는 저항의 여지를 보여주는 것이었다. 그러나 복귀 이전의 오키나와에서는 그러한 법조차 존재하고 있지 않았다.

또한 이 1951년 요망서에는 "류큐인의 노무 임금을 적당히 인상한다"는 항목도 있었지만 이것도 복귀문제와 불가분이었다. 토지를 빼앗긴 농민은 군노동자가 될 사람이 늘어갔지만 미군에 고용된 경우, 한 시간 남짓의 최저 임금은 오키나와인과의 비교에서 미국인은 14배, 필리핀인이 5배, '일본인'이 2.6배였다. 게다가 오키나와인의 경우 일본의 노동입법에 규정된 단체교섭권 등이 없었다. 이것은 말할 필요도 없고 복귀함으로써 '일본인'이 되면 일본의 노동법규에 의해 보호를 받고 채금이 2배 이상이 되는 것을 의미했다. 1952년 오키나와 측의 어떤 노동쟁의청원서에는 "우리들 류큐인민은 조국일본의 민주적 제 법규의 은혜에 부여되는 것 없이 오늘날에 이르고 있습니다"라고 말하고, '조국 일본'의 전전의 공장법을 예로 들면서 미군에 대해 항의하고 있었다.[4]

그러나 '조국 일본'이라는 말이 사용되었기 때문이라고 말하고 그것에 일본에 대한 조건 없는 애정을 의미하고 있었는지 어땠는지는 다른 것이었다.

3 琉球政府文教局研究調査編,『琉球史料』第2集, 琉球政府文教局, 1956, p.124.
4 『戦後資料 沖縄』, pp.129·146.

이 시기 노동쟁의는 미군기지 건설을 청부맡은 본토의 업자를 상대로 한 것이 적지 않았다. 본토의 토건업자는 일본의 노동법규에서 지켜지고 있는 '일본인' 노동자보다도 싼 임금과 열악한 노동조건으로 고용할 수 있는 오키나와인을 이용했는데, 미군의 포령에 해고시 예고 의무가 없다는 이유로 해고를 행한 것이다. 1952년 6월, 이러한 본토 기업상대의 쟁의에서 내놓은 어필은 "일본인 노동자의 대우와 비교하면 마치 천국과 지옥의 차이"였고, "류큐인 노동자는 어디로 가는지가 일본인업자 그 이외의 착취가 기다리고 있다"고 '일본인'을 비난했다. 그와 동시에 "이것이 강화조약 제3조에 의해 일본으로부터 분리된 우리들 노동자, 그리고 또 류큐인 전부의 모습인 것이다"라고 말하고 '조국복귀'를 호소하고 있었다. 그해에 실시된 오키나와 제1회 노동자대회에서는 '노동자를 보호하는 법규의 제정'과 함께 즉시 '일본복귀'를 결의하고 있었다.[5] 이러한 형태로 오키나와 측이 자신들을 '일본인'이라고 주장했다고 해도 그것이 단순히 동화지향이라고 할 수 없는 것은 말할 필요도 없다.

그러나 미군의 반응은 완전히 경직적인 것이었다. 오키나와 측의 류큐 입법원은 전후의 본토와 마찬가지의 노동관계법을 제정하려고 했지만, 미국 측은 "일본의 기준법은 (…중략…) 고도로 공업화된 일본에서만 적용하기 위해 만든 완전하면서도 복잡한 총괄적 법률이어서 주로 농업경제인 류큐 경제에는 거의 적절치 않다"고 오키나와가 본토와 '다르다'는 것을 이유로, 이와 같은 내지법의 연장을 가결하지 않도록 압력을 가했다. 그리고 53년에 입법원이 그것을 밀고 나가 노동입법을 가결하여 이번에는 포령을 발표하여 군관계 노동자는 적용 예외로 하고 55년에는 모든 노동조합결성을 인가제로 정해버렸던 것이다.[6]

---

5 『戦後資料 沖縄』, pp.128~129·131.
6 『戦後資料 沖縄』, p.132; 노동규정에 대해서는 『戦後資料 沖縄』, pp.132~141.

토지문제에도 미군은 포령에 의해 일방적으로 토지수용을 시행하고 농민에게 지불된 임대료는 수확의 50분의 1이라고 전해진다. 원래 일본 본토에서 미군기지용 땅의 지주에게 지불되고 있었던 임대료는 미국이 아니라 일본 정부가 부담하고 있었다. 1955년 4월 본토 측 신문은 "미군의 기본방침으로는 가능한 한 그 나라에 차지료, 매수비를 부담시키고 싶은 것으로 일본은 경제적 여력이 있기 때문에 지불하지만 오키나와는 지불할 수 없기 때문에 미군이 마지못해 지불하고 있는 것이다. 미민米民정부 당국이 13일 기자회견에서 '전승국에 지대를 지불하는 것 이외에 어디에 있을까'라는 말을 누설했는데, 이것이 속에서 흐르는 본심일 것이다"라고 평하고 있다.[7] 각지에서 주민에 의한 저항이 행해졌지만, 미군은 자주 무장 군병력을 출동시켜 수용을 강행하고 저항자들을 '공산주의자'로 체포했다.

본토 측의 경제부흥이 진행됨에 따라 이러한 오키나와 측과의 격차는 눈에 띄게 변해갔다. 1956년 3월에 내놓은 '오키나와 반환요청 국민대회' 결의는 다음과 같이 복귀 이유를 밝히고 있다. 즉 오키나와에서 군용지에 대한 보상은 "본토와 비교하여 훨씬 낮고 적정가격의 10%에도 달하지 않는다", "본토 내에 있는 예금 및 저축금 이외의 채권의 징수, 송금에 지장을 초래하고 수억의 돈이 종전 이후 무이자로 본토에 사장되어 있다", "이전에는 내지의 타 부현과 마찬가지였던 오키나와의 공무원, 교직원의 대우는 본토와 비교하여 매우 열악한 위치로 전락하고 있다", "군노무자의 대우도 본토와 비교하여 매우 나쁘고 (…중략…) 인종적 차별대우를 받고 있다"라고 했다. 게다가 강화조약 당시에는 예측할 수 없었던 사태에 대해 "일본에는 지방행정에 대한 국고원조액이 지방예산의 1을 차지하고 (…중략…) 행정분리 때문에 오

7 『戦後資料 沖縄』, p.154.

키나와는 미국의 원조액에 몇 배되는 손실을 입게 된다"라는 항목도 존재하고, 복귀하면 미국에 의한 원조가 적어도 3.5배의 보조금을 일본정부로부터 받을 수 있다는 계산이 적혀 있었다. 물론 "일본의 분리에 의한 오키나와동포의 정신적 고통도 간과할 수 없는 것이 있습니다"라는 말도 덧붙여져 있었는데, 당시 복귀운동이 인종과 경제의 구체적인 요구를 따르게 한 것이었음을 알 수 있다.[8] 몇 년 후가 되지만 나카요시 요시미쓰仲吉良光는 1961년에 이렇게 말하고 있다.[9]

> 오키나와가 일본으로 돌아가면 전 국민 모두 국세를 부담하고 일본의 한 가족으로서 전국 부현과 마찬가지로 정부의 보조금이 지급된다. 의무교육비와 지방재정교부금, 공공사업비, 각종 산업진흥비, 사회복지비, 사회보장, 공중위생조성비 그 이외에 해마다 백억 엔 가까이 교부받는다. 동정이 아니라 '오키나와현'으로서 받을 권리이다. '모든 국민은 건강하고 문화적인 최저 한도의 생활을 영위할 권리를 가지고 있다'는 것과 헌법에 의해 오키나와현민은 일본 국민으로서 최저 한도의 생활을 국가가 영원히 보장한다. 군사기지로서 사용되지 않게 되면 나중에는 들이 되고 산이 되어버리고 떠나는 미국과는 다르다.

일본에 복귀함으로써 '일본인'이 되면 풍부하고 평화로운 생활이 기다리고 있다는 기대는 해가 갈수록 크게 팽창해갔다. 1958년에 지방신문 『오키나와 타임즈』는 39회에 걸쳐 「오키나와현의 청사진—만약 본토복귀가 실현된다면」이라는 제목으로 연재를 시행하고, 복귀하면 세금은 싸지고 보조금으로 재정은 개선되고 경제도 발달하고 지사도 공개투표로 선출된다는 미래상

---

8 『戦後資料 沖縄』, p.155.

9 仲吉良光, 「『沖縄県』復活が目標」, 『仲吉良光復帰関係資料』 第11巻 참조.

을 그렸다. 물론 당시는 '오키나와현'이라는 행정단위는 존재하지 않았기 때문에 이 신문연재의 '오키나와현'의 청사진이라는 타이틀도 나카요시가 말하는 "'오키나와현'으로 받을 권리"라는 말도 의도적으로 '현'이라는 호칭을 사용한 것이다. 또한 1954년 오키나와제도 조국복귀 촉진협의회 회보는 조국에 복귀하면 각종 사회보장과 공무원의 임금인상이 실시되는 것은 물론, 농업·교통·선설 등 다액의 보조금을 받을 수 있다고 말하고, "복귀가 이루어지면 이상이 실현되기 때문에 오키나와는 일본과 하나되는 풍부한 현이 될 것을 기대할 수 있다"고 말하고 있다.[10]

이러한 희망적 관측은 미국 측의 탄압이 심해지면 심해질수록 오아시스의 신기루처럼 사람들의 마음을 사로잡았다.

한편 지속되는 미군의 정책 실시 이전에 오키나와 측의 미국관은 점점 나빠져갔다. 토지를 수용받은 이에지마伊江島 농민인 아하곤 쇼코阿波根昌鴻에 의하면 "전쟁 중 우리들은 일본군에게 참혹한 꼴을 당했습니다. 그렇기 때문에 우리들은 처음에는 미국군을 민주주의국가, 링컨을 낳은 국가라고 생각하여 신용하고 있었습니다"라던 표현이 "전쟁 중에 일본정부가 말한 의미와는 다르지만 역시 상대는 마귀와 짐승"이라고 생각할 정도로 변해갔다고 한다. 1955년부터 56년까지 미국군인에 의한 어린 소녀폭행 살해사건과 주민사살사건이 계속해서 일어났는데, 미국 측이 사법권을 쥐고 있었기 때문에 범인을 재판할 수도 없고, "일본의 군국주의가 절정의 시대이었어도 군인이 민간인에게 발포했다는 사례는 아직 들어본 적도 없었다"는 입법원 결의가 이루어졌다. 1956년 신문은 미군 지배 하의 오키나와 미래를 예측하여 "오키나와인은 완전히 머리카락도 눈도 검은 양키이다. 그리고 이미 완전한 노예이다"라거

10 上地一史·金城久重, 『沖縄県の青写真』, 沖縄タイムス社, 1960; 「沖縄が復帰したる経済面はどうなる?」, 『沖縄復帰会報』, 創刊号, 1954.1 참조.

나 "미국 본국 내의 흑인들의 생활과 여기 반세기 필리핀의 생활에서 생각하면 납득이 간다"고 말하고 있다.[11]

미래의 희망으로서뿐만 아니라 눈앞에 벌어지는 미군의 탄압에 저항하면서 본토 측에 대한 기대를 높여가지 않으면 안 되었다. 1953년 11월, '전 오키나와 노동자대회에서는 미군 지배하의 상황을 개선하기 위해 전 오키나와 노동자가 조국 800만 조직노동자의 절대적인 지지'를 기대하는 선언을 하게 된다. 또한 토지를 수용받은 농민 아하곤 등은 미군과의 교섭, 비폭력 저항, 류큐정부에 대한 소원 등 모든 수단을 동원해도 문제가 해결되지 않았을 때 "지금 우리들은 그저 조국의 여러분 이외에 의지할 방법을 알지 못합니다"라고 말한다. 「모국 내지의 여러분에게」라고 제목을 붙인 탄원서를 1955년에 본토의 모든 단체에게 보내고 있다.[12]

그러나 오키나와 측이 '조국'과 '일본인'이라는 말로 표현한 것에 본토 측의 '일본인'들이 호응한다고는 단정하지 못했다. 예를 들면 1953년 11월 본토로부터 중의원 의원들이 오키나와를 방문했을 때, 회합에서 가네시 사이치兼次佐一을 비롯한 오키나와 측은 일본정부에 의한 토지대금과 은급의 보장, 학교건설에 대한 원조라는 요구를 내놓고, "류큐인 전체의 바람은 일본복귀입니다"라고 호소했다. 그러나 본토 측의 자유당의원은 "우리들은 여러분들도 늘 같은 일본인임을 하루도 잊은 적이 없습니다"라고 말하면서 "일본의 아름다운 역사, 문화를 지키기 위해 싸우지 않으면 안 된다"라거나 "혼과 혼, 진실과 진실이 서로 통하는 곳에 진심으로 일본민족의 모습이 있다"라고 발언할 뿐이었다. 그리고 오키나와 측으로부터의 모든 요구에는 "재정문제도 있기

---

11 阿波根昌鴻, 『米軍と農民』, 岩波書店, 1973, pp.40~41; 『戦後資料 沖縄』, pp.126~127; 石川竜三, 「米領土になったら沖縄はどう変わる」, 『基地沖縄』 6号, 1956.9 参조.

12 『戦後資料 沖縄』, p.130; 阿波根昌鴻, op. cit., p.108.

때문에 정부 측으로서 좀처럼 말할 수 없다"고 대응하고 있었다.[13] 같은 '일본인'이라는 말을 사용하면서도 쌍방의 생각은 엇갈리고 있었던 것이다.

'친미반공'을 내건 복귀운동

강화조약체결 후, 류큐독립과 신탁통치를 부르짖은 공화당과 사회당은 어느 사이엔가 해체되었다. 미국 측은 대미협조적인 행정주석을 임명하고, 그 여당으로서 친미보수 민주당이 결성되었다. 그리하여 오키나와에는 민주당, 사회대중당, 인민당 3대 정당이 존재하게 된다.

그 중에서 특히 미국에 의한 탄압의 대상이 된 것은 인민당이었다. 52년 8월 당시 히틀러 민정부장관류큐총독은 "류큐 인민당의 목적은 국제공산당의 그것과 완전히 동일한 것이고 또 그들은 동일물이라고 해도 과언은 아니다"라는 입법원으로 메시지를 보내고, 세나가 가메지로瀬長亀次郎 인민당 위원장의 초상화를 사용한 반공 소책자가 배포되었다.[14]

후에 확실히 인민당은 일본공산당과의 관계를 굳혀갔지만 당초부터 미군 측이 주장하는 것 같은 존재였는지는 의문이다. 1950년 오키나와 군도 지사 선거에서 세나가가 입후보했을 때 친미후보의 지지자가 '인민당은 공산당'이라는 비난을 했는데, 인민당 측은 '이것은 너무나도 사실에 위반하고 있다'고 반론했다. 1950년 당시 인민당은 공식문서에서 "일본군벌을 분쇄하고 오키나와인을 해방시킨 미국 군에게 감사"를 구가하고 있었고, 세나가가 미군을 해방군이라고 부르고 있었던 것도 전술한 대로이다.[15] 인민당이 '미국제국주의'라는 형용을 사용해서 미군과 전면대결에 이르는 것은 그 후의 일이고,

---

13 『琉球史料』第2集, pp.123・126. 자유당원의 발언자는 히라이 기이치(平井議一)이다.
14 『戦後資料 沖縄』, pp.92~93.
15 인민당 청년부, 「仲宗根源和氏に答う(上)」, 『ウルマ新報』1950.8.25; 인용은 『那覇市史 資料編3巻3』, p.312; 『戦後資料 沖縄』, p.64.

미군의 탄압과 함께 급진화한 경향을 알 수 있다.

미군의 고압적인 자세는 친미정당이 여당이 된 것은 보다 온건하게 보였던 사회대중당도 경색되어갔다. 1953년 4월, 오키나와 중부의 보결선거에서 사회대중당 후보가 승리했을 때 미국 측은 당선후보에게 경미한 전과가 있다는 이유로 당선유보를 명령했다. 미군은 "위원회의 명칭 그 자체에 미국에 대해 모욕을 덧붙인 것이었다"며 해산을 명령했다.[16] 미국에게 오키나와는 '식민지'가 아니라 국방과 '동양평화'를 위해 유지되고 있는 지역이었던 것이다.

그러나 이 시기 복귀운동이 모두 반미반전을 구가하고 있었을까라고 말하면 그것은 또 그렇지 않다. 오히려 문면상으로 미군과의 협력과 반공을 내걸고 있는 것이 많았다. 예를 들면 1954년 2월, 당시 오키나와제도 조국복귀 기성회장이었던 야라 초뵤屋良朝苗가 오그덴Ogden 부장관 앞으로 보낸 서간에는 다음과 같이 쓰여 있다.[17]

> 오키나와가 세계 공산주의 침략에 대한 자유제국의 방위기지로서 전략적으로 중요하다는 것은 주민도 잘 이해하고 있고, 주민은 이 목적을 위해 미국의 기지건설공사에 귀중한 토지를 제공하고 협력해왔다. 또 기지의 존재가 현재의 국제정세하에서 주민의 생활을 지탱하게 하는 것이라는 것을 우리들은 인정하고 있다. 따라서 우리들은 미국이 오키나와에서 기지를 유지하는 것에 이념적으로도 경제적으로도 반대하는 입장은 아니다. 그러나 오키나와 주민이 일본인으로서의 생활을 누리는 것은 미국의 기지 유지에 조금이라도 지장을 초래한다고 우리들은 생각할 수 없다. 우리들의 조국 일본은 미국과 긴밀한 협력관계에 있는 것이어서 미일안전보장조약에 의해 미국은 다수의 대기지를 일본 본토 내에서

16 『戦後資料 沖縄』, p.120.
17 屋良朝苗, 「オグデン副長官への書簡」, 1954.2.5; 『沖縄県祖国復帰闘争史 資料編』, p.36.

도 유지하고 있다. 오키나와가 일본으로 복귀하면 오키나와기지는 당연히 같은 조약에 따라 유지할 수 있다고 우리들은 생각한다. 복귀할 때 반미적인 활동이 다소 유입하는 것을 생각할 수 있지만, 오키나와 주민은 이러한 활동에 편승할 만큼 바보도 비현실적인 자들도 아니다.

야라는 1954년 1월 『매일신문』의 투서에도 "통치권의 조국반환은 미국의 극동방위체제와 아무런 모순이 없을 뿐만 아니라 종래부터 미국과 오키나와의 협력에 이바지하는 것이라는 확신 아래 복귀운동을 추진해온 것입니다"라고 말하고 있다. 이것은 당시의 복귀기성회의 공식견해였다고 해도 좋을 것이다. 또한 야라와 함께 오키나와교직원회를 통솔하고 복귀운동을 리드한 기얀 신에이喜屋武眞榮도 1954년 4월 신문에서 "우리들이 부르짖는 복귀운동도 역시 미일米日을 포함하여 자유주의국가 진영을 지키기 위해 오키나와에 기지가 필요하다면 그것도 제공하고 군 작업에도 협력할 것이다"라고 말하고 있었다.[18]

이러한 논조는 복귀운동 당초부터 존재한 것이었다. 앞장에서 언급한 대로 1950년에 다이라平良 지사는 "일본귀속문제가 반미주의라고는 생각할 수 없다. 왜냐하면 일본은 미국과 전면적으로 협력태세를 취하고 있기 때문이다"라고 발언하고 있었고, 가네시 사이치兼次佐一도 1951년에 "우리들의 일본복귀운동은 결코 반미운동이 아니다. 오히려 미일 양국의 공존공영의 방침에 따라 민주주의를 위협하는 외적에게 대비하려는 것이고, 현재 이상以上으로 미국에 협력하려고 하는 원대한 구상에 기초하는 합법적인 운동이다"라고 쓰고 있었다. 또한 54년 1월에 미국무장관 덜레스John Foster Dulles에게 제출

18 Ibid., p.34; 善屋武真栄, 「沖縄の良心」, 『沖縄タイムス』, 1954.4.5 참조.

한 나카요시 요시미쓰仲吉良光 등의 청원서는 "오키나와제도에 일본 전시정권의 부활을 인정해도 미일안보조약으로 미군기지는 유지되고, 미국의 태평양 방위에 약간의 불편도 없고 오히려 미국의 호의에 일본 국민은 감격하고 더욱더 미일결합은 강화됩니다"라고 말하고 있다. 같은 해 3월에 오구덴 민정부장관 앞으로 보낸 공개장에도 복귀를 늦추면 "공동의 적인 공산주의자에게 편승해야만 한다는 것으로 그 세력을 조장하게 됨을 우리들은 두려운 것입니다"라고 주장하고 있다.[19]

여기서 취하고 있는 세계관은 일본과 미국을 대조적으로 그리는 복귀지향과 다르게 공산주의라는 공통의 적을 배제대상으로 설정하는 것으로 미일의 일체성을 강조하는 것이었다. 미일이 일체라고 함으로써 일본으로의 복귀가 반미가 아니라는 것을 내세우려고 한 것이다.

본토 측의 주요 미디어 논조도 마찬가지의 경향이었다. 이 시기 아직 본토 신문은 거의 오키나와 문제에 주목하고 있지 않았지만, 적지 않은 관련기사 중 1952년 12월 『도쿄신문』 사설에는 "실제로 본토에 이르는 곳을 기지로 제공하고 있는 우리나라로서는 (…중략…) 양 지역, 즉 오키나와 오가사와라를 군사기지로서 제공하고 동시에 협력할 것을 막을 이유가 없다"고 쓰여 있었다. 53년 1월 『매일신문』 사설도 "복귀는 미군의 방위계획을 약하게 하는 것이라고는 할 수 없을 것이다. 또 일본의 북방지역에 대한 소련의 불법점유를 비난하는 미국의 주장도 이로써 철저히 할 것이다"라고 주장하고 있었다.[20] 혁신진영 측이 오키나와 독립론을 부르짖고 있던 40년대 구도의 연장에서 보면 복귀론이 보수 측의 주장이 되는 것도 당연했다.

---

19 兼次佐一, 「再び日本復帰提唱(7)」, 『ウルマ新報』, 1951.5.29; 인용은 『那覇市史 資料編3巻3』, p.456; 『沖縄県祖国復帰闘争史 資料編』, pp.15·39.

20 『戦後資料 沖縄』, pp.143~144.

다만 오키나와 측의 경우, 이들 문장이 쓰인 것이 복귀운동을 행하고 있을 뿐으로 '공산주의자'로 간주하여 검거할 수 없는 시기였던 점은 염두해둘 필요가 있다. 예를 들면 이에지마 농민이 본토의 아사히신문사에 지원을 호소한 55년 2월 편지에는 다음과 같이 적고 있다.[21]

> 우리들은 반미주의자도 아닙니다. 또한 공산주의자도 아닙니다. (…중략…) 그러나 입퇴료入退料 이외에 원조도 없고 임대지는 심한 자갈투성이로, 1년 수확도 50분의 1정도의 사용료라는 조건으로는 납득할 수 없습니다. (…중략…) 우리들은 어차피 죽을 것이라면 자신의 토지에서 죽을 것이라고 결의하고, 지난 26일 촌장명으로 내정국에 수용거부를 전보를 쳤습니다. 처음에 있었던 진정이 폭동이라고 전달되고 군 측의 취조를 받았기 때문에 우리들은 ① 군과 만날 때는 웃는 얼굴로 만날 것, ② 회견 때는 농기구 등을 지니지 말 것(반항적이라고 오해받는다), ③ 헤어질 때는 '부탁드립니다'라고 머리를 숙일 것 등 진중한 진정규정을 만들고 있는 상태입니다. 아무쪼록 오키나와 백성을 도와주길 바랍니다.

이러한 상황하에서 미군에 대한 협력을 겉으로 내세우지 않으면 안 되었던 것과, 전전의 차별을 불문에 붙여도 '조국 일본'의 지원을 기대한 것을 나무랄 것까지는 없다. 그렇지만 그렇다고 해도 인민당 등을 제외하면 안보조약의 폐기를 정면에서 내세운 것은 당시 복귀운동에서 주류라고는 말할 수 없었다. 그보다 눈앞의 상황에 대해 그런 여유는 없었다고 하는 편이 정확할 것이다.

50년대 복귀운동의 대부분이 주장하고 있었던 것은 미군기지는 그대로 민정상 시정권만을 일본으로 되돌려달라는 것이었다. 특히 1954년 1월 아이젠

21 Ibid., pp.123~124.

하워 대통령의 일반교서가 오키나와기지의 영구 확보를 명언한 것도 있어서 기지의 철거는 불가능하다고 생각되었던 것이다. 그 때문에 야라 초뵤가 "'오키나와기지를 무기한으로 확보하는' 것은 '오키나와를 통치하는' 것과는 전혀 별개의 문제이고 오키나와 통치권의 조국반환 가능성이 강하게 부상해온다"고 말하고, 나카요시 등의 청원이 "미국은 군사에 전심專心하고 민행정은 일본에게 맡기는 것이 일본의 지원과 함께 현지주민의 마음으로부터 협력을 얻을 수 있고, 오히려 미국의 군 활동에도 편리하다고 알고 있습니다"라고 주장한 것처럼 자주군사와 민정의 분리라는 이론을 취했다. 복귀의 목적이 오키나와의 민생향상이라면 반전과 반기지를 보류해도 복귀가 실현되면 우선 전진이었고 미국 본국에는 오키나와 민정을 일본으로 귀환하면 지출소멸이 된다는 의견이 있었기 때문에 이 노선이 현실적으로 보였던 것이다.[22]

그 때문에 당시 복귀운동의 청원서는 반전 등 특정한 사상을 내세우지 않고, 오히려 "우리 조국복귀 촉진운동에는 아무런 같은 이론과 논리는 없다. 일본인이기 때문에 일본으로 돌아가고 싶다는 인정 자연의 발로이기 때문이다" 등이라고 이데올로기성이 없음을 강조하고 있는 것이 많다. 정면에서 오키나와 측의 이익을 복귀이유로 내세울 수는 없고, 또한 반미와 반전을 구가하여 탄압받게 되면, 나중에는 일본인이기 때문에 일본으로 돌아가고 싶다고 연속적으로 호소할 수밖에 없는 것은 당연한 것이었다. 그러나 그 경우에도 예를 들면 야라 초뵤가 1954년에 "복귀운동은 우리들이 일본인이기 때문에 일본국헌법하에 일본인으로서 생활하고 싶다는 지극히 자연스러운 동시에 본질적인 이념에서 나오고 있습니다"라고 주장했다. 또 기얀 신에이喜屋武眞

22 op. cit., p.79; 仲吉良光, 「沖縄の日本復帰御尽力御願い」(1954.5)의 吉田茂首相宛請願, 「仲吉良光復帰関係史料」 第4巻. 미국 측의 통치 비용문제로 인한 오키나와 반화론에는 '오키나와가 일본경제에 편입되면 우리들이 다액의 경비를 지출할 일은 없을 것이다'라는 상원군사위원회의(1962.6.14)의 잭슨의원의 발언을 예로 들 수가 있다. 『南と北』 23号, 1963 심의록, p.124.

榮도 "우리들 주민도 진정한 일본인으로서 하루빨리 일본국헌법 아래 우리들의 기본적 인권도 생명도 재산도 보호받아서 마음으로부터 [미군에게] 협력하고 싶다"고 말한 것처럼 '일본인'이라는 말은 헌법에 의한 인권보호와 불가분이었던 것이다.[23]

그러나 미국 본토의 일부는 어쨌든 냉전이데올로기 속에서 국방을 중시하는 외교관과 군인들은 이러한 복귀운동조차 반발했다. 기득권을 양도하고 싶지 않은 오키나와의 미군에게는 더욱더 그러했다. 1954년 오구덴 부장관은 "류큐에서 군사기지는 특수한 성격을 가지고 있고 방위상, 민간행정과 군은 분리될 수 없다"고 명언했다. 또 델라스 국무장관은 "교육권을 일본으로 반환하면 일교조日教組가 들어와 반미적으로 된다"고 위구심을 드러내고, 1952년 『도쿄신문』 보도에 따르면 어떤 '미정부 고관'은 "일본에 반미정부가 출현하면 미군을 일본에서 철수하지 않으면 안 된다. (…중략…) 일본에서 가까운 지역에 일본정부에 의해 영향 받지 않은 기지를 가지지 않으면 안 된다"고 말했다고 한다. 미국 측의 1953년 신문기사는 "오키나와의 미당국자는 예를 들어 일본이 오키나와의 반환을 요구해도 그것이 실현될 가망은 전혀 없다고 일반적으로 믿고 있다. 이들 군 당국자는 자국경제의 안정을 꾀하는 것만으로도 쉽지 않은 일본이 경제적으로 자족할 수 없는 오키나와를 왜 떠맡으려는 건지 이해할 수 없다"고 보도하고 있었는데, 이런 것이 미국 측 다수파의 인식이었다.[24]

미군에 대한 협력을 구가한 야라의 편지에 대한 회답도 "오키나와에서 귀

23 仲吉良光, 「復帰の理念」, 1954.1; 『沖縄県祖国復帰闘争史 資料編』, p.33; 屋良, 「オグデン副長官への書簡」, p.35; 善屋武真栄, 「沖縄の良心」, 『沖縄タイムス』, 1954.4.5 참조.

24 오그던(David A. D. Ogden)의 성명은 1954년 1월에 발표한 것이다. 인용은 『沖縄県祖国復帰闘争史 資料編』, p.33. 이 발언은 屋良朝苗・渋沢敬三・大浜信泉・茅誠司, 「沖縄の教育を語る」, 『沖縄と小笠原』 12号, 1960, p.26; 『戦後資料沖縄』, pp.78・143.

하가 복귀를 선동하고 있다는 것은 류큐인에게 그저 혼란만을 일으키고, 나아가서는 공산주의자들을 기쁘게 하는 것입니다"라는 매정한 내용이었다. 게다가 오구덴 부장관은 54년 5월에 다음과 같은 소신을 발표하고 있다.[25]

> 공산주의는 반미와 마찬가지로 반일을 의도한다. 누구라도 공산주의자이면서 동시에 충성스러운 일본시민일 수는 없다. (…중략…) 만약 오키나와 주민이 복귀함으로써 일본의 일부가 되고 싶다고 생각한다면 우리들은 전 세계에 대해 극동에서 완전히 군대를 철수하고, 공산주의자의 도량에 맡긴다고 발표할 것이다. (…중략…) 그리고 이것은 일본정부의 전복이라는 결과를 초래할 것이다. 복귀가 일본정부의 전복을 가져옴에도 불구하고 충성스러운 일본시민이라는 입장에서 복귀를 희망하는 자가 있을까.

복귀운동은 반미이고 반일이며 비'일본인'이라고 한다. 마찬가지의 논리는 1954년 인민당사건 재판에서도 엿볼 수 있다. 이때 미국 측 검사는 "세나가는 자신이 일본인이고, 평화와 인민을 위해 충성을 다하고 있다고 말하고 있지만, (…중략…) 일본인은 미국 그 이외의 국가들과 협력하고 있는데 세나가는 미국에 반대하고 있다"고 말했다.[26]

오구덴은 또 "공산정부하에서 토지소유는 종말을 고한다. 토지소유자는 항상 반공이어야만 한다"며 오키나와농민에게 토지를 내어주자고 주장했는데, 지금까지 논리의 전도가 생기면 훌륭한 것이었다.[27] 그들에게 '일본인'이란 자신들의 통치에 복종하는 자밖에 없었던 것이다.

---

25 Charles V. Bramley, 「屋良書簡に関する回答」, 『沖縄県祖国復帰闘争史 資料編』, p.38; 『戦後資料 沖縄』, p.94.

26 『戦後資料 沖縄』, p.121.

27 Ibid., p.95.

일본 내셔널리즘의 담론

이와 같은 정황 속에서 일본정부의 반응은 어떠한 것이었을까. 강화회의에서 요시다 시게루吉田茂 수상은 오키나와에 잠재주권이 있음을 주장했다. 또 하토야마 이치로鳩山一郎 수상도 국회답변에서 "시정권, 통치권, 입법권, 행정권 등은 가지고 있지만 어쨌든 영토권만은 일본에게 있다"고 말하고 있었다.[28] 그러나 결론부터 말하자면 정부의 오키나와에 대한 대처는 전혀 없는 것이었다.

일례를 들면 앞장에서 말한 1951년에 강화회의를 향해 모아진 서명에 대한 대응이다. 요시다의 회상기에 의하면 오키나와에서 항공편으로 수상 앞으로 보낸 23만 명분의 서명이 동경에 도착한 시점에서 행방불명되고 말았고, 마음을 졸인 요시다가 여기저기 수소문하여 찾은 결과, 수상관저 곳간 구석에 방치되어 있었던 것을 발견했다고 한다. 일본 측 외무성조약국장과 외무대신은 미국의 선의를 믿고 있으면 오키나와는 언젠가 반환된다고 국회에서 답변하고 있었지만, 구체적으로 언제 반환되는지에 대한 질문에는 '시기상조'라거나 "하나하나 풀어가면 안 될 것도 없다"라고 '점진'을 말하고 있을 뿐이었다.[29]

그러나 오키나와 측에서는 이 정부와 보수여당에게 청원을 행하지 않으면 안 되었다. 대부분의 복귀운동에는 이데올로기의 좌우보다도 복귀에 의한 상황의 개선이 우선시되었기 때문이다. 전술한 것처럼 대미협조적인 복귀운동 논리도 본토 보수정당의 친미노선에 맞추었다는 경향이 있었다. 1953년에 오키나와를 방문한 본토 어떤 의원들은 오키나와 측에게 "내지에서 하는 것 같은

---

28 op. cit., p.82.
29 吉田, 『小さな戦いの日々』, p.51; 『戦後資料 沖縄』, pp.81~82.

반미운동의 강화라는 것을 전개하지 않도록" 등이라고 못을 박고 있었다.[30]

실제로 일본정부는 오키나와를 위해 미국을 자극하는 위험을 치를 생각은 없었다. 1949년에 오키나와 측의 신문사설은 "일본정부가 오키나와를 돌려달라고 하는 점도 일본제국주의의 전진 거점으로서 오키나와라는 의미가 없어진 오늘날, 일본의 희생이 된 오키나와에 대해 동정을 보여주지 않으면 안 된다는 일본정부의 단순히 휴머니스트적인 제스처로 이를 중시한다는 것은 하나의 착각이 아니었을까"하고 말하고 있었는데, 이것은 핵심을 찌르는 것이었다. 미정부 당국자가 55년 1월에 말한 것에는 "일본정부는 오가사와라, 오키나와반환을 정식으로 요청해온 것은 아니다"라는 것이었다.[31] 1955년 5월에는 좌파 사회당의원이 중의원에서 시게미쓰 마모루重光葵 외무대신과 다음과 같은 대화를 하고 있다.[32]

의원　"오키나와 주민은 원래 일본인입니까. 국적은 어디입니까?"

외상　"잠재주권을 인정받고 있는 것입니다. 따라서 오키나와 주민은 일본인으로 우리들은 생각하고 있습니다."

의원　"그렇다면 외국에 가는 오키나와인은 일본의 재외공관에서 일본인으로서 보호받는 것입니까?"

외상　"그렇습니다."

그렇지만 이 시게미쓰의 회답은 정부의 통일된 견해는 아니었다. 실제로는 제18장에서 전술한 바와 같이 일본정부는 오키나와의 시정권을 가지고

30 『琉球史料』 제2집, p.129.

31 「講和と沖縄」, 『ウルマ新報』 1949.11.29; 인용은 『那覇市史 資料編3巻3』, p.213; 『戦後資料 沖縄』, p.80.

32 『戦後資料 沖縄』, p.110.

있는 것은 미국이라는 이유로 오키나와인의 외교보호권은 없다는 입장을 취해갔다. 그리고 오키나와인이 법제적으로 일본인인지 아닌지에 대한 문제가 크게 노정한 것이 1956년에 일어난 '섬 전체 투쟁' 때였다.

'섬 전체 투쟁'이란 1956년 6월에 공표된 미국 하원군사위원회 특별분과위원회보고를 계기로 일어난 오키나와에서 초당파의 투쟁을 말한다. 전술한 대로 오키나와에서는 접수지接收地에 약간의 채임대료만 지불하면 되었지만, 이것은 오키나와의 미군과 국방총성에서 결정된 조치였기 때문에 미국 하원이 실시한 조사 쪽에 오키나와 측에서는 기대를 걸고 있었던 것이다. 그러나 가격 권고 내용은 오키나와에서 군사기지의 중요성을 강조하고 토지대의 일괄지불을 행한다는 것이었다. 토지의 반환은 커녕 사실상 매수와 같은 일괄지불을 내세운 권고에 오키나와인들이 격앙했고, 소위 4원칙일괄지불 반대, 적정보상, 손해배상, 신규접수 반대을 내걸고 오키나와 전토에서 집회가 열렸다.

이에 대한 미군의 반응은 변함없이 경직된 것이었다. 무어 부장관은 "군과 주민은 서로 협력하고 있음에도 불구하고 이에 선동자가 있다. 그것은 일본 공산당과 연락하는 자이다"라고 말하고, 저항이 계속되면 자치정부를 폐지하여 미군의 직접통치로 돌아간다고 위협했던 것이다. 미군의 대응은 불에 기름을 붓는 결과가 되어 오키나와 측으로부터 "미군에 협력한 10년은 오키나와는 미국이 제멋대로 할 수 있다는 인상을 주고 말았다"라거나 "미국의 민주주의를 신뢰해왔지만, 완전히 배신당한 기분이다"라는 목소리가 이어졌다. 그리고 친미파의 민주당마저 "오키나와는 민주주의의 진열장이라고 말해지고 있지만, 이 권고를 강행하게 된다면 반미의 진열장이 되는 것임에 틀림없다"고 논했다.[33] 이 권고에 따라 친미반공을 내걸은 그때까지의 운동은

33 『戦後資料 沖縄』, pp.190・193.

미군의 힘을 증가시키는 효과밖에 없었음이 확인된 것이다.

이러한 가운데 운동을 전개할 즈음 친미라는 말은 사용하지 않게 되었다. 그러나 이 '섬 전체 투쟁'에서 사용한 말은 역시 그 후의 반전평화를 내세운 60년대 후반의 그것과는 달랐다. 이 투쟁에서 사용된 것은 오키나와의 토지를 지키는 투쟁, 즉 '일본의 국토'를 '일본인'이 지키는 투쟁이라는 '일본인'으로서의 내셔널리즘의 언어였다.

이러한 말로 운동이 시행된 이유 중 하나는 본토의 보수정권에 지원을 요청하지 않으면 안 되는 것이었기 때문이다. 예를 들면 1956년 6월에 입법원이 일본의 수상과 외상 앞으로 보낸 결의에는 "미국정부가 오키나와에 토지 소유권을 취득하고 혹은 실질적으로 무기한 조차"한다는 것은 '일본의 영토주권에 영향을 미친다'고 논했다. 또 투쟁을 위해 결성된 '사자협의'입법원, 시정촌장회, 군용자연합회, 행정부는 "국토를 지키기 위해 필사의 결의로써 결속하고 있는 일본 주민의 보호는 일본정부의 책임임을 명기하고 강력한 대미절충을 바란다"고 일본정부에게 요청하고 있었다. 그 이외에 시정촌장회도 '동포 8천만의 구원을 기다린다'고 전보를 치고, 교직원회는 "촌락이라 하더라도 우리나라 국토를 빼앗기지 않도록 단호한 대책을 강구하기를 바란다"고 결의했다. 또한 당시는 영화 〈히메유리의 탑ひめゆりの塔〉이 공개되어 인기를 얻은 직후였고, 이것이 반영되어 야라 초뵤가 "16만 동포의 영령은 조국의 방위를 위해 평화를 위해 싸우고 허무하게 산화했다. 이에 보답하기 위해서도 우리들은 한 치의 땅도 다른 나라에 팔 수 없다"고 연설하는 등 오키나와전쟁에 의한 '조국방위'의 희생도 강조되었다. 대체로 오키나와 측은 '일본'의 영토이고 주민이 '일본인'임을 내세워 보수정권과 본토의 여론을 움직이려고 했음을 알 수 있다.[34]

34 『戦後資料 沖縄』, pp.188~189·192·197.

그러나 이 투쟁에는 본토 취향적 성명 이외에도 서로 유사한 논조가 기록되어 있고 분명하게 가려서 쓰고 있다는 것은 볼 수 없다. 아마 이러한 논조를 띤 또 하나의 이유는 당시 오키나와 사람들에게 정치적 의의를 표현하는 말의 종류가 한정되어 있었던 것이 아닌가 여겨진다. 그 후 반전 복귀론이라는 말이 아직 일반적으로 통용되지 않을 당시 그들이 정치를 말할 때 주요한 표현수단은 전전부터 심어온 일본 내셔널리즘이라는 말과, 전후에 미국 경유로 유입된 민주주의와 반공이라는 말이었다. 그러한 가운데 미국 경유의 반공친미라는 말에 의한 운동에 직면한 후, 오키나와 사람들이 미군과 싸울 의지를 표현하는 가운데 무의식중에 사용한 것이 일본 내셔널리즘이라는 말이었다고 해도 이상한 것은 아니었다. 거기서 본토의 보수정권에 대한 지원요구라는 요소를 덧붙였다는 것이 실정에 가까웠다고 생각된다.

그러나 그것은 표면상 일본 내셔널리즘이라는 말을 사용하고 있어도 대일본제국의 마이너리티들이 지배자의 말로 저항의 바람을 표현했던 것처럼 별개의 의미를 의탁받은 것이었다. 사실 오키나와인이 '일본인'임을 강조하는 한편, 투쟁 중에 내놓은 오키나와 내부의 성명문에는 "우리 민족을 파멸적 위기에 빠뜨리고 있다"라든가 "민족이 살아가는 최후의 수단", "민족생존의 비원"이라는 표현을 많이 볼 수 있다. 패전 직후의 '오키나와민족', '류큐민족'이라는 말이 없었다 해도 이 시기에는 아직 오키나와를 일개의 '민족'이라고 형용하는 의식이 남아 있었음을 알 수 있다. 그러나 6월 말에 본토를 향해 출발한 대표단은 어디까지나 "우리들이 잃지 않으려는 일본의 영토"이고, "이 투쟁은 오키나와 80만의 투쟁이 아니라 일본 8천만의 투쟁"이라는 것을 호소하고 일본정부와 절충하는 성명을 내놓았다.[35]

---

35 『戦後資料 沖縄』, pp.187·189·191·193.

그러나 일본정부는 미국을 자극하는 것을 두려워하여 '조용히 지켜보는' 자세를 취했다. 이때 문제가 된 것은 오키나와인이 법제적으로 '일본인'인가 아닌가였다. 즉 법무성이 "오키나와 주민은 확실히 일본인인 이상, 일본정부는 미국정부에 대해 당연히 주민의 보호를 요구할 수 있다"는 견해를 피력한 것에 대해 외무성과 내각법제국은 "오키나와 주민의 국적은 미일 이중국적은 아닐까라고 해석할 수 있다"라는 논리에서 "일본정부가 미국정부와 교섭하는 것은 미국에 대한 내정간섭이다"고 하며 이에 반대한 것이다. 외무성 측의 주장을 대변하는 형태로 발언한 동경대학교수 요코다 기사부로横田喜三郎에 의하면, "오키나와인은 미국국민과 같은 지위에 있기" 때문에 "일본은 국적법상 외교보호권을 행사할 수 없다"는 것이고, "단순히 정치적 입장이고, 도의적인 의미에서 알선을 행하는 정도일 것이다"라는 것이었다.[36]

요코다는 이미 이 전년, 국제법학회가 편찬한 오키나와의 법적지위에 관한 논집에서 자신의 설을 발표하고 있었는데, 덧붙여 말하면 당시 국제법학회 이사장은 일찍이 조선인의 국적문제로 의견서를 제출한 야마다 사부로山田三良였다제6장 참조. 필요할 때에는 '일본인'이라 하고 불필요할 때에는 '일본인'이 아니라며 번거로움을 피한다는 법해석이 여기서도 나타났던 것이다. 실제로는 제18장에서 전술한 것처럼 미국은 오키나와 주민을 자국의 국적에 편입시킬 마음이 없었기 때문에 이 국적논의는 일본 측 혼자만의 씨름이었던 것이다. 국적에 대해서조차 정부 내부의 통일견해가 없었다는 한 가지 일로부터도 일본정부가 오키나와 문제를 어느 정도로 취급하고 있었는지를 알 수 있을 것이다.

---

36 「住民の保護を要求」, 『朝日新聞』 1956.6.29; 横田喜三郎, 「統治権に服従の義務」, 『朝日新聞』 1956.6.30. 당시의 국제법학 부분에서 오키나와에 대한 견해에 대해서는 国際法学会編, 『沖縄の地位』,1955 참조. 같은 책에 요코다의 논문인 「沖縄と日本の主権」도 수록되어 있다.

전술한 것처럼 내무성이 해체되어 '오키나와현'이라는 행정단위가 소멸했을 때, 거의 유일하게 호적을 파악하고 있었던 것이 법무성이었다. 그러한 법무성이 오키나와인을 '일본인'이라고 주장하는 것은 당연했겠지만, 정부전체로서는 미일관계의 중시가 우선시되었던 것이다. 이 문제에 대해 각의회의를 마친 뒤 법무대신도 "어제 발표한 법무성의 견해는 오키나와인을 일본인이라고 말하기까지였다. 시게미쓰 외상이 알선하면 좋은 것이다"라고 앞에서 언급한 말을 바꾸고, 신문에 "각의에서 너무나 수다가 지나치다"며 야유당했다.[37] 일본정부에게 오키나와 주민이 '일본인'인지 아닌지는 여전히 외교상의 망아지일 수밖에 없었던 것이다.

또한 정부가 말하는 '알선'의 내실도 성의를 느낄 수 없는 것이었다. 당시 하토야마 수상은 "미국이 대체지를 돌보는 것 같은 알선을 하고 싶다"고 말했는데, 본토에 도항해오고 있는 오키나와 대표의 "현 정부는 믿기에 부족하지 않다"라는 코멘트를 듣자 "그것은 그럴 것이다. 내가 말하는 대체지는 남양으로 할까라는 것 같은 구체책이 있었던 것은 아니다"라고 말했다.[38] 전후 10년 이상 지난 이 시기가 되었어도 오키나와 주민을 '남양'으로 이주시킨다는 말을 내놓는 감각으로만 그들은 문제를 인식하고 있지 않았음을 알 수 있다.

한편 일본 본토에서의 여론은 오키나와로부터 '일본인', '조국', '동포'를 강조한 호소에 동정을 보여주었고 정부의 '소극적인 태도'를 비난했다. 그렇지만 그 내실은 반드시 오키나와 주민이 기대했던 것 같은 것은 아니었다. 오키나와 측은 일본의 내셔널리즘이라는 말로 그들의 심정을 표현하고, 본토의 지원을 끌어내려고 한 것이었지만 본토의 여론에는 말 그대로 단순히 내셔널리즘과 영토확장을 부르짖는다는 경향을 볼 수 있었던 것이다. 당시 『아사

37 「記者席」, 『朝日新聞』 1956.6.30.
38 「沖縄は当然還ろう」, 『朝日新聞』 1956.6.29.

히신문』은 오키나와 문제에 대해 실린 투서를 평하여 이렇게 말하고 있다.[39]

> 투서에는 거의 모두 공통적으로 정부가 강한 태도로 대미対米 절충에 성공함과 동시에 일본 국민 전체가 오키나와의 주민을 지원하고, '대미저항'운동을 일으킬 것을 바라는 것이 많았다. (…중략…) 미국에 대한 불신과, 오키나와 주민에 대한 동정에서 오키나와반환을 요구하는 소박한 의견도 강하고 그것이 안 된다고 한다면 '알래스카의 일부조차와 이민에 대한 문호개방을 미국에 요구해라'라는 '차선책'을 제안한 의견도 도쿄의 어느 기사를 비롯하여 일부에서 볼 수 있었다. 그리고 이와 같은 오키나와 문제에 대한 사고방식은 일본과 소련 교섭에 대한 강경론, 즉 남치시마南千島를 방기해서는 안 된다는 의견과 연결되어 있는 것처럼도 볼 수 있었다. 도쿄의 어느 학생은 '오키나와를 요구하는 것과 마찬가지로 남치시마를 요구하고, 그것이 어렵다고 한다면 일본이 오키나와에 잠재주권을 가진 것처럼 남치시마에도 '잠자는 주권'을 가져야만 한다'고 논하고 있다. 이처럼 오키나와 문제는 일본인의 영토문제에 대한 관심을 고조되게 하는 측면이 있다.

이와 같은 투서가 많았다는 것은 당연한 일이기도 하지만, 당시로서는 그것을 특히 비판하지 않고 그대로 소개하는 것도 이상하다고 간주되지 않았던 것이다.

다만 다음 장에서 상술하겠지만 당시로서는 반미 내셔널리즘은 좌파도 공유하고 있었고, 오히려 보수정권의 미국 의존을 비판하기 위해 민족주의를 강하게 내세우는 경향마저 있었다. 때마침 참의원 선거시기였고 야당은 이것을 문제 삼아 정부의 '소극적인 태도'를 일제히 비판했다. 좌파사회당 위원장

39 「この月の政治評(投書)」, 『朝日新聞』, 1956.6.30.

은 오키나와의 토지수용을 "민족의 흥폐에 관계하는 중대한 문제"라고 코멘트하고, 정부의 북방영토문제의 편향을 비난하고 "오키나와도민 운동을 전면적으로 지지하고, 금후 샌프란시스코 조약의 개정과 미일안보조약의 폐기를 목표로 싸운다"고 말했다. 그리고 사회당은 초당파의 '오키나와 문제 해결국민 총 궐기대회'를 개최할 것을 자민당에게 제의했는데, 자민당은 '공산당, 총평 등의 좌익단체가 참가하기 때문에 반미운동화할 우려가 있다'며 참가를 거부했다.[40]

그러나 이러한 본토의 혁신진영과 오키나와 측의 지향점이 일치하고 있었다고는 말하기 어렵다. 앞서 확인한 것처럼 오키나와 문제와 안보폐기를 연결결부시키는 주장은 당시 복귀운동의 주류가 아니었고, 친미정당까지를 포함하여 '섬 전체 투쟁'을 행하고 있었던 오키나와 측에서의 토지투쟁을 반전평화에 직결시킨다는 상태도 아니었다. '섬 전체 투쟁'과정에서 내놓은 성명문의 대부분은 '본토 8천만 동포'의 지원을 호소하고 있었지만, 복귀를 전면에 내세운 것은 의외로 적었다. 그해 여름에 류큐대학 학생과 본토대학의 귀성학생에 의한 간담회가 열렸을 때 본토의 혁신세력은 토지문제를 "기지반대, 오키나와반환, 평화문제와 연결시켜 운동하고 있지만 지방 측에서는 마지막 목적인 평화, 일본복귀와 연결시키고 싶지 않다는 경향이 보이는데, 뭔가 이유가 있는 걸까"라는 질문이 나왔고, 류큐 대학생 측은 '복잡한 문제'라고 대답하고 있다.[41]

당시 신문에 게재된 오키나와 측의 목소리는 "우리들은 결코 미군이 물러가는 것을 호소하고 있는 것이 아니다. 토지를 반영구적으로 몰수당하는 것에 반대하고 있는 것이다"라든가 "보수도 혁신도 하나가 되어 국가적 입장에

---

40 「民族の興廃に関わる」, 『朝日新聞』 1956.6.20; 「あす合同会議」, 『朝日新聞』 1956.6.29.
41 『戦後資料 沖縄』, p.197,

서 해결에 관여해야만 하는 것은 아닐까"라는 것으로 좌우대립이라는 양상은 그다지 볼 수 없었다. 그러나 본토의 동향은 오키나와 측으로부터 "일본의 반향을 보면, 혁신진영은 응원해주는데도 불구하고, 보수진영은 태도가 차갑다. 소련에 대한 치시마 요구와는 반대가 되었다"는 의견이 나오기를 촉구한 것이었다.[42]

7월에 행해진 오키나와 측 대표단 기자회견에서는 지원을 호소하는 대표들에 대해 "하토야마 수상은 다른 섬으로 이주시켜야 한다고 말하고 있다"라거나, "아시다 히토시 씨는 미군이 있기 때문에 오키나와의 생활은 향상되었다고 말하는데"라며 본토 측 기자로부터 질문 받았다. 대표 측은 "일본의 영토를 사수하기 위해 투쟁하고 있는 것이다", "어째서 정부가 이렇게도 소극적인 걸까"라고 답하면서 이렇게 말하고 있다.[43]

> 우리들의 저항은 친미도 반미도 아니다. 주민의 이익보다 군사적인 이익에 크게 중점을 두는 정책을 취한다면 (…중략…) 우리들은 단호히 투쟁할 작정이다.

아마 이것이 그들의 진정한 요구였을 것이다. 이 말은 미국이든 일본이든 "주민의 이익보다 군사적인 이익에 중점을 두는 것 같은 정책"을 취한다면 '단호히 투쟁한다'는 가능성을 시사하는 것이었고, 실제로 복귀 후에 그것은 실현되었기 때문이다. 오키나와 측에서는 우선 민생의 향상이 제일이었고 자신들의 운동이 우右일까 좌左일까 하는 분류는 우선적인 문제는 아니었다. 그러나 본토의 좌우 각 정치세력에서는 오키나와의 운동이 우右일 것인지 좌左일 것인지를 분류하는 것이 가장 중요했다. 그리고 본토의 어느 쪽인가의 세

42 「日本政府は弱腰」, 『朝日新聞』, 1956.6.25.
43 『戦後資料 沖縄』, p.194.

력에게 지원을 받지 않으면 안 되는 이상, 오키나와 측도 그 분류에 적합한 형태로 주장을 내세우지 않으면 안 되었다. 그중에서 본토의 보수정권이 의지하지 않고 할 수 있는 것은 오히려 혁신세력이라는 것, 그리고 혁신세력의 지원을 끌어내기에는 친미와 반공을 구가해온 논조를 전환할 필요가 있는 것은 마침내 명백했다. 또한 그것은 대미협조를 내건 복귀운동이 미국 측에게 거부당하고 있는 상황에 걸맞는 전술전환이기도 했고 오키나와 측이 전중, 전후를 통해 길러온 반전감정에 따르는 것이었다.

이렇게 50년대 중반 이후 점차 복귀운동의 논조는 변화해갔다. 그때까지 친미반공과 '일본인'으로서의 인정자연 등을 구가하고 있었던 청원문 등은 점차 모습을 감추게 되었고, 반전평화를 내세우는 것이 많아졌다. 그리고 본토에서도 패전 직후와 대조적으로 오키나와복귀는 점차 보수보다도 혁신적 주장으로 옮겨가는 양상을 보이기 시작한다. 그리고 그중에서 오키나와인의 '일본인'으로서의 자리매김도 다른 문맥에서 형성되어간다.

제21장

혁신 내셔널리즘 사상

전후 지식인의 '일본인'상과 오키나와

제19장에서 기술했듯이 일본공산당은 1946년에 「오키나와 민족의 독립을 축하하는 메시지」를 발표했다. 거기에는 일조동조론을 비난하면서 "오키나와사람들에 대해서도 그들일본제국주의자은 같은 민족일 것을 여러분께 강요했습니다", "오키나와사람들은 소수민족으로 억압받아온 민족입니다"라고 적고 있었다.

그렇지만 1956년 2월 일본공산당 기관지인 『전위前衛』는 이러한 견해의 포기를 표명하는 아래와 같은 글을 게재했다.[1]

1 Ibid., 『戦後資料 沖縄』 p.6. 당시 역사학자의 주요 민족론을 정리한 것으로 歴史科学協議会編, 『歴史科学大系 第15巻 民族の問題』(校倉書房, 1976)이 있다. 같은 책의 해설인 阪東宏, 「歴史における民族の問題について」는 당시의 민족론을 종합적으로 논한 드문 논문이고, 또 동시대 비판으로는 古屋哲夫, 「ナショナリズム批判の原点」(『歴史学研究』 377号, 1971)도 있으나 그들의 시점은 내재적인 것이다. 이 사상을 연구대상으로 취급한 것은 이시모다 쇼(石母田正)의 「英雄時代論」의 언설을 분석한 磯前順一, 「歴史的言説の空間」(『現代思想』 25巻10号, 1997)으로 한정되어 있다. 그 이외에도 윤건차(尹健次)가 『日本国民論』(筑摩書房, 1997) V에서 이시모다의 민족론 등을 언급했고, 또한 가와모토 다케시(川本隆志)가 다카하시 데쓰야(高橋哲也)·고모리 요이치(小森陽一) 공편으로 『ナショナルヒストリーを越えて』(東京大学出版会, 1998)에서 이시모다 쇼와 우에하라 센로쿠(上原専禄)의 내셔널리즘에 주목할 것을 환기시키는 등 근년에 들어서 일부에서 관심을 갖기 시작한 단계이다. 이들 전후 내셔널리즘 사상과 복귀운동의 역사관의 관계를 고찰한 연구는 관견(管見)의 범위에서 볼 때 찾아볼 수 없다. 또한 이 장의 전반 부분은 小熊英二, 「忘れられた民族問題―戦後日本の『革新ナショナリズム』」(『相関社会科学』 5号, 1995)에 발표한 것이다.

미국 침략자들은 점령 당초부터 류큐인은 일본인이 아니라는 선전을 했고 이것을 입증하기 위해 오키나와·아마미오시마는 물론, 국내 류큐인에 관한 여러 문헌을 널리 모아서 연구했지만 연구가 진전될수록 류큐인이 일본인임이 명확해졌기 때문에 독립국 류큐의 괴뢰정권을 통해 지배하려는 통치정책을 포기하고, 오직 샌프란시스코조약 제3조에 매달려서 오키나와기지의 영구보유를 시행할 결의를 굳히고 있다. (…중략…) 소수 민족적 시각은 오키나와·오가사와라반환을 다투는 데에 커다란 장해가 되고 있다. 이 시각은 철저하게 극복되어야 할 것이고 투쟁 발전은 완전하게 이것을 분쇄할 것이다.

180도의 방향전환일 수 있는 공산당의 노선변경은 일본 측의 오키나와에 대한 시각에 커다란 영향을 초래했다. 특히 일본사에서 오키나와의 위치 설정에 큰 영향을 주었다. 왜냐하면 오키나와인이 '일본인'이며 본토로 복귀하는 것이 올바른 운동방침이라는 논거를 역사관에서 추구하고 있었기 때문이다.

이 장에서는 1950년대부터 60년대 전반에 걸쳐 좌파계 역사학자의 '일본인'에 관한 논조를 검증함과 동시에 그것이 오키나와관에 어떤 영향을 주었는지를 추적한다. 오키나와에 대한 평가의 변화도 단독으로 생겨난 것이 아니고 당시 역사학에서 '일본인'관의 변화 속에서 만들어진 것이다. 그리고 거기에도 미국이라는 하나의 타자에 대한 대응이 영향을 미치고 있었다.

'아시아의 식민지'로서 일본

1950년대의 일본, 특히 진보파라고 총칭된 좌파지식인의 논조에 대한 최대의 오해 가운데 하나는 '내셔널리즘의 감정이 명백하게 인기가 없던 시대'라는 관점이다.[2] 당시의 사상 상황을 모르는 자가 그 연대의 진보적 지식인의

2 Julian Victor Koschmann, 葛西弘隆 譯, 「民主主義革命と国家」, 『現代思想』, 1994.1月号, p.105.

서적을 읽으면 그곳에서 나타나는 내셔널리즘의 주장에 놀라는 경우가 있다. 대일본제국의 초국가주의에서 해방된 직후인 이 시기, 반동세력과 대항하던 진보적 지식인이 내셔널리즘을 내세울 리가 없다는 선입관이 있기 때문이다.

그렇지만 이 시대의 마루야마 마사오丸山真男, 난바라 시게오南原繁, 오쓰카 히사오大塚久雄, 야나이하라 다다오矢内原忠男 등 진보적 지식인들은 적극적으로 '국민주의' 내지 '민족주의'를 내세웠다. 그리고 1950년대 이후 정당에서 가장 민족주의를 강조한 것은 일본공산당이었다. 물론 자유주의자인 미나미 하라南原나 마루야마와 공산당은 사상적인 차이가 있지만 본서에서는 특히 후자 계통의 민족주의를 혁신 내셔널리즘이라고 부르기로 한다.[3]

그렇지만 이 시대의 진보적 지식인 사이에서 왜 내셔널리즘을 내세우는 움직임이 나타난 것일까. 당시를 아는 사람에게는 설명할 필요도 없지만 여기서는 이 시대의 정치상황을 확인하는 것부터 시작하기로 한다.

1950년 전후의 일본은 과거의 군사대국도 현재의 경제대국도 아니었다. 군사력은 해체되고 무역수지는 항상 적자였고 굶주림의 극복과 경제부흥이 눈앞의 과제였다. 더욱이 샌프란시스코강화조약의 체결 때까지는 미국점령군의 통치하에 놓여 있었기 때문에 일본은 국가로서 독립하지 못했다. 그 강화조약도 소련 등의 승인이 없는 이른바 단독적 강화였고 미군 주둔을 계속 인정하는 일미안전보장조약이 동시에 체결되었다. 그로 인해 공산당을 비롯한 좌파세력은 이 강화조약이 미국에 대한 종속을 심화시킬 뿐이고 일본의 진정한 독립은 달성되지 않은 것으로 설정했다.

이즈음 이미 냉전의 격화나 조선전쟁의 발발, 그리고 미국점령군에 의한

3 좁은 소견에서 살펴보자면 '혁신 내셔널리즘'이라는 호칭을 이른 시기에 사용한 예로 坂本義和, 「革新ナショナリズム試論」(『中央公論』 1960.10月号)가 있다. 그 밖에 高島善哉, 『民族と階級』,(現代評論社, 1970, p.38)과 후루야(古屋)의 앞의 책에서도 이 호칭을 사용하고 있다.

래드 파지a purge of Communists 등을 거쳐 공산당은 패전 직후의 미군을 해방군으로 규정하는 것을 포기하고, 대신 '미제국주의'라는 호칭이 정착되었다. 그리고 공산당은 1949년 중화인민공화국의 성립에 영향을 받아서 일본에서도 유사한 혁명노선을 취하려고 했다. 즉 공산당은 일본의 상황을 미제국주의에 지배된 반식민지 상태라고 규정하고, 이 상태를 타파하기 위한 '민주민족전선'을 결성할 방침을 부르짖었다.

그리고 이 방침은 일미안보조약이나 미군기지 확장에 대한 반대투쟁을 평화운동임과 동시에 조국을 식민지 지배로부터 구해내어 진정한 민족독립을 쟁취하기 위한 '애국적'인 투쟁으로 위치지어졌다. 조금 뒤늦은 60년의 안보투쟁에 이르기까지 '반미애국'이라는 슬로건이 많이 사용된 것도 잘 알려져 있다.

현재 우리들은 내셔널리즘이라는 말에 많은 반발을 느낀다. 그렇지만 한편에서는 약자들이 내셔널리즘을 짊어졌을 때에는 반드시 비난받아야 할 것으로 생각하지 않는다. 대일본제국에서 독립을 쟁취한 조선의 내셔널리즘, 미국과 싸운 베트남의 내셔널리즘, 소련에게 저항한 폴란드의 내셔널리즘 등을 내셔널리즘이라는 이유만으로 비난하는 사람은 거의 없을 것이다. 강자가 배외排外와 침략을 위해 내세운 내셔널리즘과, 약자가 독립과 해방을 위해서 내세운 내셔널리즘은 암묵적으로 구별된다. 그리고 일본공산당은 패전으로 약체화된 1950년대의 일본을 중국과 인도, 베트남이나 조선과 같이 서구제국주의의 식민지 지배의 바람을 맞은 아시아의 일원으로 취급했다.

1950년대부터 60년대 초에 걸친 시기에는 진보적 지식인 사이에서 아시아·아프리카A·A 여러 나라의 식민지 독립운동에 대한 일본의 연대를 말할 경우, 그것은 예전에 군사적 지배자로서 혹은 그 후의 경제적 지배자로서의 입장에서 자기비판을 하는 문맥에서라기보다는 오히려 '[미국에] 정치적으로 종속한다는 점에서 [일본의 상황은] A·A 여러 나라의 경우와 공통되지 않은가'

라는 관점이 많았다. 이러한 관점은 '반미애국'을 이야기하는 내셔널리즘과 '반전평화', '아시아 연대'의 슬로건을 하나로 여기고 1952년 메이데이에 경찰 폭행으로 사망한 학생을 진보적 역사학자 단체인 민주주의과학자협회에서는 '민족해방의 싸움으로 쓰러지다', '민족의 영웅'으로 표현했다.[4]

1950년대 전반의 문단에서는 공산당의 상황규정에서 나온 '일본은 미국의 식민지인가'라는 논의가 행해졌다. 여기에 관한 각 정치당파의 견해를 간단히 정리하면 다음과 같다.[5]

먼저 공산당은 일본이 군사적·경제적으로 미제국주의의 지배를 받는 반식민지 상태에 있으며 일본의 보수정권과 대기업은 미국에 종속된 매판세력·반민족세력이고, 공산당이야말로 진정한 애국당이라고 했다. 이 상태를 타파하기 위해서는 계급투쟁보다도 민족독립을 우선으로 하고, 미국자본에 종속되지 않은 일본의 민족 자본가를 끌어들여 공산당을 중심으로 한 노동자·농민·민족자본의 민족통일전선을 만들어야 한다고 했다.

그에 대한 자유당 정치가는 '일본은 결코 식민지가 아니다'라고 반론했다. 미국군대와 자본이 일본에 들어와 있는 것은 상호교통과 국제화 시대에서 당연한 일로 외국의 영향을 과대시하는 '비굴감'은 국제적인 우호관계의 장해가 된다. 그리고 일본이 식민지라는 등의 주장은 좌익을 위한 선동에 불과하고 일본은 강화조약에서 이미 독립을 회복했고, 그러한 비굴감을 일소하기 위해서라도 미국과 협력해서 경제부흥을 도모해야 할 것이라고 주장했다.

그 이외에도 좌파 사회당은 일본이 종속국이지만 식민지는 아니라고 하고

---

4 A·A제국발언은 『上原専禄著作集』, 評論社, 1987~1897, 第14巻, p.73; 民主主義科学者協会, 「民族解放のたたかいに倒れた近藤巨士君への追悼のことば」, 『歴史評論』 37号, 1952, p.38.

5 坪井正·和田博雄, 「民族か階級化」, 『中央公論』, 1943.1月号; 「特集日本はアメリカの植民地か」, 『中央公論』, 1953.6月号 참조. 후자의 특집에는 자유당에서 愛知揆一, 「日本は断じて植民地でない」, 우파 사회당에서 曽禰益, 「寧ろ植民地帝国主義の惧れ」, 좌파 사회당에서 勝間田清一, 「アメリカの従属国としての日本」, 노동당에서 堀真琴, 「日本は植民地である」가 실려 있다.

계급투쟁의 중시를 내세우며 공산당의 민족통일전선노선과 대립했다. 우파 사회당은 일본이 독립국이지만 의회를 통해 사회민주주의를 실현해야 한다고 주장했다. 또한 노농당은 분명히 일본이 식민지라고 주장하였다. 크게 보면 좌파정당은 아시아제국을 모방하여 민족해방투쟁노선을, 보수정당은 미국과의 협조주의를 취했고 좌파가 될수록 반미 내셔널리즘을 주장하는 상황이 생겨났다.

이러한 가운데 진보적 역사학자로 알려진 이시모다 쇼의 저서인 『역사와 민족의 발견歴史と民族の発見』이 1952년에 베스트셀러가 되었다. 이시모다의 사상에서 혁신 내셔널리즘의 심정을 읽을 수 있다. 이시모다는 『역사와 민족의 발견』의 서문에서 전후 '일본인'에게 에고이즘과 니힐리즘이 만연되어 있다고 쓰고 있다. 패전으로 인해 자신감과 긍지를 잃었고 또한 생활이 곤궁했기 때문에 모두가 '탐욕을 추구하는 자'가 되었다. '젊은이들' 사이에서는 "조금이라도 좋은 지위로 오르려는 마음만이 강해져 성실히 남의 말을 들으려는 마음이 없어지고 있다. 조합본부에서는 문서조차 읽을 노동자가 없는" 상황이 확산되고 있었다.[6]

이러한 에고이즘의 만연은 정치적 무관심으로 강하게 드러났다. 이시모다는 당시 반미기지투쟁의 상징적인 존재였던 이시카와石川현의 우치나다内灘의 어민이 바로 근처 마을에 궁핍한 상황을 호소하러 가도 마을은 아무렇지도 않은 듯 흥청거리며 이야기조차 들어주지 않았다는 일화를 들고 있다. 후년의 정치학자인 사카모토 요시카즈坂本義和도 우치나다의 상황에 무관심한 사람들을 "이래도 같은 국민인가라고 생각했다"는 관찰자의 말을 인용하고 있지만, 사람들에게 만연되어 있는 에고이즘은 '같은 국민'끼리의 연대나 공감을

6 石母田正, 『歴史と民族の発見』, 東京大学出版会, 1952, 서문, pp.7~8.

파괴해버렸다.

이시모다는 조국이 반식민지 상태가 되고 국토를 외국 기지로 빼앗기고 '일본인' 동포가 궁지에 처해 있음에도 불구하고, 사람들이 에고이즘과 무관심함에 묻혀있는 이러한 상황을 '민족의 위기'라고 표현했다. 그리고 역사학자인 자신은 '일본인 서로'가 '단일'의 위기를 각성해서 연대감을 회복하기 위해 역사를 연구하고, '민족의 긍지와 전통을 어떻게 하면 한 사람이라도 많은 일본인에게 자각시킬 수 있을까'를 생각하고 싶다고 했다. 그리고 이시모다는 "일본민족은 미국의 예속에 안주하지 않는 긍지 있는 역사를 지니고 있음을 보여주고, 조국의 평화와 독립과 민주주의를 가져오기 위해 위대한 싸움을 해나가야할 만큼의 혁명적 전통을 가지고 변혁의 시대에는 커다란 문화 창조력을 발휘할 것을 일본인의 역사 안에서 보여주자는 것", 즉 '이것이 일본이다'라는 혁명적 주체의 동일성을 만들기 위해 '일본 국민의 역사'를 창조하는 것이야말로 역사학자의 사명이라고 했다. 이시모다는 내셔널리즘의 각성에 호소함으로써 연대감의 양성과 정치적 동원을 도모하려고 했다.[7]

여기에서 유의해야 할 점은 현재에도 '국민'이라는 말이 '국민이 정치의 주인공'과 같은 '민중'의 의미로 사용되듯이 당시는 '민족'이라는 말도 '인민'이나 '민중'의 동의어로 자주 사용되는 경향이 있었다. 예를 들면 패전 직후에 일본역사학회는 지금부터 역사는 국가나 천황의 역사가 아니고 "'인민人民'의 역사—일본민족의 역사이어야 한다"고 말했다.[8]

이러한 '민족'은 천황이나 국가권력과는 대항관계에 있는 것으로 위치하고 있었다. 독일 사학자이며 진보적인 지식인의 한 사람으로 알려진 우에하

7 石母田正, 「弱さをいかに克服するか」, 『日本史研究』 20号, 1954, p.63. 사카모토의 우치나다에 대한 언급은 「革新ナショナリズム試論」 p.16. 石母田正, 『歴史と民族の発見』, pp.16~17;. 石母田正, 「新しい年をむかえて」, 『歴史評論』 41号, 1953, p.3.

8 「新しい日本史学の立場」, 『日本歴史』 1号, 권두언, 1946.

라 센로쿠上原專祿에 의하면 패전 이전에 "이른바 민족의식이라는 것은 실은 국가의식의 투영"에 불과하다. 그리고 그는 "국가에 대립하는 것, 혹은 그것에 반발하는 것, 혹은 그것을 넘어서는 것으로서 민족을 자각하는 일은 적어도 태평양전쟁까지는 대세가 아니었다"고 주장하고, "지금까지 일본인에게 대체로 민족의식—그것은 원래 국가의식이나 관제官製의 애국심과는 구별되어야 하는 것이다—이 희박했다"고 주장했다.[9]

더욱이 우에하라는 에고이즘과 니힐리즘의 만연으로 '운명공동체로서 민족의 일원이라는 의식을 특히 젊은이들이 지니고 있지 않다'고 비판하고 다음과 같이 말했다.[10]

> 결국 민족공동체의식을 젊은 사람들이 갖기 위해서는 제일 먼저 민족공동체와 국가 사이에 있던 지금까지의 혼동을 씻어낼 필요가 있습니다. 따라서 먼저 국가가 존재하고 거기서 민족공동체가 만들어지는 것이 아니고 민족공동체의 정치적인 표현으로서 국가를 생각할 수 있는 것입니다. 동시에 국가는 민족공동체의 정치적 형태에 불과하기 때문에 어떠한 형태로 만들어져도 좋다고 생각할 수 있어야 합니다.

젊은 층의 '민족'이라는 말에 대한 반발은 국가에 민족민중을 종속시킨 전쟁 전의 애국심교육을 위해 생겨난 것으로, 그것을 극복하면 반미독립투쟁에서 솟아오르는 민족의식을 심는 것은 용이할 것이라고 우에하라는 말했다. 국가가 민족의 '정치적인 형태'에 지나지 않는다면 민족을 주체로서 형성한 다음에 민주적인 국가를 만들면 된다. 오히려 국가를 변혁하는 주체로서 될 수 있

9 上原専禄·宗像誠也,『日本人の創造』, 東洋書館, 1952, pp.150~151;『上原著作集 第7巻』, pp.10·37.
10 上原·宗像, op. cit., pp.145·147.

으면 민족을 형성해야 하는 것이다. 다음 장에서 말하겠지만 그는 이와 같은 사상에 의거하여 '국내의 여러 집단, 여러 개인의 원자화를 어떻게 극복하고 거기서 통일 국민전선을 어떻게 형성할 것인가'라는 과제에 응해야 하며 '일본인 한 사람 한 사람을 민족의 일원으로까지 교육한다'는 것을 주장하고, 일교조와 함께 '국민교육운동'을 제창하게 된다.[11]

실체로서 존재하는 것은 민족이며 국가는 그 정치적 표현에 지나지 않는다는 우에하라의 주장은 황민화정책에서 주창되었던 민족이 국가에 의해 만들어진 것에 불과하다는 논의의 부정이 된다.제16장 참조 황민화정책의 언설이 민족자결의 부정을 지향한 것에 반해 혁신 내셔널리즘은 민족자결을 전면에 내세운 것이기 때문에 그것도 당연한 것이라고 할 수 있다.

우에하라와 마찬가지로 이시모다는 '일본인'에게 '민족의식'의 육성이 충분하지 않다는 전제에서 건전한 민족주의의 성장에 적대하는 두 개의 존재를 들고 있다. 한쪽은 배외적이며 봉건적 복고주의이고 다른 한쪽은 '근대주의, 코스모폴리타니즘cosmopolitanism'이다.

먼저 전자에 대해 말하자면 이시모다는 '배외주의는 건전한 민족의식과는 다른 것'이며 지배자가 조직적으로 교육시키지 않으면 민중에게 자라지 않는 것이라고 한다. 그의 민중에 대한 신뢰는 절대적이었다. 역시 진보적 역사학자로서 알려진 후지타니 도시오藤谷俊雄는 천황제는 이미 미국제국주의의 원조 없이는 존속할 수 없기 때문에 일본민중의 민족의식을 높임으로써 천황제에 대항할 수 있다고까지 말하고 있다. 그렇게까지 낙관적이지 않더라고 내셔널리즘 자체는 선이든 악이든 조직의 방법에 따라 보수적으로도 진보적으로도 반동적으로도 된다는 주장은 당시 진보적 지식인 사이에서 적지 않

11 上原著作集 第14巻, p.79; 上原・宗像, Ibid., p.136.

았다. 그리고 보수정권에 의한 전쟁 전 형태의 내셔널리즘이 다시 일어나는 움직임에 대항해서 '누가 민족을 획득할 것인가'의 투쟁이 중요하다는 것은 그러한 노선에 따른 인식이었다.[12]

그렇다면 후자 쪽 코스모폴리터니즘이란 무엇인가. 이시모다는 이것이 바로 전쟁 전 일본의 많은 지식인이 파시즘에 대해 효과적인 저항을 할 수 없었던 원흉이라고 했다. 그는 대표적인 예로써 나가이 가후永井荷風와 고토쿠 슈스이幸徳秋水를 들었다. 이시모다는 또한 나가이는 서양에 비해 일본과 그 민중이 후진적임을 한탄하는 고답적인 비판자로 끝났다고 했으며 국가를 부정하는 무정부주의에 사로잡힌 고토쿠는 일본을 개혁하려는 조국에 대한 참 애정과, 지배자가 만든 배외주의를 혼동하고 민중으로부터 유리된 테러리즘에 빠져 들어갔다고 했다. 게다가 조국의 독립을 원하는 조선의 민족주의에 대해서도 국가관념의 부정이라는 태도로만 임했다고 말했다.[13]

이러한 지식인의 태도 때문에 전쟁 전에는 민중의 애국심을 혁명의 방향으로 지도하지 못하고 지배자에 의해 침략의 방향으로 조직되고 말았다는 인식으로 이시모다는 전쟁 전의 지식인을 다음과 같이 비판한다.[14]

> 국민이 침략주의와 민족주의에 동원되어 그것과 맞서기 어려운 모습을 보고 자신들 만큼은 애국주의자가 아니라고 생각하고 대중의 애국주의를 자신들과 무관한 것으로 백안시하려고 했다. 자신들만이 혼자서 도도하여 조직자로서 민족주의와 대중의 소박하고 격렬한 애국심 사이에서 어떠한 모순을 이해할 수가

12 石母田正, 『歴史と民族の発見』, p.15; 藤谷俊夫, 「民族·民族文化をいかにとらえるか」, 『日本史研究』 19号, 1953, p.66; 遠山茂樹, 「二つのナショナリズムの対抗」, 『民族の問題』; 「誰が民族を得るか」, 『中央公論』, 1948.1月号, 권두언.

13 石母田正, 『続歴史と民族の発見』, 東京大学出版会, 1953; 「国民詩人としての石川啄木」; 「幸徳秋水と中国」 参조.

14 Ibid., p.416.

없었다. 따라서 대중으로부터 고립되어 그 안으로 들어가 싸울 방법조차 발견할 수 없었다. 조국을 근대화하려는 지식인의 선의와 정열도 결국 '민족'이라는 말과 사상에 대한 통렬한 증오를 동반하여 거기에 저항하면 할수록 코스모폴리탄이 될 수밖에 다른 방법이 없었고, 조국에 뿌리를 내리려면 민족주의와 제국주의 방향으로 끌려가기 일쑤였다.

이시모다가 말하는 코스모폴리탄이란 민중=민족으로부터 유리되어 조국의 위기를 구하기보다는 자신의 손을 더럽히지 않는 것을 택하는 에고이스트이며 니힐리스트이다. 그들은 도쿄에서 데모대 학생이 살해당한 일보다는 파리와 뉴욕의 신간도서에 관심을 갖는 인간이다. 이시모다는 코스모폴리터니즘이 타인의 불행에 구애되지 않고 입신출세의 에고이즘으로 전환해서 관리나 산업인의 심정으로 대일본제국의 지주가 되었다고 지적하고 있다. 또한 현재에는 국제주의를 자칭하고 미국에 대한 일본의 종속적인 위치를 이용하고 있는 매판세력에서도 볼 수 있듯이 "코스모폴리탄이 미국 독점자본 세계제국의 지주 역할을 하고 있다"는 것이다.[15]

또한 이시모다가 말하는 나쁜 '근대주의'란 역시 민중에게 뿌리를 내리지 않고 근대화의 이름하에 외국을 추종하는 것이었다. 그 한 예로써 전쟁 전의 중국인민이 일본제품의 보이콧운동을 했을 때 어느 제품이든 싸고 품질 좋은 것을 사면 된다며 반발한 일본지식인의 태도를 들고 있다. 또 전쟁 전의 일본에서는 일본이 병합하면 조선의 근대화가 촉진된다는 관점에서 한일병합을 찬성한 자도 있었다.[16]

15 op. cit., p.59.
16 Ibid., pp.330~331. 조선에 대한 일본 사회주의자의 반응에 대해서는 石坂浩一, 『近代日本の社会主義と朝鮮』, 社会評論社, 1993 참조.

공동체적 복고주의와 원자적인 코스모폴리터니즘의 양면과 투쟁하며 보다 고차원의 단결을 만들어가는 것은 변증법을 내세우는 당시의 마르크스주의의 계급투쟁론을 민족주의에 응용한 것이라고 할 수 있다. 앞에서 말한 바와 같이 진보적 지식인으로 총칭되는 사람들에게도 서로 차이가 있었다. 예를 들면 근대적 자아확립이 민주주의에 불가결한 것이라고 하는 자와 근대적 자아를 에고이즘에 가깝다고 생각하는 자는 서로의 주장에 차이가 있었다. 그러나 당시의 논단에서는 복고주의나 과도한 개인주의의 쌍방을 비판하면서 '국가주의' 내지 '초국가주의'와는 구별되었던 '민족주의'나 '국민주의', 즉 위로부터의 '나쁜 내셔널리즘'에 대항하는 아래로부터의 '건전한 내셔널리즘'을 내세우는 지식인이 적지 않았다. 여기서 역사학은 '일본 국민'을 형성하기 위해 '국민의 역사' 창조를 사명으로 하는 것이라고 평가했다. 이시모다는 『속 역사와 민족의 발견続歴史と民族の発見』에서 노동학교에서 교육활동에 착수한 젊은 역사학도였던 당시의 아미노 요시히코網野善彦를 '국민적 역사학'의 실천 예로서 칭찬했으나, 노동자를 국가의 변혁 주체로 높이기 위해 이시모다가 말하는 '건전한 민족의식'의 육성은 필요하다고 주창했다.[17]

이러한 사상은 명백하게 내셔널리즘이라고 할 수 있다. 무엇보다도 "일본이 미국의 식민지라고 해서 무조건 비장감에 빠져있는 것은 일본인뿐"이라

---

17 아미노 요시히코에 대한 이시모다의 평가는 위의 『続歴史と民族の発見』 pp.151~155. 단 이시모다가 인용한 당시의 아미노의 문장을 보면 아미노는 노동자에게 일하는 것을 중시하고 있어도 민족을 강조하는 흔적은 없고, 이시모다가 아미노를 평가했다고 해서 그것이 바로 양자의 사상이 동일함을 의미한다고는 말할 수 없음을 덧붙여 두고싶다.
이 시기에 마루야마 마사오(丸山真男)가 '국민주의'를 또 오쓰카 히사오(大塚久雄)가 '국민경제'를 내세웠던 것은 전후 지식인의 내셔널리즘적 경향으로서 근년에 지적되어 온 것이다. 그러나 후술하듯이 당시 논단에서는 마루야마(丸山) 등은 본서에서 언급하고 있는 역사학자들과 비교해서 오히려 내셔널리즘을 내세우는 경향은 약한 부류에 속한다. 본서에서는 오키나와복귀에 관련된 역사관의 변화에 초점을 맞추기 위해서 전후 지식인의 내셔널리즘에 대해서 충분히 논할 수가 없었기 때문에 별고에서 다루고 싶다.

는 비판은 당시부터 있었다.[18] 그러나 이시모다는 '일본이 제국주의적 지배민족으로부터 종속국 혹은 피압박민족으로 전화한 것'은 분명하며 '피압박민족은 외국의 제국주의적 지배자로부터 권력을 빼앗아서 자신의 독립주권을 확립하는 것, 즉 '민족국가'를 형성하지 않고서는 단순히 민족해방이 없을 뿐만이 아니라 국내의 진보와 혁명도 있을 수 없다'고 주장했다.[19] 전쟁 전의 조선 독립운동을 국민국가의 환상에 사로잡힌 시대착오적 내셔널리즘이라고 비판한 것은 제16장에서 말한 철학자들만이 아니었는데, 거기에는 대관절 어떠한 의미가 있었던 것일까 묻지 않을 수 없다.

이와 같은 논리로 이시모다를 비롯한 혁신 내셔널리즘은 유지되고 있었다. 그러나 일본을 아시아 식민지로 규정하고 내셔널리즘의 육성을 목표로 한 이러한 사상은 많은 한계에 부딪치게 된다.

'건전한 내셔널리즘'의 임계臨界

당시 혁신 내셔널리즘론의 내부에서 '건전한 애국심'과 '배외주의'의 경계는 쟁점 사항이었다. 이 문제는 자주 역사학자 내부의 논쟁으로도 표면화되었다.

그 일례로써 1952년에 민주주의 과학자협회의 『역사평론歷史評論』에 게재되었던 「민족의 외침民族の叫び」이라는 제목의 문장을 들 수 있다. 이 「민족의 외침」은 유바리夕張 탄광의 청년 노동자가 막부 말기를 소재로 쓴 팸플릿을 초록한 것이다. 그 내용은 일본을 식민지화하기 위해 도래한 미국 흑선에 대

18 曽爾, 「寧ろ植民地帝国主義の惧れ」, p.120.
19 石母田正, 『続歴史と民族の発見』 pp.329·420. 또 국가의 부정이라는 입장에서 조선지배를 긍정한 예로는 『世界史の哲学』 좌담회 이외에도 "사회주의, 무정부주의로부터 말하자면 조선이 대한민국이든 일본국이든 전혀 관계없는 이야기가 아닌가"하고 주장하던 『大阪朝日新聞』 1910.9.6, 「天声人語」을 들 수 있다.

해 일본인민을 착취하는 막부가 '완전히 요시다정부가 하는 방식과 마찬가지로' 매국적인 불평등조약을 맺었지만, 인민과 양이파攘夷派 무사가 궐기해서 막부를 무너뜨리고 메이지유신으로 독립국을 만들었다는 것이다.[20]

일본의 독립을 지키고 근대화를 이룬 메이지유신에 대한 평가는 진보적 역사학자 사이에서도 높았다. 그리고 노동자로부터 그러한 '민족의 전통'을 외치는 움직임이 나온 것도 그들이 바라는 바였다.

그렇지만 이 탄광노동자의 문장은 다분히 도식적이고 격렬한 것이었다. 각 장 타이틀만 보더라도 '일본을 더럽히는 외국의 더러운 구둣발에 화난 인민은 일어섰다', '이 보기 싫은 외국 놈', '요시다 쇼인의 제자들이 양이에 일어섰다', '사쓰마의 애국자들은 일본의 독립을 지키기 위해 싸웠다'라는 투였다. 그리고 결론부분에서는 "일본 지상을 뒤덮은 검은 손톱의 외국 괴뢰를 내쫓자"라고 주장하고 있었다.[21]

이에 대해 고대사학자인 네즈 마사시禰津政志가 비판을 덧붙였다. 네즈에 의하면 삿쵸薩長의 양이론자는 단순히 봉건적인 배외주의자이고 요시다 쇼인은 조선·중국지배를 주장한 침략주의자이다. 요컨대 이 저서에는 "봉건제도로 뒷걸음치는 양이와 오늘날의 민족독립을 혼동하여 생각하고 있지만, 이것은 예전에 군부의 『미귀영귀美鬼英鬼』의 생각과 조금도 다르지 않다"는 것이 네즈의 결론이었다.[22]

한편 이 「민족의 외침」을 '외국의 압박과 매국정부売国政府의 탄압에 저항해서 용솟음쳐 나오는 열혈의 외침'이라고 절찬한 측은 이렇게 썼다. 여기에는 확실하게 많은 역사사실의 착오가 있다. 그렇지만 그것은 역사학의 논문으로

---

20 坂本俊夫, 「民族の叫び」, 『歴史評論』 39号, 1952 참조.

21 Ibid., pp.8·71·72·73·77.

22 ねず·まさし, 「坂本俊夫『民族の叫び』について」, 『歴史評論』 43号, 1953, p.74.

본 경우에는 역사 형태를 빌린 반미 선동연설이기 때문에 "이 작품 가운데 역사사실에 대한 약간의 생각 차이와 역사적인 유추의 오해 때문에 이 작품의 가치를 무사가 무례한 짓을 한 평민을 베어 죽여도 죄가 안 되던 일과 같이 완전히 둘로 나누어 버리는 역사가가 있다면 그것은 이제는 더 이상 재고할 필요가 없지 않은가"라는 것이다.[23]

실은 양이나 메이지 정부를 어떻게 평가할 것인가는 당시 진보적 역사학자들 사이에서도 논의의 대상이었다. 이노우에 기요시井上清의 견해로는 양이 가운데 번藩을 뛰어넘어 일본전체의 민족의식이 발달해서 메이지유신으로 이어지고, "일본은 반식민지화로부터 자신을 구해내어 그 당시와 그 후에도 진보하는 아시아의 선두에 서서 아시아인의 희망이 되는 영광을 안았다"고 평가했다. 그러나 그것은 양이는 단순한 보수적인 배외주의이고 메이지 정부도 한참 후에는 침략주의로 바뀌어갔다는 한정이 전제되어 있다.[24]

민족의 전통을 내걸고 운동의 에너지원으로 하려 해도 역사상 내셔널리즘에서 배외排外나 침략 부분을 제외한다면 다수의 주석이 붙은 선동으로는 분명치 않은 것이 되어버린다. 그렇기 때문에 히라노 요시타로平野義太郎와 같이 '설령 양이배외주의라는 봉건적인 방법과 사상으로 추진된다고 해도 그 성격은 민족의 저항표현'이라고 주장하는 사람도 있는데,[25] 그렇게 되면 내셔널리즘의 나쁜 부분도 긍정하게 되는 딜레마에 빠진다.

동일한 종류의 문제가 역사상 민족적 영웅이나 민족문화를 둘러싼 논쟁에서도 나타났다. 전쟁 전부터 진보적 역사학의 단체로서 알려졌던 역사학 연

---

23 大谷竹雄, 「歴史文学所感」, 『歴史評論』 41号, 1953, p.45.

24 井上清, 「幕末における反植民地化の危機と闘争」(二)」, 『歴史評論』 33号, 1951, p.15; 같은 관점으로는 遠山, 「二つのナショナリズムの対抗」; 井上清, 「ふたつの愛国主義と国際主義」, 『歴史学研究』 137号, 1950 등 참조.

25 平野義太郎, 「幕末における反植民地化の危機と条約改正の二つの道」, 『歴史評論』 35号, 1952, p.13.

구회의 1951년 대회는 「역사에서 민족문제歴史における民族の問題」를 테마로 열렸다. 여기서 민족문제에 집중했던 역사학자로서 이시다모와 함께 알려진 도마 세이타藤間生大가 「고대에서의 민족문제古代における民族の問題」라는 발표를 했다. 도마는 앞서 말한 「민족의 외침」에도 감명을 받았다고 말해지는데 그의 발표는 여러 가지 의미에서 논쟁적이었다.

도마는 발표에 앞서 그 의도를 설명하는 소논문을 썼다. 그는 현재 '식민지화'의 위기에 대해 '노동자를 지도자로 하는 민족단결'이 필요하지만, "코스모폴리탄·근대주의 등의 사상으로 관철된 교양주의는 외국인에 대해 필요 이상으로 모든 인민에게 열등감을 가지게 했고, 또한 민족적인 단결을 방해하고 있다". 그리고 "이러한 민족의 위기에 대해 저항하는 것은 민족적인 자긍심을 전 민족에게 알려 우리 민족이 자신을 가질 것, 이제까지의 민족형성의 고뇌를 알려 현재 우리민족의 단결을 도모하기 위한 교훈으로 삼아야만 한다"는 것이었다.[26]

도마의 대회 발표에 의하면 인종·언어·국토·문화 등을 공통으로 하는 일본민족은 이미 고대에 형성되어 있었다. 그 민족의식은 기기신화記紀神話에서 왜왕인 무武나 야마토타케루ヤマトタケル라는 민족영웅의 형태로 표상되었다. 그 후 중국에서 들어온 수입문화에 침범당해 민족의식을 상실한 귀족의 지배가 강해지지만, 지배자와 민족민중이 서로 겨루는 가운데 민족의 힘을 결집한 도다이지東大寺의 건설, 일본의 독특한 가나문자의 발명, 불교를 소화한 본지수적설本地垂迹說 등 민족의 독자적인 문화가 형성되어갔다.[27]

---

26 藤間生大, 「『歴史における民族の問題』のあつかい方」, 歴史学研究会 編, 『歴史における民族の問題』, 岩波書店, 1951, p.167.

27 藤間生大, 「古代における民族の問題」; 「古代·中世の部 討論」, 歴史学研究会 編 『歴史における民族の問題』을 참조. 민족예술운동에 대해서는 山野洋子, 「農民の生活感情にとけ込んで—民族芸術を創る会』のしごと」, 『歴史評論』 39号, 1952 참조. 그 이외에 마르크스주의가 민족의 형성은 근대적 통일시장의 성립 후의 것으로 설명한 것에 대해 도마가 스탈린의 '민족체(民族体)'의 개념을 사용

이 발표를 둘러싸고 대회는 논의가 달아 올랐다. 천황가의 명령으로 각지를 정복한 야마토 타케루가 어떻게 민족의 영웅인가. 신무神武천황의 동정東征을 기리고 금치훈장金鵄勲章을 매달고 있는 전쟁 전의 부활이 아닌가. 차, 꽃꽂이, 도다이지, 본지수적설 등 '민족적'이라 말하는 것이 원칙 없이 다루어지고 있지 않은가. 민화나 민중문화를 발굴하려는 민족예술운동이라면 그렇다 해도 지배자가 인민을 혹사시켜 세운 도다이지가 어째서 민족문화인가라는 문제들이 제기되었다.

이에 대해 도마는 이렇게 반론했다. 야마토 타케루를 천황가의 앞잡이로 보이는 것은 본래 민족정신의 건전한 표현이었던 신화를 지배자가 왜곡하여 기록했기 때문이다. 도다이지는 귀족의 명령으로 세워졌지만 그것은 인민의 협력 없이는 불가능했다. 야마토 타케루와 같이 대중이면 누구라도 알고 있는 인물이야말로 민족의 영웅으로 내세우는 것에 의미가 있고 그렇게 함으로써 지배자가 쏟은 애국교육을 역으로 이용할 수가 있다. 반론의 대부분은 지식 계급적으로 '인민 가운데에 발을 들여 놓지않고' 그렇게 되면 민중의 민족의식은 지배자에게 빼앗길 뿐이라는 것이었다.[28]

역사학 연구대회의 의론은 평행선으로 끝났지만 역사학계의 내부에서 도마를 지지하는 목소리도 계속해서 이어졌다. 그 내용을 살펴보면 "아래에서 고조되는 투쟁력을 일신에 응집해서 민족전체의 오랜 단계를 극복한다는 진보적이며 영웅적인 역할"을 다한 자는 설령 지배계층의 인간이라도 민족의 영웅이고, "문화유산은 모두 민중의 생산력을 기초로 하는 것이며 설령 지배자의 욕구에 의해 만들어진 것이라고 해도, 그것은 역시 민족 발전의 소산임에 다름 아니다".[29] 그리고 지배계급의 산물은 민족문화가 아니라고 한다면

해 고대에도 민족이 있을 수 있다고 주장한 것이 의론을 불러일으켰다.

28 藤間, 『日本民族の形成』, 岩波書店, 1951, pp.290~291.

'장래의 국보는 백성 봉기一揆의 기록 정도의 것'이 되어 버리며 "'(도다이지의) 대불大仏은 지배계급의 작품이고 인민의 것이 아니다'라고 해서는 그들은 '그대로 인민들이여, 억울하면 이러한 것을 만들어 보라'라고 대답할 테지요"라는 것이다. 그렇지만 이러한 논리로는 민중이 참가한 행동이라면 모두 정당화될 수도 있다.[30]

이러한 가운데 1951년에 마루야마 마사오는 「일본의 내셔널리즘日本におけるナショナリズム」이라는 논문을 썼다. 그에 의하면 일본은 아시아 가운데 내셔널리즘이 침략으로 바뀐 것을 경험하고, '내셔널리즘에 대해 처녀성을 모두 잃은 유일한 나라'였다. 그리고 전쟁 전의 전통적 내셔널리즘은 감소된 것이 아니라 일본과 미국 야구에서 미국 팀 매도에 열광하는 대중으로 상징되는 것처럼 저변에서 분자화되었던 것이고, '만일 진보진영이 적어도 단편적인 발현형태에 현혹되어 이것을 장래 민족의식의 맹아로 잘못 보거나 혹은 그 전기적 성격을 알면서 이것을 눈앞의 정치목적으로 동원하려고 하는 유혹에 사로잡힌다면 그것은 결국 호된 반작용이 되어 나에게 되돌아올 것'이라고 비판했다.[31] 마루야마가 내셔널리즘을 부정했던 것은 아니었지만, 그의 경우는

29 民科京都支部歴史部会「民族問題の理解について」,『歴史評論』31号, 1951, p.24.

30 奈良本辰也,「民族雑感」,『日本史研究』14号, 1951, p.41; 藤谷,「民族・民族文化をいかにとらえるか」, p.65.

31 丸山真男,「日本のナショナリズム」,『現代政治の思想と行動』, 未来社, 1964, pp.154・168. 또한 도마는 역사연구회 대회 발표에서 자신이 말하는 고대 일본민족은 '포르크'이고 근대적인 '나치온'이 아니라고 말했다. 포르크(Volk)와 나치온(Nation)이란 보・불 전쟁 후에 프랑스의 어네스트 르낭이 프랑스민족은 시민의 자발적 의지로 형성된 나치온임에 대해 독일민족은 피와 땅의 원리에 근거한 포르크라고 칭한 것으로 알려졌다. 마루야마는 이 논문 p.161에서 르낭의 "국민의 존재는 매일 실시하는 일반투표이다"라는 말을 긍정적으로 인용하고 자립한 근대적 시민의 자발성에 근거한 내셔널리즘의 이상으로 그가 칭찬한 메이지 초기의 내셔널리즘이 여기에 가깝다고 설정했다. 여기서 근대적 시민의 결합을 이상으로 하는 마루야마의 국민주의론이 도마 등과 다른 것을 알게 됨과 동시에 마루야마의 비판이 내셔널리즘의 부정이 아니라 이상 내셔널리즘의 모습을 둘러싼 의론이었음을 살필 수 있겠다. 최근의 르낭의 비판으로는 鵜飼哲,「フランスとその亡霊たち」,『情況』1992.12月号; 鵜飼哲 外,『国民とは何か』, インスクリプト, 1997 등 참조.

개개인의 근대적인 자아가 확립된 후에 자발적으로 결합하는 국민주의를 이상으로 했기 때문에 '민족문화'나 '민족의 영웅'을 강조하려는 논의는 긍정할 수 없었다. 그렇지만 이러한 냉철한 분석은 도마의 입장에서 보면 역시 '인민 가운데에 발을 들여 놓지' 않고 있는 것으로 비춰질 것이다.

연대를 구축하기 위해서는 내셔널리즘이 필요하지만 그것은 자주 '민족' 내부 대립의 은폐나 지배계급의 찬미로 이어져버린다. 이하 후유가 오키나와 내셔널리즘을 창조했을 때에 직면한 것과 같은 곤란함제12장 참조에 당시의 역사학자들은 직면하게 되었다. 그러나 그것과는 별도로 논의에도 거론되지 않는 형태로 내포되어 있었던 문제가 존재했다.

단일민족사관의 대두

혁신 내셔널리즘 사상이 의도하지 않는 가운데 품고 있었던 문제. 그것은 '일본인'을 단일민족으로 그렸던 것이었다. 그렇지만 이것은 이 사상이 민족자결에 의한 독립을 내세우는 바로 그 까닭에 필연적으로 발생한 현상이었다. 민족자결 원칙은 독립의 결과로 나타나는 것이 단일민족국가임을 암묵의 전제로 하고 있다. 만일 복수민족이 하나의 국가 내에 있다고 한다면 그것은 민족자결이 철저하지 않은 상태이기 때문이다.

더욱이 혁신 내셔널리즘은 일본민족을 피압박민족이라고 규정하고 '미국 제국주의'에 대해 국토에서 나가라고 주장하는 것이었다. 그렇기 위해서는 일본민족이 열도에서 태고적부터 살았던 사람이어야만 했다. 전쟁 전의 고고학이나 고대사에서는 아이누가 열도 전체의 선주민족이고, 그들이 죠몬繩文 문화를 만들었으며 이 문화를 야요이弥生문화와 함께 도래한 천황가와 그 민족이 정복했다는 설이 지배적이었다.[32] 하지만 만일 일본민족이 선주민족을 정복하고 열도를 점거한 것이라면 미군에게 나가라는 주장은 정당성이 크게 떨어진다. 더욱이 일본문화가 일본민족의 독자적인 것이 아니라, 도래인渡来人을 비롯하여 외부의 영향이 컸다고 한다면 민족문화를 내세우는 의미도 손상된다.

이러한 것을 어디까지 의식했는가라는 문제는 차치하고라도 전후 역사학은 일본민족과 일본문화를 단일한 것으로 그려갔다. 그 두드러진 예는 도마세이타에게서 엿볼 수 있다.

앞서 말한 도마의 역사학 연구대회의 발표는 '우리들의 선조는 일본열도에서 먼 옛날부터 생활하고 있다. 그리고 거기에는 선주민족이 없었다는 것이 바야흐로 고고학의 성과로서 차츰 알려지고 있습니다'라는 선언과 함께 행해졌다. 그리고 이시다모의 『역사와 민족의 발견』과 나란히 베스트셀러가 되었던 그의 1951년의 저작 『일본민족의 형성日本民族の形成』 제1장은 '일본인은 처음부터 일본열도의 거주자였다'라는 말부터 시작되고 있다.[33] 이 말은 아마도 미군기지에 토지를 빼앗길 사람들의 마음을 고무시키려는 것이었다.

도마에 의하면 언어·국토·문화 등을 공통으로 하는 일본민족이 일찍이 고대부터 성립되었다는 것은 '일본열도에 살았던 인간이 인종적으로 동일했기 때문'이었다. 그리고 열도 각지의 작은 사회는 야마토 타케루의 신화에서 표현되었듯이 강제적으로 야마토 정권으로 통합되었지만, 이것은 로마제국처럼 이민족을 군사적으로 지배한 '세계제국=다민족국가가 아니라, 천황에 의한 통일이었으나 같은 인종끼리의 결합'이고 '민족형성을 위한 하나의 중대한 이정표'였다.[34]

도마는 한편으로 '국가가 다른 인종을 정복함으로써 형성되었을 때는 민

---

32 工藤雅樹, 『研究史 日本人種論』, 吉川弘文館, 1979. 또한 小熊, 『単一民族神話の起源』 참조.
33 藤間, 「古代における民族の問題」 p.2; 『日本民族の形成』 p.1.
34 藤間, 「古代における民族の問題」 pp.3·5·52.

족은 전혀 만들 수 없다. 오히려 민족형성의 방해가 된다'고 단언했다. 이것 역시 미국의 점령에 저항하려는 그의 의지 표현일 것이다. 그리고 그는 당시 평판을 모으고 있던 천황가는 대륙에서 도래하여 열도 선주민을 정복했다는 기마민족 도래설을 강하게 반대하고 있었다.[35]

도마에 의하면 죠몬시대에서 야요이시대로의 변화는 정복민족의 도래에 의한 민족적인 교체가 아니고 수렵채집에서 농경이라는 생산력의 발전에 의한 것이었다. 그는 고대 일본민족을 높이 기리어 칭찬하며 "미개인도 현재 계급사회의 경우와 마찬가지로 생활의 발전을 도모하는 노선으로서 두 개의 방법을 알고 있다. 하나는 생산력의 발전 노선을 취하는 방법이고 다른 하나는 정복에 의한 착취라는 방법이다. 이 양자택일에서 당시 일본인은 바로 전자의 방법을 취했고 두 번째 방법은 따르지 않았다"고 강조했다.[36]

당시는 한국전쟁이 발발하고 자위대의 전신인 경찰예비대가 미국 점령군의 명령으로 창설되었다. 그와 동시에 일본이 미국제국주의의 첨병이 되어 군사침공으로 경제적인 역경을 벗어나려는 것이 아닐까하는 걱정이 확산되고 있었다. 도마는 일본민족이 정복이 아니라 생산력의 발전을 선택한 전통을 내세움으로써 일본이 나아가야할 방향을 암시하려 했다.

더욱이 도마는 벼농사를 대륙으로부터 배운 것이기는 하지만 '이것은 당시 일본인의 주체성을 조금도 해하는 것이 아니라'고 주장했다. 설령 대륙에서 종자나 기술이 전해졌다고는 해도 그것을 발전시킨 것은 일본민족에게 내재적 조건이 갖추어져 있었기 때문이다. 도마에게 도래인이 집단적으로 이

35 藤間生大,「古代における民族の形成」,『歴史における民族の問題』, 歴史学研究会編, pp.174~175. 기마민족 도래설에 대한 도마의 자세는 江上波夫·長谷部言人·三上次男·藤間生大·和島誠一,「日本古代国家の形成」,『東洋文化』6号, 1951 참조. 도마는 우생학의 영향을 받은 순혈론의 입장에 선 하세베(長谷部)와 함께 기마민족 도래설에 반대했다.

36 藤間,『日本民族の形成』, p.35.

주함으로써 벼농사가 전해졌다는 설은 일본민족의 주체성과 문화능력을 무시한 편향적인 것이었다.[37]

이러한 견해는 코스모폴리터니즘이 '외국에 대한 필요 이상의 열등감을 전 인민 대중에게 심어주고'있다는 것을 탄식하고 '민족적인 자긍심을 민족 전체에게 알려 우리 민족이 자신감을 가질 것'을 소망하고 있던 도마에게 필연적인 것이었다. 또한 당시는 서구에 대한 문화적·기술적인 종속에서 탈피하는 내발적인 자력갱생에 의한 발전을 표방하는 것이 아시아·아프리카에서 민족독립운동의 일환으로 높이 기려지고 있었다.

도마의 생각으로는 일본민족의 민족의식이 고대에는 건전한 발전을 이루었지만, 그 후 중앙의 귀족들은 중화제국의 '이국풍의 문화를 받아들여서' 민족의식을 잃고 인민에게 거리가 먼 수입문화의 권위를 빌려서 민족민중을 착취했다.[38] 그의 마음속에서는 이것이 미국문화에 물들어 미국에 봉사하는 일본의 매판세력과 중첩되었을 것이라고 쉽게 상상할 수 있다.

한국전쟁이 한창일 무렵 출판된 도마의 『일본민족의 형성』은 이러한 사관에서 죠몬시대부터 7세기 전후까지의 일본을 포함한 동아시아사를 다루고 있었다. 그 내용을 대략 요약하면 내발적으로 발전해온 단일 일본민족이 조선을 지배하려고 했던 중화제국의 전철을 밟아 조선반도에 침공하는 잘못을 범했는데, 조선민족의 반격으로 격퇴당했다는 것이다.

도마는 이 책에서 그가 민족의 영웅으로 표현했던 왜왕인 무武가 후세의 귀족들이 중국문화에 종속되었던 것과는 대조적으로 중국에 대해 결연한 문서로 일본민족의 존엄을 주장했다고 말하고 있다. 여기에는 미국에 종속된 보수정권과의 대비가 반영된 것은 두말할 나위도 없다. 그리고 그는 서문에

37 op. cit., pp.38~46.
38 藤間, 「古代における民族の問題」 참조.

서 "이 책에 쓰고 있는 것은 먼 옛날 일이다. 그러나 고립된 처지에서 당시의 세계정치 속으로 들어가 안팎으로 일어나는 질풍노도의 가운데에서 자신의 길을 걸어갔던 우리와 조선인의 선조의 행동에는 가슴을 울리는 것이 있다. (…중략…) 이 전력적인 동아시아의 움직임을 서술하는 것은 쉽사리 안이한 길을 통해 대일강화조약과 일미안전보장을 맺으려는 오늘날의 일본에 하나의 의의를 가질 수 있다고 생각한다"고 말했다.[39]

이러한 경향은 도마만 가진 것은 아니었다. 예를 들면 후지타니 도시오藤谷俊雄는 '협소한 섬나라인 일본에서 수 천 년에 걸쳐 독립된 생활을 영위하고, 일찍부터 공통언어로 맺어져서 균등한 경제적인 발전을 거쳐 그 동안 다른 민족의 지배를 받은 적이 없는 스스로의 힘으로 공통의 역사적 발전을 펼쳐왔다. 따라서 공통의 심리적 성격을 농후하게 형성했던 봉건 이전의 일본민족의 역사적 결합'을 주장했다. 그에 의하면 '인종적으로 보면 일본민족은 신석기시대의 원原일본인을 선조로 하며 그 후 눈에 띄는 변화는 볼 수 없다는 것'이었다. 역사학 연구대회에서 도마를 선두에 서서 비판했던 이노우에 기요시井上清도 "우리 일본민족은 거의 단일인종이며 (…중략…) 이 동일한 일본인종이 2천년 동안 같은 지역에서 공동생활을 해왔으며 민족으로 성장해왔다"고 주장했던 점에서는 공통적이었다. 이시모다도 죠몬시대부터 일본어는 고유한 언어이며 벼농사의 성립도 도래인의 영향보다는 일본민족의 주체성이 커다란 요인이라고 말했다.[40]

1952년 일본사 연구회 대회의 개회인사에서 "예전에 찬란한 민족 역사는 지금 미국의 식민지가 되어 그 군화에 유린당하고 있습니다. (…중략…) 예

39 藤間, 『日本民族の形成』, pp.2・209.

40 藤谷, 「民族・民族文化をいかにとらえるか」, p.64; 「民族・民族文化とはなにか」, 『日本史研究』 16号, 1952, p.41; 井上清, 「マルクス主義による民族理論」, 『民族の問題』, p.171; 『石母田正著作集』, 岩波書店, 1988~1990, 第12巻, pp.260~261.

로부터 훌륭한 문화는 끊임없는 민족의 각성 속에서 생겨났으며 그 전통은 항상 우리들을 절망의 늪에서 구해주었습니다"라고 말하고 있다. '민족을 떠나 문화형성의 주체는 생각할 수 없다'는 문맥에 선 역사학자는 민족적 전통에 뿌리를 두지 않은 문화에 '식민지문화'라는 표현을 부여했다. 도마가 민족문화의 예로 든 도다이지의 대불에 관해서도 "어떤 사람은 대불은 대륙문화의 나쁜 모방으로 '오욕의 기념비'라고까지 비하하고 있습니다"라는 논의가 있을 정도였다.[41]

더욱이 그들 사이에서 다민족 국가라는 말은 플러스의 이미지를 가진 말이 아니다. 당시 민족문제에 대한 모범해답은 다민족 공존이 아니라 민족자결이었다. 도마는 '다민족국가'라는 말을 정복민족이 이민족을 지배하는 '세계제국'과 같은 말로 사용하고 있었다. 후지타니 도시오는 근대의 식민지 획득경쟁을 형용하여 '앞서 단일 민족국가를 형성한 영국, 프랑스, 이탈리아 등은 다른 민족의 영토를 손에 넣음으로써 다민족국가, 식민지 영유국가가 되었기 때문에 이미 민족국가가 아닙니다', '일본의 지배자는 대만이나 조선을 영유하고 중국에 조차지를 획득해서 일본은 다민족국가를 형성하게 되어 식민지 영유국가가 되어 이윽고 민주적 민족국가로의 길을 막아버린 것입니다'라고 말했다. 여기서는 대일본제국이야말로 '다민족국가'이고 앞으로 일본이 지향해야 할 것은 '단일 민족국가'였다.[42]

여기서 유의해야 할 것은 '민족'이 '민중'과 거의 동의어였다는 것과 마찬가지로 '단일'이라는 말은 '단결'이나 '통일'의 동의어로서 사용되는 일이 많았다는 점이다. 일본의 대표적 국어사전인 『고지엔広辞苑』에는 1983년의 제3

---

41 奈良本辰也, 「大会挨拶討論を始めるに際して」, 『日本史研究』 20号, 1952, p.1; 藤谷, 「民族・民族文化とはなにか」, p.33.
42 藤間, 「古代における民族の問題」; 藤谷, 「民族・民族文化とはなにか」, pp.37・39.

판까지 '단일'이라는 말의 용례로서 예를 들고 있는 것은 '단일조합'으로, 이것은 노동자의 조직화와 단결을 적극적으로 평가하는 용어의 하나였다. 즉 '단일'이라는 말은 반드시 나쁜 이미지를 가진 말이 아니었고, 도마나 후지타니의 '단일민족'의 뉘앙스를 번역한다면 '민중의 단결'이었을지도 모른다. 즉 『고지엔』에서 '단일'의 용례로서 '단일민족론'이 등장한 것은 1991년의 제4판부터이고, 이것은 1986년 나카소네 야스히로中曾根康弘 수상의 발언을 근거로 배외적인 정치 이데올로기로서 해설되었다. 이것은 '단일' 혹은 '모두가 하나가 된다'는 말에 대한 감각이 1970년대부터 80년대에 걸쳐 변화한 것을 의미한다.

그리고 다민족국가의 예로서 많이 거론되는 것은 지금이나 예전이나 미국이다. 그렇지만 당시 혁신 내셔널리즘에 서있는 논자에게 미국은 인종차별과 제국주의의 상징이고, 미국의 흑인문제는 다민족 국가에서 소수가 얼마나 비참한 지배하에 놓여있는가를 강조하는 형태로 종종 논의되었다.[43] 일본에서 다민족국가라는 말이 플러스 이미지로 사용되기 시작한 것은 공민권운동을 거쳐 합중국의 소수가 적어도 '미국인'으로서 권리를 획득하고, 또 베트남전쟁이 끝나고 반미기지투쟁도 거의 종식될 1970년대 후반 무렵부터이다.

1977년의 소설가 김달수는 대담집에서 도래인의 존재가 일본 역사학에서 경시되었다는 것을 비판했다. 그는 도래인의 영향을 말하면 "일본인의 주체성에 흠집이 생기는 것으로 생각하는" 역사학자가 많다. 그리고 고대 한일관계에 대해서는 "이에나가家永[사부로三郎] 씨의 교과서에도 이 부분이 매우 엉망이어서 황국사관 자체라고 해도 좋다"는 것이었다.[44] '일본인'을 단일민족으

---

43 菊池謙一, 「民族問題としてのアメリカ黒人問題」, 『歴史評論』 40号, 1952에서는 미국제국주의가 '흑인민족의 근절 정책'을 추진하고 있고, 조선전쟁을 통해 그 '교의와 행동이 이미 아시아의 유색인민에게 행사되고 있다'는 것을 말하며 '미국 흑인문제가 직접적으로 우리들의 문제임'을 강조하고 있다.

로 표현함으로써 사람들을 단결시키려는 역사관은 공교롭게도 내셔널리즘의 나쁜 모습으로 여기고 있던 '황국사관'에 근접했던 것이다.

물론 이른바 단일민족 신화에는 여러 가지 측면이 있고 혁신 내셔널리즘의 이러한 측면은 그 많은 표현의 하나임에 지나지 않는다. 또 설령 단일민족으로 '일본인'을 내세운다고 해도 그것이 정말로 '황국사관 그 자체'인지 아닌지는 침략과 억압을 긍정하는가 부정하는가라는 중대한 구분이 있다. 이 시기에는 나중에 단일민족 신화의 비판이 되어서 나타난 국내 소수의 문제는 거의 주목을 받지 못했다. 재일한국·조선인은 일본국내의 소수자 문제라기보다는 식민지 지배의 전후처리 문제로 파악되었으며 일본국내에서의 공존보다도 조국으로 귀국하는 것이 바람직하다고 여겨지고 있었다.[45] 일본경

44 金達寿編, 『日本と朝鮮』, 講談社, 1977, pp.114·278. 또한 조금 괴로운 일이지만 조선 측의 민족주의도 또한 '단일민족'이라는 말을 사용했다는 것을 지적해둔다. 예를 들면 金日化, 「在日朝鮮人の法的地位」(山田照美·朴鐘鳴 編 『在日朝鮮人』, 明石書店, 1986(신판 1991), p.151)은 "조국의 분단으로 재일조선인은 단일민족으로서 하나의 국적을 아직도 유지할 수가 없고"라고 적고 있고 「単一民族国家の思想と機能」, 『思想』 656号, 1979에서 단일민족론 비판의 포화를 열었던 오가타 나오키치(幼方直吉)도 1961년에 발표한 위의 「日本人の朝鮮観」, p.74에서는 야나기 무네요시를 평가하며 "민예와 그 작가를 통해 그 작가를 단일한 전통을 가진 민족으로서 조선을 발견했다"라고 적고 있다. 조선의 민족주의가 대일본제국에 대한 저항의 발판이 되었을 뿐만이 아니라, 전후에도 민중(민족)의 연대를 논리로 한국의 노동운동이나 민주화운동의 기반이 되었고 혹은 남북대화를 촉구해갔다. 정치적으로 보아도 플러스 효과를 초래하는 원천이 되어온 것은 평가할 만하다. 저자의 생각으로 근대 이후의 조선은 일본에 의한 합병과 남북분단이라는 사태로 국가의 범위와 민족의 범위가 일치하지 않는 경위를 겪어온 지역이었다. 그래서 조선의 민족주의는 전전에 대일본제국이라는 국가와 대립했을 뿐만 아니라, 전후에도 남북으로 분단되었던 국가상태에 이의를 제기하고 또한 미국에 종속상태였던 한국을 민주화의 입장에서 비판한다는 식으로 항상 '국가에 항거하는 민족주의'일 수 있었다. 그러나 일정한 민주화로 한국이 국가로서의 정통성을 확립했다고 보게 된 현재, 혹은 남북통일이 성립된 미래에도 조선의 민족주의가 이러한 긍정적 기능만 존재할 수 있을까라는 의문이 없는 것도 아니다. 이러한 지적을 하는 것은 이른바 '자유주의사관'의 사람들이 한국을 비롯하여 아시아 여러 나라의 내셔널리즘을 '유치한 내셔널리즘' 등으로 표현하고 있는 가운데 미묘한 정치적 문제를 포함한 것이기는 하다. 단지 하나 말할 수 있는 것은 한국 및 북조선의 민족주의가 어떻든 '재일' 사람들의 '민족주의'(이 표현이 적절한가는 의문이 남지만)는 오늘날에도 또 미래에도 국가와 동일화될 수 없다. 따라서 '국가에 항거하는 민족주의'일 것이다.

45 이러한 입장하에 藤島宇内·丸山邦男·村上兵衛, 「在日朝鮮人60万人の現実」(『中央公論』, 1958.12月号) 등이 있다. 또한 일본공산당의 재일에 대한 대처에 관해서는 玉城素, 『民族的責任の思想』, お茶の水書房, 1967, 제5장 「日本共産党の在日朝鮮人指導」 참조.

제는 아직 부흥 중에 있었고 외국인 노동자의 유입은 전혀 생각하지 않았다. 열도의 선주민족임이 부정된 아이누의 존재는 혁신 내셔널리즘의 중대한 아킬레스건이 되었다고 할 수 있지만, 소수자 문제로는 거의 거론되지 않았다.

그렇지만 '일본인'의 경계영역에 해당되는 사람들 가운데 커다란 쟁점이 되는 존재가 하나 있었는데 그것은 바로 오키나와이다.

'식민지 지배'에서 '민족통일'로

일본의 주민에게 '단일민족'으로서 자각을 갖게 하고 통일을 도모함에 있어서 어느 범위까지 '일본인'으로 간주하는가는 커다란 문제였다. 우선 조선인이나 대만인은 '일본인'으로 간주되지 않았고, 아이누는 거의 무시되었어도 오키나와가 '단일민족'인 '일본인'의 일부로서 통일의 대상이 되는지 아닌지를 둘러싼 커다란 전환이 있었다.

거듭 말하지만 1946년의 시점에서 일본공산당은 오키나와인을 대일본제국이 식민지로 지배해온 소수민족으로 규정했다. 그러나 이 장의 서두에서 보았듯이 복귀운동이 대두됨과 함께 이러한 규정은 포기되었고, 오키나와인을 '비일본인'으로 본 것은 미국의 침략자들의 선전이고 오키나와인은 '일본인'임을 강조하게 된다.

이와 같은 전환의 배경에는 몇 가지 요인이 있다. 이미 보았듯이 국내정치에서는 패전 직후에 보수 측 주장이던 오키나와 반환요구가 보수정권이 대미관계를 중시해서 불확실한 자세를 취했기 때문에 점차 혁신 쪽으로 옮겨갔다. 또 국제적으로는 한국전쟁에서 오키나와가 미군의 출격기지가 되었고, 그 후에도 중국을 비롯한 동아시아지역을 주시하는 군사거점이 되어 소련과 중화인민공화국은 오키나와의 일본 반환을 지지하고 미국의 오키나와 지배를 비난했다.

이와 같이 국내적, 국제적으로도 전환의 요인은 존재했지만 역시 커다란 요인은 오키나와의 여론이 급속하게 본토복귀로 기울어졌다는 것이다. 무엇보다도 공산당의 반미노선은 오키나와 측의 복귀운동이 친미반공을 말할 수밖에 없었던 50년대에는 반드시 오키나와 여론의 주류와 합치되는 것은 아니었다. 그러나 그러한 가운데 미군으로부터 '공산주의자'로서 가장 억압당하고 있던 오키나와인민당이 본토의 지원을 요구하는 과정에서 차츰 일본공산당과의 관계를 심화시켜갔다.

이렇게 좌파가 복귀운동을 담당하게 되었을 때, 혁신 내셔널리즘 사상이 거기에도 응용되었다. 즉 오키나와의 복귀는 미군에 의해 오키나와와 본토로 분단된 '일본인'이 민족의 통일로 하나가 된다고 여겼다.

일본을 아시아·아프리카 여러 나라의 일부로 위치지우고, 식민지독립과 민족해방투쟁을 내세우는 혁신 내셔널리즘 사상은 오키나와와 본토의 분단을 조선이나 중국의 분단에 견주었다. 그 당시 이미 조선과 중국은 사회주의를 취하는 조선민주주의인민공화국과 중화인민공화국, 미국의 원조를 받은 대한민국과 대만으로 분단되었다. 일본공산당은 이 상황에 대해 한국과 대만은 미국제국주의의 괴뢰정권이며 북한 및 중화인민공화국에 의해 한국과 대만의 민중이 해방되고 민족통일이 될 때까지 조선과 중국의 민족독립은 완성되지 않는다고 했다. 이러한 생각은 그 후에 베트남전쟁에서도 북베트남에 의한 남베트남의 해방과 민족통일의 지지라는 형태로 연장되었으며 이 논리가 오키나와에도 적용되었다.

즉 이 장의 서두의 논문에서 보았듯이 '미국의 침략자들'은 오키나와에서도 '독립국 류큐의 카이라이 정권을 통해 지배'를 시도했지만, 본토 민주세력의 지원으로 이것을 분쇄하고 오키나와를 복귀시키는 것이 오키나와민중의 해방이며 그로써 일본민족의 진정한 통일과 독립이 달성될 수 있다고 여겼다.

'복귀운동' 내지 '반환운동'에서 즐겨했던 비유의 하나는 조선민족을 분단하고 있는 38도선, 베트남민족을 분단하고 있는 17도선에 대해 일본민족은 27도선에서 본토와 오키나와로 분단되었다는 것이다. 이 '27도선'의 해상에는 샌프란시스코강화조약이 발효된 4월 28일'오키나와 데이'라고 부른다과 8월 15일에 본토 측과 오키나와 측에서 배를 타고 민족통일을 내세우는 해상집회가 열렸다.

1964년의 해상집회는 본토의 정당대립이 초래한 사회당계와 공산당계의 분열로 나뉘어 개최되었는데, 공산당계의 집회를 기록한 팸플릿은 『민족의 외침』이 그 제목이고 도쿄의 아시아·아프리카연대위원회에서 발행되었다. 1963년에 탄자니아에서 개최된 A·A제국인민연대회의에서 '일본 불가분의 영토 오키나와'에 대한 미군지배를 비판하는 결의를 함으로써 오키나와의 복귀는 아시아·아프리카민족해방투쟁의 일환으로 평가되어 등장했다. 그리고 이 팸플릿에는 '오키나와현 해방'이라는 하치마키鉢巻き를 두른 인민당 위원장인 세나가 가메지로瀬長亀次郎가 '오키나와를 조국으로부터 분단해서 일본의 독립을 짓밟고 있는 미국제국주의를 타도하고, 오키나와 해방과 일본 독립을 쟁취하자'라고 부르짖는 모습이 기록되어 있다. '오키나와현'은 당시에는 존재하지 않았던 행정단위였지만 이 집회도 '오키나와현 해방국민대행진'이라고 이름 붙였고, 팸플릿의 후기에도 '미국제국주의로 인해서 군사적으로 식민지화되어 아시아의 화약고가 되어있는 오키나와현'에서 '미군을 내쫓고 민족의 독립을 쟁취할 것'을 호소하고 있었다.[46]

물론 여기에서 말하는 '민족의 외침'과 '민족 독립'이란 '오키나와민족'의

46 沖縄返還国民運動東京実行委員会編, 『民族のさけび』, 東京都アジア・アフリカ連帯委員会, 1965, 쪽수 기재가 없다. 27도선의 비유는 본서 이외에 藤田秀男, 『沖縄のさけび』, 潮流出版, 1967 등에 다수 보인다.

독립이 아니고 오키나와를 반환함으로써 달성되는 '일본민족의 독립'이었다. 이러한 가운데 '섬 전체의 투쟁' 시점까지 희미하게 보였던 '오키나와민족'이라는 표현은 사라져가고, 복귀운동에서 '민족'이라고 하면 오키나와를 포함한 일본민족을 가리키는 말이 되었다. 복귀운동에서 애창되었던 〈오키나와를 돌려 달라〉라는 노래는 이러한 '민족'의 용법을 잘 나타내주고 있다.[47]

> 원수의 땅을 쳐부수어 민족의 분노로 타오르는 섬 오키나와여,
> 우리들과 우리들의 선조가 피와 땀으로 지키고 키워온 오키나와여,
> 우리들은 외친다 오키나와여, 우리들의 것이다 오키나와는
> 오키나와를 돌려 달라 오키나와를 돌려 달라

물론 여기에서 말하는 '민족'도 '선조'도 오키나와사람을 포함한 '일본인' 전체를 가리키는 말이고, 그 '일본인'의 이름하에 '오키나와를 돌려 달라'고 요구하는 것이었다. 그리고 오키나와와 일본이 '동일한 민족'으로 여기던 것과는 대조적으로 미국통치에 대해서는 '이민족 지배'라는 호칭이 정착되어 갔다.

이러한 배경 아래에서 역사학자 중에서도 오키나와는 일본민족의 일부라는 견해가 정착되어갔다. 1952년 후지타니 도시오藤谷俊雄는 "태고로부터 도호쿠東北에서 규슈九州, 나아가서는 남방南方의 아마미 오오시마アマミ大島와 지금은 일본에서 분리되려는 오키나와에 이르기까지 공통언어를 사용했고, 따라서 공통의 감정과 마음으로 연결되었다"며 '단일 일본민족'에는 고대부터 오키나와가 있었다고 주장했다. 또 정치적 계통은 다르지만 샌프란시스코강화조약 발효 다음 달에 행해진 야나기타 구니오의 강연 〈해상의 길〉도 오키나와

47 全司法福岡支部作詞·荒木栄作曲,「沖縄を返せ」.

가 일본의 일부임을 강조하는 내용이었다. 다음해 1953년의 『역사평론歷史評論』에서 오키나와사沖縄史 특집이 꾸며졌는데 여기에는 기본적으로는 전쟁 전의 일본 류큐동조론의 틀에 따라 오키나와인은 고대부터 일본민족의 한 분파라는 것, 그리고 오키나와를 이민족시하는 것은 일본과 류큐의 차이를 넓히려는 사쓰마薩摩의 동화금지정책과 전쟁 전의 오키나와 차별에서 발생된 편견에 지나지 않다는 것이 주장되었다. 본장의 서두에서 인용한 『전위前衛』의 논문도 오키나와인은 고대부터 "일본열도에서 죠몬식 문화권의 한 지역으로서 동질문화를 발달시키고 있었다"고 외치며 '소수민족적인 편견'은 일본제국주의가 조장해서 만들어낸 것이라고 주장했다.[48]

이후에 이러한 오키나와=소수민족관을 부정하는 것이 역사학에서도 하나의 흐름으로 정착되었다. 역사학자인 이노우에 기요시는 1957년에 "우리 일본민족은 거의 단일인종"이라고 말하면서 다음과 같이 논했다.[49]

> 오키나와인은 단일 불가분의 일본민족의 일부인가. 그렇지 않으면 일본민족의 일부분이 아니고 패전 전까지 일본 국적을 가지고 있던 일본제국 내의 소수민족인가. 이것에 대한 답의 여하에 따라 오키나와 문제에 대한 일본인의 방침이 결정적으로 달라질 수 있다. 오키나와인은 메이지 이후 일본의 근대적 발전과 동반하여 방언은 강하게 남아있지만, 기본적으로는 보통의 일본인과 공통된 일본어를 말하게 되어 일반적인 일본인과 생활지역을 공통으로 하여 그 경제생활도 일본경제와 불가분의 일부분이 되었고 보통의 일본인과 공통된 성격을 지니게 되었다. 즉 일본민족의 일원으로 결코 다른 소수민족이 아니다. 따라서 현

48 藤谷, 「民族・民族文化とはなにか」, p.42; 金城朝永, 「琉球の歴史と文化」, 『歴史評論』 48号, 1953; 『戦後診療 沖縄』, p.6.

49 인용은 위의 「マルクス主義による民族理論」, pp.175~177.

재 오키나와가 미국의 통치하에 놓여있는 것은 단일 불가분이 되어야 할 일본민족이 무리하게 분할되어 있는 것이며 오키나와가 미국의 통치하에 놓여있는 것은 시코쿠四国 혹은 규슈가 일본에서 적출당해서 미국 통치하에 놓여있는 것과 민족문제의 견지에서 말하자면 아무것도 다를 바가 없다.

통치대상지역을 '시코쿠 혹은 규슈'에 비유한 것은 아이러니하게도 전쟁 전의 조선·대만 동화론에서 종종 사용했던 논조와 유사하다. 더욱이 이노우에는 도쿠다 규이치徳田球一 위원장 시절에 공산당이 내놓은 오키나와 독립 메시지를 '민족에 대한 마르크스주의 이론을 완전히 오해하고 있다'고 비판하며 이렇게 말하고 있다.

이러한 잘못이 생겨난 데에는 역사적 이유도 다소 있다. 오키나와인이 일본민족으로 융합되고 나서 아직 백 년도 되지 않았고 더욱이 그 융합이 오키나와와 본토의 경제적·문화적 발전의 당연한 결과로서 무리 없이 생겨난 것이 아니라, 천황제 권력의 류큐왕국에 대한 침략적 통합으로 시작되어 그 후에도 한동안 오키나와는 반식민지적인 착취와 압박의 대상이 되었다. 이것이 계급적 의식이 있는 오키나와인을 도쿠다 씨와 같은 착각에 빠지게 한 하나의 이유일 것이다. 그렇다고 해도 이것은 또 얼마나 비극적인 착각인가!

'천황제 권력'에 의한 '침략적 통합'으로 '반식민지적인 착취와 압박'에 처해 있어도 그 결과로서 일본어를 하게 되고 경제적으로 통합된다면 '단일 불가분의 일본민족의 일부'인 것인가?

이러한 평가는 이노우에를 비롯한 마르크스주의의 이해와도 관계되어 있다. 마르크스는 프랑스혁명 정부가 오크어 등 남프랑스의 소수언어를 압살한 것을 역사 진보의 불가피한 대가로 여겼다. 레닌은 경제적 통합이 강화됨에 따라 소련 내부의 소수민족은 점차 러시아어를 배우지 않을 수 없게 될 것이라고 말했다. 자신도 러시아어를 말하는 동화된 그루지아인이었던 스탈린은 언어·지역·경제·문화의 공통성을 민족의 조건으로 하고 과거의 역사 등은 중시하지 않았다.[50]

이러한 마르크스주의 이해는 설령 일시적으로는 강권지배가 행해졌어도 그 결과로서 통일된 민족이 형성된다면 역사의 진보에서는 필요악이라고 여기는 결과가 초래된다.

이시모다는 강권지배라도 독일민족의 통일과 근대화를 촉구하는 역할을 다한 비스마르크를 높게 평가했다.[51] 이러한 배경에서 도마는 천황가의 일원이었지만 민족통일의 영웅이라고 야마토 다케루를 평가했던 것이다.

전쟁 전에 오키나와 차별이 오키나와인을 '이민족 취급했다'는 맥락에서 비난받았던 한편, 동화정책에 대한 비판은 약했다. 1953년『역사평론』의 오키나와사 특집에서는「류큐에 대한 동화정책」에 대해 '다소 지나치다고 보이는 방언사용금지의 벌칙 팻말 제도罰札制도 있었는데, 표준어오키나와에서는 보통어의 강제 보급과 맞물려서 급속도로 성과를 이루었고 종래에 본토인으로부터 다른 인종으로 취급받거나 또는 특별대우를 강요당했던 오키나와인도 (…중략…) 생활양식과 사고방식 등 거의 본토와 아무런 차이가 없듯이 통합된 것'이 강권적이라고는 해도 민족통일에 일정한 역할을 한 것으로 평가했다.[52]

물론 이러한 전환이 어떠한 굴절도 동반하지 않았던 것은 아니다. 이시모

50 당시 역사학자의 마르크스, 레닌, 스탈린의 민족문제·표준어 문제이해는 石母田正,「言葉の問題についての感想」,『続歴史と民族の発見』; 藤間,『日本民族の形成』, pp.286~287; 井上,「マルクス主義による民族理論」등을 참조.

51 石母田,『続歴史と民族の発見』, pp.342~346.

52 金城, op. cit., p.27.

다는 1960년 오키나와론에서 전쟁 전의 일본이 어떻게 오키나와를 차별했는가를 비판하고, "오키나와의 현민이 이제 두 번 다시 일본인이 되고 싶지 않다고 해도 이상하지 않다"고 말하고 있다.[53] 그렇지만 그는 '그럼에도 불구하고 오키나와현민이 [미군의] 탄압에 굴하지 않고 조국복귀를 외치고 있는 것은 자신들의 민족의식이 과거 민족주의에 이용되었던 시대와는 달리, 민주주의적 요구와 결부된 새로운 민족의식이라는 자신이 있기 때문이다'라고 주장했다. 그리고 일본은 독일과 마찬가지로 분단국가임에도 불구하고 본토측이 오키나와에 무관심한 것을 비판하고, '류큐라는 말은 봉건적이고 반反독립적 과거의 오키나와를 대표하고 있는 것에 대해 오키나와는 일본의 일부로서 근대적인 오키나와를 대표하고 있다'고 적고 있다.

이시모다는 대일본제국이 오키나와에서 실시한 동화정책에 대해 이렇게 말하고 있다.

> 오키나와 출신 친구에게서 그가 나하那覇중학교 학생이었을 때 교실에서 표준어를 사용하지 않고 오키나와 방언을 한번 사용할 때마다 벌칙 팻말罰札을 한 장씩 가슴에 붙였던 기억을 들었던 적이 있다. 옛날에 읽은 『퀴리 부인전』에 나오는 러시아제국 하의 폴란드 학교의 모습을 떠올리며 근대민족이 형성된 역사의 한 측면을 이루는 표준어라는 것이 어떻게 국민의 것이 되는가를 새삼 생각하게 되었다. 자유·평등·박애를 신조로 하는 근대 프랑스민족도 남프랑스의 프로방스인을 동일한 과정을 통해 통일하여 성립한 것으로 근대민족은 그 이외의 방법으로는 만들어지지 않는 것이다.

이시모다에 의하면 대일본제국의 동화정책은 민족통일을 위한 필요악이

53 이하 이시모다의 오키나와론의 인용은 「民族·歷史·教育」, 『石母田著作集』 第16卷, pp.203·205~207.

라고 했다. 그리고 이러한 오키나와론의 원형에 해당되는 것이 그가 1952년에 썼던 도호쿠東北지방과 표준어의 관계에 대해 논한 문장이다.[54] 거기서 그는 '도쿄방언이 도호쿠지방의 방언을 축출해가는 과정은 중앙정부의 억압이나 착취와 같이 익숙하게 사용하는 향토의 언어를 사랑하고 있는 도호쿠인에게 두려운 일이었다고 생각합니다'고 말하고, 도호쿠를 '천황제와 독점자본의 하나의 식민지였다'고 표현하고 있다. 사실 도호쿠는 그의 고향이었다.

자기 자신이 '식민지' 출신이고 문화박탈의 고통을 아는 이시모다가 왜 오키나와의 동화정책을 긍정했는가. 그는 '국민공회의 철권은 남프랑스의 주민을 처음으로 프랑스인으로 만들었고, 그들로부터 빼앗은 민족성을 메우기 위해 민주주의를 주었다'라는 마르크스의 말을 인용하여 지방의 언어를 옹호하는 기노시타 준지木下順二에게 반론하는 형식으로 논리를 전개하고 있다.

남프랑스가 프랑스의 보수적 부분이었듯이 이시모다에 의하면 도호쿠도 또한 '가장 오래된 형태의 봉건제'가 지배한 후진지역이었다. 그곳은 메이지 유신에서 사바쿠파佐幕派[55]의 중심지였고, 전쟁 전에는 '『충의심 강한 선량』으로서 강건한 보병'의 공급원이었고 전쟁 후에도 보수당 의원을 가장 많이 배출했다. '반동과 반혁명의 거점'이었다. 그는 그렇기 때문에 "나는 얼마나 입지가 좁았는지 『자유와 혁명이 탄생한 땅』이라는 가조에우타数え歌[56]를 소리높여 부르는 도사土佐 출신의 학우를 부러워하지 않을 수가 없었습니다"라고 말하고 있다.

이시모다는 도호쿠가 근대일본에서 강권지배에 의한 근대화라는 마르크

54 이하 이시모다의 동북론의 인용은 위의 『続歴史と民族の発見』 수록의 「言葉の問題についての感想」, pp.303·307~310.

55 막부를 타도하려는 일파에 대해 막부를 보좌했던 일파. ―역주

56 노래 가사 각 행 처음에 수를 붙여 수의 차례를 따라 수와 노래의 첫 음을 맞추어 엮어나가는 노래. ―역주

스가 말하는 '역사발전의 무자비함'을 가장 절감한 장소라고 한다. 게다가 그는 '천황제 절대주의에 의한 봉건적 도호쿠의 정복과 지배가 아무리 가혹하다고 해도 (…중략…) 유신 이후 도호쿠가 봉건적 고립에서 벗어나 통일적인 일본 국민의 형성이라는 커다란 진보적인 운동에 휩쓸렸던 것은 말할 것도 없이 도호쿠를 해방하기 위한 조건을 만들어내고 촉진시킨 점만으로도 위대한 역사의 진전입니다'라고 말하고, '도쿄방언이 전국 표준어가 된다는 것은 (…중략…) 고립되어 할거했던 봉건적 일본을 하나의 국민으로 형성하기 위한 필요한 조건입니다'라고 주장했다. 그가 오키나와에 대해 보인 견해는 이 연장선상에 지나지 않는다.

'미국제국주의'로부터 독립과 해방을 요구하고 그들은 단일문화나 언어를 지닌 '일본인'을 내세웠다. 그렇지만 그것이 강권지배에 의한 동화정책으로만 만들어질 수 있다고 한다면 그리고 그 때문에 주변지역을 지배하는 것이 해방으로서 긍정된다면 그들이 내세운 민족의 독립이란, 지배로부터의 해방이란, 대체 무엇이란 말인가. 그것에 대한 해답은 결국 그들로부터는 보이지 않았다.

민족통일로서의 류큐처분

이러한 역사학자들 중에서 오키나와에 관한 논의 하나가 초점이 된 것이 있었다. 그것은 류큐처분을 어떻게 평가하느냐라는 문제였다.

이미 보았듯이 패전 직후에 오키나와 독립론의 전제는 오키나와인이 '일본인'과는 다른 소수민족이라는 것과, 오키나와는 독립국이었으나 메이지가 되고나서 대일본제국에 침략당했다는 역사관이었다. 즉 류큐처분은 침략의 역사관에서 독립한다는 논조가 전제였지만, 이는 민족통일로서의 복귀운동과는 조화를 이루지 않는 것이다. 또 대외적으로도 복귀운동 측에게도 류큐처분을 침략이라고 할 수 없었다. 이것도 제18장에서 살펴보았듯이 1943년카이로선언에서 조선·대만·만주 등의 독립과 중국반환이 이야기되는 한편, '폭력 및 탐욕에 의해 일본이 빼앗은 다른 모든 지역'에서 일본을 축출하는 것이 논해졌다. 이 '모든 지역'에 명시된 지명이 없었기 때문에 오키나와가 여기에 해당하는지 그렇지 않은지는 류큐처분이 침략인가 그렇지 않은가의 해석과 관련이 있다. 즉 류큐처분이 침략이라고 한다면 일본이 오키나와의 반환을 요구하는 국제적 근거를 상실하게 되므로 이것은 복귀운동에서 사활이 걸린 문제였다. 그리고 결론부터 말하면 동화정책과 마찬가지로 류큐처분에 대해서도 강권적이었다고 해도 역사 진보에 공헌한 '위로부터의 민족통일'이며 침략이 아니라는 역사관이 정착해가게 된다.

이 경우도 전쟁 전의 일본 류큐동조론이 이러한 역사관의 밑바탕이 되었다. 1953년 『역사평론』의 오키나와사 특집에서는 오키나와 사학자인 긴조 초에이金城朝永가 이하 후유의 말을 인용해서 '폐번치현廢藩置縣은 일종의 노예해방'이었다고 주장하고, '폐번치현의 새로운 제도에 반대한 것은 주로 왕부王府 관계의 상층부 지배계급'이었다고 말했다.[57] 이러한 역사관은 이미 인민당 등 오키나와 측의 복귀론자들 사이에서 존재했던 것이고, 여기에 역사학상의 권위가 부여되어 갔다.

1957년 역시 『역사평론』에 게재된 오키나와사 특집기획은 그 후 60년대까지 복귀운동에서 역사관의 원형이 되었다. 오키나와 출신 역사학자인 신자토 게이지新里恵二를 중심으로 꾸며진 이 특집은 '오키나와인이 인류학적으로 일본인의 한 가지이고, 말이 언어학적으로 일본어의 한 방언'인 점, 사쓰마가 일본의 언어와 문화로의 동화를 금지하고 '정상적인 민족의식의 성장을 크게 방해한 점', 폐번치현에 반대한 것은 류큐왕부琉球王府의 보수적인 사족이

57 金城, op. cit., p.26.

고, '개화된 사족은 『병합』을 환영하고, 농민에 이르러서는 메이지 정부의 새로운 제도에 대해 오히려 기대를 하며 원하기까지 했다'는 것 등을 주장했다. 류큐의 사족에 대한 평가는 매우 낮고 '폐현처분 이후에도 구 왕부를 배경으로 하는 전대의 상층부, 특권지배계급 중에는 보수적이며 퇴영적인 무리들이 많고 청나라의 협력을 기대하여 일마다 정부의 정책과 마찰이 있었다'는 점이 비판되었다.[58]

물론 신자토 등의 역사관에서도 메이지 정부의 정책이 모두 긍정되었던 것은 아니다. 여기서 비난받았던 점은 주로 본토 측에서의 '이민족 취급'과 다른 부府와 현과의 '차별대우'와 '의붓자식 취급', 그리고 류큐왕부의 사족을 우대한 구관온존정책旧慣溫存政策이었다. 정책 결과로 경제적인 곤란, 오키나와 출신자가 홀대받은 인사행정 등이 강하게 비판되었다. 한편으로 "오키나와에 현을 설치한 이후의 정책으로 가장 성과를 올린 것은 교육이라"고 하며 "젊은 세대 중에는 (…중략…) 스스로를 일본인이라고 하고, 그 점에 대해 아무런 구애도 받지 않는 사람들이 늘어났다"라고 높게 평가되었다. 신자토 등에 의하면 "'일본인'으로의 '동화' 과정은 동시에 억압되고 분산되었던 일본국민을 결집시키고 민족적 편견을 배제하고, 오키나와사람을 동포로 맞이하여 모두 다 같이 옛 것을 배제하려는 의식이 착실하게 성장되었던 과정이기도 했다"는 것이다.[59]

이러한 역사관에서 본토 측에 존재하는 '이민족 취급'은 류큐왕국의 틀을 유지하여 이익을 올리려는 사쓰마의 동화금지정책과 메이지 정부가 옛 사족을 회유하려고 한 구관온존정책을 비롯한 지배자 측의 의도로 인민에게 주입한 편견으로 여겨졌다. 전쟁 전 오키나와 측의 운동 가운데에는 류큐사족

58 新里恵二・喜久里峰夫・石川明, 「現代沖縄の歴史」, 『歴史評論』 83号, 1957.1, pp.4・9・13・17.
59 Ibid., p.25.

들의 류큐구국운동과 특별자치를 지향한 공동회 사건을 보수적 사족의 반동 행위라고 설정했다. 그것과 대조적으로 칭송된 것은 농민출신의 자하나 노보루謝花昇, 제10장 참조가 '일본인'으로서 참정권 청원을 한 것이었다. 자하나의 운동은 오키나와의 국민통합을 권리 면에서 추진한 선구로서 높이 평가되었고, 자하나가 나카에 초민中江兆民과 고토쿠 슈스이幸徳秋水와도 교류가 있었다는 설이 존재한 점에서 '오키나와 자유민권운동'이라는 호칭이 주어졌다.

본토의 자유민권운동과 자하나의 교류설은 전전에 자비로 출판된 오사토 고헤이大里康永의 『의인 자하나 노보루전義人 謝花昇伝』에서 주장되었다. 오사토는 구제구호 사업settlement활동가였는데, 그가 활동하던 곳은 박춘금제14장 참조의 선거지반이었던 후카가와深川로 조선인과 오키나와인 노동자가 차별과 빈곤에 노출된 지역이었다. 그는 이러한 상황 가운데 본토와의 제도적 평등을 향한 자하나에게 '의인'이라는 표현을 붙인 책을 집필한 것이다.

실제로 참정권 문제에 대해서는 자하나가 집필해 남긴 원자료가 거의 현존하지 않기 때문에 자하나가 어떠한 사상에 근거해 의회에 청원운동을 했는지는 불분명하다. 그렇지만 오사토의 책에서는 '오키나와에 참정권을 획득하는 것은 단지 선거권의 획득이 아니라, 번열정부藩閥政府에 의해 임명된 '총독'인 나라하라 시게루奈良原繁를 추방하고 총독식 정치를 없애는 것이었다는 것'과 같은 표현이 다수 있고, 1935년에 초판이 출판된 이 책에서 오사토는 당시의 조선·대만에서의 참정권 획득운동과 자하나를 중첩시켜 바라본 시선을 갖고 있었다.[60]

자하나 운동은 복귀운동 가운데 급속히 주목받아 전쟁 전에는 자비출판이던 오사토의 책도 60년대에 다시 간행되었다. 뒤의 제23장에서 말하듯이 복귀

60 大里, 『沖縄の自由民権運動』, p.181.

운동에 대한 의문이 생겨남과 동시에 자하나 운동에 대한 평가가 다시금 제기되어 본토의 자유민권운동과의 교류라는 오사토의 설에 대한 신빙성도 의문을 가지게 된다. 제13장에서 말했듯이 대만 의회설치 청원운동이 일본 측에서는 자유민권운동의 비유로 회자되었던 것을 생각해보면, 오사토가 자하나 운동을 자유민권운동으로 결부시킨 것도 혹은 시대의 영향일지도 모른다.

이러한 오키나와사, 특히 류큐처분에 대한 평가에 당시부터 반론이 없었던 것은 아니다. 일본사 안에서는 이노우에 기요시와 신자토의 논쟁이 알려져 있다. 앞에서 말한 대로 이노우에는 오키나와인을 소수민족으로 보는 시각을 비판하고 있었는데, 류큐처분에 대해 '류큐는 작아도 옛날부터 독립국이었다'는 전제하에 '메이지 정부가 이것을 병합한 방법은 침략이라고 하지 않을 수 없다'는 주장을 했다.[61]

신자토는 1957년 시점에서 이노우에의 견해에 반론했지만, 1963년에 히가 슌초比嘉春潮와 시모타 세이지霜多正次가 공저인 이와나미신쇼岩波新書의 『오키나와沖縄』에서 더욱 철저한 반론을 추가했다. 여기서도 오키나와인은 인류학적·언어학적·고고학적으로 일본민족의 일부이고, 이민족 취급은 사쓰마의 동화금지에서 유포된 편견임을 강조함과 동시에 '류큐처분에 반대한 것은 류큐의 지배층이었다', '인민이 반대했다고 할 수 없고 객관적으로는 오히려 일종의 해방을 의미했다'고 주장했다. 그리고 이노우에의 견해에 대해 류큐왕국은 이미 사쓰마의 침공 이후에는 독립국이 아니었고, "일본 근대국가의 통일에서 이를 다른 번藩과 같이 오키나와현으로서 한 나라의 영토로 영입한 것은 역시 '침략적인 병합'이라고는 말할 수 없다"고 했다.[62]

---

61 井上清, 『条約改正』, 岩波新書, 1955, pp.26·30.
62 比嘉春潮·霜多正次·新里恵二, 『沖縄』, 岩波新書, 1963, pp.124·127; 류큐처분 논쟁의 경위와 그 논문은 新里恵二 編, 『沖縄文化論叢一 歴史編』, 平凡社, 1972.

이 책『오키나와』는 시대의 혁신 내셔널리즘을 깊게 반영한 것이었다. 즉 '오키나와를 조국에 반환하는 것은 모든 민족적인 과제'이고, '조국방위를 위해 지불한 오키나와사람들의 희생은 다른 어떤 일본인들에게도 뒤지지 않음'에도 불구하고, '오키나와에 대한 국민적인 연대의식'이 약한 것은 '일본의 내셔널리즘-민족적인 연대의식의 나약함'이 원인이라는 것이었다. 이러한 논리 가운데 오키나와에 대한 '이민족 취급'은 일본의 민족의식의 미성숙과 지배자의 정책에서 일어난 차별이고, '류큐인'은 차별어로서 '오키나와현사람'이라는 호칭이 올바르며 '류큐라는 말은 원래 오키나와 본래의 말이 아니라 중국인이 붙인 이름'이라고 했다.[63] 그리고 전쟁 전의 구관온존정책이 비판됨과 동시에 자하나의 참정권운동이 칭송된 것은 두말할 필요도 없다.

신자토 등이 이렇게 오키나와가 일본의 일부임을 강조한 배경에는 앞서 말한 대로 정치적 사정뿐만 아니라 일본사회의 오키나와에 대한 몰이해와 편견이 있었기 때문이다.『오키나와』에는 1954년에 오키나와에 들른 일본사회당 소련 방문 사절단장이 '오키나와에는 일본어 신문이 있나'라고 발언했던 것, 전 총리대신인 아시다 히토시芦田均가 '오키나와사람은 전쟁 전에는 야자 열매를 먹고 맨발로 다녔는데, 지금은 미국 덕택으로 좋은 생활을 누리고 있지 않은가'라고 말한 것을 그 예로 들고 있다 그리고 일반적 편견의 예로서 '오키나와와 류큐는 같습니까', '필리핀 근처입니까', '교과서는 영어입니까', '오키나와[출신]이지만 일본어를 잘하네'라는 말과 함께 '오키나와사람은 인종이 정말 일본인입니까'가 있다. 신자토는 자신이 패전 직후에 본토의 구제旧制고등학교에 재학하고 있을 때 학우가 '오키나와 원주민은 어떤 생활을 하고 있어'라고 물어서 '내가 오키나와 원주민이야. 일본인과 다르다고 생각하

63 Ibid., pp.4·12·14·21.

는가'라고 되묻고 '오키나와인=일본인론을 개진했다'는 체험을 쓰고 있지만, 오키나와에 대한 편견에 대항하기 위해 일본 류큐동조론이 필요하다고 여긴 상황은 전후에도 전혀 바뀌지 않았다.[64]

당시 본토 측의 오키나와에 대한 일반적인 이해나 관심도는 머나먼 이국에 대한 정도였다고 해도 좋다. 오키나와에서 어떤 인권침해가 일어나도 그것은 한국이나 대만에서의 인권침해와 동등한 관심밖에는 받지 못했다. 복귀운동 측에게는 이러한 본토 측의 관심을 '국제뉴스 차원'에서 '국내뉴스 차원'으로 끌어올리는 것이 중대한 과제였다. 그렇게 하기 위해서는 오키나와가 '일본'의 일부이며 오키나와사람은 '같은 일본인'임을 강조하지 않으면 안 되었다. 오키나와 측에서도 자주 '새끼손가락의 아픔은 온 몸의 아픔'이라는 표현이 사용되었는데, 이 국가유기체론國家有機體論과 같은 비유도 본토 측의 관심을 환기시키기 위한 고육책이었다.

신자토 등이 저술한 『오키나와』는 당시에는 오키나와 문제에 대한 귀중한 입문서로서 광범위하게 받아들여졌다. 이노우에 기요시도 나중에는 견해를 수정하고, 후에 복귀운동의 역사관은 대부분이 여기서 이야기하는 선에서 벗어나지 않았다. 이 경향은 복귀운동에 의문이 생겨난 60년대까지 계속되었다.

그리고 이 시기는 전전의 조선·대만을 '일본인'으로 만드는 것이 차별이라고 여기는 한편, 오키나와에 대해서는 '일본인'에게 배제를 당했다는 것이 차별로 여겨졌다. 1966년에 발행된 『현대 일본의 차별現代日本の差別』이라는 책에서는 전쟁 전에 '조선인에게 조선인 의식을 없애게 하는 정책', '자신은 일본인이라고 주입시키는 정책'이 비난받았지만, 같은 책 가운데에는 "지배자 측은 오키나와인은 일본인이 아니다. 오키나와현 사람은 '일본 국민'이기는 하

64 Ibid., pp.3·7·8·12; 新里·喜久里·石川, Ibid. p.3.

지만 다른 부府나 현 사람과는 조금 다르다는 사상공작을 음으로 양으로 해왔으며 지금도 하고 있습니다", "그들은 예를 들어 오키나와현을 일부러 '류큐'라고 한다. 오키나와현을 '오키나와 주민' 또는 '류큐인', 본토를 가리켜 '일본' 또는 '내지內地'라고 특별히 부르게 하며 오키나와를 일본과는 별도의 독립국인지 무엇인지('내지'에 대한 '외지外地', 즉 식민지)로 보이려고 노력하고 있습니다"라고 말하고 있다. 그리고 여기에서도 '일본인인 오키나와인민이 일본으로 회귀하여 일본 고유의 영토인 오키나와현이 일본에 반환되는 것은 본래 모습을 회복하는 것'이고, 오키나와가 복귀되지 않으면 '일본의 진정한 독립은 달성되지 않는다'는 것이 강조되었다.[65] 이로써 복귀운동은 물론 류큐처분도 침략이 아니라 일본이 '본래의 모습을 회복하는' 복고復古라고 여겨지게 된 것이다.

비난용어가 된 '류큐독립론'

이러한 대세 속에서 신자토 등의 역사관에 반론한 드문 예가 저널리스트인 모리 히데토森秀人였다. 1963년 모리는 신자토 등이 저술한 『오키나와』의 서평에서 "일본군대의 출동으로 최초로 실현된 오키나와 병합을 인민의 입장에서 기뻐하는 기묘한 내셔널리즘 역사관과는 [자신은] 아마도 죽을 때까지 관련이 없을 것이라고 생각한다"고 혹평했다. 또한 모리는 죠몬식 토기가 오키나와에 존재한다는 것은 '내셔널리즘 역사가'의 선전이며 '인위적으로 오키나와사람이 고대부터 일본민족이었다고 입증하려고 지향하는 매우 정치적인 민족주의자'가 꾸며낸 학설에 지나지 않고, 류큐는 메이지 정부가 침략할 때까지 독립국이었다고 주장했다.[66]

---

65 東京部落問題研究会編, 『現代日本の差別』, 汐文社, 1966, pp.85·111~113·128.
66 森秀人, 「ひきさかれた歴史」, 『日本読書新聞』 1963.2.11日号; 「沖縄解放戦線の国籍」, 『日本読書

모리가 이러한 주장을 한 배경에는 당시 좌익운동에서 공산당의 존재문제와 관련이 있었다. 이미 말했듯이 공산당의 민족통일 전선노선은 일본을 미국의 종속국으로 위치시키고 반미투쟁과 민족독립을 우선시하여 일본내부의 민족자본가와 당장은 제휴한다는 것이었다. 그러나 이미 급속한 경제성장으로 부흥한 일본자본은 아시아에 진출하게 되고 일본이 아시아·아프리카 여러 나라와 같은 종속국이라는 설정은 설득력을 잃어가고 있었다. 때마침 급진파 학생조직 등은 50년대 후반에서 공산당 노선에 만족하지 않고 분리되기 시작하여 훗날 신좌파로 이어지는 조류를 형성하고 있었고, 일본 좌익운동의 공산당 지도력에도 암운이 생겨나던 시기였다. 그리고 모리는 예전부터 오키나와의 사탕수수 재배실태를 취재하여 본토자본이 오키나와 노동자를 착취하고 있다고 호소했고, 일본자본과의 투쟁보다도 반미투쟁을 우선으로 하는 방침에는 반대했다.

모리에 의하면 일본공산당과 여기에 협력하는 오키나와인민당이 취하고 있는 민족통일노선은 '인종상 편견과 민족주의적 편향'에 차있고, '오키나와인민이 일본 독점자본을 침범한 결과로서 비인간적 환경에 놓여있는 사실이 은폐되'고 오키나와민중의 분노를 '반미투쟁에만 집중시키는 것'이고, '복귀운동을 합리화하기 위해 일본을 민주적인 유토피아로 그려 선전하는 것'과 다를 바 없었다. 그는 또한 일본 공산당과 오키나와 인민당이 패전 직후에는 복귀운동노선을 내세우지 않았던 사실을 지적했고, 오키나와 해방을 위해 중요한 것은 오키나와인이 '일본인'인가 아닌가가 아니라 '모든 국가를 부정하고 모든 계급지배를 부정하는 진정한 인터내셔널리즘을 창조하는 것'이었다.[67]

新聞』, 1963.4.15日号;「祖国復帰論と日本独占資本」,『日本読書新聞』, 1963.6.10日号.

67 森,「沖縄解放戦線の国籍」. 이 시기 모리의 사상과 사토키비(사탕수수) 재배노동조사에 대해서는 森秀人,『甘蔗伐採の思想』, 現代思想社, 1963 참조.

이러한 모리의 의견에 대해 신자토의 반응은 엄격했다. 그에 의하면 오키나와에서 죠몬토기가 발견되었다는 것은 학계의 정설이고, 류큐왕궁이 독립국이라는 것은 "'독립한 만주왕국'의 존재를 말하는 것과 같은 정도의 난센스"이며 "제대로 된 오키나와연구자 가운데 한 사람이라도 모리를 상대로 진심으로 토론하려고 생각한다면 제정신으로 믿고 있는 것일까. 교만도 이만저만해야지"라며 잘라 말했다. 또한 그는 모리의 사상에 대해 이렇게 비평하고 있다.[68]

> 레닌은 예전에 「대러시아인의 민족적 자긍심에 대해서」라는 글에서 비스마르크의 독일 민족통일을 '분산된 독일인을 통일함으로써 경제발전을 조장한 것'으로 '진보적이고 역사적 사실이었다'고 말했다. 마르크스도 중세 말에 북프랑스민족의 남프랑스민족에 대한 억압을 '부끄러워해야만 하는 옳지 못함'이라고 불러야만 하지 않은가라고 말한 적이 있다. 역사를 전체적으로 보면 메이지 정부의 대 오키나와 정책을 엄하게 비판하면서 동시에 치현처분置県処分을 역사적 필연으로 인정하는 올바른 입장은 일본의 혁명을 운운하는 자에게 거의 자명한 사실이다.

더욱이 신자토는 "모리는 모든 국가를 부정하고 모든 계급지배를 부정하는 진정한 인터내셔널리즘 등 잠꼬대와 같은 혁명이론을 부르짖고 있지만, 우리들에게 필요한 것은 일본이라는 특정 민족국가의 국가권력을 인민의 손으로 쟁취하는 것"이라고 주장했다.

신자토의 모리에 대한 반론문의 제목은 「무책임하기 짝이 없는 트집－모

68 新里恵二, 「琉球独立論者の"迷論"」, 『日本読書新聞』, 1963.6.24号; 「無責任きわまる言いがかり」, 『日本読書新聞』, 1963.5.6号 참조.

리 히데토 씨는 류큐독립론자인가無責任きわまる言いがかり－森秀人氏は琉球独立論者か」, 「류큐독립론자의 '억지론'－무지와 호언장담의 도전자·모리 히데토에 대한 비판琉球独立論者の"迷論"－無知と大言壯語の挑戦者·森秀人への批判」이었고, 이 시기에는 '류큐독립론자'가 비난의 표현이었다는 것을 알 수 있다. 이미 공산당의 노선전환과 복귀운동의 진전으로 '류큐독립론자'라는 말은 오키나와를 '이민족 취급'하는 '차별론자'나 미국에 따르며 민족통일전선을 분열시키는 '괴뢰국가'를 옹호하려고 하는 '매국노'와 동의어로서 사용되었다.

신자토와 모리의 논쟁에는 오키나와인민당의 전 중앙위원이었던 고쿠바 고타로国場幸太郎가 끼어들어 복귀운동 노선을 추궁하는 논의로 발전했다. 고쿠바는 운동노선을 둘러싸고 세나가 가메지로瀬長亀次郎 등 인민당 주류파와 대립하여 인민당을 빠져나온 직후였다.

고쿠바는 모리와는 달리 오키나와를 소수민족으로 보는 관점이 미국에 의해 이용당한 경위를 중시하고, 과거 민족통일 전선노선도 그 나름대로 평가를 했다. 다만 고쿠바는 본토는 물론 "미국군의 점령통치하에 있는 오키나와조차도 이러한 '민족주의'에서 탈피해서 계급적 성격과 인터내셔널한 성격을 익힐 필요가 있다"고 했다. 그리고 "그것은 단순히 일본 혁신정당의 요령을 기계적으로 오키나와에 옮기고 혹은 일본 혁신정당의 어떠한 틀에 자기 자신을 맞춤으로써 달성된다고는 생각할 수 없다". 신자토 등은 오키나와인이 '일본인'임을 강조하고 민족주의에 의한 복귀운동을 진전시키려고 했지만, "그것은 오키나와 문제를 민족통일이라는 부르주아 민족주의적 과제에 중점을 두고 향후 고찰할 결과에서 생겨날 심정적인 민족주의적 편향으로, 당면한 실천적 과제와는 상당히 뒤떨어져 있다'고 고쿠바는 주장했다.[69]

69 고쿠바(国場)의 이 시기의 논고는 『日本読書新聞』 1963.7.8号; 8.19号; 8.26号; 9.2号; 9.16号; 11.4号에 연재되었으나 여기서의 인용은 「日本独占資本の協力の根拠」, 『日本読書新聞』,

그러나 신자토는 이러한 고쿠바의 의견에 대해 “당신의 이론적 영위는 정치적으로 불모하고 유해하며 과학적으로는 잘못되었다”고 혹평했다. 그에 의하면 오키나와는 미국 식민지가 아니라는 견해는 결과적으로 미국에 의한 오키나와의 수탈을 과소평가한 “미제국주의의 ‘면죄론’”일 수밖에 없었다.[70] 운동의 단결을 혼란시키는 자는 적의 내통자라는 세계관에 신자토도 얽매여 있었다.

신자토가 모리나 고쿠바에게 한 반론을 보아 그가 가장 초조해했던 것은 모리나 고쿠바가 민족통일 전선노선을 비판해도 ‘일관되게 아무런 실천적 결론을 보이지 않았다는 것’을 알 수 있다. 신자토의 입장에서 보면 복귀운동의 비판이 오키나와를 미군지배하에 방치하라는 것인가라는 부분일 것이다. 그 당시는 ‘섬 전체의 투쟁’과 60년대 안보투쟁의 열기가 일단 식은 뒤인 이른바 운동의 정체기였고, 『오키나와』에서도 62년 4월에 개최된 도쿄의 ‘오키나와 반환요구 국민대회’에 오백 명만에 불과한 수가 모였다고 적혀 있다.[71] 이러한 상황 가운데 오키나와인을 ‘일본인’이라고 강조함으로써 일반의 관심을 조금이라도 높이고 차별해소와 복귀운동을 진행하고 노력하던 신자토가 구체적인 선택을 보이지 않은 채 비판을 받았던 것은 견디기 어려운 일이었을 것이다. 그가 모리의 주장을 ‘잠꼬대와 같은 혁명이론’이라고 형용한 것도 이러한 초조감의 표현일지도 모른다.

50년대부터 60년대까지 오키나와를 ‘일본인’의 일부로 여겨 복귀운동을 민족통일이라고 한 견해는 거기에 상응하던 역사관과 함께 확실히 정착되어 갔다. 그 중 본토와의 대립이나 류큐처분의 침략성을 지적하는 것은 오키나와

1963.9.16号;『沖縄の日本復帰運動と革新政党』,『思想』, 1962.2月号, pp.90~91.

70 新里恵二,「なりそこないの構造改革論」,『日本読書新聞』, 1963.10.7号;「米帝国主義の“免罪論”」,『日本読書新聞』, 1963.7.29号.

71 此嘉·霜多·新里,『沖縄』p.13.

와를 '이민족 취급'하는 차별이고 미국제국주의에 내통하는 '류큐독립론'이 라고 여겨졌다. 그리고 이 논조는 마침내 오키나와 내부의 동향이나 의식에도 영향을 주었다.

제22장

1960년대의 방언찰方言札

전후 오키나와 교육과 복귀운동

오키나와의 복귀운동을 언급할 때 오키나와교직원회를 빼놓을 수는 없다. 교직원회는 야라 초뵤屋良朝苗와 기얀 신에이喜屋武真栄라는 복귀운동의 중핵적인 인물들을 배출했을 뿐만 아니라, 50년대부터 60년대를 통해 조직도 복귀운동의 중심에 있었다.

본장에서는 오키나와 교직원회의 '국민교육'운동을 다룬다. 이 운동은 본래 앞장에서 말한 혁신 내셔널리즘 사상에 근거한 '일본인'의 자각을 육성하는 것으로서 본토의 일교조가 60년대부터 개시한 것이었다. 그러나 그것은 종래부터 '일본인'에 대해 미묘한 의식을 갖고 있던 오키나와에 들어왔을 때 복잡한 양상을 띠게 되었다. 그리고 이 운동은 복귀운동 안에서 '일본인'이라는 말이 무엇을 의미했던가를 부각시키는 것이었다.

복귀활동으로서 복귀

오키나와에서 전후 교육은 극히 황폐한 상황에서 시작되었다. 오키나와전쟁으로 학교 건물의 80%를 잃고 남아 있는 교실도 거의 사용할 수 없게 되었다. 교과서도 노트도 필기용품도 없었고, 타다 남은 교과서를 돌아가며 읽거나 모래밭에 손가락으로 글씨를 쓰는 수업이 이루어진 것은 지금도 이야기 거리가 되고 있다.

설비 면에서도 그렇지만 교원의 손해는 막심한 것이었다. 오키나와전쟁에서 약 3분의 1의 교원이 사망했고 특히 청년층과 중견층의 피해는 더욱 심각했다. 더욱이 공무원이었던 교원에게 일본의 행정단위인 '오키나와현'이 소멸된 것은 급여의 공급원이 없어진 것을 의미했다. 그 후에 미군정부하에 급여가 지급되었지만 금액은 군노무자의 반액 정도밖에 되지 않았다. 생활이 보장되지 않고 힘든 전후의 생활고에 처해 있었기 때문에 전후 8년 사이에 오키나와 본섬의 교원 가운데 전직으로 퇴직한 자는 57%에 이르렀다고 한다. 사범학교는 없어지고 본토로 유학도 갈 수 없었기 때문에 결원은 임시 단기양성시설의 졸업생으로 채워졌다.[1]

이러한 상황에도 불구하고 미군의 교육에 대한 자세는 매우 냉담했다. 교원급여 증액과 학교 건물 재건은 종종 건의되었지만, 미군은 아주 적은 증액 이외에는 '예산의 불합리한 증가'라는 이유로 거부했다. 학교 건물은 주민의 기부로 개선되었으나 1951년에 영구적인 학교 건물은 전체의 4분의 1에 지나지 않았고, 미군이 지급한 텐트 등의 임시로 지은 학교 건물이 70%에 가까웠고 7%의 아동은 길에서 수업을 받았다.[2]

애초부터 미군은 교원들을 신용하지 않았다. 점령 전 조사에서는 오키나와의 교육이 얼마나 국가주의적이었는지 말해졌고, 초기의 군정부당국자에 의하면 '(교원들은) 대일본제국의 운명을 열심히 해설하는 해설자로 개종되어 있었다. 따라서 군 정부당국은 어떠한 종류의 학교이든 재흥再興 허가를 주저했던 것'이다. 먼저 미군은 '군사적 훈련 및 일본칭송 교육'을 엄하게 금지하

1 교원의 대우나 자격에 대해서는 앞의 『琉球史料』 第3集, pp.373·398; 上沼八郎, 『沖縄教育論』, 南方同胞援護会, 1966, pp.54·116; 沖縄教職員会, 『沖縄教育』 2号, 1955; 「教師の問題」, p.1 참조.

2 앞의 『琉球史料』 第3集, pp.33·189.

는 것을 분명히 했고 교육 재개를 허락했지만, 이것도 당시 당국자들에게는 '규제가 만들어졌다고는 해도 언어의 곤란으로 인해 교사들이 [교실에서] 무엇을 자기 의지대로 말하는가를 조사하는 것은 거의 불가능했다'.[3] 미군에게는 반미교육을 할지도 모르는 교원이나 학교 건물 때문에 예산을 삭감하는 따위의 일에 열의를 기울일 만한 대상이 되지 못했다.

일본적인 교재가 금지되는 한편, 류큐의 정체성 중시나 미국과의 국제친선을 말하는 교육이 바람직하다고 여겨 오키나와어로 교과서를 만드는 것도 검토되었으나 원래 미군의 초등교육에 대한 열의는 약해서 이러한 교육방침도 충분히 실현되지 못했다. 초등·중등교육에서는 전후 초기에 일본에서 교과서 수입을 금지했으나 미군에게는 대신할 교과서를 만들 능력도 열의도 없어서 교과서는 1948년부터 본토에서 수입되었다. 미국이 가장 염가로 할 수 있었던 것은 친미적인 현지 엘리트를 육성하는 소수의 고등교육기관을 건설하는 것이고, 초등교육이 황폐해진 반면 1951년에는 류큐대학琉球大学이 개교되었다.

오키나와의 전후 교육이 이와 같은 상황에 있었던 것은 오키나와교직원회가 왜 복귀운동의 중핵이 되었는가를 아는 것이 중요하다. 현지 주민에 의한 노력은 이미 한계였으며 학교 건물이나 설비에서도 교원의 급여나 대우도 경제성장을 이루는 본토와의 격차는 심해질 뿐이었다. 이러한 가운데 교원들의 복귀운동은 먼저 교육환경의 개선운동으로 시작되었다.

먼저 오키나와교직원회에 의한 복귀운동이라면 초대 회장이며 복귀기성회의 회장이었던 야라 초뵤를 말하지 않을 수 없다. 1902년에 태어난 그는 오키나와에서 교사를 한 뒤 대만의 대남臺南 이중학교와 대북臺北사범학교에

3 鹿野, 앞의 『戦後沖縄の思想像』, pp.61~62.

부임한 후 패전을 맞았다. 오키나와 출신으로 대만에 부임한 교사는 적지 않았고 대만 교화의 지주가 되었으며 야라도 그중 한 사람이었다.

회상록만을 보면 이과담당이었던 그가 황민화교육을 열심히 했다는 흔적은 없다. 오히려 그가 대만에서 인상에 남았던 것은 일본 지배하에 진학이나 출세로 나아가는 길이 막혀서 위축되어 자포자기해가는 제자들의 모습이었던 것 같다. 전후에 오키나와에서도 학교를 졸업해도 일본 본토에 진학할 길은 없고 군노무자가 되는 것 이외에는 미래가 없던 상태가 계속되고 있었다. 야라는 그 후에 복귀운동에서 오키나와의 청년들이 '식민지적 상황 속에서' 희망을 잃고 '퇴폐적인 생활에 빠져들어가는 위험을 말했으며 아마도 이 무렵에 대만의 경험이 반영된 부분이라고 생각된다.[4]

대만에서 귀향한 야라는 오키나와의 황폐함과 같은 또래의 중견교원 대다수가 사망했다는 사실에 너무 놀라 고등학교교장으로 오키나와교육의 재건에 착수했다. 1950년 군도群島선거에서 당선된 복귀파의 다이라 다쓰오平良辰雄 지사 아래에서 야라는 문교부장으로 취임한다.

문교부장으로서 야라가 최우선 과제로 삼은 것은 두말할 것도 없이 학교 건물의 재건과 교원의 처우개선이었다. 그때 자극이 된 것이 1950년에 교육지도자 강습회로 일본 본토를 견학한 일이었다. 예상한 것보다 본토가 더 발전된 것을 알고 충격을 받았던 오키나와 교육관계자들은 그해 여름에 열린 귀향좌담회에서 "[본토에서는] 교직에 전념해도 편하게 먹고 살 수 있는 기본급여를 주는 등 오키나와와는 이야기가 다르다"는 등의 발언을 했고, 야라도 역시 "너무나 격차가 커서 놀랐으며 오키나와의 현상을 떠올리고 한탄했다"

4 屋良朝苗, 『私の歩んだ道』, 屋良さんを励ます会, 1968, pp.35~42; 「私が台湾から学んだこと」, 『新沖縄文学』 60号, 1984 참조. 전후 오키나와청년에 관한 발언은 屋良朝苗, 「戦後沖縄の教育」, 『世界』, 1968.6月号, p.119.

고 회상하고 있다.[5] 전쟁 전에 노력한 끝에 좁혀지고 있던 본토와의 격차는 역시 예상했던 것 이상으로 벌어지고 있었다—이 충격이 그들을 '본토 수준'의 교육환경정비 운동으로 내몰았던 한 요인이 되었다.

그러나 앞에서 말한 대로 미군의 반응은 아주 냉담했다. 야라의 회상록에 의하면 그가 '본토 수준'의 학교 건물을 갖추게 해 줄 것을 요구했을 때, 미군 담당관은 다음과 같이 답했다고 한다. "본토에서는 이런 학교 건물이 생겨났다. 미국의 것은 이렇다. 거기에 비하면 우리 것은—따위의 다른 사람 흉내를 내는 것은 민주주의가 아니다. 민주주의란 자신의 처지에 맞는 것을 해나가는 것이다."[6] 게다가 미군은 민주주의교육이라면 일본을 거친 것이 아니라 미국에서 직접 배우면 좋겠다고 하면서 본토에 와서 하는 강습시찰제도를 중지시키라고 주장했다.

미군에게 기대할 수 없는 상황 속에서 1951년 2월 야라는 류큐대학 개교식에 초대되어 오키나와에 왔던 일본정부의 문부정무차관을 통해 문부대신에게 사실을 이야기했다. 그 내용은 학교 건물 재건에 대한 원조와 강습제도의 존속이었지만, 또 하나 전쟁 전에 근속연수를 합한 교원들의 커다란 관심사는 연금지급이었다. 앞에서 말한 교육지도자 강습에 의한 시찰단의 귀향좌담회에서도 일본정부의 행정권하에 복귀하는 한 연금을 받는 일이 곤란하다는 말이 주목되었다.[7]

이러한 상황 속에서 1952년 1월에는 전도교장회의全島校長会議에서 일본복귀 요구를 결의했다. 더욱이 친미파의 행정주석이 타리아의 뒤를 이은 후에 야라는 회의 이래 해체 상태가 되었던 복귀기성회를 재조직하여 일본 본토를

5 op. cit., 第3集, p.73; 屋良朝苗, 『屋良朝苗回顧録』, 朝日新聞社, 1977, p.7.
6 『屋良朝苗回顧録』, p.16.
7 『琉球史料』 第3集, p.75.

순회하고 학교 건물 부흥을 위한 의연금을 모으는 운동을 개시했다.

야라는 이후 교직원회를 이끌고 복귀운동의 리더가 되었지만 그의 경우도 '조국'에 대한 감정이 단순하다고는 말할 수 없다. 야라는 문교부장 시절인 1951년 3월에 군도회의에서 '[오키나와는] 때로는 역사적으로도 독립했다면서 어떤 사람은 중국에 종속되었다고 말하고, 어떤 사람은 일본에 종속되었다고 표현한 것처럼 딱한 처지에 있다'고 말하고 있다. 그렇지만 한편으로는 2개월 후에 일본정부의 문부정무차관에게 제출한 청원서에는 '오키나와의 어린 학생들은 (…중략…) 모국을 그리워하고 있다'라고 썼고, 오키나와에서 '본토 수준'의 원조를 요청하고 있다.[8] 본토의 정치가에게는 '모국을 그리워한다'는 호소를 계속하면서 오키나와인들끼리는 '일본에 종속'된 역사를 '딱하다'고 표현하는 자세는 단순히 복귀지향이라고만은 말할 수 없겠다.

야라는 1968년의 인터뷰에서 복귀기성회를 결성한 경위를 다음과 같이 말하고 있다.[9]

> 나는 문교부장 시절에 오키나와의 교육이 [일본]나라에 대한 의무와 책임에 있어서 반드시 해야 할 부분이라고 생각하고 있었습니다. 오키나와에서는 전쟁 재해에 대해 학교 건물의 재건 목표가 전혀 세워 있지 않습니다. (…중략…) 선생님들의 생활개선도 급여가 낮았기 때문에 큰일입니다만 (…중략…) 교육신문을 몇 십 만부 발행해서 본토 전국을 향해 오키나와의 사정을 호소하는 대운동을 시작할 준비를 했습니다. 그런데 이런 운동을 하려고 하면 학교 건물 재건 운동뿐만으로는 안 됩니다. 복귀운동을 하지 않으면 안 되는 것입니다. 복귀운동을 하려면 조직을 갖고 있어야 하며 서둘러서 오키나와현의 복귀기성회를 결성

8 Ibid., pp.92·108.
9 屋良, 「戦後沖縄の教育」, p.121.

하고 (…중략…) 이때의 기성회는 교직원회를 중심으로 청년단협의회, PTA연합회, 부인연합회, 4개의 민간민주단체로 결성하고 정당을 넣지 않았습니다.

여기서는 학교 건물 재건과 교원대우개선을 위해서는 본토의 원조에 기댈 수밖에 없었고, 게다가 '복귀운동을 하지 않으면' 안 되었다는 사정을 엿볼 수 있다. 복귀운동을 교육환경정비의 수단으로 의식했는가 그렇지 않은가는 차치하더라도 적어도 단순히 일본에 대한 사모만이 동기가 아니었다는 것은 확실하다.

이렇게 발족한 복귀기성회에 대해 정당에서도 참가요구가 있었지만 야라는 '생각의 차이로 다툼이 일어나면 안 된다'는 이유로 거절했다고 한다. 이 무렵 복귀를 가장 전면에서 주장한 것은 인민당이었지만, 제20장에서 이야기한대로 당시 야라는 미군관의 협력을 내세우고 있었고 1952년에도 '미국에 협력해서 자유주의적 이데올로기를 견지한다'고 말했다. 교육환경개선을 가장 중요시하는 입장의 복귀운동이라면 쓸데없는 이데올로기의 대립을 피하려는 것은 당연할 것이다.[10]

더욱이 1950년대 복귀운동의 요구는 시정권施政權의 전면반환이 무리라면 민정부문의 행정권 부분반환, 특히 교육권의 반환으로 한정해도 좋다는 것이었다. 야라가 문교부장을 역임하던 1951년 10월에 오키나와 측의 임시 부장회의가 미군에게 제출한 요구에도 다른 시정권의 반환에 대해서는 언급하지 않았음에도 불구하고 '교육 및 문화에 관해서는 전면적으로 일본정부가 다른 부府나 현과 마찬가지로 감독, 지도 및 원조한다'는 항목이 들어있다. 여기에 대한 미군 측의 회답은 '오키나와 문교부를 일본문부성의 직할로 하는 것

10 op. cit., p.122; 『琉球史料』 第3集, p.121.

은 불가능하고 또 다시 논의할 필요가 없다'고 냉담했지만, 교육권의 반환이 복귀운동 중에서도 처음부터 중시되고 있었던 것을 살필 수 있다.[11] 거듭 말하지만 그것은 '모국'의 문화를 그리워하는 형태를 취하고는 있지만 학교 건물 부흥과 교원의 처우개선 문제와 밀접하게 결부되어 있었다.

한편 미군은 토지문제로 오키나와 전 지역의 반발이 격화되는 1954년에 이르러 겨우 학교 건물 재건에 본격적으로 착수했다. 그러나 고도성장을 이룬 본토와의 격차는 전혀 줄어들지 않았다. 본토에서는 의무교육으로 교원급여의 절반을 국고에서 부담하는 원칙이 확립되었고 60년대에는 교과서의 무상배부와 급식의 완전실시도 실현되었다. 오키나와교직원회는 1965년이 되어도 학교비품의 충족률이 문부성 기준의 20% 정도인 점과 교원의 실질급여가 본토와 유사한 현의 3분의 2에 지나지 않는다고 호소했다.[12] 이러한 가운데 야라는 54년에는 미군 통치기구米民政府의 압력으로 복귀기성회장을 사임하지만, 60년에는 새롭게 결성한 오키나와현의 조국복귀협의회장이 되었고, 또한 교육비획득 기성회장으로서 일본정부에 거듭 진정陳情을 냈다.

교육방면에 복귀운동의 중요한 성과로서 알려진 것이 류큐정부가 1958년에 공포한 이른바 교육4법이다. 이 법령은 1956에 입법원立法院에서 가결되었지만 미군 통치기구의 의도로 안이 폐지되었고, 그 후 세 번째에서 가결되어 공포하기에 이르렀다. 그 최대 주안점은 교육기본법의 전문에 일본 국민으로서의 교육이라는 한 구절을 삽입한 것이었다. 이것은 당시의 오키나와에서는 물론, '오키나와현'이라는 행정단위가 소멸되었던 본토에서도 오키나와인이 '일본인'이라는 것을 명문화시킨 유일한 법령이었다.

그러나 '일본 국민'이라는 규정도 전후 당초부터 열망했던 것인지 아닌지

---

11 『戦後資料 沖縄』, pp.73~74.
12 福地曠昭, 『戦後20年・教育の空白ー本土と沖縄の比較』, 沖縄教職員会, 1965, pp.3・25.

는 판단하기 어렵다. 교육4법 이전에 시행되었던 오키나와교육 기본조례에는 대상이 되는 주민은 '일본 국민'이 아니라 '오키나와인'으로 규정되어 있었다. 그리고 1951년 3월에 이 조례가 군도의회에서 심의될 때 문교부장이던 야라는 조문을 설명하며 일본 교육기본법의 '국민을 오키나와인으로 고쳤을 뿐입니다'라고 말하고 있다. 그리고 이에 대해 야라를 비롯해서 참가자인 누구도 아무런 코멘트도 의문도 더하지 않았다.[13] 이 군도의회장에서는 '오키나와인'이라는 규정을 채용한 데에 특별히 문제를 느끼지 않았던 모양이다.

1950년대 후반에 이르러 '일본 국민'이라는 규정을 원했던 이유는 미군의 압력에 대항해서 '일본인'으로서 명확히 자각한다는 정신적 의미가 강조되어 있었다. 물론 그 점도 컸겠지만 동시에 야라와 함께 교직원회와 복귀운동을 이끈 기얀 신에이는 "그때까지 류큐정부는 일본정부에 여러 가지 사항을 진정했지만, 내정간섭이라든가 오키나와가 일본 국민이라는 것을 입증할 법은 아무 것도 없지 않느냐라는 이유로 잘도 빠져나갔으며 언제나 퇴짜당할 뿐이었습니다. (…중략…) 그것이 교육기본법이 생긴 이래 각 성省의 오키나와 원조는 그것을 근거로 했다는 사정입니다"라고 말하고 있다. 이 규정은 본토의 보수계 정치가와 교섭하는 데에도 도움이 된 것 같다. 예를 들면 야라 자신도 1958년에 교직원회의 공제회관을 건설하기 위한 원조를 이끌어내는 교섭에서도 자민당의 문부대신에게 '일본 국민'을 호소한 조문을 보여 감격시킴으로써 대장관료大藏官僚의 반대를 무릅쓰고 자민당의 힘으로 공금지출의 획득을 달성할 수 있었다. 1965년 교직원회의 발행물도 "'일본 국민'을 교육하는 같은 일본인교사에 대해 교육급여만이라도 본토 정부가 부담해야 할

13 『琉球史料』第3集, p.92.

것"을 요구했다.[14] 이 교육기본법은 '일본인'이라는 법적규정을 스스로 행한 것이지만, 그것은 단순히 아이덴티티상의 문제가 아니었다.

이렇게 교직원회는 결성된 이후 일관되게 복귀운동의 중심적인 담당자가 되었지만 오키나와사회의 내부에서는 이에 대한 비판도 잠재하고 있었다. 1966년 교직원회의 교육연구 집회에서는 "복귀에 대해 교사들의 운동은 연금을 얻기 위한 것이다"라는 세평이 있다는 발표가 있었다. 또한 오다 마사히데大田昌秀는 1968년 좌담회에서 "교직원회에 대한 비판으로서 시정권의 반환이 실현된 경우에 교직원회는 어떻게 되든 손해는 없습니다. 그렇지만 중소기업 등에서는 기지 경제의 은혜가 완전히 없어짐으로써 여러 가지로 걱정하는 사람이 많다는 말을 자주 듣습니다"라고 말했다.[15] 그러나 이러한 목소리는 복귀운동이 한창일 때에는 공적으로는 표면화되지 않았으며 교직원회 측도 거기에 명확한 회답은 하지 않았다.

게다가 복귀운동이 배제할 수 없는 경향에서 교직원회도 역시 종종 본토를 이상화하고 있던 것도 사실이었다. 1967년 오키나와교직원회와의 교섭을 위해 오키나와를 방문한 본토의 일교조 간부에 의하면, 교직원회의 어떤 지도자가 "본토에서는 현 예산의 80%가 국고보조가 아닌가. 그렇기 때문에 복귀하면 국고보조를 받는다"고 발언했다고 한다. 이것을 평해 일교조 간부는 "확실히 임금으로는 '적어도 본토 수준으로'라는 절실한 투쟁이 있는 것이 현실이지만 본토에서도 '본토 수준'이어서는 안 되는 다른 면이 많다", "'복귀하면 본토 수준이 되어 모든 것이 해결된다'는 점이 너무나 강조되어 본토는 마

14 大田昌秀·上間正論·長峰一郎·比嘉幹郎·喜屋武真栄·砂川恵伸·外間米子, 「徹底討論 沖縄の施政権返還と基地問題」, 『世界』, 1968.10月号, p.65; 『屋良朝苗回顧録』 p.61; 福地, 『戦後20年·教育の空白』, p.3.
15 第一二次教研集会集録, 『沖縄教育(国民教育)』, 沖縄教職員会, 1966, p.11; 「徹底討論 沖縄の施政権返還と基地問題」, p.69.

치 장미빛 현실인 것과 같은 환상을 줄 위험성을 느낀다"고 말했다.[16] 이러한 의견에 오키나와교직원회가 어떻게 반응했는가는 명확하지 않다.

단지 이와 같은 본토의 이상화가 전쟁 전과 다르다는 점에 유의할 필요가 있다. 교직원회가 복귀운동의 중핵이 된 것에 대해 전쟁 전의 오키나와 황민화에 교원들이 수행했던 역할을 반성하는 문맥에서 '복귀운동 중에서도 (…중략…) 처음 단계에서 우리들은 천황폐하가 계신 일본으로 가고 싶다. 기미가요를 부르고 싶다. 히노마루를 흔들고 싶다는 것에서 출발한 성격이 상당히 강했다'라는 비판이 이미 60년대 말에 존재했다.

나중에 말하듯이 '히노마루 게양문제로 사실 그렇게 해석되어도 어쩔 수 없다'는 부분이 존재했다. 그러나 교직원회를 이끄는 기얀 신에이는 천황에 대한 사모가 복귀운동에 있었는가라는 질문에 대해 '그런 일은 없었다. 천황과 황태자가 오키나와에 대해 무엇을 해주었단 말인가'라고 답했다.[17] 이것은 복귀운동이 반전평화운동이라는 이미지가 생겨나던 1968년의 인터뷰였기 때문에 어느 정도 감안해서 평가할 필요가 있을지도 모른다. 그렇지만 사실로서 패전 후부터 1950년대에 걸쳐 야라와 기얀이 쓴 복귀운동의 문서류에서도 천황에 대한 사모는 찾아볼 수 없다. 그들이 일관되게 부르짖었던 것은 복귀에 의한 교육환경의 정비였다.

아마도 '천황과 황태자가 오키나와에 대해 무엇을 해주었단 말인가'라는 말은 복귀운동 당초부터 그들의 진심이었을 것이다. 야라와 동료들에게도 '일본인이 되는 것'은 천황에 대한 충성이 아니라, 일본정부의 원조에 의한 학교 건물 부흥과 교원의 처우개선이라는 자신들의 행복을 의미하고 있었다.

---

16 菊池喜継,「知らなすぎた沖縄のこと」,『教育評論』219号, 1968, p.26.

17 木下順二・日高六郎・田港朝昭 外,『シンポジゥム沖縄』, 三省党, 1968, p.103; 関広延,『沖縄教職員会』, 三一書房, 1968, p.96.

그렇지만 복귀운동을 고조시켜가는 과정 속에서 '일본인이 되는 것'은 차츰 자기 목적화되는 양상을 띠기 시작했다.

방언패찰의 부활

교직원회가 복귀운동을 하는 것은 다른 단체와는 성격이 다른 점이 있다. 즉 그들은 교육활동을 통해 아동들에게 영향을 준다. 구체적으로는 아동들에게 '일본인'으로서 자각을 육성시키며 표준어공통어를 장려한다.

전쟁 전의 황민화교육에 대한 비판이 정착된 지금, 1950년대부터 60년대의 오키나와에서 공통어의 장려운동이 실행되었다는 것은 그다지 알려지지 않았다. 앞에서 말한 바와 같이 교직원회의 복귀운동은 교육환경정비와 불가분한 관계에서 생겼고 전쟁 전의 일본으로 회귀하는 것을 지향한 것은 아니었다. 그렇지만 미국에 대한 대항의식이 높아지고 마침내 '조국복귀'와 '일본국민'의 육성이 슬로건으로 되는 사이에 전쟁 전부터 교육에 종사하던 교원들이 할 수 있었던 일은 한정되어 있었다.

패전 직후에는 미군의 오키나와어·오키나와 문화 장려책도 있었고 오키나와어의 사용은 거의 자유로웠다. 그러다가 언제부터 공통어의 장려가 부활하게 되었는지는 확실하지가 않다. 다만 황폐함과 혼미함이 극한에 달한 교육상황에서 교원들이 공통어의 장려에 활로를 찾으려는 경향은 패전 직후부터 있던 것 같다. 어느 지구의 발표는 다음과 같이 말하고 있다.[18]

> 전쟁에서 져서 미군에게 점령당해 미군의 지휘감독과 그 보호를 받고 있자니 필승의 신념이 확고했던 사람들이었던 만큼 망설임과 혼란한 정신상태가 된다. 과거의 자신이 걸어갔던 길을 부정하기도 한다. 수용생활의 첫걸음부터 영어의 세계

18 패전 직후의 회상은 앞의 『琉球史料』 第3集, pp.7~8.

로 들어가고 그 필요성을 매일매일 체험당하게 되면 국어에 대한 불신론도 동요도 당시의 혼란기에는 확실히 있었다. 학교교육이 어떤 방향으로 나아가는지 실제로 문제를 삼는 목소리도 들은 적이 있다. 그때 이시카와石川시에서 문교文教에 관해 걱정하고 계시던 (…중략…) 선생님께서 언어교육은 어디까지나 표준어일본어로 가라, 망설일 게 없다는 결론에 다다른 것이다. 학무과 직원, 학교직원이 맑은 하늘을 맞이한 기쁨과 안정감에 휩싸였던 사실을 잊을 수가 없다.

패전으로 인한 가치관의 동요 속에서 '과거의 자신이 걸어온 길'이 긍정되는 '기쁨과 안정감'을 얻고 싶다는 심리가 공통어 장려의 재개를 촉구한 요인의 하나였다는 것은 부정할 수가 없다. 또한 원래 전쟁책임의 추급과 공직추방 등이 약했던 오키나와에서는 교원부족이 극심했던 적도 있었고 전쟁 전의 교원이 특히 문제없이 교직에서 다시 일하고 있었다.

지역에 따라 1947~1948년경부터 이미 전쟁 전과 마찬가지로 '방언패찰'이 소학교에서 부활되었던 것 같지만, 그것이 오키나와 전체로 퍼져간 것은 1950년 전후인 것 같다. 그리고 1951년 4월 강화회의를 향해 복귀서명운동을 하던 한창 때에 제2회 전도全道 교장회校長会에서는 이미 '표준어의 장려를 철저히 하는 것'이 '올해 중점목표'의 하나였다.[19]

그렇지만 1955년 1월에 개최된 교직원회의 제1회 전 오키나와 교육연구대회의 주요과제는 교원의 생활과 교사문제, 생도의 경제·학업환경이었다. 그렇지만 다음해인 제2회 교육연구 대회에서는 문교부장인 기얀 신에이가 '우리들이 교육하고 있는 아이들은 바로 일본인이며 일본의 청소년임에 틀림없다'라고 말하고, '바른 일본 국민의 의식을 지닌 어린아이를 매일 육성해

19 1950년 전후의 상황과 인용은 도리야마(鳥山), Ibid., pp.61~62.

갈 것'을 내세웠다.[20] 그리고 '섬 전체의 투쟁'을 거친 1957년 제3차 교육연구 집회에서는 본토에서 초대된 도쿄대 총장인 야나이하라 다다오矢内原忠雄가 강연을 했고 공통어의 장려문제가 크게 부각되었다. 이 문제를 발표에서 다룬 나하那覇지구의 중학교 교사는 이렇게 말했다.[21]

> 부정어를 교정하거나 말하는 것을 지도하거나 하는 것은 물론 필요하고 어느 학교에서나 실시하고 있지만 먼저 무엇보다도 학생 자신이 방언을 사용하지 않고 공통어로 말할 수 있다면, 어쨌든 공통어로 이야기한다는 생활태도를 양성하는 것이다. (…중략…) 그러나 단지 강제로 감독하고 격려하는 것만으로는 효과가 없다. 아무리 주번 선생님이 야단을 쳐도 선생님이 가버리면 전과 마찬가지로 방언을 사용할지도 모른다. 마음 깊은 곳에서 일본어의 아름다움, 말에 담긴 영혼, 일본어가 풍기는 분위기를 감득感得하고 공통어를 말하는 기쁨을 느끼게 하는 지도는 매우 중요하다.

이 교육연구 집회에서는 각 지구에서 언어상황의 상세한 실태조사를 발표하고 있다. 이 발표에 의하면 공통어가 가장 보급되어 있는 나하那覇지구에서도 생활 전반에서 공통어를 사용하고 있는 중학생은 13%에 불과하고 나고名護지구의 발표에 의하면 학교 구역 안에서 공통어만으로 생활하는 가정은 0.38%, 공통어를 많이 사용하는 가정을 포함해도 10%였다. '공통어를 엄격하게 사용할 수 없는 이유'로는 '유창하게 말을 할 수 없기 때문에', '친구들 대부분이 방언을 사용하기 때문에', '주의는 하고 있지만 나도 모르게 방언이 나온다'가 많고 그 이외에 '친구가 웃으니까', '공통어는 사용하고 싶지 않다'

---

20 喜屋武真栄,「第二回教研大会を省みて」,『沖縄教育』4号, 1956 참조.

21 第三次教研中央集会研究集録,『第一集』,『沖縄教育』5号, 1957, p.40.

등이 있다.[22]

교원들은 오키나와어뿐만 아니라 공통어의 어휘가 오용되고 있는 '틀린 용법'의 교정에도 주의를 기울이고 있다. 잘못된 사용의 사례로 드는 것은 '연필을 갈다=깎다', '우산을 뒤집어쓰다=쓰다' 등이지만, 그 중에는 '비키세요, 비켜주세요', '녹음기를 켜다=틀다'와 같이 오용이라고 할 수 있을지 미묘한 것들도 다수 포함되어 있다. 지도의 방법으로는 노력표나 발음교정표의 작성 이외에도 '바른 말을 사용하지 않을 경우에는 서로 주의를 줘서 그 자리에서 고치는 것'을 결의시키거나 '잘못된 것을 사용한 사람, 고친 사람을 홈룸 시간에 그날 당번이 발표한다', '매일 반성회의에서 위원이 정리해서 표를 만든다', '수시로 프린트를 해서 가정에 통보하여 부정어 배제에 대한 협력을 구한다' 등을 발표했다.[23]

교원들은 교내뿐만 아니라 지역사회에서도 지도했다. 교육연구 집회 발표에서 '많은 학생들은 말 상대가 방언을 사용하기 때문에 공통어를 엄격히 시행할 수 없다고 말하지만, 우리 교사들은 이러한 장해를 없애기 위해 그들이 속해 있는 집단 혹은 생활환경을 함께하는 모두가 공통어를 사용하는 분위기를 만들도록 계획하고 지도해야 한다'라든가, 학부형의 목소리로서 '가정에서도 모두가 공통어로 이야기를 하게 되어 집에서 반짝이는 행복을 느끼고 있습니다', '최근에 물건을 사러 와서 방언을 말하는 사람에게는 물건을 팔지 않기로 하고 부정어를 사용할 때는 바르게 말할 때까지 기다립니다' 등의 사례가 소개되었다.[24]

'방언패찰'에 대한 사용도 교육연구 집회에서 발표되었다. 다만 그것은 '학

---

22 op. cit., pp.15・39~40.
23 op. cit., pp.26・28・49.
24 op. cit., pp.15・40; 第四回教育研究大会研究集録,『国語』,『沖縄教育』6号, 1958, pp.60~61.

급 분위기가 어두운 느낌' 때문에 폐지된 사례소개나, '방언패찰의 소재를 살피고 받을 걱정이 없을 때는 방언을 사용하는 이중인격이고 내성적인 아이가 생겨났다'하고 '좋은 방법이 아니다'라고 말하는 사람이 많았다. 학생들을 대상으로 한 지도방법 앙케트 발표에서도 평판이 나빴던 방법으로는 '방언사용자는 청소를 시킨다', '방언을 사용한 사람은 모두 앞에 나선다'와 같은 방어패찰을 말했다.[25] 그렇지만 평판이 좋지 않은 제도라고 인식은 했지만 역시 공통어의 장려를 위해 사용되었다는 것을 알 수 있다.

아라사키 모리테루新崎盛暉에 의하면 '방언패찰은 1960년대 중반까지, 즉 일본정부가 반환정책을 받아들인 1965년 무렵까지 각지에 있었다'고 한다. 그는 또한 '(1940년의) 방언논쟁이 황민화교육과 관련하여 크게 다루어진 것은 일본복귀가 가까워졌다는 기분이 들었다'라고 말했다.[26] 오키나와교직원회 교육연구 집회에서 공통어의 엄격한 시행관계 발표는 1966년까지 행해지고 있었기 때문에 아라사키의 증언과 거의 일치한다고 말할 수 있다.

그렇다고는 해도 전후 민주주의교육의 분위기와 전쟁 전을 떠올리게 하는 공통어의 장려가 어떻게 조화를 이루고 있었을까. 교육연구 집회 발표에서 공통어의 장려는 '학생회 등과 제휴해서 자치적으로 시키는 것도 효과가 있다'는 목소리도 있었고, 이와 같은 '민주적'인 방법이 모색되었다는 것을 알 수 있다. 또 공통어와 '민주주의'가 교원들 사이에서 어떻게 결실을 맺고 있었는지 살필 수 있었던 것은 1957년 교육연구의 집회에서 중학교 교사가 기록한 아래의 발언이다.[27]

25 第四回教育研究集会研究集録, 『第三集』, 『沖縄教育』 7号, 1958, p.19; 第四回教育研究大会研究集録 『国語』 p.36; 第三次教研中央集会研究集録, 『第一集』, p.30.
26 『回想 吉田嗣延』, p.339.
27 第三次教研中央集会研究集録, 『第一集』, pp.39~40.

인간이 자유롭게 자신의 생각이나 의견을 말하는 힘을 가지고 그것이 실제로 실행되는 사회에서 산다는 것은 커다란 행복이며 그렇게 됨으로써 민주사회는 성립된다. 그런데도 우리들이 맡고 있는 학생들의 언어생활을 보자면 기본이라고도 할 수 있는 공통어조차 완전히 익히지 않은 상태이고 방언과 함께 이중생활에서 오는 공통어의 실수도 큰 것이다. 한층 더 아름다운 언어를 사용하도록 연마하는 것은 앞으로의 지도에서 역점에 두어야 한다. (…중략…) 생각한 것을 마음껏 자유롭게 묻거나 이야기할 수 있는 것이 모든 교과학습을 제대로 전개하는 기초가 되며, 또한 사회진출 후의 적응력이라는 점에서도 학교교육의 긴요한 사무라고 생각하기 때문에 이 테마공통어의 엄격한 시행를 설정했다.

'생각한 것을 자유롭게 묻거나 이야기할 수 있는 것'이 민주주의의 기본이고 그렇기 때문에 공통어를 장려한다. 이러한 의견은 다른 교원도 말했다. 예를 들면 나호名護지구의 어느 초등학교 선생님은 '하는 말이 부자유스러우면 자기 의사를 표시할 수 없고 활동적인 인간을 만들 수 없다. 그래서 언제 어디서나 누구에게나 편하게 말을 걸 수 있는 아이를 만들어 밝은 아이로 키우고 싶다'라며 공통어의 필요성을 설명했다. 또한 헨토나辺土名지구의 발표에서도 '생각한 것은 무엇이든 이야기할 수 있는 즐거운 학급을 만들고 싶다'라며 공통어의 장려를 주장했다. 한편 각지의 발표에서 학생들이 '누군가가 말 거는 것을 피한다', '언어 불명료', '이야기는 하지만 마음이 약해서 자신이 없다'와 같은 상태가 되는 것이 문제가 되었다.[28] 그러나 그것을 공통어를 엄격히 시행한 것에 따른 폐해라는 의견은 없고 역으로 공통어를 습득하면 해결되는 문제로 간주되고 있었다.

---

28 第三次教研中央集会研究集録,『第一集』, pp.21~22・27; 第四回教育研究集会研究集録,『第三集』 p.18.

교원들은 학생을 학대할 생각으로 이러한 운동을 한 것이 아니다. 집회 발표에서 "교사는 작은 부정어 불순어도 민감하게 듣는 사랑의 귀로 흘려듣지 말고 따뜻한 자애가 담긴 지도와 찬사를 해줄 필요가 있다"라든가, "한 사람 한 사람의 아동을 바라보며 훌륭하게 키워 장래에 대한 충분한 준비를 해주고 싶다"는 의견이 많아서 이 운동이 학생에 대한 애정을 표현한 것임을 알 수 있다. 물론 교육연구 집회에서도 "우리들은 공통어 지도를 서두른 나머지 어린아이들의 발언 태도를 위축시켜서는 안 된다"는 목소리가 일부 있었으나, 더 많았던 의견은 "공통어를 엄격히 시행할 경우 학생들이 열등감을 품거나 또는 비굴해지는 것은 아닌가 걱정하는 사람도 있지만 학생들은 그렇게 생각하지 않는다", "오히려 사회에 나가서 공통어를 충분히 사용할 수 없어서 열등감이 생길 것이 예상되는데 이것이야말로 커다란 문제이다"라는 것이었다.[29]

여기서 교원들이 이상으로서 말하고 있는 '누구에게나 가벼운 마음으로 말을 할 수 있는 어린아이'라는 말은 분명히 공통어로 말할 수 있다는 것을 전제로 하고 있다. 고장에서 공통어를 거의 사용하지 못하고 학생들에게 공통어로 '말하는' 사람이 아무도 없다는 것은 교원들도 잘 알고 있었을 것이다. 그래도 상상 속의 '조국'과 '본토'는 지향해야 할 목표로서 교원들의 뇌리에 엄연히 존재하고 있었다.

야라를 비롯한 교직원회의 간부는 복귀운동에서 말하는 '조국'이나 '일본국민'을 연호하는 것이 반드시 문화적인 동화를 의미하는 것이 아니라, 교육환경정비를 위한 전략이라는 것은 어느 정도 의식하고 있었을 것이다. 그렇지만 현장의 교원들이 동경하는 '본토 수준'의 교육환경을 목표로 하는 것은

29 第四回教育研究大会研究集録, 『国語』, p.38; 第三次教研中央集会研究集録, 『第一集』, pp.12·22·40.

언어나 의식에서도 '본토 수준'을 목표로 하는 것과 연결되었다.

'히노마루', '기미가요'의 장려

이러한 공통어의 장려운동을 거쳐 오키나와교직원회는 1963년 제9차 교육연구 집회에서 새롭게 '국민교육분과'를 설치하고 '국민교육운동'을 개시했다. 이것에 대해서는 본토의 일교조의 동향에 관해서도 약간 언급하기로 한다.

본토의 일교조가 교육연구 집회에 '국민교육' 분과를 신설한 것은 1961년의 일이다. 이 운동은 전년도인 60년 안보투쟁의 높은 열기를 이어받아서 혁신 내셔널리즘 사상에 따라 아동들에게 '일본 국민'의 자각을 높이기 위해 개시되었다. 그리고 일교조의 교육연구 집회에서 국민교육운동 이념을 연설한 사람은 바로 역사학자 우에하라 센로쿠上原專禄였다.

앞장에서 말했듯이 우에하라는 50년대 초부터 '일본인'은 '민족의식'이 희박하다는 전제에 서서 젊은층에 만연한 에고이즘을 타파하고, '민족공동체'로서의 자각을 갖게 하여 반미투쟁에 맞설 것을 역설했다. 교육에 열심이었던 우에하라는 50년대부터 60년대 전반에 걸쳐 각지의 교육연구 집회에서 연설을 했는데 전후에 들여온 '미국적 형태의 민주주의'에 의한 교육은 개인의 자유만을 중시했기 때문에 에고이즘의 만연과 원자화를 촉진시켜버려서 "민족의식 형성의 문제와 애국심 육성의 문제는 '신교육'에서는 거의 잊혀져 갔다'고 말했다. 그는 이러한 인식에서 "'국민교육'은 현대일본을 그 밖의 여러 세계에 대해 주체성과 자율성을 지닌 긴밀한 민족집단으로 격상시킬 수 있다. 행동과 책임의 주체로서 '일본 국민'의 창조를 일반적 목표로 하며 그 목표 실현을 일반적인 과제로 한다"고 말했다.[30]

---

30 『上原著作集』 7巻, p.47; 14巻, p.17.

근래에 내셔널리즘 관계 논의에서 이른바 '전후민주주의'는 근대적 개인의 해방만을 중시하고 국제·국내 정세에 대한 행동과 책임주체로서 '일본인'의 '창조'를 경시했다고 말해지는 경우가 있다. 그러나 그것은 오해이고 전후 좌파는 '민족주체성'이라는 주제에는 열심이었다. 일교조의 국민교육운동은 그것을 교육현장에까지 전개시켰고 그 시작 무렵은 1995년에 '자유주의사관'을 주창하고 논의를 부른 후지오카 노부가쓰藤岡信勝가 교육학부의 대학생으로서 공산당계의 서클에 참가하던 시기와 겹친다.

그러나 혁신 내셔널리즘의 추세로서 우에하라는 국민교육운동과 전쟁 전 교육의 차이를 강조했다. 제20장에서 말했던 것처럼 그는 전쟁 전 일본의 교육에서는 '민족의식이라는 것과 국가의식 사이에서 바꿔치기가 행해지고 있었을 뿐'만 아니라, 국제연대가 빠진 편협한 자국중심주의에 빠져 있었다고 말했다. 새로운 국민교육운동은 미국을 비롯한 유럽의 제국주의와 투쟁하는 아시아·아프리카 여러 나라와 세계 민주세력의 연대를 심화시켜야 한다. 그렇게 하기 위해서는 전쟁 전의 천황중심의 '관제 애국심'과 '진정한 국민의식'을 구별하고, 일본의 독립과 평화를 중시하는 교육이 행해져야 할 것이라고 말했다.[31]

우에하라가 '국민교육'의 모델로 삼은 것은 그가 전문으로 다루었던 독일 고전시대 및 19세기 초기의 내셔널리즘이었다. 그는 나폴레옹전쟁으로 패전국이 된 19세기 초 독일의 피히테와 클라이스트의 국민을 향한 조국재건의 애국심을 칭찬하면서 전후 일본의 "이른바 '신교육'에서는 어린이들을 민족의 일원으로 키우는 것을 지향하는 피히테의 준비가 빠져 있다"고 비판했다. 피

31 上原·宗像, op. cit., p.135; 『上原著作集』 第7巻, p.10. 우에하라의 피히테에 대한 언급은 『上原著作集』 第7巻, p.38. 피히테의 「ドイツ国民に告ぐ」은 『国民とは何か』에 수록되어 있다. 피히테나 난바라에 대해서는 같은 책에 수록된 鵜飼哲, 「国民人間主義のリミット」 참조.

히테는 잘 알려진 강연 '독일 국민에게 고함'에서 국민교육nationalerziehung의 구상을 말했고 우에하라가 그 영향을 받았던 것으로 추측된다. 당시 일본에서는 우에하라뿐만 아니라 난바라 시게루南原繁 등 역시 피히테에게 강한 공감을 나타냈다. 그리고 우에하라도 난바라도 나치의 인종주의와 피히테의 조국애의 차이를 강조하면서 패전국 일본의 '국민'들에게 애국심을 고취시키려고 했다.

이러한 사상에 따라 본토의 일교조는 국민교육운동을 개시했다. 그리고 앞서 말한 대로 오키나와교직원회가 국민교육분과를 창설한 것은 1963년 교육연구 집회에서였으며 '(본토에서는) 민주주의교육이 국민교육이라 말해지고 있습니다'라고 했다.[32] 그러나 우에하라가 비난하는 '관제 애국심'과 국민교육운동에서 국민의식에 혼동이 생겨날 염려는 혁신 내셔널리즘에 공통된 문제점으로 존재했다. 그리고 결과부터 말하자면 오키나와에서는 그 문제가 더 크게 드러났고 그 전형이 '히노마루', '기미가요'에 대한 대응이었다.

실은 본토 일교조가 국민교육운동을 시작한 배경에는 문부성이 지도요령에서 초등학교부터 '기미가요'를 필수교재로 삼은 것에 대한 반발이 있었다. 즉 일교조의 국민교육운동은 문부성에 대항해서 국민 내셔널리즘을 혁신 측에서 조직한다는 맥락이 존재했던 것이다. 그러나 오키나와교직원회의 경우 본토의 문부성이나 보수계 정치가에게 각종 진정을 했고 완전한 대항 자세는 취하기 어려운 사정이 있었다. 그런 까닭에 문부성의 '히노마루', '기미가요' 필수방침과 일교조의 혁신 내셔널리즘이 '국민교육'이라는 이름하에 혼재하게 되었다.

또 여기에는 전후 오키나와의 '히노마루'에 대한 미묘한 평가가 있었다. 패전 이래 오키나와 전토에서는 미국 이외의 국기게양이 금지되었고 1952년 4

32 『沖縄の教育ー第九次教研中央集会国民分科の提案と討議集』, 沖縄教職員会, 1963, p.35.

월 강화조약의 발효와 함께 부분적으로는 허가되었지만, 그래도 공공기관이나 집회 등에서도 게양이 금지되었다. 물론 이것은 발흥하고 있었던 복귀운동에 대한 탄압행위였다. 때문에 공교롭게도 '히노마루'는 복귀운동과 반미의 상징으로서 오키나와에 정착해가게 되었다. 실제로 50년대부터 60년대 전반의 반기지운동이나 복귀운동 집회에는 반드시라고 해도 좋을 만큼 '히노마루'가 걸려있는 사진을 찾을 수 있다.

1953년 1월 1일에는 개인의 가정과 사적인 회합에 한해 정치적인 의미를 동반하지 않는 범위 내에서 게양이 허가되었다. 이때의 모습을 어느 교원은 '정월에만 히노마루 게양이 허용되었지. 즐겁고 상쾌해서, 즐겁고 상쾌해서 모두 내리지 않았지'라고 회상하고 있다. 또 기얀 신에이도 '미국정부 통치기구의 건물에는 성조기. 여기에는 [교직원회의] 회관에는 히노마루—실로 유쾌하게 바라보았지'라고 말했다.[33] 교직원회는 학교에서 '히노마루' 게양운동을 행하여 본토에서 대량의 '히노마루'를 구입해서 각 가정과 학교에 배부했다. 미군에서는 학교 게양에 계속 경고를 보냈으나 1961년 이케다 하야토池田勇人 수상·케네디 대통령회담 결과, 일본 및 '류큐'의 공휴일과 정월의 삼일 동안에 한해 학교 등 공공기관에서도 '히노마루'의 게양이 허용되었다.

1961년에 본토에서 방문한 신문기자의 르포는 오키나와의 '본토에서는 조금도 상상이 되지 않는' '히노마루의 사용'을 소개하고 있다. 거기에는 교직원회가 만 개의 '히노마루'를 다 팔았다는 것, 가장 좌익인 인민당 '당본부의 벽에 히노마루가 붙어 있었다는 것', '어느 버스 노조사무소에는 적기赤旗와 히노마루가 같은 깃대에 사이좋게 걸려 있었다는 것' 등이 보도하고 있었다. 야라 초뵤는 '히노마루'에 반발을 보인 본토 일교조의 교육연구 집회에 참가

33 関, Ibid., pp.99~100.

했을 때, "히노마루 게양운동은 이민족 지배하에 놓인 그 자리에서 탈각하기를 원하는 외침이다"라고 호소했다고 한다.[34]

미군은 복귀운동을 모두 공산당의 선동으로 간주하고 있었기 때문에 그러한 시선을 만든 공간 안에서 미군에 대항했던 오키나와 측에 '히노마루'와 적기를 유사한 것으로 간주하는 습관이 생겨났다고 해도 이상할 것은 없다. 그러나 문제는 '일본인'이라는 말과 마찬가지로 '히노마루'도 또한 본토 측에서는 다른 의미를 갖고 있고 국기라는 매체를 통해 미군에 대한 저항과는 다른 의미가 교직원회에도 유입되는 것은 피하기 어려웠다. 오키나와에서 국민교육운동의 최고 전성기라고 할 수 있는 63년부터 66년경의 교육연구 집회의 발표에서는 그 모습을 찾을 수가 있다.

오키나와의 국민교육운동에서 광범하게 행해진 것은 아동들의 의식조사이다. 그 항목에는 "당신의 집에는 국기히노마루가 있습니까", "당신 집에서는 국경일에 국기를 게양합니까", "'기미가요' 노래를 당신은 좋아합니까"라는 것이 나열되었고 기본적으로는 "초등학교 저학년부터 신변의 '히노마루'나 '기미가요'를 통해 국민적 심정을 키우는 지도계획을 세워야 할 것이다"라는 방침이 표명되었다. 고야胡屋 지구의 조사에는 '히노마루'의 소유가정이 60% 정도에 머물렀다는 것을 평해서 '한 집에 한 장은 반드시 구입하도록 지도해야 할 것이다'고 말했으며 요미타니·가테나読谷·嘉手納지구에서도 '히노마루'에 감격한 아동이 90%라고 하고 '남은 10%의 국민의식은 우려될 문제이다'라고 평가했다. 그 밖에도 야에야마八重山지구에서는 '[기미가요를] 일본 국가로 알지 못하는 어린이가 합계 52% 있다는 것'을 문제시하고 '국민의식, 국가감정에서 솟구쳐 나와 노래하는 것임을 모든 아동 학생들에게 의식시키는 데

34 「想像外の"日の丸ブーム"」,『朝日ジャーナル』, 1961.2.5号, pp.6~7; 屋良, Ibid., p.48.

에는 커다란 노력과 시간이 필요할 것이다'라고 결론짓고 있다. 더욱이 지도를 위해 「교육도나리서구教育隣組」가 각 지역에 만들어져서 '히노마루' 게양의 추진에 활용되었다.[35]

또한 '히노마루', '기미가요'와 함께 조사항목에 반드시 들어 있었던 것은 '당신은 어느 나라 사람입니까', '오키나와는 어느 나라입니까'라는 질문이었다. 대부분의 지구에서는 자신을 '일본인'이라고 회답한 자가 90%를 넘었고, 또 오키나와를 일본영토라고 답한 것도 80%미국령이라고 답한 자가 10% 전후였으나 100% 회답을 향해 노력할 것이 요구되었다. 특히 자신을 '일본인'이라는 회답이 67%에 머무른 야에야마八重山지구에서는 '정말로 안타까운 회답'을 평하고 '예전에 식민지 대만에 살던 주민들은 어른이나 아이들도 일본 국민이기에 앞서 대만인이라고 생각하고 있던 것 같은데, 그것과 완전히 같다고는 할 수는 없지만 초등학교에서도 중학교에서도 아직은 일본 국민이라고 확실하게 대답하지 못하는 아동 학생들이 30%에 가깝다는 것은 예삿일이 아니다'고 말하고 있다.[36]

'일본인' 의식의 육성을 위해 '히노마루', '기미가요'를 장려하는 것 이외에도 역사관을 근본적으로 바꾸는 일이 행해졌다. 고야지구에서는 '일본복귀를 거부하는 것'의 하나로 '80년 전의 류큐인은 일본인이라고는 생각하지 않았던 사고방식'을 예로 들었다. 그리고 야에야마지구의 발표에서는 '오키나와민은 일본인이고, 사용하고 있는 방언은 일본 한 지방의 말이라는 것'을 아동에게 가르치는 일을 강조했다. 그 밖에도 일상용어로서 '일본'이 아니라 '조국', '오키나와인'이 아니라 '현민縣民'을 사용하도록 장려했고, 본토의 출판사가 발행하는 일본지도에 오키나와를 넣어야 한다는 운동이 일어나서 본토와

35 『沖縄教育ー第一一次教研国民教育分科』, 沖縄教職員会, 1965, pp.27·33·37~38·63·81·100.
36 Ibid., pp.27·36.

교환하는 서류에는 반드시 '오키나와현'으로 철저히 기입하게 했다. 물론 당시 '오키나와현'은 행정단위로는 존재하지 않았지만, 아동들에게 '현'을 자각시키기 위해서는 유일하게 '현'이 기재된 공문서인 '호적초본으로 확인시키는 일'이 장려되었다. 또 문화 면에서도 '일본의 아름다운 전통과 문화를 지키고 키우는 태도'의 육성과 '공통어의 장려', '풍속·습관의 개혁'과 같은 목표가 세워졌다.[37] 야나기 무네요시의 주장으로부터 25년이 지난 이 무렵에도 오키나와의 언어와 '풍속·습관'은 '일본의 아름다운 전통과 문화'의 일부로 간주되지 않았다.

물론 이러한 국민교육운동의 방법에 대해 의문의 목소리가 없었던 것은 아니다. 특히 본토의 일교조와는 다른 운동의 진행방법에는 주저하는 면도 있었고, 교육연구 집회 발표 중에서도 '국기國旗를 중심으로 파악하고 사상경향의 통일화가 시도되거나 일본정신 등 통합의 기치로 이용되어서는 안 된다'는 의견이 나왔다. 한편 다른 지구의 발표에서는 '천황과 황태자가 만일 오키나와에 온다면, 당신은 어떻게 생각합니까'라는 앙케트를 실시하여 '기쁘다'라고 회답한 사람이 초등학교의 80%, 중학교 66%에 머물렀다는 점이 '유의해야 할 문제점'으로 이야기되었다. 운동으로 지향해야 할 애국심이 어떠한 것인가 하는 규정은 흔들렸고, 1965년 1월 제11회 교육연구 집회 전체회의총괄에서도 '통일되고 일정한 방침을 내세우는 데에는 이르지 못했습니다'라고 말했다.[38]

'히노마루'의 게양촉진에 대해 각 지구에서도 이론은 없었으나 '기미가요'에 대해서는 천황과 관련된 만큼 논의가 분분했다. 1962년에 교직원회가 발행한

---

37 Ibid., pp.43·48·66; 第一三次教研集会研究集録, 『沖縄教育(国民教育)』, 沖縄教職員会, 1967, p.39.

38 『沖縄教育ー第一一次教研国民教育分科』, pp.1·13·77·80; 第一二次教研集会集録, 『沖縄教育(国民教育)』, p.18.

자료에서는 '기미가요'의 취급에 대해 교직원회 내부에서 나온 찬반양론이 소개되었다. 장려반대의견은 '천황찬미주의이다', '군국주의의 지주', '새로운 국가國歌를 공모해야 할 것' 등이었는데 찬성의견은 아래 다섯 가지였다.[39]

1. 일본 국민으로 의식을 높이고 복귀의 염원을 키울 수 있다.
2. 교과서에도 나오기 때문에 지도해야 하는 입장에 있다.
3. 히노마루를 자유롭게 게양하는 것이 우리들의 외침이고 국가도 같은 이유에서 부른다.
4. '기미가요'는 오랫동안 국가로 불려왔고 외국에서는 올림픽이나 일본 내빈의 접대에 국가로 연주되고 있다.
5. 본토의 여러 행사에 참가하여 기미가요를 부를 수 없다는 것은 매우 부끄러운 일이다.

여기에서는 복귀희망, 미군에 대한 저항, 문부성에 대한 복종, 그리고 굴절된 '본토'지향 등이 혼재되어 있는 양상을 엿볼 수 있다.

교육연구 집회에서도 '무엇이든 본토 수준의 정도면 된다고 하니 본토의 역코스적인 교육정책을 무비판적으로 들여온다'는 내부비판이 존재했다. 그렇지만 1962년의 자료에서는 이와 같이 '기미가요'에 대한 찬반양론을 병기하면서도 '오키나와에 놓여있는 현실적 입장에서 가르치고 부르게 해야만 할 것이라고 생각된다'고 결론을 내렸다. 다만 여기에는 '전쟁 전의 우리들이 배운 것과 같은 초국가적인 사고방식으로 지도받아서는 곤란하다', '가르치는 교사 자체가 새로운 국가의식에 입각해서 바르게 지도할 것'이라는 조건이 붙었다. 그렇지만 그 '새로운 국가의식'이 어떠한 것이었는지에 대해서는

39 「六一年度地域懇談会主要問題解説」, 『沖縄教育』 13号, 1962, p.20.

명확한 지시가 없었다.[40]

1966년 1월 교육연구 집회에서는 '기미가요' 문제에 대한 토의가 있었다. 토의에서 '본토에서는 우익세력의 상징으로서 사용되고 있다'라든가, '새로운 민주적 국가에는 거기에 알맞은 국가가 필요하지 않은가'라는 의견이 나왔지만, 결국 '기미가요는 일단 종래대로 학교로 돌아가서 연구해주었으면 한다'는 결론밖에 나오지 않았다.[41]

이러한 가운데 각 지구의 발표는 제각기 다른 대응으로 나타났다. 어떤 참가 교원은 '기미가요 문제를 대신해서 국민 노래 보급운동을 한다'고 하고, 어떤 자는 "본토의 '기미가요' 논쟁과는 아주 다른 입장에서 지도하고 있다"며 장려를 주장하고, 또 어떤 자는 '더욱 확실한 결론을 내려주었으면 한다'고 요구했다. 여러 지구에서 행하고 있었던 것은 "'기미가요'의 '기미君'를 굳이 '천황'과 연결해서 생각하지 말고 주권을 가진 '서로'로 해석해도 좋지 않겠느냐고 생각한다", "공명정대하고 선善한 요代, 그대라고 해석하고 싶다"와 같은 색다른 해석이었다.[42] 천황찬미의 비판을 의식하면서도 국가國歌는 필요하다는 모순된 요구를 채우기 위한 고육지책이었다.

1966년의 교육연구 집회에서는 예년대로 학생들에 대해 '당신은 일본인입니까'라는 의식조사를 하는 한편, 어떤 지구에서는 교사의 의식조사도 발표하고 있다. 그 발표에 따르면 교사 가운데 애국심의 양성이 필요하다고 회답한 사람은 88%, '왠지 저항감을 느낀다'고 답한 사람은 10%였다. 마찬가지로 '기미가요'를 '국가로서 긍지를 가지고 노래할 수 있습니까'라는 질문에 대해 '할 수 있다'고 대답한 사람은 86%, '왠지 저항감을 느낀다'고 대답한 사

40 『沖縄の教育ー第九次教研中央集会国民分科の提案と討議集』, p.40;「六一年度地域懇談会主要問題解説」p.20.

41 第一二次教研集会集録, 『沖縄教育(国民教育)』, pp.20~21.

42 Ibid., pp.21·57; 『沖縄教育ー第一一次教研国民教育分科』, p.73.

람은 12%였다. 그러나 반면에 '기미가요'를 국가로서 아동들에게 적극적으로 가르치고 있다고 대답한 사람은 58%에 머물러 교원들의 망설임을 살필 수 있다.[43]

그러나 지역에 따라서는 '히노마루'와 '기미가요'의 보급을 절대적인 것으로 말했다. 1966년 1월의 신문보도에 의하면, 어떤 지구의 교직원회의 분과회에서는 한 교원이 '기미가요'는 천황숭배의 노래이기 때문에 국가로서는 가르치고 있지 않다고 발언했는데, '한 개인의 편파적인 사고방식을 가지고 교육의 장에서 아이들에게 국가가 아니라고 해서 가르치지 않는다는 것은 교사로서 중대한 문제이다' 따위의 말로 '많은 참석자가 비난을 했다'고 한다. 교육연구 집회에서도 "'기미가요'를 노래할 때의 자세는 특히 유의해야 하며 '차렷' 자세로 노래를 부르게 하고 있다", "'히노마루'의 작은 깃발종이의 취급에는 특히 신경을 쓰고 노래 전후에 취하는 조치방법까지 면밀하게 지도한다"는 발표가 있었고 일부에서는 전쟁 전을 상기시키는 분위기가 양성되고 있었다.[44]

동경과 거절의 동거

하지만 복귀운동의 배경이 있다고는 해도 이와 같은 국민교육운동이 왜 이렇게 고조되었던 것일까.

교육연구 집회의 발표에서는 "우리들 오키나와현민에게 '히노마루'는 교육의 상징이며 자유의 상징, 복귀의 상징, 그리고 저항의 상징이다", "평화사상은 민족부재의 코스모폴리터니즘이 아니라 어디까지나 조국에 입각한 국

---

43 第一二次教研集会集録, 『沖縄教育(国民教育)』 p.71.
44 「足りない国旗の認識」, 『沖縄タイムス』, 1966.1.24; 第一二次教研集会集録, 『沖縄教育(国民教育)』 pp.57·60.

제정신이어야 한다"는 말을 볼 수가 있는데, 이는 확실히 오키나와의 사정에는 본토의 혁신 내셔널리즘 사상이 연결되었다는 것을 알 수 있다. 그와 동시에 문부성 지도를 '히노마루' 장려의 근거로 삼는 발표도 볼 수 있는데 이것 역시 요인의 하나였다.[45] 그러나 이러한 표면상의 요인과는 별도로 교사들의 심정은 어떠했을까?

먼저 교원들에게 일관되게 존재했던 것은 본토와의 격차의식이었다. 교육연구 집회에서는 어떤 지구도 '본토 수준 교육의 여러 조건의 정비를 조급하게 확립하기 위해 본토정부의 대폭적인 원조를 요청한다'는 의견이 나왔으며 집회에서 회장의 인사도 '본토 정도의 수준을 외치며 초조해했는데, 그 사이에 오키나와 이상의 속도로 본토의 교육은 점점 전진하고 있습니다. 그래서 그 차이는 점점 증대할 뿐입니다'라고 말하고 있다. 평등에 대한 초조함에서 생겨나는 '일본인'에 대한 동화지향은 전쟁 전과 전후를 통해 교원들을 사로잡아갔다.[46]

교육환경의 정비가 본토보다 늦는다는 열등감은 "오키나와의 어린이들은 매우 학력이 약하다. 일본에서 가장 낮은 현보다도 더욱 열등하다"라는 학력의 열등감과도 관계가 있었다. 1963년의 교육연구 집회에서는 학력격차를 위한 오키나와학생들은 "본토 사람들과 비교해서 아주 큰 열등의식이 자연스럽게 심어진 결과가 된 것입니다"라는 말에 이어서 "역시 일본인의 의식을 갖는 것이 필요합니다"라고 말하고 있다.[47] 교원들은 학력이 '본토 수준'에 미치지 못하는 것은 교육환경을 '본토 수준'으로 정비해주지 않았기 때문이라는 인식에 서서 그 상황을 '본토 수준'의 '일본인'을 육성하는 국민교육운동

45 第一一次教研集会集録, 『沖縄教育(国民教育)』, p.56; 『沖縄教育ー第一一次教研国民教育分科』, pp.68·71.
46 『沖縄教育ー 第一一次教研国民教育分科』, p.83; 회장연설은 上沼, Ibid., p.60에서 재인용.

으로 해결하고 싶다는 책임감을 안고 있었다.

확실히 당시 오키나와학생들의 학력테스트 평균점수는 본토보다 낮았다. 그러나 그것은 교육환경의 열악함도 있었으나 오키나와아동의 측정지능은 비언어식 테스트에서는 높게 나타났고 본토에서 만들어진 언어식 테스트에서는 낮게 나오는 결과를 보였다. 그러나 교육연구 집회에서는 이를 의식한 발표는 없었고 오히려 '공통어를 할 수 있게 되면 자연스레 학력이 향상될 것이라고 생각합니다'라고 가정하고 있었다.[48]

위의 발언에서 볼 수 있는 '일본인의 의식을 갖는 것'으로 '열등의식'을 극복한다는 논리는 공통어를 습득하면 밝고 활기차게 이야기를 할 수 있는 어린이가 된다는 논리와 같다. 1963년 교육연구 집회에서는 "오키나와에서 일본 국민을 육성하는 경우, 특히 일본 국민으로서 자신감을 갖는 것이 중요합니다. 바꾸어 말하면 열등감을 없애는 것입니다"라는 발언을 했다.[49]

그러나 제18장에서도 살펴보았듯이 오키나와 주민은 법적으로 '일본인'이라고는 할 수 없었다. 그들에게는 일본국정에 대한 참정권도 없었고 일본헌법에서 보장한 인권도 없었다. 국민교육운동은 이른바 문화나 아이덴티티의 측면에서 '일본인'이 되는 것을 미리 가르쳐서 '일본인'으로서의 권리를 획득하려는 운동이었다고 말할 수 있지만, 설령 '일본인'으로서 의식을 가질 수는 있어도 일본정부가 권리를 부여하는 보증은 어디에도 없었다. 권리상으로는 '일본인'이라고 할 수 없는 아동들에게 '일본인'으로서 자각을 갖게 하는 모순은 교원들도 느끼고 있었지만, 그러한 불안이 잠재하면서도 운동은 진행되었다.

---

47 『沖縄教育ー第九次教研中央集会国民分科の提案と討議集』, pp.43~44.

48 上沼, Ibid., p.112; 第四回教育研究大会研究集録, 『国語』, p.40.

49 Ibid., 『沖縄教育ー第九次教研中央集会国民分科の提案と討議集』, p.18.

1965년 교육연구 집회에서 야에야마 지구의 발표는 이렇게 말하고 있다.[50]

> 생각이 있는 사람이 일본헌법으로 보호받을 수 없는 현민을 어떻게 진정한 일본 국민이라고 말할 수 있는가에 대해 분노를 느끼는 것은 당연한 일이다. (…중략…) 그래도 어디까지나 우리들은 일본의 한 국민임에 틀림없다. 이 생각 아래 우리 어른들이 이 세대에서 올바른 일본인으로서 국민교육을 펼치지 않으면 다음 세대에서도 우리들과 같은 의문과 번뇌가 계속될 것이다. 또한 만일 민족의 비원悲願인 시정권이 반환되었을 때 현민이 진정한 일본인으로서 국민의식, 국민문화의 차이 등에 커다란 차이가 있다고 한다면 본토 동포의 의혹의 눈과 차별적 취급은 피할 수 없게 될 것이다.

교원들은 '일본인'으로서의 권리획득에 불안이 있었어도, 아니 있었기 때문에 '일본의 한 국민임에 틀림없다'라고 말해야 하는 입장에 놓여 있었다.

그리고 여기서 말하는 '민족의 비원'은 이미 '오키나와민족'이 아니라 혁신 내셔널리즘에서 말하는 오키나와를 포함한 '일본민족'의 의미가 되었다. 물론 '일본인'의 자각을 육성하는 국민교육운동에서는 '오키나와민족'은 금지된 말이었다. 오키나와와 본토의 관계를 말할 때에도 교육연구 집회 발표에서는 "자신들은 불행해서 자민족일본민족에 대한 자기집단오키나와에 대해 열등의식을 만들고 있지만, 아이들만은 열등의식의 희생으로 만들고 싶지 않다"라는 표현 방식이었다.[51]

그렇지만 '열등의식'을 극복해야 하는 상대는 본토만이 아니었다. 오히려 그 이상으로 컸던 것은 직접적인 지배자였던 미국이었다. 1961년 이리오모

50 『沖縄教育－第一一次教研国民教育分科』, p.44.
51 『沖縄教育－第九次教研中央集会国民分科の提案と討議集』, p.63.

테西表섬의 초등학교 학급신문에는「우리들은 이래도 일본인인가」라는 제목의 글이 게재되었다.[52]

> 최근 미국이 정글 전투연습을 위해 이리오모테에 와 있습니다. (…중략…) 거기에 모여드는 어린이들은 (…중략…) 미군 뒤를 따르면서 배가 고픈 마른 개처럼 빵이나 쵸코렛을 던져주면 기쁘게 먹는 것입니다. 이래서는 사람이 아니라 개라고 바보취급당해도 별 수 없습니다. 이런 것은 인간인 일본인이 먹을 것이 아니라고 뒤돌아보지 않을 만큼 용기가 없다면, 이제부터 일본을 짊어지고 갈 수 없을 것입니다. 우리들은 훌륭한 일본 국민입니다. 바보취급당하고 싶지 않습니다. (…중략…) 우리들은 평화로운 일본을 만들 일본의 자식들입니다. '개'라고 웃음거리가 되었던 것을 잊지 말고 마음에 채찍으로 삼아서 앞으로 곧장 나아갑시다. 훌륭한 일본 국민으로서.

여기에는 미군의 압력에 짓눌린 사람들이 '일본인'이라는 아이덴티티를 의지해서 나아갈 수밖에 없는 심리가 나타나 있다. 이 학급신문을 소개한 교원은 "이래서는 우리가 일본인임을 잊게 된다. 일본인 교육, 아이들의 혼을 지켜서 키워나가야 한다라고 언제 어떠한 때라도 '일본인'이라는 말을 잊지 않았다"라고 말하고 "어머니는 국가를 형성하는 국민을 낳아서 키우는 모체"라는 동기에서 그 고장의 여성들을 계몽하면서 국민교육운동을 고조시켰다고 한다.[53]

이러한 미국의 압박 속에서 예전에는 멸시의 대상이었던 '가나카ｶﾅｶ'도 마찬가지로 미국의 피해자로서 표현되었다. 1960년경에 오키나와의 어느 대

52 日本教職員組合・沖縄教職員会共編,『沖縄の先生たち』,合同出版株式会社, 1970, p.135.
53 Ibid., pp.133・135.

학생은 '미국에 지배되어 멸망되었던 하와이의 가나카민족과 같은 슬픈 운명을 오키나와현민이 밟지 않는다고 누가 보장할 수 있는가'라고 호소하며 '어린이들에게 일본인으로서 자각과 긍지를 심어주는 것'은 '가장 중요한 일'이라고 주장했다.[54] 전쟁 전의 일본–오키나와–가나카라는 순위 도식의 변형을 여기서 볼 수 있다.

위의 이리오모테의 학급신문에서는 미군과 대항하는 의지처인 '일본'은 전후의 '평화로운 일본'으로 나타내고 있지만 전쟁 전의 교육을 받은 세대에게는 반드시 그렇다고만은 할 수 없었다. 같은 시기인 1960년경 전쟁 이전 세대의 한 사람은 다음과 같이 말했다.[55]

> 나는 누구보다도 가끔 군가와 기미가요 등을 들으면 그리운 그 무언가를 느낀다. 지금도 미군에게 전쟁에서 진 것을 유감으로 생각할 때가 있다. 물론 군국주의 시기의 일본은 죄도 없는 다른 나라 사람들을 무참하게 많이 죽였다. 그것을 지탱했던 것이 교육이고 기미가요와 그 밖의 군가였다는 사실을 부정한 셈이다. 그렇지만 유감스럽게도 드러나고 있다. 거대한 권력에 저항을 느낄 때, 약한 자가 찾았던 것은 전후의 민주주의교육이 아니라 전쟁 전의 군국주의교육이었다는 것이 나의 모습이다.

이 사람은 결코 반동적인 정치관을 가진 자가 아니라 본토의 안보조약반대투쟁에 '절대적인 공감'을 보냈다고 한다. '히노마루'와 적기赤旗가 공존하던 당시 오키나와의 상황은 이러한 심리로도 지탱되었다고 할 수 있다.

조선사 연구자인 미야타 세쓰코宮田節子는 황민화교육을 받은 세대의 재일

---

54 上沼, Ibid., p.3.
55 Ibid., p.4.

조선인 친구를 "낮에는 '[조선]민족의 주체성'을 말하면서 일단 술을 마시면 '군가'밖에 부르지 않는다"라고 묘사하고 있는데, 일본정부와 대립하던 재일 조선인까지도 전쟁 전의 교육으로 인해 이렇게 깊이 각인되어 있었던 것이다. 하물며 오키나와의 교원들은 일상적으로 '거대한 권력'인 미국과 상대하면서 '일본 국민으로서'의 교육방침을 가지고 있었다. 어느 교원은 1967년에 "'히노마루'와 '기미가요'라는 말은 의식과는 반대로 오키나와에 사는 30대 이상의 주민에게는 자칫하면 강렬한 향수를 불러일으킬 수 있다"고 쓰고 있다. 더욱이 교육연구 집회에서는 국민교육운동에 '젊은 사람이 참가하고 있지 않다'는 것, '히노마루'에 대해서도 젊은층과 '30대 이상의 감각에 뚜렷한 간격이 있다'는 등의 사항이 발표되었고, 전쟁 전의 세대인 교원들의 감성이 국민교육운동에 감추어진 배경으로 있었다.[56]

또한 국민교육운동의 심리적인 배경으로 교사들 사이에서는 학생들의 풍기문란과 전후의 가치관 변동에 대한 경계가 존재했던 것을 예로 들 수 있다. 교육연구 집회에서는 미군기지 주변의 풍기를 경고함과 동시에 학생들의 예의범절의 문란, 공중도덕의 저하, 말투나 경어의 퇴화 등을 크게 다루고 있어서 그것들은 '국가관념이 약하고 민족의식도 희미해졌다'는 평가와 함께 나란히 다루어졌다. 국민교육운동 관련 발표에서는 '전후 민주주의는 자유, 해방에 무게가 실리고 사회성을 잃은 이기적 자기중심적인 사회영향을 만들었다'라든가 '가정, 학교, 사회의 예절교육에 엄격함이 없고 미국인의 나쁜 점을 흉내내고 싶어한다'라는 발언을 볼 수 있는데 그 대책으로서 '국민의식을 키울 교육'을 주장하고 있다. 공통어의 장려운동에서도 '난잡해진 방언을 (청년에게) 지도하기를 요망하는 목소리가 많다', '일상생활에서 웃어른에 대해

56 宮田, 『朝鮮民衆と「皇民化」政策』, p.2; 儀間進, 「二七度線以南からの主張」, 『世界』, 1967.8月号, p.117.

경어를 사용하지 않는다'라는 발표가 있으며 규율단속의 의식이 배경에 있다는 것을 알 수 있다.[57]

이러한 규율단속은 섬 전체가 기지로 덮여 있어서 풍기문란함이 이미 지적되었던 오키나와의 사정을 반영한 것이었다. 앞에서 말한 대로 야라 초뵤도 제자가 기지의 노무자가 될 수밖에 없는 상황 속에서 '퇴폐적인 생활'과 '식민지적 성격'이 되는 것을 한탄하면서 '본토 수준'의 교육환경정비와 '일본 국민'의 육성을 내세웠다. 그러나 교육연구 집회에서는 '부자관계와 장유의 질서 등 동양적 미풍까지 잃고 있다는 것은 민주주의가 잘못 인식된 것이 아닐까', '어른은 물론이고 지금 어린이도 전혀 교육이 갖추어져 있지 않다. 이것은 수신교육이 없기 때문이라고 외친다' 등의 발표도 있었으며 연장자 교원들의 전쟁 전 회고도 함께 나타나는 경향이 있었다. 또한 발표 중에는 '전쟁 전에 고생을 거듭해서 쌓아 올린 지위나 명예는 패전과 함께 모두 땅에 떨어지고, 새로운 세상의 출현과 함께 잘못 인식된 자유 및 민주주의의 오해로부터 초래되었다고 생각한다'는 발언도 있었으며 전쟁 전부터 지방의 지도자로서 자부심을 갖고 있던 일부 교원은 전쟁 후의 지위 저하에 대해 당혹스러워했던 자도 있었다고 한다.[58]

지금까지 본 국민교육운동의 심리적인 요인, 즉 본토와의 격차의식, 미군의 압력, 전쟁 전 교육의 잔존, 그리고 규율단속 의식 등은 확실하게 구분될 수 있는 것이 아니고 혼재해 있었다. 예를 들면 1966년 교육연구 집회의 어떤 발표에서는 집단으로 취직해서 본토로 가는 학생들에 대해 "언어에 관해서는 과거 오키나와사람이 본토에서 실패한 사례, 경험 등을 끊임없이 이야

57 第一 二次 教研集会集録, 『沖縄教育(国民教育)』 pp.63~64・66; 第三次 教研中央集会研究集録, 『第一集沖』, pp.21~22.

58 第一 二次 教研集会集録, 『沖縄教育(国民教育)』, pp.50・65.

기하고 그 필요성을 강조하면서 병행해서 공통어를 충분히 말할 수 있도록 교내에서는 독려하고 교육면에서는 인사, 예의 방법 등이 부족하다"라든가 "교과서, 히노마루, 언어, 풍속, 습관, 일상생활 등 실질적인 일체화집단취직에서의 말과 예의작법 등를 예로 들어서 지도한다" 등을 말하고 있으며 본토에 대한 동화 지향과 규율단속이 혼재하고 있었음을 알 수 있다.[59]

교원들의 눈에는 압도적인 미군의 압박, 열악한 교육환경, 그리고 그 속에서 '퇴폐적인 생활'에 침식되어가는 학생들이라는 상황이 비쳐졌다. 그러한 상황을 눈에 들어와 그들이 초조해 했을 때, 지향할 목표로 내놓은 것은 '본토 수준'의 교육환경정비, '본토 수준'의 학력육성, 공통어 장려, 그리고 '본토 수준'의 '일본인' 의식의 육성밖에 없었다. 이른바 국민교육운동은 제자들에 대한 책임감과 애정, 상황이 마련되지 않는 초조함, 그리고 자신들의 행복에 대한 바람 등 다양한 감정이 '일본인이 되는 일'이라는 형태로 분출된 현상이었다.

그렇지만 표면적으로는 '히노마루'로 뒤덮여온 당시의 오키나와에서도 끊임없는 갈등이 존재했다. 중부지구의 어떤 교원은 '54년인가 55년'의 아래와 같은 에피소드를 예로 들고 있다.[60]

> 그 당시 노래하는 써클이 남부의 전쟁터를 돈 적이 있다. 히메유리姫百合탑에서 겐지健児탑으로 향했을 때, 누가 갖고 왔는지 선두 부근에서 히노마루가 바람에 날리고 있었다. 아직 전쟁의 상흔이 가시지 않았을 때여서 수수밭을 가르고 행진하는 대오隊伍와 바람에 펄럭이는 히노마루는 환각과도 같은 이상한 광경이었다. 겐지탑에 도착했을 때 히노마루는 동상 옆에 세워 두었다. 갑자기 뒤쪽에서 화난 목소리가 들려왔다.

59 Ibid., p.60.
60 『沖縄の先生たち』, p.242.

"얼른 히노마루를 없애버려! 이 놈 때문에 죽었잖아."

떨리는 목소리였다. 그러나 금방 다른 쪽에서 목소리가 들려왔다.

"조국 복귀의 상징이다."

그뿐이었다. 침묵—이 이어졌다.

이 교원은 '히노마루 게양운동을 할 무렵 사람들은 앞을 다투어 히노마루를 샀다. 거기에는 그리운 조국의 향기가 있었다. 그러나 마음속에서는 조국에 대한 동경과 거부가 함께 있었을 것이다'라고 기록하고 있다. 이러한 '동경과 거부'를 '마음속'에 함께 한 채로 국민교육운동은 진행되어갔다.

'조국은 일본인가'

이와 같은 국민교육운동에 대해 학생들의 반응은 어떠했을까.

1960년대에는 복귀운동의 일환으로 오키나와와 본토의 아이들에게 편지왕래를 시켰고 상대 학교로 초대하는 것이 활발하게 이루어졌다. 도항渡航제한이 있던 시기여서 학교끼리 제휴로 선발된 학생대표들의 교환견학이라는 형식이 많았다. 교환 후에는 통례적으로 감상문집을 발행했고 문집에서 학생들의 목소리를 들을 수 있었다.

학생들의 작문에서 가장 많았던 것은 교원들의 국민교육운동의 사상을 그대로 반복한 내용이었다. 본토의 일교조와 오키나와교직원회가 공동으로 편집한 1966년에 발행된 작문집 『오키나와의 아이들沖縄の子ら』에 「어머니인 일본」이라는 제목으로 중학교 1학년 작문이 아래와 같이 실렸다.[61]

히노마루, 그것은 우리나라의 표시입니다. 상징입니다. 우리 일본 국민에게는

61 日本教職員組合·沖縄教職員会共 編, 『沖縄の子ら』, 合同出版株式会社, 1966, p.104.

히노마루라는 훌륭한 국기가 있습니다. 깃발의 중심인 빨간 원은 각이 없고 평화의 상징이라고 합니다. (…중략…) 국기게양과 하강할 때 왜 서로 말을 하지 않고 늠름하게 서 있지 못할까요. 나라의 상징에 대해 늠름한 태도를 취할 수 없는 것일까요. 그것이 저의 의문입니다.

당시 발간된 문집류에는 어느 것이나 오키나와의 학생들이 '일본인'의 자각을 이야기한 내용으로 넘쳐났다. 교환견학으로 본토에 도항한 학생들은 후지산을 보고 감격하거나 항구에서 '조국'을 향해 환호성을 지르는 자신들의 모습을 문장으로 썼으며 '조국의 땅을 밟았을 때에는 눈시울이 뜨거워져 조국에 왔구나하는 실감이 밀려들었다', '역시 오키나와와 본토는 하나다. 피가 서로 통하는 같은 일본 국민이라고 생각하지 않고는 견딜 수 없었다'라든가 "'오키나와는 군사적으로는 미국 쪽이지만 몸에 흐르는 피는 일본인이다'라고 선생님은 말씀하셨다. 이 말을 기억할 때마다 '그렇다, 나는 일본인이다'라는 기쁨이 내 마음속에서 끓어 오릅니다" 등의 말을 이어갔다. 어떤 소녀는 "가고시마鹿児島의 산바시桟橋에서 내려섰을 때 '조국 일본에 왔다'고 생각하니 갑자기 가슴이 뜨거워졌다. (…중략…) 조국 땅을 밟고 힘껏 달렸다"고 적혀 있고 예전에는 지배자였던 가고시마도 '조국'으로 여기고 있었다.[62]

하지만 이러한 '학교작문'이 어디까지 그들의 본심을 나타낸 것인지는 확실하지가 않다. 교사에게 선발된, 이른바 우등생들의 작문에는 학교에서 이상으로 배운 가치관을 충실히 반영하려고 했던 경향이 있었다는 것은 부정할 수가 없다. 사실 국민교육운동에 공공연하게 의문을 드러내는 학생도 소

62 山本和昭 編, 『祖国の土』, 本土沖縄豆記者交歓会事務局, 1966, pp.91·286; 「本土と沖縄の子どもの作文交流実行委員会」, 『沖縄の子 本土の子』, 百合出版, 1971, p.226; 下地寛信, 「祖国とはいったいなんだ」, 『世界』 1967.8月号, 136.

수이기는 하지만 존재했다. 오키나와교직원회의 1965년 1월의 교육연구 집회에서는 다음과 같은 작문의 존재를 발표하고 있다.[63]

일본제국의 교육을 받은 어른들은 아무렇지도 않게 일본을 조국으로 부르고 있다. 그리고 다시 일본의 영토가 될 것을 바라고 있다. 그리고 믿고 있다. 그 사상을 패전 후에 태어난 우리들에게 조차 심으려고 하고 있다. 1963년에 오키나와에 문부대신이 찾아왔을 때의 일이다. 일본제국의 교육을 받은 교사가 "전원 반드시 작은 히노마루 기를 흔들어야 한다"고 말해서 A군은 "흔들 의지가 없는 사람도?"라고 묻자, 교사는 "물론"이라고 대답했다. 그래서 이 문제를 학급회의 시간에 건의하자는 의견이 나왔다. 바로 토의를 했다. 먼저 A군의 발언이 있었다. A군 "환영이라는 것은 다른 사람이 강제로 시키는 것이 아니라 자신의 신념으로 해야 할 것이다", A군의 의견에 대해 75%의 사람들이 찬성했다. 그러나 교사는 교직원회의 결정이기 때문이라며 의지가 없는 사람도 기를 흔들러 가라고 명령했다.

정말로 본심에서 학생들이 기를 흔들었던 것처럼 신문보도는 적고 있다. 왜 우리들은 일본조국론을 인정하지 않는 것인가. 오늘날 성장할 때까지 우리들이 일본의 은혜를 경제적 혹은 정신적으로 받았던 것일까. 민족단결이라고 하지만 그 사상은 미래가 있는 우리들에게는 매우 협소한 것이다. 일본이 조국이라고 한다. 자격도 의리도 없다. 우리들이 어른이 될 때에는 일본조국론 등은 들을 수 없을 것이다. 더욱 큰 사상을 우리들은 얻을 것이다.

그 당시 이 학생이 이러한 작문을 쓰기에는 아마도 상당한 용기가 필요했을 것이다. 50년대부터 60년대에 걸쳐 본토의 정치가가 섬에 왔을 때에는 반

63 『沖縄教育—第一一次教研国民教育分科』, p.88.

드시라고 해도 좋을 만큼 아이들이 '히노마루'를 들고 환영하여 보수계 각료의 호감을 샀는데, 그 배경에는 이러한 갈등이 존재했다.

그러나 당시 교직원회에서는 학생의 목소리를 인정하는 분위기는 아니었다. 교육연구 집회에서 작문이 소개되었던 것은 이것을 지구의 중학생에게 읽혀 반론을 쓰게 된 경위를 발표하기 위함이었다. 그 반대문은 물론 "일본에서 은혜를 받지 않아도 일본을 조국으로 믿는다", "일본인으로의 자긍심을 지닐 수 있는 사람이 된다", "이 사람은 지금 올림픽에서 '히노마루'가 올라가는 것을 보고 '기미가요'를 들어도 아무것도 느끼지 못했을까"라고 말했다.[64]

그렇지만 이러한 학생들의 목소리는 교원들에게 충격이었다. 교육연구 집회의 모습을 전한 신문보도는 '우리들 일본인', '피는 외친다'라는 큰 제목을 타이틀로 붙이면서도 "'조국은 일본인가'라는 소박한 의문은 교사뿐만이 아니라 학부형에게까지 상당히 충격을 주었다"고 적고 있다. 그러나 그것에 대해 교직원회가 보인 방침은 더욱더 국민교육운동을 추진하는 것이었다.[65]

이 파문은 신문보도를 둘러싸고 열일곱 살의 여자고등학생이 보낸 '일본은 조국이 아니다'라는 제목의 투서 건으로 논단으로까지 퍼지게 되었다. 그 투서는 사쓰마의 정복과 류큐처분의 역사를 예로 들면서 '복귀만 한다면 모든 것이 해결된다고 믿는 일본 숭배 병에 걸린 사람들은 광신하고 있을지 모르지만, 일본은 오키나와에 단순히 지배국에 불과하다. 조국도 아무것도 아니다'라고 주장했다. 이에 대해 역시 고등학생으로부터 '민속학에서 말하면 본토의 사람도 오키나와의 사람도 같은 일본민족이다', '같은 민족이면서 복귀에 반대하고 일본인으로 자긍심을 스스로 버리고 부평초와 같은 인간이 되어버리는 것을 가장 염려한다'라는 재반론이 들어왔다.[66]

---

64 Ibid., pp.89~90.
65 「祖国は日本か」, 『琉球新報』, 1966.1.13.

학생들의 이러한 논쟁은 얼핏 보면 확실한 대립을 이루고 있는 것처럼 보인다. 그러나 이 시기 학생들의 작문에는 스스로를 '일본인'이라고 말하는 경우에도 배후에는 미묘한 동요가 느껴지는 일이 많았다. 예를 들면 "히노마루를 정말로 자기 것으로 여기고 싶다. 국경일에 히노마루를 게양해도 오키나와의 사람들에게는 아직 형식적이고 정말로 자기 것으로는 생각되지 않는다"라든가, 혹은 "나의 본토에 대한 생각은 자연스럽게 생겨난 것에 틀림없습니다. 이상한 것은 아무 것도 없습니다"라는 말이 내심 갈등 없이 생겼다고는 생각할 수 없다. 본토의 어떤 작가는 오키나와 방문기록에서 "우리들은 감정상 일본인의 감각을 갖고 있지 않습니다. 이성, 교양에 의해 일본인이라고 생각할 뿐입니다"라는 고교생의 말을 쓰고 있지만, 이것은 아마도 논쟁하는 어느 쪽이나 공통된 심정일 것이다.[67]

이러한 동요 속에서 '일본인'이 되고자 노력하는 학생들에게 가장 상처를 주는 것은 본토 쪽의 자세였다. 오키나와가 본토에 보내는 생각과는 반대로 당시 오키나와에 대한 본토 측의 이해는 아주 낮았다. 1967년에 본토의 백여 개 남짓한 고등학교에서 앙케트 조사를 실시한 결과, 오키나와가 소속되어 있는 나라를 '미국'이라고 답한 학생이 43%, 신문이 영어로 발행되고 있다고 답한 학생이 31%였다고 한다. 교류 작문집에는 거의 예외가 없을 만큼 오키나와에서 건너간 학생들이 본토에서 "오키나와사람은 일본어도 할 수 있군요", "언어는 영어?", "책은 일본어로 쓰여져 있어?" 등의 질문을 받아 마음의 상처를 입었다고 적고 있었다.[68]

---

66 「日本は祖国ではない」, 『琉球新報』, 1966.1.24; 「『日本は祖国ではない』へ反論」, 『琉球新報』, 1966.2.15.

67 大浜通子, 「教員としての立場から」, 『世界』, 1967.8月号, p.128; 『祖国の土』, p.42; 上沼, Ibid., p.69.

68 下地, Ibid., p.138; 『祖国の土』, p.42; 上沼, Ibid., p.69.

이렇게 오키나와에 대한 이해가 부족한 상태에 노출된 생도들은 그것에 대항하기 위해서라도 더욱 자신들을 '일본인'이라고 강조하는 경향이 있었다. 1968년에 본토의 잡지에서 주최한 좌담회에서 오키나와의 고교생들은 "본토에서 온 사람이 이것저것 말한 다음에 너희들은 정말로 일본인인가, 그런 것을 물어요", "외지인들은 오키나와 사람이 메이지시대 이전에는 중국을 섬기지 않았는가라는 주장을 합니다"라고 말하고 그것에 대해 '우리들은 일본인이라고 주장했다'고 말했다.[69] 오리엔탈리즘의 시선이나 차별을 느낄수록 '일본인'으로 체화시켜가는 구조가 거기에는 존재했다.

그러나 '일본인'이 되려고 지향하는 것을 본토 측에서는 이상한 시선으로 보는 일도 적지 않았다. 어떤 여자학생은 본토에서 "기차의 창을 통해 히노마루를 보고, 히노마루라고 무심결에 소리냈을 때, 주위 사람들은 이상한 얼굴을 했다"고 적었다. 또 1967년에 본토 잡지가 기획한 「오키나와에서 야마토다마시일본정신를 교육하는 어려움」이라는 제목의 교원좌담회에서 본토 측의 사회자가 "내지의 일본인은 일상생활에서 자신이 일본인임을 따로 생각하지 않아도 아무렇지도 않습니다"라고 말한 것에 대해 오키나와교원은 "역시 일본인임을 잊을 만큼 자연스럽게 행동하지 않으면 거짓입니다"라고 대답했다.[70] '일본인'이 되기 위해 '본토 수준'으로 '일본인임을 잊는다'는 것을 목표로 하는 우스운 사태가 있었다.

그럼에도 불구하고 학생들이 더욱 '일본인'을 지향해간 최대 동기는 어떤 의미에서 교원들과 마찬가지로 그들을 둘러싼 상황에서 벗어나고 싶다는 바람이 있었다고 말할 수 있다. 구체적으로 말하면 당시 오키나와에서 뜻이 있는 젊은이들의 진로라고 하면 류큐정부의 공무원이 되던가, 교사가 되던가,

---

69 「座談会, 私たちの発言」, 『世界』, 1968.10月号, pp.146・149.
70 大浜, Ibid., p.128; 「沖縄でヤマトタマシイを教える難しさ」, 『月刊時事』, 1967.9月号, p.175.

그리고 본토에 가는 것이었다. 본토는 도항제한이 있고 교사는 급료가 낮고 자기 고장의 산업은 불안정했기 때문에 군의 노동자가 되는 사람도 적지 않았다. 형이 교사이고 어머니가 기지의 일용노동자인 고등학생은 1967년에 "형의 월급으로는 먹고사는 것이 고작", "기지에서 하는 일에는 아무런 희망도 없다. 사는 보람도 없다"고 호소하면서 "명실 공히 일본 국민이 되어야만 진정한 생활이 있다"라는 말을 계속했다. 또 다른 고등학생은 미군이 일으킨 사고로 친구와 친척을 잃은 슬픈 감정이 "살아있는 동안 언제까지라도 남아 있겠지요"라고 표현하면서 "일본인으로서의 자긍심을 가지고 살아가려고 합니다"라고 말했다.[71] 여기서 사용된 '일본인'이라는 말은 인간의 존엄이나 미래에 대한 희망과 동의어였다.

어떤 여학생은 "'일본은 조국이 아니다'라고 말하는 사람도 있습니다. (…중략…) 그들에게도 조국의 땅을 밟게 하고 싶다. 그렇게 되면 그들도 그렇게 말하지 않을 것입니다"라고 말하면서 이어서 이렇게 말했다.[72]

> 나는 종종 조국 사람들이 이해가 부족한 것을 자주 봅니다. 영어를 사용하고 맨발로 생활한다고 생각하는 사람도 있는 것 같습니다. 또 이론만을 내세우는 사람도 보았습니다. 그러나 우리들에게는 현실입니다. 표면으로 보이는 괴로움은 빙산의 일각입니다.학대받은 민족인 우리들은 더 이상 그렇게 불리는 것이 싫습니다. 모든 미명 아래 희생을 강요당하는 것은 이제 싫습니다. 이 손으로 참 행복을 한시라고 빨리 보듬고 싶습니다. 나의 사랑하는 오키나와를 일본의 한 현으로서 남쪽의 아름답고 풍요로운 현으로 만들고 싶습니다. 일본민족으로서 민족의 기쁨도 슬픔도 함께 맛보고 싶습니다.

71 「われら日本人」,『月刊時事』, 1967.10月号, pp.166~167.
72 『祖国の土』, pp.99~100.

여기에서 볼 수 있는 '학대받은 민족'이라는 말이 '오키나와민족'을 의미하고 있다는 것은 확실하다. 그러나 그 상황에서 벗어날 수 있는 방법은 먼저 '일본민족으로서', '일본의 한 현'이 되는 것뿐이다.

1967년에 본토 잡지가 「우리들 일본인」이라는 제목으로 실었던 오키나와의 어느 고등학교 학급회의에서는 '즉시 전면복귀에 찬성하는 사람, 그것에 반대하는 사람, 그 어느 쪽도 말할 수 없는 사람, 의견은 거의 같은 수인 셋'으로 나뉘었다.

'오키나와민족'으로서 독립을 주장하고 '왜 언제까지나 일본 국민에 구애받을 것인가'라는 사람도 있었다. 그것에 대해 복귀를 주장하는 학생들은 '앞으로 만일 일본 국민이 되지 못하면 우리들도 더욱 장악당해서 아마도 노예에게 하듯이 아무런 권리도 주지 않을 것이다. 오키나와는 완전한 식민지이다', '그래서 우선 일본 국민이라는 것은 전제로 해두려는 것이다'라고 말했다. 여기에서 말하는 '더욱 장악당해서'라는 말의 상대가 미군인지, 본토인지는 명확하지 않다. 혹은 특정 정부와 나라가 아니라 그들이 느끼고 있는 막연한 공포와 폐쇄감을 초래하는 무엇인가를 표현한 것인지도 모른다. 어쨌든 '일본인이라면 동등하게 취급받을 권리가 있다고 생각한다. 절대로'라는 것이 복귀 전 학생들의 주장이었다.[73]

이러한 좌담회에서는 학생들이 자신들은 '일본인'인가 아닌가를 둘러싸고 논의를 시작하면 교사가 "고고학적 측면에서도, 민족학적 측면에서도 언어학적 측면에서도 인류학적 측면에서도 (…중략…) 오키나와사람들이 일본인이라는 것은 이미 증명되었다"라고 결론을 내리는 경우가 여기저기에서 보였다.[74] 교육연구 집회의 앙케트에서는 자신을 '일본인'으로 자각하고 복귀

73 「われら日本人」, pp.166·168.
74 「私たちの発言」, p.149.

를 바라는 학생이 약 90%를 차지한다고 발표했다. 미군기지가 주는 경제적인 혜택이 있기는 해도 미군의 지배상황을 그대로 긍정하는 자는 소수였고, 또한 독립은 불가능하다고 여겼기 때문에 남겨진 현실적인 선택지는 복귀이다라는 견해는 대개 공유되고 있었을 것이다.

그렇지만 1967년 어느 투서의 표현을 빌리면 "오키나와에 사는 사람들의 심정을 수량적으로 정확하게 파악하는 것은 너무나 복잡"했다. 이 투서는 "마음속에서 조국복귀를 바라면서도 또 마음 한 구석에서 '조국이란 무엇인가'라는 물음을 계속 갖고 있는 주민의 심리상태"를 '영혼의 이중성'으로 표현했다.[75] 교원이든 학생이든 '일본인'에 대한 지향은 어디까지나 이러한 이중성의 위험한 균형 위에서 존재했다.

정치변동과 전환과

이와 같은 국민교육운동에 차츰 변화가 생겨나기 시작한 것은 1966년 전후부터이다. 거기에는 오키나와 내외의 정치적인 변화가 관계하고 있었다.

우선 계기가 된 것은 본토법內地法에 준거한 「교육공무원특례법」 및 「지방교육구공무원법地方教育區公務員法」 제정을 둘러싼 이른바 「교공이법教公二法」 문제이다. 본토에서는 1950년대 교육위원회의 공선폐지와 임명제의 채용, 교원의 정치활동제한 및 쟁의행위의 금지, 문부대신의 지휘감독권 강화 등을 담은 법안을 보수정권당의 강행 체결로 제정되었다. 그리고 오키나와에서는 교육비국고부담의 실현에 앞서서 이러한 본토법이 연장되려고 하고 있었다.

정치활동 제한은 복귀운동 탄압에 절호의 기회였고 당연히 오키나와교직원회는 여기에 맹렬히 반대했다. 반대운동은 특히 1966년부터 격화되었으나

75 下地, Ibid., p.138.

오키나와의 친미여당인 민주당은 "지금까지 무엇이든 본토 수준으로 하라고 주장했던 교직원회가 왜 본토법과 같은 교공이법안에 반대하는가"라며 공격했다고 한다.[76] 1967년 2월에는 입법원 앞에 교직원을 비롯한 2만 명 이상이 앉아 완전무장한 경관대과 충돌하기에 이르렀고 결국 안건은 폐지되었다. 그러나 투쟁과정을 통해 교직원회와 오키나와 보수정당 사이에는 결정적인 균열이 생겨나서 반대로 인민당을 비롯한 혁신계 야당과 함께 투쟁하는 체제가 생겨났다. 그리고 무엇보다도 교직원회는 '본토 수준'이 반드시 장밋빛이 아니라는 것을 통감하고 투쟁과정에서 '오키나와의 특수사정'을 주장하게 되었다.

또한 이 무렵 전후부터 본토의 일교조와 교직원회의 관계는 더욱 깊어졌다. 50년대부터 60년대 전반에 걸쳐 야라와 동지들은 일교조와 연락을 유지했지만 자민당과의 관계를 통해 원조를 이끌어내고 있었다. 1963년 오키나와를 방문한 자민당의 문부대신인 아라키 마스오荒木万寿夫는 히노마루를 흔드는 아이들의 환영에 기분이 좋아져 "오키나와에도 교원조합은 있다. 그러나 일교조의 윤리강령과 같이 바보 같은 일을 생각하는 사람은 한 사람도 없다. 이것도 교육기본법에 '일본인으로서'라고 명기되어 있는 것이 크게 작용하고 있다고 생각된다"고 평할 정도이다. 그와 반대로 1960년 전후에는 오키나와교직원회가 본토의 혁신단체에 '히노마루'를 보내도록 요청해도 반응은 냉담했다고 한다.[77] 60년대 전반까지 오키나와교직원회는 본토에서 오히려 보수 측으로부터 좋은 평판을 받았다고 할 수 있다.

원래 오키나와교직원회는 교장이나 류큐정부의 문교부장을 역임한 야라의 초대회장 취임에서 보았듯이 본토의 일교조와 같은 노동조합이 아니라

76 『屋良朝苗回顧録』, p.81.
77 荒木万寿夫, 「沖縄寸観」, 『南と北』 27号, 1963.12月号, p.18; 「想像外の"日の丸ブーム"」, p.7.

교장 등의 관리직이 포함된 직원단체였다. 미군이 본토 일교조의 반미노선 침입을 극도로 경계했던 당시의 정세에서 그것은 부득이한 선택이었지만, 문부성의 교육노선이 일교조보다도 반영하기 쉬운 사정이 조직면에서도 존재했다. 그리고 본토에서는 일교조와 문부성이 별도의 교육연구 집회를 열었지만, 오키나와에서는 복귀운동을 위해 류큐정부의 문교국과도 협조했다. 1961년에는 청년부가 중심이 되어 교직원회를 교원조합에 조직개편하려는 움직임이 일어났고, 결국은 무기한 연기되었던 경위가 있으며 '민족적 단결'을 위해 당파적 활동을 억누르는 경향이 있었다. 그러나 교공이법 문제에서 보수계 여당과 문교국과의 대립이 깊어지고, 상대적으로 혁신 측과의 관계가 좋아지는 가운데 오키나와의 국민교육운동에 대해 본토의 일교조로부터 비판이 일어났다.

1967년에 오키나와 교류대표단으로 파견된 일교조 간부가 기관지에 게재한 보고는 그 한 예였다. 그것은 교직원회가 본토의 문부성 지도를 받은 류큐정부 문교국의 조언하에 교육연구 집회를 운영하던 것을 비판하고, "'히노마루' 문제는 단순히 전술적으로 이해해야 한다는 것만으로는 정리되지 않는 본질적인 사상의 통일성이 필요하다"고 주장한 것이었다. 더욱이 이 보고는 복귀 후에 오키나와교직원회가 일교조 산하에 있기 위해서는 "어린이들에게 가치관의 전환을 촉구해야 하고 무엇보다도 오키나와의 교사 자신이 커다란 가치관의 전환"을 해야 하며 "하루라도 빨리 오키나와교사의 자기변혁을 재촉하는 수단을 교류 안에서 강구할 필요가 있다"고 말했다.[78]

더욱이 전기가 되었던 것은 1965년 8월 당시 사토 에이사쿠佐藤栄作 수상이 오키나와를 방문했을 때였다. 대미협조노선을 취하고 오키나와반환의 목표

78 菊池, Ibid., p.27.

를 밝히지 않는 사토 수상의 방문에 오키나와 내부의 대응은 분열되었다. 때마침 베트남전쟁이 격화되어 반미반기지 감정이 한창 높아졌을 때였다. 류큐정부나 보수계 여당이 사토 수상의 방문에 환영을 표명하는 한편, 인민당을 중심으로 하는 혁신세력은 현상의 고정화로 이어진다며 저지 방침을 내세웠다. 이때 류큐정부 문교국이 그 때까지 했던 것처럼 아동들에게 '히노마루'를 들려 동원시키자고 주장한 것에 대해 교공이법 문제로 대립상태에 들어갔던 교직원회는 그것을 거부했다.

사토 수상은 "오키나와가 복귀하지 않는 한 전후는 끝나지 않는다"라는 연설을 했는데 격렬한 반 사토데모가 있었고 길거리에는 '히노마루'가 팽개쳐져 있었다. 어느 교원은 이때의 모습을 "그때까지 사이좋게 동거하던 히노마루와 적기는 각각의 역할에 따라 양분되었다. 심정적으로 조국을 동경하고 하루라도 빨리 안아주기를 기대했던 마음은 히노마루를 흔들었다. 전후 20년 이제 다시 핵기지, 베트남 출격을 용인했던 것을 용서할 수 없는 마음은 즉시 전면 반환의 열망을 분출해 적기를 앞세웠다"고 표현하고 있다.[79]

그러나 한편에서 야라 초뵤는 수상의 방문으로 중요한 성과를 획득했다. 이때 야라는 사토에게 진정하여 현안이었던 다른 부府나 현県 수준의 교육비 국고부담 약속을 받아냈던 것이다. 그가 회상기에서 말하고 있듯이 이것은 그가 그때까지 키워온 인맥을 통해 사전준비를 충분히 한 것과, "여기에서도 '일본 국민'을 분명히 널리 밝힌 교육기본법의 전문이 매우 커다란 힘이 되었다"고 말하는 성과였다.[80] 약속대로 자민당정권은 66년 예산에서 오키나와에 대한 원조를 배로 증가시키고, 특히 교육비는 약 7배가 되었으며 교원급여는 본토 수준에 가까워지고 교과서 무상배부도 실현되었다. 이것으로 교직

79 儀間進,「沖縄と本土との断絶感」,『新沖縄文学』, 1969. 夏季号, p.71.
80 『屋良朝苗回顧録』, p.77; 上沼, Ibid., p.82.

원회가 본토 문부성과 자민당에게서 받아내려던 오래 기간의 과제는 일단락을 보았고, 그때부터는 교공이법 반대와 반전평화복귀운동에 전념하는 길이 열렸다.

60년대 후반에는 베트남 반전운동의 고양과 함께 본토에서도 오키나와에 대한 관심이 높아졌다. 그것은 50년대 보수계의 관심과는 다르게 반전평화의 입장에서 나온 것이었다. 이 시기부터 오키나와 측의 복귀운동에서도 '히노마루'는 차츰 모습을 감추었다. 그리고 1968년에 야라 초뵤는 오랫동안 바랐던 행정주석 공선公選에서 혁신의 공동투쟁 통일후보로서 '반일미안보', '반기지', '즉시 무조건 복귀' 등을 내걸고 보수계 후보를 물리치고 당선되었다.

이러한 정치적 동향은 교직원회의 국민교육운동에도 변화를 초래했다. 사토 수상의 방문으로부터 5개월 후인 1966년 1월 교육연구 집회에서는 앞에서 말한 '기미가요'를 둘러싼 토의를 비롯해서 그때까지의 국민교육운동에 대한 반성이 이루어졌다. '히노마루를 게양하는 형식만으로 국민의식이 향상될 수 있는가', '본토 교사의 강인함은 전쟁책임을 반성하게 했다. 오키나와에서는 그것이 없었던 것이 아닐까'라는 내부비판이 나와 교직원회의 방침으로서도 '이에나가家永소송을 지지하는 운동', '자위대 모집에는 협력하지 않는 운동'이라는 평화운동의 강화가 제창되었다. 또한 아직 '공통어는 필요하다'면서도 '방언에 대해 필요 이상으로 열등감을 갖지 않는다' 등과 '향토문화의 이해를 깊게 하는 운동'도 내세우게 되었다.[81]

그러나 '기미가요' 논쟁에 결론이 나지 않았던 것이 상징하듯이 이 대회에서는 아직 명확한 방침의 전환은 하지 않았다. 오히려 "학생들 가운데 '일본은 조국인가', '우리들은 일본인인가' 등의 의문을 품는 자가 나타났다"라는

81 12次 教研集会集録, 『沖縄教育(国民教育)』, pp.4~5·12.

위기감이 강조되어 종래대로 '히노마루', '기미가요' 장려를 전제로 한 지구의 발표가 많았다.[82]

분명히 전환이 일어나기 시작한 것은 다음해인 1967년 1월 교육연구 집회에서부터이다. 이 집회는 교공이법을 둘러싸고 입법원 앞에서 교직원회 간부가 단식투쟁을 하고 있는 중에 개최되었다. 여기에서는 '이미 여러 곳에서 히노마루나 기미가요를 통해 일본 국민의 의식을 고양시키려는 것에 대해 많은 비판이 일고 있었다'라는 의견과, '[종래에는] 국기가 집에 있고 국경일에 국기를 게양하고 나는 일본인이고 오키나와는 일본의 것이고, 기미가요는 일본의 국가이기 때문에 좋아한다고 대답을 하면 국민의식이 있다라든가 높다고 판단했던 것 같다'라는 반성이 표명되었으며 공통어의 장려를 말하는 발표는 교육연구 집회에서 사라졌다. 대신 전면에 등장한 것은 "우리들의 국민의식이 단순히 일본인이라는 의식이 아니라 (…중략…) 주권자로서의 자긍심과 책임을 지니고 헌법에서 제정한 국민의 권리를 정정당당하게 주장하고 (…중략…) 평화를 추구하며 살아가려는 결의와 의욕이다"라는 혁신 내셔널리즘이 보다 순화된 방침이었다.[83]

헌법에서 말한 인권을 획득하고 싶다는 논조는 1950년 전후부터 있었지만, 미군과의 협력을 주장하지 않을 수가 없었던 50년대의 복귀운동에서는 일본국 헌법의 평화성이 거론되는 일은 적지 않았다. 교직원회도 1966년 교육연구 집회에서는 국민교육으로 헌법을 중시해야 한다는 의견에 대해 "일본헌법을 거론하는 것까지는 생각하지 않았다. 이것은 앞으로 문제로 이야기를 나누었으면 한다"는 회답을 찾아볼 수 있다.[84] 그렇지만 국민교육운동에

82 Ibid., p.69.

83 13次 教研集会研究集録,『沖縄教育(国民教育)』, pp.29~30・32.

84 12次 教研集会集録,『沖縄教育(国民教育)』, p.5.

서 '일본'과 '일본인'의 상징으로 '히노마루'와 '기미가요'에 대신해서 평화헌법을 내세운다는 전환이지만, 이러한 논조는 '히노마루 복귀'를 청산했다는 60년대 후반의 복귀운동에서 광범위하게 유포되어갔다. 그러나 현장에서는 반드시 그러한 방침의 전환에 완전 대응할 수 없었고 '히노마루'를 장려하는 입장의 발표는 1968년의 교육연구 집회까지 행해졌다.

그러나 야라 초뵤가 혁신공투에서 주석으로 당선되고 더욱이 1969년 11월 사토 수상과 닉슨 대통령의 공동성명으로 1972년에는 미군기지를 남긴 채 오키나와의 시정권이 일본으로 반환된다는 방침이 공표되자, 어느 측에도 속하지 못했던 분위기도 사라졌다. 이른바 '기지잔류·본토 수준'의 반환 방침을 본토의 논단에서도 격렬하게 비판을 받아 오키나와에서도 다음 장에서 말하는 반복귀론이 급속하게 대두되었다. '본토복귀'가 머나먼 꿈이었던 것에서 현실로 실현됨과 동시에 그때까지 미화되었던 본토에 대한 환상에서 깨어나기 시작했다. 이렇게 1969년 12월 교육연구 집회에서는 "거의 모든 학교가 행사에는 '히노마루'를 걸고 운동회에서는 '기미가요'를 틀어놓는 것이 명백해졌다. 이것은 본토에 대한 반동화反動化와 관련해서 중시되어야 할 것이다", "방언을 부끄럽게 생각하고 다른 부府나 현에서 공통어를 제대로 말하지 못하는 것은 전쟁 전에 학무과를 중심으로 방언패찰을 만들어서 시행했던 방언정책 탓이다"라는 평가가 정착하게 되었다.[85]

그러나 이러한 전환은 당연시되면서 각 지구에서 당황해하는 의견도 나왔다. 어떤 지구의 발표는 "전후 24년 조국복귀와 식민지주의에 대한 저항의 상징으로 학교 및 민주단체에서 적극적으로 장려해왔던 '히노마루'의 게양을 갑자기 180도 전환한 폐지로 인해 예상되는 학생들의 혼란"을 염려하고,

85 沖縄教職員会教育文化部 編,『沖縄教育―第一六次教研集会報告書(国民教育)』, 1970, pp.1·3.

"현시점에서 '히노마루'를 폐지한다고 해서 '히노마루'=조국 일본으로 연결해서 생각하는 75.6%의 학생들을 어떻게 지도하고 설득할 것인가 하는 문제가 생긴다"고 말했다. 결국 그해의 교육연구 집회에서도 '히노마루'의 장려에 대해서는 '지금 바로 중지하면 문제가 생기기 때문에 자주 분회에서 토의하고나서 정해야 할 것이라는 결론'을 얻었으나 토의를 하는 지구에서는 "찬반양론이 나와 결국 의지대로 통일되지 않고 그대로 되었다"라는 발표가 있었다. 1971년의 교육연구 집회에서도 "히노마루, 기미가요 (…중략…) 의 문제는 미해결"이라는 지구의 발표가 있어서 현장에서는 문제가 계속되고 있었음을 알 수 있다.[86]

그렇지만 국민교육운동은 혁신 내셔널리즘에 따라 계속되어 1970년 전후가 되어도 또한 교원이나 학생들이 조국을 노래한 문집은 계속해서 나왔다. 그러나 이 시기가 되자 문집에서도 '조국'에 대한 굴절된 감정을 이야기한 문장을 볼 수 있다. 여기에는 1970년에 발표되었던 오키나와교원의 문장을 두 개 인용해보기로 한다.[87]

> 전후 20여 년이 되어 비로소 본토 정부가 실시한 의무교육, 여러 학교의 교과서 무상배부에도 눈물 흘리고 지도한 오키나와의 교사들에게 이 고뇌를 어떻게 하라는 것입니까. 괴로움과 원망은 말하고 싶지 않지만, 군사를 우선시하는 정책하에 다른 민족의 지배하에 자치조차 용납되지 않고 어쩔 수 없이 핵무기와 동거 했으며 헌법의 한 조항도 보장받지 못했던 슬픔은 어른만으로도 충분합니다. 조국이 없는 백성의 괴로움은 이제 싫습니다. 교단에 서는 자로서는 하다못해 아이들에게 평화헌법 아래 조건 없이 일본인으로서 생활하도록 해주고 싶습니

86 Ibid., pp.3·47·51; 沖縄教職員会教育文化部編, 『沖縄教育ー第一七次教研集会報告書』, 1971, p.33.
87 Ibid., 『沖縄の先生たち』, pp.198·245~246.

다. 차별에서 벗어나기 위해 적극적으로 스스로 동화해갔던 요소를 복귀운동 속에서 아직 떨치지 못하고 남기고 있지 않을까 의심해볼 필요가 있습니다.

조선인은 얼마나 슬프리만큼 오키나와사람들과 닮아 있었을까. '예과연予科練, 옛 해군비행 예과 연습생을 동경해서 특공대에 지원하고 자신의 생명과 바꾸어 [일본인으로서의] 특권을 가지려 했던' 재일조선인 속에서 전쟁 중의 오키나와사람의 모습을 보았다.

'반일본인'은 일본이름을 사용하고 일본어를 잘하는 조선인이라는 사실에서 도망해서 일본인처럼 되려고 했던 조선인을 부르는 말이다. 그렇지만 설령 생명과 바꾸어도 완전히 일본인이 될 수는 없었다. 그러한 자기 자신에게 상처를 주고 스스로를 모멸하며 자학할 때 증오를 담아서 내뱉어낸 말이 "반쪽발이"라고 한다. 그러한 의미에서 오키나와사람도 마찬가지로 "반일본인"인 것이다.

야라 초뵤는 회상록에서 본토의 관료에게 「비분강개의 진정서」를 쓰라고 들었을 때 이렇게 기록하고 있다.[88]

하룻밤에 진정서를 완성했다. 비분강개하여 눈물을 흘리는 것은 손끝이다. 어쨌든 교사부흥운동 이래로 그 일만 해왔기 때문에.

이러한 야라의 능름함을 오키나와의 일반교원과 학생들이 갖추었다면 '일본인' 육성을 주장하는 운동도 이 정도로 갈등에 차 있는 수많은 말들을 남기지 않고도 끝났을 것이다. 오키나와의 국민교육운동은 결과적으로 본토에서 이끌어낸 교육환경의 정비와 교원대우의 향상을 획득하는 것으로 연결되었다. 그렇지만 그 때문에 지불했던 대가가 과연 성과와 균형을 이루는 것인가

88 屋良, Ibid., p.60.

하는 것은 당사자만이 판단할 수 있다.

오키나와의 본토복귀 후 오키나와교직원회는 일교조의 산하로 들어가고 오카나와 교직원 조합으로 다시 조직되어 문부성의 '히노마루' 게양방침에 대한 반대운동을 강화했다. 1978년 오키나와 교직원 조합은 국민교육분과를 폐지하고 대신 평화교육분과를 신설했다. 1980년대에 들어서부터 오키나와는 전국에서도 돌출되어 '히노마루와 '기미가요'에 대한 저항이 강한 땅으로 주목받기 시작했다.

제23장

반복귀反復歸

1972년 복귀와 반복귀론

오키나와의 '일본복귀'란 무엇인가라는 명제는 오키나와에서 일본이란 무엇이며 무엇인 것인가. 그리고 앞으로 무엇이 되려는 것인가. 일본에게 오키나와는 무엇이며 무엇이 되려는 것인가 라는 것과 관련이 있다. 훌륭한 사상적 물음이다. 그러면서 이 물음에 대한 사상적인 자리매김이 결락되어 있는 부분에 전후 오키나와의 '조국복귀'운동'히노마루 복귀'이든 '반전복귀'든이 성립되었기 때문에 오늘날 오키나와의 사상과 운동의 비극이 있고 희극이 있다.

그것은 게다가 단순히 전후 오키나와의 사상과 운동에서만 두드러진 것이 아니고 예전으로 거슬러 올라가서 하네지 초슈羽地朝秀, 쇼슈켄(向象賢)의 「일류동조론日琉同祖論」을 비롯해서 메이지시대의 쟈바나 노보루謝花昇의 민족운동, 또한 이하 후유伊波普猷가 확립한 이른바 「오키나와학沖縄学」에 이르는 모든 정치이론이나 행동지표, 학술적 요인을 근저에서 결정하고 있는 비극이고 희극이라고 할 수 있다.

'반복귀'를 논하는 사람 중 가장 잘 알려진 아라카와 아키라新川明는 이렇게 말한다.[1]

---

1 新川明, 『反国家の凶区』, 現代評論社, 1971, pp.64~65.

'반복귀' 사상은 1972년 반환 방침이 미일정부 사이에서 결정된 1969년부터 급속히 대두되었다. 그때까지 오키나와사람들이 압도적으로 복귀를 지지했다는 인식을 가졌던 본토 정당이나 운동, 지식인 등은 이 사상의 출현에 당황하고, 혹은 공감하며 따르고 혹은 강하게 반발했다.

그때까지의 복귀운동을 되묻는 이 사상은 1940년부터 존재했던 류큐독립론과는 약간 이질적인 것이었다. 그것은 '일본인'으로 동화되는 것에 대한 비판뿐만 아니라, 그때까지 좌우를 묻지 않고 지지해왔던 국민국가의 논리에 '부정'을 주장하는 사상이었다. 이 사상의 출현은 백 년에 걸쳐 끊임없이 '일본인'으로 포섭하는 것과 배제하는 것을 계속해왔던 국민국가의 모습을 묻는 것이었다.

류큐독립론의 계보

반복귀론을 검토하기에 앞서 강화회의 전후의 시점부터 존재했던 류큐독립론을 개관해두기로 하자. 복귀운동 측에서는 반복귀론은 곧잘 독립론과 동일시되었지만 실은 성격이 상당히 달랐다.

전후 오키나와 독립론의 정치가로서는 오키나와 민주동맹을 결성한 나카소네 겐와仲宗根源和와 류큐국민 당수가 된 오기미 초토쿠大宜味朝徳 등이 알려져 있다. 먼저 나카소네의 1950년대 초반 시점의 일본인식은 아래와 같다.[2]

일본이 오키나와반환을 원한다면 그것은 오키나와의 땅을 갖고 싶다는 것이다. 인구가 너무 많은 일본은 오키나와 사람들이 탐나는 것이 아니라 오키나와의 땅을 갖고 싶은 것이다. (…중략…) 일본정부나 일본정당이 오키나와반환을

2 仲宗根源和, 『琉球から沖縄へ』, 1955(복간은 月刊沖縄社, 1973), p.230.

바란다면 오키나와 땅과 동시에 선거의 투표 숫자를 원하는 것뿐이지 오키나와 전 주민의 행복을 진정으로 염려하는 것은 아니다.

왜냐하면 일본정부도 일본정당도 영토가 축소되어 현재 일본인들조차도 행복하지 못하고 인구과잉을 버거워하는데, 거기에 오키나와를 떠안는 것은 극히 힘겨운 일이다. 일본노동자들은 저임금을 감수하는 다수의 노동자들 가운데 파고 들어와서 그들의 생활이 어려워질 조건이 늘어났기 때문에 그다지 기뻐할 리 없다. 만일 일본에서 기뻐하는 자가 있다면 저임금을 감수하는 노동자를 고용하려는 일본의 실업자본가들이다. 일본에서 오키나와에 대해 아무런 속박도 없이 조건도 없이 자유롭게 사람이나 자본이 드나들 수 있다면, 일본의 실업자가 다수 흘러 들어와서 오키나와노동자는 결국 곤란한 입장에 놓인다. 오키나와노동자가 일본에 역류한다면 일본에서 최저의 밑바닥으로 내려가는 것 밖에는 방법이 없다. 일본에서 들어오는 자본력은 오키나와의 약소 자본을 많은 시간을 들이지 않고 완전히 압도해버릴 것이다. 이러한 이유를 잘 알고 있을 오키나와의 정치가들이 그렇다면 왜 일본복귀를 끈질기게 외칠까. 그것은 그들이 현실정치에 무력한 책임을 감추기 위함이고 '인기' 영합에 지나지 않는 것이다.

이러한 나카소네의 상황인식은 앞으로의 현실을 논한 부분도 있다. 그러나 일본정부가 과잉인구의 배출구로서 오키나와 땅을 탐냈다든가, 복귀로 인해 본토의 실업자가 대량 오키나와로 유입될 것이라는 예측은 전혀 맞지 않았다. 오키나와인이 본토의 하층노동자가 될 것이라는 예측은 맞았으나 그것은 복귀 이전부터 일어나던 사태였다. 게다가 분단으로 고정화된 본토와 오키나와 경제의 격차가 타지에서 돈 버는 것을 조장했고, 본토의 자본은 그것을 이용하기 위해 오히려 복귀의 시기상조론을 지지했기 때문에 이 문제는 60년대 이후에 오히려 복귀운동 촉진의 근거가 되었다. 50년대 초 복귀반대론의 상당수가 그렇듯이 미군점령하에 있는 오키나와보다도 본토와 함께 하는 것이 경제성장을 이룬다는 것은 나카소네도 예상하지 못한 일이었다.

또한 이것도 50년대의 복귀반대론 내지 신탁통치론이 그러했듯이 당시 독립론은 대개가 친미경향이 농후했다. 나카소네는 "나는 미국일변도도 일본일변도도 반대한다"라고 공언했지만, 일본에 대한 불신이 두드러졌던 반면 미국의 오키나와지배를 변치 않는 국제환경으로 보고 대미협조를 호소했다. 그는 오키나와인민당과 대항하는 가운데 반공을 강화했으며 "인민당의 일본 복귀론은 일본복귀의 가면을 덮어쓴 러시아 귀속론이다"라든가 "사랑하는 류큐민족을 지키기 위해 나는 공산당과 싸운다" 등을 외치고, 복귀 직전에는 "이민족 지배의 수십 년은 같은 민족지배의 수백 년게이초(慶長) 이후보다도 훨씬 커다란 경이적인 진보를 이루었다"라고 미국통치에 대한 찬미라고 보아도 좋을 만한 발언을 했다.[3]

류큐국민당을 결성한 오기미는 더욱 친미 반공경향을 전면으로 내세웠다. 그를 중심으로 1947년에 결성된 사회당은 '우리당은 류큐민족의 행복이 미국귀속에 있다고 확신하고 산업교육문화의 미국화를 기대한다'라는 정책을 주장했고, 1951년 귀속논의에서는 '미국의 세계정책을 지지', '방공정신을 강화' 등을 외치고 신탁통치를 주장했다. 그 후 사회당이 소멸한 후에 그는 1958년에 류큐국민당을 결성하고 '류큐의 반공자치', '영어교육을 초등학교부터 정규과목으로 한다' 등을 주장하였다. 그리고 본토의 경제성장 후에도 일본경제의 나약함을 강조하고 미국의 원조하에 대만이나 한국과 함께 아시아 반공의 보루로서 독립할 것을 주장했다. '류큐는 일본시대보다 좋아졌다'는 것이 오기미의 지론으로 60년대에 입법원과 나하那覇시장 등의 선거에 입

3 Ibid., pp.232·242·316.

후보했으나, '서커스의 피에로'라고까지 형용되어 거품으로 사라지는 후보로서 아주 적은 득표를 얻었을 뿐이었다.[4]

이와 같이 전후 초기의 오키나와 독립론의 다수는 크던 작던 친미반공노선에서 나온 것이었다. 1957년에 류큐독립협회가 발행한 팸플릿은 "아무리 공산주의자들이 미국을 비난해도 미국이 류큐에 실시한 민생경제의 찬란한 성과를 부정할 수 없을 것이다"라고 말했고, 오키나와 기독교 동지회의 이름으로 발행된 문서에는 '미국이야말로 기독교로 흥하고 기독교로 지도받는 우리들의 선배이자 형님'으로서 '복음의 선전과 미국의 힘'에 의한 오키나와 독립을 주장했다.[5] 이러한 독립론은 일본보다 미국에 의지하는 편이 경제적으로 유리하다는 전제에서 나온 것으로, 일본경제가 예상했던 것 이상의 성장을 보이고 토지 문제 등을 둘러싸고 미군과의 대립이 깊어가는 와중에는 지지를 잃어갈 수밖에 없었다.

그러나 이들 독립론에는 친미반공노선만이 아니라 또 하나의 특징이 있었다. 그것은 일본에 대한 아주 강한 불신이었다. 앞서 말한 대로 오키나와 기독교 동지회의 팸플릿은 "사쓰마의 폭정보다 일본정치에 이르는 300여년간에 오키나와에 대한 착취경제는 섬사람들의 살과 피를 마지막까지 짜내어 고갈시켰다"고 말했으며 류큐독립협회는 "일본정부는 모든 방법으로 류큐를 이용하지만 류큐를 위한 희생은 좋아하지 않는다"라는 미국인 학자의 말을 인용해서 복귀론을 '일본종속의 동화론', '위약한 반민족적 노예감'으로 표현하고 있다. 오기미도 또한 "일본영유시대인 80년간의 류큐역사는 그 권력적·경제적 지배보다도 빈곤, 학대, 열등화의 놀랄만한 비민주적인 수난이 동

4 島袋邦,「琉球国民党」,『新沖縄文学』53号, 1982 참조; pp.58·60·63~64에서 재인용.
5 蔡璋,『琉球問題解決の再吟味』, 琉球独立協会, 1957, p.41; 武元朝朗,『沖縄の在り方に対する主張』,沖縄基督教同志会, 발행 년월일의 기재 없음, pp.16~ 17.

반된 민족고통의 시대였던 것을 잊어서는 안 된다", "이 사실은 지금 젊은이들은 모르지만 아주 비참한 것이었다"고 말했다.[6] 나카소네 겐와는 1955년의 논고에서 다음과 같이 말하고 있다.[7]

> 나는 '일본복귀'를 강조하는 사람들의 심정이 그 사람들이 비난의 눈으로서 보고 있는 친미적 내지는 미국 의존적인 사람들보다도 과연 우위에 있는지 의심스럽다. 미국 의존이 잘못되었다고 하면서도 일본 의존에 너무나 기울어져있는 것은 아닐까 (…중략…) 이에 반해 일반주민은 미국 일변도도 아니고 동시에 일본 일변도도 아니다. 일반대중은 생활이 편안해지는 것이 제일 우선의 목표이고 그 다음에 그것을 향상시키는 것이 최대의 희망이다.
>
> 현재 오키나와에는 광신적인 미국 의존주의자들은 없지만 광신적인 일본 의존주의자는 다수 있다. 그 이유는 미국과는 현실적으로 정치경제 관계가 긴밀하게 맺어져 있기 때문에 많든 적든 현실에 대한 불만이나 불평이 있으나, 일본과는 떨어져 있기 때문에 모든 것이 이상화되어 있고 그리워하고 생각하는 감정이 강해져 무엇이든 미화되어 있기 때문이다.

나카소네는 이어서 사쓰마나 메이지 정부의 지배역사를 강조하면서 "현실의 불만은 일본복귀의 간절한 바람이 이루어져 이상적으로 전부 해결될 것이라고 생각한다면, 그것이야말로 커다란 착각이다"라고 경고했다.[8]

나카소네를 비롯한 전후 독립론의 조류는 오키나와에 잠재하던 일본 본토에 대한 불신을 토양으로 해서 생겨난 것이다. 그의 내용이나 현실성은 어찌

---

6 武元, op. cit., p.14; 蔡璋, op. cit., pp.15~16. 島袋, op. cit., pp.62·66.
7 仲宗根男, op. cit., pp.314~315.
8 op. cit., p.316.

되었든 복귀론자들이 미국과 대항하는 가운데 형성되었던 일본상日本像을 되묻는 요소를 갖고 있었다. 그러나 복귀가 아직 꿈이고 이상이었던 시대에는 그것들에 대해 거의 관심을 불러일으키지 못했다. 1960년대 말 오키나와복귀가 현실로서 착수되기 시작했을 때 반복귀 사상이 분출하게 된 것이다.

복귀의 현실화

반복귀론을 검토하는 전제로서 당시의 시대배경을 설명해두겠다.

오키나와의 복귀운동의 변화로서 알려진 것이 앞장에서도 말했던 '히노마루복귀'에서 '반전복귀'로의 전환이다. 그 전환점으로 자주 지적되는 것은 1965년 8월 사토 에이사쿠佐藤栄作 수상의 오키나와 방문이었고, 배경은 격화된 베트남전쟁이었다. 베트남전쟁으로 인해 보급기지로서 공군기지로서도 오키나와의 가치는 미국에게 다시 높아졌지만, 미군의 범죄증가와 맞물려 오키나와에 잠재해 있던 반전반기지 감정이 강해졌다.

사토 수상의 방문은 미국-일본-오키나와라는 삼자관계에서도 전환점이 되었다. 이 시기 전후부터 자민당정권은 미국정부와 적극적으로 반환교섭을 함과 동시에 이것도 앞장에서 말했듯이 1966년도부터 오키나와에 대한 원조를 배로 증가시켜 한꺼번에 미국정부 원조액의 두 배 가까이 되었다. 이 경향은 매해 지속되었고 1972년도까지 본토에서 오키나와에 대한 원조는 1966년의 여섯 배 이상으로 증액되었지만, 그것에 반비례하듯이 미국 측은 원조 비율을 감소시켰다.[9] 미국이 기지운영을 위해 경제원조를 함으로써 오키나와 내부의 불만을 진정시킬 필요가 있었지만, 전쟁의 실행만으로도 부담이 컸으며 예전부터 무거운 짐이었던 오키나와의 통치비용을 일본정부가 대

9 Ibid.,『屋良朝苗回顧録』, p.192.

신하게 할 필요가 있었다.

그러나 경제적 원조가 증액되는 한편, 기지의 축소와 인권억압의 원흉이 되었던 미국의 시정권이 당장은 보류되었다. 공식적으로 이러한 노선은 '점차 늘려가는 방식' 내지는 '일체화정책' 등으로 칭해져 오키나와반환을 포기한 것이 아니라, 우선 경제원조 등으로 오키나와의 수준을 '본토 수준'으로 끌어올리고 시정권에 대해서는 '점진적'으로 해결하는 것이었다. 본토의 혁신세력은 이러한 자민당의 점진노선을 현상의 고정화로 비난하고 미군기지의 철폐를 강조한 무조건 즉시 전면반환을 내걸었다.

60년대 후반 이후에 본토의 베트남 반전운동이 고양되어감에 따라 오키나와 문제는 일반인들 사이에서도 관심을 불러일으켰다. 그러나 본토 측 관심이 이 시기에 급격하게 고조되었다는 느낌은 지울 수가 없다. 이미 말했듯이 '섬 전체 투쟁'의 한 시기 이후에는 일반여론이나 매스미디어의 관심이 저조했으며 오키나와 문제 관련 출판물의 발행은 60년대 후반에 거의 집중되어 있다. 그 출판물의 대부분은 혁신계의 반전복귀 입장에서 나온 것으로 현재까지 존재하는 복귀운동의 이미지는 이 시기에 거의 형성되었다고 말할 수 있다.

이것과 관련해서 지적해두어야 할 것은 60년대 전반까지 본토의 평화운동이 오키나와를 무시했다는 점이다. 이를테면 1960년 미일안보조약개정 시에 공동방위지역, 즉 조약에서 말하는 '일본'에 오키나와를 포함할 것인가 말 것인가 문제가 되었다. 나카요시 료코仲吉良光 등은 당연하게 개정안보조약에 오키나와를 포함하도록 자민당정권에 청원했으나 혁신세력과 자민당 일부는 이것에 반대했다. 반대론의 이유는 오키나와가 이미 미국의 아시아·태평양 지역에서 중요한 군사기지지역이 되었고 오키나와를 '일본'에 포함하는 것은 본토가 완전하게 냉전군사체제에 휘말리게 된다는 것이었다. 오키나와를 안보조약에 포함하는 것은 '불 속의 밤 줍기'와 같은 것으로 이야기되었고

최종적으로 이 조약의 공동방위지역은 '일본국의 시정하에 있는 영역'으로 한정되었다.[10]

이것은 본토의 평화운동이 우연하게도 오키나와에 한층 군사기지화를 촉진시키는 결과를 불러일으키게 되었다. 1957년 기시 노부스케岸信介 수상과 아이젠하워 대통령이 회담하고 미국 측은 반미기지 투쟁이 강한 일본 본토에서 지상전투부대를 철퇴시킬 것을 약속했지만, 그들 부대는 조약과 법규의 속박이 없는 오키나와에 집중되었다. 50년대부터 60년대 초에 걸쳐 오키나와에서는 기지건설이 이어졌고 본토의 미군기지가 거의 4분의 1로 감소한 것에 반해 오키나와기지는 약 두 배로 증가했지만, 이것에 대해 본토 측에서 눈에 띄는 반대운동은 없었다.[11] 60년 미일안보 반대운동 때 데모대가 국회를 포위하는 상황에서 도쿄를 방문할 예정이었던 아이젠하워는 오키나와로 향하지 않을 수 없게 되었다. 이때 데모대의 집행부는 "아이젠하워의 방일은 저지되었습니다. 우리들은 승리했습니다. 비겁한 아이젠하워는 오키나와로 도망갔습니다"라고 보고하고 데모대는 환호에 들끓었다고 한다.[12] 그들이 지키려고 했던 '일본'의 평화 안에 오키나와는 들어있지 않았다.

이러한 본토 측 평화운동의 멘탈리티는 60년대 후반에는 거의 자취를 감추었지만 그래도 잔재가 완전히 없어졌다고는 할 수 없었다. 예를 들면 60년대에는 '본토의 오키나와화'라는 말이 자주 사용되었다. 이것은 오키나와가 반환되어도 핵병기나 미군기지가 있다고 하면 오히려 '일본'에 핵병기나 미군을 들여오는 것이 되고 오키나와를 '본토 수준'으로 끌어올리려는 것이 아니고, 본토의 평화상황을 '오키나와 수준'으로 끌어내리는 것이 된다는 의미

10 仲吉, 「日米安保条約改正に沖縄包含方の決議請願」 등 일련의 관련청원은 Ibid., 『仲吉良光文書』 8巻에 수록되어 있다.

11 군사기지의 증가에 대해서는 新崎盛暉, 『沖縄現代史』, 岩波新書, 1996, p.14.

12 仲宗根男, 「沖縄のナゾ」, 『新沖縄文学』, 1969. 夏期号, p.59.

였다. 이것은 반전복귀를 관철하려는 의도하에 주장된 것이었지만 오키나와 측에서는 본토의 에고이즘으로서 반발하는 자도 있었다.[13]

종합해서 말하자면 60년대 후반에 본토의 오키나와 문제에 대한 관심은 베트남전쟁을 배경으로 발생된 것이었다. 보수정권이 베트남전쟁에 동반되는 미국과의 국제관계에서 오키나와 원조를 개시했다고 한다면, 혁신 측은 베트남 반전운동 속에서 오키나와 문제에 주목했다. 그리고 결론부터 말하면 청일전쟁을 배경으로 일본에 통합된 오키나와는 제2차 세계대전으로 인해 일본에서 분리되어 한국전쟁과 함께 '일본'이며 '일본'이 아닌 상태로 고정된 뒤에 베트남전쟁과 동반되는 국제관계의 변화 속에서 다시 일본으로 '반환'되었다.

베트남전쟁과 동반된 변화는 오키나와의 내정에서도 나타났다. 1968년 베트남전쟁이 최고조에 달함과 동시에 오키나와 주민의 반기지 감정이 높아졌을 때, 계속 임명제였던 행정주석을 공선公選으로 뽑게 되었다. 이 선거에서 점진노선과 '복귀 시기상조'를 외치는 자민당민주당이 당명 변경 측이 혁신진영이 승리하면 오키나와는 경제적으로 '감자와 맨발옛날처럼 감자를 먹고 맨발로 다님'의 섬이 될 것이라고 공격한 것에 대해 '즉시 무조건 복귀'와 '기지반대'라는 평화문제를 공약으로 한 혁신공투의 지원을 받은 야라 쵸보가 당선되었다. 여기서는 복귀운동이 '히노마루복귀'에서 '반전복귀'로 이행됨과 함께 전쟁의 격화에 위협받은 오키나와 주민들 사이에서 50년대의 복귀운동과 같이 경제적 이해보다도 '평화로운 조국'에 대한 기대가 높아졌다는 것을 보여준다. 이 선거에 대한 지원을 통해 본토의 혁신정당도 오키나와 측과 보다 깊은 관계를

---

13 예를 들면 大城立裕, 『内なる沖縄』, 読売新聞社, 1972, p.244. 또한 이 말에 대해서는 본토 측의 지식인으로부터 中野重治, 「『本土の沖縄化』という言葉のこと」(『文芸』, 1970); 大江健三郎, 『沖縄ノート』(岩波新書, 1970, V장)과 같은 비판이나 반성이 있었던 것을 부기해둔다.

맺었으며 혁신 공투로 여당이 된 인민당과 함께 복귀운동을 더 반전평화 노선으로 이끌어나갔다.

무엇보다도 야라 자신은 대립후보의 표현에 따르면 '내셔널리스트, 휴머니스트이지만 혁신적인 이데올로기를 말하는 사람이 아니어서' 본토의 자민당과도 우호관계를 가졌다.[14] 그의 당선 직후에는 전략폭격기 B52가 격추사고를 일으키고 1969년 2월에는 총파업에 의해 B52철거를 주장하는 움직임이 높아졌지만, 야라는 미군과 자민당이 절충하는 길을 취하고 총파업을 회피했다. 또한 1971년 2월에는 미군의 경제절감방침에서 대량해고에 직면한 전군노全軍労, 오키나와 기지노동자 조합가 파업에 들어갔는데 야라는 여기서도 회피하는 자세를 취했다.

야라가 이러한 평화문제와 파업에서의 대립을 완화시켰던 방법 가운데 하나는 사전 교섭력과 자민당과의 관계를 활용해서 본토정부로부터 경제원조를 끌어내는 것이었다. 전군노의 파업에서는 해고자에 대한 본토정부로부터 일시금을 지급시킴으로써 파업회피를 시도했고, 또 1969년 7월에 발생된 미군기지의 독가스누설사고에서 일어난 가스철거문제에서는 이송루트에 해당하는 지역주민의 반대가 거셌기 때문에 역시 본토정부에서 비용을 받아 신규로 이송도로를 건설하는 것으로 결론이 났다.[15]

이러한 가운데 1969년 11월에 닉슨·사토佐藤 회담을 거쳐 오키나와의 시정권을 1972년에 일본정부에 반환할 계획이 발표되었다. 속칭 '핵 제외·본토 수준核抜き・本土なみ' 내지 '기지 딸림·본토 수준基地付き・本土なみ'으로 불렀던 이 계획에는 '본토 수준'에 미군기지를 남기고 핵병기 반입에 대해서는 일본정부와 '사전협의'한다는 내용이었다. 미국정부는 4개월 전부터 베트남철수 구상

14 屋良, Ibid., p.97.
15 이러한 경위는 Ibid., pp.149·158.

을 발표했고, 재정 부담에 고민하는 미국 측은 기지를 확보한 후에 시정권을 일본에 반환하면 비용이 삭감이 된다는 종래부터 있었던 견해에 귀를 기울이고, 기득권을 고집하는 군을 설득했다.

때마침 1970년에는 미일안전보장조약의 개정기한이 가까웠고 반미운동으로 일본의 보수정권이 위기에 처해있던 1960년 상황이 재현된 것은 반공동맹국으로서 일본을 확보하고 싶은 미국과 일본정부, 자민당이 피해야 하는 사태였다. 오키나와 미군의 기득권을 포기하더라도 오키나와의 시정권을 반환함으로써 반전운동의 쟁점을 빼앗고 일본 측의 내셔널리즘을 만족시킴으로써 보수정권을 안정시키는 것이 득책이라고 생각했던 것이다. 그리고 반환에서 '미국 측은 반환 후의 미군용지의 임대료를 일본정부가 부담할 것'과 '미군이 기지 이외에 건설한 시설을 일본정부가 살 것' 등의 조건을 받아들이게 했다.[16]

이러한 복귀의 방법에 대해 보수와 혁신 모두가 비판의 목소리를 높였다. 원래 보수정권에서는 예전에 아시다 히토시芦田均가 말했듯이 "오키나와는 일본경제에서 그다지 중요하지 않다"는 감각이 뿌리 깊게 남아 있었다.[17] 자민당의 참의원 의원인 곤 도코今東光는 1969년에 "확실히 말해서 고구마와 흑설탕밖에 나지 않는 섬은 원하지 않는다"고 말하여 반발을 샀지만, 본토 경제계에서도 오키나와 복귀는 재정상 부담이 증가될 뿐이라는 의견이 잠재되어 있었다. 앞에서 말한 바와 같이 분단상황이나 격차를 그대로 두는 것이 오키나와의 저임금노동자가 외부에서 돈을 버는 좋은 기회이지만, 재계 사람들에게서는 복귀 시기상조론復帰尚早論이 적지 않았다. 일본에게 오키나와는 전쟁

16 오키나와 반환교섭의 정치사적 분석에 대해서는 日本国際政治学会 編, 「沖縄返還交渉の政治過程」(『国際政治』 52号, 1975)과 川野康子, 『沖縄返還をめぐる政治と外交』(東京大学出版会, 1994) 등이 있다. 일본정부의 보조금 지출과정에 대해서는 屋良, Ibid., pp.179·181.

17 大江, Ibid., p.124에서 재인용.

전과 같은 국방거점의 가치를 가지지 못했기 때문에 정치가나 재계인들 입장에서 보면 단지 미국과의 관계에서 부담을 떠안은 것에 지나지 않았다. 때문에 오키나와 측에서 반환에 대한 불만의 소리가 나오면 '오키나와의 응석을 받아주지 마라'라는 발언이 자주 나왔다.

또 혁신 쪽도 미군기지를 남긴 채 복귀하는 것은 반전 입장에서 허용할 수 없었다. 혁신 측에서 보면 복귀는 결국 통치비용만을 일본정부가 부담하고 기지의 사실상 자유사용권은 미국 측이 확보하는 내용이었다. 신좌익도 혁신정당도 이러한 자민당의 복귀 안에 대해 반대했고 사토·닉슨 회담에 대해 본토와 오키나와에서 격렬한 데모와 파업이 일어났다.

그러나 야라는 복귀를 거부하지 않았다. 현실주의자인 야라는 이러한 복귀형태가 이상적이라고는 할 수는 없지만, 전진된 것이라고 생각했으며 원래 야라와 그 측근들이 50년대부터 주장하고 있던 복귀구상에 가까운 것이었다. 그리고 야라는 자민당과 교섭한 후에 1,853만 달러에 달하는 류큐정부의 누적된 적자 가운데 반액을 일본정부에 부담시키는 것에 성공하여 복귀의 성과를 굳히고 있었다.[18]

본토와 오키나와의 혁신정당에서는 야라의 이러한 자세에 대해 불만이 잠재되어 있었으나 혁신공투에서 당선시켰기 때문에 지지하지 않을 수 없었다. 1970년 가을에는 복귀에 앞서 오키나와의 중·참 양의원을 선출하는 '국정참가'가 실현되었고(야라는 원래 일본에 대한 통합강화의 입장에서 "주석 공선보다도 오히려 국정참가를 앞으로 실현해주었으면 한다"라고 말한다),[19] 본토 측의 혁신정당은 이러한 의미에서도 혁신세력의 분열은 피해야만 했다. 그러므로 본토 및 오키나와의 혁신정당은 자민당과 그 복귀구상에는 '반전복귀'를 부르짖어 대

18 屋良, Ibid., p.193.
19 Ibid., p.188.

결자세를 강화시키면서도 자민당과 우호관계를 가진 야라는 계속 지지한다는 우유부단한 태도를 취했다.

그러나 자민당의 복귀구상이 비판받아도 혁신 측도 복귀를 부정한 것은 아니었다. 혁신 측이 강조한 점은 '히노마루복귀'를 극복하고 '반전복귀'를 명확히 하는 것이고, '히노마루'를 대신해서 본토의 평화헌법을 '일본'의 상징으로 내세우는 것이었다. 이것은 노선변경이라기보다는 종래의 혁신 내셔널리즘의 재확인이며 '히노마루'와 '기미가요'의 협잡물을 배제한다는 견해 하에 행해진 것이기 때문에 인민당이나 공산당에게는 복귀가 일본민족의 통일이라는 평가에는 변함이 없었다.

이 시기가 되자 인민당이나 공산당에서도 오키나와의 전통문화를 재평가하는 경향이 생겨났지만, 그것은 지배자들의 위로부터의 문화인 것에 대해 아래로부터의 '일본민족문화' 내지 '일본지방문화'를 기리어 칭송한다는 '민족예능운동'의 변화였다. 예를 들면 1971년 향토연예를 공연작품으로 하는 본토의 혁신계 연극단이 오키나와를 방문해서 〈민족예능의 밤〉이라는 제목으로 류큐무용단과 공연했는데, 오키나와인민당의 기관지인 『인민人民』은 이것을 평하기를 "미국이 (…중략…) 흘려보내는 식민적, 퇴폐적인 침략 '문화'와의 싸움", "민족문화를 지키고 키워내기 위해 오키나와와 본토를 민족예능으로 견고하게 이어서 아래로부터의 민족통일을 쟁취하자"고 말했다. 그리고 이와 함께 '본토 문화단의 멋진 창작과 함께 오키나와 창작의 낙후됨'이 비판되었다.[20] 이러한 가운데 복귀의 현실에 환멸을 느끼고 야라의 시정과 혁신정당에도 불만을 품은 사람들이 나타났다. 불만의 표출방법은 여러 가지였으나 크게는 두 종류가 존재했다.

---

20 謝名元慶福,「『民俗芸能の夕べ』意義と成果」上,『人民』510号, 1971.12.11;「本土・沖縄が一体に伝統文化を守り継ぐ」; 川村薫,「すばらしい芸能の夕べ」,『人民』508号, 1971.11.27.

첫 번째는 말할 것도 없이 복귀의 이상이 무너져버린 것과 일본 측의 제멋대로의 방식을 비판하는 것이었다. 역사학자이며 나중에 오키나와현 지사를 지냈던 오타 마사히데大田昌秀는 일본의 오키나와에 대한 대우를 류큐처분 이후부터 연구하여 『추한 일본인醜い日本人』이라는 평론을 썼다. 오키나와 출신으로 처음으로 아쿠타가와상을 수상한 작가로 주목받던 오시로 다쓰히로大城立裕도 일본 및 오키나와 내부의 복귀운동에 대해 비판했다.[21] 또 본토에서 공산당과 신좌익의 대립관계가 오키나와에 파급된 것과 맞물려서 야라를 지지하고 민족통일에 의한 복귀를 내세우는 인민당 및 공산당과 류큐대학의 학생조직 등이 대립했다.

그리고 두 번째는 종래의 류큐독립론의 흐름을 이어받는 보수 내지는 친미계의 것이었다. 원래 자민당이 복귀 시기상조론을 주창했다는 것은 앞서 말한 대로이지만, 오키나와 자민당의 전신인 민주당은 친미정당으로 미군 지배하에 기득권을 얻고 있던 재계인물이나 업자의 지지를 얻고 있었다. 앞에서 말한 대로 경제적 이해는 50년대에는 복귀운동 측의 논리였으나 68년의 행정주석 선거에서 경제적 이해를 강조한 것은 본토의 자민당과 연결된 복귀 시기상조론 측이며 이 시기에 경제적인 기득권을 중시하는 오키나와의 보수진영은 복귀의 시기상조 내지는 반대론을 외쳤다. 예를 들면 임명주석이던 마쓰오카 세이호松岡政保는 원래 류큐독립론자로 알려져 있었고, 류큐상공회의소 이사였던 마쓰오카 구니오松岡久仁男도 교직원회의 복귀운동을 '일본인교육이라는 제목과 교직원의 은급恩給, 퇴직금'을 목적으로 하는 것이라고 비판했다. 복귀가 구체화됨에 따라 기지주변의 업자들로부터 복귀반대 내지 시기상조론이 대두되고, 류큐왕국에 대한 찬미와 류큐처분의 침략성을 강조한 '류큐의회' 운동이나 '오키나와

21 大田昌秀, 『醜い日本人』, サイマ出版会, 1969; 다쓰히로에 대해서는 鹿野, Ibid., 『戦後沖縄の思想像』, 제5장의 「異化・同化・自立—大城立裕の文学と思想」 참조.

인이 오키나와를 만드는 모임' 등이 출현했다.[22]

후자인 보수계의 복귀반대 내지 시기상조론은 본토 측의 보수세력에 존재했다. 비용론과 차별감정에 의한 복귀반대론과도 미묘하게 교차했다. 1969년 4월 도치기栃木현의 어느 의사는 『류큐신보琉球新報』에 보낸 투고에서 이렇게 말하고 있다.[23]

> 류큐국 사람들이여, 제군들은 원래가 독립국이었다. (…중략…) 그것이 메이지유신의 혼잡을 틈타서 일본의 오키나와현민이 되고 영유되었다. 그리고 내지의 좌천된 관리가 통치하고 일본에서 적자현赤子県으로 여겨졌다. (…중략…) 매우 행운인 것은 제2차 세계전쟁 덕택으로 제군들은 일본을 떠나 미군의 시정 아래에 들어갔지만, 그런 까닭에 제군들은 (…중략…) 군사시설 이외에는 전혀 내

---

22 上沼, Ibid., p.157 참조. 「琉球議会」나 「沖縄人の 沖縄をつくる会」에 대해서는 大田, Ibid., 『沖縄の帝主高等弁務官』, 제8장 참조. 「沖縄人の沖縄つくる会」를 맨 먼저 주장한 야마자토 에이키치(山里永吉)에게는 시론을 모은 『沖縄人の沖縄—日本は祖国に非ず』, 沖縄時報社, 1969와 『沖縄人の沖縄』, 1971 등의 저작이 있고, 그는 "우리들의 조국은 결코 일본이 아니다. 우리들의 조국은 오키나와이다"(『沖縄人の沖縄-日本は祖国に非ず』, p.25)라고 주장했다. 야마자토에 대해서는 大城立裕가 "논술함에 있어서 고생을 해도 좋다"라면서도 "그때까지 미국지배 체제를 향해 비판한 적이 없는 야마자토"라는 표현을 하고 있다 (「文化史の新しい時代」, 『沖縄タイムス』, 1970.5.28. 후에 『沖縄, ある晴れた日に』, 家の光協会, 1977 수록). 또한 아라카와는 야마자토가 "1938, 9년경에 편집발행인이 되어 나하(那覇)에서 간행하던 잡지 『月刊琉球』에는 서명을 넣어 히노마루의 존엄을 말하고 일본정신(大和魂)이 무엇인가를 이해하지 못하는 자는 일본인이 아니다라는 식의 충실한 제국신민으로서의 면모를 발휘한 문장이 여기저기에 보인다"는 것을 지적하고, 야마자토가 미국지배하에서는 류큐정부 문화재보호위원장(琉球政府文化財保護委員長)을 근무했던 것을 대조하여 그를 비롯한 당시 보수계독립론을 기회주의자로 평가하고 있다.(新川, Ibid., 『反国家の凶区』 299, p.135)
또한 야마자토는 Ibid., 『沖縄人の沖縄—日本は祖国に非ず』, pp.45~46에서 오키나와에 독립 가능성이 있는 역사적 논거로서 이하 후유(伊波普猷)가 '류큐민족'의 정치능력을 기렸던 '우리들의 선조는 (…중략…) 국가사회를 형성해야만 하는 능력을 갖고 있습니다'는 말을 인용하고 있다. 이에 대해 아라카와는 후에 말하듯 이하 후유를 일본에 대한 동화론자라고 평가했다. 야마자토가 이하 후유를 오키나와내셔널리스트라고 한 것에 대해 아라카와는 이하 후유를 동화론자로 평가했다는 대비는 이하 후유의 양의성이 독자에게 서로 다른 해석을 부여한다는 사례로서 매우 흥미롭다.

23 大江, Ibid., pp.78~79에서 재인용.

지에서는 상상도 못할 정도의 자유를 지니고 있는 것이다. 같은 영토라도 조선은 독립했다. 대만도 독립했다. 제군들의 류큐는 왜 독립하지 않는 것인가. (…중략…) 재정의 걱정이 없다. 재정은 관광과 노름으로 먹고 살면 된다. (…중략…) 환락의 땅이 되는 것이다. 전쟁의 피해 등은 빨리 잊는 것이다. 커다란 태풍을 만났다고 생각하면 된다. (…중략…) 보잘것없는 본토복귀의 슬픈 염원 따위는 생각하지 말라. 제군에게 주어진 최고의 기회이다.

그리고 이 의사는 오키나와에서 도쿄의 국회의원이 선출된 것에 대해 "외국정치를 왜 간섭하는 것입니까. 현 시점에서 오키나와는 외국이고 일본도 또한 외국이지 않습니까"라고 말했다. 이것에 대해서는 당연히 오키나와 측으로부터 '오키나와를 이질적인 것 (…중략…) 으로만 받아들여 비하하고 일본에 오키나와의 이질적인 것이 파고 들어오는 것을 참지 못하는 것 같다'는 비판이 나왔다.[24]

즉 당시에는 자민당과 미국이 제시한 복귀계획, 혁신 측의 반전복귀와 민족통일 노선, 그리고 보수계에서의 류큐독립론 등이 복잡하게 교차했다. 그렇기 때문에 설령 복귀에 이의가 있다고 해도 보수계 독립론과 거리를 두고 싶다면 복귀반대를 하기 어려운 구조가 만들어져 있었다. 이상적인 복귀형태는 아니라고 해도 인권상황 등으로 개선을 기대할 수 있다면 한층 더 그러했다. 그러므로 오타나 오시로도 혹은 당시의 본토 측의 양심적 지식인으로 알려졌던 나카노 요시오中野好夫나 오에 겐자부로大江健三郎 씨도 본토 측의 차별의식이나 지배의 역사는 비판하더라도 명확한 복귀반대까지는 내세우지 않았다. 그러한 가운데 보수계 독립론과는 거리를 두면서 '반복귀反復歸'를 주장하

24 Ibid., p.79; 儀間, 「沖縄と本土との断絶感」, p.74.

는 아라카와 아키라가 주목을 받게 되었다.

'가면'에 대한 혐오

반복귀론의 논객이 된 아라카와 아키라는 이전부터 시인으로 알려져 있었다. 그를 말하려면 언급해두어야만 하는 것이 몇 가지 있다.

먼저 1931년생인 아라카와 씨는 류큐대학이 창립되던 당시의 입학생이었다는 것이다. 앞에서 말한 것처럼 류큐대학은 원래 친미엘리트 육성을 위해 세워진 대학이었으나, 전후에 오키나와에서 소수의 근대 고등교육을 받을 수 있는 곳이기도 하였다. 그리고 지배자 측이 만든 고등교육의 기회에서 통치에 대한 반항이 나타났다는 현상은 제13장에서 말했던 대만의회 설치청원운동을 비롯하여 세계의 식민지 지배에서 자주 볼 수 있다. 류큐대학의 학생들 사이에서도 미군통치에 의문을 지닌 자가 생겨나고 있었다.

야에야마에서 패전을 맞이했을 때 '졌다고 듣고서 더 분해서 어른이 되면 적을 쳐부술 것이다'고 생각했다는 '군국소년'이었던 아라카와는 류큐대학 입학 당시에는 영어과를 전공한 것 같지만 그 후에 국문과로 바뀌었다. 그가 입학했을 당시의 류큐대학은 설비도 열악하고 많은 사람이 미국이나 일본 본토로 유학을 지망했다. 그리고 '미국 유학을 지망하는 동료들은 대체로 영문과' 소속이었지만, 아라카와는 '그들이 미국에 물들었다고 말할 수 있는 일종의 스마트함'에 대해 반발을 느꼈다고 한다. 그 후에 아라카와는 '일본유학'을 시도했으나 이루지 못하고 잡지 『류큐대학문학琉大文学』의 창간멤버가 되어 문학에 빠져들어갔다.[25] '섬 전체 투쟁'의 해인 1956년 이 『류큐대학문

---

25 아라카와의 경력과 『류큐대학』에 대해서는 가노 마사나오(鹿野政直)의 Ibid., 『戦後沖縄の思想像』 第2章, 「『否』の文学―『琉大文学』の航跡」 참조. 아라카와의 패전 당시 및 '영문과'에 대한 반감의 인용은 아라카와·니자키 위의 대담 pp.48·50.

학』은 발매금지·반년간 활동정지가 되고 책임편집자들이 처분당했다. 그 원인의 하나가 된 것은 아라카와의 시 『'유색인종' 초'有色人種' 抄』였다. 그 일부를 인용해두기로 한다.[26]

황색인종 가운데에서도
여러 가지 인종이 있다.

순수한 피를 지키고
순수한 피를 믿으며
서로 격려하고 굳게 이어져 있으며
보조를 맞춰 나아가는 사람들이 있다.

그들의 피를 배반하고
그들의 피를 팔아넘기고
원숭이처럼 추악한 면상을 교묘한 가면 아래에 감추고
교태를 다하며 세상살이가 능숙한 자가 있다.

우리들은 그 가면을 냅다 벗기어
백주 대낮에 꿇어앉히려고

눈을 뜨고 있다.
우리들의 피를 흐리게 하기 위해

26 新川明, 「『有色人種』 抄(1)」에서 「黃色人種(II)」, 『琉球大学』 2巻1号, 1956.3, pp.41~42.

쳐놓은 덫을 찾아내기 위해
46시 눈을 뜨고 있다.

우리들 황색인종이
황색인종임에 자부심을 가지고
황색인종 가운데 원숭이나
우리들의 피를 위협하는 하얀 늑대의
불룩한 올챙이배를 찢기 위해
우리들은 걷는다.
크게 눈을 부릅뜨고
우리들은 걷는다.

멸시받는 '황색인종'임에 자긍심을 가지고 멸시하는 '하얀 늑대'나 그리고 무엇보다도 '피'를 배반하는 '황색인종 가운데 원숭이'와 싸운다. 당시 오키나와에서도 미국 측의 문화를 몸에 익혀 사회적 상승을 도모하려는 자가 있었으며 류큐대학에서도 아라카와가 말하는 '미국에 물든 자'들이 존재했다. 지배자인 '늑대'의 시선에 대한 반발과 거기에 동조하는 '원숭이'에 대한 혐오는 식민지 상황 안에서 살아가는 지식인들에게는 공통적으로 발생되는 것이었다. 그리고 아라카와가 이후에 반복귀론에서 취한 자세는 이 시의 '황색인종'을 '오키나와인'으로, '늑대'를 '일본'으로 바꾸어 그가 오키나와 내부의 '원숭이'로 간주한 복귀론자들의 '가면을 벗기'려고 한 것이었다.

그러나 여기서 '피'를 노래하고 있던 아라카와 자신이 실은 '오키나와인'으로서 '순수한 피'를 가진 사람이 아니었다. 그는 오키나와 출신인 아버지와 본토출신인 어머니 사이에서 태어난 사람이며 성장할 때까지 오키나와 말을 충분하게 구사할 수 없었다. 대학 중퇴 후에 아라카와는 신문사에 들어가 오사카에서 근무했는데 거기서 마찬가지로 본토출신의 어머니와 오키나와인인 아버지 사이에 태어난 동료가 있었다. 아라카와는 그 동료가 어머니의 출신을 항상 강조하며 자신이 '일본인'임을 보이려고 했던 것에 대해 "내심 격한 반발과 경멸을 느꼈고 '나도 마찬가지로 한쪽 부모가 일본인이지만, 나는 단연코 오키나와인이다'라고 마음속으로 계속 중얼거렸다"고 말한다. 그리고 그는 오사카에서 근무 중에 "아내에게서 오키나와 말투를 배웠고", "악센트가 잘못되거나 어휘가 빈약한 것은 어쩔 수 없다고 해도 어떻게든 말은 할 수 있었다"는 것이다. 아라카와는 반복귀론에서 '일본'을 비판하기 시작하고 나서 "내게는 어머니가 출생한 나라가 일본이고 내 핏 속에 일본(사람)의 피가 흐르고 있다는 사실을 의식하는 것마저 견디기 힘든 치욕이었다"고까지 말했다. 그는 말하자면 식민지의 '혼혈' 지식인과 마찬가지의 고뇌를 안고 있었다고 할 수 있다.[27]

그리고 아라카와의 사상을 이야기할 때 간과할 수 없는 것은 그가 유소년기를 보냈고 오사카에서 오키나와로 돌아온 후에 근무했던 장소가 오키나와의 변경으로 류큐왕국에 착취당했던 야에야마라는 사실이다. 그는 그곳에서 "일본과 오키나와ヤマトゥとウチナー가 '중앙'과 '변경'이라는 형태로 대치되어 서로 관계되어 있듯이 오키나와와 야에야마ウチナーエマ八重山 사이에는 역시 등식관계가 성립되고 있다"는 것을 발견했다. 그리고 문화적으로도 '근대 이후의 오키나와 사람들이 자신의 문화를 일본과 균질, 즉 같은 뿌리라고 함으로써 스스로를 변경에서 끌어올려 대등한 지위를 확보하려고 희구한 것처럼 야에야마의 사람들은 마찬가지로 자신의 문화유산을 오키나와와 비교해서 균질하

27 新川,『反国家の兇区』, pp.76·92. 이하 쪽수를 기록한 인용은 같은 책.

다고 말함으로써 변경이라고 느끼는 자신으로부터 벗어나기를 희망했다'는 것이다. '늑대'와 '원숭이'의 관계가 여기에서도 존재했다.[28]

이러한 오키나와 내부의 지역격차에 대한 자각은 이하伊波와 마찬가지로 아라카와에게 오키나와 내셔널리즘에 대한 복잡한 자세를 갖게 했다. 그는 '일본'에 대해서는 오키나와를 옹호했으나, 뒤에서 말하는 것처럼 1970년 전후에는 류큐독립론과 일정한 거리를 두었다. 그것은 보수계의 류큐독립론에 그가 반발했을 뿐만이 아니라, "오키나와의 자립이라든가 독립이라면 야에야마나 미야코宮古의 사람들로부터 '우리들은 어떻게 되는 것인가, 오키나와[본섬]만 독립하는 것인가'라는 반발을 현실에서 당합니다"라는 의식을 갖고 있었기 때문이기도 하다.[29]

지배관계 안에서 특히 문화적인 열등감 안에서 '늑대'를 동경해서 스스로를 '추악'한 '늑대'로 폄하하는 것. 이것은 아라카와가 일관해서 혐오하고 적대시한 것이라고 해도 좋으며 이후 반복귀론에서도 그는 경제나 정치의 불평등보다도 문화 및 정신의 자존심 문제에 관심을 집중했다. 그리고 자기 자신이 '늑대'의 '피'를 계승하고 있다는 의식이나 오키나와 내부에서의 지배관계에 대한 관심이 단순히 오키나와 예찬이나 오키나와 내셔널리즘에 머무르지 않는 주변성을 그의 사상에 초래하게 되었다.

그렇지만 아라카와가 저서에서 반복귀의 자세를 밝힌 것은 60년대 후반부터로 그 이전에 그는 복귀론자였다. 아라카와에 의하면 "패전의 혼란을 헤쳐 나오는 가운데 오키나와에나 자신에게 일본은 하나의 유토피아였다"고 말하고 개인적으로 '일본은 나의 어머니가 태어난 나라'였다. 그러나 그의 복귀에 대한 생각은 50년대의 복귀운동 지도층이 갖고 있었던 실리적인 것과

---

28 新川, 『反国家の兇区』, pp.35・37.

29 新川明・池澤夏樹, 「沖縄独立の夢を語ろう」, 『世界』, 1996.8月号, p.30.

는 다르게 "예전의 나에게 '복귀'는 나를 포함해서 오키나와(사람)의 완전한 해방을 위해 도저히 피할 수 없는 '전투'였다"라는 지극히 실존적인 기대를 걸었던 것이다.[30]

그렇지만 아라카와의 내부에서 이러한 기대에 대한 실망은 이미 60년대 초반부터 일어났다. 1960년대에 발표한 시화집에 수록된 『일본이 보인다』는 그의 시 중에서도 잘 알려진 것인데 다음과 같이 읊고 있다.[31]

일본이여
조국이여
거기까지 와 있는 일본은
우리들의 외침에
무뢰한 얼굴을 돌리고
오키나와의 바다
일본의 바다
그것을 구분하는
북위 27도선은
파도에 녹아
잭나이프와 같이
우리들 마음에
칼자국을 낸다

이 시는 아라카와가 오사카에 근무했던 시기에 쓴 것이지만 "그 무렵에 이

30 新川, 『反国家の凶区』, pp.66·88.
31 新川, 『反国家の凶区』, pp.72~73에서 재인용.

미 내 안에서 (…중략…) 유토피아로서의 일본은 그 현실에 발을 들여놓음으로써 체험적으로 소멸해갔다"고 말한다. 그렇지만 아직 복귀가 그 내부에서 부정된 것은 아니고 아라카와는 이 시의 '무뢰한 얼굴을 돌리고'라는 부분에서 '일본에 대한 불신'을 표명하는 데 머물렀다.[32]

그러나 이 시는 오키나와 측의 시인이 일본에 대한 사모를 표현한 것으로서 복귀운동 안에서 자주 인용되었다. 북위 27도선 위에서 행해졌던 「민족통일」 해상대회의 레포트에 사용된 것은 그나마 괜찮지만, 어느 영화의 엔딩에 사용되었을 때에는 오키나와 측의 〈순수한 생각〉을 연출하기 위해 '무뢰'의 부분을 삭제하고 인용했다고 한다. 이미 이야기한 바와 같이 60년대 전반의 복귀운동에서는 본토의 관심을 불러일으키기 위해 이론의 결락을 감추기 위해 '민족의 피는 물보다도 진하다'라든가, '아이가 어머니를 그리워하는 순수한 마음' 등의 표현이 난발되어 차별의 고발이나 일본에 대한 불신을 표현하는 것은 피하고 있었다.

그러나 아라카와 쪽이 "내가 이 시에 빈틈없이 담았다고 생각하는 굴절된 심정을 읽어주지 않는 것에 초조함을 느꼈다"는 것은 당연하다.[33] 그리고 이러한 조바심은 복귀의 현실이 확실하게 시작된 60년대 말에는 이미 숨길 수 없게 되어 반복귀론으로 나타났다.

이러한 입장에서 외쳤던 아라카와의 반복귀론은 복귀를 정치경제적인 현상보다도 아이덴티티상의 문제로 삼았다. 그가 반복귀론에서 가장 비판한 것은 복귀나 '민족통일'이라는 이름하에 "오키나와인을 '완전한, 좋은 일본인'으로 만들려 한다"라는 사상이었다.[34] 그는 자기의 '반복귀' 사상을 해설하며

32 新川, 『反国家の凶区』, p.73.
33 Ibid., p.75.
34 Ibid., p.96.

이렇게 말하고 있다.[35]

> 내가 '반복귀'라고 말할 때의 '복귀'는 분단되어 있는 일본과 오키나와가 영토적, 제도적으로 재통합한다는 외적인 현상을 가리키는 것이 아니라, 그것은 오키나와인이 스스로 기꺼이 '국가' 쪽으로 빠져 들어가는 내발적인 사상의 영위를 가리킨다. 이러한 의미에서 '반복귀'란, 즉 개인의 위상에서 '국가'에 대한 합일화를 어디까지나 계속 거부하는 정신지향이라고 바꾸어 말해도 지장이 없다. 더욱 다른 말로 하자면 반복귀, 즉 반국가이고 반국민지향이다.

아라카와가 말하는 '국가'도 정치개념으로서의 주권국가이기보다는 구성원의 충성과 동화를 요구하고 개인의 아이덴티티까지 관계되는 국민국가였다. 그리고 그의 '반복귀'란 철저하게 '개인의 위상'에서 국가로의 동일화를 거부하는 사상이라고 해도 좋을 것이다. 그렇기 때문에 그는 "일본인이기 전에 완고하게 오키나와인일 것을 자각하는 의식구조"를 오키나와의 '이족異族'성으로서 중시하고, "이질감을 국가부정의 사상으로 내발시켜 이것을 지속적인 반국가권력 투쟁의 사상적 거점으로 할 것"을 내세웠다.[36] 이것은 당시 신좌익 사이에서 평가를 얻고 있던 요시모토 다카아키吉本隆明의 공동환상론의 영향도 있었지만, 다분히 아라카와의 경험에서 파생된 사상이었다.

그리고 그것은 일본 국가에 대한 동일화나 통합이 거부된 것으로 통합의 형식이 평등한 것인가, 불평등한 것인가의 문제는 아니었다. 오히려 아라카와에 의하면 차별에서 탈출하기 위해 '국민으로서의 평등'을 추구해가는 한 "차별철폐운동도, 그것은 더욱 크게 국가와 내셔널리즘으로 포장되어가며

---

35 Ibid., p.304.
36 Ibid., pp.8·97.

(…중략…) 국가체제를 근본적으로 변혁하는 투쟁이 될 수는 없다". 이러한 구조 속에는 "언뜻 보면 반체제적으로 보이는 운동도 포함해서 (…중략…) 차별적 시책의 크기에 대응해서 오키나와 내부에서 '차별로부터의 탈각'을 강하게 구하여 오키나와의 내부에서 적극적인 일본동화에 대한 에너지를 끌어내듯 기능한다"는 것이다. 그리고 "'복귀'란, 즉 일본동화의 지향에 뿌리를 두고 일본과 오키나와를 균질한 국가로서 용해하고 있는 것에 다름 아니고, 오키나와에 사는 우리들은 일본인과 다소의 차별도 없이 동등한 국민으로서 자격을 부여받기를 바라는 심정밖에 없다"는 것이었다.[37]

아라카와에 의하면 오키나와가 차별로부터 벗어나기 위해 일본동화지향을 강화시켜갔던 과정은 '마치 일본근대의 천황제이데올로기와 민중의식의 대응관계, 그곳에서의 수용과 지속과 매우 닮았다'. 사람들은 현실차별과 생활이 비참하면 할수록 '일시동인一視同仁'이나 구제의 상징으로서 천황을 환상하고 숭배를 고조시켜간다. 그리고 이러한 차별로부터의 탈출 노력은 "현실에서는 구체적으로 계속 실존하는 야마토=일본에 대해 자신을 사정없이 감싸게 하도록 기능함으로써 스스로의 지향을 배신하고, 역으로 스스로 노력한 그 노력으로 자신을 포함해서 일본 그리고 아시아 사람들을 계속 목 졸라 죽이는 국가의 존립을 견고히 굳혀가는 어리석고도 비참한 자전自轉을 반복하는 것이다".[38]

아라카와에 의하면 이와 같은 '일본인'으로서의 평등을 추구하는 운동의 역사적 선구야말로, 혁신계의 복귀운동에서 영웅시되어온 쟈하나 노보루의 참정권청원운동과 이하 후유의 일류동조론에 다름 아니다. 특히 쟈하나의 운동은 '오키나와 근대의 가장 돌출된 반체제적인 운동'인 동시에 '일본 내셔

37 Ibid., pp.66·119·122.
38 Ibid., pp.27·31.

널리즘에 오키나와의 민중을 통합시킨 아주 중요하고 선구적인 역할을 담당한 것'이기도 했다. 그는 당시 유포되고 있던 쟈하나와 나카에 초민中江兆民・고토쿠 슈스이幸徳秋水와의 교류설에 의문을 나타내며 "[쟈하나의] 발상은 나카에와 고토쿠의 발상처럼 전제적인 억압과 수탈을 강제로 행하는 근원으로서의 천황제 국가권력을 부정하는 방향이 아니라, (…중략…) 일본제국신민으로서의 완전한 권리를 획득하려는 범위 이외에 아무것도 아니다"라고 말하고, "쟈하나 사상의 내실은 (…중략…) 오히려 이타가키板垣와 같은 사람들, 이른바 민권우파에 속한 것이 아닐까"라고 말하고 있다.[39] 만일 아라카와가 '대만동화회'제13장 참조를 조직한 인물이 이타가키인 것을 알고 있었다면 그 점도 강조했을지도 모른다.

실은 쟈하나 노보루의 참정권청원운동이 주목을 받은 것은 아라카와도 지적하고 있듯이 1970년 가을 오키나와의 국정참가선거 전후였다. 이 선거에서는 야라를 대신해서 오키나와교직원회를 이끌던 간부 신에喜屋武真栄와 인민당위원장인 세나가瀬長가 본토 혁신세력의 지원을 받아 당선되었는데, 아라카와는 투표의 보이콧을 주장했다. 그는 그것이 미일 정부의 1972년 반환을 기성사실로 만들기 위한 것이고, 본토의 혁신세력의원의 증가 방책이며 오키나와가 참정권이라는 형태를 통해 '일본'으로의 통합이 진전되는 것과 매한가지이기 때문이라는 것이다.

그리고 국가에 의한 통합을 거부한 이상, 통합된 국가가 '좋은 국가'인지 '나쁜 국가'인지가 문제는 아니었다. 아라카와는 "우리들이 본래 계속해서 싸워야만 하는 상대는 인민을 지치도록 억압하는 국가권력 그 자체"이며 "거기서 싸워야 할 상대가 같은 민족인가, 이민족인가는 조금도 문제가 되지 않는

39 Ibid., pp.121・123~124・168~169.

다"고 말하고, "자본주의 국가이든, 사회주의 국가이든 (…중략…) 국가 '권력'이 민중을 피지배자로 보고 복종을 요구하는 강제력으로 기능하는 것은 변함이 없다" 그리고 말하기를 우익의 민족주의도 공산당의 민족통일전선도 "한쪽이 '반공민족주의'를 주장한 것에 반해 다른 한쪽이 '반미민족주의'의 깃발을 흔드는 것일 뿐이다"라는 것이다.[40]

그리고 당시의 상황에서 말해도 '가면'을 미워하는 아라카와의 지향에서 말해도 차별을 드러낸 미군이나 보수계 논자보다 그가 '오키나와의 싸움을 국가 일본 안으로 확산해서 용해하는 민족주의적 편향을 계속해서 강요한다'고 간주한 인민당이나 공산당의 복귀운동을 더욱 강하게 비판했다. 그는 야라의 시정을 비판하고 혁신세력이 주장하는 반전복귀에 대해서도 "그것이 이른바 '복귀' 사상의 한 변종으로 일본 내셔널리즘의 사정 내에 있다는 것은 변함이 없다"고 말하고, "투쟁하는 것은 '기지가 있는가, 기지의 철거인가'라는 것으로만 오키나와 문제를 왜소화하고 '보다 좋은 반환'을 경쟁하는 내셔널리즘의 경합뿐이었다"고 표현했다.[41]

아라카와의 '반복귀'는 단순한 복귀반대론이라기보다는 오키나와의 '이족異族'성으로서 국민국가의 논리에 대항하려는 것이었다. 그리고 그러한 아라카와에게 가장 격렬하게 반발한 것은 민족통일사상과 혁신 내셔널리즘을 주장하던 공산당과 인민당이었다.

독립론과의 거리

오키나와인민당과 일본공산당이 아라카와에게 반발한 것은 단순히 사상만의 이유에서가 아니었다. 당시의 인민당은 1950년대와는 다르게 이미 일

40 Ibid., pp.184·215·218~319.
41 Ibid., pp.11·66·84.

본공산당과 일체화되고 있었다. 앞에서 언급했듯이 60년대부터 대두한 신좌익운동은 본토의 공산당 혁신세력에서 주도권을 위협하고 있었을 뿐만 아니라, 오키나와에서도 인민당이나 공산당을 비판하고 있었다. 공산당 및 인민당에서는 아라카와 개인은 하나의 신문기자에 불과했지만 그들은 복귀비판론자의 대표로 간주한 아라카와를 공격함으로써 민족통일노선의 올바름을 입증해보일 필요가 있었다.

우선 오키나와인민당 기관지인 『인민』이 아라카와에 대한 익명의 비판기사를 수차례에 걸쳐 게재했다. 그것에 의하면 아라카와의 주장은 "조국복귀 민주세력에 침을 뱉는 용서하기 어려운 행위"이고 "그의 입장과 견해가 '반공 반인민당'의 '좌'우 조류 안에서 역할을 하나, 둘 자청하고 나선 것은 객관적인 사실"이고 "반복귀론은 미국제국주의의 점령지배를 계속해서 하라는 것으로밖에 생각되지 않는"듯한 '패배사상'이었다. 복귀라는 "'아래로부터의 민족통일'이야말로 차별을 극복하는 길"이고, 반복귀론을 "가장 앞서서 환영하는 것은 미일의 지배계급과 그 국가권력이다"라는 것이다.[42] 당시 인민당 기관지에서는 신좌익의 대두를 비난하는 기사가 계속해서 나왔고 아라카와 비판이 그중 하나였다는 것은 확실했다.

일본공산당 잡지 『전위』도 오키나와 문제의 특집에서 반복귀론을 크게 다루고 아라카와의 논의는 "오키나와와 본토의 통일전선을 파괴 혹은 방해하는 역할을 한다"고 강하게 비난했다. 이 특집에서 우에다 고이치로上田耕一郎는 아라카와에 대해 "일본민족의 민족주권 문제로서 오키나와 문제를 잘못 포착하고 있다"고 평하고, "미국이 시정권을 빼앗은 것을 사상으로도 실천상으

42 佐治田勉, 「歴史的事実と清算主義」, 『人民』 444号, 1970.9.5; 大道進, 「敗北の思想『反復帰論』」, 『人民』 464·465号, 1971.1.23·30; 安里和男, 「下からの民族統一」, 『人民』 496号, 1971.9.4; 南海清, 「新川明, 『幻像としての〈日本〉の幻想性」 下, 『人民』 499号, 1971.9.25.

로도 용인하는 것으로 이어질 수 있다"라고 표현했다. 그리고 아라카와가 야라를 비판한 것은 '반인민적 범죄성'을 띠고 있다고 말하고, "[복귀운동은] 참 독립과 평화·민주주의를 위해 일본인민투쟁의 중요한 일환"이라는 주장을 반복했다.[43]

특히 반발을 산 것은 아라카와가 오키나와를 '이족異族'이라고 표현한 점이었다. 공산당 측은 "우리들이 국정참가를 요구하고, 또 현민이 요구한 것은 (…중략…) [오키나와인이] 일본 국민이라는 그 원리로부터 출발했다"는 것이며 아라카와의 주장은 "이하 후유 이래 '오키나와학沖縄学'의 명제를 전면적으로 부정한 것"으로 여겨졌다. 즉 "민족에 대한 지표에서 검토해보면 언어학상으로도 만요万葉시대부터 고어가 오키나와에 살아 있으며 오키나와 방언은 틀림없이 일본어이며 지역적으로도 역사적으로도 경제생활에서도 공통성을 갖고" 있는데다가 "'이족'이라고 해도 아라카와 씨가 말하는 이족은 감각으로서의 '이족'"이고 '국가라든가 민족에 대한 생각이 마치 과학적이 아니라'는 것이다.[44]

아라카와의 역사관도 비난을 피하기 어려웠다. 아라카와의 류큐처분에 대한 관념은 "어느 역사학자[이노우에 기요시를 가리킴]가 한동안 주장했듯이 '류큐독립국'을 메이지 정부가 병합했다는 논의와 동일선상에 있다"고 말하고, 이하나 자하나가 시선을 둔 것은 '진정한 민족통일'이었고 "아라카와 기자가 [말하듯] '천황제 국가권력의 독립'에 기여하는 방향의 민족통일이 아니라는 것은 말할 필요도 없다"고 했다. 공산당이나 인민당에 의하면 아라카와의 사상은 '종래의 연구성과를 완전히 무시하고 역사사실을 편파적으로 왜곡하는

43 瀬長亀次郎・新里恵二・津波恒新・与儀裕・上田耕一郎・新原昭治・平山基生・榊利夫,「シンポジウム 沖縄問題とイデオロギー闘争」,『前衛』, 1971.7月号, pp.62・63・75・79.

44 위와 같은 좌담회, pp.59・76・77・79.

것'이고, '조국복귀민주세력과 인민당을 공격하고 혼란시킬 목적으로 잡학을 긁어모은 것'이라고 주장했다.[45]

예전의 모리 히데토森秀人 등과 마찬가지로 아라카와도 "'좌'익으로 가장한 '독립론'의 아류"라는 비난의 말을 들었다. 인민당의 기관지에 의하면 "일그러진 '피차별의식'이야말로 50년대 초기의 오키나와 독립론자들의 '이론적 근거'가 된 것"이고, 반복귀론은 "이제까지의 오키나와역사에서 반복귀론=독립론과 마찬가지로 역사의 전환기에 제멋대로 생겨난 빛 좋은 개살구"라고 했다. 당시 공산당은 당 발행의 오키나와 문제 팸플릿에 딸린 연표와 같은 것에서 전후 초기에 당이 했던 '오키나와민족의 독립을 축하하는 메시지' 발표를 삭제했고, 류큐독립론은 미국제국주의와 내통한 보수반동세력에 의한 민족통일에 배반되는 행위라는 평가를 확정했다.[46]

이러한 비판에 아라카와도 반론했다. 그에 의하면 '이족'이란 국가에 대해 동일화를 거부하는 개인의 지향을 의미하는 것으로, '오키나와인이 학문적 의미에서 틀림없이 일본민족인지 아닌지와 같은 종류의 논의와는 무관한 것'이었다. 그리고 공산당이나 인민당이 말하는 반전복귀는 "'핵도 기지도 없는 오키나와의 완전복귀'에 의한 '평화일본의 건설'이라는 대의명분을 주장하고, 일본 내셔널리즘 속에 오키나와가 갖는 그와 같은 가능성을 용해하고 무독화無毒化하는 것"이고, 오키나와를 일본 반전평화운동의 도구 내지는 '일본독립'과 '일본민주화'라는 국가개량을 위해 이용하는 데에 지나지 않는 것이다.[47] 그는 공산당의 반전복귀론에 대해 이와 같이 말하고 있다.[48]

---

45 위와 같은 좌담회, pp.59·78; 佐次田, 「歴史的事実と清算主義」 참조.

46 南風原徹, 「国政参加拒否をとなえるトロツキストの動き」, 『人民』 450号, 1970.10.17; 南海清, 「近代沖縄の歴史から何を学ぶか」, 『人民』 441号, 1970.8.15. 연표에서의 '沖縄独立メッセージ' 삭제의 예로서는 일본공산당 중앙위원회 출판부 編, 『沖縄·小笠原問題と日本共産党』(日本共産党中央委員会出版部, 1966) 등이 있다.

47 新川, 『反国家の凶区』, pp.11·137.

애시 당초 '민주, 평화, 중립일본의 건설'과 같은 현재의 체제자가 말하는 간판과 똑같게 통용되는 제목들은 개한테 던져주는 편이 낫다. 평화롭고 아름다운 독립국 '일본'따위 우리들에게는 어찌되든 상관없는 일이며 일본의 평화적인 존립이라는 것을 오키나와투쟁의 목적으로 삼아버리는 따위는 아무쪼록 사양해야만 하는 것이다. 아무것도 아닌 '나라를 위해 죽는다'는 것으로 근대 전쟁의 참화를 한 몸에 맡은 오키나와전쟁의 논리를 그대로 '민주'화의 의상을 입혀서 떠맡기고 있음에 지나지 않기 때문이다.

오키나와가 역사적으로 소유하고 또한 오키나와전쟁의 참화 속에서 결정적으로 배웠던 것은 다름 아닌 그와 같은 논리의 부정이었을 것이고, 여기서 도출된 오키나와의 투쟁은 굳이 말하자면 궁극적으로는 어떠한 정치권력이 이것을 잡으려고 하는 국가의 존립 그 자체를 부정해야 한다는 것이었다.

아라카와 측에서 보면 반전복귀론이 '일본'의 상징으로 '히노마루'를 대신해서 평화헌법을 강조한 데에서 그것은 일본을 유토피아로 그림으로써 동화되는 바람을 이끌어내는 논리의 연장에 다름 아니었다.

오키나와사람들은 전후의 빈곤과 비참한 인권상황에서 벗어난 꿈의 공간으로서 풍요롭고 인권이 지켜지는 평화로운 나라인 일본의 모습을 창조해왔다. 그러나 아라카와에 의하면 그것은 모든 유토피아가 그렇듯이 "오키나와인의 의식 속에서만 이미지로 그려져 사람들이 희구해 마지않는 저편의 낙토라는 의미에서 이해되어야만 할 것이고, 그것도 결코 현실 일본국 그 자체를 말하고 있는 것"이 아니다. 그럼에도 불구하고 "전후 오키나와의 '조국복귀'운동은 참으로 그 허망을 환상하는 데에서 출발했고, 게다가 운동을 조직

48 Ibid., p.101.

하는 측에서는 '피는 물보다도 진하다'는 형태의 심정적인 내셔널리즘을 선동함과 함께 "어쨌든 일본에 복귀한다면 헌법에 의해서 인권이 지켜질 것이고 생활은 보장된다. 모든 것은 잘 된다"라는 초논리적인 일본本土 유토피아론으로 장밋빛 꿈을 그려 한쪽에서는 소박한 내셔널리즘이고, 다른 한쪽에서는 이기적인 공리주의자인 민중의 심정을 집결해왔다". 그리고 현실의 상황이 괴로우면 괴로울수록 환상은 "사람들을 충동해서 눈앞의 현실에서 비약하는 정념을 태우게 하고 사람들을 그 '열린 세계'로 충동해 마지 않았지만", "말할 것도 없이 일본이 현실로 헌법의 글귀에서 말하는 범위에서 조차 유토피아였던 적은 없었으며 그렇게 하려고 노력도 하지 않았고, 그것이 이른바 전후 민주주의의 허망뿐이었던 사람들의 환상이라는 것은 오늘날에도 이미 밝혀졌다"는 것이다.[49]

그리고 공산당과 인민당은 아라카와를 '독립론'으로서 비난했으나 아라카와 자신은 자기의 주장과 종래의 독립론의 차이를 명확히 말했다. 그는 류큐 독립론을 다음과 같이 표현하고 있다.[50]

> 그런데 내가 거듭 일본동화지향='복귀'사상의 초극을 말하고 일본상대화를 위해 일본과 오키나와의 이질성='이족'성을 강조한 것에 대해 이것을 일본 내셔널리즘의 역逆으로서, 게다가 그것을 오키나와 내셔널리즘으로 왜소화한 바, 류큐독립론의 사상계열과 동일시되는 위험이 있는 것처럼 생각된다. 오키나와가 역사적·지리적으로 갖는 일본과의 이질성과 '이족'성으로서 일본과 상대화되는 사상이 퇴영적으로 개화할 때, 그것은 이른바 류큐 내셔널리즘이 현저하게 나타난 것으로 류큐독립론으로 연결되는 것은 말할 필요도 없다 (…중략…) '오키나

49 Ibid., pp.26·31·67.
50 Ibid., p.133.

와인의 오키나와'를 주장함으로써 예전의 류큐왕국의 재현을 꿈꾸는 언동을 전개시키고 있는 것이 그것이다.

아라카와는 두 가지 이유에서 독립론과 자기주장의 차이를 강조했다. 하나는 그가 예전의 독립론이나 당시의 '오키나와인의 오키나와를 만드는 모임' 운동을 '주로 미국점령 지배하에서 확보한 이권을 지키는 것을 목적으로 하는 운동'에 지나지 않는다고 간주한 점이다. 그리고 다른 하나는 그의 사상인 '반복귀, 즉 반국가이고 반국민지향'인 까닭에 '복고적인 오키나와 내셔널리즘'을 평가하지 않는다는 점이다.[51] 아라카와는 당시 "독립당은 '오키나와의 독립'으로 자기완결을 말한다. 지표의 모든 것을 국경으로 둘러싸고 있는 현재, 국가들의 세계적 상황을 승인한 후의 '독립'이며 더욱이 거기에서 자기를 완결한다고"고 발언하고 있다. 또 나중에도 "분권이든 독립이든 매우 좁은 의미에서 오키나와 내셔널리즘과 같은 폐쇄적인 생활공간, 사회공간을 이미지로 그린다면 이것은 의미가 없다고 생각합니다. 이것은 마치 현재 일본의 혈통주의를 작은 크기로 했을 뿐이고, 거기서 이미지로 그려지는 나라는 작은 일본일 뿐입니다"라고 말했다.[52]

아라카와가 대항하려고 했던 복귀운동 사상은 '일본'을 국민국가로서 '독립'시키기 위해 '일본민족'의 통일을 외치며 오키나와를 '일본인'으로 통합(아라카와에 의하면 동화)하려는 것이었다. 그리고 오키나와를 역시 국민국가로서 '독립'시키려면 단일 '오키나와민족'의 경계를 어디에 설정할 것인가. 예를 들면 미야코宮古나 야에야마八重山의 사람들을 '오키나와인'으로 포섭할 것인

51 Ibid., pp.21·178.
52 新川明·岡本恵徳·川満信一「日本国家となぜ同化し得ないか」,『中央公論』, 1972.6月号, p.87; 新川·池沢, 위와 같은 대담, p.35.

가. 그렇지 않으면 배제할 것인가라는 문제에 직면하지 않으면 안 되었다. 배제하면 '이민족으로 바라보는' 차별이 되고 포섭한다면 이하 후유가 오키나와 내셔널리즘을 창조했을 때와 같이 동화를 긍정할 수 있다. 오키나와가 '독립'해도 그것이 기존의 내셔널리즘과 국민국가의 원리에 의한 것이라면, 배제와 동화의 관계를 축소 재생산하게 되는 아라카와와 같은 '혼혈'자가 있을 곳도 없을 것이다.

아라카와 측은 역으로 인민당과 공산당을 "'복귀'운동을 오키나와의 인민해방투쟁의 절대적 전제로 하고 여기에 조금이라도 비판적 언사를 하는 사람은 바로 일미지배층의 일익을 담당하는 분열주의자, 아니면 거기에 가담하는 류큐독립론자라는 범위에서만 자신의 사고를 회전시킨다"라고 비판했다.[53] 여기에서는 이른바 '복귀'인가 '독립'인가, 즉 포섭인가 배제인가라는 이항대립으로만 사태를 파악할 수밖에 없는 사고형태가 비판되고 있었다.

'부인'의 사상

그러나 공산당 및 인민당으로부터 아라카와의 사상에 대한 최대의 비판은 "요컨대 부인하는 일은 있어도 '어떻게 할 것인가'의 전망은 없다", '현실성이 전혀 없다'는 것이었다. 우에다 고이치로는 잡지 『전위』에서 아라카와를 "사상적으로는 소부르주아 급진주의의 흐름에 들어간 사람"이라고 하고, "우리들이 지금 문제의 중심으로 삼을 것은 오키나와의 전면반환이라는 정치과제에서 어떠한 행동통일을 할 수 있을 것인지 철학적 입장에 대한 논쟁이 아닙니다"라고 총괄했다.[54]

---

53 新川, op. cit., pp.11・137.
54 「沖縄問題とイデオロギー闘争」, pp.61・65~66; 南風原, 「国政参加拒否をとなえるトロツキストの動き」 참조.

일찍이 류큐처분의 평가를 둘러싸고 모리 히데토 등과 논쟁한 신자토 게이지新里恵二도 "민족국가 내에서 계급투쟁으로 노동자 계급을 앞세우는 인민이 국가권력을 장악하고 해방을 쟁취하면서 나는 국가권력을 부정한다고 입으로만 용감한 척 해도 폭력기능인 국가가 사라져 없어지지 않는다"라고 주장했다. 또한 작가인 아테마 시코当間嗣光도 "아라카와 무리들은 당당하게 강령, 정책을 주장하고 스스로 애써서 자신들의 사상으로 대중을 조직하고 운동할 수밖에 없을 것이다"라고 비판했다. 종합하면 "아라카와 씨의 논의는 한마디로 말해서 패배자의 사상, 투쟁포기를 합리화하는 사상이라고 해야 합니다"라는 것이 공산당·인민당 측의 논리였다.[55]

이에 대한 아라카와의 반응은 어떤 의미에서 전혀 다른 것이었다. 원래 그의 반복귀론은 정치적인 운동이기보다는 아이덴티티를 둘러싼 사상적인 영위였다. 그는 위와 같은 비판에 대해 "사상은 어디까지나 개인에게 생명을 잉태하고 개인성에서 자립하는 것"이고, "하나의 사상으로 살고 싶어하는 한 사람의 개인에게 강령이나 정책이 어째서 필요한가"라고 반문하고 있다. 아라카와에 의하면 "강령이나 정책 등의 주술과 단절된 사상의 영위로서 반복귀=반국가라는 명제는 말해지고 있다"는 것이었다.[56]

잡지 『전위』에서 우에다 고이치로가 말했듯이 이와 같은 '철학적' 논의는 대중운동과 정당을 조직하는 것이 곧 정치라는 입장에서 아무런 의미도 없는 것으로 보였을 것이다. 그러나 아라카와 측은 "한 사람의 인간이 국가와 국가권력을 고발하고 규탄하는 데에 고정화된 표현행위가 있을 리 없다"고 주장했다.[57] 이러한 가운데 양자의 논의는 처음부터 평행선이 될 수밖에 없었다.

---

55 「沖縄問題とイデオロギー闘争」 pp.75~76; 当間嗣光, 「帰省雑感」, 『沖縄タイムス』, 1971.7.25.
56 新川, op. cit., p.325.
57 Ibid., p.55.

상대가 공산당이 아니라도 아라카와의 사상이 비현실적이라는 비판은 적지 않았다. 1971년 잡지 『세계世界』에 게재된 좌담회에서 아라카와는 오키나와의 주부인 호카마 요네코外間米子와 류큐상공회의소 전무이사인 아사토 요시오安里芳雄를 상대로 아래와 같은 대화를 주고받았다발언 중 '오키나와독립론'이라고 말한 것은 반복귀론에 대한 오해.[58]

호카마 아라카와 씨에게 묻고 싶습니다. 오키나와독립론과 예를 들어 복귀의 공동성명 전에 있던 '류큐의회'나 '오키나와인의 오키나와를 만드는 모임'의 사상과의 관계는 어떻게 되었습니까?

아라카와 한마디로 말하면 '오키나와인이 오키나와'라든가 '류큐회의'의 경우에 미군지배에 대한 시점이 완전히 결여된 것 아닙니까? 결국 25년간의 괴로운 상황 속에서 자신들이 키워온 특권적인 이권을 지키려는 단순한 생각에 지나지 않습니다.

호카마 또 한 가지, 예를 들면 영국에 자치권이 있습니다만 류큐독립론이라는 것은 전체 국가 안에서 자치권을 만드는 구상입니까?

아라카와 역시 사고방식의 문제입니다만, 일본 전체가 규슈면 규슈, 그러한 블록별 자치체의 연합이 바람직하지 않을까요?

호카마 그렇게 되면 이것은 결국 더욱더 지방자치권의 확대 · 확립으로 통하는 셈이네요.

아라카와 다만 우리들의 궁극적인 이상은 역시 국가 자체의 부인이라고 생

58 潮見俊隆·砂川恵伸·佐久川政一·松本クミ·内間武義·安里芳雄·仲宗根男·新川明·金城清子·外間米子·長峰一郎·宮里辰彦, 「誌上憲法公聴会 沖縄返還と日本国憲法」, 『世界』, 1971.6月号, pp.112~113; 또한 좌담회, p.111에서 아라카와는 "사상의 문제에서 자네는 독립론인가라고 듣자 나는 그렇다고 답한다"고 말하는 동시에 "그렇다면 독립론인가라고 바로 묻는다. 구체적인 문제로서 오키나와가 독립할 수 있는가하고 말한다면 그것은 불가능하다"고 발언했으며 '독립'이라는 말에 위화감을 가지면서도 다른 표현 방법이 없는 상황을 엿볼 수 있다.

각합니다. 가령 자본주의국이든 사회주의국이든 국가권력의 부정으로까지 우리들이 지향해야 한다. (…중략…) 그렇지 않으면 결국, 체제상의 내셔널리즘을 아래에서 보완해가는 역할밖에 되지 않는다.

아사토 세계에서 권력이 없는 곳이 어디에 있습니까? 그것을 묻고 싶습니다. 어느 나라에나 권력은 있습니다.

그래서 우리들이 살아가고 행동하는 데에 궁극적인 목표로서 권력이 없는 상황을 설정하지 않는 한, 어떻게 할 수 없습니다.

이 대화는 아라카와 사상의 수용방법의 일면을 잘 드러내고 있다. 그의 반복귀론을 사람들은 '독립', '자치령', '지방자치'라는 기존의 정치용어로 분류하려고 하고, 그것이 불가능하다는 것을 알게 되자 '세계에서 권력이 없는 곳이 어디에 있습니까'라고 무시했다.

아라카와는 현실의 장에서는 "복귀가 일보 전진하는 것, 그것은 당연한 것으로 특별히 내세워 논의할 것도 없다. 대통령의 행정명령으로 규정되어 인권 이외에는 모든 것이 무시되는 상황이므로 [복귀로 인해] 헌법이 적용되는 것이 일보 전진인 것은 말하지 않아도 알고 있다"고 인정했다. 확실히 오키나와가 당면한 '일본인'이면서 '일본인'이 아닌 '조국이 없는 국민'의 무권리 상태보다는 정규 '일본인'으로 분류되는 것이 더 나을 것이다. 그렇지만 아라카와의 입장에서 보면 "우리들을 구속해서 '국가불명'인 채 억압상태로 압박하는 원흉이 '국가' 자체임에도 불구하고, (…중략…) 그 원흉인 '국가'를 부정하는 방향이 아닌 보다 강력하게 '국가'의 구속을 받고 싶어하는 대중운동을 추진시켜왔다"는 것이 전후의 복귀운동에 다름 아니었을 것이다.[59]

그렇지만 복귀의 움직임은 확고하게 나아가고 있었으며 아라카와 자신도

"우리들은 지극히 소수의 "이단"일 수밖에 없는 것은 명백한 일입니다"라고 인정하고, "한마디로 말해서 1972년이면 참으로 암담한 마음입니다"라고 이야기할 수밖에 없었다. 그러나 그래도 반복귀 운동을 주장하는 이유를 그는 "오키나와(인)이 국가=일본으로 몰입하고 의심하지 않음으로써 지배체제의 강화를 부단히 지지해간다는 바보스럽고 비참한 내면의 정념을 사상적으로 통렬하게 공격하는 원초적 방법으로 나는 집요하게 '아니오'라는 주장을 계속해 왔습니다"라고 말했다.[60] 아라카와에게 반복귀란 무엇보다도 부인의 사상이었다.

권력의 작용으로 '일본'이나 '미국' 혹은 '오키나와'라는 국민국가의 구성원으로 분류되고 포섭되는 것 이외에는 해방되는 방법이 없지 않은가. 더 깊이 '일본인'으로 분류되어 권리를 획득할 것인가. '독립'해서 다시금 국민국가를 형성할 것인가 그렇지 않으면 국가 내에서 '자치'를 획득할 것인가. 그 이외에는 대항의 수단이 있을 수 없는 것인가. 아라카와가 당시 일본복귀나 미군지배는 물론, 오키나와독립에 이르기까지 모든 기존의 논의에 부인을 강하게 밀어붙여서 '반복귀'라는 말로 묻게 된 것은 바로 이점이라고 해도 좋다. 그리고 그것은 부단히 '일본인'의 경계를 바꾸어 만들어감으로써 지배해 온 일본 근대국민국가의 백 년간에 걸친 역사의 끝에 나타난 명백한 '반국가'의 사상이었다. 그렇지만 그것은 복귀의 흐름을 제지하지는 못했다. 1972년 5월 15일 오키나와는 일본으로 '복귀'했다.

59 위와 같은 좌담회, p.110; 新川, 『反国家の凶区』, pp.216~217.
60 新川, 『反国家の凶区』 p.47; 「沖縄返還と日本国憲法」 p.116.

결론
‘국민국가 · 제국주의’라는 아이덴티티
이중성을 넘어서

본론의 검증으로 근대일본에서 ‘일본인’의 경계설정에 대한 경위가 대략 밝혀졌다. 앞으로는 이렇게 설정된 요인과 ‘일본인’의 내셔널·아이덴티티의 관계를 분석하고자 한다.

후발 제국주의의 특징

본론의 검증에서 밝혔듯이 일본의 주변지역 정책론을 분석함에는 18~19세기의 영국과 프랑스 혹은 20세기의 미국과 같은 ‘자신들’보다 상위의 위협이 존재하지 않는 경우와 비교해서 약간 다른 요인을 고려할 필요가 있다. 여기서는 먼저 일본제국주의가 ‘후발’이었다는 점에서 고찰을 진행해보기로 한다.

유의할 점은 여기서 말하는 ‘후발’이란 자본주의 경제의 미성숙이라는 실체적 문제가 아니라, ‘선발’세력이 존재하고 또 그것을 의식하고 있었다는 관계 및 아이덴티티상의 문제이다. 그렇기 때문에 일본사회의 근대화가 어느 정도 진전하든 ‘선발’ 세력의 존재가 있는 한은 ‘후발’인 것이다.

그런데 후발성의 영향 때문이지만, 먼저 첫째로 일본의 논자나 정책담당자들은 지배지역의 확장에 즈음해서 ‘서구’라는 경쟁상대의 위협을 강렬하게 의식하고 있었다. 주변지역 정책론에서 경제비용의 경시와 국방중시의 자세 그리고 원주자의 충성심 확보에 집중한 점 등은 '서구'와의 경쟁의식 없이는 말할 수 없다.

일본 주변지역의 지배가 종합적으로 보아 적자인가 아닌가에 대해서는 앞으로 연구를 기다려야 하겠으나 경제적 비용을 도외시해도 영유를 강행해야만 한다는 논조가 적지 않게 있었다는 것은 사실이다. 원래 오키나와나 조선 혹은 대만과 같이 자원이 적고 인구가 밀집해 있으며 신규개발의 여지가 그다지 없는 지역은 영유해도 경제적 이익이 상승할 것인가는 처음부터 의문시되었다. 이로 인해 이시바시 단잔石橋湛山을 정점으로 하는 비용계산에 의한 포기론이나 영유신중론이 성립될 여지가 있었지만, 그래도 영유를 단행하고 또한 포기도 하지 않고 자치를 부여하지 않았던 배경에 그러한 지역들을 '서구'에 빼앗길 염려가 존재했다는 것은 본론에서 살펴본 바이다.

국방중시에 대해 말하자면 논조상뿐만 아니라 현실에서도 일본이 조선반도에 두 개의 사단, 대만에 두 개의 연대를 배치하고 있었던 것은 영국이 동아프리카에 한 개의 대대만 배치했던 사실과 비교했을 때 두드러진 대조를 보이인다.[1] 이는 조선반도가 원래 대러시아전과 대륙진출의 기지로 확보된 것이 커다란 요인이지만, 간접통치노선에 비해 치안유지가 곤란한 점과 원주자로 구성된 식민지군을 편성하지 않았던 점이 영향을 미치고 있었다.

영국과 프랑스 등의 식민지 지배에서는 예를 들면 인도인 부대나 세네갈인 부대의 식민지군을 현지의 반란진압에 이용하여 종주국 군인을 배치하는 경비를 절감하고 있었다. 일본에서도 대만영유 초기에 노기 마레스케乃木希典 총독 아래 반란진압용으로 대만인 부대가 편성되었으나 성적불량으로 곧 해

1 Mark R. Peattie, 『植民地』, p.169.

산되었다. 그 후에 3·1독립운동 직후에 조선군 사령관인 우쓰노미야 다로宇都宮太郎가 조선인 부대의 편성을 제안했지만 실현되지는 않았다.[2] 중일전쟁 이후의 조선인·대만인의 동원은 국민군으로의 편입이었고 식민지군의 편성과는 근본적으로 다른 것이었다.

이러한 사태의 원인은 제16장에서도 말했듯이 일본에서는 일본인 병사의 동원경비가 싸게 들었던 점과 조선인·대만인의 충성심을 신뢰할 수 없었던 점을 예로 들 수 있다. 영국과 프랑스 등 식민지 지배에서는 식민지군에는 구식장비만 주었고 반란을 일으킨 경우에도 비교적 적은 종주국의 군으로 진압할 수 있었으나, 일본의 경우에는 서구 제국군이 침공해왔을 때 조선인 부대나 대만인 부대가 호응해서 반란을 일으킬 위험이 있었다. 일본에서도 인구가 적고 반란이 일어나도 진압이 쉽다고 판단했던 대만 산악 선주민족에 대해서는 '고사의용대高砂義勇隊'라는 민족부대가 편성되었지만, 조선인 부대의 편성 등은 너무나 위험하게 생각했다고 여겨진다.

후발의식에서 오는 '서구'에 대한 공포는 당연하지만 통치론의 형태에도 영향을 주었다. 로널드 로빈슨에 의하면 '협력시스템'론에서 지배 측은 가능한 한 지배하는 지역 현지인의 협력collaboration세력을 획득하려고 노력을 하며 그것이 파탄 났을 경우에는 떳떳하게 지배한다고 했다.[3] 일본의 경우도 조선이나 대만에서 구관습의 유지로 원주자의 협력을 획득하려고 시도한 흔적은 있으나, 단순히 협력만이 아니라 절대적 충성의 확보를 요구하는 논조가 끊이지 않았다. 말할 것도 없이 단순한 협력관계의 구축만으로는 '서구'에게 빼

---

2 대만인 부대편성과 해방의 경위에 대해서는「台湾帰客談」,『扶桑新聞』, 1899.9.10;『台湾協会雑誌』12号에 전재(転載) pp.80~82에 자세히 나와 있다. 조선인 부대 편성에 대한 의견은 宇都宮太郎, 위와 같은 의견서 참조.

3 Ronald Robinson, "Non-European foundations of European imperialism : Sketch for a theory of collaboration", in Roger Owen and Bob Sutcliffe (eds.), *Studies in the Theory of Imperialism*, London, Longman, 1972.

앗길 불안을 씻을 수가 없었기 때문이다. 이것이 통치형태에서는 보호국이기보다는 정규영토로서 병합을 촉구하고 교육정책에서는 '국어'와 일본문화의 이식, 천황에 대한 충성심의 육성 등을 초등교육부터 실행한다는 동화론으로 이어졌다. 그 결과 통치 비용과 현지의 반발은 점점 증가하는 악순환에 빠지게 되었다.

협력시스템을 구축한다는 관점에서 현지의 교육정책을 논할 경우, 제4장에서 보았던 커크우드의 제안과 같이 현지의 엘리트층을 친종주국파로 내세우는 고등교육과, 유학권유를 중시하고 초등·중등교육은 경시된다는 노선이 있을 수 있다. 수백의 초등교육기관을 세우기보다는 하나의 대학을 설립하든가 혹은 종주국에서 유학 장려금을 내는 것이 비용 면에서 싸게 할 수 있는 것은 물론이고, 이것은 전후의 미국이 오키나와통치에서도 답습된 수단이었다. 일본도 류큐처분 후에 선발 유학생을 도쿄로 파견시킨 정책이 여기에 해당된다고 할 수 있다. 그러나 협력시스템에 의한 간접통치를 하지 않고 현지주민의 총체로서 충성심 획득을 중시하는 바가 초등교육 수준부터 일본이 개입하는 동화론의 원천이 되었다.

게다가 이러한 동화론에서 '국어'와 일본문화를 몸에 익히는 것은 단순히 공통언어를 습득하는 것이 아니라, '일본인'으로서 충성심을 증명하는 행위라고 의식했다. 제4장에서 살펴본 바와 같이 충성심을 육성한다면 현지어로 교육칙어를 가르치면 된다는 이른바 문화와 충성심의 분리론도 존재하기는 했다. 그렇지만 많은 사람들은 제16장에서 이야기했던 정부의 견해처럼 충성심은 일본문화에 대한 동화라는 외형으로 나타날 것이라고 생각했다. 그렇기 때문에 자주 일본 표준어를 습득할 뿐만 아니라 종래의 언어와 문화를 버리는 희생을 함으로써 충성심을 드러내 보이는 것이 요구되었다. 동화정책이 현지주민의 고통과 반발을 초래한다는 것은 메이지시기부터 외국인 고문의 충고를 시작으로 한 경로로 전해지지만, 일본 측의 자신 부족이 그것을 무시하게 했다. 불안과 자신부족을 해소하기 위해 상대의 희생을 요구함으로써 애정과 헌신적 충성을 증명시킬 수밖에 없었던 심리는 바로 사디즘이라고 해도 좋을 것이다.

후발성 두 번째 영향은 약소제국주의의 필연으로 근접지역으로밖에 진출할 수 없었다. 이것은 일본 측의 조선·대만 통치론에서 그들의 땅을 '일본'의 일부로 하여 국민통치의 대상으로 할 것인가 그렇지 않으면 '식민지'로서 '일본'에서 배제할 것인가 하는 인식을 혼란시켰다. 지역적인 근접성만이 아니라 1868년에 메이지 정부가 본국의 국민통치에 착수하고 나서 홋카이도·오키나와의 통치를 거쳐 겨우 20년 전후로 대만·조선을 획득했다는 시간적 연속성도 혼란에 박차를 가했다. 물론 이러한 시간적 연속도 급속하게 따라잡기를 도모한 후발성 결과로 생겨난 것이다.

제5장에서 살펴보았던 미노베 다쓰키치美濃部達吉의 지적과 같이 일본이 획득한 지역이 아프리카의 원격지였거나 혹은 일본의 국민통치로부터 시간이 경과되었다면 영유지역까지 '일본인'화를 강요하는 주장이 다수 생겨나지 않았을 것이다. 실제로 일본문화 면에서 동화론의 강도는 조선에서 가장 강했고 대만이 그 다음이었으며 남양군도에서는 훨씬 약했다. 이것은 문화 면의 동화론이 '일본인'에서 본 '민족적' 내지 지리적인 근연성과 군사적 중요도의 순위에 들어맞았다는 것을 나타낸다. 그에 반해 법적인 동화의 정도는 일본인 식민자가 인구의 90% 이상을 점하고 있었던 사할린을 예외로 하고 오키나와, 대만, 조선, 만주의 순으로 시간이 흐름에 따라 저하되어갔다.

조선이나 대만이 마지막까지 '일본'에 포섭되지 않았던 것에 비해 오키나와가 법제적으로 거의 완전하게 포섭되었던 요인으로는 지리적으로 가까웠기 때문에 영유시기가 빨랐으며 헌법발포에 간격이 있었던 사실이 크다. 다른 요인을 들자면 조선에 비해 인구가 적었던 점이다. 단지 그것은 소수였기 때문에 일본사회에 동화되어버렸다는 의미가 아니라(현실로는 사람들이 생활하고 있는 오키나와사회에서 본다면 원주자原住者가 거류민보다 압도적으로 많았다), 인구가 적었기 때문에 정부 측에서 참정권 부여나 징병제 시행의 결단이 쉬웠다는 의미이다. 오키나와에서 선출된 중의원 의원은 다섯 명에 불과했고, 징병된 자는 규슈 등지의 부대에 분산 배치되었으나('오키나와인 부대'를 편성하지 않았던 것은 조선이나 대만과 마찬가지이다), 조선에 대한 참정권 부여나 징병제 시행은 백 명이상의 중의원 의원이나 수십만 단위의 조선인 병사무기의 사용법을 습득한 조선인의 출현을 의미했다. 의무교육제도의 시행에 대해서도 커다란 재정부담이 예상되었던 조선이나 대만에 비해 오키나와에서는 용이했다. 이러한 법제적인 국민통치가 행해지지 않으면 문화적인 동화도 촉진되지 않았을 것이고 전후에 복귀운동도 일어나지 않았을 것이다. 그렇지만 원주자의 인구가 적은 지역 중에서도 영유시기가 늦은 사할린이나 남양군도는 법제적인 통합은 진행되지 않았기 때문에 역시 영유시기가 빨랐던 것이 커다란 요인이라고 할 수 있다.

인류학·언어학·역사학 등에서도 주변지역과 '일본인'의 '가까움'이 강조된 것은 '근접성'에 의해 구성된 개념이지만, 한편으로 어느 정도까지는 이것도 또한 실체적 근접성의 결과이기도 했다. 통상 식민지 지배에서는 원주자와 종주국인의 차이가 강조되었다고 하지만, 이것이 국경분쟁의 경우에는 역으로 되는 케이스가 있다. 이를테면 제1차 세계대전 후부터 제2차 세계대전까지 독일과 폴란드가 실레지아슈레젠지방의 영유를 둘러싸고 싸웠을 때, 고대에 그 땅에 살았던 사람이 게르만계인가 슬라브계인가가 논점이 되었다. 이 경우 그 땅에 살았던 사람의 고위 차이를 강조한 것이 아니라, '동조同祖'라고 증명된 측이 영유의 정당성을 주장할 수 있게 된다. 류큐처분 시에 보였던 현지주민이 '일본인'계인가 중국문화계인가의 논쟁은 국경분쟁에서 역사학·인류학이 정치적으로 이용된 전형이라고 해도 좋다. 이러한 이용법은 대만·조선에서도 반복되었지만, 이것은 진출지역이 근접지역이기 때문에 국경분쟁의 정책패턴이 적용된 결과라고 볼 수 있다. 이와 관련하여 일본정부는 전후에도 이른바 북방영토에서는 옛날부터 아이누가 살았던 점, 그리고 아이누는 '일본인'인 점을 영유정당성의 논거로서 주장하고 있다.[4]

영유 시에 인류학·언어학·역사학 등의 이용은 원주자의 교육에까지 영향을 미쳤다. 즉 '일본인'과 지배지역주민이 '동조'라는 역사관을 가르치는 것이 한결같은 동화정책이라고 여겼다. 이것은 말할 것도 없이 지배가 '일본인'에 대한 국민통치의 연장과 혼동된 것과 맞물려서 '국민'의 민족적 일체성을 강조하는 국민교육의 논리가 조선·대만에까지 흘러들어간 결과이다. 일본의 관청이나 학교의 인사시스템에서는 식민지 전문의 관리나 교원이 양성되지 않았으며 시기적으로도 일본의 국민통치와 연속하여 조선·대만에 배속된 교원은 일본이나 오키나와에서 행한 국민교육의 경험을 그대로 연장하기 일쑤였다. 물론 '동조'로 인해 영유의 정당성을 강조하지 않으면 안 되는 것도 '서구'에 비해 열세인 군사력으로 탈취경쟁을 하고 있다는 의식이 작동하고 있었다. 그렇다고는 해도 아무리 '서구'와의 경쟁이 의식되어도 지배지역이 멀리 떨어진 지역이라면 '동조'론이 성립될 여지도 적었을 것이다.

후발성 세 번째의 영향은 문화적인 내셔널·아이덴티티와 관련된 것이다. 그리고 이것은 동화의 내용과도 관계가 있다. 동화교육에서는 동화를 강요한 측이 우위를 세우는 내용을 가르치는 것이 중요하지만, 일본 측 논자들은 보편적 문명이라고 불리는 것이 '서구'에 독점당하고 있음을 의식하지 않을 수가 없었

4 실레지아를 둘러싼 고고학의 대립에 대해서는 田中琢·佐原真 참조. 일본정부의 아이누론에 대해서는 上村英明, 『世界と日本の先住民族』, 岩波書店, 1992, p.22.

다. 게다가 유교문화에 대해서는 피통치자 측이 뛰어났기 때문에 일본 측이 권위로 내세운 것은 '국어'와 일본문화 혹은 천황에 대한 충성뿐이었다.

그리고 원래 '일본문화'라고 칭해지는 개념은 '서구'와 중국의 보편성에 대항하기 위해 특수성을 강조하여 창조된 것이다. 따라서 원래 특수한 것, '일본'의 국경 밖에서는 적용될 수 없이 형성된 '일본문화'를 보편성이 요구된 제국주의지배의 이데올로기로서 확장시키지 않으면 안 되는 모순을 떠맡지 않을 수 없었다. 이 점은 마찬가지로 '동화주의'도 제7장에서 살펴보았듯이 보편적 문명을 내세우는 프랑스동화주의의 이데올로기와는 상당히 다른 것이었다. '문명화'와 '일본화'의 분리라는 현상이 일어난 하나의 원인도 여기에 있다고 말할 수 있다.

이상의 후발성에서 오는 여러 특징을 정리하면 ① 외부의 위협을 의식해서 지배지역의 확보를 중시, ② 지배대상이 근접지역으로 국경분쟁과 국민통치의 요소가 혼입, ③ 문화가 뒤떨어졌다는 의식이 있기 때문에 '특수'한 문화를 강제하는 것으로만 권위를 삼는다는 것이다. 이들은 이미 '일본인'의 경계를 확장하는 동화론에 대한 편견이 되는 요인이었다.

이러한 후발 제국주의의 여러 특징은 영국 등의 선발국의 식민지 지배와는 조금 다르지만 일본에서만 특수한 것이 아니다. 예를 들면 19세기 후반 러시아에서도 바르트나 우크라이나, 폴란드의 주변지역에 대한 러시아화정책을 주장했다.[5] 이 경우에도 독일과의 관계가 악화됨과 동시에 바르트 지역에 사는 독일계 주민의 충성심을 의심했고 러시아어의 공용어화나 러시아 정교로 개종할 것을 촉진하는 등, 우크라이나에서는 '우크라이나'라는 호칭이 공식적으로는 금지되었다. 또한 고등교육만이 아니라 초등·중등 레벨에서부

5 러시아의 동화정책의 대해서는 竹中浩, 「帝政期におけるロシア·ナショナリズムと同和政策」, 『年報政治学』, 1994 참조.

터 러시아의 언어·역사·문화교육을 강제했다.

더욱이 러시아 정교도와 비정교도 사이에서 생겨난 아이는 정교도가 되도록 법적으로 의무화되었으며 비정교도인 루터교의 결혼은 무효가 되는 등 사실상 러시아인과 통혼을 장려하는 정책이 취해졌다.

물론 본론에서도 기술했듯이 영국과 프랑스 등의 식민지통치의 정보는 일본에도 들어와 있었으며 동화론이 그대로 정책적으로 실현되었던 것은 아니다. 그러나 종합해서 말하자면 일본의 지배언설의 특징은 '서구' 모델로 여겨진 '식민지' 통치론에 후발성을 배경으로 한 동화론≒국민통치론이 한데 섞였다고 할 수 있다.

국민국가의 포섭

다음으로 동화론≒국민통치론의 성격을 분석하기 위해 근대국민국가의 통합원리에 대해 고찰해보기로 한다.

통설에 따라 근대국민국가의 이념을 프랑스혁명에서 구한다면 그것은 혁명정권을 주변제국의 간섭전쟁에서 방어하는 군사시스템으로서 성립시켰다는 측면이 있었다. 니시카와 나가오西川長夫의 표현에 따르면 프랑스혁명에 의해 성립된 '징병제에 의한 국민군'은 '국민통치의 첨단적 실험의 장이었고, 국민국가의 원리를 가장 철저하게 따져 묻는 장소였다'는 것이다.[6]

국민국가성립 이전의 왕정 하의 군대는 신분제도의 연장 위에 세워졌으며 그 상위에 위치한 귀족장교와 최하위에 위치한 하층민과 외국인 용병을 중핵으로 편성되었다. 그리고 돈으로 고용된 귀족장교의 통제 아래에 놓인 병사들에게는 자발적으로 싸울 만한 사기를 바랄 수도 없었다.[7]

---

6 西川長夫,「日本型国民国家の形成」, 西川長夫·松宮秀治 編,『幕末·明治期の国民国家形成と文化変容』, 新曜社, 1995, p.12.

그것에 비해 프랑스혁명으로 성립된 정권은 신분이나 성별을 묻지 않고 혁명의 방위에 총동원해야만 하는 대상으로서 '국민'을 발견했다. '국민'은 혁명정권을 공통의 충성대상으로 하여 공통의 이념과 상징을 내세우며 공통의 적과 싸우는 집단이었다.

신분도 지방도 성별도 직종도 따지지 않는 균질하고 단일한 '국민'집단이라는 개념은 그 이전에는 익숙하지 않은 것이었다. 애시 당초 종래의 왕정하에서는 왕과 평민이 같은 언어를 말하고 같은 문화를 공유하는 사태가 있어서는 안 되었고, 영역 내에 거주하는 구성원 한 사람 한 사람의 충성심을 확보할 필요 따위는 없었다. 각 지역은 각각의 영주가 관리했고 그 영주의 협력만 확보된다면 간접적으로 통치가 가능했다. 그렇지만 새롭게 성립된 국민국가는 전 국민이 공유하는 공통의 언어, 공통의 역사, 공통의 법, 공통의 의회, 공통의 권리 등을 만들었고 공통의 가치관과 생활양식을 재생산하는 공통의 국민교육을 만들었다. 그리고 이러한 공통이 '문화'에 동화되는 '국민'을 가능한 한 증가시켜 전투력 강화가 지향됨과 동시에 동화되지 않는 자는 충성심이 의심되는 자로 분류되어 전투력에서 도움이 되지 않는 자예를 들면 장애자들과 함께 배제되었다.

국민국가라는 체제는 발생 후 겨우 2세기가 되지 않는 사이에 전 지구를 덮도록 보급되었다. 그 이유 중 하나는 체제의 압도적 군사력이었다. 프랑스 혁명에서 생겨난 '국민군'은 주변제국의 용병부대를 계속해서 쳐부수었다. 자발적인 충성심을 가진 국민군병사의 사기는 높았고, 병력의 공급원인 '국민'은 매우 많았으며 후방에는 총력을 다해 '우리들의 군대'를 지지하는 '국

---

7 군대의 변천에 대해서는 Alfred Vagts, *A History of Militarism : Civilian and Military*(London, Macmillan Co, Ltd., 1959); Alfred Vagts, 望田幸男 訳, 『軍国主義の歴史』(福村出版, 1973); 小熊英二, 「市民と武器」(『相関社会科学』 4号, 1994)에서 논했다.

민'들이 있었다. 그에 반해 종래의 체제를 가졌던 것은 사기가 낮은 용병, 신분질서에 의해 한정된 병력과 장교의 공급원, 그리고 왕과 귀족의 전쟁에 대해 무관심한 주민들만 있었다.

또한 국민국가는 동원대상인 '국민'에 참가하는 것이 종래의 신분질서에서 벗어나 평등한 권리를 획득하는 수단이라는 사상을 내세웠다. 그리고 징병이나 납세로 '국민'의 의무와 공헌을 다하는 자남자고액납세자부터 참정권이 주어졌다. 존 퓰러J.Fuller가 말했듯이 프랑스혁명과 함께 '소총의 탄생이 보병을 낳고 보병이 민주주의를 만들었다', 즉 '한 자루의 소총을 가진 사람은 한 표의 가치를 지닌다. 그리고 수백만 병사가 탄생한 데에서 수백만 표가 생겨난다'.[8]

물론 신분질서가 완전히 없어진 이념형의 국민국가는 한 번도 지상에서 실현된 적이 없었다. 그러나 국민국가가 내세우는 평등한 꿈은 민중을 부추기고 동시에 이 체제가 발휘하는 군사력은 통치자들을 매료시키고 유럽제국은 속속 이러한 강력한 국가체제로 변모되어갔다. 19세기 후반까지 전 유럽이 국민국가체제하에 분할되고 전주민이 어딘가의 '국민'으로 소속되는 상황까지 포화飽和된 후에 유럽 이외의 지역이 '식민지'로 접합되었다. 이들 '식민지' 지역은 드디어 '독립'해서 별개의 국민국가를 세우게 되지만 행운의 지역은 '식민지'의 단계를 면하고 국민국가를 형성했다. 그 수가 적지 않은 사례의 하나가 바로 일본이다.

국민국가의 형성 때에 보이는 현상으로 포섭과 배제의 동시발생을 들 수 있다. 어느 경계까지 사람들을 '국민'으로 포섭해가는 것이, 즉 그 경계 밖의 사람들을 배제하는 것과 불가분으로 이루어지기 때문이다. 이러한 의미에서 포섭과 배제는 얼핏 서로 어울리지 않는 것처럼 보이지만, 실은 어느 지점에

---

8 John F. C. Fuller, *The Conduct of War*, London : Eyre & Spotiswoode, 1961; John. F. C. Fuller, 『制限戦争指導論』, 中村好寿訳, 原 書房, 1975, p.37.

서 경계를 설정했을 때 구분되는 '내측'과 '외측'의 별칭에 불과하고 원리적으로는 표리일체인 것이다.

그렇기 때문에 경계의 '내측'에서 일어나는 여러 현상에 대한 평가는 '외측'에 대한 배제를 간과하면 안 된다. 예를 들면 내셔널리즘에 대한 긍정적 평가로서 어떤 영역 안의 사람들에게 신분을 묻지 않는 '국민'의 권리와 평등참정권이나 복지정책 등을 부여하고, 공공성과 정치적 책임의식을 환기시켜 민주주의의 기반을 만들고 나아가 '국민' 간의 연대의식을 강화하여 타자에 대한 공감을 낳는다는 논의가 있다.[9] 그러나 그러한 내셔널리즘의 플러스적인 면은 모두 '국민' 내부의 것이며 종종 '국민' 이외의 사람에 대한 차별·침략·무관심이라는 마이너스적인 면과 표리일체로 발생된다. 내셔널리즘에서 긍정적인 측면만을 추출하려는 시도가 얼마나 곤란한가는 제21장에서 살펴본 전후의 혁신 내셔널리즘의 사례에서도 밝혀졌다.

문제로 삼아야 할 점은 어느 한 무리의 사람들을 포섭할 것인가 배제할 것인가의 경계설정이 어떠한 요인으로 행해지는가 하는 것이다. 이 점은 위에서와 같은 국민국가의 모습에서 본다면 매우 명백하다. 즉 외부에 위협이 존재하고 국가자원으로 가능한 한 다수의 인간을 동원하지 않으면 안 되는 경우에 포섭범위를 확장할 필요가 가장 높아지는 것이다. 총력전체제에서 국민통치가 촉진되는 현상은 근년의 연구에서 이미 지적된 바 있다. 그리고 '서구'의 위협을 의식하는 '후발성'이 주변지역에 대한 동화론≒국민통치론의 요인이 되는 이유 또한 여기에 있다고 할 수 있다.

여기서 중요한 것은 포섭의 범위를 확장한다 해도 그것은 역시 배제와 일체가 되고 있다는 점이다. 이를테면 대일본제국의 논자들이 조선인이나 대

9 이러한 종류의 의론으로서 예를 들면 Hans Kohn의 일련의 저작 등이 있다.

만인을 '일본인'으로 포섭한다고 주장했을 때에는 많은 경우 '서구'라는 보다 '먼' 타자가 배제되어 있다. 단순하게 말하면 이 경우의 조선과 대만의 포섭이란, 즉 '서구'에 대한 배제를 바꾸어 말한 것에 불과하다. 이때 조선독립운동을 비롯해 동화와 동원에 따르지 않는 '비국민'들은 '적', 즉 '서구'에 대한 내통자로 여기게 된다.

이러한 포섭범위의 확장은 '일본인'의 경계를 소실시켜간 것이 아니고 단지 필요에 따라 경계를 옮긴 것에 불과하다. 그리고 이러한 경계는 고정적인 실체가 아니라 가동하는 개념이다. 즉 본론에서 보았듯이 조선과 대만을 비롯해 '일본인'의 경계에 해당되는 지역이나 사람들은 그 시기나 정책에 따른 국가의 판단으로 포섭의 대상이 되는 경우도 있었고, 배제의 대상이 되는 경우도 있었다. 예를 들면 대일본제국에서는 조선인에 대해 국적으로는 포섭이, 호적에서는 배제가 적용되고 병역에 대해서는 상황의 변화에 따라 배제에서 포섭으로 변경되었다.

더 살펴보면 국가의 재량으로 경계가 이동하는 이상, 국민국가가 권리를 보장하는 정규멤버인 '일본인'에서 배제될 가능성은 '내지인'에게도 존재한다. 그 사람의 사상이나 행동이 국가로부터 위험하다고 여겨지면 '비국민'으로 권리가 박탈되는 것, 또한 조선이나 만주에 배치된 식민자들도 상황에 따라서는 '기민棄民'으로 포기하는 것은 일본의 근현대 역사가 보여주고 있다.

오늘날 일본의 조선·대만 통치는 혈통에 의한 배제를 기본적 이념으로 했다고 평가되는 경우도 있다.[10] 확실히 배제를 부르짖는 언설에서 '혈통'이라

10 실체적인 '혈통'을 상정하고 있는 것이 아니기 때문에 반드시 본문 중에서 논한 사례에 적용되지는 않지만, 이를테면 駒込, Ibid., 『植民地帝国日本の文化統治』는 '혈통이라는 변경 불가능한 표식'에 의한 '혈족 내셔널리즘에 기초한 배제'가 조선인·대만인에 대해 자행되었다는 것을 중시하고, "피부색의 차이를 의미하는 것이라고 간주되는 인식 틀이 인종주의라면, 혈통단체로서의 민족 차이를 의미 짓는 것이 '만세일계(万世一系)'의 허구에 선 근대천황제의 교설이다"고 말하고 있다(p.358). 그러나 고마고메의 같은 책에서는 대만·조선총독부의 분파주의가 요인

는 말이 사용된 사례를 볼 수 있다. 그러나 이와 같은 평가는 종종 '혈통'적인 '일본인'이 미리 고정적으로 존재하고 있다는 전제로부터 출발하고 있을 뿐만 아니라, 포섭과 배제가 경계의 '내측'과 '외측'에서 동시 발생하는 것임을 간과하고 있다.

예를 들면 조선인이나 대만인이 '혈통'에 의해 '일본인'으로부터 배제되었다고 하면 오키나와나 아이누는 그 '일본인'에 포섭되었을까. 원리적으로 생각하면 '조선인이나 대만인이 배제되었다'는 평가는 '오키나와나 아이누는 포섭되었다'라는 평가가 동시에 성립되어야 할 것이다. 만일 오키나와와 아이누를 배제한 측에 편입시킨다고 해도 '내지인'인 여성, 장애자, 피차별 부락민, 무산계급, 공산주의자, 이민 등은 포섭되었을까 하는 의문이 바로 발생한다.

대일본제국의 배제는 반드시 민족적인 단위로 했다고만 말할 수 없다. 예를 들면 참정권의 유무를 포섭의 지표로 생각한다면 조선인이라도 일본에 살고 있으면 참정권이 주어진 것에 반해 여성에게는 일본인이라고 해도 참정권이 없었으며 또한 조선이나 대만에 사는 일본인 식민자도 참정권을 갖지 않았다. 그러나 이러한 개개의 정책사례에서 대일본제국에서 성별에 근거한 차별이 민족에 근거한 차별보다 심했다는 논의는 그다지 의미가 없다. 거듭 말하지만 사람들을 '국민'에서 배제하는 경계는 시기와 상황에 의해, 즉 위정자 측의 재량으로 항상 움직여지는 것이고 배제인가 포섭인가 하는 위치정립은 물론, 원래 '[총체로서의] 조선통치의 기본이념은 배제인가 포섭인

으로서 무시할 수 없는 법제적 통합의 결여까지도 '혈족 내셔널리즘'을 주요 원인으로 한 배제라고 평가해버리는 경향이 있다. 그는 "대만인·조선인에게는 일본 국적이 부여되었다. 그러나 참정권을 중요한 표지로 하는 한 국가통치의 틀 밖에 있었다"고 하고 있으나(pp.362~363), 이러한 평가로는 내지에 사는 조선인·대만인에게 참정권이 부여되고, 조선·대만에 사는 내지인 식민자에게 참정권이 없었다는 사태를 설명할 수 없다. 더욱이 고마고메는 "오키나와와 대만을 나누는 것, 한마디로 말하면 그것은 천황의 존재를 매개로 한 '공감의 공동체'에 대한 귀속의식의 침투였다"(p.40)라고 말하지만, 이러한 기술은 그가 말하는 '혈족 내셔널리즘'이 오키나와를 포함해서 상정되었다는 인상을 준다.

가'라는 문제의 정립 나름대로이지만 한계를 안고 있다고 말할 수 있다.

또한 근년의 국민국가론에서는 국민으로부터 배제된 것에 대한 비판의 정도에 비해 국민에 대한 포섭이 역시 지배의 한 형태임은 경시되고 있지 않는가. 원래 국민국가가 배제만을 원칙으로 하는 시스템이라면 일본정부는 왜 조선이나 대만, 아이누나 오키나와뿐만이 아니라 도호쿠東北나 호쿠리쿠北陸, 규슈나 시코쿠 등도 배제하지 않았던 것일까. 그것은 말할 것도 없이 그 지역에 사는 사람들을 포섭하는 것이 이점이기 때문이다. 그리고 국가에 동화되어 충성과 귀의를 깊이 가르쳐 병사로서 노동자로서 혹은 어머니로서 자기의 생을 공출供出하는 인적자원으로 개조되는 것을 의미하는 포섭은 배제에 뒤지지 않을 만큼의 억압인 것이다.

무릇 역사상 현재 대다수의 국민국가는 보통 참정권이나 복지정책 등이 그 나름대로 정비된 현재 한 그룹의 선진제국과 같이 국민으로 포섭된 측에게 큰 이득이 있는 것은 아니다. 이러한 선진제국은 이미 자국의 지배적 위치가 확정되어 있기 때문에 국민에 대한 공헌의 요구도가 낮으며 국민에게 분배하는 경제적·정치적 자원도 풍부하다. 그러나 예를 들면 메이지시대의 대일본제국에 포섭되는 것은 국민연금이나 국민건강보험을 가지는 것이 아님은 물론이고, 고액납세자의 남성이 아닌 이상 참정권조차도 없고 오로지 납세와 병역의 의무를 담당하는 것만을 의미했다.

대일본제국에서 국민통치는 무엇보다도 우선 이와 같은 국방 및 재정상의 인적자원을 확보하는 것이었다. 조선인이나 대만인과 일본인의 통혼을 규정하는 법제 심의에서 정부나 군이 안고 있는 최대의 우려가 '일본인'의 순수한 피를 지키는 것도, 조선인이나 대만인이 입적, 그 이외의 것으로 인해 '일본인'의 권리를 획득하는 것도 아니고, 귀중한 병역 자원인 내지인 남성이 조선적을 취득해 '일본인'으로부터 이탈해버린다는 것이라는 점은 제8장에서 살펴보았지만 이것은 당시에 '일본인'이 무엇을 의미하는 것이었는지를 잘 보여주고 있다. 그 점을 생각해보면 대일본제국의 위정자들이 국민 포섭범위의 확장에 적극적이었다고 해도 이상하지 않다. 한편 상황에 따라 국가자원으로 도움이 되지 않는다면 수시로 '일본인'으로부터 배제하는 예도 본론에서 살펴본 대로이다.

포섭이 배제에 뒤지지 않는 지배의 한 형태이고 게다가 그것이 경계 설정에 동반되어 동시에 발생되는 것이라는 점은 거듭 강조할 필요가 있다. 왜냐하면 이러한 인식을 결여했기 때문에 역사상 많은 마이너리티들은 국가에 포섭되는 것만이 배제에 대한 대항수단이라는 논리에 빠져 들었기 때문이다.

예를 들면 전쟁 전에 때로는 전후에도 오키나와를 비롯한 주변지역의 사람들은 '일본인'의 배제의 시선이나 '식민지취급'에 대항하기 위해 자신들을 '일본인'으로 대우하도록 주장해왔다. 이 경우 '일본인'의 배제에 차별을 느끼는 것은 정당하다. 왜냐하면 거기에는 사람들 사이에 경계를 이끌어서 '일본인'과 '비일본인'으로 구분하는 폭력이 포함되어 있기 때문이다. 그러나 그것에 비해 '비일본인'에서 '일본인'으로 분류가 변경되기를 주장해도 그것은 단순히 경계의 이동을 요구하는 것에 지나지 않고, 경계의 설정을 긍정하게 된다. 자주 사용되는 표현으로 말하자면 자기들은 '일본인'이라고 주장함으로써 차별을 해소하려는 노력은 '일본인'이 아니면 차별당해도 당연하다는 인식으로 이어지기 쉬운 행위이다.

더욱이 자기를 '일본인'의 경계 내측에 편입시키는 것은 자기의 외측에 '비일본인'을 만드는 것과 동시에 성립된다. 본론에서 살펴본 오키나와인에 의한 아이누나 '국가의 교화에 따르지 않는 변방의 원주민生蕃' 차별은 이렇게 발생된다. 이와 같은 사태에 대해 조선인도 '일본인'으로 포섭되는 경계변경이 차별의 해소라고 여겼던 사례도 소개했으나 이것이 해결이 아닌 것은 당연하다. 문제는 그러한 사람들이 '일본인'인가 아닌가라는 것이 아니다. 필요한 것은 배제를 비판하고 포섭으로 바꾸는 것이 아니고 경계의 설정이라는 현상을 묻는 것이다.

공정公定 내셔널리즘

그렇지만 소수의 사람들이 국민의 권리를 기대하고 국민국가에 대한 포섭을 지향하는 것을 모두 비난할 수는 없다. 하지만 여기서 문제인 것은 현실에서 위정자 측이 기대하는 국민과 포섭되는 측이 기대하는 '국민'은 종종 차이가 존재한다.

예를 들면 본론에서 살펴보았듯이 피지배자 측이 '일본인'화를 지향했을 때는 국민의 권리를 기대했다. 그러나 지배 측의 대부분은 오로지 국가와 천황에 대한 충성을 맹세하는 국가자원이라는 의미에서 '일본인'이라는 말을 사용했다. 그리고 피지배자가 충성심을 보이는 것으로 우선 '일본인'임을 입증한 후에 '일본인'으로서의 권리를 부여할지 말지는 별개로 생각하는 것이 그 논리였다.

예를 들면 황민화정책 시대에 나온 『내선일체의 이념 및 구현방책요강』에서 "세상에는 종종 내선일체를 말하면 바로 권리·의무의 완전한 동일화를 상기하여 바라는 자가 없지 않다"라고 하면서 "사심을 버리고 공公을 받들어 참으로 폐하의 백성임을 철저하게 자각하는 것이 모든 제도상 일체화의 선결문제"이고, "이 근본전제를 몸소 실천하지 않고 오로지 제도상의 평등을 요구하여 바로 시행되지 않음을 보고 궁극의 이념을 비방하는 것은 바로 비황국신민적 태도이며 순진한 내선일체운동을 저해하는"것이라고 말했다.[11]

11 Ibid., 『內鮮一体の理念及其ノ具現方策要項』, pp.5~6.

'황국신민'은 '사심을 버리고 공을 받드는 사람'이며 '제도상의 평등을 요구하는 자'는 '비국민'이라는 논리는 지배 측이 말하는 '일본인'의 의미를 잘 나타내고 있다.

여기서 주목해야 할 것은 일본 측에서도 '일본인'이란, 즉 '국민의 권리'를 의미한다고 생각하는 민권론자 쪽이 위와 같은 인식을 갖는 위정자보다도 '일본인'의 경계 확장에 소극적이었다는 점이다. 63법 문제에서 미노베 다쓰키치나 조선인을 '바칠루스Bazillus균'이라고 말한 이누카이 쓰요시犬養毅, 그리고 무엇보다도 '일본인'으로서 권리획득을 내세우며 총독부와 충돌한 민권파 식민자제8장 참조 등이 거기에 해당된다. 말할 것도 없이 '일본인'을 국가자원으로 생각하는 것과 '일본인'은 국가에서 권리를 부여받는 자라고 생각하는 것은 '일본인'의 증감이 국가에 초래하는 이익의 계산이 다르기 때문이다. 그리고 이러한 문제는 국민국가에서 내셔널리즘의 모습과 관계된다.

근대국민국가의 특징 중 하나는 그 균질성과 폐쇄성에 있다고 한다. 근년에는 B·앤더슨 등의 논의로 알려졌듯이 국민국가 이전의 질서 가운데 왕조하에서 다종다양한 언어와 문화를 가진 집단이 영역 내에 존재하고 있었으며 귀족이나 왕가는 국제적인 정략결혼을 했다.[12] 물론 그들에게는 자국의 평민보다도 타국의 귀족이 친근했다. 그렇지만 국민국가가 성립한 후에 국내의 신분질서가 균질화되면서 동시에 문화적으로도 단일 '국어'가 제정되고 국내의 다양성이 소실된다. 그리고 그때까지 평민과의 차이를 강조했던 왕가도 또 국민과의 '동조'를 노래하며 국제성을 상실하고 '국민적'인 존재「우리들의 왕가」가 되어간다.

이러한 사회질서의 이행은 반드시 마이너스만은 아니다. 왜냐하면 국민국

---

12 Benedict Anderson, *Imagined Communities*, Verso Editions, and NLB,London, 1983; Benedict Anderson, 白石隆·白石さや訳,『想像の共同体』, リブロポート, 1987 참조.

가의 균질성은 평등을, 폐쇄성은 상호불가침국경선의 존중을 의미한다고도 할 수 있기 때문이다. 역으로 그 이전 체제의 다양성은 계층질서와 또 국제성은 국가팽창과 표리일체인 것이다.

여기서 중요한 것은 종래의 왕조가 남아있는 채로 국민국가로 이행이 되었을 경우 앞에서 말한 '국민'의 이면성, 즉 '국가자원의 확보'와 '국민의 권리부여' 가운데 전자가 우선되는 경향이 강해지는 것이다. 종래의 신분적 계층질서가 어느 정도 잔존된 채로 국가자원인 국민확보가 가능하다면, 이러한 '위로부터의 국민국가화'를 지향하는 위정자들에게는 가장 좋은 경우이다. 그리고 이와 같은 지향을 지닌 자들은 설령 다른 '민족' 집단을 영역 내에 편입시켰다고 해도 그들을 계층질서의 하부로 연결하는 세계관에 의해 동심원상의 무한확장을 주장하는 것이 가능하다. 그들의 지향은 이념형으로 국민국가형성과는 조금 다른 것이어서 '국민' 중에 다양한 권리부여의 형태가 있다고 해도 모순을 느끼지 않기 때문이다.

그리고 당연히 평등하고 균질한 '국민의 권리'를 요구하는 논자, 즉 이념형 국민국가의 완성을 지향하는 세력은 이와 같은 다양한 국민의 모습을 허용하지 않는다. 그러나 그 주장은 많은 경우에 새롭게 편입된 사람들에게도 '국민'의 권리를 주려는 방향이 아니라. 권리를 분배받는 '국민'의 범위를 제한하려는 방향이었다. 특히 메이지시대의 일본과 같이 분배해야 할 정치적·경제적 파이가 작은 가운데 불균질한 권리의 실상을 '국민'에게 적용하려는 번벌藩閥세력에 대항하고 있던 민권론자들 중의 일부는 먼저 균질한 권리를 부여 받을 수 있는 '국민'을 제한된 범위에서 구축하는 것이 선결과제라고 생각하고 있었다.

이러한 민권론자들의 주장을 보면 그들이 가장 우선시했던 것은 겨우 일본에 만들어지기 시작하던 헌법과 의회정치 등을 어떻게 방위할 것인가라는 문제였다. 미노베가 조선·대만에 대한 헌법시행론을 반대했던 것은 명백하게 인권침해가 행해지던 조선과 대만에 헌법을 시행했다고 했을 때 오히려 헌법의 인권규정이 형해만 남는 것으로 간주했기 때문이다. 이누카이가 조선인에게 참정권을 부여하는 것에 반대한 것은 매수나 담합으로 토의가 공동화하기 시작한 제국회의에 또 혼란의 요소가 생겨나는 것을 피하고 싶었기 때문이다.

실제로 조선이나 대만의 제도적 통합이 가장 촉진되었던 것은 그들 지역에 '일본 수준'의 권리가 부여된 것에 의해서가 아니라, 일본의 인권상황이 '조선 수준'으로 저하된 국가 총력전체제 아래였기 때문이다. 조선이나 대만을 배제함으로써 일본의 공공권과 '국민의 권리'를 지키려 했던 그들의 전술은 시비여하를 막론하고 상황판단으로는 적확했을지도 모른다. 그러나 이러한 지향은 조선인에게 근대적인 헌법을 이해할 수 있는 능력이 없다거나 조선인은 음모나 매수의 상습자이기 때문에 의회정치에 맞지 않는다는 인식만이 주장되었다.

여기서는 '국민'의 권리나 평등을 추구하는 지향과 '국민'의 범위제한을 주장하는 인종주의가 표리일체로 발생한다. 즉 여기서도 포섭은 배제와 함께 생겨난 것이다.

한편 '국민'을 국가자원으로만 인식했다면 범위를 제한할 필요는 전혀 없다. 즉 사람은 권리의식이 부족하기 때문에 인종주의자가 되는 것이 아니라 권리의식이 있기 때문에 인종주의를 필요로 하는 것이다. 그리고 그것은 '국민'의 권리를 부여 받을 수 있는가 아닌가의 경계상에 자리하며 강한 권리를 요구하고 있는 인간일수록 강렬하게 드러낼 가능성이 있다. 번벌세력이 지배하는 일본에서 소외되고 주변지역으로 유출될 수밖에 없는 하층 대중의 민권론자가 가장 차별적이 되는 이유를 여기서 찾을 수 있다. 반대로 제8장에서 살펴보았듯이 총독부 측의 '일시동인'은 평등론이 아니고 오히려 권리 의

식의 결여로부터 나왔다. 그리고 양자는 마찬가지로 내셔널리즘의 용어를 사용하면서도 대립을 보이게 된다.

국민국가에서 내셔널리즘의 변화로서 앤더슨은 '공정 내셔널리즘'이라는 현상을 지적하고 있다. 공정 내셔널리즘은 원래 19세기 후반 러시아가 제국 통합을 위해 만들어낸 사상을 가리키는 말이지만, 앤더슨은 그것을 다른 사례에도 적용할 수 있는 일반적인 개념으로 보고 있다. 그의 표현에 의하면 이것은 "중세 이래로 집적되어온 광대한 다언어 영토에서 귀화와 왕조권력의 유지와 조합하는 방책, 달리 말하면 제국의 거대한 신체를 국민의 착 다잡아진 피부를 넓게 펼쳐서 제국의 거대한 신체를 덮어버리려는 책략"이라는 것이다.[13] 저자는 앤더슨이 공정 내셔널리즘 개념을 일반적인 방법으로 사용하는 것을 반드시 찬성하지는 않지만 다음에서 러시아의 사례를 살펴보도록 하자.

앞서 말한 대로 19세기 후반의 러시아에서는 주변지역에 대해 동화정책이 지향되었으나 그 이전 시대에는 러시아 내부의 여러 집단이 각기 거주지역에서 일정한 정치적 자치와 문화적 다양성을 보장받고 있었다. 물론 계층질서와 다양성에 근거하는 종래의 왕조질서가 살아 있었다. 그러나 강대한 영토를 그대로 국민국가로 이행시키려고 할 때 동화정책으로 제국 내의 여러 집단을 모두 '러시아'로 만들기를 주장할 수 있게 되었다. 말하자면 공정 내

13 Ibid., p.150. 단 앤더슨은 영국의 스코틀랜드의 영어교육이나 인도의 친영 엘리트육성도 '공정 내셔널리즘'의 범주에 넣었으며 더욱이 일본이 지배한 "조선인, 대만인, 만주인 (…중략…) 미얀마인, 인도네시아인, 필리핀인 등이 유럽식 모델[영국의 모방이라는 의미]을 실시요령으로 하는 이 정책의 대상이 되었다"(p.166)고 말하고 있으나 저자는 이 설명에 대해 약간 의문이 든다. 같은 일본의 지배하에 있다고 해도 조선인·대만인과 같은 일본 국적을 가진 인간과 만주인이나 미얀마인과 같은 형식적이라도 '독립국'의 체제하에 있던 인간과는 법제적인 위치가 분명히 다르다. 또한 초등교육으로 인해 저변 계층 차원에서 '국민정신'으로의 포섭을 지향하는 일본의 동화정책과 영국의 인도에 대한 친영엘리트육성은 그 성격이 조금 다르다고 생각된다. 이와 같이 앤더슨은 일정한 문화적 침투가 있었던 케이스를 무차별하게 '공정 내셔널리즘'에 포함하고 있지만 저자는 국민국가의 원리가 다민족제국에 적용되었다는 한정된 의미로 사용하고 있다.

셔널리즘은 다민족제국의 현실과 국민국가의 원리를 강제로 접합할 때 발생된 것이라고 할 수 있다.

앤더슨은 언급하지 않았지만 이것을 '공정 내셔널리즘'이라고 부르는 이유는 위로부터 '국민만들기'를 촉진하려는 왕조와 관료들이 내세웠던 이와 같은 대러시아주의에 대해, 말하자면 '비공정'인 소러시아주의가 민간에서 존재했기 때문이다. 러시아민족의 우수성을 노래하고 이민족을 '러시아인'으로 편입하는 것에 반발하고, 제국의 확장보다도 '러시아인'의 순수성을 우선시하려던 것은 슬라브파였다. 슬라브파는 서구문명의 모방을 비난하고 러시아문화의 독자성을 노래함과 동시에 위로부터 근대화를 추진하는 왕조귀족을 서구의 모방자라고 간주하는 한편, '민중'을 러시아 전통문화의 보유자로서 칭찬했다. 그렇기 때문에 종종 정부로부터 출판금지처분 등의 탄압을 받았다. 소련연방시대에도 이 사상조류는 존재했고 반체제 사상가로서 알려진 솔제니친이 대표적 존재였다.[14]

민족의 순수성을 노래하는 배외주의면서 민중민족의 권리와 독자문화를 중시하는 이 사상은 '위로부터'의 공정 내셔널리즘과 대립하는 '아래로부터'의 국민국가형성 운동이었다고 간주할 수 있다. 일본에서는 제국팽창에 반발해서 정부로부터 탄압받고 민중을 '국민'민족문화의 담당자로서 칭찬하는 동시에 일본 민족문화의 확립을 노래하는 단일 민족론자였던 쓰다 소키치津田左右吉가 여기에 해당된다. 또 '국민'민중을 구제하는 '경세제민'의 학으로서 민속학을 구상하고, 조선 등에 대한 동화정책에 비판적이면서도 동시에 일본의 문화적 내셔널리즘의 옹호자였던 야나기타 구니오도 이 조류에 들어갈지도 모르겠다.[15]

---

14 竹中, op. cit. 참조.
15 小熊, 『単一民族神話の起源』, 제12장・제14장 참조.

또 예를 들어 본서 제9장에서 다룬 이시바시 단잔의 소일본주의가 다민족의 공존을 인정하지 않는 경향을 담고 있었던 것, 제21장에서 살펴보았던 전후일본의 혁신 내셔널리즘이 '국민의 권리'를 강조하면서 단일민족론을 형성해 갔던 것 등은 살펴본 대로이다. 자주 지적되듯이 경제중시·서구협조·국방의 한정 등을 중심으로 하는 이시바시의 소일본주의는 전후의 보수정권이 취한 노선과 겹치는 것이었으며 전후의 혁신세력은 '국민의 권리'를 중시하고 국외의 분쟁에 휘말리는 것을 피하려는 평화주의를 내세웠다. 이들 요소는 어느 것이나 '국민'의 범위를 한정하는 기능을 수행하기 쉬운 것이었다.

한편 대일본제국의 공정 내셔널리즘은 국책을 위해 필요하다면 민족적 순수성을 그다지 고집하지 않았다. 주지하는 바와 같이 황민화정책을 추진하던 시기를 중심으로 동화정책의 일환으로서 이른바 '내선결혼'이 장려되었다. 이러한 통혼장려는 표면화에만 머물렀다는 설도 있으나 제10장과 제17장에서도 살펴보았듯이 내부문서에서도 통혼촉진을 주장한 것은 존재한다. 총독부나 군의 상층부에게 내지인 식민자 등은 '우민愚民'에 지나지 않았기 때문에 '우민'들의 순수한 피보다도 조선통치의 안정이라는 국책이 우선시되었다. 평민출신의 식민자들에 대해 계급을 초월한 '일본인'으로서의 연대감을 느끼지 않으면 그들의 민족적 순수성을 지키려는 지향이 생겨날 리가 없다.

조선이나 대만, 혹은 만주에서 원주자에 비해 식민자가 우대받는 것은 사실이다. 충성이 의심되는 원주자를 쫓아내고 내지인을 유치해서 그 땅을 '일본인이 사는 토지'로 바꾸어야 한다는 의견이 많이 나왔던 것은 본론에서 살펴본 대로이다. 그러나 그렇게 모아놓은 내지인 식민자도 결국은 국책을 위해 배치된 것에 불과했다. 일본인 식민자의 이익을 가장 중시하는 인종주의가 통치방침이었다는 설정은 패전 시에 식민자들이 일본군이나 정부로부터 어떠한 처우를 받았는가에 대해 한 가지만 생각해보아도 알 것이다. 그와 같은 평가는 좀 역설적인 말로 표현한다면 대일본제국 위정자들의 인권감각에 대한 과대평가이다. 그러나 동시에 이러한 공정 내셔널리즘에서 '국민'은 균등한 권리를 부여받아야 한다는 국민국가의 공식적인 이념이 관철될 수 없었던 것은 당연하다고 할 수 있다.

앞의 절에서도 포섭은 배제에 뒤지지 않는 지배형태임을 강조했지만, 이상으로 살펴보았듯이 국민국가에서 주장하는 '포섭'의 성격도 또한 상황에 따라 다르다는 점에 유의할 필요가 있다. 예를 들면 현재에도 복지정책이 충실한 국가와 그렇지 않은 국가에서는 어느 쪽이 '국민'의 확장에 신중한가. 혹은 노동자의 기득권을 지키려는 노동조합과 저임금노동자를 환영하는 기업주 중에 어느 쪽이 이민의 유입을 환영하는가. 이러한 경우에 포섭을 주장하는 측이 배제를 주장하는 측보다 칭찬받을 가치가 있다고는 할 수 없다.

'탈아脫亞'와 '흥아興亞'

이상과 같은 국민국가의 포섭과 배제 기능에 입각해서 근대일본의 주변지역정책론의 기본적인 패턴을 정리해 보기로 한다.

우선 첫단계로 '서구'와 '아시아'라는 타자 사이에 낀 존재로서 일본의 내셔널·아이덴티티 형성을 도식화한 것이 〈그림 1〉이다. 일본이 '아시아'의 일부인가, 그렇지 않으면 '서구'에 가까운 존재인가 하는 논의는 메이지시대부

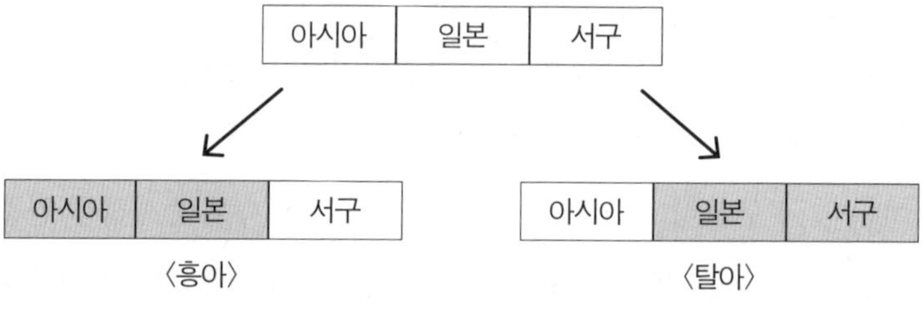

〈그림 1〉

터 계속 있었으나 여기서 ‘탈아’는 일본이 ‘서구’로 동화하고 ‘아시아’를 배제하는 것을 말하고 ‘흥아’란 일본이 ‘아시아’와 연합해서 ‘서구’에 대항하는 것을 의미한다. 그리고 ‘탈아’는 ‘아시아’와 ‘일본’의 경계가 강해지고 ‘흥아’는 ‘아시아’와 ‘일본’의 경계가 약해진다.

여기서 유의해야 할 것은 ‘서구’-‘일본’-‘아시아’ 관계는 비대칭이며 우열의 순위가 정해져 있다. 만일 삼자가 대등관계로 의식된다면 ‘서구’를 일본에 동화시키거나 ‘아시아’에 일본이 동화되는 논리가 드러나도 괜찮지만 이것은 소수에 그친다. 어디까지나 ‘탈아’는 일본이 ‘서구’에 동화하는 것이며 ‘흥아’는 일본이 ‘아시아’의 맹주가 되는 것으로 삼자의 순위에는 변함없다.

그리고 ‘탈아’, ‘흥아’ 모두 ‘아亞’ 담론의 형식을 취하고 있으나 실은 주요한 변수는 일본과 ‘서구’의 관계이며 ‘아시아’와의 관계는 그 종속변수이다. ‘서구’와의 관계가 양호하거나 혹은 다른 선택의 여지가 없을 만큼 불리한 경우에는 ‘탈아’가, ‘서구’와의 관계가 긴장되고 아시아연합에서 대항의 여지가 있을 경우에는 ‘흥아’를 주장하지만 어느 쪽이 되었든 ‘아시아’ 쪽과의 관계가 우선시되는 경우는 적다.

이 관계를 주변지역 정책론에 응용한 것이 〈그림 2〉이다. 여기서 간접통치는 ‘탈아’의 그림과 마찬가지가 되고 주변지역은 ‘일본’에서 배제되어 ‘식민지’라고 불린다. 그에 대해 ‘동화정책’에서는 ‘외지’‘식민지’라고 부르지 않는다와 ‘서구’의 중간에 존재하는 전진방위지대이며 ‘서구’와의 탈취경쟁에 대처해야만 하는 ‘일본’에 대한 포섭이 지향된다. 물론 전자에는 ‘서구’의 식민지통치의

내지	외지	서구

〈직접통치〉

식민지	일본	서구

〈간접통치〉

〈그림 2〉

선례를 모방하는 것이 제창되고, 후자에는 '서구'의 식민지 지배와는 다르다는 주장이 채택되는 것은 말할 것도 없다.

다만 우에하라 에쓰지로植原悦二郎와 같이 일본이 '서구'에 동화하고 주변지역을 일본에 동화시킨다는 문명화로서의 동화론 내지 통치비판론도 존재했다. 이들을 포함한 관계를 나타낸 것이 〈그림 3〉이다.

여기서 'I'은 '탈아'형 통치론으로 '서구'의 식민지통치를 모방한 간접통치를 주장하고 '아시아'와 '일본인'의 '간격'을 강조한다. 'II'는 '탈아' 통치비판론으로 문명적 통치국의 자각을 말하며 '구관습의 존중'과 인권옹호 내지는 그들을 혼합시킨 '자치주의'의 입장으로, '서구'와 비교하여 '뒤떨어진' 일본 통치의 졸렬함을 비판한다. 이에 대해 'III'은 '흥아' 통치론으로 '서구'의 식민지 지배와 차이를 강조하면서 '아시아'와 일본의 '가까움'을 강조하는 동화노선을 주장한다. 그리고 'IV'의 '흥아' 통치비판론은 일본의 통치를 '서구'의 식민지통치와 같은 것이라고 비판하고 '일시동인'과 아시아연대론의 입장에서 비판한다.

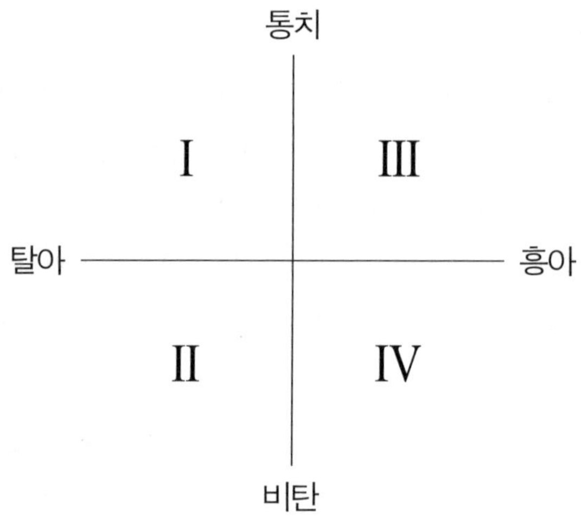

〈그림 3〉

이상과 같은 정리는 대일본제국의 사례뿐만 아니라, '자신들'보다 상위의 지배자가 존재하는 상황에서 지배가 행해지는 경우에 응용이 가능할 것이라고 생각된다.

분류 이외의 애매함

단지 이상은 모든 이념형의 분석이고 실제 논조는 이렇게 확실한 것은 아니다. 특히 앞에서 말한 네 영역으로 구분한 도식에 의한 분석은 시점 정리에는 도움이 되지만 일정한 한계를 동반한다.

네 영역으로 나눈 도식이 한계를 보이는 하나의 예를 들어보자. 예를 들면 에스닉 관계의 사회학적 분석은 〈그림 4〉와 같은 도식이 자주 이용된다.[16] 그

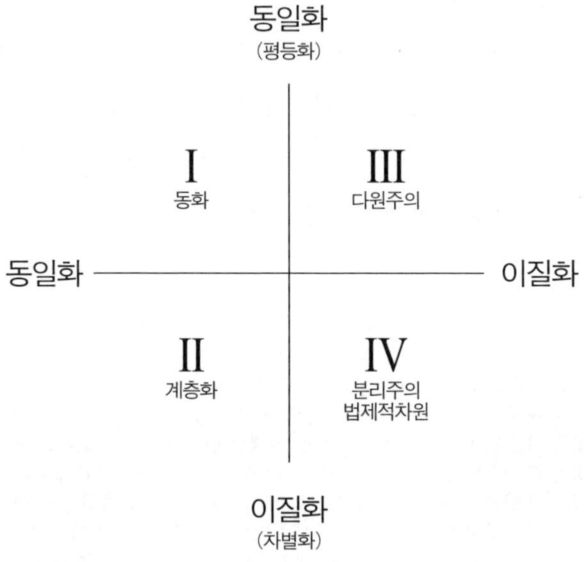

〈그림 4〉

16 山中速人, 「朝鮮『同和政策』と社会的同和」에서 사용한 것과 유사하지만 나카야마(山中)는 세로축(縱軸)을 '사회구조적 차원'으로 한다. 단순한 법제로 그치지 않는 사회적 통합을 시야에 넣

러나 이 도식은 암묵적으로 두 개의 전제에 의거하고 있다.

첫 번째 전제는 문화와 법제는 별도의 축으로 설정이 가능한 것, 즉 명확하게 구분할 수 있다는 것이다. 그러나 현실에서는 동화를 강요하여 문제가 되는 것은 문화와 법제의 경계영역, 예를 들면 공용어, 혼인, 종교 등이 대부분이다.

일본의 조선·대만지배의 예로 말하자면 일본어의 공용어화는 법제인가, 문화인가, 또는 모든 창씨개명은 단순히 조선인의 이름을 일본식으로 바꾸는 것이 아니고, 조선인의 가족형태부계혈통시스템이므로 부부가 다른 성을 갖는다를 일본 호적법의 가족형태동일호적에 등록된 가족전원이 하나의 성씨를 갖는다로 바꾸게 하는 것이다.[17] 이것은 호적법이라는 법제가 이미 특정한 문화를 반영한다는 것을 나타내고 있다. '일본의 가족제도는 특수한 문화이다'라고 생각한다면 현재 서구에서 문제가 되고 있는 이슬람계 이민의관습으로 여기고 있다 일부다처제와 일부일처제 가족법의 충돌을 생각해도 좋다. 이러한 문제에 이 도식은 대처할 수 없게 된다.

두 번째 전제는 이 도식이 얼핏 객관적인 분석으로 보이면서도 실은 특정한 정치적 입장을 갖고 있다는 것이다. 왜냐하면 이 도식은 어디까지나 다민

기 위한 것이라고 생각되지만, '사회구조적 차원'에서는 '법제적 차원'보다도 한층 '문화적 차원'으로 독립한 축으로 설정하는 것이 곤란하다고 말하지 않을 수 없다. 야마나카가 1983년 시점에서 이와 같은 분석틀을 역사적 연구에 응용해서 시점 정리를 가져온 것은 평가되어야 한다. 저자는 이러한 분석이 무의미하다고 말할 생각은 없지만 어떠한 분석틀이나 도식도 일정한 한계를 갖는 것은 당연하다. 또한 본론에서 지적한 한계만이 아니라 이러한 분석틀은 원래 미국국가 내의 에스닉 통치문제를 분석하는 사회학 연구에 영향을 받고 태어난 것이기 때문에 그것을 전쟁 전의 일본에 적용하는 데에는 일정한 주의를 요한다. 예를 들면 야마나카는 1983년 논문 시점에서는 '다원주의'를 일본이 조선을 지배하는 대안으로 삼았으나(p.308) 제9장의 나카노 세이고(中野正剛)의 예에서 보듯이 대일본제국에 다원주의의 주장이 존재하지 않았던 것은 아니고 단 실질적으로는 독립부정론으로밖에 기능하지 않았기 때문에 역사학 상에서 전해지지 않았던 것이다. 고마고메(駒込)의 Ibid.은 이 야마나카의 도식을 응용하고 있다. 독립이라는 선택지가 이 도식 내에 존재하지 않는 것을 지적하고 '이 표의 적용한계를 명확하게 해둘 필요가 있다'고 말한다(p.18).

17 창씨개명 제도에 대해서는 宮田·金·梁, Ibid., 『創氏改名』에 자세하다.

족이 하나의 국가 안에서 통합되는 것을 전제로 하고 있기 때문이다. 독립운동도 아파르트헤이트Apartheid제도도 IV에 넣는다. 국가통치를 우선하는 입장에서 본다면 다수의 차별도 소수의 대항운동도 단순히 민족 간의 대립으로 보인다. 따라서 이 도식으로 분석을 시작한 자는 법제적으로 평등을 확보하면서 문화적 다양성을 보장하는 다원주의가 최고의 정치제도이고 소수의 이의신청은 상호대립이 되지 않는 범위에 머물러야 한다는 결론으로 이끌리기 쉽다.

이와 같은 문제를 피하는 데에는 분석을 성립시키고 있는 틀을 의식할 필요가 있다. 앞의 예에서 말하면 법제와 문화를 구분하는 정교분리원칙—거기에는 서구의 법제는 보편적인 '문명'임에 대해 비서구 관습은 특수한 '문화'라는 인식이 잠재되어 있는 일도 자주 있다—과 투쟁을 일탈상태로 보는 사회통치모델의 발상이 분석도식을 성립시키고 있다. 그러한 전제를 의식하지 않으면 분석 자체가 권력구조의 재생산이 될 가능성이 있다.

본서에서 앞서 말한 도식도 어떤 전제에 근거하고 있다. 예를 들면 '아시아'와 '서구', '탈아'와 '흥아', '통치'와 '비판' 등이 구분될 수 있다는 전제가 없으면 그와 같은 도식은 성립하지 않는다. 말하자면 이들 도식은 존재하는 논조 모든 것을 분석할 수 있는 것이 아니고 '탈아, 흥아와 같은 구분에 미리 따르는 논조'의 분석에서만 유효한 것이다. 본서에서 거론한 것을 비롯해서 많은 논조를 정리하기에는 나름 유효하지만, 이 도식으로 모든 것을 정리하려는 것은 그러한 구분에 들어맞지 않는 형태로 존재하는 것을 잘라내버릴 위험이 있을 것이다.

실제로 존재했던 논조는 그렇게 단순한 것이 아니다. 예를 들면 지배자 측의 예에서 말하면 본론에서 본 대로 그때마다의 이해에 따라 논조를 변경하는 경우가 많았고, 특정 논자를 도식 내의 어딘가에 고정적으로 분류하려는 등의 노력은 무리가 있다. 다만 설령 변경이 있어도 그때마다 취한 논조는 도식 내의 변화에 불과한 경우도 많지만, 가장 중요한 것은 현실의 인간들은 그러한 변화로는 완전히 표현할 수 없는 바람을 갖고 있기 때문에 논조가 흔들리거나 애매한 표현이 많이 나타나는 것이다. 이러한 흔들림이나 애매함이야말로 중요한 포인트에 다름 아니다.

예를 들면 본론에서 본 것처럼 지배하는 쪽은 주변지역 원주민의 위치를 설정함에 있어서 '일본인'에 대한 포섭도, 또한 '일본인'으로부터 배제도 관철하지 않았고, 항상 '일본인'이며 '일본인'이 아니라는 애매한 위치에 두고 싶어 했다. '일본인'이라고 확언을 하면 국민의 권리를 주어야 할 것이고 '비일본인'이라고 확언한다면 국가자원으로서 동원할 수 없기 때문이다.

'일본'국가 총체의 입장이 이와 같은 상반된 감정을 품고 있는 데다가 '지배하는 쪽'으로 총칭되는 총독부, 제국의회, 내지관청, 군부, 식민자 등도 각각의 이해에서 상반된 감정을 품고 있었다. 예를 들면 조선총독부는 조선인에게 '일본인'으로서의 충성심을 심는 것은 협력자 양성과 치안유지의 장점이 있었지만, 조선이 완전하게 '일본'에 편입된다면 총독부가 폐지될 우려가 있었다. 제국의회나 내지관청에서는 총독부의 권한을 빼앗는 데에서 조선인이나 대만인을 '일본인'이라고 평가할 필요는 있지만, 그들이 '일본인'으로서 제국의회나 내지에 들어가는 것은 피할 수는 없었다. '일본인'의 확장에 어떠한 이익도 찾을 수 없었던 식민자만은 철저하게 차별적 논조를 취했지만, 다른 각 세력은 그렇게 단순하지 않았다. 더욱이 당시 정책론에서 관청 간 분파주의의 싸움까지도 민족정책이나 내셔널·아이덴티티를 둘러싼 말로 표현되었기 때문에 사태는 한층 얽히게 된 것이다.

논조의 분석에서 내셔널리즘과 인종주의는 반드시 정책결정의 본질적인 동기라고는 할 수 없고 오히려 다른 동기에 의한 주장의 표현 형태에 지나지 않는 경우도 있음을 유의해야만 한다. 집단적인 기득권을 지키기 위해 '우리들'과 '그들' 사이에 설정된 경계는 반드시 국가나 민족을 단위로 나뉜다고는 할 수 없으며 '내지인' 내부에서도 여성들을 배제하는 형태로 설정되기도 하고 분파주의의 형태로도 설정될 수 있다. 그러나 분파주의와 같은 본래 균질해야 할 국민국가의 이념에는 긍정될 수 없는 입장(때문에 관료의 분파주의나 기득권 방위는 '아래에서'의 내셔널리스트에게 적대시되는 일이 많다)에서의 주장은 국민국가에서 공인된 말로 이야기되어야만 하며 그때 '국책'이나 '민족' 내셔널리즘이라는 말이 적지 않게 사용되었다.

그렇기 때문에 총독부의 분파주의는 종종 '현지의 특수사정'이나 '이민족의 구습존중'이라는 말로 내지 측의 총독부에 대한 공격은 '일본'총체의 균질화를 의미하는 '내지연장주의'나 '내외지 행정 일원화'라는 말로 표현되었다. 분파주의를 내셔널리즘과 민족정책의 말로 표현하는 현상은 총독부의 관할범위가 민족단위의 경계와 어느 정도 중복되어 있기 때문에 쉽게 가능한 것이 되었다.

이러한 총독부의 분파주의는 조선이나 대만을 '일본'에서 배제하는 요인으로 또한 내지 측의 공격을 포섭하는 요인으로 기능하는 일이 많았지만, 이것은 어디까지나 결과이고 반드시 민족단위의 배제나 포섭과는 일치하지 않는다. 이를테면 일본에 주재하는 조선인·대만인이 참정권을 획득하고 조선·대만에 주재하는 일본인 식민자가 참정권을 갖지 않는다는 기묘한 사태는 민족단위의 배제라는 논리로는 전혀 설명되지 않지만, 분파주의에 의한 관할범위의 경계설정에는 적합한 것이었다.

대만의회설치 청원운동의 지도자였던 채배화蔡培火는 저서에서 "대만은 실로 관료들의 천국이다"라고 말했다. 확실히 일본에 비해 의회나 사법 제한이 없고 현지주민을 얼마든지 탄압하고 다수의 인허가권을 행사할 수 있는 조선이나 대만의 상황은 행정관료에게 참으로 '천국'이었다. 사이는 또한 총독부 관료들은 그들의 이익이 된다면 "대만 독립까지도 그들은 무리하게 주장하지 않았을까"라고 기록하고 있지만, 확실히 그들이 기득권을 지키기 위해 조선이나 대만의 '독립'성을 가지려는 욕구는 강했다.[18]

일본이 국민국가로서 완성되어감에 따라 내지의 중앙도시부에서 '국민' 권리의 균질화민주화가 진행되어갔기 때문에 조선이나 대만은 차츰 종래의 권위주의체제가 남아있는 주변지역으로 되어 갔다. 그 때문에 총독부 측은 체제를 지켜야 할 국민국가인 '일본'에 포섭되는 것을 피하려고 했다. 이러한 움직임은 조선이나 대만이 '일본'에서 배제되었다기보다는 '일본'을 조선이나 대만에서 배제한 것이라고 할 수 있다. 한편 오키나와의 통합이 진행된 것은 앞서 말한 대로 영유시기의 조속함과 인구가 적은 것 이외에 영유시의 저항이 약했기 때문에 군사점령이 없었으며, 따라서 총독부라는 분리요인이 형성되지 않았던 것도 크다.

다만 반드시 총독부 측이 배제를, 내지 측이 포섭을 주장했다고는 말할 수 없고 예를 들면 총독부법권의 삭감으로 이어지는 조선·대만에 대한 중의원의원선거법시행을 총독부가 반대했던 것에 대해 내지로 조선인이 유입되는 것으로 이어지는 본적이동에 대해서는 총독부의 개선안이 내무성의 반대로 실패했다. 대체로 대일본제국의 각 세력도 조선인이나 대만인의 민심완화를 고려한 한정적인 통치개혁을 검토한 흔적은 있지만, 그것은 자기세력의 권한확장으로 이어지는 방향총독부의 조선의회설치 등이든가, 또는 관할 이외총독부에 의한 내지도항제한철폐제안 등의 것으로 그치고, 각 세력도 기득권 축소나 관할 내의 불화증가로 이어지는 개혁에는 반대의 자세를 취했기 때문에 결과적으로 거의 실현되지 않았다.

---

18 蔡, Ibid., 『日本々国民に与ふ』, pp.79·93.

내지주재 조선인·대만인의 참정권 획득은 ① 조선인·대만인의 민심이 완화되고 ② 내지연장주의의 공식견해와 일치하며 ③ 총독부의 관할 밖이기 때문에 권한문제에 저촉되지 않는다는 중복되는 몇 개인가의 조건이 우연히도 없어졌기 때문에 실현에 이르렀던 예외적인 현상이라고 할 수 있다. 현실의 장에서 '일본인'에 대한 포섭이나 배제에는 순전히 차별이나 인종주의만이 아니라, 미세한 이해관계에도 크게 영향을 미쳤다.

논단의 지식인의 경우에는 구체적인 이해관계와는 거리가 있었지만 별도의 상반된 감정을 품고 있었다. 조선인이나 대만인을 '일본인'으로부터 배제하고 싶은 욕구는 있었지만, 그렇게 되면 '서구'에서 '일본인'을 향해 이민배척이나 인종을 차별하는 것을 비판할 수 없게 된다. 제3장에서 말했듯이 일본의 인류학을 비롯해서 논단에서는 노골적인 인종주의를 주장하는 사람은 많지 않으며 오히려 인종평등을 이야기한 사람이 많았던 것은 이러한 요인의 하나였다. 일본의 내셔널·아이덴티티를 유지하기 위해서는 '서구'의 식민지 지배와의 차이를 강조하는 '일시동인'의 동화론이 알맞으며 이러한 생각이 논단에서도 다수를 차지했다. 그러나 한편으로 법제 등이 평등과는 거리가 멀었다는 것은 말할 것도 없다.

이와 같이 '일본인'에 대한 포섭과 배제의 주장과 맞물려서 각 세력의 상반된 감정이 몇 겹으로 존재했기 때문에 결과적으로 본론에서 살펴보았던 대로 매우 복잡하고 또한 애매한 것이 되었다. 마크 피티 등은 고토 신페이後藤新平·도코 미노루東郷実 모치지 로쿠사부로持地六三郎·다케코시 요사부로竹越与三郎·니토베 이나조新渡戸稲造 등의 저작을 근거로 일본의 식민지 통치사상은 영국·프랑스와 큰 차이가 없다고 평가했으나, 이것이 단면적인 견해임은 말할 필요도 없다.[19] 만일 이 인선이 나카노 세이고中野正剛·간다 마사오神田正雄·미야자키 도텐宮崎滔天·오카와 슈메이大川周明이거나 혹은 하라 다카시原敬·우메 겐지로

梅謙次郎·우에하라 에쓰지로植原悦二郎·후쿠다 도쿠조福田徳三, 또는 이사와 슈지伊沢修二·데라우치 마사타케寺内正毅·미나미 지로南次郎·우가키 가즈시게宇垣一成 등이었다면 완전히 다른 결론이 도출되었음에 틀림없다.

대일본제국의 주변지역 정책론은 이것이 주류라고 단언할 수 있는 조류는 존재하지 않았다. 실시된 정책도 지극히 절충적이고 애매한 것이었다. 교육정책의 하나를 보아도 '국어'와 '수신'의 중시라는 포섭의 요소와, 수업료 징수와 수업연한 단축에서 볼 수 있는 배제의 요소가 절충되어 있고 일정한 원칙이 관철되어 있다고 하기는 어렵다. 통혼에 관해서도 1945년 3월 내무성 내부문서의 표현을 빌리면, "제도로는 인정되어도 정부에서는 특히 이것을 장려하지 않으며 또한 억압하는 태도를 갖고 있다"와 같은 애매한 자세에 그쳤다.[20]

일본의 조선·대만지배는 동화를 강제하면서 권리는 부여하지 않았다는 의미에서 자주 포섭과 배제의 '나쁜 부분만을 이어 맞춘 듯한' 것이라고 표현했다. 그러나 이것은 장기적 시야에 입각한 계획적 행위이기보다는 일본 측에 총체적으로 일관된 계획이 없고 포섭이나 배제를 주장하는 여러 세력의 파워·정책 가운데 절충적으로 정책이 결정되었기 때문에 가장 발언권이 약한 원주자의 처우에 골머리를 앓은 결과로 보는 것이 적절하다고 생각된다.

그렇지만 앞에서 말한 이유에서 논단에서는 동화론이 다수를 점했던 것에

19 Mark R. Peattie, Ibid., 제4장. 피티가 이와 같은 일면적인 견해를 가진 것은 아마도 '식민지' 내지 '식민정책'이라는 타이틀을 내세운 저작에서 '일본의 식민지통치사상'을 조사한 결과가 아닐까 생각한다. 본론에서 보았듯이 동화론에 선 논자와 일본정부의 위정자들 대부분은 조선이나 대만을 '식민지'라고 인정하지 않았고, 따라서 '식민정책'이라는 말로 통치를 이야기하지는 않았다. '식민지' 내지 '식민정책'이라는 말로 통치사상을 이야기하는 것은 오로지 피티가 거론한 식민정책파, 즉 '서구'의 식민정책에 따를 것을 주장한 논자들이고 그렇기 때문에 이러한 타이틀을 붙인 저작을 조사하면 영불 식민통치사상과 큰 차이가 없는 결론이 도출되는 것은 당연하다고 할 수 있다.

20 「朝鮮及台湾在住民政治処遇に関スル質疑応答」, p.10.

대해 제도에서는 배제적 요소가 적지 않다는 불균형이 존재했던 것은 사실이다. 이러한 괴리를 호도하고 '일본인'이며 '일본인'이 아니라는 애매한 자리매김을 정당화했던 것이 '점진'이나 '동조'였다. 이들은 현재에는 동일성同一性의 모순을, 시간 축상에서는 지연遲延을 이용함으로써 해소하려던 것이었다. 즉 현재에는 차이나 차별이 존재하지만 먼 미래점진 또는 먼 과거동조에는 동일하다는 것이다.

앞에서 말한 대로 지자는 총체로서의 '일본의 식민지 지배 이념'을 특정한 '○○주의'로 분류하는 것은 원리적으로 불가능하다고 생각한다. 현대에 이르러 '일본의 식민지 지배는 세계에서 유례를 볼 수 없는 독특한 동화주의였다'라든가, 혹은 '서구의 식민지 지배와 마찬가지로 배제를 근본으로 하고 있다'는 논의는 언뜻 객관적인 학문적 검토인 것처럼 보이지만, 실은 그 자체가 대일본제국시대에 형성된 일본의 내셔널·아이덴티티를 둘러싼 언설구조에 따른 행위이고 그 틀 안에서 '일본'의 동일성과 성격부여를 논할 뿐이다.

일본이 주변지역을 통치한 전체상에 굳이 '○○주의'의 명칭을 붙인다면 고토 신페이나 데라우치 마사다케가 말했듯이 '무방침'과 '점진주의'이며 혹은 '편의주의'밖에 되지 않는다. 지배하에 있던 사람들을 '일본인'이라고도, '일본인'이 아니라고도 확언하지 않았고 그때마다의 상황판단으로 포섭과 배제를 나누는 자세는 '포섭', '배제' 내지 '일본인', '비일본인'이라는 이항대립으로 본다면 모순이고 분류가 불가능한 본연의 모습으로 보인다. 그렇지만 이것은 지배 측이 '일본인', '비일본인'이라는 분류의 틀로는 표현할 수 없는 바람을 품고 있었기 때문이다. 이 애매함이야말로 지배 측이 '일본인'의 경계를 그때마다의 이해로 결정하는 재량권을 확보하기 위해 만든 비밀통로였으며 지배를 가장 발휘할 수 있는 자리였다고 말할 수 있다.

피지배자의 반응

그렇다면 이러한 지배에 대해 피지배 측은 어떻게 반응했을까?

먼저 그 하나는 '일본인'이며 '일본인'이 아닌 위치를 벗어나서 '일본인'으로 완전히 분류될 것을 원하는 것이었다. 어중간한 아이덴티티의 부재상태에서 견딜 수 없게 된 피지배 측이 적극적으로 '일본인'으로 완전히 분류됨으로써 아이덴티티·위기를 회피하려고 한 예는 적지 않다. '일본인'이며 '일본인'이 아닌 상태는 차별이 존재함에도 불구하고 동화를 강요받기 때문에 권리면만으로도 정식으로 '일본인'으로 분류되는 것이 낫다고 보아도 이상한 것이 아니다. 또 제3부에서 보았듯이 여성의 낮은 지위로 대표되는 현지사회의 결점을 근대화로 개량하는 지향이 동화의 동기가 되는 케이스도 많았다. 당연하지만 거기에 '일본인'의 의미는 권리획득이나 근대화에서 천황에 대한 충성을 의미했던 것은 아니다.

그러나 이것은 어느 사이엔가 동화가 자기목적이 되는 일이 적지 않았다. 그 최대의 원인은 그들이 당초에 '일본인'이라는 말에 어떠한 의미를 담고 있다고 해도 최종적으로 지배하는 측의 '일본인' 정의에 따르는 것으로 '일본인'으로 인지되는 것을 기대한 것이다. 거듭 말했듯이 지배 측은 '일본인'의 권리나 근대화의 열매를 먼 장래의 꿈으로 조금씩 보여주기는 했으나, 피지배 측이 먼저 천황에 대한 충성심을 보이고 자신들이 '일본인'의 정의를 공순恭順할 것을 요구했다.

더욱이 제12장의 이하 후유나 오타 초후太田朝敷, 혹은 제16장에서 현영섭玄永燮과 같이 피지배 측의 지식인은 자신이 속한 집단에게 각성과 분기를 촉구하는 초조함에서 '노예근성'이나 '식민지근성'을 벗어난 자조노력을 말하는 경향이 있었다. 오타나 현영섭의 경우에는 상황이 개선되지 않는 것은 동화노력이 부족하기 때문이라는 자기책임론으로 전화되어버렸다. 지배 측의 자세를 변화시킬 수 없는 상황에서 그들이 현실에서 움직이기 시작한 수단은 소수 측의 노력을 더욱 질타하는 수밖에 없는 인식에 사로잡혀갔다는 점이다. 또 제15장의 오키나와언어논쟁이나 제22장의 오키나와 학생들에게서 보았듯이 지배 측에서 바라보는 오리엔탈리즘이나 배제의 시선에 대항하는 가운데 자신들을 '일본인'이라고 주장하는 경향도 있었다.

이러한 현상들은 지배 측이 말하는 '일본인'에 의해서 권리를 주장한다는 저항이 어느 사이엔가 지배 측이 설정한 '일본인'으로 파악되어버린 사례라고 할 수 있다. 일단 이러한 순환에 빠져들자 지배 측이 그때마다 형편으로 변경하는 '일본인'의 정의에 그저 따르려는 모델·마이너리티의 전철에서 빠져나올 수가 없게 되었다.

두 번째 피지배 측의 반응은 소수·내셔널리즘의 형성이었다. 이것은 마찬가지로 '일본인'이며 '일본인'이 아닌 상태에서 벗어난다 해도 '일본인'에 대한 동화와는 역으로 자신들을 '일본인'에게서 분리하고 '비일본인'으로서 아이덴티티를 형성해가는 것이었다. 조선인 등이 민족자결로 인해 독립을 쟁취한 것은 이러한 내셔널리즘을 형성했기 때문이고 그것이 당시 대일본제국의 지배에 대항하는 전략으로서 타당했다는 것은 말할 것도 없다.

그러나 여기서 최대의 문제는 소수·내셔널리즘이라고 해도 내셔널리즘이 만든 포섭과 배제의 연쇄에서 쉽사리 피할 수 없다는 점이었다. 이하 후유가 오키나와 내셔널리즘을 창조했을 때에는 아이누와 '국가의 교화에 따르지 않는 변방의 원주민生蕃'을 배제한 역사관을 만들어내게 된다. 또한 피지배자 집단의 일체성이라고는 해도 내부의 다양성을 동화에 의해 해소하여 달성할 수밖에 없다는 것은 나하인那覇人이었던 이하 후유의 케이스나 제21장에서 말한 전후의 혁신 내셔널리즘에서도 문제가 되었다.

이러한 한계는 내셔널리즘의 형성 원리에서 발생된 것이다. 소수의 내셔널리즘이라고 해도 '○○인'과 '비○○인' 사이에 경계를 설정함으로써 성립되기 때문에 '비○○인'이 배제의 대상이 됨과 동시에 '○○인' 내부의 다양성이 소거되기 쉽다. 게다가 소수·내셔널리즘의 경우는 공정 내셔널리즘과 같은 의사擬似의 포함성을 갖지 않는다. 그렇기 때문에 '민족자결'에 의해 형성된 국가는 '단일민족국가'로서 형상화되기 쉽다. 특히 전후에 혁신 내셔널리즘의 사례는 지배자에 대한 저항과 민족독립을 위해 만들어진 내셔널리즘이지만, 민족신화의 창조와 주변지역에 대한 동화로 이어질 위험성에서 벗어나기 어렵다는 것을 여실히 보여주고 있다.

사회학의 에스닉연구에 의하면, 식민지 독립운동을 위해 형성된 민족적 내셔널리즘이 국가창설 후에 소수민족에 대한 동화정책과 주변지역의 침략이 되는 케이스는 결코 드문 일이 아니다.[21] 원래 대일본제국의 내셔널리즘이 '서구'에 대항하는 가운데 형성되었던 소수·내셔널리즘의 성격을 다분히 지니고 있었다. 그런 까닭에 소수·내셔널리즘 안에서 어느 사이엔가 대일본제국과 마찬가지로 강자에게 대항하면서 약자를 지배하는 전례가 되는 케이스를 볼 수 있다는 것은 이상한 일이 아니다. 물론 제16장에서 살펴보았듯이 대일본제국 시대에는 소수·내셔널리즘의 폐쇄성을 강조함으로써 동화를 강요한다는 논조도 있었기 때문에 이러한 평가는 단면적이 되어서는 안 된다. 그렇지만 피지배자인 것만으로 내셔널리즘의 한계를 넘을 수 있는 것은 아니다.

이에 대해 본론에서 살펴보았던 피지배 측의 세 번째 대응은 지배 측으로부터 부여받은 '일본인'이며 '일본인'이 아니라는 평가를 적극적으로 바꾸어 읽는 것이었다. 그것은 '일본인'으로 동화하는 것도 '비일본인'으로서의 내셔널리즘을 창조해가는 것도 아니고 아이덴티티의 어중간한 상태를 참는 것이

21 Joseph Rothschild, *Ethnopolitics*, New York,ColumbiaU.P., 1981; Joseph Rothschild, 内山秀夫 訳, 『ETHNOPOLITICS』, 三省堂, 1989.

었다. 그리고 이 경우에는 '동조'론제12장 참조이나 식민정책학제13장 참조이라는 지배 측의 말을 자신들이 나름대로 고쳐 읽는 표현방법을 취했다.

여기서 중요한 것은 왜 피지배 측이 바꾸어 읽는 대상으로서 '동조'론이나 식민정책학을 선택했는가 하는 점이다. 앞에서 말한 바와 같이 '동조'론은 지배 측이 '일본인'으로의 동화를 계속 강요하고 '일본인'이 아니라고 차별하는 것을 정당화하는 것이었다. 그리고 식민정책학은 다분히 오해가 섞여 있다고는 하지만, 원래는 '일본인'으로부터 배제되고 '일본인'의 세력권에서 도망하지 않는 것을 정당화하는 '차별, 즉 평등'론이었다. 즉 앞의 절에서 말했던 '일본인', '비일본인'이라는 분류 틀로는 표현할 수 없는 지배자 측의 바람을 모순과 애매함을 포함한 채 표현한 말이었다. 그리고 피지배 측은 지배 측과는 반대로 '일본인'의 권리를 보장하면서 '일본인'과는 다른 독자성을 유지한다는, 이것 또한 '일본인', '비일본인'이라는 말로는 다 표현할 수 없는 바람을 표현하는 수단으로 이들 말에 대해 바꾸어 읽기를 선택한 것이다. 또한 이 말에는 지배 측이 그때마다의 판단으로 '일본인'의 범위를 결정하는 재량권을 확보하기 위해 다양한 해석을 허용하는 애매함이 남아 있다. 그렇기 때문에 피지배 측이 자기의 바람을 의탁하는 바꾸어 읽기를 할 여지도 또한 컸다. 즉 '동조'론과 식민정책학이 선택된 것은 틀림없이 우연이 아니다.

흥미롭게도 지배 측의 논조에는 얼핏 보면 다원주의로 보이는 것이 가끔 발견된다. 그것은 제9장의 나카노 마사타케와 제13장에서 다룬 『대만청년』에 대한 기고와 같이 피지배자에게 동정한 양심적 입장에서만이 아니라 분명히 차별을 포함한 논조 안에도 존재한다. 예를 들면 제7장에서 말한 인종주의자인 도고 미노루는 "세 개의 현이 음악으로서 가치를 갖는 것은 실 하나 하나가 각각의 특이한 음색을 갖기 때문이다. (…중략…) 내지, 조선, 대만, 이 세 개의 실이 각기 특이한 음색을 갖기에 일본제국이라고 부르는 커다란 악기의 진가가 있는 것이다"라고 하며 '공생주의'를 주장했다. 또한 제16장에서 언급한 황민화정책의 이론적 지도자였던 쓰다 쓰요시津田剛에 의하면 "일본사회는 완전히 오케스트라와 같은 것이고 일본의 경우는 화和라는 것이 결코 타협이 아니다. 새로운 해석으로 말하자면 '화和는 유기체로 해서 유기체답게 하는 원리이다'라고 우리들은 생각합니다"라고 주장했다.[22]

다양한 것인 유기체의 공존을 교향곡과 오케스트라에 비유하거나 '공생' 등의 말로 표현한 것은 일본이 아니라도 볼 수 있는 현상이다. 이를테면 미국의 문화적 다원주의의 선구적 예로서 호레이스 캘런Horace Kallen이 1915년에 미합중국을 '인류의 오케스트라'가 되어야 한다고 주장한 것은 잘 알려져 있다. 그리고 일본에서 피지배자 가운데에서도 이하 후유와 나란히 다원주의를 제창한 가장 이른 예라고 생각되는 오키나와 출신의 시마부쿠로 젠바쓰島袋全発는 이미 1911년에 "그 관현악에서 각 악기의 특색을 발휘한다면 조금씩 커다란 조화를 이룸과 동시에 (…중략…) 현재, 그리고 장래의 일본제국은 여러 분자를 포함해서 국민성은 풍부한 내용을 가질 것"이라고 주장했다.[23]

물론 도코東郷나 쓰다가 "악기의 음색을 조화롭게 해야 일본인 음악가로서의 수완을 인정할 수 있다", "지휘자가 정말로 힘도 있고 덕도 있어서 화합할 때 진짜 오케스트라가 완성됩니다"라고 말한 것에서 알 수 있듯이 '공생'과 '오케스트라'에는 '지휘자'의 존재가 전제되었다.[24] 즉 이것은 국민국가 이전의 계층질서 의식을 잔존시켰던 공정 내셔널리즘의 변화라고 해도 좋다. 거기에 대해 시마부쿠로의 주장이 그러한 계층성을 전제하지 않는 것은 말할

22 東郷, 「植民政策」, p.37; 津田, Ibid., 『世界の大勢と内鮮一体』, p.46.
23 호레이스·캘런과 미국의 문화적 다원주의사상에 대해서는 Million Gordon, *Assimilation in Life*, New York Oxford U. P., 1964. 참조; 島袋全発의 주장은 「郷土人の明日(3)」, 『沖縄毎日新聞』 1911.8.24; 인용은 Ibid., 『沖縄県史』 第19巻, p.503.
24 東郷, 「植民政策」, p.37; 津田, Ibid., p.46.

것도 없다. 그렇지만 여기서는 지배 측과 피지배 측이 각각의 바람을 표현함에 있어서 같은 말을 사용한다는 현상을 살필 수가 있다. 이렇게 생겨난 '일본인'이며 '일본인'이 아닌 위치에서 '일본인'이라는 말의 정의를 둘러싸고 지배 측과 피지배 측이 해석을 다투는 사태가 발생한다.

이러한 해석 다툼에는 지배 측이 '일본인'의 정의권定義權을 잡은 상태인 채로 '일본인'에게 포섭되는 것을 선택하는 동화와는 다른 전략이다. 예를 들면 오키나와의 복귀 직전에 교원의 한 사람이었던 기마 스스무儀間進는 "오키나와인채로 일본인이 되는 것을 허락하지 않는다면 나는 싫다. 그와 같은 일본인이 되고 싶지 않다"고 쓰고, "오키나와사람들은 일본인이기 때문에 일본에 돌아가는 것이 아니라 일본인임을 선택한 것이라고 말할 수 있다. 그러기 위해서는 역으로 어떠한 일본인이 되고 싶다는 주문을 해도 좋다고 생각한다"고 말하고 있다. 그는 당초에 복귀운동의 대세에 따라 민속학이나 고대사의 연구를 논거로 '오키나와가 일본인임'을 주장했다. 그러나 결국 "일본이 아니라면 어째서 차별받는 것이 당연한가"라는 의문을 갖고 이러한 '일본인'을 정의하는 수단에서 멀어졌다고 한다. 이렇게 '일본인'을 정의하는 권리는 그가 쥐고 있었던 것이다.[25]

또한 '일본인' 해석의 자유를 유지하는 것은 소수·내셔널리즘이 빠지기 쉬운 폐쇄성을 깨부수는 단서가 되기도 한다. 예를 들면 오카베 가즈아키岡部一明는 샌프란시스코의 일본계 3세들이 히나마쓰리ひな祭り를 했을 때의 에피소드를 소개하고 있다. 3세들은 '일본문화를 전하기' 위해 마쓰리를 기획했지만, '신분적인 차이가 있는 히나단ひな段을 부정하고 손수 만든 인형을 나란히 놓았다'고 한다. 이에 대해 오카베는 "차이는 신분제를 나타내기 때문에 좋지

25 Ibid., 『沖縄の先生たち』, pp.249·252·254.

않다는 것은 단순한 견해일지도 모른다"면서도 거기에 "하나의 가능성을 본다"고 평을 했다. 확실히 '그들이 요구하고 회귀하려는 일본'은 '우리들이 알고 우리들이 만들고 있는 일본이 아니다'. 그러나 '조금도 우리들이 만드는 일본만이 진짜 일본이라는 결정은 어디에도 없다'는 것이다.[26]

피지배 측의 지식인이 '전통문화'의 계급이나 성별의 격차에 고민하여 '전통'을 전면부정하고 동화할 것인가, '전통'을 찬미하는 소수·내셔널리즘으로 귀속할 것인가의 양자택일에 빠지는 사례는 본론에서 이미 살펴보았다. 말할 것도 없이 이러한 양자택일의 발상은 '동화=문명화', '비동화=야만'이라는 지배 측이 설정한 틀의 연장선상에 있다. 이에 대해 '일본인'과 '전통' 해석의 권리를 행사하는 것은 지배적인 언설에 의해 설정된 자승자박의 아포리아에서 벗어나는 계기일 수 있다.

제13장에서 보았듯이 요시노 사쿠조吉野作造는 일본 측의 동화론을 평하며 "동화정책이라고 하지만 실은 전혀 일본인과 같은 사람이 되라는 것이 아니라, 일본인이 말하는 대로의 사람이 되라는 요구이다"라고 말했다. 즉 '동화정책'의 가장 중요한 부분은 피지배자를 '일본인으로 하는 것'보다도 오히려 "지배 측이 정한 '일본인'의 정의에 순응시키는 것"이고, "'일본인'의 정의권을 지배 측이 쥐고 있다는 것"이다. 여기에는 소수 측이 "어떠한 일본인이 되고 싶다고 주문할" 권리는 물론 없다. 오해를 무릅쓰고 말하자면 소수 측이 이러한 '동화정책'으로 고통을 입은 최대의 이유는 일본어나 일본문화를 습득해야 하는 고통보다도 자기가 지향해야 할 미래상의 결정권이 자신에게 없다는 점이다.

'민족자결'이라는 말이 피지배 측 사람들의 마음을 사로잡은 것은 '우리들

26 岡部一明, 『日系アメリカ人強制収容から戦後補償へ』, 岩波ブックレット, 1991, pp.28~29.

이 지향해야 할 장래는 우리들이 결정한다'고 하는, 지배하에 있으면서 잊었던 '자결'의 권리를 회복하는 원리로 받아들였기 때문이다. 그러나 '민족자결'은 특정한 국민국가를 성립시키는 논리뿐으로 '조선인'의 결정권을 예를 들면 한국정부가 가지고 한국정부가 결정하는 '조선인'상으로 동화할 것인가, 그것을 거부하고 배제당할 것인가의 상태가 되면 이미 그것은 억압의 기능이 되어버린다. '일본인'과 '조선인'의 해석변경의 권리를 중시해야 하는 이유가 바로 여기에 있다.

'일본인'의 해석변경이라는 행위는 앞서 말한 대로 네 영역으로 구분한 도식 안에서는 분류될 수 없다. 또한 민족자결운동의 입장에서 본다면 넌센스에 지나지 않을 것이다.[27] 따라서 이러한 움직임은 지금까지의 역사연구에서는 독립운동에 이를 수 없었던 미온적 저항으로 혹은 단순히 지배자와의 타협자세로 평가된 적이 적지 않다.

그렇지만 이제까지 살펴보았듯이 지배 측이 설정하는 '일본인'으로 동화하는 지향은 물론, '비일본인'의 내셔널리즘 형성의 지향도 배제와 동화의 연쇄에서 벗어나기는 쉽지 않다. 이에 대해 '일본인'이며 '일본인'이 아니라는 위치는 반복해서 말했듯이 지배 측에게도 피지배 측에게도 국민국가의 논리에 따라 설정된 언설의 목록에 담을 수 없는 소망의 영역이다. 그것은 확실히 무권리상태나 아이덴티티·위기라는 '조국이 없는 백성'의 고통을 초래하는

---

27 일본에서 민족자결·식민지 독립의 사상이 가장 높게 평가되었던 1950~1960년대에는 아이덴티티의 다양성을 중시하는 의견은 지배이데올로기의 일환으로 간주되는 경향이 있었다. 예를 들면 森田俊男, 『安保教育体制と沖縄問題』(明治図書新書, 1970, pp.110·112)에서 '다양성 속의 통일(多様性の中の統一)'은 '제국주의 이데올로기(帝国主義のイデオロギー)'라고 하고 EED가 냉전체제하의 서측 진영강화책으로 하던 풍조를 반영하여 "'국가의 해소(国家の解消)'라는 사고방식, 국가론은 제1차 세계대전에서 오늘날까지 여러 가지 형태도 나왔다. '유럽합중국(ヨーロッ合衆國)'이라든가 '大東亜共栄圏', EEC이다"라고 표현되어 있다. 모리타(森田)는 오키나와의 국민교육운동을 혁신 내셔널리즘의 입장에서 강하게 지지하던 인물이지만 1996년에는 '자유주의사관'에 반론한 공저의 편자가 되었다.

최악의 위치인 경우가 많다. 이와 같은 위치는 소망으로 도달하기보다 국가에 의해 강제된 입장이 대부분일 것이다.

그렇지만 동시에 그것은 지배 측이 그 소망을 달성하는 비밀통로로서 남긴 틈새이고, 여기에 '일본인'이라는 분류의 틀을 변용시켜가는 항쟁의 발판이 존재할 수 있다. 그러한 항쟁은 피지배 측이 취할 수 있는 전략의 하나로 평가되어도 좋다.[28] 그리고 그 발판은 지배 측이 많은 바람을 갖고 있는 만큼 반드시 존재하는 것이고, 위험성과 동시에 내셔널리즘의 연쇄에서 도망갈 수 있는 가능성을 보여주는 것이라고 할 수 있다.

유색의 제국

지금까지 국민국가 질서의 원리를 검증하는 사례연구로 근대일본의 '일본인' 경계설정에서 나타난 여러 가지 현상을 기술했다. 여기서 마지막으로 대일본제국의 분석을 조금 일반화한 것이지만 '유색의 제국' 개념을 제기하겠다.

본서에서 말했듯이 근대일본의 논자들은 자기들이 '서구'나 '백인'으로부터 차별과 침략의 위협에 노출된 '유색'인이라는 자기인식과, 지배지역을 갖

28 본론에서는 "'일본인'이면서 '일본인'이 아닌 위치"라고 일정하게 적극적인 평가를 했지만 그 '적용한계'를 지적해두고 싶다. 본론 중에서 거듭 강조해둔 것이지만, '국민'으로 통치되지 않는 위치는 법제적으로 무권리 상태가 초래할 수밖에 없는 것이 대부분이다. 미국의 사회학 그 이외의 에스닉 연구가 아이덴티티라는 테마를 중시하는 것은 그 문제의 중요성도 그러하지만, 공민권 운동 등을 거쳐 일정한 제도적 평등이 달성된 후에 남은 최대문제가 경제적 격차와 아이덴티티였다는 사정과 관련이 있다. 저자는 어떠한 문제에 대해서도 만능적으로 기능하는 해답은 있을 수 없다는 기본인식에 서있다. 따라서 여기서의 "'국민'이면서 '국민'이 아닌 위치"에 대한 적극적 평가를 언제 어떠한 시대나 상황에 대해서도 적용하려는 생각은 없으며 그것은 그 장소에 따라 적합한 전략을 억압할 수도 있다. 상황에 따라 당사자가 통합에 의한 평등획득을 지향하거나 소수·내셔널리즘을 내세우는 것을 전략으로 해 선택해가는 자유는 확보되어야 할 것이다. 다만 그것은 '전략'이지 '진리'가 아니다. 저자의 의도는 국민국가가 낳은 억압인 "'국민'이면서 '국민'이 아닌 위치"를 굳이 적극적으로 바꾸어 읽어가는 행위를 무조건으로 칭찬하는 것이 아니라 전략적 선택 리스트에 추가하려는 것이다. 왜냐하면 사람들을 절대적 진리에 의해 지도하는 것이 아니라 사람들에게 자유의 정도를 가져다주는 선택지의 지식을 제공하는 것이 사회과학에 종사하는 자의 임무라고 생각하기 때문이다.

는 '제국'의 일원이라는 자기인식 사이에서 흔들리고 있었다. 다만 여기서 말하는 '유색'은 반드시 생물학적으로 피부색이 진하다는 의미가 아니다. 당시 지배적이었던 '서양=백인=문명=지배자'와, '동양=유색인=야만=피지배자'라는 언설에서 '동양'은 인식상의 문제였고 지리적 내지는 실체적인 개념은 아니었다. 예를 들면 피부가 '하얀' 러시아도 서구제국으로부터 자주 '야만적인 아시아'로 형용된 것은 잘 알려져 있다. 피부색에 관계없이 열등한 위치로 설정되면 여기서 말하는 '유색'이며 '동양'인 것이다. 이것은 단순히 제국주의 경쟁에서 '후발'이 되었다는 것에 그치지 않고 아이덴티티상에 흔적이 남겨진 위치이다.

'유색'의 사람들은 '백인=문명인'을 동경하는 지향과, '백인=지배자'에 반발하는 지향 사이에서 상반된 감정에 직면한다. 이 감정은 '유색'국가가 지배지역을 갖는 경우에는 한층 더 두드러진다. '백인'에 대한 동화지향은 지배지역을 소유해서 만족되지만 독자성에 대한 지향성은 위기에 드러나기 때문이다. 이러한 가운데 대일본제국에서 어떠한 논조의 여러 형태가 있었는가는 앞에서 말한 대로이지만, 특정한 논조형태로는 상반된 감정을 해석할 수 없기 때문에 현실 논자들은 논조의 변경이나 애매한 말 가운데서 흔들렸다. 이러한 양의적 위치 속에서 흔들리는 지배의 모습을 여기서는 '유색의 제국'이라고 이름붙이고 싶다.

'유색의 제국'은 강자에 대한 동경과 대항의식 가운데서 흔들리면서 약자를 지배하는 상태를 가리킨다. 여기에는 우월감과 열등감, 선진의식과 후진의식, 지배자의식과 피해자의식이 복잡하게 섞였지만 일관되게 자기의 이익과 아이덴티티의 안정을 위해 피지배자가 이용된다. 그리고 피해자의식은 지배의 가혹함을 느슨하게 하는 방향으로 작용하는 일도 있지만, 오히려 아이덴티티의 흔들림이 심한 만큼 피지배자에 대한 새디즘이 증폭되는 일도 많다.

'유색의 제국'은 대일본제국에만 나타난 현상이 아니다. 서구에 대한 열등한 위치 속에서 지배를 행했던 사례로는 앞서 말한 대로 러시아가 있을 뿐만 아니라, 식민지 독립운동의 성과로 국민국가가 전 세계를 뒤덮은 것은 공교롭게도 '유색의 제국'이 각국에서 속출되는 토양을 형성했다고 할 수 있다.

19세기 말부터 20세기 전반의 시대에는 비'서구'이며 '유색인'인 근대국민국가가 주변지역을 침략한 사례는 대일본제국을 비롯해 소수였다. 그러나 현재는 인도네시아의 동티모르 병합, 중국의 티베트 통치, 방글라데시의 치타공 구릉지배 등 원래 식민지였던 국민국가가 지배하는 주변 지역은 일일이 열거할 수 없다. 물론 구체적 정책의 표현방법은 다르지만 공통된 특징은 어느 것이나 '서구'에 의한 피해의 역사를 이야기하면서 침략이 정당화된다는 점이다. 인도네시아의 동티모르 병합은 포르투갈의 '식민지 지배'로부터 해방하는 것으로 여겼으며 이라크의 쿠웨이트 침공은 '아랍단결'이라는 이름하에 행해졌으며, 이스라엘은 홀로코스트 역사를 내세우면서 주변지역에 식민자를 보내서 '이스라엘인이 사는 토지'로 개조하려고 했다. 말하자면 대일본제국은 가장 후발인 선진국형 제국주의자임과 동시에 가장 선구적인 제3세계형 제국주의였다고 할 수 있다.

이러한 상태하에서는 스스로가 지배나 차별을 하고 있다는 것을 자각하지 못한다. 일본에서는 '식민지'라는 말이 기피되었고 또한 인종주의 논조가 적었으나 그것은 지배나 차별이 존재하지 않았기 때문이 아니고 '식민지'나 '인종'의 말로 지배나 차별이 표현되지 않았기 때문이다.

일본계 이민배척문제가 논의를 불러일으킨 1921년에 일본의 어느 중의원의원은 만일 자신들이 미국대륙을 개척하고 있다면, "백인의 이민배척 따위 바보 같은 짓은 하지 않을 것이다"고 하면서 "흑인에 대해서는 홋카이도사람이 '아이누'인을 대하는 것과 동등하게, 혹은 그 이상의 자비동정으로서 대우할 것이다"고 주장했다. 이 의원은 일본에서 아이누에 대한 '인종차별'이 있었다고 지적받는다면 예상 밖으로 항의할 것이다.[29] 지배나 차별을 하는 측이 그것을 자각하지 못하는 현상은 일본에 국한되지 않고 어디서나 볼 수 있지만, 일본 언설의 특징은 '식민지 지배'와 '인종주의'는 '서구'에 존재하는 것이며, 일본과는 관계가 없다는 것이라고 할 수 있다. 제5장에서의 비유를 사용하면 조선이나 대만은 전후의 자위대가 '군대'가 아니라는 정도로는 '식민지'가 아니었다고 할 수 있으나, 지배의 자각을 결여하고 있는 만큼 저자는 오히려 일본 측의 행위를 '식민지 지배 이전' 혹은 '인종주의 이전'으로 평하고 싶다.

현대 일본에도 '유색의 제국'의식은 여전히 잔존한다. 예를 들면 전후 50년 '부전不戰' 결의에 반대한 자민당 의원 오쿠노 세이스케奧野誠亮는 1995년의 인터뷰에서 다음과 같이 말했다. 말하자면 "[일본은] 청일전쟁을 했고 러일전쟁도 했고 국운을 걸고 싸워 독립을 유지했습니다. 유색인종은 전부 백인에게 당하지 않았습니까", "[일본계 이민은] 아주 차별대우를 받았다", "일본은 그것을 [인종평등제안] 규약 가운데에 넣으려고 했다", "그리고 미국과 전쟁을 해서 '대동아공영권'을 만들게 되었다. (…중략…) 아시아 사람들은 백인의 식민지가 되었다. 생활의 안정을 위해 해방시켜줘야 한다", "[일본의 활약으로] 백인우위의 세계질서가 무너지고 있다고 생각합니다. (…중략…) 여기에는 일본의 역할이 크다고 나는 자랑스럽게 생각한다". 근년에 논의를 불러일으킨 '자유주의사관연구회'의 '교과서가 가르치지 않는 역사'에서도 일본계 이민 배척이나 인종평등 제안의 제출이 크게 다루어지고, 인도네시아 독립 등에 일본군이 공헌했다는 것이 설명되어 있다.[30] 이들의 평가에 대해서는 새삼스

---

29 岩崎勲,「北海道の大なるもの」,『日本及日本人』, 1921.11.特別号, p.41.

30 Ronald Dore・奧野誠亮,「私はなぜ『不戰決議』に反対するのか」,『世界』, 1995.5월 特別号, pp.196・202; 藤岡信勝, 自由主義史観研究会,『教科書が教えない歴史』, 産経新聞社, 1996.

례 말할 필요는 없을 것이다.

이러한 '유색의 제국'은 '서구'와 '아시아', '가해자'와 '피해자','유색'과 '제국'이라는 이른바 이항대립의 틈새에서 기생해서 성장한다. 세계를 '가해자'와 '피해자'의 명확한 대립만으로 받아들이는 사람은 어느 집단에서 '피해자'의 요소를 일부라도 인정하면 바로 그 집단을 '피해자'로 분류해 버리기 쉽다. 물론 현실세계는 그러한 단순한 도식으로 받아들이지는 않는다. 그렇지만 '유색의 제국'은 이러한 현상을 이용해서 자기가 부분적으로 갖고 있는 '유색' 요소를 강조해 보임으로써 '제국'의 부분을 은폐하고 존재 전체를 '유색'으로 분류시키려는 의태擬態의 전략인 것이다. 그리고 거기에는 통례라면 소수가 입장을 주장하는 데에 이용되는 전략이나 논조가 지배의 정당화를 위해 이용된다. 말하자면 '유색의 제국' 최대 특징은 이와 같은 소수의 특성을 이용한 지배라고 할 수 있다.

'유색의 제국'에 대해 어떻게 대항이 있을 수 있는가. 그 실태를 파헤치고 명확하게 제국 측으로 분류하는 것도 하나의 방법일 것이다. 그러나 그것은 '유색'과 '제국'의 이항대립 내부에서 처리되며 그 틀을 흔드는 행위가 아니다. 무엇보다도 현실을 그러한 단순한 도식만으로 결론을 내려고 한다면 반드시 반동이 보인다. 대일본제국이 침략적이었던 사실이 아흔 아홉 개 있었다고 해도 일본계 이민문제와 같이 피해자로서 하나의 사실도 분명하게 존재했다. 일본을 100% 제국으로 칠하려고 노력을 하면 할수록 그것에 반론하는 측은 유색으로서 하나의 사실을 반증으로 꺼내면 되는 것이다. 그때 반론 측은 '숨겨졌던 진실'과 '교과서가 가르치지 않는 역사'를 내세우는 도전자의 자세로 사람들을 매료시킨다. 이른바 역사수정주의가 끊이지 않는 한 가지 이유는 여기에 있으며 세계를 '유색'과 '제국'으로 분류하려는 한 '유색의 제국'은 그 틈새에서 살아남게 된다. 오히려 저자는 '유색의 제국'의 양의성을 인정하는 데에서 출발하는 것이 좋다고 생각한다. 대일본제국의 사례에서 말하자면 '서구'의 피해자였다는 측면이 부분적으로라도 존재하는 것을 인정하고, '제국'의 성격을 분석해야 할 것이다. 그렇게 되면 그다음은 역사수정주의 측을 대일본제국이 100%의 피해자였다고 입증하지 않으면 안 되는 입장으로 몰 수 있다.

대일본제국에 피해자의 측면을 인정하는 것은 일부 사람에게는 참기 어려운 일일지도 모른다. 특히 지배당한 측에서 '일본'을 유사 이래로 천황 아래 음모를 획책하고 침략의 기회를 노렸던 악의 화신으로 그리고 싶어 하는 것도 무리는 아니다. 그렇지만 그것은 '유색의 제국'을 연명시킬 뿐 아니라 내셔널리즘의 악순환에 빠질 위험성을 동반한다. 예를 들면 '일본이 조선을 지배했다'는 도식으로 그려진 '일본'에서는 자주 아이누와 오키나와, 재일조선인을 비롯한 소수는 소거되고, 게다가 '일본인'이 예로부터 동질의, 그리고 연속된 행동을 취한 것으로 그려지는 경우가 많다. 즉 이러한 도식은 내부에 무언가의 다양성을 포함하지 않고, 순수한 피의 단일민족국가인 '일본'이나 '조선'을 무의식 속에서 설정해버린다. 여기서는 본서에서 말한 박춘금과 같은 존재는 분류가 불가능한 것으로 무시되든가, 기껏해야 몸도 마음도 '일본'에 팔아넘긴 '친일파'로만 평가된다. 반면 이를테면 김일성의 항일 게릴라 투쟁 등이 신격화된다.

이 세계를 '신'과 '악마'로 나누어버리는 일은 반드시 신화를 만들어내고 증오와 멸시의 대상을 만들지 않고서는 그냥 넘어가지 않는다. 이때 저항의 논리였을 내셔널리즘은 어느 사이엔가 '유색의 제국'의 길을 걷기 시작한다. 모두 자신만은 잘못을 저지르지 않았다고 믿으면서 업이 업을 낳고 슬픔이 슬픔을 만드는 수레로부터 벗어날 수 없다. 그렇지만 현실의 인간은 신도 아니고 악마도 아니다. 국민국가에 의해 설정된 경계에 따라 신이나 악마의 상을 만들어내는 일은 자신의 아이덴티티의 흔들림에서 벗어나기 위해 귀의歸依나 배제排除의 대상을 만들어내려는 우리들 자신일 것이다.

혹시 사람들은 물을지도 모른다. 특정한 '국민'에 속하지 않고 살아가는 사람이 이 세상 어디에 존재하는가라고 말이다. 종종 사람들은 현재 상태가 무한한 과거에 연속되고 있다고 생각하기 쉽다. 그러나 냉정하게 생각하면 실은 식민지의 독립 등을 거쳐 지구상 구석구석에까지 근대형 국민국가를 짊어지고 있는 것은 인간의 한 세대에도 미치지 않는 최근 30년부터 40년의 사건에 지나지 않는다. 그리고 현실에서 국가 간의 계층질서를 온존한 형태로 성립한 현재의 세계에서 보통참정권이나 복지정책 등으로 '국민의 권리'를 부족하나마 보장하는 데까지 국민국가를 완성시킬 수 있는 것은 소수의 선진국가뿐이다.

그리고 르완다와 다른 사례에서도 보듯이 국제적 계층질서의 저변에 위치한 여러 지역에서는 '국민의 권리'라는 국민국가의 최대의 유일한 열매조차도 수확할 수 없는 사이에 물리적 여유를 잃고 국가가 무너지고 있다. 세계경제의 격차, 제3세계의 정치상황, 그리고 빈곤과 억압이 방아쇠가 된 '유색의 제국'의 연쇄상황이 계속된다면 아마도 앞으로도 이와 같은 국가붕괴는 더욱 증대될 것이다. 그러한 세계 전체의 변화는 막다른 골목에 직면한 선진제국의 국민국가 모습에도 어떠한 변경을 압박하는 요인이 될 것이다. 확실히 근대국민국가 시스템은 요 200년 사이에 발생하여 완전히 성립되지 않은 사이에 붕괴로 향하고 있는 일시적인 현상이다. 호불호에 상관없이 우리들은 지금 국민국가를 대신하는 관계의 모습을 구상할 필요가 다급해졌다.

본서에서는 '유색의 제국'과 함께 역시 양의적 현상으로 '일본인'이며 '일본인'이 아닌 존재의 위치를 다루었다. 이것은 '유색의 제국'에 의해 만들어낸 지배의 장이면서도 동시에 지배자와 피지배자의 항쟁이 이루어진 장이며 국민국가 논리를 상대화하는 가능성의 장이기도 하다. 물론 최악의 인권박탈조차 동반될 우려가 있는 이러한 아이덴티티의 어중간한 상태로 견디는 것은 쉽지 않다. 그렇지만 근대일본의 백 년간의 경험은 '국민의 권리'를 기대하고, 혹은 아이덴티티의 안정을 추구하며 '일본인'으로 말려들어가는 것이 한층 더 고통과 비극의 연속을 낳은 것임을 보여주고 있다. 이러한 경험에 입각하지 않고 새로운 국민적 자각이나 아이덴티티 창조를 주장하는 것은 그야말로 역사에서 배우지 않는 어리석은 행동의 반복에 지나지 않는다.

본서에서는 많은 사람들이 '일본인'이라는 말에 담았던 갖가지 바람을 살펴보았다. 그것은 예를 들면 정신지배에 대한 욕망이고 국가자원으로서의 계산이며 권리나 행복에 대한 기대이고 증오와 실망의 염원이고 대화와 공존의 꿈이었다. 이러한 역사로부터 무엇을 배울 것인가, 그것은 사람에 따라 다를 것이다. 그러나 어떠한 처지에 있는 사람이든 앞으로의 시대에는 '일본인'에게 어떠한 의미를 부여할 것인가. 그리고 그 경계의 모습을 어떻게 구상할 것인가는 우리들의 과제일 것이다. 왜냐하면 국가나 '일본인'은 주어진 운명이 아니라 그것을 결정하는 권리가 우리들의 손안에 있을 터이기 때문이다.

역자 후기

본 역서의 원제목은 『'일본인'의 경계』인데, 번역을 마치면서 고민 끝에 『국민의 경계』로 바꾸었다. 저자 오구마 에이지가 전달하고자 하는 핵심은 '국민국가라는 질서 속의 사람들을 어떻게 포섭과 배제'하는가의 문제이며, 그것은 일본인의 경계를 넘어 보편적인 의미로 사용될 수 있다고 이해했기 때문이다. 이는 본 역서의 '결론' 부분을 읽어보면 그 이유를 더욱 이해할 수 있을 듯하다.

오구마 에이지에 의하면 국민으로 포섭되느냐 배제되느냐의 '경계'는 그 요인에 따라 달라진다고 설정하고 있는데, 이 '경계' 개념은 매우 혁신적이다. 이를 바탕으로 '일본인=국민'으로의 포섭과 배제가 '당대의 사회적 산물'이라는 시각에서 파악했다. 오구마 에이지는 지배자의 정치적 상황, 특히 지배자들의 사상적 영향 관계나 서구 이론들의 상황까지를 포괄하는 방식으로, 경계의 개념이 다양한 방식으로 해석 · 적용되는 논리들이 어떤 특성을 갖고 있는지를 구체적으로 설명하고 있다. 식민지 대만이나 조선 그리고 오키나와의 '비일본인'이 '일본인'으로 포섭되거나 배제되는 논리를 법률, 교육 등을 통한 '문명화' 그리고 국방의 설정 방식을 전개했다.

오구마 에이지가 본 역서에서 반복해서 말하듯이 '일본인'이며 '일본인'이 아니라는 위치'는 지배 측에서도 피지배 측에서도 '공통적'으로 국민국가를 상정한 논리인데, 그것은 그 욕망을 모두 체현해주지 못하는 상상의 영역 속에서 전개되는 것에 역점을 두고 있다. 그것은 무권리상태나 아이덴티티의 위기라는 '조국 없는 백성'의 고통으로부터 탈피하려는 위치와, 지배자의 위치에서 '평등하고 균질적인 유토피아적' 욕망을 성취해보겠다는 이상 국가의 욕망 속에서 강요된 것이었다. 마르크스가 『공산당 선언』에서 '노동자는 조국을 갖지 않는다'고 한 말은 부르주아적 국민화의 의미와는 차원이 다르지만 프롤레타리아도 국민이 되어야 한다는 그 자체가 국민화national로 수렴된다는 점을 상기시켜 준다.

그런 점에서 오구마 에이지는 피지배자와 지배자의 욕망들 사이에서 생겨나는 틈새들을 둘러싼 담론들이 바로 '일본인'='국민'의 틀을 변용시켜가는 위격違格이 존재할 수 있다고 보았다. 바로 이 부분에서 지배자와 피지배자의 '전유'라는 전략들이 취해지면서 경계가 재설정되고, 주체에 대한 재고의 문제에 다시 주목해야 할 이유를 기술하고 있다.

다시 말해서 '일본인의 경계' 설정은 정책을 실시한 지배자도 동양에 속한다는 한계성을 극복하기 위한 의미에서 서구가 상정되었고, 다시 동양으로 설정된 일본은 내부와 외부 식민지에서 일본인=국민의 논리를 재설정에 서구 담론의 구조적 틀의 전유와 거부의 연속선상에 놓여 있었다. 서구의 식민지지배 담론을 원용하고 모방하는 의미에서 세계사와의 대화를 시도하는 자세를 내부적으로 설정할 수 있었고, 그것을 근거로 삼으면서 내셔널 아이덴티티를 형성하기 위해 일본 내부에서 경험한 문명화와 일본화의 연계를 식민지에 활용하면서 동심원을 확대·재편해갔다. 그러나 그것은 아이러니컬하게도 일본인이 서구인이 되었다고 착각한 '세계적 대화' 방식이었고, 그 상상이 매개가 되어 일본의 오키나와, 대만 그리고 조선의 영유화는 국방의 문제와 경제의 문제로 쟁점이 맞추어지고, 식민지지배 방식들이 정책화되고 논의되면서 갈등하게 되었다.

그것은 본 역서에 소개된 일례로서 타이완을 콜로니colony로 간주하는 것과 식민지로서의 관리방식이 달라야 한다는 입장의 경합 내용이다. 하라 다카시는 일본이 영유한 타이완은 유럽 식민지와 다르며 국민국가의 통치대상이 될 수 있는 조건을 갖고 있다고 보았다. 이에 대해 윌리엄 커크우드는 타이완을 일본에서 배제시키자는 의견을 제안하게 된다. 문제는 겉으로 드러나는 시각 차이가 문제가 아니라 하라나 커크우드가 인식하는 거리 감각, 서구의 식민지 통치 형태에 대한 '학습'의 차이라는 배경에 문제가 존재한다는 것을 잊어서는 안된다.

그럼에도 불구하고 하라와 커크우드는 식민지 원주민의 의사를 고려하지 않았다. 피지배자의 입장은 전혀 고려되지 않는 '당사자 부재'의 문제를 내포하면서 논의가 출발하고 있었다. 이 문제는 식민지의 간접통치냐 동화정책이냐의 문제로 비춰지지만, 이 또한 일본화·문명화의 레토릭rhetoric과 맞물리면서 일본 포섭론의 변종이었다는 점을 정확하게 짚어주고 있다. 그것은 일본인이란 누구인가라는 근원적인 역사적·사상적·정치적 이론들이 출현하게 된다.

일본에서 타이완을 배제시키자는 커크우드의 논리와 달리 우메 겐지로는 타이완인에게 일본인으로서의 권리를 부여하자고 주장했다. 법적으로 타이완인에게 일본인으로서의 권리를 부여하자는 '최초의 참정권론' 주장이었다. 이러한 우메 겐지로는 프랑스 유학파로서 샤를마리 귀스타브 르봉과의 친분 속에서 발현된 '안'이었다. 원주자의 정치참여 문제가 이후 다이쇼기大正期에 더욱 구체적으로 식민지의회 설치문제 그리고 일본 제국의회의 참정권 인정 문제로 나누어지면서 분출되었다.

이때 우메 겐지로가 주장한 것은 권리와 의무의 동화로서 일본인의 권리였다. 이에 대한 오구마 에이지의 분석은 메이지기의 사고방식을 가진 일본인의 사고 방식이며 이에 근거한 외부자의 일본인으로의 편입 논리였다. 즉 권리의 평등에 주안점을 두는 사고방식을 갖고 있었기 때문이다. 그리고 영국에서의 유학 경험이 있는 미노베 다쓰키치는 타이완을 일본에서 배제시켜야 한다고 주장했는데, 이는 영국식 식민지지배 논리의 추종이었다. 또한 이러한 입장과는 달리 호즈미 야쓰카는 일본 내지를 기준으로 한 입장에서 총독에게 입법권의 부여를 반대하는 동시에 우메 겐지로처럼 일본인의 권리를 부여하자는 주장도 아니었다. 이는 후쿠자와 유키치의 일본인화 혹은 일본화 논리의 역설이며 동화론의 정형定型을 주조하는 프로세스였다. 타이완에 대해 고토 신페이는 63법의 지지로서 일본 내지에서 총독에게 위임한다는 논리로 수렴되어가고, 그것은 커크우드의 '우대정책'만을 수용하는 편향 속에서 진척된 것임을 밝혀냈다. 이것은 오카마쓰 산타로에게 계승되어 커크우드 논리의 답습이 지속적으로 활용되었다.

언뜻 보기에는 동화주의 방기로 고마다 겐타로와 고토 신페이 체제에 의해 분리·독립이 진척되는 듯하지만, 일본 내지에서 반발이 생기면서 일본으로의 편입을 둘러싼 논쟁이 벌어지는 프로세스를 겪게 된다. 이것은 제5장과 제7장의 다케코시가 미노베 다쓰키치의 논리를 승계하는 방식 그리고 63법과 31법의 체현 방식을 설명하며 보여준다. 그 과정에서 63법에 남아 있던 커크우드 안案이 갖는 체계성은 사라지고 타이완의 위치가 '애매한 상태'로 남게 되었다. 즉 일본인이면서 일본인이 아니고 일본이면서 일본이 아닌 타이완의 위치는 '고착'되는데, 이는 고토의 노선도 아니고 하라의 의견도 아닌 '최악의 절충 형태'로 고정되어갔다는 점을 밝혀냈다.

다시 조선 식민지 통치를 둘러싸고 유사한 형태로 반복되었는데 이는 동화주의를 강요하기 이전에 취한 점진漸進주의 교육 논리로 표현되었고, '일본인화=충량한 일본 신민' 만들기의 점진적 추진이었다. 이는 타이완과 같은 절충 형태로 조선인이 일본인이면서 일본인이 아니며 일본이면서 일본이 아닌 '조선의 위치'가 만들어져갔다는 부분이 기술된다. 이것은 국적을 둘러싼 '배제와 포섭'의 적용이었다. 국적 문제를 둘러싸고 권리상의 제한과 국적을 취득하게 허락하자는 문제가 대외적 상황과 관련하여 '국제법상의 지위' 문제와 함께 진행되었음을 극명하게 보여준다.

한편 동화 담론의 내용을 완성해가는 측면이 진행되었다. 오구마 시게노부, 사와야나기 마사타로, 시마다 사부로, 가나자와 쇼자부로 등에 의해 '동종동문'론의 확대가 전개되고 국어교육과 이민 정책 추진, 결혼 장려 등이 동원되고 국민화를 장려하면서 복고를 활용했다.

존 로크가 주장하듯이 인간은 진리를 감지할 수 있는 보편성을 강조하는 입장을 활용하여 교육을 통해 변화가 가능하다고 보는 입장에서 식민지 교육의 역할이 효과를 갖는다는 입장이 탄생한다. 루소의 계몽주의가 생기는 이유도 이러한 논리의 연장선상이었고, 프랑스가 프랑스법률을 원주민도 따를 수 있도록 '평등'하게 교육으로 개조해야 한다는 인류 평등사상의 출현과 승계였다.

이러한 동화정책의 이론은 귀스타브로 르봉의 군중 개념으로 출현되었고, 인간은 인종마다 차이를 갖고 있고 유전으로 결정된다는 태도를 보이면서 후천적으로 변화를 일으킬 수 없다는 의미에서 동화반대론이 출현되었다. 이 논리는 콩트Auguste Comte의 원용에서 나온 것으로 니토베 이나조도 이를 인용하게 된다. 니토베 이나조와 교류한 야마모토 미오노나 이즈미 아키라의 논리, 즉 교육으로 민족심리는 못 바꾼다고 보는 의미에서 실업교육을 중시되는 '방침'으로 출현하게 되는 루트였다. 이러한 논의들은 개인보다 집단적 심리를 중시하는 에밀 뒤르켐으로 이어졌는데, 르봉은 이러한 논리를 배경으로 등장했다. 바로 이점을 오구마 에이지는 잊지 않고 재확인시켜 주었다.

'고귀한 야만인'의 논점이 오리엔탈리즘을 내포하면서 등장하게 되지만, 민족적 특성의 불변론이나 문명화에 대한 의문이 일본 내부에서는 친숙하게 받아들여지기 어려웠다. 그 이유는 일본 내에서도 국민들의 문명화가 교육제도의 개선과 교육을 통한 문명 국민을 양성하는 것으로 대변화를 꾀했고, 국민성의 개혁으로 이어진다는 혼노 이치로와 같은 의견도 출현했기 때문이다.

이러한 예는 지극히 일부분을 역자 나름대로 정리해본 것인데, 역시 오구마가 전개하는 방식은 식민 정책자의 입장을 피력하는데 그치는 것이 아니라, 자치제나 동화주의 자체가 서구에서든 일본에서든 내부적 '성격'이 반영되어 나타났다는 의미로서 그 성격을 면밀하게 밝혀주는 방식이다. 식민 통치의 방침인 동화주의라는 것도 폴 사무엘 라인쉬의 문장을 모방하면서 이론화했다. 즉 자치주의의 의미도 협동주의인가 아니면 원주민의 특성을 고려한 당사자들이 책임 내각을 갖는 자치식민지인가, 독립은 인정하는가 부정하는가의 논리들이 라인쉬에게 의지하면서 정립되었고 커크우드의 논리를 재생산 하는 것처럼 여겨졌지만, 결국 어느 쪽도 아니고 일본에 등장한 독특한 개념으로서 일본적 식민지 통치론이었다.

오구마 에이지는 식민지통치의 논리를 서구에서 학습함과 동시에 그 원리를 기준으로 국제 사정을 나열하면서 일본의 입장을 삽입하는 방식으로 전개했다고 논했는데, 바로 이 지점을 역자는 '외재적 식민성'이라고 이해했다. 즉 극단적으로 자치주의라는 말 자체도 실은 서로 공통의 이해가 없는 상태에서 유통되고, 그 상황에서 비판과 수용을 통해 국민화의 배제와 포섭을 진행했다는 논리가 관철된다. 예컨대 그것은 메이지기라는 시대적 상황에 함몰되거나 반대로 다이쇼기에는 새로운 상황 속에서 메이지기의 연장선상이 아닌 논리가 새롭게 추가된다던가 하는 별개의 정책이 발호되고 통치의 괴리가 갖는 틈새를 보여주었다.

일본인 입장에서 국방상의 해석, 지정학적 위기론 등을 반영하면서 피식민지-외부인을 내지의 일본인을 기준으로 하는 일본인화, 참정권과 징병제 시행 등을 대만이나 조선에서 지배정책론으로 체현되면서 당사자성은 소거되어버린 채 일본인인가 또는 일본인이 아닌가의 문제로 번져갔던 것이다.

그 변용 속에서 자치와 동화 논리가 혼합되어 나타나게 되었는데, 조선과 대만은 일본으로 포섭되지 않고, 오키나와만 포섭되는 결과를 가져오는 프로세스의 원형으로 등장한다. 일본인의 경계, 즉 국민의 경계 설정을 통한 국민국가의 경험이 진행되고 이를 상대화할 수 없는 상황을 짊어냈다.

이것은 역자가 가장 인상 깊게 느낀 부분인데, 본 역서는 분량이 많은 만큼 내용들이 풍부하고, 특히 인물들의 영향 관계는 향후 깊은 연구를 위한 중요한 자료로 사용될 수 있어 의의가 크다고 여겨진다. 실은 각주에도 긴 설명문이 제시되어 있었는데, 책 구성상 삭제한 부분들이 꽤 있었다. 책을 완성하면서 머릿속에서는 이 삭제한 내용들이 눈에 밟혔다. 그래서 그 부분을 역자 후기로 가져와 조금이라도 더 원저자의 글을 소개하면 좋겠다고 생각했다. 역자가 역자 후기에서 내용을 축약하여 소개하는 것은 개인적 편협성의 문제를 극복할 수 없을 것 같았다. 오히려 다양한 입장들이 공거共居하는 관활寬豁함을 보여주는 것이 나을 듯하여 삭제한 부분을 다시 살려 소개해두기로 한다.

먼저 제12장 「오키나와沖縄 내셔널리즘의 창조」 부분에서 삭제한 내용을 다시 첨가하는 형태로 이어가고자 한다. 오구마 에이지는 오키나와학沖縄学의 아버지라 일컬어지는 이하 후유伊波普猷에 대해 논했다.

이하 후유의 일류동조론日琉同祖論은 야마토 측에 의해 설정된 담론구조의 틀에서 오키나와의 독자성을 지키고 오키나와 내셔널리즘을 창출하려고 한 것이라고 설정했는데, 이러한 명칭 표기에도 다양한 견해를 가진다. 즉 'Ifa'라는 표기는 야마토에 대한 독자성을 표현한 것인 동시에 보다 순수한 일본어 표기라는 의미에서 야마토 측에서 설정한 가치관의 히에라르키에 대해서도 우월성을 차지하려고 했다고 본다. 내셔널리즘의 형성이라는 행위가 서양에 확장되면서 사회질서의 형성 과정에서 나타난 하나의 형태라고 간주할 수 있다. 각 나라마다 자국의 내셔널리즘이 갖는 독자성을 주장하게 되는데, 이것을 이하 후유가 모방한다는 것은 이상한 일이 아닐 수도 있다.

중요한 것은 독자성의 주장과 가치관의 순응이 모순 없이 동거한다는 점이다. 자신의 독자성을 주장하는 것처럼 보이지만, 동시에 서구가 설정한 히에라르키 내부에서의 상승 지향을 표출한 것이다. 이 모순점은 다카라 구라요시高良倉吉는 가베 마사아키我部政明와 하마시타 다케오浜下武志와의 좌담회에서[1] 잘 보여준다. 즉 '이하 후유는 오키나와의 국학 창시자'이며, '하나의 현 안에서 내셔널리틱한 문제를 오키나와현의 국학 문제로 만들어간다. 오키나와 출신자가 그곳으로 들어가면 반드시 국학적 구도 속으로 휘말리게 된다'고 기술했다.

이하 후유가 창시한 '오키나와학'의 틀을 보면 구조적으로 '근대 국학' 방향으로 그 연구가 진행되었다고 지적하는 것은 타당하다. 그것은 무엇보다도 초기 이하 후유의 연구가 아마도 그가 도쿄에서 배운 근대적 내셔널리즘이라는 학문 행위에 충실했기 때문일 것이다.

이하 후유의 명칭 표기에 대한 위와 같은 추측은 어디까지나 추측에 불과하며 본 역서에서 논증하고 있는 것처럼, 그의 오키나와 내셔널리즘의 가치관은 어디까지나 통치능력이나 해외 진출이라는 당시 일본 내셔널리즘의 가치관을 도입한 것이다. 반복하지만 이 시기 이하 후유의 오키나와 내셔널리즘은 오키나와의 독자성을 주장함과 동시에 야마토에 의해 설정된 가치관의 틀 속에서 상승 지향을 표현한 것이다.

그러한 의미에서 오키나와의 '해외 진출'의 전통을 강조한 그 이후의 이민 촉진론이나 남방 진출론이라는 형태로 일본 내셔널리즘의 다양성에 휘말려 들어간 것은 필연적이었다고 말할 수 있을 것이다. 이것은 지배자의 '언어'로

1 高良倉吉我部政明·浜下武志,「〈沖縄ルネサンス〉その可能性」,『世界』639, 岩波書店, 1997, p.268.

표현하도록 강요된 마이너리티가 가진 곤란함이라고도 말할 수 있을 것이다. 그러나 오구마 에이지가 주목하는 것은 이하 후유 스스로가 창조한 오키나와 내셔널리즘의 가치관 다시 말해서 일본 내셔널리즘의 가치관에 동화되지 않는 언밸런스를 내포하고 있었다는 점이다.

그리고 제23장「반복귀」부분인데 이 또한 전후 일본에 나타난 오키나와 본토 복귀론에 대한 오구마 에이지의 구체적인 보완 설명이다. 오구마 에이지가 본 역서에서 1960년대 말부터 1972년을 전후로 복귀에 대한 회의를 나타낸 것은 아라카와 아키라만이 아니었는데, 나카노 요시오와 오에 겐자부로, 오타 마사히데, 오시로 다쓰히로 등에 대한 언급은 최소한으로 하고 아라카와에게 초점을 맞춘 이유에 대해 설명한다. 복귀론에 관한 논의를 종합적으로 제시하지 못하고 있다는 비판을 감수하지만, 본 역서가 '식민지지배'나 오키나와 문제의 개설서가 아니라 '일본인'의 경계를 둘러싼 논의 검토에 초점을 두고 있기 때문이다.[2] 그리고 『이족과 천황의 국가』 등 아라카와의 오키나와 사관史観에 대해서는 최소한으로만 언급했다.[3] 또한 아라카와 사상에 대한 요시모토 다카아키와 다니가와 겐이치의 영향도 언급하지 않았다. 바로 이 부분에 대해 오구마 에이지는 보충했다.

그 이유는 요시모토와 다니가와의 사상이 아라카와의 '이족異族'론을 촉발시켰다고는 하지만, 요시모토와 다니가와가 논쟁의 대상으로 인류학이나 고대사 학설에 근거한 실체적인 '이민족'으로서 오키나와를 상정했는데, 아라카와는 본문 중에도 인용했듯이 '이족'이란 국가에 대한 동일화를 거부하는 개인의 지향이었고 오키나와인이 학리적學理的인 의미에서 틀림없이 일본민족의 일원인가 아닌가라는 류類의 논의와는 관련이 없다. 즉 차원이 다르다

2 新川明, 『反国家の凶区』, 現代評論社, 1971, pp.64~65.
3 新川明, 『異族と天皇の国家ー沖縄民衆史への試み』, 二月社, 1973, pp.1~397.

고 주장했다. 이것은 공산당 측의 고대사 학설을 논거로 한 비판에 반론하는 문맥에서 나온 말이지만 당시 아라카와의 사상을 보여준다는 의미에서 매우 흥미롭다.

또한 아라카와는 후에 오키나와의 '독립'을 사상적 과제로 내세우게 되는데, 특히 아라사키 모리테루와의 논쟁에서 '독립'론의 사상적 유효성을 강조했다. 1970년 전후 아라카와는 독립론에 비판적이었으나 1985년에 아라사키가 이 문제를 거론했을 때, 아라카와는 '보수계의 독립론과 동일시되는 것을 피하고 싶기 때문에 의식적으로 그 측면을 강조했다'고 논했다. 만약 '반복귀론에 대해 설명을 요구받는다면 분리·독립이라고밖에 말할 수 없는 것도 사실'이라고 발언했다. 그러나 그는 동시에 '오키나와는 오키나와로 독립국을 만들면 된다는 식으로 해석된다면 그 자체가 목적이 되어 복귀 운동을 뒤집어 놓은 것밖에 되지 않는다'고도 말했다.[4]

아마도 아라카와 자신이 예전에 '반복귀'라는 말로 표현했던 것과 전후 '독립'이라는 말로 표현하고 있는 것은 통치체제로서 국민국가의 형성이라는 의미의 '독립'과는 다른 거리감을 느껴 다른 표현수단을 찾을 수 없는 상태가 계속되고 있었던 것이 아니었을까 생각된다.

이처럼 기존의 정치 언어로 자신의 소망을 표현하는 것이 얼마나 어려운가, 혹은 반대로 표현 가능한가라는 문제로서 본 역서에서 논하고자 하는 주요 주제의 하나이기도 하다. 이러한 문제점을 내포한다는 점을 감안한다 하더라도 아라카와의 논의는 일관성이 결여되어 있었다. 즉 논쟁 상대로부터 '현상적인 설명을 한마디로 표현해 달라고 요구받았을 때' 대응의 편리성에서 '독립'을 주장하고 또 그것이 지속되는 경우도 있었고, 다른 한편으로 국

4 新川明 · 新崎盛暉, '沖縄にとって〈復帰〉とは何だったか', 『世界』 475, 岩波書店, 1985, p.58.

민국가형성의 독립론으로 분류하게 되어 '독립'과 차이를 강조하기도 했다.

아라카와의 주장이 1970년 당시부터 자주 '미국제국주의에 대한 내통'과 '류큐독립론'이라는 기존의 분류 틀에 맞춰버리는 것만으로 이해되지 않는다는 점은 본문에서 기술한 대로이다. 그때마다 아라카와 측은 '아니다否'라고 회답했기 때문에 결과적으로 논쟁 상대에 따라 주장이 변했고 또한 일정하지도 않았다. 그럼에도 불구하고 본론에서 아라카와에게 초점을 맞춘 것은 국민국가에서 경계 설정의 변화, 즉 동, 독립, 자치, 다원주의라는 말로 표현하거나 혹은 실현할 수 있는 한계를 드러내고자 했기 때문이다.

이러한 '부정' 사상을 어떻게 평가할 것인가는 어려운 문제이다. 당시부터 아라카와의 주장에는 아무런 정치적 구체성이 없다는 비판이 존재했으며 그는 국정 참가의 거부라는 '부정'한다는 논의 어필 이외에 구체적인 정치 행동을 하지 않았다. 복귀에 의해 오키나와의 인권상황이나 경제가 일정하게 개선된 것은 아라카와를 포함하여 누구라도 인정했다. 따라서 '보다 좋은 복귀', 즉 '보다 좋은 국민통치'를 실현하려고 노력한 조건을 단 복귀 지지자가 오키나와의 정치 상황 개선에 가장 공헌한 것이며 아라카와의 사상은 정치적 의미를 갖지 않았다는 평가도 가능할 것이다.

오구마 에이지는 1997년 다시 불붙은 아라카와 대 아라사키 논쟁의 원형인 1985년 대담에서 아라사키가 "그야말로 복귀 운동이 '복귀' 그 자체를 자기 목적으로 삼았기 때문에 패배했던 것이고, 그것이 복귀 운동의 중요한 교훈"이라고 답한 부분을 통해 언어 표현과 정치성을 설명해주었다. 오구마 에이지는 완전하게 표현할 수 없는 바램이 '복귀'나 '동화' 등 기존의 언어로 표현되는 순간, 그것이 자기 목적이 되어 원래 바라던 소망이 배반되는 과정을 역서에 자주 기술했다. 말할 수 없는 것을 어떻게 '말할 것인가' 그리고 '말해진' 경우에 항상 발생하는 표현되지 못한 / 않은 부분을 어떻게 망각으로부터 구해낼 것인가라는 바로 이 문제가 중요한 과제라고 논한다.

또한 포섭과 배제의 범위 문제도 존재한다. 조선과 대만의 포섭은 다시 서구의 배제를 논하는 것, 이 경계는 고정적인 실체성이 없었다. 국가의 정책과 시기에 따라 포섭과 배제가 정해진다. 또한 동일한 피식민지인이라 하더라도 내부에서 다시 배제와 포섭이 이루어진다. 예를 들면 조선인은 국적으로는 일본인이 되지만 호적에서는 배제되는 경우가 발생했다. 따라서 아이덴티티상의 전략은 제도적인 평등을 전제로 하지 않으면 유효성이 완전히 소멸된다는 시각도 있을 수 있다.

이러한 논리에 대해 오구마 에이지는 결론 부분에서 전전의 식민지 정책에 나타난 '제도적 평등'의 문제를 국민국가의 내부 문제로 설명해낸다. 예를 들면 일본의 재일한국·조선인과 같이 제도적 평등이 달성되지 않은 문제를 논하면서 '일본인이면서 일본인이 아닌 위치'를 동조하는 것은 국가가 만들어낸 무권리 상태를 정당화할 수 있는 위험도 존재한다.

그러나 다양성의 주장을 일률적으로 '제국주의 이데올로기'라고 평가하고 민족자결에 의한 독립만을 해답으로 삼는 것이 식민지 독립운동의 결과로서 성립한 제3세계의 여러 국가가 내셔널리즘을 권위주의 체제의 정당화에 이용하는 것은 현재 정체 상태가 되었다. 1980년대 이후에 미국에서 유입된 다원주의의 사상이 상황이 달랐던 일본의 소수문제를 설명하는데 환영받았던 이유는 이러한 정체 상태로 인해 '일본인으로 동화하지 않고 일본에서 산다'는 것을 표현할 수 있는 말이 요구되었기 때문이었다.

따라서 결론 부분의 '일본인이면서 일본인이 아닌 위치'에 대한 적극적 평가 및 소수 내셔널리즘이 갖는 한계의 지적도 또한 본 역서가 1998년 일본에서 쓰였다는 문맥이 작동하는 것도 고려되어야 할 것을 오구마 에이지는 당부한다. 다만 재일한국·조선인과 아이누 문제에 대해서는 전후의 경위에 관한 조사가 불충분하다며 더 연구가 진행되기를 기다려 달라고 했는데, 이는 향후 오구마 에이지의 작업을 기대하기로 한다.

마지막으로 한가지 언급해두고 싶은 것은 오구마 에이지가 사용한 '유색의 제국'이라는 레토릭에 관해서이다. 국민국가의 질서 원리를 검토해온 오구마 에이지의 이 역서는 근대일본의 '일본인' 경계 설정에서 나타난 여러 가지 현상들을 구체적으로 기술해주었다. 그와 동시에 오구마 에이지는 대일본제국에 대한 분석으로서 '유색의 제국'이라는 용어를 사용하고 이 용어의 개념을 제시한다.

본문 안에서도 언급하고 있듯이 근대일본을 만들어낸 일본의 유식자들은 자신들이 서구의 침략에 대응해야 하며 위험에 노출된 '유색'인들과 연대하자는 논리를 내걸고 아시아를 지배하는 '제국'의 일원이 되어야 한다는 양가성 속에서 흔들리며 일본제국이 만들어졌다. 그런데 이 '유색'은 생물학적인 피부색을 지칭하기보다는 '서양=백인=문명=지배자'와, '동양=유색인=야만=피지배자'라는 이분법적 인식의 표면화가 문제였던 것이다. 달리 말하자면 '서구'에 대한 동화 지향은 지배지역을 소유하는 것으로 만족할 수 있었지만, 일본의 독자성은 위기를 맞이하게 되었다. 그것은 특정한 논조로는 이 이율배반적인 감정을 해석할 수 없기 때문에 현실에서는 애매한 말로 표현하면서 어느 쪽도 아닌 양의적 위치 속에서 흔들리는 지배의 모습으로 나타났다. 그것이 바로 '유색의 제국'이었다.

오구마 에이지에 의하면 '유색의 제국'은 강자에 대한 동경과 대항의식 가운데서 흔들리면서 약자를 지배하는 상태를 가리킨다. 여기에는 우월감과 열등감, 선진의식과 후진의식, 지배자의식과 피해자의식이 복잡하게 섞였지만 일관되게 자기의 이익과 아이덴티티의 안정을 위해 피지배자가 이용된다. 그리고 피해자의식은 지배의 가혹함을 느슨하게 하는 방향으로 작용하는 경우도 있지만 오히려 아이덴티티의 흔들림이 심한 만큼 피지배자에 대한 새디즘이 증폭되는 경우도 많다.

'유색의 제국'은 이러한 현상을 이용하여 자기가 갖고 있는 부분적인 '유색' 요소를 강조해보임으로써 '제국주의'를 은폐하고, 존재 전체를 '유색'으로 분류시키려는 레토릭의 전략을 꿰뚫어보게 해준다. 이 전략이나 논조는 지배의 정당화를 위해 사용된다. 말하자면 '유색의 제국'의 특징은 소수의 특성을 이용한 전체 국민의 지배인 것이다. 그렇기 때문에 본 역서에서 오구마 에이지가 강조하고자 하는 것은 '유색의 제국' 체현 방식이었다. 즉 '일본인'이며 '일본인이 아닌 존재'의 위치 즉 경계 설정 구조에는 '유색의 제국'을 만들어 낸 지배의 장場인 동시에 가능성으로서 지배자와 피지배자의 항쟁이 이루어진 장이며 국민국가의 논리를 상대화하는 틈새를 발견하는 장이기도 하다.

오구마 에이지는 물론 최악의 경우에는 권리 박탈이 동반되어 아이덴티티의 어중간한 상태가 지속될 수도 있는데 이것을 견디는 것은 쉽지 않다고 논한다. 그렇지만 도래할 미래에는 '일본인'='국민'에게 어떠한 의미를 부여할 것인가. 그리고 그 경계의 모습을 어떻게 구상할 것인가는 반드시 고민해보아야 할 과제로 보았다. 국가나 '일본인=국민=국가'는 주어진 운명이 아니라 그것을 결정하는 권리는 본인 내부에 있기 때문이다.

본 역서가 간행되기까지는 우여곡절이 많았다. 2008년에 처음 시작한 번역 작업은 이한정 선생님과 최정옥 선생님이 함께 했었다. 그러나 이후 선생님들의 사정이 여의치 않아 역자 혼자서 마무리 작업을 진행하게 되었다. 두 분 선생님의 초역이 없었다면 이 역서는 완성되지 못했을 것이다. 진심으로 두 분 선생님께 감사드린다. 혹시 본문에 비문이나 오류가 있다면 그것은 전적으로 역자 혼자의 책임이며 마땅이 역자가 비판받아야 할 것이다. 그럼에도 불구하고 10여 년이 지난 후 본 역서를 세상에 내놓는데 도움을 주신 소명출판의 박성모 사장님께 깊은 감사를 드린다. 그리고 까다로운 교정 작업을 5차까지 함께 하면서도 묵묵히 대응해 주신 편집부에게도 머리 숙여 감사드린다. 편집부의 도움이 없었다면 아마도 이 역서는 독자들과 만나지 못했을 것이다. 세상에는 보이지 않는 곳에서 책임을 다하는 사람들이 있다는 소박한 진실을 다시 한 번 보게 해주었다. '보이지 않는 곳을 보는' 시각을 통해 '의식'의 의식화를 새로 각성하게 되고, 내 안에 들어와 있는 '무의식의 바이어스'를 조금이라도 의식할 수 있기를 바라면서 역자 후기를 마무리하고자 한다.

봉의산 기슭에서

역자 전성곤

찾아보기

ㅈ

ㅊ

ㅎ